F 12036

Montpellier
1783

Albisson, Jean

Lois municipales et économiques de Languedoc

4

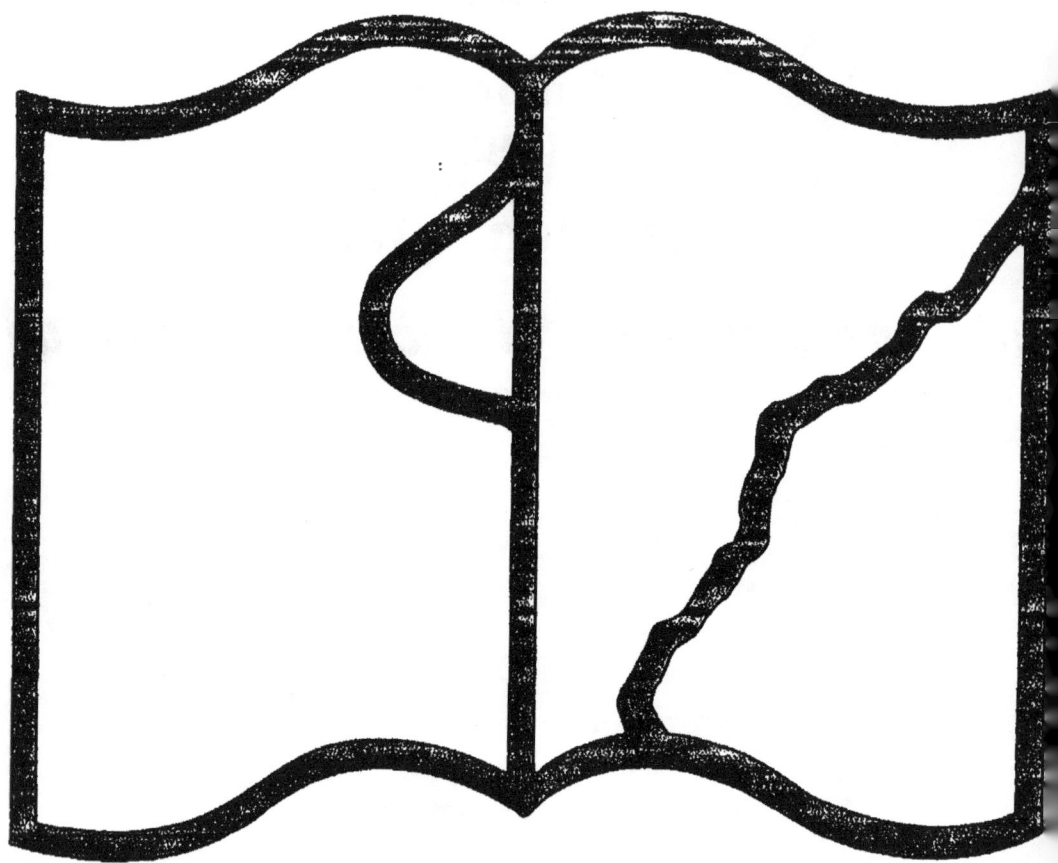

**Symbole applicable
pour tout, ou partie
des documents microfilmés**

Texte détérioré — reliure défectueuse

NF Z 43-120-11

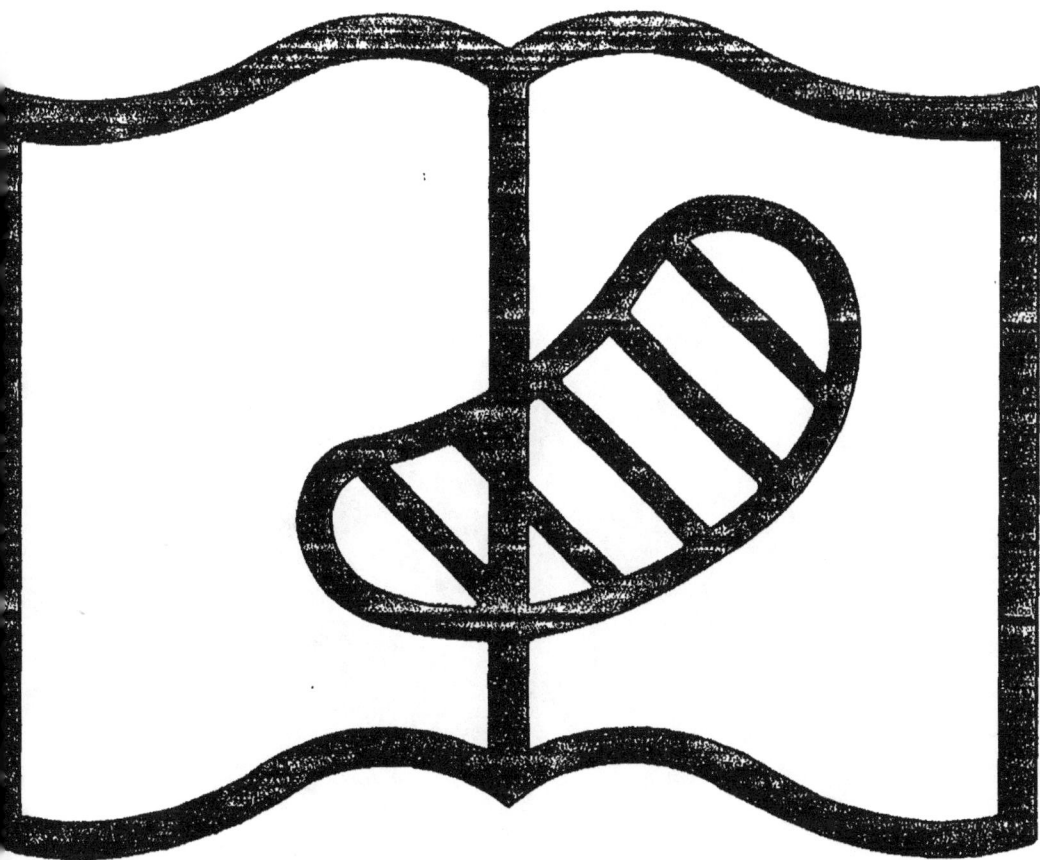

**Symbole applicable
pour tout, ou partie
des documents microfilmés**

Original illisible

NF Z 43-120-10

LOIX

MUNICIPALES ET ÉCONOMIQUES

DE LANGUEDOC.

TOME QUATRIEME.

LOIX
MUNICIPALES ET ÉCONOMIQUES
DE LANGUEDOC,
OU

Recueil des Ordonnances, Édits, Déclarations, Lettres-Patentes, Arrêts du Conseil, du Parlement de Toulouse & de la Cour des Aides de Montpellier; Actes, Titres & Mémoires concernant la Constitution politique de cette Province, son Administration municipale & économique, ses Priviléges, & Usages particuliers, relativement à ses Impositions, ses Ouvrages publics, son Agriculture, son Commerce, ses Manufactures, ses Loix civiles, &c. &c.

TOME QUATRIEME.

Mens omnibus una est.
VIRGIL.

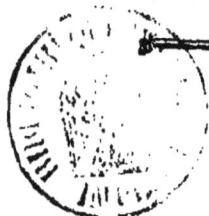

A MONTPELLIER,
Chez RIGAUD & Compagnie, Libraires, rue de l'Aiguillerie.

M. DCC. LXXXVI.
AVEC APPROBATION ET PRIVILÉGE DU ROI.

Ut in fidibus, ac tibiis, atque cantu ipfo & vocibus, concentus eft quidam tenendus ex diftinctis fonis, ifque concentus ex diffimillimarum vocum moderatione concors tamen efficitur & congruens: fic, ex fummis, & infimis, & mediis interjectis ordinibus, ut fonis, moderata ratione civitas confenfu diffimillimorum concinit: & quæ harmonia à muficis dicitur in cantu, ea eft in civitate concordia, arctiffimum atque optimum omni in republica vinculum incolumitatis; quæ fine juftitia nullo pacto effe poteft. *CICER. de Repub. II. apud AUGUSTIN. de Civit. Dei, lib. II. cap.* 21.

DISCOURS

SUR l'origine des Municipalités diocéfaines de Languedoc; fur leur formation & leur nature; & fur leur influence dans l'Adminiſtration générale.

ON entend, en Languedoc, par *Municipalité diocéfaine*, ou fimplement par *Diocefe*, lorfqu'il s'agit d'Adminiſtration, l'union économique de plufieurs Municipalités locales, ou *Communautés*, qui partagent entre elles, d'après un tarif commun, une portion déterminée des charges générales de la Province, & les dépenfes qu'il leur eſt permis de faire pour les befoins ou l'avantage de leur diſtrict diocéfain.

Cet établiſſement, dont on peut fixer l'époque à la fin du quatorzieme fiecle, tient à un ordre de chofes bien plus ancien; & on fe fent porté à rechercher l'origine d'une inſtitution particuliere au fyſteme municipal de Languedoc, qui n'a trouvé fon modele nulle part, & qui, bornée dans les commencemens à la répartition des impofitions générales, eſt devenue depuis, par la feule force du principe fondamental de la conſtitution de cette Province, un des reſſorts le plus aĉtif de

Tome IV.

fon Adminiſtration , & le moyen, peut-être le plus
ſimple & le plus ſûr , de lier le bien particulier
au bien général.

I.
Origine des
Municipalités
diocéſaines.
On a vu ailleurs (*a*) que l'origine des Etats
généraux, de la grande Municipalité de Languedoc , remonte au régime que les Romains éta-
blirent dans les pays qui forment aujourd'hui cette
Province ; & que les Communes y renaquirent des
reſtes des anciens Municipes que l'uſage des Loix
Romaines y avoit conſervés malgré la révolution
occaſionnée par l'établiſſement des grands Fiefs.

Or , c'eſt en partié à cette révolution même
qu'on peut rapporter l'origine des Municipalités
diocéſaines , qui , placées entre l'Adminiſtration
générale de la Province , & les Adminiſtrations
locales ; émanées directement de la premiere &
tenant à celles-ci par les rapports les plus intimes
& les plus intéreſſans , ont perfectionné peu-à-
peu l'organiſation de ce grand Corps , & forment
aujourd'hui le complément de ſa Hiérarchie municipale.

Soit que la premiere inſtitution des Comtes dans
chaque Cité ou Dioceſe , doive être attribuée
au gouvernement des Goths, ou que ceux-ci n'aient
fait qu'adopter une forme de police que les
Empereurs Romains avoient déjà établie dans la

_____

(*a*) Tome Ier. pag. 316 & ſuivantes.

Province ; il est certain que, lorsque Charlemagne érigea en Royaume, en faveur de son fils Louis, le duché d'Aquitaine, il mit ou conserva dans chaque Diocese un Comte chargé de son Gouvernement ; de sorte que tous les pays compris aujourd'hui dans la Province de Languedoc, renfermoient alors autant de Comtés ou Gouvernemens particuliers que de Dioceses.

Ces Comtes présidoient aux plaids de leurs Cités. Ils avoient dans l'étendue de leur Comté, l'Administration de la Justice, l'Intendance des finances, le commandement des troupes ; mais sous l'autorité d'un Duc ou Gouverneur général de la Province dans laquelle leur Comté étoit situé : & ils avoient au-dessous d'eux des Vicomtes, Viguiers, ou Vicaires dont l'autorité s'étendoit en sous-ordre, soit sur l'entier territoire, soit sur une portion de ce territoire.

Toutes ces Magistratures graduelles, également amovibles par le titre de leur institution, devinrent bientôt des propriétés héréditaires, par la foiblesse & les divisions des descendans de Charlemagne. L'envahissement des domaines suivit de près celui du pouvoir ; & l'établissement des grands fiefs & de la *suzeraineté* graduelle, fut le fruit de cette double usurpation.

On connoît les effets de cette révolution & de l'anarchie qui en fut la suite.

Dès la fin de la feconde race, & à compter de cette époque, *plus de trois cent ans durant*, *le Royaume de France*, dit Mezeray, (*a*) *a été tenu felon les Loix des fiefs*, *fe gouvernant comme un grand fief*, *plutôt que comme une Monarchie.*

Aux preuves que cet Hiftorien, & M. le P. Hénault après lui, rapportent de cette propofition en apparence fi extraordinaire, on peut en joindre une autre qui n'eft pas moins frappante, & qui entre particulierement dans notre fujet.

La loi féodale n'étoit qu'une loi de convention entre le Seigneur & fon vaflal. L'obligation de celui-ci de fervir fon Seigneur à la guerre & dans fa Cour, étoit bien de la nature du fief, c'eft-à-dire, que la charge du double fervice d'*oft* & *de plaids*, étoit naturellement fous-entendue dans le contrat féodal, quoiqu'elle n'y fût pas exprimée, parce que le but commun & ordinaire de la conceffion féodale étoit d'acquérir ce double fervice. Mais l'hommage & la fidélité étoient feuls de l'effence du fief dont la confiance étoit la bafe, & qui produifoit néceflairement des rapports de fupériorité & de fubordination. Le vaflal pouvoit ne pas devoir autre chofe à fon Seigneur ; & ceux qui

---

(*a*) Hift. de France, tom. 2. pag. 7.

n'étoient fujets qu'à l'hommage *plane* ou *fimple* étoient dans ce cas (*a*).

Les devoirs les plus ordinaires du fief n'étoient donc que le réfultat d'une convention tacite ou expreffe entre le Seigneur & fon vaffal, & leur limite étoit celle de la convention même. Auffi n'y avoit-il aucune uniformité dans les fervices auxquels les vaffaux étoient obligés, foit par rapport à leur durée, foit pour l'étendue du territoire dans lequel ils devoient les rendre : les uns ne pouvoient fe difpenfer de fervir en perfonne ; les autres pouvoient racheter leur fervice par quelque fubvention : ceux-ci devoient, dans tous les cas, le fervice perfonnel ; ceux-là ne le devoient que lorfque le Seigneur commandoit fes forces en perfonne : quelques-uns acquittoient leur fief par leur fervice perfonnel ; d'autres étoient obligés de fe faire fuivre par quelques chevaliers : ici, le vaffal étoit obligé de fervir à fes dépens ; là, il étoit en droit d'exiger une folde, tant pour lui que pour les hommes de guerre qu'il menoit avec lui (*b*) de maniere que n'y ayant aucune loi publique gé-

_____

(*a*) BRUSSEL, Examen des fiefs, tom. 1. pag. 97. ROBERTSON, Introd. à l'hift. de Charles-Quint, tom. 2. note 8, pag. 51.

(*b*) MABLY, Obfervations fur l'Hiftoire de France, tome II, pag. 26. Accord entre *Philippe VI* & les Comtes, Barons & autres Nobles du Languedoc, du mois de Juin 1338. *Ordonnances du Louvre*, tom. 2. pag. 120.

nérale qui réglât ni la qualité , ni l'étendue ni la durée des devoirs féodaux , ces devoirs différoient dans chaque fief , & y étoient réglés par les conditions particulieres attachées à sa conceſſion (*a*).

L'ambition de s'agrandir & le beſoin de ſe défendre , dans un état de choſes où la force décidoit de tout , & ne pouvoit être contenue par la puiſſance publique , multiplierent prodigieuſement les relations féodales. Les Seigneurs ſe dépouilloient de leurs terres pour ſe faire des vaſſaux. Un grand nombre de propriétaires libres chercherent leur ſureté dans la protection de quelques Seigneurs puiſſans auxquels ils cédoient leurs poſſeſſions pour les recevoir enſuite de leurs mains ſous la loi du ſervice féodal. Dans le XI & le XII fiecles , dit *Bruſſel*, (*b*) tout ſe donnoit en fief; la *gruerie* des forêts ; le droit d'y *chaſſer* ; une part dans le *péage* ou dans le *roage* d'un lieu ; le *conduit* ou eſcorte des *Marchands* venant aux *foires* ; la *juſtice* dans le *Palais* du Prince , ou haut Seigneur; les *places* du *Change* , dans celles de ſes villes où il faiſoit battre *monnoie* ; les *maiſons* & *loges* des *foires* ; les *maiſons* où étoient

_____

(*a*) *Quando Rex Angliæ revenerit in pacem Regis Franciæ , ipſi faciet Regi Franciæ ſervitia & juſtitias in curia Regis Franciæ , de ſingulis feodis quæ ab eo tenet, SICUT SINGULUS FEODUS APPORTAT.* Rymer, tome I , pag. 27.

(*b*) Tome I, pag. 42.

les *étuves publiques* ; les *fours bannaux* des villes ; enfin jufqu'aux *effaims d'abeilles* qui pouvoient être trouvés dans les forêts.

Cette multiplicité des fiefs acheva de rompre le lien de l'union civile, déjà fi. affoibli fous le regne de Charles le Chauve. La polyarchie féodale détruifit tous les rapports politiques. La foi donnée & reçue devint le feul lien de la fubordination ; & l'hommage , le feul principe du droit public , fi on peut donner le nom de droit public à un corps de maximes & d'ufages qui avoient anéanti la puiffance publique pour y fubftituer partout une puiffance privée qui ne connoiffoit d'autre droit que les armes , ni d'autres loix que les traités & les conventions particulieres.

Une de ces principales maximes étoit que les Seigneurs & le Roi lui-même n'avoient d'autorité que fur leurs vaffaux immédiats. Les arriere-vaffaux ne prêtant ni la foi ni l'hommage au Seigneur fuzerain ne lui devoient rien , & ne reconnoiffoient en aucune maniere fa fupériorité (a).

Par une fuite de cette maxime, & même après qu'elle eut été confidérablement affoiblie par l'introduction des appels & des cas royaux qui ramenerent l'autorité royale dans les fiefs & les arriere-

(a) Mably, Obfervat. fur l'Hift. de France, tome II , pag. 33.

fiefs, les grands vaſſaux prétendirent encore, dans les XIII & XIV ſiecles, que le Roi ne pouvoit lever des ſubſides que ſur ſes ſujets immédiats ; qu'il ne pouvoit en demander aux ſujets des Seigneurs qu'avec le conſentement de ceux-ci ; & qu'enfin le Seigneur acquittoit ſes ſujets de tous devoirs envers l'état, en rempliſſant le ſervice auquel il étoit ſoumis par la loi de ſon fief.

En 1268 » le Roi St. Louis, diſent les Hiſto-
» riens de Languedoc, fit lever une taille ſur tous
» les ſujets immédiats de ſon domaine, pour ſon
» paſſage de la Terre-Sainte, ſuivant l'uſage où
» étoient alors les Seigneurs de *tailler* leurs vaſſaux
» dans cette circonſtance & dans quelques autres. Il
» fit outre cela demander un ſecours ou don gratuit
» pour cette entrepriſe, aux vaſſaux de tous les Sei-
» gneurs du Royaume. Nous avons encore l'acte par
» lequel les habitans d'Alby lui accorderent cent
» marcs ſterling le 17 de Septembre 1269, *à con-
» dition qu'il déclareroit dans des Lettres Patentes
» que ce don ne leur cauſeroit aucun préjudice à
» l'avenir & ne les aſſujettiroit pas à l'impoſition de
» la taille, parce qu'ils étoient vaſſaux de l'Egliſe.*
» Les vaſſaux des Vicomtes de Lautrec accorderent
» auſſi au Roi, avec leur permiſſion, un ſubſide
» pour le paſſage d'outre-mer (*a*) ».

(*a*) Hiſtoire générale de Languedoc, tome III, pag. 515, & aux preuves, N°. 357, col. 587 & 588.

En

En 1294, Philippe-le-Bel ayant assemblé une
armée à Toulouse pour mettre sous sa main le
Duché d'Aquitaine, & imposé un subside de six
sols tournois par feu, pour fournir aux frais de
cet armement, » le Comte de Foix fit signifier au
» Sénéchal de Carcassonne, le Mardi 17 de Mars de
» cette année, un acte dans lequel, après avoir
» exposé que le Châtelain Royal de Montréal ayant
» ordonné à tous les Baillis du Comté de Foix,
» tant en deçà qu'en delà du Pas de la Barre & dans
» le Capcir, de comparoître le Jeudi suivant, avec
» deux Consuls ou Députés de chaque château ou
» ville du même Comté, devant le Sénéchal de Car-
» cassonne, pour y donner un état des feux de cha-
» que Communauté, & *convenir* ensuite avec lui
» ou avec les Receveurs Royaux de Carcassonne
» d'une finance, *touchant l'immunité de la subven-*
» *tion pour l'armée du Roi*, suivant l'Ordonnance du
» Connétable ; il proteste qu'il n'y étoit pas obligé,
» parce que ses sujets n'étoient pas tenus d'aller à
» l'armée du Roi ; & il en appelle au Roi, au Con-
» nétable, & enfin à celui à qui il devoit en ap-
» peller. Le Sénéchal protesta au contraire que l'ar-
» mée du Roi devant s'assembler pour la défense
» générale du Royaume, les sujets du Comte de
» Foix étoient obligés de s'y rendre (a) ».

_____

(a) Hist. gén. de Lang. tom. IV, pag. 80.

Tome IV. b

En 1296 & 1305, le Comte de Foix prétendit que ses sujets ne devoient point être assujettis
au subside du cinquantieme imposé pour la guerre
de Flandres, parce que » ayant servi en personne
» en Flandres à la derniere campagne, il avoit rem-
» pli toutes ses obligations (*a*) ».

Ces prétentions & les contradictions qu'elles
avoient essuyées de la part des Officiers Royaux,
sous le regne de Philippe-le-Bel, exciterent les
réclamations de la plupart des Seigneurs du Royaume, lorsque Louis Hutin son fils lui succéda. *Les
réponses dont ils se contenterent*, dit l'Abbé de
Mably, (*b*) *prouvent que les mœurs avoient perdu
leur ancienne âpreté, & que les fiefs alloient perdre
le reste de ces droits barbares dont ils jouissoient
encore & qui ne pouvoient plus s'allier avec les
principes d'une Monarchie naissante.*

Il fut répondu aux Seigneurs de Languedoc,
que leurs sujets ne seroient plus contraints à payer
des subsides au Roi, à moins qu'il n'y eût coutume ancienne contraire, ou qu'il ne s'agît d'un
cas dans lequel le droit commun excluoit toute
exemption, ou enfin qu'ils ne consentissent à donner volontairement ce qui leur seroit demandé (*c*).

(*a*) Hift. gén. de Lang. tom. IV, pag. 131.
(*d*) Observat. sur l'Hist. de France, tom. II, pag. 180.
(*c*) *Quòd subditi dictorum nobilium per gentes vel officiales nostros de
cætero non compellantur ad solvendum nobis aliquod subsidium, nisi illi à*

Aux Seigneurs de Normandie, que quand ils auroient acquitté les services militaires ou autres qu'ils devoient au Roi, on ne demanderoit plus rien à leurs vassaux, sauf le droit du Roi dans le cas de l'arriere-ban ; que du reste le Roi ne leveroit en Normandie que ses revenus ordinaires, & qu'il ne pourroit imposer des tailles ni subsides, à moins d'une évidente utilité, ou d'une nécessité pressante (a).

Aux Seigneurs de Bourgogne, Forez, &c. que leurs vassaux ne seroient obligés de venir à l'armée du Roi, ni de payer aucune finance ou amende à raison de ce service, si ce n'est dans le cas de l'arriere-ban qui obligeoit tous les habitans du Royaume (b).

---

quibus ab antiquo levari & exigi consuevit ; vel in casu in quo de jure communi nullus haberetur immunis ; vel ab illis qui sponte nobis aliquid dare vellent, quacumque occasione cessante. Lettres de Louis Hutin du mois de Janvier 1315 (1316) dans le Recueil des Ordonnances du Louvre, tom. XII, pag. 413.

(a) Cùm homines nostri dicti Ducatûs servitia ab ipsis debita ratione nostri exercitûs, vel aliàs nobis persolverint, à suis subtenentibus nihil poterimus vendicare, salvo jure nostro in casu RETROBANNI.

Quòd de cætero per nos aut successores nostros in dicto Ducatu, in personis aut bonis ibidem commorantium, ultra redditus communes & servitia nobis debita, tallias, exactiones, subventiones, impositiones facere non possimus, nisi evidens utilitas aut emergens necessitas id exposcat. Lettres du 19 Mars 1314 (1315). Ordonnances du Louvre, tom. I, pag. 552.

(b) Feudales verò dictorum Ducis, Comitis, & Domini Bellijoci, vel alios eisdem immediatè subditos, nisi homines nostri fuerint ..... ad exercitûs

Les Seigneurs du Périgord & du Quercy obtinrent de Philippe V. des Lettres abfolument femblables à celles que Louis Hutin avoit accordées aux Seigneurs de Languedoc (*a*).

Ce n'eft pas de ces réponfes que l'on peut dire, avec l'habile Ecrivain que nous venons de citer, qu'elles étoient *obfcures ou équivoques*, & que Louis Hutin, *en feignant de ne rien refufer*, *promit tout pour ne rien accorder*.

Nous n'y trouvons au contraire rien que de clair & de précis. Elles font toutes fondées fur la diftinction des droits de *fouveraineté* & de *fuzeraineté* que les grands vaffaux avoient peine à reconnoître. Elles fuppofoient des rapports politiques que les relations féodales avoient pu faire oublier pendant long-temps, mais qu'elles n'avoient pu anéantir. Louis Hutin promettoit aux Seigneurs de ne demander à leurs fujets ni fervices, ni fubventions à raifon de leurs tenures féodales, lorfqu'ils auroient acquitté eux-mêmes les fervices de leurs fiefs ; & cette promeffe étoit conforme aux loix de la fuzeraineté. Mais il leur annonçoit en même-temps qu'en qualité de Souve-

_____

nofbros venire, *vel pro eis financiam vel emendam nobis præftare nullatenus compellemus*, NISI IN CASU RETROBANNI, *IN QUO CASU QUILIBET DE REGNO NOSTRO TENETUR*. Lettres du 17 Mai 1315, même Recueil, tom. I. pag. 569.

(1) Lettres du mois de Juillet 1319. *ibid.* pag. 697.

rain, & lorfqu'il s'agiroit du falut ou du bien commun du Royaume, il exigeroit, de leurs fujets les fecours qu'ils devoient à l'Etat comme citoyens & membres de la Monarchie. Il leur annonçoit encore, qu'il entendoit traiter avec leurs fujets fans leur interpofition, & faire exiger d'eux les fubfides qu'ils lui auroient offert volontairement, ou dont ils pouvoient être tenus en vertu d'une ancienne coutume.

On ne peut pas dire non plus que Louis Hutin *promit tout pour ne rien accorder*. Il ne régna pas affez long-temps pour effectuer ou trahir fes promefles; & plufieurs monumens des trois regnes fuivans atteftent que les diftinctions qu'il avoit voulu établir ne furent pas toujours obfervées, & que divers Seigneurs obtinrent la reftitution de fommes exigées de leurs fujets, foit en vertu de traités volontaires auxquels ils n'avoient pas confenti eux-mêmes, foit dans des cas qui intéreffoient le bien général du Royaume (*a*). On voit même qu'en 1338 les Comtes, Barons, & Hauts-Jufticiers des Sénéchauffées de Touloufe, Carcaffonne, Beaucaire, Périgueux, Cahors, Rhodès & Bigorre,

---

(*a*) Hift. gén. de Languedoc, tom. IV, pag. 213.

Lettres Patentes de 1340, 1343, 1345, 1347, 1359, Archives des Etats, Regiftres des titres de la Sénéchauffée de Nîmes, tom. I. fol. 203, 220, 226, 227, 228, 229, 230, 428.

obtinrent des lettres qui effaçoient toutes les diſtinctions exprimées dans celles du mois de Janvier 1315 , & déclaroient leurs ſujets *Nobles &* *non Nobles* exempts de tous ſubſides & exactions, *dans tous les cas* (*a*). Charles V en accorda de pareilles en 1375 aux *Vicomtes* , *Barons & autres* *Nobles* des Bailliages du Velay , du Vivarais & du Valentinois, moyennant un *don gratuit* qu'ils lui firent de 10000 francs d'or (*b*).

. Ce ne fut donc qu'en traitant avec les Seigneurs & leurs ſujets, ou ſeulement avec ceux-ci, que nos Rois purent obtenir des ſubſides dans les terres de leurs vaſſaux juſques vers la fin du XIVe. ſiecle ; & cela prouve bien ce que dit *Mezerai* que *plus de trois cent ans durant* , *le Royaume de* *France a été tenu ſelon les loix des fiefs* , *ſe gou-*

(*a*) *Quòd aliqua ſubſidia vel exactiones ab eis vel eorum ſubditis* NOBI-*LIBUS VEL INNOBILIBUS* , *ex parte noſtra vel ſucceſſorum noſtrorum de cætero non exigantur pro guerris noſtris* , *VEL ALIAS OMNIMODE.* Ordonnances du Louvre , tom. II , pag. 123.

(*b*) *Quòd dicti Vicecomites & alii ſuperiùs nominati* , *ac cæteri Nobiles & eorum homines & ſubjecti* .... *commorantes in dictis Balliagiis Vallarii* , *Vivarienſiſque & Valentinenſis* , *ac eorum reſſortis novis & antiquis* , *& eorum ſucceſſores præſentes & futuri* , *ſint & erunt ac perpetuò remanebunt franchi* , *quitti* , *liberi & immunes erga nos & ſucceſſores noſtros* , *ac alios à nobis & ſucceſſoribus noſtris cauſam & autoritatem ſeu jus habentes vel habituros* , *ab omnibus impoſitionibus* , *tailliis* , *focagiis* , *bannis* , *RETRO-BANNIS* , *ſubſidiis* , *juvaminibus* , *& exaccionibus quibuſcumque pro guerris noſtris præſentibus & futuris VEL ALIIS QUOVISMODO* , &c. Ordonnances du Louvre , tom. VI , pag. 158.

vernant comme un grand fief, plutôt que comme une Monarchie.

Quelquefois les Commissaires du Roi traitoient séparément avec chaque Viguerie ou Judicature : d'autres fois ils assembloient les Officiers & les hommes d'un *Comté* entier. On a vu qu'en 1294 le Comte de Foix se plaignoit au Sénéchal de Carcassonne, que le Châtelain Royal de Montréal avoit ordonné *à tous les Baillis du Comté de Foix* de comparoître avec deux Consuls ou Députés *de chaque château ou ville du même Comté*, pour donner un état des feux de chaque Communauté, & *convenir* ensuite, d'une finance *touchant l'immunité de la subvention pour l'armée du Roi.*

Il paroît que cet usage devint général dans le cours du XIVe. siecle. Nous avons des Lettres de Charles V, du 6 de Septembre 1371, adressées aux généraux Députés sur le fait des impositions ordonnées *pour le secours des guerres de la Languedoc*, & aux Elus nommés pour les asseoir & lever dans le *Diocese* de Carcassonne, qui prouvent que ces impositions avoient été délibérées dans les assemblées des *Comtés* des Sénéchaussées de Toulouse, Carcassonne & Beaucaire (*a*). Elles

_____

(*a*) *Dilectis nostris generalibus Deputatis super regimine imposicionum ordinatarum pro succursu guerrarum lingue occitane, & quibuscumque commissariis & electis ad indicendum, levandum & exigendum dictas imposiciones*

prouvent encore que les mots *Diocese* & *Comté*
étoient employés indifféremment pour désigner le
même territoire ou district, puisqu'on y lit qu'il
avoit nommé des Elus dans les *Comtés*, & qu'elles font adressées aux Elus nommés dans le *Diocese*
de Carcassonne.

C'est à cette habitude que prirent les Seigneurs
& les habitans d'un même *Comté* de s'assembler
pour *convenir* des subsides qui leur étoient demandés de la part du Souverain, que nous croyons
qu'on peut rapporter l'origine de nos Municipalités
diocésaines. Les *Comtés* ayant, lors de leur inf-

---

in DIOCESY *Carcassone destinatis* .... *attendentes quod civitas & cives
predicti, sub potestate generalium predictorum qui per nonnullos* COMITA-
TUS *Senescalliarum Tolose, Carcassonne & Bellicadri fuerunt & sunt electi,
nec in oblacione per eosdem* COMITATUS *nobis facta cujus pretextu dictæ
imposiciones indictæ sunt, minimè fuerunt nec sunt comprehensi, cùm ab ipsis*
COMITATIBUS *eorumque Conciliis & Tractatibus quibuscumque semper fuerunt & adhuc sunt omnes separati, & in factis & actibus eorum non vocati.*
Ordonnances du Louvre, tom. V. pag. 422.

Dans l'Histoire générale de Languedoc, tom. IV, pag. 344, le mot
Comitatus, employé dans ce monument, est rendu par celui de *Communautés*. Il nous paroît qu'il a fallu pour cela supposer une abréviation à
laquelle les pronoms *nonnullos* & *eosdem* résistent; que si le mot *Comitatus* peut être pris ici dans un sens différent de celui de *Comtés*, ce ne peut
être que dans celui d'*assemblées* des Sénéchaussées, *Ducange* rapportant en
effet quelques exemples qui pourroient autoriser cette acception. Nous
avons préféré celle de *Comtés*, 1°. parce qu'elle est la plus ordinaire du mot
Comitatus; 2°. parce qu'elle s'accorde avec la réclamation faite en 1294
par le Comte de Foix; 3°. parce qu'elle se lie fort bien avec l'état des choses
dans le XIVe. siecle.

titution,

titution, la même étendue que les *Dioceses* Ecclésiastiques dans lesquels ils furent établis, & les Evêques ayant été associés aux Comtes dans la Présidence des plaids de leurs districts (a), ces districts prirent indifféremment le nom de *Comté* ou de *Diocese*, l'un & l'autre désignant également le même territoire ; & cette *homonymie* subsista, malgré les variations que la force ou les convenances firent éprouver aux territoires des *Comtés* dans la durée de plus de trois siecles.

Les Historiens de Languedoc donnent une autre origine à nos Municipalités diocésaines. » Au » commencement du XVe. siecle, disent-ils, il se fit » une autre division par dioceses, à l'occasion des » aides qui étoient affermées par dioceses ; & c'est » cette division qui subsiste de nos jours pour la ré- » partition des subsides (b) ».

_____

(a) *Præsidebat (Comes) foro Comitatûs, non solus, sed adjunctus Episcopo...... idem igitur utrique territorium & jurisdictionis terminus.* SPELMANN. *Archæolog.* dans les preuves du traité des fiefs de Chantereau le Fevre, pag. 376.

Episcopis iterum, Abbatibus & Vassis nostris & omnibus fidelibus dicimus ut Comitibus ad justitias faciendas adjutores sitis.

Episcopi verò vel Comites, & ad invicem, & cum cæteris fidelibus concorditer vivant, & ad sua ministeria peragenda vicissim sibi adjutorium ferant. Capitular. Ludov. Pii, ann. 823, Cap. IX & X. Édit. de Baluze, Tome I. Col. 635 & 636.

On peut voir des exemples de ces plaids tenus en Languedoc sous la présidence des Evêques & des Comtes, dans les preuves du Tome Second de l'Histoire générale de Languedoc, N°. 5, 42, 56 & 85.

(b) Tome IV, page 502.

Notre jufte déférence pour des Savans fi diftingués, & la reconnoiffance même que nous leur devons pour les fecours abondans que nous avons trouvés dans leur excellent ouvrage, ne peuvent nous difpenfer d'obferver, 1°. que la divifion du Languedoc par Diocefes, relativement aux impofitions, étoit connue dès le XIVe. fiecle, puifque le 4 Mars 1370, le Duc d'Anjou, *Lieutenant général de la Languedoc*, ordonna de payer aux Députés de la ville, de la Baronnie & de la Rectorie de Montpellier *& du Diocefe de Maguelonne*, qui avoient affifté à l'affemblée des Communes tenue à Touloufe, les frais de leur voyage (*a*); & que les lettres de Charles V du 6 Septembre 1371, dont nous venons de parler, furent adreffées aux Elus nommés pour affeoir & lever *dans le Diocefe de Carcaffonne* les impofitions accordées pour les guerres de la Languedoc.

2°. Les élections diocéfaines formées à l'occafion de l'établiffement des aides, dans les Provinces diftinguées encore aujourd'hui par le nom de *pays d'élection*, eurent d'abord, ainfi que les anciens Comtés, la même étendue que les Diocefes Eccléfiaftiques, les *Evéchés*, dans lefquels elles furent établies; mais l'on connoît les Ordonnances & Réglemens poftérieurs qui ont changé les ref-

---

(*a*) Hiftoire générale de Languedoc, Tome IV, page 344.

forts refpectifs des fiéges d'élection qui existent aujourd'hui.

Il n'en est pas ainsi des dioceses *Municipaux* de Languedoc dont l'étendue differe presque partout de celle du territoire Eccléfiastique dont ils portent le nom, sans qu'il y ait aucun réglement qui ait fixé leurs territoires actuels : différence dont il seroit dès-lors impossible de trouver la cause, si l'on suppofoit une division originaire de la Province en Dioceses proprement dits, ou *Evéchés*, mais qui s'explique très-bien en la rapportant à la division féodale du Languedoc en Comtés & Bailliages.

Ce rapport une fois admis, on n'est plus étonné de trouver deux Municipalités diocéfaines dans le territoire Eccléfiastique de Narbonne ; la Municipalité de Narbonne & celle de Limoux : on n'est plus étonné que celle de Limoux n'ait formé jusqu'au milieu du siecle dernier qu'une seule Municipalité avec le territoire Eccléfiastique d'Alet ; parce qu'on fait que Charlemagne forma, d'un démembrement du Comté de Narbonne, le Comté *de Razès*, dont Limoux étoit la capitale, & qui renfermoit tous les territoires compris aujourd'hui dans le district de la Municipalité de Limoux & dans celui de l'Evêché d'Alet (a).

_____

(a) *Affrontat autem prædictus Comitatus (de Redez), à parte Orientis, in Comitatu Narbonenfi ; de meridie, in Comitatu Roffilionenfe &*

On voit sans surprise les Municipalités de Nîmes, Uzès, Viviers, Mirepoix & Rieux, s'étendre sur de grands territoires dépendans des Dioceses Ecclésiastiques d'Arles, d'Avignon, de Valence, de Vienne, de Pamiers & de Couserans.

On ne demande plus pourquoi la Municipalité de Viviers a quatre enclaves considérables dans le Diocese Ecclésiastique d'Uzès, &c. &c.

Enfin, on conçoit la raison de l'Ordonnance de François I, du premier de Mars 1532, qui porte que *les deniers sentans nature de tailles, seront cottisez, imposez & levez par terroirs & Jurisdictions, & non mie par limites des Dioceses & spiritualitez* (a).

Tant que les *Comtés* furent assemblés à part pour *convenir* des subsides qui leur étoient demandés; & même tant que les assemblées générales, soit des trois Etats, soit des Communes de la Province, n'eurent à voter que sur des *fouages* proprement dits, sur des *demandes* relatives à une somme déterminée pour chaque *feu*, il ne fut pas nécessaire que les Communautés d'un même *Diocese ou Comté* s'assemblassent pour répartir entre

---

confluente & Ceritaniæ; de Occiduo, in Comitatu Tolosanensi; de Aquilone, in Comitatu Carcassensi. Charte de l'an 1067 dans les preuves du Tome Second de l'Hist. de Languedoc, Col. 253.

(a) Rec. des Ordonnances de *Philippy*, page 118.

elles le subfide accordé , dans la proportion que chacune en devoit fupporter.

Comme l'octroi des fubfides à raifon d'une fomme fixe pour chaque *feu* a été en ufage dans la Province pendant tout le XIVe. fiecle ; que la divifion par *feux* a été la premiere regle de la répartition dans les Municipalités diocéfaines , & qu'il en refte encore des veftiges dans quelques cadaftres diocéfains ; & qu'enfin la dénomination d'impofition *par feux* , a donné lieu à des méprifes qui ne feroient pas fans conféquence pour l'hiftoire de la conftitution du Languedoc, il importe dès à préfent de fe former à ce fujet des idées diftinctes & précifes.

On n'entendoit point par *feu* une famille ou ménage , mais bien une valeur en fonds de terres déterminée à une fomme certaine.

Lorfque les Commiffaires du Roi étoient chargés de procéder à la fixation des *feux* d'une Communauté , ils fe faifoient repréfenter par les Confuls & les Collecteurs, les livres des tailles & collectes. Ils alloient enfuite *de porte en porte* chez tous les domiciliés du lieu , fans diftinction d'état & de condition , & ils formoient dans un regiftre deftiné à cet objet deux claffes de tous ces habitans.

Ils mettoient dans la premiere claffe ceux dont les facultés fe portoient à dix livres tournois de revenu en fonds de terre & au-deſſus ; & dans l'autre, ceux dont les facultés étoient au-deſſous de cette valeur.

Chacun des premiers étoit compté pour un *feu* : les autres n'entroient point en ligne de compte.

D'après cette fixation, lorſque le Roi avoit obtenu une ſomme certaine pour chaque *feu*, les Receveurs ſavoient ce qu'ils avoient à lever dans chaque Communauté, parce que le nombre de ſes *feux* étoit déterminé par la procédure d'affouagement.

Mais cette ſomme payée au Roi, à raiſon du nombre des *feux* étoit enſuite répartie domeſtiquement dans chaque Communauté, d'après ſon cadaſtre ou livre des tailles, ſur tous les tenanciers de cette Communauté, à proportion de leurs biens fonds qui étoient tous allivrés & eſtimés dans le cadaſtre, & ſoit que la valeur de ces biens fonds fût au-deſſus ou au-deſſous de la ſomme de dix livres de revenu, ou de telle autre qui avoit été déterminée pour la *computation* d'un feu (a).

―――――――――――――――――――――――――――――

(a) *Sequitur modus inſtructionum ordinatarum ſuper reparatione numeri focorum fieri poſtulata & conceſſa de novo...*

Deputabuntur certi Commiſſarii probi viri qui......... convocabunt & convocare facient coram ſe Conſules, Collectores Parochiarum, nec non Rectores & operarios Eccleſiarum...... Aſtringent ad oſtendendum ſibi Libros Talliarum ſeu Collectarum locorum prædictorum, exortando, & quantùm ad eos pertinuerit, ſi opus fuerit, compellendo Rectores ſeu Curatos

Les Communautés d'un même Diocese commencerent donc à s'assembler régulierement pour la répartition des subsides, lorsque les subsides furent réglés à une somme fixe pour toute la Province, & que cette forme fut substituée à celle de l'imposition par *feux*. On peut fixer cette époque au commencement du XVe. siecle.

Il paroît certain que cette répartition n'étoit pas

Ecclesiarum, vel eorum Vicarios, Registra sua in quibus nomina Parochianorum suorum sunt descripta ostendere, ut per inspectionem Librorum & Registrorum prædictorum, & etiam diligenti perquisitione ostiatim per eos in Locis & Villis facta, quam facere nullo modo omittant, scire valeant verum & certum numerum focorum prædictorum. Item, quod facta perquisitione & scrutinio hujusmodi, omnes & singulos Domiciliarios focum tenentes in dictis Locis & Villis, cujuscumque status & conditionis existant, ostiatim scribi & registrari facient, per eorum Notarios, ordine tamen, prout subjicitur, observato. Scribentur siquidem & registrabuntur, ab una parte, omnes & singuli quorum facultates valorem decem librarum Turonensium ascendunt, vel valent usque ad summam prædictam; & alios quorum facultates valorem decem librarum Turonensium non ascendunt vel excedunt, ad aliam partem facient registrari. Et est advertendum quod omnes & singuli domicilium, larem vel focum tenentes, habentes in bonis usque ad valorem decem librarum Turonensium dumtaxat, licet eorum facultates amplius non ascendant, debent & consueverunt pro foco numero computari. Item alii quorum facultates valorem decem librarum Turonensium non ascendunt, non consuevimus in ASSITUATIONE REDDITUUM ÆSTIMARI, nec pro foco etiam computari; licet Consules Locorum in quibus degunt ad contributiones subsidiorum & aliorum onerum plebeorum ipsos compellere consueverint, & ab ipsis habere illud quod possunt pro relevamine aliorum. Instructions de la Chambre des Comptes de Paris, touchant une nouvelle fixation des *feux* de la Province de Languedoc, dans les preuves du Tome IV, de l'Hist. gén. de Lang. N°. 171. Col. 385 & suivantes.

faite fur un tarif formé d'après une recherche exacte des forces & des moyens refpectifs de chaque Communauté ; mais elle n'étoit pas faite non plus d'une maniere tout-à-fait arbitraire.

En 1404 les Capitouls de Touloufe , tant en leur nom, qu'au nom des autres habitans de Languedoc , expoferent au Roi Charles VI que, fuivant l'ufage inviolablement obfervé dans les trois Sénéchauffées de Touloufe, Carcaffonne & Beaucaire , lorfqu'il avoit été impofé une fomme de deniers fur les villes & lieux de ces Sénéchauffées, la répartition en avoit été faite fur le nombre des *feux* de chaque ville ou Communauté ; que néanmoins les généraux fur le fait des Aides, & les Elus nommés dans les Diocefes , s'étoient écartés de cette regle & avoient levé arbitrairement l'année précédente fur les villes & lieux une fomme impofée fur tous les habitans du pays; & ils obtinrent le 19 Février 1404 (1405) des lettres portant que s'il étoit impofé en Languedoc quelque fomme d'argent de l'autorité du Roi ou autrement, elle feroit répartie fuivant le nombre des *feux* (a).

(a) *Dilecti noftri Capitularii Tolofæ , tam ipforum nomine , quam cæterorum habitantium patriæ linguæ occitanæ, nobis exponi fecerunt , quod licet à longè retrolapfis & tantis temporibus , quod de contrario memoria hominum non exiftat , in dicta patria ,præfertim in tribus Senefcalliis To-*

Ainfi

Ainſi le contingent de chaque Diocese étoit déterminé par le nombre des *feux* de ce Diocese dans les aſſemblées générales de la Province ou des Sénéchauſſées ; & ce que chaque Communauté de ce Diocese devoit ſupporter de ce contingent étoit réglé ſur le nombre des *feux* dont elle ſe trouvoit chargée par la procédure d'affouagement.

Quoique cette forme de répartition n'eût rien d'arbitraire, il en ſeroit réſulté probablement de grandes inégalités, ſi elle eût toujours été réglée ſur la compoſition des *feux* faite en exécution de l'inſtruction de la Chambre des Comptes que nous venons de citer. Et c'eſt apparemment pour cette

---

loſæ, videlicet, Carcaſſonæ & Bellicadri, ſuit inviolabiliter obſervatum, quotiens autoritate Regia ſeu aliàs, aliqua pecuniarum ſumma, per modum ſubſidii, ſeu juvaminis impoſita ſuit, ab incolis, civibus & habitatoribus Civitatum, Villarum & Caſtrorum dictarum Seneſcalliarum exigenda ſeu levanda, quòd hujuſmodi impoſitio facta ſemper extitit ſecundum numerum focorum, ad quem numerum quælibet Civitas, Villa vel Caſtrum reducta vel reductum ſuit ultimatè............ nihil ominùs generales ſuper facto ſubſidiorum, in dictis partibus deputati & electi in Dioceſibus dictarum Seneſcalliarum............ levaverunt formâ prædictâ minimè obſervatâ, imò penitùs omiſſâ, ſuper quamlibet Civitatem, Villam & Caſtrum ad eorum arbitrium certam quotam dictæ ſummæ ſicut placuit imponendo......... Nos igitur prædictorum exponentium ſupplicationibus inclinati, eiſdem tenore præſentium concedimus, de gratia ſpeciali per præſentes, quòd ſi contingat in futurum aliquam pecuniæ ſummam per modum ſubſidii, autoritate noſtrâ ſeu aliàs imponi ſeu indici in dictis partibus, hujuſmodi impoſitio ſiat ſecundum numerum focorum, per nos & ordinationem dictarum gentium Cameræ compotorum taxatorum & ordinatorum. Preuves du Tome IV, de l'Hiſtoire de Languedoc, N°. 175. Col. 393.

raifon qu'en 1464, & long-temps après que la conceffion des fubfides à tant par *feu* eut ceffé d'être
en ufage , il fut fait dans la Province une nouvelle procédure d'affouagement plus affortie à la
divifion exacte d'une fomme fixe impofée fur le
général de la Province , & dont les Etats ré-
clamerent l'application en 1482 , pour la répartition
tion d'une aide de 123,900 livres , & d'une crue de
326,423 livres qu'ils avoient accordées au Roi (*a*).

Les affemblées diocéfaines dans lefquelles fe faifoit cette répartition n'étoient que des émanations
de la grande affemblée des Etats généraux : elles
étoient compofées des Confuls de la ville principale, membres de cette grande affemblée, auxquels
les lettres de commiffion étoient adreffées , &
des Confuls des lieux principaux qui avoient accoutumé d'y affifter.

On ne peut douter que les principaux Seigneurs
du Diocefe n'y fuffent auffi appellés (*b*) : & on

_____

(*a*) Hiftoire de Languedoc, Tome V, page 59.

(*b*) Que la dicta aida accordada fe develifca per l'eftat commu per
Seneffauffies, & cafcuna Seneffauffia per las Diocefas que ly font: & en
cafcuna Seneffauffia fe meta un Recebedor general a la nominatio dels
tramefes (*Députés*) de cafcuna Seneffauffia, & los tramefes de la principal Vila de cafcuna Diocefa nommon & meton lo Recebedor particular
d'aquela Diocefa , & après los Senhors Capitols, Coffols & autres Ad-
miniftrados de la principal Vila de cafcuna Diocefa, apellats alcuns principals Senhors ho los procurados dels locs principals de cafcuna Diocefa
ayffi com es eftat acoftumat d'ayffi entras develifcan entre els la portio &
quota que lor pertocara. *Cahier des Doléances des Gens des Trois-Etats
du Pays de Languedoc de l'année* 1424, *aux Archives des Etats.*

voit en 1434 quatre Seigneurs du Diocese de St.
Papoul réclamer d'une répartition faite dans ce
Diocese sûr le fondement qu'ils n'y avoient pas
été appellés, suivant l'usage, & qu'il en étoit ré-
sulté une surcharge pour quelques Communautés
de leur mouvance (a).

On ne trouve rien dans les anciens monumens
connus qui nous apprenne quelles étoient les Communautés de chaque Diocese qui furent d'abord
appellées à la répartition, ni si la quotité de leur
affouagement, la quantité de leur contingent dans
l'imposition diocésaine, fut regardée comme la
seule mesure de leur droit à cet égard.

Une commission du 30 Avril 1434, adressée à
Me. Jean le Roux, Consul de la ville de Nîmes,
lui ordonne de répartir l'imposition diocésaine entre
les Consuls, manans & habitans, tant de la ville
de Nîmes que des autres villes & lieux du Diocese, *appellés les Consuls que pour ce feront &
en tel cas ont accoutumé être appellés* (b).

Une autre commission du 6 Juin 1481, adressée
à *Me. Pierre Dejardin*, Secrétaire du Roi, &
aux Consuls de Limoux & d'Aleth, s'exprime à-

(a) Arrêt du Parlement séant à Poitiers, du 14 Août 1434, aux Archives du Roi à Montpellier, titres de la Sénéchaussée de Toulouse en général, septieme continuation, N°. 1. F°. 5.

(b) Preuves du Tome IV de l'Histoire de Languedoc, N°. 192. Col.
438.

peu-près de même , *appellés ceux qui en tel cas ont accoutumé être appellés* (a).

Il réfulte feulement de ces deux commiffions , & des doléances de 1424, que , malgré l'intérêt inconteftable de chaque Communauté à la jufte ré-partition d'une charge dont elle fupportoit une portion, toutes n'y envoyoient pas des Députés ; & l'on peut conjecturer que plufieurs dûrent l'avantage de s'y faire repréfenter habituellement , foit à leur grande population ou à leur grand intérêt , foit au crédit de leurs Seigneurs , foit à des raifons de fimple convenance , telles que la proximité du lieu. de l'affemblée , la facilité des communications , &c.

Cette longue habitude de s'affembler , d'abord, pour la conceffion des octrois qui leur étoient demandés en particulier ; enfuite, pour la répartition d'une charge commune , & , ce qui ajoutoit beaucoup à l'importance de cette opération, d'une charge *folidaire* , puifqu'elle devoit acquitter en partie une obligation contractée au nom général de la Province ; cette habitude établit entre toutes les Communautés d'un même Diocefe des relations qu'elles n'avoient pas connues auparavant. Chacune fentit que , s'il lui importoit de ne pas payer au-delà de fon jufte contingent , il ne lui importoit

_____

(a) Preuves du Tome V de l'Hiftoire de Languedoc , N°. 27. Col. 51.

pas moins que chacune des autres pût toujours acquitter le fien , & de ne pas fe voir expofée à un accroiffement de charge par l'affoibliffement ou l'impuiffance de quelque membre de l'affocia-tion. De la réunion de tous ces intérêts particu-liers , il fe forma un intérêt commun à toutes, & un efprit général d'Adminiftration auquel il ne manqua pour lors que des lumieres fur les véritables fources de l'aifance & de la profpérité publiques, ou peut-être , que les moyens d'en profiter.

Dès le milieu du XVe. fiecle , on voit des ad-miniftrations diocéfaines contracter en corps de Diocefe des obligations communes pour pourvoir à des befoins communs : on les voit agir en juftice pour défendre les limites de leur territoire dio-céfain (a).

La forme de leurs affemblées fe perfectionna en raifon des progrès de cet efprit général qui commençoit à les animer.

On a vu que les Seigneurs principaux étoient appellés , lors même que l'objet de l'affemblée étoit borné à une fimple répartition. Dans la plus grande partie des Diocefes , ils furent remplacés par les Barons qui avoient droit d'entrer aux Etats

---

(a) Commiffion du Roi Charles VII du 13 Avril 1452, pour la réfor-mation du Languedoc , dans les preuves du Tome V de l'Hiftoire de Languedoc , N°. 4. Col. 6.

de la Province. Les Evêques , dont la plupart possèdent de grandes Seigneuries dans leurs Diocefes , & d'ailleurs membres essentiels des Etats de la Province comme les Barons , vinrent aussi y prendre féance ; & les uns & les autres y assisterent , avec les Consuls de la ville principale, en qualité de Commissaires des Etats dont ces assemblées n'étoient qu'une émanation.

A mesure que les Municipalités diocésaines étendirent & développerent leurs rapports , elles sentirent la nécessité d'un registre dans lequel leurs délibérations feroient consignées , & d'un dépôt qui conservât la suite & la chaîne de ces monumens. Il leur fallut un Officier chargé de promouvoir l'exécution de leurs délibérations , d'en rendre compte à l'assemblée suivante , & de la mettre en état, par des observations assidues & méditées dans tout le courant d'une année , d'éclairer & d'améliorer successivement toutes les parties d'une Administration qui devenoit toujours plus intéressante.

Elles fe donnerent des fyndics & des Secrétaires Greffiers. Dans quelques Diocefes , les Syndics furent d'abord choisis annuellement parmi les Administrateurs des villes qui avoient droit de députer à l'assemblée ; il s'établit même un tour entre elles pour la promotion alternative à la charge de Syndic ; & cet ufage , qui enlevoit à la Municipalité le droit de choifir librement un Officier dont la nomination ne fauroit avoir d'autre titre légitime que la confiance générale de cette Municipalité ; cet ufage avoit acquis une telle force dans certains de ces Diocefes, qu'il n'a pu être univerfellement & définitivement aboli que dans le commencement du fiecle actuel.

Le premier Officier de Juftice du lieu où fe tiennent les affemblées diocéfaines, ou fon Lieutenant en fon abfence, affifterent auffi à ces affemblées. On voit que dès le commencement du XVIe. fiecle les Etats *commettoient le Juge ordinaire ou fon Lieutenant* (a), pour faire l'affiette & département des impofitions avec les Confuls des villes principales ; & c'eft de-là que les Officiers de Juftice tirent ce droit d'affiftance dont ils jouiffent aujourd'hui. Le Diocefe de Touloufe eft le feul qui n'en admette aucun dans fes affemblées (b), tandis que, dans quelques-uns, le Sénéchal du reffort, ou fon Lieutenant, quoique leur fiége ne foit pas fitué dans la ville où l'affiette s'affemble, ont le droit d'y affifter concurremment avec le juge du lieu. Les droits des uns & des autres ont été réglés par les états des dépenfes des

---

(a) Préambule de l'Edit du 22 Août 1520, *infrà*, Titre VIII. N°. I.
(b) Voyez l'Arrêt du Confeil du 9 Avril 1744, *infrà*, Tit. X. Sect. II. §. I. N°. VII.

Diocefes arrêtés en 1759 & autorifés par des Arrêts du Confeil du 17 Décembre de la même année (*a*).

Les Procureurs du Roi & les Promoteurs des officialités s'étoient auffi introduits, mais fans titre & par abus, dans quelques affiettes. Ils en ont été définitivement exclus par l'Arrêt du Confeil du 30 Janvier 1725, portant réglement pour les affemblées des Diocefes.

Les Officiers de Juftice qui entrent aux affiettes, n'y ont pas voix délibérative (*b*) parce que l'intérêt qui les y a appellés eft d'un ordre différent de celui qui y appelle les membres du Diocefe. Ils n'y ont *qu'une féance purement honoraire, fans aucun droit de s'immifcer dans l'Adminiftration des Diocefes, mais uniquement pour y maintenir le bon ordre* (*c*).

Ces Officiers, ainfi que l'Evêque, le Baron, les Confuls, de la Ville Capitale, &, dans quelques Diocefes, certains Confuls Diocéfains, affiftent aux affiettes en qualité de Commiffaires ordinaires du Diocefe : Les Députés des villes & lieux du Diocefe qui ont droit d'entrer à l'affiette annuellement ou par tour compofent le refte de

---

(*a*) Voyez ces Arrêts du Confeil & les états qui y font annexés, *infrà*, Titre IX. Numeros XI, XII & XIII.

(*b*) Art. IX, de l'Arrêt du Confeil du 30 Janvier 1725.

(*c*) Délibération des Etats du 10 Février 1776.

l'affemblée.

l'assemblée. Nous donnons un état de ces Députés pour chaque Municipalité, dans des notices qui forment le Titre X°. de ce Volume.

L'assiette ou département de l'imposition Diocéfaine est faite dans les assemblées des Dioceses sous l'autorité du Roi représentée dans chacune par un Délégué des Commissaires qui ont présidé pour le Roi aux Etats de la Province, qui y a la qualité de *Commissaire Principal* ; cet ufage est très-ancien, ainsi qu'on l'a pu voir par les commissions de 1434 & 1481 dont nous avons parlé.

Ce Commissaire, qui n'a point de voix délibérative dans les assemblées de l'assiette, les feules où il puisse assister, doit être choisi parmi les membres de l'assemblée générale des Etats de la Province qui a voté l'imposition qu'il s'agit de répartir (a). Le rang de fa féance à l'assiette, & les honneurs qui doivent lui être rendus par les Consuls de la Ville où elle se tient, font réglés par l'Arrêt du Conseil du 30 Janvier 1725.

Nous ne retracerons point ici les crifes passageres que les Municipalités Diocéfaines ont éprouvées par des érections de siéges & bureaux d'élection, & par des créations d'Offices de *Com-*

(a) Voyez fur tout cela les pieces qui forment le Titre V de ce Volume.

miſſaires généraux des aſſiettes , de *Préſidens pour le Roi aux aſſiettes* , de *Syndics* & de *Greffiers des Dioceſes.* Nous en avons raſſemblé les monumens ſous les Titres V , VI & VIII de ce Volume. Ces créations faites toutes dans des momens d'orage ou de néceſſité ont été révoquées preſque auſſi-tôt qu'annoncées : elles n'ont jamais eu d'exécution ; & n'ont fait qu'ajouter à la ſtabilité des formes anciennes & conſtitutives d'une ſorte d'Adminiſtration très-précieuſe au Languedoc.

III.
Nature des
Municipalités
dioceſaines.

Quand on connoît l'origine , & l'Hiſtoire de la formation des Municipalités Dioceſaines , il eſt aiſé de ſe faire une idée nette de leur nature , & de ſentir que le nom même de *Municipalité* que nous leur donnons ne leur convient que dans ſon acception primitive & *étymologique* , dans le ſens d'aſſociation , de participation à une charge commune (*a*).

Les Dioceſes ne ſont pas compoſés de membres qui s'aſſemblent pour nommer des Adminiſtrateurs auxquels ils confient pour un temps déterminé la direction de leurs affaires communes , & auxquels ils pourront demander compte de leur geſtion.

Les Adminiſtrateurs des Dioceſes ne tiennent

_____

(*a*) *Propriè* municipes *appellantur muneris participes. Leg. I. §. I. ff. ad municipalem & de incolis.*

leurs pouvoirs que des Etats généraux de la Province dont ils sont membres ; & ils ne sont comptables de leur Administration qu'aux Etats & au Roi.

Ces pouvoirs n'ont pas d'autre durée que celle de l'assemblée même de l'assiette qui est le principal objet de leur convocation ; & ceux du Bureau établi pour la direction des affaires dans le courant de l'année , sont bornés à l'exécution des Délibérations prises dans l'assemblée de l'assiette.

Ce seroit donc se former une idée absolument fausse des Municipalités Diocésaines que de les regarder comme des Communautés , des Corporations.

On lit dans le préambule d'un Edit du mois de Juin 1692 , portant création d'Offices de Syndics & Greffiers dans chaque Diocese de la Province , que *les Dioceses de Languedoc font chacun un corps de Communauté composé de plusieurs villes & lieux.* Mais cette énonciation , qui n'avoit pas d'autre but qu'une assimilation aux Municipalités locales ou *Communautés particulieres* dans lesquelles il avoit été créé *de pareils Officiers* deux années auparavant , cette énonciation fut effacée six mois après par un autre Edit du mois de Janvier 1693 , qui *révoqua* celui du mois de Juin précédent , & déclara *nul & comme non avenu l'état de la finance* arrêté en exécution de cet Edit.

Si on veut trouver dans la Législation Municipale de la Province une notion précise de la nature des Municipalités Diocésaines, il faut la chercher dans les Lettres Patentes du 13 Mars 1653,
concernant la compétence des Etats sur les assemblées des assiettes des Dioceses. On y voit que
*les Dioceses ne s'assemblent qu'en vertu des Com-
missions émanées des Etats & des Commissaires
Présidens pour le Roi en iceux, pour exécuter les
Délibérations prises dans l'assemblée générale des
Etats, asseoir & départir sur les lieux particuliers qui en dépendent leur portion des impositions
consenties par lesdits Etats.*

C'est de-là que dérive la compétence naturelle
des Etats, que ces Lettres Patentes leur confirment, touchant *les différends qui peuvent naître,
tant dans l'assemblée générale que dans les assiettes
de chaque Diocese, à raison du droit d'entrée,
séance, préséance & adresse des Mandes, droits de
création, nomination, institution, destitution des
Syndics & Greffiers desdits Dioceses, & autres
semblables contestations, circonstances & dépendances* (a).

C'est parce que les Municipalités Diocésaines,
ne font que des Commissions émanées des Etats

(a) Ces Lettres sont dans le premier Volume de cette collection,
page 573.

qu'elles ne peuvent pourſuivre auprès des Commiſſaires du Roi & au Conſeil de Sa Majeſté, l'autoriſation des dépenſes ou des emprunts qu'elles ont délibérés, qu'après avoir obtenu le conſentement des Etats.

C'eſt pour cela qu'elles ne peuvent faire aucun changemunt valable dans leur compoſition ou Adminiſtration, aucun réglement de diſcipline intérieure, qui oblige les membres qui les compoſent, qu'avec l'autoriſation des Etats.

C'eſt-là ce qui fonde la juriſdiction des Etats pour la vérification des impoſitions des Dioceſes, leur inſpection ſur la Régie & Adminiſtration de leurs affaires, &c. &c. &c.

Nous venons de conſidérer les Municipalités Diocéſaines dans leur origine & les progrès de leur formation, & nous en avons tiré une notion claire & préciſe de leur nature. Il s'agit à préſent de les conſidérer ſous un point de vue plus intéreſſant, dans leurs rapports avec la félicité & la proſpérité publiques, & du côté de leur influence dans l'Adminiſtration générale.

IV.
Influence des Adminiſtrations diocéſaines dans l'Adminiſtration générale.

Les Etats du Languedoc ſont aſſemblés chaque année pour voter librement ſur les ſubſides que le Roi leur fait demander par ſes Commiſſaires; & la premiere choſe dont ils s'occupent, après que leur aſſemblée a été légitimement formée & réglée, eſt de délibérer ſur la demande du don gratuit, & d'offrir au Souverain, au nom de la Province, le tribut du zele & de l'amour de ses Peuples.

Cette délibération & l'offrande dont elle est suivie, supposent une connoissance très-étendue & en même-temps très-exacte des facultés & des ressources d'une grande Province composée de 2800 Communautés & partagée en plusieurs pays qui different autant entre eux par leur position, leurs climats & leurs productions, que leurs habitans different les uns des autres par leur industrie, leur caractere & leurs mœurs.

Elles supposent dans l'Administration générale, le droit de surveiller perpétuellement toutes les parties d'un si grand corps (*a*) ; de conserver à chacune tous ses avantages, & de les faire tourner au profit commun ; de favoriser dans chaque canton, l'accroissement des productions du sol & de la culture ; de diriger les ef-

---

(*a*) Avons maintenu les Etats de notre Province de Languedoc, dans le droit & possession où ils ont été jusques ici de prendre connoissance de la Régie & Administration des Dioceses, Villes & Communautés : Voulons en conséquence que les Syndics généraux puissent prendre, au nom desdits Etats, le fait & cause desdits Dioceses, Villes & Communautés dans leurs affaires particulieres, intervenir dans les instances où lesdits Dioceses & Communautés sont parties, & généralement faire, au nom desdits Etats, toutes les demandes qu'ils jugeront nécessaires pour l'intérêt commun desdits Dioceses & habitans de ladite Province. *Déclaration du Roi du 7 Décembre 1758, Art. X.*

forts de l'industrie & le cours du commerce vers l'emploi & le débit de ces productions, & d'ouvrir à l'un & à l'autre des débouchés locaux & faciles ; d'exciter par-tout l'amour du travail ; d'encourager l'émulation ; d'aider l'impuissance ; & d'assortir tous ces moyens aux convenances physiques & morales de chaque contrée & au génie de ses habitans.

Elles supposent dans les Administrations particulieres, & dans les dix-huit cent mille Languedociens qu'elles contiennent , une confiance sans bornes pour l'Administration générale.

Mais tout cela suppose aussi une constitution organisée de maniere que rien de ce qui intéresse le bien général & particulier ne puisse échapper à la vigilance de l'Administration générale , & qu'elle soit à portée , toutes les fois qu'elle s'assemble , de trouver dans son sein & parmi les membres qui la composent , toutes les lumieres dont elle peut avoir besoin , tout l'intérêt qui peut contribuer au bien de la chose publique.

Les Administrations Diocésaines lui donnent éminemment cet avantage.

Les principaux Administrateurs des Dioceses , les Evêques, les Barons , les Consuls des Villes Capitales , & , dans quelques-uns, les Consuls d'une Ville principale Diocésaine, sont tous membres essentiels & ordinaires des Etats; & la plu-

part des autres Villes Diocéſaines qui ont droit
de députer aux aſſiettes, ont auſſi le droit d'entrer aux Etats à leur tour.

Tous ces Adminiſtrateurs ont un grand intérêt,
& comme Citoyens & comme Repréſentans, à procurer à leurs Dioceſes reſpectifs tous les avantages poſſibles. Il eſt très-peu d'Evêques & de Barons qui ne poſſedent des biens roturiers, & qui
ne ſupportent une portion de la charge Diocéſaine : Ils ont donc un intérêt perſonnel à la bonne
Adminiſtration des Communautés, à l'augmentation des productions, à la facilité de la circula-
tion & de l'emploi des denrées. Ils ont la Seigneurie & la Juſtice dans pluſieurs territoires de
leur diſtrict Diocéſain : Ils ont donc un intérêt
perſonnel à la population de leurs terres & à l'ai-
ſance de leurs vaſſaux. Les Députés des Communautés ont auſſi leur intérêt perſonnel comme propriétaires ; & tous, comme Repréſentans de l'Adminiſtration générale dont ils tiennent leurs pouvoirs, ſont encore excités par le double intérêt
de la conſcience & de l'honneur (a).

Avec tant de motifs de s'inſtruire, & tant de
facilités que leur préſentent la compoſition des

(a) Nous ne parlons point de l'intérêt particulier des Evêques conſidé-
rés comme Paſteurs de leurs Dioceſes. On ſent aſſez combien un mobile
d'un ordre ſi ſupérieur doit ajouter à l'intérêt qui les anime comme Adminiſtrateurs.

Municipalités

Municipalités Diocéfaines, la permanence du Bureau de direction des affaires, l'attention & le zele de leurs Syndics; avec un fi grand intérêt de faire fervir tous ces moyens d'inftruction au foulagement & au bonheur des Communautés confiées à leur vigilance, les Adminiftrations Diocéfaines font en état de porter chaque année dans l'affemblée de l'Adminiftration générale, toutes les connoiffances locales qu'elle peut defirer, foit pour la réforme des abus dans les Communautés; foit pour le développement & le perfectionnement de la Légiflation Municipale; foit pour la mefure & le degré d'utilité des foulagemens & des encouragemens locaux; foit pour la néceffité ou la convenance des établiffemens deftinés à favorifer l'Agriculture, l'Induftrie & le Commerce; foit pour l'emplacement & la direction des communications & des débouchés, &c. &c. &c.

C'eft par la réunion des lumieres qu'apportent dans l'affemblée générale les chefs & les principaux membres de toutes les Adminiftrations Diocéfaines, que les Etats font affurés, lorfqu'ils forment dans quelque Diocefe, ou qu'ils lui permettent de former lui-même un établiffement avantageux, que cet établiffement n'a rien de préjudiciable aux autres Diocefes; & qu'ils font en état de concilier, par de fages ménagemens, les intérêts en apparence les plus oppofés.

Tome IV. f

C'eſt par une heureuſe habitude de ces ménagemens , par l'exercice de cet eſprit général d'Adminiſtration qui regne dans les aſſemblées des Etats, que les membres d'une Adminiſtration Diocéſaine ſeroient les premiers à rejetter dans leurs aſſemblées particulieres , tout projet qui ne pourroit procurer un avantage à leur Municipalité qu'au détriment d'une autre Municipalité ; & s'il étoit poſſible que l'eſprit particulier parvînt à s'y gliſſer dans un moment d'illuſion , il ſeroit bientôt réprimé dans l'aſſemblée générale , ſans le vœu de laquelle les Dioceſes ne peuvent rien exécuter , & où il trouveroit autant d'adverſaires , que de membres excités par un intérêt particulier contraire , ou animés de l'eſprit général de la grande Adminiſtration.

C'eſt dans les aſſemblées des Adminiſtrations Diocéſaines qu'un grand nombre de Députés des Communautés qui ont droit d'y aſſiſter , & qui n'ont pas celui de députer aux Etats, apprennent à chérir & à reſpecter une Adminiſtration générale qu'ils voyent ſans ceſſe occupée des intérêts communs & particuliers & de la conciliation des uns & des autres. C'eſt-là qu'admirant la ſageſſe de ſes Délibérations , la multiplicité & l'importance des objets qu'elles embraſſent ; qu'étonnés & touchés d'une ſollicitude qui s'étend à tout , & veille à leur bonheur ou à leur ſoulagement, ſouvent à leur infçu & fans leur participation, ils fentent le prix d'une conftitution que l'ignorance ou l'égoïfme peuvent feuls contempler avec indifférence : c'eft de-là qu'ils rapportent chez eux, & répandent parmi leurs Concitoyens & dans les Communautés qui n'envoyent pas aux affemblées Diocéfaines, cet efprit de Patriotifme qui naît de la confiance dans une Adminiftration fage & éclairée, & de l'amour du Souverain qui la protege, l'encourage, & auprès duquel fes vœux & fes prieres ne font jamais infructueux.

Ainfi s'étendent & s'affermiffent dans les Adminiftrations inférieures & dans toutes les claffes des Citoyens, cette conviction intime de la néceffité d'un fecours réciproque, ce fentiment précieux d'intérêt commun à l'aifance & au foulagement de tous, qui naiffent de la participation folidaire à une charge commune, & qui prenant leur fource dans l'intérêt perfonnel bien entendu, en tirent une force & une ftabilité qu'on ne fauroit trouver dans tout autre principe.

Les Procès-Verbaux des affemblées Diocéfaines fourmillent d'exemples de cet efprit d'intérêt commun.

Les Diocefes fe chargent en corps de toutes les dépenfes qui peuvent intéreffer le général du Diocefe, quoique, dans tous le momens, elles ne puiffent pas intéreffer également toutes les Communautés de ce Diocese. On en trouvera une foule de preuves dans les quatrieme & cinquieme Volumes de cette collection.

Nous nous contenterons de rapporter quelques effets remarquables de l'esprit qui les anime.

Les Administrations Diocésaines de Languedoc » ont été des premieres à reconnoître combien il étoit important d'arrêter le cours des ravages ou plutôt des assassinats que commettoient dans les campagnes ces prétendues sages-femmes dont l'inexpérience & la témérité ajoutant aux douleurs de la nature, détruisoient souvent son ouvrage & l'espérance des générations à venir (*a*) »; & elles ont peut-être la gloire d'avoir inspiré la même sollicitude à de plus vastes Administrations. Plusieurs d'entre elles ont établi dans leurs districts des cours d'instruction gratuite : d'autres défrayent les femmes qui vont suivre les cours établis dans les Dioceses voisins ; & quelques-unes ont fondé des prix annuels pour celles qui en auroient le mieux profité.

Les maladies des bestiaux, livrées pendant long-temps aux hasards d'une routine aveugle, ont aussi excité leur attention. Les plus intéressées à la conservation & à l'accroissement de cette sorte de

---

(*a*) Discours de M. Bertrand de Moleville, Intendant de Bretagne, dans la Séance des États de cette Province du 25 Octobre 1786.

richeſſe ont envoyé aux Ecoles vétérinaires de Charenton & de Lyon , & entretenu aux dépens du Dioceſe , pendant pluſieurs années , des Eleves qui ont juſtifié le choix qu'elles en avoient fait , & qui feront bientôt fleurir dans le Languedoc cette branche précieuſe de l'art de guérir.

Nous avions remarqué ailleurs (*a*), que» comme
» on ne peut nier que la proſpérité d'un pays ne ſoit
» en raiſon des avantages qu'on peut retirer de ſon
» ſol , il n'eſt perſonne qui ne convienne que le
» grand ouvrage des communications ne ſera porté
» à ſa perfection dans le Languedoc, que lorſqu'il
» n'y aura aucun lieu de cette Province qui ne puiſſe
» ſe procurer dans tous les temps, commodément,
» ſurement, & aux moindres frais poſſibles, le dé-
» bouché le plus avantageux de ſes productions ».

Nous étions pour lors bien loin de penſer que ce vœu étoit à la veille de ſe réaliſer , la plupart des Communautés étant notoirement dans l'impuiſ-ſance de ſoutenir les dépenſes de conſtruction & d'entretien des chemins de traverſe néceſſaires pour aboutir de tous les points de la Province aux grandes routes Diocéſaines & Provinciales.

Les Adminiſtrations Diocéſaines pouvoient lever cet obſtacle ; & les Communautés leur ſont

_____

(*a*) Introd. au Livre IV de la premiere diviſion. II. Vol. des Loix Municipales de Languedoc, page 293.

redevables de ce nouveau bienfait. » Convaincues
» que la conſtruction des grandes routes ne rempli-
» roit qu'imparfaitement le but & l'objet des Etats,
» ſi les Communautés n'étoient excitées à conſtruire
» leurs chemins d'embranchement, & ſi elles n'é-
» toient même ſecondées & aidées dans l'entrepriſe
» de ces ſortes d'ouvrages très-diſpendieux en géné-
» ral & au-deſſus de leurs forces (a) », elles ſont
venues au ſecours des Communautés, ſoit en leur
prêtant les ſommes deſtinées à la conſtruction, &
en ſe chargeant du payement des intérêts juſqu'au rembourſement ; ſoit en chargeant le Dioceſe de l'entretien des nouveaux chemins de traverſe que les Communautés feroient conſtruire ou
des anciens chemins qu'elles mettroient en bon
état ; ſoit par d'autres moyens appropriés aux beſoins & aux facultés des Dioceſes.

Ces ſecours diſtribués ſucceſſivement avec une
ſage meſure & un diſcernement éclairé ; dirigés
par cet eſprit de regle & d'économie qui déter-
mine & borne toujours les emprunts au moment
& à l'étendue du beſoin, & tend toujours à la
libération par des rembourſemens progreſſifs &
proportionnés aux facultés ; ces ſecours porteront
inſenſiblement les communications intérieures à un

_____

(a) Mémoire du Syndic du Dioceſe de Touloufe, dans la Délibération
des Etats du 11 Décembre 1784.

degré de perfection qu'il étoit plus aisé d'imaginer que d'espérer.

C'est ainsi qu'une *institution bornée dans les commencemens à la répartition des impositions générales , est devenue depuis , par la seule force du
principe fondamental de cette Province ,* la contribution solidaire *, un des ressorts le plus actif de
son Administration , & le moyen peut-être le plus
simple & le plus sûr de lier le bien particulier
au bien général.*

N. B. L'impreſſion de cette Introduction étoit bien avancée, lorſque M. l'Archevêque de Narbonne a prononcé, dans la ſéance publique des Etats, du 12 Décembre 1786, tenue pour la demande du don gratuit, un Diſcours ſur la conſtitution du Languedoc, dont il nous reſte un vif regret de n'avoir pu profiter. C'eſt le tableau le plus vrai & le plus animé d'une forme d'Adminiſtration dont les principes & les reſſorts ne ſauroient être trop connus, & qui a l'avantage ſingulier de concilier la plus grande liberté civile poſſible, & l'attachement le plus inviolable aux maximes & aux intérêts de la Patrie particuliere, avec le zele le plus pur, le reſpect le plus inaltérable, l'amour le plus conſtant pour le Souverain, & l'intérêt le plus réel & le mieux éprouvé au bonheur & à la gloire de la Nation. Il importeroit infiniment au progrès des lumieres & à la ſtabilité des principes ſur un objet ſi intéreſſant, que ce Diſcours vraiment doctrinal fût rendu public par la voie de l'impreſſion. Nous ſommes ici l'interprete du vœu de tous ceux qui l'ont entendu, & qui deſireroient qu'un morceau ſi précieux fût dérobé à l'obſcurité dans laquelle la modeſtie de ce grand Prélat retient tant d'autres chef-d'œuvres qui ont mêlé ſi ſouvent, dans les aſſemblées publiques des Etats, les larmes de l'attendriſſement aux tranſports de l'admiration.

LOIX

LOIX
MUNICIPALES ET ÉCONOMIQUES
DE LANGUEDOC.

SUITE DE LA PREMIERE PARTIE.
DIVISION SECONDE.

Des Municipalités Diocéfaines, ou des Etats particuliers &
Affiettes des Diocefes.

LIVRE PREMIER.

Des Affemblées Diocéfaines, ou Affiettes; de leur Compofition;
de leurs Officiers , des Frais d'Affiette , &c.

TITRE PREMIER.
De l'Epoque des Affiettes.

L'ÉPOQUE de la tenue des Affiettes eft une chofe intéreffante
pour l'Adminiftration , parce que c'eft dans les Affiettes
que fe fait la répartition des impofitions entre les Communautés d'un même Diocefe ; que c'eft des Affiettes que partent
les Mandes qui fixent la portion pour laquelle chaque Communauté doit contribuer aux charges provinciales & diocéfaines ; &
que les impofitions devant être payées dans les Communautés en

Tome IV.   A

trois termes, dont le premier expire le 15 d'Avril, & le second le 15 Juillet, un trop long retardement dans l'envoi des Mandes pourroit en apporter dans la levée des impositions. Il faut pourtant remarquer qu'il n'est plus gueres possible de tenir les Assiettes dans le délai fixé par les Réglemens de 1658 & 1725, parce qu'elles ne peuvent être convoquées qu'après la réception des Arrêts du Conseil rendus chaque année pour autoriser la levée des impositions générales & diocésaines.

Nous ne disons rien de la durée des Assiettes, que les Edits du mois d'Octobre 1632 & 1649 avoient bornée à huit jours; ce Réglement, qui pouvoit avoir quelque utilité lorsque les Commissaires principaux & les Députés des Villes & Communautés étoient défrayés à raison du nombre de leurs journées, n'en a plus depuis qu'ils reçoivent chacun une somme fixe & invariable pour leur assistance.

I.

EXTRAIT du registre des délibérations des Etats généraux de Languedoc, assemblés par mandement du Roi en la ville de Narbonne, au mois d'Octobre 1605.

Du Jeudi 24 Novembre suivant, président Mgr. l'évêque de Carcassonne.

PARCE qu'en plusieurs diocéses la tenue des Assiettes est différée long-temps après la tenue des Etats, & y est employé bien souvent trop de temps, a été ordonné que les scindics & consuls desdits diocéses seront tenus de faire convoquer lesdites Assiettes ung mois au plus tard après la tenue des Etats, & MM. les commissaires seront exortés de les achever le plustost que se pourra pour descharger les habitans de despence.

Voyez la délibération des Etats du 22 Janvier 1616, sous le Titre V, de ce Livre. N°. XIV.

II.

ARRÊT DU CONSEIL,

Portant que les Assiettes des diocéses seront convoquées, pour toute préfixion de délai, un mois au plus tard après la tenue des Etats.

Du 26 Juillet 1672.

EXTRAIT des Registres du Conseil d'Etat.

LE Roi ayant été informé que toutes les impositions, tant ordinaires qu'extraordinaires qui se font dans la province de Languedoc doivent être levées suivant l'ancien usage en trois termes; savoir dans les mois d'Avril, Juillet & Octobre, en conséquence des Commissions émanées d'autorité des sieurs commissaires présidens pour S. M. aux Etats de ladite province & des mandes qui sont envoyées ensuite à chacune des communautés particulieres desdits diocéses, par l'ordre des assemblées des Assiettes qui en ont fait le département, ce qui ne sauroit être exécuté dans le temps porté par les Réglemens, si la convocation desdites Assiettes est retardée, comme il est arrivé les années dernieres, dans lesquelles plusieurs dioceses de ladite province n'ayant tenu leurs Assiettes que dans les mois de Juillet & d'Août, & après l'échéance de deux termes, ce long retardement a empêché la levée de nos deniers & causé un notable préjudice à nos sujets, lesquels, sous ce prétexte, ont été obligés de payer de gros intérêts aux receveurs des tailles pour le droit d'avance des sommes qui n'étoient pas encore imposées, à quoi étant nécessaire de pourvoir, SA MAJESTÉ EN SON CONSEIL, a ordonné & ordonne, que les Assiettes des vingt-deux dioceses de ladite province seront convoquées à l'avenir, pour toutes préfixions & délais, un mois au plus tard après la tenue desdits Etats, enjoignant aux commissaires ordinaires & syndics desdits dioceses, d'en faire la convocation dans ledit temps & d'envoyer huitaine après ledit mois expiré, un certificat de la tenue d'icelles, pour être remis devers le greffe des commissaires du Roi auxdits Etats, à peine contre lesdits commissaires ordinaires & syndics d'interdiction de leurs charges, contre les consuls d'être privés de leurs émolumens & de l'entrée aux Etats, & contre tous de répondre en leurs propres & privés noms du retardement de la levée des deniers de S. M. & de tous dépens, dommages & intérêts, auquel effet sera le présent arrêt registré au greffe desdits Etats & en ceux desdits dioceses, pour être exécuté selon sa forme & teneur, & afin que personne n'en prétende cause d'ignorance. FAIT au conseil d'Etat du Roi tenu à S. Germain-en-Laye, le 26 Juillet 1672, Collationné. *Signé*, RANCHIN, pour le Roi.

LOUIS, *PAR LA GRACE DE DIEU*, ROI DE FRANCE ET DE NAVARRE : Au premier des huissiers de nos conseils ou autre notre huissier ou sergent sur ce requis. Nous te mandons & commandons que l'arrêt dont l'extrait est ci-attaché sous le contrescel de notre chancellerie, ce jourd'hui donné en notre conseil d'Etat, tu signifies aux commissaires & syndics des vingt-deux dioceses de notre province de Languedoc & à tous autres qu'il appartiendra, à ce qu'ils n'en prétendent cause d'ignorance, & faits pour son entiere exécution tous commandemens, sommations & autres actes & exploits nécessaires sans autre permission. Et sera ajouté foi, comme aux originaux, aux copies dudit arrêt & des présentes collationnées par l'un de nos amés & féaux conseillers & secrétaires ; CAR tel est notre plaisir. DONNÉ à Saint-Germain-en-Laye, le vingt-sixieme jour de Juillet l'an de grace 1672, & de notre regne le trentieme. Par le Roi en son conseil. *Signé*, RANCHIN, pour le Roi.

III.

EXTRAIT *du registre des délibérations des Etats généraux de Languedoc, assemblés par mandement du Roi en la ville de Montpellier au mois de Novembre* 1681.

Du Lundi 19 Janvier 1682, président Mgr. le Cardinal de Bouzy, archevêque de Narbonne.

MONSIEUR le Baron de Clermont a dit, qu'encore que le Roi ait ordonné par arrêt du Conseil du 26 Juillet 1672, que les Assiettes des dioceses de la province, seront convoquées au plus tard un mois après la clôture des Etats, & que cet arrêt ait été lu & publié dans toutes les Assiettes ; en sorte que ce réglement ne peut être ignoré, il arrive souvent néanmoins que les syndics des dioceses négligent de demander la convocation des Assiettes au temps porté par ledit arrêt, ou que ceux qui doivent leur en donner l'ordre manquent d'exactitude sur ce sujet, ce qui cause de grands inconvéniens par le retardement qu'on apporte à faire les impositions, & en rend la levée plus difficile ; & qu'il croyoit que l'Assemblée devoit remédier à cet abus. SUR QUOI il a été délibéré que ceux qui ont le droit de convoquer les Assiettes des dioceses de la province, seront tenus d'en ordonner la convocation aux termes, & dans le délai porté par le susdit arrêt du conseil, à peine d'en répondre en leur propre & privé nom.

I V.

EXTRAIT du registre des délibérations des Etats généraux de Languedoc, assemblés par mandement du Roi en la ville de Nîmes au mois d'Octobre 1687.

Du Lundi 17 Novembre suivant, président Mgr. le Cardinal de Bouzy, archevêque & primat de Narbonne.

SON EMINENCE a dit, qu'encore qu'il soit ordonné par plusieurs délibérations des Etats, & par des arrêts du conseil que les Assiettes des dioceses de la province, se tiendront au plus tard un mois après la clôture desdits Etats, afin que les mandes puissent être envoyées dans les Communautés, & les roles des impositions faits de bonne heure pour en faciliter la levée, néanmoins plusieurs Assiettes ont été tenues fort tard ; ce qui pouvant causer des inconvéniens préjudiciables aux dioceses, il croit que cette assemblée doit y remédier en marquant un temps au-delà duquel la tenue des Assiettes ne pourra pas être différée. SUR QUOI les Etats ont exhorté MM. les Commissaires principaux, ordinaires & députés, qui doivent tenir les Assiettes des dioceses de la province, de les convoquer le plutôt qu'ils pourront après la clôture des Etats, & a été délibéré que, sous quelque prétexte que ce soit, elles ne pourront être différées plus long-temps que le premier jour d'Avril.

TITRE SECOND.

Du lieu de la Séance des Affiettes.

LEs Etats ont toujours eu pour maxime de conferver les ufages particuliers de chaque diocefe pour le lieu de la féance de l'Affiette. Autrefois les Affiettes étoient *déambulatoires*, pour parler le langage du temps, dans quelques diocefes, & fe tenoient alternativement dans chacune des *villes maîtreffes* de ces diocefes; mais cet ufage a dû ceffer, lorfque les dépôts des greffes & des archives des diocefes fe font accrus au point qu'ils ne pouvoient plus être tranfportés d'un lieu à un autre fans de grands inconvéniens. La féance des Affiettes eft donc fixée aujourd'hui dans un feul lieu (a); & c'eft le lieu dans lequel on a accoutumé de la tenir, conformément aux réglemens de 1658 & 1725.

N°. I.

I.

EXTRAIT du regiftre des délibérations des Etats généraux de Languedoc, affemblés par mandement du Roi en la ville de Nîmes au mois d'Octobre 1559.

Du Samedi 14 Novembre fuivant, préfident Mgr. l'évêque de Montpellier.

SUr la requefte préfentée par le fcindic des diocefains du diocefe de Rieux, & par les confuls des Vans diocefains d'Uzès, requerans qu'il fuft dorefenavant gardé l'ordre que l'Affiette fe deuft tenir aux villes maiftreffes defdits diocefes, par tour, affin que chacune defdites villes s'en reffentît, & feuffent adverties auffi bien que la Cité des affaires de leurfdits diocefes; A ESTÉ OR-

DONNÉ, fuyvant autres conclufions, que lefdites Affiettes fe tiendront aux lieux où l'on a couftume.

N°. II.

II.

EXTRAIT du regiftre des délibérations des Etats généraux de Languedoc, affemblés par mandement du Roi en la ville de Beaucaire au mois de Novembre 1570.

Du Vendredi 10 dudit mois de Novembre; préfident Mr. le vicaire général d'Uzès.

SUr la requefte préfentée par les confuls & habitans de Montefquieu, Carbonne, & autres villes du diocefe de Rieux par laquelle réquéroient l'Affiette du diocefe eftre déambulatoire, & tenue par ordre & rang efdites vil-

(a) Il n'y a d'exception que pour les affemblées des Etats particuliers de Gevaudan & de Vivarais. Voyez ci-deffous les notices de ces affemblées, Titre X, Section III, §. III, & Section IV, §. I.

les; A ESTÉ ORDONNÉ que, suivant autres précédentes délibérations, en semblable cas prinses, l'ordre & coustume ancienne pour la tenue de ladite Assiette sera gardé & observé.

I I I.

EXTRAIT du registre des délibérations des Etats généraux de Languedoc, assemblés par mandement du Roi en la ville de Pezenas au mois d'Octobre 1610.

Du Vendredi 12 Novembre suivant, président Mgr. l'archevêque & primat de Narbonne.

SUR les plainctes faictes de la part des habitans des villes de Castelsarrazin & Montech, & autres diocésains du bas-Montauban, contenant que bien que ledit diocese soit composé de trois villes maistresses; savoir, de Castelsarrazin, Montech & Villemur, ausquelles on a accoustumé d'aller tenir l'Assiette suivant leur tour & ordre, & que c'est cette année le tour de Villemur; s'y est ce que lesdits diocésains, mesmes les depputés desdites villes de Castelsarrazin & Montech ne peuvent se rendre ceste année audit Villemur pour y aller tenir ladite Assiette, d'aultant qu'ils n'y peuvent estre en asseurance & liberté à raison des violences & intimidations qu'ils ont occasion de craindre de la part du sieur de Belujon, qui commande maintenant dans ladite ville & château de Villemur pour le seigneur de Lesdiguieres, mareschal de France & lieutenant général pour Sa Majesté en Dauphiné, les déportemens duquel Belujon, dont il y a une infinité de plainctes, apportant ausdits diocésains une juste crainte de leurs personnes, & que leurs opinions seront violentées, mesmes n'y ayant aulcung juge de la province qui puisse ni ose prendre cog-

noissance de ses actions & excès, pour estre tous lesdits juges interdits en vertu d'une évocation générale obtenue par ledit seigneur de Lesdiguieres & ledit de Belujon & autres leurs domestiques. Réquérans à ces fins, attendu que ledit Villemur n'est pas maintenant ville royalle, ayant esté distraite de l'ancien domaine & acquise audit sieur de Lesdiguieres, & qu'en la pluspart des dioceses de la province, cet ordre s'observe que les assemblées des Assiettes se tiennent toujours aux villes royalles, encores qu'elles ne soyent chefs des dioceses, affin que les diocésains s'y puissent assembler avec plus de liberté, qu'il plaise aux Estats de pourvoir à ce que ladite Assiette du bas diocese de Montauban se tienne en l'une des deux autres villes qui sont Castelsarrazin & Montech, pour le moings jusqu'à ce que l'occasion de ladite crainte puisse cesser. Et ouï sur ce le sieur Sabatery, consul de la ville de Castelsarrazin, & depputé desdits diocésains, A ESTÉ ARRESTÉ que, sans préjudice de l'ordre cy-devant gardé audit diocese, ni aux droits & prérogatives dudit Villemur, ausquels les Estats n'entendent aulcunement préjudicier, que pour ceste année, attendu les dénonciations publiques qui ont esté cy-devant faictes contre ledit de Belujon, sur lesquelles a esté prinse résolution qu'il seroit poursuivi au nom & aux despens du pays, l'Assiette dudit diocese se tiendra audit Montech, comme estant en tour après Villemur, & que Monseigneur le duc de Ventadour sera supplié d'authoriser ladite délibération, & bailler la commission pour tenir ladite Assiette audit Sabatery, aux fins que lesdits diocésains se puissent assembler en leur dite Assiette avec asseurance, & liberté pour les affaires du Roy & du public.

I V.

EXTRAIT du regiſtre des délibérations des Etats généraux de Languedoc, aſſemblés par mandement du Roi en la ville de Beaucaire au mois de Novembre 1622.

Du Samedi 26 Novembre 1622, préſident Mgr. l'évêque de Nîmes.

SUr la requête préſentée par les députés des lieux dépendans du dioceſe de Saint Pons, que bien que par les ordonnances du Roi ſoit porté que toutes les Aſſiettes des dioceſes ſe tiendront ez lieux appartenans à Sadite Majeſté pour éviter la domination & autorité des perſonnes, la faveur & reſpect deſquelles peut apporter de la timidité ou altération à ceux qui y aſſiſtent, ce néanmoins ceux de ladite ville de St. Pons, pouſſés de leur profit particulier depuis certaines années en ça auroient uſurpé ſur les villes royales dudit dioceſe la tenue deſdites Aſſiettes, en quoi les habitans dudit dioceſe avoient reçu de grands & notables intérêts ; & parce que c'eſt contre l'ordre de tout temps obſervé, ont requis les Etats vouloir délibérer que le ſyndic général pourſuivra vers le Roi & Noſſeigneurs de ſon conſeil, à ce que leſdites Aſſiettes ſe tiennent doreſnavant dans les villes royales dudit dioceſe & non dans ladite ville de St. Pons. Oui le conſul de ladite ville qui a dit que de tout temps & dont n'eſt mémoire du contraire, les Aſſiettes du dioceſe ont été tenues dans ladite ville de St. Pons, en préſence du ſeigneur évêque, oui auſſi le ſieur d'Ollive, ſyndic général, a été arrêté que l'ordre de tout temps obſervé pour la tenue des Aſſiettes tant en ladite ville de St. Pons que autres villes capitales des dioceſes, ſera continué ; & où ladite ville ou autres ſeroient pourſuivies pour raiſon de ce, que le ſyndic général

faira toutes pourſuites néceſſaires, tant vers Sa Majeſté que Noſſeigneurs de ſon conſeil, au nom, frais & dépens du pays, afin que l'ordre ancien ſoit obſervé.

V.

EXTRAIT du regiſtre des délibérations des Etats généraux de Languedoc, aſſemblés par mandement du Roi, en la ville de Montpellier au mois d'Octobre 1643.

Du 6 Novembre ſuivant, préſident Mgr. l'archevêque & primat de Narbonne.

AYant été repréſenté par les députés du dioceſe de Lodeve que, bien que la maiſon conſulaire de ladite ville ſoit en fort bon état pour y tenir l'aſſemblée de l'Aſſiette dudit dioceſe, néanmoins depuis quelques années les commiſſaires principaux & conſuls de ladite ville font tenir ladite Aſſiette dans des maiſons particulieres, contre la forme & liberté de cette province ; A été arrêté qu'en ladite ville de Lodeve & autres de la province, les aſſemblées de l'Aſſiette ſe tiendront annuellement dans la maiſon conſulaire deſdites villes où il y en aura, & en défaut, dans quelque communauté, & non en aucune maiſon particuliere.

V I.

EXTRAIT du regiſtre des délibérations des Etats généraux de Languedoc, aſſemblés par mandement du Roi, en la ville de Montpellier au mois d'Avril 1647.

Du Mercredi 29 Mai ſuivant, préſident Mgr. l'archevêque & primat de Narbonne.

MONSEIGNEUR l'évêque de Mende a repréſenté que l'année derniere, ayant reçu ordre & commandement exprès du Roi, par ſes lettres clofes du 12 Janvier de ladite année, de convoquer les Etats particuliers & Affiette de fon diocefe en la ville de Chanac, il auroit fait faire ladite convocation en la forme ancienne & accoûtumée ; enfuite de laquelle la plus grande partie des députés de tous les ordres dudit pays, qui ont entrée auxdits Etats fe feroient rendus en ladite ville de Chanac, où toutes les chofes qui y furent propofées avoient été réfolues & confenties par un fuffrage unanime des affiftans ; au préjudice defquels ordres de S. M., bien & duement fignifiés, certains particuliers avoient entrepris, de leur autorité, de faire une autre convocation des Etats en la ville de Maruejols, & fans préfident légitime, fans commiffaire principal, ni fans commiffion, fait un département des deniers de la taille, & auroient envoyé les mandes dans toutes les communautés dudit diocefe, & mis une telle confufion par-tout, que la levée des deniers du Roi en auroit été retardée, & les peuples réduits en état d'en refufer le payement ; de quoi S. M. ayant été informée, par fon arrêt du 19 avril 1646, elle auroit validé la convocation defdits Etats, faite audit lieu de Chanac, & ordonné que toutes les chofes qui y avoient été réfolues feroient exécutées & auroient leur plein & entier effet, avec défenfes à tous ceux qui avoient affifté à l'affemblée de Maruejols d'exécuter les délibérations

prifes en icelle, & à toutes perfonnes d'y avoir aucun égard ; & depuis, par autre arrêt auroit ordonné à Monfieur l'intendant de la juftice de la province d'informer dudit attentat qui va directement contre les ordres du Roi. Ledit feigneur évêque a requis l'affemblée d'y pourvoir & d'en prévenir les conféquences, & d'ordonner au fyndic général d'intervenir en cette caufe par-tout où befoin fera, & d'avertir le greffier pour le Roi aux Etats de prendre garde que fon commis ne baille à l'avenir les commiffions pour l'impofition des deniers, ou des Extraits d'icelles, fignés ou non fignés, à autres perfonnes qu'aux fyndics des diocefes ou aux commiffaires principaux qui y feront envoyés pour la tenue des Etats & Affiettes particulieres. SUR QUOI a été arrêté que le fyndic général interviendra fans frais par-tout où befoin fera en toutes les inftances mues & à mouvoir pour raifon de ce, contre lefdits particuliers qui ont fait telle convocation en ladite ville de Maruejols, & le greffier du Roi exhorté de ne fouffrir que fon commis expédie à l'avenir les commiffions pour l'impofition des deniers ordinaires & extraordinaires, ni n'en bailler des extraits fignés ou non fignés, à autres perfonnes qu'aux fyndics des diocefes ou commiffaires principaux qui y feront envoyés pour la tenue des Affiettes particulieres.

TITRE

TITRE TROISIEME.

Des Ordres qui composent les Assiettes.

LES Etats particuliers & Assiettes des dioceses, sont, à l'exception des seuls Etats particuliers du Vivarais, composés, comme les assemblées des Etats généraux de la province, des Ordres du Clergé, de la Noblesse & du Tiers-état.

L'archevêque ou évêque du diocese, ou, en son absence, son vicaire général; &, en cas de vacance du siége, le vicaire général institué par le chapitre, y président, & y représentent seuls l'ordre du Clergé; ce qui n'a pas lieu néanmoins dans les Etats & Assiettes des dioceses d'Alby, de Mende, du Puy & de Viviers, qui ont des usages particuliers.

L'ordre de la Noblesse est composé des seigneurs qui possedent dans l'étendue du diocese, des baronnies donnant droit d'entrée aux Etats; &, dans quelques dioceses, d'un certain nombre de barons diocésains qui n'entrent point dans l'assemblée des Etats.

Le Tiers-état est composé des consuls & députés des villes & lieux du diocese qui ont droit d'envoyer à l'Assiette : & ces consuls & députés y ont ou n'y ont pas voix délibérative, d'après les dispositions des réglemens généraux, ou en conséquence des usages autorisés dans chaque diocese.

SECTION PREMIERE.

Des Ordres du Clergé & de la Noblesse.

N°. I.

I.

EXTRAIT *du registre des délibérations des Etats généraux de Languedoc assemblés par mandement du Roi, en la ville du Saint-Esprit au mois d'Octobre 1565.*

Du Lundi 28 dudit mois d'Octobre.

Tome IV.

CONCLU quant aux Assiettes des dioceses du pays esquelles ceulx de l'Esglise & de la noblesse ont acoustumé assister, mesmes aux Assiettes du Puy, Viverois, Alby & Mende, ne seront reçus à opiner en icelles qu'ils ne soient de la qualité requise contenue aux délibérations du pays, & comme est observé aux Etats ; c'est à

N°. I.

ſçavoir que les vicaires généraulx duement fondés de procuration, & les commis des barons & ſieurs dudit pays qu'ils ſoient gentils-hommes de robe courte de ancienne race & extraction.

I I.

Extrait du regiſtre des délibérations des Etats généraux de Languedoc, aſſemblés en la ville de Beaucaire au mois de Novembre 1566.

Du 21 dudit mois de Novembre, préſident Mgr. l'évêque de Nimes.

SUr la requeſte préſentée par meſſire Claude d'Oraiſon, évêque de Caſtres, & veu la concluſion prinſe en la préſente ville de Beaucaire en l'année mil cinq cens ſoixante-quatre par laquelle entre autres choſes fuſt ordonné que, en tenant les Aſſiettes du préſent pays de Languedoc, MM. les évêques y aſſiſteroient, & en leur abſence leurs vicaires, a eſté conclud que ledit ſieur évêque, & en ſon abſence ſon vicaire général aſſiſtera en l'Aſſiette du diocèſe dudit Caſtres, enjoignant expreſſément aux conſuls & diocéſains dudit Caſtres de obſerver & garder la préſente délibération & ordonnance & n'y contrevenir aucunement, ſur peine que, où ils ne ſatisferont dès à préſent comme pour lors, l'entrée des Eſtats leur eſt deſniée, laquelle délibération & concluſion ſera gardée & obſervée en tous les diocèſes du préſent pays de Languedoc, ſur les peines que deſſus contre les contrevenans.

I I I.

Extrait du regiſtre des délibérations des Etats généraux de Languedoc, aſſemblés par mandement du Roi en la ville de Montpellier au mois d'Octobre 1571.

Du Jeudi 11 dudit mois d'Octobre, préſident Mgr. l'Evêque de Caſtres.

SUr la plainéte faicte par MM. de l'Egliſe de ce que, ez diocèſes de Caſtres, Niſmes, & quelques autres dudit pays, MM. les évêques ou leurs vicaires ne ſont appellés pour aſſiſter & ſe trouver ez Aſſiettes de leurs dits diocèſes ſuivant les deslibérations & concluſions du pays, & comme il a eſté faict & obſervé de tout temps ez autres diocèſes; a eſté conclud que M. de Joyeuze & les autres ſieurs commiſſaires ſeront priés de la part dudit pays de mander par leurs inſtructions en un article à part aux commiſſaires deſdites Aſſiettes, d'appeller & faire aſſiſter en icelles leſdits ſeigneurs évêques ou leurs vicaires, ſans que pour raiſon de leur dite aſſiſtance, il leur ſoit rien taxé.

I V.

Extrait du regiſtre des délibérations des Etats généraux de Languedoc, aſſemblés par mandement du Roi en la ville de Carcaſſonne au mois d'Octobre 1587.

Dudit 19 dudit mois d'Octobre, préſident Mgr. l'évêque de Nimes.

A Eſté conclud & arreſté ſuivant pluſieurs autres délibérations que ez Aſſiettes particulieres dudit pays où les Evêques ont entrée, ſingulierement au diocèſe de Caſtres, les Evêques ou leurs vicaires généraux que y aſſiſteront, auront la premiere ſéance & opinion à l'inſtar des Eſtats généraux de Languedoc dont leſdites Aſſiettes & aſſemblées particulieres dépendent.

V.

Extrait du regiſtre des délibérations des Etats généraux de Languedoc, assemblés par mandement du Roi en la ville de Montagnac au mois d'Octobre 1592.

Du Mardi 13 dudit mois d'Octobre, président Mgr. l'évêque de Montpellier.

LE sieur archidiacre d'Uzés a faict plainete à l'assemblée que ores que de toute ancienneté les sieurs évesques ou leurs grands vicaires, ensemble la noblesse, ont accoustumé d'assister aux Assiettes générales & particulieres des dioceses du présent pays, sy est ce que en aulcunes d'icelles les consuls, scindics & depputtés tiennent lesdites Assiettes sans y appeller lesdits sieurs évesques ni leurs grands vicaires à leur grand mespris & intérests, réquérant les délibérations données pour ce regard, ez assemblées des Estats tenus à Beaucaire en l'an 1564, à la ville de Carcassonne, au mois de Septembre 1575, & en Janvier 1575, sortir à leur plain & entier effet. Sur quoi a esté arresté que les délibérations cy-devant prinses pour ce regard sortiront leur plain & entier effect, sans toutes fois innover l'ordre ancien & accoustumé estre tenu auxdictes Assiettes.

V I.

EXTRAIT du registre des délibérations des Etats généraux de Languedoc, assemblés par mandement du Roi en la ville de Pezenas au mois de Novembre 1620.

Du Jeudi 10 Décembre suivant, président Mgr. l'archevêque & primat de Narbonne.

SUr ce qui a été représenté que jaçoit que tous MM. tant évêques & barons qui ont entrée & séance aux Etats généraux de cette Province, ayent aussi droit d'entrée aux Assiettes de leurs dioceses; ce néantmoins en aucuns par non usage ou autrement lesdits sieurs prélats en sont exclus;

A été résolu que d'ors en avant tous lesdits sieurs évêques & barons qui ont entrée & séance aux Estats, l'auront aussi aux Assiettes de leur dioceze, quand ils y voudront assister en personne, sans toutes fois qu'ils y puissent commettre ni envoyer ou subroger pour raison de leurs dites assistances, ni constituer lesdits dioceses en aucuns fraix; & à cet effet les Syndics desdits dioceses, lorsqu'ils manderont les assemblées en Assiettes, en donneront avis auxdits sieurs évêques & barons, sans que pour la présente délibération il soit aucunement dérogé à l'ordre qui est observé aux dioceses où lesdits sieurs évêques & barons sont entrés en tout temps, laquelle a été approuvée de l'assemblée après la lecture d'icelle.

V I I.

EXTRAIT du registre des délibérations des Etats généraux de Languedoc, assemblés par mandement du Roi en la ville de Beziers au mois de Septembre 1621.

Du Samedi 9 Octobre suivant, président Mgr. l'archevêque & primat de Narbonne.]

AYant Me. Gabriel de Faure, archidiacre en l'église cathédrale de Beziers & vicaire général en icelle, le siége vaquant, représenté que par délibération prise en l'assemblée des derniers Etats, le 10 Décembre, il auroit été arrêté que MM. les évêques & barons qui ont entrée auxdits Etats l'auroient en l'assemblée des dioceses, à quoi les syndic & députés du diocese de Beziers se seroient rendus resusans; pour raison de quoi il y auroit instance introduite en la cour des aides à Montpellier; & depuis ledit seigneur évêque étant décédé, & le siége vacant, demande qu'il plaise à l'assemblée délibérer que le vicaire général du siége vacant aura ledit droit d'entrée.

SUR QUOI, oui, le ſieur d'Ollive, ſyndic général du pays, & lecture faite de la délibération priſe en l'aſſemblée des Etats tenus en la ville de Beaucaire, le 27 Octobre 1564, A été arrêté que les vicaires généraux, le ſiége vacant, étant de la qualité requiſe, auroient entrée ez aſſemblées des Aſſiettes, & non les autres en l'abſence de leurs évêques, ſuivant la ſuſdite délibération du 10 Décembre dernier, ſans taxe ni ſans frais.

VIII.

EXTRAIT du regiſtre des délibérations des États généraux de Languedoc, aſſemblés par mandement du Roi en la ville de Beçiers au mois de Mars 1624.

Du Lundi 14 dudit mois de Mars, préſident Mgr. l'évêque de Caſtres.

LE ſieur de Lamamie ſyndic général a dit, que le ſyndic des habitans & bientenans des villes, lieux & conſulats des catholiques du diocéſe de Caſtres, auroient donné requête à ce que, conformément à la délibération des Etats tenus en la ville de Beaucaire en Novembre 1596, Mgr. l'évêque de Caſtres, & lui abſent, ſon vicaire général puiſſent aſſiſter en l'Aſſiette dudit diocéſe de Caſtres, & qu'il ſoit enjoint aux conſuls & diocéſains de les y recevoir, à peine d'être privés en cas de refus de l'entrée aux Etats ; & ſur pareille demande faite par M. d'Ambres, baron dudit diocéſe, qui a entrée aux Etats de cette province ; a été réſolu & délibéré que, conformément à ladite délibération de l'an 1596, il eſt enjoint aux conſuls & diocéſains dudit Caſtres de recevoir en l'Aſſiette dudit diocéſe tant ledit ſieur évêque de Caſtres, & lui abſent, ſon vicaire général, comme auſſi ledit ſieur d'Ambres, ſur peine en cas de refus d'être

exclus de l'entrée de l'aſſemblée des Etats prochains, & néanmoins a été délibéré que par le ſyndic du pays il ſera préſenté requête à MM. les commiſſaires préſidens pour le Roi aux préſens Etats, à ce qu'il leur plaiſe ordonner qu'il ſera mandé au commiſſaire principal & commiſſaires ordinaires qui tiendront la prochaine Aſſiette dudit diocéſe de Caſtres, en cas les conſuls de Caſtres ne ſatisferont aux ſuſdites délibérations, qu'il leur ſera loiſible de tenir & convoquer ladite Aſſiette en la ville de Lautrec, & qu'à cet effet les commiſſions ſeront délivrées au ſieur commiſſaire principal, par le ſieur de Guilleminet greffier, & que de ce par article exprès les inſtructions dudit ſieur commiſſaire en ſeront chargées.

IX.

ARRÊT DU CONSEIL,

Concernant l'entrée & la ſéance des vicaires généraux aux Aſſiettes, en l'abſence de MM. les archevêques & évêques.

Du 15 Juin 1633.

EXTRAIT des Regiſtres du Conſeil d'Etat.

LE Roi voulant faire ceſſer les conteſtations ci-devant intervenues & celles qui pourroient intervenir ci-après entre les vicaires généraux des évêques & les conſuls des villes de ſa province de Languedoc, pour raiſon de l'entrée & ſéance deſdits vicaires en l'abſence deſdits évêques, dans les aſſemblées qui ſe font annuellement pour les Aſſiettes & départemens des diocéſes de ladite province, en conſéquence de l'édit du mois d'Octobre dernier, SA MAJESTÉ EN SON CONSEIL, en interprétant ledit édit, a ordonné & ordonne que leſdits vicaires généraux, en l'abſence deſdits ſieurs archevêques & évêques, assisteront ès Assiettes de leurs dioceses, & y auront entrée, voix délibérative, rang & séance, immédiatement après le commissaire principal. Fait sadite Majesté défenses très-expresses auxdits consuls de les empêcher en ladite préséance, & à ses cours de parlement de Toulouse, & des comptes, aydes & finances de Montpellier, d'ordonner ci-après aucune chose au contraire dudit édit & du présent réglement, à peine d'en répondre en leur propre & privé nom. Fait au conseil d'état du Roi tenu à Paris le quinzieme de Juin 1633. Collationné. Signé, DE BORDEAUX.

LOUIS, PAR LA GRACE DE DIEU, ROI DE FRANCE ET DE NAVARRE: A notre huissier ou sergent premier sur ce requis. Par l'arrêt dont l'extrait est ci-attaché sous le contrescel de notre chancellerie ce jourd'hui donné en notre conseil d'état, en interprétant notre édit du mois d'Octobre dernier, nous avons ordonné que les vicaires généraux, en l'absence des sieurs archevêques & évéques de notre province de Languedoc, assisteront aux Assiettes de leurs dioceses, & y auront entrée, voix délibérative, rang & séance immédiatement après le commissaire principal. A cette cause, Nous te mandons & commandons de signifier ledit arrêt à tous qu'il appartiendra, à ce qu'ils n'en prétendent cause d'ignorance, & faire les défenses y contenues sur les peines y déclarées tant à nos cours de parlement de Toulouse, & des comptes, aydes & finances à Montpellier, qu'aux consuls des villes dudit pays, & tous autres actes & exploits nécessaires pour l'exécution de notredit arrêt, sans demander autre permission, & sera ajouté foi, comme aux originaux, aux copies dudit arrêt & des présentes, collationnées par l'un de nos amés & féaux conseillers & secrétaires: CAR

tel est notre plaisir. DONNÉ à Paris le quinzieme jour de Juin l'an de grace 1633, & de notre regne le vingt-quatrieme. Par le Roi en son conseil. Signé, DE BORDEAUX.

L'édit du mois d'Octobre 1632, est dans le premier volume de cette collection, page 288.

X.

COMMISSION

Sur la réponse du Roi à l'article XV du cahier des Doléances des Etats de Languedoc de l'année 1635, portant que les vicaires généraux qui assistent aux assemblées des Assiettes, en l'absence des sieurs évéques, y prendront le même rang & séance que lesdits sieurs évéques devant les commissaires principaux.

Du 19 Août 1635.

LOUIS, PAR LA GRACE DE DIEU, ROI DE FRANCE ET DE NAVARRE: Au premier notre huissier ou sergent sur ce requis, SALUT. Nous te mandons & commandons que la réponse par Nous faite sur le XV article du cahier à Nous présenté par nos très-chers & bien-amés les gens des trois Etats de notre pays de Languedoc, dont l'extrait est ci-attaché sous le contrescel de notre chancellerie, tu signifies aux commissaires principaux & ordinaires des Assiettes de notredit pays, consuls des villes & autres qu'il appartiendra, à ce qu'ils n'en prétendent cause d'ignorance, & leur fais commandement, de part Nous, d'y déférer & obéir, & le contenu audit article garder, observer & entretenir, sans y contrevenir ni souffrir être contrevenu en aucune maniere, nonobstant tous arrêts & autres choses à ce contraires, auxquelles nous avons dérogé & dérogeons pour regard. De ce faire & tous exploits *requis* & néceſſaires, pour l'exécution de notredite réponſe & de ces préſentes, te donnons pouvoir, commiſſion & mandement ſpécial, ſans pour ce demander placet, *viſà, ni pareatis* : CAR tel eſt notre plaiſir. DONNÉ à Paris le dix-neuvieme jour d'Août l'an de grace 1635, & de notre regne le vingt-ſixieme. *Signé* LOUIS. *Et plus bas* : Par le Roi, PHELYPEAUX.

EXTRAIT du cahier préſenté au Roi, par les gens des Trois-états de Languedoc, répondu par Sa Majeſté, le 19 d'Août 1635.

ARTICLE XV.

L'EDIT du mois d'Octobre, que Votre Majeſté nous a preſcrit pour ſervir de loi, réglant les ſommes qu'elle veut être levées audit pays, & ordonnant l'un des ſieurs tréſoriers de France pour commiſſaire principal des Aſſiettes, regle par exprès l'ordre deſdites aſſemblées & le rang & ſéance dudit ſieur commiſſaire principal, après MM. les évêques qui y aſſiſteront en perſonne ; & l'arrêt du 15 Juin 1633, celle de leurs vicaires généraux qui ont droit d'y aſſiſter en l'abſence deſdits ſieurs évêques, immédiatement après ledit ſieur commiſſaire : ce qui donne juſte ſujet de plainte auxdits ſieurs prélats ; car, comme leſdits ſieurs vicaires étant commis aux mêmes fonctions deſdits ſieurs prélats, ils ont auſſi toujours eu droit de remplir leur place en leur abſence, même aux Etats généraux de ladite province, où ils ont ſouvent préſidé, & que ce rang n'intéreſſe point la fonction deſdits ſieurs commiſſaires dans les Aſſiettes, à qui la préſidence reſte & toute l'autorité de régler leſdites aſſemblées & ordonner les choſes, ſuivant l'intention de l'édit, ſans que ladite préſéance puiſſe acquérir au-

tre avantage auxdits ſieurs vicaires que l'honneur & la déférence qu'on doit rendre à l'ordre & à la profeſſion, ils ont très-notable intérêt de faire réparer ce grief, & les Etats dudit pays de les aſſiſter en ce ſoin, & tâcher de faire conſerver au premier ordre des Trois qui les compoſent les prérogatives du caractere & de la dignité. A CES CAUSES, plaira à Votre Majeſté, SIRE, ordonner que leſdits ſieurs vicaires généraux aſſiſtant aux aſſemblées deſdites Aſſiettes, en l'abſence deſdits ſieurs évêques, prendront le même rang & ſéance en icelles que leſdits ſieurs prélats, devant leſdits ſieurs commiſſaires principaux. Et à côté eſt écrit : AC-CORDÉ. Collationné.

PHELYPEAUX, *ſigné.*

X I.

EXTRAIT du régiſtre des délibérations des Etats généraux de Languedoc, aſſemblés par mandement du Roi dans la ville de Pezenas au mois de Septembre 1641.

Du 10 dudit mois de Septembre, préſident Mgr. l'archevêque & primat de Narbonne.

MONSIEUR le comte de Vieule a fait plainte à l'aſſemblée de ce qu'on tient tous les ans les Aſſiettes du diocèſe de Beziers ſans lui en donner avis, afin de le priver de s'y pouvoir trouver, bien que par édit du mois d'Octobre 1632, & par les délibérations des Etats il ait droit d'entrer & aſſiſter en icelles, requérant les Etats d'y pourvoir. Ouis ſur ce les conſuls de la ville de Beziers, A ÉTÉ ARRÊTÉ qu'à la diligence des conſuls ou ſyndic dudit diocèſe le ſieur comte de Vieule ſera averti chaque année, huit jours à l'avance, du temps de l'ouverture de l'Aſſiette, à laquelle il prendra place à côté de monſieur l'évêque de Beziers, les commiſſaires principal & ordinaires devant être de l'autre, & le même ordre fera obfervé dans tous les autres diocefes de la province.

Voyez les articles 6, 7 & 8 du réglement du 30 Janvier 1725 qui fera rapporté en entier fous le titre des réglemens généraux des Affiettes.

XII.

Extrait du regiftre des délibérations des Etats généraux de Languedoc, affemblés par mandement du Roi en la ville de Beziers au mois de Novembre 1642.

Du Vendredi 28 dudit mois de Novembre, préfident Mgr. l'archevêque & primat de Narbonne.

Sur la plainte faite par Mgr. l'évêque d'Alet, que les confuls de Limoux, contre le refpect dû à fon caractere, aux ordres de Sa Majefté, & aux délibérations des Etats, auroient, dans une affemblée de fon diocefe, entrepris de lui ôter la faculté d'opiner, fous prétexte qu'il n'avoit que le feul droit d'affiftance dans les affemblées dudit diocefe, & à même temps auroient voulu donner voix délibérative au viguier de Limoux, contre les réglemens des Etats qui défendent aux députés des diocefes de fouffrir qu'aucun commiffaire principal ni commiffaire ordinaire, s'il n'eft conful, opine dans leurs affemblées; que la réfiftance qui lui avoit été faite par lefdits confuls dans ladite affemblée, venoit de ce que leur voix étant partagée avec celle du conful d'Alet fur l'élection des commis à la levée des droits de fubvention, ils craignoient qu'il n'appuyât de fon fuffrage celui du conful d'Alet qui tendoit à ne fouffrir pas que lefdits commis fuffent tous choifis de la ville de Limoux; que lefdits confuls étoient encore dans leur ancienne prétention d'avoir chacun voix délibérative dans lef-

dites affemblées, & d'y faire compter leurs fuffrages féparément, bien qu'ils ne puiffent tous enfemble former qu'une feule opinion, comme députés d'une feule ville; qu'ils convoquent fouvent des affemblées fans le lui communiquer & fans apprendre de lui fi le temps de ladite convocation eft à fa bienféance, ce qu'ils ne pouvoient faire néanmoins fans violer leurs ordres & fans aucun préjudice dudit diocefe; & que, parmi ces défordres, les receveurs des tailles, portés par lefdits confuls, prétendent en vertu de certain arrêt du confeil obtenu fur requête, avoir non feulement affiftance, mais voix délibérative dans les affemblées dudit diocefe, ce qui eft du tout contraire aux délibérations de cette affemblée. A ÉTÉ ARRÊTÉ que lefdits confuls de Limoux rendront à Mgr. l'évêque d'Alet tout le refpect qui eft dû à fa condition, & qu'ils ne feront plus fi hardis, à peine d'être pour jamais exclus de l'entrée aux Etats, d'entreprendre de difputer à mondit feigneur la faculté d'opiner dans les affemblées du diocefe, non plus que de ne lui pas communiquer la convocation defdites affemblées; qu'ils ne formeront tous enfemble qu'une feule voix, & qu'on ne fouffrira point dans le diocefe, & en tous autres, que les commiffaires principaux & ordinaires, s'ils ne font confuls, puiffent opiner dans lefdites affemblées; & qu'il en fera ufé de même contre les receveurs des tailles, nonobftant tous arrêts par eux obtenus, lefquels n'ont droit d'affifter aux affemblées dudit diocefe que pour rendre leurs comptes des frais d'Affiette, & fatisfaire au payement des avances qu'ils font obligés de faire pour lefdits frais. Comme auffi A ÉTÉ ARRÊTÉ, qu'aucune affemblée du diocefe ne pourra être faite fans en donner avis, huit jours auparavant, à MM. les barons qui ont droit d'y entrer & d'y opiner, tout ainsi qu'aux Etats, afin que dans ledit temps ils puissent prendre leurs mesures pour s'y rendre ou pouvoir envoyer, de même que messeigneurs les prélats.

XIII.

ARRÊT DU CONSEIL,

Concernant l'assistance des barons des Etats aux Assiettes des diocèses dans lesquels leurs baronnies sont assises.

Du 3 Juin 1643.

Extrait des registres du Conseil d'Etat.

Sur la requête présentée au Roi en son conseil par le syndic général du pays de Languedoc, contenant, qu'encore que par l'édit fait à Beziers au mois d'Octobre 1632, Sa Majesté ait expressément déclaré que les barons qui ont entrée aux Etats de la province de Languedoc puissent assister chacun en son diocèse, ez assemblées que s'y font, & y avoir voix délibérative, & qu'en conséquence dudit édit, par délibération desdits Etats, des mois de Septembre 1641 & Novembre 1642, il ait été arrêté qu'aucunes assemblées ne pourront être faites ezdits diocèses, sans en donner avis huit jours auparavant auxdits barons, afin d'avoir temps pour s'y rendre ou y envoyer; si est ce néanmoins que le sieur baron de Calvisson, qui a entrée aux Etats de ladite province, s'étant présenté au mois de Janvier dernier en l'assemblée de l'Assiette du diocèse de Nîmes, où ladite baronnie de Calvisson est assise, pour y assister, l'entrée lui auroit été refusée; A cause de quoi requéroit ledit suppliant qu'il plaise à Sa Majesté ordonner qu'injonctions se-

ront faites aux commissaires principaux, ordinaires, consuls & députés de ladite Assiette de Nîmes & autres de ladite province, de recevoir le sieur baron de Calvisson, & tous les autres sieurs barons qui ont entrée auxdits Etats chacun en son diocèse, pour assister ezdites assiettes & Assemblées desdits diocèses, y avoir voix délibérative, & autres fonctions & facultés à eux attribuées & appartenant, & pour cet effet les avertir de la convocation desdites assemblées huit jours auparavant l'ouverture d'icelles, à peine de 3000 livres d'amende & de privation de leurs charges. Vu par le Roi en son conseil ladite requête; l'édit fait par Sa Majesté au mois d'Octobre 1632; délibérations desdits Etats du mois de Septembre 1641, & Novembre 1642; acte de refus fait par les sieurs commissaires & députés de l'assemblée dudit diocèse de Nîmes, de donner l'entrée audit sieur baron de Calvisson, du 26 Janvier 1643; LE ROI EN SON CONSEIL, a ordonné & ordonne que ledit baron de Calvisson aura entrée, séance & voix délibérative en l'assiette & assemblées dudit diocèse de Nîmes, & tous les autres barons ayant entrée auxdits Etats de ladite province, en icelles, chacun dans son diocèse, & qu'à cet effet ils en seront avertis huit jours auparavant la tenue d'icelles; Faisant Sadite Majesté défenses aux commissaires principaux, ordinaires, consuls, & députés desdites assiettes & assemblées desdits diocèses de contrevenir audit édit du mois d'Octobre 1632, à peine de 3000 livres d'amende. FAIT au conseil d'état du Roi, tenu à Paris le troisieme jour de Juin mil six cent quarante-trois.

Signé, DE BORDEAUX.

LOUIS, PAR LA GRACE DE DIEU, ROI DE FRANCE ET DE NAVARRE: Au premier des huissiers de notre conseil,

N°. XIII.

feil, ou autre huiſſier ou ſergent ſur ce requis, Nous vous mandons & commandons que l'arrêt dont l'extrait eſt ci-attaché ſous le contre-ſcel de notre chancellerie, ce jourd'hui donné en notre conſeil d'état ſur la requête du ſyndic général du pays de Languedoc, portant que le baron de Calvißon aura entrée, ſéance & voix délibérative en l'aſſiette & aſſemblées du dioceſe de Nimes, & tous autres barons ayant entrée auxdits Etats de ladite province, en icelles, chacun en ſon dioceſe, & qu'à cet effet ils en ſeront avertis huit jours auparavant la tenue d'icelles, tu ſignifies aux commiſſaires principaux, ordinaires, conſuls, & députés des aſſiettes & aſſemblées deſdits dioceſes, & tous autres qu'il appartiendra, à ce qu'ils n'en prétendent cauſe d'ignorance : fais les défenſes y contenues ſur les peines y déclarées, & tous autres actes & exploits néceſſaires pour l'exécution d'icelui, ſans demander autre permiſſion ; CAR tel eſt notre plaiſir. DONNÉ à Paris le troiſieme jour de Juin, l'an de grace mil ſix cent quarante-trois, & de notre regne le premier. Signé, par le Roi en ſon conſeil, DE BORDEAUX, & ſcellé du grand ſceau de cire jaune ſur ſimple queue.

EXTRAIT de l'édit du mois d'Octobre 1649.

VOULONS que les prélats & barons qui ont entrée aux Etats, l'ayent auſſi dans les aſſiettes, avec les mêmes préſéances, honneurs & prérogatives qu'aux années dernieres, ſuivant nos déclarations des années 1636 & 1637, comme il a été pratiqué depuis.

assemblés par mandement du Roi en la ville de Narbonne au mois de Janvier 1645.

N°. XIV.

Du Samedi 11 dudit mois de Janvier, préſident Mgr. l'archevêque & primat de Narbonne.

AYANT été repréſenté par MM. les évêques de Beziers & du Puy, que dans les aſſiettes de leurs dioceſes on faiſoit difficulté d'y recevoir leurs vicaires généraux, & de leur accorder la préſéance qui leur étoit due en l'abſence de leurs prélats, ſuivant les arrêts du conſeil & délibérations de cette aſſemblée ; comme auſſi que MM. les barons qui avoient pluſieurs terres ayant faculté d'entrer dans leſdites aſſiettes, y entroient pour l'une deſdites terres, & en même temps y envoyoient pour les autres, ce qui eſt contre les réglemens des Etats, qui ne permettent pas que MM. les barons ayant pluſieurs terres du nombre de celles qui ont droit d'entrer aux Etats, y puiſſent être reçus, ni envoyer que pour l'une deſdites terres, s'ils ne ſont barons de tour de Vivarais ou de Gevaudan, auquel cas ils peuvent entrer pour ladite baronnie de tour, & faire procuration pour une des autres ; A ÉTÉ ARRÊTÉ que, conformément aux arrêts du conſeil & réglemens de cette aſſemblée, les ſieurs vicaires généraux entreront dans les aſſiettes, en l'abſence de leurs prélats, & que, rempliſſant leur place, ils y auront toute préſéance ; comme auſſi que MM. les barons obſerveront dans leſdites aſſiettes, pour la faculté d'y envoyer & d'y entrer, les ſuſdits réglemens des Etats.

X I V.

EXTRAIT du regiſtre des délibérations des Etats généraux de Languedoc, Tome IV.

X V.

EXTRAIT du regiſtre des délibérations des Etats généraux de Languedoc, assemblés par mandement du Roi en

la ville de Narbonne au mois de Janvier 1645.

Du Mardi 21 Février suivant, président Mgr. l'archevêque & primat de Narbonne.

SUR la plainte faite aux Etats par M. Dauteribe, baron de Coussou-lens, de ce que, ayant fait procuration l'année derniere pour l'entrée de ladite baronnie dans l'assiette du diocese de Carcassonne, ne pouvant lui-même remplir cette place, parce qu'il étoit commissaire principal de ladite assiette, on y avoit refusé l'entrée à son envoyé, au préjudice des arrêts du conseil & des réglemens de cette assemblée, par lesquels MM. les barons, qui ont entrée aux Etats, ont faculté d'entrer ou d'envoyer dans les assiettes, tout ainsi qu'auxdits Etats; A ÉTÉ ARRÉTÉ que l'envoyé de la baronnie de Coussoulens, pourvu de suffisante procuration, sera dorénavant reçu en ladite Assiette de Carcassonne, pour y remplir la place de mondit sieur baron lorsqu'il sera absent, ou qu'il y sera en la susdite qualité de commissaire principal, à la charge néanmoins qu'il ne pourra prétendre aucune taxation pour raison de ladite entrée, non plus que les vicaires généraux, s'ils ne sont employés dans l'état des dépenses ordinaires dudit diocese. Et d'autant que la difficulté faite dans ladite Assiette d'y recevoir ledit envoyé, peut procéder de ce que les commissaires ordinaires qui en ont l'entrée, veulent paisiblement jouir de leurs rangs & séance accoutumée, sans qu'il leur puisse être disputé par ledit envoyé, sous prétexte d'y remplir la place de son commettant, A ÉTÉ DÉLIBÉRÉ que ledit envoyé prendra place au même banc de Mgr. l'évêque de Carcassonne ou de son vicaire général, en l'absence de mondit seigneur, vis-à-vis du commissaire ordinaire de ladite Assiette.

XVI.

ARRÊT DU CONSEIL,

Portant que les évêques auront le premier rang & séance dans les assemblées des assiettes, soit qu'ils y assistent comme évêques ou comme commissaires principaux.

Du 28 Novembre 1646.

EXTRAIT des Registres du Conseil d'état.

SUR la requête présentée au Roi en son conseil par le syndic général de la province de Languedoc, contenant qu'ores, conformément à l'édit de Beziers de l'année 1632, les sieurs prélats ayent droit de tenir le premier rang & séance dans les assemblées des Assiettes, & que même du depuis, par la réponse de Sa Majesté au cahier des doléances de l'année 1635, cette préséance ait passé en leur absence à leurs grands vicaires, néanmoins il est averti qu'en l'Assiette derniere, tenue dans le diocese de Viviers, le sieur évêque dudit lieu a été troublé dans la jouissance de ce droit par le sieur baron de tour, sous prétexte qu'en cette qualité, par l'usage dudit diocese, il doit précéder le commissaire principal & présider en l'Assiette en laquelle ledit sieur évêque assistoit comme commissaire principal; mais d'autant que la préséance qui est acquise auxdits prélats par ledit édit n'est qu'en faveur de leur dignité, & qu'un évêque ne dépose pas son caractere pour faire la fonction de commissaire principal, requéroit ledit suppliant qu'il plût à Sa Majesté ordonner que le réglement de l'édit de Beziers touchant ladite préséance sera observé dans toute ladite province, même dans ledit diocese de Viviers, soit que lesdits prélats assistent auxdites Assiettes comme évêques ou comme commiſſaires principaux. Vu ladite requête; copie dudit édit de Sa Majeſté fait à Béziers au mois d'Octobre 1632, portant entre autres choſes que tous les évêques, enſemble les barons qui ont entrée aux Etats puiſſent entrer & aſſiſter ez aſſemblées, chacun en ſon diocèſe; copie de déclaration de Sa Majeſté du mois de Mars 1637, portant auſſi que les réglemens y contenus ſeront obſervés ſans préjudice de l'entrée des ſieurs prélats & barons ez Aſſiettes; copie de l'article du cahier des doléances préſenté au Roi par les députés des Etats de ladite province de Languedoc, & répondu par Sa Majeſté le 19 Août 1635, portant que les commiſſaires principaux n'auront ſéance qu'après les ſieurs évêques, ou, en leurs abſences, leurs vicaires généraux: Oui le rapport du ſieur de Garibal, conſeiller du Roi en ſes conſeils, maître des requêtes ordinaire de ſon hôtel, commiſſaire à ce députés, tout conſidéré; LE ROI EN SON CONSEIL, ayant égard à ladite requête, a ordonné & ordonne que la preſſéance adjugée aux ſieurs évêques de Languedoc aux Aſſiettes de leurs diocèſes par l'édit de Béziers de l'année 1632, & réponſe au cahier de l'année 1635, aura lieu lorſque leſdits ſieurs évêques y feront la fonction de commiſſaire principal. Fait Sadite Majeſté très-expreſſes défenſes audit baron de tour de troubler le ſieur évêque de Viviers en ladite preſſéance. FAIT au conſeil d'état du Roi, tenu à Paris le vingt-huit Novembre mil ſix cent quarante-ſix. *Signé*, GALLAND.

LOUIS, PAR LA GRACE DE DIEU, ROI DE FRANCE ET DE NAVARRE: Au premier huiſſier de notre conſeil, ou autre huiſſier ou ſergent ſur ce requis. Nous te mandons que l'arrêt dont l'extrait eſt ci-attaché ſous le contre-

ſcel de notre chancellerie, ce jourd'hui donné en notre conſeil d'état ſur la requête du ſyndic général de notre province de Languedoc, tu ſignifies au ſieur baron de tour, y dénommé, & à tous autres qu'il appartiendra, à ce qu'ils n'en prétendent cauſe d'ignorance; & fais, pour l'exécution d'icelui, tous commandemens, ſommations, défenſes, & autres actes & exploits néceſſaires; ſans autre permiſſion: CAR tel eſt notre plaiſir. DONNÉ à Paris le vingt-huitieme jour de Novembre, l'an de grace mil ſix cent quarante-ſix, & de notre regne le quatrieme: Par le Roi en ſon conſeil. *Signé*, GALLAND.

XVII.

EXTRAIT du regiſtre des délibérations des Etats généraux de Languedoc, aſſemblés par mandement du Roi en la ville de Carcaſſonne au mois de Février 1648.

Du Mercredi 13 Mai ſuivant, préſident Mgr. l'archevêque & primat de Narbonne.

LE ſieur de Joubert, ſyndic général, a repréſenté qu'il y a différend en l'Aſſiette du diocèſe d'Agde, entre Mgr. l'évêque d'Agde & le ſieur châtelain de Pezenas, commiſſaire ordinaire de ladite Aſſiette, ſur ce que ledit châtelain prétend qu'en toutes les aſſemblées générales & particulieres dudit diocèſe, il doit prendre ſa place au haut bout de la table, conjointement avec ledit ſeigneur évêque & le ſieur commiſſaire principal; & qu'en l'abſence dudit ſeigneur évêque, il a droit de ſigner le verbal de l'aſſiette, & autres actes, avant le grand vicaire dudit ſeigneur; comme auſſi de recueillir les ſuffrages en l'abſence du commiſſaire principal; ſur quoi il ſeroit à déſirer, pour prévenir un procès, qu'il plût à l'aſſemblée d'en juger. L'affaire miſe en délibération, A ÉTÉ ARRÊTÉ que dans les aſfemblées générales & particulieres dudit diocese, ledit châtelain prendra fa place fur un ban à côté de la table, & qu'en l'abfence dudit feigneur évêque, fon grand vicaire doit figner les actes de ladite Affiette avant ledit châtelain ; & au furplus il en doit être ufé fuivant la coutume dudit diocese.

XVIII.

EXTRAIT du regiftre des délibérations des Etats généraux de Languedoc, affemblés par mandement du Roi en la ville de Pezenas au mois d'Octobre 1650.

Du Jeudi 12 Janvier fuivant, préfident Mgr. l'archevêque & primat de Narbonne.

LE fieur de Vilars, envoyé de M. le baron de Campendu, a dit qu'il s'introduit une nouveauté dans l'Affiette du diocese d'Alet ; fçavoir, que Mgr. l'évêque étant annuellement dans l'Affiette, ne laiffe point d'y faire entrer fon vicaire général, fous prétexte que c'eft fans voix & fans fraix ; & bien qu'il croye que la piété dudit feigneur évêque n'entreprend cette nouveauté qu'à bonne fin, toute fois elle eft de très-dangereufe conféquence pour l'avenir ; SUR QUOI a été délibéré que nulle perfonne, de quelle condition qu'elle foit, ne pourra être introduite dans les Affiettes des dioceses fous quel prétexte que ce foit, autres que ceux qui font nommés dans les états du Roi & délibération des Etats, fans préjudice toute fois des droits & coutumes anciennes de chaque diocese.

L'ufage & le réglement de 1759 ont confacré dans le Velay une exception à la regle établie par cette délibération, ainfi qu'on le verra dans la notice des Etats particuliers de ce pays.

XIX.

EXTRAIT du regiftre des délibérations des Etats généraux de Languedoc, affemblés par mandement du Roi en la ville de Pezenas, au mois de Février 1669.

Du Mercredi 20 Mars fuivant, préfident Mgr. l'archevêque de Touloufe.

LE fieur de Joubert, fyndic général a dit : qu'il lui a été remis une copie d'affignation donnée au fieur Ranchin, qui affifte dans cette affemblée en qualité de vicaire général de Montpellier, pour comparoir devant M. de Valobfcure, confeiller au fénéchal de ladite ville, à la requête du fieur juge mage, à l'effet de voir procéder au collationnement de divers actes que ledit juge mage veut avoir du greffe du diocese pour appuyer la prétention qu'il a depuis quelque temps de précéder dans l'Affiette du diocese, ledit fieur vicaire général & de figner devant lui les départemens & verbal de l'Affiette ; & d'autant que cette affignation a été donnée au préjudice de la furféance accordée à MM. les députés de l'affemblée par divers arrêts du confeil & en dernier lieu par celui du 11 Septembre 1668, & que par la réponse à l'article XV du cahier des doléances préfenté au Roi par les députés du pays en cour, & répondu le 19 Août 1635, Sa Majefté veut & entend que les vicaires généraux, en l'abfence de Meffeigneurs les prélats, foient en droit de prendre dans toutes les affemblées des dioceses, villes & communautés de la province le même rang & féance qu'y occupent lefd. prélats lorfqu'ils y affiftent en perfonne, ledit fieur de Ranchin efpere que l'affemblée entrera dans fes intérêts, & qu'elle aura la bonté de lui accorder fa protection pour le faire jouir des avantages dûs à fa charge & à la dignité de son caractere. SUR QUOI a été délibéré & arrêté que le syndic général prendra le fait & cause dudit sieur de Ranchin, vicaire général de Montpellier, par-tout où besoin sera, aux frais & dépens de la province, pour le faire maintenir dans le droit qu'il a de précéder le juge mage de ladite ville dans les Assiettes du diocese, & signer devant lui tous les départemens des impositions ; & cependant pour faire jouir ledit sieur de Ranchin de l'effet de la surséance portée par ledit arrêt du conseil, a été délibéré que ledit syndic général ira vers M. de Bezons, intendant, pour le prier d'arrêter par son autorité la continuation desdites poursuites; & a été arrêté que lorsque MM. les barons qui entrent dans les Assiettes des dioceses se trouveront troublés en leur préséance & signature par les juges mages & autres commissaires ordinaires des dioceses, le syndic général prendra leur fait & cause, aux frais & dépens de la province.

X X.

ARRÊT

DU CONSEIL D'ETAT DU ROI,

Concernant la préséance des vicaires généraux aux Assiettes, en l'absence des Archevêques & Evêques.

Du 27 Août 1669.

EXTRAIT des Registres du Conseil d'Etat.

SUR ce qui a été représenté au Roi en son conseil par le syndic général de la province de Languedoc, que, bien que par l'usage observé de tout temps dans ladite province, & confirmé par l'arrêt de réglement du 15 Juin 1633, les vicaires généraux, en l'absence des sieurs archevêques & évêques de Languedoc, ayent eu la faculté d'assister aux assemblées des Assiettes des vingt-deux dioceses de la province, d'y avoir séan-

ce, voix délibérative, & de signer les procès-verbaux & départemens des impositions qui s'y font pour le service de Sa Majesté, après les commissaires principaux, & préférablement à toutes les autres personnes qui ont droit d'entrée dans lesdites Assiettes ; & que dès lors ladite année 1633, sur les plaintes qui furent portées au Roi par l'article XV. du cahier des doléances présenté par les députés de ladite province le 19 Août 1635, Sa Majesté, pour conserver au premier des trois ordres qui composent lesdits Etats généraux de ladite province, les prérogatives du caractere & de la dignité ecclésiastique, ait ordonné que les vicaires généraux, assistans auxdites Assiettes en l'absence des archevêques & évêques, prendront le même rang & séance en icelles que lesdits prélats devant lesdits sieurs commissaires principaux : néanmoins le sieur François de Mirmand, juge mage au sénéchal de Montpellier, prétend précéder dans les assemblées de l'Assiette Me. Gaspard de Ranchin, vicaire général dudit Montpellier, contre lequel il a formé instance pour raison de ce, de laquelle les Etats derniers de ladite province ayant eu connoissance, le suppliant fut chargé par délibération du 20 Mars dernier 1669, de faire les poursuites nécessaires pour faire maintenir tant ledit sieur de Ranchin, que tous les autres vicaires généraux des vingt-deux prélats de ladite province dans la préséance qui leur est due dans la séance & dans l'ordre des suffrages, & signatures de tous les actes qui se passent dans lesdites Assiettes. A CES CAUSES, & attendu que par lesdits arrêts de réglement des années 1633 & 1635, lesdits vicaires généraux ont été maintenus dans la préséance, même sur les commissaires principaux, auxquels les juges mages & autres commissaires ne l'ont jamais disputé, REQUÉROIT qu'il plût à S. M. fur ce lui pourvoir. Vu lefdits arrêts du confeil ; la délibération des Etats du 20 Mai 1669 ; l'ordonnance rendue par le fieur de Bezous, intendant de juftice en ladite province de Languedoc, du 23 dudit mois de Mars, enfemble la copie de l'affignation donnée audit fieur de Ranchin, LE ROI ÉTANT EN SON CONSEIL, a ordonné & ordonne que par le fieur de Bezons, intendant de juftice, police & finances en Languedoc, il fera donné avis de l'ufage pratiqué touchant ladite préféance, pour icelui vu & rapporté être pourvu par S. M. fur les fins de ladite requête, ainfi qu'il appartiendra par raifon. FAIT au confeil d'Etat du Roi, Sa Majefté y étant, tenu à St. Germain - en - Laye le vingt-feptieme jour d'Août 1669. *Signé*, PHELYPEAUX.

LOUIS, PAR LA GRACE DE DIEU, ROI DE FRANCE ET DE NAVARRE: à notre amé & féal confeiller en tous nos confeils le fieur de Bezons, commiffaire par nous député en notre province de Languedoc, SALUT. Par l'arrêt dont l'extrait eft ci-attaché fous le contrefcel de notre chancellerie, ce jourd'hui donné en notre confeil d'Etat, nous y étant, fur ce qui nous a été repréfenté par le fyndic général de notre province de Languedoc, nous vous mandons & ordonnons de nous donner votre avis de l'ufage pratiqué touchant la préféance dont eft queftion, pour icelui vu & rapporté à notredit confeil, être par nous pourvu ainfi que de raifon. De ce faire vous donnons plein pouvoir. Commandons au premier notre huiffier ou fergent fur ce requis faire pour l'exécution de notredit arrêt toutes fignifications, affignations, commandemens, defenfes, actes & exploits requis & néceffaires, fans pour ce demander autre permiffion ni paréatis : CAR tel eft notre plaifir. DONNÉ à St. Germain-en-Laye le vingt-feptie-

me jour d'Août l'an de grace 1669, & de notre regne le vingt-feptieme. *Signé*, LOUIS. Et plus bas ; Par le Roi. PHELYPEAUX, *figné*.

X X I.

DU CONSEIL D'ETAT DU ROI.

Sur le même fujet.

Du 4 Novembre 1670.

EXTRAIT des Regiftres du Confeil d'Etat.

ENTRE Me. François de Mirmand, feigneur d'Adiffan, confeiller du Roi en fes confeils, lieutenant général, juge mage & préfident préfidial en la fénéchauffée de Montpellier, commiffaire ordinaire de l'Affiette du diocefe dudit Montpellier, demandeur en lettres du grand fceau du 27 Juin 1669, & défendeur d'une part ; & Me. Gafpard Ranchin, chanoine & vicaire général du fieur évêque de Montpellier, & le fyndic général de Languedoc prenant fon fait & caufe, défendeurs & demandeurs en requête verbale inférée dans l'appointement de réglement de l'inftance du 30 Février 1670, d'autre part. Vu au confeil du Roi lefdites lettres du 27 Juin 1669, par lefquelles il a été permis audit de Mirmand de faire affigner au confeil ledit Ranchin & le premier conful & viguier de ladite ville de Montpellier, pour procéder fur le renvoi fait audit confeil par l'affemblée de ladite Affiette de la conteftation des parties, & voir dire & ordonner que ledit Mirmand fera maintenu & confirmé au droit à lui attribué, à caufe de fa charge, & à fes prédéceffeurs, de précéder, comme ils ont ci-devant fait de toute ancienneté, ledit Ranchin & tous autres en ladite qualité de vicaire général du fieur évêque de Montpellier, en toutes les fignatures des procès-verbaux, mandemens & autres actes de ladite assemblée de l'Assiette du diocese, & pour la contestation contraire se voir condamner aux dépens : Exploit de signification desdites lettres audit Ranchin, avec assignation à lui donnée audit conseil le 22 Juillet audit an 1669 : L'appointement de réglement pris entre les parties le 30 Février 1670 à communiquer écritures & procédures, & sans que les qualités puissent préjudicier, dans lequel est inséré la requête verbale desdits Ranchin & syndic général, à ce que ledit Ranchin en ladite qualité de vicaire général de l'évêque de Montpellier, soit maintenu en ladite préséance sur ledit sieur de Mirmand en ladite assemblée de l'Assiette du diocese de Montpellier, & au droit de signer devant ledit de Mirmand les mandemens, procès-verbaux & autres actes des assemblées de ladite Assiette, & ledit de Mirmand condamné aux dépens : Procès-verbal de l'assemblée de ladite Assiette du 28e. jour de Mars 1667, qui contient les contestations des parties pour ladite préséance des signatures ; sur quoi elles sont renvoyées au conseil, & cependant la provision adjugée audit sieur vicaire général : Vu autre procès-verbal de l'Assiette dudit diocese du 14e. jour de Mars 1668, qui contient aussi les contestations des parties sur le même sujet : Vu extrait figuré fait par le sieur de Valobscure, conseiller en ladite sénéchaussée de Montpellier, de l'ordre des signatures des procès-verbaux des Assiettes dudit diocese de l'année 1622, & suivantes jusques en 1666 : Procès-verbal dudit sieur de Valobscure du 18 Mars 1669, fait sur le sujet du compulsoire dudit extrait figuré sur les procès-verbaux des Assiettes : Certificat de Jean Savy, greffier & secrétaire du diocese de Carcassonne, que dans ledit diocese les vicaires généraux ne signent aucuns mandemens, & qu'il n'y a que le commissaire principal, le juge mage & les consuls : Ecritures & production dudit de Mirmand : Requête dudit syndic général du 9 Juin 1670, mise au greffe le 19, & signifiée le 17 dudit mois, contenant sa déclaration que pour satisfaire au réglement de l'instance, il emploie le contenu en icelle pour toutes écritures & productions ; & faisant droit sur l'instance, lui adjuger les fins de ladite requête verbale par lui faite, & condamner ledit de Mirmand aux dépens : Requête dudit syndic général du 27 Juin 1670, signifiée le 2 Juillet, sur laquelle il a été ordonné que le sieur rapporteur de l'instance en communiquera avec les sieurs de Morangiés & Boussieu : Autre requête dudit sieur de Mirmand du 4 dudit mois de Juillet 1670, employée pour contredits à la requête de production dudit Ranchin, sous le nom dudit syndic général, à ce que les conclusions qu'il a prises lui soient adjugées, & en outre qu'il soit ordonné que tous les mandemens pour les dépenses & nécessités dudit diocese, seront signés pendant la tenue de l'Assiette par le commissaire principal, par ledit de Mirmand & autres commissaires seulement, à l'exclusion dudit vicaire général, & après la tenue de ladite Assiette, que lesdits mandemens seront signés seulement par les commissaires ordinaires, à l'exclusion dudit vicaire général ; sur laquelle requête a été mis acte de l'emploi & sur le surplus en jugeant, signifiée le 10 dudit mois de Juillet : Autre requête dudit de Mirmand du 12 dudit mois de Juillet signifiée le 13, sur laquelle il a été ordonné que ledit sieur rapporteur communiquera de l'instance avec les sieurs de Lezeau, Breteuil & Voisin : Autre requête dudit syndic général du 27 Août 1670, signifiée le premier Septembre, qui contient ses salvations aux contredits dudit de Mirmand & sa production nouvelle de la piece y attachée, qui est un certificat dudit Savy, greffier du doicese de Carcassonne, du 9 Juin 1670 : Autre requête dudit syndic général du 2 dudit mois de Septembre, signifiée ledit jour, sur laquelle il a été ordonné que ledit sieur rapporteur communiquera de l'instance avec les sieurs de Seve & d'Alegre : Autre requête dudit syndic général de Languedoc du 20 Octobre 1670, signifiée le 22 dudit mois, qui contient sa production nouvelle des pieces y attachées, qui sont des certificats des 28 Décembre 1635, 19, 20, 21, 22, 23, 24 & 26 Septembre, 1er. & 4 Octobre 1670, de l'usage des dioceses de Montpellier, Beziers, Castres, Rieux, St. Pons, Toulouse, Limoux, Alet, Lavaur & Uzès, desquelles pieces nouvelles copie a été baillée avec ladite requête audit de Mirmand, ledit jour 22 Octobre : Oui le rapport du sieur Paget, commissaire à ce député, qui en a communiqué aux sieurs de Leyrau, Boussieu & Lamarguiere, & tout considéré, LE ROI EN SON CONSEIL., faisant droit sur l'instance, A ORDONNÉ ET ORDONNE que ledit Ranchin, en qualité de vicaire général du sieur évêque de Montpellier, à l'absence dudit sieur évêque, aura la préséance en l'assemblée desdites Assiettes, & signera les procès-verbaux & autres actes desdites Assiettes avant ledit sieur de Mirmand, dépens compensés. FAIT au conseil privé du Roi, tenu à Paris le quatrieme Novembre 1670. Collationné, LAGUILLAUMYE, *signé.*

LOUIS, PAR LA GRACE DE DIEU, ROI DE FRANCE ET DE NAVARRE: au premier notre huissier ou sergent sur ce requis. NOUS te mandons & commandons que l'arrêt ci-attaché sous le contrescel de notre chancellerie, ce jour-d'hui donné en notre conseil, entre François de Mirmand, seigneur d'Adissan, conseiller en nos conseils, lieutenant général en la sénéchaussée de Montpel-

lier, demandeur, d'une part ; & Gaspard Ranchin, chanoine & vicaire général du sieur évêque de Montpellier, & notre amé & féal le syndic général de Languedoc, au nom qu'il procede, défendeurs & demandeurs, d'autre ; tu signifies audit de Mirmand & autres qu'il appartiendra à ce qu'ils n'en prétendent cause d'ignorance, & leur fais de par Nous très-expresses inhibitions & défenses d'attenter aucune chose au préjudice de notredit arrêt, à peine de tous dépens, dommages & intérêts ; & fais au surplus pour l'entiere exécution ; à la requête dudit

toutes significations, commandemens, défenses, actes & exploits nécessaires, sans pour ce demander autre permission ni paréatis ; CAR tel est notre plaisir. DONNÉ à Paris le quatrieme jour de Novembre, l'an de grace 1670, & de notre regne le vingt-huitieme. Par le Roi en son Conseil.

Signé, LAGUILLAUMYE.

XXII.
JUGEMENT DES ETATS,
Sur le même sujet.
Du 14 Février 1675.

SUR la requête présentée par Mre. Jean-Louis Chalameil, Prêtre, Chanoine & prévôt de l'église cathédrale de Lavaur & vicaire-général du Seigneur évêque, Disant qu'encore que par la réponse faite par S. M. à l'article XV du cahier à elle présenté par les députés des Trois-états de la province de Languedoc en l'année 1635, il soit porté que les vicaires-généraux des seigneurs évêques de ladite province assisteront, en leur absence, aux assemblées des dioceses & y prendront le même rang & séance que lesdits seigneurs évêques devant les commissaires principaux & ordinaires desdites

No. XXII. desdites Assiettes ; & qu'en l'année 1646, sur la requête présentée par le Syndic général de la province, aux commissaires présidens pour S. M. aux Etats, tendante à ce que, conformément à la susdite réponse faite par S. M. au XVe. article dudit cahier, lesdits vicaires généraux fussent maintenus au droit d'assister auxdites Assiettes en l'absence des seigneurs évêques & d'y prendre le même rang & séance qu'eux, il eût été rendu ordonnance par lesdits sieurs commissaires, portant que lesdits vicaires assisteront en l'absence des seigneurs évêques aux assemblées des Assiettes des diocèses & y précéderont les commissaires principaux & ordinaires d'icelle, avec défenses d'y troubler lesdits vicaires généraux à peine de mille livres d'amende, & que des contraventions il en seroit enquis ; Si est ce néanmoins qu'au diocèse de Lavaur ez années 1669, 1671 & 1673, les commissaires principaux desdites Assiettes auroient contesté au vicaire général ladite assistance & préséance, nous requérant lui être sur ce pourvu, pour éviter pareilles contestations qui pourroient arriver à l'avenir. Vu ladite requête, *signée* Chalameil, notre appointement du 10 du présent mois, portant qu'elle seroit communiquée au syndic général, conclusions dudit syndic général, LES ETATS, jugeant en dernier ressort, ONT ORDONNÉ ET ORDONNENT que le vicaire général de Lavaur, le siége vacant, aussi bien que celui du seigneur évêque, en son absence, précéderont, tant dans la séance à l'Assiette du diocèse, que signature des actes, les commissaires principal & ordinaires d'icelle, avec défenses de leur donner aucun trouble pour raison de ce, à peine de mille livres d'amende, & que des contraventions il en sera enquis par le premier magistrat, docteur, ou gradué ;

Tome IV.

& qu'à la diligence du syndic dudit diocèse, le présent jugement sera lu à la prochaine Assiette & regiftré par le greffier ez regiftres d'icelui pour y avoir recours, le cas y échéant. Mandons au premier huissier ou sergent sur ce requis de faire pour l'exécution de notre présent jugement, tous exploits de signification & autres à ce requis & nécessaires. FAIT à Montpellier, pendant la tenue des Etats, le 14 du mois de Février 1675. † ANT. FRANÇOIS, Ev. de Rieux, président, *signé.*

No. XXII.

XXIII.

EXTRAIT du regiftre des délibérations des Etats généraux de Languedoc, assemblés par mandement du Roi en la ville de Montpellier au mois d'Octobre 1761.

Du Samedi 28 du mois de Novembre, président Mgr. l'archevêque & primat de Narbonne, grand aumônier de France, commandeur de l'ordre du St. Esprit.

MONSEIGNEUR l'évêque de Carcassonne a dit, que le sieur de Joubert, syndic général, a rendu compte d'une requête présentée aux Etats par le syndic du diocèse de Montpellier, dans laquelle il expose que depuis plusieurs années il arrive des contestations entre les envoyés de MM. les barons du Diocèse, & M. le juge-mage, au sujet de la signature des départemens des impositions & des rôles de la capitation & vingtiemes.

Que ledit sieur juge-mage prétend être en droit de les signer immédiatement après le sieur commissaire principal, & avant les envoyés de MM. les barons, ainsi qu'il en avoit été usé avant & depuis le réglement de 1725, & que MM. les envoyés ont prétendu au contraire, en se conformant audit

D

réglement , que MM. les barons , & ceux qui les repréfentent , doivent figner avant M. le féméchal & le fieur juge-mage. Que cette conteftation s'étant encore élevée à l'Affiette derniere , il a été donné acte aux parties par déli-bération du 23 Avril 1761 , de leurs dires & proteftations , fauf à fe pour-voir aux Etats pour y être ftatué , & qu'il fupplie les Etats en conféquence de vouloir bien y prononcer définitive-ment.

Que MM. les commiffaires, après avoir pris lecture du réglement du 30 Janvier 1725 , ont remarqué en plu-fieurs articles, ayant rapport à l'ordre de la féance, laquelle regle l'ordre de la fignature, que MM. les barons, & conféquemment leurs envoyés, ne doi-vent être précédés, que par Mgr. l'é-vêque, & par M. le commiffaire prin-cipal , mais que la requête, dont il s'agit , n'étant accompagnée d'aucun mémoire de la part des parties, il leur a paru difficile de prononcer dé-finitivement, fur la conteftation dont il s'agit , fans les entendre ; d'autant plus que fuivant l'expofé de la requête du fyndic du diocefe, l'ufage eft favo-rable au fieur juge-mage, même de-puis le réglement de 1725 , de forte que MM. les commiffaires ont été d'avis de propofer à l'affemblée de délibérer que la requête du fyndic du diocefe de Montpellier fera communiquée au fieur juge-mage de la même ville, à l'effet d'y répondre , & , fur fa réponfe com-muniquée aux envoyés de MM. les barons , & au fyndic du diocefe, être ordonné par les Etats dans leur pro-chaine affemblée ce qu'il appartiendra, & néanmoins par provifion & fans préjudice du droit des parties, que le réglement du 30 Janvier 1725 fera exécuté.

Ce qui a été délibéré conformément à l'avis de MM. les commiffaires.

XXIV.

EXTRAIT du regiftre des délibérations des Etats généraux de Languedoc, affemblés par mandement du Roi en la ville de Montpellier, le 28 Novembre 1776.

Du Jeudi 12 Décembre , préfident Mgr. l'archevêque & primat de Narbonne , Commandeur de l'ordre du St. Efprit.

Monseigneur l'évêque de Com-menge a dit , que le fyndic du diocefe d'Alais expofe dans une requête que la vacance du fiége épifcopal d'A-lais , lors de la tenue de l'Affiette der-niere , a donné lieu à deux difficultés élevées par M. le vicaire général du chapitre, qui a prétendu , en premier lieu , que les commiffaires & députés à l'Affiette, devoient fe rendre chez lui le jour de l'ouverture, pour en partir en la forme ordinaire ; & en fecond lieu, que les confuls de la ville d'Alais devoient aller le vifiter en robes & livrées confulaires, la veille du jour de l'ouverture de l'Affiette.

Que , fuivant l'article V , de l'arrêt du confeil du 30 Janvier 1725 , tous ceux qui ont droit d'affifter à l'Affiette, étant tenus de fe rendre au palais épif-copal le jour de l'ouverture, & le pa-lais épifcopal d'Alais étant au pouvoir de l'économe-féqueftre lors de la con-vocation de l'Affiette derniere, MM. les commiffaires ordinaires du diocefe s'affemblerent dans l'hôtel-de-ville la veille du jour de l'ouverture pour dé-terminer le lieu où l'affemblée de l'Affiette devroit fe former : que M. le vicaire général prétendit que le choix du rendez-vous des députés ne pouvoit point être mis en délibération, attendu que de droit MM. les commiffaires & députés étoient tenus de fe rendre dans fa maifon , & qu'il fe retira de l'af-femblée ; mais que MM. les commifffaires ordinaires, après avoir vérifié sur les registres qu'on n'y trouvoit aucune trace de ce qui s'étoit passé aux Assiettes tenues pendant les vacances du siége épiscopal, & après s'être assurés que lorsque l'Assiette a été présidée par le vicaire général, en l'absence de Mgr. l'évêque, les commissaires & députés ne se sont point rendus chez lui, ils arrêterent provisoirement, sous le bon plaisir des Etats, & sans préjudice des droits dudit sieur vicaire général du chapitre, le siége vacant, & de celui de tous lesdits sieurs commissaires & députés, que l'assemblée de l'Assiette se formeroit le lendemain dans l'hôtel-de-ville.

Que le lendemain, ledit sieur vicaire général protesta dans l'assemblée de l'Assiette, contre la délibération ci-dessus énoncée, & qu'il fonda sa protestation sur ce que, ce qui se pratique à l'égard des vicaires généraux de l'évêque, ne pouvoit être tiré à conséquence contre lui, parce que le vicaire général du diocese, le siége vacant, ne tient de personne l'honneur qu'il a de présider à l'assemblée de l'Assiette, & ne le tire que de lui-même & de sa qualité de grand vicaire, au lieu que les vicaires généraux de l'évêque ne sont que les représentans du prélat de qui ils tiennent leur pouvoir.

Que la seconde difficulté consistant, comme on l'a déjà dit, à savoir si les consuls de la ville d'Alais étoient tenus d'aller visiter ledit sieur vicaire général en robes & avec livrées consulaires la veille du jour de l'ouverture de l'Assiette, & si le jour de l'ouverture lesdits sieurs consuls devoient aller prendre chez lui ledit sieur vicaire général, pour l'accompagner à l'hôtel-de-ville où l'assemblée devoit se former, lesdits sieurs consuls d'Alais, dans la vue de prévenir de plus grandes diffi-

cultés, & par amour pour la paix, rendirent audit sieur vicaire général les honneurs qu'il exigeoit ; mais que lorsque l'Assiette fut assemblée, M. l'envoyé de Tornac & lesdits sieurs consuls d'Alais protesterent contre la prétention dudit sieur vicaire général & contre ce qui avoit été fait, attendu qu'aux termes de l'article V de l'arrêt du conseil du 30 Janvier 1725, la visite n'est due qu'au commissaire principal, à l'évêque & au baron, & qu'elle n'a jamais été faite aux vicaires généraux qui ont présidé à l'Assiette dans le diocese d'Alais.

Que l'assemblée de l'Assiette, après avoir donné acte des susdites protestations, & sans préjudice des droits de toutes les parties, approuva provisoirement & sous le bon plaisir des Etats, la délibération prise par MM. les commissaires ordinaires dudit diocese, la veille du jour de l'ouverture, & chargea en même temps le syndic du diocese de solliciter le jugement des Etats sur ces deux difficultés.

Que MM. les commissaires, après s'être fait représenter l'arrêt du conseil du 30 Janvier 1725, ayant reconnu que les prétentions du sieur vicaire général du chapitre d'Alais étoient sans fondement, ils ont été d'avis de proposer aux Etats de déclarer que le vicaire général du chapitre, le siége vacant, ne peut prétendre que les mêmes honneurs qui sont rendus au vicaire général de l'évêque, & d'approuver la détermination provisoire prise par MM. les commissaires ordinaires du diocese d'Alais, de faire former l'assemblée de l'Assiette dans l'hôtel-de-ville, attendu que le siége d'Alais étoit alors vacant, & que le palais épiscopal n'étoit pas disposé pour y former cette assemblée.

Ce qui ayant été ainsi délibéré par les Etats, ils ont rendu le jugement dont la teneur s'ensuit.

D ij

Vu les lettres-patentes du 16 Mars 1653 , & les arrêts subséquens, qui attribuent aux Etats la connoissance de tout ce qui a rapport aux Assiettes des dioceses ; l'extrait des délibérations prises par MM. les commissaires ordinaires du diocese d'Alais le 20 Mai dernier , & par l'Assiette du même diocese le 21 dudit mois de Mai ; la requête du syndic dudit diocese ; ensemble l'arrêt du conseil du 30 Janvier 1725 , portant réglement pour les assemblées des Assiettes des dioceses ; Oui , sur ce, le syndic général ,

LES ETATS jugeant en dernier ressort, ont ordonné & ordonnent que ledit arrêt du 30 Janvier 1725, sera exécuté selon sa forme & teneur, & en conséquence , que le vicaire général du chapitre, le siége vacant, ne pourra prétendre que les mêmes honneurs qui sont rendus au vicaire général de l'évêque ; comme aussi, que dans le cas de la vacance du siége , si le palais épiscopal n'est point en état , tous ceux qui ont droit d'assister à l'Assiette se rendront à l'hôtel-de-ville, pour en partir dans la forme ordinaire , pour aller à la Messe , ou au lieu de l'assemblée.

SECTION SECONDE.

De l'Ordre du Tiers-Etat.

ON n'a pas cru pouvoir se dispenser de rapporter dans cette Section , plusieurs pieces relatives aux Maires & autres Officiers municipaux en titre, quoique , depuis 1774 , il n'y ait plus de titulaires dans les Communautés ; & celles qui établissoient un droit de rétrogradation en faveur des ex - premiers Consuls à défaut de premiers Consuls en exercice , quoique ce droit ait été aboli depuis. Elles auroient leur utilité comme simples monumens historiques. Mais quelques-unes des premieres contiennent de plus des principes de décision qui peuvent influer dans d'autres affaires.

I.

EXTRAIT du registre des délibérations des Etats généraux de Languedoc, assemblés par mandement du Roi en la ville de Montpellier le 26 Septembre 1557.

Du 6 Octobre 1557 , président Mgr. l'évêque d'Uzès.

SUR la requeste présentée aux Estats par les consuls des villes de Revel, Soreze & la Bruguiere, villes maistresses du diocese de Lavaur, tendant aux fins que aux Assiettes & assemblées qui se feront audit Lavaur les consuls de Lavaur, encores que soit ville capitale & chef de diocese , n'eussent plus de voix & opinions que une des villes maistresses dudit diocese , & que le juge de ladite ville de Lavaur qui assiste au commissaire de l'Assiette, n'eust voix ne opinion , suivant la commune observance du pays de Languedoc, A esté conclud que esdites assemblées & Assiettes, lesdits consuls de la cité de

Lavaur auront tant feulement une voix, & opineront les premiers avant les confulats, diocefains & villes maiftreffes.; lefquelles villes maiftreffes, encores qu'elles envoyent ou entrent deux ou plufieurs confuls d'icelles villes, n'auront que une voix & opinion pour chacune defdites villes ; néanmoins que le juge dudit Lavaur, commiffaire affiftant au principal commiffaire de l'Affiette, n'aura voix ne opinion, & à la conclufion, l'archevêque, évêque ou vicaire qui y affiftera, conclurra avecques le commiffaire principal ; & ainfi fera faict & obfervé en toutes les autres Affiettes & diocefes dudit pays.

I I.

EXTRAIT du regiftre des délibérations des Etats généraux de Languedoc, affemblés par mandement du Roi en la ville de Beziers, au mois de Novembre 1618.

Du Mardi 18 Décembre fuivant, préfident Mgr. l'archevêque & primat de Narbonne.

LE fieur de Lapierre, conful de la ville de Caftres, a repréfenté qu'il commence à fe glifer certaine coutume dans le diocefe de Caftres pour raifon des députations ez Affiettes, grandement préjudiciable, d'autant que plufieurs, foit de la ville capitale, foit des autres endroits dudit diocefe, fous prétexte qu'ils font contribuables en certains confulats, quoiqu'ils ne foient domiciliés d'iceux, trouvent moyen fe faire députer à l'exclufion des confuls qui font députés, lefquels ne l'ofent refufer, parce que le plus fouvent les confuls de tels petits confulats font ou les métairiers, ou obligés à ceux qui leur demandent lefdites procurations, ce qui eft contre le droit que le délégué puiffe fubdéléguer ; à raifon de quoi le diocefe reçoit un infigne préjudice, foit

à raifon des taxations qu'il convient faire grandes, qu'on n'eût ordonné aux-dits confuls, ou que telles perfonnes defirent entrer aux Affiettes avec deffein de troubler & faire des brigues & monopoles, ainfi qu'il fut fait en l'année derniere, où aucun d'iceux ayant requis MM. les commiffaires de changer les officiers defdits diocefes en vertu de certain arrêt de la cour des aides de l'année 1597, non obfervé dans la province, comme donné en tems & pour des confidérations qui ceffent à préfent, y ayant depuis des arrêts du confeil contenant réglement fur ce fujet ; à quoi n'ayant été conclud à leur fouhait, ils auroient apofté un notaire dans le lieu où l'affemblée fe tenoit, qui auroit voulu faire proteftations en corps d'Affiette, de ce qu'on auroit continué lefdits officiers, quoique ladite confirmation d'iceux eût été faite par le libre fuffrage des députés ; ce qui eft un pur attentat contre l'honneur, libertés, franchifes & priviléges de telle compagnie, laquelle, à l'inftar des Etats de la province ne reçoit nuls actes ni autres proteftations, ayant à cette occafion fait emprifonner ledit notaire ; de quoi lefdits prétendus députés auroient fait informer & voulu criminalifer lefdits fieurs commiffaires & députés, & envoyé les inquifitions en la cour des aides, où le procès eft pendant, pour en obtenir décret. Et d'autant que telles contraventions empêchent les affaires du Roi, retardent l'impofition de fes deniers, & troublent le diocefe qui de tout tems a la faculté de continuer fes officiers felon leur mérite & fervice, ou les deftituer, fi le cas y échoit, a fupplié les Etats de remédier à tels défordres. A ÉTÉ ARRÊTÉ, qu'il eft ordonné aux commiffaires principal, ordinaires & députés du diocefe de Caftres, de ne permettre l'entrée qu'aux confuls qui ont eu de tout tems cette faculté, fans qu'ils puiſſent ſubroger autres en leurs places qui ne ſoient domiciliés des lieux dudit conſulat, & par délibération du conſeil d'iceux, ainſi qu'il a été obſervé ; & que ledit diocèſe ſera en faculté, comme il a été de tout tems, de continuer ſes ſyndics & greffiers, ſelon les ſervices par eux rendus, ou les deſtituer, s'il y échoit, fans préjudice des autres dioceſes où la coutume eſt contraire.

I I I.

Extrait du regiſtre des délibérations des Etats généraux de Languedoc, aſſemblés par mandement du Roi en la ville de Pezenas, au mois d'Octobre 1650.

Du Mercredi 14 Décembre ſuivant, préſident Mgr. l'archevêque & primat de Narbonne.

Monseigneur l'évêque d'Uzès a repréſenté que, dans les Aſſiettes de Nîmes & autres, depuis peu il ſe gliſſe un abus très-préjudiciable au ſervice du Roi & bien de la province ; à ſçavoir que, contre l'ancienne coutume, les ſeconds conſuls des villes diocéſaines, qui ont droit d'entrer dans leſdites Aſſiettes, par intelligence ou autrement avec les premiers conſuls, ou par faction ou monopole des communautés, ſe préſentent & demandent l'entrée dans leſdites Aſſiettes, laquelle de droit & de coutume inviolablement appartient aux premiers conſuls; leſquels mêmes venant à manquer, par maladie, mort ou autre inconvénient doivent être remplacés, non par les ſeconds & troiſiemes, mais bien par l'ancien premier conſul des années précédentes en retrogradant ; Sur quoi a prié l'aſſemblée de vouloir pourvoir par un réglement. A été délibéré que, pour l'entrée des premiers conſuls dans

les Aſſiettes, il ſera gardé exactement à l'avenir en chaque diocèſe pareil ordre que celui qui ſe garde de tout tems pour l'entrée en cette aſſemblée, & que les commiſſaires principal & ordinaires, & députés deſdites Aſſiettes, tiendront la main à l'exécution exacte de la préſente délibération.

I V.

Extrait du regiſtre des délibérations des Etats généraux de Languedoc, aſſemblés par mandement du Roi en la ville de Beziers au mois de Novembre 1669.

Du Mercredi 29 Janvier 1670, préſident Mgr. l'Évêque de Viviers.

A été délibéré, que les réglemens faits pour le droit de rétrogradation dans cette aſſemblée, ſeront exécutés ſelon leur forme & teneur ; ce faiſant, que le ſieur de Gineſtet entrera à l'Aſſiette prochaine du diocèſe de Beziers en l'abſence du ſieur Baillon, premier conſul ancien de la ville de Beziers.

V.

A R R Ê T

Du Conseil d'Etat du Roi,

Qui autoriſe une délibération des Etats du 29 Janvier 1670, concernant l'entrée des conſuls aux Aſſiettes.

Du 4 Octobre 1670.

Extrait des Regiſtres du Conſeil d'Etat.

Sur ce qui a été repréſenté au Roi étant en ſon conſeil par les gens des Trois-états de la province de Languedoc, disant, qu'encore que par leurs réglemens faits ès années 1658 & 1659, pour les Aſſiettes des vingt-deux dioceſes de la province, ils ayent

N°. V. remédié aux abus qui s'y étoient introduites par le passé, & réglé le nombre & la qualité des personnes qui y doivent assister; & que par leurs anciens réglemens il ne puisse être reçu auxdites Assiettes que ceux qui ont droit & qui ont les qualités nécessaires pour entrer en l'assemblée générale des Etats de ladite province; néanmoins il est arrivé que dans les dernieres années il s'est formé diverses contestations sous divers prétextes entre les syndics & consuls qui prétendoient y entrer & prendre séance; ce qui a donné lieu à plusieurs procès qui ont engagé lesdits diocéses en des dépenses superflues & qui causeroient de la confusion, si Sa Majesté n'avoit la bonté d'en prévenir les suites, en autorisant la délibération prise par lesdits Etats le 29 Janvier de l'année présente 1670. Vu ladite délibération desdits Etats, du 29 Janvier dernier, LE ROI ÉTANT EN SON CONSEIL, a autorisé & autorise ladite délibération des Etats de ladite province de Languedoc; ordonne qu'elle sera exécutée selon sa forme & teneur; ce faisant, qu'il ne sera reçu aux Assiettes des vingt-deux diocéses de ladite province aucuns consuls, que ceux qui ont la qualité requise pour entrer en l'assemblée desdits Etats. Enjoint Sa Majesté aux commissaires principal & ordinaires de chacun desdits diocéses de tenir la main à l'exécution du présent arrêt & de ne souffrir point qu'il y soit contrevenu, à peine d'en répondre en leur propre & privé nom. FAIT au conseil d'état du Roi, Sa Majesté y étant, tenu à Saint-Germain-en-Laye le quatrieme jour d'Octobre mil six cent soixante-dix.

PHELYPEAUX, *signé.*

VI.

EXTRAIT du registre des délibérations des Etats généraux de Languedoc, assemblés par mandement du Roi en la ville de Montpellier au mois de Novembre 1675.

N°. VI.

Du Mardi 14 Janvier 1676, Président Mgr. le Cardinal de Bouzy, archevêque & primat de Narbonne.

MONSEIGNEUR l'évêque de Beziers, M. le baron de Serviés & les sieurs consuls d'Uzés & de Castres, commissaires nommés pour examiner le sujet du procés qui est entre les habitans de la ville du Vigan pour raison du consulat, ont rapporté qu'en l'année 1669 les sieurs de Moriac, Arbous & Lotard fils, ayant été exclus des charges consulaires par arrêt du conseil donné sur l'avis de feu Mgr. le Prince de Conty & de M. de Bezons, à cause du trouble & des divisions que lesdits Moriac, Arbous & Lotard avoient excité dans la communauté, ils avoient entrepris de se perpétuer dans lesdites charges, au mépris dudit arrêt; & pour cet effet ils avoient engagé par cabale dans le même intérêt quelques habitans du lieu, jusques au nombre de dix, lesquels ensemble firent une police, contenant que la charge de consul rouleroit entre eux alternativement, qu'ils en partageroient les émolumens, & que pas un d'eux ne pourroit être admis à ladite charge, qu'avec la participation & le consentement des neuf autres monopolés; laquelle police ils renouvellerent en l'année 1671. Que ce traité, si contraire aux bonnes mœurs & si préjudiciable à la liberté qui doit être dans les élections consulaires, étant venu à la connoissance des bons habitans, ils créerent un syndic pour en poursuivre la cassation; lequel ayant fait assigner lesdits Lotard, Moriac & Arbous devant le sieur Viguier du Vigan en aveu & reconnoissance desdites polices, les assignés avoient insisté aux fins de non procéder, sous prétexte que l'instance avoit été portée au parlement de Toulouse, quoique par la nouvelle ordonnance tous juges foient compétens pour procéder à de nouvels aveux ; que nonobftant leur infiftance, ledit fieur Viguier avoit ordonné qu'il feroit fait une vérification par experts fur la comparaifon des écritures, & que lefdites polices ayant été remifes en original devers MM. les commiffaires, ils y avoient trouvé la conviction du monopole & la chofe tellement éclaircie, qu'ils étoient demeurés d'accord que cette affemblée devoit exercer toute la rigueur de fes réglemens contre les auteurs de ce procédé. Sur quoi a été délibéré, que lefdits fieurs Lotard, Moriac, Arbous & autres, compris & nommés dans les fufdites polices, feront exclus pour jamais de l'entrée des Etats & des Affiettes du diocefe de Nimes, comme s'étant rendus indignes de cet honneur par leurs monopoles, & que le fyndic général interviendra au parlement de Toulouse pour demander la caffation de l'élection confulaire faite en conféquence des fufdites polices, comme préjudiciable au bien public.

V I I.
A R R Ê T
Du Conseil d'Etat du Roi,

Qui défend aux Maires de commettre perfonne en leur place, lorfqu'ils ne pourront pas affifter eux-mêmes aux Affiettes des diocefes.

Du 22 Septembre 1696.

Extrait des Regiftres du Confeil d'Etat.

Sur la requête préfentée au Roi, étant en fon confeil, par le fyndic général de la province de Languedoc, contenant que, quoique les maires des villes n'ayent aucun droit de commettre à leur place, quand ils ne peuvent affifter aux Affiettes des diocefes, que ce droit foit uniquement perfonnel, & que jufques à préfent il n'y en ait eu aucun qui ait prétendu cet avantage de commettre ; néanmoins le maire du lieu de Saint-Amans, au diocefe de Lavaur, auroit commis le fieur Maynadier pour affifter à fa place à l'Affiette du diocefe de Lavaur ; mais l'Affiette ne connoiffant aucun titre qui lui donnât cette prérogative, n'a pas cru le devoir recevoir ; ledit fieur Maynadier fe feroit pourvu à la cour des Aides de Montpellier où il auroit fait affigner le fyndic du diocefe de Lavaur le 29 Avril dernier pour le faire condamner audit droit d'entrée, à lui fournir un mandement fur le receveur en exercice pour la rétribution de l'honoraire & l'affiftance à l'Affiette, qui revient à 60 liv., ou bien voir ordonner que l'arrêt qui interviendroit lui tiendroit lieu de mandement, à laquelle affignation le fyndic du diocefe de Lavaur fe feroit préfenté & demandé fon relaxe par fins de non-procéder, d'autant que s'agiffant d'un droit d'entrée à l'Affiette, il n'y avoit que l'affemblée des Etats de la province qui en pût connoître, S. M. lui en ayant attribué toute jurifdiction & connoiffance par les lettres-patentes du 13 Mars 1653, confirmatives de l'ancienne coutume, droits & priviléges de ladite province : mais par arrêt du 16 Juillet dernier ladite cour des Aides auroit condamné le fyndic du diocefe à fournir audit Maynadier fa rétribution pour ladite entrée à l'Affiette au premier commandement qui lui en feroit fait ; autrement que ledit arrêt tiendroit lieu de mandement, auquel le receveur fatisferoit dans huitaine, finon qu'il y feroit contraint par corps. Cet arrêt qui renverfe toutes les regles, fe trouve rendu par

des

des juges incompétens, & ne peut subsister, les maires de la province n'ayant aucun droit de commettre à leur place ; & s'ils n'assistent pas à des assemblées, ils ne peuvent justement prétendre à une rétribution accordée pour les vacations employées au travail & à l'application qu'on donne aux affaires du diocese. Cette rétribution appartiendroit encore moins aux délégués, ce qui justifie le peu de fondement de l'arrêt de la cour des aides de Montpellier qui n'a pu prendre aucune connoissance du différend des parties, les lettres-patentes du 13 Mars 1653 portant des défenses si précises de prendre connoissance du droit d'entrée, tant à l'assemblée des Etats qu'à celles des assiettes de chaque diocese, suites, circonstances, & dépendances dudit droit d'entrée, S. M. s'étant même réservée, & à son conseil, la connoissance de toutes les oppositions qui en pourroient naître, en telle sorte que ladite cour des aides n'a pu s'immiscer dans la connoissance, ni jugement de cette affaire. A CES CAUSES, requéroit le suppliant qu'il plût à S. M. faire inhibitions & défenses au maire de Saint-Amans & tous autres de commettre, lorsqu'ils ne pourront assister aux Assiettes en personne ; & conformément aux lettres-patentes du 13 Mars 1653, casser & annuller ledit arrêt de la cour des aides de Montpellier, du 16 Juillet 1696 ; ce faisant ordonner que ledit Maynadier sera contraint par toutes voies dues & raisonnables, même par corps, à rendre & restituer au syndic du diocese de Lavaur ce qu'il aura pu exiger en vertu dudit arrêt, pour l'honoraire & rétribution de ladite entrée. VU ladite requête signée Barbot, avocat du suppliant, Payelle & Beurrey, anciens avocats aux conseils de S. M. : Copie extraite des registres des Etats de ladite

Tome IV.

province de Languedoc desdites lettres patentes du 13 Mars 1653 : Extrait du verbal de l'Assiette du diocese de Lavaur, du 21 Février 1696 : Commission de la cour des aides de Montpellier, du 23 Mars dernier, & exploit d'assignation en ladite cour donnée audit syndic de Lavaur le 29 Avril suivant : Défenses dudit syndic contenant son déclinatoire : Inventaire des actes & procédures pour l'établissement des fins de non-procéder par lui alléguées, signifié le 18 Juin dernier : Arrêt de ladite cour des aides de Montpellier, du 16 Juillet aussi dernier, signifié le 20 dudit mois ; & autres pieces attachées à ladite requête : OUI le rapport du sieur de Ficubet, conseiller du Roi en ses conseils, maître des requêtes ordinaire de son hôtel, tout considéré, LE ROI ÉTANT EN SON CONSEIL, ayant égard à ladite requête, a fait inhibitions & défenses au maire de Saint-Amans & à tous autres de commettre personne en leur place, lorsqu'ils ne pourront assister eux-mêmes aux Assiettes des dioceses ; en conséquence, sans s'arrêter à l'arrêt de la cour des aides de Montpellier, du 16 Juillet 1696, a condamné & condamne ledit Maynadier par toutes voies dues & raisonnables, même par corps, à rendre & restituer au syndic du diocese de Lavaur ce qu'il a reçu & exigé de lui en vertu dudit arrêt pour l'honoraire & rétribution de l'entrée à l'Assiette dudit diocese. FAIT au conseil d'état du Roi, S. M. y étant, tenu à Versailles le vingt-deuxieme jour de Septembre mil six cent quatre-vingt-seize. PHELYPEAUX, *signé.*

LOUIS, PAR LA GRACE DE DIEU, ROI DE FRANCE ET DE NAVARRE : Au premier notre huissier ou sergent sur ce requis. Nous te mandons & commandons par ces présentes signées de notre main, de signifier au maire de Saint-Amans & à tous autres qu'il appartiendra, à ce qu'ils n'en ignorent, l'arrêt ci-attaché fous le contre-fcel de notre chancellerie, ce jourd'hui donné en notre confeil d'etat, Nous y étant, fur la requête du fyndic général de notre province de Languedoc, & faire en outre pour l'entiere exécution dudit arrêt tous autres exploits & actes de juftice que befoin fera. De ce faire te donnons pouvoir, commiffion & mandement fpécial, fans pour ce demander autre permiffion : car tel eft notre plaifir. DONNÉ à Verfailles, le vingt-deuxieme jour de Septembre, l'an de grace mil fix cent quatre-vingt-feize, & de notre regne le cinquante-quatrieme. *Signé*, LOUIS. *Et plus bas:* Par le Roi. PHELYPEAUX.

VIII.

EXTRAIT du regiftre des délibérations des Etats généraux de Languedoc, affemblés par mandement du Roi, en la ville de Montpellier au mois de Décembre 1742.

Du Mardi 4 Janvier 1743, préfident Mgr. l'archevêque & primat de Narbonne.

MONSEIGNEUR l'évêque de Caftres a dit.... que le fieur de Montferrier, fyndic général, a rapporté à la commiffion une conteftation qui s'eft élevée entre les fieurs Venel & Maigret, au fujet de l'entrée à l'Affiette du diocefe d'Agde, en qualité de député de la ville de Pezenas; laquelle conteftation ayant été décidée par l'affemblée de ladite affiette en faveur du fieur Venel, le fieur Maigret s'eft pourvu par requête aux Etats pour demander la reftitution des émolumens qu'a perçus le fieur Venel.

Que ledit fieur Maigret fonde fa demande fur ce qu'ayant été conful par commiffion du Roi, & étant forti de charge immédiatement avant le

confulat du feu fieur Grenier, qui feroit entré à l'affiette s'il n'étoit mort, il devoit lui fuccéder, & avoir cette entrée préférablement au fieur Venel; à quoi le fyndic du diocefe répond, pour foutenir la décifion de l'affiette, qu'il eft vrai que le fieur Maigret eut une commiffion pour exercer une charge de conful de Pezenas ; mais que cette commiffion ne fut donnée qu'après l'élection faite par la communauté, du fieur Venel qui avoit déjà commencé d'exercer cette place; qu'il eft encore vrai que fon exercice ceffa par la commiffion; que S. M. l'ayant révoquée fix mois après, & avant que l'année de la nomination du fieur Venel fût finie, celui-ci rentra dans toutes fes fonctions, & les continua jufques à la fin de 1740, qu'il devint ex-conful par la nomination du fieur Grenier; & que celui-ci qui, après avoir fini fon exercice de 1741, auroit eu fans difficulté l'entrée de l'affiette de 1742, étant mort auparavant, il avoit fallu néceffairement remonter à l'ex-conful de l'année précédente, qui ne pouvoit être que le fieur Venel, puifqu'il avoit été nommé par la communauté & en avoit exercé les fonctions au commencement & à la fin de l'année; au lieu que le fieur Maigret ne les avoit remplies que paffagerement, à la faveur d'une commiffion qui n'auroit pu lui donner le titre valable qu'autant qu'elle auroit duré toute l'année, & qu'il n'y auroit eu d'exercice poftérieur au fien dans le même temps, comme l'a été celui du fieur Venel, ce qui a déterminé la décifion en fa faveur.

Que Meffieurs les commiffaires, après avoir pefé les raifons des deux parties, avoient été d'avis de rejeter la requête du fieur Maigret, en confirmant la décifion de l'affiette du diocefe d'Agde.

Sur quoi, vu les requêtes respectives du sieur Maigret & du syndic du diocese d'Agde, & les pieces y jointes, ensemble les lettres-patentes de 1653, qui attribuent aux Etats généraux de la province toute jurisdiction & connoissance des differends qui peuvent naître tant dans leur assemblée qu'aux assiettes de chaque diocese, à raison des droits d'entrée, séance, préséance, &c., avec défenses aux parlement de Toulouse, cour des aides de Monpellier, trésoriers de France & tous autres Juges d'en prendre connoissance : Oui le rapport, & tout considéré,

Les Etats, sans avoir égard à la requête du sieur Maigret, ont confirmé & confirment la délibération de l'assiette du diocese d'Agde, du 8 Mars 1742, & ordonné en conséquence que le sieur Venel jouira de la rétribution de l'entrée à l'Assiette qui lui a été accordée par ladite délibération.

I X.

Extrait du registre des délibérations des Etats généraux de Languedoc, assemblés par mandement du Roi, en la ville de Montpellier au mois de Novembre 1744.

Du Mercredi 30 Décembre suivant, président Mgr. l'archevêque & primat de Narbonne.

Monseigneur l'évêque de Carcassonne a dit, qu'il a été fait rapport à la commission de la contestation qui s'est élevée entre Paul Abbadie, premier consul de la communauté de Cintegabelle en 1741, & le sieur Jacques Martin, maire ancien de ladite communauté, touchant la rétribution à l'assiette du diocese de Mirepoix, de l'année 1742 : Qu'il paroit par les actes

qui ont été remis, que le sieur Martin fut admis à l'assemblée de l'assiette, en qualité de Maire de Cintegabelle, sans aucune sorte de contestation, & qu'il reçut en conséquence la rétribution ordinaire de 40 liv. : Que ledit Abbadie fait néanmoins mention dans l'exposé de ses requêtes, d'une convention faite avec Martin, suivant laquelle ledit honoraire devoit appartenir à celui qui seroit jugé avoir droit d'entrer à l'Assiette ; mais que cette convention, bien loin d'être reconnue & avouée par le sieur Martin, est au contraire déniée par lui : Que dans ces circonstances Messieurs les commissaires, qui n'ont pu entrer dans la discussion dont ledit Abbadie ne rapporte aucune espece de preuve, ont cru devoir se déterminer sur ce que le sieur Martin est entré à l'Assiette, en vertu de la procuration de la communauté de Cintegabelle sans aucune opposition, & sur ce que ledit Abbadie n'a même formé sa demande que le 26 Novembre suivant, ce qui le rend irrecevable, conformément aux conclusions du syndic général.

Sur quoi les Etats, ayant entendu le rapport de Messieurs les commissaires, & étant informés du pouvoir à eux donnés par les lettres du 13 Mars 1653 & arrêts du conseil donnés en conséquence ; & tout considéré, ont déclaré ledit Paul Abbadie irrecevable en sa demande contre ledit sieur Martin, de laquelle ils l'ont débouté.

X.

Extrait du registre des délibérations des Etats généraux de Languedoc, assemblés par mandement du Roi en la ville de Montpellier au mois de Janvier 1746.

Du Vendredi 25 Février suivant, présidant Mgr. l'archevêque & primat de Narbonne.

Monseigneur l'évêque de Lodève a dit, &c.

Que le sieur de Montferrier a ensuite rapporté à la commission une contestation qui s'est élevée entre le sieur Saurine, premier consul de la ville de Limoux en l'année 1741 & le sieur Delcasse, second consul la même année, au sujet de l'entrée à l'Assiette du diocese.

Qu'il faut remarquer, dans le fait, qu'avant que l'office de maire de la ville de Limoux eût été acquis, l'entrée aux Etats appartenoit au premier consul qui sortoit de charge, & le second & le troisieme entroient à l'Assiette en qualité de départeurs.

Qu'après que l'office eut été levé, ce fut le premier & le second qui entrerent à l'Assiette, & il ne fut plus question du troisieme.

Que cet ordre fut exécuté en l'année 1742, sans aucune contestation ; de maniere que le sieur Saurine, qui avoit été premier consul en 1741, & le sieur Delcasse, second consul ladite année, entrerent à l'Assiette.

Qu'ils y entrerent de même en 1743, à cause du sursis ordonné par le Roi aux nouvelles élections consulaires ; mais qu'en ladite année le second consul qui étoit en place ayant acquis l'office de premier, il déplaça le sieur Negravesse son collegue, qui en faisoit les fonctions ; & par cet ordre le sieur Negravesse eut l'entrée à l'Assiette en 1744, en qualité d'ex-premier consul.

Qu'il restoit donc encore une place à remplir, par l'un des consuls de l'année 1741, ce qui donna lieu à la difficulté qui s'est élevée sur cette entrée, pour savoir si elle étoit due au sieur Saurine ou au sieur Delcasse.

Que cette contestation ayant été portée à l'Assiette, elle parut si singuliere, que l'assemblée crut qu'elle devoit consulter le sieur de Montferrier, en se contentant d'accorder l'entrée par provision au sieur Delcasse pour l'année 1744. Que le sieur de Montferrier, ayant trouvé des difficultés de part & d'autre, ne crut pas devoir prendre sur lui de donner une décision qui appartenoit aux Etats, & se porta à inspirer la voie de l'accommodement, en partageant les émolumens ; ce qui n'ayant point convenu aux parties, & leur différend ayant recommencé pour l'entrée à l'Assiette de 1745, cette assemblée n'avoit pas voulu encore décider, & s'étoit contentée d'accorder l'entrée par provision au sieur Saurine ; de maniere que les deux prétendans ont joui chacun une année : que c'est l'état des choses & de la question dont on demande aux Etats le jugement.

Que le sieur Saurine pour soutenir sa prétention représente qu'en qualité de premier consul, il doit avoir le pas sur le sieur Delcasse son collegue ; que celui-ci n'a que le dévolu, & que l'entrée n'est point attachée à la qualité du premier & du second consul ; puisque les deux ensemble n'ont qu'une voix ; qu'elle est due aux fonctions consulaires, & par conséquent, que le droit en doit nécessairement demeurer au premier consul comme chef d'un corps dont le second n'est que le membre, qui ne peut naturellement lui être préféré.

Que le sieur Delcasse représente de son côté, que la place d'ex-premier consul étant remplie par le sieur Negravesse, il s'ensuit que le sieur Saurine n'a plus de fonctions à exercer en cette qualité, sans quoi il y auroit deux ex-premiers consuls dans l'assemblée, tandis qu'il n'y en auroit point de second, ce qui est hors d'exemple ; qu'on doit considérer que c'est ici un ex-premier conful qui en expulfe un autre , & que par conféquent il n'y a qu'un ex-fecond qui puiffe prétendre la place dudit Delcaffe, puifqu'on ne peut révoquer en doute que les charges de conful d'une même année font fixes , déterminées & invariables ; qu'enfin on ne contefte pas , ni qu'il ne foit encore ex-conful, ni que le fieur Saurine ait ceffé de l'être depuis que le fieur Negraveffe l'eft devenu ; d'où il conclut qu'il eft en fonctions & que le fieur Saurine ne l'eft plus.

Sur quoi le fieur de Montferrier a fait obferver à MM. les commiffaires que les confuls de chaque année forment un corps , & l'entrée aux Etats ou à l'Affiette leur eft due par la raifon qu'ils repréfentent la ville dont ils font les officiers : que cela fuppofé, le premier eft préférable au fecond, le fecond au troifieme, & ainfi des autres : que le fieur Saurine, quoique expulfé par le fieur Negraveffe de la qualité d'ex-premier conful, n'eft pas moins le chef des confuls de l'année 1741 ; que par conféquent fi l'entrée eft due au corps dont il eft le chef, il s'enfuit que nul ne peut lui être préféré , & que le fecond conful ne doit avoir que le dévolu ; fans qu'il ferve de dire qu'il y aura par cet ordre deux ex-premiers confuls à l'Affiette ; car dans cette occafion le fieur Saurine ne tient que la feconde place de l'année 1741 , de la même maniere qu'il arrive dans le cas où il furvient un maire dans une communauté où il n'y en avoit point. Que par cette confidération , il paroîtroit jufte à la rigueur que les émolumens des deux entrées fuffent adjugés au fieur Saurine ; mais que puifque chacun des conteftans eft entré une fois , on pourroit partager la rétribution pour le paffé , en adjugeant l'entrée au fieur Saurine pour l'avenir, tant qu'elle pourra avoir lieu.

Que MM. les commiffaires , après avoir pris les raifons des deux parties & les obfervations du fieur de Montferrier , avoient été d'avis de propofer à l'affemblée d'approuver les délibérations de l'affiette du diocefe de Limoux , qui ont accordé provifoirement l'entrée au fieur Delcaffe en 1744 , & au fieur Saurine en 1745 ; & d'ordonner qu'à l'avenir l'entrée fera acquife au fieur Saurine, autant de temps que les chofes refteront en l'état où elles font.

Sur quoi, Vu les requêtes & mémoires refpectifs des parties, enfemble les lettres-patentes de 1653 , qui attribuent aux Etats toute jurifdiction & connoiffance de pareils differends , avec défenfes à toutes autres cours & juges d'en connoitre ; Oui le rapport , & tout confidéré ,

Les Etats ont confirmé & confirment les délibérations de l'Affiette du diocefe de Limoux , qui ont accordé provifoirement l'entrée à ladite Affiette au fieur Delcaffe en 1744 , & au fieur Saurine en 1745 ; ordonnent en conféquence qu'ils jouiront chacun des émolumens attachés à ladite entrée pour l'année où ils y ont été admis ; auquel effet les fommes réfervées entre les mains des receveurs leur feront délivrées, à quoi faire lefdits receveurs feront contraints par toutes voies , même par corps. Ordonnent en outre lefdits Etats que l'entrée à ladite Affiette fera déférée à l'avenir au fieur Saurine, tout autant de temps que les chofes refteront en l'état où elles font.

X I.

Extrait du regiftre des délibérations des Etats généraux de Languedoc , affemblés par mandement du Roi en la ville de Montpellier au mois de Novembre 1746.

Du Lundi 12 Décembre suivant, préfident Mgr. l'archevêque & Primat de Narbonne.

MONSEIGNEUR l'évêque de Nimes a dit, que le fieur de la Fage, fyndic général, a rendu compte d'une conteftation qui s'eft élevée à la dernière Affiette du diocefe bas Montauban, entre le fieur Delherm, maire de Caftel-Sarrafy, par commiffion, & les fieurs Marzials & Azane, confuls dudit lieu, au fujet de l'entrée à ladite Affiette, les confuls prétendant que ledit fieur Delherm ne faifant point les fonctions de maire ni fa réfidence audit lieu de Caftel-Sarrafy, & que fa commiffion a été fupprimée par arrêt du confeil, le droit d'affifter à ladite Affiette doit leur être dévolu, avec d'autant plus de fondement que le fieur Delherm ne s'eft point préfenté. Ledit fieur Delherm foutient au contraire que fa commiffion n'étant point révoquée, & qu'ayant été difpenfé par Mgr. l'évêque de Montauban de fe rendre à ladite affemblée, à caufe de fes infirmités, il doit jouir des émolumens attachés à ladite entrée. Que la commiffion a été d'avis de propofer à l'affemblée d'accorder audit fieur Delherm lefdits émolumens en qualité de maire de Caftel-Sarrafy par commiffion, ne leur ayant pas paru que fa commiffion eût été révoquée, & que d'ailleurs il a été difpenfé par Mgr. l'évêque de Montauban de fe rendre à l'Affiette à caufe de fes infirmités.

Ce qui a été délibéré, conformément à l'avis de MM. les commiffaires.

XII.

EXTRAIT du regiftre des délibérations des Etats généraux de Languedoc, affemblés par mandement du Roi en la ville de Montpellier au mois de Novembre 1746.

Du Lundi 12 Décembre fuivant, préfident Mgr. l'archevêque & primat de Narbonne.

MONSEIGNEUR l'évêque de Nimes a dit &c.

Que le fieur Joubert, fyndic général, a enfuite fait part à MM. les commiffaires d'une conteftation qui s'eft élevée entre le fieur Florentin, premier conful électif de Saint-Laurent-d'Aigoufe, & le fieur Poncet, maire en titre de ladite communauté, au fujet de la rétribution attachée à l'entrée à l'Affiette du diocefe de Nimes. Que le fieur Florentin a prétendu que le fieur Fontanés pourvu de l'autre office de maire, étant en exercice & n'ayant pu entrer à l'Affiette, le dévolu lui en avoit été acquis à l'exclufion du fieur Poncet : mais que bien loin d'avoir fait valoir cette prétention lors de l'entrée du fieur Poncet à l'Affiette, il ne paroiffoit pas qu'il y eût formé aucune oppofition & ne s'étoit pas même préfenté, de forte que le fieur Poncet ayant été reçu fans aucune contradiction, il a été en droit de retirer l'honoraire accordé au député, fans que le fieur Florentin pût le lui difputer, quand même il feroit vrai que le dévolu des fonctions du maire en exercice, appartint au premier conful électif à l'exclufion de l'autre maire en titre. A quoi il faut encore ajouter que, fuivant les préjugés accordés aux Etats, en conféquence des arrêts du confeil & décifions de M. le contrôleur général, le maire en titre hors d'exercice exclut les confuls électifs pour être admis à cette affemblée; de forte que MM. les commiffaires ont été d'avis de débouter le fieur Florentin de fa demande en reftitution des émolumens de l'Affiette perçus par le fieur Poncet.

SUR QUOI, vu les requêtes & mémoires refpectifs des parties, enfemble les lettres-patentes de 1653, qui attribuent aux Etats toute jurifdiction & connoiffance de pareils différends, avec défenfes à toutes cours & juges d'en connoître; Oui le rapport, & tout considéré :

LES ETATS ont débouté & déboutent le sieur Florentin, premier consul électif de Saint-Laurent-d'Aigouse, de sa demande en restitution des émolumens de l'Assiette du diocese de Nîmes, perçus par le sieur Poncet, maire en titre de ladite communauté.

XIII.

EXTRAIT du registre des délibérations des Etats généraux de Languedoc, assemblés par mandement du Roi en la ville de Montpellier au mois de Novembre 1747.

Du Jeudi 11 Janvier 1748, président Mgr. l'archevêque de Toulouse.

LE sieur de la Fage a rapporté à la commission une contestation qui s'est élevée entre le sieur Esquirol, propriétaire de l'office de maire alternatif de Montgiscard, & le sieur Belle, maire alternatif par commission, au sujet de l'entrée à l'Assiette derniere du diocese de Toulouse.

Le sieur Esquirol se fonde sur l'usage observé dans cette assemblée, qui est que l'entrée est déférée aux soumissionnaires des offices municipaux, qui, avant la tenue des Etats, ont payé le tiers en especes de la finance des offices, & qui rapportent des récépissés du préposé à la vente desdits offices, visés par M. l'intendant de la province.

Le sieur Belle, maire par commission, prétend au contraire que ledit Esquirol ne pouvoit avoir ladite entrée, attendu qu'il ne rapportoit pas la procuration de la communauté. Et l'assemblée de l'Assiette n'ayant pas voulu décider cette contestation, a délibéré de renvoyer les parties à se pourvoir aux Etats pour y statuer, & que cependant les émolumens attachés à la-

dite entrée resteront entre les mains du receveur des tailles du diocese.

SUR QUOI le sieur de la Fage a fait observer à la commission que le sieur Esquirol ayant payé le montant de la finance, ainsi qu'il est justifié par la quittance du préposé à la vente des charges municipales, & ayant de plus fait un acte aux consuls de Montgiscard pour lui donner la procuration de la communauté, ledit acte doit tenir lieu de procuration.

Que MM. les commissaires, après avoir examiné les raisons des parties, avoient été d'avis de proposer à l'assemblée de délibérer que le sieur Esquirol a dû entrer à l'assemblée de l'Assiette, que les émolumens attachés à ladite entrée doivent lui être payés par le receveur du diocese de Toulouse.

SUR QUOI, Vu les mémoires respectifs des parties, ensemble les lettres patentes de 1653, qui attribuent aux Etats toute jurisdiction & connoissance de pareils différends, avec défenses à toutes autres cours & juges d'en connoître ; Oui le rapport & tout considéré :

LES ETATS ont ordonné que l'entrée à l'Assiette du diocese de Toulouse en 1747, appartient au sieur Esquirol en qualité de maire alternatif de Montgiscard, & ordonnent que les émolumens attachés à ladite entrée, qui se trouvent réservés entre les mains du receveur en exercice ladite année lui seront délivrés, à quoi faire ledit receveur sera contraint par toutes voies, même par corps; ordonnent en outre que l'entrée à ladite Assiette sera déférée à l'avenir au sieur Esquirol, tout autant de temps que les choses resteront en l'état, c'est-à-dire, qu'il sera propriétaire des offices de maire ancien & de maire alternatif de la communauté.

XIV.

Extrait du regiſtre des délibérations des Etats généraux de Languedoc, aſſemblés par mandement du Roi en la ville de Montpellier au mois de Novembre 1748.

Du Samedi 28 Décembre ſuivant, préſident Mgr. l'archevêque de Touloufe.

Monseigneur l'évêque de Caſtres a dit, que le ſieur de la Fage, ſyndic général, a fait part à la commiſſion d'une conteſtation qui s'eſt élevée à la derniere Aſſiette du diocefe de Touloufe, entre le ſieur Jean Barthelemi, lieutenant de maire de St. Julia de Gras-Capou audit diocefe, & le député que ladite communauté avoit envoyé à ladite Aſſiette ; ce dernier prétendant exclure le premier, parce qu'il n'avoit pas été valablement inſtallé par le ſieur Rouquet, ſubdélégué de M. l'intendant, & qu'il n'avoit pas juſtifié de ſon âge par ſon extrait baptiſtere, ainſi que la commiſſion qui lui avoit été accordée, l'exigeoit.

Ledit ſieur Barthelemi prétendant au contraire que ladite entrée lui devoit être déférée en qualité de lieutenant de maire, ſur le verbal dreſſé par le ſieur Rouquet & le certificat du curé de Monteſquieu, qui ſervent à prouver que le ſieur Barthelemi eſt âgé de trente-huit ans, le tout duement ſignifié aux conſuls de St. Julia par acte du 13 Avril dernier, & pour les ſommer de lui remettre la procuration de ladite communauté pour entrer à ladite Aſ-fiette en qualité de lieutenant de maire dudit lieu, auquel leſdits conſuls n'avoient point déféré.

Que ſur ces conteſtations les commiſſaires de l'Aſſiette du diocefe de Touloufe avoient trouvé à propos de conſigner entre les mains du receveur des tailles du diocefe en exercice, les émolumens attribués à ladite entrée & de s'en rapporter aux Etats pour déterminer à qui doivent être délivrés leſdits émolumens.

Lecture faite de ladite commiſſion, du procès-verbal du ſieur Rouquet, ſubdélégué de M. l'intendant, & autres pieces, MM. les commiſſaires ont été d'avis de propoſer à l'aſſemblée d'accorder au ſieur Barthelemi les émolumens attribués à l'entrée de l'aſſiette dudit diocefe, attendu que le défaut de rapporter ſon extrait baptiſtere ne l'excluoit pas de ladite entrée, puiſqu'il eſt certifié par le curé du lieu qu'il a trente-huit ans.

Sur quoi, Vu la commiſſion expédiée au ſieur Barthelemi ; le procès-verbal du ſieur Rouquet ; l'acte ſignifié aux conſuls de St. Julia pour les ſommer de remettre audit ſieur Barthelemi la procuration de ladite communauté pour entrer à l'Aſſiette du diocefe de Touloufe en qualité de lieutenant de maire dudit lieu ; les mémoires reſpectifs des parties ; enſemble les lettres patentes de 1653, qui attribuent aux Etats toute juriſdiction & connoiſſance de pareils differends avec défenſes à toutes cours & juges d'en connoitre ; Oui le rapport, & tout conſidéré :

Les Etats ont débouté & déboutent le député de la communauté de St. Julia de Gras-Capou, de ſa prétention à l'entrée de l'Aſſiette du diocefe de Touloufe, & de ſa demande des émolumens attribués à ladite entrée, & ont ordonné que ladite entrée étant due de droit au ſieur Barthelemi, lieutenant de maire par commiſſion, à l'excluſion du député de ladite communauté, les émolumens qui ſont conſignés entre les mains du receveur dudit diocefe, lui ſeront payés au premier commandement qui ſera fait audit receveur.

XV.

X V.

EXTRAIT du regiſtre des délibérations des Etats généraux de Languedoc, aſſemblés par mandement du Roi en la ville de Montpellier au mois de Novembre 1748.

Du Samedi 28 Décembre ſuivante, préſident Mgr. l'archevêque de Toulouſe.

MONSEIGNEUR l'évêque de Caſtres a dit, que le ſieur de la Fage, ſyndic général, a fait part à MM. les commiſſaires d'une conteſtation qui s'eſt élevée entre le ſieur Etienne Pinel, pourvu par commiſſion du 25 Septembre 1747, de l'office de lieutenant de maire de St. Felix de Carmaing dioceſe de Toulouſe, & le ſieur Ferrier pourvu de ce même office par commiſſion du 10 Janvier dernier, chacun prétendant avoir droit d'entrer à la derniere Aſſiette dudit dioceſe : le ſieur Ferrier ſoutenant que ſa commiſſion étant la derniere, elle révoquoit celle du ſieur Pinel, & que, ſi cette révocation n'étoit pas expreſſe, elle étoit du moins tacite ; parce que deux perſonnes ne pouvoient en même temps être pourvues du même office ; parce que Sa Majeſté n'avoit point expliqué dans aucune de ces deux commiſſions pour quel office elles étoient accordées.

Le ſieur Pinel a répliqué qu'il prend avantage de l'obſervation du ſieur Ferrier : que la premiere commiſſion doit avoir ſon effet, dès qu'elle n'eſt pas révoquée par la ſeconde, & que ladite entrée doit lui être déférée, ſauf audit ſieur Ferrier d'entrer à l'Aſſiette prochaine de 1749, en qualité de maire alternatif.

Lecture faite deſdites commiſſions, dans leſquelles il ne paroit pas qu'il ait été fait mention de lieutenant de maire alternatif, MM. les commiſſaires ont été d'avis de propoſer à l'Aſſemblée d'accorder au ſieur Pinel les émolumens attribués à l'entrée de la derniere Aſſiette, attendu qu'il y a lieu de croire que l'intention du Roi étoit de nommer un lieutenant de maire ancien & un lieutenant de maire alternatif ; que la commiſſion du ſieur Pinel étant expédiée la premiere, ce dernier devoit être regardé comme lieutenant de maire ancien & avoir l'entrée à la derniere Aſſiette, & que la commiſſion du ſieur Ferrier ayant été expédiée la derniere, ne doit donner l'entrée qu'à l'Aſſiette de 1749.

SUR QUOI, vu les commiſſions du conſeil expédiées aux ſieurs Pinel & Ferrier ; les mémoires reſpectifs ; enſemble les lettres patentes de 1653, qui attribuent aux Etats toute juriſdiction & connoiſſance de pareils différends, avec défenſes à toutes autres cours & juges d'en connoître ; Oui le rapport, & tout conſidéré :

LES ETATS ont débouté & déboutent le ſieur Ferrier lieutenant de maire de St. Felix de Carmaing par commiſſion du 10 Janvier dernier, de ſa demande pour le droit d'entrée à l'Aſſiette derniere & des émolumens y attachés ; ont ordonné que les émolumens ſeront donnés au ſieur Pinel lieutenant de maire dudit St. Felix par commiſſion du 25 Septembre 1747, au premier commandement qui ſera fait au ſieur receveur des tailles du dioceſe de Toulouſe en exercice la préſente année, attendu que ledit ſieur Pinel eſt cenſé être le lieutenant de maire ancien, & que le ſieur Ferrier doit être regardé comme lieutenant de maire alternatif, & devoit en cette qualité entrer à l'Aſſiette prochaine du dioceſe.

X V I.

EXTRAIT du regiftre des délibérations des Etats généraux de Languedoc, affemblés par mandement du Roi en la ville de Montpellier au mois d'Octobre 1752.

Du Lundi 4 Décembre fuivant , préfident Mgr. l'archevêque & primat de Narbonne.

LE fieur de Joubert , fyndic général, a dit, qu'il doit rendre compte à l'affemblée d'une conteftation qui s'eft élevée à l'Affiette ou Etats particuliers du pays de Vivarais, au fujet de l'entrée du député de Viviers & des émolumens y attachés.

Que lefdits Etats particuliers dudit pays, après avoir pris connoiffance de cette conteftation, crurent ne devoir pas la décider, & qu'ils s'en rapportèrent à ce qui feroit réglé par les Etats , ayant ordonné en conféquence que les émolumens refteroient en dépôt entre les mains du receveur des tailles en exercice.

Que pour entrer dans l'examen des prétentions refpectives des parties, il eft néceffaire d'obferver que le premier & fecond conful de Viviers, ont droit d'affifter tous les ans à l'Affiette du pays de Vivarais, l'un en qualité de commiffaire ordinaire , & l'autre comme député de la même ville.

Que le fieur Bouvier pourvu de l'office de maire alternatif, fe trouvant en exercice, affifta à l'Affiette de 1749, en qualité de commiffaire ordinaire, & que comme il eft en même-temps feul lieutenant de maire, il demanda auffi d'avoir l'entrée comme repréfentant le député de Viviers, & de jouir des émolumens attachés auxdites qualités.

Que cette feconde entrée a fait le fujet de la conteftation , tant de la part du fieur Bachon, comme maire ancien, que de celle du fieur Pontet, comme

premier conful en titre ; mais que pour décider cette conteftation , il eft néceffaire d'éclaircir un fait qui ne l'eft pas, & qui confifte à favoir fi ledit fieur Bouvier eft pourvu des deux offices de lieutenant de maire de Viviers, ou fi , dans le cas où il n'en auroit qu'un, cet office étoit alors en tour d'exercice, & que dès-lors il paroit indifpenfable de renvoyer à la prochaine affemblée des Etats la décifion de cette affaire.

SUR QUOI il a été délibéré de renvoyer aux prochains Etats la décifion de la conteftation dont il s'agit ; & que, dans ce délai, le fieur Bouvier juftifiera qu'il a les deux offices de lieutenant de maire de Viviers, ou , s'il n'en a qu'un, que l'office dont il eft pourvu étoit en tour d'exercice , pour, fur le rapport qui en fera fait , être ordonné ce qu'il appartiendra.

X V I I.

EXTRAIT du regiftre des délibérations des Etats généraux de Languedoc, affemblés par mandement du Roi en la ville de Montpellier au mois de Janvier 1754.

Du Jeudi 7 Mars fuivant , préfident Mgr. l'archevêque & primat de Narbonne, Commandeur de l'Ordre du St. Efprit.

MONSEIGNEUR l'archevêque de Touloufe a dit, que la commiffion, après avoir examiné les requêtes préfentées aux Etats par les fieurs Martin , maire du lieu de Mourefe, Vioules, maire du lieu de St. Etienne, & Goufty , maire du lieu d'Olmet, diocefe de Lodeve, tendantes toutes trois à ce que les confuls defdites communautés, qui ont affifté à l'Affiette dudit diocefe au préjudice des fuplians , foient tenus de leur en reftituer les émolumens, n'a pas trouvé ces demandes fondées, attendu que lefdits maires, qui n'exercent que par commiffion & ne réfident pas sur les lieux, n'ont pu être avertis par les consuls auxquels la Mande de l'Assiette a été adressée & qui, en conséquence, ayant été admis à cette assemblée sans aucun acte de protestation ni litige formé de la part desdits maires, ont gagné de bonne foi une rétribution qui ne sauroit leur être ôtée ; & que par ces raisons MM. les commissaires ont été d'avis qu'il y avoit lieu de débouter lesdits sieurs Martin, Vieules & Gousty, de leurs demandes, sauf à eux à se présenter à l'avenir, autant de temps que leur commission aura lieu pour assister à l'Assiette, où ils doivent être admis sans difficulté.

Ce qui a été délibéré, conformément à l'avis de MM. les commissaires ; & qu'il seroit en conséquence, expédié le jugement dont la teneur s'ensuit.

Les gens des Trois-états de la province de Languedoc, assemblés par mandement de Sa Majesté en la ville de Montpellier.

Vu les lettres patentes du 13 Mars 1653, qui nous ont attribué la connoissance de tous les différends nés & à naître tant dans notre assemblée générale que dans celles des Assiettes de chaque diocese, à raison du droit d'entrée, séance, préséance & adresse des mandes, droits de création, nomination, institution, destitution des syndics & greffiers desdits dioceses, & autres semblables contestations, circonstances & dépendances ; les requêtes présentées par les sieurs Martin, maire par commission du lieu de Mourese, Vieules, maire par commission du lieu de St. Etienne & Gousty, maire par commission du lieu d'Olmer, diocese de Lodeve, tendantes toutes trois, à ce que les consuls desdites communautés qui ont assisté à l'Assiette dudit diocese, au préjudice des suppliants, soient tenus de leur en restituer les émolumens ; & attendu que lesdits maires qui n'exercent que par commission, &

ne résident pas sur les lieux, n'ont pas pu être avertis par les consuls auxquels la mande de l'Assiette a été adressée, & qui, en conséquence, ayant été admis à cette assemblée sans aucun acte de protestation, ni litige formé de la part desdits maires, ont gagné de bonne foi une rétribution qui ne sauroit leur être ôtée ; Ouï le rapport de Mgr. l'archevêque de Toulouse, président de la commission nommée pour l'examen de cette affaire, & le syndic général de la province en ses conclusions,

Avons débouté & déboutons les sieurs Martin, Vieules & Gousty de leurs demandes, sauf à eux à se présenter à l'avenir, autant de temps que leur commission aura lieu, pour assister à l'assiette, où ils seront admis sans difficulté. Fait & délibéré dans l'assemblée desdits Etats le 7 Mars 1754.

XVIII.

Extrait du registre des délibérations des Etats généraux de Languedoc, assemblés par mandement du Roi en la ville de Montpellier au mois de Janvier 1754.

Du Vendredi 8 Mars suivant, président Mgr. l'archevêque & primat de Narbonne, Commandeur de l'Ordre du St. Esprit.

Monseigneur l'archevêque de Toulouse a dit, que les Etats ont déjà eu connoissance de la contestation qui s'étoit élevée en 1749, au sujet de l'entrée à l'Assiette dudit pays de Vivarais, entre le sieur Bouvier, maire alternatif & seul lieutenant de maire de Viviers, le sieur du Pontet, premier consul en titre de la même ville, & le sieur Bachon, maire ancien ; que l'Assiette ayant renvoyé aux Etats à décider cette contestation, sur le compte qui en fut rendu l'année dernière, il fut ordonné que le sieur Bouvier, justifieroit qu'il a les deux offices de lieutenant de maire de Viviers ; & , au cas qu'il n'en ait qu'un , que ledit office étoit en tour en 1749.

Que ledit sieur Bouvier a déclaré en conséquence qu'il n'avoit que l'office de lieutenant de maire ancien ; mais qu'il a prétendu qu'il étoit en tour , lors de l'Assiette de 1749 , ce qui paroit néanmoins contraire à l'exposé d'un acte qu'il a fait signifier au sieur Pontet le 9 Décembre dernier , & auquel on ne voit pas que ledit sieur Pontet ait rien répondu.

Que, dans ces circonstances, la commission a cru qu'il restoit encore quelques éclaircissemens à prendre , tant pour savoir si en effet ledit sieur Bouvier étoit en exercice en 1749, que pour savoir si ledit sieur Pontet y étoit aussi; que ce fait ne pouvoit être éclairci que sur les lieux & par l'Assiette du pays de Vivarais , en se faisant représenter les provisions & réceptions des pourvus desdits offices ; ce qui a déterminé la commission à être d'avis, avant faire droit, de renvoyer à l'Assiette du pays de Vivarais , pour éclaircir lesdits faits , à l'effet de statuer aux Etats prochains sur ce qui résultera desdits éclaircissemens , ainsi qu'il appartiendra ; & cependant qu'à la diligence dudit sieur Bouvier, lesdits sieurs Bachon & Pontet, seront tenus de remettre leurs actes & mémoires entre les mains du syndic général.

Sur quoi, Oui le rapport, & vu les lettres patentes du 13 Mars 1653, les Etats ont ordonné & ordonnent, avant faire droit, que par devant l'Assiette prochaine du pays de Vivarais, & à la diligence du sieur Bouvier, il sera éclairci s'il étoit en exercice de la charge de lieutenant de maire ancien, lors de l'Assiette de 1749, &, au cas qu'il ne fût pas en exercice, si le sieur Pontet y étoit pour la charge de premier consul ; pour la délibération de l'Assiette sur ce point rapportée, ou faute de ce faire, être

ordonné ce qu'il appartiendra ; & cependant qu'à la diligence dudit sieur Bouvier, les sieurs Bachon, maire ancien, & Pontet seront sommés de remettre leurs actes & mémoires entre les mains du syndic général du département, desquelles diligences ledit Bouvier sera tenu de justifier.

X I X.

EXTRAIT du registre des délibérations des Etats généraux de Languedoc, assemblés par mandement du Roi en la ville de Montpellier au mois de Janvier 1754.

Du Vendredi 8 Mars suivant , président Mgr. l'archevêque & primat de Narbonne, Commandeur de l'Ordre du St. Esprit.

MONSEIGNEUR l'archevêque de Toulouse a dit, qu'il a été rendu compte d'un mémoire présenté par le sieur Davranche , maire alternatif de Massillargues , par lequel il réclame d'une délibération de l'Assiette du diocese de Nîmes de l'année derniere , qui adjugea l'entrée au sieur Delmas , maire ancien , à l'exclusion de celui qui étoit porteur de sa procuration.

Que la demande du sieur Davranche est fondée sur le droit qu'il prétend être acquis aux officiers municipaux de donner leurs procurations pour l'entrée aux Etats & aux Assiettes ; de maniere , selon lui, que la communauté de Massillargues ne pouvoit refuser de députer à l'Assiette le sieur Heraut porteur de sa procuration.

Que le sieur Heraut ayant fait un acte de sommation à la communauté, le sieur Delmas, maire ancien, prétendit avoir le dévolu en l'absence du sieur Davranche, & que la communauté, reconnoissant que ledit sieur Davranche étoit mal fondé, délibéra de s'en rapporter à ce qui seroit réglé par l'Assiette : que ledit sieur Heraut fit signifier un acte au sieur Ginhoux, syndic du diocese, pour être admis dans l'assemblée; mais qu'il fut délibéré que le porteur de la procuration du sieur Davranche ne pouvoit pas être admis; & comme la communauté n'avoit point donné de procuration, Mgr. l'évêque de Nimes, président, nomma le sieur Delmas pour député de Massillargues.

Que ledit sieur Davranche réclame de ce jugement, & qu'il prétend que, suivant les édits de création des offices municipaux, les maires & les lieutenans de maires étant députés nés, à l'exclusion des officiers électifs, ils ont dès-lors droit, en cas d'absence, ou autre légitime empéchement, de donner leur procuration à qui ils jugent à propos, & d'obliger la communauté à députer celui qui se présente avec leur procuration.

Mais que bien loin que cette prétention & ce droit soient fondés sur la lettre des édits de création des offices municipaux, on n'y en trouve au contraire aucun vestige; tandis qu'une disposition aussi importante devoit y être exprimée en termes formels, & qu'elle ne peut y être suppléée par raisonnement & par conséquence.

Que c'est aussi par cette raison que les Etats n'ont jamais admis dans leurs assemblées les porteurs de la procuration des titulaires des offices municipaux, mais seulement les porteurs de la procuration des communautés; que c'est d'elles uniquement que les députés tiennent leur pouvoir, parce que c'est elles qu'ils représentent; & que si les titulaires desdits offices, sont députés nés, cette qualité empêche les communautés de leur refuser leur procuration, mais ne les oblige pas de la donner à ceux qui la demandent comme procureurs fondés des pourvus des mêmes offices.

Que dès-lors la communauté a eu

raison de refuser la procuration audit sieur Heraut, comme le diocese a eu raison aussi de lui refuser l'entrée à l'Assiette, & que le sieur Davranche est mal fondé à réclamer de son jugement.

SUR QUOI, Ouï le rapport, & vu les lettres patentes du 13 Mars 1653, par lesquelles Sa Majesté attribue aux Etats la connoissance de toutes les contestations qui naîtront, tant à leur assemblée, qu'à celles des Assiettes, nommément par rapport à l'entrée auxdits Etats ou Assiettes,

LES ETATS ont débouté & déboutent le sieur Davranche, maire alternatif de la communauté de Massillargues, de la demande par lui formée au sujet de l'entrée du sieur Heraut, porteur de sa procuration, à l'Assiette du diocese de Nimes de l'année derniere 1753.

X X.

EXTRAIT du registre des délibérations des Etats généraux de Languedoc, assemblés par mandement du Roi en la ville de Montpellier au mois de Janvier 1754.

Du Vendredi 8 Mars suivant, président Mgr. l'archevêque & primat de Narbonne, Commandeur de l'ordre du St. Esprit.

MONSEIGNEUR l'archevêque de Toulouse a dit, qu'il a été rendu compte d'une contestation qui s'est élevée entre le sieur Crouzet, maire alternatif de Tournon, & le sieur du Bouchet, premier consul de la même ville, au sujet de l'entrée à l'Assiette du pays de Vivarais en 1753.

Que ledit sieur Crouzet, étoit de tour en qualité de maire alternatif pour l'entrée à l'Assiette, attendu que le maire ancien étoit entré à l'Assiette précédente; mais que, comme ledit sieur Crouzet n'exerce cette charge que par commission, & que la mairie ancienne étoit alors vacante, ledit sieur du Bouchet prétendit qu'étant premier conful en titre d'office, il devoit lui être préféré; mais que cette prétention n'ayant point paru légitime, l'Affiette adjugea l'entrée audit fieur Crouzet.

Que cette décifion, dont ledit fieur du Bouchet réclame, eft évidemment réguliere & conforme à ce qui s'obferve pour l'entrée aux Etats, où les maires par commiffion font préférés aux lieutenans de maire & confuls en titre d'office, puifqu'en effet la commiffion qui leur eft accordée par Sa Majefté, ne les autorife pas moins dans l'exercice & les fonctions de la charge, que les provifions qui s'accordent après le payement de la finance; à quoi l'on peut ajouter que la difpofition de l'édit de 1709, en faveur des confuls en titre d'office, de laquelle ledit fieur du Bouchet prétend tirer avantage, ne peut point s'appliquer au fait dont il s'agit, attendu que ledit fieur Crouzet, maire, qui fe préfentoit pour entrer à l'Affiette, étoit en tour d'y entrer.

De forte que, par toutes ces raifons, la commiffion a été d'avis de débouter le fieur du Bouchet de fa demande, & d'ordonner que la décifion de l'Affiette du pays de Vivarais, en faveur du fieur Crouzet, aura fon plein & entier effet.

Sur quoi, Oui le rapport, & vu les lettres patentes du 13 Mars 1653, les Etats ont débouté & déboutent le fieur du Bouchet de fa demande, conformément à la décifion de l'Affiette du pays de Vivarais, en faveur du fieur Crouzet, laquelle aura fon plein & entier effet.

X X I.

Extrait du regiftre des délibérations des Etats généraux de Languedoc, affemblés par mandement du Roi en la ville de Montpellier au mois de Janvier 1756.

Monseigneur l'évêque de Carcaffonne a dit, que le fieur de Montferrier a rapporté à la commiffion une conteftation formée à l'Affiette du diocefe de Beziers, entre le fieur Nourry, lieutenant de maire de ladite ville & le fieur Roube, premier conful en titre, au fujet de l'attribution des honoraires d'une affemblée tenue le 20 du mois de Mars 1755, pour la clôture des comptes du receveur, & de celui de l'affemblée de l'Affiette tenue au mois d'Avril fuivant.

Que le fieur Roube prétend que l'une & l'autre de ces rétributions lui appartiennent comme ayant été en droit d'affifter aufdites affemblées au défaut de la préfence du fieur Nourry, dont tous les droits lui font dévolus par l'édit du mois de Mars 1709, portant création des offices de conful; à quoi le fieur Nourry a oppofé que ce dévolu ne fauroit être véritablement acquis que lorfque le titulaire de l'office fupérieur fe trouve réellement abfent depuis longtemps du lieu de fa réfidence, & que l'officier inférieur a rempli toutes fes fonctions, de même qu'en cas de mort ou de vacance de l'office; mais que les circonftances font bien différentes dans le cas dont il s'agit, puifque le fieur Nourry ne s'eft point abfenté de la ville, où il a toujours fait fes fonctions, & n'a été empêché d'affifter aux affemblées en queftion, que par une maladie, & en conféquence d'un congé de Mgr. l'évêque de Beziers en qualité de préfident; que le fieur Roube ne s'eft préfenté pour le remplacer que comme faifant office d'ami, après avoir affuré qu'il étoit dans le deffein de ne point toucher lefdits émolumens, fans laquelle affurance il n'auroit point été admis à l'affemblée pour la clôture des comptes du receveur, tout comme on a refufé de l'admettre à celle de l'Affiette, ainfi que le juftifie la délibération qui y fut prife à ce fujet, le 3 du mois d'Avril.

Que MM. les commiffaires ayant vu ladite délibération conforme en tout à l'expofé du fieur Nourry, & étant d'ailleurs informés des mauvais procédés du fieur Roube, ont cru également jufte & convenable de condamner fa prétention, & de propofer aux Etats de rendre un jugement portant que les rétributions, tant pour l'affemblée de l'Affiette, que pour celle de la clôture des comptes du receveur, appartenant légitimement au fieur Nourry, lui feront délivrées par le receveur, & qu'au cas le fieur Roube les eût retirées en tout ou en partie, il fera tenu de les reftituer.

SUR QUOI, Oui le rapport, & vu les lettres patentes du 13 Mars 1653, par lefquelles Sa Majefté attribue aux Etats la connoiffance de toutes les conteftations qui naîtront tant à leurs affemblées qu'à celles des Affiettes, nommément par rapport à l'entrée auxdits Etats & Affiettes,

LES ETATS ont débouté & déboutent le fieur Roube, premier conful en titre de la ville de Beziers, de la demande par lui formée tant au fujet de l'entrée à l'Affiette, qu'à celle de l'affemblée pour la clôture des comptes du receveur; ont ordonné & ordonnent en conféquence que les rétributions à raifon de l'entrée auxdites affemblées feront délivrées par le receveur au fieur Nourry, lieutenant de maire de ladite ville; & qu'au cas que ledit fieur Roube, les ait retirées en tout ou en partie, il fera tenu de les reftituer.

XXII.

EXTRAIT du regiftre des délibérations des Etats généraux de Languedoc,

affemblés par mandement du Roi en la ville de Montpellier au mois de Janvier 1756.

Du Jeudi 19 Février fuivant, préfident Mgr. l'archevêque & primat de Narbonne, Commandeur de l'ordre du St. Efprit.

MONSEIGNEUR l'évêque de Carcaffonne a dit, qu'il a été rendu compte par le fieur de Joubert, fyndic général, de plufieurs conteftations qui fe font élevées, au fujet de l'entrée des députés de la ville de Viviers aux Affiettes du Vivarais, des années 1749, 1754 & 1755; que l'affemblée pourra être inftruite du fujet de ces conteftations, auffi bien que des raifons des parties, & des motifs qui ont fervi à former l'avis de MM. les commiffaires par la lecture d'un mémoire qui a été fait à ce fujet.

Après quoi, lecture faite dudit mémoire, lequel fera tranfcrit à la fuite de la préfente délibération, Mgr. l'évêque de Carcaffonne a ajouté, que la commiffion a cru devoir propofer à l'affemblée, de rendre un jugement par lequel les Etats, en confirmant ce qui a été décidé par l'Affiette du Vivarais, adjugeront au fieur du Pontet, fils, le trouvant ainfi à propos, l'entrée & les émolumens de l'affiette pour les années 1749, 1754 & 1755.

SUR QUOI, vu les mémoires & autres pieces remifes par les fieurs Bonvier & du Pontet, enfemble les lettres patentes de 1653, qui attribuent aux Etats toute jurifdiction & connoiffance de pareils différends, avec défenfes à toutes autres cours & juges d'en connoître, Oui le rapport & tout confidéré:

LES ETATS, en fe conformant à ce qui a été décidé par l'Affiette du pays de Vivarais en 1749, 1754 & 1755, au fujet des conteftations fur l'entrée du fecond député de la ville de Viviers, ont ordonné & ordonnent qu'elle demeurera acquife au fieur du Pontet, &

qu'il jouira en conséquence des émolumens attachés à ladite entrée ; auquel effet ceux de l'Assiette de 1749, qui se trouvent réservés entre les mains du receveur en exercice en ladite année , le sieur du Pontet ayant retiré ceux des années 1754 & 1755, lui seront délivrés, à quoi faire ledit receveur sera contraint par toutes voies, même par corps, en vertu du présent jugement.

MÉMOIRE au sujet des contestations qui se sont élevées sur l'entrée des députés de la ville de Viviers , à l'Assiette du Vivarais en 1749, 1754 & 1755.

La ville de Viviers a deux députés à l'Assiette , dont le premier étant commissaire ordinaire pendant l'année, n'a point voix délibérative à l'assemblée ; l'autre en est le second opinant :

Les offices de maire sont remplis ; savoir , l'ancien par le sieur Bachon, l'alternatif par le sieur Bouvier.

Ce dernier est pourvu en même-temps de l'office de lieutenant de maire ancien,

Et le sieur du Pontet est aussi titulaire de l'office de premier consul ancien.

Le sieur Bouvier fut admis à l'Assiette de l'année 1749 , en qualité de maire , & il n'y eut pas de contestations à ce sujet ; mais pour ce qui est de la place du second député , elle fut disputée entre ledit sieur Bouvier, ledit sieur Bachon & ledit sieur du Pontet.

Le sieur Bouvier la prétendoit en qualité de lieutenant de maire en exercice , soutenant qu'il pouvoit remplir les deux places à l'exemple de ce qui avoit été décidé en faveur de M. de Massillan , juge mage & maire de Montpellier.

Le sieur Bachon soutenoit au contraire qu'elle devoit céder à son profit en qualité de maire, quoiqu'il ne fût pas en exercice.

Le sieur du Pontet disoit enfin qu'il devoit être préféré à l'un & à l'autre ; savoir , au sieur Bouvier , parce qu'il ne pouvoit lui seul représenter deux députés , & au sieur Bachon, parce qu'il n'étoit pas en exercice de l'office de maire ; & que par les édits de création, le dévolu appartient à l'officier en exercice, quoique d'un grade inférieur à celui qui ne l'est pas.

L'Assiette décida provisoirement en faveur du sieur du Pontet , & néanmoins elle arrêta que la rétribution de l'entrée demeureroit en dépôt entre les mains du receveur du diocese jusqu'à ce que les Etats en eussent décidé définitivement.

Par le jugement que les Etats rendirent en conséquence en 1753 , il fut ordonné, avant faire droit aux parties, que par devant l'Assiette lors prochaine il seroit vérifié, si le sieur Bouvier étoit en exercice de la charge de lieutenant de maire ancien, lors de l'Assiette de 1749 , & au cas il ne fût pas en exercice, si le sieur du Pontet y étoit pour la charge de premier consul ; comme aussi qu'à la diligence dudit sieur Bouvier, le sieur Bachon , maire ancien & ledit du Pontet seroient sommés de remettre leurs actes & mémoires entre les mains du syndic général du département, pour être ensuite ordonné ce qu'il appartiendroit.

En exécution de ce jugement, il a été vérifié par MM. les commissaires de l'Assiette, que le sieur Bouvier étoit en effet en exercice de la charge de lieutenant de maire en ladite année 1749 , & que ledit sieur du Pontet y étoit pareillement pour celle de premier consul ; de quoi il a été délivré un certificat en forme de délibération.

Les sieurs Bachon & du Pontet furent aussi sommés par acte des 6 & 7 Septembre

N°. XXII. Septembre 1754, de remettre leurs mémoires entre les mains du syndic général.

Tel est l'état de cette première contestation, sur laquelle MM. les commissaires ont remarqué que s'il est décidé que le sieur Bouvier ne pouvant pas remplir les deux places de la communauté de Viviers, en qualité de maire & de lieutenant de maire en exercice, la place de second député doit être déférée au sieur du Pontet, au préjudice du sieur Bachon, parce que celui-ci, quoique supérieur en grade, n'étoit pas en exercice, au lieu que le sieur du Pontet y étoit.

Mais pour ce qui est de savoir si le sieur Bouvier a pu, en vertu des deux offices réunis sur sa tête, & qui étoient tous les deux en exercice, remplir les deux places des députés de Viviers, cette question a paru souffrir quelque difficulté.

Il est vrai en effet, comme on l'oppose, que les Etats ont décidé en faveur de M. de Massillan, qui étoit en même-temps juge mage & maire de Montpellier, qu'il pouvoit entrer à l'Assiette & aux assemblées du même diocese pendant l'année, en cette double qualité, attendu la disposition de l'édit de création des offices municipaux du mois de Novembre 1733 qui dispense de toute incompatibilité.

A quoi on peut ajouter que par rapport à ces offices, les droits utiles qui y sont attachés en faisant le principal objet, celui qui est pourvu des deux offices doit jouir des gages & droits utiles attachés à l'un & à l'autre; & qu'il en doit être de même pour l'entrée à l'Assiette, sur-tout lorsqu'il ne s'agit pas de diminuer le nombre des suffrages qui la composent.

D'un autre côté on peut opposer au préjugé de M. de Massillan, 1°. que lorsqu'on l'a admis à remplir les deux

places de juge mage & de maire, on ne faisoit aucun tort aux autres officiers titulaires de la même ville, parce que, suivant l'arrêt du conseil du 30 Janvier 1725, servant de réglement pour les Assiettes, les maires & consuls de la ville capitale, ont tous droit d'assister à l'Assiette & aux assemblées de direction des affaires du diocese pendant l'année en qualité de commissaires ordinaires; de sorte qu'il ne s'agissoit que de faire jouir M. de Massillan d'un droit utile attaché à sa charge sans en priver personne.

2°. Que la dispense d'incompatibilité dont parle l'édit de création seroit poussée trop loin, si on l'appliquoit indifféremment & dans toute sorte de cas, au droit de représenter plusieurs personnes dans la même assemblée.

Qu'il est de l'intérêt des communautés que le nombre des députés qui doivent les représenter dans les assiettes ne soit point diminué, que quoique les deux députés d'une ville ne forment qu'une voix, cependant ils s'aident mutuellement de leurs lumieres, & qu'une communauté qui croit confier ses intérêts à deux personnes se trouveroit privée de cet avantage, si elle étoit forcée de ne les confier qu'à un seul.

A quoi on peut encore ajouter que si le droit de pouvoir, en vertu de deux offices, représenter différens députés étoit une fois admis pour les Assiettes, on voudroit peut-être en tirer des conséquences pour les Etats; & que s'il avoit lieu, à l'égard du titulaire de deux offices dans une même communauté, on pourroit peut-être aussi l'appliquer au titulaire de plusieurs offices dans les différentes communautés; ce qui paroit également contraire à l'ordre établi pour former les assemblées des Assiettes & aux motifs sur lesquels cet ordre est fondé.

Dans ces circonstances il a paru à MM. les commissaires que le préjugé de M. de Massillan ne pouvoit pas dévenir le motif de décider en général que le titulaire de deux offices peut toujours & en toute occasion représenter deux personnes dans la même assemblée ; que la dispense d'incompatibilité accordée par l'édit de création mettoit sans doute en état d'exercer les offices municipaux, quoiqu'on en eût d'autres sur sa tête, qui, sans cette dispense, seroient incompatibles ; mais que le droit de représenter deux personnes dans la même assemblée étoit un droit si singulier qu'il ne paroissoit pas naturel de l'admettre, sans qu'il fût autorisé par une disposition expresse des édits de création.

De sorte que, par toutes ces raisons, MM. les commissaires ont été d'avis de proposer à l'assemblée de confirmer la décision de l'Assiette du Vivarais de l'année 1749, qui adjuge l'entrée au sieur du Pontet, comme second député de Viviers.

A l'égard de la contestation sur l'entrée à l'Assiette de 1754, il n'y avoit de tous ces titulaires que le sieur Bachon qui fût en exercice ladite année, & qui eût droit par conséquent d'entrer en vertu de son office ; mais ledit sieur Bachon s'étant trouvé absent, lors de la convocation de l'Assiette, de la ville de Viviers, donna sa procuration au sieur Bouvier, & députa en même-temps le sieur Gautier, second consul, pour occuper la seconde place.

Le sieur Bouvier fut admis à l'assemblée sans aucune difficulté en qualité de premier député ; & il n'y eut pas de contestation à ce sujet.

Mais le sieur du Pontet s'étant présenté, il prétendit qu'en qualité de premier consul en titre, quoiqu'il ne fût pas en exercice, il devoit avoir l'entrée pour la seconde place à l'exclusion du sieur Gautier.

Et le sieur Bouvier qui jusqu'alors n'avoit pas contesté l'entrée au sieur Gautier, se crut en droit de la demander préférablement à l'un & à l'autre, prétendant qu'elle devoit lui être déférée en sa qualité de lieutenant de maire & réunir ainsi les deux places.

Le sieur Gautier opposa au contraire à ses concurrens, qu'ils étoient irrecevables l'un & l'autre dans leurs prétentions, dès qu'ils étoient hors d'exercice de leurs offices.

SUR QUOI l'Assiette adjugea l'entrée au sieur du Pontet qui, en conséquence, en perçut les émolumens.

Le sieur Bouvier protesta contre cette décision par un acte signifié dans le même temps, & il en réclame aujourd'hui, aussi bien que le sieur Gautier, soutenant que ledit sieur Bouvier en étant privé, elle ne peut être déférée à son préjudice au sieur du Pontet qui lui étoit inférieur en grade, & qui n'étoit pas en exercice, comme il n'y étoit pas lui-même, ajoutant qu'il pouvoit occuper les deux places sans incompatibilité, suivant le préjugé donné par les Etats en faveur de M. de Massillan.

Par rapport à cette seconde contestation il a paru à MM. les commissaires que l'entrée ne pouvoit appartenir au sieur Gautier, second consul, que dans le cas d'absence des officiers titulaires, & que d'abord qu'elle étoit requise par le sieur du Pontet, premier consul en titre, quoique hors d'exercice, elle ne pouvoit pas lui être contestée, conformément à ce qui a été pratiqué aux Etats & décidé par eux, nommément le 13 Décembre 1738, sur le fondement de l'article V de l'arrêt du conseil du 17 Décembre 1737, d'où il suit que l'Assiette ayant décidé en faveur du sieur du Pontet, cette décision doit être également confirmée.

Enfin à l'égard de la contestation sur l'entrée à l'assiette de 1755, le sieur Bouvier y a occupé, en qualité de maire, en exercice, la place de premier député, & il n'y a pas eu de contestation à ce sujet.

Mais lorsqu'il a prétendu occuper aussi la seconde place en son autre qualité de lieutenant de maire en exercice, elle lui a été contestée tant par le sieur du Pontet, premier consul aussi en exercice, que par le sieur Buzon, second consul, à qui la communauté avoit donné sa procuration.

Sur quoi l'Assiette a décidé encore en faveur du sieur du Pontet, estimant que le sieur Bouvier ne pouvoit lui seul représenter deux députés.

Le sieur Bouvier a protesté de nouveau contre cette décision, & il a fait signifier un acte le 7 Janvier 1756, contenant sommation à tous les prétendans de remettre leurs actes & mémoires entre les mains du syndic général du département pour, sur son rapport, être statué par les Etats sur les contestations, ainsi qu'il appartiendra.

Mais comme cette contestation est précisément la même qui se présenta en 1749, MM. les commissaires ont cru qu'elle devoit aussi être jugée par les mêmes motifs en faveur du sieur du Pontet.

Pour ne laisser aucun doute sur l'espece particuliere dans laquelle fut rendu le jugement porté en faveur de M. de Massillan, & qui est cité dans ce mémoire, on a jugé qu'il pourroit être utile de joindre ici la délibération des Etats du 18 Janvier 1744.

EXTRAIT *du registre des délibérations des Etats généraux de Languedoc, assemblés par mandement du Roi en la ville de Montpellier au mois de Décembre 1743.*

Du Samedi 18 Janvier 1744, président Mgr. l'archevêque & primat de Narbonne.

MONSEIGNEUR l'archevêque de Toulouse a dit, qu'il a été fait lecture d'un mémoire présenté par M. de Massillan, juge-mage en la sénéchaussée de Montpellier, & maire de la même ville, au sujet du droit dans lequel il demande d'être maintenu d'entrer, en ces deux qualités, à l'Assiette du diocese de Montpellier, & à toutes les assemblées qui se tiennent dans le cours de l'année pour l'administration des affaires du diocese, & de retirer l'honoraire qui est attaché tant à sa qualité de juge-mage, qu'à celle de maire, qui représente & exclut le premier consul de ladite ville.

Que le lieutenant de maire a prétendu au contraire, lors de l'Assiette derniere, que ledit sieur de Massillan ne pouvoit entrer à l'Assiette qu'en qualité de juge-mage; qu'il ne pouvoit dès-lors prétendre qu'un seul honoraire, & que la place de premier consul de Montpellier devoit être remplie en ce cas par un lieutenant de maire, ou autre magistrat municipal qui auroit le dévolu; à quoi ledit sieur de Massillan a opposé que les édits de création des charges municipales permettent à tous officiers de les acquérir sans aucune dispense, & de les posséder sans aucune incompatibilité; d'où il suit que celui qui est pourvu d'un office de maire & d'un autre office, ayant acquis l'un & l'autre à titre onéreux, est en droit de jouir tant des droits honorifiques, que des droits utiles attribués à l'un & à l'autre office; que ledit sieur de Massillan a ajouté à ces raisons l'exemple de ce qui s'est pratiqué dans plusieurs autres dioceses de la province, & nommément dans ceux de Nimes & de Limoux; de sorte que MM. les commissaires se sont déterminés à être d'avis que le sieur de Massillan doit être maintenu dans le droit d'entrer à l'Assiette du diocese de Montpellier comme juge-mage & comme maire de ladite ville, & qu'il doit retirer l'honoraire attaché auxdites qualités.

Ce qui a été délibéré, conformément à l'avis de MM. les commissaires.

X X I I I.

EXTRAIT du registre des délibérations des Etats généraux de Languedoc, assemblés par mandement du Roi en la ville de Montpellier au mois d'Octobre 1756.

Du Mardi 23 Novembre suivant, président Mgr. l'archevêque & primat de Narbonne, Commandeur de l'ordre du St. Esprit.

MONSEIGNEUR l'évêque de Carcassonne a dit, que le sieur de la Fage, syndic général, a rapporté à la commission une contestation qui s'est élevée entre le sieur Tailhade, maire ancien de Saint-Julia de Gras-Capou, diocese de Toulouse, & le premier consul dudit lieu, au sujet de l'entrée à l'Assiette, dont le sieur Tailhade, prétendant être en exercice, voulut exclure le premier consul, qui soutenoit au contraire que le sieur Ricard, maire alternatif, étoit en exercice; qu'il étoit entré aux derniers Etats, & qu'il devoit par une suite nécessaire avoir cette entrée; mais qu'étant absent, il devoit avoir le dévolu, & étoit seul en droit de jouir de cette entrée.

Que le sieur Tailhade, qui se fondoit sur son prétendu exercice, sans néanmoins le prouver, fut exclus de cette entrée par délibération de l'Assiette; mais que pour faire valoir son droit, il fit un acte au sieur de Montcabrier, syndic du diocese, par lequel il déclara qu'il se pourvoiroit aux Etats pour y faire décider sa prétention.

Que les motifs de la décision de

l'Assiette ont été, qu'il résulte de l'acte fait par le sieur Tailhade, & du procès-verbal de sa réception, qu'il fut installé aux fonctions de la mairie ancienne le 21 Juillet 1748, & que son exercice ne devoit conséquemment finir que le 21 Juillet 1749; de sorte qu'il est évidemment prouvé par cet ordre, qu'il ne devoit avoir l'entrée aux Assiettes que les années en nombre impair; de sorte que l'Assiette n'a pu se dispenser d'admettre le premier consul à la place du sieur Ricard, maire alternatif qui ne s'est pas présenté, & d'en exclure le sieur Tailhade qui, étant hors d'exercice, n'avoit aucun droit de jouir de cette entrée.

Que cette décision ayant paru régulière, la commission a cru devoir proposer à l'assemblée de rendre un jugement pour la confirmer.

SUR QUOI il a été délibéré de confirmer la décision de l'Assiette du diocese de Toulouse, au sujet de l'entrée du député de la communauté de Saint-Julia de Gras-Capou, & de rendre à cet effet le jugement en dernier ressort, qui sera transcrit à la suite de la présente délibération.

Vu le mémoire & autres pieces remises par ledit sieur Tailhade, ensemble les lettres-patentes de 1653, qui attribuent aux Etats toute jurisdiction & connoissance des différends concernant l'entrée aux Assiettes, avec défenses à tous autres cours & juges d'en connoître; Ouï le rapport, & tout considéré,

LES ETATS ont confirmé & confirment la délibération de l'Assiette du diocese de Toulouse, qui a exclu le sieur Tailhade de l'entrée à ladite assemblée, & ont en conséquence ordonné qu'elle demeurera acquise au premier consul dudit Saint-Julia.

XXIV.

EXTRAIT *du regiſtre des délibérations des Etats généraux de Languedoc, aſſemblés par mandement du Roi en la ville de Montpellier au mois de Novembre 1759.*

Du Lundi 18 du mois de Décembre, préſident Mgr. l'archevêque & primat de Narbonne, Commandeur de l'ordre du St. Eſprit.

MONSEIGNEUR l'évêque de Carcaſſonne a dit, que le ſieur de Montferrier a rapporté à la commiſſion une conteſtation qui s'eſt formée entre le ſieur Bartholomé, premier conſul de Capeſtan, l'année 1756, & le ſieur Amans, auſſi premier conſul du même lieu, l'année 1757, au ſujet de la rétribution de l'entrée à l'Aſſiette du dioceſe de Narbonne de l'année 1758.

Qu'il a fait obſerver à MM. les commiſſaires, que dans le fait l'office de maire ancien de Capeſtan ayant ſeul été acquis, celui de maire alternatif a été réuni à la communauté, en conſéquence de l'abonnement fait par les Etats des offices invendus.

Que l'uſage de cette communauté eſt de députer à l'Aſſiette le premier conſul ſorti de charge, & que c'eſt en conſéquence de cet uſage, que le ſieur Gervaix, qui avoit été conſul en 1755, eut l'entrée à l'Aſſiette de 1756.

Que le maire en titre y entra de droit en 1757, & qu'en 1758 cette entrée a été conteſtée entre le ſieur Bartholomé, qui a été conſul en 1756, & le ſieur Amans, qui l'a été en 1757.

Que l'un & l'autre étant hors d'exercice au temps de la convocation de l'aſſemblée, le premier a prétendu que l'entrée devoit lui appartenir, par la raiſon qu'il en avoit été exclus par le maire en 1757, & qu'il ne jouiroit pas du tout de ce droit, quoique ex-premier conſul, ſi le ſieur Amans lui étoit préféré.

Que le ſieur Amans a ſoutenu au contraire qu'il devoit en jouir lui-même; par la raiſon qu'il étoit le dernier hors d'exercice, & que, ſi la prétention du ſieur Bartholomé avoit lieu, il s'enſuivroit que lui Amans ne pourroit y entrer qu'en 1760, & ainſi des autres qui lui ſuccéderoient; ce qui donneroit lieu à une interverſion, & un dérangement dans l'ordre des aſſemblées, qui augmenteroit ſucceſſivement.

Que l'Aſſiette n'admit ni l'un ni l'autre de ces prétendans, & renvoya aux Etats pour en décider.

Que ſur ce ſimple expoſé, MM. les commiſſaires ont aiſément ſenti que l'entrée étoit due au ſieur Amans, par la raiſon que les conſuls ſortis de charge, ne devant jouir de ce droit qu'alternativement avec le maire en titre, il s'enſuit qu'entre deux conſuls conſécutifs, il ne peut y en avoir qu'un qui en doive jouir, & qu'il eſt d'autant plus naturel d'accorder la préférence au dernier ſorti de charge, qu'il a eu le titre de maire, & que par cet ordre on n'intervertit rien dans l'uſage qui a toujours été obſervé.

Qu'auſſi la commiſſion a cru devoir propoſer aux Etats de rendre un jugement en faveur du ſieur Amans.

Ce qui ayant été ainſi délibéré, les Etats ont rendu le jugement dont la teneur s'enſuit.

VU la requête du ſieur Jean Amans, premier conſul de la communauté de Capeſtan en 1757; le mémoire du ſyndic du dioceſe de Narbonne, au ſujet de la conteſtation qui s'eſt élevée entre ledit Amans & le ſieur Bartholomé, premier conſul de la même communauté de Capeſtan en 1756, au ſujet de l'entrée à l'Aſſiette dudit dioceſe en l'année 1758, dont la déciſion a été renvoyée aux Etats par l'aſſemblée de ladite Affiette, & les lettres patentes du 13 Mars 1653, portant attribution aux États de la connoiffance de tous les différends concernant le droit d'entrée aux affemblées de l'Affiette des diocefes. Oui le rapport, & tout confidéré,

LES ETATS ont ordonné & ordonnent, que les émolumens de l'entrée à l'Affiette du diocefe de Narbonne pour l'année 1758, qui ont demeuré dépofés entre les mains du receveur des tailles dudit diocefe, feront par lui délivrés au fieur Amans, auquel ils les ont déclarés légitimement dus, comme ayant droit d'entrer à ladite Affiette en fa qualité de premier conful du lieu de Capeftan, hors d'exercice au temps le plus prochain de la tenue de l'Affiette ; ce qui fera pareillement obfervé à l'avenir à l'égard du premier conful qui fe trouvera déchaperonné immédiatement avant la tenue de l'Affiette, en l'année où le propriétaire de l'office de maire ancien & mi-triennal ne fera pas en tour de jouir de ladite entrée ; & moyennant le payement qui fera fait audit fieur Amans par le receveur du montant defdits émolumens reftés en fes mains, auquel il fera contraint par toutes voies, & par corps, comme dépofitaire, il en demeure bien & valablement déchargé.

X X V.

EXTRAIT du regiftre des délibérations des Etats généraux de Languedoc, affemblés par mandement du Roi en la ville de Montpellier au mois de Novembre 1759.

Du Samedi 5 du mois de Janvier 1760, préfident Mgr. l'archevêque de Touloufe.

MONSEIGNEUR l'évêque de Rieux a dit, que le fieur de Montferrier a fait le rapport à la commiffion d'une conteftation furvenue à l'occafion de l'entrée à l'Affiette du diocefe d'Agde, entre les fieurs de Lapierre, freres, l'un lieutenant de maire, & l'autre premier conful en titre de la ville de Pezenas, & le fieur Fabre de Curet, fecond conful électif de la même communauté pour l'année commencée le dimanche de quafimodo 1758, & finie à pareil jour de 1759.

Que cette conteftation roule fur deux différens objets ; l'un, de favoir qui du fieur de Lapierre, lieutenant de maire, ou du fieur Fabre de Curet, repréfentant l'autre lieutenant de maire, dont l'office a été réuni à la communauté, devoit avoir l'entrée à l'Affiette de 1759, à laquelle le fieur de Lapierre fut admis au préjudice dudit Fabre, par une décifion verbale de cette affemblée ; & l'autre, fi le premier conful en titre d'office doit avoir la préférence pour la même entrée fur le fecond conful électif, repréfentant le lieutenant de maire dans l'année, où celui qui eft en titre d'office, n'eft pas en tour.

Que fur la première queftion, le fieur Louis de Lapierre oppofe au fieur Fabre que, quoiqu'il ait joui de l'entrée à l'Affiette plufieurs années de fuite, même fans qu'il fût en tour, il n'a néanmoins profité que de ce qui lui étoit légitimement dû, à raifon du nombre d'années où il auroit dû jouir de l'entrée à l'Affiette depuis qu'il a acquis l'office de lieutenant de maire, fi l'ordre ordinaire n'avoit été interverti dans le temps où l'affemblée des Etats fut fufpendue ; ce qui avoit engagé Mgr. l'évêque d'Agde à le faire admettre à l'Affiette de 1759, pour que les chofes rentraffent dans l'ordre naturel.

A quoi le fieur Fabre répond, qu'un pareil arrangement n'a pu être fait à fon préjudice, & qu'il a dû jouir d'une alternative, dont il fait l'application à l'affiette de 1759 ; foutenant que le sieur de Lapierre a retiré dans le fait un honoraire de plus qu'il ne lui étoit dû, & qu'il doit conséquemment être condamné à le lui restituer, si mieux les Etats n'aiment le lui remplacer, en ordonnant que lui Fabre sera admis à l'Assiette prochaine pour la courante année 1760.

Que MM. les commissaires, après avoir examiné les pieces & mémoires produits de part & d'autre sur ce premier point, en ont fait dépendre la décision d'un seul fait, qui est que le lieutenant de maire en titre ne pouvant prétendre l'entrée aux Assiettes que lorsqu'elles ont été réellement assemblées, & seulement de deux années l'une, en commençant par celle qui a été la plus prochaine de son installation audit office, sans faire d'ailleurs aucune attention à l'année de l'exercice de cette charge, qui est à cet égard indifférent, le sieur Louis de Lapierre a dû entrer, comme il l'a fait réellement à l'Assiette de 1744, la plus prochaine de l'époque de son installation, & puis en 1746, en 1748 & 1753, attendu le vuide résultant de la suspension de la tenue des Etats & des Assiettes en 1750, 1751 & 1752, & ensuite en 1755, 1757 & 1759, ce qui fait sept années, & autant de rétributions; au lieu que ledit Louis de Lapierre ayant été admis aux Assiettes de 1744, 1745, 1747, 1749, 1754, 1756, 1758 & 1759, ce qui fait huit fois, il a évidemment perçu un honoraire de trop, qui doit être restitué au sieur Fabre, non pour l'entrée à l'Assiette de 1759, qui appartenoit légitimement au sieur Louis de Lapierre; mais pour celle de 1758, à laquelle auroit dû être admis ledit Fabre, comme étant alors le premier officier électif de la communauté, & devant jouir en ladite qualité des honneurs & émolumens attachés à l'office de lieutenant de maire, invendu & réuni à la communauté, en

conséquence de l'abonnement fait par la province.

Que de cette premiere décision, dépend celle du second chef de contestation entre le premier consul en titre d'office, qui en cette qualité dispute, le cas y échéant, l'entrée à l'assiette au second consul électif en l'année où le lieutenant de maire en titre n'est pas en tour; ce qui arrivera à l'Assiette prochaine pour l'année 1760.

Qu'en effet, le seul moyen qu'oppose le consul en titre d'office à l'officier électif, est pris de ce que, suivant l'usage ordinaire du diocese d'Agde, les premiers consuls de Pezenas ayant toujours été admis aux Assiettes par préférence aux seconds consuls, qui n'y ont jamais été reçus, cet ordre ne sauroit être interverti en faveur d'un second consul, qui n'est pas de la qualité requise pour jouir de cet honneur, nonobstant les dispositions de l'article III de l'arrêt du 28 Octobre 1755, attendu l'exception portée par l'article IV, par rapport à l'entrée aux Etats, que le premier consul en titre prétend être applicable à l'espece dont il s'agit.

Mais que la commission n'a pu trouver cette application juste, cet article de l'arrêt n'ayant en vue que l'usage relatif à la députation des officiers électifs étant actuellement en charge, ou qui en seroient sortis, & à l'un d'eux seulement, ou à tous les deux ensemble, suivant ce qui étoit observé avant la création des charges municipales; ainsi qu'on l'expliqua dans le temps par une lettre circulaire qui fut écrite par les syndics généraux aux consuls de toutes les communautés, au sujet de l'exécution dudit arrêt, qui a expressément déterminé dans l'article III, que dans les communautés où les offices de maire & de lieutenant de maire n'auront pas été acquis, le premier des offices électifs prendra la qualité de maire; & celui

qui le fuivra, qui ne peut être que le fecond conful, celle de lieutenant ; en
ajoutant que les officiers pourvus & titulaires d'aucuns offices ne pourront jamais exercer, même les années où ils
feront en exercice, les fonctions d'aucun autre office, que de celui dont ils
feront pourvus; ce qui donne l'exclufion
la plus précife au fieur Jofeph de Lapierre, premier conful en titre d'office,
pour pouvoir remplir les fonctions de
l'office de lieutenant de maire réuni à
la communauté, qui ne peuvent être
exercées que par le premier officier
électif de la communauté, qui eft néceffairement le fecond conful, & qui
réuniffant la qualité de lieutenant de
maire, devient dès-lors fupérieur au
premier conful, & capable d'entrer
non-feulement à l'Affiette du diocefe,
mais même à l'affemblée des Etats, fi
le cas fe préfentoit ; les communautés
devant feulement avoir alors l'attention,
comme on leur a fait connoître, de
choifir pour remplir cette place des fujets de la premiere échelle.

Qu'ainfi la commiffion a été d'avis
de propofer aux Etats de délibérer,
1°. que le fieur Louis de Lapierre fera
tenu de reftituer les émolumens de l'Affiette de 1758 au fieur Fabre; 2°. Que
le fecond conful de la communauté de
Pezenas, repréfentant le lieutenant de
maire, fera admis à l'affiette dudit diocefe par préférence au premier conful
en titre d'office, l'année où le lieutenant
de maire en titre ne fera pas en tour,
ce qui aura lieu pour l'affiette de 1760;
attendu que le fieur Louis de Lapierre
a rempli fon tour en 1759.

Ce qui ayant été ainfi délibéré, les
Etats ont rendu fur ces conteftations un
jugement, dont la teneur s'enfuit.

Vu les mémoires refpectifs des fieurs
Louis & Jofeph de Lapierre, l'un,
lieutenant de maire, & l'autre, premier conful en titre d'office de la ville

de Pezenas, & du fieur Jean-Pierre
Fabre de Curet, fecond conful électif
de la même ville en l'année 1758; l'arrêt du confeil du 28 Octobre 1755,
portant réglement fur la maniere en
laquelle les communautés auxquelles
les offices municipaux acquis par la
province, en conféquence de l'arrêt du
confeil du 30 Juillet 1754 ont été réunis, doivent pourvoir à l'exercice des
fonctions defdits offices, & à la confervation d'iceux ; enfemble les lettres-
patentes du 13 Mars 1653, qui attribuent aux Etats la connoiffance de tous
les différends qui peuvent naître tant
dans leur affemblée générale, que dans
les Affiettes des diocefes, à raifon des
droits d'entrée, féance, préféance,
adreffe des mandes, droits de création,
nomination, inftitution, deftitution des
fyndics & greffiers defdits diocefes, &
autres femblables conteftations, circonftances & dépendances, Oui le rapport, & tout confidéré,

LES ETATS ont ordonné & ordonnent, que les émolumens de l'affemblée de l'Affiette du diocefe d'Agde de
l'année 1758, appartenant légitimement au fieur Jean-Pierre Fabre de
Curet, en fa qualité de fecond conful
électif de la communauté de Pezenas,
rempliffant les fonctions de l'un des
offices de lieutenant de maire réuni à
ladite communauté, lui feront reftitués
par le fieur Louis de Lapierre pourvu
de l'autre office de lieutenant de maire,
qui en a induement joui, pour avoir
été abufivement admis à ladite Affiette,
quoiqu'il ne fût pas de tour d'y entrer
au préjudice dudit Fabre, à quoi faire
il fera contraint par les voies de droit ;
comme auffi qu'aux années où ledit
fieur Louis de Lapierre ne fera point
en tour d'entrer à ladite Affiette, l'entrée en fera déférée au fecond conful,
premier officier électif de ladite communauté de Pezenas, comme repréfentant

sentant le lieutenant de maire dont l'office a été réuni à la communauté, & en exerçant les fonctions suivant les dispositions de l'arrêt du conseil du 28 Octobre 1755, & ce, à l'exclusion du premier consul en titre d'office de ladite communauté, & à commencer à l'Assiette prochaine pour la présente année 1760.

XXVI.

Extrait du registre des délibérations des Etats généraux de Languedoc, assemblés par mandement du Roi en la ville de Montpellier au mois de Novembre 1760.

Du Mardi 23 Décembre suivant, président Mgr. l'archevéque & primat de Narbonne, grand aumônier de France, *Commandeur de l'ordre du St. Esprit.*

MONSEIGNEUR l'évêque d'Uzès a dit, que le sieur de Montferrier a rapporté à la commission une contestation qui s'est élevée entre le sieur Lhuillet, ancien premier consul de Rodôme, & le sieur Alary, premier consul moderne de ladite communauté, au sujet de l'entrée à l'Assiette du diocese d'Alet, dont ledit Lhuillet a prétendu faire exclure ledit Alary, sous prétexte que celui-ci n'avoit été élu consul qu'en promettant de donner 25 liv. à la communauté; ce qui étant prohibé par les réglemens des Etats, devoit priver ledit Alary de l'entrée, laquelle, en ce cas, auroit été dévolue à Lhuillet.

Que celui-ci a cru pouvoir établir cette prévarication par deux certificats de trois habitans, portant que la proposition de faire donner cette somme par Alary, avoit été faite au conseil de la communauté.

Mais qu'il paroît par la délibération de l'Assiette du 20 Mai 1760, que cette espece de preuve n'ayant point été trouvée concluante, ni en forme

Tome IV.

probante, on s'étoit contenté de n'admettre ni l'un ni l'autre des prétendans, & d'ordonner que la *rétribution* demeureroit consignée entre les mains du receveur jusqu'à ce qu'ils eussent fait décider leur droit par qui il appartiendroit.

Que c'est ce qui a engagé le sieur Lhuillet à se pourvoir aux Etats, devant lesquels il appuie sa prétention sur les mêmes moyens, & que, quoique sa partie, à laquelle il ne paroît pas qu'il ait donné connoissance de cette démarche, n'y ait conséquemment pas défendu, la commission s'est crue suffisamment instruite pour penser, comme l'assemblée de l'Assiette, que la prétention du sieur Lhuillet n'étant fondée que sur une allégation dénuée de preuve; les certificats qu'il rapporte n'établissant point du tout qu'Alary ait eu part à la prétendue convention de donner 25 liv. & encore moins qu'elle ait été exécutée, l'entrée à l'Assiette n'auroit pas dû lui être refusée, & qu'il étoit juste que les Etats ordonnassent à son profit la délivrance des émolumens restés en dépôt dans la caisse du receveur, en rendant un jugement dans la forme ordinaire.

Ce qui ayant été délibéré, conformément à l'avis de MM. les commissaires, les Etats ont rendu le jugement dont la teneur s'ensuit.

Vu la requête du sieur Louis Lhuillet, ancien premier consul de la communauté de Rodôme, contre le sieur Alary, consul moderne de la même communauté, au sujet de l'entrée à l'assemblée de l'Assiette du diocese d'Alet, tenue le 20 Mai 1760; la délibération de ladite Assiette portant renvoi de ladite contestation pardevant qui il appartiendroit, & par provision que les émolumens de ladite entrée demeureroient consignés entre les mains du receveur; les pieces jointes à la

H

requête ; & les lettres-patentes du 13 Mars 1653 , portant attribution aux Etats de la connoissance de tous les differends concernant le droit d'entrée aux assemblées des Assiettes ; Oui , le rapport & tout considéré,

LES ETATS ont ordonné & ordonnent que les émolumens de l'entrée à l'Assiette du diocese d'Alet, pour l'année 1760, qui ont demeuré déposés entre les mains du receveur des tailles dudit Diocese, seront par lui délivrés au sieur Alary , premier consul de la communauté de Rodôme , auquel ils les ont déclarés légitimement dus, comme ayant eu droit d'entrer à ladite Assiette , au préjudice du sieur Lhuillet ; & au moyen dudit payement, auquel ledit receveur sera contraint par toutes voies, même par corps comme dépositaire , il en demeurera valablement déchargé.

Il a été aussi délibéré de charger les syndics généraux de faire savoir aux dioceses que, lorsque les Assiettes ne jugent pas à propos de decider les contestations qui s'élevent pour l'entrée auxdites Assiettes, elles ne doivent point renvoyer les prétendans à se pourvoir devant qui de droit ; mais qu'elles doivent ordonner que les prétendans se retireront devers les Etats pour leur être fait droit.

XXVII.

EXTRAIT du registre des délibérations des Etats généraux de Languedoc, assemblés par mandement du Roi en la ville de Montpellier au mois de Novembre 1760.

Du Samedi 23 Décembre suivant , président Mgr. l'archevêque & primat de Narbonne, grand aumônier de France, Commandeur de l'ordre du St. Esprit.

MONSEIGNEUR l'évêque d'Uzès a dit, que le sieur de la Fage, syndic général , a fait part à la commis-

sion des contestations qui se sont élevées à l'assemblée de l'Assiette du diocese de Rieux, la présente année ; la premiere , sur la demande du sieur Berdou , premier ex-consul électif de Gailhac-Toulza, lequel , en cette qualité, a prétendu devoir entrer par préference au sieur Dupau, lieutenant de maire en titre, hors d'exercice, dans ladite assemblée de l'Assiette, ce qui lui a été refusé par délibération du 21 Mai dernier , & qui a donné lieu de sa part à un acte juridique de protestation, & à un mémoire adressé aux Etats, pour être par eux statué sur cette demande.

Qu'il est nécessaire, avant de s'occuper du fond de la contestation, d'observer, 1º. que les deux mairies de Gailhac, ainsi que la lieutenance de mairie ancienne, sont acquises en titre d'office, & que la lieutenance de mairie alternative & le premier chaperon sont réunis au corps de la communauté.

2º. Que les deux maires qui ont acquis sont toujours absens & qu'il n'est que le sieur Dupau, lieutenant de maire ancien , qui paroisse aux assemblées de l'Assiette.

Que d'après ces erremens , qui ne sont point contestés , on mettra sous les yeux de l'assemblée les objets qui divisent les parties & sur lesquels elles demandent un réglement.

Que les motifs qui ont fait accorder au sieur Dupau, l'entrée à l'Assiette de Rieux, en qualité de maire en titre hors d'exercice, ont été pris de ce que le sieur Dupau y doit être regardé comme représentant le premier consul déchaperonné, attendu, est-t-il dit dans la délibération de MM. les commissaires du diocese, que, suivant les statuts & coutumes de tout temps observés, les villes maitresses qui ont droit d'entrée à l'Assiette, y ont toujours député le premier officier en titre ou électif actuellement en exercice, & le premier desdits officiers sortant immédiatement de charge ou déchapéronné, & qu'il a paru juste de faire jouir les titulaires des mêmes droits que les officiers électifs,

Que le sieur Berdou soutient sa prétention contre la décision de l'Assiette, en justifiant que le sieur Dupau n'est point en exercice, qu'il ne peut exercer d'autre office que celui dont il est pourvu, qu'en l'absence du maire ancien, il en a le dévolu; mais que celui du maire alternatif ne sauroit lui appartenir, qu'il est toujours entré & entreroit toujours à l'Assiette, sous prétexte de représenter alternativement les maires absens, au détriment de la communauté, & par un abus manifeste de la justice & des vrais principes.

Que la seconde contestation, dont le fondement est toujours la décision de l'Assiette, regarde le sieur Jacques Dupau, premier ex-consul électif de Carbonne, & le sieur Pierre Dupau, maire alternatif de ladite ville, lequel en l'absence du maire ancien, a prétendu avoir l'entrée à ladite Assiette au préjudice dudit sieur Jacques Dupau, premier ex-consul électif qui réclame de ladite entrée en employant les mêmes raisons déduites dans le mémoire du sieur Berdou.

Que la troisieme contestation qui a une même identité avec les précédentes, est entre le sieur Boué, premier ex-consul électif de Montesquieu, au même diocese, & le sieur Vatelin, maire ancien de ladite ville, dont la prétention est d'entrer annuellement à l'Assiette, en exercice ou hors d'exercice; le sieur Boué soutenant au contraire que cette seconde entrée est une usurpation faite à la communauté, laquelle doit jouir de tous ses droits en

vertu de la réunion qui lui a été faite des autres offices municipaux.

Qu'après ces observations aussi exactes que fondées, MM. les commissaires, en suivant l'esprit de l'arrêt du conseil du 28 Octobre 1755, ont cru devoir proposer à l'assemblée de déclarer l'entrée de l'Assiette du diocese de Rieux, l'année 1760, légitimement dévolue au sieur Berdou, premier ex-consul électif de Gailhac, au sieur Jacques Dupau, premier ex-consul de Carbonne, & au sieur Boué, premier ex-consul de Montesquieu; qu'en conséquence les émolumens qui sont attachés auxdites entrées, leur seront restitués, & que les titulaires ne pourront entrer à l'avenir à ladite assemblée de l'Assiette que les années où ils sont en tour d'exercice, & pour l'office dont ils sont pourvus.

Qu'à cet effet la commission a cru devoir proposer aux Etats de rendre un jugement en faveur desdits Berdou, Jacques Dupau & Boué.

Ce qui ayant été délibéré ainsi, les Etats ont rendu un jugement dont la teneur s'ensuit.

Vu les actes signifiés aux commissaires de l'Assiette du diocese de Rieux, l'année 1760, à la requête du sieur Berdou, premier ex-consul de Gailhac, du sieur Jacques Dupau, premier ex-consul de Carbonne, & du sieur Boué, premier ex-consul de Montesquieu; la délibération des commissaires de l'Assiette derniere du diocese de Rieux; & les mémoires y joints, au sujet des contestations qui se sont élevées entre lesdits sieurs Berdou, Dupau & Boué, & les sieurs Dupau & Vatelin, dont la décision a été renvoyée aux Etats par l'assemblée de ladite Assiette; ensemble les lettres patentes du 13 Mars 1653, portant attribution aux Etats de la connoissance de tous les différends concernant le droit d'entrée aux affemblées de l'Affiette des dioceses, Oui le rapport & tout confidéré,

Les Etats ont ordonné & ordonnent que les émolumens de l'entrée à l'Affiette du diocefe de Rieux, l'année 1760, lefquels ont dû refter dépofés entre les mains du receveur des tailles dudit diocefe, feront par lui délivrés aux fieurs Berdou, Jacques Dupau & Boué, auxquels ils les ont déclarés légitimement dus, comme ayant droit d'entrer à ladite Affiette en leurs qualités de premiers ex-confuls des lieux de Gailhac, Carbonne & Montefquieu, avec défenfes aux titulaires d'entrer à l'avenir à l'affemblée de ladite Affiette que les années où ils font en tour d'exercice; & moyennant le payement qui fera fait aufdits fieurs Berdou, Jacques Dupau & Boué, par le receveur, du montant defdits émolumens reftés en fes mains auquel il fera contraint par toutes voies & par corps, comme dépofitaire, il en demeurera bien & valablement déchargé.

XXVIII.

Extrait du regiftre des délibérations des Etats généraux de Languedoc, affemblés par mandement du Roi en la ville de Montpellier au mois d'Octobre 1761.

Du Samedi 7 Novembre, préfident Mgr. l'archevêque & primat de Narbonne, grand aumônier de France, ; Commandeur de l'ordre du St. Efprit.

Monseigneur l'évêque de Carcaffonne a dit, que le fieur de la Fage a rendu compte à la commiffion d'une feconde conteftation, qui s'eft élevée dans le diocefe de Rieux, entre le fieur Cavanac, premier conful électif de la communauté de Montefquieu, les années 1760 & 1761, & le fieur Boué, premier conful de la même communauté en 1759.

Que la prétention dudit fieur Boué eft d'exclure le fieur Cavanac de l'entrée à l'Affiette, à laquelle il a été admis à la derniere affemblée, fous prétexte que ledit fieur Cavanac a été continué deux années de fuite conful dans le temps qu'il ne devoit l'être qu'une année.

Qu'on obfervera à ce fujet qu'en 1760, le fieur Cavanac eft entré à l'Affiette en qualité de premier conful, faifant les fonctions de maire alternatif, & en 1761, en qualité de premier conful, faifant les fonctions de lieutenant de maire ancien en exercice, n'y ayant qu'un feul office, qui eft celui de maire ancien, dont la réunion n'ait pas été faite, lequel office de maire ancien eft en exercice & en tour la préfente année.

Que par ces raifons, & la communauté ayant jugé convenable à fes intérêts de renouveller l'élection du fieur Cavanac, & y ayant été d'ailleurs autorifée, l'Affiette a déclaré l'entrée dont il s'agit devoir légitimement appartenir audit fieur Cavanac, en fa qualité de premier conful électif, faifant les fonctions de lieutenant de maire ancien, & en conféquence MM. les commiffaires ont été d'avis de propofer aux Etats de confirmer la délibération du diocefe de Rieux du 25 Mai dernier.

Ce qui a été délibéré conformément à l'avis de MM. les commiffaires.

XXIX.

Extrait du regiftre des délibérations des Etats généraux de Languedoc, affemblés par mandement du Roi en la ville de Montpellier au mois d'Octobre 1761.

Du Samedi 7 Novembre, préfident Mgr. l'archevêque & primat de Narbonne, grand aumônier de France, Commandeur de l'ordre du St. Efprit.

MONSEIGNEUR l'évêque de Carcassonne a dit, que le sieur de la Fage, syndic général, a fait part à la commission des moyens employés par le sieur Vatelin, maire ancien de la communauté de Montesquieu au diocese de Rieux, qui ont pour objet son assistance à l'Assiette, l'année où il est en tour d'exercice, & celle où il ne l'est pas.

Qu'il fut rendu l'année derniere par les Etats un jugement contraire à la demande du sieur Vatelin, où est transcrite au long une délibération de l'Assiette dudit diocese, dans laquelle on soutient cette prétention que le sieur Vatelin établit sur un usage immémorial.

Que cet usage qu'on fait remonter avant la création des mairies, est, qu'il doit y avoir deux députés de chacune des villes diocésaines à l'Assiette, savoir, le premier officier municipal en exercice, & le premier officier sorti d'exercice de l'année d'auparavant; que depuis les édits de 1706 & 1733, portant création des mairies, cet usage s'est maintenu, & que le maire ayant acquis en vertu de ces édits, les droits de premier consul, le titulaire doit être assimilé à ce dernier, lequel a droit d'entrer à l'Assiette, quoiqu'il soit hors d'exercice; qu'enfin la loi doit être égale, & qu'on ne sauroit contester que le maire ne doive avoir dans l'Assiette une entrée pleine & entiere, ce qui n'arriveroit pas, s'il n'entroit que l'année de son exercice, puisqu'il n'auroit alors qu'une demi entrée, sa voix y étant partagée avec un autre, ainsi que l'honoraire fixé suivant les réglemens de 1634 & de 1759, pour deux députés de chacune des villes maitresses, les deux n'en faisant qu'une, à la somme de 40 liv.; qu'indépendamment de ces motifs, le sieur Vatelin ajoute encore, qu'il seroit inutile de lui op-

poser la réunion aux communautés des offices municipaux non vendus, qui restreint les titulaires à l'année de leur exercice, que l'usage singulier du diocese de Rieux, formant une espece particuliere, le tire de la regle générale, & qu'on peut dire avec fondement, que les maires dans ce diocese, en entrant deux années de suite au bureau de l'Assiette, n'usent point d'un droit qui soit étranger à l'année de leur exercice, qu'il en est au contraire une dépendance, & que n'y ayant qu'une entrée, qu'une voix & qu'un honoraire sur deux têtes, c'est à proprement parler, une partie qui ne pouvant avoir son effet la premiere année, doit l'avoir la seconde, pour rendre l'exercice entier & complet; par ces raisons le sieur Vatelin, conclut à ce qu'il plaise aux Etats, en rétractant en tant que de besoin le jugement du 23 Décembre dernier, le faire jouir du droit d'assister à l'Assiette du diocese de Rieux, en qualité de maire ancien de Montesquieu, pendant deux années consécutives, soit qu'il soit en exercice, ou qu'il n'y soit pas, & subsidiairement, si les Etats le jugent convenable, ordonner qu'à l'avenir il n'y ait qu'un député de chacune des villes diocésaines, dans la vue d'établir une plus grande uniformité, & d'éviter les embarras qui pourroient résulter des différens avis des députés, qui rendroient leurs voix caduques, & & réduiroient les délibérations aux seuls suffrages de Mgr. l'évêque, & du commissaire principal, n'y ayant point de baron dans le diocese de Rieux, & l'officier de justice n'ayant pas de voix délibérative suivant les réglemens.

Que sur cette contestation le sieur de la Fage, syndic général, a mis sous les yeux de MM. les commissaires, le jugement rendu par les Etats le 23

Décembre dernier, dont les motifs sont pris, de ce que le sieur Vatelin n'ayant qu'un office de maire ancien, les autres offices appartenant à la communauté de Montesquieu, ne peut exercer, aux termes de l'arrêt du conseil du 28 Octobre 1755, portant réunion des offices municipaux aux villes & communautés de la province, les fonctions d'aucun autre office que de celui dont il est pourvu, & qui sera en tour d'exercice ; qu'en partant de ce principe, qui ne peut être contesté, le sieur Vatelin est irrecevable dans sa demande, laquelle, si elle étoit admise, priveroit la communauté du droit, qu'ont les lieutenans de maire, dont les offices lui sont acquis, d'entrer à l'Assiette, lorsque l'usage est d'y envoyer deux députés ; qu'au moyen du système du sieur Vatelin, son tour reviendroit à chaque année au détriment de ladite communauté ; & qu'un usage aussi contraire à ce qui se pratique aux Etats ne sauroit être d'aucune considération, parce que les Assiettes doivent être assimilées à cette assemblée, dont elles sont une émanation, & où les maires entrent par tour, que celles des villes où il y a deux députés y envoient un maire & un lieutenant de maire, ou à leur défaut les deux principaux officiers de la communauté en charge, ou sortant de charge ; & qu'enfin le sieur Vatelin, qui n'a d'autre prérogative que celle qui est attachée à l'office dont il est pourvu, ne doit point imaginer en sa faveur une exception à la regle générale qui ne peut être mieux constatée que par l'arrêt du 28 Octobre 1755 dont on a déjà parlé ; qu'ainsi en suivant ces erremens qui font une loi pour toute la province, MM. les commissaires ont été d'avis de proposer aux Etats de délibérer que le sieur Vatelin n'entrera à l'Assiette de Rieux, que l'année où il sera en tour

d'exercice ; ce faisant, que le jugement rendu par les Etats le 23 Décembre 1760, sera exécuté suivant sa forme & teneur, & qu'en conséquence les émolumens seront restitués, si fait n'a été, à qui il appartiendra conformément audit jugement, sauf le recours dudit sieur Vatelin contre ceux qui les auroient induement perçus. Qu'à l'égard des conclusions subsidiaires de la requête du sieur Vatelin, à l'effet de réduire l'entrée de deux députés à un seul, la commission a cru devoir proposer à l'assemblée, MM. les commissaires du diocese de Rieux ayant renvoyé le sieur Vatelin à se pourvoir aux Etats, pour lui être dit droit sur une semblable requête qui leur avoit été présentée, n'y avoir lieu de s'occuper de cet objet sans une délibération du diocese.

Sur ces différens motifs les Etats ont rendu un jugement dont la teneur s'ensuit.

Vu notre jugement du 23 Décembre 1760, les édits de création des années 1706 & 1733, les réglemens de 1634 & de 1759, l'arrêt du conseil du 28 Octobre 1755, la délibération de l'Assiette du diocese de Rieux du 25 Mai de la présente année, ensemble les actes des parties & réponses faites auxdits actes ; comme aussi les lettres patentes du 13 Mars 1653, portant attribution à nous de la connoissance de tous les différends concernant le droit d'entrée aux assemblées de l'Assiette des dioceses ; Oui, le rapport & tout considéré,

Nous avons ordonné & ordonnons, que l'entrée à l'Assiette de Rieux ne pourra être acquise au sieur Vatelin, que les années où il sera en tour d'exercice, & qu'à cet effet notre jugement du 23 Décembre dernier sera exécuté suivant sa forme & teneur : que les émolumens dont la restitution est ordonnée par notredit jugement seront délivrés à qui il appartiendra, sauf le

No. XXIX. recours du ſieur Vatelin, contre ceux qui les auroient induement perçus, & ſur le ſurplus des demandes il y ſera pourvu par l'Aſſiette, ainſi qu'elle aviſera bon être. Fait à l'aſſemblée des Etats généraux le 7 Novembre 1761.

X X X.

Extrait du regiſtre des délibérations des Etats généraux de Languedoc, aſſemblés par mandement du Roi en la ville de Montpellier au mois d'Octobre 1762.

Du Jeudi 18 Novembre ſuivant, préſident Mgr. l'archevêque de Touloufe.

Monseigneur l'évêque d'Uzès a dit, que le ſieur de Montferrier a rapporté à la commiſſion une conteſtation qui s'eſt élevée à l'aſſemblée de l'aſſiette du dioceſe de Narbonne, entre le ſieur Aragon, maire ancien & mi-triennal en titre d'office de la communauté de Caunes, & le ſieur Alary, premier conſul électif, exerçant, en ladite qualité, les fonctions de l'office de maire alternatif réuni à ladite communauté, en conſéquence de l'abonnement fait par la province des charges municipales invendues.

Que l'objet de cette conteſtation eſt de ſavoir auquel des deux doit appartenir une ſomme de 60 liv. attribuée au travail du député qui fait les départemens lors de la tenue de l'aſſiette.

Que le ſieur Aragon revendique cette rétribution, ſous prétexte que les acquéreurs des charges municipales doivent, ſuivant les édits de leur création, profiter, chacun à leur tour, de toutes les rétributions attachées à leurs fonctions; & que n'ayant point encore profité de celle dont il s'agit, qui a déjà été perçue par l'officier électif de la communauté, elle doit néceſſairement lui être accordée à ſon tour.

No. XXX. Qu'à cette raiſon très-plauſible, & qui ſemble d'abord fondée ſur les bonnes regles, le ſieur Alary oppoſe une exception de fait & de droit, priſe de ce que l'honoraire dont il eſt queſtion ne peut point être regardé comme un droit de charge, & n'eſt uniquement que la juſte récompenſe d'un travail effectif qui ne peut appartenir qu'à celui qui l'a réellement fait.

Qu'en partant de ce principe certain, l'officier électif, député par la communauté pour aſſiſter à l'Aſſiette alternativement avec le maire en titre, a dû percevoir légitimement la ſomme de 60 liv. attachée aux opérations des départemens des impoſitions, lorſqu'ayant aſſiſté, par ſon tour naturel, à l'Aſſiette, il s'eſt trouvé dans le cas de remplir cette fonction de départeur, comme appartenant à la communauté, lorſque ſon tour revient dans certaines années.

Que ce tour n'ayant jamais varié, c'eſt par l'unique effet du haſard & de l'époque de l'acquiſition faite par le ſieur Aragon de ſon office, qu'il ne ſe préſente point l'année alternative où il aſſiſte à l'Aſſiette; & qu'il ne ſeroit pas raiſonnable d'imaginer, comme il arriveroit ſi la prétention du ſieur Aragon étoit accueillie, que le travail du département attaché à l'Aſſiſtance à l'Aſſiette fût fait par quelqu'un qui n'y auroit pas aſſiſté, ou que le ſalaire de ce travail fût retiré par quelqu'un qui n'y auroit eu aucune part, tandis qu'un autre en auroit eu réellement toute la peine.

Que c'eſt ſans doute ce qu'a bien ſenti le ſieur Aragon, puiſqu'il ne s'eſt point aviſé, depuis près de dix-huit ans qu'il eſt maire, de former la demande qu'il fait aujourd'hui, contre laquelle on trouve d'ailleurs un préjugé formel, ſoit dans l'uſage des autres communautés du dioceſe, & dans un jugement rendu l'année derniere par les Etats, fur une prétention à-peu-près femblable du maire de Mon-tefquieu.

Que ces moyens, allégués de part & d'autre, ayant été difcutés dans l'affemblée de l'Affiette, elle avoit pris le parti de renvoyer aux Etats la dé-cifion de ce différend, en faifant ce-pendant refter en dépôt, entre les mains du receveur la rétribution du départeur, quoique les fonctions en ayent été faites par le fieur Alary, auquel l'entrée à l'Affiette n'étoit point d'ailleurs difputée.

Que les Etats ont donc préfente-ment à prononcer la délivrance de la fomme de 60 liv. en faveur de celui auquel ils jugeront qu'elle doit légiti-mement appartenir, ce qui fervira de regle pour l'avenir; & que MM. les commiffaires ont été d'avis de leur propofer de débouter le fieur Aragon de fa demande, en déclarant que la rétribution du département appartient aux membres de l'Affiette qui font chargés de ce travail, fuivant les ufages du diocefe, & qui y ont réellement vaqué; & ordonnant en conféquence que la fomme de 60 liv., reftée en dépôt entre les mains du receveur, fera délivrée au fieur Alary, moyennant quoi il en demeurera bien & valable-ment déchargé.

Ce qui ayant été délibéré confor-mément à l'avis de MM. les commif-faires, les Etats ont rendu le jugement dont la teneur s'enfuit.

Vu les lettres patentes du 13 Mars 1653, qui attribuent aux Etats la connoiffance de tous les différends con-cernant l'entrée aux affemblées de l'Af-fiette, circonftances & dépendances; l'extrait du procès-verbal de l'affemblée de l'Affiette du diocefe de Narbonne, du 20 Avril 1762, contenant les dires refpectifs des fieurs Aragon, maire de

Caunes, & Alary premier conful de ladite communauté, au fujet de la rétribution attachée au travail du dé-partement des impofitions, & renvoie pardevant Nous pour être, fur ce, fait droit aux parties; Oui le rapport, & tout confidéré,

Nous avons déclaré & déclarons la rétribution du travail du départe-ment des impofitions appartenir légiti-mement aux députés des communau-tés, qui, ayant affifté à l'Affiette & étant en tour, fuivant les ufages du diocefe de Narbonne, de travailler audit département, y auront effecti-vement vaqué : Déboutons en confé-quence le fieur Aragon, maire de la communauté de Caunes, de la de-mande par lui formée à ce fujet devant l'Affiette de Narbonne; & ordonnons que la fomme de 60 liv., qui a refté en dépôt entre les mains du receveur du diocefe, fera par lui délivrée au fieur Alary, premier conful de ladite communauté, quoi faifant il en de-meurera bien & valablement déchargé.

XXXI.

Extrait du regiftre des délibérations des Etats généraux de Languedoc, affemblés par mandement du Roi en la ville de Montpellier au mois de Janvier 1764.

Du Mardi 21 Février fuivant, préfident Mgr. l'archevêque & primat de Narbonne.

Monseigneur l'évêque de Beziers a dit, que le fieur de la Fage, fyndic général, a rendu compte à la commiffion d'une conteftation qui s'eft élevée à l'affemblée de l'Affiette du diocefe de Touloufe, entre le fieur Cathala, premier conful élu par la com-munauté de St. Sulpice, & le fieur Boyer, acquéreur de l'office de maire ancien, laquelle a été renvoyée aux Etats pour être fait droit aux parties.

Que

Que l'objet de cette contestation est de savoir auquel des deux prétendans doit appartenir l'entrée à l'Affiette du diocese l'année 1763, & conséquemment les émolumens qui y sont attachés, en établissant si les années impaires regardent l'officier électif ou le sieur Boyer pourvu en titre d'office.

Qu'il résulte d'une délibération de MM. les commissaires du diocese de Toulouse, en date du 4 Avril 1743, que le sieur Gaye, dont le sieur Boyer a levé l'office aux parties casuelles, entra la même année à l'affiette; de sorte que dans cette époque les années impaires étoient pour le titulaire; mais il n'en est pas de même aujourd'hui, à cause de l'interruption des Etats, qui entraîna nécessairement celle des Affiettes, jusqu'au commencement de 1753; & comme il n'a pu être rien changé au tour de leurs députés, l'office de maire alternatif réuni à ladite communauté, s'est trouvé en tour d'entrer à l'Affiette derniere, ce qui n'auroit pas eu lieu sans cette interruption, & auroit rendu alors la demande du sieur Boyer légitime.

SUR QUOI MM. les commissaires ont cru devoir proposer à l'assemblée de déclarer l'entrée à l'Affiette de Toulouse, bien & valablement acquise au sieur Cathala, avec les émolumens qui en dépendent.

Ce qui ayant été délibéré, les Etats ont rendu le jugement dont la teneur suit.

Vu les mémoires présentés à l'assemblée de l'Affiette du diocese de Toulouse, l'année derniere 1763, du sieur Boyer, maire ancien de la communauté de S. Sulpice, & du sieur Cathala premier consul électif de ladite communauté; la délibération des commissaires de ladite Affiette, & les pieces y jointes au sujet des contestations qui se sont élevées entre lesdits

sieurs Boyer & Cathala, dont la décision a été renvoyée aux Etats par l'assemblée de l'Affiette; ensemble les lettres patentes du 13 Mars 1653, portant attribution aux Etats de la connoissance de tous les différends concernant le droit d'entrée aux assemblées des Affiettes des dioceses; Oui le rapport, & tout considéré,

LES ETATS ont ordonné & ordonnent que les émolumens de l'entrée à l'Affiette du diocese de Toulouse, l'année 1763, lesquels ont dû rester déposés entre les mains du receveur des tailles dudit diocese seront par lui délivrés au sieur Cathala, auquel ils les ont déclarés légitimement dus, comme ayant droit d'entrer à ladite affiette; & moyennant le payement qui sera fait au sieur Cathala par ledit receveur du montant des émolumens restés en ses mains, il en sera valablement déchargé, sinon contraint par toutes voies & par corps, comme dépositaire.

XXXII.

EXTRAIT du registre des délibérations des Etats généraux de Languedoc, assemblés par mandement du Roi en la ville de Montpellier, le 26 Novembre 1767.

Du Jeudi 10 Décembre, présibent Mgr. l'archevêque & primat de Narbonne.

MONSEIGNEUR l'évêque de Saint-Papoul a dit, que le sieur de Montserrier a fait le rapport d'une contestation qui s'est élevée entre les sieurs Pegat & Caillet, ex-consuls de la ville de Montagnac, & les sieurs Philippe d'Aubrespy de la Farelle, chevalier de S. Louis, premier consul en exercice de ladite ville, & François Rey de la Croix, officier d'infanterie, principal contribuable & conseiller-politique de la même communauté, prétendans à l'entrée de l'Afliette du diocefe d'Agde, laquelle leur a été accordée par délibération du 4 Mai 1767.

Que les motifs fur lefquels les fieurs Pegat & Caillet appuyent leur réclamation de cette décifion, font le prétendu ufage de la communauté de ne députer que les ex-confuls ; qu'ils avoient toutes les qualités requifes pour être à l'abri de l'exclufion qui leur eft donnée, & qu'ils étoient dans le même cas des ex-confuls de Florenfac, en faveur defquels les Etats avoient décidé dans leur derniere affemblée. A quoi les fieurs de la Farelle & Rey oppofent que lefdits Pegat & Caillet font d'autant plus mal-fondés, qu'ils ont déjà profité une fois l'un & l'autre de l'entrée à l'Afliette en qualité d'ex-confuls ; que les Etats ont toujours eu en vue de préférer les confuls en place, & n'ont toléré l'admiffion des ex-confuls, que pour n'en pas admettre d'un rang inférieur ; que fi lefdits Pegat & Caillet n'ont pas eu l'entrée pendant l'année de leur exercice, c'eft parce qu'elle étoit alors attribuée de droit aux maires & lieutenans de maires en titre d'office ; mais qu'en ayant déjà joui une fois comme ex-confuls, ils ne fauroient, fans s'écarter des principes adoptés par les Etats, en priver les confuls en exercice, fous prétexte d'un ufage abufif qu'on a voulu abroger ; que d'ailleurs ils n'avoient été premiers confuls que pendant qu'il y avoit des officiers en titre qui occupoient les places véritablement deftinées aux habitans de la premiere échelle & aux plus forts contribuables, ce que ne font pas lefdits fieurs Pegat & Caillet ; qu'enfin le préjugé de la ville de Florenfac ne pouvoit être appliqué au cas dont il s'agit, foit parce que les circonftances n'étoient pas les mêmes, foit parce qu'il fut donné fur le con-

fentement des parties & le vœu même de l'Afliette, au lieu que dans l'efpece préfente les fuffrages de cette affemblée, ainfi que ceux de la communauté, fe réuniffent en faveur de la caufe defdits fieurs de la Farelle & Rey.

Que MM. les commiffaires ayant examiné ces raifons refpectives, ont vu les motifs de la décifion du diocefe dans une lettre écrite par fon fyndic au fieur de Montferrier, le 3 de ce mois, portant qu'ayant été juftifié par le procès-verbal de l'Afliette de 1764, que le fieur Pegat y étoit entré comme conful électif exerçant les fonctions de l'office de lieutenant de maire réuni à la communauté, & par le procès-verbal de l'année 1766, que le fieur Caillet avoit joui de la même faculté, on demeura d'accord que le préjugé de ce qui avoit été décidé par les Etats pour Florenfac, fur le droit que prétendoient avoir les ex-confuls d'entrer à l'Afliette, ne pouvoit être appliqué à la conteftation dont il s'agiffoit, à caufe que n'y ayant jamais eu de maire & lieutenant de maire en titre dans la communauté de Florenfac, le premier chaperon y avoit toujours été rempli par les plus qualifiés & les plus forts contribuables aux impofitions, au lieu qu'à Montagnac il y a toujours eu un maire qui réuniffoit les deux offices & un lieutenant de maire en titre, ce qui avoit éloigné les gens du premier rang du premier chaperon, parce que dans l'ordre municipal le premier conful fe trouvoit, une année, la feconde perfonne ; & une autre année, lorfque le lieutenant de maire étoit en exercice, la troifieme perfonne, fans quoi le fieur Caillet n'auroit jamais été premier conful, ayant été tout récemment commis à gages pour la levée de la taille, & étant, ainfi que le fieur Pegat, fort peu contribuable ; en forte que l'Affiette, pour se conformer aux réglemens des Etats, tant pour la dignité de son affemblée que pour n'y admettre que de forts contribuables, crut ne pouvoir mieux faire que de déférer l'entrée au fieur de la Farelle, gentil homme, ancien militaire, & au fieur de Lacroix auffi officier, qui réuniffoient les qualités de plus notables & forts contribuables de la communauté, & étoient porteurs de fa procuration.

Que ces confidérations ont porté la commiffion à penfer que la délibération de l'Affiette du diocefe d'Agde devoit être confirmée.

SUR QUOI les Etats ayant délibéré, conformément à l'avis de MM. les commiffaires, ils ont rendu le jugement dont la teneur s'enfuit.

VU les lettres-patentes du 13 Mars 1653, portant attribution aux Etats de tout ce qui concerne l'entrée aux Affiettes ; leur délibération du 5 Janvier 1767, fur l'entrée des députés de Florenfac à l'Affiette du diocefe d'Agde ; & la délibération de l'Affiette de ce diocefe, du 4 Mai 1767 ; OUI le rapport, & tout confidéré,

LES ETATS ont confirmé & confirment ladite délibération, laquelle fera exécutée felon fa forme & teneur.

XXXIII.

EXTRAIT du regiftre des délibérations des Etats généraux de Languedoc, affemblés par mandement du Roi en la ville de Montpellier, le 26 Novembre 1767.

Du Jeudi 10 Décembre, préfident Mgr. l'archevêque & primat de Narbonne.

MONSEIGNEUR l'évêque de Saint-Papoul a dit, que le fieur de Joubert a rendu compte à la commiffion d'une conteftation qui s'eft élevée à l'Affiette du diocefe de Nimes, entre le fieur Devic, Me. chirurgien & fecond conful de Sommieres, & le fieur Chrétien ex-premier conful. Que le fieur Devic s'étant préfenté à l'Affiette pour y être reçu comme fecond député de la communauté de Sommieres en vertu de fa procuration, l'entrée lui fut difputée par le fieur Chrétien, lequel foutenoit que la qualité de ce fecond conful devoit exclure ledit fieur Devic, indépendamment de fa profeffion, attendu l'ufage conftant de la communauté de Sommieres d'envoyer à l'Affiette deux députés de la premiere échelle ; que MM. les commiffaires de l'Affiette, après avoir pris connoiffance des raifons des deux parties, dont il fut fait mention dans le procès-verbal de l'Affiette, renvoyerent aux Etats à décider cette conteftation.

Qu'il a paru à MM. les commiffaires qu'il étoit aifé de la terminer fans entrer dans aucune autre difcuffion, par la feule qualité de fecond conful, laquelle, en fuivant l'efprit & la lettre des réglemens faits par l'affemblée des Etats, dont les affiettes doivent toujours fe rapprocher, fuffit pour donner l'exclufion au fieur Devic, & que bien loin que le très-petit nombre d'exemples qu'il employoit en fa faveur, pût prévaloir à cette regle, il ne pourroit au contraire être regardé que comme une infraction aux réglemens, fi les circonftances particulieres dans lefquelles ces exemples ont eu lieu & le défaut de réclamation ne pouvoient pas fuffire pour les exclure.

De forte que MM. les commiffaires ont été d'avis de propofer à l'affemblée de décider que l'entrée du fecond député de Sommieres à l'Affiette du diocefe de Nimes, la préfente année, a dû être déférée au fieur Chrétien, ex-premier conful, à l'exclufion du fecond conful de la même ville.

I ij

Ce qui ayant été ainsi délibéré, conformément à l'avis de MM. les commissaires, les Etats ont rendu le jugement dont la teneur s'ensuit.

Vu les lettres-patentes du 15 Mars 1653, & arrêts subséquens, qui ont attribué aux Etats la connoissance de tout ce qui a rapport aux contestations sur les entrées aux Assiettes, envoi des mandes & autres matieres, & la délibération de l'Assiette du diocese de Nîmes, du 8 Avril 1767; Oui le rapport, & tout considéré,

Les Etats jugeant en dernier ressort, ont ORDONNÉ ET ORDONNENT que le sieur Chrétien, ex-premier consul de la ville de Sommieres, a dû être admis à l'Assiette dudit diocese, par préférence au sieur Devic, second consul de cette communauté, & qu'il jouira des émolumens attachés à ladite entrée ; ordonnant pareillement qu'il en sera usé de même à l'avenir à l'égard des autres communautés du même Diocese qui sont dans l'usage d'envoyer deux députés à l'Assiette, enjoignant au syndic dudit diocese de tenir la main à l'exécution du présent jugement.

XXXIV.

EXTRAIT du registre des délibérations des Etats généraux de Languedoc, assemblés par mandement du Roi en la ville de Montpellier, le 26 Novembre 1767.

Du Jeudi 10 Décembre, président Mgr. l'archevêque & primat de Narbonne.

MONSEIGNEUR l'évêque de Saint-Papoul a dit, que le sieur de Joubert a rendu compte d'une contestation qui regarde l'entrée du sieur Barrial, député de la communauté de Pradelles, comme ex-premier consul, aux Etats particuliers du Vivarais, laquelle lui étoit disputée par le sieur de Plaforés, premier consul en charge, auquel l'entrée a été adjugée par l'assiette, & que MM. les commissaires, après avoir pris connoissance des raisons des parties & de la délibération de l'Assiette du 29 Mai dernier, n'ont pu qu'approuver cette décision, nonobstant l'usage allégué & même convenu entre les parties de députer à l'Assiette l'ex-premier consul de cette communauté, attendu que sur la question qui se présenta aux Etats derniers sur l'entrée du député de la ville de Clermont aux Etats, il fut décidé par forme de réglement que l'entrée des députés des villes diocésaines aux Etats seroit déférée au premier consul en charge, à l'exclusion de l'ex-premier consul, ce qui doit avoir la même application à l'entrée aux Assiettes, qui doit être réglée, comme on l'a déjà dit, en se rapprochant de l'esprit & de la lettre des réglemens observés par rapport à l'entrée aux Etats.

De sorte que MM. les commissaires ont été d'avis de confirmer la délibération prise par l'Assiette du Vivarais, pour adjuger l'entrée du député de Pradelles au premier consul en charge, à l'exclusion de l'ex-premier consul.

Ce qui a été délibéré, conformément à l'avis de MM. les commissaires ; & les Etats ont rendu en conséquence le jugement dont la teneur s'ensuit.

Vu les lettres patentes du 15 Mars 1653 & arrêts subséquens qui ont attribué aux Etats la connoissance de tout ce qui a rapport aux contestations sur les entrées aux Assiettes, envoi des mandes & autres matieres ; & la délibération de l'Assiette du diocese de Viviers, du 29 Mai dernier; Oui le rapport, & tout considéré,

Les Etats jugeant en dernier ressort, ont confirmé ladite délibération des Etats particuliers du pays de Vivarais, qui adjuge l'entrée du député de la ville de Pradelles au fieur de Pla-forés, premier conful en charge de la même ville, à l'exclufion du fieur Barrial, ex-premier conful, & qu'il jouira des émolumens attachés à ladite entrée ; ordonnent en conféquence qu'il en fera ufé de même à l'avenir à l'égard des députés des villes & com-munautés qui ont droit d'envoyer un député à l'Affiette, conformément à la délibération des Etats du 1er. Décembre 1766, enjoignant au fyndic du pays de Vivarais, de tenir la main à l'exé-cution du préfent jugement.

XXXV.

EXTRAIT du regiftre des délibérations des Etats généraux de Languedoc, affemblés par mandement du Roi en la ville de Montpellier, le 26 No-vembre 1767.

Du Lundi 28 Décembre, préfident Mgr. l'archevêque & primat de Narbonne.

MONSEIGNEUR l'évêque de Saint-Papoul a dit, que MM. les com-miffaires nommés pour la vérification des impofitions des diocefes s'étant affemblés chez lui, le fieur de Joubert, fyndic général, a rendu compte d'une conteftation qui s'étoit élevée à l'affiette du diocefe de Montpellier, de l'année 1766, au fujet de l'entrée du député de la communauté de Pouffan, à l'oc-cafion de l'abfence du fieur Ugla, maire dudit lieu, qui donna lieu au fieur Cailhava & au fieur Baude de Laplane, lieutenant de maire, de fe préfenter pour être reçus à fa place.

Qu'il paroit par le procès verbal de l'affiette, que le préfident de l'affemblée ayant été prié par le fieur Ugla de vou-loir bien le tenir préfent à l'affiette, at-tendu les affaires importantes qui l'empê-choient de s'y rendre, ce congé lui avoit été accordé pour lui éviter les frais du voyage & du retour, & ne pas l'obliger d'abandonner des affaires effentielles dans lefquelles il fe trouvoit engagé, & que ç'auroit été manquer à la bonne foi que de le priver du droit d'entrée.

A quoi il étoit oppofé de la part du fieur Cailhava, que l'abfence du maire en titre faifoit naître fon droit comme lieutenant de maire pour l'entrée à l'affiette, à défaut de maire, & qu'il ne pouvoit en être privé dès qu'il la requéroit. Que le fieur Baude de La-plane faifoit valoir les mêmes raifons, fans qu'on voie au furplus dans le procès verbal de l'affiette, par quoi motif il pouvoit prétendre la préfé-rence fur le fieur Cailhava.

Que MM. les commiffaires, après avoir pris connoiffance du procès verbal de l'affiette du diocefe de Mont-pellier, pour ce qui concerne la con-teftation dont il s'agit, ont remarqué que fi le fieur Ugla ne s'eft point pré-fenté à l'affiette, c'eft parce qu'il avoit compté fur la grace qui lui avoit été accordée; que d'ailleurs le fieur Baude, un des contendans, a abandonné fa prétention ; que le fieur Cailhava a bien tardé auffi à la mettre au jour, puifqu'il n'en pourfuit le jugement qu'en la préfente affemblée des Etats, & que le fyndic du diocefe a auffi négligé de pourfuivre la décifion de l'affemblée, comme il en avoit été chargé par le procès verbal de l'affiette, qui porte que l'honoraire reftera cependant entre les mains du receveur où il eft encore aujourd'hui.

Que dans ces circonftances, vu que la place eft demeurée vacante, que l'honoraire n'en a point été retiré, & que toutes les parties font cenfées avoir abandonné leur prétention, il a paru qu'il n'y avoit autre chofe à ftatuer fur la conteftation dont il s'agit, fi ce n'eft que l'honoraire qui eft refté entre les-mains du receveur doit être moins imposé à l'assiette prochaine, au profit du diocese : qu'en même temps il a été remarqué que les contestations sur l'entrée des députés à l'assiette devant être promptement terminées, devoient être portées à l'assemblée des Etats qui la suit immédiatement, & que si les Etats le trouvent à propos, ils pourroient le décider ainsi par forme de réglement.

Sur quoi les Etats ont rendu, conformément à l'avis de MM. les commissaires, le jugement qui suit.

Vu les lettres patentes du 15 Mars 1653, & arrêts subséquens qui ont attribué aux Etats la connoissance de tout ce qui a rapport aux contestations sur les entrées aux assiettes, envoi des mandes & autres matieres; la requête présentée par le sieur Cailhava, avec les pieces y attachées; ensemble le procès verbal de l'assiette du diocese de Montpellier de l'année 1766; Oui le rapport, & tout considéré,

Les Etats jugeant en dernier ressort, & vu ce dont il s'agit, ont ORDONNÉ ET ORDONNENT que l'honoraire du député de Poussan à l'assiette du diocese de Montpellier, de l'année 1766, cédera au profit du diocese; auquel effet il en sera fait un moins imposé à l'assiette prochaine; ordonnent pareillement que toutes les contestations qui s'éleveront à l'avenir sur l'entrée des députés à l'assiette, seront portées aux Etats par les parties intéressées, si elles veulent en obtenir la décision, dans l'assemblée qui suivra immédiatement la tenue de l'assiette où elle sera élevée, passé lequel délai lesdites parties n'y seront plus reçues.

XXXVI.

Extrait du registre des délibérations des Etats généraux de Languedoc, assemblés par mandement du Roi en la ville de Montpellier le 5 Novemvre 1772.

Du Mardi 17 dudit mois de Novembre, président Mgr. l'archevêque & primat de Narbonne.

Monseigneur l'évêque de St. Papoul a dit, qu'il s'est élevé un différend au sujet de l'entrée à l'assemblée de l'Assiette du diocese d'Agde, entre M. le baron de Lasserre & le sieur Brigaud ci-devant premier consul de la ville de Pezenas, dont le sieur de Montferrier fils a rendu compte à la commission.

Qu'il paroît par les requêtes respectives des parties que par l'usage de la ville de Pezenas, l'entrée à l'Assiette du diocese appartient de droit à l'ex-premier consul immédiat; que le sieur de Lasserre qui fut élu consul le dimanche de quasimodo de l'année 1771, devoit sortir de place à pareil jour de l'année 1772; que s'il en étoit sorti en effet, il n'y auroit pas eu de doute qu'il ne dût avoir l'entrée à l'Assiette qui se tint ensuite; mais que la croyance où on fut à Pezenas, que l'édit du mois de Novembre portant création des offices municipaux, qui défend de procéder à de nouvelles élections, ayant été enregistré au parlement, devoit avoir son effet en Languedoc, quoiqu'il ne contînt pas la révocation de celui du mois de Mai 1766, qui étoit particulier pour cette province, on n'élut point de nouveaux consuls, de maniere que le sieur Brigaud conserva de fait sa qualité d'exconsul, ce qui fut sans doute le motif qui détermina l'assemblée de l'Assiette tenue le mois de Mai suivant à lui accorder l'entrée, nonobstant l'opposition du sieur de Lasserre, en ordonnant néanmoins que la rétribution qui y étoit attachée demeureroit en dépôt entre les mains du receveur du diocese, jusqu'à ce que les Etats eussent décidé définitivement sur cette contestation.

Que le fieur de Laſſerre repréſente pour ſoutenir ſon droit, qu'il n'a pas dépendu de lui de ſortir de charge le jour indiqué par l'uſage ; qu'il ne peut être tenu du fait du prince, & que les offices municipaux ayant été levés, il ſeroit privé de l'entrée à l'Aſſiette prochaine, & n'en auroit jamais joui, tandis que le fieur Brigaud en a profité pluſieurs années de ſuite.

A quoi le fieur Brigaud répond que ledit fieur Laſſerre s'étant trouvé en charge de conſul au jour de la tenue de l'Aſſiette, il n'a pu, ſuivant l'uſage, être admis à cette aſſemblée comme ex-conſul, & que la circonſtance de la création des offices municipaux qui l'a privé de cette entrée eſt un inconvénient qui doit néceſſairement retomber ſur lui.

Sur quoi, la commiſſion a obſervé, comme l'ont déjà fait les Etats ſur une ſemblable conteſtation, au ſujet de l'entrée du député de St. Papoul, que le fieur Laſſerre réuniſſant les deux qualités d'ex-conſul & de conſul, & n'ayant conſervé cette derniere que par l'effet d'une loi qui ne ſauroit lui nuire ſans injuſtice en le privant de la juſte récompenſe de ſes ſervices, tandis que le fieur Brigaud a reçu abondamment celle des ſiens, MM. les commiſſaires n'ont pas héſité à être d'avis d'appliquer audit fieur Laſſerre le jugement qu'ont porté les Etats en faveur du fieur Malras & de propoſer à l'aſſemblée de prononcer par un jugement qui ſera rendu en la forme ordinaire, que les émolumens de l'entrée à l'Aſſiette derniere du dioceſe d'Agde ſéqueſtrés entre les mains du receveur tourneront au profit du fieur de Laſſerre, & lui ſeront remis par ledit receveur qui au moyen de ce en demeurera valablement déchargé.

Ce qui ayant été délibéré, conformément à l'avis de MM. les commiſſai-

res, les Etats ont rendu le jugement dont la teneur s'enſuit.

Vu les lettres patentes du 15 Mars 1653, & arrêts ſubſéquens, qui attribuent aux Etats la connoiſſance de tout ce qui a rapport aux Aſſiettes, envoi des mandes & autres matieres; les requêtes reſpectives des ſieurs de Laſſerre & Brigaud, ſur leur différend au ſujet de l'entrée à l'aſſemblée de l'Aſſiette du dioceſe d'Agde.

Les Etats jugeant en dernier reſſort, ayant égard à la demande dudit ſieur de Laſſerre, ont ordonné & ordonnent que les émolumens de l'entrée à l'Aſſiette derniere du dioceſe d'Agde, ſéqueſtrés entre les mains du receveur tourneront au profit dudit ſieur de Laſſerre, & lui ſeront délivrés par ledit receveur, qui au moyen de ce en demeurera valablement déchargé.

XXXVII.

Extrait du regiſtre des délibérations des Etats généraux de Languedoc, aſſemblés par mandement du Roi en la ville de Montpellier au mois de Novembre 1773.

Du Samedi 20 dudit mois de Novembre ; préſident Mgr. l'archevêque & primat de Narbonne.

Monseigneur l'évêque de St. Papoul a dit, que le ſieur de Montferrier fils a fait le rapport à la commiſſion d'un différend qui eſt entre le ſieur de Montbrun conſul actuel de Florenſac, & le ſieur Fabre ex-conſul de la même communauté, au ſujet de la rétribution de l'entrée à la derniere Aſſiette du dioceſe d'Agde, laquelle ayant admis proviſoirement à ſon aſſemblée ledit ſieur de Montbrun à l'excluſion dudit ſieur Fabre, a arrêté en même temps que ladite rétribution demeureroit en dépôt entre les mains du receveur du dioceſe, juſqu'à ce que les

Etats euffent prononcé fur cette conteftation, qui confifte à favoir fi le fieur Fabre qui eft entré à l'Affiette les années 1771 & 1772, en qualité d'ex-conful de Florenfac, devoit y entrer encore en la même qualité l'année 1773, attendu que le fieur de Montbrun fe trouve conful en place depuis deux ans, à caufe de la défenfe faite par le dernier édit de création des offices municipaux, de procéder à de nouvelles élections.

Que ledit fieur Fabre oppofe que par l'ufage de la communauté de Florenfac, confirmé par un jugement des Etats du 5 Janvier 1767, la députation à l'Affiette qui eft de deux de fes habitans, eft due à ceux qui ont été confécutivement les derniers ex-confuls, à l'exclufion du premier conful en place, & que ledit fieur de Montbrun l'a éprouvé lui-même pendant environ 14 ans qu'il avoit ci-devant demeuré conful en place.

À quoi ledit fieur de Montbrun répond qu'il auroit été ex-conful lors de la tenue de l'Affiette, fi le Roi n'avoit inhibé de procéder à de nouvelles élections ; que cette inhibition le rend tout enfemble ex-conful & conful en place, & qu'il n'eft pas naturel que tandis qu'il n'a point encore joui de l'entrée, le fieur Fabre en jouïffe trois années confécutives ; que d'ailleurs la même difficulté s'étant élevée aux Etats derniers entre les fieurs Brigaud & Lafferre, l'un ex-conful de Pezenas, & l'autre conful en place, à raifon de la même prohibition, elle fut décidée en faveur de ce dernier par jugement du 17 Novembre 1772, lequel jugement ayant été rendu en effet dans les mêmes termes & les mêmes circonftances où fe trouvent lefdits fieurs de Montbrun & Fabre, comme l'a reconnu la commiffion, elle n'a pas héfité à être d'avis de propofer à l'affem-

blée d'en rendre un conforme en faveur dudit fieur Montbrun.

Ce qui ayant été délibéré de même, les Etats ont rendu le jugement dont la teneur s'enfuit.

Vu les lettres-patentes du 13 Mars 1653, qui attribuent aux Etats la connoiffance de tous les différends concernant l'entrée aux Affiettes ; la requête du fieur Fabre ex-conful de Florenfac, à ce que, fans s'arrêter au jugement de l'affemblée de l'Affiette du diocefe d'Agde du 10 Mai dernier, l'honoraire de l'entrée à ladite affemblée lui foit adjugé, attendu que par l'ufage autorifé par jugement des Etats du 5 Janvier 1767, ladite entrée appartient aux ex-confuls ; la requête dudit fieur de Montbrun premier conful de Florenfac les années 1772 & 1773, qui réclame la rétribution attachée à ladite entrée, fur le fondement qu'il ne fe trouve conful actuel qu'à caufe de la défenfe portée par le dernier édit de création des offices municipaux de procéder à de nouvelles élections. Vu auffi la délibération de l'Affiette dudit jour 10 Mai 1773 qui admet provifoirement à fon affemblée ledit fieur de Montbrun, & porte néanmoins que l'honoraire de l'entrée n'en fera délivrée qu'après le jugement des Etats ; le jugement dudit jour 5 Janvier 1767 ; & celui donné le 17 Novembre 1772 en faveur du fieur de Lafferre, premier conful de Pezenas, fur un différend tout-à-fait femblable : Oui, le rapport.

LES ETATS, fans avoir égard à la requête dudit fieur Fabre, ont ordonné & ordonnent que le provifoire accordé audit fieur de Montbrun, par la délibération de l'Affiette du diocefe d'Agde du 10 Mai dernier, vaudra comme définitif, & en conféquence que les émolumens de l'entrée de ladite affemblée reftés en dépôt au pouvoir du receveur des tailles, feront délivrés audit fieur de Montbrun.

XXXVIII.

EXTRAIT du regiſtre des délibérations des Etats généraux de Languedoc, aſſemblés par mandement du Roi en la ville de Montpellier, le premier Décembre 1774.

Du Vendredi 30 dudit mois de Décembre, préſident Mgr. l'archevêque de Touloufe.

MONSEIGNEUR l'évêque de Commenge a dit, que le fieur de Montferrier a rapporté à la commiſſion une conteſtation qui s'eſt élevée au fujet de l'entrée à l'aſſiette du diocefe de Saint-Pons & de la rétribution qui y eſt attachée, entre le fieur d'Arnaudy, maire en titre du lieu d'Olargues, & le fieur Bernard Sebe, premier conful de ladite communauté.

Que le fieur d'Arnaudy, repréfente qu'ayant été pourvu de fon office au mois de Janvier 1773, & ayant prêté fon ferment devant le juge-royal de Narbonne compétent pour le recevoir, attendu que la communauté n'étoit pas une ville épiſcopale, il donna par diffrens actes connoiſſance à la communauté de fes proviſions, à l'effet qu'elles fuſſent enregiſtrées & qu'il fût enfuite procédé à fon inſtallation, avec réquiſition de lui fournir procuration pour l'entrée à la précédente aſſemblée des Etats, où il fut réellement admis en vertu defdits actes, malgré l'oppoſition du fieur Sebe, qui lui conteſtoit cette entrée en vertu de la procuration de la communauté dont il étoit porteur.

Que s'étant enfuite préfenté à l'aſſemblée de l'aſſiette du diocefe, tenue au mois d'Avril dernier, & le fieur Sebe lui ayant difputé cette entrée, fur le fondement qu'il n'avoit pas fait fommer par acte la communauté de lui

donner fa procuration, dont il étoit lui-même nanti, l'aſſemblée de ladite aſſiette donna la préférence audit fieur Sebe, en laiſſant en féqueſtre, entre les mains du receveur, les émolumens de ladite aſſiette, qui font d'une fomme de 40 livres, juſqu'à ce que les Etats euſſent prononcé à qui ils devoient appartenir.

Que cette préférence eſt entierement contraire aux droits de l'office qu'il a acquis, dont l'entrée aux Etats & à l'aſſiette du diocefe eſt un des principaux, de même que les rétributions attachées auxdites entrées forment une partie principale des émolumens dudit office, dont conféquemment il n'a pu ni dû être privé en tout ou en partie; que c'eſt ce que les Etats ont reconnu en l'admettant dans leur aſſemblée, malgré le défaut de la procuration de la communauté, & que c'eſt ainſi qu'auroit dû régulierement procéder l'aſſiette en fuivant l'exemple des Etats, dont elle n'eſt qu'une émanation; d'où il conclut à ce que la délivrance des émolumens féqueſtrés foit ordonnée en fa faveur.

Que le fieur Sebe expofe au contraire qu'ayant reçu le 27 Mars la lettre du fyndic du diocefe, qui lui indiquoit la convocation de l'aſſiette au premier Avril, & le fieur d'Arnaudy réfident à Beziers n'ayant fait aucune démarche pour demander cette députation à la communauté, quoiqu'il en eût eu tout le temps, puifqu'elle ne délibéra que le 10 Avril, de l'accorder à lui Sebe, il crut ne pouvoir fe difpenfer de fe rendre le lendemain à St. Pons, où il obtint la préférence dont réclame le fieur d'Arnaudy, par le feul motif qu'il avoit un pouvoir de la communauté, ce que n'avoit pas le fieur d'Arnaudy, qui ne lui avoit pas même fait fignifier d'acte, & qu'ayant ainſi rempli de bonne foi la place de député de la communauté à l'affiette, le payement de la rétribution, qui eft une fuite néceffaire de fon admiffion, ne peut lui être refufé ; que la communauté n'a pu députer le fieur d'Arnaudy fans qu'il l'ait demandé, ni connoître fes intentions, puifqu'il réfide à Beziers, & qu'elle n'a rien précipité n'ayant délibéré fur ladite députation que l'avant-veille de l'affiette ; mais que fi malgré ces bonnes raifons les Etats fe portoient à adjuger cette rétribution au maire, il feroit jufte que la communauté le dédommageât des frais de fa députation, puifqu'en déférant à fes ordres, il ne devroit pas y être pour fon argent ; d'où il conclut qu'il plaife aux Etats d'ordonner à fon profit la délivrance de la rétribution dont il s'agit, & fubfidiairement en cas de difficulté, qu'il en fera dédommagé par la communauté.

Que MM. les commiffaires ayant pefé les raifons des deux parties, n'ont pu fe refufer à l'évidence du droit du fieur d'Arnaudy, & qu'ils auroient en même temps pu être touchés des motifs que lui oppofe le fieur Sebe, fi l'exclufion prononcée contre ce dernier par les états de leur affemblée, n'avoit pas dû être pour lui un avertiffement de celle qu'auroit dû lui donner l'affiette, & le porter au moins à douter de fon prétendu droit, & à s'affurer avant de prendre la procuration de la communauté, que le fieur d'Arnaudy, auquel il auroit dû faire part de la lettre du fyndic du diocefe pour la convocation à l'affiette, n'étoit pas dans le deffein d'ufer du droit inconteftable que lui donnoit fa charge ; ce qui fuppofant une affectation marquée de la part de ce premier conful, qui en cette qualité peut être raifonnablement foupçonné d'avoir fait faire, pour fon intérêt particulier, à la communauté une démarche irréguliere, avoit paru à MM. les commiffaires un moyen fuffifant

pour débouter ledit fieur Sebe de fes demandes, & adjuger au fieur d'Arnaudy les fins de fa requête, ce qu'ils ont cru devoir propofer aux Etats d'ordonner par un jugement rendu en la forme ordinaire.

Vu les lettres patentes du 15 Mars 1653 & arrêts fubféquens, qui attribuent aux Etats la connoiffance de tout ce qui a rapport aux affiettes, envoi des mandes & autres matieres. Vu auffi les requêtes refpectives des fieurs d'Arnaudy & Sebe, fur leur différend au fujet des émolumens de l'entrée à l'affemblée de l'affiette du diocefe de St. Pons, & Oui le fyndic général,

LES ETATS jugeant en dernier reffort, ayant égard à la demande du fieur d'Arnaudy, ont ordonné & ordonnent que les émolumens de l'entrée à l'affiette derniere du diocefe de St. Pons féqueftrés entre les mains du receveur, tourneront au profit dudit fieur d'Arnaudy, & lui feront délivrés par ledit receveur, qui au moyen de ce en demeurera valablement déchargé.

XXXIX.

EXTRAIT du regiftre des délibérations des Etats généraux de Languedoc, affemblés par mandement du Roi en la ville de Montpellier au mois de Décembre 1774.

Du Samedi 7 Janvier 1775, préfident Mgr. l'archevêque & primat de Narbonne.

MONSEIGNEUR l'archevêque de Touloufe a dit, que le fieur de Montferrier a fait le rapport à la commiffion des mémoires préfentés aux Etats par le fyndic du diocefe de Beziers & les confuls de ladite ville, fur certaines prétentions qu'ont formé ces derniers la veille de l'affemblée de l'affiette de ce diocefe.

Qu'il paroit par les raifons relevées

dans lesdits mémoires, que les difficultés dont il s'agit ne sont fondées que sur une fausse interprétation que font les consuls, de certains articles de l'arrêt de réglement du 30 Janvier 1725, & que la question à décider se réduit à deux points, dépendans même l'un de l'autre, qui sont de savoir, 1°. si tous les consuls sont commissaires ordinaires du diocese, & doivent tous en ladite qualité jouir des droits qu'attribuent à ceux qui l'ont réellement les articles du réglement, ou si elle n'appartient légitimement qu'aux deux premiers consuls seuls.

2°. Si tous lesdits consuls, en supposant même qu'ils fussent commissaires ordinaires, auroient le droit d'opiner chacun en particulier dans les assemblées du diocese où ils auroient celui d'assister, ou s'ils ne formeroient tous ensemble qu'un seul suffrage.

Que MM. les commissaires ayant mûrement pesé tout ce qui est dit à ce sujet dans les mémoires respectifs des parties, & s'étant fait représenter le réglement du 30 Janvier 1725, avoient aisément reconnu qu'il ne falloit, pour terminer cette contestation, que pénétrer l'esprit & le véritable sens de l'article IV conçu en ces termes : « Les com-» missaires ordinaires du diocese sont » l'évêque, le baron, l'officier de jus-» tice & les consuls de la ville capi-» tale ».

Que c'est cette derniere expression au pluriel qui donne lieu à la prétention des consuls, & que le syndic du diocese a soutenu au contraire qu'elle ne pouvoit être appliquée qu'aux deux premiers, en fondant cette assertion sur l'usage constant du diocese, suivant lequel ces deux seuls officiers municipaux ont été admis dans les assemblées particulieres du diocese & ont été placés à l'assiette d'une maniere distinguée des autres, qui n'y ont eu qu'une

séance honoraire, sur le même usage observé dans la plupart des autres dioceses & sur l'exemple même de ce qui se passe à l'assemblée des Etats.

Que par les mêmes motifs & la même assimilation, le syndic a également soutenu que, soit les consuls ensemble, s'ils pouvoient être tous admis aux assemblées, ou seulement les deux premiers, ne devoient former qu'un seul suffrage ; sans quoi, étant par leur nombre plus forts en voix que MM. les autres commissaires du diocese, ils seroient maîtres de toute l'administration ; tandis que la ville de Beziers ne peut y prendre intérêt qu'à proportion de la part qu'elle a aux impositions générales, auxquelles elle ne contribue que pour un sixieme.

Que MM. les commissaires n'ont pu se refuser à la solidité de cette défense de la part du syndic, & qu'en considérant d'ailleurs que lorsque la loi ne s'explique pas assez clairement, on ne peut mieux l'interpréter que par l'usage ; que celui qu'expose le syndic du diocese n'est point contesté & se trouve conforme à ce qui s'observe ailleurs, ainsi que dans l'assemblée des Etats ; enfin que les inconvéniens qui résultent de l'interversion de l'ordre actuel ne sauroient être plus sensibles ; la commission a été d'avis de proposer aux Etats d'ordonner par un jugement qui sera rendu en la forme ordinaire, que sans avoir égard aux demandes des consuls de Beziers, dont ils seront déboutés, le premier & le second desdits consuls auront seuls à l'avenir, comme par le passé, la qualité de commissaires ordinaires du diocese ; qu'ils jouiront en conséquence des rangs, séances & autres droits énoncés dans l'arrêt de réglement ; à la charge toutefois que lesdits deux premiers consuls ne formeront ensemble qu'une seule voix lorsqu'ils seront d'accord, & qu'elle sera

K ij

caduque lorfqu'ils feront d'avis différens.

Ce qui ayant été ainfi délibéré , les Etats ont rendu le jugement dont la teneur fuit.

Vu les lettres patentes du 15 Mars 1653 & les arrêts fubféquens , qui attribuent aux Etats la connoiffance de tout de qui a rapport aux affiettes , envoi des mandes , & autres matieres qui y font relatives ; les mémoires & pieces refpectivement produits par le fyndic du diocefe de Beziers & les confuls de ladite ville , au fujet des diverfes prétentions que les derniers avoient formé la veille de l'affemblée de l'affiette dudit diocefe. Vu auffi l'arrêt de réglement du 30 Janvier 1725 , & Oui fur ce le fyndic général ,

Les Etats jugeant en dernier reffort , fans avoir égard aux demandes des confuls de la ville de Beziers , dont ils les ont déboutés , ont ordonné & ordonnent que le premier & le fecond defdits confuls auront feuls à l'avenir , comme par le paffé , la qualité de commiffaires ordinaires du diocefe ; qu'ils jouiront en conféquence des rangs , féances & autres droits énoncés dans ledit arrêt du 30 Janvier 1725 , à la charge toutefois que lefdits deux premiers confuls ne formeront enfemble qu'une feule voix lorfqu'ils feront d'accord , & qu'elle fera caduque lorfqu'ils feront d'avis différens.

X L.

Extrait du regiftre des délibérations des Etats généraux de Languedoc, affemblés par mandement du Roi en la ville de Montpellier le 25 Janvier 1776.

Du Jeudi 8 Février 1776 , préfident Mgr. l'archevêque & primat de Narbonne , Commandeur de l'Ordre du St. Efprit.

Monseigneur l'évêque de Mirepoix a dit , que le fieur de Montferrier a fait le rapport à la commiffion d'une contefation qui s'eft élevée à la derniere affemblée de l'Affiette du diocefe d'Agde , au fujet de l'entrée des députés de Florenfac , entre le fieur de Montbrun ex-conful , & le fieur Fabre député , comme notable de ladite communauté , laquelle a droit d'envoyer deux députés à ladite Affiette.

Qu'il eft queftion de favoir fi , comme le prétend le fieur de Montbrun, fa qualité d'ex-conful lui donne le droit d'être député de la communauté, à l'exclufion de tout autre par elle nommé , comme le fieur Fabre , en qualité de notable , nonobftant la derniere détermination prife par les Etats & autorifée par l'arrêt du confeil du 18 Mai 1775 , au fujet de cette préférence en faveur du notable à l'égard des villes qui ont le droit d'envoyer deux députés à leur affemblée.

Que le fieur de Montbrun a fondé fon prétendu droit , 1°. fur l'ancien ufage , fuivant lequel les deux députés de la communauté de Florenfac avoient toujours été deux ex-confuls , ufage autorifé par un jugement des Etats du 5 Janvier 1767 , rendu entre un premier conful alors en place & un des ex-premiers confuls auquel la préférence pour l'entrée à l'Affiette fut accordée ; ce que le fieur de Montbrun regarde comme un préjugé formel applicable à la queftion fur laquelle les Etats ont à prononcer aujourd'hui.

2°. Sur ce que le nouveau réglement fait par les Etats , ne faifant point une mention expreffe de ce qui doit être pratiqué pour les affemblées des Affiettes , il ne peut être étendu par voie de conféquence au-delà de fes bornes.

3°. Que quand même les regles établies par les Etats pour la députation à leurs affemblées pourroient être étendues à celles des Affiettes, ce ne pourroit être que du jour auquel les Etats l'auroient ainfi expreffement déterminé pour l'avenir, aucun réglement n'ayant d'effet rétroactif.

Enfin fur ce que l'article 16 de l'arrêt du confeil du 27 Octobre 1774, portant que les ufages antérieurs à l'édit de Mai 1766, feroient de nouveau obfervés, il s'enfuit que celui de la communauté de Florenfac, fur la députation de fes deux ex-confuls doit néceffairement l'être, la députation d'une communauté pour la repréfenter à l'affemblée de l'Affiette étant un acte effentiel de fon adminiftration.

Que le fieur Fabre oppofe à ces moyens que la communauté de Florenfac n'avoit pas ignoré la prétention du fieur de Montbrun, ni les motifs fur lefquels elle étoit fondée, lorfqu'elle l'a adjoint, en qualité de notable, au fieur de Tondut, premier conful actuellement en charge, par fa délibération du 7 du mois de Mai de l'année derniere, mais qu'elle a regardé le dernier réglement fait par les Etats pour leur affemblée, comme devant être également obfervé par les communautés à l'égard de leur députation aux Affiettes, qui n'étant réellement qu'une émanation des Etats généraux, doivent auffi être affujetties aux mêmes regles, autant qu'il eft poffible ; que c'eft un point de droit public de la province auquel les fyndics généraux fe font conformés, en répondant aux queftions qui leur ont été faites, notamment dans le fait dont il s'agit, & que la reprife des anciens ufages dans l'adminiftration des communautés ordonnée par l'arrêt du 27 Octobre 1774, ne pouvoit avoir d'application qu'aux élections confulaires, la formation des confeilspolitiques & les autres formes pratiquées dans le détail de cette adminiftration intérieure des communautés.

Que MM. les commiffaires ayant entendu la lecture des mémoires de ces deux prétendans, de la délibération de l'Affiette, qui, en accordant fon entrée provifoirement au fieur de Montbrun, a féqueftré entre les mains du receveur du diocefe la rétribution y attachée jufqu'après la décifion des Etats ; & du jugement par eux rendu le 5 Janvier 1767, qu'invoque ledit fieur de Montbrun, ont reconnu 1º. Que ce jugement n'étoit du tout point applicable à l'efpece fur laquelle les Etats ont à prononcer, parce qu'à l'époque où il a été rendu, les anciens ufages fur la députation des ex-confuls pouvoient être tolérés fans les mêmes inconvéniens qui ont donné lieu aux Etats de faire le dernier réglement qui prononce leur exclufion de leur affemblée, inconvéniens relevés dans l'expofé de l'arrêt du confeil qui a autorifé cette réfolution des Etats, & qui fe préfentent également à l'égard des communautés qui ont droit d'envoyer deux députés aux Affiettes. 2º. Que dès-lors ce qu'ont réglé les Etats pour leur propre affemblée, & qui a été approuvé par le Roi, a dû être regardé avec raifon par la communauté de Florenfac, comme devant être par elle obfervé, & que l'Affiette auroit dû le penfer de même, en fe regardant comme un corps acceffoire & repréfentatif de celui des Etats, & foumis conféquemment à l'obfervation des mêmes réglemens, fur-tout lorfqu'il ne peut réfulter aucun inconvénient de leur exécution. 3º. Que les difpofitions de l'arrêt du 27 Octobre 1774, n'étoient du tout point applicables au choix des députés aux Etats, qui n'auroient eu garde de déroger à leur propre ouvrage, tel qu'eft cet arrêt, s'ils avoient cru que leur détermination poftérieure fur la qualité des députés des villes à leur affemblée y fût contraire ; enfin que, quand même on auroit pu avoir quelque doute à ce fujet, le vœu de la communauté, préférable à la prétention d'un simple particulier, auroit dû du moins opérer la suspension d'une décision de la part de l'Assiette sur l'admission du sieur de Montbrun, qui n'a même été prononcée que par un suffrage de plus sur le nombre de onze opinans dont étoit composée l'assemblée.

Que par ces considérations, la commission avoit été d'avis qu'il y avoit lieu d'accorder au sieur Fabre, les émolumens attachés à l'entrée à l'Assiette qui lui a été induement refusée, ainsi qu'il sera statué, si les Etats le pensent de même, par un jugement qui en ordonnera la délivrance de la part du receveur du diocese, lequel en est le dépositaire.

Ce qui ayant été ainsi délibéré, les Etats ont rendu le jugement dont la teneur s'ensuit.

Vu les lettres patentes du 16 Mars 1653, & les arrêts subséquens qui attribuent aux Etats la connoissance de tout ce qui a rapport aux Assiettes des dioceses; les mémoires & pieces respectivement produits par le sieur de Montbrun ex-consul, & le sieur Fabre, de la communauté de Florensac, au sujet de leur admission à l'Assiette du diocese d'Agde; ensemble le procès verbal de cette assemblée : Oui sur ce le syndic général,

Les Etats jugeant en dernier ressort, ont débouté le sieur de Montbrun, de sa prétention, et ordonné en conséquence que le receveur des tailles du diocese d'Agde remettra, au premier commandement qui lui en sera fait, au sieur Fabre, député de la communauté de Florensac, les émolumens attribués audit député, à raison de l'entrée à l'Assiette, qui ont été séquestrés en ses mains, moyennant quoi il sera bien & valablement déchargé, sinon qu'il y sera contraint par toutes les voies de droit.

X L I.

Extrait du registre des délibérations dse Etats généraux de Languedoc, assemblés par mandement du Roi en la ville de Montpellier au mois de Janvier 1776.

Du Jeudi 15 Février 1776, président Mgr. l'archevêque & primat de Narbonne, commandeur de l'ordre du St. Esprit.

Monseigneur l'évêque de Nimes a dit, &c.

Sur quoi il a été délibéré, en ce qui concerne l'assistance & le suffrage des consuls, tant à l'assiette, que dans les assemblées des commissaires ordinaires pour la direction des affaires du diocese & la confection des rôles de la capitation, en quelque nombre qu'ayent droit d'y entrer lesdits consuls, suivant les usages particuliers, qui continueront d'être observés, qu'ils n'auront ensemble qu'une seule voix, comme l'ont les deux députés aux Etats, dont les assiettes sont une émanation, & dont elles doivent aussi conserver l'analogie, ainsi que les assemblées qui se tiennent pour la direction des affaires, & pour la capitation, conformément à ce qui a été délibéré par les Etats le sept Janvier mil sept cent soixante-quinze, par rapport aux consuls de Beziers.

X L I I.

Extrait du registre des délibérations des Etats généraux de Languedoc, assemblés par mandement du Roi en la ville de Montpellier le 28 Novembre 1776.

Du Samedi 7 Décembre, président Mgr. l'archevêque & primat de Narbonne, Commandeur de l'ordre du St. Esprit.

Monseigneur l'évêque de Commenge a dit, que le sieur de la Fage, syndic général, a fait le rapport à la commiſſion d'une conteſtation qui s'eſt élevée à la derniere aſſemblée de l'aſſiette du dioceſe bas Montauban, au ſujet de l'entrée du député de Villemur, entre Jean Repaus, dernier conſul, & le ſieur Serin, députe comme notable de ladite communauté en l'abſence du premier conſul.

Qu'il paroît par la délibération de l'aſſiette, que ledit ſieur Serin s'y étant préſenté avec une procuration & une délibération de la communauté, en qualité de notable & principal taillable, auroit remis ſon extrait baptiſtere pour juſtifier qu'il eſt né le 27 Octobre 1750, & l'extrait de ſon compoix avec la quittance des tailles de l'année derniere de 112 liv. 16 ſols 7 den., & auroit demandé d'être admis dans cette aſſemblée par aſſimilation à ce qui eſt pratiqué à celle des Etats, lorſque les conſuls qui ont droit d'y aſſiſter ne peuvent s'y rendre ; qu'en même-temps il auroit été préſenté une requête par Jean Repaus dernier conſul de Villemur, qui demandoit d'entrer à l'aſſiette à la place du premier conſul, par droit de dévolu & par d'autres conſidérations qu'il oppoſoit à la prétention du ſieur Serin.

Que l'aſſiette auroit renvoyé aux Etats pour prononcer ſur l'admiſſion du ſieur Serin, ou ſur ſon excluſion, en obſervant néanmoins que les réglemens n'autoriſent pas les communautés à donner une procuration dans un cas ſemblable, & que l'uſage y eſt conſtamment contraire ; que d'ailleurs le ſieur Serin qui n'a paſſé par aucune charge publique, & qui à raiſon de ſon âge ne peut avoir acquis ni aſſez d'expérience, ni une connoiſſance ſuffiſante des affaires pour s'occuper de celles du dioceſe & de la communauté de Villemur, n'auroit pas paru devoir être admis dans cette aſſemblée, dont le quatrieme conſul a été exclus, attendu qu'il n'avoit aucun droit à une place affectée au premier & dont

il ne pouvoit prétendre le dévolu ; qu'au ſurplus l'aſſiette auroit délibéré que les émolumens du premier conſul de Villemur reſteroient en dépôt entre les mains du receveur des tailles, juſques à la déciſion des Etats.

Que le ſieur Serin a préſenté requête à la préſente aſſemblée dans laquelle il expoſe que l'aſſiette n'a pu prétexter ni les réglemens ni l'uſage pour ne pas accueillir la députation faite en ſa faveur par la communauté de Villemur, puiſque cette députation ſe trouve exactement conforme aux uſages & réglemens de la province, notamment à l'article XIX de la nouvelle collection du 28 Décembre 1768, dont les diſpoſitions ne doivent pas être moins appliquées aux aſſiettes des dioceſes qu'à l'aſſemblée des Etats, dont elles ſont une vraie émanation.

Que l'aſſiette n'a pas été mieux fondée à alléguer que le ſieur Serin n'avoir ni aſſez d'âge ni aſſez d'expérience dans les affaires publiques, puiſqu'à cette époque il avoit 25 ans accomplis, ainſi qu'il le juſtifia par ſon extrait baptiſtere duement légaliſé qu'il rapporte, & que les réglemens n'en exigent pas davantage pour être reçu aux Etats.

Qu'au ſurplus, s'il n'a pas encore acquis dans les affaires publiques toute l'expérience déſirable, il eſt du moins parvenu par ſon zele à mériter aſſez la confiance de la communauté de Villemur, pour qu'elle l'ait jugé propre à commencer d'y être employé, non-ſeulement par ſa députation à l'aſſiette, mais encore par ſa nomination au nombre des conſeillers politiques de la premiere échelle.

Qu'enfin, quoique l'aſſiette, en ſe taiſant ſur la qualité du ſieur Serin, donne aſſez à entendre qu'elle ne peut être querellée, pour prévenir néanmoins toute difficulté à cet égard, il a cru devoir juſtifier qu'il eſt de la pre-

miere échelle & du rang du premier
conful, en remettant un extrait de la
délibération qui le nomme conseiller
politique, au bas duquel eſt l'atteſtation des maire & conſuls au ſujet de ſa
qualité de notable.

Que MM. les commiſſaires ayant
entendu la lecture de la requête du ſieur
Serin & de la délibération de l'aſſiette,
auroient penſé que ce qu'ont déterminé
les Etats par leur propre aſſemblée &
qui a été approuvé par Sa Majeſté, a
dû être regardé avec raiſon par la communauté de Villemur comme regle de
ſa conduite ; qu'ainſi, la commiſſion
auroit été d'avis de propoſer aux Etats
d'accorder au ſieur Serin, les émolumens attachés à l'entrée de l'aſſiette,
par un jugement qui en ordonnera la
délivrance de la part du receveur du
dioceſe qui en eſt le dépoſitaire.

Ce qui ayant été ainſi délibéré, les
Etats ont rendu le jugement dont la teneur s'enſuit.

‹ Vu les lettres-patentes du 16 Mars
1653, & les arrêts ſubſéquens qui attribuent aux Etats la connoiſſance de
tout ce qui a rapport aux aſſiettes des
dioceſes, la requête préſentée par le
ſieur Serin, notable de la communauté
de Villemur, au ſujet de ſon admiſſion
à l'aſſiette du dioceſe bas Montauban,
& le procès verbal de cette aſſemblée :
Oui ſur ce le ſyndic général,

Les Etats jugeant en dernier reſſort,
ONT ORDONNÉ ET ORDONNENT que le
receveur des tailles du dioceſe bas Montauban, remettra au premier commandement qui lui en ſera fait, au ſieur Serin, député de la communauté de Villemur, les émolumens attribués au premier conful de ladite communauté, à
raiſon de l'entrée à l'aſſiette, qui ont été
ſéqueſtrés en ſes mains, moyennant quoi
il ſera bien & valablement déchargé,
ſinon qu'il y ſera contraint par toutes les
voies de droit.

XLIII.

*EXTRAIT du regiſtre des délibérations
des Etats généraux de Languedoc,
aſſemblés par mandement du Roi en
la ville de Montpellier le 27 Novembre 1777.*

Du Jeudi 11 Décembre, préſident Mgr.
l'archevêque & primat de Narbonne,
Commandeur de l'ordre du St. Eſprit.

MONSEIGNEUR l'Evêque de Commenge a dit, que le ſieur de Joubert, ſyndic général, a rendu compte
à la commiſſion d'une conteſtation qui
s'éleva aux Etats & aſſiette du pays de
Gevaudan, tenus le 13 Avril dernier,
entre le ſieur Rodier, ſecond conful du
lieu de St. Etienne de Valfrancique,
ou Roqueſerviere, & le ſieur Lauze
de Perret, ancien maire de la même
communauté, qui ſe diſputoient l'entrée auxdits Etats & aſſiette.

Que M. les commiſſaires du pays de
Gevaudan, après avoir reçu les mémoires des parties & les avoir entendues,
avoient délibéré le 14 dudit mois d'A-
vril, de renvoyer aux Etats la déciſion
de la conteſtation ; mais qu'en attendant, & pour remplacer le député de
ladite communauté de St. Etienne de
Valfrancique, repréſentant le colloque
des Cevennes, ou la partie du bas Gevaudan, pour la répartition de la capitation & du vingtieme d'induſtrie, il
avoit été déterminé que ce député ſeroit remplacé par celui qu'il plairoit à
Mgr. l'évêque de Mende, préſident à
l'aſſemblée, de nommer ; que les émolumens de ce député de St. Etienne,
pour ſon aſſiſtance auxdits Etats & aſſiettes du Gevaudan, ſeroient dépoſés
ès mains du receveur, autres toutes
fois que ceux concernant le défrai du
commiſſaire qui ſeroit nommé pour leſdites

dites répartitions de la capitation & du vingtieme, jusques à ce que les Etats auroient délibéré auquel des deux contendans le surplus desdits émolumens doit appartenir.

Qu'en exécution de cette délibération lesdits sieurs Rodier & de Perret, ont chacun envoyé leurs mémoires : Que suivant l'exposé du sieur Rodier, étant seul consul du lieu de St. Etienne, depuis le décès du premier consul, l'entiere administration rouloit sur lui.

Que suivant le réglement des Etats, l'entrée à cette assemblée étant dévolue aux consuls, il doit en être de même pour celle des Etats particuliers & assiettes des dioceses : qu'il a été d'ailleurs député par une délibération prise en conseil ordinaire en présence du juge qui l'a autorisée, tandis que celle rapportée par ledit de Perret, a été prise clandestinement à l'insçu dudit consul seul en droit de les convoquer & d'y faire les propositions sur lesquelles il doit être délibéré, & qu'à l'effet de parvenir à s'arroger une députation à laquelle il ne pouvoit prétendre, il a fait prendre cette délibération en qualité d'ancien maire, quoiqu'il soit sans aucune sorte de fonctions depuis qu'il a été remboursé de la finance de son office, ayant même affecté de la faire prendre par quelques habitans par lui affidés, pendant que le sieur Rodier étoit à la suite du subdélégué, pour faire tirer au sort les jeunes gens du département.

Que ledit de Perret observe au contraire que la délibération rapportée par ledit Rodier, a été prise & signée de porte en porte, & non à l'hôtel-de-ville, au lieu que celle qui le députe à l'assiette a été prise dans la maison commune, sur les billets de convocation signés par ledit Rodier, consul, lequel ne voyant pas les esprits disposés à le députer, se retira sous prétexte qu'il avoit à accompagner le subdélégué pour

le tirage du sort : Que ce tirage ayant été fait, il fut averti l'après-midi de se rendre à l'assemblée, ce qu'il ne trouva pas à propos de faire, non plus que le juge, quoiqu'il y eût été invité ; qu'il fut dès-lors autorisé à présider à cette assemblée en sa qualité de syndic de la communauté & de conseiller politique : Que la députation ne pouvoit pas tomber sur ledit Rodier, puisqu'il n'est que second consul, dans laquelle charge il se perpétue depuis plus de 3 ans après le décès du premier consul, malgré les actes à lui faits de convoquer le conseil pour le remplacer : Que les réglemens pour l'entrée aux assiettes étant les mêmes que ceux qui sont observés aux Etats, suivant lesquels il n'y a que les premiers consuls qui y soient admis, c'est mal-à-propos que le sieur Rodier s'est fait députer. Qu'il est d'ailleurs hors d'état de défendre les intérêts des basses Cevennes, puisqu'il est illitéré, ce qui le détermina, suivant la délibération prise par l'assiette, à consentir qu'il fût nommé une autre personne à sa place, pour faire la répartition de la capitation & des vingtiemes ; qu'ainsi ayant été député pour l'assiette, & ayant seul le droit d'y être admis, les émolumens y attachés doivent lui appartenir préférablement au sieur Rodier.

Sur quoi, MM. les commissaires ont observé que les deux délibérations contenant la députation des sieurs Rodier & de Perret, sont également irrégulieres, celle qui députe ledit de Perret ayant été prise sur sa présidence & sur sa proposition, tandis qu'il étoit sans fonctions depuis son remboursement, & que le consul en place n'avoit pas été légalement averti de se rendre à l'assemblée.

Que celle qui a député ledit Rodier ne peut non plus subsister comme étant contraire aux réglemens des Etats, qui n'admettent aux assemblées des assiettes que les premiers consuls : Que d'ailleurs ledit fieur Rodier n'étant pas en état de remplir fa miffion, puifque, de fon aveu, il ne pouvoit pas faire les opérations néceffaires pour la répartition de la capitation & du vingtieme d'induftrie, & qu'il avoit confenti que MM. les commiffaires du diocefe nommaffent à fa place pour ces opérations, il ne pouvoit pas être admis.

Que dans ces circonftances il a paru à MM. les commiffaires que l'un & l'autre ne pouvant prétendre à la députation à l'affiette, le tour de la communauté de St. Etienne de Valfrancifque pour le bas Gevaudan, n'ayant pu être rempli cette année, les émolumens attachés à fa députation doivent tourner au profit du diocefe, à la déduction feulement des frais de celui qui a été nommé pour fuppléer au défaut de fon député dans la répartition de la capitation & des vingtiemes d'induftrie.

Ce qui ayant été ainfi délibéré, conformément à l'avis de MM. les commiffaires, les Etats ont rendu le jugement qui fuit.

Vu les lettres-patentes du 15 Mars 1653 & arrêts fubféquens, qui attribuent aux Etats la connoiffance de tout ce qui a rapport aux affiettes, envoi des mandes & autres matieres, & la délibération de l'affiette du 14 Avril 1777, Ouï le rapport, & tout confidéré,

Les Etats jugeant en dernier reffort, ont Ordonné et Ordonnent que lefdit Rodier & de Perret, ne pouvant prétendre à la députation à l'affiette pour la communauté de St. Etienne de Valfrancifque, pour le bas Gevaudan, dont le tour n'a puconféquemment être rempli cette année, les émolumens attachés à fa députation, tourneront au profit du diocefe, à la déduction de la fomme attribuée à celui qui a été nommé pour fuppléer au défaut de fon député, dans la répartition de la capitation & des vingtiemes d'induftrie.

XLIV.

Extrait du regiftre des délibérations des Etats généraux de Languedoc, affemblés par mandement du Roi en la ville de Montpellier le Jeudi 27 Novembre 1777.

Du Jeudi 11 Décembre, préfident Mgr. l'archevêque & primat de Narbonne, Commandeur de l'ordre du St. Efprit.

Monseigneur l'évêque de Commenge a dit, qu'il a été rendu compte à MM. les commiffaires par le fieur de Joubert, fyndic général, de la députation faite aux Etats particuliers du Vivarais, pour la ville de Viviers du fieur Chabert, fecond conful, en s'écartant de l'efprit & de la difpofition des réglemens, fuivant lefquels il ne doit être député auxdits Etats & affiettes, que des premiers confuls ou, à leur défaut, des habitans notables: Que les nobles & habitans notables de la même ville ayant réclamé à l'affiette de cette nomination, d'autant plus irréguliere que ledit Chabert eft cardeur de laine de profeffion, pefeur public & entrepreneur d'ouvrages, il fut délibéré le 30 Mars dernier, d'exclure ledit Chabert de l'entrée que la ville de Viviers lui avoit déférée; que la place refteroit vacante fans préjudice des droits de la communauté, & que le fyndic du pays fût chargé de rappeller au confeil politique de ladite ville la teneur des réglemens, & de lui enjoindre de s'y conformer.

Que le troifieme Juin fuivant, ce fecond conful fit un acte à l'affemblée pour protefter qu'il étoit oppofant à fa délibération, lequel acte contient arreftation ès mains du receveur du diocefe des émolumens de l'entrée jufques à ce que par les Etats il en eût été délibéré; que fur la connoiffance qui lui fut donnée de cet acte il fut délibéré que le fyndic pourſuivroit aux préſens Etats le déboutement de l'oppoſition dudit Chabert, & la confirmation de la délibération qui l'a exclu de l'entrée à l'aſſiette.

Que celui-ci reconnoiſſant ſans doute que ſon oppoſition eſt dénuée de tout fondement, n'a préſenté aucun mémoire aux Etats pour la ſoutenir : Que le ſyndic du Vivarais a au contraire remis des expéditions des deux délibérations priſes par l'aſſiette, en ſuppliant les Etats de ſtatuer ſur l'exécution de ces délibérations, & d'enjoindre au conſeil politique de Viviers de ne députer à l'aſſiette que des notables en ſe conformant aux réglemens.

SUR QUOI MM. les commiſſaires ont obſervé que les regles pour la députation aux aſſiettes étant les mêmes que pour la députation aux Etats, il ne pouvoit, ſuivant la délibération priſe le 28 Décembre 1774 par forme de réglement, être député à l'aſſiette que le premier conſul ou un notable de la même échelle, & que le conſeil politique de Viviers s'étoit écarté de cette regle, en députant à l'aſſiette le ſecond conſul qui par cette qualité ſe trouvoit exclus de cette députation, indépendamment de ce qu'il eſt artiſan & des autres moyens d'exclufion dont il a été parlé. C'eſt donc avec juſtice que les Etats particuliers de Vivarais l'ont exclu de leur aſſemblée, & qu'il a paru à MM. les commiſſaires que leur délibération devoit être exécutée.

Qu'il leur a paru également juſte d'enjoindre aux conſeillers politiques de ladite ville de Viviers, de ne députer à l'avenir à l'aſſiette que le premier conſul & un notable de la premiere échelle, conformément aux réglemens, comme auſſi d'ordonner, ſans avoir égard au banniment qui a été fait entre les mains du receveur, lequel demeurera comme non avenu, que les émolu-

mens du députe pour la préſente année ſeront employés à la deſtination qui en ſera faite par l'aſſiette prochaine, & que la déciſion que ſera donnée par l'aſſemblée ſur cette conteſtation, ſera tranſcrite dans le regiſtre des délibérations de la ville de Viviers à l'effet de s'y conformer.

Ce qui ayant été ainſi délibéré, conformément à l'avis de MM. les commiſſaires, les Etats ont rendu le jugement qui ſuit :

VU les lettres-patentes du 15 Mars 1653 & arrêts ſubſéquens, qui attribuent aux Etats la connoiſſance de tout ce qui a rapport aux aſſiettes, envoi des mandes, & autres matieres, & la délibération de l'aſſiette du 30 Mai 1777; OUI le rapport, & tout conſidéré ;

LES ETATS jugeant en dernier reſſort, ont ORDONNÉ ET ORDONNENT que la délibération de l'aſſiette ou Etats particuliers du Vivarais, du 30 Mai dernier, ſur l'excluſion du ſieur Chabert, députe de la ville de Viviers, tant comme ſecond conſul que par les autres moyens d'excluſion qui ont été relevés, ſortira ſon plein & entier effet ; & en conſéquence, enjoignent aux conſuls & conſeillers politiques de ladite ville de ne députer à ladite aſſiette que le premier conſul, ou à ſon défaut un habitant notable de la même qualité, conformément à la délibération des Etats du 28 Décembre 1774 : Ordonnent en outre, ſans avoir égard à l'arreſtation qui a été faite à la requête dudit Chabert, laquelle demeurera comme non avenue ; que la ſomme à laquelle reviennent les émolumens dudit députe à l'aſſiette derniere, ſera employée à la deſtination qui en ſera faite par l'aſſiette prochaine : comme auſſi que le préſent jugement ſera tranſcrit dans le regiſtre des délibérations de ladite ville, à l'effet de s'y conformer à l'avenir.

X L V.

EXTRAIT du regiſtre des délibérations des Etats généraux de Languedoc, aſſemblés par mandement du Roi en la ville de Montpellier au mois de Novembre 1779.

Du Samedi 18 Décembre ſuivant, préſidént Mgr. l'archevêque & primat de Narbonne, Commandeur de l'ordre du St. Eſprit.

MONSEIGNEUR l'Evêque de Commenge a dit, que le ſieur Rome, ſyndic général en ſurvivance, a rendu compte à MM. les commiſſaires d'une requête préſentée aux Etats par le ſieur Chalamon, ſecond conſul, lieutenant de maire de Viviers, qui ſe plaint de ce qu'il eſt privé de l'entrée de l'aſſiette du pays de Vivarais, qu'il croit lui être due en qualité de ſecond conſul, & qui expoſe en conſéquence,

Que le premier & ſecond conſul de ladite ville de Viviers, ont toujours aſſiſté à l'aſſiette du Vivarais, & que cet uſage, qui eſt auſſi ancien que conſtant, n'a rien de contraire aux réglemens faits par les Etats.

Qu'ils ont en effet déterminé par leur délibération du 15 Février 1776, que les villes épiſcopales ſeront réputées villes de la premiere claſſe par rapport à la réunion & à l'exercice des fonctions des offices municipaux rachetés par la province, & que les premier & ſecond conſul, maire & lieutenant de maire, jouiront des honneurs & prérogatives attachés auxdits offices, autant qu'ils ſeront compatibles avec les principes obſervés par les Etats pour la formation de leurs aſſemblées.

Que par cette derniere clauſe, les Etats n'ont pas entendu changer l'ordre qui étoit obſervé pour la formation des aſſemblées des aſſiettes, puiſque la même délibération porte qu'en ce qui concerne les aſſiſtances & le ſuffrage des conſuls à l'aſſiette, & dans les aſſemblées des commiſſaires ordinaires pour la direction des affaires du dioceſe, & la confection des rôles de la capitation, en quelque nombre qu'ayent droit d'y entrer les conſuls, les uſages particuliers continueront d'être obſervés.

D'où ledit ſieur Chalamon conclud que la ville de Viviers étant de la premiere claſſe, & ſon ſecond conſul ayant la qualité de lieutenant de maire, il doit jouir des honneurs & prérogatives attachés à cet office; que l'aſſiſtance à l'aſſiette ne peut pas lui être refuſée, & que la ville de Viviers ne peut pas nommer un ſecond député pour le remplacer dans cette aſſemblée.

Que ledit ſieur Chalamon ſupplie les Etats de vouloir bien prononcer ſur ſes repréſentations, s'en remettant à ce qu'il leur plaira d'ordonner.

Que quoique la prétention dudit ſieur Chalamon paroiſſe avoir déjà été condamnée par le jugement des Etats, du 11 Décembre 1777, qui ordonna l'exécution de la délibération de l'aſſiette ou Etats particuliers du Vivarais, du 30 Mai précédent, ſur l'excluſion du ſieur Chabert, ſecond conſul de la ville de Viviers, qui avoit été député à l'aſſiette, & qui enjoignoit au conſeil politique de la ville de Viviers, de ne députer à l'aſſiette que le premier conſul, ou à ſon défaut, un habitant notable de la même qualité; cependant comme ce jugement fut rendu ſans défenſe de la part du ſieur Chabert, quoiqu'il eût été ſommé d'en fournir, MM. les commiſſaires ont cru devoir propoſer aux Etats de renvoyer la requête dudit Chalamon à l'aſſiette du pays de Vivarais, pour en être par elle délibéré & être enſuite par eux ordonné ce qu'il appartiendra; ce qui a été ainſi délibéré par l'aſſemblée, qui a rendu le jugement dont la teneur ſuit.

Vu les lettres patentes du 15 Mars

Nᵒ. XLV. 1653, & les arrêts subséquens, qui attribuent aux Etats la connoissance de tout ce qui a rapport aux assiettes, envoi des mandes, & autres matieres, & la requéte du sieur Chalamon, second consul de la ville de Viviers, par laquelle il demande d'être admis en ladite qualité à l'assiette du pays de Vivarais.

LES ETATS, avant faire droit, ont renvoyé & renvoyent ladite requéte à l'assiette du pays de Vivarais, à l'effet d'être délibéré par elle sur la demande qui y est formée, pour le tout rapporté aux Etats, être par eux ordonné ce qu'il appartiendra.

X L V I.

EXTRAIT du regiſtre des délibérations des Etats généraux de Languedoc, aſſemblés par mandement du Roi en la ville de Montpellier au mois de Novembre 1780.

Du Mardi 19 Décembre suivant, préſident Mgr. l'archevêque & primat de Narbonne, commandeur de l'ordre du St. Esprit.

MONSEIGNEUR l'évêque de Commenge a dit, que le sieur Chalamon, second consul, lieutenant de maire de Viviers, ayant préſenté une requéte aux Etats dans leur derniere aſſemblée, pour ſe plaindre de ce qu'il étoit privé de l'entrée de l'Assiette du pays de Vivarais; & les Etats, par leur jugement du 8 Décembre 1779, ayant renvoyé cette requéte à l'Assiette, à l'effet de délibérer ſur la demande dudit sieur Chalamon, pour le tout rapporté aux préſens Etats, être par eux ordonné ce qu'il appartiendra; le sieur Rome, ſyndic général, a rendu compte à MM. les commiſſaires de ce qui a été fait en exécution de ce jugement.

Ledit sieur Chalamon expoſoit que, par un uſage auſſi ancien que conſtant, les premier & ſecond consuls de Viviers

Nᵒ. XLVI. ont toujours aſſiſté à l'Assiette; que cet uſage n'a rien de contraire aux réglemens des Etats, parce que ſuivant leur délibération du 15 Février 1776, la ville de Viviers étant de la premiere claſſe, le ſecond consul de cette ville a la qualité de lieutenant de maire, & doit jouir des honneurs & prérogatives attachés à cet office, autant qu'ils ſeront compatibles avec les principes obſervés par les Etats pour la formation de leurs aſſemblées, & que l'entrée du ſecond consul de viviers à l'Assiette du pays, eſt d'autant plus compatible avec ces principes, que la même délibération qui vient d'être citée, porte que les uſages particuliers continueront d'être obſervés en ce qui concerne les aſſiſtances & le ſuffrage des consuls à l'aſſiette, en quelque nombre qu'ils ayent droit d'y entrer; d'où ledit sieur Chalamon concluoit, que l'entrée à l'aſſiette du pays de Vivarais ne pouvoit pas lui être refuſée.

Les Etats particuliers & aſſiette dudit pays, à qui la requéte dudit sieur Chalamon a été communiquée, en reconnoiſſant par leur délibération du 26 Mai dernier l'uſage conſtant de la ville de Viviers, d'y députer ſon premier & ſecond consul, oppoſent à la prétention du sieur Chalamon, que l'uſage qu'il réclame n'a plus lieu depuis le rachat des offices municipaux fait par les Etats en 1774; qu'il a dû ceſſer alors, conformément aux délibérations priſes par les Etats à l'occaſion de ce rachat, & qu'il auroit dû toujours être abrogé à cauſe des circonſtances particulieres du fait.

Que les Etats en accordant, par leur délibération du 15 Février 1776, la qualité de lieutenant de maire aux ſeconds consuls des villes épiſcopales, ont déterminé qu'ils ne jouiroient des honneurs & prérogatives attachés à cet office, qu'autant qu'ils ſeroient compatibles avec les principes obfervés par les Etats pour la formation de leurs affemblées ; que le fecond conful n'étant point admis dans ces affemblées, & les Etats ayant déclaré dans la même délibération, que les affiettes font une émanation de leur affemblée, dont elles doivent conferver l'analogie, il fuit néceffairement de ces difpofitions, que les feconds-confuls ne doivent point être admis dans les affemblées des affiettes, & que c'eft d'après ces principes que les Etats, par leur jugement du 11 décembre 1777, confirmerent la délibération de l'affiette qui avoit exclu le fieur Chabert, fecond conful de Viviers.

Que fi la délibération du 15 Février 1776, porte que les ufages particuliers continueront d'être obfervés en ce qui concerne les affiftances & les fuffrages des confuls à l'affiette, en quelque nombre qu'ils ayent droit d'y entrer, cette difpofition ne peut avoir lieu qu'à l'égard des confuls des villes épifcopales qui entrent en corps aux affiettes, & qui n'y ont enfemble qu'un fuffrage ; mais que les ufages obfervés à l'affiette du pays de Vivarais font bien différens.

Qu'en effet, le premier conful de Viviers étant de droit l'un des commiffaires du Roi préfidens de l'affiette, fans en être membre, la ville de Viviers n'eft repréfentée dans cette affemblée que par fon fecond député, qui eft le fecond opinant, qui, en l'abfence du premier conful, pourroit réclamer la place de commiffaire du Roi, & même, lorfque cette ville eft en tour pour entrer aux Etats, la procuration que l'affiette eft en ufage de donner au diocéfain ; & qu'un député de la feconde échelle ne peut point jouir de ces prérogatives.

L'affiette du Vivarais demande en conféquence qu'il plaife aux Etats, fans

s'arrêter à la requête du fieur Chalamon, d'ordonner l'exécution du jugement par eux rendu le 11 Décembre 1777, & que celui qui interviendra fera enregiftré dans le regiftre des délibérations de la ville de Viviers.

Sur cet expofé, MM. les commiffaires s'étant fait repréfenter la délibération des Etats, & leur jugement du 11 Décembre 1777, ont reconnu que la demande du fieur Chalamon eft contraire aux principes obfervés par les Etats pour la formation de leurs affemblées ; que ces principes doivent être également obfervés pour la formation des affemblées des affiettes, & que cette demande n'eft pas d'ailleurs compatible avec l'ordre particulier établi pour la formation de l'affiette du pays de Vivarais ; ils ont cru en conféquence devoir propofer à l'affemblée de débouter le fieur Chalamon de fa requête, d'ordonner que leur jugement du 11 Décembre 1777 fera exécuté fuivant fa forme & teneur, & que celui qui fera rendu, fera enregiftré dans le regiftre des délibérations de la ville de Viviers.

Ce qui ayant été ainfi délibéré, les Etats ont rendu le jugement qui fuit.

Vu les lettres-patentes du 13 Mars 1653, & arrêts fubféquens, qui attribuent aux Etats la connoiffance de tout ce qui a rapport aux affiettes, envoi des mandes & autres matieres ; le jugement du 11 Décembre 1777, la requête du fieur Chalamon, fecond conful de la ville de Viviers ; le jugement du 18 Décembre 1779, & la délibération de l'affiette du Vivarais du 26 Mai 1780. Oui le rapport, & tout confidéré,

Les Etats jugeant en dernier reffort, ont débouté & déboutent ledit fieur Chalamon de fa requête ; ordonnent en conféquence que le jugement par eux rendu le 11 Décembre 1777, fera exécuté fuivant fa forme & teneur, & que le présent jugement sera enregistré dans le registre des délibérations de la ville de Viviers.

_____

XLVII.

Extrait du registre des délibérations des Etats généraux de Languedoc, assemblés à Montpellier, par mandement du Roi, le 13 Novembre 1783.

Du Jeudi 18 Décembre suivant, présidant Mgr. l'archevêque & primat de Narbonne, commandeur de l'ordre du St. Esprit.

MONSEIGNEUR l'évêque de Commenge a dit, que le sieur de Puymaurin, syndic général, a rendu compte à la commission d'une prétention élevée dans la derniere assemblée de l'assiette du diocese de Lavaur, par les députés des communautés diocésaines qui entrent par tour à ladite assiette.

Que l'objet de cette prétention est, qu'il soit permis auxdits députés de nommer chaque année un d'entr'eux pour assister au bureau de la capitation, & à celui de la direction des affaires, à commencer toujours par les communautés les plus fortes en impositions, & du nombre de celles seulement qui ont droit de députer annuellement à l'assemblée de l'assiette du diocese.

Que les commissaires ordinaires dudit diocese, nommés par les articles IV & XI de l'arrêt du conseil du 30 Janvier 1725, portant réglement pour les assemblées des assiettes, ayant opposé à ladite prétention la teneur même desdits articles IV & XI, & l'usage de tout temps constamment observé, de n'admettre aucun député des villes diocésaines aux susdits bureaux de la capitation & de la direction des affaires, l'assemblée de l'assiette, pour éviter les suites de cette contestation, que chacune desdites parties paroissoit décidée

à soutenir, délibéra d'en renvoyer la décision aux Etats lors de leur prochaine assemblée, & de charger le syndic dudit diocese de dresser à cet effet un mémoire, pour, sur le rapport qui en seroit fait par le syndic général du département, être ordonné par l'assemblée ce qu'il appartiendroit.

Qu'en conséquence de ladite délibération, ledit syndic a remis au sieur de Puymaurin un mémoire, dans lequel, après avoir exposé la prétention desdits députés des communautés diocésaines, il rapporte les motifs sur lesquels les commissaires ordinaires du diocese fondent leur refus d'y adhérer.

Les articles IV & XI de l'arrêt du conseil du 30 Janvier 1725, portant réglement pour les assemblées des assiettes des dioceses, sont le principal appui de l'opposition desdits commissaires. L'article IV. s'exprime ainsi :

Les commissaires ordinaires du diocese, « sont l'évêque, le baron, l'of- » ficier de justice, & les consuls de la » ville capitale; & comme, ajoute le- » dit article, dans quelques dioceses il » y a aussi des diocésains qui sont com- » missaires ordinaires, il ne sera rien » changé à cet usage; & l'article XI » du même arrêt porte, « que le bureau » de la capitation pour la confection » des rôles, & celui de la direction des » affaires pendant l'année, seront nom- » més par l'assiette, & composés de » l'évêque ou de son grand vicaire, un » des barons des Etats ou de son en- » voyé, alternativement dans les as- » siettes où il y en aura plusieurs, de » l'officier de justice, & des maire & » consuls de la ville capitale, & des » autres députés des villes qui seront » jugés nécessaires, &c. »

Les commissaires ordinaires se trouvant désignés, nommés & limités par la disposition de ces deux articles, & la liberté d'ajouter au nombre des députés fixés par le même arrêt pour former les bureaux de la capitation & de la direction des affaires, *tels autres députés des villes qui feront jugés nécessaires*, leur étant exclusivement accordée, c'est à eux seuls, disent-ils, qu'il appartient d'augmenter ce nombre, en y admettant les députés diocésains qu'ils jugeront nécessaires.

Que s'ils n'ont pas fait usage de cet liberté, c'est que les circonstances, la situation & l'état des affaires du diocese ne leur ont pas paru l'exiger.

Que les syndics généraux ayant été consultés sur cette prétention en deux différentes époques, ont répondu uniformément qu'on devoit se conformer à l'article XI de l'arrêt du conseil du 30 Janvier 1725, d'après lequel les députés des villes diocésaines ne doivent être membres du bureau de la capitation, *qu'autant qu'ils feront jugés nécessaires*; que c'est à MM. les commissaires ordinaires du diocese à juger de cette nécessité, & non aux députés diocésains; & qu'ainsi ces derniers font mal fondés dans leur prétention, dès qu'elle n'est pas agréée par MM. les commissaires ordinaires.

Qu'il résulte de l'exposé ci-dessus, que la prétention des députés des communautés diocésaines est sans titre, & opposée à l'usage ; & qu'au contraire, le refus d'y adhérer de la part des commissaires ordinaires du diocese, a pour appui une exception légale prise de la disposition formelle d'un arrêt du conseil, qui fait réglement en cette matiere, de l'usage constamment observé, & de la dépense inutile dans laquelle entraîneroit l'augmentation du nombre des députés.

Sur quoi il a paru à MM. les commissaires que la loi, l'usage & la sage réserve qui doit toujours diriger les dépenses des dioceses, condamnant à la fois la prétention desdits députés des communautés diocésaines, ils ne pouvoient que proposer aux Etats d'ordonner que les choses resteroient à cet égard au même état.

Ce qui a été délibéré conformément à l'avis de MM. les commissaires.

TITRE QUATRIEME.

*Des Commissaires ordinaires des Dioceses, notam-
ment des Officiers de Justice qui entrent aux
Assiettes & dans les bureaux diocésains en cette
qualité, & des Officiers qui n'y sont point admis.*

EXTRAIT *de l'arrêt du conseil du 30
Janvier 1725.*

ARTICLE IV.

LEs commissaires ordinaires du diocese sont l'évêque, le baron, l'officier de justice & les consuls de la ville
capitale ; & comme dans quelques dioceses il y a aussi des diocésains qui sont
commissaires ordinaires, il ne sera rien
changé à cet usage.

ARTICLE IX.

Les maire & consuls de la ville capitale (*) & les autres commissaires ordinaires auront voix délibérative, à l'exception de l'officier de justice ; & l'é-
vêque, en qualité de président, recueillera les voix & n'opinera que le
dernier.

ARTICLE XI.

Le bureau de la capitation pour la
confection des rôles & celui de la direction des affaires du diocese pendant
l'année, seront nommés par l'assiette,
& composés de l'évêque ou de son
grand vicaire, d'un des barons des Etats
ou de son envoyé, dans les assiettes où
il y en aura plusieurs, de l'officier de
justice & des maire & consuls de la
ville capitale, & des autres députés des
villes qui seront jugés nécessaires (†) ;
lesquels commissaires, le syndic ou le
greffier du diocese seront tenus d'a-
vertir quelques jours avant la tenue des
assemblées.

§. I.

Des Officiers de Justice qui ont entrée aux Assiettes.

I.

EXTRAIT *du registre des délibérations
des Etats généraux de Languedoc,
assemblés par mandement du Roi
en la ville de Beziers, au mois de
Juillet 1585.*

Du Mardi 16 dudit mois de Juillet, président
Mgr. l'évêque de Montpellier.

COMME il a esté de tout temps interdit & desfendu aux officiers du
Roy avoir entrée & assistance, tant ez
Estats généraux du pays de Languedoc,
qu'ez Estats particuliers & assiettes des

(*) Voyez la délibération des Etats du 7. Janvier 1775, sous le Tit. III. précédent, Sect. II.
N°. XXXIX.
(†) Voyez la délibération des Etats du 18 Décembre 1783, sous le Titre III. précédent,
Sect. II. N°. XLVII.

Tome IV.

M

diocefes dudit pays, pour y opiner & délibérer, LES ESTATS ONT CONCLUD que ledit ordre fera continué, gardé & obfervé aufdits Eftats & afiettes particulieres, auxquelles lefdits officiers ne pourront opiner ni eftre fcindiez ; & que lefdites afiettes feront tenues fuivant l'ancienne forme, fans que lefdits commiffaires y ayent voix & opinion.

II.

EXTRAIT du regiftre des délibérations des Etats généraux de Languedoc, affemblés par mandement du Roi en la ville de Pezenas au mois d'Octobre 1602.

Du Mercredi 23 dudit mois d'Octobre, préfident Mgr. l'archevêque & primat de Narbonne.

SUYVANT les délibérations cy-devant prifes, & anciens réglemens dudit pays, A ESTÉ ARRESTÉ que les officiers du Roy ne autres que ceux qui ont accouftumé n'auront l'entrée & féeance ez afiettes tant de Caftres, Comenge, que autres diocezes dudit pays ; & à ces fins feront lefdits diocezes afiiftés par le fyndic dudit pays à leurs defpans en cas de contravention.

III.

EXTRAIT du regiftre des délibérations des Etats généraux de Languedoc, affemblés par mandement du Roi en la ville de Pezenas au mois de Novembre 1640.

Du Mercredi 14 dudit mois de Novembre, préfident Mgr. l'archevêque & primat de Narbonne.

LE fieur de la Mamie, fyndic général, ayant remontré que le fieur jugemage de Carcaffonne, commiffaire ordinaire de l'afiette du diocefe de

Carcaffonne, prétend, pour fon affiftance à ladite afiette, de plus grandes fommes que celles qui lui font ordonnées dans l'état arrêté au confeil pour les dépenfes ordinaires dudit diocefe ; le fieur de Lamotte, fyndic général, ayant fait mêmes plaintes contre les commiffaires principaux des afiettes, qui ont exigé de plufieurs diocefes beaucoup au-delà de leurs appointemens ordinaires, & qu'il eft très-important d'arrêter ces fortes d'abus, qui pourroient caufer de grands inconvéniens, comme auffi d'empêcher que lefdits commiffaires principaux & ordinaires n'opinent point dans lefdites afiettes, leur ayant été expreffément défendu par les délibérations de cette affemblée ; mêmes plaintes ayant été faites par plufieurs députés des Etats, de ce que diverfes perfonnes, fous prétexte de certains arrêts du confeil, tâchent de s'introduire dans lefdites afiettes ; A ÉTÉ ARRÊTÉ que très-expreffes défenfes font faites à tous confuls, fyndics & députés defdites afiettes d'accorder auxdits commiffaires principaux & ordinaires plus grandes fommes pour leurs appointemens, que celles qui font comprifes dans l'état arrêté au confeil des dépenfes ordinaires de leurs diocefes, & de fouffrir que lefdits commiffaires principaux & ordinaires ayent voix délibérative dans lefdites afiettes, fi ce n'eft que lefdits commiffaires ordinaires foient confuls, commis ou députés defdites afiettes ; comme auffi d'en permettre l'entrée à autres perfonnes que celles qui ont faculté d'y entrer de toute ancienneté, ou en conféquence de l'édit de Beziers & délibérations de cette affemblée. Et pour leur ôter tout prétexte de prétendre ladite entrée, que le fyndic général fe pourvoira au confeil, pour obtenir la révocation defdits arrêts, à la première réquifition qui lui en fera faite par les syndics desdits dioceses, & particulierement contre les receveurs des tailles, lesquels ne peuvent prétendre entrer dans lesdites assemblées & assiettes que pour y compter tant seulement, sans y avoir séance ni voix délibérative.

EXTRAIT du réglement du 23 Janvier 1658.

ARTICLE IX.

LES officiers du Roi qui se trouveront commissaires ordinaires dans les assiettes, ne pourront opiner sur les affaires qui seront proposées en icelles, ni donner aucune ordonnance contre celles qui pourroient être rendues par le commissaire principal; défendant aux consuls & députés des villes & lieux du diocese d'y déférer, à peine d'être exclus de l'entrée aux Etats & assiettes.

IV.

EXTRAIT du registre des délibérations des Etats généraux de Languedoc, assemblés par mandement du Roi en la ville de Montpellier au mois d'Avril 1647.

Du Jeudi 23 Mai suivant, président Mgr. l'archevêque & primat de Narbonne.

LE sieur de Villeneuve, syndic général, a représenté qu'il lui avoit été fait plainte par plusieurs députés des Etats, de ce que, dans les assemblées des assiettes plusieurs officiers du Roi, prétendoient y avoir entrée & l'avoient obtenue en certains dioceses; les uns, sous prétexte de ne vouloir aucunes vacations, & les autres, en vertu des ordonnances & arrêts qu'ils ont obliquement poursuivis contre les anciennes formes

d'aucuns dioceses qui n'ont jamais souffert qu'un seul officier du Roi, commissaire ordinaire dans leurs assemblées; à quoi il étoit très-important de remédier pour éviter les inconvéniens qui en pourroient arriver. A ÉTÉ DÉLIBÉRÉ que dans lesdites assiettes il n'y sera reçu aucun officier du Roi pour y faire rang de commissaire ordinaire, que suivant l'état du Roi & anciens usages des dioceses, nonobstant tous arrêts & provisions à ce contraires. Et en cas, à raison de ce, il interviendroit procès ou différend, le syndic général prendra le fait & cause pour lesdits dioceses qui en seront inquiétés, aux frais & dépens de la province.

V.

EXTRAIT du registre des délibérations des Etats généraux de Languedoc, assemblés par mandement du Roi en la ville de Beziers au mois de Novembre 1665.

Du Lundi 18 Janvier 1666; président Mgr. l'Evêque de Viviers.

MONSIEUR le comte de Merinville a dit, qu'il avoit remarqué qu'en la derniere assiette du diocese de Narbonne & bureau des comptes d'icelle où il a assisté comme baron de Rieux, le sieur Cathelan, viguier de ladite ville, qui a droit d'entrée en qualité de commissaire ordinaire & le sieur procureur du Roi, qui prétend y avoir droit d'assistance, donnoient leurs suffrages & opinoient dans les affaires proposées; comme aussi que ledit viguier disposoit lui seul durant le cours de l'année du fonds du syndic qui se trouve imposé pour les affaires du diocese par l'état du Roi de l'année

1634, & autres sommes imposées à l'assiette, & qu'il les destinoit comme bon lui sembloit par des ordonnances particulieres sans sa participation, ni celle de Mgr. l'archevêque de Narbonne & des sieurs consuls de ladite ville : & comme par l'article IX des réglemens faits par l'assemblée pour être observés dans les vingt-deux dioceses de la province, autorisés par divers arrêts du conseil, les officiers du Roi qui entrent dans les assiettes desdits dioceses n'y peuvent opiner & que par l'usage observé dans tous les dioceses de la province, le fonds du syndic ne peut pas être destiné par les ordonnances du commissaire ordinaire, ni employé par lui seul comme bon lui semble durant le cours de l'année, il supplioit l'assemblée d'y pourvoir. Sur quoi lecture faite desdits réglemens, & Oui, sur ce, le sieur de Roux, syndic général, LES ETATS ont fait & font très-expresses inhibitions & défenses audit lieur de Cathelan, viguier de ladite ville de Narbonne, & au procureur du Roi d'opiner dans les assemblées particulieres du diocese & celles de l'assiette & bureau des comptes pour quelque cause & prétexte que ce puisse être, & audit viguier de donner des ordonnances particulieres pendant l'année pour la destination des sommes imposées pour des affaires particulieres & du fonds employé dans l'état du Roi de l'année 1634, lequel sera mis dorénavant entre les mains du syndic pendant la tenue de l'assiette, & par lui employé aux affaires du diocese sans divertissement, suivant les délibérations qui seront prises dans l'assiette, enjoignant aux consuls & députés dudit diocese de tenir la main à l'exécution du IX article desdits réglemens & de la présente délibération, à peine d'être exclus de l'entrée aux Etats & assiettes.

VI.

ARRÊT

DU CONSEIL D'ETAT DU ROI,

Concernant les commissaires ordinaires des dioceses.

Du 24 Septembre 1666.

EXTRAIT des registres du conseil d'Etat.

SUR ce qui a été représenté au Roi étant en son conseil, par les gens des Trois-états de la province de Languedoc, par le VII article du cahier présenté à S. M. la présente année 1666, que le nombre, la qualité & les émolumens de ceux qui doivent composer les assiettes, ont été réglés par l'état arrêté au conseil le 22 Avril 1634, qui sert de loi aux vingt-deux dioceses de la province : il se trouve pourtant divers particuliers qui, sous prétexte de certains arrêts obtenus par surprise & sans connoissance de cause, se sont fait attribuer la qualité de commissaires ordinaires en quelques dioceses avec des augmentations d'émolumens qui font une surcharge notable sur les sujets de S. M. & des prérogatives contraires, tant audit état qu'à l'usage de la province, qui ont réglé ladite fonction à une simple assistance, sans voix délibérative, pour les officiers du Roi. A CES CAUSES requéroient qu'il plût à S. M. faire très-expresses inhibitions & défenses à toutes personnes de prendre sous quelque prétexte & occasion que ce soit, la qualité de commissaire ordinaire, s'ils ne l'ont par l'état de l'année 1634, & à ceux qui l'ont, de s'immiscer d'ordonner d'aucuns deniers dans lesdits dioceses, d'opiner sur les affaires qui seront proposées, ni prétendre d'autres prérogatives, soit pour la séance, émolumens & autres droits, que celles qui leur feront accordées par ledit Etat, arrêts donnés en conféquence & réglemens de l'affemblée des Etats généraux de ladite province, & ce nonobftant tous autres arrêts à ce contraires. Vu ledit article VII, la réponfe faite fur icelui ; LE ROI ETANT EN SON CONSEIL, conformément à la réponfe faite fur ledit article VII du cahier, a fait très-exprefles inhibitions & défenfes à toutes fortes de perfonnes de prendre fous quelque prétexte que ce foit, la qualité de commiffaires ordinaires, s'ils ne l'ont par l'état de l'année 1634 ; & à ceux qui l'ont, de s'immifcer d'ordonner d'aucuns deniers dans lefdits dioceles, d'opiner fur les affaires qui feront propofées, ni prétendre d'autres prérogatives, foit pour la féance, émolumens & autres droits, que celles qui leur feront accordées par ledit état., arrêts donnés en conféquence & réglemens de l'affemblée des Etats généraux de ladite province, que S. M. a ordonné être exécutés, felon leur forme & teneur, nonobftant tous arrêts à ce contraires. FAIT au confeil d'Etat du Roi, S. M. y étant, tenu à Vincennes le 24 jour de Septembre 1666. PHELYPEAUX, figné.

LOUIS, PAR LA GRACE DE DIEU, ROI DE FRANCE ET DE NAVARRE : Au premier notre huiffier ou fergent fur ce requis. Nous te mandons & commandons par ces préfentes fignées de notre main, que l'arrêt de notre confeil d'Etat, dont l'extrait eft ci-attaché fous le contre-fcel de notre chancellerie, tu fignifies & fais les défenfes y contenues à tous qu'il appartiendra, à ce qu'ils n'en prétendent caufe d'ignorance, & aient à y déférer & obéir. De ce faire & tous autres exploits & actes néceffaires, te donnons pouvoir,

autorité, commiffion & mandement, fans pour ce demander autre permiffion. Et fera ajouté foi aux copies dudit arrêt & de ces préfentes duement collationnées, comme aux originaux : CAR tel eft notre plaifir. DONNÉ à Vincennes le 24 jour de Septembre l'an de grace 1666, & de notre regne le vingt-quatre. Signé, LOUIS. Et plus bas ; PHELYPEAUX. Scellées du grand fceau de cire jaune fur fimple queue.

VII.

EXTRAIT du regiftre des délibérations des Etats généraux de Languedoc, affemblés par mandement du Roi en la ville de Pezenas au mois de Février 1669.

Du Mardi 9 Avril 1669, préfident Mgr. l'archevêque de Touloufe.

LE fieur de Joubert, fyndic général, a repréfenté que bien que par l'état du Roi de l'an 1634, & les réglemens des Etats généraux de cette province, confirmés par divers arrêts du confeil, & en dernier lieu par celui du 24 Septembre 1666, le nombre, la qualité, & les fonctions de ceux qui doivent compofer les affiettes des vingt-deux dioceles de la province foient réglées, & que S. M. ait fait défenfes à fes officiers qui ont entrée en qualité de commiffaires ordinaires, d'ordonner d'aucuns deniers dans les dioceles, d'opiner fur les affaires qui font propofées, ni prétendre d'autres prérogatives, foit pour la féance, émolumens & autres droits, que celles qui leur feront accordées par ledit état de 1634, arrêts donnés en conféquence, & réglement de l'affemblée que S. M. ordonne être exécutés felon leur forme & teneur, nonobftant tous arrêts à ce contraires ; néanmoins il a reçu des plaintes que les officiers du Roi fe prévalant dans quelques diocefes de l'autorité que leur donnoient leurs charges , & par la connivence des conſuls & au préjudice des ſuſdits arrêts & réglemens , tâchent d'étendre leur droit qui n'eſt que d'une ſimple aſſiſtance ez dites aſſiettes , & apoſtiller les comptes , ſigner les mandemens & opiner aux affaires qui ſont propoſées ; & pour perpétuer leur fonction qui n'eſt que paſſagere pendant la tenue des aſſiettes , prétendent aſſiſter à la vérification des ponts & chemins & autres réparations qui ſe font pendant l'année par ordre des Etats ou des aſſiettes , intervenir aux contrats de bail des ouvrages , tenir une clef des archives & aller pourſuivre les affaires des dioceſes , ce qui ſeroit dépouiller toutes les perſonnes qui compoſent les aſſiettes & les officiers des dioceſes de leurs fonctions , ſurcharger leſdits dioceſes de très-grands frais , & renverſer l'ancien ordre de cette province ; à quoi étant néceſſaire de pourvoir ; LES ETATS conformément à leurs réglemens , arrêts & déclarations données en conſéquence & en exécution d'iceux , ont fait défenſes à tous ceux qui compoſent les aſſiettes des vingt-deux dioceſes de cette province de ſouffrir que les magiſtrats royaux prennent la qualité de commiſſaires ordinaires & aient entrée auſdites aſſiettes , s'ils ne l'ont par l'état du Roi de 1634 , & à ceux qui l'ont de s'immiſcer d'ordonner d'aucuns deniers , ſigner les mandemens , opiner dans les affaires , apoſtiller les comptes , aſſiſter à la vérification ou au bail des réparations & ouvrages qui ſe font par ordre des Etats , tenir une clef des archives , ni d'être députés pour la pourſuite des affaires du dioceſe , & enfin leur accorder ou ſouffrir qu'ils s'attribuent d'autres fonctions & prérogatives que celle de la ſimple aſſiſtance ez dites aſſiettes , avec les émolumens qui leur ſont attribués par ledit état de 1634 , ſous quelque prétexte que ce ſoit , à peine par les contrevenans d'être pourſuivis à la diligence des ſyndics généraux & punis ſuivant les réglemens & délibérations des Etats , & à tous receveurs & comptables , de radiation des ſommes payées en conſéquence deſdits mandemens , procès-verbaux de vérification , & contrats de bail , & que les apoſtilles ne feront point de foi. Et afin que la préſente délibération ſoit connue aux aſſiettes , A ÉTÉ ARRÉTÉ qu'elle ſera imprimée & attachée aux commiſſions qui ſeront envoyées cette année dans les dioceſes , & que MM. les commiſſaires préſidens pour le Roi ſeront priés de mettre un article dans les inſtructions des commiſſaires principaux pour leur ordonner d'en promouvoir l'exécution.

V I I I.

ARRÊT

DU CONSEIL D'ETAT DU ROI,

Qui autoriſe la délibération des Etats du 9 Avril 1669 , concernant les commiſſaires ordinaires des aſſiettes.

Du 20 Octobre 1673.

EXTRAIT des Regiſtres du Conſeil d'Etat.

SUR la requête préſentée au Roi étant en ſon conſeil par le ſyndic général de la province de Languedoc , contenant qu'encore que par l'arrêt du conſeil rendu le 24 Septembre 1666 , il ait été fait très-expreſſes inhibitions & défenſes à toute ſorte de perſonnes de prendre , ſous quel prétexte que ce ſoit , la qualité de commiſſaire ordinaire des aſſiettes des dioceſes de ladite province , s'ils ne ſont employés .en cette qualité dans l'état de l'année 1634, & à ceux qui l'ont, de s'immiscer d'ordonner d'aucuns deniers dans lesdits diocèses, d'opiner sur les affaires qui y sont proposées, ni prétendre d'autres prérogatives, soit pour la séance, émolumens & autres droits, que celles qui leur sont accordées par ledit état, arrêts donnés en conséquence & réglemens de l'assemblée des États de ladite province, que S. M. a ordonné par le susdit arrêt être exécutés selon leur forme & teneur, nonobstant tous arrêts à ce contraires; néanmoins quelques particuliers juges des lieux & magistrats royaux ayant donné lieu depuis à divers procès, l'assemblée des États de ladite province a été obligée de prendre une délibération le 9 Avril 1669, par laquelle, conformément au susdit arrêt & aux réglemens faits pour les assiettes des vingt-deux diocèses de ladite province autorisés par divers arrêts du conseil, il a été fait pareilles défenses à tous ceux qui composent lesdites assiettes de souffrir que les magistrats royaux prissent la qualité de commissaires ordinaires, & eussent entrée en icelles, s'ils ne l'avoient par ledit état de l'année 1634, & à ceux qui l'ont, de s'immiscer d'ordonner d'aucuns deniers, signer les mandemens, opiner dans les affaires, apostiller les comptes, assister à la vérification & au bail des réparations & ouvrages qui se font par ordre desdits États, tenir une clef des archives, ni d'être députés pour les affaires du diocèse, & de leur accorder ni souffrir qu'ils s'attribuent d'autres fonctions & prérogatives que celle de la simple assistance, avec les émolumens qui leur sont attribués par ledit état, laquelle délibération, quoique conforme au susdit arrêt du conseil & aux réglemens desdits états faits pour lesdites assiettes, se trouvant aussi

contestée en plusieurs diocèses, requéroit qu'il plût à S. M. de l'autoriser & d'en ordonner l'exécution; Vu ledit arrêt du conseil du 24 Septembre 1666, & la susdite délibération du 9 Août 1669, & tout considéré, LE ROI ÉTANT EN SON CONSEIL, a ordonné & ordonne que ledit arrêt d'icelui du 24 Septembre 1666, & délibération des Etats de la province de Languedoc du 9 Avril 1669, prise en conséquence, seront exécutés selon leur forme & teneur; ce faisant S. M. fait très-expresses inhibitions & défenses à toute sorte de personnes, de prendre, sous quelque prétexte que ce soit, la qualité de commissaire ordinaire, s'ils ne l'ont par l'état de 1634, & à ceux qui l'ont, de s'immiscer d'ordonner d'aucuns deniers sur lesdits diocèses, d'opiner sur les affaires qui seront proposées, ni prétendre d'autres prérogatives, soit pour la séance, émolumens & autres droits, que celles qui leur seront accordées par ledit état, arrêts donnés en conséquence & réglemens de l'assemblée des Etats généraux de ladite province. FAIT au conseil d'Etat du Roi, S. M. y étant, tenu à Versailles le 20 jour d'Octobre 1673. Signé PHELYPEAUX.

LOUIS, PAR LA GRACE DE DIEU, ROI DE FRANCE ET DE NAVARRE: au premier notre huissier ou sergent sur ce requis, Nous te commandons par ces présentes signées de notre main, que l'arrêt de notre conseil d'Etat ci-attaché, sous le contre-scel de notre chancellerie, ce jourd'hui donné sur la requête à Nous présentée par le syndic général de notre province de Languedoc, tu signifies, & fais les défenses à tous ceux qu'il appartiendra, à ce qu'ils n'en prétendent cause d'ignorance, & aient à y déférer & obéir. De ce faire & tous autres exploits & actes

N°. VIII. de justice nécessaires que besoin sera, pour l'exécution dudit arrêt, te donnons pouvoir, commission, & mandement spécial, sans pour ce demander autre permission : & sera ajouté foi aux copies dudit arrêt & de ces dites présentes, duement collationnées, comme aux originaux: CAR tel est notre plaisir. DONNÉ à Versailles le 20 jour d'Octobre, l'an de grace mil six cent soixante-treize, & de notre regne le trente-unieme. *Signé* LOUIS, & plus bas : Par le Roi, PHELYPEAUX.

N°. IX. SUR QUOI il a été délibéré que le juge de M. le duc d'Antin doit avoir l'entrée à l'assiette de Commenge en qualité de commissaire ordinaire ; & que lorsque l'assiette bas-Montauban se tiendra à Villemur, le juge dudit Villemur y aura entrée, rang & séance, quoique juge d'un seigneur particulier en la même forme & maniere que lorsqu'il étoit officier royal, & que la rétribution de la derniere assiette qui lui étoit contestée, lui sera payée par le receveur du diocese.

I X.

EXTRAIT du registre des délibérations des Etats généraux de Languedoc, assemblés par mandement du Roi en la ville de Montpellier au mois de Décembre 1723.

Du Vendredi 18 Février 1724, président Mgr. l'archevêque & primat de Narbonne.

MONSEIGNEUR l'archevêque d'Alby a dit, que les contestations qui restent à examiner à l'occasion de l'entrée aux assiettes, regardent celle du juge de M. le duc d'Antin à l'assiette de Commenge, dans laquelle on prétend qu'il ne doit plus être admis, parce qu'il est devenu officier d'un seigneur particulier, à cause de l'échange fait avec Sa Majesté par M. le duc d'Antin de la seigneurie & justice de la ville de Commenge, & celle de l'entrée à l'assiette du bas-Montauban lorsqu'elle se tient à Villemur, que les juges de Castelsarrasy & de Montech, qui sont juges royaux, disputent à celui de Villemur depuis que, par l'échange fait avec M. le comte de Belisle, ledit juge de Villemur n'est plus juge royal ; mais que ces contestations viennent d'être décidées par la délibération prise à l'occasion des officiers de M. le duc d'Uzès & de M. l'évêque.

X.

EXTRAIT du registre des délibérations des Etats généraux de Languedoc, assemblés par mandement du Roi en la ville de Montpellier au mois de Décembre 1736.

Du Mercredi 30 Janvier 1737, président Mgr. l'archevêque & primat de Narbonne.

MONSEIGNEUR l'archevêque de Toulouse a dit, que le sieur de Montferrier, syndic général, avoit rapporté à la commission quelques contestations sur l'entrée aux assiettes des dioceses de Lodeve & de St. Papoul ; que la premiere de ces contestations est entre le sieur Bonnafoux, viguier de Lodeve & en cette qualité commissaire ordinaire du diocese, & le maire de ladite ville, au sujet de la préséance à l'assiette dudit diocese que le sieur Bonnafoux prétend avoir sur le maire, conformément à l'arrêt du conseil du 30 Janvier 1725, portant réglement pour les assemblées des assiettes.

Que MM. les commissaires s'étant fait rapporter ce réglement, ils ont vu que suivant l'article VIII, le viguier dans les assiettes où il n'y a point de juge mage doit être placé au-dessus du maire & consul de la ville capitale, d'où il résulte que le maire de Lodeve ne sauroit

roit précéder ledit viguier ; qu'il est vrai que par les édits de création des charges des officiers municipaux & notamment par celui du mois de Décembre 1706, le Roi a voulu que dans toutes les assemblées qui regardent les corps des communautés, les maires & le lieutenant précédassent les officiers royaux, même les juges mages ; que dans les assemblées & cérémonies qui ne seront pas particulieres aux villes & communautés, alors les officiers royaux précéderont les maires & consuls, & que dans les deux cas ci-dessus les maires & leurs lieutenans précéderont les officiers des seigneurs.

Mais que cette derniere disposition ne peut pas regarder les droits de préséance des viguiers aux assemblées des dioceses, par plusieurs raisons.

En premier lieu, parce que les réglemens faits à l'occasion de la création des charges de maire, ne parlent pas des entrées aux assiettes des dioceses.

En second lieu, parce que ces réglemens sont antérieurs à l'arrêt du conseil du 30 Janvier 1725, par lequel le Roi accorde la préséance aux viguiers sur les maires, en ordonnant qu'ils les précéderont dans les assemblées des assiettes.

Enfin, parce que le Roi, par son édit du mois de Novembre 1733, n'a pas dérogé à la disposition de l'arrêt du conseil de 1725 ; au contraire, lors de cet édit l'arrêt se trouvant en sa force & vigueur, & le Roi n'ayant attribué aux officiers rétablis que les mêmes droits dont ils jouissoient par les anciens réglemens, il est constant que les maire & lieutenant de maire de Lodeve sont mal fondés à contester la préséance au viguier, dès que le Roi la lui a accordée par un arrêt postérieur aux premiers édits de création des charges municipales.

Que par ces raisons MM. les com-

Tome IV.

missaires ont cru qu'il étoit juste de maintenir le viguier de Lodeve dans le droit de précéder le maire à l'assemblée de l'assiette.

Ce qui a été délibéré, conformément à l'avis de MM. les commissaires.

X I.

EXTRAIT du registre des délibérations des Etats généraux de Languedoc, assemblés par mandement du Roi en la ville de Montpellier le 25 Janvier 1776.

Du Samedi 10 Février, président Mgr. l'archevêque & primat de Narbonne, Commandeur de l'Ordre du St. Esprit.

MONSEIGNEUR l'évêque de Mirepoix a dit, que la commission a été informée que par un usage abusif, qui s'est introduit dans plusieurs dioceses, on a laissé opiner dans les assemblées particulieres des commissaires ordinaires les officiers de justice royaux qui sont du nombre desdits commissaires, suivant l'article IV de l'arrêt du conseil du 30 Janvier 1725, quoique par l'article IX des réglemens généraux faits au mois de Janvier 1658, autorisés par arrêt du conseil du 3 Avril de l'année suivante, il soit expressément ordonné que lesdits officiers royaux qui se trouveront commissaires ordinaires dans les assiettes, ne pourront opiner sur les affaires qui seront proposées en icelles, à quoi n'a nullement dérogé l'arrêt du conseil du 30 Janvier 1725, dont l'article XI n'a eu d'autre objet que de désigner les personnes qui devoient composer le bureau de la capitation & celui de la direction des affaires du diocese pendant l'année, & qui en admettant dans ce nombre l'officier de justice, n'a pu entendre lui accorder un suffrage qui lui est expressément prohibé par l'article IX du

N

même arrêt qui l'accorde à tous les autres commiſſaires ordinaires du diocèſe, de même que l'avoit fait l'article IX du réglement de 1658.

Qu'un pareil uſage contraire au principe dont ne doivent jamais s'écarter les Etats, que les officiers de juſtice n'ont qu'une ſéance purement honoraire dans les aſſemblées des dioceſes & communautés, ſans aucun droit de s'immiſcer dans leur adminiſtration, mais uniquement pour y maintenir le bon ordre, a paru à MM. les commiſſaires ne pouvoir être toléré, & qu'il étoit conſéquemment important pour rétablir l'ordre général & uniforme dont on n'auroit pas dû s'écarter, que les Etats en délibérant l'exécution des réglemens qu'on vient de citer, chargent les ſyndics généraux de faire connoître aux ſyndics des dioceſes leurs intentions ſur le fait dont il s'agit, pour que MM. les commiſſaires deſdits dioceſes en étant ainſi informés, puiſſent s'y conformer.

SUR QUOI il a été délibéré que, pour établir dans l'adminiſtration particuliere des dioceſes un ordre général & uniforme, dont on n'auroit pas dû s'écarter à l'égard du ſuffrage de l'officier de juſtice, les réglemens qu'on vient de citer ſeront exécutés dans les aſſiettes & autres aſſemblées de MM. les commiſſaires des dioceſes ſans aucune exception ; auquel effet les ſyndics généraux ſont chargés de faire connoître aux ſyndics des dioceſes les intentions des Etats ſur le fait dont il s'agit, pour que MM. les commiſſaires des dioceſes ayent attention de s'y conformer.

X I I.
ARRÊT
DU PARLEMENT DE TOULOUSE.

Qui a jugé qu'en l'abſence du lieutenant général civil d'un ſiege de ſéné-

chauſſée, le lieutenant criminel a le dévolut pour l'entrée dans les aſſemblées du diocèſe, à l'excluſion du lieutenant principal.

Du 11 Septembre 1780.

LOUIS, PAR LA GRACE DE DIEU, ROI DE FRANCE ET DE NAVARRE : Au premier notre huiſſier ou ſergent requis, comme en l'inſtance pendante en notre cour de parlement de Toulouſe entre Me. Seurat, lieutenant criminel au ſénéchal de Montpellier, ſuppliant par requête d'en jugement du 3 Mai 1778, pour être reçu bien faire à oppoſer envers l'arrêt de la cour ſur ſoit montré à notre procureur général, ſurpris par Me. Farjon Meurat, lieutenant principal au même ſiege le 20 Mars 1778, & le rétractant, ordonner que le ſuppliant continuera d'aſſiſter à l'excluſion dudit Me. Farjon, en l'abſence du juge mage, à l'aſſemblée de l'aſſiette du diocèſe, ainſi que lui & ſes prédéceſſeurs l'ont ci-devant fait, avec dépens, d'une part ; & ledit Me. Farjon Meurat, défendeur ; & encore ledit Me. Joſeph-Etienne Seurat, ſuppliant par requête d'en jugement du 30 Juin 1778, jointe à la clauſion par arrêt du 7 Août dernier, pour demander que, ſans préjudice du droit des parties, il lui fût permis de bannir & arrêter les émolumens attachés à l'aſſiſtance de l'aſſiette & aux bureaux du diocèſe entre les mains du receveur ou tréſorier dudit diocèſe, pour être enſuite délivrés à qui par la cour ſera ordonné, & ordonner que l'ordonnance qui interviendra ſur ladite requête ſera exécutée nonobſtant toutes oppoſitions ; ledit Farjon Meurat, défendeur, & encore ledit Me. Seurat, ſuppliant, par deux requêtes de joint à la clauſion, l'une du 7 Septembre 1778, pour demander que, en diſant droit ſur ſon oppoſition envers l'arrêt du 20

Mars 1778, visiblement surpris par Me. Farjon Meurat, & le rétractant, maintenir le suppliant, par dévolut, au droit d'assister à l'exclusion dudit Me. Farjon, en l'absence du juge mage, à l'assemblée de l'assiette du diocese, comme aussi à toutes les autres assemblées auxquelles le juge mage a droit d'assister ; ce faisant, condamner Me. Farjon Meurat à rendre & restituer au suppliant les émolumens tant de l'assiette que des bureaux de la capitation, qui en sont l'accessoire, avec dépens ; & la seconde, du 11 Juillet dernier, en adjudication de ses précédentes conclusions, & que Me. Farjon Meurat soit condamné à restituer au suppliant la somme de 642 livres 10 sols ; savoir, 92 livres 10 sols pour les émolumens de l'assiette, & 550 livres pour ceux des bureaux de la capitation, avec dépens, d'une part ; & ledit Me. Farjon Meurat, défendeur & suppliant par requête de joint à la clausion du 20 Juillet dernier, pour demander que, sans avoir égard à l'opposition de Me. Seurat envers l'arrêt de la cour par lui obtenu le 20 Mars 1778, non plus qu'à ses autres requêtes, & du tout le démettant, relaxer le suppliant de toutes les fins & conclusions contre lui prises par Me. Seurat ; ce faisant, ordonner de plus fort que ledit arrêt sortira à effet & sera exécuté selon sa forme & teneur, avec dépens, d'une part ; & ledit Me. Seurat, défendeur & suppliant, par requête de joint à la clausion du 28 Août dernier, en rejet des pieces cotées n°. 19 & 26, comme étrangeres au procès, informes & par toutes autres voies & moyens de droit, & en adjudication de toutes ses précédentes fins & conclusions, avec dépens, d'une part ; & ledit Me. Farjon Meurat, défendeur, d'autre. Vu le procès, plaidés des 4 Juin 1778 & 7 Août 1780, susdites requêtes d'en ju-

gement & de joint des susdits jours ; arrêt de la cour du 20 Mars 1778 ; pieces dont la rejection est demandée ; acte à produire ; instruction, observations, réponses aux observations, & autres pieces induites dans les productions & continuations de production respectives des parties, ensemble les conclusions de notre procureur général, NOTREDITE COUR faisant droit définitivement aux parties, a rejetté & rejette du procès les pieces cotées n°. 19 & 26, & faisant droit sur l'opposition formée par ledit Seurat envers l'arrêt de la cour du 20 Mars 1778, & le rétractant, l'a maintenu & maintient, par dévolut, au droit d'assister, à l'exclusion dudit Farjon Meurat, en l'absence du juge mage, à l'assemblée de l'assiette du diocese ; comme aussi à toutes les autres assemblées auxquelles le juge mage a droit d'assister ; en conséquence, condamne ledit Farjon Meurat à rendre & restituer audit Seurat la somme de 642 livres 10 sols ; savoir, 92 livres 10 sols pour les émolumens de l'assiette, & 550 livres pour ceux des bureaux de capitation ; condamne ledit Farjon Meurat aux dépens envers ledit Seurat, la taxe réservée. NOUS, A CES CAUSES, à la requête dudit Me. Seurat, te mandons & commandons mettre le présent arrêt à due & entiere exécution selon sa forme & teneur, & pour raison de ce, faire tous exploits requis & nécessaires ; ce faisant, contraindre par toutes voies dues & raisonnables ledit Me. Farjon Meurat à payer & rembourser incontinent & sans délai audit Me. Seurat ou à son certain mandement, la somme de 675 livres 9 sols un denier pour les conclusions, vérifications, rapport, frais de l'expédition, sceau & contrôle du présent arrêt ; Mandons en outre à tous nos officiers justiciers & sujets, ce faisant, obéir. Prononcé à Toulouse

en notredit parlement le onze Septembre l'an de grace mil ſept cent
quatre-vingt, & de notre regne le ſep-

tieme. Par la cour. *Signé*, DE LACAZE.
Collationné. J. COSTE, *ſigné.*

§. I I.

Des Officiers qui ne ſont pas admis dans les Aſſiettes.

I.

EXTRAIT *du regiſtre des délibérations
des Etats généraux de Languedoc,
aſſemblés par mandement du Roi en
la ville de Pezenas au mois de Mai
1599.*

Du 15 dudit mois de Mai, préſident Mgr.
l'évêque de Lodeve.

LE ſieur Dardes, ſcindic, ayant repréſenté que, encore que par les
privilleges & franchiſes dudit pays il ne
ſoit permis aux officiers du Roy d'avoir
entrée, voix ne ſceance ez aſſemblées
des Etats généraux & particuliers, ne
ez aſſiettes des dioceſes dudit pays,
neantmoings le député d'Uſés a repréſenté qu'au préjudice deſdits privilleges,
MM. de la cour des aides dudit Montpellier auroient par arrêt ordonné que
le procureur du Roi audit Uſés auroit
entrée & ſceance auſdites aſſiettes, &
condampné le ſcindic dudit dioceſe es
deſpens de la pourſuite faicte pour raiſon de ladite conteſtation, partant A
ESTÉ ARRESTÉ, ſuivant pleuſieurs précédantes délibérations, que les officiers
du Roy n'auront entrée, voix ne ſceance
ez aſſemblées des Etats généraux, particuliers, ne ez aſſiettes dudit pays, ne
autres que ceux qui ont accouſtumé de
toute ancienetté y avoir entrée; & où
pour raiſon de ce les officiers des aſſiettes particulieres dudit pays en ſe-
roint inquietés, eſt enjoinct aux ſcindics généraux dudit pays de prendre

leur faict & cauſe & en fere les pourſuites par tout où il appartiendra, &
ſera le Roy ſupplié par le cayer d'autoriſer la préſente délibération.

I I.

EXTRAIT *du regiſtre des délibérations
des Etats généraux de Languedoc,
aſſemblés par mandement du Roi en la
ville de Carcaſſonne au mois de Décembre 1603.*

Du Samedi 13 dudit mois de Décembre,
préſident Mgr. l'archevêque & primat de
Narbonne.

LEs depputés de Caſtres ont dict
que le ſubſtitut de M. le procureur
général du Roy, ayant demandé l'entrée
en l'aſſiette dudit dioceſe, feuſt délibéré
aux Eſtats derniers qu'il en ſeroit faict
plainéte au Roy, & deſpuis ils ſe feroient retirés à S. M. & obtenu arreſt
en ſon conſeil le dernier jour du mois
de Février dernier, portant renvoi aux
Eſtats pour y pourvoir comme de raiſon, interdiſant à tous autres d'en prendre cognoiſſance ; ſuppliant les Eſtats
de les maintenir en leurs formes anciennes. SUR QUOY a eſté arreſté qu'il ſera
ſurcis à y délibérer, & que néantmoings
ledit arreſt ſera regiſtré aux actes du
pays.

Du Mardi ſeizieme jour dudit mois
de Décembre; les Eſtats délibérans ſur
le renvoy faict par le Roy aux Eſtats par
arreſt de ſon conſeil du dernier jour du
mois de Février dernier, pour eſtre pour-

veur sur la pourfuitte faicte par le fubftitut de M. le procureur général du Roy & autres d'avoir entrée & affiftance aux affiettes de la diocefe de Caftres, ONT ARRESTÉ qu'en ladite affiette ny autres diocefes, villes ny communautés dudit pays, lefdits fubftituts n'y auront aucune entrée, ny aucuns autres que ceux qui y ont efté reçus de toute ancienneté; & que pour l'obfervation de la préfente délibération lefdits diocefes & communautés feront affiftées par les findics generaulx, fuivant les délibérations des précédents Eftats.

I I I.

ARRÊT

DU CONSEIL D'ETAT DU ROI.

PORTANT confirmation de la délibération des Etats du 16 Décembre 1603, concernant l'entrée des procureurs du Roi aux affiettes.

Du 3 Décembre 1604.

EXTRAIT des Regiftres du Confeil d'Etat.

SUr la requête préfentée au Roi par le fyndic du diocefe d'Alby, tendant à ce que l'ancien ordre obfervé jufques à préfent ez affemblées qui fe font audit diocefe pour l'impofition & affiettes des deniers des tailles foit gardé, & fuivant l'avis des Etats généraux de Languedoc tenus à Carcaffonne en l'année 1603, donné fur le renvoi à eux fait par Sa Majefté, & en confirmant icelui avis, défenfes foient faites aux fubftituts du procureur général qui n'ont eu ci-devant entrée, féance, ni voix délibérative ez dites affemblées d'y entrer ni feoir à peine, d'amende arbitraire & de fufpenfion de leurs offices. VU par le Roi en fon

confeil ladite requête; arrêt d'icelui du dernier jour de Février 1603, fur la requête du fyndic du diocefe de Caftres à mêmes fins, par lequel ladite requête auroit été renvoyée par devant lefdits Etats dudit païs de Languedoc pour, fur le contenu en icelle, pourvoir au fyndic ainfi que de raifon, extrait du procès verbal defdits Etats tenus à Carcaffonne en l'année 1603, contenant l'ordonnance defdits Etats fur ledit renvoi, que ez affemblées pour les affiettes defdits deniers audit païs de Languedoc, les fubftituts dudit procureur du Roi n'y auroient aucune entrée, ni autres que ceux qui y ont été reçus de toute ancienneté, LE ROI EN SON CONSEIL, ayant égard à ladite requête & confirmant l'avis & ordonnance defdits Etats, A ORDONNÉ ET ORDONNE que l'ancien ordre obfervé ez affemblées fera gardé & entretenu, & a fait inhibitions & défenfes tant audit fubftitut du fiége d'Alby, que tous autres fubftituts dudit procureur général d'entrer ni feoir ez dites affemblées à peine, en cas de contravention, de fufpenfion de leurs offices & d'amende arbitraire. FAIT au confeil privé du Roi, tenu à Paris le troifieme jour du mois de Décembre 1604.

Signé, LE TENEUR.

HENRI, PAR LA GRACE DE DIEU, ROI DE FRANCE ET DE NAVARRE. A notre huiffier ou fergent premier requis. SALUT. Par l'arrêt de notre confeil ci-attaché fous notre contre-fcel ce jourd'hui donné fur la requête à nous préfentée par le fyndic du diocefe d'Alby, nous avons confirmé & confirmons par ces préfentes l'avis & l'ordonnance des Etats de notredit païs de Languedoc mentionnée en notredit arrêt, & ordonné que l'ancien ordre obfervé ez affemblées qui fe font audit diocefe pour l'impofition & affiette des deniers de nos tailles audit dioceſe ſera gardé & entretenu avec défenſes aux ſubſtituts de notre procureur général, & autres ſubſtituts d'entrer ni ſeoir auſdites aſſemblées à peine, en cas de contravention, de ſuſpenſion de leurs offices & amende arbitraire. A CES CAUSES te mandons & commandons, ſignifier notredit arrêt au ſubſtitut de notre procureur général au ſiége d'Alby & autres ſubſtituts, leur faire de par nous leſdites défenſes ſur les peines y contenues, en outre pour l'exécution d'icelui faire tous exploits, actes & ſignifications requis & néceſſaire. De ce faire te donnons pouvoir ſans que tu ſois tenu demander aucun congé ni paréatis : CAR tel eſt notre plaiſir. DONNÉ à Paris le troiſieme jour du mois de Décembre l'an de grace 1604, & de notre regne le ſeizieme. Par le Roi en ſon conſeil, & ſcellé du grand ſceau de cire jaune ſur ſimple queue.

I V.

EXTRAIT du regiſtre des délibérations des États généraux de Languedoc, aſſemblés par mandement du Roi en la ville du Saint-Eſprit au mois de Janvier 1610.

Du Lundi 8. Février ſuivant, préſident Mgr. l'évêque de Viviers.

LE ſieur Bouet, conſul d'Uzès, a repréſenté que, bien le procureur du Roy en ladite ville n'aye jamais heu aucune entrée en l'aſſiette dudit dioceſe, il auroit obtenu arreſt en la cour des aydes par lequel ladite entrée luy eſt donnée, ſuppliant les Eſtats d'y pourvoir ; A ESTÉ ARRESTÉ que le ſcindic général aſſiſtera au ſcindic dudit dioceſe & à tous autres à ce que les formes anciennes de tout temps obſervées auſdits dioceſes ſoyent gardées, conformément aux précédentes délibérations & proviſions obtenues du

Roy, le tout ſans conſtituer le pays en fraix.

V.

EXTRAIT du regiſtre des délibérations des États généraux de Languedoc, aſſemblés par mandement du Roi en la ville de Pezenas au mois de Novembre 1613.

Du Samedi 7 dudit mois de Novembre, préſident Mg. l'archevêque & primat de Narbonne.

SUr la remonſtrance faicte par les depputés des dioceſes d'Uzès & autres, de ce que les ſubſtituts de M. le procureur général du Roy demandent l'entrée & aciſtance ez aſſiettes lors de la tenue d'icelles, les aucungs en ayans obtenu arreſt en la cour des aides, & les autres en pourſuivent les procès tant en ladicte cour qu'en la cour de Parlement. VEUES les deſlibérations prinzes ez Eſtats tenus ez années 1599 & 1603, & ce que Sa Majeſté a heu agréable d'en ordonner au profit des dioceſes de Caſtres & Alby, comme auſſi par le cahier des doléances préſenté à Sa Majeſté, par lequel Sa Majeſté eſt très-humblement ſuppliée de reyterer ſes deffences auſdits ſubſtituts de s'ingerer ny demander ſéance auſdites aſſiettes & aſſemblées générales & particulieres, à peyne de ſuſpenſion de leurs offices & auſdites courts d'en prendre juridiction ny cognoiſſance, ledit cahier réſpondu le premier Juillet 1606, par lequel Sa Majeſté l'acorde comme il eſt requis, & ſuivant l'arreſt donné en ſemblable cas pour le dioceze d'Alby ; Vru auſſi ledit arreſt donné au privé conſeil de Sa Majeſté le troiſieſme Décembre 1604, A ESTÉ ARRESTÉ que MM. les commiſſaires ſeront ſuppliés par requeſte de charger les inſtructions pour la tenue des aſſiettes que ledit ordre soit gardé & observé , suivant l'intention de Sa Majesté.

V I.

A R R Ê T

Du Conseil d'Etat du Roi,

Qui ordonne que les arrêts, Etats & réglemens du 30 Septembre 1608 , faits pour l'ordre, nombre & qualité des personnes qui doivent entrer & assister aux assiettes & assemblées des diocèses du pays de Languedoc , seront suivis, gardés & entretenus, avec défenses aux commissaires & députés desdites assiettes , d'introduire ou recevoir en icelles autres personnes de quelque qualité qu'elles soient , que celles qui sont comprises & dénommées auxdits Etats , réglemens & arrêts.

Du 31 Mars 1617.

Extrait des registres du Conseil d'Etat.

Sur la requête présentée au Roi en son conseil par les députés des Etats du pays de Languedoc, contenant qu'au préjudice des arrêts, Etats & réglemens faits par Sa Majesté, pour l'ordre, nombre & qualité des personnes qui doivent entrer & assister aux assiettes des vingt-deux diocèses dudit pays de Languedoc, aucuns officiers non reçus ni nommés dans lesdits états & réglemens , tachant de s'introduire auxdites assiettes , mêmement Me. Jean Prochixe, substitut du procureur général en la ville de Limoux, lequel en conséquence de certain appointement de requête de la cour des aides de Montpellier, du 23 Février 1615, a fait assigner les consuls dudit Limoux en ladite cour le 11e. Février dernier , aux fins d'obtenir ladite entrée & assistance auxdites assiet-

tes : Vu ladite requête desdits députés ; l'état & réglement fait , audit conseil , pour les assiettes du diocèse d'Alet & Limoux, du 30e. Septembre 1608 , dans lequel le procureur du Roi ne se trouve employé ni compris ; Autre réglement général fait audit conseil ledit jour 30e. Septembre 1608 , pour les assiettes des vingt-deux diocèses dudit pays de Languedoc ; Arrêt dudit conseil du 23e. Février dernier , donné entre le syndic du diocèse d'Uzès, le juge de ladite ville d'Uzès, & le syndic général dudit pays de Languedoc , par lequel ledit réglement du 30e. Septembre 1608 demeure confirmé; ladite requête présentée à ladite cour des aides , par ledit Me. Jean Prochixe , substitut dudit procureur général audit Limoux, & commission sur icelle dudit jour 23 Février 1615, avec l'exploit d'assignation donnée en vertu de ladite commission aux consuls dudit Limoux le 20e. Février dernier. LE ROI EN SON CONSEIL , a déchargé & décharge lesdits consuls de Limoux, de l'assignation à eux donnée en ladite cour des aides de Montpellier, à la requête dudit Prochixe ledit jour 20 Février dernier, aux fins d'avoir entrée aux assemblées dudit diocèse pour les assiettes, avec défenses à ladite cour d'en prendre aucune jurisdiction ni connoissance ; A ORDONNÉ ET ORDONNE que les arrêts, états & réglemens dudit jour 30e. Septembre 1608 faits pour l'ordre , nombre & qualité des personnes qui doivent entrer & assister auxdites assiettes & assemblées desdits vingt - deux diocèses dudit pays de Languedoc, seront suivis, gardés & entretenus inviolablement ; enjoignant S. M. aux commissaires présidens aux Etats dudit pays , de tenir la main à l'observation d'iceux , & en charger leurs instructions & ordonnances, sans permettre d'y être contrevenu en aucune manière , avec défenses aux commiſſaires & députés deſdites aſſiettes , d'introduire ou recevoir en icelles autres perſonnes , de quelque qualité qu'elles ſoient, que celles qui ſont compriſes & dénommées auxdits Etats, réglemens & arrêts, ſous quelque couleur ou prétexte que ce ſoit, à peine de 4000 liv. d'amende. FAIT au conſeil d'état du Roi , tenu à Paris le dernier jour de Mars 1617. *Collationné.*

MALLIER, *ſigné.*

V I I.

AUTRE SUR LE MÉME SUJET.

Du 11 Décembre 1624.

EXTRAIT des Regiſtres du Conſeil d'Etat.

SUR ce qui a été remontré par le ſyndic général du pays de Languedoc que , par réglement fait au conſeil le dernier Septembre 1608 , tous ceux qui ont droit d'aſſiſter aux aſſemblées des aſſiettes dudit pays ſont particulierement nommés & déſignés, avec expreſſes défenſes d'y en admettre d'autres, leſquelles défenſes ont été réitérées aux députés deſdits dioceſes par pluſieurs arrêts du conſeil ; & toute fois le procureur général au parlement de Touloufe a fait donner arrêt ſur ſa requête le 22 Mars dernier, par lequel défenſes ſont faites aux commiſſaires , ſyndics & députés du dioceſe de Nimes, de tenir aucune aſſemblée ſans l'aſſiſtance de ſon ſubſtitut, en vertu duquel arrêt Me. François Fermineau , avocat de Sa Majeſté en la ſénéchauſſée dudit Nimes, a voulu prendre droit d'entrée en ladite aſſiette tenue au mois de Juin de la préſente année, à quoi les députés dudit dioceſe ſe ſont oppoſés, n'étant pas juſte qu'il ſoit contrevenu au réglement général qui a été fait pour toute la province, ni que le ſubſtitut dudit

procureur général ait plus de droit dans ledit dioceſe de Nimes, que ſes prédéceſſeurs , & que les autres n'en ont ez autres dioceſes dudit pays , ayant été jugé par arrêt contradictoire du conſeil du 3 Décembre 1604 , que le ſubſtitut dudit procureur général n'auroit aucune entrée en l'aſſiette d'Alby , le même auſſi a été jugé contre celui de Caſtres & le 9 Janvier 1615 contre celui de Beziers , & encore par divers arrêts du 9 Août 1618 , & autre contre celui d'Uzés & expreſſément le dernier de Mars 1617 contre celui de Limoux ; requéroit à cette cauſe ledit ſyndic qu'il plût à Sa Majeſté, ſans avoir égard à l'arrêt dudit parlement de Touloufe dudit jour 22 Mars dernier, ordonner en conſéquence dudit réglement général & des arrêts donnés en ſuite d'icelui audit conſeil, que le ſubſtitut dudit procureur général n'aura aucune entrée aux aſſemblées deſdites aſſiettes de Nimes , & que défenſes ſeront faites audit Fermineau & tous autres d'y prétendre aucune entrée, ni pour raiſon de ce, faire aucun procès audit dioceſe , ſoit à ladite cour de parlement ou ailleurs, à peine de privation de ſa charge & de tous dépens, dommages & intérêts. VU ledit arrêt de ladite cour de Parlement de Touloufe du 22 Mars dernier, LE ROI EN SON CONSEIL , a ordonné & ordonne qu'à la diligence du ſuppliant les motifs de l'arrêt de ladite cour ſeront envoyés à Sa Majeſté par ſon procureur général audit parlement dans un mois, pour, iceux vus , être par Sa Majeſté ordonné ce que de raiſon ; & cependant qu'il en ſera uſé comme par le paſſé. FAIT au conſeil d'état du Roi , tenu à Paris le onzieme jour de Décembre 1624.

Signé, DE FLECELLES.

LOUIS, PAR LA GRACE DE DIEU , ROI DE FRANCE ET DE NAVARRE : au premier noſtre huiſſier ou ſergent ſur ce requis, SALUT. Nous te mandons & commandons par ces préſentes que l'arrêt ci-attaché ſous le contre-ſcel de notre chancellerie, ce jourd'hui donné en notre conſeil d'Etat, ſur la requête du ſyndic général de notre pays de Languedoc, tu ſignifies à notre procureur général en notre cour de parlement de Touloſe, à ce que dans un mois il ait à nous envoyer les motifs de l'arrêt de notredite cour du parlement, du 22e. jour de Mars dernier, par lequel notredite cour a fait défenſes aux commiſſaires, ſyndics & députés du dioceſe de Nîmes, de tenir aucune aſſemblée ſans l'aſſiſtance du ſubſtitut de notredit procureur général pour, iceux vus, être par nous ordonné ce que de raiſon ; & cependant voulons qu'il en ſoit uſé comme par le paſſé. De ce faire te donnons pouvoir, commiſſion & mandement ſpécial, ſans pour ce demander permiſſion, ni paréatis; CAR tel eſt notre plaiſir. DONNÉ à Paris le onzieme jour de Décembre, l'an de grace 1624, & de notre regne le quinzieme. Par le Roi en ſon Conſeil, DE FLECELLES, ſigné, & ſcellées du grand ſcel en cire jaune ſur ſimple queue.

VIII.

ORDONNANCE

DES COMMISSAIRES PRÉSIDENS POUR LE ROI AUX ETATS.

Sur le même ſujet.

Du 23 Avril 1625.

LES COMMISSAIRES PRÉSIDENS pour le Roi en l'aſſemblée des gens des Trois-états du pays de Languedoc, convoqués par mandement du Roi dans la ville de Beziers, au mois de Mars dernier, ſur la requête à nous préſentée par le ſyndic général dudit pays de Languedoc, tendante à ce qu'il nous plût

ordonner que l'ancien ordre de tout temps obſervé ès aſſiettes, & aſſemblées des dioceſes dudit pays ſera ſuivi & gardé; & ce faiſant que conformément aux arrêts du conſeil d'état du Roi, & délibérations des Etats, il fût inhibé & défendu aux ſubſtituts du procureur général du Roi, qui n'ont eu de tout temps & par ci - devant l'entrée & aſſiſtance auxdites aſſiettes & aſſemblées, & ne ſont compris ni nommés dans les Etats des dépenſes ordinaires deſdites aſſiettes arrêtés audit conſeil, de s'ingérer d'entrer ni aſſiſter en icelles, & aux commiſſaires principal, ordinaires & députés les y introduire, admettre ni recevoir, à peine de 3000 liv. d'amende. Vu ladite requête ; L'arrêt du conſeil du 3e. Décembre 1604 & dernier Mars 1617 ; Délibération des gens des Trois-états du 16 Novembre 1620, 13 & 14 du préſent mois d'Avril ; Ordonnance des ſieurs Commiſſaires préſidens pour le Roi, du 16e. jour de Janvier 1615. NOUS AVONS ORDONNÉ ET ORDONNONS, conformément auxdits arrêts du conſeil & ordonnances, que l'ancien ordre obſervé ès aſſiettes & aſſemblées des dioceſes dudit pays ſera ſuivi & gardé, faiſant inhibitions & défenſes aux ſubſtituts dudit procureur général qui n'ont eu de tout temps entrée & aſſiſtance auxdites aſſiettes & aſſemblées, & qui ne ſont compris & nommés aux Etats des dépenſes ordinaires deſdits dioceſes arrêtés au conſeil du Roi, s'ingérer d'entrer, ſeoir, ni aſſiſter en icelles, & aux commiſſaires principal, ordinaires & députés de les y admettre ni recevoir, à peine de 1000 liv. d'amende ; mandant au premier huiſſier ou ſergent requis pour l'exécution de notre préſente ordonnance, faire tous exploits requis & néceſſaires. DONNÉ à Beziers pendant la tenue des Etats le vingt - troiſieme jour d'Avril 1625. MONTMORENCY, MARION,

O

RECH, *ſignés* : *Et plus bas* : Par meſ-dits ſeigneurs, GUILLEMINET.

I X.

ARRÊT

DU CONSEIL D'ETAT DU ROI,

Sur le même ſujet.

Du 28 Mars 1626.

EXTRAIT des Regiſtres du Conſeil d'Etat.

SUR ce qu'a été repréſenté au Roi en ſon conſeil par le ſyndic général du pays de Languedoc, qu'au préjudice des réglemens faits par ſa S. M. pour l'ordre, nombre & qualité des perſonnes qui doivent entrer aux aſ-ſiettes des 22 dioceſes de ladite province du 30 Septembre 1608, & contre l'ex-preſſe teneur des délibérations des Etats de ladite province, confirmées par l'arrêt dudit conſeil du 3 Décembre 1604, dernier Mars 1617 & 11 Dé-cembre 1620, les ſubſtituts du pro-cureur-général au parlement de Tou-louſe tâchent de s'introduire auxdites aſſemblées. A CES CAUSES, requéroit qu'il plaiſe à S. M. ordonner que les arrêts & réglemens donnés pour l'ordre deſdites aſſemblées ſeront ſuivis, gar-dés & obſervés de point en point, & que défenſes ſeront faites auxdits ſubſ-tituts & à toutes autres perſonnes non compriſes en iceux réglemens de pré-tendre entrer ez-dites aſſemblées à peine de 600 liv. d'amende, & enjoindre aux ſieurs commiſſaires préſidens auxdits Etats d'y tenir la main, à ce qu'il n'y ſoit contrevenu, & aux commiſſaires des aſſiettes d'introduire ou recevoir en icelles leſdits ſubſtituts ou autres non compris ez-dits réglemens, ſous quel-que prétexte que ce ſoit, nonobſtant tous arrêts qu'ils pourroient avoir ob-tenus de la cour de parlement de Tou-

louſe, & ce ſur les peines de 3000 liv. d'amende. LE ROI EN SON CONSEIL a ordonné & ordonne que les arrêts & réglemens donnés pour l'ordre des aſſemblées des aſſiettes des dioceſes de ladite province de Languedoc, ſeront ſuivis, gardés & obſervés de point en point, ſelon leur forme & teneur; Fait S. M. défenſes très-expreſſes à toutes perſonnes non compriſes aux-dits Réglemens de prendre aucune en-trée en icelles, à peine de 600 liv. d'a-mende; Enjoint Sadite Majeſté aux commiſſaires par elle députés en l'aſ-ſemblée des Etats généraux en ladite province de tenir la main à ce qu'il n'y ſoit contrevenu. FAIT au conſeil d'Etat du Roi, tenu à Paris le vingt-huitieme jour de Mars mil ſix cent vingt-ſix. *Collationné.*

DE GUENEGAUD, *ſigné.*

LOUIS, PAR LA GRACE DE DIEU, ROI DE FRANCE ET DE NAVARRE, à nos amés & féaux les commiſſaires préſidens pour nous en l'aſſemblée des Etats généraux de notre province de Languedoc : SALUT. Nous vous man-dons & enjoignons par ces préſentes, que l'arrêt dont l'extrait eſt ci-attaché ſous le contre-ſcel de notre chancelle-rie, ce jourd'hui donné en notre conſeil d'état, ſur ce qui nous a été remontré en icelui par notre bien-amé le ſyndic général dudit Languedoc, vous ayez à faire exécuter, & le contenu en icelui garder & obſerver de point en point, ſelon ſa forme & teneur, ſans per-mettre qu'il y ſoit contrevenu en quel-que ſorte & maniere que ce ſoit. De ce faire vous donnons pouvoir, autorité, commiſſion & mandement ſpécial. Mandons & commandons à notre huiſ-ſier ou ſergent premier ſur ce requis, ſignifier ledit arrêt ſans pour ce de-mander congé, placet, viſa, ni paréatis : CAR tel eſt notre plaiſir. DONNÉ à Paris le vingt-huitieme jour de Mars mil six cent vingt-six, & de notre regne le seizieme. Par le Roi en son conseil. DE GUENEGAUD, *signé* ; & scellées du grand sceau de cire jaune.

EXTRAIT de l'arrêt du conseil, du 30 Janvier 1725, portant réglement pour les assemblées des assiettes des dioceses.

ARTICLE XII.

LEs procureurs du Roi & les promoteurs qui se sont introduits abusivement dans quelques assiettes en seront exclus, conformément aux arrêts du conseil des dernier Février 1603, 3 Décembre 1604, dernier Mars 1617, & ordonnance des commissaires présidens pour le Roi, du 23 Avril 1625.

X.

EXTRAIT du regiſtre des délibérations des Etats généraux de Languedoc, assemblés par mandement du Roi en la ville de Touloufe au mois de Mars 1628.

Du Vendredi 2 Juin suivant, préfident Mgr. l'archevêque de Touloufe.

SUr la lecture faite des instructions de MM. les commissaires préfidens pour le Roi aux Etats, aux commissaires des assiettes, A ÉTÉ ARRÊTÉ que par les sieurs grand-vicaire de Beziers, envoyé de Castelnau de Bonnefont, capitouls de Toulouse & consuls de Montpellier, lesdits sieurs commissaires préfidens pour le Roi aux Etats, seront suppliés de la part de cette assemblée, d'ajouter au dernier article de leurs instructions desdits commissaires des assiettes, que celui des receveurs qui sera en exercice ne pourra entrer dans l'assiette de son diocese que lors seulement qu'il rendra

son compte, sans qu'il lui soit permis d'assister aux délibérations qui seront prises sur les affaires dudit diocese.

Voy. la délibération des Etats, du 14 Novembre 1640, sous le §. précédent Nº. III., & celle du 13 Septembre 1641, sous le titre V. suivant, Nº. XXVIII.

XI.

EXTRAIT du regiſtre des délibérations des Etats généraux de Languedoc, assemblés par mandement du Roi en la ville de Beziers, au mois de Mai 1641.

Du Samedi 10 dudit mois de Mai, préfident Mgr. l'archevêque & primat de Narbonne.

LE fieur de Lamamie, syndic général, a dit que Me. Guillaume Vniffiere, contrôleur des tailles au diocese d'Alby prétend, à caufe de son office, avoir droit d'entrer & affister aux assemblées des assiettes & départemens dudit diocese, signer les mandes conjointement avec les commissaires d'icelles : envoyer lesdites mandes aux communautés, prendre les huit fols qui s'impofent annuellement pour l'envoi desdites mandes, & enfuite vérifier & certifier les rôles des impofitions qui se font par chacun an audit diocese ; ayant à cet effet fommé par acte Me. Pierre Chambert, greffier, de lui remettre les mandes des impofitions faites fur ledit diocese, la préfente année ; & en refus l'auroit fait assigner au conseil pour s'y voir contraindre ; ce qui choque entierement les priviléges de cette province & les délibérations des Etats, qui portent par exprès de ne fouffrir qu'autres entrent aux assemblées des assiettes que ceux qui font nommés en l'état arrêté au conseil pour les dépenses

O ij

ordinaires des dioceſes. Semblable plainte ayant été faite par autres députés de ladite aſſemblée, A ÉTÉ ARRÊTÉ que le ſyndic général interviendra en ladite inſtance, & en icelle prendra le fait & cauſe pour ledit Chambert, pour faire démettre ledit Vaiſſiere & autres des prétentions qu'ils pourront avoir pour ce regard.

X I I.

EXTRAIT du regiſtre des délibérations des Etats généraux de Languedoc, aſſemblés par mandement du Roi en la ville de Montpellier au mois d'Octobre 1643.

Du Vendredi 23 dudit mois d'Octobre, préſident Mgr. l'archevêque & primat de Narbonne.

SUR la plainte généralement faite par les députés deſdits Etats, que les contrôleurs des tailles de cette province prétendent, en vertu de certain édit, avoir faculté d'entrer aux aſſiettes deſdits dioceſes, & y avoir ſéance & voix délibérative, vérifier les impoſitions, ſigner les départemens & mandes, & d'envoyer leſdites mandes aux communautés, avec attribution de huit ſols pour l'envoi de chacune des mandes, & de quarante-cinq ſols ſur chacune des paroiſſes, pour le contrôle des quittances ; ce qui choque directement les ordres de cette province, & qui ſe trouve contraire au traité fait par les Etats, avec MM. de Maiſſe & de Refuge, validé par le Roi au mois de Septembre mil cinq cens quatre-vingt dix-neuf. A ÉTÉ ARRÊTÉ que, par les députés du pays en cour, le Roi ſera très-humblement ſupplié de révoquer ledit édit en ce qu'il accorde auſdits contrôleurs ſéance & voix délibérative aux aſſiettes des dioceſes, vérifier les départemens & envoyer les mandes aux communautés, avec attribution de huit ſols pour chacune des mandes, & de quarante-cinq ſols pour chacune des paroiſſes, pour le contrôle des quittances, conformément au ſuſdit traité de l'année 1599. Et en attendant qu'il ait plu à S. M. d'y pourvoir, les commiſſaires & députés des dioceſes empêcheront vigoureuſement l'entrée deſdits contrôleurs auxdites aſſiettes, & ne permettront qu'aucune mande ſoit miſe en leurs mains, leſquels ſeront envoyées en la forme accoutumée. Comme auſſi feront défenſes aux receveurs des tailles & à tous autres d'exiger ſur le contrôle des paroiſſes les droits de huit ſols, & quarante-cinq ſols prétendus par les contrôleurs ; & aux collecteurs de les payer, ni les lever ſur le peuple, à peine de concuſſion ; & en cas, pour raiſon de ce, leſdits commiſſaires, ſyndics & députés des dioceſes, receveurs & collecteurs ſeront vexés, le ſyndic général prendra leur fait & cauſe, & fera toutes pourſuites néceſſaires partout où beſoin ſera ; & cependant MM. les commiſſaires préſidens pour le Roi ſeront priés, de la part de cette aſſemblée, de vouloir donner leur ordonnance pour ſurſeoir la levée deſdits nouveaux droits.

EXTRAIT du traité de 1599, autoriſé par des lettres patentes du mois de Septembre de la même année.

ARTICLE XVII.

LES contrôleurs particuliers des tailles établis en chacun dioceſe, ne pourront prétendre autre choſe que leurs gages ordinaires, & n'auront aucun exercice de leurs charges, même en ce qu'ils prétendent entrée, ſéance & taxations aux aſſemblées des dioceſes, contrôle des aſſiettes, & départemens faits en icelles.

X I I I.

EXTRAIT du regiſtre des délibérations des Etats généraux de Languedoc, aſſemblés par mandement du Roi en la ville de Narbonne au mois de Janvier 1645.

Du Mardi 31 dudit mois de Janvier, préſident Mgr. l'archevêque & Primat de Narbonne.

SUR les plaintes faites qu'au préjudice du traité de MM. de Malſſe & de Refuge, avec les Etats, en l'année 1599, les contrôleurs des tailles continuent leurs prétentions pour avoir entrée, ſéance & voix délibérative dans les aſſiettes, & veulent, en vertu de certain édit, vérifier les impoſitions, ſigner les départemens & les mandes, & les envoyer aux communautés, avec attribution de huit ſols pour l'envoi de chacune deſdites mandes, & quarante-cinq ſols de chaque paroiſſe pour le contrôle des quittances ; laquelle attribution ils exigent ſur le peuple par l'intelligence qu'ils ont avec les receveurs des tailles ; leſquels par des accommodemens pris entr'eux, facilitent ladite vexation, non-ſeulement ſur les deniers impoſés aux aſſiettes, mais ſur toute nature d'impoſitions faites durant le cours de l'année pour diverſes néceſſités concernant le ſervice du Roi, ce qui cauſe une très-grande foule. A ÉTÉ ARRÊTÉ, conformément à la délibération priſe aux derniers Etats, que par les députés du pays en cour, S. M. ſera très-humblement ſuppliée d'interdire auxdits contrôleurs des tailles toutes prétentions d'avoir entrée, voix délibérative & ſéance dans leſdites aſſiettes, & d'envoyer les mandes, avec défenſes d'exiger à l'avenir les ſuſdites attributions, & aux receveurs des tailles d'y tenir la main ſur peine de concuſſion ; & cependant que les commiſſaires ordinaires, ſyndics & députés deſ-dites aſſiettes ou communautés de cette province, ſont exhortés de s'oppoſer vigoureuſement aux prétentions deſdits contrôleurs, & de ne ſouffrir point la levée deſdites attributions. Et en cas pour raiſon de ce, ils ſeroient expoſés à quelque vexation, que le ſyndic général prendra leur fait & cauſe & fera toutes pourſuites néceſſaires partout où il appartiendra, au nom & dépens du pays.

X I V.

EXTRAIT du regiſtre des délibérations, des Etats généraux de Languedoc, aſſemblés par mandement du Roi en la ville de Carcaſſonne au mois de Février 1648.

Du 27 Avril ſuivant, préſident Mgr. l'archevêque & primat de Narbonne.

LA délibération priſe aux Etats tenus en la ville de Narbonne contre les contrôleurs des tailles prétendant, en vertu de certain édit, l'entrée & ſéance aux aſſiettes des diocèſes, vérifier les impoſitions d'icelles, ſigner les mandes & les envoyer aux communautés, avec attribution de huit ſols pour l'envoi de chaque mande, & de quarante-cinq ſols de chaque paroiſſe pour le contrôle des quittances, a été renouvellé & délibéré que par les députés du pays en cour, S. M. ſera très-humblement ſuppliée d'interdire aux contrôleurs des tailles toutes prétentions d'avoir entrée, voix & ſéance dans leſdites aſſiettes, & d'envoyer leſdites mandes avec défenſes d'exiger, ni prétendre les ſuſdites attributions, & aux receveurs des tailles d'y tenir la main, ſur peine de concuſſion ; & cependant que les commiſſaires principal & ordinaires, ſyndics & députés deſdites aſſiettes & communautés de cette province, ſont exhortés de s'oppoſer vigoureuſement aux prétentions desdits contrôleurs, & ne souffrir pas qu'il soit fait aucune imposition, ni levée desdites attributions. Et en cas pour raison de ce, ils seroient exposés à quelque vexation, le syndic général prendra leur fait & cause, & fera toutes les poursuites nécessaires au nom & dépens du pays.

X V.
ARRÊT

DU CONSEIL D'ETAT DU ROI,

Concernant les prétentions des contrôleurs des tailles des diocèses, relativement à l'entrée aux assiettes, &c.

Du 23 Décembre 1648.

EXTRAIT *des Registres du Conseil d'état.*

SUR ce qui a été représenté au Roi étant en son conseil, par les députés des Etats de la province de Languedoc, que les contrôleurs des tailles troublent grandement les assiettes par les prétentions qu'ils ont d'y avoir entrée & voix délibérative, avec faculté de vérifier les impositions, signer & envoyer les mandes aux communautés, avec attribution de huit sols, & de quarante-cinq sols pour le contrôle des quittances, bien que par le réglement de l'année 1634, relatif à celui de l'an 1608, le nombre de ceux qui composent les assiettes & leurs droits ayent été réglés par S. M., à l'exclusion des contrôleurs; Requérant lesdits députés conserver lesdites assiettes des diocèses dans leur ancien ordre, suivant lesdits réglemens. LE ROI

ETANT EN SON CONSEIL, la Reine régente sa mere présente, conformément à la réponse faite au XIIIe. article du cahier présenté par lesdits députés, A ORDONNÉ ET ORDONNE que, pour l'entrée des contrôleurs des tailles aux assiettes des diocèses de ladite province, il en sera usé ainsi qu'il est accoutumé. FAIT au conseil d'état du Roi, S. M. y étant, la Reine régente sa mere présente, tenu à Paris le 23 Décembre 1648. *Signé*, PHELYPEAUX.

LOUIS, PAR LA GRACE DE DIEU, ROI DE FRANCE ET DE NAVARRE: Au premier notre huissier ou sergent sur ce requis. Nous de l'avis de la Reine régente notre très-honorée dame & mere, te commandons, par ces présentes signées de notre main, que l'arrêt de notre conseil d'Etat, dont l'extrait est ci-attaché sous le contre-scel de notre chancellerie, tu signifies à tous qu'il appartiendra, à ce qu'ils n'en prétendent cause d'ignorance & ayent à y déférer & obéir. De ce faire & tous autres exploits, sommations & contraintes, requis & nécessaires pour l'exécution dudit arrêt, te donnons pouvoir, commission & mandement spécial, sans demander autre permission. Et d'autant que d'icelui & de cesdites présentes on pourra avoir à faire en plusieurs lieux, voulons qu'à la copie d'icelles duement collationnées, foi soit ajoutée comme au présent original : Car tel est notre plaisir. DONNÉ à Paris le vingt-troisieme jour de Décembre l'an de grace mil six cens quarante-huit, & de notre regne le sixieme. *Signé*, LOUIS ; *Et plus bas* : Par le Roi, la Reine régente sa mere, présente. PHELYPEAUX.

XVI.

AUTRE SUR LE MÊME SUJET.

Du 3 Juin 1650.

EXTRAIT des Regiſtres du Conſeil d'Etat.

SUR ce qui a été repréſenté au Roi étant en ſon conſeil, par le XVIIe. article du cahier des gens des trois Etats de la province de Languedoc, qu'encore que par le traité fait avec les ſieurs de Maille & de Refuge, il ait été convenu, entr'autres choſes, que les contrôleurs des tailles établis en chaque dioceſe de ladite province, n'auront aucun exercice de leurs charges, même en ce qu'ils prétendent entrée & ſéance dans les aſſiettes, taxations, contrôles des départemens & envoi des mandes, néanmoins leſdits contrôleurs, contre l'ancien uſage dudit pays, prétendent jouir dudit droit qui appartient au greffier de chaque dioceſe, privativement à tous autres, comme il ſe juſtifie par les délibérations ſur ce priſes : à cauſe de quoi requéroient qu'il plût à S. M. ordonner que conformément à la réponſe faite ſur le XIIIe. article du cahier deſdits Etats de l'année 1648, leſdits contrôleurs n'auront aucun exercice pour leurs charges, & ne jouiront pour tous droits que de leurs gages, ſans pouvoir entrer dans les aſſiettes, contrôler les départemens, envoyer les mandes ; mais qu'il en ſera uſé comme il a toujours été pratiqué. LE ROI ETANT EN SON CONSEIL, la Reine régente ſa mere préſente, conformément aux réponſes faites ſur les cahiers deſdits Etats, même à celles faites ſur ledit article XIIIe., A ORDONNÉ ET ORDONNE que leſdits contrôleurs ne pourront prétendre d'entrer dans les aſſiet-tes, contrôler les départemens & envoyer les mandes ; ainſi veut & entend S. M. qu'il en ſoit uſé comme il a toujours été pratiqué. FAIT au conſeil d'Etat du Roi, S. M. y étant, la Reine régente ſa mere préſente, tenu à Compiegne le troiſieme jour de Juin mil ſix cens cinquante. PHELYPEAUX, ſigné.

LOUIS, PAR LA GRACE DE DIEU, ROI DE FRANCE ET DE NAVARRE, au premier notre huiſſier ou ſergent requis : SALUT. Nous, de l'avis de la Reine régente notre très-honorée dame & mere, te mandons & commandons par ces préſentes ſignées de notre main, que l'arrêt de notre conſeil d'état, dont l'extrait eſt ci-attaché ſous le contre-ſcel de notre chancellerie, tu ſignifies à tous ceux qu'il appartiendra, à ce qu'ils n'en prétendent cauſe d'ignorance, & ayent à y obéir & déférer. De ce faire, & tous autres exploits requis & néceſſaires pour l'exécution dudit arrêt, te donnons pouvoir & commiſſion, & mandement ſpécial. Et ſera ajouté foi aux copies dudit arrêt & de ceſdites préſentes duement collationnées par l'un de nos amés & féaux conſeillers, & ſecrétaires, comme au préſent original : Car tel eſt notre plaiſir. DONNÉ à Compiegne le troiſieme jour de Juin, l'an de grace mil ſix cens cinquante, & de notre regne le huitieme. *Signé*, LOUIS. *Et plus bas* : Par le Roi, la Reine régente ſa mere préſente.

PHELYPEAUX.

EXTRAIT du réglement des Etats du 23 Janvier 1658, autoriſé par arrêt du conſeil du 3 Avril 1659.

ARTICLE X.

LES receveurs & contrôleurs des tailles ne pourront avoir entrée ni ſéance aux aſſiettes, que lorſqu'ils auront à préſenter leurs comptes, ou qu'ils feront appellés pour traiter quelques affaires avec les dioceses ; défendant très-expressément aux commissaires & députés des affiettes , de leur accorder aucune taxe pour droit d'affistance.

TITRE CINQUIEME.

Des Commissaires principaux des Affiettes.

I.

Extrait du regiftre des délibérations des Etats généraux de Languedoc, affemblés par mandement du Roi en la ville de Montpellier au mois de Septembre 1557.

Du Jeudi 30 dudit mois de Septembre , préfident Mgr. l'évêque d'Uzès.

LEs vicaires de Narbonne & Saint-Pons de Thomieres , les commis d'Alés , de Polignac , & d'Apcher , capitouls de Tholofe, confuls de Beliers, d'Alby & le fieur de Lamotte de Viverois , ont efté depputés pour aller devers MM. les commiffaires du Roy leur préfenter les lettres patentes de feconde juffion touchant les commiffaires des affiettes , lefdites lettres eftant de la teneur que s'enfuit :

HENRY, PAR LA GRACE DE DIEU, ROY DE FRANCE , à nos amés & feaulx confeillers les commiffaires par nous depputés pour de par nous affifter à l'affemblée des gens des Trois-eftats de notre pays de Languedoc, qu'avons ordonné eftre faicte en notre ville de Montpellier le 25e. jour de Septembre prochain , généraulx de nos aydes à Montpellier , & à tous nos autres jufticiers, officiers audit pays & à ung chacun d'eulx , comme à luy appartiendra SALUT & dilection. Sur les remonftrances

à nous cy-devant faictes par le fcindic & procureur des gens des Trois-états de notredit pays, à ce que, fuyvant le contract faict par ceulx d'icelluy pays en l'an 1544 avec feu noftre très-honnoré feigneur & pere le Roy dernier décédé que Dieu abfolve, il nous pleuft ordonner que aucunes commiffions pour faire les affiettes ne fuffent diftribuées finon à ceulx qui affifteroient aufdits Eftats & autres déclarés par ladite ordonnance, Nous avons par nos lettres patentes du 24 Avril 1556 , mandé à noftre très-cher & amé coufin le duc de Montmorency, pair & conneftable de France , de pourveoir aufdits gens des Eftats fur le contenu aufdites remonftrances, fuyvant ledit contract & autrement ainfi qu'il verroit eftre à faire par raifon ; ce qu'il auroit faict, comme appert par fon ordonnance du dernier jour d'Aouft 1556 & le dernier paffé, cy - attachée foubs le contrefcel de noftre chancellerie laquelle les commiffaires par Nous ordonnés à tenir les Eftats dernierement tenus audit pays n'envoyent vérifier au moyen qu'il n'y avoit efdits Eftats aucun lieutenant de noftredit coufin, ce qui pourroit tourner au grand préjudice tant de Nous que de ceulx dudit pays , s'il n'eftoit fur ce par Nous pourveu. Nous , A CES CAUSES , voullons, vous mandons & à chacun de vous fi comme à luy appartiendra, & très-expreffément enjoignons par ces préfentes , que incontinent & fans dellay vous ayés à faire

lire ,

lire, publier & enregiftrer ladite ordonnance de noftre coufin le duc de Montmorency cy-attachée, comme dit eft, à tout où befoing fera, fans y faire aucun refus ne difficulté, & le contenu en icelle garder, entretenir & obferver de poinct en poinct fellon fa forme & teneur, fans aller ne venir, ne fouffrir eftre allé ne venu au contraire : CAR tel eft noftre plaifir. DONNÉ à Paris le dix-huitieme jour d'Aouft, l'an de grace 1557, & de noftre regne le unziefme. Par le Roy en fon confeil. CLAUSSE, fcellées à fimple queue de cire jeaulne.

I I.

EXTRAIT du regiftre des délibérations des Etats généraux de Languedoc, affemblés par mandement du Roi en la ville de Montpellier au mois de Novembre 1558.

Du Jeudi 10 dudit mois de Novembre, préfident Mgr. l'évêque de Montpellier.

MAISTRE Jean Raufel, folliciteur du pays a apporté lettres de provifion qu'il a obtenues pour le pays touchant les commiffions des affiettes defquelles la teneur s'enfuit :

HENRY, PAR LA GRACE DE DIEU, ROY DE FRANCE, à nos amés & feaulx confeillers, les commiffaires qui font ou feront par nous ordonnez pour préfider aux affemblées des gens des Trois-eftats de notre pays de Languedoc, la préfente année & autres en fuyvantes, generaulx de nos aydes à Montpellier, & à tous nos autres jufticiers & officiers audit pays & à chacun d'eulx fur ce requis, fi comme a luy appartiendra, SALUT & dilection. Notre bien amé le fcindic du pays de Languedoc, nous aurioit faict remonftrer, que fuyvant le contract faict avec le feu Roi, notre très-honoré feigneur & pere &

Tome IV.

ledit pays, l'an mil cinq cens quarantequatre, aurioct efté accordé & ordonné que les commiffaires pour faire les affiettes particulieres des deniers à nous octroyés & mis fur ledit pays, feroient addreffez à nos juges ordinaires, & aux vicaires formés fans fubrogation des archevefques & évefques, & autres notables perfonnages qui auroient efté préfens & affiftans auxdits Eftats, nommés & choifis par nos commiffaires ordonnés pour préfider auxdits Eftats, néanmoins parce que nozdits commiffaires auroient quelque foys controvenu à notredite ordonnance. Ledit fcindic auroit de nous obtenu lettres du vingt-quatriefme jour d'Avril mil cinq cens cinquante-fix, par lefquelles après avoir fur ce heu l'advis des gens de notre confeil privé auroit efté mandé à notre très-cher & très-amé coufin le duc de Montmorenci, pair & conneftable de France, notre lieutenant général & gouverneur de notre pays de Languedoc, de pourveoir auxdits gens des Trois-eftats, fuivant ladite ordonnance de notredit feigneur & pere & autrement comme verroit eftre à faire par raifon, fur quoy notredit coufin auroit octroyé autres lettres du dernier d'Aouft dudit an, & par icelles vous auroit efté mandé faire lire, publier & enregiftrer ezdites affemblées & autres lieux ou befoing feroit ladite ordonnance de notredit feigneur & pere, & icelle garder & entretenir felon fa forme & teneur, & à ce faire contraindre tous ceux qu'il appartiendroit, lefquelles lettres, enfemble une requefte auroient efté préfentées par ledit fcindic aux fins fufdites, à nos amés & feaulx les commiffaires ordonnés pour préfider à l'affemblée defdits Eftats, l'an mil cinq cens cinquante-fix, lefquels toutesfois auroient fait refponfe, que pour cette fois ne feroit procédé au contenu de ladite requefte & par ce moyen auroit

refuſé garder & entretenir ladite ordonnance de notredit ſeigneur & pere,
par nous confirmée, ne auſſi le mandement de notredit couſin tel que dit eſt ;
à cauſe de quoi ledit ſcindic auroict encores de nous obtenu autres lettres du
dix-huictieſme jour d'Aouſt mil cinq
cens cinquante-ſept, par leſquelles pareillement auroit eſté mandé à nos commiſſaires ordonnez pour préſider à ladite derniere aſſemblée, faire auſſi ce
que dit eſt, à quoi ſemblablement ils
auroient fait quelque dificulté ou refus,
& par tel moyen ledit contract & ordonnance de notredit ſeigneur & pere,
enſemble noſdites lettres & le mandement de notredit couſin auroient demeuré & demeureroient ſans effet, dont
ledit ſcindic nous auroit très-humblement ſuplié lui pourvoir ſur ce ; A
CETTE CAUSE, nous vous mandons &
très-expreſſément enjoignons & à chacun de vous ſi comme à lui appartiendra par ces préſentes pour toutes &
dernieres juſſions & mandemens que
vous procédés à l'entiere & deue exécution, & effet de noſdites lettres ci
avec les autres pieces ſuſdites attachées
ſoubs notre contre ſcel, de poinct en
poinct, ſelon leur forme & teneur,
contraignant à ce faire & ſouſfrir tous
ceulx qui pour ce feront à contraindre
par toutes voyes dues & raiſonnables,
ſans en ce uſer d'aucun refus, dificulté
ou délai, autrement à faulte de ce faire
dès-à-préſent comme pour lors, de notre certaine ſcience, plaine puiſſance &
auctorité Royal, nous avons révoqué,
caſſé & anullé, révoquons, caſſons &
anullons tout ce que par vous ou aucun
de vous ſe trouvera avoir eſté faict ou
permis eſtre faict au contraire ; & à
ceſt fin mandons auſſi & commandons
au premier notre huiſſier ou ſergent ſur
ce requis vous ſignifier ceſdites préſentes, & à tous autres que beſoing ſera
en leur faiſant les inhibitions, défenſes
& commandemens à ce néceſſaires, avec
inthimation que au cas de la contro-
vention faite à notredite ordonnance &
lettres, ledit expoſant pourra avoir recours contre les controvenans meſmes
pour le regard des deniers qu'ils auront
baillé ou reçeus ou permis, faict bailler
& recevoir pour les ſalaires & journées
des commiſſaires deſdites aſſiettes particulieres autres que ceulx qui ſont dé-
clairés par notredite ordonnance & lettres, & autrement ſera contre ceulx procédé & par nous pourveu comme de
raiſon, de ce faire nous lui avons donné & donnons plain pouvoir & mandement ſpécial auſſi par ces préſentes par
leſquelles pareillement mandons & commandons à tous nos juſticiers, officiers
& ſubjects que à lui en ce faiſant ſoict
obeï ſans permiſſion, placet, viſa, ni
paréatis : CAR tel eſt noſtre plaiſir.
DONNÉ à Paris le douſieſme jour d'Octobre, l'an de grace mil cinq cens cinquante huict, & de notre regne le dou-
zieſme ; Par le Roi en ſon conſeil, eſta-
bly près la Royne. FIZES, *ſigné.*

I I I.

*EXTRAIT du regiſtre des délibérations
des Etats généraux de Languedoc,
aſſemblés par mandement du Roi en
la ville de Carcaſſonne au mois de
Décembre 1575.*

Du 19 dudit mois de Décembre, préſident
Mgr. l'évêque de Carcaſſonne.

A ESTÉ conclud auſſi qu'en toutes
aſſiettes génerales qui ce feront
en chacune dioceſe, le meſme reng &
ordre qu'eſt gardé auſdits Eſtats entre les commiſſaires préſidants pour
le Roy & leſdits Eſtats, ſera gardé &
obſervé, & pour le regard des aſſiertes
& aſſemblées particullieres qui ſe feront durant l'année, leſdits commiſſaires ne y auront aucune entrée ni ſean-

ce , ains préfideront les vicaires généraulx chacun en fon diocefe.

I V.

Extrait du regiftre des délibérations des Etats généraux de Languedoc , affemblés par mandement du Roi en la ville de Beziers au mois de Septembre 1589.

Du Lundi 9 Novembre fuivant , préfident Mgr. l'évêque de Montpellier.

MONSEIGNEUR le duc de Montmorency fera fupplié de , en fuivant les lettres patentes du feu Roy Henry, deuxiefme de ce nom, & ordonnance de Mgr. le conneftable gouverneur & lieutenant général pour Sa Majefté au païs de Languedoc, de l'an 1552 , & autres provifions fur ce obtenues en l'année mil cinq cens cinquante-huit , bailler & diftribuer les commiffions des affiettes des diocefes du païs à ceulx qui ont affifté aux Eftats d'icelluy.

V.

Extrait du regiftre des délibérations des Etats généraux de Languedoc , affemblés par mandement du Roi en la ville de Pezenas au mois d'Avril 1599.

Du 27 dudit mois d'Avril, préfident Mgr. l'évêque de Lodeve.

S'ESTANT pleufieurs confuls & deputés de plufieurs villes & lieux dudit pays plainéts des grandes dépences qu'ils font contrainéts fupporter accaufé des commiffaires des affiettes lefquels y venant de loing fe font prouvoir de grandes taxations contre les priviléges du païs & inftructions de MM. les commiffaires des Eftats, A ESTÉ ARRESTÉ qu'il en fera faiéte remonftrance à Mgr. le duc de Vantadour; & fupplié de la part defdits Eftats, fuivant les an-

ciens priviléges du païs, de voulloir commettre lefdites affiettes à perfonnaiges de la quallité & intégrité réquife, & que ayent cognoiffance des affaires du païs & affifté aux Eftats.

V I.

Extrait du regiftre des délibérations des Etats généraux de Languedoc , affemblés par mandement du Roi en la ville de Pezenas au mois d'Avril 1599.

Du 27 dudit mois d'Avril , préfident Mgr. l'évêque de Lodeve.

IL A ESTÉ ARRESTÉ, fuivant plufieurs délibérations précédentes defdits Eftats, que le mefme ordre qui eft gardé en l'affemblée defdits Eftats fera obfervé ez Eftats particuliers & affiettes dudit païs & que les commiffaires ne pourront affifter aux délibérations defdites affiettes que l'hors qu'il fe traiétera des affaires du Roy, ou des impofitions & affiettes qu'il y conviendra fere, lefquels commiffaires ne pourront furroger autre commiffaire en leur place, mais au cas ne fe trouveront au jour de l'affignation, fera paffé outlre par les commiffaires ordinaires fuivant lefdites inftructions.

V I I.

Extrait du regiftre des délibérations des Etats généraux de Languedoc , affemblés par mandement du Roi en la ville de Pezenas au mois d'Avril 1599.

Du 28 dudit mois d'Avril , préfident Mgr. l'évêque de Lodeve.

LES ESTATS advertis par le rapport que leur en a efté fait par le fieur de Lamotte leur fcindic, de ce qu'ayant eu advis que MM. les tréforiers de France , pour augmenter de plus en plus leur jurisdiction auroient obtenu provision du Roy pour présider & assister ez assiettes dudit pays comme commissaires, mais sçaichant de combien ceste provision estoit préjudiciable au pays, ils en auroint obtenu la révocation laquelle auroit mandé au sieur de Grallet pour la faire vérifier où il appartiendroit; LES ESTATS ONT ARRESTÉ, suivant leurs précédentes délibérations, que M. le duc de Vantadour sera supplié de conserver le privilège dudit païs sur la distribution des commissions desdites assiettes, & pour lui en faire très-humble requeste & supplication ont esté commis Mgr. l'évesque d'Agde, M. le baron de Caulvisson, MM. les capitouls de Toulouse & consuls de Montpellier, & le sieur Durdes, sindic dudit païs.

VIII.

EXTRAIT du regiſtre des délibérations des Etats généraux de Languedoc, aſſemblés par mandement du Roi en la ville de Carcaſſonne au mois de Novembre 1599.

Du Jeudi 9 Décembre suivant, président Mgr. l'évêque de Viviers.

ET parce qu'aucuns de ceux à qui les commissions pour la tenue des assiettes sont adressées y surrogent d'autres, A ESTÉ ARRESTÉ qu'aucun surrogé ne sera reçu esdites assiettes, & qu'en l'absence des commissaires principaux nommés ez commissions, les commissaires ordinaires passeront outre suivant les instructions pour ne retarder la levée des deniers accordés à Sa Majesté...

IX.

EXTRAIT du regiſtre des délibérations des Etats généraux de Languedoc, aſſemblés par mandement du Roi en

la ville de Beaucaire au mois d'Octobre 1600.

Du 17 dudit mois d'Octobre, président Mgr. l'Évêque de Viviers.

SUyvant les délibérations ci-devant prinses par les Estats, ordonnance de feu Mgr. le connestable, & pour le bien & solagement dudit pays, A ESTÉ ARRESTÉ que Mgr. le connestable sera supplié de ne vouloir bailler les commissions des assiettes qu'à personnages de la qualité suffisante & intégrité requise & qui soit du corps des Estats, lesquels ne pourront prendre que les gaiges à eux ordonnés par les instructions des Estats, sur peine de restitution & du quadruple.

X.

EXTRAIT du regiſtre des délibérations des Etats généraux de Languedoc, aſſemblés par mandement du Roi en la ville de Pezenas au mois d'Octobre 1602.

Du 16 Novembre suivant, président Mgr. l'archevêque & primat de Narbonne.

SUR les plainctes faictes de la part de divers dioceses de ce que les commissaires depputtés à tenir les assiettes, non contens davoir assisté pendant la tenue d'icelles à l'imposition & despartement des deniers qu'il fault imposer, veulent constraindre les diocesains de les appeller en toutes les autres assamblées que se font pour les autres particulières affaires desdits dioceses, & rendre par ce moyen leurs commissions perpetuelles, ce que pourroit apporter beaucoup de fraix, mesmes s'il falloit envoyer chercher lesdits commissaires absents & les deffrayer, A ESTÉ ARRESTÉ que les délibérations cy-devant prinzes sur ce subject soient gardées sans que après la tenue des assiettes les diocezains puissent estre tenus appeller lefdits commiffaires extraordinaires ez affemblées qu'ils fairont pour les autres particulieres affaires defdits diocefes ne concernant pas l'impofition defdits deniers, ny que lefdits commiffaires y puiffent prétendre entrée ni voix délibérative.

XI.

EXTRAIT du regiftre des délibérations des Etats généraux de Languedoc, affemblés par mandement du Roi en la ville de Narbonne au mois d'Octobre 1605.

Du Mardi 15 Novembre fuivant, préfident Mgr. l'évèque de Carcaffonne.

A ESTÉ DESLIBÉRÉ que Mgr. le duc de Vantadour fera prié, comme il a efté par plufieurs autres délibérations, de ne donner les commiffions pour la tenue des affiettes a perfonne que n'aye affifté aux Eftats, affin que, comme inftruicts des affaires du pays, le Roy en puiffe eftre mieux fervy & fes fubjects folagés.

XII.

EXTRAIT du regiftre des délibérations des Etats généraux de Languedoc, affemblés par mandement du Roi, en la ville de Pezenas au mois de Novembre 1607.

Du Jeudi 8 dudit mois de Novembre, préfident Mgr. l'évèque de St. Pons.

LE fieur Dufaur conful de Carcaffonne a dict qu'en l'année 1599 feuft reglé par les Eftats que dores en ayant les commiffaires depputés pour tenir les affiettes ne prendroient que vingt-cinq livres pour leurs gaiges & deux efcus par jour payant leurs def-

pances, que pour cela il y a heu de grands abus au préjudice du pouvre peuple qui en fouffre la defpence, fy a requis les Eftats y vouloir prouvoir & y délibérer. SUR QUOI A ESTÉ CONCLUD que les anciens réglemens & inftructions feront fuivies, & fuivant icelles, que lefdits fieurs commiffaires principaux depputés pour les affiettes ne pourront prendre que vingt-cinq livres pour leurs gaiges, & fix livres par jour de leur defpences, fy mieux ils n'ayment être desfrayés & fe contenter pour leur fallaire defdits vingt-cinq livres & que le furplus defdites inftructions fortiront a effet & que Mgr. le duc de Ventadour & autres feigneurs commiffaires feront fupliés vouloir authorifer ce réglement, enfemble de donner lefdites affiettes à gens capables, du corps de ladite affemblée, & qui foient plus prochains des lieux pour efviter la defpence.

Voy. les pieces N°. IX, X, XI, XII, XIII du tit. IX fuivant.

XIII.

EXTRAIT du regiftre des délibérations des Etats généraux de Languedoc, affemblés par mandement du Roi en la ville de Pezenas au mois de Novembre 1607.

Du Mardi 18 Décembre fuivant, préfident Mgr. l'évèque de Carcaffonne.

SUR la plaincte faicte aux Eftats que aucungs commiffaires des affiettes veulent avoir voix délibérative en icelles, A ESTÉ ARRESTÉ qu'ils ne pourront opiner ezdites affiettes & ny auront autre fonction que celle qui leur eft attribuée par leurs commiffions & inftructions.

XIV.

Extrait du registre des délibérations des Etats généraux de Languedoc, assemblés par mandement du Roi en la ville de Pezenas au mois de Décembre 1615.

Du Vendredi 22 Janvier, présidant Mgr. l'archevêque & primat de Narbonne.

A ESTÉ ARRESTÉ que Mgr. le duc de Montmorency sera supplié d'ordonner les commissions pour la tenue des assiettes aux depputés qui sont aux présens Estats, & que tant mondit seigneur que autres sieurs commissaires seront aussi suppliés d'ordonner que les assiettes se commenceront au plus tard quinze jours après le retour des depputés des Estats dans leurs dioceses, sauf aux dioceses régies par Estats qui se pourront commancer trois sepmaines après l'arrivée desdits depputés & qu'estant le sieur commissaire principal bien & duement adverty du jour de la convocation de ladite assemblée, en cas il ne s'y trouveroit, qu'il sera permis aux commissaires ordinaires de passer oultre à la tenue de l'assiette.

XV.

Extrait du registre des délibérations des Etats généraux de Languedoc, assemblés par mandement du Roi, en la ville de Beaucaire au mois de Novembre 1622.

Du Vendredi 2 Décembre suivant, présidant Mgr. l'évêque de Lavaur.

SUR les plaintes qui ont été faites par plusieurs des députés des dioceses que, contre la teneur des délibérations ci-devant prises, les commissaires principaux des assiettes s'efforcent d'avoir entrée pendant toutes les séances, contre ce qui est de l'ordre ancien, lesdites assiettes étant composées du sieur évêque ou son vicaire général, du juge mage ou juge royal du lieu qui sont commissaires ordinaires, des consuls des villes capitales & maîtresses de chacun diocese, devant lesquels ils traitent de leurs affaires particulieres & qu'il ne puisse être soupçonné qu'il se délibere contre le service du Roi & de la province, & que telles introductions n'apportent que de grandes altérations, contestations, frais & dépens auxdits dioceses où lesdits commissaires tâchent de capter les opinions des assistans pour des voyages, gratifications & autres dépenses qui plongent les dioceses à de grands frais & dépens; Lecture faite des susdites délibérations, même de celles de Pezenas du 27 Avril 1599; en la ville de Carcassonne le 5 Octobre 1621, confirmant icelles, A ÉTÉ ARRETÉ que S. M. & nosseigneurs de son conseil seront très-humblement suppliés par les députés qui iront en cour, pour faire cesser lesdites contestations & dépenses, ordonner que par ci-après les commissions des assiettes seront baillées à ceux qui seront du corps des Etats, suivant l'ordre ancien, & pour éviter les frais & vacations qu'ils seront du diocese ou sénéchaussée où ladite commission sera dressée, & que lesdits commissaires principaux n'auront entrée qu'en l'assemblée générale de l'assiette & lors seulement qu'il se traitera des affaires de S. M., reddition des comptes des receveurs ou des impositions & assiettes qu'il y conviendra faire, & ce sans voix délibérative ni commettre ou subroger autre en sa place, ainsi qu'il est observé en l'assemblée des Etats généraux; & en cas ledit sieur commissaire duement averti ne se trouvera au jour de l'assignation, il sera passé outre par les commissaires ordinaires suivant les instructions des Etats pour éviter les longueurs qu'ils apportent à la tenue des affiettes ; pour à quoi remédier le greffier fera chargé ne délivrer les commiffions defdites affiettes que aux confuls des villes capitales ou fyndics defdits diocefes, ainfi qu'il a été de tout temps obfervé, & pourfuivront lefdits députés l'autorifation de la préfente délibération, les chargeant par exprès d'en obtenir les provifions néceffaires ; & jufques à ce, les diocefes font exhortés tenir la main à l'exécution d'icelle ; & en cas de trouble, ils feront affiftés par le fyndic du pays. Comme auffi A ÉTÉ ARRETÉ, fuivant la délibération des Etats tenus à Pezenas le 15 Décembre 1620, que, pour obvier aux abus qui fe commettent en la plupart des affiettes, à caufe de la modicité de la taxe des députés des villes maitreffes capitales qui ont entrée pendant l'entiere tenue defdites affiettes, ne leur étant accordé en l'Etat de leurs dépenfes ordinaires que cinquante fols par jour, lefquels même étant députés en leur tour aux Etats font payés fuivant l'arrêt du confeil, à raifon de cent fols par jour, qu'eft caufe que pour fe pouvoir en quelque façon dédommages de la dépenfe qu'ils font & que par le commiffaire principal la taxe de cinquante fols par jour leur foit augmentée, ils ufent de quelque gratification en fon endroit par deffus les vingt-cinq livres qui lui font accordés dans l'état des dépenfes ordinaires, ce qui n'adviendroit autrement ; que par les députés qui iront en cour de la part du pays, S. M. fera très-humblement fuppliée, attendu la qualité defdits diocéfains qui font à leur tour députés auxdix Etats, & vu la cherté des vivres & incommodité du logement, leur accorder durant l'affiette pareille fomme de cinq livres par jour pendant le tems qui leur eft accordé à l'état de leurs dépenfes ordinaires ; de quoi le cahier fera chargé

& lefdits députés chargés en pourfuivre arrêt d'autorifation au confeil.

X V I.

EXTRAIT du regiftre des délibérations des Etats généraux de Languedoc, affemblés par mandement du Roi en la ville de Beziers au mois de Mars 1625.

Du Lundi 12 Mai fuivant, préfident Mgr. l'évêque de St. Pons.

AYANT été repréfenté aux Etats que, contre l'ordre & réglemens de cette province, quelques commiffaires principaux des affiettes des diocefes, ores que leur commiffion ait pris fin avec lefdites affiettes, fi eft-ce qu'abufant du pouvoir qu'ils ont dans lefdits diocefes ou villes capitales auxquelles lefdites affiettes ont accoutumé fe tenir, s'ingerent d'affifter & préfider en toutes les autres affemblées ordinaires ou extraordinaires defdits diocefes qui fe font après lefdites affiettes durant le cours de l'année felon les diverfes occurrences, d'où procedent des maux & défordres infinis & dépenfes exceffives ; pour à quoi remédier à l'avenir, conformément à plufieurs autres délibérations ci-devant prifes fur ce fujet, A ÉTÉ ARRETÉ que le Roi fera très-humblement fupplié d'ordonner que lefdites commiffions des affiettes ne pourront être baillées à autres qu'à ceux qui auront affifté en l'affemblée des Etats & qu'il foit fait défenfes à ceux qui auront lefdites commiffions, de s'ingerer d'entrer ni affifter à aucunes affemblées defdits diocefes après la tenue defdites affiettes pour quelque caufe & fous quelque prétexte que ce foit, encore bien qu'ils fuffent demeurans dans les villes où lefdites affiettes auront été tenues, & aux commiffaires ordinaires, confuls, députés, fyndics & greffiers deſdits dioceſes de les y introduire ou ſouffrir ni leur obéir & entendre, à peine de mille livres d'amende & de privation de leurs taxes, & a été le ſieur de Lamamie ſyndic général expreſſément chargé de pourſuivre ſur ce, devers S. M. , tous arrêts, lettres & proviſions néceſſaires, & de ſupplier cependant de la part des Etats MM. les commiſſaires préſidens pour le Roi en iceux de l'ordonner ainſi par article exprès dans les inſtructions qui doivent être envoyées de leur part auxdits commiſſaires des aſſiettes de la préſente année.

XVII.

EXTRAIT du regiſtre des délibérations des Etats généraux de Languedoc, aſſemblés par mandement du Roi en la ville de Toulouſe au mois de Mars 1628.

Du Lundi 6 dudit mois de Mars , préſident Mgr. l'évêque de Mirepoix.

LEs diocéſains de Montpellier & de Narbonne ayant rapporté leurs procurations faites devant le commiſſaire principal de l'aſſiette de leurs dioceſes, ce qui eſt contre la forme ordinaire & contre la délibération de cette aſſemblée du 12 Mai 1625, qui défend à tous dioceſes de la province de ſouffrir que les commiſſaires principaux des aſſiettes s'ingerent de faire nul acte de commiſſaire après la tenue de l'aſſiette pour quelque cauſe & prétexte que ce ſoit ; OUI ſur ce le ſieur de Lamamie, A ÉTÉ ARRETÉ que pour ce qu'il demeure vérifié que leſdits diocéſains ſont en tour d'entrer aux préſens Etats pour leſdits dioceſes de Montpellier & de Narbonne, qu'ils y ſeront reçus à la charge de faire réformer leurs procurations dans quinzaine ; & à faute de ce faire dans ledit temps, qu'ils ſeront pri-

vés de l'entrée auxdits Etats : qu'à l'avenir toutes procurations faites en la ſuſdite forme devant les commiſſaires principaux ſeront rejettées & ceux qui les porteront renvoyés à leurs dioceſes pour ſe pourvoir de procuration légitime & conforme aux réglemens des Etats, & qu'en conféquence de la ſuſdite délibération, pour éviter de ſi dangereuſes introductions contre la liberté du peuple dans leſdites aſſiettes ou autres aſſemblées particulieres, défenſes ſoient faites aux commiſſaires ordinaires, conſuls & députés, ſyndics & greffiers deſdits dioceſes, d'introduire & ſouffrir non-ſeulement en leurs aſſemblées particulieres leſdits commiſſaires principaux, mais encore de leur permettre l'entrée deſdites aſſiettes, après qu'ils en auront fait l'ouverture, juſques à tant que leſdits conſuls & députés ayent achevé de délibérer de toutes les affaires particulieres de leurs dioceſes, & qu'il faille faire la clôture deſdites aſſiettes, & ſigner les départemens, vu même que MM. les commiſſaires préſidens pour le Roi aux Etats, deſquels leſdits commiſſaires des aſſiettes prennent la loi & les inſtructions en uſent de même à l'aſſemblée des Etats, ſans toutes fois déroger aux coutumes & réglemens particuliers des villes & dioceſes de ladite province.

XVIII.

EXTRAIT du regiſtre des délibérations des Etats généraux de Languedoc, aſſemblés par mandement du Roi en la ville de Montpellier au mois de Novembre 1633.

Du Lundi 5 Décembre ſuivant , préſident Mgr. l'archevêque & primat de Narbonne.

MOnſeigneur l'évêque de Montpellier & les autres ſieurs commiſſaires députés avec lui pour voir MM. de Miron & le Camus, intendans

dans de la justice, & se plaindre à eux de la part de cette assemblée des entreprises des sieurs trésoriers de France, sur la liberté des diocèses en la tenue des dernieres assiettes, ont rapporté qu'ils leur avoient fait plainte de ce que lesdits sieurs trésoriers, contre les propres termes de l'édit de Sa Majesté, donné à Beziers l'année derniere, par lequel les diocèses sont continués dans la liberté de s'assembler suivant la forme ancienne, & avec faculté d'opiner sur toutes les affaires qui leur seroient proposées dans les assiettes, sans que lesdits trésoriers, commissaires principaux, leur puissent faire nulle sorte de violence & les empêcher de délibérer ; néanmoins faisant exécuter dans lesdites assiettes la clause dudit édit, qui porte que les greffiers desdits diocèses seront nommés en leur présence & de leur consentement, ils auroient empêché en beaucoup de lieux les diocésains de procéder entre eux à la création desdits greffiers & leur auroient ôté la faculté d'y délibérer, sous prétexte que Sa Majesté ayant ordonné que la nomination dudit greffier ne pourroit être faite qu'en leur présence & de leur consentement, ils devoient eux seuls procéder à sa création, contraignant ainsi les diocésains de nommer enfin celui qu'ils vouloient mettre dans ladite charge, par le refus que d'autorité ils faisoient de tous les autres qui leur étoient présentés, de quelque probité qu'ils pussent être, sans que pour raison de ce ils voulussent rendre nul compte auxdits diocésains des mouvemens qu'ils avoient de faire ledit refus, & que c'étoit une notable infraction au contenu du susdit édit, par lequel Sa Majesté ayant laissé en toute autre chose aux diocésains la liberté dont ils jouissoient devant, Elle n'avoit pu entendre qu'ils seroient privés de la liberté d'opiner & conclure à la pluralité des voix sur la

création dudit greffier, pour laquelle en l'année 1624 les Etats avoient accordé au Roi la somme de sept cens & tant de mille livres pour le remboursement des greffiers des diocèses qu'on avoit voulu établir en office ; mais seulement que lesdits diocésains ne pourroient procéder à ladite création qu'en la présence desdits sieurs trésoriers de France, afin qu'il n'y fût point commis les abus dont Sa Majesté avoit soupçonné lesdits diocèses, ayant jusques à cette heure créé leurs greffiers sans que les commissaires principaux y pussent opiner. Qu'ils auroient aussi fait plainte de ce que l'ordre ancien desdits diocèses ayant toujours été que les sommes ordonnées dans les Etats du Roi pour leurs dépenses ordinaires, étoient payées par les receveurs des tailles sur les simples quittances des dénommés auxdits Etats, sans qu'il leur fût besoin d'aucuns mandemens, lesquels ne souloient être expédiés par lesdits diocèses que sur le fonds de leur syndic destiné à leurs affaires particulieres, & le tout en corps d'assiette & en conséquence des délibérations qui avoient été prises ; néanmoins lesdits trésoriers de France avoient défendu auxdits receveurs des tailles de vuider les mains des sommes contenues dans lesdits états des dépenses ordinaires.

Et de plus, qu'ils ne vouloient pas expédier lesdits mandemens dans lesdites assiettes, jettant par ce moyen dans de grandes dépenses les députés desdits diocèses & autres dénommés dans ledit état, qu'ils contraignent de faire des voyages pour aller dans leurs bureaux recouvrer lesdits mandemens ; & que la plus forte raison que lesdits trésoriers avoient eu d'en user de la sorte, avoit été pour arrêter par ces difficultés le fonds des syndics desdits diocèses, duquel ils prétendent avoir la direction, & la distribution ne pouvoir être faite que sur leurs mandemens, bien que par l'ordre du Roi le fonds desdits syndics ait été toujours employé suivant les délibérations desdits dioceses pour leurs affaires particulieres & sur leurs mandemens, ce qui renverse entierement leurs priviléges dans lesquels Sa Majesté les a remis par son édit de Beziers.

Qu'ils avoient aussi représenté que lesdits tresoriers, nonobstant l'attache des sieurs commissaires présidens pour le Roi aux Etats, sur les lettres d'assiette qui leur sont adressées, prétendent faire rapporter lesdites lettres d'assiette dans leurs bureaux, pour y donner leurs attaches & constituer ainsi dans de grands frais les porteurs desdits lettres ; ce qui porteroit une très-grande foule & dérogeroit à l'ordre ancien observé de tout temps & à l'autorité desdits sieurs commissaires présidens pour le Roi aux Etats, du nombre desquels sont deux desdits tresoriers de France, députés par leurs généralités.

Et qu'à toutes les susdites plaintes MM. de Miron & Lecamus leur avoient fait espérer qu'ils empêcheroient que ces abus ne continuassent point dans lesdites assiettes, & que pour cet effet ils assembleroient lesdits sieurs tresoriers de France, pour apprendre d'eux les raisons qu'ils avoient eues d'en user de la façon. SUR QUOI A ÉTÉ ARRÊTÉ que mesdits sieurs intendans de la justice seront sollicités par les syndics généraux de donner leurs ordonnances pour régler la tenue des prochaines assiettes, conformément à l'usage ancien & aux ordres de nouveau établis par Sa Majesté, ensemble sur les attaches desdits tresoriers de France pour les lettres d'assiette adressées aux sieurs commissaires présidens pour le Roi auxdits Etats, & que les députés du pays en cour seront chargés de faire plainte au Roi

des entreprises desdits tresoriers de ~~France~~, & obtenir tous arrêts & provisions nécessaires pour le réglement desdites assiettes.

XIX.

EDIT DU ROI.

Portant création d'un office de conseiller commissaire général des assiettes & departemens des tailles, taillon & autres deniers qui s'imposent & imposeront annuellement en chacun des vingt-deux dioceses de la province de Languedoc, avec un office de greffier héréditaire desdits dioceses & assiettes en chacun desdits vingt-deux dioceses.

Du mois d'Avril 1635.

LOVIS, PAR LA GRACE DE DIEU, ROY DE FRANCE ET DE NAUARRE : A tous presens & aduenir, SALUT. Comme Nous auons tousiours recogneu qu'vn des moyens les plus puissans pour faire viure nos sujets en repos, estoit de faire cesser les desordres que la licence des guerres auoit introduict en plusieurs prouinces de nostre royaume, mesmes en celle de Languedoc, en laquelle en ayant faict cesser la cause par les faueurs du ciel & bon-heur de nos armes, Nous aurions par nostre edict du mois d'Octobre 1632 estably un reglement general aux affaires de ladite Prouince, par le moyen duquel nous nous estions promis de mettre fin ausdits desordres. Mais comme il estoit mal-aysé de pouruoir (pendant le peu de sejour que nous auons fait en ladite prouince) aux abus qui s'y estoient glissez de longue-main, Nous aurions reglé comme par prouision beaucoup de choses qui meritoient une plus grande discution & cognoissance, entr'autres les personnes qui deuoient eftre employez à la tenue des affiettes & departemens de nos deniers en chacun diocefe, comme font les commiffaires generaux & greffiers defdits affiettes, la nomination & inftitution defquels bien qu'elle nous appartienne, & qu'autres ne fe doiuent ingerer aufdites charges qu'en vertu de nos prouifions, & que nous ayons à ces fins reuoqué par exprés le pouuoir que nos gouuerneurs & lieutenans generaux en ladite prouince auroient cy-deuant prins, de donner lefdites commiffions, neantmoins nos prefidens & treforiers de France des generalitez de Thouloufe & Montpellier fe trouuans commiffaires aux Eftats generaux de ladite Prouince, lors de la publication dudit edict, auroient procuré de fe faire commettre aufdites charges de commiffaires generaux defdites affiettes, & d'obliger les deputez de nofdits dioceses de prendre leur confentement pour le greffier defdites affiettes, qui eft en effect leur accorder la nomination, bien que noftre intention n'ayt iamais efté de donner ledit pouuoir à nofdits treforiers à noftre prejudice; ce qui neantmoins ayant efté gliffé dans noftre edict à l'aduantage defdits treforiers de France, ils en ont tellement abufé, qu'ils ont donné fubject aux Eftats de noftredit pays de nous en porter leurs plaintes dans le cayer qu'ils nous ont faict prefenter l'année derniere 1634, fur lequel attendant d'y pouruoir d'un meilleur ordre, Nous aurions ordonné que de trois qui feroient nommez par les deputez defdites affiettes pour la charge de greffier, lefdits treforiers commiffaires d'icelles auroient la faculté d'en choifir un, qui eft leur attribuer un droict royal au-delà de leur charge & pouuoir, tels offices ne deuans eftre adminiftrez que par des perfonnes qui ont noftre carractere & nous ont prefté le ferment; A quoy defirans

pouruoir, tant pour l'importance defdites charges de commiffaires generaux defdites affiettes, que pour ne laiffer incertaine la nomination defdits greffiers & à la volonté defdits treforiers, & que d'ailleurs nous en tirerons une notable fomme de deniers pour fubuenir à partie des defpences que nous fommes obligez de faire. A CES CAVSES, de l'aduis de noftre confeil, où eftoient plufieurs princes de noftre fang, & autres grands & notables perfonnages, & de noftre certaine fcience, plaine puiffance & authorité royalle, Nous auons par noftre prefent édict, perpetuel & irreuocable, créé & érigé, creons & érigeons en tiltre d'office formé, vn noftre confeiller commiffaire general des affiettes & departement des tailles, taillon & autres deniers qui s'impofent & impoferont annuellement en chacun des vingt-deux dioceses de noftre prouince de Languedoc, pour y eftre par nous pourueu de perfonnes capables de prefent & à l'aduenir, vacation aduenans par mort, refignation, forfaiture ou autrement, auec un office de greffier hereditaire defdits dioceses & affiettes en chacun defdits vingt-deux dioceses, aux gaiges pour tous lefdits officiers de 33000 liures, & de 3300 liures de taxation aufdits commiffaires generaux, lefquels 36300 liures de gaiges feront departis aufdits offices fuiuant l'eftat qui en fera arrefté en noftre confeil, & employez annuellement dans les eftats generaux & particuliers de nos finances defdites generalitez, & payez à ceux qui feront pourueus defdits offices par les receueurs particuliers de nos tailles defdits vingt-deux dioceses de quartier en quartier en la maniere accouftumée, & à ce faire contraincts; & outre les gaiges defdits greffiers, nous leur attribuons les émolumens & droicts de 40 fols pour chacune certification de roolle, qui leur feront payez fuiuant noftredit edict du mois d'Octobre 1632; de tous lefquels gaiges & droicts de 40 fols, Nous voulons que les porteurs des quictances de finance & lettres de prouifion defdits offices les noms en blanc, & iufques à la vente d'iceux iouiffent fur leurs fimples quictances, lefquelles feruiront de valable defcharge aufdits receueurs particuliers de noflites tailles & autres qui en feront le payement, & feront paffez & allouez en defpence dans leurs eftats & comptes fans difficulté, avec pouuoir aufdits commiffaires generaux de proceder auec lefdits greffiers à la tenue defdites affiettes conjoinctement auec ceux qui ont accouftumé d'y entrer & affifter, lefquelles affiettes & departemens, auec le procés-verbal de tout ce qui y fera arrefté, enfemble les commiffions & mandemens qui y feront enuoyez aufdits diocefes, villes & communautez particulieres, Nous voulons eftre fignées dudit commiffaire general, & qu'il prefide aufdites affiettes, & y tienne rang & feeance immédiatement aprés les archeuefques & euefques qui y affifteront en perfonne, conformément audit edict du mois d'Octobre 1632, fans que les deputez defdits diocefes pour la tenuë defdites affiettes, departemens, cottifations & autres affemblées pour quelque affaire & en quelque temps que ce foit, fe puiffent affembler ny trauailler qu'en la prefence dudit commiffaire general & greffier, à peine de faux & nullité. Prefideront & affifteront auffi lefdits commiffaires generaux à la reddition des comptes de ceux qui adminiftreront les affaires defdits diocefes, payement des rentes, interefts, penfions, mefme fi bon leur femble à ceux qui feront efteuz & nommez aufdites villes capitales des diocefes pour la cottifation des cabaux, meubles lucratifs & induftrie; pour-

uoiront aux logemens des gens de guerre & eftappes, & generallement prefideront en toutes affemblées generalles & particulieres pour les affaires defdits diocefes pour quelque caufe que ce foit, fans qu'autres que nofdits commiffaires generaux & greffiers fe puiffent immifer de prefent & à l'aduenir directement ny indirectement en l'exercice defdites charges, ce que nous leur deffendons tres expreffement & aux greffiers defdites affiettes d'expedier aucun acte qui n'ayt efté figné defdits commiffaires generaux, mefmes aux receueurs des tailles, taillon, confulz, clauaires, collecteurs & autres d'y auoir egard : Enjoignant aufdits commiffaires de prendre garde qu'il ne foit impofé autres plus grandes fommes que celles qui font contenuës efdites commiffions, & aufdits greffiers d'enuoyer aux bureaux des treforiers de France dans la generalité defquels ils fe trouueront, coppie du procés verbal des deliberations, affiettes & departemens qui auront efté faicts efdites affemblées, pour eftre ledit procés verbal enuoyé par lefdits treforiers de France en noftre confeil, auec l'eftat qui aura efté remis en leur bureau par noftre greffier en l'affemblée generalle defdits Eftats, contenans les fommes qui auront efté departies & impofées fur lefdits vingtdeux diocefes, afin que nous foyons plainement informez de tout ce qui aura efté faict, traicté, arrefté & impofé foubz quelque pretexte ou occafion que ce foit ou puiffe eftre en ladite prouince. Permettons à tous nos fubjectz, mefmes à nos officiers, de poffeder conjoinctement lefdites charges de commiffaires generaux ou greffiers auec leurs autres offices fans incompatibilité; & afin de les inciter à s'en faire pouruoir, Nous auons exempté & defchargé, exemptons & defchargeons les pourueus defdits offices de commiffaires generaux & greffiers defdits affiettes de toutes cottifations pour leurs cabaux, meubles lucratifs & induftrie, enfemble du logement des gens de guerre, tutelle, curatelle & commiffaires des biens faifis ; mefmes attribuons aufdits commiffaires generaux pareilz logemens pendant la tenuë defdits affiettes, departemens & autres affemblées que ceux où auoient accouftumé lefdits treforiers de France de loger, fans que lefdits greffiers puiffent eftre reputez domaniaux, vendus ny reuendus pendant dix années, à compter du iour de la verification de noftre prefent edict, & lefquels commiffaires & greffiers feront receus & prefteront le ferment en noftredite cour des comptes, aydes & finances de Montpellier, en laquelle refortiront les appellations des procedures faictes par lefdits commiffaires, & des deliberations prifes aufdites affiettes & aux autres affemblées faictes pardeuant eux. Si DONNONS EN MANDEMENT à nos amez & feaux confeillers les gens tenans noftre cour des comptes, aydes & finances de Montpellier, & aux prefidens treforiers de France defdites generalitez de Thoulouze & dudit Montpellier, que le prefent edict chacun en droict foy, ils facent lire, publier & regiftrer és regiftres de leurs greffes, fans aucune reftriction ny modification, & le contenu en iceluy inuiolablement garder & obferuer de poinct en poinct felon fa forme & teneur, ceffant & faifant ceffer tous troubles & empefchemens, nonobftant l'edict du mois d'Octobre 1632, auquel nous auons derogé pour le regard de la prefente creation feulement, & tous autres edicts, ordonnances & reglemens à ce contraires, & nonobftant auffi oppofitions ou appellations quelconques, pour lefquelles & fans prejudice d'icelles ne voulons eftre differé, & defquelles fi aucunes interuiennent,

Nous auons refervé la cognoiffance à noftredit confeil, & icelles interdittes à tous cours, iuges & officiers ; CAR TEL EST NOTRE PLAISIR. Et d'autant que du prefent edict on pourra auoir affaire en plufieurs & diuers lieux, Nous voulons que foy foit adjouftée comme au propre original aux coppies d'iceluy deuëment collationnées par l'un de nos amez & feaux confeillers & fecretaires, auquel original afin que ce foit chofe ferme & ftable à roufiours, Nous auons faict mettre noftre feel, fauf en autre chofe noftre droit & l'autry en toutes. DONNÉ à Paris au mois d'Avril l'an de grace mil fix cent trente-cinq, & de noftre regne le vingt-cinquiefme. *Signé*, LOVIS, & fur le reply, Par le Roy, PHELYPEAUX. Et à cofté eft écrit, *vifa*. Et feellé du grand fceau de cire verte en lacqs de foye verte & rouge.

X X.

C O M M I S S I O N.

Sur la réponfe du Roi à l'article XVI du cahier des doléances des Etats de Languedoc de 1635, concernant la direction des fonds des diocefes dans le cours de l'année.

Du 19 Août 1635.

LOUIS, PAR LA GRACE DE DIEU, ROI DE FRANCE ET DE NAVARRE: au premier huiffier ou fergent fur ce requis, SALUT. Nous te mandons & commandons que la réponfe par nous faite fur le XVI article du cahier à nous préfenté par nos très-chers & bien amés les gens des trois Etats de notre pays de Languedoc, dont l'extrait eft ci-attaché fous le contre-fcel de notre chancellerie, tu fignifies aux tréforiers de France établis aux bureaux de nos finances de nos généralités de Touloufe & Montpellier, commiffaires principaux des aſſiettes de notre pays, & autres qu'il appartiendra, à ce qu'ils n'en prétendent cauſe d'ignorance, & leur faits commandement de part nous d'y déférer & obéir; &, ce faiſant, le contenu audit article garder, obſerver & entretenir, ſans y contrevenir, ni ſouffrir être contrevenu en aucune maniere, nonobſtant tous arrêts & autres choſes à ce contraires, auxquelles nous avons dérogé & dérogeons pour ce regard. De ce faire, & tous exploits requis & néceſſaires pour l'exécution de notredite réponſe & de ces préſentes, te donnons pouvoir, commiſſion & mandement ſpécial, ſans pour ce demander placet, viſa, ni paréatis: Car tel eſt notre plaiſir. Donné à Paris le 19 jour d'Août, l'an de grace 1635, & de notre regne le vingt-ſix. *Signé*, LOUIS. *Et plus bas.* Par le Roi, PHELYPEAUX.

EXTRAIT *du cahier préſenté au Roi par les gens des trois Etats de Languedoc, répondu par Sa Majeſté le 19 d'Août 1635.*

ARTICLE XVI.

NONOBSTANT que la charge des commiſſaires principaux des aſſiettes expire avec la tenue d'icelles, & que dans le courant de l'année ils ne ſoient plus en faculté de prendre aucune connoiſſance des affaires deſdits dioceſes qui ſurviennent de jour en jour, néanmoins, par ſurpriſe, les ſieurs tréſoriers de France ont fait gliſſer, en aucuns des Etats des frais ordinaires deſdits dioceſes arrêtés au conſeil, que les mandemens qui ſeroient tirés ſur les fonds que le Roi laiſſe pour les dépenſes inopinées & pourſuite des procès deſdits dioceſes

dans le cours de l'année, ſeront ſignés par leſdits tréſoriers de France; même en celui de Touloufe, au préjudice de la faculté que le ſieur archevêque de ladite ville en a eu de tout temps, à cauſe de ſa qualité qui lui donne le principal intérêt & l'autorité la plus légitime dans la connoiſſance & direction des affaires dudit dioceſe, & à ſon vicaire général en ſon abſence. Et d'autant que cet ordre contrevient à l'uſage de tout temps pratiqué, & qu'il ſeroit même très-mal aiſé de recourre auxdits ſieurs tréſoriers pour ſigner leſdits mandemens, ſans cauſer de notables retardemens aux affaires dudit dioceſe, dont la preſſe & les occaſions ne peuvent pas ſouffrir ce délai, ni leſdits députés avoir à l'avenir prévu les néceſſités qui ſurviennent, même qu'il échoit bien ſouvent de faire inſtance des entrepriſes qu'ils font ordinairement ſur la liberté des dioceſes, dont, comme on ne peut faire les pourſuites que de ce fonds, ils pourroient toujours éluder les plaintes par ce moyen; Plaira à vos graces, SIRE, conſerver l'uſage ordinaire de chacun des dioceſes de ladite province pour la diſtribution dudit fonds: par exprès, maintenir ledit ſieur archevêque de ladite ville, & ſon grand vicaire, au pouvoir & autorité qu'ils ont eu de tout temps, d'ordonner deſdits fonds, ſuivant les néceſſités occurrentes après la tenue de l'aſſiette, & en ſigner les mandemens, comme il a toujours fait, nonobſtant l'état des frais ordinaires dudit dioceſe, auquel & à tous autres ſera le bon plaiſir de Votre Majeſté de déroger pour ce regard. *Et à côté eſt écrit;* ACCORDÉ. *Collationné.* PHELYPEAUX, *ſigné.*

XXI.

ARRÊT

DU CONSEIL D'ETAT DU ROI,

Concernant la direction des fonds des diocèses pendant l'année.

Du 21 Juillet 1636.

EXTRAIT *des Regiftres du Confeil d'Etat.*

SUR la requête préfentée au Roi étant en fon confeil, par le fyndic général du pays de Languedoc & ce fuivant les XV & XVI articles du cahier dudit pays répondus & accordés par Sa Majefté le 19 d'Avril 1635, fon bon plaifir foit d'ordonner que les vicaires généraux affiftant en l'abfence des fieurs archevêques & évêques aux affemblées des affiettes prendront le même rang & féance en icelles, que lefdits fieurs prélats, devant les commiffaires principaux; conferver l'ufage reçu en chacun diocèfe pour la diftribution du fonds deftiné à leurs néceffités inopinées dans les états des dépenfes ordinaires, arrêtés au confeil le 20 d'Avril 1634, & par exprès maintenir le fieur archevêque de Touloufe & fon grand vicaire au pouvoir & autorité qu'ils ont eu de tout temps, d'ordonner du fonds au cours de l'année, & en figner les mandemens après la tenue de l'affiette, fuivant les néceffités occurrentes nonobftant les états des dépenfes ordinaires arrêtées audit confeil & tous autres arrêts & réglemens contraires auxquels il plaira à Sa Majefté de déroger pour ce regard. VU ladite requête; lefdits articles XV & XVI du cahier préfenté au Roi par les gens des trois Etats du pays de Languedoc, répondus & accordés par Sa Majefté le 19 d'Août 1635 & ledit

état des frais arrêtés audit confeil. LE ROI ÉTANT EN SON CONSEIL, a ordonné & ordonne que l'ufage ordinaire de chacun defdits diocèfes, fera confervé en la diftribution du fonds deftiné pour leurs néceffités inopinées, a maintenu & gardé, maintient & garde le fieur archevêque de Touloufe & fon grand vicaire en fon abfence, au pouvoir & autorité qu'ils ont eu de tout temps d'ordonner dudit fonds fuivant les néceffités occurrentes après la tenue de l'affiette, & en figner les mandemens comme il a été toujours fait, nonobftant ce qui eft porté par l'état des frais ordinaires dudit diocèfe arrêté au confeil, auquel & à tous autres arrêts & réglemens à ce contraires Sadite Majefté a dérogé & déroge pour ce regard. FAIT au confeil d'Etat du Roi, Sa Majefté y étant, tenu à Paris le 21 jour de Juillet 1636. *Signé*, PHELYPEAUX.

LOUIS, PAR LA GRACE DE DIEU, ROI DE FRANCE ET DE NAVARRE: Au premier notre huiffier ou fergent fur ce requis, SALUT. Nous te mandons & commandons que l'arrêt de notre confeil d'Etat, dont l'extrait eft ci-attaché fous le contre-fcel de notre chancellerie, ce jourd'hui donné fur la requête à nous préfentée en icelui par le fyndic général de notre pays de Languedoc, tu fignifies à ceux qu'il appartiendra à ce qu'ils n'en prétendent caufe d'ignorance, leur enjoignant de notre part d'y déférer & obéir; De ce faire & tous exploits requis & néceffaires pour l'exécution entiere dudit arrêt & de cefdites préfentes, te donnons pouvoir, commiffion & mandement fpécial, fans pour ce demander placet, vifa, ni paréatis: CAR tel eft notre plaifir. DONNÉ à Paris le 21 jour de Juillet, l'an de grace 1636, & de notre regne le vingt-septieme. *Signé*, LOUIS. *Et plus bas.* Par le Roi, PHE-LYPEAUX; scellé du grand sceau en cire jaune sur simple queue.

XXII.

EDIT DU ROI.

Portant suppression des offices de commissaires généraux, & de greffiers héréditaires des diocèses & assiettes, créés par édit du mois d'Avril 1635.

Du mois d'Octobre 1636.

Registré en la cour des comptes, aides & finances de Montpellier, le 19 Décembre de la même année.

LOUIS, PAR LA GRACE DE DIEU, ROI DE FRANCE ET DE NAVARRE : A tous présens & à venir, SALUT. Par notre édit du mois d'Août mil six cent trente-trois, donné en conséquence de celui du feu Roi Charles, du mois de Juin mil cinq cent soixante-deux, & de nos déclarations de Février & Avril mil six cent vingt, nous aurions créé & érigé en titre d'office héréditaire, les courtiers tant de change, deniers, que de toutes sortes de marchandises & denrées, en chacune des villes & bourgs de notre province de Languedoc, pour être vendus & adjugés héréditairement au plus offrant & dernier enchérisseur, en la maniere accoutumée, par les commissaires par nous à ce députés, pour retirer quelques secours en nos affaires de ce qui proviendroit de la vente d'iceux. Et par autre édit du mois d'Avril mil six cent trente-cinq, pour remédier aux plaintes qui nous étoient journellement faites des entreprises des trésoriers de France de Toulouse & Montpellier, sur la liberté des diocèses de ladite province, disposant des charges de

greffiers d'icelle à leur plaisir & volonté, sous pretexte de ce qu'en leur attribuant, par notre édit du mois d'Octobre mil six cent trente-deux, la faculté d'assister & présider aux assiettes; Nous aurions ordonné que lesdits greffiers ne pourroient être nommés que de leur consentement, Nous aurions aussi créé en titre d'office formé en chacun des vingt-deux diocèses dudit pays, un commissaire général pour assister & présider auxdites assiettes au lieu desdits trésoriers de France & à leur exclusion, & un greffier héréditaire : mais nous ayant été représenté que l'établissement desdits courtiers privoit les seigneurs justiciers d'une partie de leur fief, & les villes & communautés d'un droit dont la plupart d'icelles jouissent par bons & légitimes titres ou paisible possession plus que centenaire, le revenu duquel étoit destiné & appliqué en œuvres pies ou aux nécessités publiques, ruinoit le commerce ou découvroit le secret des familles; ce qui pourroit causer de très-grands inconvéniens ; que l'établissement aussi desdits commissaires généraux & greffiers héréditaires des assiettes, apporteroit un notable changement aux anciens ordres desdits diocèses, qui ne travailleroit pas moins nos sujets dudit pays qu'avoit fait celui des élus, que nous avions révoqué par notredit édit du mois d'Octobre mil six cent trente-deux ; l'ayant reconnu préjudiciable au bien de notre service & au repos de notredite province. A CES CAUSES, Voulant témoigner à nosdits sujets le désir que nous avons de les soulager, même dans la nécessité de nos affaires, & conserver ladite province, diocèses, villes & communautés d'icelle, en tous leurs anciens droits, libertés, facultés & priviléges, après nous être fait représenter en notre conseil où étoient notre très-cher

&

N°. XXII. & très-amé frere unique le duc d'Orléans, autres princes de notre sang, plusieurs seigneurs & officiers de notre couronne, & autres grands & notables personnages, les susdits édits, déclarations & arrêts donnés en conséquence ; de l'avis d'icelui, & de notre certaine science, pleine puissance & autorité royale, par cestui notre présent édit perpétuel & irrévocable, AVONS éteint, aboli & supprimé, éteignons, abolissons & supprimons à perpétuité lesdits offices de courtiers en hérédité, & de commissaires généraux des assiettes & greffiers héréditaires desdits vingt-deux dioceses de notre-dite province de Languedoc créés par nos édits du mois d'Août mil six cent trente-trois, & Avril mil six cent trente-cinq, lesquels nous avons révoqué & révoquons, ensemble toutes les déclarations, réglemens, arrêts, contrats d'adjudication faits & donnés en exécution d'iceux. VOULONS ET ORDONNONS que les seigneurs justiciers, villes & communautés dudit pays jouissent à l'avenir pleinement & paisiblement du droit de courtage, tout ainsi qu'ils faisoient auparavant notredit édit du mois d'Août mil six cent trente-trois ; & que les commissaires qui présideront pour nous aux assemblées des Etats généraux de ladite province nomment & subrogent, chacun an, pendant la tenue d'icelles, vingt-deux personnes de la qualité requise, du nombre de ceux qui assisteront auxdits Etats pour faire la charge & fonction desdits commissaires principaux desdites assiettes, au lieu desdits trésoriers de France, & à leur exclusion ; & que par notre greffier auxdits Etats il soit fait lecture, en pleine assemblée d'iceux, des noms desdits vingt-deux commissaires principaux subrogés, sans qu'ils puissent être commis en l'assiette d'un même diocese, deux années de suite, ni pren-

Tome IV.

dre, sous quelque prétexte que ce soit, autre plus grande taxe que celle qui est N°. XXII. pour ce faire & réglée dans les états des frais des assiettes arrêtés en notre conseil, sur peine de concussion. DÉFENDONS très-expressément aux commissaires ordinaires, consuls & députés desdites assiettes, d'y recevoir & admettre lesdits commissaires principaux s'ils ne sont de ladite qualité, nommés, subrogés & approuvés en la forme susdite : leur enjoignant, en ce cas, de passer outre & procéder au fait d'icelles, sans l'assistance desdits commissaires principaux. Voulons aussi & nous plaît que les greffiers desdits dioceses soient à l'avenir institués & destitués selon l'exigence des cas par la pluralité des voix & suffrages de ceux qui ont droit d'assister & opiner aux assemblées des assiettes, ainsi qu'il a été pratiqué de tout temps auparavant notredit édit du mois d'Octobre mil six cent trente-deux. SI DONNONS EN MANDEMENT à nos amés & féaux les gens de nos comptes, aides & finances à Montpellier, que notre présent édit ils fassent lire, publier & registrer, & le contenu en icelui garder & observer selon sa forme & teneur, nonobstant notre édit du mois d'Octobre mil six cent trente-deux, auquel, en ce seulement qui se trouvera contraire à ces présentes, Nous avons dérogé & dérogeons, & à tous autres édits, ordonnances, déclarations, réglemens, arrêts, contrats d'adjudication & lettres à ce contraires, auxquelles & à la dérogatoire des dérogatoires y contenues, Nous avons pareillement dérogé & dérogeons par cesdites présentes, nonobstant aussi oppositions ou appellations quelconques, pour lesquelles, & sans préjudice d'icelles, ne voulons être différé ; & desquelles, si aucunes interviennent, Nous avons réservé la connoissance & à notre conseil, & icelle

R

interdite à tous autres juges : CAR tel est notre plaisir. Et afin que ce soit chose ferme & stable à toujours, Nous avons fait mettre notre scel à cesdites présentes. DONNÉ au camp de Denain au mois d'Octobre, l'an de grace mil six cent trente-six, & de notre regne le vingt-septieme. *Signé*, LOUIS. *Et plus bas.* Par le Roi, SUBLET, *signé.* Et scellées du grand sceau de cire verte sur lacs de soie rouge & verte.

Les présentes ont été regiſtrées ès regiſtres de la cour des comptes, aides & finances, pour le contenu d'icelles être gardé & obſervé ſelon leur forme & teneur, ſuivant l'arrêt donné par ladite cour, les chambres & ſemeſtres aſſemblés. A Montpellier le dix-neu-vieme Décembre mil ſix cent trente-ſix.

XXIII.

ARTICLES accordés entre Monſeigneur le duc d'Halluin au nom de S. M., & les Etats du pays de Languedoc, pour la ſuppreſſion des édits des courtiers, & des commiſſaires généraux & greffiers des aſſiettes des vingt-deux diocèſes.

ARTICLES & conditions accordées, ſous le bon plaiſir du Roi, avec Monſeigneur le duc d'Halluin, pair de France, gouverneur & lieutenant-général pour le Roi en Languedoc, en conſéquence du pouvoir à lui donné par Sa Majeſté, par la réponſe miſe ſur les III & IV articles du cahier des doléances répondu le 30 Août dernier, ſous leſquelles les gens des trois Etats, dudit pays de Languedoc aſſemblés par mandement du Roi en la ville de Nîmes, ont accordé à Sa Majeſté la ſomme de 900,000 liv. payables en trois années, pour la ſuppreſſion des offices de courtiers en hérédité & de

commiſſaires généraux & greffiers héréditaires des vingt-deux diocèſes dudit pays.

I.

Que ledit ſeigneur duc fera vérifier & regiſtrer purement & ſans aucune modification en la cour des comptes, aides & finances de Montpellier, à la requête de M. le procureur général en ladite cour, l'édit du Roi donné au camp de Denain, au mois d'Octobre dernier, portant ſuppreſſion des offices de courtiers en hérédité, & des commiſſaires généraux & greffiers héréditaires, des aſſiettes des vingt-deux diocèſes dudit pays, & révocation des édits de création d'iceux du mois d'Août 1633 & d'Avril 1635 ; lequel édit ainſi vérifié, ledit ſeigneur duc remettra en original au pouvoir deſdits Etats dans quatre jours prochains, ſans aucuns frais ni épices.

Il a été ſatisfait dès le 19 Décembre 1636.

II.

Ledit ſeigneur duc promet d'obtenir une déclaration du Roi en forme d'édit, & d'icelle faire expédier deux originaux, l'un adreſſant à la cour de parlement de Toulouſe, & l'autre à la cour des comptes, aides & finances de Montpellier, qu'il fera pareillement vérifier à la requête dudit ſyndic général de Languedoc, purement & ſans aucune modification eſdites cours, & remettra leſdits deux originaux au pouvoir des ſyndics généraux dudit pays qui ſe trouveront en la province, dans ſix ſemaines prochaines & avant la tenue des aſſiettes, ſans aucuns frais ni dépens.

Accordé, & la déclaration ſera envoyée audit ſieur duc d'Halluin, pour la mettre entre les mains du ſyndic général dudit pays de Languedoc, pour en pourſuivre l'enregiſtrement.

III.

Laquelle déclaration contiendra que le Roi, après avoir créé lesdits offices de courtiers & de commissaires généraux & greffiers, pour retirer par la vente d'iceux quelques secours de deniers, pour l'entretenement de ses armées, reconnoissant que l'établissement en étoit onéreux à ses sujets de ladite province, qui en auroient justement requis la suppression par leurs cahiers & délibérations, prises ès assemblées des Etats, les 21 Novembre 1634 & 6 Décembre 1635 avec offre de remboursement, & promesse de donner sur ce toute sorte de contentement à Sa Majesté, en leur prochaine assemblée, bien que les deniers qui doivent provenir de la vente desdits offices fussent déjà employés aux plus pressantes nécessités de l'Etat, Sadite Majesté néanmoins auroit résolu de satisfaire à leur désir & leur accorder, comme elle fait, ladite suppression par son édit du mois d'Octobre dernier, lequel elle a mis ès mains dudit seigneur duc d'Halluin, sur l'assurance qu'en considération de ladite suppression lesdits Etats, suivant leursdites délibérations, l'assisteroient libéralement en la nécessité de ses affaires de ladite somme de 900,000 liv.

Accordé & le suivant.

IV.

Que Sa Majesté voulant reconnoitre le zele & affection que ses bons sujets dudit pays de Languedoc, lui ont témoigné au plus fort de leurs miseres, en lui accordant une si notable somme qui est au-delà de tout ce qu'elle pouvoit espérer de la vente & établissement desdits offices, & qui décharge ses finances de 36,300 liv., dont elle faisoit fonds par chacun an dans ses Etats des deniers de son épargne, pour les

gages desdits commissaires généraux & greffiers des assiettes, veut & ordonne, pour le regard desdits courtiers, que toutes les villes & communautés de ladite province, sans nulle excepter ni réserver, soient remises & conservées dès-à-présent au même état qu'elles étoient auparavant le susdit édit du mois d'Août 1633, sans que jamais, en nul cas, lesdits offices de courtiers & de commissaires généraux & greffiers desdits dioceses puissent être rétablis.

V.

Que moyennant ladite somme de 900,000 liv., Sa Majesté fera payer & rembourser les acquéreurs & sous-acquéreurs desdits offices du prix qu'ils se trouveront avoir déboursé de leurs adjudications, frais & loyaux coûts, de quoi & de toutes autres choses généralement quelconques qui pourroient être prétendues pour raison des susdits édits des mois d'Août 1633 & d'Avril 1635, & en conséquence d'iceux, circonstances & dépendances, Sadite Majesté fera tenir quitte & déchargé ledit pays, tant envers ceux qui ont traité avec Elle de la disposition desdits offices, que tous autres qu'il appartiendra, sans que pour raison de ce, eux, leurs hoirs & ayans cause puissent aucune chose prétendre, ni demander à l'encontre dudit pays par forme de garantie, recours, ni autrement, en quelque sorte & maniere que ce soit.

Sa Majesté a chargé les traitans de rembourser les acquéreurs de leur principal, au fur & à mesure qu'ils seront payés par le trésorier de l'épargne sur les 900,000 liv. que les Etats ont consenti être imposés.

VI.

Que tous les acquéreurs ou sous-

R ij

Nº. XXIII. acquéreurs deſdits offices de courtiers héréditaires, qui ſe trouveront en conſéquence de leurs prétendus contrats d'adjudication, titres ou commiſſions, s'être ingérés en la poſſeſſion d'iceux & avoir retiré deſdites villes & communautés, aucuns regiſtres, actes, documens, poids & meſures, ſeront tenus à la reſtitution & remiſe d'iceux incontinent & ſans délai, & en refus contraints comme pour les affaires du Roi.

Accordé cet article & les ſuivans.

V I I.

Qu'à meſure que les payemens ſe feront à Sa Majeſté & à proportion d'iceux, elle fera mettre au pouvoir deſdits Etats toutes les quittances de finance & marc-d'or, lettres de proviſions & commiſſions deſdits offices de commiſſaires généraux, & greffiers des dioceſes, qui ont été expédiées en blanc & délivrées aux traitans dudit édit du mois d'Avril 1635, enſemble toutes les quittances de finance & contrats d'adjudication deſdits offices de courtiers expédiées en conſéquence dudit édit du mois d'Août 1633.

V I I I.

Que Sa Majeſté deſirant faire jouir également les trois ordres de ladite province du fruit de ſes graces, ordonnera que les vingt-deux commiſſaires qui ſeront ſubrogés pour tenir les aſſiettes, ſeront pris & choiſis de chacun deſdits trois ordres, en pareil nombre, & que la liſte d'iceux, ſera lue en pleine aſſemblée d'Etats, afin d'y être approuvés.

I X.

Que les réglemens faits & arrêtés au conſeil du Roi le 30 Septembre 1608, pour ce ſeulement qui regarde le nombre & qualité des perſonnes qui doivent entrer & aſſiſter aux aſſiettes ſeront gardés, obſervés & entretenus, ſans préjudice de l'entrée des ſeigneurs, prélats & barons, en icelles ordonnée par l'édit donné à Beziers, au mois d'Octobre 1632, & des anciennes formes & droits deſdits ſieurs barons de tour & autres.

X.

Sous toutes leſquelles conditions, & moyennant l'entier accompliſſement d'icelles, non autrement, les gens deſdits Etats, promettent & s'obligent audit ſeigneur duc, d'impoſer & faire payer au Roi dans cette province de Languedoc, par le tréſorier de la bourſe commune dudit pays, ladite ſomme de 900,000 liv. en trois années prochaines & conſécutives, également, aux termes des autres impoſitions qui ſeront faites audit pays; deſquels payemens, à meſure qu'ils ſe feront, Sa Majeſté fera délivrer audit tréſorier de la bourſe les quittances du tréſorier de ſon épargne duement contrôlées, pour être après remiſes par ledit tréſorier de la bourſe devers leſdits Etats, ſans que le pays ſoit tenu à aucuns frais d'expédition & droits de ſceau des lettres d'aſſiette, que Sa Majeſté donnera pour faire l'impoſition de ladite ſomme de 900,000 liv.

FAIT & accordé ſous le bon plaiſir du Roi, comme dit eſt, avec ledit ſeigneur duc d'Halluin en pleins Etats, le dix-huitieme jour du mois de Décembre 1636. SCHOMBERG. C. L. D. RLBÉ, *archevéque de Narbonne, préſident.* DE BARDICHON, DUPONT, *ſyndic général du pays.* DE LAMAMYE, *ſyndic général de Languedoc.* DE LAMOTTE, *ſyndic général de Languedoc.* DAZAM, *greffier.* ROQUIER, *greffier.* Signés à l'original deſdits articles.

LE ROI EN SON CONSEIL,

N°. XXIII. a validé & approuvé les articles & conditions ci-dessus; ordonne qu'elles seront exécutées selon leur forme & teneur, & que pour l'exécution d'icelles toutes expéditions seront délivrées. FAIT & arrêté au conseil d'Etat du Roi, tenu pour ses finances à Paris, le dernier jour de Mars 1637. *Collationné*, BORDIER, *signé.*

XXIV.

EDIT DU ROI.

Qui confirme le traité fait avec les Etats pour la révocation de celui du mois d'Avril 1635, & l'édit du mois d'Octobre 1636, portant suppression des offices de commissaires généraux & greffiers héréditaires des assiettes.

Du mois de Mars 1637.

LOUIS, PAR LA GRACE DE DIEU, ROI DE FRANCE ET DE NAVARRE: A tous présens & à venir : SALUT. Après avoir créé ès mois d'Août 1633 & Avril 1635 des offices de courretiers en hérédité & de commissaires généraux & greffiers héréditaires des assiettes des vingt-deux diocèses de notre province de Languedoc, pour retirer par la vente d'iceux quelques secours de deniers pour l'entretenement de nos armées, ayant reconnu que l'établissement en étoit onéreux aux sujets de ladite province, qui nous en auroient instamment requis la suppression par leurs cahiers & délibérations prises ès assemblées des Etats les 21 Novembre 1634 & 6 Décembre 1635, Nous aurions supprimé lesdits offices tant de courretiers que de commissaires généraux & greffiers héréditaires desdites assiettes par notre édit du mois d'Octobre dernier, que nous avons envoyé à notre très-cher cousin le

duc d'Halluin, pair de France, chevalier de nos ordres, gouverneur & **N°. XXIV.** notre lieutenant général en ladite province, sur l'assurance qu'en considération de ladite suppression, lesdits Etats, suivant leurs dites délibérations, Nous assisteroient en la présente nécessité de nos affaires, de la somme de 900,000 liv. lequel, sur la proposition par lui faite en l'assemblée derniere desdits Etats, tenus en notre ville de Nimes, Nous ayant fait entendre le zele & affection que nosdits sujets dudit pays nous ont témoigné au plus fort de leurs miseres, en nous accordant une somme si notable, & que tant lesdits offices de courretiers que de commissaires généraux & greffiers héréditaires desdites assiettes, étoient à notable charge auxdits sujets : SAVOIR FAISONS que Nous, pour satisfaire à leur desir, voulant les favorablement traiter, confirmer & maintenir en tous leurs anciens droits, libertés & priviléges, après avoir fait voir en notre conseil où étoient les princes de notre sang & plusieurs seigneurs & officiers de notre couronne & autres grands & notables personnages, nosdits édits des mois d'août 1633 & Avril 1635, notredit édit de suppression dudit mois d'Octobre dernier, régistré en notre cour des comptes, aides & finances de Montpellier, le 19 Décembre aussi dernier, les articles & ladite délibération des Etats du 18 Décembre dernier; de l'avis d'icelui, & de notre certaine science, pleine puissance, & autorité royale, avons par notre présent édit perpétuel & irrévocable, en confirmant celui de ladite suppression dudit mois d'Octobre dernier & lesdits articles, DIT ET DÉCLARÉ, disons & déclarons par ces présentes signées de notre main, voulons, ordonnons & nous plaît que toutes les villes & communautés de ladite province, sans aucune en excepter ni réserver, soient remises & conservées dès à présent au même état qu'elles étoient auparavant lesdits édits des mois d'Août 1633 & Avril 1635, sans qu'à l'avenir, pour quelque cause & occasion que ce soit, lesdits offices de courretiers ni ceux de commissaires généraux & greffiers héréditaires desdits dioceses, puissent être rétablis ; & pour cet effet seront les propriétaires desdits offices par nous remboursés du prix de la finance qui se trouvera être actuellement entrée en nos coffres, frais & loyaux coûts, dont nous promettons faire tenir quitte & déchargé ledit pays, tant envers ceux qui ont traité avec nous de la disposition desdits offices que tous autres qu'il appartiendra, sans que, pour raison de ce, eux, ni leurs hoirs & ayant cause puissent prétendre aucune chose contre ledit pays, par forme de garantie, recours ni autrement ; voulant que tous les propriétaires desdits offices de courretiers héréditaires qui se trouveront, en conséquence de leurs prétendus contrats d'adjudication, titres ou commissions, avoir pris possession d'iceux, reçu desdites villes & communautés aucuns registres, actes, documens, poids & mesures, soient tenus à la restitution & remise d'iceux incontinent & sans délai, & à leur refus, contraints comme pour nos affaires, & qu'à mesure que les payemens nous seront faits desdites 900,000 liv. & à proportion d'iceux, toutes les quittances de finance & marc d'or, lettres de provisions & commissions desdits offices de commissaires généraux & greffiers desdits dioceses, qui ont été expédiées en blanc & délivrées au traitant dudit Edit du mois d'Avril 1635, ensemble toutes les quittances de finance & contrats d'adjudication desdits offices de courretiers, expédiées en consé-

quence dudit Edit du mois d'Août 1633, soient mises au pouvoir desdits Etats : & pour faire jouir également les trois ordres de ladite province du fruit de notre présente grace, ordonnons que les vingt-deux commissaires qui seront subrogés pour tenir les assiettes, soient pris & choisis dorénavant desdits trois ordres, en pareil nombre, & que la liste d'iceux soit lue en pleine assemblée d'Etats, afin d'y être approuvés, & que les réglemens faits & arrêtés en notre Conseil le 30 Septembre 1608 pour ce seulement qui regarde le nombre & qualité des personnes qui doivent entrer & assister aux assiettes seront gardés, observés & entretenus, sans préjudice de l'entrée des seigneurs, prélats & barons en icelles, ordonnée par notre édit donné à Beziers au mois d'Octobre 1632, & des anciennes formes & droits des sieurs barons de tour & autres ; pour le payement de laquelle somme de 900,000 liv. seront expédiées nos lettres nécessaires, pour en faire l'imposition en trois années prochaines & consécutives également, aux termes des autres impositions qui seront faites audit pays, & les deniers levés mis ès mains du trésorier de la bourse dudit pays, auquel, à mesure qu'il nous en fera le payement, seront délivrées les quittances du trésorier de notre épargne, duement contrôlées, pour être après remises par ledit trésorier de la bourse devers lesdits Etats, sans que ledit pays soit tenu à aucuns frais d'expédition & droits de sceau des lettres d'Assiette, pour faire ladite imposition. Si DONNONS EN MANDEMENT à nos amés & féaux conseillers les gens tenant notre cour de parlement à Toulouse, que notre présent édit ils fassent lire, publier & registrer, & le contenu en icelui garder, observer & entretenir, selon sa forme & teneur, nonobstant quelconques édits, ordonnances, réglemens, défenses & lettres à ce contraires, auxquelles & à la dérogatoire de la dérogatoire y contenue nous avons dérogé & dérogeons, nonobstant aussi oppositions ou appellations quelconques, pour lesquelles & sans préjudice d'icelles ne voulons être différé, & desquelles, si aucunes interviennent, nous avons réservé la connoissance à notredit conseil, & icelle interdite à tous autres juges ; CAR tel est notre plaisir. Et afin que ce soit chose ferme & stable à toujours nous avons fait mettre notre scel à cesdites présentes, sauf en autre chose notre droit & l'autrui en toutes. DONNÉ à St. Germain en Laye au mois de Mars, l'an de grace 1637 & de notre regne le 27. Signé LOUIS. Et sur le repli : Par le Roi. PHELYPEAUX. Scellées du grand sceau de cire verte, sur lacs de soie rouge & verte.

Les présentes ont été regiftrées ès regiftres de la cour pour le contenu d'icelles être gardé & observé, suivant l'arret sur ce donné. A Toulouse en parlement le 1 de Septembre 1637. DE MALENFANT, signé.

Les présentes ont été regiftrées ès regiftres de la cour des comptes, aides & finances de Montpellier, pour le contenu être gardé & observé selon leur forme & teneur, suivant l'arret de ce jourd'hui donné par ladite cour, Oui le procureur général du Roi, les chambres & semeftres assemblés, le dernier jour d'Octobre 1637. FONBON, signé.

XXV.
ARRÊT
DE LA COUR DES COMPTES, AIDES ET FINANCES DE MONTPELLIER.

Qui ordonne, conformément à l'édit du mois d'Octobre 1636, que l'ordre

observé dans la province avant l'édit du mois d'Octobre 1632, sera gardé & observé.

Du 21 Avril 1637.

EXTRAIT des regiftres de la cour des comptes, aides & finances de Montpellier.

SUR la requéte présentée par le syndic général du pays de Languedoc, Difant que S. M., par son édit du mois d'Octobre 1636, auroit supprimé les offices de commissaires généraux des Assiettes, de greffiers héréditaires des vingt-deux dioceses de la province, créés & établis en offices formés par édit du mois d'Avril 1635, sur ce qui lui auroit été représenté que l'établissement desdits commissaires généraux & greffiers héréditaires des assiettes apporteroit un notable changement aux anciens ordres desdits dioceses, qui ne travailleroit pas moins les habitans dudit pays qu'avoit fait celui des élus que Sa Majesté avoit révoqué par son édit du mois d'Octobre 1632 ; Voulant Sadite Majesté que les commissaires qui présideront aux assemblées des Etats généraux dudit pays nomment & subrogent chacun an, pendant la séance desdits Etats, vingt-deux personnes de la qualité requise du nombre de ceux qui assisteront auxdits Etats, pour faire la charge & fonction de commissaires principaux esdites Assiettes, au lieu des trésoriers de France & à leur exclusion, & que les greffiers desdits dioceses soient à l'avenir institués & destitués, selon l'exigence des cas, par la pluralité des voix & suffrages de ceux qui ont droit d'assister & opiner aux assemblées des assiettes, ainsi qu'il a été pratiqué de tout temps auparavant l'édit du mois d'Octobre 1632, auquel pour ce regard, Sa Majesté déroge ; déclarant en outre qu'elle veut & entend conſerver ladite province, dioceſes, villes & communautés d'icelle, en tous leurs anciens droits, libertés, facultés & priviléges, & mande à la cour de les en faire jouir : néanmoins au préjudice dudit édit, les tréſoriers généraux de France, par leur ordonnance du 26 Mars dernier, s'efforcent de mettre la province en un plus grand déſordre & confuſion qu'elle ne fut jamais, ayant ordonné que les greffiers des dioceſes remettront pardevers eux extrait des procès verbaux des délibérations priſes eſdites aſſiettes, comme s'ils avoient quelque pouvoir & autorité pour les corriger ou réformer, & que leſdits greffiers remettent les originaux des rôles, aſſiettes & départemens faits auxdites aſſiettes, & les rôles & livres des tailles à eux remis par les collecteurs des paroiſſes, villes & communautés; ce qui n'a jamais été gardé ni obſervé audit pays & ne le pourroit être qu'avec un très-grand dommage & ruine entiere des habitans dudit pays, s'ils étoient contraints de remettre annuellement trois mille rôles & livres des tailles, ou davantage, devers leſdits tréſoriers de France, qui contreviennent par ce moyen à l'intention de Sa Majeſté portée par ledit édit ; C'eſt pourquoi ſupplioit la cour caſſer & révoquer l'ordonnance deſdits tréſoriers, comme contraire à l'édit du mois d'Octobre 1636, & à l'ordre gardé dans la province auparavant l'édit du mois d'Octobre 1632, auquel pour ce regard Sa Majeſté a dérogé, & faire défenſes auxdits tréſoriers de s'en ſervir ni le mettre à exécution, & aux commiſſaires députés & greffiers deſdites Aſſiettes, & à tous conſuls & adminiſtrateurs deſdites communautés d'y déférer ni avoir égard,

à peine de mille livres d'amende & autre arbitraire.

Vu ladite requête, extrait de l'édit accordé par Sa Majeſté aux habitans dudit pays au mois d'Octobre 1636; arrêt de regiſtre en la cour, du 19 Décembre audit an; copie de l'ordonnance deſdits tréſoriers du 26 Mars dernier, avec l'exploit d'intimation d'icelle à Me. Pierre Rohan, greffier du dioceſe de Narbonne, du treizieme jour du mois d'Avril ſuivant; & concluſions du procureur général du Roi; LA COUR ayant égard à la requête dudit ſyndic général, ſans avoir égard à l'ordonnance deſdits tréſoriers dudit jour 26 Mars 1637, ni à tout ce qui s'en eſt enſuivi, a ordonné & ordonne que, conformément à l'édit du mois d'Octobre 1636, l'entier ordre établi dans ladite province auparavant la création des élus & édit du mois d'Octobre 1632, concernant la tenue deſdites Aſſiettes, nomination des commiſſaires & greffiers d'icelles, remiſe des procédures deſdits commiſſaires, & des rôles & livres des tailles, ſera gardé & obſervé; A fait & fait défenſes auxdits tréſoriers donner aucun trouble ni empêchement auxdits commiſſaires & greffiers des aſſiettes, conſuls & collecteurs des paroiſſes, villes & communautés dudit pays, en la paiſible jouiſſance des droits & facultés à eux accordés par Sa Majeſté, les vexer ni moleſter en la remiſe deſdits procès verbaux, rôles & livres des tailles, & auxdits commiſſaires & greffiers, conſuls & collecteurs de déférer à ladite ordonnance, à peine de mille livres d'amende & autre arbitraire. Fait à Montpellier le vingt-unieme Avril mil ſix cent trente-ſept. *Signé* CEZON, commis.

XXVI.

XXVI.

ARRÊT

Du Conseil d'Etat du Roi,

*PORTANT que les greffiers des dioce-
ses ne peuvent être tenus de remettre
devers les bureaux des tréforiers de
France, les procès verbaux des délibérations des assemblées des assiettes
& départemens des deniers faits en
icelles.*

Du 26 Septembre 1637.

*EXTRAIT des regiſtres du conseil
d'Etat.*

VU par le Roi en ſon conſeil l'édit
du mois d'Octobre 1632 par lequel, entre autres choſes, Sa Majeſté
commet, nomme & députe les préſidens tréſoriers de France des bureaux des finances de la province, chacun à ſon égard, & leur ordonne d'envoyer en chacun des dioceſes de ladite
province un d'entre eux pour tenir l'aſſiette, & y faire les impoſitions des deniers, conjointement avec ceux qui de
tout temps ont accoutumé d'y entrer
& aſſiſter, & que les greffiers deſdites
aſſiettes ne puiſſent être nommés eſdites aſſemblées des dioceſes que du conſentement & en la préſence de celui
deſdits tréſoriers de France qui y aſſiſteront, auxquels Sa Majeſté ordonne de
rapporter en leurs bureaux copies du
procès verbal des délibérations, aſſiettes & départemens qui auroient été
faits eſdites aſſemblées, & enjoint aux
conſuls des villes & communautés de
ne faire qu'un rôle ou livre de toutes
les ſommes qui s'impoſeront en l'étendue de chacune communauté, en diſ-
tinguant par articles ſéparés la *nature*
de chacune levée, & faire deux originaux dudit rôle, tous ſemblables, qui

Tome IV.

feront mis ès mains du collecteur qui
les portera ès mains du greffier du dioceſe, l'un deſquels ledit greffier retiendra, pour être par lui remis en l'aſſiette
ſuivante ès mains du tréſorier de France
qui y préſidera, & par ledit tréſorier au
greffe du bureau, duquel il aura été
député, & l'autre ſera rendu par ledit
greffier audit collecteur, après avoir
mis au bas ſa certification, pour laquelle lui ſera payé quarante ſols ; Autre édit du mois d'Avril 1635 par lequel Sa Majeſté, pour les conſidérations y contenues, crée en titre d'office
formé un commiſſaire général des aſſiettes & départemens des tailles, taillon & autres deniers en chacun des
vingt-deux dioceſes de ladite province,
avec un greffier héréditaire deſdites aſſiettes, aux gages & fonctions portés
par icelui ; Autre édit du mois d'Octobre 1636, par lequel Sa Majeſté ſupprime & éteint à perpétuité les commiſſaires généraux des aſſiettes & greffiers héréditaires des vingt-deux dioceſes de ladite province de Languedoc,
créés par le ſuſdit édit du mois d'Avril
1635 & remet la province aux mêmes
droits, uſages & libertés dont elle avoit
accoutumé jouir auparavant ledit édit
du mois d'Octobre 1632, & ce faiſant, que les commiſſaires généraux
préſidens aux aſſemblées des Etats de
ladite province nommeront chacun an,
pendant la tenue d'iceux, vingt-deux
perſonnes de la qualité requiſe, du
nombre de ceux qui aſſiſtent auxdits
Etats, pour faire la charge & fonction
de commiſſaires généraux auxdites aſſiettes au lieu deſdits tréſoriers de
France, & à leur excluſion ; & pour
les greffiers deſdits dioceſes, Sa Majeſté auroit ordonné qu'ils pourroient
être à l'avenir inſtitués & deſtitués, ſelon l'exigence des cas, par pluralité des
voix de ceux qui ont droit d'aſſiſter
& opiner aux aſſemblées deſdites aſſiet-

S

tes, ainsi qu'il a été pratiqué de tout tems auparavant ledit édit de l'année 1632 ; Articles & conditions accordés par Sadite Majesté auxdits Etats le 18e. Décembre 1636, par lesquels, moyennant la somme de 900,000 liv. que lesdits Etats accordent à Sa Majesté, Elle consent à la suppression desdits commissaires généraux & greffiers & que ladite province jouisse de ses anciennes libertés ; L'édit de Sa Majesté du mois de Mars 1637, portant la confirmation, homologation & autorisation desdits articles ; L'ordonnance des trésoriers de France du bureau des finances à Montpellier du 26 Mars 1637, portant que dans huitaine pour tout délai, après le commandement qui sera fait aux greffiers des dioceses dépendans de ladite généralité, ils remettront dans le greffe dudit bureau, chacun comme le concerne, une copie duement collationnée du procès verbal des délibérations prises esdites assiettes, & un original des rôles, assiettes & départemens faits sur icelles en ladite année 1637, comme aussi les rôles & livres des tailles à eux remis par le collecteur de chacune ville, lieux & paroisses, des impositions de l'année derniere qui ont été par eux vérifiés, & se faire rapporter dans quinzaine les rôles & livres de la présente année, pour iceux calculer & vérifier, ainsi qu'il est ordonné par ledit édit du mois d'Octobre 1632, & apporter dans un mois après au greffe dudit bureau, à peine de 500 liv. d'amende & d'y être contraints par corps ; L'arrêt de la cour des comptes, aides & finances de Montpellier, sur la requête du syndic général dudit pays, par lequel ladite cour, sans avoir égard à l'ordonnance desdits trésoriers de France, ordonne, conformément à l'édit du mois d'Octobre 1636, concernant la tenue desdites assiettes, nomination des commissaires & greffiers d'icelles, re-

nisse des procédures & des rôles & livres des tailles, sera gardé & observé, & fait défenses auxdits trésoriers de donner aucun trouble ni empêchement auxdits commissaires & greffiers des assiettes, consuls & collecteurs des paroisses, villes & communautés dudit pays, en la paisible jouissance des droits & facultés à eux accordés par Sa Majesté, les vexer ni molester en la remise desdits procès verbaux, rôles & livres des tailles, & auxdits commissaires & greffiers, consuls & collecteurs de déférer à ladite ordonnance, à peine de 1000 liv. d'amende & autres arbitraires ; Copie du septieme article du cahier présenté à Sa Majesté par les syndics & députés dudit pays, & par Elle arrêté le vingtieme d'Août audit an, par lequel très-expresses inhibitions & défenses sont faites auxdits trésoriers de molester les greffiers des assiettes ni consuls & collecteurs des villes & paroisses dudit pays, sous prétexte de la remise desdits procès-verbaux, assiettes & départemens, rôles & livres des tailles desdites paroisses, & aux greffiers, consuls & collecteurs de déférer à l'ordonnance desdits trésoriers dudit jour 26 Mars dernier, ni autres qui pourroient être données par eux pour raison de ce ; La requére dudit syndic, à ce qu'en exécution desdits édits des mois d'Octobre 1636 & Mars dernier, il plût à Sa Majesté faire jouir ladite province de ses anciens droits, usages & libertés, de même qu'auparavant ladite année 1632, nonobstant ladite ordonnance dudit jour 26 Mars 1637, & autres qui pourroient être données par lesdits trésoriers de France des bureaux des finances de ladite province, & lui pourvoir d'un réglement nécessaire, en sorte que le général ni le particulier de ladite province ne puissent recevoir à l'avenir aucune vexation, trouble ni empêchement de la part des-

N°.XXVI. dits tréforiers fous prétexte du pouvoir qui leur étoit attribué par ledit édit de ladite année 1632, ni fous quelque autre prétexte que ce foit. SA MAJESTÉ EN SON CONSEIL, a fait défenfes aux tréforiers defdites généralités de Touloufe & Montpellier de vexer ni molefter à l'avenir ladite province, greffiers defdits dioceses, confuls & collecteurs des villes & paroiffes d'iceux, pour raifon des remifes en leurs bureaux des procès verbaux des délibérations des affemblées des dioceses, affiettes & départemens des deniers faits en icelles, enfemble des rôles & livres des tailles des paroiffes dudit pays & vérifications defdits rôles, à peine de tous dépens, dommages & intérêts, & à tous huiffiers de mettre à exécution les ordonnances qui pourroient être par eux données pour raifon de ce, fur lefdites peines, & de fufpenfion de leurs charges. FAIT au confeil d'état du Roi, tenu à Paris le vingt-fixieme jour de Septembre 1637. Collationné. BORDIN, figné.

XXVII.
LETTRES PATENTES
Sur l'Arrêt du Confeil précédent.

Du 23 Octobre 1637.

Regiftrées en la cour des comptes, aides, & finances de Montpellier le 24 Janvier 1639.

LOUIS, PAR LA GRACE DE DIEU, ROI DE FRANCE ET DE NAVARRE: à tous ceux qui ces préfentes verront, SALUT. Par notre édit du mois d'Octobre 1632, ayant commis, nommé & députe nos amés & féaux confeillers les préfidens tréforiers de France & généraux de nos finances de notre province de Languedoc, pour, chacun à

fon égard, envoyer en tous les dioceses de ladite province un d'entre eux pour tenir l'affiette & y faire les impofitions des deniers, conjointement avec ceux qui de tout temps avoient accoutumé d'y entrer & affifter, & ordonné que les greffiers defdites affiettes ne pourroient être nommés efdites affemblées defdits dioceses, que du confentement & en la préfence de ceux defdits tréforiers de France qui y affifteroient, auxquels étoit enjoint de rapporter en leur bureau copie du procès verbal des délibérations, affiettes & départemens qui auroient été faits efdites affemblées, & aux confuls des villes & communautés de ne faire qu'un rôle & livre de toutes les fommes qui s'impoferoient en l'étendue de chacune communauté, en diftinguant par articles féparés la nature de chacune levée; & faire deux originaux dudit rôle, tout femblables, qui feroient mis ez mains du collecteur qui les porteroit ez mains du greffier du diocese, l'un defquels ledit greffier retiendroit pour être par lui remis en l'affiette fuivante ez mains du tréforier de France qui y préfideroit, & par ledit tréforier au greffe du bureau duquel il auroit été députe, & l'autre feroit rendu par ledit greffier audit collecteur, après avoir mis au bas la certification, pour laquelle lui feroit payé quarante fols; autre notre édit du mois d'Avril 1635 par lequel, & pour les confidérations y contenues, nous aurions créé en titre d'office formé un commiffaire général des affiettes & départemens des tailles, taillon & autres deniers en chacun des vingt-deux dioceses de ladite province, avec un greffier héréditaire defdites affiettes, aux gages & fonctions portées par icelui; & depuis par autres deux édits des mois d'Octobre 1636 & Mars 1637, nous avions, pour bonnes confidérations, & moyennant la fomme de

S ij

900,000 liv. que leſdits Etats nous auroient extraordinairement accordé à cette occaſion, ſupprimé, éteint & aboli à perpétuité leſdits commiſſaires principaux des aſſiettes.& greffiers héréditaires créés par ledit édit du mois d'Avril 1635, &, ce faiſant, ordonné que les commiſſaires généraux préſidens aux aſſemblées des Etats de ladite province nommeroient chacun an, pendant la tenue d'iceux, vingt-deux perſonnes de la qualité requiſe du nombre de ceux qui aſſiſtent auxdits Etats, pour faire la charge & fonction de commiſſaires principaux eſdites aſſiettes, au lieu des tréſoriers de France & à leur excluſion, & que leſdits greffiers ſeroient inſtitués ou deſtitués par la pluralité des voix qui compoſent leſdites aſſiettes, comme il a été pratiqué de tout temps; & quoique notre intention fût de remettre ladite province, dioceſes, villes & communautés d'icelle en tous leurs anciens droits, libertés, facultés, & priviléges, ainſi que nous l'aurions ſuffiſamment déclaré par leſdits édits, & par même moyen, exclure leſdits tréſoriers de la tenue des aſſiettes & de la connoiſſance de ce qui ſe traite en icelles qui leur auroit été donnée par notre édit de l'année 1632, néanmoins ils n'auroient pas laiſſé, pour ſe proroger la même autorité, d'enjoindre par leur ordonnance du 26 Mars 1637, que dans huitaine pour tout délai après le commandement qui ſeroit fait aux greffiers deſdits dioceſes dépendans de ladite généralité de Montpellier, ils remettroient, chacun à ſon égard, au greffe du bureau de ſon établiſſement une copie collationnée du procès verbal des délibérations priſes eſdites aſſiettes & un original des rôles, aſſiettes & départemens faits en icelles en ladite année 1637; comme auſſi les rôles & livres des tailles à eux remis par les collecteur de chacune ville, lieux & pa-

roiſſes des impoſitions de l'année dernière qui ont été par eux vérifiés, & ſe feroient rapporter dans quinzaine les rôles & livres de la préſente année, pour iceux calculer & vérifier, ainſi qu'il étoit ordonné par ledit édit du mois d'Octobre 1632, & les apporter dans un mois après au greffe de leur bureau, à peine de 500 livres d'amende & d'y être contraints par corps, bien que cela réſiſte à l'ordre pratiqué dans notredit pays auparavant l'année 1632; ce qui auroit obligé le ſyndic général dudit pays de ſe pourvoir en notre cour des comptes, aides & finances à Montpellier, laquelle, par un arrêt du 21e. jour d'Avril dernier, auroit ordonné que ledit édit du mois d'Octobre 1636, en ce qui eſt de la nomination des commiſſaires & greffiers d'icelles, remiſe de procès verbaux & des rôles & livres des tailles, ſeroit gardé & obſervé, & fait défenſes auxdits tréſoriers de France de donner aucun trouble ni empêchement auxdits commiſſaires & greffiers des aſſiettes, conſuls & collecteurs des paroiſſes, villes & communautés dudit pays, en la paiſible jouiſſance des droits & facultés par nous à eux accordées, les vexer ni moleſter en la remiſe deſdits procès verbaux, rôles & livres des tailles, & auxdits commiſſaires & greffiers, conſuls & collecteurs, de déférer à ladite ordonnance, à peine de 1000 livres d'amende & autre arbitraire; même par le ſeptieme article du cahier à nous préſenté par les ſyndics & députés dudit pays & par nous arrêté le 20 Août, très-expreſſes inhibitions & défenſes auroient été faites auxdits tréſoriers de France de moleſter les greffiers des aſſiettes ni les conſuls & collecteurs des villes & paroiſſes dudit pays, ſous prétexte de la remiſe deſdits procès verbaux, aſſiettes & départemens, rôles & livres des tailles defdites paroiffes, & aux greffiers, confuls & collecteurs de déférer à ladite ordonnance dudit jour vingt-fix Mars dernier, ni autres qui pourroient être données par eux pour raifon de ce. Et d'autant que l'ordonnance defdits tréforiers de France eft directement contraire à notre intention & au bien de la province ; & voulant maintenir & conferver ledit pays, diocefes, villes & communautés en tous leurs anciens droits, ufages, franchifes & libertés, ainfi qu'auparavant ladite année 1632, conformément auxdits édits, nonobftant celui du mois d'Octobre 1632, A CES CAUSES, de l'avis de notre confeil, fuivant l'arrêt donné en icelui le 26e. jour de Septembre dernier, & de nos pleine puiffance & autorité royale, nous avons, par ces préfentes fignées de notre main, en exécution defdits édits des mois d'Octobre 1636 & Mars 1637, fait & faifons très-expreffes inhibitions & défenfes auxdits tréforiers de France des généralités de Touloufe & Montpellier, de vexer ni molefter à l'avenir ladite province, greffiers defdits diocefes, confuls & collecteurs des villes & paroiffes d'iceux, pour raifon des remifes en leurs bureaux des procès verbaux des délibérations des affemblées des diocefes, affiettes & départemens des deniers faits en icelles, enfemble des rôles & livres des tailles des paroiffes dudit pays & vérification defdits rôles, dont nous les avons déchargés & déchargeons, à peine de tous dépens, dommages & intérêts, & à tous huiffiers de mettre à exécurion les ordonnances qui pourroient être par eux données pour raifon de ce fur lefdites peines & de fufpenfion de leurs charges. SI DONNONS EN MANDEMENT à nos amés & féaux confeillers les gens tenant notre cour des comptes, aides & finances à Montpellier que ces pré-

fentes ils faffent regiftrer, garder & obferver, felon leur forme & teneur, ceffant & faifant ceffer tous troubles & empêchemens au contraire, nonobftant notredit édit du mois d'Octobre 1632, & tous autres édits, réglemens, arrêts & chofes à ce contraires auxquels, pour ce regard, nous avons dérogé & dérogeons par cefdites préfentes, nonobftant auffi oppofitions ou appellations quelconques dont nous nous réfervons d'abondant la connoiffance en notre confeil, & l'interdifons à toutes nos autres cours, tréforiers de France de ladite province de Languedoc, & autres juges. En témoin de quoi nous avons fait mettre notre feel à cefdites préfentes : CAR tel eft notre plaifir. DONNÉ à Saint Germain-en-Laye le vingt-troifieme jour d'Octobre, l'an de grace 1637, & de notre regne le vingt-huitieme. *Signé*, LOUIS ; Et fur le repli eft écrit : Par le Roi, PHELYPEAUX, *figné. Et à côté : Vifa.*

Les préfentes, avec l'arrêt du confeil y attaché, ont été regiftrées ès regiftres de la cour des comptes, aides & finances de Montpellier, Oui fur ce le procureur général du Roi, pour être le contenu en iceux gardé & obfervé fuivant fa forme & teneur, & l'arrêt donné par ladite cour audit Montpellier, ce jourd'hui 24 Janvier 1639. FONBON, figné.

XXVIII.

EXTRAIT des regiftres des délibérations des Etats généraux de Languedoc, affemblés par mandement du Roi en la ville de Pezenas au mois de Septembre 1641.

Du 13 dudit mois de Septembre, préfident, Mgr. l'archevêque & primat de Narbonne.

LE fieur de Lamotte, fyndic général, a repréfenté que, quoique par les ordres & réglemens de la province, les commissaires principaux & ordinaires des assiettes ne puissent point prétendre voix délibérative en icelles, ils tâchent néanmoins de s'attribuer induement cette autorité tant en l'assiette du diocese d'Alet & Limoux, où le viguier dudit Limoux prétend cet avantage, qu'en divers autres dioceses dudit pays; & comme cet abus fait ouverture à beaucoup d'autres, les receveurs des tailles prétendent, non-seulement d'avoir entrée en la plupart desdites assemblées, quoiqu'ils ne puissent être admis que pour compter de leur maniement; mais encore de prendre rang & séance en icelles, voire même y vouloir opiner sur les propositions, comme les députés, ce qui ne fait que troubler l'ordre & la liberté desdites assemblées & donner sujet à des altercations continuelles au préjudice du bien public & des ordres du pays. Et d'autant que les dioceses sont réglés à l'instar des Etats généraux où lesdits seigneurs commissaires n'ont jamais prétendu de voix, & que bien loin de donner cet avantage aux receveurs, le propre intérêt de leurs charges dont les émolumens consistent aux attributions des sommes des deniers qui s'imposent, les doit priver de cette faculté; A ÉTÉ ARRÊTÉ que MM. les commissaires présidens pour le Roi aux Etats seront priés, de la part de cette assemblée, de faire très-expresses défenses aux commissaires principaux & ordinaires de prétendre voix délibérative esdites assiettes, ni aux receveurs des tailles de prendre rang & séance auxdites assemblées, que lors qu'ils y seront appellés pour y rendre leur compte tant aux dioceses d'Alet & Limoux que tous autres dudit diocese; & qu'à ces fins il en sera mis article à part dans les instructions qui seront par eux envoyées aux commissaires des assiettes, auxquels sera enjoint d'y tenir la main, à peine

d'en repondre en leur propre & privé nom.

XXIX.

EXTRAIT du registre des délibérations des Etats généraux de Languedoc, assemblés par mandement du Roi en la ville de Montpellier au mois de Juin 1649.

Du Mardi 5 Octobre suivant, président Mgr. l'archevêque & primat de Narbonne.

L'ASSEMBLÉE ayant remarqué que dans l'édit qui lui a été communiqué pour la révocation de celui de Beziers, il n'étoit fait aucune mention des commissaires des assiettes; & ayant appris que S. A. R. croyoit les pouvoir donner à qui bon lui sembleroit de la province, encore qu'ils ne fussent pas du corps des Etats, comme on disoit que feu M. de Montmorency l'avoit fait quelquefois, il a été représenté que d'ancienneté lesdites commissions n'étoient données qu'à ceux qui étoient du corps des Etats, qui, ayant été présens aux délibérations qui s'y prenoient, étoient plus propres à les faire mettre à exécution dans les assiettes; & que M. de Montmorency en ayant donné quelques-unes à d'autres, les Etats s'en étoient plaints; mais que le Roi par l'édit de Beziers ayant attribué aux bureaux des trésoriers généraux de France le droit de tenir les assiettes, en qualité de ses commissaires, la province avoit donné de grandes sommes de deniers pour se rétablir dans ses droits, en sorte qu'elle le possede à titre onéreux, & que par les déclarations du Roi des années 1636 & 1637, les assiettes sont affectées aux Etats pour être distribuées avec égalité aux trois ordres; ce qui ayant été murement considéré, il a été résolu que MM. les commissaires du Roi seront suppliés de représenter à S. A. R. les

N°. XXIX. droits des Etats en ce point, & que les députés en cour la supplieront très-humblement de conserver à la province ses droits.

XXX.

EXTRAIT du registre des délibérations des États généraux de Languedoc, assemblés par mandement du Roi en la ville de Beziers au mois de Novembre 1656.

Du Lundi 19 Février 1657, président Mgr. l'Evêque de Viviers.

SUR la plainte qui a été faite aux Etats par le sieur Patiaut, vicaire général d'Alby, que l'année dernière ayant été nommé pour commissaire principal de l'assiette du diocese d'Alby, les consuls de ladite ville ne lui envoyerent pas rendre les honneurs & civilités qu'ils étoient obligés de lui rendre en ladite qualité, A ÉTÉ ARRÊTÉ qu'à l'avenir les consuls des villes où les assiettes se tiendront, visiteront avec le chaperon le commissaire principal qui devra présider à l'assiette, à peine d'être privés de l'entrée aux Etats & assiettes.

Voyez l'article V. du réglement du 30 Janvier 1725.

XXXI.

ARRÊT

DU CONSEIL D'ETAT DU ROI,

Qui fait défenses aux commissaires ordinaires des assiettes de contester la préséance au commissaire principal.

Du 20 Avril 1662.

EXTRAIT *des registres du Conseil d'Etat.*

SUR ce qui a été représenté au Roi en son conseil par le syndic général de la province de Languedoc, qu'en-

N°. XXX. core que par les ordres & réglemens, & à ce qui s'est pratiqué & observé de tout tems dans ladite province, les commissaires principaux qui sont nommés lors de la tenue des Etats dudit pays pour assister aux assemblées des assiettes qui se font dans chacun des vingt-deux dioceses de ladite province pour l'exécution des résolutions desdits Etats, précedent les commissaires ordinaires : néanmoins on est informé que le sieur Chatte, sénéchal du Puy, lequel en cette qualité assiste au diocese du Puy, comme commissaire ordinaire, prétend, sous prétexte de certain arrêt qu'il a obtenu sur requête, précéder le commissaire principal, ce qui est inouï & sans exemple ; & parce que cette contestation peut apporter du reculement de l'assiette prochaine, & par conséquent d'autant retarder l'imposition qui se doit faire des deniers de S. M., Requéroit qu'il lui plût vouloir sur ce pourvoir ; ce faisant ordonner que très-expresses inhibitions & défenses feront faites audit sieur de Chatte, sénéchal du Puy, & tous autres, de contester & disputer la préséance au commissaire principal à l'assiette prochaine & suivantes, nonobstant tous arrêts à ce contraires, à peine de désobéïssance & de répondre en son propre du retardement de la levée des deniers de S. M., 3000 liv. d'amende, & de tous dépens, dommages & intérêts. LE ROI EN SON CONSEIL, fait très-expresses inhibitions & défenses audit sieur Chatte & aux autres commissaires ordinaires, de contester la préséance au commissaire principal à l'assiette prochaine & suivantes dudit diocese du Puy, nonobstant tous arrêts à ce contraires, à peine de désobéïssance & de répondre en son propre & privé nom, du retardement de la levée des deniers de S. M., 3000 liv. d'amende & de tous dépens, dommages,

& intérêts. FAIT au conseil d'état du Roi, tenu à Paris le vingtieme jour d'Avril mil six cens soixante-deux. Collationné. BERRYER, *signé.*

LOUIS, PAR LA GRACE DE DIEU, ROI DE FRANCE ET DE NAVARRE, Au premier des huissiers de notre conseil ou autre huissier ou sergent sur ce requis. Nous te mandons & commandons que l'arrêt dont l'extrait est ci-attaché sous le contre-scel de notre chancellerie, ce jourd'hui donné en notre conseil d'état, sur la requête à nous présentée par le syndic général de notre province de Languedoc, tu signifies au sieur Chatte, sénéchal du Puy, & aux autres commissaires ordinaires de l'assiette du diocese du Puy qu'il appartiendra, à ce qu'ils n'en prétendent cause d'ignorance ; & faits pour l'entiere exécution dudit arrêt les défenses y portés sur les peines y contenues, & autres actes & exploits nécessaires, sans autre permission. Et sera ajouté foi, comme aux originaux, aux copies dudit arrêt & de ces présentes collationnées par l'un de nos amés & féaux conseillers, & secrétaires : CAR tel est notre plaisir. DONNÉ à Paris le vingtieme jour d'Avril, l'an de grace mil six cens soixante-deux, & de notre regne le dixieme. Par le Roi en son conseil. *Signé*, BERRYER.

XXXII.

EDIT DU ROI.

Portant création en titre d'office formé & héréditaire d'un président pour le Roy aux assiettes & assemblées particulieres qui se tiennent après les Estats, dans chacun des vingt-trois dioceses de la province de Languedoc.

Donné à Versailles au mois de Novembre 1703.

LOUIS, PAR LA GRACE DE DIEU, ROY DE FRANCE ET DE NAVARRE : A tous présens & avenir : SALUT. L'usage a toûjours esté jusqu'à présent en nôtre Province de Languedoc, après la tenue des Estats de nostredite province, de convoquer en chaque diocese des assemblées particulieres pour la répartition des impositions & pour les affaires desdits dioceses : Et nos commissaires ausdits Estats sont en possession de nommer un commissaire pour Nous présider ausdites assemblées : Et comme les besoins présens nous obligent de nous servir des moyens les moins à charge à nos sujets pour nous procurer les secours nécessaires, Nous avons jugé à propos de créer en titre d'Offices des présidens pour présider pour nous ausdites assemblées : Comme aussi de créer des commissaires au recouvrement des tailles & autres impositions en ladite province, semblables à ceux qui ont esté créez pour le recouvrement des tailles & autres impositions dans toutes les provinces de nôtre royaume. A CES CAUSES, & autres à ce nous mouvans, de nôtre certaine science, pleine puissance & autorité royale.

Nous avons par le present édit perpetuel & irrevocable, créé & érigé, créons & érigeons en titre d'office formé & héréditaire en chacun des vingt-trois dioceses de nostre province de Languedoc, un nostre conseiller président pour Nous aux assiettes & assemblées particulieres qui se tiennent après la tenue des Estats de ladite province, pour la répartition des impositions & autres affaires des dioceses.

Voulons

N°. XXXII.

Voulons que ceux qui feront pourvus defdits offices, & ceux qui feront commis pour en faire les fonctions en attendant la vente, préfident efdites affiettes, & y ayent rang & féance immédiatement après les archevêques & évêques qui y affifteront en perfonne.

Ne pourront les députez defdits diocefes s'affembler pour quelques affaires & en quelque tems que ce foit, qu'en la préfence defdits préfidens pour Nous, lefquels préfideront & affifteront auffi à la reddition & clôture des comptes des receveurs des tailles, fyndics & autres, & à toutes les affemblées générales & particulieres qui fe tiendront pour les affaires defdits diocefes, defquelles affemblées ils feront la convocation lorfqu'ils les jugeront néceffaires pour le bien des affaires defdits diocefes.

Tiendront la main à ce qu'il ne foit impofé fur les communautez defdits diocefes autres & plus grandes fommes que celles qui auront efté reglées dans l'affemblée des Eftats de ladite province, & qui feront contenues dans les commiffions; à l'effet dequoy voulons que lefdites commiffions ou mandes defdites impofitions qui feront envoyées dans les villes, bourgs & communautez defdits diocefes, foient fignées defdits préfidens. Deffendons aux greffiers defdits diocefes d'envoyer & délivrer lefdites mandes, & aux confuls & collecteurs de les recevoir & d'y avoir aucun égard qu'elles ne foient fignées par lefdits préfidens, à peine de nulité defdites mandes & de trois cens livres d'amende, tant contre lefdits greffiers que contre lefdits confuls & collecteurs, dont moitié appartiendra aufdits préfidens, & l'autre moitié aux hôpitaux des lieux, fans que ladite peine puiffe eftre reputée comminatoire, remife ny moderée pour quelque caufe que ce foit & puiffe eftre.

Tome IV.

N°. XXXII.

Auront lefdits préfidens droit de commettre & nommer les experts & autres officiers neceffaires pour la vifite & reparation des chemins, ponts & chauffées defdits diocefes, & d'en faire les adjudications au rabais en la maniere ordinaire, & feront généralement toutes les fonctions qu'avoient accoûtumé de faire les commiffaires principaux qui préfidoient & affiftoient pour Nous aufdites affemblées & affiettes, dans lefquelles ils pourront porter une robe femblable à celle que portent les maires des villes capitales defdits diocefes.

Leur avons attribué & attribuons (outre les retributions ordinaires dont ont jouy jufqu'à préfent ceux qui ont fait les fonctions defdits offices par commiffion, & dont ils jouiront pareillement fans aucun retranchement) vingt mille livres de gages effectifs, à repartir entr'eux fuivant les Eftats qui en feront arreftez en noftre confeil; lefquels gages feront impofez fur lefdits diocefes conjointement avec les autres deniers qui fe levent à noftre profit ou de la province, & leur feront payez par les receveurs des tailles en exercice en deux payemens égaux, de fix en fix mois.

Leur attribuons en outre un droit de fignature des mandemens des tailles & impofitions, lequel fera de trente fols pour ceux qui feront au-deffous & jufqu'à la fomme de mille livres, de trois livres pour ceux de mille livres jufqu'à trois mille livres, & de cinq livres pour ceux de trois mille livres & au-deffus jufqu'à quelle fomme qu'ils puiffent monter; lefquels droits feront compris dans lefdits mandemens pour eftre impofez fur les communautez avec les autres fommes qui feront contenues aufdits mandemens, & payez aux pourveus defdits offices dans les mêmes termes cy-deffus, par les receveurs des tailles en exercice, aufquels les collec-

T

teurs ſeront tenus d'en faire le payement dans les termes ordinaires des impoſitions.

Permettons à toutes perſonnes, mêmes à nos officiers de poſſeder leſdits offices ſans incompatibilité : Voulons en outre qu'ils jouiſſent de l'exemption de logement de gens de guerre, tutelle, curatelle, guet & garde & autres charges publiques, du ſervice & impoſition du ban & arriere-ban, de la milice pour eux & leurs enfans, & qu'ils ne puiſſent eſtre augmentez à la capitation pour raiſon deſdits offices ; enſemble du droit de *Committimus* aux requeſtes du palais du parlement de Toulouſe.

Et de la même autorité que deſſus Nous avons par le préſent édit perpetuel & irrevocable, créé & érigé, créons, érigeons en titres d'offices formez & héréditaires des commiſſaires à la levée & recouvrement des tailles & autres impoſitions de noſtredite province, auquel Nous avons attribué & attribuons privativement à tous autres dans l'étendue de chacun des vingt-trois dioceſes de noſtredite province de Languedoc, l'execution de toutes les contraintes qui ſeront decernées par les receveurs & commis à la recette des tailles & autres impoſitions ordinaires & extraordinaires deſdits dioceſes ; ſçavoir, quatre pour les dioceſes de cent paroiſſes & au-deſſous, ſix pour ceux au-deſſus de cent paroiſſes juſqu'à deux cens, huit pour ceux de deux cens paroiſſes juſqu'à trois cens, & dix pour ceux au-deſſus de trois cens paroiſſes à quelque nombre qu'elles puiſſent monter ; ſuivant les départemens qui leur ſeront donnez par les receveurs ou commis aux recettes des tailles de chacun deſdits dioceſes : leſquels départemens ne pourront eſtre changez par leſdits receveurs ou commis que de ſix en ſix mois, s'il n'y a cauſe ſuffiſante, & ſans ordre de nos préſidens aux aſſiettes ci-deſſus

créez ; à l'execution deſquelles contraintes leſdits commiſſaires des tailles ſeront tenus de travailler incontinent après qu'elles leur auront eſté délivrées, ſans pouvoir y apporter aucun retardement, à peine d'interdiction de leurs charges.

Et afin que leſdits commiſſaires ayent plus de moyen de nous bien & fidelement ſervir, & qu'ils ne puiſſent rien exiger au-delà des ſalaires que nous voulons leur eſtre taxez par noſdits préſidens aux aſſiettes, nous leur avons attribué & attribuons en hérédité un denier pour livre de toutes les ſommes qui ſont ou ſeront à l'avenir impoſées dans leſdits dioceſes, tant pour les tailles ordinaires & extraordinaires, uſtancile, induſtrie, étapes, morte payes, cazernes que autres impoſitions qui ſe font en noſtre profit, celui de noſtredite province, ou deſdits dioceſes, à l'exception de la capitation pour laquelle ils ne pourront prendre autre choſe que les ſalaires qui leur ſeront taxez par noſdits préſidens aux aſſiettes, pour l'execution des contraintes des receveurs & commis en la maniere accoûtumée, pour jouir par les acquéreurs deſdits offices, leurs veuves, héritiers ou ayans cauſe dudit denier pour livre, à commencer du premier Janvier prochain ; auquel effet l'impoſition en ſera faite aux prochaines aſſemblées des aſſiettes & département de la taille deſdits dioceſes, outre & pardeſſus les impoſitions ordinaires & extraordinaires ; à quoy voulons que noſdits préſidens aux aſſiettes, ou ceux qui ſeront commis pour en faire les fonctions, ſoient tenus de pourvoir & de tenir exactement la main ; duquel denier pour livre le receveur des tailles en exercice ſera tenu de faire le payement auſdits commiſſaires de ſix en ſix mois & à la fin d'iceux, & de le leur partager entr'eux également ; & à l'égard des ſalaires ordinaires qui leur ſeront taxez par noſdits préfidens aux affiettes, chacun d'eux en jouira à proportion de leur travail, fuivant la taxe qui en fera faite en la maniere ordinaire.

Voulons que lefdits commiffaires des tailles obfervent regulierement les declarations, arrefts & reglemens rendus fur le controlle des exploits, & qu'ils ayent auffi le pouvoir d'exploiter dans nos affaires & celles des particuliers dans toute l'étendue des dioceses de leur établiffement.

Et pour leur donner moyen de vacquer avec plus de liberté aux fonctions de leurs offices, Nous voulons qu'ils foient exempts de collecte, tutelle, curatelle, guet & garde, logement de gens de guerre, induftrie, milice & augmentation à la capitation.

Permettons à toutes perfonnes, même aux receveurs des tailles d'acquérir lefdits offices, & de commettre à l'exercice d'iceux telles perfonnes capables que bon leur femblera, pourvû néanmoins qu'ils foient huiffiers ou fergens Royaux, à la charge d'en demeurer civilement refponfables, & de ne prendre aucune part directement ny indirectement aux falaires qui feront taxez aufdits commiffaires ; lefquels leur appartiendront en entier, à peine contre les contrevenans de perte de leurs offices, & d'eftre procédé contr'eux extraordinairement. Leur permettons feulement de retenir la jouiffance dudit denier pour livre pour en jouir leurs veuves, enfans & heritiers ou ayans caufe hereditairement, & en eftre payez fur leurs fimples quittances, fans que les receveurs des Tailles qui auront acquis les offices de commiffaires prefentement créez, & qui fe les réferveront en tout ou partie, foient tenus d'obtenir des lettres de provifions

defdits offices, dont ils jouiront, enfemble de l'attribution du denier pour livre, en vertu des quittances de finance qu'ils en feront expedier fous leurs noms, & jouiront ceux qui feront par eux commis à l'exercice defdits offices de tous les privileges & fonctions y attribuez par le prefent édit ; à la charge par lefdits commis de faire enregiftrer leurs commiffions au greffe de la plus prochaine juftice royale du lieu de leur établiffement, en payant feulement trois livres pour tous droits. Voulons que ceux qui acquereront lefdits offices y foient reçûs par le premier juge royal requis, en payant fix livres pour tous droits.

Si donnons en mandement à nos amez & feaux confeillers, les gens tenans nos cours de parlement à Touloufe, & cour des comptes, aydes & finances de Montpellier, que le prefent édit ils aient à faire lire, publier & enregiftrer, & le contenu en icelui garder & obferver felon fa forme & teneur, nonobftant tous édits, declarations, reglemens & autres chofes à ce contraires, aufquels nous avons dérogé & dérogeons par ces préfentes, aux copies defquelles collationnées par l'un de nos amez & feaux confeillers-fecretaires, Voulons que foy foit ajoutée comme à l'original : Car tel eft notre plaifir ; & afin que ce foit chofe ferme & ftable à toûjours, Nous y avons fait mettre notre feel. Donné à Verfailles au mois de Novembre, l'an de grace mil fept cens trois, & de noftre regne le foixante-unieme. Signé, LOUIS ; Et plus bas : Par le Roy, PHELYPEAUX. Vifà, PHELYPEAUX. Veu au confeil, CHAMILLART, & feellé du grand fceau de cire verte, en lac de foye rouge & verte.

ARRÊT
Du Conseil d'Etat du Roi.

Qui commet Me. Jean-Jacques de la Vaux pour faire le recouvrement de la finance des offices de présidens pour Sa Majesté aux assiettes des tailles, & de commissaires au recouvrement desdites tailles & autres impositions de la province de Languedoc, créés par édit du présent mois.

Du 17 Novembre 1753.

EXTRAIT des Registres du Conseil d'Etat.

LE Roi ayant par son édit du présent mois de Novembre créé un office de président pour S. M. aux assiettes des tailles dans chacun des vingt-trois dioceses de la province de Languedoc, & des offices de commissaires au recouvrement des tailles & autres impositions de ladite province, & par résultat de ce jourd'hui chargé Me. Jean-Jacques de la Vaux bourgeois de Paris du recouvrement de la finance qui doit provenir de la vente desdits offices, & S. M. voulant faciliter l'exécution dudit édit & dudit résultat : Oui le rapport du sieur Fleuriau d'Armenonville, conseiller ordinaire au conseil royal, directeur des finances. SA MAJESTÉ EN SON CONSEIL, a ordonné & ordonne que ledit de la Vaux qu'Elle a pour ce commis, fera incessamment toutes les diligences nécessaires pour la vente des offices de présidens pour S. M. aux assiettes des tailles, & de commissaires au recouvrement des tailles & autres impositions de la province de Languedoc, créés par édit du présent mois. Lui permet à cet effet S. M. de commettre personnes capables à l'exercice desdits offices ; savoir, à ceux de présidens sur des commissions qui seront

expédiées au grand sceau sur ses nominations, & à ceux de commissaires sur ses procurations, lesquels commis seront reçus & installés sans frais sur la représentation desdites commissions & procurations & jouiront des droits, privileges, gages & émolumens attribués auxdits offices, sans qu'eux ni ledit de la Vaux soient tenus d'en rendre aucun compte. Veut S. M. qu'en cas de refus de la réception & installation desdits commis, la signification de leur procuration & commission tiennent lieu de ladite réception & installation ; que les deniers qui proviendront de la vente desdits offices seront reçus par ledit de la Vaux sur les recepissés de ses procureurs & commis, portant promesse de fournir les quittances du trésorier des revenus casuels de la finance desdits offices dans trois mois, & celles dudit de la Vaux pour les deux sols pour livre, & qu'il ne sera payé que trois sols pour le contrôle de chacun des exploits qui seront faits à la requête dudit de la Vaux pour l'exécution dudit Edit. Ordonne en outre S. M. qu'il ne sera payé pour le sceau des provisions des offices de présidens aux assiettes, y compris l'augmentation, que la somme de vingt livres, pour le marc d'or, dix livres, & pour le garde des rôles, trois livres ; & à l'égard des commissaires des tailles, il ne sera payé pour le sceau des provisions desdits offices, y compris l'augmentation, que la somme de huit livres, pour le marc d'or, six livres, & pour le garde des rôles, trois livres, le tout pour la premiere fois seulement, & sans tirer à conséquence, & seront les pourvus desdits offices de présidens aux assiettes reçus & installés aux fonctions desdits offices par les trésoriers de France des bureaux des finances de Toulouse & Montpellier chacun dans la généralité de son établissement, & payant pour tous droits de réception & enregiftrement de leurs provifions, trente livres, y compris les droits du greffe. FAIT au confeil d'état du Roi, tenu à Verfailles le dix-feptieme jour de Novembre mil fept cent trois. Collationné. *Signé*, DELAISTRE.

LOUIS, PAR LA GRACE DE DIEU, ROI DE FRANCE ET DE NAVARRE, au premier notre huiffier ou fergent fur ce requis; SALUT. Nous te mandons & commandons, que l'arrêt dont l'extrait eft ci-attaché fous le contre-fcel de notre chancellerie, ce jourd'hui donné en notre confeil d'état, pour le recouvrement de la finance qui doit provenir de la vente d'un office de préfident pour nous aux affiettes des tailles dans chacun des vingt-trois diocefes de la province de Languedoc, & des offices de commiffaires au recouvrement des tailles & autres impofitions de ladite province, tu fignifies à tous qu'il appartiendra, à ce qu'aucun n'en ignore, & faire en outre pour l'entiere exécution dudit arrêt, à la requête de Jean-Jacques de la Vaux, par nous chargé dudit recouvrement, tous commandemens, fommations, & autres actes & exploits néceffaires, fans autre permiffion. Voulons qu'aux copies dudit arrêt & des préfentes collationnées par l'un de nos amés & féaux confeillers-fecrétaires, foi foit ajoutée comme aux originaux: CAR tel eft notre plaifir. DONNÉ à Verfailles, le dix-feptieme jour de Novembre, l'an de grace mil fept cent trois, & de notre regne le foixante-unieme, par le Roi, en fon confeil. *Signé*, DE LAISTRE. Et fcellé.

Collationné aux originaux, par nous confeiller-fecrétaire du Roi, maifon, couronne de France & de fes finances.

NICOLAS DE LAMOIGNON, *chevalier comte de Launay-Courfon,*

feigneur de Bris, Vaugrigneufe, Chavagne, Lamothe-Chandenier, Beuxe & autres lieux, confeiller d'état ordinaire, intendant de juftice, police & finance en la province de Languedoc.

VU l'édit & l'arrêt du confeil d'état ci-deffus. NOUS ORDONNONS qu'ils feront exécutés felon leur forme & teneur. FAIT à Montpellier ce   Décembre mil fept cent trois. *Signé*, DE LAMOIGNON; *Et plus bas:* par Mgr. DEMONTIGNY.

XXXIII.
ARRÊT
DU CONSEIL D'ETAT DU ROI,

Concernant la révocation de l'édit du mois de Novembre 1703, portant création d'offices de préfidens aux affiettes.

Du 19 Mai 1705.

EXTRAIT des Regiftres du Confeil d'Etat.

LE Roi ayant par fon édit du mois de Novembre 1703 créé en chacun des vingt-trois diocefes de la province de Languedoc un préfident pour S. M. aux affiettes & affemblées particulieres qui fe tiennent après la tenue des Etats de ladite province, pour la répartition des impofitions & autres affaires des diocefes, avec attribution de 20,000 liv. de gages, droits de fignature des mandemens, de vifite des réparations des chemins, ponts & chauffées, & autres droits, honneurs & priviléges portés par ledit édit & par la déclaration de S. M. rendue en conféquence le 5 Août 1704 : & S. M. étant informée que l'établiffement de ces offices dans les diocefes de ladite province où ils ont été vendus, a causé quelque dérangement aux usages ordinaires desdits diocèses, sur le fait des impositions & de leurs autres affaires; que ceux qui ont exercé jusqu'à présent par commission lesdits offices dans les diocèses où ils n'ont point été vendus, ont affecté de ne point se conformer aux mêmes usages; & que d'ailleurs les évêques, syndics & autres officiers desdits diocèses ont mis en pratique toute sorte de moyens pour détourner les particuliers du dessein de les acquérir, afin d'en obtenir la réunion au corps desdits diocèses à des conditions plus avantageuses, ce qui a constitué celui qui a été chargé de la vente desdits offices en des avances très-considérables & retardé le secours que S. M. avoit attendu de l'exécution de son traité, à quoi étant nécessaire de pourvoir, vu ledit édit du mois de Novembre 1703 & la déclaration du 5 Août 1704, ouï le rapport du sieur Chamillart, conseiller ordinaire au conseil royal, contrôleur général des finances, SA MAJESTÉ EN SON CONSEIL, a ordonné & ordonne que les offices de présidens aux assiettes des diocèses de la province de Languedoc, lesquels n'ont point été levés, seront & demeureront unis & incorporés aux corps desdits diocèses, lesquels jouiront des gages, droits & émolumens attribués auxdits offices, & pourront commettre tous les ans à l'exercice & fonctions d'iceux personnes capables pour assister & présider aux assiettes & à toutes les assemblées générales & particulieres qui se tiennent après la tenue des États de ladite province, pour la répartition des impositions & autres affaires des diocèses, & jouiront des honneurs, rangs, séances, prérogatives, exemptions & priviléges portés par l'édit du mois de Novembre 1703, & par la déclaration du 5 Août 1704, à la charge par lesdits diocèses en corps

de payer les sommes auxquelles la finance desdits offices sera fixée par les rôles qui seront arrêtés au conseil, sur les quittances du receveur des revenus casuels de S. M., & en attendant l'expédition d'icelles, sur les récépissés de Jean-Jacques de Lavaux, chargé de la vente desdits offices, ou de ses procureurs & commis, & les deux sols pour livre sur les quittances dudit de Lavaux, en trois termes & payemens égaux, dont le premier sera fait au mois de Décembre prochain, & les deux autres de trois en trois mois après; à quoi faire les syndics, receveurs des tailles & autres officiers desdits diocèses seront contraints par les voyes ordinaires, pour les deniers & affaires de S. M., laquelle leur permet d'emprunter ou d'imposer les deniers nécessaires pour le payement desdites sommes. Veut & entend S. M., qu'en attendant lesdits payemens & jusqu'à la fin d'iceux, ledit de Lavaux jouisse des gages, droits & émolumens attribués auxdits offices sur ses simples quittances, sans être tenu d'en compter, à l'effet de quoi lesdits gages & droits seront imposés à la diligence des receveurs des tailles desdits diocèses, à peine d'en répondre en leur propre & privé nom. Permet S. M. aux corps des diocèses dans lesquels lesdits offices ont été levés, de rembourser les acquéreurs, lesquels néanmoins demeureront en possession desdits offices, en feront les fonctions & jouiront des gages & droits qui leur sont attribués, jusqu'à ce qu'ils ayent été entierement remboursés de leur finance, deux sols pour livre, frais & loyaux-coûts, suivant la liquidation qui en sera faite par le sieur de Lamoignon de Basville, conseiller d'état ordinaire, intendant de ladite province, auquel S. M. enjoint de tenir la main à l'exécution du présent arrêt, & de donner

à cet effet toutes les ordonnances nécessaires, lesquelles seront exécutées
nonobstant oppositions & appellations
quelconques. FAIT au conseil d'état du
Roi, tenu à Marly le dix-neuvieme jour
de Mai 1705. *Collationné.*

DUJARDIN, *signé.*

XXXIV.
ARRÊT

DU CONSEIL D'ÉTAT DU ROI,

*Qui accepte l'offre de la somme de
70000 liv. faite par les Etats de
Languedoc pour la suppression des
offices de présidens des assiettes, &c.*

Du 23 Février 1706.

EXTRAIT *des Registres du Conseil
d'Etat.*

VU au conseil d'état du Roi, la
délibération prise par les gens des
trois états de la province de Languedoc, le 25 Janvier dernier, par laquelle ils ont offert de payer à S. M. la
somme de sept cent mille livres & les
deux sols pour livre payables dans la
province, en trois termes & payemens
égaux, de six en six mois sans intérêts,
dont le premier sera fait le 1er. Juillet
de la présente année ; le second, le
1er. Janvier de l'année 1707 ; & le
troisieme, le 1er. Juillet de la même
année 1707 ; pour la suppression des
offices de présidens des assiettes, vendus
ou incorporés aux dioceses ; de facteurs commissionnaires des rouliers ;
de courtiers de change, de banque &
de marchandises, de courtiers commissionnaires des vins, de contrôleurs
de voitures, de contrôleurs des greffes
des hôtels de ville, greffes de l'écritoire
& de commissaires aux revues ; de
contrôleurs des huiles ; d'inspecteurs &
contrôleurs des matériaux des bâti-

mens, & inspecteurs & contrôleurs
des entrées des eaux de vie, vins &
autres boissons, & pour la suppression
des gages, droits & émolumens qui
leur sont attribués aux conditions suivantes. 1º. Que la finance des deux sols
pour livre des offices de présidens des
assiettes & autres offices ci-dessus qui
ont été vendus, sera retenue sur le
premier payement qui sera fait au
1er. Juillet prochain, & néanmoins
les pourvus desdits offices ne seront
remboursés par la province qu'à la fin
de l'année, & cependant ils demeureront interdits de toutes fonctions,
en payant par la province les intérêts
de leur finance au denier dix-huit,
depuis le 1er. Janvier dernier, jusqu'au dernier Décembre prochain, ensemble les frais & loyaux-coûts.
2º. Que le traitant desdits offices de
présidens des assiettes, ne pourra commettre auxdits offices pour la tenue des
assiettes qui se tiendront la présente
année & les suivantes. 3º. Que les
commissaires principaux des assiettes
seront nommés en la maniere ordinaire ; & comme il a été pratiqué
avant l'édit de création des présidens
des assiettes, & que les émolumens
desdits commissaires demeureront réglés dès à présent à la somme de cent
livres pour l'assiette de chaque diocese, sans que, sous prétexte de l'état
arrêté au conseil en 1634 & des arrêts
du conseil rendus en conséquence, ils
puissent prétendre une plus grande
somme, soit pour frais de voyages,
journées & vacations, ou pour quelque
autre cause que ce puisse être. 4º. Que
les fonctions de tous les autres offices
ci-dessus & la levée des droits qui leur
sont attribués, cesseront dès à présent,
sans qu'ils puissent être levés pour ce
qui pourroit être dû du passé, auquel
effet tous les billets & soumissions qui
auront été faits pour raison de ce,

seront déclarés nuls, & comme non avenus. 5°. Que toutes les sommes qui auront été payées en conséquence des arrêts portant incorporation desdits offices, seront tenus en compte sur ladite somme de sept cent mille livres, suivant l'état certifié véritable qui en sera donné par le traitant desdits offices. 6°. Que ladite somme de sept cent mille livres sera payée aux traitans desdits offices, suivant la répartition qui en sera faite par S. M. ; savoir, le premier & le second payement sur leurs récépissés, portant promesse de rapporter une quittance du trésorier des revenus casuels, & le dernier payement ne pourra leur être fait qu'en rapportant la quittance dudit trésorier des revenus casuels, chacun pour la somme qui leur comptera, & sur leurs quittances particulieres pour les deux sols pour livre. 7°. Que les arrêts du conseil qui avoient incorporé lesdits offices aux dioceses, villes & communautés de la province, seront révoqués comme contraires à ses droits, libertés & priviléges ; & que pour la suppression de tous lesdits offices, droits, gages & émolumens qui leur sont attribués, toutes lettres nécessaires seront expédiées & registrées partout où besoin sera, sans frais ; & l'avis du sieur de Basville, conseiller d'état ordinaire, intendant en ladite province : Oui le rapport du sieur Chamillart, conseiller ordinaire au conseil royal, & contrôleur général des finances. LE ROI EN SON CONSEIL, voulant favorablement traiter les gens des trois Etats de la province de Languedoc, a accepté & accepte leurs offres contenues en leur délibération du 25 Janvier dernier ; ce faisant, ordonne qu'en payant par le trésorier desdits Etats, conformément à ladite délibération, la somme de sept cent mille livres & les deux sols pour livre, en

trois termes & payemens égaux, dont le premier échoira au premier Juillet prochain, le second au 1er. Janvier 1707, & le troisieme au 1er. Juillet ensuivant, les offices de présidens des assiettes des tailles, commissionnaires des rouliers, courtiers de change, de banque & de marchandises, courtiers commissionnaires de vins, cidres, eaux de vie & autres boissons, commissaires contrôleurs & inspecteurs des voitures, contrôleurs des greffes des hôtels de ville, des greffes de l'écritoire & de commissaires aux revues ; contrôleurs, essayeurs & visiteurs de toute sorte d'huiles, inspecteurs, visiteurs & contrôleurs aux entrées des eaux de vie, vins & autres boissons ; & inspecteurs, visiteurs, mesureurs & contrôleurs des matériaux servant à la construction des bâtimens, ensemble les gages & droits attribués auxdits offices, seront & demeureront éteints & supprimés dans ladite province, sans que, sous prétexte des droits de création desdits offices & des arrêts de réunion & autres rendus en conséquence, les fonctions desdits offices puissent être faites & exercées, ni les gages, droits & émolumens y attribués, levés & perçus à peine de concussion : dérogeant à cet effet S. M. à tous lesdits édits & arrêts, & autres choses à ce contraires. Veut Sa Majesté, conformément à ladite délibération, que les particuliers qui ont acquis des offices de présidens des assiettes soient tenus de remettre au trésorier desdits Etats les provision, quittances de finance, des deux sols pour livre & autres pieces, lesquelles ledit trésorier remettra à Jean-Jacques de Lavaux, chargé de la vente desdits offices, ses procureurs & commis ; & sera tenu compte du montant de la finance desdits offices vendus sur lesdits trois payemens, également par chacun d'iceux, pour être ensuite lesdites quit-

tances

tances de finance rapportées & être rendues au tréforier des revenus cafuels, & déchargées du contrôle comme nulles & non avenues, & feront les pourvus defdits offices rembourfés de leur finance, deux fols pour livre, frais des provifions & tous autres frais & loyaux-coûts, fuivant la liquidation qui en fera faite par ledit fieur de Bafville en un feul & actuel payement par le tréforier defdits Etats, le dernier Décembre prochain, avec les intérêts au denier dix-huit, depuis le premier Janvier dernier jufqu'audit jour dernier Décembre, fans que lefdits Etats puiffent rien prétendre des gages, droits & émolumens qui ont été, ou dû être payés, tant auxdits pourvus qu'à ceux qui ont fait les fonctions defdits offices non vendus; lefquels feront payés defdits gages, droits & émolumens, jufqu'audit jour premier Janvier dernier. Veut en outre Sa Majefté, qu'il en foit ufé de même à l'égard de tous les autres particuliers qui ont été pourvus d'aucuns des offices ci-deffus fupprimés, & que ladite fomme de fept cent mille livres, & celle de foixante-dix mille livres pour les deux fols pour livre, foient payées ainfi qu'il s'enfuit; favoir, à Jean-Jacques de Lavaux, pour les préfidens des affiettes, quatre cent mille livres; à Robert d'Andeville, pour les offices des commiffionnaires des rouliers, trente-cinq mille livres; à François Bonnet, pour les offices de courtiers, de change, de banque & de marchandifes, & des courtiers commiffionnaires des vins, cidres, eaux de vie & autres boiffons, & liqueurs, dix mille livres; à Jofeph Poitevin, pour les offices de commiffaires, contrôleurs & infpecteurs des voitures, quarante mille livres; à François Bonnet, pour les offices de contrôleurs des greffes des hôtels de ville, des greffes de l'écritoire & de commiffaires aux

Tome IV.

revues, cinquante mille livres; à Nicolas Cartier, pour les offices de contrôleurs, effayeurs vifiteurs de toute forte d'huiles, vingt mille livres; à Jean-Jacques de Lavaux, pour les offices d'infpecteurs, vifiteurs & contrôleurs aux entrées des vins, eaux de vie & autres boiffons; cent trente mille livres; & à Pierre Moreau, pour les offices d'infpecteurs, vifiteurs, mefureurs & contrôleurs des matériaux fervant à la conftruction des bâtimens, quinze mille livres; favoir, le principal fur les quittances du tréforier des revenus cafuels, lefquelles feront remifes au tréforier de ladite province lors du dernier payement; & les deux fols pour livre fur celles defdits de Lavaux, d'Andeville, Bonnet, Poitevin, Cartier & Moreau, auxquels les deux premiers payemens feront faits fur leurs quittances ou fur celles de leurs procureurs & commis, portant promeffe de rapporter lefdites quittances de finance lors du dernier defdits payemens, conformément à ladite délibération, laquelle au furplus fera exécutée felon fa forme & teneur, en ce qu'il n'y eft point dérogé par le préfent arrêt, pour l'extinction duquel toutes lettres néceffaires feront expédiées. Fait au confeil d'état du Roi, tenu à Verfailles le vingt-troifieme jour de Février 1706.

Signé, Gouion.

XXXV.

EDIT DU ROI.

Qui fupprime les offices de préfidens des affiettes, &c. &c., & ordonne que les commiffaires principaux des affiettes feront pris du corps des Etats, & nommés en la maniere ordinaire, de même & ainfi qu'il étoit pratiqué avant la création defdits offices.

V

Du mois d'Août 1707.

LOUIS, PAR LA GRACE DE DIEU, ROI DE FRANCE ET DE NAVARRE, à tous présens & à venir: SALUT. Nous avons par l'arrêt de notre conseil du 23 Février 1706, accepté les offres des gens des trois Etats de la province de Languedoc, contenues en leur délibération du 25 Janvier précédent ; & en conséquence ordonné qu'en payant par le trésorier desdits Etats, conformément à ladite délibération, la somme de 700,000 liv. & les deux sols pour livre, les offices de présidens des assiettes des tailles créés par édit du mois de Novembre 1703 ; ceux de contrôleurs des greffes des hôtels de ville, des greffes de l'écritoire & de commissaires aux revues créés par édit du mois de Janvier 1704 ; ceux de commissaires contrôleurs & inspecteurs des voitures créés par édit du mois de Septembre suivant ; ceux de courtiers de change & de marchandise, & de courtiers commissaires des vins, cidres & autres boissons, créés par édit du mois de Novembre de la même année; ceux de facteurs commissionnaires créés par édit du mois de Février 1705 ; ceux de contrôleurs, essayeurs & visiteurs d'huiles créés par édit du mois de Mai suivant; ceux d'inspecteurs, visiteurs & contrôleurs des matériaux créés par édit du mois de Juin de la même année; ceux d'inspecteurs, visiteurs & contrôleurs aux entrées des boissons, créés par édit du mois d'Octobre suivant, ensemble les gages & droits attribués auxdits offices, seront & demeureront supprimés dans ladite province, & que conformément à ladite délibération, les particuliers qui auront acquis des offices de présidens des assiettes, seroient tenus de remettre au trésorier desdits Etats leurs provisions & quittances de finance, lesquelles il remet-

troit à Jean-Jacques de Lavaux, chargé de la vente desdits offices , & qu'il seroit tenu compte du montant de la finance desdits offices vendus sur les trois payemens dans lesquels ladite somme de 700,000 liv. devoit être payée, au moyen de quoi les pourvus desdits offices seroient remboursés de leur finance, deux sols pour livre, frais des provisions & autres frais & loyaux-coûts par le trésorier desdits Etats, avec l'intérêt au denier dix-huit. Nous aurions en outre ordonné par ledit arrêt, qu'il en seroit usé de la même manière à l'égard de tous les autres pourvus d'aucuns desdits offices compris audit arrêt, auquel effet toutes lettres nécessaires seroient expédiées ; & voulant favorablement traiter nos très-chers & bien-amés les gens des trois Etats de notredite province de Languedoc. A CES CAUSES & autres à ce nous mouvans, de notre certaine science, pleine puissance & autorité royale, Nous avons, par le présent édit perpétuel & irrévocable, éteint & supprimé, éteignons & supprimons lesdits offices de présidens des assiettes créés en chacun des diocèses de ladite province, par notre édit du mois de Novembre 1703 , ensemble ceux de contrôleurs des greffes des hôtels de ville, des greffes de l'écritoire & de commissaires aux revues créés par édit du mois de Janvier 1704 ; ceux de commissaires contrôleurs & inspecteurs des voitures créés par édit du mois de Septembre suivant ; ceux de courtiers de change, de banque & de marchandises, & de courtiers commissionnaires des vins, cidres & autres boissons, & liqueurs, créés par édit du mois de Novembre de la même année; ceux de facteurs commissionnaires des rouliers créés par édit du mois de Février 1705 ; ceux de contrôleurs, essayeurs & visiteurs des huiles créés par édit du mois de Mai suivant ; ceux d'inspecteurs, visiteurs & contrôleurs aux entrées des eaux de vie, vins, cidres & autres boissons, créés par édit du mois d'Octobre de la même année, ensemble les gages & droits attribués auxdits offices, sans qu'ils puissent être ci-après établis, ni fait aucune imposition sur les denrées & marchandises, & matériaux, en quelque maniere que ce puisse être, ni que les communautés puissent être taxées à l'avenir pour l'incorporation d'aucuns desdits offices, dont nous les avons déchargées par le présent édit. Voulons que les commissaires principaux des assiettes soient pris du corps des Etats & nommés en la maniere ordinaire, de même & ainsi qu'il a été pratiqué avant la création desdits offices de présidens des assiettes, supprimés par le présent édit ; & conformément à la délibération des Etats de ladite province, du 25 Janvier 1706, Nous avons réglé les émolumens desdis commissaires à 100 liv. pour l'assiette de chaque diocese, sans que, sous prétexte de l'état arrêté au conseil en 1634, & des arrêts rendus en conséquence lesdits commissaires puissent prétendre une plus grande somme, soit pour frais de voyages, journées & vacations extraordinaires, ou pour quelqu'autre prétexte que ce puisse être, & qu'il ne soit admis aux assiettes des dioceses autres personnes que celles qui ont eu droit jusqu'à présent d'y assister. Voulons à l'égard de ceux desdits offices qui ont été vendus, que les particuliers qui les ont acquis soient tenus de remettre au trésorier desdits Etats leurs provisions & quittances de finance, & deux sols pour livre, lesquelles ledit trésorier remettra aux traitans chargés de la vente desdits offices, leurs procureurs ou commis, & sera tenu compte du montant de la finance des-

dits offices vendus, si fait n'a été, sur les trois payemens dans lesquels ladite somme de 700,000 liv. & les deux sols pour livre a dû être payée aux termes dudit arrêt de notre conseil, du 23 Février 1706, également par chacun d'iceux, pour être ensuite lesdites quittances de finance rapportées & rendues au trésorier de nos revenus casuels, & déchargées du contrôle comme nulles & non avenues. Ordonnons en outre que les pourvus desdits offices seront remboursés de leur finance, deux sols pour livre, frais des provisions & autres frais & loyaux-coûts, suivant la liquidation qui en sera faite par notre amé & féal conseiller ordinaire en notre conseil d'état, le sieur de Basville, intendant en ladite province, en un seul payement, par le trésorier desdits Etats, avec les intérêts au denier dix-huit, jusqu'à l'actuel remboursement, sans que lesdits Etats puissent rien prétendre des gages, droits & émolumens qui ont été ou dû être payés, tant aux pourvus desdits offices de présidens des assiettes, qu'à ceux qui en ont fait les fonctions, lesquels seront payés des gages, droits & émolumens, jusqu'au 1er. Janvier 1706, conformément audit arrêt du 23 Février 1706. Nous avons pareillement déchargé & déchargeons les villes & lieux, corps & communautés, & les particuliers de ladite province, du payement des taxes sur eux faites pour l'incorporation desdits offices ; auquel effet, nous avons révoqué & révoquons tous édits, déclarations & arrêts qui ont été rendus pour raisons de ce. Voulons que tout ce qui aura été exigé desdites taxes leur soit rendu & restitué par ceux qui en ont fait le recouvrement, & que les villes & lieux, corps & communautés demeurent déchargés dès à présent & à l'avenir, du payement de toutes taxes, soit pour la confirmation d'hérédité, augmentations de gages, ou sous quelque prétexte que ce soit, pour tous les offices qu'ils ont acquis ou rachetés jusqu'à présent, soit que lesdits offices ayent été supprimés ou qu'ils les fassent exercer. Si DONNONS EN MANDEMENT à nos amés & féaux les gens tenant notre cour des comptes, aides & finances de Montpellier, que le présent édit ils aient à faire lire, publier & registrer, & le contenu en icelui, garder & observer selon sa forme & teneur, nonobstant tous édits, déclarations, arrêts & autres choses à ce contraires, auxquelles nous avons dérogé & dérogeons par le présent édit : Aux copies duquel, collationnées par l'un de nos

amés & féaux conseillers secrétaires, voulons que foi soit ajoutée comme à l'original : CAR tel est notre plaisir. Et afin que ce soit chose ferme & stable à toujours, nous y avons fait mettre notre sceau. DONNÉ à Versailles au mois d'Août, l'an de grace mil sept cent sept, & de notre regne le soixante-cinquieme. Signé, LOUIS; Et plus bas; Par le Roi. PHELYPEAUX. Visa PHELYPEAUX. Vu au conseil.

CHAMILLART, signé. Scellé en cire verte.

Registré en la cour des comptes, aides & finances de Montpellier ; Oui & ce requérant le procureur général du Roi, le 14 Septembre 1707.

MILHAU, signé.

TITRE SIXIEME.

Des Officiers des Dioceses.

I.

EXTRAIT du registre des délibérations des Etats généraux de Languedoc, assemblés par mandement du Roi en la ville de Beziers au mois de Mars 1624.

Du Jeudi 18 Avril suivant, président Mgr. l'évêque de Castres.

MONSEIGNEUR l'évêque d'Uzès a dit, que les habitans de la ville d'Uzès auroient obtenu des lettres patentes, contenant nomination & création de quatre consuls de ladite ville, & que le premier consul seroit syndic du diocese pour la présente année ; & de tant qu'elles ont été obtenues par surprise, le diocese non oui, lequel a faculté de continuer ou destituer leurs syndics & officiers, ce que le Roi a eu

agréable de confirmer par la réponse du XXXVI article du cahier des doléances, présenté à Sa Majesté le 21 jour du mois de Novembre 1594, ledit diocese auroit mandé un courrier exprès devers Sadite Majesté pour obtenir la révocation desdites lettres patentes, pour ce qui regarde ledit syndic ; & de tant qu'à l'assiette prochaine y pourroit avoir des troubles pour ce sujet, & que semblable inconvénient pourroit arriver à tous les autres dioceses, a prié les Etats ordonner que le syndic général prendra le fait & cause pour ledit diocese d'Uzès. SUR QUOI a été arrêté que le syndic général prendra le fait & cause pour ledit diocese, & poursuivra partout où il appartiendra l'observation de la volonté du Roi contenue en la réponse du susdit cahier ; & ce faisant, que ledit diocese &

autres dudit pays soient en faculté de continuer ou destituer leurs syndics & officiers comme ils aviseront pour le bien desdits dioceses.

I I.

Extrait du registre des délibérations des Etats généraux de Languedoc, assemblés par mandement du Roi en la ville de Toulouse au mois de Mars 1628.

Du Mercredi 15 dudit mois de Mars, président Mgr. l'Evêque de Castres.

SUr la lecture de la délibération du 18 Mars 1627, concernant la manutention de l'ordre des assiettes des vingt-deux dioceses de cette province, ayant été dit par plusieurs députés à cette assemblée, que quelques particuliers desireux de parvenir par brigues & monopoles aux charges de syndics & greffiers desdits dioceses, pour en faire vacquer les places, poursuivoient en la cour de parlement de Toulouse & en la cour des aides de Montpellier, sous le nom de MM. les procureurs généraux en icelles, à faire condamner & contraindre lesdits dioceses à changer leursdits officiers; ce qui seroit directement contraire à la liberté publique & à la faculté qu'il a plu au Roi conserver auxdits dioceses, de pouvoir instituer ou destituer à leur volonté leurs officiers, par son édit du mois d'Octobre 1624, duement vérifié selon sa forme & teneur auxdites cours & partout ailleurs où besoin a été, portant révocation de ladite création des offices de greffiers héréditaires des tailles, & une pure entreprise de jurisdiction, Sa Majesté ayant réservé à Elle en son conseil la connoissance de ces matieres privativement auxdites cours & à toutes autres jurisdictions; Oui le sieur de Lamamie, syndic général, LES ETATS

en confirmant & renouvellant tant ladite délibération, que celles des 28 Avril 1594, 18 Avril 1624, & autres prises sur ce sujet, ONT DÉLIBÉRÉ ET ARRÊTÉ que les syndics généraux poursuivront au nom & dépens du pays devers le Roi & Nosseigneurs de son conseil, la cassation de tous arrêts & procédures desdites cours de parlement & des aides pour ce regard, sur le premier avis qui leur en sera donné par les consuls ou syndics particuliers des dioceses, lesquels seront exhortés de n'obéir & déférer cependant aux arrêts qui sur ce pourroient être donnés par lesdites cours, & que Sa Majesté sera très-humblement suppliée de laisser lesdits dioceses en leur entiere & libre faculté de changer ou continuer à leur volonté leurs syndics & officiers.

Voyez la délibération du 18 Décembre 1618, dans la section II du titre III, n°. II.

L'édit du mois d'Octobre 1624 est dans la section II de ce titre, n°. VII.

I I I.

Extrait du registre des délibérations des Etats généraux de Languedoc, assemblés par mandement du Roi en la ville de Toulouse au mois de Mars 1628.

Du Jeudi 23 dudit mois de Mars, président Mgr. l'évêque de Castres.

SUr la plainte portée aux Etats de la part du syndic du diocese de Lavaur, de ce qu'il a été assigné au conseil du Roi à la requête de Me. Claude du Conseil, procureur de Sa Majesté en la judicature de Villelongue, pour voir ordonner qu'il aura entrée, séance, voix & opinion délibérative aux assemblées générales & assiettes qui se tiendront audit diocese de Lavaur, & qu'il sera fait défenses aux commissaires, consuls & députés dudit diocese de continuer les syndics & officiers en leurs charges plus de trois ans, & que ledit syndic de Lavaur sera tenu de représenter audit conseil de Sa Majesté l'état & compte de sa charge par lui rendu en l'assiette de l'année 1626, pour voir si les taxes & gratifications en sont excessives ; requérant ledit syndic que les Etats prennent le fait & cause pour lui, attendu que telles poursuites sont contraires à la liberté publique & aux ordres & réglemens des vingt-deux dioceses de cette province : Oui le sieur de Lamamie, syndic général, & lecture faite de la copie de l'arrêt du conseil d'état & lettres patentes sur icelui du 22 Janvier dernier, obtenues par ledit procureur du Roi aux fins susdites, & de l'exploit d'assignation donné en conséquence au syndic dudit diocese de Lavaur le 19 de Février aussi dernier, LES ETATS, pour ce qui regarde la remise de l'état & compte dudit syndic de Lavaur pour la vérification des abus prétendus, ont dit & déclaré n'y avoir lieu de s'entremettre, & pour le surplus ONT DÉLIBÉRÉ ET ARRÊTÉ que le syndic général du pays prendra le fait & cause dudit syndic du diocese de Lavaur, & conformément aux délibérations ci-devant prises, poursuivra au nom & dépens du pays devers Sa Majesté & Nosseigneurs de son conseil, toutes provisions & arrêts nécessaires pour empêcher que les procureurs du Roi n'ayent entrée, séance ni voix délibérative aux assiettes & assemblées des vingt-deux dioceses de cette province, suivant plusieurs arrêts & réglemens sur ce donnés audit conseil ; & pour faire conserver lesdits dioceses en la libre faculté qu'ils ont eu de tout temps de pouvoir tous les ans en leurs assiettes générales instituer ou destituer, continuer & confirmer ou changer & casser leurs syndics & officiers à leur volonté.

I V.

ARRÊT

DU CONSEIL D'ETAT DU ROI,

Qui fait défenses aux cours de parlement de Toulouse & des aides de Montpellier, de connoître directement ou indirectement des différends qui peuvent arriver dans les assemblées des assiettes des dioceses, nomination ou destitution de leurs officiers.

Du 21 Juillet 1636.

EXTRAIT des Regîstres du Conseil d'Etat.

SUR la requête présentée au Roi étant en son conseil par le syndic général du pays de Languedoc, contenant que ores qu'il n'appartienne qu'à Sa Majesté & à son conseil de régler les assemblées des assiettes des vingt-deux dioceses dudit pays, & prendre connoissance de la nomination & destitution des syndics & officiers, laquelle Sa Majesté a interdite par plusieurs déclarations & arrêts à toutes ses autres cours & juges ; néanmoins la cour des comptes, aides & finances de Montpellier auroit entrepris de connoitre du fait de la confirmation & destitution des officiers de Carcassonne & Castres, ayant reçu l'appel relevé en ladite cour par le nommé Montfrays, consul de Briatexte, de ce que ledit diocese de Castres avoit confirmé ses officiers, & maintenu par ses arrêts Henri de Russon en la charge de syndic du diocese de Carcassonne, contre le gré dudit diocese qui l'en avoit destitué, & nommé en sa place Me. Pierre Boriac ; ce qui auroit obligé le suppliant, pour arrêter le cours de telles entreprises & conserver la liberté desdits diocèses, de recourir au sieur duc d'Halluin, gouverneur pour le Roi de ladite province, lequel par son ordonnance du 24 Janvier dernier auroit renvoyé la requête du suppliant à Sa Majesté, & cependant fait défenses auxdits Russon, Montfrays & tous autres de se servir desdits arrêts, ni pour raison de ce faire aucunes poursuites en ladite cour; requérant A CES CAUSES ledit suppliant qu'il plût à Sa Majesté maintenir & conserver lesdits vingt-deux diocèses de Languedoc en leur entière liberté d'instituer & destituer leurs officiers, avec défenses à ses cours de parlement de Toulouse & des comptes, aides & finances de Montpellier deçà ce les troubler & empêcher, ni en entreprendre la connoissance directement ni indirectement. Vu ladite requête, les arrêts du conseil des dernier de Mars 1617, 26 Septembre 1618, & 15 Juin 1633; délibération de l'assiette du diocèse de Carcassonne du 2 Janvier dernier, portant destitution de Me. Henri Russon de la charge de syndic, & nomination de Me. Pierre Boriac en sa place; appel relevé en ladite cour des comptes par Paul Montfrays de la délibération prise en l'assiette du diocèse de Castres, portant confirmation de leurs officiers, du 9 Janvier dernier; arrêt de la cour des comptes, aides & finances du 10 du mois de Janvier, par lequel elle casse ladite délibération du diocèse de Carcassonne du 2 Janvier, fait défenses audit Boriac, nouveau syndic, de s'immiscer de ladite charge, & maintient en icelle ledit Russon; l'ordonnance du sieur duc d'Halluin du 24 dudit mois, portant renvoi à Sa Majesté de la requête dudit syndic général de Languedoc, & cependant fait défenses auxdits Russon, Montfrays & tous autres de se servir des arrêts de ladite cour des comptes,

ni faire aucunes poursuites en icelle pour ce sujet, & tout considéré; LE ROI ÉTANT EN SON CONSEIL, ayant égard à ladite requête, a fait & fait très-expresses défenses à ses cours de parlement de Toulouse & des comptes, aides & finances de Montpellier de connoître directement ou indirectement des différends desdites assiettes, nomination ou destitution de leurs officiers; a cassé, révoqué & annullé l'arrêt de la cour des comptes, aides & finances de Montpellier du 10 Janvier dernier, & évoqué à soi & à son conseil l'appel interjetté par Me. Henri de Russon, syndic dudit diocèse de Carcassonne, de la destitution faite de sa personne de ladite charge de syndic par la délibération de l'assemblée générale dudit diocèse du 2 dudit mois & an; & auparavant que d'y faire droit, a ordonné & ordonne que Me. Pierre Boriac, nommé à ladite charge de syndic dudit diocèse par ledit acte d'assemblée dudit jour 2 Janvier dernier, & ledit Russon, seront assignés au conseil, pour, les parties ouies, être ordonné ce que de raison, sans aucune retenue des frais qui seront faits entre lesdites parties contre la communauté pour raison dudit différend; & cependant ordonne Sa Majesté que ledit Russon continuera l'exercice de ladite charge de syndic jusqu'à ce qu'autrement, parties ouies, en ait été ordonné. FAIT au conseil d'état du Roi, Sa Majesté y étant, tenu à Paris le vingt-unième jour de Juillet mil six cent trente-six.

Signé, PHELYPEAUX.

V.

EXTRAIT du registre des délibérations des Etats généraux de Languedoc, assemblés par mandement du Roi en la ville de Montpellier au mois de Juin 1649.

Du Samedi 19 dudit mois de Juin, préfident Mgr. l'archevêque & primat de Narbonne.

MONSEIGNEUR l'évêque d'Uzès a dit, que bien que par les réglemens des Etats & inftructions qui font données annuellement aux commiffaires principaux des affiettes des vingt-deux dioceses de la province, il foit expreffément porté qu'à l'ouverture defdites affiettes il doit être procédé chacune année à la confirmation ou nouvelle nomination des fyndics & greffiers defdits dioceses par pluralité de voix, & que même la faculté de nommer lefdits greffiers ait été deux fois acquife du Roi par la fuppreffion de deux édits, & rembourfement de la finance qui avoit été remife pour raifon de ce dans les coffres de Sa Majefté, quoique de tout temps ladite faculté eût appartenu à la province, & que le Roi l'eût ainfi déclaré par fa réponfe au cahier qui lui fut préfenté par les députés des Etats en l'année 1594, fi eft-ce que les confuls de la ville d'Uzès, fous le prétexte d'une tranfaction dont l'ufage eft prefcrit, & qu'ils difent avoir été paffée entre eux & les diocéfains en l'année 1515, prétendent être en droit de les contraindre de prendre pour greffier du diocefe celui dont ils fe fervent dans leur ville, ou tel autre qu'ils voudront leur préfenter, pourvu qu'il foit de la probité & fuffifance requife, & outre ce, foutiennent que le premier conful de ladite ville eft fyndic né dudit diocefe, & toutes les fois que l'affiette procede à la nouvelle nomination ou confirmation des fyndics & greffiers, lefdits confuls d'Uzès proteftent de la nullité defdites nominations, & en haine de ce veulent contraindre & obliger les députés des affiettes de deftituer annuellement lefdits fyndic & greffier fans les pouvoir continuer.

SUR QUOI a été délibéré, que conformément aux droits & coutumes de la province & inftructions defdites affiettes, il fera annuellement procédé en celle du diocefe d'Uzès à la confirmation ou nouvelle nomination defdits fyndic & greffier par pluralité de voix, & en cas, pour raifon de ce, ledit diocefe foit troublé fous prétexte de ladite tranfaction & prétention defdits confuls d'Uzès, le fyndic général prendra fon fait & caufe partout où befoin fera.

V I.

E D I T D U R O I.

Portant création d'offices de fyndics & greffiers dans les dioceses de la province de Languedoc.

Du mois de Juin 1692.

LOUIS, PAR LA GRACE DE DIEU, ROI DE FRANCE ET DE NAVARRE: A tous préfens & à venir, SALUT. Nous avons par notre édit du mois de Juillet 1690, érigé en titre d'office dans notre royaume un notre confeiller-procureur & fyndic en chacune des villes & communautés où il y a maifon commune, enfemble un fecrétaire-greffier pour rédiger les actes d'affemblées & délibérations des habitans, & faire toutes les autres fonctions attribuées à ces charges; & bien que les dioceses de Languedoc, qui font chacun un corps de communauté compofé de plufieurs villes & lieux, n'ayent pas moins d'intérêt que les communautés particulieres d'avoir de pareils officiers, lefquels par le long exercice de leurs charges puiffent connoître parfaitement les titres & droits des dioceses, veiller plus utilement à leur confervation, & travailler avec équité à la confection des rôles des impofitions; néanmoins,

comme

comme par notre édit du mois de Juillet 1690, nous n'avons pas fait mention expreſſe des ſyndics & greffiers des dioceſes de notredite province de Languedoc, & qu'il n'eſt pas moins important de les y établir, Nous avons réſolu d'y pourvoir. A ces causes, & autres à ce Nous mouvans, de notre certaine ſcience, pleine puiſſance & autorité royale, Nous avons par notre préſent édit, perpétuel & irrévocable, créé & érigé, créons, érigeons & établiſſons en titre d'office formé & héréditaire un notre conſeiller-procureur & ſyndic, & un greffier & ſecrétaire en chacun dioceſe de notre province de Languedoc, pour en jouir par ceux qui en ſeront pourvus, leurs veuves, héritiers ou ayans cauſes héréditairement & à toujours, aux gages effectifs de 15,380 livres pour un quartier de 61,520 livres, qui leur ſeront départis par les états qui en ſeront arrêtés en notre conſeil, à les avoir & prendre tant ſur les ſommes qui étoient ci-devant impoſées pour ceux qui étoient ci-devant prépoſés à l'exercice deſdits offices, que ſur celles qu'il eſt permis auxdits dioceſes d'impoſer pour les dépenſes imprévues, & leur être leſdits gages payés par les receveurs en exercice ſur leur ſimple quittance, en vertu de laquelle la dépenſe en ſera paſſée & allouée dans les comptes ſans aucune difficulté, & en outre jouiront les pourvus deſdits offices des mêmes honneurs, fonctions, privilèges & immunités dont jouiſſent à préſent ceux qui ſont prépoſés aux fonctions des ſyndics & ſecrétaires deſdits dioceſes, & qui ſont attribués aux procureurs & greffiers des communautés particulieres par notre édit du mois de Juillet 1690. Pourront leſdits offices préſentement créés être exercés par toutes perſonnes, officiers ou autres, ſans aucune incompatibilité. Voulons que ceux qui auront

Tome IV.

prêté leurs deniers pour ladite acquiſition ayent privilège & hypotheque ſpéciale ſur leſdits offices, gages & émolumens y attribués, ſans qu'il ſoit beſoin d'en faire déclaration dans les quittances de finance, mais ſeulement dans les actes d'emprunts & contrats qui ſeront paſſés. Si donnons en mandement à nos amés & féaux conſeillers les gens tenant notre cour de parlement de Touloufe, que ces préſentes ils ayent à faire enregiſtrer, & le contenu en icelles garder & obſerver ſelon leur forme & teneur, nonobſtant tous édits, déclarations & autres choſes à ce contraires, auxquelles nous avons dérogé & dérogeons par ces préſentes : Car tel est notre plaisir. Et afin que ce ſoit choſe ferme & ſtable à toujours, nous y avons fait mettre notre ſcel. Donné au camp devant Namur au mois de Juin l'an de grace mil ſix cent quatre-vingt-douze, & de notre regne le cinquantieme.

VII.

EDIT DU ROI,

Qui révoque celui du mois de Juin 1692, portant création des offices de procureur ſyndic, greffiers & ſecrétaires des dioceſes en la province de Languedoc.

Du mois de Janvier 1693.

LOUIS, par la grace de Dieu, Roi de France et de Navarre: A tous préſens & à venir, Salut. Par édit du mois de Juin mil ſix cent quatre-vingt douze, Nous avons créé en titre d'office formé & héréditaire un noſtre conſeiller procureur & ſindic, & un greffier & ſecrétaire en chacun dioceſe de noſtre province de Languedoc, aux gages effectifs de quinze mille trois cents quatre-vingts livres qui ſe-

roient départis par les eſtats qui en ſeroient arreſtés en noſtre conſeil , à
prendre tant ſur les ſommes ordinairement impoſées ſur les dioceſes , ou qui
le ſeroient en la maniere exprimée par
ledit édit , & aux meſmes honneurs ,
fonctions, priviléges & immunités dont
jouïſſent à préſent ceux qui ſont prépoſés pour en faire les fonctions , & qui
ſont attribués aux procureurs & greffiers des communautés créés par l'édit
du mois de Juillet mil ſix cent quatre-
vingt-dix , leſquels offices pourroient
eſtre exercés par toutes perſonnes, officiers ou autres ſans aucune incompatibilité , en conſéquence duquel édit
Nous avons fait arreſter un eſtat en noſtre conſeil , tant de la finance des offices auſquels les quinze mille trois cent
quatre-vingt livres de gages attribués
devoient eſtre répartis , que de celle de
l'office de ſindic du pays de Vivarès qui
eſtoit dans le cas de noſtre édit , mais
les gens des Trois-eſtats de noſtre province de Languedoc nous ayant repréſenté que les aſſiettes des dioceſes de
ladite province ſont en poſſeſſion de
changer tous les ans leurs ſindics ou de
les continuer , à l'exception de celuy du
Vivarès , lequel a eſté maintenu à vie
par arreſt du conſeil du neuf Octobre
mil ſix cent ſoixante-dix-neuf , & à
l'égard des greffiers & ſecrétaires, qu'ils
ſont pareillement dans l'uſage de les
nommer & élire , à temps ou à vie, ce
qui néceſſite ceux qui ſont prépoſés à
mériter par une bonne adminiſtration ,
& par leur fidélité d'eſtre toujours maintenus ; & ne pouvant pas ſe promettre
la meſme ſatisfaction, ſi ces offices eſ-
toient poſſédés en titre & héréditairement , d'ailleurs pareille création de
greffiers des dioceſes ayant eſté faite
par édit du mois d'Octobre mil ſix cent
trente-ſix , ils en auroient obtenu la révocation ; & ſur ces conſidérations ils
nous ont très-humblement ſupplié de

révoquer noſtre édit. A ces causes ,
deſirant favorablement traiter les gens
des Trois-eſtats de noſtredite provin-
vince , même en conſidération de la
ſomme de deux cent ſoixante-dix mille
livres qu'ils nous ont accordée pour nous
ſecourir dans nos beſoins de la préſente
guerre. De l'avis de noſtre conſeil , &
de noſtre certaine ſcience, pleine puiſſance & authorité Royale, Nous avons
par le préſent édit perpétuel & irrévocable , révoqué & révoquons à perpétuité noſtre édit du mois de Juin mil
ſix cent quatre-vingt douze , portant
création en titre d'office formé & héréditaire , d'un noſtre conſeiller procureur & ſindic , & d'un greffier & ſecrétaire en chacun dioceſe de noſtredite province , avec attribution de
quinze mille trois cent quatre - vingt
livres de gages ; & en conſéquence ,
Nous déclarons nul & comme non ad-
venu l'eſtat de la finance deſdits offices
de trois cent cinquante-ſept mille huit
cent livres qui a eſté arreſté en noſtre
conſeil le deuxieme Décembre mil ſix
cent quatre-vingt - douze ; Voulons &
nous plaiſt que les aſſiettes des dioceſes
de noſtredite province , puiſſent nommer, confirmer & deſtituer leurs ſindics & greffiers comme bon leur ſem-
blera , & leur en faire faire la fonction comme l'auroient pû faire ceux
qui auroient eſté pourvus deſdits offices en exécution de noſtredit édit ,
à l'exception toutefois du ſindic du
pays de Vivarès , lequel ſera maintenu
à vie , conformément au ſuſdit arreſt
de noſtre conſeil , & des greffiers des
dioceſes ſi aucuns ont eſté nommés à
vie auparavant noſtre ſuſdit édit , &
ſans néanmoins que les gages dont
jouïſſent à préſent les ſindics & greffiers deſdits dioceſes puiſſent eſtre augmentés ſous aucun prétexte, que pour
des juſtes cauſes & conſidérations , &
ſuivant les permiſſions qui en pourront

estre par Nous accordées, le tout à la charge de nous payer suivant leurs offres sur les quittances du garde de nostre trésor royal, la somme de deux cent soixante-dix mille livres. Si DONNONS EN MANDEMENT, à nos amés & féaux conseillers les gens tenans nostre cour de parlement à Toulouse, que ces présentes ils ayent à faire registrer, & le contenu en icelles, garder & observer selon leur forme & teneur, nonobstant tous édits, déclarations, & autres choses à ce contraires, ausquels nous avons dérogé & dérogeons par cesdites présentes : CAR tel est nostre plaisir, & afin que ce soit chose ferme & stable à toujours, Nous y avons fait mettre nostre scel. DONNÉ à Versailles au mois de Janvier mil six cent quatre-vingt-treize, & de nostre regne le cinquantieme. *Signé*, LOUIS ; *Et plus bas*, Par le Roy, PHELYPEAUX.

EXTRAIT des registres de parlement.

VU les lettres patentes du Roy en forme d'édit donné à Versailles au mois de Janvier 1693, *signé*, LOUIS; *Et plus bas*; Par le Roy, PHELYPEAUX. Scellé en cire verte à lacs de soye verte & rouge, par lequel Sa Majesté pour les causes & considérations y contenues, révoque à perpétuité son édit du mois de Juin dernier 1692, portant création en titre d'office formé & héréditaire d'un conseiller du Roy procureur & sindic, & d'un greffier & secrétaire en chacun diocese de la province de Languedoc, avec attribution de 15,380 liv. de gages, & en conséquence déclare nul & comme non avenu l'estat de la finance desdits offices de 357,800 liv. qui a esté arresté au conseil le second Décembre aussi dernier, par lequel Sa Majesté veut aussi que les assiettes de ladite province puis-

sent nommer, confirmer & destituer leurs sindics & greffiers comme bon leur semblera, & leur en faire faire la fonction comme l'auroient pû faire ceux qui auroient esté pourvus desdits offices en exécution dudit édit, à l'exception toutefois du sindic du pays de Vivarès, lequel sera maintenu à vie conformément à l'arrest du conseil y mentionné, & des greffiers des dioceses si aucuns ont esté nommés à vie auparavant ledit édit, & sans néanmoins que les gages dont jouissent à présent lesdits sindics & greffiers desdits dioceses puissent estre augmentés sous aucun prétexte, que pour des justes causes & considérations, & suivant les permissions qui en pourroient estre par Sa Majesté accordées, le tout à la charge de payer à Sa Majesté, suivant leurs offres, sur les quittances du garde du trésor royal de S. M. la somme de 270,000 livres. Et vu aussi l'ordonnance de soit-montré au procureur général du Roy répondue sur ledit édit le 11 du présent mois de Février, signée Sevin de Mansencal, & conclusions du procureur général du Roy. La cour, les chambres assemblées, A ORDONNÉ ET ORDONNE que ledit édit sera enregistré en ses registres, pour le contenu en iceluy estre gardé & observé suivant sa forme & teneur, & que copies d'iceluy seront envoyées à la diligence du procureur général du Roy dans toutes les sénéchaussées, bailliages & judicatures du Languedoc pour y estre procédé à pareil registre & publication à la diligence des substituts du procureur général du Roy, qui en certifieront la cour dans le mois. PRONONCÉ à Toulouse en parlement le vingt-cinquieme Février 1693. *Collationné*, BESSON. *Contrôlé*, CATHALANY. M. DE SEVIN MANSENCAL, *rapporteur*.

Signé, SEVIN.

SECTION PREMIERE.

Des Syndics des Diocefes.

I.

EXTRAIT du regiftre des délibérations des Etats généraux de Languedoc, affemblés par mandement du Roi en la ville de Carcaffonne au mois de Septembre 1555.

Du Lundi 30 dudit mois de Septembre, préfident M. le vicaire général de Narbonne.

SUR la requefte faicte par les diocéfans de Montalban, difant que, à la vérification des comptes de Me. Pierre de Lancefre, receveur du diocefe de Touloufe ès années 1553 & 1554, MM. des comptes de Montpellier auroient chargé ledit receveur à peine de radiation de fondit compte, de rapporter le compte reçeu par Me. Jehan Novelly, fcindic dudit diocefe, voullans par ce moyen prendre cognoiffance des comptes des fcindics, lefquels ne font tenus de les rendre ailleurs que ès affiettes & pardevant les confuls & diocéfans qui y ont voix & affiftance. Sera faicte remonftrance fur ce deffus à MM. de la chambre des comptes par les confuls de Montpellier & fcindic le Blanc.

I I.

LETTRES PATENTES,

Portant défenfes à la chambre des comptes de Montpellier de prendre connoiffance des deniers des diocefes, & qui déchargent le fyndic du diocefe de Touloufe d'en rendre compte en ladite chambre.

Du 19 Mai 1567.

CHARLES, PAR LA GRACE DE DIEU, ROI DE FRANCE : A tous ceux qui ces préfentes lettres verront, SALUT. Comme notre bien-amé le fyndic du diocefe de Touloufe, nous ait en notre confeil fait remontrer combien que les gens de notre chambre des comptes à Montpellier, ne puffent entreprendre la connoiffance des deniers communs des villes dudit diocefe, ni des frais & dépenfes faites par ledit fyndic pour la pourfuite des deniers d'octroi, tailles, foldes, cruës, que autres deniers par Nous demandés, & autres dépenfes extraordinaires, ainfi qu'il a été par ci-devant déclaré par défunt notre très-honoré feigneur & ayeul, que Dieu abfolve, par fes lettres du 20 Avril 1539, ci-attachées fous le contrefcel de notre chancellerie, ains ledit fyndic rendu fes comptes defdits frais & dépenfes par chacune année aux confuls & diocéfains pardevant le commiffaire de l'affiette & juge royal, ainfi que de tout temps & ancienneté eft accoutumé ; ce néanmoins les gens des comptes à Montpellier auroient, l'année paffée, voulu contraindre ledit fuppliant à rendre compte pardevant eux, & que le receveur dudit diocefe apporteroit le compte par le menu des frais faits par ledit fyndic, jaçoit ce que lefdits deniers foient defdits diocéfains employés aux affaires & profit dudit diocefe, confervation de leurs droits & entretenement des villes & diocéfains, fur lefquels ladite chambre n'a que voir, ains tant par fon inftallation que édit exprès leur foit prohibé de tels affaires

& deniers connoître ; Nous requérant très-humblement ledit suppliant sur ce faire déclaration de nos vouloir & intention. Savoir faisons que, après avoir fait voir en notre conseil lesdites lettres de déclaration ci-attachées, octroyées par notredit feu sieur & ayeul, Avons, de l'avis de notredit conseil, & pour autres considérations à ce nous mouvant, déclaré & ordonné, déclarons & ordonnons n'avoir entendu & n'entendre que les gens de notre chambre des comptes audit Montpellier prennent connoissance des deniers propres desdits diocésains employés aux affaires & autres nécessités dudit diocèse, ni que d'iceux ledit syndic suppliant soit tenu rendre compte en ladite chambre des comptes de Montpellier, ni ailleurs que pardevant les juges à ce commis, & ainsi qu'il est accoutumé, à laquelle chambre des comptes en avons interdit & défendu toute connoissance, & à notre procureur d'en faire poursuite, sur peine de suspension & privation de leurs états. Si DONNONS EN MANDEMENT, à nos amés & féaux les gens de notre cour de parlement à Toulouse, que nos présentes déclaration, vouloir & intention, ils fassent lire & publier en notredite cour, entretenir, garder & observer, & du contenu ledit suppliant jouir & user pleinement & paisiblement, en mandant en outre au premier notre huissier ou sergent sur ce requis que cesdites présentes il signifie aux gens de notredite chambre des comptes audit Montpellier, à ce qu'ils n'en prétendent cause d'ignorance, sans pour ce faire, requérir ni demander aucunes lettres de placet, visa, ni paréatis, & de ses exploits fasse deüe relation : CAR tel est notre plaisir, nonobstant quelconques ordonnances, man-

demens, restrictions, défenses & lettres à ce contraires. DONNÉ à Fontainebleau le dix-neuvieme jour de Mai, l'an de grace 1567, & de notre regne le septieme. *Et sur le repli est écrit :* Par le Roi en son conseil.

Signé, ROBERTET.

III.

EXTRAIT du registre des délibérations des Etats généraux de Languedoc, assemblés par mandement du Roi en la ville de Carcassonne au mois de Novembre 1569.

Du Jeudi 10 dudit mois de Novembre, président Mgr. l'évêque d'Alet.

SERA obtenue & poursuivie déclaration que les sindics des dioceses ne soient constraincts rendre leurs comptes ailleurs que pardevant les commissaires de l'assiette dont ils ont charge, ainsi que de tout temps a esté faict.

IV.

EXTRAIT du registre des délibérations des Etats généraux de Languedoc, assemblés par mandement du Roi en la ville de Montpellier au mois d'Octobre 1571.

Du Samedi 6 dudit mois d'Octobre, président Mgr. l'évêque de Castres.

LA doléance faicte l'année passée sera encores continuée à S. M. à ce que les scindics des dioceses & consuls dudit païs ne soient tenus rendre compte des deniers communs & patrimoniaux en la chambre des comptes à Montpellier, suivant les privilleges, pour fournir aux grands frais & despenses qu'il y conviendroit faire qui excéderoient le plus souvent le principal.

V.

EXTRAIT du regiſtre des délibérations des Etats généraux de Languedoc, aſſemblés par mandement du Roi en la ville de Montpellier au mois de Janvier 1574.

Du Vendredi 22 dudit mois de Janvier, préſident Mgr. l'évêque de Caſtres.

POUR obvier à ce que les ſcindics des dioceſes & conſuls des villes dudit païs ne ſoient conſtraints rendre les comptes des deniers de leurs adminiſtrations ailleurs que où ils ont accoutumé faire ci-devant, & non en la chambre, comme de ce on les veult preſſer, non pour autre choſe que pour les mettre & conſtituer en fraix, ſera obtenue déclaration du Roy à ce néceſſaire pour conſerver les villes & communautés en leurs privileges.

VI.

ARRÊT

DU CONSEIL D'ETAT DU ROI,

Portant que les ſyndics des dioceſes ne peuvent etre pourſuivis devant la cour des comptes, aides & finances, pour y compter des deniers dont ils ont le maniement.

Du 21 Juillet 1636.

EXTRAIT des Regiſtres du Conſeil d'Etat.

SUR la requête préſentée au Roi étant en ſon conſeil par le ſyndic général de la province de Languedoc, contenant que jaçoit que par les réglemens dudit pays, inviolablement obſervés de tout temps, & confirmés par pluſieurs arrêts du conſeil, les ſyndics des vingt-deux dioceſes de la province ne ſoient tenus compter de leur adminiſtration, ſinon devant les commiſſaires & députés des Aſſiettes deſdits dioceſes; néanmoins ſous prétexte qu'en l'année 1629 & trois ſuivantes n'ayant été tenu aucunes aſſemblées d'aſſiette, à cauſe de l'établiſſement des élus ſupprimés par édit du mois d'Octobre 1632, leſdits ſyndics auroient rendu leurs comptes pardevant MM. de Miron & le Camus, ou pardevant MM. de Machaut, Verderonne, Turpin, Bellejambe & Mangot, commiſſaires députés par Sa Majeſté pour la réformation des finances & vérification des dettes des dioceſes, villes & communautés dudit pays. La cour des comptes de Montpellier veut contraindre leſdits ſyndics à compter derechef en icelle deſdites adminiſtrations, & pour ce, uſe de ſi grandes vexations à l'encontre deſdits ſyndics, particulierement contre le nommé Siman, ſyndic du dioceſe de Mirepoix, que, pour en arrêter le cours juſqu'à ce que par Sa Majeſté y eût été pourvu, ledit ſuppliant auroit été obligé d'avoir recours auxdits ſieurs Miron & le Camus, intendans de la juſtice audit pays, leſquels par leur ordonnance du 5 Avril dernier, auroient déchargé ledit Siman de l'aſſignation à lui donnée en ladite cour des comptes, aux fins de le faire compter en icelle de l'adminiſtration de ladite charge de ſyndic, & tous autres ſyndics des dioceſes de la province de pareilles pourſuites; avec défenſes au procureur général du Roi en ladite cour d'en faire aucunes pour raiſon de ce, & audit Siman & autres ſyndics d'y rendre leurſdits comptes, à peine de nullité, caſſation, dépens, dommages & intérêts, & à tous huiſſiers & ſergens de mettre à exécution aucune contrainte de ladite cour ſur ce ſujet à l'encontre deſdits ſyndics, à peine de ſuſpenſion de leurs charges & d'amende arbitraire. Requérant à ces causes ledit suppliant qu'il plût à Sa Majesté pourvoir sur ce dessus, conformément audit arrêt & réglement dudit conseil, & à ladite ordonnance desdits sieurs intendans. Vu ladite requête, l'arrêt du conseil du 4 Mars 1694, portant décharge à Desmaretz, syndic du diocese d'Uzès, des assignations à lui données en la cour des comptes, aides & finances de Montpellier, pour compter de l'administration de sa charge; ladite ordonnance desdits sieurs de Miron & le Camus, intendans de la justice en Languedoc du 5 Avril dernier; exploit de signification d'icelle fait par Seguin, huissier au bureau des finances de Montpellier, au procureur général du Roi en ladite cour le 12 dudit mois, & tout considéré : LE ROI ÉTANT EN SON CONSEIL, a déchargé & décharge ledit Siman & autres syndics des vingt-deux dioceses de Languedoc, des assignations à eux données en la cour des comptes, aides & finances de Montpellier, pour les faire compter en icelles de leurs administrations, ensemble de toutes les contraintes & amendes contre eux ordonnées sur ce sujet & des saisies sur leurs biens faites en conséquence, dont Sa Majesté leur a donné & donne pleine & entiere main levée. Fait en outre Sadite Majesté très-expresses défenses à son procureur d'en faire aucunes poursuites, & auxdits syndics de rendre les comptes de leurs administrations en ladite cour, à peine de nullité; & à tous huissiers & sergens de mettre à exécution à l'encontre desdits syndics aucunes contraintes, pour raison de ce, à peine de privation de leurs charges & amende arbitraire : Ordonne S. M. que toutes les sommes rayées & tenues en souffrance aux comptes desdits receveurs des tailles desdits vingt-deux dioceses, & à compter par lesdits syndics, desquelles

iceux syndics se trouveront avoir compté auxdits dioceses ou pardevant lesdits sieurs commissaires durant les années qu'il n'y a point eu audit pays des assemblées d'assiettes, seront rétablies, déchargées & allouées purement en vertu du présent arrêt, & sur la signification qui sera faite d'icelui à sondit procureur général ou au greffe de ladite cour. FAIT au conseil d'Etat du Roi, S. M. y étant, tenu à Paris le vingt-unieme jour de Juillet 1636.

Signé PHELYPEAUX.

VII.

COMMISSION

Sur la réponse du Roi à l'article XI du cahier des Etats de Languedoc de 1638, portant défenses à la cour des comptes de Montpellier de connoître des comptes des syndics des dioceses.

Du 19 Juillet 1638.

LOUIS, PAR LA GRACE DE DIEU, Roi DE FRANCE ET DE NAVARRE : Au premier notre huissier ou sergent sur ce requis, SALUT. Nos très-chers & bien-amés les gens des trois Etats de notre province de Languedoc, Nous ont très-humblement fait remontrer par l'article XI de leur cahier à Nous présenté, qu'encore que les officiers de notre cour des comptes, aides & finances de Montpellier ne puissent prétendre la connoissance des comptes des syndics des dioceses, villes & communautés de ladite province, laquelle Nous leur aurions interdite, & ce faisant, accordé une crue sur le sel pour les indemniser de cette prétention, qu'ils avoient obtenue par un édit, laquelle Nous leur aurions depuis ôtée par arrêt de notre conseil du 21 Juillet 1636, & fait défenses de poursuivre le nommé Siman, autrefois fyndic du diocefe de Mirepoix, de leur préfenter le compte qu'il rendit de son maniement pardevant les fieurs Turpin de Bellejambe & de Villarceau, confeillers en notre confeil d'État, & maîtres des requétes ordinaires de notre hôtel, par Nous commis à vérifier les dettes des diocefes, villes & communautés de ladite province, ès années 1629 & 1630, auxquelles il n'y eut point d'affiette ; ce néanmoins lefdits officiers de ladite cour des comptes veulent connoître des comptes defdits fyndics, même de celui dudit Siman, nonobftant la fignification dudit arrêt ; Nous fuppliant ceux defdits États de leur vouloir fur ce pourvoir. A ces causes, après avoir fait voir ledit article en notre confeil, dont l'extrait eft ci-attaché, fous le contre-feel de notre chancellerie, defirant conferver lefdits diocefes, villes & communautés en la faculté qu'elles ont d'ouir & clorre les comptes de leurfdits fyndics, Nous, conformément à la réponfe par Nous faite fur ledit article, Avons fait & faifons itératives défenfes à notredite cour des comptes de prendre connoiffance des comptes defdits fyndics, & même de celui dudit Siman, fur peine de 10,000 liv. d'amende & autre arbitraire. Si te mandons que cefdites préfentes tu fignifies à notredite cour, à ce qu'elle n'en prétende caufe d'ignorance, & lui fais de par Nous les défenfes y contenues, avec injonction d'y déférer & obéir, fur les peines fufdites. De ce faire, & tous exploits requis & néceffaires pour l'exécution des préfentes & de ladite réponfe, te donnons plein pouvoir, commiffion & mandement fpécial, fans pour ce demander placet, vifa ni paréatis : Car tel eft notre plaifir. Donné à St. Germainen-Laye le dix-neuvieme jour de Juillet, l'an de grace 1638, & de notre

regne le vingt-neuvieme. *Signé* LOUIS. *Et plus bas.* Par le Roi, PHELYPEAUX.

EXTRAIT *du cahier préfenté au Roi par les gens des trois Etats de la province de Languedoc, répondu par S. M. à St. Germain-en-Laye le 19 jour de Juillet 1638.*

ARTICLE XI.

VOTRE MAJESTÉ a confervé les diocefes, villes & communautés de ladite province en la faculté qu'elles ont eu de tout temps d'ouir & clorre les comptes de leurs fyndics. Et ores que les officiers de votre cour des comptes, aides & finances de Montpellier ne puiffent prétendre la connoiffance de ces comptes, & que Votre Majefté, la leur interdifant, leur ait accordé une crue fur le fel pour les indemnifer de cette injufte prétention qu'ils avoient, par un excès de grace, par édit du 20 Juillet 1629, & que, par arrêt de votre confeil du 21 Juillet 1636, cela leur ait été interdit & fait défenfes de pourfuivre le nommé Siman qui a été autrefois fyndic du diocefe de Mirepoix, de leur préfenter le compte qu'il rendit de fon maniement pardevant MM. Turpin de Bellejambe & de Villarceau, commis à vérifier les dettes des diocefes, villes & communautés de votredite province ès années 1629 & 1630, auxquelles il n'y eut point d'affiette ; ce néanmoins les officiers de votredite cour des comptes veulent connoître des comptes defdits fyndics, même de celui dudit Siman, nonobftant la fignification qui leur a été faite dudit arrêt. A cette caufe, SIRE, PLAIRA DE VOS GRACES faire itératives défenfes à votredite cour des comptes de continuer fes vexations contre vofdits fujets, ni de prendre connoiffance des comptes defdits fyndics, & particulierement de celui

celui dudit Siman, fur peine de 10,000
liv. d'amende & autres arbitraires. *Et
à côté eft écrit :* Accordé. *Collationné.*
Phllypeaux, *figné.*

VIII.

ARRÊT

Du Conseil d'Etat du Roi,

*Qui décharge les héritiers d'un fyndic
de diocefe des amendes & contraintes contre eux prononcées par un
arrêt de la chambre des comptes de
Montpellier, faute par eux d'avoir
compté en ladite chambre de l'adminiftration dudit fyndic.*

Du 3 Mai 1640.

*Extrait des Regiftres du Confeil
d'état.*

SUR la requête préfentée au Roi en
fon confeil, par le fyndic général de
la province de Languedoc, contenant
que, quoique par arrêt de fon confeil
du 21 Juillet 1636 Sa Majefté ait fait
très-expreffes défenfes à la cour des
comptes, aides & finances de Montpellier, de molefter les fyndics des
diocefes dudit pays, pour raifon de
la reddition des comptes de leur adminiftration en ladite cour, & ordonné
que toutes les fommes rayées ou tenues en fouffrance au compte des receveurs des tailles des vingt-deux diocefes dudit pays, & à compter par
lefdits fyndics des fommes defquelles
ils fe trouveront avoir compté auxdits
diocefes, feront rétablies en vertu du
fufdit arrêt, & fur la fignification qui
en feroit faite au procureur général ou
au greffe de ladite cour ; & que par
autres provifions de Sadite Majefté du
19 Juillet 1638, les mêmes défenfes
fe trouvent réitérées à ladite cour fur

Tome IV.

la réponfe au cahier de ladite province :
néanmoins ladite cour ne laiffe de continuer fes contraintes contre les héritiers de Me. Fulcrand Tondut, vivant fyndic du diocefe de Montpellier,
qu'elle auroit par arrêt du premier jour
de Septembre 1639, condamnés en
100 liv. d'amende, faute d'avoir compté
des fommes dont dépenfe avoit été faite
fous fon nom au compte rendu par
Me. Adrien Miot, commis à la recette
des tailles dudit diocefe en l'année
1628. Requéroit A CES CAUSES, le
fuppliant qu'attendu que ladite entreprife bleffe les libertés & priviléges
dudit pays, qu'il plût à Sadite Majefté pourvoir à ce deffus, conformément à l'ordre pratiqué de tout temps
en ladite province, auxdits arrêts &
réglemens dudit confeil, édits & provifions de Sadite Majefté. Vu ladite
requéte ; arrêt du confeil du 21 Juillet
1636, fur la requéte du fyndic général de ladite province de Languedoc,
par lequel Sa Majefté décharge le
nommé Siman, fyndic du diocefe de
Mirepoix, & les autres fyndics des
vingt-deux diocefes de Languedoc, des
affignations à eux données en ladite
cour des comptes, pour compter de
leur adminiftration, enfemble de toutes contraintes & amendes, faifant
défenfes à ladite cour de faire aucunes pourfuites, auxdits fyndics d'y procéder, & à tous huiffiers & fergens de
mettre à l'encontre d'eux aucunes contraintes à exécution ; Extrait de l'article XI du cahier defdits Etats, répondu le 19 Juillet 1638, par lequel
itératives défenfes font faites à ladite
cour de continuer fes vexations, ni
entreprendre de connoître defdits comptes, à peine de 10,000 liv. d'amende
& autre arbitraire ; copie d'exécutoire
de la fomme de 100 liv. décerné par
ladite cour pour amende, par elle adjugée à l'encontre des héritiers dudit

Y

Tondut, par arrêt du premier Septembre 1639, faute d'avoir compté de l'adminiſtration du défunt pendant l'année 1628, avec l'exploit d'exécution & contrainte faite ſur eux, à la requête du receveur des amendes de ladite cour, & tout conſidéré ; LE ROI EN SON CONSEIL, a déchargé & décharge les héritiers dudit Tondut, ſyndic du dioceſe de Montpellier, tant de la ſomme de 100 liv., que de toutes autres amendes & contraintes contre eux ordonnées, faute d'avoir compté de ladite adminiſtration en ladite cour, enſemble de toutes ſaiſies de leurs biens faites en conſéquence, dont Sa Majeſté leur a donné pleine & entiere main-levée, faiſant Sadite Majeſté défenſes très-expreſſes à ſon procureur général en ladite cour d'en faire aucunes pourſuites, & auxdits héritiers dudit Tondut & tous autres ſyndics des dioceſes dudit pays de rendre compte de leur adminiſtration en icelle, à peine de nullité ; aux receveurs des reſtes de ladite cour d'uſer d'aucune exécution ni contrainte pour ce regard, à peine de répondre de tous dépens, dommages & intérêts en leurs propres & privés noms ; & à tous huiſſiers & ſergens de les mettre à exécution, à peine de ſuſpenſion de leurs charges & amende arbitraire. FAIT au conſeil d'Etat du Roi, tenu à Paris, le troiſieme jour de Mai 1640. DE BOURDEAUX, *ſigné.*

LOUIS, PAR LA GRACE DE DIEU, ROI DE FRANCE ET DE NAVARRE : Au premier des huiſſiers de notre conſeil, ou autre huiſſier ou ſergent ſur ce requis. Nous te mandons & commandons que l'arrêt dont l'extrait eſt ci-attaché ſous le contre-ſcel de notre chancellerie, ce jourd'hui donné en notre conſeil d'Etat, ſur la requête du ſyndic général de notre province de Languedoc, tu ſignifies à notre procureur général en notre cour des comptes, aides & finances de Montpellier, aux héritiers de Fulcrand Tondut, & autres qu'il appartiendra, à ce qu'ils n'en prétendent cauſe d'ignorance, fais les défenſes y contenues ſur les peines y déclarées, & pour raiſon de la main-levée y contenue & l'entiere exécution d'icelui, tous commandemens, ſommations, contraintes par les voies accoutumées en tel cas, défenſes & autres actes & exploits néceſſaires, ſans demander autre permiſſion. Là ſera ajouté foi, comme aux originaux, aux copies dudit arrêt & des préſentes, collationnées par l'un de nos amés & féaux conſeillers & ſecrétaires : CAR tel eſt notre plaiſir. DONNÉ à Paris, le troiſieme jour de Mai, l'an de grace mil ſix cent quarante, & de notre regne le trentieme ; par le conſeil. DE BOURDEAUX, *ſigné.* Scellé du grand ſceau de cire jaune ſur ſimple queue.

IX.

ARRÊT

DU CONSEIL D'ETAT DU ROI,

Portant itératives défenſes, tant à la cour des comptes de Montpellier, tréſoriers de France, que tous autres, de prendre directement ni indirectement aucune connoiſſance des comptes & adminiſtration des ſyndics des dioceſes, conſuls & autres qui ont eu quelque maniement des deniers des dioceſes, villes & communautés.

Du 19 Juin 1641.

EXTRAIT des Regiſtres du Conſeil d'Etat.

SUR la requête préſentée au Roi en ſon conſeil par le ſyndic général de la province de Languedoc, contenant qu'encore que par les réglemens dudit pays inviolablement observés, & confirmés par plusieurs arrêts dudit conseil, & depuis par ceux des 4 Mars 1634, 21 Juillet 1636, 19 Juillet 1638, & 3 Mai 1640, il soit défendu à la cour des comptes, aides & finances de Montpellier & trésoriers de France de ladite province, de connoître directement ni indirectement du maniement des syndics & consuls des dioceses, villes & communautés de ladite province, qui ne sont tenus de compter que pardevant les commissaires des assiettes desdits dioceses & assemblées desdites villes & communautés, néanmoins les trésoriers de France de la généralité de Montpellier, par leur ordonnance du 25 Février dernier, auroient ordonné qu'il seroit fait commandement auxdits syndics, consuls & autres, qui ont eu quelque maniement des deniers desdits dioceses ou communautés pendant l'année 1639, de leur rapporter les états de leur administration, les arrêts, lettres d'assiette, ordonnances & autres actes en vertu desquels les impositions en ont été faites, pour en dresser état au vrai ; en vertu de laquelle ordonnance lesdits syndics & consuls sont poursuivis, quoiqu'ils aient déjà compté pardevant les commissaires des assiettes, ou esdites assemblées. C'est pourquoi il requéroit y être pourvu. Vu par le Roi en son conseil ladite requête; arrêts du conseil des 4 Mars 1634, 21 Juillet 1636, 19 Juillet 1638 & 3 Mai 1640, & tout considéré. LE ROI EN SON CONSEIL, sans s'arrêter à ladite ordonnance des trésoriers de France de Montpellier du vingt-cinq Février dernier & autres données en conséquence, a déchargé lesdits syndics, consuls, & autres des assignations qui leur ont été données à cause de la comptabilité dont ils ont été déchar-

gés : Fait itératives défenses, tant à ladite cour des comptes, trésoriers de France à Montpellier, que tous autres, de prendre directement ou indirectement aucune connoissance des comptes & administration desdits syndics, consuls & autres qui ont eu quelque maniement des deniers desdits dioceses, villes & communautés, & à tous huissiers & sergens de mettre à exécution, pour raison de ce, aucuns arrêts, ordonnances ou contraintes desdites cour & trésoriers de France, à peine de privation de leurs charges & d'amende arbitraire, & auxdits syndics, consuls & administrateurs de compter ailleurs, qu'ès assemblées des dioceses & communautés de ladite province, à peine de 500 liv. d'amende, & de tous dépens, dommages & intérêts. FAIT au conseil d'État du Roi, tenu à Paris, le dix-neuvieme jour de Juin 1641. Signé, DE BORDEAUX.

X.

ARRÊT

DU CONSEIL D'ETAT DU ROI,

Qui fait défenses à la cour des comptes, aides & finances de Montpellier, de prendre aucune connoissance des comptes des milices & étapes, & autres maniemens faits par les syndics & députés des dioceses, villes & communautés.

Du 12 Octobre 1644.

EXTRAIT des Registres du Conseil d'Etat.

SUR la requête présentée au Roi en son conseil par le syndic général de la province de Languedoc, que par arrêt de sondit conseil du 27 Mai 1643, les syndics & consuls des dioceses, villes & communautés & autres habitans de ladite province, ayant été déchargés des assignations à eux données en la cour des comptes, aides & finances de Montpellier, pour compter en icelle, tant des étapes que des milices qui se levent en ladite province, & que conformément aux traités & réglemens du pays faits pour raison de ce, il seroit compté desdites milices & étapes ès assemblées des dioceses & ensuite aux Etats dudit pays, avec défenses à ladite cour des comptes, aides & finances d'en prendre aucune connoissance; & bien que cet arrêt ait été duement signifié & les défenses faites à ladite cour des comptes, aides & finances de Montpellier; si est-ce néanmoins qu'elle ne laisse tous les jours de donner des contraintes par corps contre les particuliers, pour les obliger à venir compter pardevant eux, ayant même par deux arrêts des 19 Juillet 1643 & 18 Février 1644, condamné Jacques Viviers, du Bourg Saint-Andéol, ses cautions & nominateurs en 100 liv. d'amende, pour s'y être rendu refusant de compter des étapes par lui fournies, requérant qu'il plût à Sa Majesté casser les susdites ordonnances, contraintes & arrêts donnés pour raison du fait desdites étapes & milices, & conformément à celui du conseil dudit jour septieme Mai 1643, faire défenses à ladite cour des comptes de prendre aucune connoissance des comptes desdites étapes, milices & autres maniemens faits par les syndics & députés desdits dioceses. Vu ladite requéte: ledit arrêt du 27 Mai 1643; LE ROI EN SON CONSEIL, sans avoir égard aux susdits arrêts de la cour des comptes, aides & finances de Montpellier, desdits jours 19 Juillet 1643 & 18 Février dernier, a déchargé & décharge ledit Viviers & tous autres des assignations & condamnations d'amendes contre eux données, pour raison du compte desdites milices & étapes par ladite cour des aides de Montpellier, à laquelle Sa Majesté, conformément audit arrêt de sondit conseil, a fait défenses de prendre aucune connoissance des comptes desdites étapes & milices, & autres maniemens faits par les syndics & députés desdits dioceses, villes & communautés. FAIT au conseil d'Etat du Roi, tenu à Fontainebleau le douzieme jour d'Octobre mil six cent quarante-quatre. *Collationné*, GALLAND, *signé*.

LOUIS, PAR LA GRACE DE DIEU, ROI DE FRANCE ET DE NAVARRE: Au premier des huissiers de notre conseil ou autre huissier ou sergent sur ce requis. Nous te mandons & commandons que l'arrêt dont l'extrait est ci-attaché, sous le contre-scel de notre chancellerie, ce jourd'hui donné en notre conseil d'Etat, sur la requête du syndic général du pays de Languedoc, pour raison des milices & étapes, tu signifies à notre procureur général en notre cour des aides de Montpellier & à tous autres qu'il appartiendra, à ce qu'ils n'en prétendent cause d'ignorance; fais les défenses y contenues & tous autres actes & exploits nécessaires pour l'exécution d'icelui, sans autre permission. Et sera ajouté foi, comme aux originaux, aux copies dudit arrêt & de la présente commission, collationnées par l'un de nos amés & féaux conseillers & secrétaires: Car tel est notre plaisir. DONNÉ à Fontainebleau le douzieme jour d'Octobre, l'an de grace mil six cent quarante-quatre & de notre regne le second. Par le Roi en son conseil. *Signé*, GALLAND.

X I.

EXTRAIT *du regiſtre des délibérations des Etats généraux de Languedoc, aſſemblés par mandement du Roi en la ville de Narbonne au mois de Janvier 1645.*

Du Mardi 24 dudit mois de Janvier, préſident Mgr. l'archevêque & primat de Narbonne.

LE ſieur de Lamamye, ſyndic général, a repréſenté que la cour des comptes, aides & finances de Montpellier, au préjudice de divers arrêts du conſeil ſigniſiés à ladite cour, par leſquels la connoiſſance lui eſt interdite des comptes des ſyndics des dioceſes pour toute ſorte d'adminiſtration, continue à vexer les ſyndics par condamnation d'amendes, faute d'avoir rendu leurs comptes en ladite cour ; que ſous ce prétexte, le receveur deſdites amendes envoie des commis avec des huiſſiers dans toute la province, pour procéder par exécution ſur leſdits ſyndics & leur cauſer des dépenſes extraordinaires, contraignant leſdits ſyndics de leur payer, avant toute choſe, les frais de leur voyage qu'ils font monter à de notables ſommes ; que ces ſortes de vexations arrivent tous les ans dans chacun dioceſe, & particulierement dans celui de Saint Papoul où il avoit vu par les actes qui lui avoient été remis, que, ſous prétexte de contraindre le ſieur Brugelles, ſyndic dudit dioceſe en l'année 1627, de compter en ladite cour de certain maniment par lui fait, en ladite qualité, des bleds & farines pour la nourriture des troupes, les commis dudit receveur avec des huiſſiers avoient fait divers voyages pour exiger les amendes ordonnées contre ledit ſyndic pour n'avoir compté de ladite adminiſtration, ce qui l'avoit expoſé à pluſieurs dépenſes ; qu'il étoit

bien ſurpris de voir que ladite cour fît une ſi longue réſiſtance aux arrêts du conſeil donnés ſur ce ſujet, leſquels lui ayant été ſigniſiés, elle ne pouvoit ignorer. SUR QUOI A ÉTÉ ARRÊTÉ, que les ſyndics des dioceſes, en vertu deſdits arrêts, portant décharge de compter de leur maniment ailleurs que dans les aſſiettes, proteſteront contre leſdits commis & huiſſiers de l'indue vexation ; & en cas ils ne voudront déférer à leurs proteſtations, & procéderoient contre eux par exécutions, ils prendront à partie le greſſier de ladite cour qui expédie les contraintes, le receveur des amendes & ſes commis qui les exigent, même les huiſſiers qui auront fait leſdites exécutions, & les feront aſſigner au conſeil pour s'y voir condamner en tous dépens, dommages & intérêts pour la contravention auſdits arrêts ; & que le ſyndic général interviendra auſdites inſtances à la premiere réquiſition qui lui en ſera faite par leſdits ſyndics, prenant leur fait & cauſe, & fera toutes pourſuites néceſſaires aux frais & dépens du pays.

X I I.

ARRÊT DU CONSEIL,

Qui défend à la cour des comptes, aides & finances de Montpellier de connoître du maniment du tréſorier de la bourſe, & des ſyndics des dioceſes, des comptes des étapes, milices, ſel pour livre, ni des délibérations des Etats généraux, & aſſiettes.

Du 14 Juillet 1646.

EXTRAIT *des Regiſtres du Conſeil d'Etat.*

SUR la requeſte préſentée au Roy en ſon conſeil, par le ſyndic général de la province de Languedoc, CONTE-

NANT ; qu'encore que par le traité fait par les Eſtats généraux de ladite province, & la chambre des comptes de Montpellier le 24 Février mil ſix cent douze, authoriſé par arreſt du conſeil du 27 Juin enſuivant ; Ladite chambre ne puiſſe connoître du maniment du tréſorier de la bourſe dudit païs, & que conformément à iceluy elle n'en ait jamais connu. Néanmoins par une entrepriſe extraordinaire ladite cour des comptes auroit rendu arreſt le 8 Mars 1644, portant que Meſ. François le Secq & Guillaume Maſſia, tréſoriers de la bourſe dudit païs, compteroient en icelle du maniment du quartier d'hyver des années mil ſix cent quarante, mil ſix cent quarante-un, mil ſix cent quarante-deux, mil ſix cent quarante-trois & mil ſix cent quarante-quatre, chacun comme les concerne, dans le mois après l'inſhimation de l'arreſt, à peine de cinq cent livres. Lequel arreſt a eſté ſuivi de quelques autres, portant condamnation d'amende contre leſdits le Secq & Maſſia, à faute de compter, revenant à la ſomme de trois mille ſix cent livres à l'égard dudit le Secq, pour le payement de laquelle il auroit eſté conſtitué priſonnier, & forcé de bailler huit mille livres pour ſortir de priſon à Me. Henry Ranchin, conſeiller en ladite cour, pour partie des prétendues eſpices du compte du quartier d'hyver des années mil ſix cent quarante-un & mil ſix cent quarante-trois de ſon maniment : Et pour couvrir en quelque façon ce procédé extraordinaire, ladite cour auroit exigé une procuration dudit le Secq, priſonnier, pour conſtituer procureur, à l'effet de dreſſer & préſenter ſon compte du quartier d'hyver, laquelle fut faite dans la conciergerie & datée un jour auparavant le payement de ladite ſomme de huit mille livres, pour prétexter un acquieſcement dudit le Secq à l'arreſt de ladite cour,

& faire voir qu'il avoit payé volontairement ladite ſomme, laquelle procuration étant nulle de droit, elle fut déchirée de l'ordre de ladite cour, & refaite comme ſi ledit le Secq eût eſté en liberté. Et pour continuer ſes entrepriſes fréquentes contre ladite province, elle auroit donné deux arreſts le 12 Avril dernier, portant que les fermiers & commis à la levée du ſol pour livre, & eſtapiers depuis l'eſtabliſſement de l'eſtape, compteroient devant elle : Enjoignant à tous greffiers & notaires de remettre les actes qu'ils ont en leur pouvoir, à peine de trois cent livres d'amende, au mépris du traité fait par Sa Majeſté avec les députés dudit païs le 16 Juillet mil ſix cent quarante-deux, qui décharge leſdits fermiers & commis de compter en ladite cour, & des arreſts du conſeil des 27 Avril mil ſix cent quarante-trois & 12 Octobre mil ſix cent quarante-quatre, qui déchargent les eſtapiers des aſſignations & amendes contr'eux ordonnées : Et fait défenſes à ladite cour de prendre connoiſſance des eſtapes, milices & autres manimens des ſyndics & députés, conformément au réglement fait par leſdits Eſtats ſur l'établiſſement de l'eſtape en l'année mil ſix cent quarante-un, confirmé par ordonnance de M. le Prince du 26 Septembre audit an, & contre l'arreſt du conſeil du 27 Avril mil ſix cent quarante-quatre, qui luy défend de prendre connoiſſance des délibérations des Eſtats généraux & aſſiettes particulieres. Pour faire ceſſer toutes ces entrepriſes qui troublent le repos de ladite province, le ſuppliant s'eſtant pourveu au conſeil, ſeroit intervenu arreſt le quatrieme du préſent mois, portant qu'auparavant faire droit ſur ſa requête, elle ſeroit communiquée au procureur général de ladite cour, pour luy ouy, ou ſa réponſe veue, eſtre ordonné ce que de raiſon, à quoy le ſuppliant remonſtre

N°. XII.

qu'il auroit satisfait, & que le procureur général a fait sa réponse, par laquelle il déclare que s'agissant des intérests des officiers de ladite cour, & de l'exécution des arrests d'icelle intervenus depuis son départ, il requiert délay compétant pour en donner avis à ladite cour; Sur quoy ledit suppliant remonstre que ledit sieur procureur général ne pouvant soustenir les arrests de ladite cour, il voudroit éluder le jugement de sa requête, d'autant qu'il prétend que ledit sieur procureur général ne peut ignorer lesdits Traittez & arrests du conseil, ny les motifs de ceux de ladite cour, puis qu'il a signé la requéte, qui a donné lieu à l'arrest dudit jour huitieme Mars, & à l'emprisonnement dudit le Secq, & que les arrests du conseil des années mil six cent quarante-trois & mil six cent quarante-quatre, qui luy ont esté signifiez n'ayent esté rendus contre les arrests de ladite cour, qui ordonnoient de compter des estapes, n'estant à présent question que d'une suite de contraventions de ladite cour ausdits traittez & arrests du conseil au préjudice & à la foulle de la province : REQUEROIT les fins de sa précédente requête, & que sans s'arrester à la procuration faite par ledit le Secq à Jacques Changié, procureur de ladite cour, pour dresser le compte du quartier d'hyver comme faite par force & dans la prison, décharger tant ledit le Secq que Massia des amendes contre eux ordonnées, & de compter de leur maniment ailleurs qu'aux Estats, & sans avoir égard audit arrest du 8 Mars & tous autres, casser l'emprisonnement dudit le Secq, avec dépens, dommages & intérests, & ordonner qu'à la réstitution de ladite somme de huit mille livres, ledit Ranchin & tous autres officiers de ladite cour seront contraints solidairement comme pour les propres deniers & affaires de Sa Majesté ; faisant deffenses à ladite

cour de plus entreprendre de connoistre du maniment du trésorier de la bourse, à peine de nullité, cassation, & des dommages & intérests de ladite province ; Et authorisant en tant que de besoin ledit réglement des Estats & ordonnance de M. le Prince, conformément au traitté fait par Sa Majesté & les députez dudit pais le 16 Juillet mil six cent quarante-deux, & arrests du conseil desdits jours 27 Avril mil six cent quarante-trois & 12 Octobre mil six cent quarante-quatre, décharger les fermiers & commis à la levée du sol pour livre, estapiers, notaires & greffiers des assignations & amendes contr'eux ordonnées, avec itératives deffenses à ladite cour de prendre connoissance des estapes, milices, sol pour livre, & autres maximens des syndics & députez, ny des délibérations des estats généraux & assiettes particulieres, sur les memes peines ; Et qu'il soit enjoint au sieur Mareschal de Schomberk seul lieutenant général pour Sa Majesté, en ladite province, intendans de la Justice, police & finances, & lieutenant de la citadelle de Montpellier, de tenir la main à l'exécution de ce qui sera ordonné, & ausdits intendans d'informer des contraventions, pour les procédures rapportées au conseil, estre ordonné ce que de raison : VEU ladite requeste, signée Joubert, syndic général de Languedoc. L'arrest du conseil dudit jour 4 du présent mois de Juillet, & actes y mentionnez. La réponse du procureur général de ladite cour des comptes. Extrait de la requéte de luy signée, présentée à ladite cour des comptes, sur laquelle est intervenu l'arrest du 8 Mars. Ledit arrest, ensemble les commandemens faits ausdits le Secq & Massia. Exploit d'emprisonnement de la personne dudit le Secq. Extrait du livre de l'escrou. Procuration faite dans la conciergerie par ledit le Secq audit Changié procureur, pour dreſſer & préſenter le compte du quartier d'hyver : Deux récépiſſez dudit Ranchin de la ſomme de quatre mille livres chacun ſur les épices prétendues du compte du quartier d'hyver des années mil ſix cent quarante-un & mil ſix cent quarante-trois. Tout conſidéré. LE ROI EN SON CONSEIL, ſans s'arreſter auſdits arreſts des 8 Mars mil ſix cent quarante-quatre & 12 Avril dernier, & tout ce qui s'en eſt enſuivi : A déchargé & décharge leſdits le Secq & Maſſia des amendes contr'eux ordonnées, à faute de compter du quartier d'hyver. Faiſant inhibitions & deffenſes à ladite cour des comptes de connoître du maniment du tréſorier de la bourſe, à peine de nullité & caſſation ; & qu'à la reſtitution de ladite ſomme de huit mille livres, ledit Ranchin ſera contraint comme pour les propres deniers & affaires de Sa Majeſté, laquelle fait auſſi deffenſes à ladite cour ſur les mêmes peines, de connoître des comptes des eſtapes, milices, ſol pour livre, & autres manimens des ſyndics & députez, ny des délibérations des Etats généraux & aſſiettes particulieres, déchargeant leſdits fermiers & commis à la levée du ſol pour livre, eſtapiers, notaires, greffiers & tous autres, des aſſignations & amendes contr'eux ordonnées pour raiſon de ce : Enjoint S. M. au ſieur maréchal de Schomberk, ſeul ſon lieutenant général en ladite province, & aux intendans de la juſtice, & lieutenant de la citadelle dudit Montpelier, de tenir la main à l'exécution du préſent arreſt, & auſdits intendans d'informer des contraventions pour les procédures rapportées audit conſeil, eſtre ordonné ce que de raiſon. FAIT au conſeil d'eſtat du Roy, tenu à Paris le quatorzieme jour de Juillet 1646.

Signé, BOYER.

Voyez les arrêts du conſeil des 14 Novembre 1646 & 27 Février 1647, dans le Ier. volume, page 474.

XIII.
ARRÊT
DU CONSEIL D'ETAT DU ROI,

Qui fait deffenſes aux tréſoriers de France de décerner aucunes contraintes contre les ſyndics des dioceſes pour les faire compter pardevant eux de leur maniement.

Du 27 Novembre 1647.

EXTRAIT des Regiſtres du Conſeil d'Etat.

SUR ce qui a été repréſenté au Roi étant en ſon conſeil, par le ſyndic général de la province de Languedoc, qu'encore que par les arrêts & réglemens du conſeil qui portent que les ſyndics des dioceſes de ladite province ne ſeront tenus de compter des deniers de leur maniement qu'aux aſſemblées deſdits dioceſes, & qu'à raiſon de ce ils ne puiſſent être obligés de compter ailleurs, ce néanmoins les ſieurs tréſoriers généraux de France en la généralité de Montpellier ont donné ordonnance le 16 Mai 1646, par laquelle il eſt porté que le ſyndic du dioceſe d'Uzés comptera par état devant eux de l'emploi & diſtribution des ſommes par lui reçues dudit dioceſe, & qu'à ce faire il ſera contraint comme pour les propres deniers & affaires de Sa Majeſté, ce qui eſt un attentat ſans exemple contraire auſdits réglemens & arrêts du conſeil ſur ce donnés, & ſeroit de pernicieuſe conſéquence à ladite province, ſi par Sadite Majeſté n'y étoit pourvu. Vû ladite ordonnance des tréſoriers de France dudit jour 16 Mai 1646 ; Arrêts du conſeil portant que les ſyndics des dioceſes ne ſeront obligés de compter qu'aux aſſemblées des aſſiettes affiettes & par appel au confeil, Le ROI ÉTANT EN SON CONSEIL, fans s'arrêter à ladite ordonnance defdits tréforiers de France dudit jour 16 Mai 1646, qu'il a caffé & caffe, a fait très-expreffes inhibitions & défenfes auxdits tréforiers de France de décerner aucunes contraintes à l'avenir contre ledit fyndic du diocefe d'Uzès, ni les fyndics des autres diocefes de ladite province pour les faire compter devant eux du maniement qui leur aura été commis par les diocefes des deniers dont ils ne doivent compter que devant les commiffaires ordinaires des affiettes defdits diocefes, fuivant le réglement du confeil, à peine de nullité, caffation de procédures & de tous dépens, dommages & intérêts. FAIT au confeil d'état du Roi, Sa Majefté y étant, la Reine régente, fa mere préfente, tenu à Paris le vingt-feptieme Novembre 1647. PHELYPEAUX, figné.

LOUIS, PAR LA GRACE DE DIEU, ROI DE FRANCE ET DE NAVARRE : Au premier notre huiffier ou fergent fur ce requis, SALUT. Nous, de l'avis de la Reine régente notre très - honorée dame & mere, te commandons par ces préfentes fignées de notre main que l'arrêt de notre confeil d'état dont l'extrait eft ci-attaché fous le contre-fcel de notre chancellerie, tu fignifies aux tréforiers de France de Montpellier & à tous autres qu'il appartiendra, à ce qu'ils n'en prétendent caufe d'ignorance & ayent à y déférer & obéir, leur faifant les défenfes y contenues fur les peines y déclarées. De ce faire & tous autres exploits requis & néceffaires pour l'exécution dudit arrêt, te donnons pouvoir, commiffion & mandement fpécial, fans demander autre permiffion. Et d'autant que d'icelui arrêt & de cefdites préfentes on pourra avoir à faire en divers lieux, nous voulons

Tome IV.

qu'à la copie collationnée par l'un de nos amés & féaux confeillers & fecrétaires foi foit ajoutée comme à ce préfent original : CAR tel eft notre plaifir. DONNÉ à Paris le vingt-huitieme jour de Novembre, l'an de grace 1647, & de notre regne le cinquieme. *Signé*, LOUIS ; *Et plus bas* : Par le Roi, la Reine régente fa mere préfente. PHELYPEAUX, *figné*.

Voyez l'arrêt du confeil du 30 Juillet 1652, dans le Ier. volume, pag. 477.

X I V.

EXTRAIT du regiftre des délibérations des Etats généraux de Languedoc, affemblés par mandement du Roi en la ville de Carcaffonne au mois de Février 1648.

Du Lundi 4 Mai fuivant, préfident Mgr. l'archevêque & primat de Narbonne.

LE fieur de Lamamie, fyndic général, a dit que, quoique par les réglemens du pays, inviolablement obfervés & confirmés par plufieurs arrêts du confeil, même par ceux des 4 Mars 1634, 21 Juillet 1536, 19 Juillet 1638, 3 Mai 1640, & 12 Octobre 1644, il foit défendu à la cour des aides, chambre des comptes & tréforiers de France de ladite province, de connoitre directement ni indirectement, du maniement des fyndics des diocefes, & confuls des villes & communautés d'icelle, qui ne font tenus de compter que pardevant les commiffaires des affiettes defdits diocefes & affemblées des villes & communautés, néanmoins la cour des aides de cette ville auroit donné arrêt, le 4 du mois d'Avril dernier, portant que les comptes clos & à clore de l'adminiftration faite par les confuls de la ville d'Uzès, collecteurs & autres

Z

administrateurs des deniers impofés & levés en ladite ville, & autres actes fervant à juftifier lefdites malverfations & fur-impofitions qu'on prétend avoir été faites en icelle depuis dix ans feroient remis devant le commiffaire à ce députe, & que tous détenteurs y feront contraints par toutes voies & par corps; & par ordonnance du fieur Rignac, commiffaire, en vertu dudit arrét, du 20 Avril dernier, eft porté que Larnac, greffier dudit diocefe, fera contraint à remettre devers lui les originaux des affiettes & départemens en vertu defquels les impofitions ont été faires en ladite ville; mais comme lefdits arret & ordonnance choquent les libertés de la province & font contraires aux arréts du confeil, il importe de les faire caffer. Sur quoi a été délibéré que le fyndic général fe pourvoira audit confeil pour faire caffer ledit arrét de la cour des aides, l'ordonnance du commiffaire, & tout ce qui s'en eft enfuivi, comme contraire aux arréts de réglemens & à l'ufage de la province; & cependant qu'il n'y fera point déféré, Enjoignant aux confuls & habitans de ladite ville d'Uzès & autres de la province de s'y oppofer; & en cas de connivence defdits confuls, ils feront privés pour jamais de l'entrée en cette affemblée.

X V.
A R R È T

DU CONSEIL D'ETAT DU ROI,

Qui décharge le fyndic du diocefe d'Uzès des affignations à lui données devant la cour des aides de Montpellier, à raifon de fon adminiftration.

Du 13 Octobre 1642.

EXTRAIT des *Regiftres du Confeil d'Etat.*

SUR ce qui a été repréfenté au Roi en fon confeil par le fyndic général de la province de Languedoc, qu'au préjudice de plufieurs arréts rendus audit confeil, notamment de ceux des 27 Avril 1643, 12 Octobre 1644 & 14 Juillet 1646, qui défendent à la cour des comptes, aides & finances de Montpellier de prendre aucune connoiffance directement ni indirectement des délibérations des Etats généraux & affiettes des vingt-deux diocefes de ladite province, des comptes des étapes, milice, fol pour livre, fyndics, & autres prépofés au maniement des affaires des deniers defdits diocefes, dont ils n'ont accoutumé de compter que dans leurs affemblées, le nommé Bernard, fous le nom de fuppofé de fyndic des principales villes & lieux du diocefe d'Uzès, à caufe des condamnations obtenues à l'encontre de lui par le fyndic dudit diocefe d'Uzès, s'eft rendu appellant de la clôture des comptes rendus par ledit fyndic, & des impofitions & délibérations de ladite affiette d'Uzès depuis l'année 1636, en ladite cour des comptes, aides & finances de Montpellier, contre lequel appel & affignation donnée en vertu d'icelui en ladite cour des aides le fyndic dudit diocefe fe feroit pourvu au confeil, & obtenu commiffion le 16 Avril dernier, pour y faire affigner ledit Bernard & le faire déclarer non-recevable à pourfuivre ledit appel en ladite cour des aides, avec cependant défenfes à ladite cour de plus avant connoitre d'icelui : Mais ledit Bernard, pour mieux troubler ledit diocefe & le conftituer en plus grands frais, fe feroit, fous le même nom, retiré audit confeil avant que d'y être affigné,

& présenté requête en icelui pour y être reçu appellant des délibérations, impositions & clôture des comptes, ayant convenu ledit diocese pour même cause au conseil & en ladite cour des aides ; & ne se contentant pas de poursuivre civilement lesdites instances d'appel, il a encore obtenu autre arrêt du conseil portant attribution à ladite cour de la recherche criminelle des prétendues malversations commises au fait desdites impositions des étapes, frais des assiettes, amortissement & autres deniers extraordinaires qui dépendent de la seule direction des assemblées dudit diocese, faites tant sur ledit diocese en corps, que généralement sur toutes les villes & communautés d'icelui, avec toutes circonstances & dépendances; ce qui est non-seulement directement opposé aux priviléges des Etats & assiettes, mais mettroit ledit diocese & toutes les communautés d'icelui dans la confusion par une multiplicité de procès, & l'exposeroit à de grandes dépenses, si telle recherche avoit lieu : Ce qu'étant venu à la connoissance desdits Etats, auroient pris délibération le 9 dudit mois de Juin dernier de poursuivre audit conseil la cassation de l'exploit d'assignation donnée audit syndic du diocese d'Uzès en ladite cour des aides de Montpellier, & de tout ce qui s'en peut être ensuivi, & de demander à S. M. qu'il lui plaise ordonner que ledit appel & autres qui pourroient être ci-après relevés des délibérations de ladite assiette d'Uzès & de tous les autres dioceses du Languedoc, clôture des comptes des syndics & autres préposés au maniement des étapes, frais d'Etats & assiettes, amortissement, milice, & généralement de tous deniers extraordinaires dont on ne compte qu'auxdites assiettes, circonstances & dépendances, ne pourront être poursuivis qu'audit con-

seil ; avec défenses à ladite cour des comptes, aides & finances de Montpellier d'en prendre aucune connoissance. Conformément à laquelle délibération, Requéroit ledit suppliant qu'il plût à S. M. casser ledit exploit d'assignation dudit jour 12 Avril dernier & ordonner que, sans avoir égard à icelui ni aux arrêts portant renvoi à ladite cour, les parties procéderont audit conseil, sur ledit appel, circonstances & dépendances, tant civiles que criminelles. Vu copie des arrêts rendus audit conseil les 27 Avril 1643, 27 Avril & 12 Octobre 1644 & 14 Juillet 1646; copie des lettres d'appel dudit Bernard en ladite cour des aides du 6 Mars 1649, avec l'exploit aux fins dudit appel du 12 Avril; commission obtenue du conseil par ledit syndic, du 26 Avril, avec l'exploit d'assignation donnée audit Bernard le dernier de Mai; copie de l'arrêt rendu au conseil ledit jour 26 Avril dernier, sur la requête dudit Bernard ; exploit d'assignation donnée audit syndic le 29 Mai ; l'arrêt du conseil portant renvoi en la cour des aides pour la recherche des malversations au fait desdites impositions ; LE ROI EN SON CONSEIL, a déchargé & décharge ledit syndic du diocese d'Uzès des assignations à lui données en ladite cour des comptes, aides & finances; Ordonne Sa Majesté, sans s'arrêter à l'arrêt de renvoi dudit conseil, que les parties procéderont en icelui sur ledit appel, avec défenses aux parties de se pourvoir ailleurs qu'audit conseil, à peine de tous dépens, dommages & intérêts. FAIT au conseil d'Etat du Roi tenu à Paris le 13 Octobre 1649.

Collationné, GALLAND, *signé.*

LOUIS, PAR LA GRACE DE DIEU, ROI DE FRANCE ET DE NAVARRE: Au premier des huissiers de notre conseil, ou autre huissier ou sergent sur ce requis. Nous te mandons & commandons que l'arrêt dont l'extrait est ci-attaché sous le contre-scel de notre chancellerie, ce jourd'hui donné en notre conseil d'Etat, sur ce qui Nous a été représenté en icelui par le syndic général de notre province de Languedoc, tu signifies à tous qu'il appartiendra, à ce qu'ils n'en prétendent cause d'ignorance, & fais pour l'exécution d'icelui tous commandemens, sommations, défenses sur les peines y contenues, & autres actes & exploits nécessaires, sans autre permission : CAR tel est notre plaisir. DONNÉ à Paris le troisieme jour d'Octobre l'an de grace 1647, & de notre regne le septieme. Par le Roi en son conseil.

Signé, GALLAND.

Nota. *On peut joindre à tous ces arrêts ceux qui sont rapportés dans le premier volume de cette collection, pag. 472, 474 & 477.*

X V I.

EXTRAIT du registre des délibérations des Etats généraux de Languedoc, assemblés par mandement du Roi en la ville de Beziers au mois de Février 1595.

Du Lundi 20 dudit mois de Février, président Mgr. l'évêque de Montpellier.

LEs ESTATS ont conclud que nul officier du Roi ni autre ayant commandement en aucune place ou citadelle, par soi ou ses enfans, ne pourra exercer la charge de scindic ne greffier ez diocéses où ils auront les dits offices; & s'il y en a, qu'il est enjoinct aux commissaires des affiettes les en déposséder & y faire pourvoir d'autres, & où y seroit contrevenu, que l'observation de la présente délibération sera poursuivie partout où appartiendra, par les scindics généraux,

demeurans toutes fois les diocéses en liberté de déposséder ou continuer leur scindics estans d'autre quallité, suivant les privilleges du pays & article trente-cinquiesme accordé par le Roi au cayer présenté à Sa Majesté en Novembre dernier.

X V I I.

EXTRAIT du registre des délibérations des Etats généraux de Languedoc, assemblés par mandement du Roi en la ville de Montpellier au mois d'Avril 1647.

Du Jeudi 2 Mai suivant, président Mgr. l'archevêque & primat de Narbonne.

LE sieur de Villeneuve, syndic général, a dit que certaines personnes monopollées & illégitimes du diocése de Carcassonne, quatre mois après la tenue de l'affiette dudit diocése, ayant fait une nomination indue d'un syndic de ce diocése, & nommé pour syndic Me. Jean Castel, receveur du taillon, ce qui est aller essentiellement contre les ordres de la province, qui portent expressément que les officiers du Roi ne pourront être nommés dans ces charges, & contre les ordres aussi du diocése, en l'assemblée de l'affiette duquel le vieux syndic avoit été duement continué; que néanmoins ces mêmes personnes n'avoient pas laissé de poursuivre arrêt au conseil pour faire confirmer leur nomination & en auroient obtenu arrêt du 7 Mai dernier, portant qu'il sera fait assemblée générale dans ledit diocése pour faire nomination d'un nouveau syndic en la forme accoutumée devant Me. Pierre Dassalit, juge criminel, ou autre magistrat principal : ce qui étant venu à la connoissance de Mgr. l'évêque de Carcassonne & de MM. les commissaires principal & ordinaires de l'affiette, se feroient pourvus devant M. de Baltazar, intendant, en opposition envers ledit arrêt, lequel leur auroit octroyé acte de leur opposition & renvoyé devers S. M.; & cependant ordonné que le sieur de Cup exerceroit ladite charge de syndic jusques à ce que S. M. en eût autrement ordonné; nonobstant laquelle ordonnance ayant ledit Affalit procédé avec quelques députés monopolés & nommé le même, lesdits seigneur évêque & commissaires ordinaires se seroient pourvus au conseil & obtenu arrêt du 27 Septembre dernier, portant que ledit Castel & ceux qui l'avoient nommé seroient assignés à six semaines, & cependant l'exécution du premier arrêt sursis, & que ledit sieur de Cup, conformément à l'ordonnance du sieur de Baltazar, exerceroit ladite charge de syndic. Si bien que lesdites assignations étant données lesdits sieurs commissaires demandent à l'assemblée l'intervention du syndic général, & qu'à l'avenir pareilles assemblées soient défendues, à ce qu'on ne puisse admettre à telles charges aucuns officiers du Roi ni receveurs. SUR QUOI A ÉTÉ ARRÊTÉ que le syndic général interviendra en ladite instance, prendra le fait & cause pour lesdits sieurs commissaires contre lesdits Castel & autres monopolés, & qu'à l'avenir il ne sera procédé à la création des officiers du diocèse qu'à la tenue de ladite assiette; & qu'auxdites charges il ne sera mis aucun officier royal ni receveur, conformément aux réglemens.

XVIII.

EXTRAIT du registre des délibérations des Etats généraux de Languedoc, assemblés par mandement du Roi en la ville de Nîmes au mois de Janvier 1723.

Du Mardi 2 Mars suivant, président Mgr. l'archevêque & primat de Narbonne.

MONSEIGNEUR l'archevêque de Toulouse a dit, &c.

Que MM. les commissaires ont vu en cette occasion que le sieur de Larnac ayant procédé, en qualité de subdélégué de M. de Bernage & par ses ordres, à faire réparer ces chemins par les communautés, elles se sont trouvées sans syndic pour défendre leurs intérêts, parce que le sieur de Larnac se trouvoit tout ensemble syndic & subdélégué, même inspecteur des chemins; emplois absolument incompatibles.

SUR QUOI, il a été délibéré, &c.

LES ETATS ont ordonné aux commissaires du diocèse d'Uzès, comme à tous les autres des diocèses de la province, de procéder à l'élection & nomination de leurs syndics, conformément aux réglemens, qui ne soient ni subdélégués, ni inspecteurs des chemins, ni pourvus d'autres charges & emplois incompatibles. Et sera la présente délibération envoyée avec les mandes à toutes les assiettes des diocèses pour s'y conformer.

XIX.
ARRÊT

DU CONSEIL D'ETAT DU ROI,

Qui casse la nomination faite du sieur Dupuy Belvese, pour syndic diocésain de Limoux, confirme celle faite du sieur Poulhairiés par l'assiette du diocèse, & ordonne qu'à l'avenir la nomination du syndic diocésain sera faite par les commissaires ordinaires de l'assiette & députés du tiers état qui ont droit d'y assister, sans que l'assiette soit tenue de remplir cette charge par l'un des maires ou consuls qui y assistent.

Du 15 Septembre 1710.

Extrait des regiſtres du Conſeil d'Etat.

Sur la requête préſentée au Roi étant en ſon conſeil par le ſieur Poulhairiés, ſyndic diocéſain de Limoux, contenant que tous les dioceſes de la province de Languedoc, ſont en droit d'élire leurs ſyndics, & que, ſuivant l'uſage général de toute ladite province, confirmé par édit du mois de Janvier 1693, cette nomination eſt faite à la pluralité des voix dans les aſſemblées des aſſiettes de chaque diocèſe, compoſées de tous ceux qui ont droit d'y entrer, & autoriſées par les commiſſaires de S. M.; que l'aſſiette du diocèſe de Limoux y étant aſſemblée au mois de Mars dernier, & voulant procéder à la nomination du ſyndic prochain, le ſuppliant fut nommé par trois des maires qui aſſiſtoient à ladite aſſiette; & ſur le refus fait par neuf autres maires de donner leurs ſuffrages, il fut expédié au ſuppliant une procuration par le greffier dudit diocèſe, ſignée par le commiſſaire principal, en la forme ordinaire, pour aſſiſter à la prochaine aſſemblée des Etats, en la qualité de ſyndic; que les maires qui avoient refuſé d'opiner, prétendant que c'étoit à eux ſeuls de nommer le ſyndic diocéſain, & que cette charge ne devoit être remplie que de l'un d'eux, chacun à ſon tour, s'étoient retirés de l'aſſemblée de l'aſſiette & avoient nommé le ſieur Dupuy Belveſe, l'un d'eux, pour ſyndic diocéſain, à qui ils ont fait expédier une procuration par un notaire à leur poſte. Mais d'autant que leſdits maires n'ont aucun droit à la charge de ſyndic, pour en exclure ceux du diocèſe qui en ſont capables : que ce n'eſt pas à eux ſeuls à opiner, qu'ils n'ont pu ſe ſéparer du reſte de l'aſſiette qui étoit compoſée du vicaire général du ſieur archevêque de Narbonne, de l'envoyé du ſieur baron d'Arques, de trois autres maires & des commiſſaires principal & ordinaire; la nomination qu'ils ont faite du ſieur Dupuy Belveſe eſt nulle & caſſable, comme faite dans une aſſemblée clandeſtine, par des gens cabalés, au lieu que celle du ſuppliant a été faite dans l'aſſemblée de l'aſſiette du diocèſe, compoſée de tous les ordres, & autoriſée par les commiſſaires de S. M.; que ſi neuf des maires ont refuſé d'opiner ſur la nomination du ſyndic, il n'a tenu qu'à eux de donner leurs ſuffrages en pleine aſſemblée, en faveur de celui qu'il leur auroit plu de choiſir, au lieu que ce qu'ils ont fait eſt ſi fort contre l'ordre des aſſemblées & les réglemens des Etats généraux de la province auxquels les aſſemblées des dioceſes doivent ſe conformer, qu'il eſt défendu aux particuliers qui y aſſiſtent de ſortir de l'aſſemblée, ſous prétexte qu'ils n'agréeroient pas les propoſitions qui y ſont faites ou les avis qui y ſont portés. A CES CAUSES, Requéroit le ſuppliant qu'il plût à S. M. caſſer la nomination faite du ſieur Dupuy de Belveſe, pour ſyndic diocéſain de Limoux, & confirmer celle faite de ſa perſonne pour remplir ladite charge par l'aſſiette du diocèſe. Et attendu que les officiers de la province ſont nommés par ceux des trois ordres qui compoſent l'aſſemblée des Etats, ordonner qu'à l'avenir le ſieur archevêque de Narbonne, ou ſon vicaire général en ſon abſence, le ſieur baron d'Arques ou ſon envoyé, & tous les députés du tiers état qui ont droit d'aſſiſter à l'aſſiette du diocèſe de Limoux, opineront à la nomination du ſyndic diocéſain, & que celui qui ſera élu à la pluralité des voix en fera les fonctions, ſans que l'aſſiette ſoit tenue de remplir ladite charge de ſyndic diocéſain par l'un des maires & conſuls qui y affiftent. Vu ladite requête ; un extrait du procès verbal de l'affiette du diocefe de Limoux , tenu au mois de Mars dernier , & l'édit de S. M. du mois de Janvier 1693 ; Oui le rapport , & tout confidéré, LE ROI EN SON CONSEIL , ayant égard à ladite requête , à caffé & caffe la nomination faite du fieur Dupuy Belvefe , pour fyndic diocéfain de Limoux ; ce faifant , a confirmé & confirme celle faite dudit fieur Poulhairiés , par l'affiette du diocefe : ORDONNE que le fieur archevéque de Narbonne ou fon vicaire général en fon abfence , le fieur baron d'Arques ou fon envoyé , & tous les députés du tiers état qui ont droit d'affitter à l'affiette dudit diocefe , opineront à la nomination du fyndic diocéfain , & que celui qui fera élu à la pluralité des voix , en fera les fonctions , fans que l'affiette foit tenue de remplir ladite charge de fyndic par l'un des maires ou confuls qui y affiftent. FAIT au confeil d'état du Roi, S. M. y étant, tenu à Verfailles le feizieme jour de Septembre 1710.

Signé, PHELYPEAUX.

LOUIS, PAR LA GRACE DE DIEU , ROI DE FRANCE ET DE NAVARRE, Au premier notre huiffier ou fergent fur ce requis. Nous te mandons par ces préfentes fignées de notre main , de fignifier l'arrêt ci-attaché fous le contre-fcel de notre chancellerie , ce jour-d'hui donné en notre confeil d'état, Nous y étant , fur la requête du fieur Poulhairiés , tant au fieur Dupuy Belvefe y dénommé , qu'à tous autres qu'il appartiendra , afin qu'ils n'en ignorent, & faire en outre pour fon entiere exécution , tous autres exploits de fignification & actes de juftice que befoin fera , fans pour ce demander autre permiffion : CAR tel eft notre plaifir. DONNÉ à Verfailles le feizieme jour de Septembre , l'an de grace 1710 , &

de notre regne le foixante-huitieme. *Signé*, LOUIS. *Et plus bas* : Par le Roi, PHELYPEAUX.

X X.

EXTRAIT du regiftre des délibérations des Etats généraux de Languedoc , affemblés par mandement du Roi en la ville de Montpellier au mois de Novembre 1710.

Du Lundi 15 Décembre fuivant , préfident Mgr. l'archevêque & primat de Narbonne.

LE fieur de Joubert , fyndic général , a dit que l'affemblée a été déjà informée de l'arrêt du confeil du 15 Septembre dernier, qui caffe l'élection du fyndic du diocefe de Limoux, qui avoit été faite par une partie des députés de l'affiette qui s'étoient féparés du refte de l'affemblée pour faire ladite nomination , & qui confirme la nomination du fyndic du diocefe qui avoit été nommé par l'affemblée de l'affiette & du diocefe , & ordonne qu'à l'avenir le fyndic du diocefe fera élu à la pluralité des voix par tous ceux qui compofent l'affemblée de l'affiette , fans qu'elle foit tenue de nommer un des députés des villes qui ont droit d'y affifter ; en quoi cet arrêt a fait non-feulement un réglement pour ce diocefe, mais encore un préjugé pour tous ceux qui peuvent être dans le même cas, ce qui eft fondé fur un principe plein de juftice, qui eft que le droit de nommer un fyndic du diocefe appartient au diocefe même qui eft repréfenté par l'affemblée de l'affiette ; qu'en examinant l'ufage qui donnoit le fyndicat aux députés des villes qui affiftent à l'affiette chacun à leur tour, on trouvera que cet ufage ne peut être qu'abufif , puifqu'il oblige à nommer des perfonnes qui font ordinairement incapables de la conduite des affaires , & toujours éloignées de la ville capitale où toutes les affaires du diocèse font traitées pendant l'année ; que cet usage n'est fondé sur aucun titre, & ne peut être que l'effet d'une convention tacite faite entre les députés de l'assiette, de jouir par tour des émolumens d'une charge dont personne ne remplit les fonctions ; ce qui a été abrogé par l'édit du mois de Janvier 1693, qui supprime les offices des syndics des diocèses qui avoient été créés, & redonne cette nomination aux diocèses à qui elle appartient ; qu'au moyen de cet arrêt, les diocèses peuvent nommer les personnes les plus capables de se bien acquitter de ces emplois, qui deviennent tous les jours plus importans par le grand nombre d'affaires, dont les diocèses font chargés. C'est pourquoi il requéroit qu'il plût à l'assemblée de délibérer que cet arrêt sera regiftré ès regiftres des Etats, & imprimé pour être envoyé dans les diocèses ; & qu'au cas qu'il y en ait quelqu'un qui ait besoin d'un semblable arrêt, le syndic général sera tenu de le poursuivre ; SURQUOI, lecture faite de l'arrêt du conseil, du 15 Septembre 1710, a été délibéré qu'il sera regiftré ès regiftres des Etats, & imprimé pour être envoyé dans lesdits diocèses, & que le syndic général sera chargé de poursuivre un pareil arrêt pour les diocèses qui le demanderont.

XXI.
ARRÊT

Du Conseil d'État du Roi,

Qui casse la nomination du sieur de Saint-Montant, consul de Beaucaire, pour syndic du diocèse de Nîmes, & ordonne que l'assemblée dudit diocèse continuera de nommer à l'avenir, à la pluralité des voix, celui qu'elle jugera le plus capable

de cette fonction, qui résidera à Nîmes.

Du 19 Décembre 1722.

EXTRAIT des Regiftres du Conseil d'État.

LE Roi étant informé de la délibétion prise par l'assemblée de l'assiette du diocèse de Nîmes, le 2 Juin dernier, qui a nommé pour syndic dudit diocèse le sieur de Saint-Montant, premier consul de Beaucaire, sous condition que le consul & député de chaque communauté à l'assiette, soit syndic à son tour, l'un après l'autre ; à laquelle nomination les sieurs consuls de Nîmes & le sieur maire de Milhau, ont déclaré qu'ils étoient opposans, prétendant que la condition sous laquelle la nomination du syndic a été faite, est contraire à la liberté ; que l'assemblée doit choisir un syndic à la pluralité des suffrages, ainsi qu'il se pratique dans les autres diocèses de la province de Languedoc ; & cette délibération étant d'ailleurs contraire à l'usage observé depuis plus d'un siècle, justifié par les procès verbaux des assiettes, desquels il résulte que depuis l'année 1582, jusqu'à présent, le premier consul de la ville de Nîmes a été nommé syndic du diocèse, excepté les années 1626, 1627 & 1628, que l'assemblée de l'assiette s'étant tenue en la ville de Beaucaire, où les consuls de Nîmes n'assistèrent pas à cause des guerres, on nomma pour syndic du diocèse le premier consul de la ville de Beaucaire, & que depuis ladite année 1628, le syndicat a toujours été rempli par le premier consul de Nîmes, étant d'ailleurs nécessaire pour le bien du service du Roi & l'intérêt du diocèse que le syndic soit résident dans la ville où font les commissaires ordinaires qui dirigent les affaires du diocèse pendant l'année ; Ou le rapport, SA MAJESTÉ ÉTANT EN

N°. XXI. EN SON CONSEIL, de l'avis de M. le duc d'Orléans, régent, a cassé & annullé la délibération prise par l'assemblée de l'assiette du diocese de Nimes, du 2 Juin dernier, en ce qu'il est porté que le consul député de chaque communauté entrant à l'assiette, sera syndic à son tour ; A ORDONNÉ ET ORDONNE que ladite assemblée continuera de nommer à l'avenir pour syndic, à la pluralité des voix, celui qu'elle jugera le plus capable de cette fonction, qui résidera à Nimes ; & a S. M. nommé pour cette fois, sans tirer à conséquence, & suivant l'usage qui s'est observé jusqu'à présent dans les nominations faites par les assemblées des assiettes, le sieur Poustoly, premier consul de Nimes, en charge la présente année 1722, pour en exercer les fonctions, à commencer du jour que le présent arrêt sera notifié, jusqu'à la tenue de l'assiette pour l'année 1724. ENJOINT S. M. au sieur de Bernage, conseiller d'état, intendant de justice en la province de Languedoc, de tenir la main à l'exécution du présent arrêt. FAIT au conseil d'état du Roi, Sa Majesté y étant, tenu à Versailles le dix-neuvieme Décembre 1722.

Signé, PHELYPEAUX.

LOUIS DE BERNAGE,

chevalier, seigneur de Saint-Maurice, Vaux, Chaumont & autres lieux, conseiller d'état, intendant de justice, police & finances en la province de Languedoc.

VU le présent arrêt du conseil, NOUS ORDONNONS qu'il sera exécuté selon sa forme & teneur. FAIT à Montpellier, le huitieme Janvier 1723. *Signé*, DE BERNAGE : *Et plus bas:* Par Monseigneur. JOURDAN.

Tome IV.

XXII.

EXTRAIT du registre des délibérations prises par les gens des trois Etats du pays de Languedoc, assemblés par mandement du Roi en la ville de Montpellier au mois de Décembre 1740.

Du Samedi 4 Février 1741, président Mgr. l'archevêque & primat de Narbonne.

LE sieur de Joubert, syndic général, a dit, qu'il lui a été remis un mémoire de la part des sieurs commissaires ordinaires du diocese de Nimes, au sujet des contestations qui s'élevent chaque année à l'assiette, sur la nomination du syndic, dont les premiers consuls de Nimes prétendent que les fonctions sont réunies aux leurs, en vertu d'un usage & d'une possession ancienne : Que comme cette prétention est contraire au droit qui est acquis aux assiettes, de choisir leurs officiers, & nommément le syndic, & que d'ailleurs, l'usage d'en nommer un nouveau toutes les années, paroît contraire à l'avantage des dioceses, & à l'idée d'une bonne administration, on ne peut pas éviter de condamner la prétention des premiers consuls de Nimes.

Que les consuls des villes diocésaines du même diocese, qui ont droit d'entrer par tour aux Etats, ayant disputé auxdits premiers consuls, la place de syndic du diocese, qu'ils prétendoient devoir exercer par tour, il fut donné un arrêt du conseil, le 19 Décembre 1722, qui cassa la nomination du sieur de Saint-Montant, premier consul de Beaucaire, & ordonna que l'assiette continueroit de nommer pour syndic, celui qu'elle jugeroit le plus capable de ces fonctions, pourvu qu'il résidât à Nimes, & nomma pour cette fois, & sans tirer à conséquence, le sieur Pous-

A a

toly, premier conful de Nîmes, pour les exercer.

Que cet arrêt, bien loin de devoir être regardé par lefdits confuls de Nîmes, comme un titre en leur faveur, fert au contraire à établir la liberté de l'affiette dans le choix du fyndic du diocèfe : Que ladite liberté fe trouve auffi confirmée par plufieurs autres arrêts, nommément par celui du 25 Janvier 1700, à l'égard du diocèfe d'Uzès, & par celui du 15 Septembre 1710, à l'égard du diocèfe de Limoux, en obfervant, par rapport au dernier defdits arrêts, qu'il démet les maires & confuls qui affiftent à l'affiette dudit diocèfe, de la prétention qu'ils avoient au fyndicat.

Qu'après des autorités auffi précifes, fur un droit qui ne peut être révoqué en doute, il paroît indifpenfable de prévenir, fuivant les propofitions defdits fieurs commiffaires du diocèfe de Nîmes, les conteftations qui s'élevent à l'occafion de la nomination du fyndic dudit diocèfe : Que la poffeffion & l'ufage réclamés par les premiers confuls de ladite ville, ont été déjà interrompus depuis plufieurs années, & qu'on en reconnoît l'avantage pour le diocèfe, dont les affaires font fuivies avec beaucoup plus d'exactitude & de fuccès ; de forte qu'il ne s'agit, à proprement parler, que de maintenir, conformément à l'exécution des réglemens généraux & particuliers de la province, l'affiette du diocèfe de Nîmes, dans le droit de choifir pour fyndic, celui qu'elle jugera le plus capable defdites fonctions, & de le continuer tout autant de temps qu'elle trouvera à propos, fans que les confuls de la ville capitale & des villes diocéfaines, puiffent prétendre avoir aucun droit au fyndicat dudit diocèfe.

Sur quoi il a été délibéré, que l'affiette du diocèfe de Nîmes fera main-tenue dans le droit de nommer pour fyndic dudit diocèfe, celui qu'elle jugera à propos de choifir, & de le continuer dans l'exercice de fes fonctions, auffi long-temps qu'elle le croira convenable, conformément aux réglemens généraux & particuliers de la province, fur la liberté des affiettes, dans le choix de leurs officiers ; avec défenfes au premier conful de la ville de Nîmes, & à ceux des villes diocéfaines, d'élever aucune conteftation au fujet du droit qu'ils prétendroient avoir, d'exercer les fonctions de fyndic dudit diocèfe : Etat rendu que la préfente délibération peut fervir à prévenir de pareilles conteftations dans les autres diocèfes de la province, il a été délibéré, de charger les fyndics généraux, d'en donner connoiffance aux affiettes, & de leur en envoyer copie ; à l'effet d'y être lue & enregiftrée, pour être exécutée felon fa forme & teneur. *Signé*, JEAN-LOUIS DE CRILLON, archevêque de Narbonne, préfident. *Et plus bas* : Par Nosfeigneurs des Etats, GUILLEMINET.

XXIII.

EXTRAIT du regiftre des délibérations des Etats généraux de Languedoc, affemblés par mandement du Roi en la ville de Montpellier au mois de Novembre 1764.

Du Lundi 7 Janvier 1765, préfident Mgr. l'archevêque de Touloufe.

MONSEIGNEUR l'évêque de Lodeve a dit, que le fieur de Montferrier a rapporté à la commiffion une conteftation qui s'eft élevée à l'affiette du diocèfe de Mirepoix, tenue le 31 Mai dernier, au fujet de la nomination du fyndic & greffier ; qu'il paroit par la délibération fur ce prife, que cette affemblée jugea à propos de continuer pour fyndic de ce diocèfe le fieur Rabinel, avocat, & pour greffier le sieur Vidalat, aussi avocat, qui résident l'un & l'autre à Mirepoix, & qu'elle renvoya aux Etats à statuer sur l'opposition que les consuls & députés des villes de Fanjaux & Cintegabelle formerent à cette nomination, sur le fondement d'un arrêt du conseil du 18 Février 1686, dont ils avoient réclamé l'exécution par un acte qu'ils avoient fait signifier la veille à l'assemblée, & qui a été suivi d'une requête présentée aux Etats.

Que cet arrêt, dont il a été fait lecture, porte qu'à l'avenir le syndic & le greffier de ce diocese seroient pris de trois en trois ans sur la présentation qui en seroit faite tour à tour par les consuls des quatre villes principales dudit diocese; savoir, Mirepoix, Fanjaux, Laroque & Cintegabelle, de deux personnes pour le syndic, & de deux autres pour le greffier; en telle sorte néanmoins que lorsque le syndic sera des villes de Mirepoix & de Laroque, le greffier sera des villes de Fanjaux & Cintegabelle, & lorsque le syndic sera de Fanjaux & Cintegabelle, le greffier sera de Mirepoix & de Laroque, le tout suivant le tour de chacune desdites quatre villes, à commencer par l'assiette lors prochaine.

Que la commission a jugé aisément par le vu de cet arrêt, qu'il avoit été rendu dans la circonstance des différends qu'il y avoit alors entre M. l'évêque de ce diocese & M. le marquis de Mirepoix, & que ses dispositions étoient absolument contraires aux droits & libertés des assiettes, ainsi qu'à l'usage constant où elles sont dans tous les dioceses de la province, de nommer pour syndics & greffiers les personnes qu'ils jugent le plus en état d'en exercer les fonctions, ou de confirmer s'il y a lieu celles qui se trouvent en place; ce qui a été autorisé & confirmé postérieurement à l'arrêt dont il s'agit, par plu-

sieurs autres arrêts du conseil & par des jugemens des Etats, auxquels la connoissance de tout ce qui regarde les assiettes & la nomination de leurs officiers est expressément attribuée, par des lettres patentes du mois de Mars 1653.

Qu'en effet par l'un de ces arrêts, qui est du 25 Janvier 1700, lors duquel M. le duc d'Uzès réclamoit l'exécution d'un réglement fait en 1684, dans la circonstance aussi des différends qui étoient entre lui & M. l'évêque d'Uzès, le Roi ordonna, sans avoir égard audit réglement, que conformément à l'usage des assiettes des autres dioceses de cette province, les députés de celle d'Uzès nommeroient ou continueroient tous les ans, à la pluralité des suffrages, le syndic & le greffier dudit diocese.

Qu'un autre arrêt du conseil donné le 15 Septembre 1710, sur la prétention où étoient certains députés à l'assiette de Limoux, de nommer l'un d'eux à l'exclusion de tout autre pour syndic du diocese, ordonna également, sans avoir égard à ladite prétention, que la nomination du syndic seroit faite à la pluralité des suffrages par tous ceux qui ont droit d'assister à l'assemblée, sans qu'elle fût astreinte de remplir ladite charge de syndic par l'un des maires ou consuls qui y assistent.

Qu'un troisieme arrêt du conseil du 19 Décembre 1722, cassa une délibération de l'assiette du diocese de Nimes, en ce qu'elle portoit que les consuls ou députés de chaque communauté entrant à l'assiette seroit syndic à son tour; ce faisant, le Roi ordonna que l'assiette continueroit de nommer à l'avenir pour syndic, à la pluralité des voix, celui qu'elle jugeroit le plus capable de cette fonction, pourvu qu'il résidât à Nimes.

Que le premier consul de cette ville qui fut élu syndic du diocese durant plufieurs années après cet arrêt, s'étant perfuadé qu'il devoit l'être dans la fuite à l'exclufion de tout autre, donna lieu un différend fur lequel les Etats rendirent un jugement en forme de délibération le 4 Février 1741, par lequel ils maintinrent l'affiette du diocefe dans le droit de nommer pour fyndic celui qu'elle jugeroit à propos de choifir, & de le continuer dans l'exercice de fes fonctions auffi long-temps qu'elle le jugeroit convenable, conformément aux réglemens généraux & particuliers de la province fur la liberté des affiettes dans le choix de leurs officiers.

Que cette liberté, fi conftamment & fi uniformément établie, eft d'ailleurs effentiellement néceffaire pour mettre les affiettes en état de fe donner des fujets capables d'exercer les fonctions qui leur font confiées, & qui foient en même-temps réfidens dans la ville épifcopale où fe tiennent les affemblées tant de l'affiette que des commiffaires ordinaires, ainfi qu'il fut ordonné par l'arrêt du 19 Décembre 1722; ce qui ne pourroit être, fi elles étoient affujetties à des difpofitions femblables à celles de l'arrêt de 1686, qui a fervi de fondement à l'oppofition des confuls & députés de Fanjaux & Cintegabelle.

Que par ces confidérations la commiffion a été d'avis de propofer aux Etats de charger le fyndic général de fe pourvoir en tant que de befoin contre ledit arrêt, à l'effet d'en obtenir la révocation en conformité de ceux rendus poftérieurement & de l'ufage général des autres diocefes de la province, & cependant de confirmer, fous le bon plaifir de Sa Majefté, la délibération de l'affiette du diocefe de Mirepoix, en ce qu'elle continue pour fyndic le fieur Rabinel & le fieur Vidalat pour greffier, en rendant à ce fujet un jugement dans la forme ordinaire.

Ce qui ayant été ainfi délibéré, le fyndic général a été chargé de fe pourvoir en tant que de befoin fera au confeil, pour demander la révocation de l'arrêt du 18 Février 1686, & il a été rendu le jugement dont la teneur s'enfuit.

Vu les lettres patentes du 13 Mars 1653, portant attribution aux Etats de la connoiffance de tous les différends concernant la nomination des officiers des diocefes, & tout ce qui a rapport aux affemblées des affiettes; la requête des maire & confuls de Fanjaux, le mémoire de la communauté de Cintegabelle, l'arrêt du confeil du 18 Février 1686, les actes faits à l'affiette du diocefe de Mirepoix les 28 & 29 du mois de Mai 1764, le mémoire du fyndic dudit diocefe, l'extrait du procès-verbal de ladite affemblée de l'affiette du 29 dudit mois, fignifié aux communautés de Cintegabelle & Fanjaux les 26 & 28 Juillet, enfemble les arrêts du confeil du 25 Janvier 1700, 16 Septembre 1710, 19 Décembre 1722, & le jugement des Etats du 4 Février 1741; Oui le rapport, & tout confidéré,

Nous, fansavoir égard aux demandes defdites communautés, avons, fous le bon plaifir du Roi, ordonné & ordonnons que la délibération de l'affiette du diocefe de Mirepoix, en ce qu'elle a confirmé le fyndic & greffier, & celles qu'elle pourroit prendre à l'avenir fur le choix defdits officiers, feront exécutées felon leur forme & teneur, conformément aux réglemens & ufages des autres diocefes de la province, & ce par provifion, fans préjudice des diligences que le fyndic général a été chargé de faire par notre délibération de ce jour, pour obtenir la révocation de l'arrêt du 18 Février 1686, comme contraire auxdits réglemens & ufages.

XXIV.

ARRÊT

DU CONSEIL D'ETAT DU ROI,

Qui casse un arrêt de la cour des aides de Montpellier du 12 Septembre 1733, qui, en ordonnant une reddition des comptes dans les communautés du diocese de Mende, avoit enjoint au syndic dudit diocese de veiller à son exécution, avec défenses à ladite cour d'en rendre à l'avenir de semblables, à peine de nullité & cassation.

Du 6 Octobre 1780.

EXTRAIT des registres du Conseil d'Etat.

SUR la requête présentée au Roi étant en son conseil par le syndic général de la province de Languedoc, contenant, que quoiqu'il soit établi par plusieurs réglemens, & particulierement par les arrêts du conseil du 12 Novembre 1697 & 25 Novembre 1702, que la cour des aides de Montpellier ne doit connoître que de l'appel de la clôture des comptes des communautés, dont la reddition doit être ordonnée, lorsque le cas y échoit, par ceux à qui appartient l'administration & direction des affaires des communautés, dont la connoissance est interdite par divers arrêts à ladite cour des aides, ce qui vient d'être encore confirmé par l'arrêt du conseil du 23 Août dernier; ladite cour des aides, qui ne cesse de faire ses efforts pour étendre sa jurisdiction, vient de rendre un arrêt le 12 Septembre dernier sur la requête du procureur général, qui ordonne la reddition des comptes dans les communautés du diocese de Mende, & enjoint au syndic dudit diocese de tenir la main à l'exé-

cution de l'arrêt, & d'en certifier dans le mois le procureur général : En quoi cette compagnie passe les bornes de son pouvoir, non-seulement dans le fonds, mais essentiellement dans la forme, les syndics des dioceses ne lui étant aucunement subordonnés dans les fonctions de leurs charges concernant les affaires des communautés, dont ils ne doivent rendre compte qu'aux assemblées des assiettes & au syndic général de leur département, qui est chargé de veiller à l'exécution des réglemens & à la bonne administration des communautés. Et attendu que cette entreprise est contraire à l'ordre déjà établi pour la direction des affaires des communautés : A CES CAUSES, requéroit le suppliant qu'il plût à Sa Majesté casser l'arrêt de ladite cour des aides du 12 Septembre 1733 & ce qui peut s'en être ensuivi, & faire itératives défenses à ladite cour d'en rendre de semblables à l'avenir. Vu ladite requête, l'arrêt du conseil du 12 Novembre 1697, qui a cassé & annullé deux ordonnances de la cour des aides de Montpellier des 8 & 19 Octobre de ladite année, & ordonné l'exécution des ordonnances du sieur de Basville des 18 & 29 Septembre précédent, rendues au sujet des comptes de la communauté de Puissalicon; autre arrêt du conseil du 25 Novembre 1702, qui a cassé & annullé une ordonnance de la cour des aides de Montpellier du 20 Janvier 1702, rendue au sujet des comptes des communautés du diocese de Mende, & a dispensé les maires, consuls & greffiers de la province de Languedoc de remettre à aucun commissaire de ladite cour des aides les rôles des impositions & les comptes des communautés, & a fait défenses à ladite cour d'en connoître que par appel; l'arrêt du conseil du 23 Août dernier, qui a cassé celui de ladite cour des aides du 30 Avril précédent, & a ordonné que les adminiftrateurs des deniers & affaires de la communauté d'Aigues-Mortes rendroient leurs comptes devant les auditeurs ordinaires, & en payeroient le reliquat nonobftant l'appel qui pourroit en être interjeté ; l'arrêt de ladite cour des aides du 12 Septembre dernier, & autres pieces. Oui le rapport du fieur Orsy, confeiller d'état & confeiller ordinaire au confeil royal, contrôleur général des finances, LE ROI ÉTANT EN SON CONSEIL, a caffé & annullé, caffe & annulle l'arrêt de la cour des aides de Montpellier du 12 Septembre dernier & tout ce qui s'en eft enfuivi : Fait Sa Majefté défenfes à ladite cour des aides d'en rendre à l'avenir de femblables, à peine de nullité & de caffation. FAIT au confeil d'état du Roi, Sa Majefté y étant, tenu à Fontainebleau le fixieme jour d'Octobre mil fept cent trente-trois.

Signé, PHELYPEAUX.

L OUIS, PAR LA GRACE DE DIEU, ROI DE FRANCE ET DE NAVARRE : Au premier notre huiffier ou fergent fur ce requis. Nous te mandons & commandons par ces préfentes, fignées de notre main, que l'arrêt dont l'extrait eft ci-attaché fous le contre-fcel de notre chancellerie, ce jourd'hui donné en notre confeil d'état, Nous y étant, pour les caufes y contenues, tu fignifies à tous qu'il appartiendra, à ce que perfonne n'en ignore, & fais en outre pour fon entiere exécution tous actes & exploits requis & néceffaires fans autre permiffion ; CAR TEL EST NOTRE PLAISIR. DONNÉ à Fontainebleau le fixieme jour d'Octobre l'an de grace mil fept cent trente-trois, & de notre regne le dix-neuvieme. *Signé*, LOUIS ; *Et plus bas* : Par le Roi.

Signé, PHELYPEAUX.

XXV.

ARRÊT

DU CONSEIL D'ETAT DU ROI,

Qui, fans s'arrêter à un arrêt de la cour des comptes, aides & finances de Montpellier, du 24 Avril 1735, fait inhibitions & défenfes à ladite cour de charger à l'avenir les fyndics des dioceses de la province de Languedoc, de tenir la main à l'exécution de fes arrêts, & d'ufer à leur égard des injonctions portées par ledit arrêt, à peine de nullité & caffation defdits arrêts, fauf à elle à adreffer l'exécution de fes arrêts aux fubftituts du procureur général de Sa Majefté en ladite cour, dans les juftices fubalternes de fon reffort.

Du 29 Novembre 1735.

EXTRAIT des Regiftres du Confeil d'Etat.

S UR la requête préfentée au Roi étant en fon confeil, par le fyndic général de la province de Languedoc ; contenant, que la cour des comptes, aides & finances de Montpellier a donné un arrêt le vingt-quatre Avril 1735, par lequel, après avoir prononcé fur une conteftation particuliere, & rappellé les réglemens concernant la publication de la levée de la taille, & la nomination des collecteurs forcés, il eft ordonné, entre autres chofes, qu'à la diligence du procureur général, il fera envoyé copies collationnées dudit arrêt aux fyndics des dioceses du reffort de ladite cour, auxquels il eft enjoint d'en envoyer des copies collationnées dans toutes les communautés pour y être enregiftrées dans les regiftres des délibérations, & d'en certifier ladite cour dans le mois ; à peine d'en demeurer responsables en leur propre.

Que, sans entrer dans la contestation particuliere sur laquelle ledit arrêt est intervenu, le suppliant pourroit relever dans ce même arrêt plusieurs autres dispositions qu'il n'entend pas approuver ; mais que comme elles ont rapport au réglement que S. M. a bien voulu promettre sur l'ordre des jurisdictions, il se borne, quant à présent, à celle dont il a rapporté les termes, laquelle intéresse l'ordre & l'administration établie dans ladite province. Que ladite cour des aides a passé les bornes de son pouvoir, non-seulement en regardant les syndics des dioceses comme chargés de veiller à la publication, & à l'exécution de ses arrêts ; mais encore en leur enjoignant d'y satisfaire, à peine d'en demeurer responsables : que les syndics des dioceses ne sont subordonnés à ladite cour, sous aucun rapport ; qu'ils sont établis dans chaque diocese par l'assemblée de l'assiette ; que c'est à elle, ou aux commissaires qui la représentent pendant l'année, & au syndic général du département, qu'ils sont obligés de rendre compte de leurs fonctions ; & que ladite cour paroît évidemment avoir voulu entreprendre en cette occasion sur l'autorité des assiettes, qui est une suite & une dépendance de celle des Etats, puisqu'au lieu d'adresser l'exécution de l'arrêt du vingt-quatre Avril dernier aux substituts du procureur général dans les jurisdictions subalternes de son ressort, elle a affecté de ne l'adresser qu'à des officiers qui sont indépendans à son égard, qui ne rapportent point devant elle les titres de leur institution, & qui ne répondent point à elle de leur conduite : que cette compagnie ayant ordonné par arrêt du douze Septembre 1733, sur la requete du procureur général, la reddition des comptes dans les communautés du diocese de Mende,

& enjoint au syndic de ce diocese de tenir la main à l'exécution de son arrêt, le suppliant fit ses très-humbles représentations sur cette double disposition, & qu'il insista expressément sur ce que les syndics des dioceses ne sont point soumis en cette qualité aux ordres & aux injonctions de ladite cour ; qu'il obtint en conséquence un arrêt du conseil le six Octobre de la même année, qui casse celui du douze Septembre, & fait défenses à ladite compagnie d'en donner de semblables à l'avenir ; & comme ces défenses font remarquer dans l'arrêt du vingt-quatre Avril dernier une contravention formelle à l'arrêt du conseil du six Octobre, laquelle contravention devient un nouveau moyen pour appuyer la justice des représentations du suppliant ; requéroit A CES CAUSES qu'il plût à S. M., sans s'arrêter à l'arrêt de ladite cour des comptes, aides & finances de Montpellier du vingt-quatre Avril dernier, en ce qu'il ordonne que copies collationnées d'icelui seront envoyées aux syndics des dioceses de son ressort, & leur enjoint d'en envoyer des copies dans toutes les communautés pour y être enregistrées, & d'en certifier ladite cour dans le mois, à peine d'en répondre en leur propre, ordonner que ledit arrêt demeurera en ce point comme non avenu, & faire défenses à ladite cour de charger à l'avenir les syndics des dioceses de la province de Languedoc, de tenir la main à l'exécution de ses arrêts, & d'user à leur égard de semblables injonctions, à peine de nullité & cassation desdits arrêts, sauf à elle à en adresser l'exécution aux substituts du procureur général dans les justices subalternes de son ressort. Vu ladite requête, l'arrêt de ladite cour des aides, du vingt-quatre Avril dernier 1735, & l'arrêt du conseil, du six Octobre 1733. Ouï le rapport du sieur Orry, conseiller d'état ...

& conseiller ordinaire au conseil royal, contrôleur général des finances : LE ROI ÉTANT EN SON CONSEIL, sans s'arrêter audit arrêt de la cour des comptes, aides & finances de Montpellier du vingt-quatre Avril de la présente année mil sept cent trente-cinq, en ce qu'il ordonne que copies collationnées d'icelui, seront envoyées aux syndics des diocefes du ressort de ladite cour, & leur enjoint d'en envoyer des copies dans toutes les communautés desdits diocefes, pour y être enregistrées dans les registres des délibérations, & d'en certifier ladite cour dans le mois, à peine d'en répondre en leur propre (lequel arrêt demeurera en ce point comme non avenu) fait inhibitions & défenses à ladite cour de charger à l'avenir les syndics des diocefes de la province de Languedoc, de tenir la main à l'exécution de ses arrêts, & d'user à leur égard des injonctions portées par ledit arrêt du vingt-quatre Avril dernier, à peine de nullité & cassation desdits arrêts, sauf à elle à adresser l'exécution de ses arrêts aux substituts du procureur général de S. M. en ladite cour, dans les justices subalternes de son ressort. FAIT au conseil d'état du Roi, S. M. y étant, tenu à Versailles le vingt-neuvieme jour de Novembre mil sept cent trente-cinq.

Signé, PHELYPEAUX.

LOUIS, PAR LA GRACE DE DIEU, ROI DE FRANCE ET DE NAVARRE : Au premier notre huissier ou sergent sur ce requis. Nous te mandons & commandons par ces présentes signées de notre main, que l'arrêt dont l'extrait est ci-attaché, sous le contre-scel de notre chancellerie, ce jourd'hui donné en notre conseil d'état, nous y étant, sur la requête du syndic général de notre province de Languedoc, tu signifies à tous qu'il appartiendra à ce qu'aucun

n'en ignore, & fais en outre pour son entiere exécution tous actes & exploits requis & nécessaires, sans autre permission : CAR tel est notre plaisir. DONNÉ à Versailles le vingt-neuvieme jour de Novembre, l'an de grace mil sept cent trente-cinq, & de notre regne le vingt-unieme. *Signé,* LOUIS : *Et plus bas ;* Par le Roi. *Signé,* PHELYPEAUX.

XXVI.

ARRÊT

DU CONSEIL D'ETAT DU ROI,

Qui ordonne que les collecteurs des villes & communautés de la province de Languedoc, seront tenus de représenter aux syndics des diocefes les rôles des impositions desdites communautés, à l'effet de vérifier l'état du recouvrement par eux fait, pour être ensuite pourvu, en cas de divertissement des deniers, à la punition des coupables, conformément à la déclaration du 24 Septembre 1709.

Du 17 Octobre 1739.

EXTRAIT des Registres du Conseil d'Etat.

VU par le Roi étant en son conseil, l'article second du cahier des Etats de la province de Languedoc présenté cette année à S. M. ; contenant entre autres choses, que l'attention qu'on a toujours eu à assurer le recouvrement des impositions, n'a pu empêcher les divertissemens que les collecteurs ne font que trop souvent des deniers de leur collecte ; & quoique par la déclaration de S. M. du 24 Septembre 1709, ceux qui se trouvent avoir employé ces deniers à leurs usages particuliers soient assujettis à des peines très-graves, il arrive néanmoins que les dissipations des

des deniers provenans du recouvrement des impofitions deviennent tous les jours plus fréquentes, fans qu'il refte pour l'ordinaire aucune reffource contre les collecteurs & leurs cautions, de forte que les communautés font expofées à remplacer les fommes diverties, & à fupporter les frais des pourfuites ; & que pour prévenir de pareils inconvéniens, les Etats ont cru qu'il feroit convenable de charger les fyndics des diocefes de veiller particulierement fur la conduite des collecteurs, en les autorifant à fe faire repréfenter de temps en temps les rôles de la taille, pour les comparer avec les regiftres des receveurs, & voir par cette comparaifon, fi les deniers font portés à la caiffe à mefure que la levée en eft faite. A CES CAUSES lefdits Etats auroient fupplié S. M. d'ordonner que les collecteurs des tailles des villes & communautés de la province feroient tenus, fur la premiere réquifition qui leur en feroit faite, de repréfenter, chacun en droit foi, aux fyndics des diocefes, les rôles des impofitions defdites villes & communautés, à l'effet par lefdits fyndics de comparer & vérifier les fommes reçues par lefdits collecteurs dénommés dans les rôles, avec les payemens qui auroient été faits aux receveurs, & s'affurer par-là de l'exactitude defdits collecteurs dans le recouvrement; à laquelle remife & repréfentation des rôles lefdits collecteurs feroient contraints par toutes voies, même par corps ; & que dans le cas où par la vérification qui en feroit faite, il paroitroit que les collecteurs auroient diffipé ou employé à leurs ufages les fommes recouvrées fur les contribuables, ou partie d'icelles, les fyndics des diocefes en drefferoient procès verbal, lequel, après avoir été notifié aufdits collecteurs avec fommation de pourvoir au rétabliffement des deniers divertis, feroit envoyé au procureur

général du Roi en la cour des aides de Montpellier, à l'effet de pourfuivre lefdits collecteurs, conformément à la déclaration de S. M. du 24 Septembre 1709. Vu la réponfe de S. M. audit article du cahier des Etats ; la déclaration dudit jour 24 Septembre 1709, & l'avis du fieur de Bernage confeiller d'état, intendant en ladite province : Ouï le rapport du fieur Orry confeiller d'état & confeiller ordinaire au confeil royal, contrôleur général des finances, LE ROI ÉTANT EN SON CONSEIL, A ORDONNÉ ET ORDONNE que les collecteurs des tailles des villes & communautés de ladite province de Languedoc, feront tenus fur la premiere réquifition qui leur en fera faite, de repréfenter, chacun en droit foi, aux fyndics des diocefes, les rôles des impofitions defdites villes & communautés; à l'effet par lefdits fyndics de comparer & vérifier les payemens faits aux collecteurs, par les dénommés dans le rôle, avec les payemens qui auront été faits aux receveurs, & s'affurer ainfi de l'exactitude des collecteurs dans le recouvrement; à laquelle remife & repréfentation des rôles, lefdits collecteurs feront contraints en vertu du préfent arrêt, & fans qu'il foit befoin d'aucune autre permiffion, par toutes voies & par corps ; & dans le cas où par la vérification qui en fera faite, il paroitra que les collecteurs auront diffipé ou employé à leurs ufages les fommes qu'ils auront recouvrées fur les redevables, ou partie defdites fommes : Veut Sa Majefté que les fyndics des diocefes en dreffent procès verbal, lequel, après avoir été notifié aufdits collecteurs, avec fommation de pourvoir au rétabliffement des deniers divertis, fera envoyé par lefdits fyndics au procureur général de S. M. en la cour des comptes, aides & finances de Montpellier, auquel S. M. enjoint de pourfuivre lefdits collecteurs conformément à la déclaration du 24 Septembre 1709. FAIT au conseil d'état du Roi S. M. y étant, tenu à Fontainebleau le dix-septieme jour d'Octobre mil sept cent trente-neuf.

Signé, PHELYPEAUX.

XXVII.

ARRÊT

DU CONSEIL D'ETAT DU ROI,

Qui autorife les syndics des diocefes de la province à fe faire repréfenter, un mois après l'échéance de chaque terme des impofitions, par les receveurs des tailles, les quittances des fommes qu'ils auront verfées dans la caiffe du tréforier des Etats, afin de les comparer avec celles que les collecteurs auront remis auxdits receveurs.

Du 10 Juin 1780.

EXTRAIT des Regiftres du Confeil d'Etat.

VU par le Roi, étant en fon confeil, l'arrêt rendu en icelui le 17 Octobre 1739, par lequel, & pour les caufes y contenues, Sa Majefté, conformément à la réponfe par Elle faite à l'un des articles du cahier de doléances des Etats de fa province de Languedoc, auroit ordonné que les collecteurs des tailles des villes & communautés de ladite province, feroient tenus, fur la premiere réquifition qui leur en feroit faite, de repréfenter, chacun en droit foi, aux fyndics des diocefes les rôles des impofitions, à l'effet par lefdits fyndics de comparer & vérifier les payemens faits aux collecteurs par les dénommés dans le rôle, avec les payemens qui auroient été faits aux receveurs, & s'affurer ainfi de l'exactitude des collecteurs dans le recouvre-

ment, à laquelle remife & repréfentation des rôles lefdits collecteurs feroient contraints en vertu dudit arrêt, & fans qu'il fût befoin d'aucune autre permiffion, par toutes voies & par corps; & que dans le cas où, par la vérification qui en feroit faite, il paroîtroit que les collecteurs auroient diffipé ou employé à leurs ufages les fommes qu'ils auroient recouvrées fur les redevables, ou partie defdites fommes, les fyndics des diocefes en drefferoient procès verbal, lequel, après avoir été notifié auxdits collecteurs, avec fommation de pourvoir au rétabliffement des deniers divertis, feroit envoyé par lefdits fyndics au procureur général de Sa Majefté en la cour des comptes, aides & finances de Montpellier, auquel Sa Majefté auroit enjoint de pourfuivre lefdits collecteurs, conformément à la déclaration du 24 Septembre 1709. Vu auffi la délibération prife par les gens des trois Etats de ladite province le 28 Décembre 1779, par laquelle, & par le même motif d'affurer entierement l'exactitude des recouvremens, & prévenir tout divertiffement des deniers publics, ils auroient déterminé, entr'autres chofes, d'autorifer les mêmes fyndics des diocefes, à fe faire repréfenter lors des vérifications, par lefdits receveurs, les récépiffés ou quittances qui leur auroient été fournies par le tréforier de la bourfe defdits Etats, pour, en les comparant avec les fommes alors remifes par lefdits collecteurs, avoir une entiere connoiffance du maniement & du légitime emploi defdits deniers dont lefdits receveurs font tenus de faire livre net, jufqu'à leur entrée dans la caiffe dudit tréforier; & pour affurer l'exécution de ladite délibération, les fyndics généraux auroient été chargés d'en pourfuivre l'autorifation de Sa Majefté. Vu auffi le mémoire préfenté en conféquence par le fyndic général, & l'ar-

vis du fieur de Saint-Priest, intendant
en ladite province , & commiffaire départi : Oui le rapport du fieur Moreau
de Beaumont , confeiller d'Etat ordinaire , & au confeil royal des finances;
LE ROI ETANT EN SON CON-
SEIL, a autorifé & autorife ladite délibération des Etats de Languedoc du
28 Décembre 1779 : Ordonne en conféquence Sa Majefté , que les fyndics
des diocefes de ladite province fe feront préfenter annuellement, un mois
après l'échéance de chaque terme des
impofitions, par les receveurs des tailles , les récépiffés & quittances qui leur
auront été fournis par le tréforier des
Etats, pour , en les comparant avec
les fommes alors remifes par les collecteurs des impofitions des communautés , affurer entierement l'exactitude du recouvrement des deniers publics ; & dans le cas où par la vérification qui fera faite, il paroîtroit que lefdits receveurs ont diffipé ou employé à
leurs ufages les fommes qu'ils auront
recouvrées fur les collecteurs, ou partie defdites fommes ; veut Sa Majefté,
que les fyndics des diocefes en dreffent
procès verbal, pour être envoyé au fyndic général du département, & en être
par lui rendu compte aux Etats. FAIT
au confeil d'Etat du Roi, Sa Majefté
y étant, tenu à Verfailles le dix Juin
mil fept cent quatre-vingt.

Signé, AMELOT.

XXVIII.

*EXTRAIT du regiftre des délibérations
prifes par les gens des trois Etats du
pays de Languedoc , affemblés par
mandement du Roi en la ville de
Montpellier , au mois de Janvier
1776.*

Du 10 Février 1776 , préfident Mgr.
l'archevêque & primat de Narbonne ,
Commandeur de l'Ordre du St. Efprit.

MONSEIGNEUR l'évêque de Mirepoix a dit: Que l'examen des impofitions faites par les diocefes pour
leurs dépenfes ordinaires, a donné lieu
à la commiffion d'obferver la très-
grande difproportion de la modicité
des émolumens de la plupart des fyndics defdits diocefes, avec l'augmentation des dépenfes de toute efpece furvenue depuis l'époque du réglement
fait en 1759 ; & plus encore avec la
multiplicité des travaux dont ils ont été
chargés depuis, & qui augmentent chaque année par les différentes opérations
& détails qu'exigent les Etats.

Que n'étant pas poffible qu'avec une
auffi médiocre rétribution , que l'eft la
fomme de trois ou quatre cens livres
accordée auxdits fyndics, on puiffe
avoir des fujets auffi capables qu'ils doivent l'être de bien remplir des fonctions
fi pénibles, MM. les commiffaires n'ont
pas héfité à penfer qu'il devoit être du
bon plaifir des Etats, d'augmenter d'une
maniere convenable les émolumens defdits officiers.

Mais, que pour pouvoir le faire avec
une entiere connoiffance de caufe , &
d'une maniere proportionnée à la véritable étendue de leur travail, & aux
forces des diocefes, il a paru néceffaire d'avoir, par MM. les commiffaires de chaque diocefe, les éclairciffemens précis qu'ils jugeront à propos de
donner aux Etats , en propofant eux-
mêmes l'augmentation qu'ils croiront
jufte de déterminer, pour qu'elle puiffe
être fixée dans la prochaine affemblée.

SUR QUOI il a été délibéré ; en re-
connoiffant la néceffité d'augmenter les
émolumens des fyndics des diocefes,
que pour être en état de le faire dans
une jufte proportion à la véritable étendue de leur travail, & aux forces des
diocefes, il fera délibéré par l'affemblée de l'affiette de chaque diocefe,
fur l'augmentation qu'ils croiront jufte

& convenable, pour qu'elle puisse être autorisée, s'il y a lieu, dans la prochaine assemblée des Etats.

XXIX.

Extrait du regiftre des délibérations des Etats généraux de Languedoc, affemblés par mandement du Roi en la ville de Montpellier au mois de Novembre 1776.

Du Samedi 14 Décembre suivant, préfident Mgr. l'archevêque & primat de Narbonne, commandeur de l'ordre du St. Efprit.

MONSEIGNEUR l'évêque de Commenge a dit : Que les Etats ayant reconnu dans leur derniere affemblée, l'infuffifance des rétributions accordées aux fyndics des dioceses par le réglement fait en 1759, attendu l'augmentation des dépenfes de toute efpece furvenue depuis cette époque, & la multiplicité des occupations de ces officiers qui augmentent chaque année par les différentes opérations & détails dont ils font chargés, il fut délibéré le 10 Février de la préfente année, de demander aux dioceses les éclairciffemens néceffaires pour pouvoir fixer les augmentations dont pourroient être légitimement fufceptibles les émolumens defdits fyndics, en priant MM. les commiffaires de chaque diocese, de propofer eux-mêmes ce qu'il feroit jufte de leur accorder de plus, pour être pris, en connoiffance de caufe, une détermination définitive fur cet objet, dans la préfente affemblée.

Que toutes les délibérations prifes en conféquence par les affiettes que les fyndics généraux ont rapporté à la commiffion, appuyent également la néceffité & la juftice d'un traitement plus confidérable, qui puiffe engager des perfonnes d'un certain mérite à prendre le fyndicat, & à s'acquitter digne-

ment des fonctions de cette place; & qu'à l'égard de l'augmentation des émolumens qui y font attachés, elle eft prefque par-tout propofée de maniere à les porter de douze à quinze cent livres.

Que la commiffion s'étant fait repréfenter l'état de ce qui eft impofé actuellement dans chaque diocese en faveur defdits fyndics, foit à titre d'émolumens, ou pour frais de bureau, elle a reconnu qu'à la réferve du fyndic du pays de Vivarais, dont le traitement eft plus confidérable que celui des autres au moyen d'une penfion de deux mille livres, qui lui a été accordée en dernier lieu, le vœu des dioceses étoit prefque par-tout de doubler lefdits émolumens actuels.

Mais, que pour ne pas tomber dans un arbitraire fouvent fautif & toujours odieux, MM. les commiffaires avoient cru devoir fonder ce qu'ils ont à propofer à ce fujet aux Etats, fur deux principes également juftes & folides ; l'un que la capacité des fujets propofés à remplir les places de fyndics, devant être préfumée la même dans tous les dioceses, il étoit naturel que leurs émolumens fuffent égaux ; & l'autre que leur travail devant être proportionné à l'étendue du diocese, connue par le nombre des communautés qui le compofent, les frais de bureau doivent être réglés dans la même proportion.

Qu'on a eftimé en conféquence, que les gages devoient être portés par-tout à une fomme de mille livres, à laquelle étant ajoutée celle que donne le nombre des communautés de chaque diocese, fuivant l'eftimation qu'en a fait d'une maniere uniforme la commiffion, il en réfulte un total pour chaque diocese à très-peu de chofe près, égal à ce qu'ils ont propofé, comme l'a vu la commiffion par la comparaifon des demandes faites dans leurs délibérations, avec le projet qu'elle a formé du nouvel état des émolumens & frais de bureau desdits officiers.

Qu'il doit être seulement observé, à l'égard du traitement du syndic du pays de Vivarais, que retirant actuellement trois mille deux cens livres, tant pour gages, pension, que frais de bureau, l'augmentation a paru à la commission ne devoir être que de sept cens soixante-douze livres, ce qui portera ses rétributions à la somme totale de trois mille neuf cens soixante-douze livres; & à l'égard du syndic du diocese de Commenge qui ne jouit que de cent vingt livres, y compris les frais de bureau, la commission a pensé que la très-petite étendue de ce diocese, & la médiocrité des impositions qui y est relative, ne le rendant pas susceptible de la même augmentation accordée aux autres, ce qu'il a reconnu lui-même, en proposant seulement de porter les émolumens de son syndic à cinq cens livres, non compris les frais de bureau, on pouvoit justement se contenter de lui accorder en tout six cens livres, dont cent livres pour les frais de bureau.

Que si cet arrangement est agréé par les Etats, l'assemblée n'a qu'à délibérer qu'elle consent à l'imposition des sommes contenues au nouvel état projetté par la commission, qui sera arrêté & signé par Mgr. le président, pour en être poursuivi l'autorisation au conseil par le syndic général qui sera député à la cour.

Ce qui ayant été ainsi délibéré, l'état des nouveaux émolumens proposé par la commission, a été signé par Mgr. l'archevêque de Narbonne; & le syndic général député à la cour, a été chargé d'en poursuivre l'autorisation en la forme ordinaire pour que l'imposition puisse en être faite dès l'année prochaine, en faveur desdits syndics.

X X X.

ARRÊT

D'U CONSEIL D'ETAT DU ROI,

Qui autorise l'augmentation des appointemens des syndics des dioceses de la province de Languedoc, suivant la fixation qui en a été faite par la délibération des Etats du 14 Décembre 1776.

Du 16 Avril 1777.

EXTRAIT des Registres du Conseil d'Etat.

SUR la requête présentée au Roi étant en son conseil, par le syndic général de la province de Languedoc; CONTENANT, que Sa Majesté ayant réglé par trois arrêtés du conseil, du dix-sept Décembre 1759, les dépenses ordinaires ou frais d'assiette de tous les dioceses de la province, ce réglement a été depuis observé pour l'imposition desdites dépenses, dans lesquelles sont comprises les rétributions des syndics des dioceses, tant à titre d'appointemens, qu'à titre de frais de bureau : Que les Etats assemblés au commencement de l'année dernière, ayant reconnu l'insuffisance desdites rétributions, attendu l'augmentation des dépenses de toute espèce survenue depuis cette époque, & la multiplicité des occupations de ses officiers, qui augmentent chaque année par les différentes opérations & détails dont ils sont chargés, ils délibérèrent le 10 Février 1776, de demander aux dioceses les éclaircissemens nécessaires pour pouvoir fixer les augmentations dont pourroient être légitimement susceptibles les émolumens desdits syndics, & pour pouvoir prendre, en connoissance de cause, une détermination définitive sur cet objet : Que toutes les délibérations prifes à ce fujet par les affiettes, ayant été rapportées aux Etats dans leur derniere affemblée, il eft réfulté de l'examen qui en a été fait, que tous les dioceſes infiftent également fur la néceffité & fur la juftice d'un traitement plus confidérable, qui puiſſe engager des perfonnes d'un certain mérite à prendre le fyndicat, & à s'acquitter dignement des fonctions de cette place, & qu'ils fe réuniffoient prefque tous, à porter l'augmentation de douze à quinze cens livres; mais, que pour éviter toute fixation arbitraire, les Etats ont cru devoir adopter un principe uniforme; & à cet effet, en confervant la diftinction déjà faite des rétributions defdits fyndics en appointemens & en frais de bureau, porter leurs appointemens dans tous les dioceſes à une ſomme de mille livres, & proportionner les frais de bureau au nombre des communautés de chaque dioceſe: Que les Etats n'ont cru devoir excepter de cette regle que le fyndic du pays de Vivarais, à raiſon du traitement particulier qu'il a obtenu, & celui du dioceſe de Commenge, attendu la très-petite étendue de ce dioceſe, & la médiocrité des impoſitions qui y eft relative; en ſorte qu'il a paru que l'augmentation des émolumens du premier, ne devroit être que de ſept cens ſoixante-douze livres; & que les appointemens du ſecond, ne devroient être portés qu'à cinq cens livres; à quoi ajoutant cent livres pour les frais de bureau, la totalité de ces rétributions ſeroit de ſix cens livres: Que l'état des nouveaux émolumens des fyndics des dioceſes ayant été dreffé d'après ces principes, il a été approuvé par la délibération des Etats du 14 Décembre dernier, & qu'ils ont chargé en même-temps le ſuppliant d'en pourſuivre l'autoriſation de Sa Majeſté, pour que l'impoſition puiſſe en être faite dès la préſente année, en faveur deſdits fyndics:

REQUÉROIT, A CES CAUSES, le ſuppliant, qu'il plût à Sa Majeſté autoriſer & homologuer la délibération priſe par les Etats, le 14 Décembre 1776, & l'état par eux arrêté des nouveaux émolumens des fyndics des dioceſes, & permettre en conféquence aux dioceſes, chacun comme le concerne, d'impoſer annuellement, & à commencer de la préſente année, les ſommes pour leſquelles ils ſont compris dans ledit état, pour les émolumens de leurs fyndics. Vu ladite requête; la Délibération des Etats du 14 Décembre 1776, & l'état y annexé des ſommes à impoſer en faveur des fyndics deſdits dioceſes, ledit état montant à la ſomme de trente-trois mille neuf cens ſept livres, arrêté en l'affemblée deſdits Etats ledit jour 14 Décembre 1776. Vu auffi les arrêtés du conſeil du 17 Décembre 1759, portant réglement des dépenſes des affiettes des dioceſes de chacune des trois fénéchauffées de Languedoc. Oui le rapport du ſieur Taboureau, conſeiller d'état & ordinaire au conſeil royal, contrôleur général des finances; SA MAJESTÉ ÉTANT EN SON CONSEIL, dérogeant en tant que de beſoin, aux arrêtés du conſeil du 17 Décembre 1759, a homologué & homologue la délibération priſe par les Etats de Languedoc le 14 Décembre 1776, enſemble l'état y annexé des ſommes à impoſer par les dioceſes de la province, en faveur des fyndics deſdits dioceſes, pour leur tenir lieu d'honoraires & de frais de bureau. En conféquence Sa Majeſté a permis & permet aux affemblées des affiettes de chacun deſdits dioceſes, d'impoſer annuellement, à commencer de la préſente année, les ſommes ci-après; ſavoir, ſur celui de Toulouſe ſeize cens trente livres; ſur celui d'Alby quinze cens quatre-vingt-huit livres; ſur celui de Lavaur douze cens ſoixante-une livres; ſur celui de Rieux onze cens qua-

N°. XXX. tre-vingt-neuf livres ; sur celui de Saint Papoul onze cens quarante - quatre livres ; sur celui de bas-Montauban onze cens quarante - quatre livres ; sur celui de Commenge six cens livres ; sur celui de Narbonne quatorze cens dix-sept livres ; sur celui de Carcassonne treize cens quarante - huit livres ; sur celui de Beziers treize cens trois livres ; sur celui de Castres douze cens quarante-trois livres ; sur celui de Saint Pons onze cens trente - deux livres ; sur celui d'Agde mille cinquante-sept livres ; sur celui de Mirepoix quatorze cens quatre - vingt-dix-huit livres ; sur celui de Lodeve onze cens soixante-huit livres ; sur celui d'Alet treize cens vingt-sept livres ; sur celui de Limoux onze cens soixante-cinq livres ; sur celui de Montpellier treize cens douze livres ; sur celui de Nimes douze cens soixante-dix livres ; sur celui d'Alais douze cens quatre-vingt-deux livres ; sur celui d'Uzès seize cens trente-six livres ; sur celui du Puy seize cens douze livres ; sur celui de Mende seize cens neuf livres ; sur celui de Viviers trois mille neuf cens soixante-douze livres ; pour être toutes lesdites sommes, revenant ensemble à celle de trente-trois mille neuf cens sept livres , employées & distribuées en faveur desdits syndics, pour leurs honoraires & frais de bureau , sans que pour aucune raison, ni sous quelque prétexte que ce soit , lesdits honoraires & frais de bureau puissent être augmentés ni changés de destination sans le consentement des Etats & la permission expresse de Sa Majesté. Enjoint Sa Majesté au commissaire principal de l'assiette de chacun desdits dioceses, d'y faire lire , publier & enregistrer le présent arrêt, & de tenir la main à son exécution, & aux Etats d'y conformer leurs jugemens lors de la vérification qui sera par eux faite dans chacune de leurs assemblées, en la forme ordinaire , des impositions desdits dioceses : Et seront les arrêtés du conseil du 17 Décembre 1759 , exécutés suivant leur forme & teneur, en tout ce à quoi il n'a pas été dérogé par le présent arrêt. Fait au conseil d'état du Roi , Sa Majesté y étant , tenu à Versailles le seizieme jour du mois d'Avril mil sept cent soixante dix-sept.

Signé , Amelot.

XXXI.
ARRÊT
Du Conseil d'Etat du Roi,

Qui permet au diocese de Castres d'imposer annuellement en faveur du sieur Boutellier , ancien syndic du diocese, la somme de trois cent livres , pour une pension viagere qui lui a été accordée en considération de ses services ; & valide les impositions qui ont été ci-devant faites de ladite somme , en conséquence de l'ordonnance de MM. les commissaires du Roi & des Etats.

Du 17 Juin 1759.

Extrait des Registres du Conseil d'Etat.

Sur la requête présentée au Roi , étant en son conseil, par le syndic général de la province de Languedoc ; Contenant, que le diocese de Castres ayant délibéré le 18 Avril 1757 , pour donner au sieur Boutellier des marques de sa satisfaction des longs & importans services qu'il lui avoit rendus en qualité de syndic particulier de ce diocese , de lui accorder une pension viagere de la somme de 300 livres , à l'imposition de laquelle les Etats ont donné leur consentement par délibération du 31 Janvier 1758, & ayant été ensuite permis, sous le bon plaisir de Sa Majesté , par une ordonnance rendue le 15 Avril de la même année, par fes commiffaires & ceux defdits Etats, députés pour procéder à la vérification des dettes des diocefes, villes & communautés de la province, d'impofer provifoirement ladite fomme pendant la vie dudit fieur Boutellier ancien fyndic, il y a lieu d'efpérer que Sa Majefté voudra bien autorifer ladite impofition. A CES CAUSES, Requéroit le fuppliant qu'il plût à Sa Majefté approuver & confirmer l'ordonnance defdits fieurs commiffaires du 15 Avril 1758 ; & en conféquence permettre au diocefe de Caftres d'impofer annuellement en faveur du fieur Boutellier, pendant fa vie feulement, la fomme de 300 livres, aux charges & conditions y portées. Vu ladite requête, enfemble la délibération prife par les fieurs commiffaires ordinaires dudit diocefe le 18 Avril 1757, la délibération des Etats du 31 Janvier 1758, par laquelle ils ont donné leur confentement à l'impofition de ladite fomme; & l'ordonnance rendue le 15 Avril fuivant par les fieurs commiffaires de S. M. : Ouï le rapport du fieur Silhouette, confeiller ordinaire au confeil royal, contrôleur général des finances : SA MAJESTÉ ÉTANT EN SON CONSEIL, a approuvé & confirmé, approuve & confirme l'ordonnance defdits fieurs commiffaires du 15 Avril 1758, & en conféquence, a autorifé & autorife le diocefe de Caftres à impofer annuellement, en faveur du fieur Boutellier, ancien fyndic du diocefe, & pendant fa vie feulement, la fomme de 300 livres, laquelle fera levée par le receveur des tailles en exercice, & les deniers en provenant employés au payement dudit fieur Boutellier, fans aucun divertiffement ni retardement à la levée des deniers royaux; validant, en tant que de befoin feroit Sa Majefté les impofitions qui ont été déjà faites en vertu de l'ordonnance def-

dits fieurs commiffaires. FAIT au confeil d'état du Roi, Sa Majefté y étant, tenu à Verfailles le dix-feptieme jour de Juin 1759.

Signé, PHELYPEAUX.

XXXII.

ARRÊT

DU CONSEIL D'ETAT DU ROI,

Qui autorife les diocefes de Touloufe & de Comminge à impofer annuellement ; favoir, celui de Touloufe, la fomme de 600 liv. à titre de penfion, en faveur du fieur de Montcabrié, ancien fyndic dudit Diocefe ; & celui de Comminge, celle de 150 liv. également à titre de penfion, en faveur du fieur Peyrade, ancien fyndic dudit diocefe, & ce, pendant leur vie feulement.

Du 19 Février 1770.

EXTRAIT des Regiftres du Confeil d'Etat.

SUR la requête préfentée au Roi étant en fon confeil, par le fyndic général de la province de Languedoc ; CONTENANT, que le diocefe de Touloufe, pour donner au fieur de Montcabrié, ancien fyndic dudit diocefe, des marques de fa fatisfaction des longs & importans fervices qu'il lui a rendu en cette qualité, & qu'il ne fauroit continuer à caufe de fon grand âge & de fes infirmités, ayant délibéré le 2 Mai 1769, de lui accorder une penfion viagere de la fomme de 600 liv. à compter de ladite année 1769 ; & le diocefe de Comminge ayant auffi délibéré le 21 du même mois, d'accorder pour les mêmes caufes, au fieur Peyrade, ancien fyndic, une penfion viagere de cent cinquante livres, les Etats auroient donné leur confentement à l'impofition

de

de ces deux penfions, par leur délibération du 19 Décembre dernier ; qu'il a enfuite été permis auxdits dioceſes, ſous le bon plaiſir de Sa Majeſté, par deux ordonnances rendues le 5 Janvier ſuivant, par ſes commiſſaires & ceux deſdits États, d'impoſer ces deux ſommes pendant la vie deſdits ſieurs de Montcabrié & Peyrade ; comme auſſi au dioceſe de Toulouſe d'impoſer la préſente année la ſomme de ſix cent livres pour les arrérages de la penſion dudit ſieur de Montcabrié de l'année derniere 1769. Requéroit, A CES CAUSES, le ſuppliant qu'il plût à Sa Majeſté approuver & confirmer les ordonnances deſdits ſieurs commiſſaires dudit jour 5 Janvier ; & en conféquence, permettre au dioceſe de Toulouſe d'impoſer annuellement en faveur du ſieur de Montcabrié, pendant ſa vie ſeulement, la ſomme de ſix cent livres ; & au dioceſe de Comminge, d'impoſer auſſi annuellement en faveur du ſieur Peyrade, & ſeulement pendant ſa vie, la ſomme de cent cinquante livres, aux charges & conditions portées par leſdites ordonnances. Vu ladite requête, enſemble les délibérations priſes par les commiſſaires ordinaires deſdits dioceſes, les 2 & 21 Mai 1769 ; la délibération des Etats du 19 Décembre dernier, par laquelle ils ont donné leur conſentement à l'impoſition deſdites deux ſommes, & les ordonnances rendues le 5 Janvier ſuivant, par les ſieurs commiſſaires de Sa Majeſté & ceux des Etats, par leſquelles il eſt permis, ſous le bon plaiſir de Sa Majeſté, auxdits dioceſes d'en faire l'impoſition, à la charge d'en obtenir ſon autoriſation. Oui le rapport du ſieur abbé Terray, conſeiller ordinaire & au conſeil royal, contrôleur général des finances ; SA MAJESTÉ ÉTANT EN SON CONSEIL, a approuvé & confirmé, approuve & confirme les ordonnan-

Tome IV.

ces deſdits ſieurs commiſſaires du 5 Janvier ; & en conféquence, a autoriſé & autoriſe le dioceſe de Toulouſe à impoſer annuellement en faveur du ſieur de Montcabrié, ancien ſyndic dudit dioceſe, pendant ſa vie ſeulement, la ſomme de ſix cent livres ; & celui de Comminge, à impoſer auſſi annuellement en faveur du ſieur Peyrade, ancien ſyndic dudit dioceſe, & ſeulement pendant ſa vie, la ſomme de cent cinquante livres ; comme auſſi, a autoriſé & autoriſe le dioceſe de Toulouſe à impoſer la préſente année, la ſomme de ſix cent livres pour les arrérages de la penſion dudit ſieur de Montcabrié de l'année derniere ; leſquelles ſommes ſeront levées par les receveurs des tailles deſdits dioceſes en exercice, employées ſans aucun divertiſſement au payement deſdites penſions, & paſſées & allouées ſans difficulté dans les comptes deſdites impoſitions en vertu du préſent arrêt, & ſur le vu des quittances deſdits ſieurs de Montcabrié & Peyrade, ou celles de leurs repréſentans. FAIT au conſeil d'état du Roi, Sa Majeſté y étant, tenu à Verſailles le dix-neuvieme jour de Février 1770.

Signé, PHELYPEAUX.

XXXIII.
ARRÊT
DU CONSEIL D'ETAT DU ROI,

Qui autoriſe le dioceſe de St. Pons à impoſer annuellement en faveur du ſieur Verlhac, ancien ſyndic dudit dioceſe, une ſomme de cent vingt livres à titre de penſion ; comme auſſi d'impoſer annuellement en faveur du ſyndic actuel, la ſomme de cinq cents livres pour ſes gages, y compris les trois cents livres qu'il étoit déja autoriſé d'impoſer pour cet objet.

C c

Du 2 Février 1772.

EXTRAIT des *Regiftres du Confeil d'Etat.*

SUR la requête préfentée au Roi, étant en fon confeil, par le fyndic général de la province de Languedoc; CONTENANT, que le diocefe de St. Pons, pour donner au fieur Verlhac, ancien fyndic dudit diocefe, des marques de fa fatisfaction, des fervices importans qu'il lui a rendus en cette qualité pendant une longue fuite d'années, & qu'il ne fauroit continuer, à caufe de fon grand âge & de fes infirmités, a délibéré le 2 Avril dernier, de lui accorder une penfion viagere de la fomme de cent vingt livres; comme auffi, attendu que la fomme de trois cents livres, à laquelle ont été fixés les gages du fyndic dudit diocefe, & fur lefquels on a retenu jufqu'à préfent les vingtiemes, & deux fols pour livre du dixieme, ce qui les a réduits à celle de 267 livres, eft trop modique, eu égard à l'étendue des affaires, & à l'affiduité continuelle qu'elles exigent; le diocefe a déterminé par la même délibération d'augmenter les gages dudit fyndic, de la fomme de 300 livres; que les Etats auroient par leur délibération du 9 du mois de Novembre dernier, donné leur confentement à l'impofition annuelle de cette penfion, & à une augmentation de gages de deux cents livres, en faveur du fyndic actuel dudit diocefe; enfin, que les commiffaires du Roi & des Etats ont, par une ordonnance du 16 dudit mois de Novembre, permis audit diocefe, fous le bon plaifir de Sa Majefté, d'impofer annuellement, & pendant la vie dudit fieur Verlhac, ladite fomme de cent vingt livres; comme auffi, d'impofer annuellement la fomme de cinq cents livres, pour les gages du fyndic actuel dudit diocefe, y compris celle de trois cents livres; dont l'impofition a été

autorifée par le réglement des frais d'affiette, à la charge toutefois d'obtenir de S. M. l'autorifation defdites impofitions. Requéroit, A CES CAUSES, le fuppliant, qu'il plût à S. M. approuver & confirmer l'ordonnance defdits fieurs commiffaires, du 16 Novembre dernier; en conféquence, permettre au diocefe de St. Pons d'impofer annuellement en faveur du fieur Verlhac, pendant fa vie feulement, la fomme de 120 liv. comme auffi d'impofer annuellement en faveur du fyndic actuel, la fomme de cinq cents livres pour fes gages, y compris celle de trois cents livres dont il a joui jufqu'à préfent, & aux charges & conditions portées par ladite ordonnance. Vu ladite requête, enfemble la délibération prife par les commiffaires & députés à l'affiette dudit diocefe du 2 Avril dernier; la délibération prife par l'affemblée des Etats le 9 Novembre dernier, par laquelle ils ont donné leur confentement à l'impofition de ces deux fommes, & l'ordonnance rendue le 16 dudit mois par les fieurs commiffaires de S. M. & ceux des Etats, par laquelle il eft permis audit diocefe, fous le bon plaifir de Sa Majefté, d'en faire l'impofition, à la charge d'en obtenir fon autorifation. Oui le rapport du fieur Abbé Terray, confeiller ordinaire & audit confeil royal, contrôleur général des finances; SA MAJESTÉ ÉTANT EN SON CONSEIL, a approuvé & confirmé, approuve & confirme l'ordonnance defdits fieurs commiffaires du 16 Novembre dernier; en conféquence, a autorifé & autorife ledit diocefe de St. Pons, à impofer annuellement en faveur du Sr. Verlhac, ancien fyndic dudit diocefe, & pendant fa vie feulement, la fomme de cent vingt livres; comme auffi a autorifé & autorife ledit diocefe d'impofer annuellement, dans le département des frais d'affiette, la fomme de cinq cents livres, pour les gages du fyndic actuel dudit diocèse, y compris celle de trois cents livres, qui est imposée pour lesdits gages, (a) lesquelles deux sommes seront perçues chaque année par le receveur des tailles en exercice, & par lui employées à leur destination, sans aucun divertissement. FAIT au conseil d'Etat du Roi, Sa Majesté y étant, tenu à Versailles le deuxieme jour de Février mil sept cent soixante-douze. *Signé*, PHELYPEAUX.

(a) Voyez *l'arrêt du Conseil du 16 Avril 1777*, suprà N°. XXX.

X X X I V.
A R R É T

DU CONSEIL D'ETAT DU ROI,

Qui permet au diocèse de Nîmes d'imposer annuellement en faveur du sieur Ginhoux, son ancien syndic, la somme de 1000 liv. pour pension viagere.

Du 31 Janvier 1773.

EXTRAIT des Registres du Conseil d'Etat.

SUR la requête présentée au Roi étant en son conseil, par le syndic général de la province de Languedoc; CONTENANT que le diocèse de Nîmes, pour donner au sieur Ginhoux, ancien syndic dudit diocèse, des marques de sa satisfaction des longs & importans services qu'il lui a rendus en cette qualité, & qu'il ne sauroit continuer à cause de son grand âge & de ses infirmités, ayant délibéré le 7 Avril dernier de lui accorder une pension viagere de la somme de mille livres, payable aux termes & aux conditions portés par ladite délibération; les Etats auroient délibéré le 17 du mois de Novembre dernier, de consentir à l'imposition de

cette pension, & qu'il a ensuite été permis audit diocèse, sous le bon plaisir de Sa Majesté, par une ordonnance du 28 du même mois, rendue par ses commissaires & ceux desdits Etats, d'imposer annuellement ladite somme de mille livres pendant la vie dudit sieur Ginhoux. Requéroit, A CES CAUSES, le suppliant, qu'il plût à S. M. approuver & confirmer l'ordonnance desdits Srs. commissaires dudit jour 28 Novembre dernier; & en conséquence, permettre au diocèse de Nîmes d'imposer annuellement en faveur dudit sieur Ginhoux, pendant sa vie seulement, la somme de mille livres, aux charges & conditions portées par ladite ordonnance. VU ladite requête, ensemble la délibération prise par l'assemblée de l'assiette dudit diocèse du 7 Avril dernier; celle prise par l'assemblée des Etats le 17 Novembre suivant, par laquelle ils ont donné leur consentement à l'imposition de ladite somme; & l'ordonnance rendue le 28 du mois de Novembre dernier par les sieurs commissaires de S. M. & ceux des Etats, par laquelle il est permis, sous le bon plaisir de Sa Majesté, audit diocèse, d'en faire l'imposition, à la charge d'en obtenir son autorisation. OUI le rapport du sieur abbé Terray, conseiller ordinaire, & au conseil royal, contrôleur général des finances; SA MAJESTÉ ÉTANT EN SON CONSEIL, a approuvé & confirmé, approuve & confirme l'ordonnance desdits sieurs commissaires du 28 Novembre dernier; & en conséquence, a autorisé & autorise le diocèse de Nîmes à imposer annuellement en faveur du sieur Ginhoux, ancien syndic dudit diocèse, pendant sa vie seulement, la somme de mille livres, laquelle somme sera recouvrée par le receveur des tailles dudit diocèse en exercice, employée, sans aucun divertiſſement, au payement de ladite penſion, & paſſée & allouée ſans difficulté dans le compte d'impoſition, en vertu du préſent arrêt, & ſur le vu de la quittrance dudit ſieur Ginhoux, ou celle de ſes repréſentans. FAIT au conſeil d'Etat du Roi, S. M. y étant, tenu à Verſailles le trente-unieme jour de Janvier mil ſept cent ſoixante-treize.

Signé, PHELYPEAUX.

X X X V.

A R R Ê T

DU CONSEIL D'ETAT DU ROI,

Qui permet au dioceſe de Beziers, d'impoſer en faveur du ſieur de Rives, ancien ſyndic dudit dioceſe, la ſomme de 600 livres, à titre de penſion viagere.

Du 16 Mars 1775.

EXTRAIT des Regiſtres du Conſeil d'Etat.

SUR la requête préſentée au Roi étant en ſon conſeil, par le ſyndic général de la province de Languedoc ; CONTENANT, que le dioceſe de Beziers, pour donner au ſieur de Rives, ancien ſyndic de ce dioceſe, des marques de ſa ſatisfaction des longs & importans ſervices qu'il lui a rendus en cette qualité depuis l'année 1748 qu'il fut nommé, & qu'il ne ſauroit continuer à cauſe de ſon grand âge & de ſes infirmités, auroit délibéré dans l'aſſemblée de l'aſſiette le 18 Avril 1774, de lui accorder une penſion viagere de la ſomme de ſix cents livres, à compter de ladite année 1774. Que les Etats ayant donné leur conſentement à l'impoſition de cette penſion, par leur délibération du 17 Décembre dernier, il a enſuite été permis à ce dioceſe, ſous

le bon plaiſir de Sa Majeſté, par une ordonnance rendue le 24 du même mois, d'en faire l'impoſition pendant la vie dudit ſieur de Rives; comme auſſi d'impoſer la préſente année la ſomme de ſix cents liv. pour les arrérages de ladite penſion de l'année 1774. Requéroit, A CES CAUSES, le ſuppliant, qu'il plût à S. M. approuver & confirmer l'ordonnance deſdits ſieurs commiſſaires dudit jour 24 Décembre dernier ; & en conſéquence, permettre au dioceſe de Beziers d'impoſer annuellement en faveur du ſieur de Rives, pendant ſa vie ſeulement, ladite ſomme de ſix cents livres, aux charges & conditions portées par ladite ordonnance. Vu ladite requête; enſemble la délibération priſe par l'aſſemblée de l'aſſiette du dioceſe de Beziers le 18 Avril dernier; celle priſe par l'aſſemblée des Etats le 17 Décembre ſuivant, par laquelle ils ont donné leur conſentement à l'impoſition de ladite penſion, & l'ordonnance rendue le 24 du même mois par les ſieurs commiſſaires de Sa Majeſté & ceux des Etats, par laquelle il eſt permis, ſous le bon plaiſir de Sa Majeſté, audit dioceſe d'en faire l'impoſition, à la charge d'en obtenir ſon autoriſation. Oui le rapport du ſieur Turgot, conſeiller ordinaire & au conſeil royal, contrôleur général des finances; SA MAJESTÉ ÉTANT EN SON CONSEIL, a approuvé & confirmé, approuve & confirme l'ordonnance deſdits ſieurs commiſſaires du 24 Décembre dernier ; & en conſéquence, a autoriſé & autoriſe le dioceſe de Beziers à impoſer annuellement en faveur du ſieur de Rives, ancien ſyndic dudit dioceſe, pendant ſa vie ſeulement, la ſomme de 600 livres; comme auſſi, d'impoſer la préſente année pareille ſomme de 600 liv. pour les arrérages de ladite penſion de l'année derniere, laquelle ſomme de 600 liv. ſera levée par le receveur des tailles en exercice, employée sans aucun divertissement, au payement de ladite pension, passée & allouée sans difficulté dans le compte des impositions en vertu du présent arrêt, & sur le vu de la quittance dudit sieur de Rives ou de son représentant. FAIT au conseil d'État du Roi, S. M. y étant, tenu à Versailles le seizieme jour de Mars mil sept cent soixante-quinze. *Signé*, PHELYPEAUX.

XXXVI.

EXTRAIT du registre des délibérations des États généraux de Languedoc, assemblés à Montpellier par mandement du Roi, le 25 Novembre 1781.

Du Samedi 15 Décembre suivant, président Mgr. l'archevêque & primat de Narbonne, commandeur de l'ordre du St. Esprit.

MONSEIGNEUR l'évêque de Commenge a dit, que le syndic adjoint du diocese d'Uzès a présenté une requête dans laquelle il expose que le sieur Trinquelague, syndic dudit diocese depuis vingt-cinq ans, a représenté à la derniere assemblée de l'assiette, que son âge avancé, mais surtout des incommodités habituelles lui interdisoient pendant les deux tiers de l'année, tout exercice extérieur, & lui rendoient infiniment pénibles les occupations même du cabinet. Que déjà l'assiette avoit bien voulu y avoir égard, en lui accordant un adjoint; mais que ces incommodités s'aggravant toutes les années, il étoit à regret forcé de demander sa retraite.

L'assiette reconnoissant les services rendus par ledit sieur Trinquelague au diocese, a pensé qu'elle devoit une pension de retraite à cet ancien syndic, qui, après avoir consacré les plus utiles années de sa vie aux devoirs de son état, se voyoit réduit à le quitter,

forcé par des infirmités occasionnées peut-être par les courses multipliées & très-pénibles, auxquelles il avoit été exposé en les remplissant : Pour la fixation de cette pension, l'assiette a considéré qu'elle devoit être proportionnée à l'étendue de l'administration du diocese, le plus vaste de la province après celui du Vivarais, & à la longueur des travaux du sieur Trinquelague ; & elle a jugé que cette pension, à laquelle ses services lui donnoient droit, ne pouvoit pas être fixée à une somme moindre de douze cent livres ; elle a chargé en conséquence le syndic adjoint de demander aux États leur consentement à l'imposition annuelle de cette somme en sa faveur.

Ledit syndic ajoute, que si, aux motifs qui ont déterminé l'assiette, il falloit joindre des exemples, on pourroit citer celui du diocese de Nimes. Le sieur Ginhoux, syndic de ce Diocese, n'ayant pu continuer les fonctions de cette place, à cause de son âge & de ses infirmités, l'assiette délibéra en sa faveur le 7 Avril 1772 ; les États consentirent le 17 Novembre suivant, & un arrêt du conseil, du 21 Janvier 1773 autorisa une pension viagere de mille livres. Qu'à cette époque, les gages & frais de bureau dont jouissoit le syndic du diocese de Nimes, se portoient à neuf cent livres ; que ceux dont jouit aujourd'hui le syndic du diocese d'Uzès se portent à seize cent soixante-neuf livres, & qu'il est donc évident que ledit diocese de Nimes fit beaucoup plus alors en faveur de son syndic, que celui d'Uzès ne fait aujourd'hui pour le sieur Trinquelague ; qu'enfin, si l'on joint à cette considération celle de l'étendue du diocese d'Uzès, plus que double de celui de Nimes, & le vœu général des administrateurs du diocese d'Uzès, en faveur de ce syndic, qui se retire avec une honorable, mais étroite médiocrité, on reconnoîtra combien il est juste d'accueillir cette demande.

MM. les commissaires ayant égard aux motifs qui ont déterminé l'assiette du diocèse d'Uzès, à accorder à son syndic une pension de retraite, ont cru que les Etats ne pouvoient donner audit sieur Trinquelague une marque plus grande de la satisfaction due à ses services, que de lui accorder, à titre de retraite, le montant de ses appointemens, qui est de mille livres.

CE QUI A ÉTÉ DÉLIBÉRÉ, conformément à l'avis de MM. les commissaires.

XXXVII.
ARRÊT
DU CONSEIL D'ETAT DU ROI,

Qui autorise le diocese d'Uzès à imposer annuellement en faveur du sieur Trinquelague, ancien syndic dudit diocese, une pension viagere de mille livres.

Du 7 Février 1782.

EXTRAIT *des Registres du Conseil d'Etat.*

SUR la requête présentée au Roi, étant en son conseil, par le syndic général de la province de Languedoc; CONTENANT, que le diocese d'Uzès, pour donner au sieur Trinquelague, ancien syndic dudit diocese, des marques de sa satisfaction des longs & importans services qu'il lui a rendus en cette qualité pendant plus de vingt-cinq ans, & qu'il ne sauroit plus continuer à cause de son âge avancé, & de ses incommodités habituelles, auroit dans l'assemblée de l'assiette, délibéré le 28 Mars 1781, de lui accorder une pension annuelle de la somme de douze

cent livres: Que la derniere assemblée des Etats ayant pris connoissance de cette délibération, & des motifs qui y avoient donné lieu, avoit, le 15 du mois de Décembre dernier, consenti que ledit diocese imposât annuellement, & pendant la vie du sieur Trinquelague, la somme de mille livres, au lieu de celle de douze cent livres que l'assemblée de l'assiette avoit déterminé de lui accorder, & que cette imposition a ensuite été permise, sous le bon plaisir de Sa Majesté, par une ordonnance rendue par ses commissaires & ceux des Etats, le 30 dudit mois de Décembre. Requéroit, A CES CAUSES, le suppliant, qu'il plût à Sa Majesté approuver & confirmer l'ordonnance desdits sieurs commissaires, dudit jour 30 Décembre dernier; & en conséquence, permettre au diocese d'Uzès d'imposer annuellement, en faveur du sieur Trinquelague, pendant sa vie seulement, ladite somme de mille livres, aux charges & conditions portées par ladite ordonnance. VU ladite requête, ensemble la délibération prise par l'assemblée de l'assiette du diocese d'Uzès, le 28 Mai dernier, celle prise par l'assemblée des Etats, le 15 Décembre suivant, par laquelle ils ont donné leur consentement à l'imposition seulement de la somme de mille livres pour ladite pension, & l'ordonnance rendue le 30 dudit mois par les sieurs commissaires de Sa Majesté & ceux des Etats, qui, sous le bon plaisir du Roi, permet audit diocese d'imposer seulement ladite somme de mille livres, à la charge de l'autorisation de Sa Majesté. OUI le rapport du sieur Joly de Fleury, conseiller d'état ordinaire, & au conseil Royal des finances; LE ROI ÉTANT EN SON CONSEIL, a approuvé & confirmé, approuve & confirme l'ordonnance desdits sieurs commissaires, du 30 Décembre dernier; & en conséquence, a autorisé & autorise le diocèse d'Uzès à imposer annuellement en faveur du sieur Trinquelague, ancien syndic dudit diocèse, pendant sa vie seulement, ladite somme de mille livres, dont le recouvrement sera fait chaque année par le receveur des tailles en exercice, employée sans aucun divertissement au payement de ladite pension, & passée & allouée sans difficulté dans le compte des impositions, en vertu du présent arrêt, & sur le vu de la quittance dudit sieur Trinquelague, ou de son représentant. FAIT au conseil d'état du Roi, Sa Majesté y étant, tenu à Versailles le septieme jour du mois de Février mil sept cent quatre-vingt-deux.

Signé, AMELOT.

XXXVIII.

EXTRAIT du registre des délibérations des Etats généraux de Languedoc, assemblés par mandement du Roi en la ville de Montpellier au mois de Novembre 1783.

Du Jeudi 11 Décembre suivant, président Mgr. l'archevêque & primat de Narbonne, commandeur de l'ordre du St. Esprit.

MONSEIGNEUR l'évêque de Commenge a dit, que le sieur de Puymaurin, syndic général, a rendu compte à la commission de deux mémoires présentés aux Etats par le syndic du diocèse Bas-Montauban; qu'il expose par le premier, qu'après la mort du sieur Galibert, syndic dudit diocèse, survenue au mois de Septembre 1782, l'*interim* de sa place fut confié au sieur Delpech, secrétaire & greffier, qui l'a remplie jusqu'au mois de Mai dernier, & a justifié cette marque de confiance par son zele & son intelligence; en sorte qu'il a paru de toute justice à l'assemblée de l'assiette dudit diocèse de lui accorder une somme de 1071 liv. 5 s. à titre d'honoraire, pour les sept mois & demi de service dans ladite place.

Qu'attendu que ledit diocèse n'a aucun fonds libre pour fournir au payement de cette somme; que d'ailleurs le sieur Galibert, conformément aux réglemens, avoit perçu d'avance & en entier, avant sa mort, les émolumens de sa place, & qu'ayant laissé une famille pauvre & nombreuse, tout recours sur ses biens ne seroit qu'un procédé dur & criant, sans produit & sans effet.

Ladite assemblée de l'assiette en délibérant, le 13 Mai dernier, d'accorder audit sieur Delpech la susdite somme de 1071 liv. 5 s., chargea ledit sieur syndic de solliciter des Etats leur consentement à ce qu'elle soit imposée en la prochaine année 1784.

Que par le second mémoire le syndic expose que la même assemblée de l'assiette considérant que le sieur Galibert, après avoir rempli pendant trente-six ans les fonctions de syndic du diocèse avec zele, lumieres & intégrité, n'a laissé qu'une fortune médiocre; qui, en attestant son désintéressement, rend légitimes les marques que l'administration trouvera convenables de donner de la satisfaction qu'elle a de ses services, a délibéré, le 13 Mai dernier, d'accorder à sa veuve une pension annuelle & viagere de 400 liv., pour être ladite somme imposée annuellement dans le département des frais d'assiette dudit diocèse pendant la vie de ladite veuve, & éteinte à sa mort.

Cette même délibération charge ledit syndic de supplier les Etats de donner leur consentement à l'imposition de ladite pension viagere de 400 liv.

Qu'il remet à cet effet l'extrait de la susdite délibération de l'assiette du 13 Mai dernier.

Sur quoi la commission a été d'avis de proposer aux Etats :

1°. De consentir à ce que le diocese Bas-Montauban impose l'année prochaine, en faveur du sieur Delpech, secrétaire dudit diocese, la somme de 1071 liv. 5 s. pour son honoraire de sept mois & demi des fonctions de syndic du diocese par *interim*.

2°. A l'imposition annuelle de 400 l. pendant la vie de la veuve du sieur Galibert, pour servir au payement de la pension viagere à elle accordée à raison des services distingués que feu son mari a rendu au diocese dans les fonctions de syndic qu'il a remplies pendant l'espace de trente-six ans.

Ce qui a été délibéré, conformément à l'avis de MM. les commissaires.

XXXIX.

ARRÊT

Du Conseil d'Etat du Roi,

Qui permet au diocese Bas-Montauban, d'imposer en faveur de la veuve du sieur Galibert, syndic dudit diocese, une pension viagere de quatre cent livres.

Du 8 Février 1784.

Extrait des Registres du Conseil d'Etat.

Sur la requête présentée au Roi, étant en son conseil, par le syndic général de la province de Languedoc ; Contenant, que pour reconnoitre les services du sieur Galibert, lequel a rempli les fonctions de syndic du diocese Bas-Montauban pendant l'espace de trente-six années avec le plus grand zele & la plus louable intégrité, & qui n'a laissé qu'une très-modique fortune,

ledit diocese avoit délibéré dans l'assemblée de l'assiette du 13 Mai dernier, d'accorder à la veuve dudit Galibert, une pension viagere de la somme de quatre cent livres : que l'assemblée des Etats ayant donné son consentement à l'imposition de cette pension, par sa délibération du 11 du mois de Décembre dernier, il a ensuite été permis à ce diocese, sous le bon plaisir de Sa Majesté, par une ordonnance rendue le 14 dudit mois par ses commissaires & ceux desdits Etats, de faire l'imposition de ladite pension pendant la vie de la veuve dudit sieur Galibert. Requéroit, A ces causes, le suppliant, qu'il plût à Sa Majesté approuver & confirmer l'ordonnance desdits sieurs commissaires dudit jour 14 Décembre dernier ; & en conséquence, permettre audit diocese Bas-Montauban, d'imposer annuellement & pendant la vie de ladite veuve, ladite somme de quatre cent livres. Vu ladite requête, ensemble la délibération prise par l'assemblée de l'assiette dudit diocese le 13 Mai dernier, celle prise par l'assemblée des Etats, le 11 Décembre suivant, par laquelle ils ont donné leur consentement à l'imposition du montant de ladite pension, & l'ordonnance rendue le 14 dudit mois par les sieurs commissaires de Sa Majesté & ceux des Etats, qui, sous le bon plaisir de Sa Majesté, permet audit diocese d'en faire l'imposition, à la charge d'obtenir son autorisation : Ouï le rapport du sieur de Calonne, conseiller ordinaire au conseil Royal, contrôleur-général des finances ; LE ROI ÉTANT EN SON CONSEIL, a approuvé & confirmé, approuve & confirme l'Ordonnance desdits sieurs commissaires, du 14 Décembre dernier ; en conséquence, autorise le diocese Bas-Montauban à imposer annuellement & pendant la vie de la veuve dudit Galibert, ancien syndic

syndic dudit diocese, la somme de quatre cent livres pour les causes dont il s'agit ; laquelle somme de quatre cent livres sera recouvrée chaque année par le receveur des tailles en exercice, & employée sans divertissement, au payement de ladite pension. Fait au conseil d'Etat du Roi, Sa Majesté y étant, tenu à Versailles le huitieme jour de Février mil sept cent quatre-vingt-quatre.
Signé, LE BARON DE BRETEUIL.

X L.

Extrait du registre des délibérations des Etats généraux de Languedoc, assemblés par mandement du Roi en la ville de Montpellier au mois de Novembre 1784.

Du Mardi 7 Décembre suivant, président Mgr. l'archevêque & primat de Narbonne, commandeur de l'ordre du St. Esprit.

MONSEIGNEUR l'évêque du Puy a dit, que le sieur de Puymaurin, syndic général, en rendant compte à la commission de la demande formée par le syndic du diocese d'Alby, pour obtenir des Etats l'autorisation d'une pension viagere de 600 livres que l'assiette de ce diocese a cru devoir accorder à la veuve du sieur Salabert, syndic de ce même diocese, a observé que les motifs les plus puissans de justice & de bienfaisance se réunissoient à l'appui de cette demande.

Que le zele, les talens & les lumieres dudit sieur Salabert avoient donné à l'administration dont il étoit chargé pendant les dix-huit années qu'il en a rempli l'exercice, une célébrité qui avoit été suivie de la confiance constante & distinguée des Etats, cette auguste assemblée l'ayant toujours compris au nombre des commissaires qu'elle jugeoit à propos de charger des affaires les plus épineuses, & qui demandoient le plus de sagacité & d'expérience ; en

Tome IV.

sorte que le diocese d'Alby par cette pension viagere en faveur de la veuve, chargée d'enfans, d'un de ses officiers, dont la fortune médiocre qu'il a laissée à sa mort atteste le désintéressement & la probité, n'acquitte pas seulement sa propre reconnoissance, mais celle de la province entiere.

Qu'à ces motifs, qu'on peut regarder comme de justice, on ne peut s'empêcher d'ajouter le tableau touchant du pere & du fils, enlevés par la mort dans la même semaine, & toute espérance ravie par cette castastrophe à une famille désolée.

Sur quoi la commission a été d'avis de proposer à l'assemblée d'approuver que le diocese d'Alby impose annuellement, & à compter du jour du décès dudit sieur Salabert pere, syndic en exercice dudit diocese, la somme de 600 livres, pour être payée chaque année à la dame sa veuve, à titre de pension viagere, laquelle cessera & demeurera éteinte un jour avenant le décès de ladite dame ; laquelle imposition n'aura lieu qu'après en avoir obtenu l'autorisation de Sa Majesté.

Ce qui a été délibéré conformément à l'avis de MM. les commissaires.

X L I.
A R R Ê T
DU CONSEIL D'ETAT DU ROI,

Qui autorise le diocese d'Alby à imposer en faveur de la veuve du sieur Salabert pere, ancien syndic dudit diocese, une pension de 600 *liv.*

Du 14 Février 1785.

Extrait des Registres du Conseil d'Etat.

SUR la requête présentée au Roi étant en son conseil par le syndic général de la province de Languedoc, contenant, que pour reconnoître les services des sieurs Salabert pere & fils, décédés syndics du diocese d'Alby, dont le pere, après en avoir exercé les fonctions pendant dix-huit années avec le plus grand zele, le plus grand désintéressement & l'intégrité la plus louable, n'a laissé qu'une très-modique fortune, l'assemblée de l'assiette dudit diocese auroit délibéré le premier Juin dernier d'accorder à la veuve dudit sieur Salabert pere une pension annuelle & viagere de la somme de 600 livres. Que l'assemblée des Etats ayant donné son consentement à l'imposition de cette pension, par sa délibération du 7 du mois de Décembre dernier, il a ensuite été permis à ce diocese, sous le bon plaisir de Sa Majesté, par une ordonnance rendue le 12 dudit mois par ses commissaires & ceux desdits Etats, d'en faire l'imposition pendant la vie de la veuve dudit sieur Salabert pere. Requéroit, A CES CAUSES, le suppliant, qu'il plût à Sa Majesté approuver & confirmer l'ordonnance desdits sieurs commissaires dudit jour 12 Décembre dernier, & en conséquence permettre au diocese d'Alby d'imposer annuellement & pendant la vie de ladite veuve ladite somme de 600 livres. Vu ladite requête, ensemble la délibération prise par l'assemblée de l'assiette

dudit diocese le 1er. Juin dernier; celle prise par l'assemblée des Etats le 7 Décembre suivant, par laquelle ils ont donné leur consentement à l'imposition de ladite pension; l'ordonnance rendue le 12 dudit mois par les sieurs commissaires de Sa Majesté & ceux des Etats, qui, sous le bon plaisir du Roi, permet audit diocese d'en faire l'imposition, à la charge d'obtenir son autorisation. Oui le rapport du sieur de Calonne, conseiller ordinaire au conseil royal, contrôleur général des finances, LE ROI ÉTANT EN SON CONSEIL, a approuvé & confirmé, approuve & confirme l'ordonnance desdits sieurs commissaires de Sa Majesté & des Etats du 12 Décembre dernier; en conséquence autorise le diocese d'Alby à imposer annuellement & pendant la vie de la veuve dudit sieur Salabert pere, ancien syndic du diocese, la somme de 600 livres pour les causes dont il s'agit; laquelle somme sera recouvrée chaque année par le receveur des tailles en exercice, & employée sans divertissement au payement de ladite pension. FAIT au conseil d'état du Roi, Sa Majesté y étant, tenu à Versailles le quatorze Février mil sept cent quatre-vingt-cinq.

Signé, LE BARON DE BRETEUIL.

SECTION SECONDE.

Des Greffiers des Dioceses.

I.

DÉCLARATION DU ROI,

Qui annulle des provisions d'offices de greffiers d'assiettes & autres, obtenues au préjudice de l'édit du 22 Août 1520, qui les avoit supprimés.

Du 6 Juillet 1535.

FRANÇOIS, PAR LA GRACE DE DIEU, ROI DE FRANCE : A nos amés & féaux conseillers les gens tenans notre cour de parlement à Tholose, seneschaulx dudit Tholose, Carcassonne, Beaucaire & Nîmes, & à tous nos autres justiciers & officiers, ou à leurs lieutenans, SALUT. Nos très-chers & bien amés les gens des Trois-états de notre pays de Languedoc Nous ont, par leurs délégués, humblement fait dire & remontrer que, combien que par nos lettres de édit, statut & ordonnance eût été dit, statué & ordonné que aucuns offices ne seront par Nous nouvellement créés en notredit pays, ains certains offices que par Nous nouvellement y avoient été créés & érigés comme eslus, contrerolleurs, greffiers, procureurs des maisons communes des villes & cités & autres, ayent été par icelui édit supprimés & éteints ; & que pour ce faire & obvier à la charge du peuple, peine & vexations qui se pourroient ensuivir pour multiplication d'offices & officiers, lesdits supplians ayent baillé & fourni la somme de 62,000 livres tournois, neantmoins, contre & au préjudice de notredit édit, statut & ordonnance & publication d'icelle, &

en faisant iceux, certains personnages ont obtenu de Nous, par surprise, lettres de don de greffiers des assiettes particulieres dudit pays, des maisons communes des villes & de contrerolleurs des diocezes & villes, lieutenans généraux & particuliers ès cours & auditoires desdites villes & lieux dudit pays & autres, qui est contrevenir audit édit, statut & ordonnance & publication d'icelles, Nous humblement requérans lesdits supplians sur ce notre provision & remede convenable, pour ce est-il que Nous, ces choses considérées, voulans subvenir à nos sujets selon l'exigence des cas, vous mandons & commettons par ces présentes & à chacun de vous sur ce requis, en droit soi, & comme à lui appartiendra, que appellés ceux qui pour ce seront à appeller, s'il vous appert de notredit édit, statut & ordonnance duëment publiés, & que contre & au préjudice en faisant icelle, les susdits offices de greffiers, contrerolleurs, procureurs, lieutenans généraulx & particuliers ou autres par surprinse ayent été obtenus, ou des choses dessusdites, tant que souffrir doye, vous audit cas, faites entretenir, garder & observer notredit édit, statut & ordonnance, selon sa forme & teneur, en faisant ou faisant faire inhibitions & défenses de par Nous, sur grandes peines à Nous à appliquer, à ceux qui ont obtenu lesdits offices contre & au préjudice dudit édit & en faisant icelui, qu'ils n'ayent à eux en aider ne autrement d'iceux offices, en contraignant à ce faire & souffrir tous ceux qu'il appartiendra &

qui pour ce feront à contraindre par toutes voyes & manieres duës & raifonnables ; déclarant lefdits dons & provifions fur ce, comme dit eft, faites, être nulles & de nul effet & valeur par ces préfentes, & en cas de débat ou contredit, faites & adminiftrés auxdites parties oïes raifon & juftice : CAR AINSI NOUS PLAIT-IL ÊTRE FAIT, nonobftant quelconques lettres fubreptices impétrées ou à impétrer à ce contraires. Mandons & commandons à tous nos jufticiers, officiers & fujets que à vous en ce fait foit obéi. DONNÉ à la Fere-fur-Oife le fixieme jour de Juillet l'an de grace mil cinq cent trente-cinq, & de notre regne le vingt-unieme. Par le Roi en fon confeil. BAYARD, *figné.*

L'édit du 22 Août 1520 eft fous le titre VIII fuivant, nº. I.

I I.

EXTRAIT du regiftre des délibérations des Etats généraux de Languedoc, affemblés par mandement du Roi en la ville de Montpellier au mois de Septembre 1557.

Du Jeudi 7 Octobre fuivant, préfident Mgr. l'évèque d'Uzès.

LEs confuls des villes ayant jurifdiction pour le Roy, dans lefquelles les affiettes fe tiennent, pourront eflire & commettre le greffier defdites affiettes comme ils ont accouftumé de faire ; & au cas qu'ils fuffent empefchés pour les fermiers du Roy, le fcindic du pays prendra la caufe aux defpens defdits confuls.

I I I.

EXTRAIT du regiftre des délibérations des Etats généraux de Languedoc, affemblés par mandement du Roi en la ville d'Alby aux mois de Novembre & Décembre 1603.

Du Jeudi 25 Novembre 1603 ; préfident Mgr. l'évèque de Carcaffonne.

LE députté de la ville d'Agde a rapporté qu'il auroit efté adverty qu'eftant, M. de Montvallier greffier de leur diocefe décédé, il y auroit certain perfonnage lequel mal affectionné au bien dudit diocefe & général de la province fe jacte de pourfuivre à ce que les greffiers defdits diocefes foient à la difpofition du Roy & érigés en tiltre d'office, contre les privilleges du pays & couftume de tout temps obfervée, fy par les Etats n'y eft promptement pourveu. A ESTÉ ARRESTÉ que les confuls députtés & diocéfains affemblés en l'affiette dudit diocefe d'Agde procéderont à la nomination du greffier dudit diocefe fuivant ce qu'ils ont accouftumé faire & qu'a efté de tout temps obfervé audit diocefe ; & où il feroit contrevenu aux privilleges dudit pays, en ce cas, le fcindic prendra le faict & caufe & en fera toutes pourfuites néceffaires.

I V.

A R R Ê T

DU CONSEIL D'ETAT DU ROI,

Qui maintient le greffier du diocefe de Lavaur nommé par l'affiette dudit diocefe contre un traitant du rachat des greffes de Languedoc.

Du 30 Décembre 1614.

EXTRAIT des Regiftres du Confeil d'état.

ENTRE Me. Jean Goday bourgeois de Paris ayant traité avec S. M. pour le rachat des greffes de Languedoc & Provence, demandeur felon le contenu en l'ordonnance du fieur de Saint-Paul confeiller du Roi & maitre des requêtes ordinaire de fon hôtel, commiffaire député pour l'exécution de l'édit fait en conféquence du contrat dudit Goday du 16 Janvier 1614, d'une part ; & Me. François Caftanier greffier du diocefe de Lavaur, & le fyndic du diocefe prenant le fait & caufe pour ledit Caftanier, & le fyndic général du pays de Languedoc défendeurs, d'autre. Vu par le Roi en fon confeil ladite ordonnance par laquelle ledit commiffaire auroit ordonné que, fur les conteftations & oppofition dudit Caftanier les parties fe pourvoiroient pardevers S. M. dans deux mois ; les articles accordés audit Goday pour le rachat des greffes defdites provinces des 15 & 25 Septembre 1607 ; certificat des juges-confuls dudit Lavaur, que de tout temps ils ont commis à ladite charge de greffier, du 10e. jour de Janvier 1614 ; copie de lettres par lefquelles appert les habitans dudit pays de Languedoc avoir payé au Roi dès l'année 1522 la fomme de 60,000 liv. & en l'année 1526 autre fomme pour lefquelles le Roi auroit, en confidération de ce, confirmé leurs priviléges & révoqué un édit de création de certains offices, même des greffiers des diocefes du mois de Juillet l'an 1544 ; extrait de l'article XXXV du cahier des doléances préfenté au Roi par les gens des Trois-états du pays de Languedoc, répondu le 29 Novembre 1584, par lequel S. M. eft fuppliée de maintenir & garder les villes & diocefes dudit pays au droit & faculté d'élire, continuer & deftituer leurs fyndics & officiers, fuivant l'ancienne coutume & liberté dudit pays ; autre extrait à mêmes fins, du 10 Janvier 1612 ; arrêt du confeil intervenu fur la requête préfentée par le fyndic du diocefe de Montpellier, par lequel, conformément à la réponfe mife fur le XXXV article dudit cahier des remontrances dudit pays, eft ordonné que le diocefe de Montpellier

jouira de la faculté & liberté de pouvoir continuer ou deftituer les fyndics & autres officiers aux affemblées des affiettes dudit diocefe, fuivant l'ancienne coutume, fans néanmoins que la continuation defdits fyndics puiffe être faite pour plus de trois ans, faifant S. M. défenfes à la cour des aides de Montpellier de troubler ledit diocefe en ladite continuation & deftitution, & d'en prendre à l'avenir aucune connoiffance à peine de nullité des procédures, du dernier jour de Septembre 1614 ; appointement en droit donné par le commiffaire à ce député par le confeil du 5 Mai 1614 ; écritures & productions defdites parties & tout ce que par elles a été mis pardevers le commiffaire à ce député ; Oui fon rapport : LE ROI EN SON CONSEIL, faifant droit fur ladite inftance, a abfous ledit Caftanier de la demande, fins & conclufions dudit Goday & fans dépens. FAIT au confeil d'état du Roi tenu à Paris le 30e. jour de Décembre 1614. Collationné.

Signé, DE FLECELLES.

V.

***EXTRAIT** du regiftre des délibérations des Etats généraux de Languedoc, affemblés par mandement du Roi en la ville de Pezenas au mois de Novembre 1620.*

Du Mardi 22 Décembre fuivant, préfident Mgr. l'archevêque & primat de Narbonne.

SUR ce qui a été repréfenté par le fieur d'Ollive fyndic qu'il a eu avis que aucuns greffiers des diocefes, pour fe perpétuer en leurs charges & priver lefdits diocefes de la faculté qu'ils ont de tout temps de pouvoir deftituer leurs officiers, s'il y échoit, foit fyndics, greffiers, prévôt & autres, quand bon leur femblera, ont tâché d'obtenir des provifions de S. M. pour acquérir du domaine du Roi lefdits greffes , & par ce moyen les avoir en titre d'office, moyennant certaine finance , à quoi il eſt important de pourvoir ; A ÉTÉ AR-RÉTÉ, qu'il eſt enjoint aux dioceſes de deſtituer les greffiers qu'ils ſauront avoir obtenu pareilles proviſions ; & en cas d'oppoſition , que le ſyndic général en fera toutes les pourſuites néceſſaires partout où il appartiendra au nom & dépens du pays. Et afin que les dioce-ſes ſoient avertis du pouvoir de deſti-tuer leurs officiers quand bon leur ſem-blera, A ÉTÉ ARRÉTÉ que la préſente délibération ſera lue à la prochaine aſ-ſemblée des aſſiettes & à l'ouverture d'icelles.

V I.

E D I T D U R O I,

Portant création d'offices de greffiers héréditaires des dioceſes , villes, communautés & conſulats de la province de Languedoc.

Du mois de Juillet 1622.

LOUIS, PAR LA GRACE DE DIEU, ROI DE FRANCE ET DE NAVARRE : A tous préſens & avenir : SALUT. Cette aſſiſtance tant remarquable que nous avons reçu de la main de Dieu au ſuccès de nos entrepriſes, nous donne grand ſujet d'eſpérer que nos armes , qui n'ont autre but que ſa gloire & le repos de notre peuple , ſeront toujours appuyées & ſoutenues de ſa protec-tion , & Nous fait réſoudre à continuer ce que nous avons ſi heureuſement commencé, juſques à ce que nous ayons rangé nos ſujets rebelles à leur devoir & établi une paix aſſurée en notre royaume : mais comme les dépenſes néceſſaires pour l'entretenement des armées qu'il nous convient entretenir tant par mer que par terre, pour y

parvenir , ſont grandes & infinies , & nous en ſurvenant encore chaque jour de nouvelles par le cours & progrès de nos affaires , ſoit pour l'accompliſſe-ment des traités que nous faiſons avec aucuns de nos ſujets qui aiment mieux avoir recours à notre clémence que de s'opiniâtrer davantage en leur rebellion & éprouver la force de nos armes ; auſſi ſommes-nous néceſſités, pour ſa-tisfaire auxdites dépenſes , d'entendre les diverſes propoſitions qui nous ſont faites pour recouvrer deniers par mo-yens extraordinaires , entre leſquels nous eſtimons les plus juſtes ceux dont nous ſommes ſecourus en la néceſſité de nos affaires & qui ſont les moins à à charge à notre peuple. C'eſt pourquoi Nous ayant été repréſenté que les gref-fes des tailles & impoſitions ordinaires & extraordinaires en toutes les élec-tions, dioceſes , villes & communautés de ceſtuy notre royaume , ayant été créés & érigés en offices par édit du mois de Septembre 1575 , & depuis par déclaration du mois de Mars 1586 rendus héréditaires , & que dès-lors & depuis ils ont été établis en la plu-part des provinces de ce royaume , hor-mis en notre province de Languedoc, à cauſe des troubles qui s'y commet-toient en ce temps-là , & y ont con-tinué aſſez long-temps , au moyen de quoi leſdites charges ont été occupées & exercées par perſonnes privées, leſ-quelles dépendantes des ſyndics , con-ſuls & députés auxdites aſſiettes & im-poſitions générales & particulieres qui ſe font auxdits dioceſes , villes & con-ſulats, n'oſent leur contredire ni s'op-poſer aux monopoles & abus qui ſe commettent ordinairement auxdites aſſiettes & impoſitions dont naiſſent chaque jour de grands procès entre les particuliers habitans dudit pays qui cau-ſent leur ruine entiere & leur ôtent le moyen de s'acquitter de ce qu'ils nous doivent ; ce qui n'arriveroit, fi lefdites charges de greffiers des tailles étoient érigées en offices héréditaires & exercées par perfonnes qui , à caufe de leur ferment à nous, tiendroient la main à l'obfervation de nos édits, réglemens & ordonnances , & pour plus grand ordre & commodité de nofdits fujets, auroient la garde & adminiftration des rôles, titres , papiers & documens defdits dioceſes , villes & confulats , & outre ce, Nous tirerions une bonne fomme de deniers à la vente defdits offices pour furvenir à l'urgente néceffité de nofdites affaires ; favoir faifons qu'après avoir mis cette affaire en délibération en notre confeil, où étoient aucuns princes de notre fang, officiers de notre couronne & autres grands & notables perfonnages, de l'avis d'iceux & de notre certaine fcience, pleine puiffance & autorité royale, Avons par celuy notre édit perpétuel & irrévocable créé, érigé & établi, créons, érigeons & établiffons en titre d'office formé & héréditaire , un greffier des tailles en tous les dioceſes, villes, communautés & confulats de notredite province de Languedoc, & en tous les lieux dépendans du reffort de notredite cour des aides de Languedoc, ci-devant féante à Montpellier, lefquels auront les fonctions & charges ci-après déclarées ; à favoir , les greffiers des dioceſes, d'écrire & dreffer aux affemblées générales & particulieres defdits dioceſes dont ils envoyeront l'avis & convocation en la forme accoutumée, toutes les délibérations , affiettes & départemens des tailles ou autre levée de deniers tant ordinaires qu'extraordinaires, de quelque forte & nature qu'ils puiffent être , qui feront affis & impofés fur lefdits dioceſes, fuivant nos commiffions ; les mandemens fur icelles des gens des Trois-états de ladite province, & autrement expédier & délivrer copie

à nos receveurs en chaque dioceſe defdites affiettes , rôles & départemens , afin qu'ils en faffent la levée & recouvrement fuivant le dû de leur charge, comme il a été pratiqué ; expédier aux villes, lieux & confulats les mandes de quotité & portions, & icelles envoyer, à ce qu'un chacun entende & travaille aux impofitions qui feront ordonnées ; expédier auffi tous mandemens & ordonnances des deniers qui feront levés par l'ordre defdits commiffaires, fyndics & députés defdits dioceſes , tant fur les lieux & contribuables , que fur lefdits receveurs & autres comptables defdits deniers , même pour les frais, voyages & vacations defdites affemblées , & autrement pour les affaires générales & particulieres defdits dioceſes : écrire & affifter à la clôture des comptes qui feront rendus par-devant lefdits fyndics, confuls & députés par lefdits receveurs & autres ; recevoir & écrire les baux, prix-faits , cautionnemens , procurations , députations, & tous autres actes dépendans defdites levées de deniers defdits dioceſes ; comme auffi tous les actes, procédures & procès verbaux qui fe feront dans l'étendue d'icelles par les lieutenans des prévôts généraux de nos chers & bien amés coufins les connétables maréchaux de France y établis, ainfi que font à préfent ceux qui y font commis ; & où ils n'auroient la commodité de vaquer en perfonne, ils pourront commettre leurs clercs ou fubftituts pour travailler fous les lieutenans defdits prévôts ; écrire auffi & dreffer les tarifs & papiers defdits dioceſes, chacun felon fon étendue, toutes fois & quantes qu'elles feront renouvellées , & du tout tenir bon & fidel regiftre pour y avoir recours quand befoin fera, & en délivrer les extraits , par eux duement collationnés, à ceux qui les requerront : & pour le regard des greffiers particuliers defdites tailles en toutes les villes, consulats & communautés de notredite province de Languedoc, & autres lieux du susdit ressort, ils écriront aux assemblées qui se feront, sous les magistrats, consuls & officiers qui y assisteront, toutes les délibérations pour les députations & élections des officiers municipaux, ou pour lesdites levées ou emprunts de deniers; écriront aussi les mandemens pour délivrer deniers sur les clavaires, collecteurs & autres comptables & administrateurs des deniers communs & patrimoniaux desdites villes & consulats; dresseront & contresigneront tous les livres, rôles & départemens des tailles qui seront assises sur les habitans contribuables à icelles desdites villes, communautés & consulats, suivant nos commissions & les mandemens des dioceses, nos permissions concédées auxdites villes & lieux, & autrement en quelque façon & maniere que ce soit, sans que lesdits diocésains, syndics, consuls & députés des villes & communautés puissent faire aucuns départemens, commissions & autres procédures concernant lesdites levées de deniers, qu'elles ne soient enregistrées par lesdits greffiers, chacun au diocese, ville & communauté où il sera pourvu & établi, à peine de nullité & d'en répondre en leurs propres & privés noms; recevront en outre les estimations & indications des tares ou tailles & dommages qui se feront aux fruits pendans par les racines ès terres de nosdits sujets, des bestiaux gros & menus & autrement, sur le rapport des estimateurs & agrimenseurs ci-après, au lieu de ceux qu'ont accoutumé de prendre à leur discrétion ceux qui font lesdits rappors; tiendront & auront la disposition & direction particuliere des livres des compoix & cadastres desdites villes, communautés & consulats, & en iceux, l'un desdits consuls présent ou appellé,

poseront, diminueront, augmenteront l'allivrement des parcelles de nosdits sujets & habitans taillables, quand mutation arrivera; & écriront & dresseront les livres & papiers de compoix & cadastres desdites villes, communautés & consulats, lorsqu'ils seront renouvellés sous les maîtres experts, mesureurs & agrimenseurs qui y seront commis; expédieront encore, sous lesdits consuls, les bullettes des logemens des aides & contributions des gens de guerre à pied & à cheval ordonnées esdites villes & consulats; écriront & assisteront à la clôture des comptes qui seront rendus par-devant lesdits consuls & députés par les clavaires, collecteurs & autres comptables; expédieront toutes certifications, attestations, passeports & bullettes de santé & pareillement tous les baux à ferme, prix-faits, quittances, encheres & surdites qui se feront pour les affaires publiques desdites villes, communautés & consulats, & généralement tous autres actes concernant & dépendant desdites charges & jurisdictions, ès lieux où les greffes consulaires & politiques n'ont été vendus particulierement par les commissaires qui ont ci-devant procédé à l'aliénation des greffes & autres domaines de notredite province, de tous lesquels actes ils tiendront bons & fidelles registres, & d'iceux expédieront les extraits duement collationnés à ceux qui les en requerront; lesquels greffiers ne pourront retenir en leurs mains les actes, livres, compoix, papiers, registres & autres titres & documens appartenant aux susdits dioceses, villes, consulats & communautés, ains demeureront toujours dans les archives destinés & accoutumés d'icelles, sous deux clefs, dont lesdits greffiers en tiendront l'une, & lesdits consuls l'autre, si bon leur semble, pour lesdits offices & greffes ainsi présentement créés jouir &

user

uſer par ceux qui en ſeront adjudicatai-res, leurs ſucceſſeurs & ayans cauſe, à l'avenir en titre d'office & hérédité ; auxquels greffiers avons attribué & at-tribuons, ſavoir aux diocéſains quatre deniers pour livre , & aux particuliers des villes, conſulats & communautés ſix deniers pour livre de toutes les le-vées & impoſitions qui ſe feront en l'é-tendue de leurs charges, reſſorts & dé-partemens , pour leur tenir lieu de ga-ges , & aux honneurs, prééminences, autorités , droits, fruits, profits & émo-lumens & ſalaires ordinaires dûs aux-dites charges , & dont jouiſſoient ci-devant ceux qui ont été commis à l'exer-cice deſdits greffes & autres perſonnes employées à écrire & dreſſer leſdits ac-tes & papiers , leſquels droits ſeront levés & impoſés ſur leſdits contribua-bles avec nos tailles & levées de deniers, ainſi qu'il eſt accoutumé, & payés par les mains des collecteurs aux acquéreurs deſdits greffes , ſans aucuns frais : Et outre , pour donner plus d'occaſion & moyen aux adjudicataires deſdits gref-fes de vaquer ſoigneuſement & ſans au-cun divertiſſement à l'exercice de leurs charges , Nous voulons qu'ils jouiſſent de l'exemption de toutes charges, de tutelle, curatelle, garde de biens & au-tres charges publiques, & ſpécialement de l'exemption de leurs maiſons deſdits logemens de gens de guerre, ſans pour ce être exempts de contribuer, comme les autres , à la dépenſe d'iceux ſelon leur portée & au ſol la livre des biens qu'ils poſſéderont ; de l'acquiſition & proviſion deſquels greffes nous n'enten-dons exclure ceux qui les exercent à préſent par commiſſion & élection, à tous leſquels greffiers nous ordonnons de prêter le ſerment à ſavoir, aux dio-céſains & ès villes maîtreſſes deſdits dioceſes, par-devant les gens tenant notre cour des aides ci-devant ſéante à Montpellier; & à ceux des autres villes,

communautés & conſulats , par-devant les magiſtrats ou conſuls des lieux. Si DONNONS EN MANDEMENT à nos amés & féaux conſeillers les gens de nos comptes à Montpellier , préſidens & tréſoriers généraux de France où il ap-partiendra, que ces préſentes ils faſſent lire , publier & enregiſtrer, & le con-tenu en icelles garder & obſerver, de point en point , ſelon leur forme & teneur, ceſſant & faiſant ceſſer tous troubles & empêchemens au contraire : CAR tel eſt notre plaiſir , nonobſtant quelconques édits, ordonnances, & toutes choſes à ce contraires auxquelles & aux dérogatoires des dérogatoires y contenues Nous avons, de notre pleine puiſſance & autorité, expreſſément dé-rogé & dérogeons par ceſdites préſen-tes, auxquelles , afin que ce ſoit choſe ferme & ſtable à toujours , nous avons fait mettre notre ſcel , ſauf en autres choſes notre droit , & l'autrui en tou-tes. DONNÉ à Beziers au mois de Juillet, l'an de grace 1622 , & de notre regne le treizieme. *Signé* , LOUIS. *Et plus bas* : Par le Roi, PHELYPEAUX & à côté : *Viſa*. Et ſcellées du grand ſceau de cire verte ſur lacs de ſoye rouge & verte & à côté eſt encore écrit :

Lu , publié & regiſtré ès regiſtres de la chambre des comptes , ce requérant le procureur général du Roi , pour être le contenu en icelui gardé & obſervé , aux charges portées par l'arrêt de véri-fication de ce jourd'hui. A Montpellier le vingt-quatrieme jour de Mars 1623. Signé , MEYRUEYS pour le greffier.

VII.

EDIT DU ROI,

Portant ſuppreſſion des offices de gref-fiers héréditaires des dioceſes , villes & communautés de Languedoc, créés par autre édit du mois de Juillet 1622.

Du mois d'Octobre 1624.

LOUIS, PAR LA GRACE DE DIEU, ROI DE FRANCE ET DE NAVARRE: A tous préſens & à venir: SALUT. Le renouvellement des troubles & guerres civiles en ceſtui notre royaume nous a contraints en la néceſſité de nos affaires d'entendre à diverſes propoſitions qui nous ont été faites pour recouvrer deniers, par moyens extraordinaires pour l'entretenement des armées que nous avons tant ſur mer que ſur terre, entre leſquels nous avons eſtimé plus juſtes ceux qui vont moins à la foule de notre peuple. C'eſt pourquoi nous ayant été repréſenté, que les greffiers des tailles & impoſitions ordinaires & extraordinaires en toutes les élections de France, avoient été créés & érigés en offices par édit du mois de Septembre 1575, & du depuis rendus héréditaires par déclaration du mois de Mars 1585, & établis en la plupart des provinces de ce royaume, fors en notre province de Languedoc & reſſort de notre cour des aides de Montpellier, où leſdites charges étoient exercées par perſonnes privées qui en pouvoient abuſer, ce qui n'arriveroit pas ſi leſd. charges étoient poſſédées par gens ayant ſerment à nous, & qui en fuſſent pourvus en titre d'office héréditairement, de la vente deſquels nous pourrions tirer une bonne ſomme de deniers; laquelle propoſition ayant été miſe en délibération en notre conſeil, preſſés de la dépenſe extraordinaire que nous étions contraints de ſupporter pour l'entretenement des armées que nous avions ſur les bras, pour ranger à leur devoir ceux de nos ſujets de la R. P. R. qui s'étoient départis de notre obéiſſance, particulierement en nos pays de Languedoc & Guienne, Nous aurions par notre édit du mois de Juillet 1622, créé, érigé & établi héréditai-

rement en titre d'office, un greffier des tailles en tous les dioceſes, villes, communautés & conſulats de notre province de Languedoc, avec attribution; ſavoir à ceux deſdits dioceſes de quatre deniers, & aux autres de ſix deniers pour livre de toutes les levées & impoſitions qui ſe feront en l'étendue de leurs charges, reſſorts & départemens pour leur tenir lieu de gages outre les fonctions à eux attribuées par ledit édit, à la vérification duquel les gens des trois États de notre pays de Languedoc s'étant oppoſés, & nous ayant fait entendre par leurs députés combien l'exécution d'icelui étoit préjudiciable à notre ſervice, comme étant à la foule de nos ſujets & à l'entier renverſement de leurs priviléges & de l'ordre en tout temps obſervé en ladite province, Nous leur aurions donné dèslors eſpérance qu'en nous aidant d'une notable ſomme de deniers, pour remplacer le fonds que nous eſpérions de la vente deſdits offices, & déſintéreſſer celui qui nous en avoit fait l'avance au plus fort de la néceſſité de nos affaires, nous ſerions toujours portés à embraſſer les moyens qui ſe préſenteront pour leur ſoulagement; & pour leur témoigner par eſſet nos bonnes volontés nous aurions donné pouvoir à notre très-cher & bien-amé couſin le duc de Montmorency & de Dampville, pair & amiral de France, gouverneur & notre lieutenant-général audit pays, & à notre amé & féal conſeiller en notre conſeil d'État & préſident en notre cour de parlement de Grenoble le ſieur de Faure, pour en l'aſſemblée deſdits États traiter les expédiens les plus propres pour parvenir à la révocation dudit édit dans ladite province de Languedoc, & trouver dans le ſoulagement de nos ſujets quelques ſecours pour ſubvenir aux charges & néceſſités de notre état & à l'acquit des grandes dettes qui nous sont restées sur les bras és années dernieres ; lesquels ayant fait entendre ce qui étoit de nos intentions à ladite assemblée, tenue au mois de Mai dernier par notre permission en notre ville de Beziers, & avoir mûrement & longuement conféré dudit affaire avec les députés desdits Etats, ils auroient enfin sous notre bon plaisir, respectivement arrêté & accordé les articles qui ensuivent.

I.

Que nous ferions expédier notre édit, portant suppression & révocation à perpétuité du susdit édit des greffes des tailles en hérédité, & de toutes provisions & contrats d'adjudication desdits greffes, sans qu'ores ni à l'avenir, il y puisse être pourvu par nous ou nos successeurs Rois, duquel édit de suppression & révocation seront faits & scellés trois originaux, l'un adressant à notre cour de parlement de Toulouse, l'autre à notre chambre des comptes, & un autre à notre cour des aides de Montpellier, pour y être vérifiés & enregistrés selon leur forme & teneur à la requête de nos procureurs généraux esdites cours.

I I.

Que tous acquéreurs desdits greffes audit pays, qui se trouveront en conséquence de leurs prétendus titres s'être ingérés en la possession d'iceux & avoir retiré desdits dioceses, villes & communautés aucuns regiftres, actes ou documens, seront tenus à la restitution & remise d'iceux, & de tous autres actes par eux faits & reçus en ladite qualité de greffiers incontinent & sans délai, & qu'à leur refus, ils y seront contraints comme pour nos propres deniers & affaires : seront aussi remis au pouvoir des syndics généraux dudit pays les originaux de toutes les procé-

dures, verbaux, contrats d'adjudication & autres actes faits en exécution dudit édit par les commissaires exécuteurs d'icelui ; & qu'à ce faire leurs greffiers & tous autres détempteurs seront contraints en cas de refus par les voies susdites.

I I I.

Et pour ce dessus les gens des trois Etats de notredit pays, nous accordent & octroyent la somme de 720,000 liv. payable dans nos villes de Toulouse ou Montpellier, à savoir, 320,000 liv. dans trois mois prochains & 400,000 liv. en l'année suivante 1625, aux termes des impositions qui seront faites audit pays, avec les intérêts au denier seize, de ladite somme de 400,000 liv. tant seulement, à compter du jour de la vérification & registre dudit édit de suppression & révocation, fait en nosdites cours & chambre, jusques à l'effectuel payement, lesquels intérêts diminueront à proportion des payemens qui seront faits de ladite somme aux termes susdits.

I V.

Que pendant lesdits trois mois prochains & avant le payement desdites 320,000 liv. ledit édit de suppression & révocation, sera vérifié & enregistré purement & simplement selon sa forme & teneur, comme dit est, en nos cours de parlement de Toulouse, des aides, & chambre des comptes de Montpellier.

V.

Que Nous ferons délivrer au trésorier de la bourse dudit pays, quittance du trésorier de notre épargne duement contrôlée, pour ladite somme de 720,000 liv. & intérêts susdits à mesure qu'il en fera les payemens pour être après lesdites quittances remises par ledit trésorier devers lesdits Etats.

V I.

Que moyennant ledit payement ainſi fait , nous tiendrons & ſerons tenir quittes & entierement déchargés ledit pays , dioceſes , villes & communautés d'icelui , tant pour le paſſé que pour l'avenir , de tous droits , attributions , rembourſement du prix des adjudications , frais , loyaux coûts , dépens , dommages & intérêts , & de toutes autres choſes généralement quelconques qui pourroient être prétendues pour raiſon deſdits greffes héréditaires des tailles , circonſtances & dépendances d'iceux , tant envers les commiſſaires exécuteurs dudit édit & partiſans , ſi aucuns y a , qui ayent traité avec nous , qu'envers les acquéreurs & ſous-acquéreurs deſdits greffes & tous autres qu'il appartiendra , ſans que , pour raiſon de ce , leſdits commiſſaires partiſans , acquéreurs & ſous-acquéreurs , leurs hoirs & ayans cauſe puiſſent aucune choſe prétendre , ni demander à l'encontre dudit pays par forme de garantie , recours , ni autrement en quelque ſorte & maniere que ce ſoit ; & ſeront leſdits dioceſes , villes & communautés maintenues & conſervées en la faculté qu'elles ont toujours eue d'inſtituer & deſtituer à leur volonté leurs greffiers.

V I I.

Que nous permettrons auxdits gens des trois Etats de faire aſſeoir , impoſer & lever ſur ledit pays en la maniere accoutumée, conjointement avec les autres impoſitions , ladite ſomme de 720,000 liv. & intérêts d'icelle , en telles années que bon leur ſemblera , pourvu que les payemens ſuſdits n'en demeurent retardés , & qu'à cet effet leur ſeront expédiées toutes lettres d'aſſiettes & commiſſions néceſſaires, ſans qu'ils ſoient tenus de payer pour icelles aucun droit de ſceau , attendu que ce ſont nos affaires.

Leſquels articles à nous préſentés en toute humilité de la part des gens des trois Etats , par notre amé & féal conſeiller en nos conſeils, le ſieur de Saint-Bonnet de Thoiras , évêque de Nimes , le ſieur François de la Jugie , comte de Rieux , capitaine de cinquante hommes d'armes de nos ordonnances , Jean-Pierre de Guibert , avocat au parlement & capitoul en notre ville de Toulouſe , Jacques de Gep de Gineſtet , premier conſul de notre ville de Beziers , & Jean de la Motte , ſyndic général , députés dudit pays , ayant été bien & mûrement conſiderés en notre conſeil , & reconnu l'établiſſement deſdites charges de greffiers héréditaires des dioceſes , villes & communautés en notredit pays de Languedoc , être préjudiciables au bien de notre ſervice & à la foule & ſurcharge de nos ſujets , contraire aux priviléges dudit pays & à l'ancien ordre de tout temps obſervé en icelui que nous voulons être inviolablement gardé. POUR CES CAUSES , & autres bonnes conſidérations à ce nous mouvans , de l'avis de la Reine , notre très-honorée dame & mere , des princes de notre ſang , & autres princes & officiers de notre couronne , & autres grands & notables perſonnages de notre conſeil , & de notre certaine ſcience , pleine puiſſance & autorité royale , Nous avons leſdits articles & tout le contenu en iceux approuvé , autoriſé & confirmé , approuvons , autoriſons & confirmons par ces préſentes ſignées de notre main , Voulons & nous plaît qu'ils ſoient gardés & obſervés , & ſortent leur plein & entier effet en ce qui regarde ledit pays & Etat de Languedoc ſeulement ; Et ce faiſant , par notre préſent édit perpétuel & irrévocable; Avons éteint , ſupprimé , aunullé & révoqué, éteignons, supprimons, annullons & révoquons à perpétuité ledit édit de création desdits offices de greffiers héréditaires des tailles: Voulons que lesdits diocèses, villes, communautés & consulats, soient & demeurent en la libre faculté, de laquelle ils ont toujours joui jusques à présent, d'instituer ou destituer à leur volonté leurs greffiers, sans que ci-après il puisse être pourvu auxdites charges par Nous ou nos successeurs Rois, pour quelque cause, prétexte ou occasion que ce soit, comme il est plus expressément dit dans lesdits articles, & aux charges & conditions portées par iceux: Permettons aux gens desdits Etats d'asseoir, imposer & lever la somme de 720,000 liv. portée par iceux, avec les intérêts sur tous les habitans dudit pays contribuables à nos tailles, en la manière accoutumée, en vertu du présent édit, sans qu'il soit besoin d'autres lettres patentes. SI DONNONS EN MANDEMENT à nos amés & féaux conseillers, les gens tenant notre cour de parlement de Toulouse, & à tous nos autres justiciers & officiers qu'il appartiendra, que ces présentes ils fassent lire, publier & enregistrer, & le contenu en icelles & auxdits articles, garder, entretenir & observer de point en point selon leur forme & teneur, cessant & faisant cesser tous troubles & empêchemens à ce contraires: CAR tel est notre plaisir. Nonobstant quelconques autres édits, ordonnances, mandemens & lettres à ce contraires, auxquels & à la dérogatoire de la dérogatoire y contenue, nous avons dérogé & dérogeons par ces présentes. Et afin que ce soit chose ferme & stable à toujours, Nous les avons signées de notre main & à icelles fait apposer notre sceau. DONNÉ à Saint-Germain-en-Laye, au mois d'Octobre, l'an de grace mil six cent vingt-

quatre & de notre regne le quinzieme. *Signé*, LOUIS. *Et plus bas*. Par le Roi, PHELYPEAUX. *Et à côté*: Visa, scellées du grand sceau en cire verte sur lacs de soie rouge & verte.

Registré au parlement de Toulouse le 5 Mars 1625.

VIII.

ARRÊT

DU CONSEIL D'ETAT DU ROI,

Portant confirmation d'un greffier nommé par l'assiette du diocèse de Narbonne, avec défenses à la cour des aides d'en connoître.

Du 15 Juin 1633.

EXTRAIT des Registres du Conseil d'Etat.

VU au conseil du Roi, le procès verbal du sieur de Fabrezan, trésorier général de France & de ses finances à Montpellier, commissaire député en la présente année par ses confreres, pour présider en l'assiette du diocèse de Narbonne du dernier jour de Mars; contenant la destitution qui a été faite de la personne de Pierre Bousquet, ci-devant greffier dudit diocèse & l'élection en sa place de Me. Pierre Rouau, par la nomination de douze députés en ladite assemblée; lettres obtenues par ledit Bousquet, en la cour des aides de Montpellier, le troisieme Février & arrêt de ladite cour du 20 Avril dernier, pour assigner en icelle, les syndics & députés dudit diocèse en cassation de la nouvelle élection dudit Rouau, avec défenses de troubler ledit Bousquet & commandement de lui remettre ès mains tous les actes reçus en ladite assemblée; ordonnance des trésoriers.

de France à Montpellier, du 26 dudit mois d'Avril, portant injonction audit Rouau d'exercer ladite charge de greffier, & procéder incessamment à la vérification des livres & rôles des communautés, & défenses audit du Bousquet & autres de lui donner aucun empêchement. Vu aussi l'édit du mois d'Octobre dernier, par lequel, entre autres choses, Sa Majesté veut & ordonne que les greffiers desdits dioceses ne puissent être nommés qu'en la présence & du consentement de ceux des trésoriers de France qui présideront ès assemblées, & l'arrêt de réglement donné audit conseil le 16 Septembre 1618, portant défenses à la cour des aides de Montpellier, de connoître de la création, nomination & destitution des greffiers desdites assiettes; LE ROI EN SON CONSEIL, sans s'arrêter à l'arrêt de ladite cour des aides de Montpellier du 20 Avril dernier, & à tout ce qui s'en est ensuivi, que Sa Majesté a cassé & annullé, a ordonné & ordonne que l'ordonnance desdits trésoriers de France du 26 Avril dernier sortira son plein & entier effet, & ce faisant, que ledit Rouau exercera ladite charge de greffier du diocese de Narbonne; Fait Sa Majesté défenses très-expresses audit Bousquet & tous autres de le troubler & empêcher en l'exercice d'icelle, à peine de tous dépens, dommages & intérêts, & à ladite cour des aides, de connoître directement ou indirectement du différend desdites assiettes, destitution ou nomination desdits greffiers, ni des oppositions ou appellations des ordonnances desdits trésoriers de France & commissaires principaux desdites assiettes en exécution dudit édit du mois d'Octobre dernier, dont Sa Majesté s'est réservé la connoissance, à peine de suspension de leurs charges, & de répondre du retardement de la

levée de ces deniers en leurs propres & privés noms. FAIT au conseil d'Etat du Roi, tenu à Paris le quinzieme jour de Juin mil six cent trente-trois.

Signé, DE BORDEAUX.

LOUIS, PAR LA GRACE DE DIEU, ROI DE FRANCE ET DE NAVARRE: A notre huissier ou sergent premier sur ce requis; par l'arrêt dont l'extrait est ci-attaché sous le contre-scel de notre chancellerie, ce jourd'hui donné en notre conseil d'Etat, Nous avons ordonné que Me. Pierre Rouau exercera la charge de greffier du diocese de Narbonne, conformément à l'ordonnance des trésoriers généraux de France à Montpellier du 26 Avril dernier, & nonobstant l'arrêt de notre cour des aides de Montpellier du 20 dudit mois, & tout ce qui s'en est ensuivi que nous avons cassé & annullé. A CETTE CAUSE nous te mandons & commandons de signifier ledit arrêt à tous ceux qu'il appartiendra, à ce qu'ils n'en prétendent cause d'ignorance, & faire de par nous très-expresses inhibitions & défenses à Me. Etienne Bousquet, & tous autres de troubler & empêcher ledit Rouau en l'exercice dudit greffe, à peine de tous dépens, dommages & intérêts, & à ladite cour des aides, de connoître directement ou indirectement du réglement des assiettes, destitution ou nomination desdits greffiers, ni des oppositions ou appellations des ordonnances desdits trésoriers de France, & commissaires principaux desdites assiettes en exécution de notre édit du mois d'Octobre dernier, dont nous nous réservons la connoissance en notre conseil, à peine de suspension de leurs charges, & de répondre du retardement de la levée de nos deniers en leur propre & privé nom. De ce faire & tous autres actes & exploits nécessai-

No. VIII. res pour l'exécution de notredit arrêt, te donnons pouvoir, sans que tu sois tenu de demander autre permission : CAR tel est notre plaisir. DONNÉ à Paris le quinzieme jour de Juin, l'an de grace mil six cent trente-trois, & de notre regne le vingt-quatrieme : Par le Roi en son conseil. *Signé*, DE BORDEAUX, & scellé du grand sceau de cire jaune sur simple queue.

I X.

EXTRAIT du registre des délibérations des Etats généraux de Languedoc, assemblés par mandement du Roi en la ville de Montpellier au mois de Novembre 1633.

Du Mardi 6 Décembre suivante, président Mgr. l'archevêque & primat de Narbonne.

LE sieur de Lamamie, syndic général, a représenté qu'un nommé Olivier Larnac, se trouve pourvu en office & par provisions de Sa Majesté de la charge de greffier du diocese d'Uzès, ce qui est du tout contraire au privilége de cette province, par lequel les dioceses sont en faculté de faire élection de leurs greffiers & de les pouvoir instituer & destituer quand bon leur semble ; & que ce seroit faire revivre l'établissement des greffiers en office des dioceses, villes & communautés, pour la suppression desquels la province a donné de notables sommes. SUR QUOI A ÉTÉ ARRÊTÉ, que le syndic général se pourvoira au conseil contre ledit Larnac, en prenant le fait & cause du diocese d'Uzès, pour le maintenir en la faculté de pouvoir élire un greffier ; fera toutes poursuites nécessaires par-tout où il appartiendra, pour faire casser & rendre de nul effet les susdites provisions.

Voyez les édits des mois d'Avril 1635, Octobre 1636, Mars 1637,

& autres pieces, concernant la création & suppression des offices de greffiers du diocese, supra, titre V. Numeros N°. IX. *XIX, XX, XXI, XXII, XXIII & XXIV.*

X.

EDIT DU ROI,

Portant suppression de plusieurs offices, & entre autres, de ceux de greffiers des dioceses créés par autre édit de Novembre 1657.

Du mois de Mars 1658.

LOUIS, PAR LA GRACE DE DIEU, ROI DE FRANCE ET DE NAVARRE : A tous présens & à venir, SALUT. Savoir faisons que les gens des trois Etats de notre province de Languedoc nous ayant fait remontrer que la création nouvellement par nous faite par nos précédens édits des offices de contrôleurs des étapes, avec attribution de droit sur icelles ; de juge-conservateur de l'équivalent avec attribution sur ledit droit ; & de greffiers en titre d'office dans chaque communauté de la province, ensemble l'attribution accordée par notre édit du mois de Novembre 1657 aux greffiers de nos commissaires présidens pour nous en l'assemblée desdits Etats, de pouvoir commettre dans chacun des vingt-deux dioceses de ladite province des greffiers, sous nos commissaires en nos assemblées particulieres des assiettes des dioceses, après la tenue desdits Etats ou sur les démissions desdits greffiers auxdits Etats, les vendre & en faire pourvoir en titre d'office formé ceux qui les voudroient acquérir, sont non-seulement contraires à leurs droits, priviléges, & exemptions, mais encore entierement ruineuses à la province, d'autant que l'équivalent est un domaine en propre à ladite province dans la jouissance duquel elle a été maintenue par arrêt de notre conseil du 17 Mars 1657, & que le fonds des étapes s'impose & se paye sur elle-même de ses deniers ; d'ailleurs cesdits offices de greffiers desdites assiettes & dans chaque communauté se trouvant révoqués à l'instance desdits Etats, & en considération des secours extraordinaires qu'ils nous ont donné & qu'ils continuent de nous donner tous les jours, ils nous auroient fait supplier de leur en accorder de nouveau la suppression & révocation. A CES CAUSES & autres considérations à ce nous mouvant, après avoir fait mettre cette affaire en délibération dans notre conseil où étoient la Reine notre très-honorée dame & mere, notre très-cher & amé frere unique le duc d'Anjou, plusieurs princes & autres grands & notables personnages de notre conseil, de leur avis & de notre certaine science, pleine puissance & autorité royale ; NOUS AVONS par ce présent édit perpétuel & à jamais irrévocable, révoqué & révoquons tant ledit Edit de création desdits offices de contrôleurs pour nous aux étapes de notredite province de Languedoc, & de nouveaux offices de juge-conservateur de l'équivalent & de greffiers en titre d'office formé dans chaque communauté de ladite province, ensemble ledit édit du mois de Novembre 1657, en ce qu'il porte la création des offices de greffier dans les assiettes particulieres des dioceses de ladite province, & iceux nouveaux offices créés par les susdits édits éteint & supprimé, éteignons, supprimons par ce présent édit, sans que de présent ni à l'avenir, ils puissent être rétablis pour quelque cause, prétexte, ni occasion que ce soit. VOULONS & nous plaît, que lesdits nouveaux édits de création desdits offices de contrôleurs

des étapes, juge-conservateur de l'équivalent, des greffiers desdites assiettes & communautés de ladite province, & tout ce que pour raison de ce s'en est ensuivi soit de nulle force & valeur & demeure pour non avenu. SI DONNONS EN MANDEMENT à nos amés, féaux conseillers les gens tenant notre cour de parlement de Toulouse, cour des comptes, aides & finances de Montpellier, que le présent édit ils fassent lire, publier & registrer, & le contenu en icelui, garder & observer, sans permettre qu'il y soit contrevenu en aucune maniere, nonobstant tous édits, déclarations & arrêts à ce contraires auxquels & aux dérogatoires des dérogatoires y contenues nous avons dérogé & dérogeons par ce présent édit. Et afin que ce soit chose ferme & stable à toujours, Nous y avons fait mettre notre sceau, aux copies duquel duement collationnées par l'un de nos amés & féaux conseillers secrétaires, nous voulons que foi soit ajoutée comme à l'original : CAR tel est notre plaisir. DONNÉ à Paris au mois de Mars mil six cent cinquante-huit, & de notre regne le quinzieme. *Signé*, LOUIS. *Et plus bas.* Par le Roi, PHELYPEAUX. *Visa*, SEGUIER. Pour servir aux lettres patentes, portant révocation des contrôleurs des étapes & autres.

Voyez les édits du mois de Juin 1692 & du mois de Janvier 1693, suprà, titre VI, n°. VI & VII.

X I.

EXTRAIT du registre des délibérations des Etats généraux de Languedoc, assemblés par mandement du Roi en la ville de Pezenas au mois de Septembre 1641.

Du 10 dudit mois de Septembre, président Mgr. l'archevêque & primat de Narbonne.

SUR la plainte faite par les consuls de Beziers, de ce que le greffier dudit diocese leur refuse de leur faire voir, pendant l'année, le verbal des Etats & par ce moyen les prive de se pouvoir informer des affaires de la province ; mêmes plaintes ayant été faites par autres députés desdits Etats, A ÉTÉ ARRÊTÉ que, pour donner moyen aux consuls des villes de se pouvoir instruire des affaires qui ont été délibérées par cette assemblée, les greffiers des dioceses délivreront aux consuls des villes capitales le verbal des Etats & autres actes, toutes fois & quantes qu'ils en seront requis, à peine d'être démis de leurs charges, & que les réglemens & arrêts du conseil qui auront été obtenus par les députés du pays en cour, & qui sont annuellement délivrés aux consuls députés en cette assemblée, seront lus en l'assemblée des assiettes de chacun diocese, & enregistrés en leur registre, afin d'y avoir recours en cas de besoin, & que les communautés desdits dioceses en puissent avoir connoissance.

X I I.

EXTRAIT du registre des délibérations des Etats généraux de Languedoc, assemblés par mandement du Roi en la ville de Montpellier au mois d'Octobre 1684.

Du Lundi 20 Novembre suivant, président Mgr. le Cardinal de Bonzy, archevêque & primat de Narbonne.

LE sieur de Joubert, syndic général, a dit que le sieur Chambon, greffier du diocese d'Uzès, avoit été nommé collecteur forcé dans une communauté, mais que les affaires dudit diocese, auxquelles il doit donner une applica-

Tome IV.

tion continuelle l'avoient obligé de refuser de prendre à faire cette levée ; ce qui auroit donné lieu à le faire assigner en la cour des aides de Montpellier pour l'y faire contraindre ; qu'il avoit recours à l'assemblée, & la supplioit très-humblement de lui accorder sa protection pour y obtenir son relaxe. SUR QUOI a été délibéré, que le syndic général interviendra en la cour des aides de Montpellier, pour demander que tant ledit sieur Chambon que tous les autres greffiers de la province qui se trouveront en pareil cas, soient déchargés de la levée des tailles, avec défenses aux consuls des communautés de les nommer pour collecteurs.

X I I I.

A R R Ê T

DU CONSEIL D'ETAT DU ROI,

Qui autorise le diocese du Puy à imposer chaque année dans le département des frais d'assiette dudit diocese, en faveur du sieur Debains fils, la somme de quatre cens livres, pour servir à son éducation, & ce seulement jusques à ce que ledit sieur Debains ait atteint sa vingtieme année ; passé lequel temps, ladite imposition n'aura plus lieu.

Du 20 Février 1769.

EXTRAIT des Registres du Conseil d'Etat.

VU par le Roi étant en son conseil, la requête du syndic du diocese du Puy; CONTENANT, Que le sieur Debains, greffier du diocese, qui est décédé depuis quelque temps, n'a laissé qu'une très-médiocre fortune : Que le diocese voulant, autant par ce motif, qu'à cause des services que lui & ses

F f

auteurs ont rendu au pays de Vélai dans ladite place de greffier pendant plus de cent ans, donner des marques de fa reconnoiffance en la perfonne de fon fils, âgé de fept ans, l'affemblée de l'affiette auroit délibéré le 22 Mars 1768, de lui accorder une penfion annuelle & viagere de la fomme de quatre cens livres pour fervir à fon éducation : Que les Etats qui ont pris connoiffance de cette délibération, & des motifs qui ont déterminé cette penfion, ont trouvé que s'il étoit jufte de donner des marques de reconnoiffance des fervices précédemment rendus par ledit fieur Debains & fes auteurs, il n'étoit pas moins néceffaire de prévenir les conféquences d'une pareille libéralité, & de lui donner des bornes en reftreignant la durée de cette penfion au temps de l'éducation de celui en faveur de qui elle eft accordée, dont l'époque pourroit être fixée à fa vingtieme année ; & ils ont en conféquence, par leur délibération du 17 du mois de Décembre dernier, confenti que le diocefe du Puy impofât en faveur du fieur Debains fils, la fomme de quatre cens livres par année, jufques à ce feulement qu'il eût atteint fa vingtieme année, pour l'employer à fon éducation ; & cette impofition ayant enfuite été permife par or-

donnances des fieurs commiffaires de Sa Majefté & des Etats, du 24 dudit mois, aux mêmes conditions, & à la charge que le fuppliant en pourfuivroit l'autorifation, il efpere que Sa Majefté voudra bien accorder cette autorifation. Requéroit A CES CAUSES, le fuppliant, qu'il plût à Sa Majefté fur ce pourvoir. Vu auffi la délibération de l'affemblée de l'affiette du 22 Mars dernier, celle de l'affemblée des gens des trois Etats de la province, du 17 Décembre fuivant ; enfemble l'ordonnance des fieurs commiffaires du Roi & des Etats, du 24 du même mois : Oui le rapport du fieur Maynon d'Invau, confeiller ordinaire & au confeil royal, contrôleur général des finances ; LE ROI ÉTANT EN SON CONSEIL, a autorifé & autorife le diocefe du Puy à impofer chaque année dans le département des frais d'affiette dudit diocefe, & jufques à ce feulement que le fieur Debains fils ait atteint fa vingtieme année, la fomme de quatre cens livres pour l'employer à fon éducation ; paffé lequel temps, ladite impofition n'aura plus lieu. FAIT au confeil d'Etat du Roi, Sa Majefté y étant, tenu à Verfailles le vingt Février mil fept cent foixante-neuf.

Signé, PHELYPEAUX.

TITRE SEPTIEME.

Réglemens généraux pour les Affiettes & autres affemblées des Diocefes.

N°. I.

I.

RÉGLEMENS

Faits par l'affemblée des Etats, pour la tenue des affiettes.

Du 23 Janvier 1658.

Article Premier.

Temps de la convocation des affiettes.

Premierement, que lefdites affiettes feront convoquées immédiatement après la tenue des Etats, & au plutard un mois après la fin d'iceux, dans les formes ordinaires de chaque diocefe, & aux villes & lieux où elles ont accoutumé de fe tenir; en telle forte toutefois que les termes des impofitions portés par les commiffions, ne puiffent être reculés.

II.

Ceux qui ont droit d'y affifter.

Voyez l'art. 3 de l'arrêt du 3º Janvier 1725.

Qu'il ne fera reçu dans lefdites affiettes, que les feigneurs évêques & barons des diocefes, grands vicaires ou envoyés qui ont droit d'y affifter, & les autres perfonnes qui font dénommées en l'état arrêté au confeil en l'année 1634, (a) ou autres qui ayant été omifes audit état, y ont été ou feront remifes.

III.

Droit d'affiftance.

Que les commiffaires principal & ordinaires, confuls & députés des villes & lieux, qui auront affifté auxdites affiettes, ne pourront prendre pour leurs gages & droit d'affiftance, que les fommes qui leur font ordonnées par ledit état du Roi & arrêt, fans le pouvoir augmenter, fous prétexte de féjour & affaires extraordinaires, ni autrement, à peine de concuffion, & de privation de l'entrée aux Etats & affiette, & autre arbitraire; & ne pourront lefdits diocefes, commiffaires & députés, faire ni demander aucune augmentation de gages pour leur droit d'affiftance auxdites affiettes, que préalablement elles n'ayent été confenties par les Etats.

N°. I.

N°. 1. fuivant la délibération du 3 Janvier 1755. l'honoraire du commiffaire principal a été porté jufqu'à 300 liv.

IV.

Sommes qui doivent être impofées.

Que dans lefdites affiettes il ne pourra être départi ni impofé fur les communautés, que les fommes qui auront été confenties par les Etats, & contenues aux commiffions de MM. les commiffaires préfidens pour le Roi en iceux, avec les frais d'affiette réglés par l'état du Roi, de l'année 1634, & arrêts du confeil donnés fur ce fujet à la requête des diocefes, & non autrement; enfemble les journées extraordinaires que les députés des diocefes employeront auxdits Etats, & les récompenfes qui feront accordées aux fyndics defdits diocefes, à proportion de leurs fervices.

V.

Intérêts &

Dans lefdites affiettes on pourra en-

(a) Il y a de nouveaux Etats arrêtés au confeil du Roi le 17 Décembre 1759. On les trouvera fous le titre IX de ce livre.

core imposer les intérêts des dettes dont les capitaux auront été bien & duement vérifiés , même , si bon leur semble , des capitaux des dettes vérifiées , conformément à l'arrêt du conseil du 8 Février 1634.

VI.

Et s'il y a d'autres dettes contractées depuis la dernière vérification , il en sera dressé un état , sur lequel la vérification en sera poursuivie devant MM. les commissaires présidens pour le Roi aux Etats , durant la tenue d'iceux , par les consuls des villes ou députés des dioceses , sans aucun frais , suivant les délibérations sur ce prises le 25 Octobre & 5 Novembre 1657 (a).

VII.

Que si lesdits dioceses en particulier avoient des affaires & des procès , & qu'il fût jugé à propos de les terminer par accommodement , ils le pourront faire durant la tenue desdites assiettes : & s'il est accordé quelques sommes , il sera dressé un état d'icelles , qui sera porté aux Etats suivans & remis entre les mains des syndics généraux de la province , pour être vérifiées en la forme que les Etats l'ordonneront , sur lequel il sera poursuivi devant mesdits sieurs les commissaires du Roi , leur avis , pour l'imposition desdites sommes accordées.

VIII.

Que le fonds destiné par le Roi , pour subvenir aux frais des procès & affaires des dioceses , ne sera pas diverti dans les assiettes , ni employé à autre usage qu'à celui auquel il se trouve destiné par ledit état & arrêt.

IX.

Les officiers du Roi qui se trouveront commissaires ordinaires dans lesdites assiettes , ne pourront opiner sur les affaires qui seront proposées en icelles , ni donner aucunes ordonnances contre celles qui pourroient être rendues par ledit commissaire principal ; défendant aux consuls & députés des villes & lieux dudit diocese , d'y déférer , à peine d'être exclus de l'entrée aux Etats & assiettes.

X.

Que les receveurs & contrôleurs des tailles ne pourront avoir entrée ni séance auxdites assiettes , que lorsqu'ils auront à présenter leurs comptes , ou qu'ils seront appellés pour traiter quelques affaires avec lesdits dioceses ; défendant très-expressément aux commissaires & députés des assiettes , de leur accorder aucune taxe pour droit d'assistance.

XI.

Que les sommes imposées dans les dioceses , ne pourront être diverties ni employées qu'à ce qu'elles auront été destinées par les assiettes , pour quelque cause & prétexte que ce puisse être ; ce faisant , la dépense ne pourra excéder la recette , ni les dioceses rester reliquataires envers lesdits receveurs , à peine de pure perte pour lesdits receveurs.

XII.

Les commissaires & députés des assiettes ne pourront rien accorder auxdits receveurs pour les avances des frais ordinaires de l'assiette , ni pour les vacations des journées extraordinaires

---

(a) *Voyez* sur cet article & le suivant le titre I. du livre suivant qui traite de la vérification des dettes des dioceses.

N°. I.

qu'ils doivent payer aux députés des Etats, non plus que pour le maniement des emprunts qui pourroient être faits par lesdits dioceses.

Ni pour le maniement des emprunts faits par les dioceses.

XIII.

Sommes accordées aux communautés.

Quand il sera accordé quelque somme aux communautés, soit par MM. les commissaires du Roi, ou par l'ordre des Etats ou des dioceses, l'état de distribution en sera fait en pleine assiette; faisant défenses aux receveurs desdits dioceses, de rien payer que suivant ledit état & aux dénommés en icelui, sans qu'il soit besoin d'aucun autre mandement particulier, à peine de payer deux fois.

XIV.

Termes des impositions.

Nota. Les Etats déliberent chaque année, sur le renvoi du premier terme au second, en laissant aux dioceses & aux communautés, la liberté de traiter à ce sujet avec les receveurs.

Que lesdites assiettes ne pourront rien accorder aux receveurs desdits dioceses, sous prétexte de reculement des termes des impositions; les Etats voulant que les sommes imposées soient levées aux termes portés par les commissions, sans entasser un terme sur l'autre; & en cas de contravention, lesdits receveurs seront poursuivis à la restitution des sommes à eux accordées pour ce sujet.

XV.

Gratifications extraordinaires.

Nota. La permission d'imposer les gratifications, est comprise dans l'arrêt du conseil qui autorise toutes les impositions.

Les gratifications extraordinaires qui auront été accordées par les Etats, seront imposées dans les assiettes, sur le certificat signé du greffier des Etats, de la portion & quotité qu'ils en doivent porter; & en cas que la permission d'imposer les susdites gratifications ne seroit pas accordée, les deniers demeureront ès mains du receveur des dioceses, pour être d'autant moins imposé l'année suivante; les Etats faisant défenses aux dioceses de faire aucunes assemblées particulieres pendant l'année, sous quelque prétexte que ce soit, conformément à diverses délibérations prises sur ce sujet.

N°. I.

XVI.

Epices des trésoriers de France.

Nota. Il a été dérogé à cet article par délibération des Etats du 30 Mars 1661.

Ne sera fait aucun fonds dans lesdites assiettes pour les épices que les trésoriers de France prétendent pour la vérification des états des deniers extraordinaires, leur étant défendu d'en prendre pour ce sujet par divers arrêts du conseil.

XVII.

Comptes des syndics & des receveurs.

Apurement des comptes des receveurs.

Seront tenus les receveurs & syndics des dioceses, de compter à chaque année des deniers de leur maniement, & les receveurs de faire apurer leurs comptes dans la deuxieme année, autrement les parties surfises ou tombées en souffrance, tomberont en debet de clair au profit des dioceses.

XVIII.

Délibérations & réglement des Etats, pour la discipline des assiettes.

Que les délibérations prises dans l'assemblée des Etats, portant réglement pour la discipline des assiettes, & qui ordonnent des peines contre les particuliers dénommés en icelles, seront lues à l'ouverture desdites assiettes, afin que le contenu en icelles soit observé; enjoignant aux commissaires principal, ordinaires, & députés desdites assiettes, de tenir la main à l'exécution du présent article. Et afin qu'elles puissent être connues à un chacun, il en sera fait mention expresse dans les instructions qui sont tous les ans envoyées dans les dioceses, dont les consuls & députés des dioceses se chargeront au greffe des Etats, conjointement avec les commissions, pour être remis en chacune desdites assiettes.

XIX.

Quittance des intérêts & des capitaux des dettes.

Que pendant la tenue desdites assiettes, les receveurs des dioceses seront obligés de rapporter les extraits des quittances en bonne & due forme, passées devant un notaire, des sommes qu'ils auront payées pour les capitaux ou intérêts des sommes dues par ledit diocese, lesquelles seront remises dans les archives, pour y avoir recours en cas de besoin.

X X.

Que de tous les départemens qui seront faits dans les dioceses, conformément à la délibération prise l'année derniere le 14 Mars, il en sera fait trois originaux, dont l'un demeurera au greffe des dioceses ; le second sera remis ès mains du receveur en exercice, & le troisieme ès mains des syndics généraux de la province, chacun dans son département, pour être par eux vus, vérifiés & rapportés aux Etats suivans ; enjoignant aux consuls des villes, & députés des dioceses, chacun à leur égard, de tenir la main à l'exécution de cet article, sur les peines portées par ladite délibération.

X X I.

Et pour l'expédition desdits départemens & verbaux, & pour toutes autres expéditions & affaires des dioceses pendant l'année, il sera payé aux greffiers des dioceses, compris ce qui leur est accordé par l'état de l'année 1634, & arrêts du conseil donnés ensuite ; savoir, à celui du bas-Montauban cent cinquante livres, de Lavaur trois cent. livres, d'Alby quatre cent livres, de Castres trois cent livres, de St. Papoul deux cent livres, de Carcassonne trois cent livres, d'Alet & Limoux trois cent livres, de Montpellier trois cent livres, de Nîmes quatre cent livres, d'Uzès trois cent livres, du Puy quatre cent livres, de Mende quatre cent livres, de Lodeve deux cent livres, de Beziers trois cent cinquante livres, de St. Pons deux cent livres, à celui de Mirepoix deux cent cinquante livres, & ceux de Commenge, Rieux, Toulouse, Viviers, Agde & Narbonne, n'auront que

ce qui leur est accordé par ledit état du Roi de l'année 1634, leur défendant très-expressément, moyennant ce dessus, de prendre pour eux ni pour leurs clercs, pour quelque cause & occasion que ce puisse être, aucun salaire ni gratification, ni même d'en prendre, à peine de concussion & destitution de leurs charges.

X X I I.

Et voulant que tous les habitans de la province ayent une entiere connoissance des sommes imposées, les Etats ordonnent que pendant la tenue des assiettes, il sera dressé un état général en abrégé, de toutes les sommes qui auront été départies, qui ne contiendra qu'autant d'articles qu'il y a de nature de deniers, lequel état sera en forme de placard, qui sera affiché aux lieux publics des villes où les assiettes se tiendront. FAIT & arrêté en l'assemblée des Etats généraux, tenus en la ville de Pezenas le vingt-troisieme Janvier mil six cent cinquante-huit. ANTHIME DENIS, évêque de Nîmes, président. Du mandement de mesdits seigneurs des Etats. ROGUIER, *ainsi signés à l'original.*

ARTICLES AJOUTÉS AUDIT
RÉGLEMENT.

Du premier Mars 1659.

I.

Premierement, que conformément au vingtieme article du réglement de l'année derniere, il sera fait dans les dioceses trois originaux qui seront signés des commissaires principaux, ordinaires, & députés desdites assiettes, tant du verbal que des départemens qui seront faits, dont l'un demeurera au greffe d'icelui, l'autre sera remis ès mains du receveur en exercice, & le troisieme entre les mains des syndics généraux, chacun dans son département, six semaines après la tenue des assiettes, sans aucun retardement, & par un messager exprès à pied ; à peine contre les greffiers particuliers, qui contreviendront au présent article, de l'interdiction de leurs charges.

I I.

Les greffiers des dioceses responsables des départemens des impositions faites dans les assiettes.

Seront tenus les greffiers des dioceses, avant d'envoyer dans les communautés particulieres les départemens des impositions qui seront faites dans les assiettes, de vérifier s'ils sont justes au calcul, les Etats les rendant responsables en leur propre & privé nom, au cas qu'il se trouvât qu'il eût été départi & imposé plus grande somme qu'il n'auroit été distribué.

I I I.

Etat des dettes vérifiées remis au syndic général du département.

Il sera dressé dans les assiettes prochaines, un état particulier des dettes duement vérifiées de chaque diocese, qui sera signé des commissaires principaux ordinaires, & députés en icelles, pour être remis en original, six semaines après leur tenue, entre les mains des syndics généraux, chacun dans leur département ; & au cas qu'il y ait des dioceses qui ayent des dettes non vérifiées, il en sera dressé un état séparé, qui sera remis dans le même délai entre les mains des syndics généraux ; ordonnant cependant les Etats aux syndics particuliers des dioceses, d'en poursuivre incessamment la vérification.

I V.

Capitaux des dettes vérifiées.

On pourra imposer dans lesdites assiettes, les capitaux des dettes duement vérifiées ; auquel cas, ladite imposition sera comprise, par un article séparé, dans le département des frais d'Etats & d'assiette.

V.

Les délibérations des dioceses donnant pouvoir d'emprunter, ne pourront être exécutées, sous quelque prétexte, maniere & occasion que ce puisse être, qu'elles n'ayent été préalablement rapportées aux Etats, qui en examineront les motifs & en ordonneront l'exécution, s'il y échoit (a).

Consentement des Etats aux emprunts des dioceses.

V I.

Qu'il ne pourra être départi ni imposé dans lesdites assiettes, sur les communautés particulieres, que les sommes qui seront consenties par les Etats, & approuvées par leurs réglemens ; comme aussi, qu'il ne sera point consenti à aucunes gratifications extraordinaires ; & au cas de contravention au présent article, les Etats font très-expresses défenses aux receveurs qui seront en exercice dans les dioceses, de payer aucunes sommes qui auroient été imposées contre l'ordre, à peine de pure perte, & d'en répondre en leur propre & privé nom.

Impositions des sommes consenties par les Etats, & approuvées par leurs réglemens. Il ne sera consenti à aucunes gratifications extraordinaires.

Voyez l'art. IV du réglement du 23 Janvier 1658.

V I I.

Les comptes des syndics particuliers des dioceses, seront remis en original, signés des commissaires principaux, ordinaires, & députés des assiettes, entre les mains des syndics généraux, chacun dans son département, six semaines après la tenue d'icelles, lors toutefois qu'il se trouvera leur être dû par les dioceses, & non autrement.

Comptes des syndics, remis au syndic général du département, lorsqu'il leur est dû par les dioceses.

V I I I.

Les sommes contenues dans l'état de l'année 1634, & arrêts du conseil donnés ensuite pour servir de fonds pour les affaires du diocese pendant

Fonds destiné pour les affaires du diocese, sera remis

(a) Voyez l'arrêt du conseil du 30 Octobre 1754 dans le Ier. volume, page 312.

l'année, feront remifes entre les mains du fyndic particulier, & non à autres, pour être par eux employées à cet effet, & en être rendu compte à l'affiette fuivante (a).

IX.

Il ne fera point expédié à l'avenir aucuns mandemens par les Etats, au profit des dioceses, pour les intérêts des fommes qui leur font dues par la province, lefquelles feront moins impofées dans les commiffions qui leur font envoyées tous les ans, dont il fera fait mention dans lefdites commiffions, & dreffé un état dans le bureau des comptes des Etats, pour être remis devers le greffe d'iceux.

X.

Pour l'expédition des verbaux, départemens, comptes, & pour toutes autres expéditions & affaires du pays de Vivarais & diocefe d'Uzès, il fera payé, fous le bon plaifir du Roi, au greffier dudit pays quatre cent livres, & à celui du diocefe d'Uzès, cent liv. au-delà de ce qui leur eft accordé par l'état de l'année 1634, & arrêts du confeil donnés enfuite ; les commiffaires nommés pour examiner les impofitions qui ont été faites dans la province en l'année 1658, ayant vérifié que les gages accordés auxdits greffiers, par lefdits états & arrêts du confeil, n'étoient pas proportionnés au travail qu'ils étoient obligés de faire.

XI.

Que conformément à la délibération prife par les Etats le 15 Janvier 1659, les contrats des étapes feront paffés dans les dioceses pendant la tenue des affiettes ; ce faifant, il eft enjoint aux commiffaires principal, ordinaires, & députés d'icelles, de ne paffer point de contrats pour raifon defdites étapes, & ceux qui entreprendront d'en faire le fourniffement, ne fe foumettent par une claufe expreffe, à la jurifdiction des Etats, pour tous les différends qu'ils pourroient avoir, foit avec la province, dioceses, ou les communautés particulieres ; comme auffi, à l'exécution du réglement qui fut fait le

qu'ils feront inférer au bas defdits contrats, afin qu'ils n'en prétendent caufe d'ignorance ; enjoignant en outre & par exprès auxdits commiffaires principaux, ordinaires, & députés des affiettes, de ne bailler point ledit fourniffement des étapes à un plus haut pied que celui qui fe trouve établi par la province, & d'obliger par lefdits contrats ceux qui entreprendront de compter aux Etats de leur dépenfe, de laquelle il ne fera préfenté aucun compte dans le diocefe ; & au cas qu'à faute de trouver des étapiers les fyndics particuliers fuffent obligés de faire ladite fourniture, les Etats leur ont défendu d'employer dans le compte qu'ils rendront à l'affiette, une plus grande dépenfe que celle qui leur fera accordée par lefdits Etats.

XII.

Que ceux qui feront chargés du maniement des deniers extraordinaires, feront obligés de bailler de bonnes & fuffifantes cautions, durant la tenue des affiettes ; & que du cautionnement il fera donné un extrait en bonne & due forme au tréforier de la bourfe, afin qu'il puiffe agir contre ceux qui auront cautionné, faute de payement.

(a) Ceci a été changé par les nouveaux Etats de 1759.

XIII.

No. I.
Jugemens
des Etats.

Que les délibérations des Etats qui seront prises tous les ans, sur la vérification des verbaux & départemens desdites assiettes, seront attachées aux commissions de MM. les commissaires présidens pour le Roi en iceux, pour être lues le jour de l'ouverture des assiettes, & exécutées selon leur forme & teneur, nonobstant tous arrêts qui pourroient être donnés au contraire; & qu'à cet effet Sa Majesté sera très-humblement suppliée de faire défenses d'imposer aucunes sommes en vertu d'aucuns arrêts particuliers, s'ils ne sont donnés du consentement du syndic général; & au cas de contravention au présent article, les Etats ont dès-à-présent, comme pour lors, exclus pour jamais les commissaires principaux, ordinaires, & députés des assiettes, qui n'y auront pas satisfait, de l'entrée en cette assemblée.

XIV.

Nombre & nature des départemens.

Et parce qu'il a été remarqué par les les commissaires qui ont vérifié les départemens des impositions qui ont été faites dans la province en l'année 1658, qu'il y avoit de la confusion dans la maniere que les départemens étoient faits dans les dioceses, qu'il n'y en avoit point qui ne fût différent l'un de l'autre, & qu'il ne manquât quelque chose de la forme & de l'ordre qui doit être observée, les Etats ont résolu de rendre tous les dioceses uniformes dans l'exécution des impositions, qu'elles seront faites dans la forme qui s'ensuit.

Il sera fait dans le diocese, des départemens séparés des deniers
De la taille,
Taillon,
Frais d'Etats & d'assiette, dans laquelle ils comprendront encore les deniers
De la sénéchaussée,
Tome IV.

Garnisons,
Morte-payes,
De l'étape, dans lequel il ne sera fait d'autre imposition que celle qui proviendra de la fourniture de l'étape.

Outre ces six départemens, il en sera fait un septieme, où l'on comprendra les deniers du don gratuit, des gratifications extraordinaires, des dettes & affaires de la province, des intérêts des dettes vérifiées du diocese, des gages du receveur ancien, aux endroits où ils sont établis, & des épices de MM. de la chambre des comptes, pour le compte des deniers extraordinaires, pour lesquelles il sera fait fonds dans les dioceses, conformément au traité fait par la province avec MM. de la chambre des comptes en l'année 1612, sans aucune augmentation, sous quelque prétexte que ce soit.

Nota. Les Epices de la chambre des comptes ont été depuis augmentées par le traité fait avec elle le 23 Février 1665.

II.

ARRÊT

DU CONSEIL D'ETAT DU ROI,

Qui autorise le réglement des assiettes, fait par les Etats.

Du 3 Avril 1659.

EXTRAIT des Registres du Conseil d'Etat.

SUR ce qui a été représenté au Roi étant en son conseil, par le syndic général de la province de Languedoc, que les gens des Trois-états de ladite province, assemblés par permission de Sa Majesté en la ville de Pezenas en l'année 1658, bien informés des abus qui se glissoient dans les assiettes des dioceses dudit pays, tant au sujet des impositions qu'autrement; & voulant remédier à ces désordres, si dommageables aux communautés, & contraires aux ordres

Gg

de ladite province, auroient fait un réglement contenant vingt-deux articles, de tout ce qui doit être gardé & observé en la tenue defdites affiettes, par les commiffaires principaux, ordinaires, fyndics, confuls & députés en icelles; auquel réglement lefdits Etats affemblés la préfente année en la ville de Narbonne, ont encore ajouté quatorze autres articles : Et comme ledit réglement & addition à icelui, a été fait pour le bien & foulagement des habitans de ladite province, ont été prifes les délibérations des 23 Janvier 1658, & premier du mois de Mars dernier, par lefquelles les Etats auroient réfolu que, fous le bon plaifir de Sa Majefté, les articles contenus audit réglement feront exécutés dans les vingt-deux diocefes de ladite province ; mais à celle fin que ce foit avec plus de force & d'autorité, ledit fupliant, conformément audites délibérations, & à l'ordonnance des fieurs commiffaires préfidens pour Sa Majefté auxdits Etats, rendue en conféquence le 17 dudit mois de Mars, REQUÉROIT qu'il plût à Sa Majefté vouloir autorifer ledit réglement ; ce faifant, ordonner que les articles contenus en icelui, feront exécutés felon leur forme & teneur, avec défenfes aux commiffaires principaux, ordinaires, confuls, fyndics, & députés aux affiettes, d'y contrevenir, fous les peines y contenues. Vu ledit réglement fait par lefdits Etats le 23 Janvier 1658, contenant vingt-deux articles ; L'addition faite à icelui le premier Mars dernier, d'autres quatorze articles ; Les délibérations defdits Etats à l'effet de l'obfervation defdits réglemens : Oui le rapport; LE ROI ÉTANT EN SON CONSEIL, a validé & autorifé les fufdits réglemens des Etats de ladite province de Languedoc ; ce faifant, a ordonné & ordonne, qu'ils feront exécutés felon leur forme & teneur. Fait Sa Majefté

défenfes aux commiffaires principaux, ordinaires, fyndics, confuls, & députés aux affiettes des vingt-deux diocefes dudit pays, d'y contrevenir, fur les peines portées par iceux. FAIT au confeil d'état du Roi, Sa Majefté y étant, tenu à Paris le troifieme jour d'Avril mil fix cent cinquante-neuf.

Signé, PHELYPEAUX.

III.
ARRÊT

DU CONSEIL D'ETAT DU ROI,

Qui autorife en particulier les articles VI. & XIII. du réglement de 1659.

Du 24 Avril 1659.

EXTRAIT des Regiftres du Confeil d'Etat.

SUR ce qui a été repréfenté au Roi étant en fon confeil par le fyndic général de la province de Languedoc, que Sa Majefté ayant par arrêt du confeil du 3 du préfent mois, autorifé le réglement fait par l'affemblée des gens des Trois-états de ladite province, pour ce qui doit être obfervé, gardé & entretenu par les commiffaires principaux, ordinaires, fyndics, confuls, & députés aux affiettes dudit pays, tant au fait des impofitions qu'autrement, auroit, entr'autres chofes, réglé par les fix & treizieme articles, de ceux qui ont été ajoutés audit réglement le premier du mois de Mars dernier, qu'il ne pourra être départi ni impofé dans lefdites affiettes, fur les communautés particulieres, que les fommes qui feront confenties par les Etats, & approuvées par leurs réglemens, ni confentir aucunes gratifications extraordinaires ; avec défenfes, en cas de contravention, aux receveurs, de payer aucunes fommes qui auront été impo-

...fées contre ledit ordre, à peine de pure perte, & d'en répondre en leurs propres & privés noms ; comme auſſi, que les délibérations des Etats qui ſeront priſes tous les ans ſur la vérification des verbaux & départemens deſdites aſſiettes, ſeront attachées aux commiſſions des ſieurs commiſſaires préſidens pour Sa Majeſté auxdits Etats, pour être lues le jour de l'ouverture des aſſiettes, & exécutées nonobſtant tous les arrêts à ce contraires ; & qu'à cet effet ſeront faites défenſes d'impoſer aucunes ſommes en vertu d'aucuns arrêts particuliers, s'ils ne ſont donnés du conſentement dudit ſuppliant ; & en cas de contravention, que les commiſſaires principaux, ordinaires, & députés des aſſiettes, demeureront exclus pour jamais de l'entrée auxdits Etats ; leſquels articles ledit ſuppliant requéroit qu'il plût à Sa Majeſté vouloir ordonner être exécutés, avec les défenſes y contenues, tant contre leſdits receveurs, commiſſaires principaux, ordinaires, & députés auxdites aſſiettes, & ſur les peines portées par iceux. Vu leſdits articles ſix & treizieme dudit réglement des Etats de ladite province de Languedoc, & Ouï le rapport du ſieur de Breteuil, contrôleur général des finances ; LE ROI ÉTANT EN SON CONSEIL, a ordonné & ordonne que leſdits ſix & treizieme articles dudit réglement, dont eſt queſtion, ſeront exécutés ſelon leur forme & teneur. Enjoint Sa Majeſté tant auxdits receveurs, commiſſaires principaux, ordinaires, & députés aux aſſiettes dudit pays, que tous autres, de les garder & entretenir ; leur faiſant à ces fins défenſes d'y contrevenir, ſur les peines portées par iceux. FAIT au conſeil d'état du Roi, Sa Majeſté y étant, tenu à Paris le vingt-quatrieme jour d'Avril mil ſix cent cinquante-neuf.

Signé, PHELYPEAUX.

I V.

EXTRAIT du regiſtre des délibérations des États généraux de Languedoc, aſſemblés par mandement du Roi en la ville de Nîmes, au mois de Janvier 1723.

Du Mardi 2 Mars ſuivant, préſident Mgr. l'archevêque & primat de Narbonne.

LE ſieur de Montferrier, ſyndic général, a dit que l'aſſemblée a entendu parler pluſieurs fois des conteſtations qu'il y a dans quelques aſſiettes, au ſujet de l'entrée, rang & ſéance des perſonnes qui ont droit d'y aſſiſter, & de la rétribution des conſuls & autres députés ; que ce dernier article a été réglé par l'arrêt du conſeil de 1634 ; mais que les choſes ont ſi fort changé depuis ce temps-là, que ce réglement eſt inutile, lorſqu'on fait la vérification des impoſitions des aſſiettes des dioceſes ; & c'eſt ce qui détermina les Etats à délibérer, il y a quatre ans, qu'il ſeroit fait au plutôt un nouveau projet de réglement pour être enſuite autoriſé par Sa Majeſté ; mais que la choſe a demeuré ſans exécution, parce que les ſyndics des dioceſes n'ont pas envoyé les mémoires qui leur avoient été demandés : que le différend entre MM. les barons de Rouairoux & d'Ambres, & le ſieur juge royal de la ville de Caſtres, ſur la préſéance dans l'aſſiette, n'eſt pas encore décidé, de même que les conteſtations des juges de Caſtelſarraſy, Villemur & Montech, pour l'entrée à l'aſſiette du Bas-Montauban, parce que les parties n'ont pas ſuffiſamment inſtruit ; que Mgr. l'évêque de Nîmes & M. le baron de Calviſſon, ont auſſi des prétentions réciproques ſur leurs ſéances dans l'aſſiette du dioceſe de Nîmes, qu'il eſt de la dignité de l'aſſemblée de terminer ; les Etats étant d'ailleurs fondés en jurisdiction pour tout ce qui regarde les assiettes , par les lettres patentes du 3 Mars 1653 , & par plusieurs arrêts du conseil subséquens , & qu'il seroit à désirer qu'il y eût une uniformité dans toutes les assiettes , autant que faire se pourra , ces assemblées particulieres devant être faites à l'instar de celles des Etats , à la réserve des assiettes du pays de Vivarais , de Mende & du Puy.

Sur quoi il a été délibéré que les syndics des dioceses seront tenus d'envoyer au syndic général de leur département , les mémoires qui leur seront demandés , sur lesquels le réglement proposé puisse être fait aux Etats prochains ; & que cependant il en sera usé aux assiettes prochaines comme par le passé , sans préjudicier aux prétentions respectives des parties.

V.

ARRÊT

Du Conseil d'Etat du Roi,

Qui renvoye aux commissaires présidens pour le Roi aux Etats , & à ceux qui seront nommés par l'assemblée desdits Etats , les différends sur les entrées aux assiettes , rang & séance des députés , pour , sur l'avis desdits sieurs commissaires , être statué par Sa Majesté , ainsi qu'elle jugera convenable.

Du 23 Novembre 1723.

Extrait des Registres du Conseil d'Etat.

VU par le Roi , étant en son conseil , l'article sixieme du cahier présenté cette année à Sa Majesté par les députés des Etats de la province de Languedoc; contenant que les contestations qui se sont formées dans les assiettes des dioceses de Castres , de

Nîmes & Bas-Montauban , au sujet de l'entrée , rang & séance des personnes qui ont droit d'y assister , & de la rétribution des consuls & autres députés , ont donné lieu aux Etats de délibérer , sous le bon plaisir de Sa Majesté , de faire sur cela un réglement général & uniforme autant qu'il se pourroit , pour être ensuite autorisé par Sa Majesté , l'état arrêté en 1634 , se trouvant presque inutile par les divers changemens arrivés dans la province : Mais que depuis la derniere assemblée des Etats , le sieur duc d'Uzès ayant fait signifier au syndic général , un arrêt du conseil du 12 Février 1723 , qui ordonne que ses officiers auront entrée , rang & séance à l'assiette & aux assemblées des commissaires au diocese d'Uzès , tout ainsi & en la maniere que le faisoient les officiers de Sa Majesté , les députés desdits Etats représentoient à Sa Majesté , sans prétendre toucher à l'échange fait avec ledit sieur duc d'Uzès , que , suivant les droits & privilèges de la province de Languedoc , constamment observés & autorisés par les Rois prédécesseurs de Sa Majesté , & notamment par les lettres patentes du 13 Mars 1653 , les Etats étoient maintenus dans la connoissance de tous les différends qui pouvoient naître , tant dans l'assemblée générale desdits Etats , que dans les assiettes de chaque diocese , à raison du droit d'entrée , séance , préséance , adresse des mandes , droits de création , nomination , institution , destitution de syndics & greffiers desdits dioceses , & autres semblables contestations , circonstances & dépendances ; lesquelles lettres font mention de plusieurs arrêts plus anciens : Que par arrêt du conseil , du 15 Octobre 1654 , Sa Majesté avoit renvoyé aux Etats & à ses commissaires présidens en iceux , les contestations mues en l'assiette de Mende , à l'occasion de l'entrée du bailli du sieur Evêque de Mende, pour entendre les parties, & donner leur avis à Sa Majesté : Que par autre arrêt du 23 Août 1662, les différends qui étoient entre les lieux de Cordes & de Virac, diocese d'Alby, pour raison de l'envoi des mandes des impositions, avoient été renvoyés aux Etats : Et que lorsque Sa Majesté avoit séparé le diocese d'Alais avec celui de Nimes, elle avoit, par arrêt du 4 Octobre 1694, renvoyé auxdits Etats & à ses commissaires qui y présidoient, pour donner leur avis sur le nombre des personnes qui devoient composer l'assiette, & sur toutes les difficultés qui pouvoient se présenter à cette occasion : A quoi lesdits députés auroient ajouté que Sa Majesté seule avoit droit d'avoir un de ses officiers dans les assemblées des dioceses, & que ce droit du souverain sembloit ne pouvoir être transmis à un seigneur particulier. Requéroient, A CES CAUSES, lesdits députés, qu'il plût à Sa Majesté, en confirmant, en tant que de besoin, les priviléges de la province sur cet article, renvoyer à ses commissaires qui présideront à l'assemblée prochaine des Etats, & à ceux desdits Etats, la connoissance, tant de ce qui regarde l'entrée des officiers du sieur duc d'Uzès à l'assiette dudit diocese, que les autres contestations survenues dans les assiettes des dioceses de Castres, Nimes & Bas-Montauban, & autres de pareille nature, pour, sur l'avis qui en sera donné à Sa Majesté, y être pourvu par un réglement convenable ; & cependant, qu'il sera sursis à l'exécution de l'arrêt du conseil, du 12 Février 1723, lors duquel le syndic de la province n'a pas été entendu. Vu aussi la réponse faite audit article ; Oui le rapport du sieur Dodun, conseiller ordinaire au conseil Royal, contrôleur général des finances. SA MAJESTÉ ÉTANT EN

SON CONSEIL, conformément à la réponse faite audit article, a renvoyé & renvoie aux commissaires qui présideront pour elle aux Etats prochains de la province de Languedoc, & aux commissaires qui seront nommés par l'assemblée desdits Etats, les différends & contestations d'entre les parties, pour, sur l'avis desdits sieurs commissaires, y être par Sa Majesté statué ainsi qu'elle le jugera convenable ; & cependant ordonne Sa Majesté qu'il sera sursis à l'exécution de l'arrêt du 12 Février dernier. FAIT au conseil d'état du Roi, Sa Majesté y étant, tenu à Versailles le vingt-troisieme jour de Novembre mil sept cent vingt-trois.

Signé, PHELYPEAUX.

V I.

EXTRAIT du registre des délibérations des Etats généraux de Languedoc, assemblés par mandement du Roi en la ville de Montpellier au mois de Décembre 1723.

Du Vendredi 14 Janvier 1724, président Mgr, l'archevêque & primat de Narbonne.

LE sieur de Montferrier, syndic général, a dit que, suivant la délibération du 3 Mars dernier, il doit être fait un réglement général au sujet des contestations formées dans les assiettes de plusieurs dioceses, & qu'en conséquence les syndics des dioceses ont été chargés d'envoyer aux syndics généraux des mémoires des usages qui s'observent ; que depuis les derniers Etats M. le duc d'Uzès ayant, par un échange fait avec le Roi, acquis la seigneurie & claverie d'Uzès, il a fait signifier au syndic général un arrêt du conseil du 12 Février 1723, qui ordonne que ses officiers auront entrée, rang & séance à l'assiette & aux assemblées des communautés du diocèse d'Uzès, de la même maniere que les officiers du Roi l'ont eue; ce qui auroit obligé MM. les députés à la cour de représenter à S. M. que, suivant les droits & priviléges de la province, autorisés par les lettres patentes du 13 Mars 1653, les Etats ont été maintenus dans la connnoissance des différends qui peuvent naître, tant dans les assemblées générales des Etats, que dans celles des assiettes de chaque diocèse; & de supplier S. M. de vouloir bien, conformément aux arrêts du conseil, du 15 Octobre 1654, 23 Août 1662, & 4 Octobre 1694, rendus sur une semblable matiere, renvoyer aux Etats & à ses commissaires la connoissance de tout ce qui regarde l'entrée des officiers de M. le duc d'Uzès à l'assiette dudit diocèse; comme aussi les contestations survenues dans les diocèses de Castres, de Nîmes, Bas-Montauban & quelques autres, ce qui leur a été accordé par la réponse faite au VIe. article du cahier; qu'il seroit à propos de nommer des commissaires pour examiner les raisons sur lesquelles M. le duc fonde ses prétentions, & qu'ils examineroient les mémoires & réponses envoyés au sieur de Joubert, syndic général, par les syndics des diocèses; & qu'ensuite lesdits sieurs commissaires assemblés avec MM. les commissaires présidens pour le Roi, formeroient leur avis, afin qu'il soit statué par S. M. ainsi qu'elle le jugera convenable. Auquel effet Mgr. l'archevêque de Narbonne, président, a nommé Mgr. l'archevêque d'Alby, Mgr. l'évêque de Commenge, M. le baron de Rouairoux, M. le baron de Bram, les sieurs capitouls de Toulouse & les sieurs maires & députés de Carcassonne & Mende, & le diocésain d'Alby.

VII.

EXTRAIT du regiſtre des délibérations des Etats généraux de Languedoc, assemblés par mandement du Roi en la ville de Narbonne au mois de Décembre 1724.

Du Samedi 30 dudit mois de Décembre, président Mgr. l'archevêque & primat de Narbonne.

MONSEIGNEUR l'archevêque d'Alby a rapporté que s'étant assemblé avec Mgr. l'évêque de Commenge, M. le baron de Bram, M. le baron de Lanta, les sieurs capitouls de Toulouse, les sieurs consuls de Carcassonne, d'Alby & de Mende, ils ont examiné, suivant l'ordre de l'assemblée, le projet de réglement qui fut lu aux derniers Etats, & approuvé par délibération du 18 Février 1724; & que le sieur de Montferrier a dit à la commission, qu'il n'avoit pu en poursuivre l'autorisation, parce que M. de Bernage n'avoit pas jugé à propos de donner son avis en seul sur les articles dudit réglement, l'arrêt du conseil, du 23 Novembre 1723, ayant renvoyé cette affaire à MM. les commissaires présidens pour le Roi aux Etats.

Que la commission n'avoit pas trouvé qu'il y eût rien à changer aux dispositions de ce réglement, à la réserve de l'article XIII, qui regarde uniquement l'assiette du diocèse d'Alby, qu'on a cru devoir être supprimé; parce que cette assemblée étant composée de députés de plusieurs chapitres & de quelques abbés, & six de MM. les barons du pays y ayant aussi entrée avec M. le baron de Saint-Sulpice, il n'étoit pas possible de régler leur rang & séance de la même maniere que les assiettes ordinaires; & que celle d'Alby leur avoit paru devoir être exceptée du réglement, de même que celles du Vivarais, de Mende & du Puy.

SUR QUOI les Etats ayant fait faire la lecture dudit projet de réglement, il a été approuvé, conformément à l'avis de MM. les commissaires, & les syndics généraux ont été chargés de voir MM. les commissaires du Roi, & de leur demander une assemblée avec MM. les commissaires des Etats, pour qu'ils puissent donner leurs avis sur l'autorisation dudit réglement, suivant l'arrêt du conseil du 23 Novembre 1723.

PROJET de réglement, concernant les assiettes des assiettes, délibéré par les Etats généraux de la province de Languedoc, assemblés par mandement du Roi en la ville de Montpellier au mois de Février 1724.

I.

PREMIEREMENT que, suivant le réglement du 23 Janvier 1658, les assiettes seront convoquées immédiatement après la tenue des Etats; & au plus tard, un mois après la fin d'iceux, aux villes & lieux où elles ont accoutumé de se tenir.

II.

Les commissions pour la tenue des assiettes étant reçues par les syndics des diocèses, ils en donneront connoissance aux commissaires ordinaires des diocèses; &, de leur ordonnance, lesdits syndics ou greffiers indiqueront le jour de la tenue de l'assiette, en faisant avertir huit jours à l'avance le commissaire principal & les autres personnes qui ont droit d'y assister.

III.

' Il ne sera reçu dans les assiettes, que les seigneurs, évêques & barons des diocèses, & en leur absence, leurs grands-vicaires & envoyés, le commissaire principal & les commissaires ordinaires de chaque diocèse, avec les députés des villes qui ont droit d'assister auxdites assiettes.

IV.

Les commissaires ordinaires des diocèses, sont le seigneur évêque, le seigneur baron, l'officier de justice & les consuls de la ville capitale; & comme dans quelques diocèses, il y a aussi des diocésains qui sont commissaires ordinaires, il ne sera rien changé à cet usage.

V.

La veille du jour de l'ouverture de l'assiette, les consuls de la ville seront tenus d'aller visiter M. le commissaire principal, en robe & avec les livrées consulaires, & le seigneur évêque & baron; & le jour de l'ouverture, lesdits sieurs consuls iront chercher le commissaire principal de la même maniere, pour le conduire au palais épiscopal où tous ceux qui ont droit d'assister aux assiettes, seront tenus de se rendre.

VI.

On partira du palais épiscopal pour aller à la messe ou au lieu de l'assemblée, dans l'ordre suivant : le seigneur évêque marchera dans le milieu, en rochet & camail, ayant à sa droite le commissaire principal, à sa gauche les seigneurs barons qui ont droit d'entrer à l'assemblée de l'assiette, tous sur la même ligne, & au second rang les commissaires ordinaires du diocèse, & ensuite les députés des villes & lieux qui ont droit d'y entrer; les officiers du diocèse marchant à la tête.

VII.

Étant arrivés à l'église, il y aura trois prie-dieu placés sur une même ligne; celui du milieu pour le seigneur évêque, celui de la droite pour le commissaire principal, & le troisieme à la gauche, pour les seigneurs barons; & dans les assiettes où le sénéchal assiste, ou le juge mage en son absence, il y aura un quatrieme prie-dieu sur la même ligne, au côté du commissaire principal; & les autres commissaires ordinaires & députés auront des bancs devant eux à chaque côté de l'église, au-dessous des prie-dieu.

V I I I.

L'assiette se tiendra dans l'hôtel-de-ville; & si, par la situation des lieux, on a accoutumé de se placer dans de hauts bancs, comme aux Etats, le seigneur évêque occupera la place dans le milieu, le commissaire principal à sa droite, & les seigneurs barons à sa gauche; les commissaires ordinaires, à la suite du commissaire principal, & les autres députés des villes, dans le parterre; & si l'assemblée se tient autour d'un bureau, il y aura trois fauteuils à la tête dudit bureau, sur la même ligne, celui du milieu pour le seigneur évêque, celui de la droite pour le commissaire principal, & le troisieme à la gauche pour le seigneur baron; & s'il y a plusieurs barons dans le diocese, ayant droit d'assister à l'assiette, ils auront chacun un fauteuil qui seront placés tout de suite sur le retour du bureau du même côté. Lorsque le sénéchal assistera en personne à l'assiette, on placera un fauteuil pour lui après le commissaire principal, sur le retour du bureau, & en son absence le juge mage occupera ledit fauteuil; & si le juge mage assiste avec le sénéchal, ledit juge mage n'aura qu'une chaise à dos à la suite du sénéchal; les maires & consuls de la ville capitale, qui sont commissaires ordinaires, auront pareillement des chaises à dos à suite du

juge mage dans les assiettes; ou, s'il n'y a point de juge mage, mais seulement le viguier ou juge, ils seront placés sur des chaises à dos au-dessus des maire & consuls de la ville capitale : & s'il se rencontre quelque assiette, comme celle de Beziers, où le juge mage & le viguier ont droit d'assister, le juge mage aura le fauteuil, & le viguier une chaise à dos; & les autres députés des villes & lieux du diocese, seront placés sur des bancs à dossier, aux deux côtés du bureau, après les fauteuils & siéges des seigneurs barons & des commissaires ordinaires; & en l'absence du seigneur évêque & du seigneur baron, le vicaire général & envoyé occuperont leurs places.

I X.

Les maire & consuls de la ville capitale & les autres commissaires ordinaires auront voix délibérative, à l'exception de l'officier de justice; & le seigneur évêque, en qualité de président, recueillera les voix, & n'opinera que le dernier.

X.

Le procès verbal de l'assiette sera lu en pleine assemblée & signé, conformément au réglement du premier Mars 1659, en trois originaux, de même que les départemens des impositions, avant la fin de l'assiette, par le seigneur évêque, le commissaire principal, le seigneur baron, les commissaires ordinaires & les députés, en la même maniere que leur rang & séance est réglée ci-dessus.

X I.

Le bureau de la capitation pour la confection des rôles, & celui de la direction des affaires du diocese pendant l'année, seront nommés par l'assiette, & composés du seigneur évêque,

que ou de son grand vicaire, d'un des seigneurs barons des Etats ou de son envoyé alternativement, dans les assiettes où il y en aura plusieurs, de l'officier de justice & des maires & consuls de la ville capitale, & des autres députés des villes qui seront jugés nécessaires, lesquels commissaires le syndic ou le greffier du diocèse seront tenus d'avertir quelques jours avant la tenue des assemblées.

X I I.

Les procureurs du Roi & les promoteurs qui se seront introduits abusivement dans quelques assiettes, en seront exclus, conformément aux arrêts du conseil, du premier Février 1603, 3 Décembre 1604, dernier Mai 1617, & ordonnance des commissaires présidens pour le Roi, du 23 Avril 1625.

X I I I.

Le présent réglement n'aura pas lieu pour les assemblées ou assiettes particulieres du Vivarais, du Gevaudan, du Puy & Alby, parce que ces assemblées étant plus nombreuses & composées différemment de celles des autres diocèses, les Etats n'estiment pas qu'ils doivent y être rien changé quant à présent. Il ne sera rien changé aussi à l'assiette du diocèse d'Alais, qui se trouve réglée par l'arrêt du conseil, du 25 Janvier 1695.

X I V.

Et finalement les réglemens des 23 Janvier 1658 & premier Mars 1659, ensemble les autres arrêts & réglemens sur le fait des assiettes, seront exécutés selon leur forme & teneur, pour tout le contenu en iceux qui n'est pas contraire au présent réglement, que Sa Majesté sera très-humblement suppliée de vouloir autoriser.

Tome IV.

V I I I.

EXTRAIT du registre des délibérations des Etats généraux de Languedoc, assemblés par mandement du Roi en la ville de Narbonne au mois de Décembre 1724.

Du Mardi 16 Janvier 1725, président Mgr. l'archevêque & primat de Narbonne.

MONSEIGNEUR l'archevêque d'Alby a rapporté que M. le baron de Bram, les sieurs capitouls de Toulouse, & les consuls de Carcassonne étant allés avec lui chez M. le marquis de la Fare, ils avoient discuté avec MM. les commissaires du Roi, qui y étoient assemblés, le réglement des assiettes qui avoit été délibéré le 22 de ce mois de Janvier, & que la seule difficulté que MM. les commissaires du Roi y avoient formé, étoit au sujet de l'exception faite pour l'assiette d'Alais, qu'ils estimoient devoir être réglée comme les autres assiettes qui sont dans le même cas, nonobstant l'arrêt du 25 Janvier 1695, parce que autrement il se trouveroit une différence entre Nimes & Alais, au préjudice de MM. de la noblesse; & que MM. les commissaires du Roi avoient approuvé le susdit réglement pour tout le surplus; à quoi Monseigneur l'archevêque d'Alby a ajouté qu'il avoit cru devoir rassembler chez lui toute la commission, qui avoit été de l'avis de MM. les commissaires du Roi, & qu'à cet effet on avoit dressé un projet d'article qui seroit le treizieme du susdit réglement, si les Etats l'approuvoient.

SUR QUOI lecture faite dudit article dont la teneur s'ensuit, les Etats l'ont approuvé, & ont donné pouvoir à Mgr. l'archevêque d'Alby, à M. le baron de Bram, aux sieurs capitouls de Toulouse & consuls de Carcassonne, de signer ledit réglement, en y ajoutant l'article suivant.

ARTICLE XIII.

L'affiette du diocefe d'Alais fe conformera au préfent réglement, pour ce qui regarde le rang & féance des commiffaires & députés & fignature des mandes, nonobftant l'arrêt du confeil du 25 Janvier 1695, auquel Sa Majefté déroge pour ce chef feulement, voulant qu'il foit exécuté pour le furplus.

Et dans l'article fuivant du réglement, qui fera le quatorzieme, la réferve qui étoit faite du diocefe d'Alais fera rayée.

I X.

A V I S

De MM. les commiffaires du Roi & des Etats, fur le projet de réglement pour les affemblées des affiettes.

Du 16 Janvier 1725.

LEs commiffaires préfidens pour le Roi en l'affemblée des Etats généraux de la province de Languedoc, convoqués par mandement de S. M. en la ville de Narbonne, & les commiffaires députés par l'affemblée des Etats.

Vu l'arrêt du confeil d'Etat du Roi du 23 Novembre 1723, par lequel Sa Majefté nous renvoie les différends & conteftations furvenues dans les affiettes des diocefes de Caftres, Nîmes, & bas Montauban, & autres de pareille nature, pour, fur notre avis, y être pourvu par Sa Majefté, ainfi qu'elle le jugera convenable; & ayant reconnu par l'examen defdites conteftations que les ufages des diocefes pour l'ordre des affemblées des affiettes, rang & féance des députés qui la compofent, font très-différens, nous avons eftimé que, pour terminer les conteftations déjà furvenues dans les affiettes, & pour prévenir celles qui y pourroient naître à l'avenir, le meilleur moyen feroit d'y établir une regle uni-

forme autant qu'il feroit poffible : Ainfi après avoir examiné les mémoires qui nous ont été renvoyés par les fyndics des vingt-trois diocefes de la province, l'arrêt du confeil du 23 Janvier 1658, portant réglement fur les affiettes, celui du 25 Janvier 1695, qui regle en particulier l'affiette du diocefe d'Alais, enfemble les autres arrêts & réglemens & les délibérations des Etats prifes fur fur cette matiere, & tout confidéré; nous fommes d'avis qu'il doit être du bon plaifir de S. M. de rendre un arrêt du confeil contenant un réglement conforme au projet qui s'enfuit.

I.

Premierement, que fuivant le réglement du 23 Janvier 1658, les affiettes feront convoquées immédiatement après la tenue des Etats, & au plus tard un mois après la fin d'iceux, aux villes & lieux où elles ont accoutumé de fe tenir.

I I.

Les commiffions pour la tenue des affiettes étant reçues par les fyndics des diocefes, ils en donneront connoiffance aux commiffaires ordinaires des diocefes; &, de leur ordonnance, lefdits fyndics ou greffiers indiqueront le jour de la tenue de l'affiette, en faifant avertir huit jours à l'avance le commiffaire principal & les autres perfonnes qui ont droit d'y affifter.

I I I.

Il ne fera reçu dans les affiettes que les feigneurs évêques & barons des diocefes, & en leur abfence, leurs grands vicaires & envoyés, le commiffaire principal, & les commiffaires ordinaires de chaque diocefe, avec les députés des villes qui ont droit d'affifter auxdites affiettes.

I V.

Les commiffaires ordinaires du diocefe font, le feigneur évêque, le feigneur baron, l'officier de juftice, & les confuls de la ville capitale ; & comme dans quelques diocefes il y a auffi des diocéfains qui font commiffaires ordinaires, il ne fera rien changé à cet ufage.

V.

La veille du jour de l'ouverture de l'affiette, les confuls de la ville feront tenus d'aller vifiter M. le commiffaire principal en robes & avec livrées confulaires, & les feigneurs évêque & baron ; & le jour de l'ouverture lefdits fieurs confuls iront chercher le commiffaire principal de la même maniere pour le conduire au palais épifcopal où tous ceux qui ont droit d'affifter aux affiettes feront tenus de fe rendre.

V I.

On partira du palais épifcopal pour aller à la meffe, ou au lieu de l'affemblée, dans l'ordre fuivant ; le feigneur évêque marchera dans le milieu en rochet & camail, ayant à fa droite le commiffaire principal, & à fa gauche les feigneurs barons qui ont droit d'affifter à l'affiette, tous fur la même ligne, & au fecond rang les commiffaires ordinaires du diocefe, & enfuite les députés des villes & lieux qui ont droit d'y affifter, les officiers du diocefe marchant à la tête.

V I I.

Etant arrivés à l'églife, il y aura trois prie-dieu placés fur une même ligne, celui du milieu pour le feigneur évêque, celui de la droite pour le commiffaire principal, & le troifieme à la gauche pour le feigneur baron ; & dans les affiettes où le fénéchal affifte, ou le juge mage en fon abfence, il y aura un quatrieme prie-dieu fur la même ligne à côté de celui du commiffaire principal, & les autres commiffaires & députés

auront des bancs devant eux à chaque côté de l'églife au-deffous des prie-dieu.

V I I I.

L'affiette fe tiendra dans l'hôtel-de-ville ; & fi, par la fituation des lieux, on a accoutumé de fe placer dans des hauts bancs comme aux Etats, le feigneur évêque occupera la place du milieu, le commiffaire principal à fa droite & les feigneurs barons à fa gauche, les commiffaires ordinaires à la fuite du commiffaire principal, & les autres députés des villes dans le parterre ; & fi l'affemblée fe tient autour d'un bureau, il y aura trois fauteuils à la tête dudit bureau fur la même ligne, celui du milieu pour le feigneur évêque, celui de la droite pour le commiffaire principal, & le troifieme à la gauche pour le feigneur baron ; & s'il y a plufieurs barons dans le diocefe ayant droit d'affifter à l'affiette, ils auront chacun un fauteuil qui feront placés tout de fuite fur le retour du bureau du même côté. Lorfque le fénéchal affiftera en perfonne à l'affiette, on placera un fauteuil pour lui après le commiffaire principal fur le retour du bureau, & en fon abfence le juge mage occupera ledit fauteuil ; & fi le juge mage y affifte avec le fénéchal, ledit juge mage n'aura qu'une chaife à dos à la fuite du fénéchal. Les maire & confuls de la ville capitale, qui font commiffaires ordinaires, auront pareillement des chaifes à dos à la fuite du juge mage. Dans les affiettes où il n'y a point de juge mage, mais feulement le viguier ou juge, ils feront placés fur des chaifes à dos au-deffus des maire & confuls de la ville capitale ; & s'il fe rencontre quelque affiette, comme celle de Beziers, où le juge mage & le viguier ont droit d'affifter, le juge mage aura le fauteuil, le viguier une chaife à dos, & les autres députés des villes &

lieux du diocese seront placés sur des bancs à dossier aux deux côtés du bureau après les fauteuils & siéges des seigneurs barons & commissaires ordinaires ; & en l'absence du seigneur évêque & du seigneur baron, le vicaire général & envoyé occuperont leurs places.

I X.

Les maire & consuls de la ville capitale & les autres commissaires ordinaires auront voix délibérative, à l'exception de l'officier de justice ; & le seigneur évêque, en qualité de président, recueillera les voix & n'opinera que le dernier.

X.

Le procès-verbal de l'affiette sera lu en pleine assemblée & signé, conformément au réglement du 1 Mars 1659, en trois originaux, de même que les départemens des impositions, avant la fin de l'affiette, par le seigneur évêque, le commissaire principal, le seigneur baron & les commissaires ordinaires & députés en la même maniere que leur rang & séance est réglé ci-dessus.

X I.

Le bureau de la capitation pour la confection des rôles, & celui de la direction des affaires du diocese pendant l'année, seront nommés par l'affiette, & composés du seigneur évêque ou de son grand vicaire, d'un des seigneurs barons des Etats, ou de son envoyé, alternativement dans les affiettes où il y en aura plusieurs, de l'officier de justice, & des maire & consuls de la ville capitale & des autres députés des villes qui seront jugés nécessaires, lesquels commissaires le syndic ou le greffier du diocese seront tenus d'a-

vertir quelques jours avant la tenue des assemblées.

X I I.

Les procureurs du Roi & les promoteurs qui se sont introduits abusivement dans quelques affiettes en seront exclus, conformément aux arrêts du conseil des dernier Février 1603, 3 Décembre 1604, dernier Mars 1617, & ordonnance des commissaires présidens pour le Roi, du 23 Avril 1625.

X I I I.

L'affiette du diocese d'Alais se conformera au présent réglement pour ce qui regarde les rang & séance des commissaires & députés & signature des mandes, nonobstant l'arrêt du conseil du 25 Janvier 1695, auquel S. M. a dérogé pour ce chef seulement, voulant qu'il soit exécuté pour le surplus.

X I V.

Le présent réglement n'aura pas lieu pour les assemblées ou affiettes particulieres du Vivarais, du Gevaudan, du Puy, & d'Alby, qui sont composées différemment & plus nombreuses.

X V.

Et finalement, les réglemens des 23 Janvier 1658 & 1er. Mars 1659, ensemble les autres arrêts & réglemens sur le fait des affiettes seront exécutés selon leur forme & teneur pour tout le contenu en iceux qui n'est pas contraire au présent réglement. FAIT à Narbonne le 16 Janvier 1725.

Signés par colonnes.

LA FARE.	† L'arch. d'Alby.
DE BERNAGE.	LORDAT DE
	BRAM.
AZEMAR.	SOUCHET.
SARRET DE ST. LAURENT.	HALEAU.
	DAVID.

X.

ARRÊT

Du Conseil d'Etat du Roi,

Portant réglement pour les assemblées des assiettes des dioceses.

Du 30 Janvier 1725.

Extrait des Regiſtres du Conſeil d'Etat.

VU par le Roi étant en ſon conſeil, l'arrêt rendu en icelui le 23 Novembre 1723, par lequel Sa Majeſté, en conformité de ſa réponſe à l'article ſixieme du cahier à Elle préſenté en la même année par les députés des Etats de la province de Languedoc, auroit renvoyé aux commiſſaires qui préſideroient pour Elle aux Etats lors prochains de ladite province, & aux commiſſaires qui ſeroient nommés par l'aſſemblée deſdits Etats les différends & conteſtations ſurvenues dans les assiettes de pluſieurs dioceſes de cette province, pour, ſur l'avis deſdits ſieurs commiſſaires, y être par S. M. ſtatué ainſi qu'Elle le jugeroit convenable. Vu auſſi l'avis deſdits ſieurs commiſſaires du 16 Janvier de la préſente année 1725. Et S. M. voulant pourvoir par un réglement général, ſuivant l'avis deſdits ſieurs commiſſaires, à tout ce qui peut prévenir de ſemblables conteſtations, procurer la tranquillité & maintenir le bon ordre dans les aſſemblées des assiettes des dioceſes de ladite province : Ouï le le rapport du ſieur Dodun, conſeiller ordinaire au conſeil royal, contrôleur général des finances ; SA MAJESTÉ ÉTANT EN SON CONSEIL, a ordonné & ordonne ce qui ſuit.

ARTICLE PREMIER.

Que ſuivant le réglement du 23 Janvier 1658, les assiettes ſeront convoquées immédiatement après la tenue des Etats, & au plus tard un mois après la fin d'iceux, aux villes & lieux où elles ont accoutumé de ſe tenir.

II.

Les commiſſions pour la tenue des assiettes étant reçues par les ſyndics des dioceſes, ils en donneront connoiſſance aux commiſſaires ordinaires des dioceſes, & de leur ordonnance leſdits ſyndics ou greffiers indiqueront le jour de la tenue de l'assiette, en faiſant avertir huit jours à l'avance le commiſſaire principal & les autres perſonnes qui ont droit d'y aſſiſter.

III.

Il ne ſera reçu dans les assiettes que les ſieurs évêques & barons des dioceſes, & en leur abſence, leurs grands vicaires & envoyés, le commiſſaire principal & les commiſſaires ordinaires de chaque dioceſe, avec les députés des villes qui ont droit d'aſſiſter auxdites assiettes.

IV.

Les commiſſaires ordinaires du dioceſe, ſont l'évêque, le baron, l'officier de juſtice, & les conſuls de la ville capitale ; & comme dans quelques dioceſes il y a auſſi des dioceſains qui ſont commiſſaires ordinaires, il ne ſera rien changé à cet uſage.

V.

La veille du jour de l'ouverture de l'assiette, les conſuls de la ville ſeront tenus d'aller viſiter le commiſſaire principal en robes & avec livrées conſulaires, & l'évêque & baron ; & le jour de l'ouverture, leſdits conſuls iront chercher le commiſſaire principal de la même maniere, pour le conduire au palais épiſcopal, où tous ceux qui ont droit d'aſſiſter aux assiettes ſeront tenus de ſe rendre.

V I.

On partira du palais épiscopal pour aller à la messe, ou au lieu de l'assemblée , dans l'ordre suivant : l'évêque marchera dans le milieu en rochet & camail, ayant à sa droite le commissaire principal, & à sa gauche les barons qui ont droit d'assister à l'assiette , tous sur la même ligne ; & au second rang, les commissaires ordinaires du diocese, & ensuite les députés des villes & lieux qui ont droit d'y assister, les officiers du diocese marchant à la tête.

V I I.

Etant arrivés à l'église, il y aura trois prie-dieu placés sur une même ligne, celui du milieu pour l'évêque, celui de la droite pour le commissaire principal, & le troisieme à la gauche pour le baron ; & dans les assiettes où le sénéchal assiste, ou le juge-mage en son absence, il y aura un quatrieme prie-dieu, sur la même ligne, à côté de celui du commissaire principal, & les autres commissaires & députés auront des bancs devant eux à chaque côté de l'église, au-dessous des prie-dieu.

V I I I.

L'assiette se tiendra dans l'hôtel-de-ville ; & si, par la situation des lieux, on a accoutumé de se placer dans des hauts bancs, comme aux Etats, l'évêque occupera la place du milieu, le commissaire principal à sa droite , & les barons à sa gauche, les commissaires ordinaires à la suite du commissaire principal , & les autres députés des villes dans le parterre ; & si l'assemblée se tient autour d'un bureau, il y aura trois fauteuils à la tête dudit bureau sur la même ligne, celui du milieu pour l'évêque , celui de la droite pour le commissaire principal, & le troisieme à la gauche pour le baron ; & s'il y a

plusieurs barons dans le diocese ayant droit d'assister à l'assiette , ils auront chacun un fauteuil qui seront placés tout de suite sur le retour du bureau du même côté : Lorsque le sénéchal assistera en personne à l'assiette, on placera un fauteuil pour lui après le commissaire principal sur le retour du bureau, & en son absence le juge-mage occupera ledit fauteuil ; & si le juge-mage y assiste avec le sénéchal, ledit juge-mage n'aura qu'une chaise à dos à la suite du sénéchal : les maire & consuls de la ville capitale, qui sont commissaires ordinaires , auront pareillement des chaises à dos à la suite du juge-mage ; dans les assiettes où il n'y a point de juge-mage, mais seulement le viguier ou juge, ils seront placés sur des chaises à dos au-dessus des maire & consuls de la ville capitale ; & s'il se rencontre quelque assiette, comme celle de Beziers, où le juge-mage & le viguier ont droit d'assister , le juge-mage aura le fauteuil & le viguier une chaise à dos, & les autres députés des villes & lieux du diocese seront placés sur des bancs à dossier aux deux côtés du bureau après les fauteuils & sieges des barons & commissaires ordinaires, & en l'absence de l'évêque & du baron , le vicaire général & envoyé occuperont leur place.

I X.

Les maire & consuls de la ville capitale & les autres commissaires ordinaires , auront voix délibérative, à l'exception de l'officier de justice ; & l'évêque , en qualité de président, recueillera les voix & n'opinera que le dernier.

X.

Le procès-verbal de l'assiette sera lu en pleine assemblée & signé, conformément au réglement du premier Mars 1659 en trois originaux , de même que les départemens des impofitions avant la fin de l'affiette, par l'évêque, le commiffaire principal, le baron & les commiffaires ordinaires & députés, en la même maniere que leur rang & féance eft réglée ci-deffus.

X I.

Le bureau de la capitation pour la confection des rôles, & celui de la direction des affaires du diocefe pendant l'année, feront nommés par l'affiette, & compofés de l'évêque ou de fon grand vicaire, d'un des barons des Etats ou de fon envoyé, alternativement dans les affiettes où il y en aura plufieurs, de l'officier de juftice & des maire & confuls de la ville capitale, & des autres députés des villes qui feront jugés néceffaires (a), lefquels commiffaires, le fyndic ou le greffier du diocefe, feront tenus d'avertir quelques jours avant la tenue des affemblées.

X I I.

Les procureurs du Roi & les promoteurs qui fe font introduits abufivement dans quelques affiettes, en feront exclus, conformément aux arrêts du confeil des dernier Février 1603, 3 Décembre 1604, dernier Mars 1617, & ordonnances des commiffaires préfidens pour le Roi, du 23 Avril 1625.

X I I I.

L'affiette du diocefe d'Alais fe conformera au préfent réglement pour ce qui concerne les rang & féance des commiffaires & députés, & fignature des mandes, nonobftant l'arrêt du confeil du 25 Janvier 1695, auquel Sa Majefté a dérogé pour ce chef feulement, voulant qu'il foit exécuté pour le furplus.

X I V.

Le préfent réglement n'aura point lieu pour les affemblées ou affiettes particulieres du Vivarais, du Gevaudan, du Puy & d'Alby, qui font compofées différemment & plus nombreufes.

X V.

Les réglemens des 23 Janvier 1658 & premier Mars 1659, enfemble les autres arrêts & réglemens fur le fait des affiettes, feront exécutés felon leur forme & teneur, pour tout le contenu en iceux qui n'eft pas contraire au préfent réglement. FAIT au confeil d'état du Roi, Sa Majefté y étant, tenu à Marly le trentieme jour de Janvier 1725.

Signé, PHELYPEAUX.

X I.

EXTRAIT du regiftre des délibérations des Etats généraux de Languedoc, affemblés par mandement du Roi en la ville de Montpellier le 27 Novembre 1777.

Du Mardi 23 Décembre , préfident Mgr. l'archevêque & primat de Narbonne, commandeur de l'ordre du St. Efprit.

MONSEIGNEUR l'évêque de Lodeve a dit, que la conteftation au fujet de l'entrée du député de la ville de Viviers à l'affemblée de l'affiette dudit pays, fur laquelle les Etats ont rendu leur jugement le 11 de ce mois, fit naître la queftion de favoir fi l'affemblée de l'affiette étoit en droit de nommer un particulier pour repréfenter la communauté dont le député auroit été dans le cas d'être exclus de ladite affemblée.

Que le fyndic du diocefe d'Alais a depuis donné une requête, dans laquelle

_____

(a) Voyez la délibération des Etats du 18 Décembre 1783, fous le Titre III précédent, Section II, Nº. XLIX.

il expofe que perfonne ne s'étant préfenté à l'affemblée de l'affiette pour y
remplir fa place d'envoyé de M. le
comte d'Alais, & M. le vicaire général
qui préfidoit, fe croyant en droit d'ufer
de celui qu'a Mgr. le préfident de l'affemblée des Etats, nomma un gentilhomme pour remplir cette place vacante ; ce qui donna lieu à l'envoyé de
M. le baron de Tornac, fans s'oppofer
à cette nomination, de former un
doute fur le prétendu droit dont avoit
ufé M. le grand vicaire, qu'il fupplia
l'affemblée de porter aux États, pour y
faire décider fi en effet le préfident de
l'affiette avoit le même pouvoir qu'a
Mgr. le préfident des Etats, de nommer aux places vacantes de MM. les
envoyés de la nobleffe, fous prétexte
que les affiettes n'étant qu'une émanation & repréfentation des Etats, fem-
bloient devoir être affujetties aux mêmes regles. Sur quoi ledit fyndic fupplie les Etats de prononcer.

Que MM. les commiffaires fe font
occupés de l'examen de ces deux objets, fur le premier defquels il leur a
été aifé de fe déterminer, par la feule
confidération de ce que porte l'article
XVI des derniers réglemens des Etats,
où il eft dit expreffément que fi MM.
les vicaires généraux ou envoyés de la
nobleffe ne fe préfentent pas avant que
la proceffion des Etats foit faite, ils n'y
feront pas reçus ; & quant aux députés
du Tiers-état qui viendront après la
proceffion, il fera fait un retranchement fur leurs taxes à proportion du
temps de leur abfence, s'ils n'ont écrit
à Mgr. le préfident les raifons & empêchemens légitimes qui les auront retenus, & obtenu de lui une difpenfe ;
d'où réfulte une diftinction formelle
entre les députés des deux premiers
ordres & ceux du troifieme, en ce que
les uns ne peuvent être admis dans l'affemblée s'ils ne fe font préfentés à l'é-

poque fixée, tandis que les autres peuvent y venir en tout temps, en perdant
la portion de leur rétribution relative
à leur abfence, peine qui ne leur eft
même point infligée dans le cas où ils
en ont obtenu un congé de Mgr. le préfident ; ce qui fuffit pour établir le
droit qu'ont les communautés de nommer tôt ou tard leurs députés, n'y
ayant d'ailleurs aucun réglement qui
les en prive ; & qu'au contraire lorfque
leurs députés fe trouvent, par des confidérations particulieres, dans le cas
d'être exclus de l'affemblée, elle laiffe
toujours aux communautés la liberté
& le temps de faire un autre choix.

Qu'il eft vrai que le peu de durée de
l'affemblée de la plupart des affiettes
eft un obftacle à l'obfervation du même
ordre ; mais que les communautés
n'ont à s'imputer qu'à elles-mêmes le
tort qui peut réfulter pour elles du défaut de la préfence de leurs repréfentans.

Qu'à l'égard du fecond doute fur le
droit du préfident des affiettes, de
nommer aux places vacantes des envoyés de MM. les barons, dans le cas
où il ne s'en préfente aucun de leur
part, MM. les commiffaires ont cru en
trouver la folution dans les principes
de la conftitution fondamentale des
Etats, qui eft de maintenir la plus
grande égalité des fuffrages autant qu'il
eft poffible dans les trois ordres qui les
compofent ; ce qui a été l'origine du
nombre des voix accordées aux députés
du tiers-état, égal aux voix réunies
des deux autres ordres.

Qu'il eft aifé de voir que ce fage
arrangement feroit interverti dans l'affemblée générale des Etats, fi lorfqu'un
de MM. les barons auroit négligé d'envoyer fon repréfentant, ou que par les
circonftances prévues par les réglemens, fa place feroit dans une efpece
de vacance, elle ne pouvoit être remplie

N°. XI.

plie par le choix d'un gentilhomme de la qualité requise pour représenter M. le baron, puisqu'il y auroit alors une ou plusieurs voix de moins, qui nuiroient à la balance qu'on a voulu établir dans les suffrages; & que c'est certainement pour éviter cet inconvénient, que les réglemens, sans énoncer d'autre motif, ont attribué à Mgr. le président de l'assemblée le droit de nommer un représentant de M. le baron ou de la baronnie.

Mais qu'il n'en est pas de même des assemblées des assiettes, où par le fait il n'a jamais pu y avoir aucune égalité dans le nombre des voix, celles des députés des communautés qui ont droit d'y assister devant, par leur pluralité, d'emporter dans tous les cas sur l'ordre de la noblesse, n'y ayant originairement qu'un baron dans chaque diocese, & à présent deux ou trois au plus dans certains, & point du tout dans d'autres; tandis qu'il y a plus du double & même du triple des députés des communautés; & qu'il est dès-lors aussi indifférent que les représentans de cet ordre se trouvent ou non auxdites assemblées, qu'inutile de les y remplacer, ailleurs toutefois que dans les assiettes des pays de Vivarais, Gevaudan, du Velay & du diocese d'Alby, qui sont différemment composées, & doivent former une exception à la regle générale, comme elles l'ont fait dans tous les cas.

Qu'une différence aussi sensible dans le principe & dans son application, n'a pu que porter MM. les commissaires à penser qu'on ne pouvoit établir aucune analogie sur ce fait entre les Etats & les assiettes, & que la commission a conséquemment été d'avis de proposer à l'assemblée de délibérer par forme de réglement, 1°. que dans le cas de l'absence de MM. les barons ou de leurs représentans dans les assemblées des

assiettes, autres que celles des pays de Vivarais, du Gevaudan & du Velay & du diocese d'Alby, lesquelles continueront d'observer leurs usages particuliers, les places desdits sieurs barons ou de leurs envoyés demeureront vacantes, sans qu'il puisse y être pourvu par la nomination du président de l'assiette ni de l'assiette même.

2°. Que lorsque faute par les communautés d'avoir nommé leurs députés, ou pour en avoir choisi qui n'étant pas de la qualité requise pour être admis dans l'assemblée de l'assiette en seroient exclus, si la durée de l'assemblée est assez longue pour que la communauté ait le temps de faire un meilleur choix, il sera ordonné par l'assiette qu'elle y procede sur l'avis qui lui en sera donné & dans le délai qui lui sera prescrit; & dans le cas contraire, que la place demeurera vacante, sans qu'elle puisse être remplie ni par le président de l'assiette, ni par l'assiette elle-même.

Ce qui a été ainsi délibéré; & les syndics généraux ont été chargés d'en donner connoissance aux assemblées des assiettes des dioceses.

XII.

Extrait du registre des délibérations des Etats généraux de Languedoc, assemblés à Montpellier par mandement du Roi le 25 Novembre 1779.

Du Jeudi 30 Décembre suivant, président Mgr. l'archevêque & primat de Narbonne, commandeur de l'ordre du St. Esprit.

Monseigneur l'évêque de Commenge a dit, que la communauté de Mazamet a présenté une requête à l'assemblée de l'assiette du diocese de Lavaur, pour demander son consentement à l'effet d'être admise à partager avec les cinq villes diocésaines de

Revel, Puilaurens, Labruyere, Soreze & St. Paul, l'honneur d'envoyer un député à l'assemblée générale des Etats tous les six ans, concurremment avec lesdites villes, lesquelles ont formé leur opposition à la demande de la communauté de Mazamet, par leurs délibérations respectives. Que s'étant élevé des contestations pour savoir si les députés des cinq villes opposantes dont il s'agit devoient voter dans une affaire à laquelle elles avoient intérêt; & ces villes ayant insisté sur leur droit de suffrage, l'assemblée de l'assiette n'auroit pas cru devoir résoudre la question, mais se seroit adressée aux Etats par sa délibération du 19 Mai dernier, pour qu'ils voulussent décider si les villes diocésaines de Lavaur étoient fondées dans leurs prétentions.

Que la commission, sans s'occuper des préjugés qui pourroient être cités à l'appui des réclamations des villes diocésaines de Lavaur, auroit jugé leurs prétentions d'autant plus fondées, qu'il ne s'agit point dans l'espece présente d'un intérêt particulier & personnel aux députés desdites villes, mais d'un intérêt général de la communauté que chacun des députés de ces villes est tenu de défendre; de sorte que d'après ce principe ils doivent être admis à soutenir leurs oppositions à l'assemblée de l'assiette.

SUR QUOI les Etats ont délibéré que les villes du diocese de Lavaur qui entrent par tour dans leur assemblée, auront droit de suffrage à celle de l'assiette de ce diocese, lorsque la demande de la communauté de Mazamet sur l'objet dont il s'agit y sera portée, sauf au diocese de se pourvoir aux Etats à l'effet de faire autoriser, s'il y a lieu, la délibération qui sera prise par l'assemblée de l'assiette; LES ETATS ayant en conséquence rendu un jugement, dont la teneur s'ensuit.

Vu les lettres patentes du 15 Mars 1653, & les arrêts subséquens, qui attribuent aux Etats la connoissance de tout ce qui a rapport aux assiettes, envoi des mandes & autres matieres; le mémoire du syndic du diocese de Lavaur, & la délibération prise par l'assemblée de l'assiette dudit diocese du 19 Mai 1779; Oui sur ce le syndic général.

LES ETATS jugeant en dernier ressort, & vuidant l'interlocutoire porté par la délibération de l'assemblée de l'assiette du diocese de Lavaur du 19 Mai 1779, ont ordonné & ordonnent que les députés des cinq villes maitresses dudit diocese, qui entrent par tour aux Etats, auront droit de voter à l'assemblée de l'assiette sur la demande formée par la communauté de Mazamet, à l'effet d'être comprise dans le nombre des susdites villes diocésaines, sauf le recours du diocese aux Etats, pour être par eux statué ce qu'il appartiendra.

TITRE HUITIEME.

Des Créations & Suppressions successives des Bureaux & Siéges d'Elections dans les Diocefes du Languedoc.

I.

EDIT DU ROI,

Qui supprime les offices d'élus, greffiers & receveurs des diocefes, créés par autre édit du 5 Mai 1519.

Du 22 Août 1520.

FRANÇOIS, PAR LA GRACE DE DIEU, ROY DE FRANCE, à tous iceulx qui ces préfentes verront, SALUT. Comme dès le cinquieme jour du moys de May l'an MVᶜXIX à l'occafion de ce que en noftre pays de Languedoc n'y avoit aucuns elleus pour faire les affiettes & deppartemens en chafcun dioucefe d'icelluy de nos deniers tant des aides que d'octroys à nous faicts par les gens des Eftats dudict pays, & auffi pour coignoiftre des procès & débats que pour raifon defdicts deniers fe feuffent peu fourdre & mouvoir & aultres matieres deppendans de ce, nous heuffions, par nos lettres patentes, & pour plufieurs caufes & raifons à plein déclairées en icelles tendans au foulaigement & fupport de noftredict peuple & fubjects de notredict pays de Languedoc, voulu, eftatué & ordonné que, en chafcun dioucefe d'icelluy y auroit elleus, receveurs, greffiers & procureurs, tant defdictes aides que octroys ; c'eft affavoir lefdicts elleus pour en faire l'affiette & deppartement & coignoiftre des débats, queftions &

différens qui fe feuffent peu fourdre & mouvoir pour raifon defdicts deniers defdictes aides & octroys : les greffiers, pour faire les regiftres, commiffions & actes néceffaires en cefte matiere : les receveurs, pour faire la récepte ; & les procureurs pour faire les inftances touchant la confervation de nos droicts. Et pour ce faire, euffions créé, érigé & eftably certain nombre d'elleus, greffiers, receveurs & procureurs defdites aides, qui ont efté defpartis pour les vingt-trois dioucefes d'icelluy pays de Languedoc, dont Rieux, Conferans & Commeinge ne font prins que pour ung, en la forme & inftar de noftre pays de Normandie, où enfemblement y a convention d'Eftats pour octroyer & accorder les aides & octroys que chafcun an nous font faicts en icelle ; lefquelles nos lettres de création euffent efté vérifiées & entérinées tant par les généraulx de nos finances que de la juftice de nos aides aufquels elles s'adreffoient, & en enfuivant icelles nos lettres de création, euffions proveu particulierement aufdicts offices ou à la plufpart d'iceulx de bons & fuffifans perfonnaiges, fans toutesfois en quelque maniere que ce feuft, finon en ce cas, toucher & préjudicier aux priviléges par nos prédéceffeurs Roys & nous octroyés & confirmés aux gens defdicts Eftats de noftredict pays de Languedoc, touchant la forme de lever nofdicts deniers defdictes aides & octroys, aufquels, quant aufdicts offices, avons ſpécialement deſrogé ; leſquels gens deſdicts Trois-eſtats de noſtredict pays de Languedoc advertis d'icelle création & érection , eſtant à la derniere aſſemblée d'iceulx Eſtats tenus en noſtre ville de Montpeillier, auroient faict inſtance & pluſieurs doléances & remonſtrations aux commiſſaires & députés par nous pour aſſiſter à ladicte aſſemblée qui avoient charge de faire exéquuter de par nous ladicte création & érection ; & entre aultres chouſes , leur euſſent dict & remonſtré que par priviléges & libertés qu'ils avoient de nos prédéceſſeurs & de par nous confirmés à noſtre nouvel advenement à la coronne, touchant l'aſſiette deſdicts deniers deſdictes aides & octroys, commectoient ung commiſſaire avec le juge ordinaire ou ſon lieuctennent en chaſcun lieu où ſe font leſdictes aſſiettes deſdicts deniers dudict pays , enſemble les conſuls des villes principales d'iceulx diouceſes pour faire l'aſſiette & deppartement deſdictes aides & octroys & pour coignoiſtre des procès & débats que pour ce ſe porroient mouvoir , & pareilhement les greſſiers d'iceulx juges pour faire les actes & expéditions, & les procureurs pour faire les inſtances. Et quant au faict du droict de l'équivalent, duquel par ladicte érection nous entendions que leſdicts eſleurs euſſent coignoiſſance , il y auroict par nos prédéceſſeurs pieça , & du conſentement deſdicts des Trois-eſtats eſté prouveu de juges & conſervateurs en cinq auditoires des trois ſéneſchaulſées d'icelluy pays , dont l'appel & dernier reſſort appartient à noſdicts généraulx de ladicte juſtice de noſtredict pays, au moyen de quoy n'y auroit guerres de procès : parquoy ils diſoient & maintenoient n'eſtre utile ne beſoing audict pays de faire ladicte érection d'eſleus , greſſiers & procureurs ; & quant aux offices de receveurs , diſoient auſſi

privileige & liberté exprès de pouvoir mectre & prendre tel receveur du pays ou aultre que bon leur ſembloit, faiſant la condiction de la chouſe publique meilheure à tels gaiges qu'il plaiſt à la plus grand-partie des gens des Eſtats particuliers , & de iceulx gaiges aſſeoir , prouveu que leſdict gaiges n'excédent , quant à l'aide , douze deniers , & quant à l'octroy , quinze deniers. Auſſi aient accouſtumé créer en général & particulier eſdicts diouceſes ſyndics, procureurs & greſſiers , pour la conduicte & conſervation de leurs priviléges , libertés , couſtumes & affaires , qui eſtoit & eſt ung grand ſoulaigement & ſupport au peuple & ſubjects d'icelluy pays. Dont & de toutes leſquelles chouſes iceulx des Trois-eſtats diſoient avoir joui & uſé de teil & ſi long-temps qu'il n'eſt mémoire du contraire : pourquoi trouvoient ladicte création & érection d'officiers à très-grand intéreſt & dommaige de la chouſe publique d'icelluy pays , énervation des juriſdictions, ordonnances de leurſdicts priviléges , libertés & uſaiges , par nous , comme dict eſt , confirmés. Deſquelles chouſes & pluſieurs aultres dictes & remonſtrées par leſdicts des Trois-eſtats de noſtredict pays à noſdits commiſſaires & depputés , auſſi des réponſes faictes au contraire par noſdicts commiſſaires , iceulx nos commiſſaires & depputés nous euſſent emplement adverty , enſemble de la requeſte très-inſtante à eulx faicte par iceulx des Eſtats , qu'il nous pleuſt ſupprimer & aboulir leſdicts offices ainſi de nouvel créés , & les entretenir en leurſdicts priviléges , libertés & anciennes couſtumes eſquelles nos prédéceſſeurs les avoient entretenus & gardés le temps paſſé , meſmement touchant ceſte matiere , & dont ils avoient jouy juſques à préſent, offrans pour ce que prétendons quelques deniers au moien d'icelle création defdicts offices, les nous paier & fatisfaire & de tout ce que nous en porroit revenir, ce que dès lors leur accordafmes ; & moyenant ce nous feirent, dès l'année derniere paier & baillyer comptant la fomme de foixante-huyt mille huyt cent livres tournois : & à cefte caufe ont envoyé devers nous aulcuns bons & notables perfonnaiges leurs dellegués, nous requérans que en aiant regard à ce que dict eft, noftre plaifir feuft faire ladicte aboliction, & fur ce leur octroier nos lettres convenables. SAVOIR FAISONS que nous, les choufes deffufdictes confidérées, & eu fur ce l'advis & délibération des gens de noftre confeilh, auquel avons bien emplement faict entendre cefte matiere ; POUR CES CAUSES & confidérans la bonne & parfaicte loyaulté & obeiffance que noftre peuple & fubjects de noftredict pays de Languedoc ont toujours démonftré envers nos prédéceffeurs Roys & Nous, voulans pour ce favorablement les traicter & les entretenir en leurfdicts anciens privileiges, exemptions & libertés, & pour aultres bonnes raifons & confidérations à ce Nous mouvans, avons aboly, fupprimé & eftainct, & de noftredicte grace efpécial, plaine puiffance & auctorité royal, aboliffons, fupprimons & eftaignons ladicte nouvelle création & érection defdicts offices d'efleus, receveurs, procureurs & greffiers fur le faict de nofdicts octroys & équivalent en noftredict pays de Languedoc, & voulons & nous plaict que les deniers de nofdicts octroys & équivalent foient dorefenavant impofés, levés & receus ainfi & en la forme & maniere qu'ils ont efté par cy-devant de toute ancienneté & auparavant la création defdicts offices. SY DONNONS EN MANDEMENT par cefdictes préfentes à nos amés & féaulx les généraulx confeilliers par Nous ordonnés tant fur le faict & gou-

vernement de nos finances, que de la juftice de nos aides en noftredict pays de Languedoc, aux féneschaulx de Tholofe, Beaucaire & Carcaffonne & à tous nous aultres jufticiers & officiers ou à leurs lieuctennens préfens & advenir, & à chafcun d'eulx & comme à luy appartiendra, que de nos préfens grace, aboliciton, efteinction & de tout le contenu en cefdictes préfentes ils facent, fouffrent & laiffent lefdicts gens defdits Trois-Eftats de noftredict pays de Languedoc jouyr & ufer plainement & paifiblement, & icelles facent entretenir, garder & obferver inviolablement fellon leur forme & tenneur, fans enfraindre ne en ce leur donner ne foffrir eftre faict, mis ou donné aulcun deftourbier ou empefchement au contraire; & lequel, fe faict, mis ou donné leur eftoit, le réparent & remettent ou facent réparer & remectre incontinant & fans délay à plaine deffivrance & au premier eftat & deu, & en les faifant lire, publier & enregiftrer en leurs cours, ainfi qu'il appartiendra & qu'il eft accouftumé faire en tel cas : CAR TEL EST NOSTRE PLAISIR, nonobftant quelfconques ordonnances, reftrinctions, mandemens & deffences à ce contraires. Et pour ce que de ces préfentes l'on pourra avoir à béfoigner en plufieurs & divers lieux, Nous voulons que au vidimus d'icelles faict foubs feel royal foy foit adjouftée comme à ce préfent original, auquel, en tefmoing de ce, Nous avons faict mectre noftre feel. DONNÉ à Sainct-Germain-en-Laye le vingt-deuzieme d'Aouft, l'an de grace 1520 & de notre regne le fixieme. Par le Roy en fon confeilh.
BEDOIN.

Les généraulx confeilliers du Roy noftre Sire fur le faict & gouvernement de fes finances, veues par Nous les lettres patentes du Roy noftredict feigneur, auſquelles ces préſentes ſont attachées ſoubs l'ung de nos ſignes , par leſquelles , & pour les cauſes à plain contencues & déclairées en icelles, ledict ſeigneur a aboly, ſupprimé & eſtainct de grace eſpécial, plaine puiſſance & auctorité royal, la nouvelle érection qui avoit par luy eſté faicte des offices d'eſleus, receveurs, procureurs & greffiers ſur le faict de ſes octroys & équivalent au pays de Languedoc, & veult & luy plaiſt que les deniers deſdicts octroys & équivalent ſoient doreſenavant impouſés , levés & reçeus, ainſi & en la forme & maniere qu'ils ont eſté par cy-devant de toute ancienneté & auparavant la création deſdicts offices; conſentons , en tant que à nous eſt, l'intérinement deſdictes lettres ſellon leur forme & tenneur , & que le Roy noſtredict ſeigneur le veult & mande par icelles. DONNÉ ſoubs l'ung de nos ſignes le vingt - ſeptieme de Novembre l'an 1520. H. BOYER.

Leues, publiées & enregiſtrées en la court des généraulx ſur le faict de la juſtice des aides en Languedoc, ſéant à Montpeillier le vingt-troiſieme jour de Novembre 1520. J. CLERC.

Lecta & publicata in audientia publica curiæ domini ſeneſcalli Tholoſé & Albienſis , preſidente domino judice majore , præſentibus & requirentibus magiſtris Guilhermo Dampmartin procuratore regio , & Guilhermo Blancardi ſyndico patriæ linguæ Occitanæ , & deindè in regiſtris dictæ curiæ audenticis regiſtrata , die Martis undecima Decembris 1520. C. DE LUX.

Lecta & publicata in audientia publica curiæ præſidalis domini ſeneſcalli Carcaſſonne & Biterris , præſidente domino judice majore , requirentibus & præſentibus magiſtris Michaele de

Bains advocato regio dictæ ſeneſcalliæ , & Anthonio Noguerii procuratore patriæ linguæ Occitanæ in ſeneſcallia Carcaſſone , & deindè in regiſtris dictæ curiæ audenticis regiſtrata in hoc loco de Monte Olivo ad cauſam peſtis in urgente , decima-ſexta Maii, anno Domini 1521.
 .J. CHAUDONIS , Not.

Leues, publiées & enregiſtrées en l'audiance de la court des conſervateurs du droict de l'équivalent de la ſéneſchaucée de Tholoſe le dix-huitieme jour du mois de Décembre l'an 1520.
 B. DURANTI , Greff.

Lecta & publicata in curia domini ſeneſcalli Bellicadri & Nemauſi, coram domino judice majore locum tenente , tenente audientiam publicam, & de ejus mandato regiſtrata in archivis regiis dictæ ſeneſcalliæ, præſentibus & fieri petentibus dominis advocato & procuratore patriæ linguæ Occitanæ. Actum die decima - ſeptima Septembris 1521. PAPARDI , Not.

II.

EDIT DU ROI,

Portant création de bureaux d'élection dans la province de Languedoc.

Du mois de Juin 1622.

LOUIS, PAR LA GRACE DE DIEU, ROI DE FRANCE ET DE NAVARRE, à tous préſens & à venir, SALUT. Nous avons toujours eu en ſinguliere recommandation de conſerver & maintenir nos provinces qui ſont gouvernées & régies par forme d'états en la libre jouiſſance de leurs priviléges, comme n'avons encore autre intention : mais ſur les plaintes que nous avons reçues par pluſieurs fois de nos ſujets de notre province de Languedoc, des grandes charges de deniers que faifoient les communautés, & de plufieurs autres abus qui fe font gliffés en l'affiette & levée defdits deniers, nous aurions eu foin de nous faire informer bien au vrai de l'état des affaires dudit pays & de l'ordre & formes qui s'obfervent en la levée de nos deniers, pour avifer aux moyens de pourvoir au foulagement de nofdits fujets, comme nous favons être du devoir & office d'un bon Roi ; & étant duement avertis qu'au préjudice de nos ordonnances & réglemens par nous faits fur la levée de nos deniers en notre pays de Languedoc, & même celui de l'année 1608 par lequel nous avons réglé quelles fommes fe pourroient lever fur notredit pays de Languedoc, en vertu des commiffions qui s'expédient & fcellent en nos petites chancelleries, avec défenfes très-expreffes d'excéder & faire lever plus grandes fommes, finon en vertu de nos lettres patentes fcellées de notre grand fceau, les fyndics & jurats, confuls & communautés faifoient plufieurs grandes levées de deniers fur nofdits fujets fans notre permiffion ; & que ce qui donnoit lieu & facilitoit à tels abus, c'étoit que lefdits deniers fe levoient en vertu du feul département defdites communautés qui n'étoit vérifié que par eux-mêmes & non figné ni autorifé par nos officiers, ainfi qu'il fe pratique ès lieux où il y a bureau d'élections ; d'ailleurs qu'en impofant le tiers ou le quart des fommes ordonnées être levées, lequel ils font porter fur ceux des contribuables de notredit pays qui n'ont héritages ni biens en fonds, ains feulement vivent & s'entretiennent de leur travail, commerce & induftrie, & fur lefquels par conféquent nos tailles ne peuvent être affifes comme réelles, mais comme perfonnelles, aucune égalité n'eft gardée & fe trouvent plufieurs de nofdits fujets de cette condition grandement

furchargés ; tous lefquels abus & défordres n'auroient lieu, fi ès diocefes dudit pays y avoit comme ès autres provinces de notre royaume des fiéges des élections établis, compofés de certain nombre d'officiers qui ayant ferment à nous, & nous étant refponfables de la geftion de leurs charges, les exerceroient fidellement fuivant nos ordonnances, & feroient retenus en leur devoir par la confidération de leur propre honneur, & par la crainte des peines portées par nofdites ordonnances, & de la création defquels offices, outre l'utilité & foulagement que nofdits fujets recevroient, nous pourrions retirer de notables fecours pour fubvenir à l'urgente néceffité à nos affaires de la guerre. Nous, A CES CAUSES, voulant pourvoir à tous les fufdits abus & défordres, & empécher à l'avenir, par le moyen de la vérification & fignature qui fera faite defdits départemens par les officiers qui feront prépofés à cet effet & autres fonctions de leurs charges, qu'il foit impofé fur nofdits fujets autres ni plus grandes fommes que celles qui feront portées par nos commiffions, SAVOIR FAISONS qu'après avoir mis l'affaire en délibération en notre confeil, où étoient aucuns princes de notre fang, officiers de notre couronne, & autres feigneurs & notables perfonnages de notredit confeil, AVONS, de l'avis d'icelui, de notre certaine fcience, pleine puiffance & autorité royale, par ceftuy notre préfent édit perpétuel & irrévocable, créé, érigé & établi, créons, érigeons & établiffons en chacun des lieux qui enfuivent dépendans des généralités de Touloufe & Beziers, un fiége & bureau d'élection fur le fait de nos aides & tailles, taillon & autres deniers tant ordinaires qu'extraordinaires, aux mêmes pouvoirs, autorités, prééminences & fonctions que les autres élections de notre.

royaume, & qui leur sont attribués par nos édits & ordonnances & de nos prédécesseurs; à savoir pour la généralité de Toulouse, à Toulouse, ville annexée à Toulouse, diocese, avec le bas Montauban un siége & bureau d'élection; à Lavaur, pour le diocese de Lavaur & celui de Saint-Papoul y annexé, un siége & bureau d'élection; à Mirepoix, avec Alet & Limoux annexés, un autre bureau d'élection; à chacun des dioceses d'Alby, Castres & Carcassonne, aussi un siége & bureau d'élection; & pour la généralité de Beziers, au diocese de Montpellier, avec celui de Lodeve y annexé, un siége & bureau d'élection; au diocese de Narbonne, avec celui de Saint-Pons y annexé, un autre siége & bureau d'élection; & à chacun des dioceses de Vivarais, le Puy, Mende, Uzès, Nîmes, un autre bureau d'élection: lesquelles élections qui sont en nombre de quinze, seront composées, chacune d'un président, cinq élus, un contrôleur élu, à pareil pouvoir que lesdits élus avec la qualité de notredit contrôleur, un procureur pour Nous, un greffier & deux sergens de nos tailles, que nous avons créés & érigés en chef & titre d'offices, créons & érigeons en titre d'offices formés, pour être dès à présent & ci-après, quand vacation y écherra, par Nous & nos successeurs Rois pourvu auxdits offices de personnes capables de les tenir & exercer, & en jouir par les pourvus, aux mêmes honneurs, autorités, pouvoirs, prééminences, franchises, libertés, priviléges, droits de signature des rôles, suivant notre édit du mois d'Août 1616, droits de chevauchées & taxations telles & semblables que les officiers des autres élections de notre royaume, & qui leur sont attribués par nosdits édits & ordonnances & de nos prédécesseurs, tout ainsi que s'ils étoient

par le menu spécifiés; aux gages, savoir est, lesdits présidens de 500 liv. chacun; lesdits élus & contrôleur, de 400 liv. chacun; nosdits procureurs de 200 liv. chacun; les greffiers desdites élections de 100 liv. chacun, & les sergens de 25 liv. chacun, le tout, outre & par-dessus les émolumens que prennent & ont accoutumé prendre & percevoir lesdits officiers de nos autres élections, sans y commettre aucun abus. Et d'autant qu'au moyen de l'exécution du présent édit, il ne sera plus besoin de faire des assemblées pour les assiettes & départemens des deniers qui seront imposés sur ladite province, Nous voulons & ordonnons que les gages, taxations & droits ainsi par Nous attribués aux officiers desdites élections créés par le présent édit, soient payés sur les deniers qui s'imposent par chacun an & en chacun diocese pour les frais des assemblées qui se font pour procéder auxdites assiettes. N'entendons par le présent édit aucunement préjudicier aux priviléges & libertés des États généraux de ladite province, que nous voulons être assemblés, & qu'en iceux soient faites par nos commissaires les propositions & demandes des sommes dont nous desirerons être secourus de nos sujets dudit pays, ainsi qu'il est accoutumé. SI DONNONS EN MANDEMENT à nos amés & féaux conseillers les gens tenant notre cour de parlement de Toulouse que notre présent édit ils fassent lire, publier & registrer & du contenu en icelui jouir & user les pourvus desdits offices & leurs successeurs pleinement & paisiblement, cessant & faisant cesser tous troubles & empéchemens au contraire, nonobstant oppositions ou appellations quelconques, us, estil, coutumes du pays, concessions, priviléges, déclarations, édits, arrêts & réglemens à ce contraires, auxquels & à la dérogatoire de la déro-

gatoire

gatoire y contenue nous avons dérogé & dérogeons par ces préfentes : CAR tel eſt notre plaiſir. Et afin que ce ſoit choſe durable, ferme & ſtable à toujours, nous avons fait mettre notre ſcel à ceſdites préfentes. DONNÉ à Toulouſe au mois de Juin, l'an de grace 1622 & de notre regne le treizieme. *Signé*, LOUIS. *Et plus bas* : PHELYPEAUX.

Nota. Cet édit n'eut point d'exécution. Il n'eſt rapporté ici que comme un monument hiſtorique ; & il ne nous a pas été poſſible de réparer l'omiſſion qui ſe trouve dans l'énumération des bureaux créés au nombre de quinze, & dont on n'en compte pourtant que treize. On peut préſumer avec beaucoup de vraiſemblance, que les deux qui manquent étoient, l'un, pour les dioceſes de Rieux & de Comminge, dans la généralité de Touloufe, & l'autre, pour les dioceſes de Beziers & Agde, dans la généralité de Montpellier.

III.

EDIT DU ROI,

Portant création d'un ſiège d'élection dans chaque diocefe du Languedoc.

Du mois de Juillet 1629.

LOUIS, PAR LA GRACE DE DIEU, ROI DE FRANCE ET DE NAVARRE: A tous préſens & à venir, SALUT. Le feu Roi notre très-honoré ſeigneur & pere, que Dieu abſolve, ayant, à ſon avénement à la couronne, recherché divers moyens pour ſoulager ſes ſujets de la province de Languedoc, & empêcher qu'aucuns deniers ne fuſſent impoſés qu'en vertu de ſes lettres patentes & arrêts de ſon conſeil, diminuer les exceſſives impoſitions que la néceſſité des guerres avoit cauſées, & que

Tome IV.

l'égalité fût gardée en celles qui s'y feroient à l'avenir, auroit par ſes lettres patentes du 8 Mars 1597, regiſtrées où beſoin a été, & arrêt de ſon conſeil du 6 Mars 1608, ordonné aux tréſoriers généraux des finances de ladite province de Languedoc, de tenir les États particuliers & aſſiettes des diocefes pour y faire faire les départemens des deniers contenus eſdites commiſſions, avec défenſes de départir ni permettre l'impoſition d'autres deniers que de ceux qui ſeroient portés par les commiſſions ; ce qui auroit été obſervé au grand ſoulagement des ſujets de ladite province juſques au décès de notredit ſeigneur & pere ; Et depuis, divers mouvemens étant ſurvenus en cet Etat & particulierement en ladite province, les premiers abus eſdites impoſitions ſe feroient renouvellés & augmentés, en telle ſorte que noſdits ſujets nous auroient fait faire pluſieurs remontrances & ſupplications d'y remédier ; ſur la conſidération deſquelles ayant voulu rechercher les moyens à nous poſſibles pour leur ſoulagement, & n'en ayant ſçu trouver aucun dont l'exécution fût plus aiſée qu'en faiſant garder & obſerver leſdites lettres patentes & arrêts deſdits jours 8 Mars 1597 & 6 Mars 1608, &, à l'exemple des autres provinces de notre royaume, établir des élections en chaque diocefe, afin qu'aucuns deniers ne ſoient impoſés que par notre ordre, & qu'égalité y ſoit obſervée : SAVOIR faiſons, qu'après avoir mis cette affaire en délibération en notre conſeil où étoient aucuns princes de notre ſang & autres princes, ſeigneurs, officiers de notre couronne & notables perſonnages, de l'avis d'iceux & de notre certaine ſcience, pleine puiſſance & autorité royale ; AVONS par celui notre préſent édit perpétuel & irrévocable créé, érigé & établi,

K k

créons, érigeons & établiſſons, en chacune des recettes des tailles de notre province de Languedoc, les bureaux & ſiéges d'élection qui enſuivent ſur le fait & juſtice de nos aides, tailles, taillon, ſubſides, impoſitions & levée de deniers généralement quelconques, dont la connoiſſance appartient à nos officiers des élections établis ès autres provinces de notre royaume, & qui leur ſont attribués par les édits, déclarations & arrêts ſur ce faits, encore qu'ils ne ſoient ici préciſément déclarés ni ſpécifiés ; SAVOIR, les bureaux & ſiéges des élections de Toulouſe, ville & dioceſe, celui de Lavaur, celui de Caſtres, celui d'Alby, celui de Carcaſſonne, celui de Narbonne, celui de Beziers, celui de Montpellier, celui de Nîmes, celui d'Uzès, celui du Puy, celui de Mende, celui de Villeneuve-de-Berg, pour le bas-Vivarais, & celui d'Annonay pour le haut Vivarais, chacun deſquels ſiéges & bureaux ſera compoſé d'un préſident, un lieutenant principal, un lieutenant particulier, un premier élu aſſeſſeur, ſix autres élus, trois contrôleurs élus, un notre avocat, un procureur pour nous, trois greffiers & trois maîtres clercs héréditaires, un garde des ſceaux & un greffier des affirmations auſſi héréditaire, un huiſſier audiencier, quatre ſergens & ſix procureurs poſtulans ; Et encore avons créé, érigé & établi les bureaux & ſiéges des élections de Rieux & Comminge joints, celui de Caſtelſarrazy, pour le dioceſe de bas-Montauban, celui de Caſtelnaudary pour le dioceſe de Saint-Papoul, celui de Fanjeaux pour le dioceſe de Mirepoix, celui de Limoux & Alet joints, celui de Saint-Pons, celui de Pezenas pour le dioceſe d'Agde & celui de Clermont pour le dioceſe de Lodeve, qui ſeront auſſi chacun compoſés d'un pré-

ſident, un lieutenant principal, un lieutenant particulier, un premier élu aſſeſſeur, quatre autres élus, & trois contrôleurs, un notre avocat & un procureur, trois greffiers, & trois maîtres clercs héréditaires, un garde des ſceaux, & un greffier des affirmations, auſſi héréditaires, un huiſſier audiencier, deux ſergens & quatre procureurs poſtulans, pour être par nous dès-à-préſent pourvu auxdits offices de perſonnes capables, & ci-après, quand vacation adviendra par mort, réſignation, ou autrement, auxquels offices nous avons attribué & attribuons les gages & droits ci-après déclarés ; A ſavoir, à chacun deſdits préſidens 600 liv. de gages, 50 liv. de taxations ordinaires, 100 liv. pour droit de chevauchée ; à chacun deſdits lieutenans principaux & particuliers, premiers élus aſſeſſeurs, élus, & contrôleurs élus 500 liv. de gages, 50 liv. de taxations ordinaires, & 100 liv. de droit de chevauchée ; à chacun de nos avocats & procureurs 150 liv. de gages, & 50 liv. de taxations ordinaires ; à chacun deſdits greffiers 100 liv. de gages, & quatre deniers pour livre ; à chacun des maîtres clercs 50 liv. de gages, & deux deniers pour livre ; au garde des ſceaux huit deniers pour livre ; au greffier des affirmations quatre deniers pour livre ; à prendre leſdits droits & en jouir en hérédité par chacune année ſur toutes les levées des deniers qui ſe feront ſur les villes, paroiſſes & communautés deſdites élections, tant pour le principal de la taille, taillon, aides, octrois & autres levées de deniers qui ſe feront pour nos affaires, que pour les affaires des particuliers & communautés, & généralement pour quelque cauſe & occaſion que ce ſoit, dont ils ſeront payés par les mains des collecteurs deſdites tailles, outre leſdites levées ; à chacun desdits huissiers 50 liv. de gages, & à chacun sergent 30 liv., avec pouvoir à chacun desdits huissiers & sergens d'exploiter par tout notre royaume, pays, terres & seigneuries de notre obéissance tous actes de justice, de quelque cour & jurisdiction qu'ils soient émanés, auxquels bureaux & siéges d'élection, Nous voulons que lesdits offices soient exercés par ceux qui en seront pourvus, & qu'ils en jouissent aux mêmes honneurs, pouvoirs, autorités, priviléges, exemptions, prérogatives, prééminences, fruits, profits, revenus & émolumens, droits de vérification, & signature des rôles par paroisse, contrôle & bordereau, & tous autres droits, rang & séance dont jouissent les officiers des autres élections de notre royaume, suivant les édits de leur création, arrêts, réglemens & ordonnances faites en conséquence, encore qu'ils ne soient ici particulierement spécifiés, de tous lesquels gages, taxations ordinaires & chevauchées attribuées auxdits officiers sera dorénavant par chacun an, à commencer de l'année prochaine, fait & laissé fonds ès mains des receveurs de nos tailles desdites élections, sur les plus clairs deniers de leur recette pour en faire le payement aux pourvus des offices sur leurs simples quittances, aux quatre quartiers de l'année & pour lesdits droits & ceux de vérification & signatures des rôles, contrôle & bordereau, feront aussi imposés & levés conjointement avec lesdits deniers desdites levées, à commencer en ladite année prochaine, & employés ès commissions de nos tailles & crues, ou par autre séparée, ainsi qu'il se fait pour les officiers des autres élections de notre royaume. Voulons dorénavant, à commencer comme dessus, que le département général de nos tailles,

crue, taillon & autres levées étant fait par les trésoriers généraux de France, des généralités de Toulouse & Beziers, chacun en droit soi, que les commissions particulieres que nous ferons sur ce expédier soient par eux envoyées en chacune desdites élections, & que les officiers d'icelles fassent leur département sur les paroisses, villes, communautés, & consulats, à proportion de ce qu'ils jugeront que chacune d'icelles devra porter en leurs loyautés & consciences, & que les rôles desdites taxes, crues, taillon & autres levées se fassent en la forme ordinaire, & que s'il intervient quelques différends pour raison des taxes, quotes & rôles desdites tailles & levées de denier entre nos sujets de quelque qualité & condition qu'ils soient, circonstances & dépendances, la connoissance en appartiendra aux officiers desdites élections en premiere instance, & par appel à notre cour des aides de Montpellier ; faisant comme nous faisons défenses à tous autres juges d'en connoitre ; & pour donner moyen à nos sujets qui se feront pourvoir desdits offices de les exercer avec plus de sureté, Nous voulons qu'ils jouissent en l'année présente du bénéfice de la dispense des quarante jours, ainsi que nos autres officiers qui ont payé le droit annuel & fait le prêt sans pour ce payer aucun prêt ni droit annuel, & même qu'ils puissent résigner lesdits offices, pendant les deux premieres années de leur établissement, sans être contraints à payer aucun droit de résignation. Si DONNONS EN MANDEMENT à nos amés & féaux conseillers, les gens tenant notre cour des comptes, aides & finances de Montpellier, présidens trésoriers de France, généraux des finances à Toulouse & Beziers, que chacun en droit soi & comme il appartiendra, ils fassent lire, publier &

enregistrer ces présentes & tout le contenu en icelles garder, entretenir & observer inviolablement selon leur forme & teneur, sans permettre qu'il y soit contrevenu, nonobstant oppositions ou appellations quelconques & autres empêchemens à ce contraires, pour lesquelles & sans préjudice d'icelles ne voulons être différé, dont si aucunes interviennent nous avons retenu & réservé à nous & à notre conseil, la connoissance & icelle interdite à toutes nos cours & juges, nonobstant aussi tous édits, ordonnances, réglemens, arrêts & lettres à ce contraires, auxquels & à la dérogatoire y contenue, nous avons dérogé & dérogeons par cesdites présentes : CAR tel est notre plaisir. Et afin que ce soit chose ferme & stable à toujours, Nous y avons fait mettre notre sceau, sauf en autres choses notre droit & l'autrui en toutes. DONNÉ à Nimes au mois de Juillet l'an de grace mil six cent vingt-neuf, & de notre regne le vingtieme. *Signé*, LOUIS. *Et plus bas.* Par le Roi, PHELYPEAUX; Et scellé du grand sceau de cire verte sur lacs de soie rouge & verte.

EXTRAIT des registres de la cour des comptes, aides & finances de Montpellier.

VU les lettres patentes de Sa Majesté en forme d'édit données à Nimes au mois de Juillet 1629, signées, Louis; Et plus bas. Par le Roi, Phelypeaux, scellées du grand sceau de Sa Majesté, de cire verte en doubles lacs de soie verte & rouge, par lesquelles, & pour les causes y contenues, Sadite Majesté, crée & érige en chacune des recettes des tailles de cette province de Languedoc, les bureaux & siéges des élections sur le fait & justice des aides, tailles, taillon, subsides, impositions & levées des de-

niers généralement quelconques dont la connoissance appartient aux officiers des élections établies aux autres provinces du royaume, & qui leur sont attribués par les édits, déclarations & arrêts sur ce faits, bien qu'ils ne soient particulierement désignés audit édit ; SAVOIR, les bureaux & siéges des élections de Toulouse, ville & diocese, celui de Lavaur, celui de Castres, celui d'Alby, celui de Carcassonne, celui de Narbonne, celui de Beziers, celui de Montpellier, celui de Nimes, celui d'Uzès, celui du Puy, celui de Mende, celui de Villeneuve-de-Berg pour le bas-Vivarais, & celui d'Annonay pour le haut Vivarais, chacun desquels siéges & bureaux sera composé d'un président, d'un lieutenant principal, un lieutenant particulier, un premier élu assesseur, six autres élus, trois contrôleurs élus, un avocat, un procureur du Roi, trois greffiers & trois maitres clercs héréditaires, un garde des sceaux, un greffier des affirmations aussi héréditaires, deux huissiers audienciers, quatre sergens, six procureurs postulans ; Comme aussi Sadite Majesté crée, érige & établit les bureaux & siéges des élections de Rieux & Comminge joints, celui de Castelsarrazy pour le diocese bas-Montauban, celui de Castelnaudary pour le diocese de Saint-Papoul, celui de Fanjeaux pour le diocese de Mirepoix, celui d'Alet & Limoux joints, celui de Saint-Pons, celui de Pezenas pour le diocese d'Agde, & celui de Clermont pour le diocese de Lodeve, qui seront aussi chacun composés d'un président, un lieutenant principal, un lieutenant particulier, un premier élu assesseur, quatre autres élus, trois contrôleurs, un avocat & procureur du Roi, trois greffiers, trois maitres clercs héréditaires, un garde sceau, un greffier des affirmations auſſi héréditaires, un huiſtier audiencier, deux ſergens & quatre procureurs poſtulans, auxquels offices Sadite Majeſté a attribué & attribue les gages & droits; SAVOIR, à chacun deſdits préſidens 600 liv. de gages, 50 liv. de taxations ordinaires, 100 liv. pour droit de chevauchée; à chacun deſdits lieutenans principal, particulier, premier élu aſſeſſeur, élus & contrôleurs élus, 500 liv. de gages, 50 liv. de taxations ordinaires & 100 liv. de droit de chevauchée; à chacun deſdits avocats & procureurs du Roi 150 liv. de gages & 50 liv. de taxations ordinaires; à chacun deſdits greffiers 100 liv. de gages & quatre deniers pour livre; à chacun maître clerc 50 liv. de gages & deux deniers pour livre; au garde des ſceaux huit deniers pour livre; au greffier des affirmations quatre deniers pour livre; à prendre leſdits droits & en jouir en hérédité par chacune année ſur toutes les levées de deniers qui ſe feront ſur les villes, paroiſſes & communautés deſdites élections, tant pour le principal de la taille, aides, octrois, & autres levées de deniers qui ſe feront pour les affaires des particuliers & communautés, & généralement pour quelque cauſe & occaſion que ce ſoit, dont ils ſeront payés par les mains des collecteurs deſdites tailles, outre leſdites levées; à chacun deſdits huiſſiers 50 liv. de gages, & à chacun ſergent 30 liv., avec pouvoir d'exploiter par tout le royaume tous actes de juſtice de quelque cour, & juriſdiction qu'ils ſoient émanés; pour pouvoir par les pourvus deſdits offices jouir des mêmes honneurs, pouvoirs, autorités, privilèges, exemptions, prérogatives, prééminences, fruits, profits, revenus & émolumens, droits de vérification & ſignature des rôles par paroiſſes, contrôle & bordereau, &

tous autres droits, rang & ſéance, dont jouiſſent les officiers des autres élections de ce royaume, ſuivant les édits de leurs création, arrêts, réglemens & ordonnances faites en conſéquence; de tous leſquels gages, taxations ordinaires, chevauchées attribuées auxdits officiers ſera dorénavant, à commencer en l'année prochaine, fait & laiſſé fonds ès mains des receveurs des tailles deſdites élections ſur les plus clairs deniers de leur recette, pour en faire le payement aux pourvus deſdits offices ſur leurs ſimples quittances, aux quatre quartiers de l'année & autrement comme il eſt porté par leſdites lettres patentes; OUI & ce requérant le procureur général du Roi, LA COUR, les chambres & ſemeſtres aſſemblés, a ordonné & ordonne que leſdites lettres patentes en forme d'édit ſeront lues, publiées & regiſtrées ès regiſtres d'icelle, pour être le contenu eſdites lettres gardé & obſervé ſelon leur forme & teneur; à la charge que les pourvus auxdits offices deſdites élections & recettes, ſeront tenus de ſe préſenter à la cour pour y être reçus & prêter le ſerment requis, & que les appellations de leurs ſentences reſſortiront à icelle, à la charge que le lieutenant principal ſera docteur ou licencié, & que les premiers élus aſſeſſeurs, ne pourront prendre autre qualité que de conſeillers-aſſeſſeurs-élus, pour avoir rang par-deſſus les autres conſeillers-élus, ſans que les gardes des ſceaux puiſſent prétendre autres droits pour l'exercice de leurdit office que ceux qui leur ſont attribués par l'édit du mois de Mars 1618, lequel pour cet effet ſera rapporté, & ſur icelui fait par la cour, tel réglement qu'il appartiendra pour l'exercice dudit office, ſans préjudice des droits héréditaires à eux attribués par le ſuſdit édit, dont ils jouiront ainſi

qu'eſt contenu en icelui. FAIT & prononcé à Montpellier, en la cour des
comptes, aides & finances le 23 Juillet 1629. *Signé*, FONBON.

IV.

ARRÊT

DU CONSEIL D'ETAT DU ROI,

*Concernant l'exécution de l'édit pré-
cédent.*

Du 20 Septembre 1630.

EXTRAIT *des Regiſtres du Conſeil
d'Etat.*

VU par le Roi l'arrêt donné par ſa
cour de parlement de Touloufe,
ſur la requête de ſon procureur général
en icelle le dernier jour d'Août 1630,
portant que l'édit de création des élus
en la province de Languedoc, ſeroit
rapporté pardevers ladite cour dans
huitaine après la prochaine fête Saint
Martin d'hiver, pour icelui préalablement communiqué audit procureur général, être pris délibération telle que
de raifon, & cependant défenfes à
toutes perſonnes de quelque qualité &
condition qu'elles ſoient, de s'ingérer
en l'exercice deſdites charges, ſoit par
commiſſion ou autrement, à peine de
10,000 liv. d'amende & autre arbitraire ; & à tous magiſtrats, conſuls,
ſyndics & autres ſujets de Sa Majeſté
de reconnoître leurs ordonnances, ni
adhérer à icelles ſur mêmes peines, &
qu'il ſera informé des contraventions,
procédé contre les coupables, & copie
dudit arrêt envoyée par toutes les ſénéchauſſées & ſiéges préſidiaux, pour
y être lu, publié & regiſtré : L'arrêt
donné par la cour des comptes, aides
& finances de Languedoc du 11 du
préſent mois de Septembre, portant
caſſation du ſuſdit arrêt ; SA MA-

JESTÉ ÉTANT EN SON CON-
SEIL, a caſſé, révoqué & annullé l'arrêt de ladite cour de parlement de
Touloufe dudit jour dernier Août, &
tout ce qui s'en eſt enſuivi, comme
donné par attentat & par juges ſans
pouvoir : A ORDONNÉ ET ORDONNE,
que la minute dudit arrêt ſera tirée
des regiſtres de ladite cour & appor-
tée au greſſe du conſeil par de Malenfant, greffier en icelle, comme auſſi
que l'enregiſtrement qui en a été fait
ès ſénéchauſſées, ſiéges & juriſdictions du reſſort de ladite cour, ſera
rayé & biffé ; Que le préſident qui a
préſidé audit arrêt & le rapporteur d'i-
celui, viendront trouver Sa Majeſté la
part où Elle ſera dans un mois : Et
cependant Sa Majeſté leur interdit
l'exercice de leurs charges, à peine de
faux, & déclare tous les arrêts & procédures où ils aſſiſteront après la ſignification du préſent arrêt faite au procureur général, nuls & comme non
avenus, & eux condamnés aux dépens, dommages & intérêts, que pour
raifon de ce les parties en pourroient
ſouffrir. FAIT Sadite Majeſté très-expreſſes inhibitions & défenfes à ladite
cour de parlement, de prendre aucune
juriſdiction ni connoiſſance de l'exécution de l'édit & établiſſement deſdits
offices d'élus en la province de Languedoc, circonſtances & dépendances,
ſur peine de déſobéiſſance, & aux
avocats & procureurs généraux en
icelle d'y en faire aucunes pourſuites
ſur leſdites peines & de privation de
leurs charges ; aux officiers deſdits ſiéges & à tous capitouls, conſuls & autres perſonnes de quelque qualité &
condition qu'elles ſoient, d'avoir égard
ni ſe ſervir & aider dudit arrêt, en
quelque forte & maniere que ce ſoit,
ni donner aucun trouble ni empêchement aux élus & commis établis ès
élections du reſſort de ladite cour des

comptes, aides & finances de Montpellier en l'exercice de leurs charges, à peine de 10,000 liv. d'amende, dépens, dommages & intérêts, lesquels élus & commis, Sa Majesté a mis & met en sa protection & sauve-garde, & des capitouls de Toulouse & consuls des autres villes où ils seront établis, pour en répondre en leurs propres & privés noms : Enjoint Sa Majesté au gouverneur & lieutenant général de ladite province, gouverneurs des villes & places, & autres justiciers & officiers qu'il appartiendra, donner main-forte & assistance à l'exécution du présent arrêt & empêcher l'effet de celui dudit parlement. Et sera le présent arrêt, lu, publié & registré ès registres de ladite cour des comptes, & en toutes les sénéchaussées, siéges, présidiaux & élections de ladite province, l'audience tenant, & affiché partout où besoin sera, à ce qu'aucun n'en prétende cause d'ignorance. FAIT au conseil d'Etat du Roi, Sa Majesté y étant, tenu à Lyon le vingtieme jour de Septembre 1630.

Signé, PHELYPEAUX.

LOUIS, PAR LA GRACE DE DIEU, ROI DE FRANCE ET DE NAVARRE : A nos amés & féaux conseillers les gens de nos comptes, aides & finances de Montpellier, & aux sénéchaux, leurs lieutenans, présidiaux de notre province de Languedoc, présidens, lieutenans & élus des élections d'icelle, & autres juges qu'il appartiendra ; SALUT. Nous vous mandons, ordonnons & très-expressément enjoignons par ces présentes signées de notre main de faire registrer, garder & observer de point en point l'arrêt ce jourd'hui donné par Nous étant en notre conseil d'Etat, dont l'extrait est ci-attaché sous le contre-scel de notre

chancellerie, portant cassation & révocation de celui de notre cour de parlement de Toulouse du dernier Août 1630, y mentionné & de tout ce qui s'en est ensuivi, comme donné par attentat & par juges sans pouvoir. De ce faire vous donnons pouvoir, autorité, commission & mandement spécial : Et commandons à notre huissier ou sergent, signifier ledit arrêt de notre conseil à   De Malenfant, greffier dudit parlement, à ce qu'en obéissant à icelui, il ait à tirer des registres de notredite cour de parlement, la minute originale dudit arrêt & l'apporter au greffe de notredit conseil ; comme aussi faire représenter les enregistremens faits dudit arrêt du parlement, tant esdites sénéchaussées que présidiaux & autres, & les rayer & biffer ; faire commandement de par Nous au président qui a présidé & au rapporteur dudit arrêt de nous venir trouver la part où nous serons dans un mois, & cependant leur interdire comme nous leur interdisons l'exercice de leurs charges à peine de faux & de nullité de tous les arrêts & procédures, où ils assisteroient après la signification de notredit arrêt faite à notre procureur général dudit parlement, & lesquels nous avons dès-à-présent déclarés nuls & comme non avenus & eux condamnés aux dépens, dommages & intérêts des parties ; faire très-expresses inhibitions & défenses de par nous à notredite cour de parlement de prendre aucune jurisdiction ni connoissance de l'exécution de notre édit de création & établissement des offices d'élus en notre province de Languedoc, circonstances & dépendances, sur peine de désobéissance ; à nos avocats & procureurs généraux d'y en faire aucunes poursuites, sur les mêmes peines & de privation de leurs charges; aux officiers des siéges &

à tous capitouls, conſuls & autres perſonnes, de quelque qualité & condition qu'elles ſoient, d'avoir égard ni ſe ſervir & aider dudit arrêt du parlement, en quelque ſorte & maniere que ce ſoit, ni donner aucun trouble ou empêchement aux élus & commis établis ès élections du reſſort de notredite cour des comptes, aides & finances de Montpellier, en l'exercice de leurs charges, à peine de 10,000 liv. d'amende, dépens, dommages & intérêts, leſquels élus & commis nous avons pris & mis, prenons & mettons en notre protection & ſauve-garde, & des capitouls de Touloufe, & conſuls des autres villes où ils ſeront établis, pour en répondre en leurs propres & privés noms. De ce faire & tous autres actes & exploits requis & néceſſaires pour l'entiere exécution dudit arrêt de notre conſeil lui donnons pouvoir, ſans qu'il ſoit tenu demander autre congé ni permiſſion. Enjoignons au gouverneur & lieutenant pour Nous en notredite province, gouverneurs de nos villes & places, ſénéchaux, leurs lieutenans & autres nos juſticiers & officiers qu'il appartiendra, de donner main-forte, aide' & aſſiſtance à l'exécution dudit arrêt de notre conſeil & empêcher l'effet de celui dudit parlement. Et d'autant que dudit arrêt de notre conſeil, & des préſentes on pourra avoir beſoin en pluſieurs & divers lieux; Nous voulons qu'à la copie duement collationnée par l'un de nos amés & féaux conſeillers & ſecrétaires, foi ſoit ajoutée comme aux originaux : CAR tel eſt notre plaiſir. DONNÉ à Lyon le vingtieme jour de Septembre l'an de grace mil ſix cent trente & de notre regne le vingt-unieme. *Signé*, LOUIS. *Et plus bas*, Par le Roi, PHELYPEAUX. Et ſcellées du grand ſceel en cire jaune ſur ſimple queue.

V.

AUTRE SUR LE MÊME SUJET.

Du 10 Février 1631.

LE Roi, après avoir oui les députés de la province de Languedoc, en leurs remontrances faites ſur l'exécution de ſon édit du mois de Juillet 1629, portant création & établiſſement de vingt-deux bureaux & ſiéges d'élection en ladite province, & voulant Sa Majeſté, que ledit édit ſoit exécuté ſelon ſa forme & teneur, & les offices dépendans deſdites élections établis ſans retardation, SADITE MAJESTÉ ÉTANT EN SON CONSEIL, a ordonné & ordonne que les pourvus des offices dépendans deſdits vingt-deux bureaux & ſiéges d'élection créés & établis en ladite province de Languedoc, jouiront pleinement & paiſiblement de la fonction de leurs charges, conformément audit édit, enſemble les commis établis eſdites élections, ſans qu'ils y puiſſent être troublés pour quelque cauſe & prétexte que ce ſoit, faiſant très-expreſſes inhibitions & défenſes à toutes perſonnes, de quelque qualité & condition qu'elles ſoient, de les troubler ni moleſter directement ou indirectement, ni leſdits commis établis, ſur peine de déſobéiſſance & de punition exemplaire. Enjoint Sadite Majeſté à ſa cour des comptes, aides & finances à Montpellier de procéder inceſſamment à leur réception, & à tous magiſtrats, préſidiaux, capitouls, conſuls & autres qu'il appartiendra de tenir la main à leur conſervation, à peine d'en répondre en leur propre & privé nom & de privation de leurs charges; Ordonne qu'il ſera informé des contraventions, pour l'information faite & rapportée au conſeil être procédé

cédé contre les coupables ainsi que de raison ; Et que le présent arrêt sera lu, publié & affiché partout où besoin sera, afin que personne n'en prétende cause d'ignorance. FAIT au conseil d'Etat, le Roi y étant, tenu à Paris le dixieme jour de Février 1631.

DE LOMENIE, *signé.*

LOUIS, PAR LA GRACE DE DIEU, ROI DE FRANCE ET DE NAVARRE : A nos amés & féaux conseillers les gens tenans notre cour des comptes, aides & finances à Montpellier, SALUT. Suivant l'arrêt ce jourd'hui donné en notre conseil d'Etat ci-attaché sous le contre-scel de notre chancellerie, Nous vous mandons & ordonnons par ces présentes signées de notre main, de procéder incessamment à la réception des pourvus des offices nouvellement créés, ès vingt-deux bureaux & siéges d'élections établis en notre province de Languedoc, par notre édit du mois de Juillet 1629 & les en faire jouir, ensemble les commis à l'exercice d'iceux pleinement & paisiblement, sans souffrir qu'ils y soient troublés pour quelque cause & occasion que ce soit. De ce faire vous donnons pouvoir, commission & mandement spécial. Enjoignons à tous magistrats, présidiaux, capitouls & autres nos juges qu'il appartiendra de tenir soigneusement la main à la conservation desdits officiers & commis, conformément à notredit arrêt, même informer des contraventions, pour ce fait & l'information rapportée en notre conseil, être procédé contre les coupables ainsi que de raison, sur peine d'en répondre en leurs propres & privés noms & de privation de leurs charges. Et afin que personne n'en prétende cause d'ignorance, Nous commandons à notre huissier ou sergent premier sur ce requis de signifier notredit arrêt à tous

ceux qu'il appartiendra, le lire, publier & en afficher les copies partout où besoin sera, faire les défenses y contenues sur les peines portées par icelui, & au surplus pour son entiere exécution & des présentes, tous autres exploits nécessaires, sans qu'il soit tenu demander autre permission : CAR tel est notre plaisir. Et d'autant que de notredit arrêt & de ces présentes on pourra avoir besoin en plusieurs & divers lieux, Nous voulons qu'aux copies duement collationnées par l'un de nos amés & féaux conseillers & secrétaires, foi soit ajoutée comme aux originaux. DONNÉ à Paris le dixieme jour de Février l'an de grace mil six cent trente-un, & de notre regne le vingt-unieme. *Signé*, LOUIS. *Et plus bas.* Par le Roi étant en son conseil, DE LOMENIE. Et scellées du grand scel en cire jaune sur simple queue.

V I.

AUTRE SUR LE MÊME SUJET.

Du 24 Juillet 1631.

EXTRAIT *des Registres du Conseil d'Etat.*

VU par le Roi étant en son conseil, l'édit du mois de Juillet 1629, portant création & établissement de vingt-deux bureaux & siéges d'élections en la province de Languedoc, vérifié en sa cour des comptes, aides & finances de Montpellier & partout où besoin a été, ensemble l'arrêt donné en icelui, Sa Majesté y étant, le 10 Février dernier, sur les remontrances faites par les députés de ladite province ; Et après avoir vu les cahiers présentés par lesdits députés, & iceux derechef ouis par plusieurs & diverses fois en leurs remontrances, même les députés de la cour de parlement de

Touloufe ; Et voulant Sadite Majefté, que les fufdits édit & arrêt foient exécutés felon leur forme & teneur, & les officiers dépendans defdites élections établis fans retardation, comme ayant ledit établiſſement été fait pour le bien & foulagement de fes fujets & pour empêcher le défordre qui fe commettoit en la levée des deniers extraordinaires qui fe faifoit en ladite province, SADITE MAJESTÉ ETANT EN SON CONSEIL, fans s'arrêter aux cahiers préfentés par lefdirs députés ni aux remontrances qui lui ont été faites par les députés de ladite province & dudit parlement, a ordonné & ordonne que l'édit de création & établiſſement defdites élections fera exécuté felon fa forme & teneur ; Et ce faifant, que les pourvus des offices dépendans defdits vingt-deux bureaux & fiéges d'élections créés & établis en ladite province de Languedoc, jouiront pleinement & paiſiblement de la fonction de leurs charges, conformément auxdits édits & arrêts intervenus en conféquence d'icelui, enfemble les commis établis efdites élections, attendant qu'il y ait des officiers pourvus, fans qu'ils y puiſſent être troublés pour quelque caufe ou prétexte que ce foit, faifant très-expreſſes inhibitions & défenfes à toutes perfonnes, de quelque qualité & condition qu'elles foient, de les troubler ni moleſter directement ou indirectement, à peine de défobéiſſance & de punition exemplaire. Enjoint Sa Majefté à fa cour des comptes, aides & finances de Montpellier de procéder inceſſamment à la réception defdits officiers, & à tous magiftrats préfidiaux, capitouls, confuls & autres qu'il appartiendra de tenir la main à leur confervation & exécution du préfent arrêt, à peine d'en

répondre en leur propre & privé nom & de privation de leurs charges : Ordonne qu'il fera informé des contraventions à icelui par le premier magiftrat fur ce requis, pour l'information faite & rapportée au confeil ou en ladite cour des comptes, être procédé contre les coupables par la rigueur des ordonnances ainſi que de raifon. Enjoint en outre Sadite Majefté aux députés & fyndics de ladite province de fe retirer en icelle, & leur fait défenfes de s'aſſembler fans permiſſion du Roi, & que le préfent arrêt fera lu, publié & affiché partout où befoin fera, afin que perfonne n'en prétende caufe d'ignorance. Et d'autant qu'il eft néceſſaire de pourvoir aux plaintes de pluſieurs créanciers de ladite province, qui demandent le payement des deniers qu'ils ont prêtés aux Etats, diocefes, villes & communautés, Sadite Majefté ordonne que les commiſſaires qu'elle a nommés pour la vérification des dettes de ladite province s'y tranfporteront incontinent pour vaquer à ladite vérification, pour icelle faite être pourvu inceſſamment au payement du principal & intérêts defdites dettes. FAIT au confeil d'Etat du Roi, Sa Majefté y étant, tenu à Paris le vingt-quatrieme jour de Juillet 1631.

PHELYPEAUX, *ſigné.*

V I I.

E D I T D U R O I,

Qui éteint & ſupprime les bureaux & ſiéges d'élections créés par celui du mois de Juillet 1629.

Du mois de Septembre 1631.

Cet édit eſt rapporté dans le premier volume de cette collection, page 287.

VIII.

AUTRE,

Qui confirme la suppreſſion ordonnée par le précédent.

Du mois d'Octobre 1632.

Cet édit eſt auſſi dans le premier volume , page 288.

IX.

AUTRE,

Portant confirmation des deux précédens.

Du mois de Février 1633.

LOUIS, PAR LA GRACE DE DIEU, ROI DE FRANCE ET DE NAVARRE: A tous préſens & à venir, SALUT. Nos chers & bien amés les députés des Etats généraux de notre province de Languedoc Nous ont, par le douzieme article du cahier qu'ils Nous ont préſenté, très-humblement fait remontrer que par notre édit du mois d'Octobre dernier, lu & publié en notre préſence à l'ouverture des Etats généraux de ladite province, il nous auroit plu d'ordonner la ſuppreſſion de vingt-deux bureaux d'élections, créés & établis par autre édit du mois de Juillet 1629, à la charge de rembourſer actuellement 3,885,000 livres, à quoi monte la finance des offices dont leſdits bureaux étoient compoſés, & des droits héréditaires y attribués, avec les intérêts de ladite ſomme, à raiſon du denier dix, juſques à l'actuel payement d'icelle, d'une part ; & la ſomme de 200,000 livres, d'autre, à laquelle Nous aurions arbitré les frais & dédommagement de ceux qui en avoient traité avec Nous ; leſquelles ſommes ſeroient impoſées & levées ſur le général dudit pays en quatre années conſécutives également,

à commencer en la préſente 1633. Mais d'autant qu'à cauſe des autres impoſitions dont la province ſe trouve chargée, & la miſere où les habitans d'icelle ſont réduits, tant par les récentes ruines de la guerre & de la peſte, que par les fréquentes inondations qui ont gâté les meilleures terres, il leur ſeroit impoſſible de ſatisfaire quant à préſent par impoſition au payement deſdites ſommes, ils Nous auroient très-humblement ſupplié pour le ſoulagement de noſdits ſujets, & afin de parvenir à une plus prompte exécution deſdites conditions, leur permettre d'emprunter les ſommes néceſſaires pour parfaire le rembourſement deſdits 3,885,000 livres, & rejetter le payement deſdits 200,000 livres du dédommagement ſur l'année 1636, qui ſera la derniere deſdites quatre années ; Nous ayant de plus requis de faire un édit particulier pour le fait de la ſuppreſſion deſdites élections, qui ſoit adreſſé à notre cour des comptes, aides & finances de notre ville de Montpellier, & aux tréſoriers généraux de France de ladite province, pour y être enregiſtré, contenant permiſſion d'emprunter & de lever pour l'acquit & payement des créances, les ſommes qui ſeront pour ce empruntées en telles années qu'ils verront bon être, avec les intérêts juſques au payement actuel, & ce, en vertu dudit édit, ainſi qu'il eſt plus au long porté par ledit article. SUR QUOI déſirant leur témoigner l'affection que Nous avons toujours eue pour les choſes qui regardent le bien & ſoulagement de ladite province, SAVOIR FAISONS, que pour ces cauſes & autres conſidérations à ce Nous mouvant, de l'avis de notre conſeil, où étoient aucuns princes & officiers de notre couronne, & autres grands & notables perſonnages, & de notre certaine ſcience, pleine puiſſance & autorité royale, avons par notre préſent édit, perpétuel & irrévocable, & conformément à la réponſe par Nous faite ſur ledit article ci-attaché ſous le contreſcel de notre chancellerie, dit, ſtatué & ordonné, diſons, ſtatuons & ordonnons, voulons & nous plaît que dorénavant les Etats de notre province de Languedoc ſoient convoqués par chacun an au mois d'Octobre en vertu de nos lettres patentes & commiſſions, qui ſeront annuellement expédiées pour cet effet avec les mêmes privilèges, libertés & avantages dont ils ont joui avant l'année 1629, nonobſtant tous édits, arrêts & réglemens à ce contraires, leſquels nous révoquons d'abondant pour ce regard ; & ce faiſant, Nous avons, ſuivant notre précédent édit du mois d'Octobre dernier, éteint & ſupprimé, éteignons & ſupprimons par ceſdites préſentes les vingt-deux bureaux d'élections créés & établis, comme il eſt dit ci-deſſus, par autre édit du mois de Juillet de l'année 1629, lequel nous avons pareillement révoqué, & ſans que leſdits élus puiſſent être rétablis par Nous ni par les Rois nos ſucceſſeurs pour quelque cauſe ou occaſion que ce ſoit ; le tout à la charge du rembourſement des ſommes ci-deſſus, ainſi qu'il eſt plus particulièrement exprimé par ledit édit du mois d'Octobre dernier. Permettons à ceux deſdits Etats d'emprunter, ſuivant l'inſtance & ſupplication qu'ils Nous en ont faite par ledit article, les ſommes néceſſaires pour faire le rembourſement deſdits 3,885,000 livres, & de rejetter le payement des 200,000 livres de dédommagement ſur l'année 1636, qui ſera la dernière deſdites quatre années ; leur donnant pouvoir par exprès de faire impoſer & lever leſdites ſommes pour l'acquit & payement des créanciers de qui elles auront été empruntées, en telles années qu'ils verront

bon être, avec les intérêts juſques au payement actuel, en vertu du préſent édit, ſans qu'il ſoit beſoin d'obtenir pour ladite impoſition autres commiſſions ou lettres d'aſſiette, ni payer aucun droit de ſceau, attendu que c'eſt pour nos propres affaires. Voulons les quittances du tréſorier de notre épargne duement contrôlées pour leſdites ſommes de 3,885,000 liv. & intérêts, & des 200,000 livres de dédommagement, être délivrées à ceux deſdits Etats à meſure qu'ils en feront les payemens, & que l'original dudit édit du mois de Juillet 1629, lequel demeure nul & comme non avenu, leur ſoit pareillement mis entre les mains pour la décharge & plus grande ſureté de ladite ſuppreſſion. Si DONNONS EN MANDEMENT à nos amés & féaux les gens tenant notre cour des comptes, aides & finances de Montpellier, préſidens & tréſoriers généraux de France au bureau de nos finances établi audit lieu, & autres nos officiers qu'il appartiendra chacun en droit ſoi, que notre préſent édit ils ayent à faire enregiſtrer, lire & publier aux lieux accoutumés, pour être le contenu en icelui gardé, obſervé & exécuté inviolablement, de point en point, ſelon ſa forme & teneur, ſans qu'il y ſoit contrevenu, nonobſtant oppoſitions ou appellations quelconques, pour leſquelles, & ſans préjudice d'icelles, ne voulons être différé : CAR tel eſt notre plaiſir, nonobſtant auſſi tous édits, ordonnances, réglemens & lettres à ce contraires, auxquelles & aux dérogatoires des dérogatoires y contenues, nous avons expreſſément dérogé & dérogeons par ceſdites préſentes ; & afin que ce ſoit choſe ferme & ſtable à toujours, nous y avons fait mettre & appoſer notre ſcel. DONNÉ à Saint-Germain-en-Laye, au mois de Février, l'an de grace 1633, & de notre regne le vingt-quatrieme.

Signé, LOUIS ; *Et sur le repli est écrit:* Par le Roi. PHELYPEAUX , *signé* ; Et à côté : *Visa.*

Registré ès registres de la cour des comptes, aides & finances, pour jouir par ledit pays du contenu audit édit, conformément à la volonté de Sa Majesté & aux édits & déclarations par elles faits, vérifiés & enregistrés en la-dite cour, à la charge que les intérêts de l'emprunt permis par Sadite Majesté ne pourront excéder l'ordonnance, ni les deniers en être divertis pour quelque cause ou occasion que ce soit, suivant l'arrêt de ce jourd'hui, Oui le procureur général de Sa Majesté. A Montpellier le vingtieme Juillet 1633.

Signé, PUJOL.

TITRE NEUVIEME.

Des frais d'Assiettes & autres dépenses ordinaires des Dioceses (a).

I.

ARRÊT

DU CONSEIL D'ETAT DU ROI,

Portant augmentation des journées des consuls & députés des villes capitales & diocésaines, à raison de leur assistance aux assiettes des dioceses.

Du 25 Septembre 1610.

EXTRAIT des registres du Conseil d'Etat.

SUR la requête présentée au Roi en son conseil, par les gens des trois-Etats du pays de Languedoc, contenant que tous les ans les premiers consuls des villes, chefs des dioceses & des autres principales d'iceux dioceses, sont députés pour assister en l'assemblée des Etats généraux dudit pays , & en leur absence sont députés en leur lieu les premiers & principaux desdites villes, auxquels on a accoutumé de tout temps de donner six liv. par jour pour leurs vacations & dépens qu'ils feront durant la tenue desdits Etats , laquelle taxe auroit été réduite par le réglement qui auroit été fait audit conseil des dépenses ordinaires desdits dioceses, à cinq liv. pour les consuls & députés desdites villes capitales, & à quatre liv. pour les consuls & députés des diocésaines : Ce qui apporteroit à la fin préjudice aux affaires de Sa Majesté, d'autant que lesdits premiers consuls sont créés des personnes les plus qualifiées desdites villes, qui ont dépensé davantage que leursdites taxes auxdits Etats généraux qui se sont tenus depuis ledit réglement, & ne veulent plus aller auxdits Etats, si on ne leur aug-

(a) »Depuis les Etats du 13 Décembre 1759 , rapportés sous ce Titre, Nᵒ. XI, XII » & XIII , il y a eu des augmentations dans quelques articles des dépenses ordinaires de » certains dioceses; nous n'avons remarqué que celles qui sont générales, & celles qui » ont rapport à l'introduction des nouveaux députés aux assiettes ou aux émolumens & » frais de bureau des officiers des dioceses. »

mente ladite taxe , qui feroit caufe que lefdits dioceſes feroient contraints d'envoyer auxdits Etats généraux des perſonnes de moindre condition , requérant qu'il plût à Sa Majefté augmenter ladite taxe de une liv. par chacun jour, & mettre celle defdits confuls defdites villes capitales à fix livres, & celle des autres confuls diocéſains à cinq liv. par chacun jour durant ledit voyaye qu'ils font auxdits Etats , compris leur aller & retour. Vu l'avis des commiffaires préſidens pour Sa Majefté en l'affemblée des Etats généraux dudit pays , convoquée en la préſente année en la ville du Pont Saint-Efprit , portant que Sa Majefté doit dorénavant accorder fous ſon bon plaifir auxdits députés, & diocéſains de l'affemblée defdits Etats augmentation de leur taxe de vingt fols par jour chacun , pendant le féjour & voyage qu'ils font auxdits Etats, pour en être payés par les diocefes , avec le refte de leurs taxes qui leur font déjà faites par les Etats de Sa Majefté. LE ROI EN SON CONSEIL , a accordé & accorde auxdits confuls & députés defdites villes capitales defdits dioceses , enſemble auxdits confuls & députés diocéſains vingt fols d'augmentation de leurdite taxe par jour à chacun durant le temps porté par les Etats de Sa Majefté des dépenfes ordinaires defdits dioceſes , pour faire jufques à fix liv. de celles defdits confuls & députés defdites villes capitales , & à cinq liv. celles defdits confuls & députés diocéſains, laquelle augmentation Sadite Majefté permet aux commiffaires principal & ordinaires des affiettes defdits dioceſes faire impofer par chacun an , avec les frais ordinaires de chaque dioceſe dudit pays , & faire payer icelle augmentation auxdits députés, avec & comme ladite taxe que Sadite Majefté leur a ci-devant faite par cefdits Etats defdites dé-

penfes ordinaires. FAIT au confeil d'état du Roi, tenu à Paris le vingt-cinquieme jour de Septembre 1610.

Signé , FAYET.

LOUIS , PAR LA GRACE DE DIEU , ROI DE FRANCE ET DE NAVARRE : A nos amés & féaux les commiffaires par Nous députés pour préfider en l'affemblée des Etats généraux de notre pays de Languedoc, SALUT. Nous voulons & vous mandons que fuivant l'arrêt dont l'extrait eft ci-attaché fous notre contre-fcel, ce jourd'hui donné en notre confeil fur la requête à nous préſentée en icelui par les gens des Trois-états de notre pays de Languedoc, vous ayez , par les commiffaires principal & ordinaires des affiettes des dioceſes de notre pays de Languedoc, à faire affeoir, impofer & lever dorénavant par chacun an avec les frais ordinaires de chacun dioceſe de notredit pays , l'augmentation de vingt fols par jour , que nous avons faite par notredit arrêt & faifons par ces préſentes aux confuls & députés des villes capitales defdits dioceſes , enſemble aux confuls députés diocéſains , pour affifter à l'affemblée des Etats généraux de notredit pays de Languedoc , de la taxe de cent fols par jour que nous avons ci-devant accordée auxdits députés defdites villes capitales defdits dioceſes , & quatre livres par jour auxdits confuls & députés diocéſains , par le réglement général qui en auroit été fait en notredit confeil, pour leurs vacations & dépenfes qu'ils font durant la tenue defdits Etats généraux , pour faire jufques à fix liv. auxdits députés defdites villes capitales defdits dioceſes, & cinq liv. par jour auxdits confuls & députés diocéſains ; laquelle augmentation lefdits commiffaires principal & ordinaires defdites affiettes feront auxdits députés, avec & comme ladite taxe que nous leur avons ci-devant faite pat les Etats des dépenfes ordinaires d'iceux diocefes. De ce faire vous donnons pouvoir, autorité, commiffion & mandement fpécial par ces préfentes : CAR tel eft notre plaifir. DONNÉ à Paris le vingt-cinquieme jour de Septembre, l'an de grace 1610, & de notre regne le premier. Par le Roi en fon confeil.

Signé, FAYET.

II.

ARRÊT

DU CONSEIL D'ETAT DU ROI,

Portant défenfes aux diocefes d'emprunter pour des dépenfes urgentes, en cas d'infuffifance des fonds deftinés à cet objet dans les états des dépenfes ordinaires ; & qui regle comment il faut y pourvoir en pareille occafion.

Du 18 Septembre 1613.

EXTRAIT *des Regiftres du Confeil d'Etat.*

SUR ce qui a été remontré au Roi en fon confeil que, contre & au préjudice des états des dépenfes ordinaires & extraordinaires qui ont été vérifiées en fondit confeil, réglement & arrêts donnés en icelui des 6 Mars, 18 Décembre 1608 & 26 Septembre 1609, par lefquels S. M. auroit fait défenfes aux députés des Etats généraux du pays de Languedoc, diocefes, villes & lieux d'icelui, d'emprunter à l'avenir aucunes fommes de deniers, fous prétexte de les employer pour les affaires communs, ou pour quelqu'autre chofe que ce foit, à peine d'être contraints au payement & rembourfement d'icelles en leurs propres & privés noms, & à toutes perfonnes de

prêter fur peine de pure perte, les fyndics defdits diocefes & députés defdites villes & lieux dudit pays, voyant qu'ès états extraordinaires vérifiés audit confeil, ont été rejettées quelques parties mal employées en iceux, ou tenues en fouffrance jufqu'à ce qu'ils ayent fait apparoir des pieces juftificatives, requierent aux affemblées qui fe font defdits diocefes, ou ès affemblées communes defdits diocefes, villes & lieux, aucuns emprunts être faits pour employer aux affaires communs d'icelles, defquels deniers ils payent lefdites parties rejettées efdits états vérifiés audit confeil ou autres femblables qu'ils n'ofent y employer ; lefquelles, quand bien elles feroient juftes, la plupart devroient être payées du fonds qui leur eft laiffé par leurs états de leurs dépenfes ordinaires pour employer aux affaires extraordinaires qui leur furviendroient pendant l'année ; & en vertu de l'obligation qu'ils en paffent aux particuliers qui leur prêtent lefdites fommes & condamnations qu'ils en obtiennent, les employent ès états qu'ils préfentent pour être vérifiées en l'affemblée des Etats généraux dudit pays, & après recourent à S. M. pour obtenir la permiffion d'impofer lefdites fommes ainfi empruntées. A quoi étant befoin de pourvoir à l'avenir pour empêcher tels défordres qui fe font à la foule des fujets de S. M. de ladite province, SADITE MAJESTÉ EN SON CONSEIL, a fait & fait très-expreffes inhibitions & défenfes aux fyndics defdits diocefes, villes & lieux dudit pays de Languedoc, de requérir à l'avenir efdites affiettes & affemblées, aucuns emprunts être faits pour employer aux affaires communs d'icelles, & à ceux qui y affifteront de confentir, à peine d'en répondre, tant par le commiffaire principal que par le juge mage ou fon lieutenant ordinaires, & autres officiers de S. M. qui auront assisté aux assiettes desdits diocéses, & syndics d'iceux ; &, pour les villes & lieux dudit pays, par le premier consul ou par les autres consuls qui auront assisté aux délibérations qui auront été prises sur ce fait, en leurs propres & privés noms ; & aux particuliers de prêter aucuns deniers, à peine de pure perte ; leur enjoignant S. M., où il leur surviendroit quelques nécessités urgentes, auxquelles le fonds qui leur est laissé dans les états desdites dépenses ordinaires à faire par chacun an, n'y pourroit suffire, de se retirer vers Sadite Majesté pour obtenir lettres d'assiette sur l'avis & vérification qui en aura été préalablement faite par les commissaires présidens auxdits Etats généraux de ladite province, & non autrement, auxquels S. M. défend de permettre être employé ci-après aux Etats qu'ils vérifieront aucunes parties de celles qui auront été rejettées ès états précédens vérifiés audit conseil, ni de passer en iceux aucunes dettes qui pourroient avoir été ci-devant empruntées, qu'il ne leur apparoisse l'emprunt avoir été fait pour justes causes, lesquelles y seront particulierement désignées, ni aucunes parties y être employées qui doivent être payées sur le fonds qui leur est baillé par chacun an, à peine d'en répondre par le trésorier de France qui aura présidé aux Etats, en son propre & privé nom ; lesquels états ainsi vérifiés, Sadite Majesté enjoint aux gens des trois Etats dudit pays de les envoyer par le syndic d'icelui ou par un seul député, auquel les diocéses, villes & lieux dudit pays bailleront ou envoyeront les états de leursdites dettes ainsi vérifiées ou autres affaires qui leur concerneront pour en obtenir lettres d'assiette des sommes qu'il plaira à S. M. leur permettre d'imposer ; &, où il leur surviendroit quelques affaires

pour lesquels il fût besoin d'envoyer plus grande députation, ils seront tenus d'en obtenir de S. M. la provision auparavant que leursdits députés se mettent en chemin, à peine d'être tenus par lesdits députés des frais desdits voyages ; comme aussi S. M. fait défenses aux receveurs comptables ou autres qui feront la recette des deniers, tant dudit pays que diocéses, villes & lieux d'icelui, de rendre à l'avenir lesdits pays, diocéses, villes & lieux redevables par la fin de leurs comptes ; leur défendant de faire aucune poursuite pour le recouvrement des sommes qu'ils prétendront avoir avancées à l'encontre des consuls, syndics ou habitans desdits pays, villes & lieux, à peine de nullité, cassation de procédures & de tous dépens, dommages & intérêts, sauf, en cas d'urgente nécessité concernant le fait d'hostilité, auquel cas S. M. permet au gouverneur de ladite province, ou à son lieutenant général en icelle, de permettre audit pays en général, diocéses, villes & lieux en particulier, telles levées qu'ils verront nécessaires pour leur conservation, attendant que par Sadite Majesté autrement en ait été ordonné ; & à cet effet lui en sera à l'instant donné avis. Et afin que le présent réglement soit par ci-après suivi & effectué, Sadite Majesté enjoint, tant auxdits commissaires présidens pour S. M. auxdits Etats généraux dudit pays, trésoriers généraux de France, baillifs, sénéchaux, leurs lieutenans & tous autres juges des lieux de ladite province de Languedoc, de le faire lire, publier & enregistrer aux premieres assiettes qui se feront auxdits diocéses, villes & lieux, & aux audiences tenant desdits sièges, & partout ailleurs où besoin sera, à ce que nul n'en prétende cause d'ignorance, & au procureur de S. M. des bailliages & sénéchaussées,

&

& autres jurifdictions royales dudit pays de Languedoc, de requérir & tenir la main à ladite publication, & avertir le confeil dans trois mois, du devoir qu'ils y auront fait. FAIT au confeil d'état du Roi, tenu à Fontainebleau le dix-huitieme de Septembre mil fix cent treize. *Signé*, FAYET.

III.

EXTRAIT du regiftre des délibérations des Etats généraux de Languedoc, affemblés par mandement du Roi en la ville de Pezenas au mois de Novembre 1640.

Du Mercredi 14 dudit mois de Novembre, préfident Mgr. l'archevêque & primat de Narbonne.

LECTURE ayant été faite aux Etats de l'arrêt du confeil du troifieme jour de Mai dernier, portant confirmation de l'ordonnance donnée par le commiffaire principal de l'affiette du diocefe de Narbonne, par laquelle il étoit ordonné au receveur dudit diocefe de payer comptant, & par avance le fonds du fyndic contenu dans l'état des dépenfes ordinaires dudit diocefe arrêté au confeil, Monfeigneur l'archevêque de Touloufe a repréfenté que fon diocefe fouffroit un notable dommage de ce que les receveurs dudit diocefe retenoient en leurs mains le fonds du fyndic, & s'en fervoient pour leurs affaires particulieres, au préjudice des articles accordés entre les receveurs des tailles & le pays, par lefquels ils font obligés de payer par avance, & durant la tenue de l'affiette, toutes & chacunes les fommes qui font contenues dans l'état des frais & dépenfes ordinaires des diocefes ; de forte que durant le cours de l'année le fyndic de fon diocefe, faute dudit fonds, étoit néceffité de demeurer fans exercice, & de laiffer expofé ledit diocefe à mille mauvai-

Tome IV.

fes rencontres pour n'avoir point de quoi faire des voyages, & agir auprès de ceux qui donnent les ordres pour procurer du foulagement audit diocefe; moins encore faire aucunes pourfuites des procès qui lui étoient commis, étant contraint de laiffer dépérir les affaires dudit diocefe : Qu'il priât l'affemblée, en cas lefdits receveurs refuferoient en la prochaine affiette, comme ils ont fait jufques à cette heure, de fatisfaire par avance au payement de toutes les fommes contenues dans l'état des dépenfes ordinaires dudit diocefe, de lui aider à les y contraindre ; & pour cet effet ordonner au fyndic général de prendre le fait & caufe du fyndic dudit diocefe, & pourfuivre au nom du pays toutes provifions néceffaires pour faire vuider les mains aufdits receveurs, durant la tenue de l'affiette des fufdites fommes. A ÉTÉ ARRÊTÉ qu'à la premiere réquifition du fyndic du diocefe de Touloufe & de tous autres fyndics des diocefes qui fe trouveront dans la même peine, & qui ne pourront retirer comptant & par avance le fonds qui leur eft ordonné dans l'état des dépenfes ordinaires defdits diocefes, le fyndic général prendra leur fait & caufe, & fera toutes pourfuites néceffaires pour contraindre lefdits receveurs au payement dudit fonds.

IV.

EXTRAIT du regiftre des délibérations des Etats généraux de Languedoc, affemblés par mandement du Roi en la ville de Pezenas au mois de Novembre 1640.

Du Mercredi 14 dudit mois de Novembre, préfident Mgr. l'archevêque & primat de Narbonne.

A ÉTÉ repréfenté par Monfeigneur l'archevêque de Touloufe que, non-feulement les receveurs des tailles de fon diocefe retiennent en leurs mains le fonds du fyndic, fans qu'il puifie être employé aux affaires & foulagement dudit diocefe, mais tâchent même, lorfqu'ils rendent compte dans l'affiette, de s'approprier la meilleure partie dudit fonds, contraignant les députés de l'affiette de les gratifier de telles fommes que bon leur femble fur cette nature de deniers, avec cet artifice qu'ils donnent quelque furféance pour le payement des tailles aux confuls des dix villes maîtreffes dudit diocefe qui compofent ladite affiette, lefquels, pour jouir d'une plus longue furféance, ou pour la crainte qu'ils ont d'être expofés aux contraintes defdits receveurs incontinent après l'affiette, les gratifient à leur fantaifie, & leur accordent de notables fommes, fous prétexte du foulagement qu'ils ont donné à toutes les villes & communautés dudit diocefe, bien que les feuls confuls des villes maîtreffes ayent joui dudit foulagement : Que cet abus avoit pris de fi grandes racines, qu'il lui a été impoffible de l'ôter, quelques moyens qu'il y ait employés, de forte qu'il a été contraint de recourir à cette affemblée, & la fupplie de lui tenir la main à garantir le fonds dudit fyndic, lequel dans l'intention du Roi & dudit diocefe, a été deftiné à de meilleurs ufages. SUR QUOI A ÉTÉ ARRÊTÉ que très-expreffes défenfes font faites à tous confuls & députés de ladite affiette de divertir, par femblables gratifications, le fonds dudit fyndic deftiné aux affaires importantes dudit diocefe ; &, en cas qu'ils continueroient à l'avenir de gratifier lefdits receveurs fur ledit fonds, fous quelque prétexte que ce foit, qu'ils feront exclus pour jamais de l'entrée de ladite affiette & pourfuivis, à la diligence du fyndic dudit diocefe, pour la reftitution des fommes qu'ils auront accordées, & lefdits receveurs pour les avoir induement per-

ques. Et pour ce que ledit fyndic, par manquement du fonds que lefdits receveurs retiennent en leurs mains, ne pourroit faire ladite pourfuite, A ÉTÉ ARRÊTÉ que le fyndic général prendra le fait & caufe dudit fyndic, & fera toutes pourfuites néceffaires contre lefdits confuls & receveurs. Si ont lefdits Etats défendu au greffier dudit diocefe de figner aucuns actes contenant ladite gratification, à peine de deftitution de fa charge & ont ordonné au fyndic dudit diocefe de faire lire à l'ouverture de l'affiette la préfente délibération.

V.

EXTRAIT du regiftre des délibérations des Etats généraux de Languedoc, affemblés par mandement du Roi en la ville de Pezenas au mois de Novembre 1661.

Du Mercredi 20 Décembre fuivant, préfident Mgr. l'évêque de Caftres, nommé à l'archevêché de Touloufe.

MEssieurs les commiffaires nommés pour vérifier les départemens des impofitions faites dans les diocefes des trois fénéchauffées de la province, ont rapporté que, par ordre de cette compagnie, ils s'étoient affemblés pour régler quelques difficultés qu'ils avoient trouvées dans l'examen defdits départemens, afin de rendre tous les jugemens uniformes, l'une defquelles & la principale, étoit que prefque dans tous les diocefes de la province ceux qui compofent les affiettes avoient pris des fommes au-delà de la taxe qui leur eft ordonnée par l'état de l'an 1634, fous divers prétextes. Comme cette affaire avoit été fouvent agitée dans cette affemblée & dans plufieurs tenues d'Etats, pour chercher les moyens de faire obferver ledit réglement de 1634, elle avoit toujours cru ne devoir pas entrer dans le détail particulier pour deman-

N°. V.

der au Roi un *nouveau réglement gé-néral portant augmentation desdites* taxes, qui ne pourroit que porter un préjudice très-confidérable à la province; que néanmoins plufieurs diocefes étant néceffités de demander ladite augmentation, ils avoient demeuré d'accord dans leur conférence que l'affemblée pouvoit déclarer n'entendre empêcher que les diocefes qui voudroient une augmentation de taxe pour ceux qui compofent leurs affiettes ne fe retirent devers le Roi pour leur être pourvu. SUR QUOI, l'affaire mife en délibération, LES ETATS ONT ARRÊTÉ que les diocefes qui voudront demander une augmentation de taxe pour ceux qui compofent leurs affiettes au-deffus de l'état préfent où elles fe trouvent, pourront prendre délibération pour demander au Roi cette augmentation en la maniere qu'ils aviferont. Et au cas que, pour faciliter l'obtention defdites augmentations, ils ayent befoin du fecours de la province, LES ETATS confentent que le fyndic général intervienne en leur faveur.

VI.

ARRÊT

DU CONSEIL D'ETAT DU ROI,

Qui ordonne que les fommes qui refteront au bout de chaque année des fonds deftinés aux affaires des diocefes, feront remifes entre les mains des receveurs qui entreront en exer-cice, & qu'il en fera fait un moins impofé à la décharge des diocefes, avec défenfes aux députés des affiettes de prendre de leur autorité plus grande taxe que celle qui leur a été accordée par l'état arrêté en 1634 & autres fubféquens.

Du 13 Mai 1665.

LE ROI ayant été informé qu'au préjudice des défenfes portées par les inftructions des commiffaires préfidens pour Sa Majefté aux Etats généraux de la province de Languedoc, & des réglemens faits par lefdits Etats autorifés par divers arrêts du confeil, les députés de quelques diocefes, abufant de leur emploi & par une contravention manifefte auxdites inftructions & réglemens, prétendent pouvoir faire une nouvelle deftination & une diftribution à leur profit d'une partie des fonds employés dans l'état des frais d'affiette de l'année 1634, pour fubvenir aux affaires du diocefe durant le cours de l'année, fous prétexte que leur taxe n'eft pas fuffifante pour leur entretien, & qu'elle n'a point été augmentée depuis ladite année 1634. Et voulant pourvoir à ce défordre comme le feul qui refte à corriger dans lefdites affiettes, SA MAJESTÉ EN SON CONSEIL, a ordonné & ordonne aux fyndics particuliers des diocefes de la province de Languedoc, qui étoient en charge l'année précédente 1664, & qui en feront la fonction dans la fuivante & à tous autres qui ont eu, ou qui auront l'adminiftration du fonds employé dans l'état de l'année 1634, & dans les augmentations faites depuis par des arrêts du confeil pour furvenir aux affaires de chaque diocefe pendant l'année, de remettre entre les mains des receveurs qui entreront en exercice, ce qui leur reftera dudit fonds: Enjoint à cet effet Sa Majefté aux commiffaires principaux & ordinaires defdites affiettes d'ordonner telles contraintes qu'ils aviferont, contre les détempteurs defdites fommes, & de les moins impofer à l'avenir à la décharge defdits diocefes, à peine d'en répondre en leur propre &

privé nom, faifant très-expreffes inhibitions & défenfes aux députés defdites
affiettes de prendre de leur autorité plus
grande taxe que celle qui leur a été accordée par ledit état & arrêts, à peine
de concuffion, fauf à être augmentée,
s'il y a lieu, ainfi qu'il fera ordonné par
Sa Majefté. FAIT au confeil d'état du
Roi, tenu à Paris le treizieme jour de
Mai 1665. *Collationné.* BERRYER,
figné.

LOUIS, PAR LA GRACE DE DIEU,
ROI DE FRANCE ET DE NAVARRE:
Aux commiffaires principaux & ordinaires des affiettes de notre province de
Languedoc, SALUT. Par l'arrêt dont
l'extrait eft ci - attaché fous le contre-
feel de notre chancellerie, ce jourd'hui
donné en notre confeil d'état, Nous
avons ordonné aux fyndics particuliers
des diocefes qui étoient en charge l'année 1664, & qui en feront la fonction
dans les fuivantes, & à tous autres qui
qui ont eu, ou qui auront l'adminiftration du fonds employé dans l'état des
frais d'affiette de l'année 1634, & dans
les augmentations faites depuis par des
arrêts de notre confeil, pour furvenir
aux affaires de chaque diocefe pendant
l'année, de remettre entre les mains
des receveurs qui entreront en exercice, ce qui leur reftera dudit fonds. A
CES CAUSES, Nous vous mandons &
ordonnons de donner & ordonner telles contraintes que vous aviferez contre les détempteurs d'icelles fommes,
& de les moins impofer à l'avenir à la
décharge des diocefes, à peine d'en répondre en votre propre & privé nom.
Commandons au premier huiffier ou
fergent fur ce requis de faire pour l'exécution dudit arrêt tous commandemens,
fommations, & défenfes fur les peines
y contenues & autres actes & exploits
néceffaires, fans autre permiffion. Et
fera ajouté foi comme aux originaux
aux copies dudit arrêt & des préfentes
collationnées par l'un de nos amés &
féaux confeillers & fecrétaires : CAR
tel eft notre plaifir. DONNÉ à Paris le
treizieme jour de Mai, l'an de grace
1665, & de notre regne le vingt-deuxieme ; Par le Roi en fon Confeil.
Signé, BERRYER.

VII.

*EXTRAIT du regiftre des délibérations
des Etats généraux de Languedoc,
affemblés par mandement du Roi en
la ville de Montpellier au mois
d'Octobre 1684.*

Du Samedi 2 Décembre fuivant, préfident
Mgr. le cardinal de Bonzy, archevêque &
primat de Narbonne.

MONSEIGNEUR l'évêque de Montauban a dit que, dans la commiffion
de la vérification des départemens des
diocefes de la province, ils avoient examiné la requête préfentée aux Etats de
la part du fyndic du diocefe de Nîmes,
dans laquelle il expofe que la plupart
des députés qui compofent l'affiette dudit diocefe étant obligés de faire deux
grandes journées pour fe rendre à l'affiette, & d'y refter ordinairement 15
jours par les grandes affaires qu'on eft
obligé d'y régler & à raifon du compte
de l'étape, cette confidération avoit
donné lieu à ladite affiette d'augmenter depuis quelques années les vacations
defdits fieurs députés au-delà de ce qui
eft réglé par l'état du Roi de 1634 ;
mais comme les Etats procédant à la
vérification des départemens dudit diocefe n'avoient pu donner leur confentement à cette augmentation de vacations, attendu qu'elle n'étoit point permife par Sa Majefté, ils auroient tous
les ans dans les jugemens rendus fur la
vérification des départemens des impofitions dudit diocefe, fait défenfes aux
commiffaires principal & ordinaires &

députés de l'affiette de faire aucune impofition pour l'augmentation defdites vacations, & au receveur du diocefe de les payer à peine de pure perte; ce qui avoit donné lieu à ladite affiette de prendre délibération le 13 du mois d'Avril dernier, par laquelle le fyndic du diocefe eft chargé de demander aux Etats que, comme ils font pleinement informés des juftes raifons que ladite affiette a de demander une augmentation des vacations pour les députés qui la compofent, ils veuillent bien leur accorder pour cela leur confentement. SUR QUOI les Etats ont déclaré n'entendre empêcher que le fyndic du diocefe de Nimes ne fe retire devers le Roi, pour être pourvu fur l'augmentation des vacations des députés de l'affiette dudit diocefe ainfi qu'il fera avifé par Sa Majefté. Faifant cependant défenfes aux commiffaires principal, ordinaires, & députés de ladite affiette d'impofer aucunes fommes pour raifon defdites vacations au-delà de ce qui eft réglé par l'état de 1634, jufques à ce qu'autrement en ait été ordonné par Sa Majefté.

V I I I.

EXTRAIT du regiftre des délibérations des Etats généraux de Languedoc, affemblés par mandement du Roi en la ville de Montpellier au mois d'Octobre 1684.

Du Jeudi 7 Décembre fuivant, préfident Mgr. le Cardinal de Bonzy, archevêque & primat de Narbonne.

MONSEIGNEUR l'évêque d'Uzès a dit, que le fyndic de fon diocefe s'étant pourvu au confeil pour demander une augmentation des vacations des députés qui compofent fon affiette, le Roi auroit renvoyé la requête devant M. d'Aguesfeau, intendant, pour donner fon avis fur ces fins d'icelle ; &

comme l'affemblée eft pleinement informée des juftes motifs que fon diocefe a de demander cette augmentation, il fupplie l'affemblée de lui accorder fon fecours auprès de M. l'intendant. SUR QUOI a été délibéré que le fyndic général fe joindra au fyndic du diocefe d'Uzès, pour prier M. l'intendant de donner fon avis auffi favorable qu'il pourra pour les députés de l'affiette du diocefe d'Uzès.

I X.

EXTRAIT du regiftre des délibérations prifes par les gens des Trois-états du pays de Languedoc.

Du Vendredi 3 Janvier 1755, préfident Mgr. l'archevêque & primat de Narbonne, commandeur de l'ordre du St. Efprit.

MONSEIGNEUR l'évêque de Carcaffonne a dit, que s'étant affemblé avec MM. les autres commiffaires nommés pour la vérification des impofitions faites par les affiettes des diocefes, la commiffion a commencé par entendre la lecture de l'arrêt du confeil du 30 Octobre dernier, par le troifieme article duquel, Sa Majefté ayant égard aux repréfentations qui lui ont été faites par MM. les députés des Etats, a bien voulu ordonner que la vérification defdites impofitions feroit faite à l'avenir en la même forme qu'elle l'étoit avant l'année 1750, conformément aux lettres patentes du mois d'Octobre 1667, & aux anciens réglemens, dont les principales difpofitions concernant les emprunts & impofitions à faire par les diocefes pour les réparations extraordinaires & entretien des ouvrages publics qui font à leur charge, font rappellées dans les articles IV & V. du même arrêt.

Que MM. les commiffaires fe font auffi fait repréfenter les réglemens faits par les Etats le 23 Janvier 1658 &

premier Mars 1659, autorifés par les arrêts du confeil des 3 & 24 Avril de ladite année, concernant tout ce qui doit être obfervé par lefdites affiettes, & que n'y ayant rien à ajouter aux fages précautions qu'ils renferment, la commiffion avoit cru devoir fe contenter de propofer à l'affemblée de charger les fyndics généraux de les faire imprimer pour être de nouveau envoyés dans les diocefes, afin qu'on s'y conforme exactement à l'avenir.

Que la commiffion a enfuite entendu le rapport qu'ont fait les fyndics généraux des impofitions faites en 1754 dans chaque diocefe, fur lefquelles il fera expédié des jugemens en la forme orpinaire.

Qu'il a paru en général, que lefdites impofitions font conformes aux anciens réglemens ou états arrêtés en 1634, ou à des arrêts du confeil & ordonnances poftérieures données fur le confentement des Etats, qui en ont autorifé plufieurs par augmentation, & que s'il y en a quelqu'une qui n'ait pas été autorifée en la même forme, la légitimité de l'emploi & l'ancien ufage avoient paru pouvoir y fuppléer, furtout dans le moment préfent, où il paroît qu'on ne peut pas éviter d'arrêter de nouveaux états ou réglemens des dépenfes ordinaires de chaque diocefe, qui font comprifes dans les déparremens des frais d'affiette.

Qu'en effet, on ne peut pas douter que la différence des temps & des circonftances, ne donne lieu de faire divers changemens dans lefdites dépenfes ; Qu'on en avoit même reconnu depuis long-temps la néceffité, & qu'il avoit paru indifpenfable à MM. les commiffaires de propofer aux Etats d'inférer dans les jugemens qu'ils doivent rendre fur les impofitions de chaque diocefe, que MM. les commiffaires & députés à l'affiette prochaine feront examiner avec une attention particuliere, toutes les dépenfes qu'ils croiront néceffaires, & feront dreffer le projet d'un nouveau réglement ou état defdites dépenfes, avec leurs obfervations fur les changemens qu'ils pourront propofer, pour être délibéré fur le tout par les Etats dans leur prochaine affemblée, & en être enfuite pourfuivi l'autorifation de Sa Majefté, ainfi qu'il appartiendra.

Que cependant, & en attendant que ce nouveau réglement puiffe être fait & autorifé, la commiffion étant informée & convaincue de l'infuffifance de la fomme de cent livres, à laquelle a été fixé depuis plus de cent ans l'honoraire du commiffaire principal des affiettes, a cru devoir propofer à l'affemblée de l'augmenter, fous le bon plaifir du Roi, d'une fomme proportionnée à l'augmentation de toutes les dépenfes & aux frais que font obligés de faire ceux qui ont cette commiffion, pour fe tranfporter le plus fouvent à des diftances confidérables du lieu de leur réfidence ordinaire, & de fixer cette rétribution pour l'avenir, à commencer de la préfente année, à la fomme de trois cent livres.

Sur quoi les Etats, en approuvant ce qui a été fait par MM. les commiffaires, ont rendu les jugemens qui font inférés à la fuite du procès verbal, fur les impofitions faites par les diocefes de la province en l'année 1754; ils ont délibéré, 1°. Que les réglemens faits pour les affiettes en 1658, 1659, feront imprimés de nouveau pour être joints aux commiffions qui feront envoyées dans les diocefes pour la tenue des affiettes, & qu'il en fera fait lecture à chaque année dans lefdites affiettes.

2°. Que les Etats confentent que l'honoraire du commiffaire principal dans chaque affiette, foit augmenté &

porté, sous le bon plaisir de Sa Majesté, à la somme de trois cent livres, qui sera imposée à cet effet dès la présente année, dans le département des frais d'assiette.

X.

EXTRAIT du regiftre des délibérations des Etats généraux de Languedoc, assemblés par mandement du Roi en la ville de Montpellier au mois de Janvier 1756.

Du Mardi 2 Mars suivant, présidant Mgr. l'archevêque & primat de Narbonne, commandeur de l'ordre du St. Esprit.

MONSEIGNEUR l'évêque de Carcassonne a dit, que la commission ayant continué de s'assembler, elle est parvenue, après un long & pénible travail, à former les nouveaux projets des dépenses qui doivent être comprises à l'avenir dans le département des frais d'assiette de chaque diocese de la province.

Que, parmi ces dépenses, il y en a dont l'objet est déterminé d'une maniere stable & permanente, & qui dès-lors devant être désignées sous la dénomination des dépenses ordinaires ont été rangées dans un état séparé pour chaque diocese, que Sa Majesté sera suppliée d'autoriser, conformément à ce qui fut pratiqué en l'année 1634; Et qu'à l'égard des autres dépenses qui sont plus ou moins considérables & sujettes à variations, elles continueront d'être imposées en vertu des délibérations des Etats, & des ordonnances ou arrêts qui les auront autorisées.

Que dans les dépenses de la premiere espece sont compris les articles qui composoient les anciens Etats, tels que les rétributions des députés aux Etats réglées sur le pied de six

livres par jour pour le temps déterminé par les arrêts des 10 Octobre 1752 & 30 Octobre 1754; les honoraires du commissaire principal, des officiers de justice, des députés des villes & autres personnes ayant droit d'assister aux assiettes & autres assemblées des dioceses, suivant l'arrêt de réglement du 30 Janvier 1725, qui doit être la regle uniforme pour tous les dioceses, à la réserve des pays de Vivarais, Gevaudan & Velay, & du diocese d'Alby qui en ont été exceptés; les appointemens & frais de bureau des syndics & greffiers de chaque diocese; le salaire des valets de ville, trompettes & autres menus frais relatifs à la tenue de l'assiette; les sommes accordées pour établissement de colléges, séminaires, ou pour aumônes aux hôpitaux, maisons de charité, bouillons des pauvres, & monasteres d'hommes & filles; enfin le fonds destiné à fournir pendant l'année aux affaires extraordinaires & imprévues de chaque diocese, telles que frais des procès, ports des lettres, envois d'exprès, journées extraordinaires faites pour le service du diocese, & notamment les réparations urgentes aux ponts & chemins & autres ouvrages publics étant à la charge des dioceses, non comprises dans les baux de l'entretien ordinaire, & auxquelles il ne sauroit être pourvu par emprunt en la forme prescrite par l'arrêt du 30 Octobre 1754, attendu la nécessité pressante de faire lesdites réparations.

Que MM. les commissaires en réglant toutes lesdites dépenses, se sont rapprochés, autant que ladite différence des temps & des circonstances a pu le permettre, des réglemens autorisés par le Roi en 1634, ou des nouvelles permissions obtenues depuis; qu'ils ont établi le plus d'uniformité qu'il leur a été possible entre tous les diocefes, par rapport aux dépenfes de même nature, en laiffant fubfifter plufieurs de ces dépenfes fur l'ancien pied, notamment les honoraires des officiers de juftice, pour éviter les conféquences de la moindre innovation à cet égard.

Que les principales augmentations qu'il a paru indifpenfable de faire portent fur les appointemens des officiers des diocefes, & fur les dépenfes imprévues, attendu la grande difproportion de ce qui avoit été réglé à cet égard, avec ce qu'exige l'augmentation du travail caufée par la multiplicité des affaires & des dépenfes de toute efpece.

Que celles du fecond genre, c'eft-à-dire, dont l'objet & la fomme peuvent varier plus communément, quoiqu'autorifées par d'anciens ou nouveaux réglemens, & qui par cette raifon ont paru devoir être féparées de celles du premier état dont il vient d'être parlé, confiftent aux épices tant de la chambre des comptes que des tréforiers de France pour l'audition des comptes des receveurs des tailles, & vérification des Etats au vrai réglées par des traités faits avec lefdites compagnies; à l'honoraire du commiffaire auditeur des comptes des communautés de chaque diocefe fixé chaque année par ordonnance de MM. les commiffaires du Roi & des Etats; au logement des officiers & cavaliers de la maréchauffée, & au loyer des écuries; au montant des baux de l'entretien ordinaire des chemins & autres ouvrages qui font à la charge des diocefes; au payement des intérêts ou des capitaux des fommes dues par les diocefes fuivant les jugemens de vérification; Et enfin à celui des taxations & autres attributions accordées aux receveurs des tailles par différens réglemens donnés à ce fujet; tous lefquels articles doivent être compris, ou dans le département des frais d'affiette, ou

dans celui des deniers extraordinaires, conformément à l'article XIV du réglement fait par les Etats le premier Mars 1659.

Que l'intention fuivie & l'exactitude fcrupuleufe que MM. les commiffaires ont apportées dans le cours de ce travail leur donnent lieu d'efpérer qu'il fera approuvé par les Etats; & qu'après avoir pris connoiffance par eux-mêmes des nouveaux projets dont il s'agit, ils voudront bien confentir à leur exécution, à la charge toutefois qu'ils feront autorifés par Sa Majefté.

Sur quoi, lecture faite des nouveaux projets de dépenfes ordinaires des diocefes de la province, faifant partie des frais d'affiette, il a été délibéré de les approuver & de confentir à leur exécution, après toutefois qu'ils auront été autorifés par Sa Majefté; & que cependant les diocefes continueront de fe conformer à l'état arrêté en 1634, & aux ordonnances, arrêts & réglemens donnés poftérieurement audit état.

X I.
ARRÊT
Du Conseil d'Etat du Roi,

Qui regle les dépenfes ordinaires ou frais d'affiette à impofer annuellement par les fept diocefes compofant la Sénéchauffée de Touloufe, conformément à l'état qui en a été arrêté par Sa Majefté.

Du 17 Décembre 1759.

Extrait des Regiftres du Confeil d'Etat.

Sur ce qui a été repréfenté au Roi, étant en fon confeil, par le fyndic général de la province de Languedoc: Que Sa Majefté ayant, par l'arrêt de fon ſon conſeil, du 10 Octobre 1752, & par l'état y annexé, fait un nouveau réglement des dépenſes ordinaires de chaque aſſemblée des Etats de ladite province, pour les rendre plus conformes aux divers changemens occaſionnés par celui des temps & des circonſtances, les mêmes motifs auroient engagé leſdits Etats à entrer dans l'examen des dépenſes particulieres de chaque dioceſe de la province, compriſes dans le département appellé frais d'aſſiette, dont la plupart ayant varié depuis les anciens réglemens faits en 1634, exigent néceſſairement une nouvelle fixation relative à la ſituation & aux beſoins actuels deſdits dioceſes : Que dans cette vue les Etats, après avoir demandé aux commiſſaires deſdits dioceſes tous les éclairciſſemens neceſſaires, auroient chargé dans leur aſſemblée de 1755, une commiſſion extraordinaire compoſée de pluſieurs membres des trois ordres, de dreſſer les projets des nouveaux états deſdites dépenſes : Que cette commiſſion s'eſt fait repréſenter les anciens états des dépenſes de chaque dioceſe, arrêtés au conſeil en l'année 1634 ; les permiſſions obtenues depuis pour y ajouter différens articles ; les délibérations des Etats qui en ont approuvé d'autres ; les obſervations faites dans chaque dioceſe ſur la néceſſité de diverſes augmentations, & généralement toutes les pieces qui pouvoient contribuer à rendre ſon travail plus exact : Que leſdits commiſſaires ont diſtingué, parmi les dépenſes de toute eſpece, celles qui pouvoient être conſidérées comme ſtables & permanentes, telles que les rétributions des députés aux Etats, fixées, ſuivant les anciens réglemens, ſur le pied de ſix livres par jour pour le temps de la durée de l'aſſemblée, déterminée par les arrêts du conſeil, du 10 Octobre 1752, &

du 30 Octobre 1754 ; les honoraires du commiſſaire principal, des officiers de juſtice, des députés des villes, & des perſonnes ayant droit d'aſſiſter aux aſſiettes & autres aſſemblées des dioceſes, ſuivant l'arrêt de réglement du 30 Janvier 1725, qui doit être la regle uniforme de tous les dioceſes, à la réſerve des pays de Vivarais, Gevaudan & Velay, & du dioceſe d'Alby, qui en ont été exceptés ; les appointemens & frais de bureau des ſyndics & greffiers de chaque dioceſe ; les ſalaires des valets de ville, trompettes & autres menus frais relatifs à la tenue de l'aſſiette ; les ſommes accordées pour l'établiſſement des colléges & ſéminaires, ou pour aumônes aux hôpitaux, maiſons de charité, bouillons des pauvres, & monaſteres d'hommes & de filles ; enfin, le fonds deſtiné à ſubvenir pendant l'année aux affaires extraordinaires, & imprévues de chaque dioceſe, comme frais de procès, ports de lettres, envois d'exprès, journées extraordinaires faites pour le ſervice du dioceſe, & principalement aux réparations urgentes à faire aux ponts, chemins & autres ouvrages publics étant à la charge des dioceſes, non compriſes dans les baux de l'entretien ordinaire, & auxquelles la néceſſité preſſante ne permet pas de pourvoir par emprunt dans la forme preſcrite par ledit arrêt du 30 Octobre 1754 : Que c'eſt de ces différens articles de dépenſes annuelles, qu'ont été compoſés, après l'examen le plus exact, les nouveaux états des frais d'aſſiette de chaque dioceſe, préſentés à l'aſſemblée générale des Etats, qui, par délibération du 2 Mars 1756, a déterminé de les approuver, & de conſentir à leur exécution, après toutes fois que Sa Majeſté les aura autoriſés par un arrêt de ſon conſeil, ainſi qu'il en a été uſé en 1634 ; mais qu'indépendamment de ces dépenses, il y en a d'autres qui, quoiqu'ordinaires & annuelles, peuvent varier pour les sommes, telles que les épices, tant de la chambre des comptes, que des tréforiers de France, pour l'audition des comptes des receveurs des tailles, & vérifications des états au vrai, réglées par des traités faits en différens temps avec lesdites compagnies ; l'honoraire du commissaire auditeur des comptes des communautés de chaque diocese, qui est réglé chaque année par une ordonnance particuliere des sieurs commissaires de Sa Majesté & des Etats ; le logement des officiers & cavaliers de la maréchaussée, & le loyer de leurs écuries, réglés par des ordonnances du sieur intendant & commissaire déparit dans la province ; le montant des baux de l'entretien ordinaire des chemins, & autres ouvrages étant à la charge des dioceses, qui ne peut être déterminé que relativement auxdits baux, sur le rapport qui en doit être fait chaque année aux Etats pour obtenir leur consentement à l'imposition, & aux sieurs commissaires de Sa Majesté pour la permettre, conformément à l'article V. dudit arrêt du 30 Octobre 1754 ; le montant des intérêts des sommes dues par les dioceses, ou celui du remboursement des capitaux, suivant les jugemens de vérification ; enfin, les taxations & autres attributions accordées aux receveurs des tailles par différens réglemens donnés à ce sujet : Que tous ces articles, qui ne peuvent être déterminés d'une maniere fixe, devant toutefois être également compris ou dans le département des frais d'affiette, ou dans celui des deniers extraordinaires, suivant l'article XIV. du réglement du premier Mars 1659, sont de nature à ne pouvoir être autorisés qu'en général, en les énonçant seulement dans le même ar-

rêt ; à la charge néanmoins de se conformer, quant aux sommes, aux ordonnances ou jugemens qui continueront d'être rendus comme par le passé, pour les constater ; qu'au moyen de cet arrangement, il sera aisé de connoître tout ce que chaque diocese devra & pourra légitimement imposer, & qu'il a tout lieu d'espérer que Sa Majesté voudra bien mettre le sceau de son autorité à un travail qui tend uniquement à se conformer à ses intentions pour le maintien du bon ordre dans l'administration des dioceses de la province. Vu lesdits projets de nouveaux états de dépense pour ce qui concerne les dioceses de Toulouse, Alby, Lavaur, Saint-Papoul, Bas-Montauban, Rieux & Commenge, composant la sénéchaussée de Toulouse, montant ensemble à la somme de cinquante mille neuf cent quarante-une livres ; ladite délibération des Etats du 2 Mars 1756, & l'avis du sieur de Guignard de Saint-Priest, intendant & commissaire départi en Languedoc ; Ouï le rapport du sieur Bertin, conseiller ordinaire au conseil royal, contrôleur général des finances ; SA MAJESTÉ ÉTANT EN SON CONSEIL, a fixé & fixe à la somme de cinquante mille neuf cent quarante-une livres, les dépenses ordinaires ou frais d'affiette des sept dioceses composant la sénéchaussée de Toulouse ; & en conséquence, a permis & permet aux assemblées des affiettes de chacun desdits dioceses, d'imposer annuellement, & à commencer en l'année prochaine 1760, les sommes ci-après ; savoir, sur le diocese de Toulouse, onze mille deux cent soixante-trois livres ; sur celui d'Alby, douze mille neuf cent trente-huit livres dix sols ; sur celui de Lavaur, sept mille deux cent vingt-neuf livres dix sols ; sur celui de Saint-Papoul, six mille trois cent deux livres dix sols ; sur celui de Bas-Montauban, six mille soixante-douze livres ; sur celui de Rieux, cinq mille cinq cent neuf livres dix sols ; & sur celui de Commenge, seize cent vingt-six livres ; pour être toutes lesdites sommes, revenant ensemble à celle susdite de cinquante mille neuf cent quarante-une livres, employées & distribuées suivant & conformément à l'état que Sa Majesté en a ce jourd'hui arrêté en son conseil, & qui demeurera annexé à la minute du présent arrêt, sans que pour aucune raison, ni sous aucun prétexte, elles puissent être augmentées ni changées de destination sans le consentement des Etats & la permission expresse de Sa Majesté. Permet en outre Sa Majesté aux assemblées desdits Dioceses, d'imposer annuellement les sommes nécessaires pour satisfaire au payement des épices de la chambre des comptes & des trésoriers de France, pour raison des comptes des receveurs des tailles, & vérifications des états au vrai ; de l'honoraire des commissaires auditeurs des comptes des communautés ; du logement des officiers & cavaliers des maréchaussées, & loyer de leurs écuries ; du montant des baux de l'entretien ordinaire des chemins, & autres ouvrages qui sont à la charge desdits dioceses ; du montant des intérêts des sommes par eux dues, même de celui des capitaux, aux termes portés par les jugemens de vérification desdites dettes ; & des taxations & attributions accordées par différens réglemens aux receveurs des tailles ; à la charge par lesdites assemblées de se conformer, à l'égard de toutes lesdites

dépenses, aux divers réglemens, traités, arrêts du conseil, ordonnances des sieurs commissaires de Sa Majesté & des états & jugemens de vérification qui ont été ci-devant rendus, ou qui le seront à l'avenir chaque année pour en déterminer le montant. Fait Sa Majesté défenses aux commissaires principaux, commissaires ordinaires, syndics, consuls & députés aux assiettes desdits dioceses, d'imposer aucunes autres sommes, pour quelque cause & sous quelque prétexte que ce puisse être, sous les peines portées par les anciens réglemens, notamment par ceux des 23 Janvier 1658, & premier Mars 1659, qui seront exécutés selon leur forme & teneur, en tout ce à quoi il n'a pas été dérogé depuis. Enjoint Sa Majesté au commissaire principal de l'assiette de chacun desdits dioceses, d'y faire lire, publier & enregistrer le présent réglement, & de tenir la main à son exécution ; & aux Etats d'y conformer leurs jugemens lors de la vérification qui sera par eux faite dans chacune de leurs assemblées, en la forme ordinaire, des impositions desdits dioceses ; comme aussi, de se faire rapporter, avec l'extrait de l'imposition des frais de l'assiette, & le procès verbal de la tenue d'icelle, le compte par bref état, de l'emploi du fonds destiné aux dépenses imprévues, afin que l'excédent dudit fonds, s'il s'en trouve, soit mis en moins imposé. FAIT au conseil d'état du Roi, Sa Majesté y étant, tenu à Versailles le dix-septieme jour de Décembre mil sept cent cinquante-neuf.

Signé, PHELYPEAUX.

ÉTAT

Des fommes que le Roi permet être impofées par chacun an, fur les fept diocefes dépendans de la fénéchauffée de Touloufe, pour les voyages des députés aux affemblées des Etats généraux de la province, dépenfes ordinaires & extraordinaires de chacun defdits diocefes, fuivant la diftribution qui en fera faite par le préfent état, dont fera rendu compte pardevant les commiffaires principaux, ordinaires, & députés des affiettes & non ailleurs, lequel état Sa Majefté enjoint aux commiffaires principaux qui préfideront auxdites affiettes, de faire exécuter, garder & obferver, fans permettre qu'autres perfonnes que celles qui font dénommées audit état, entrent & affiftent auxdites affiettes, ni qu'il foit impofé & levé pour les dépenfes defdits diocefes, plus grandes fommes que celles contenues en icelui, ni qu'il foit payé auxdits députés & autres dénommés, plus grandes fommes, falaires & vacations, fous prétexte de gratifications ou autrement, à peine d'en répondre en leurs propres & privés noms.

DIOCESE DE TOULOUSE.

POUR les journées des deux députés du diocefe, à l'affemblée générale des Etats, réglées au nombre de quarante pour le temps ordinaire de ladite affemblée, & quinze pour l'aller & le retour, revenant, pour lefdits députés, à raifon de fix livres par jour chacun, à la fomme de fix cent foixante livres, fauf à leur être payé fur le fonds des dépenfes imprévues, les journées qui feront au-delà dudit nombre, dans le cas d'une plus longue durée des Etats, conformément à l'arrêt du confeil du 30 Octobre 1784, ci . . . . . . 660 liv.

Au commiffaire principal, pour fon honoraire & droit d'affiftance à l'affiette, la fomme de trois cent livres, ci. 300

Aux vingt-deux députés des villes maitreffes dudit diocefe, qui ont droit d'affiftance à ladite affiette & autres affemblées du diocefe, revenant lefdits honoraires à la fomme de huit cent quatre-vingt livres, ci. . 880

Au fyndic du diocefe (a), pour fes appointemens, peines & foins, la fomme de cinq cent livres, ci. . . 500

(a) Les honoraires & les frais de bureau de MM. les Syndics des vingt-quatre diocefes, ont été augmentés & fixés à une fomme certaine dans chaque diocefe, par un arrêt du confeil du 16 Avril 1777, rapporté ci-deffus dans la Section première du Titre VI, N°. XXX.

Au même, pour frais de bureau (*a*), écritures extraordinaires & autres dépenses quelconques relatives à ses fonctions, la somme de cent cinquante livres, ci. . . .   150 liv.

Au greffier du diocese, pour ses appointemens, la somme de quatre cent cinquante livres, ci.   450

Au même, pour frais de bureau, impreffion des mandes, écritures extraordinaires, papier timbré & autres dépenses quelconques relatives à ses fonctions, la somme de cent cinquante livres, ci.   150

Pour bois, bougies & autres menus frais qui se font pendant la tenue de l'affiette, la somme de cent livres, ci.   100

Au valet commis à la garde de la porte pendant la tenue de l'affiette, la somme de trois livres, ci.   3

Au prêtre qui a célébré la meffe pendant la tenue de l'affiette & départemens, la somme de trente livres, ci. .   30

Aux religieux St. François de Montgiscard, pour aumône, la somme de vingt livres, ci.   20

Aux religieuses de Ste. Claire d'Hauterive, pour aumône, vingt livres, ci.   20

Au tréforier de l'hôpital général de Touloufe, la somme de trois mille livres, ci.   3000

Pour toutes autres dépenses non déterminées dans les articles ci-deffus & imprévues, telles que frais de procès, ports de lettres, envois d'exprès, journées extraordinaires faites pour le fervice du diocese, & notamment pour certaines réparations urgentes aux ponts & chemins, & autres ouvrages publics étant à la charge du diocese, non comprises dans les baux de l'entretien ordinaire, & auxquelles il ne fauroit être pourvu par emprunt en la forme ordinaire & prescrite par l'arrêt du 30 Octobre 1754, attendu la néceffité preffante de faire lefdites réparations, la somme de cinq mille livres, laquelle fera payée par le receveur, fur les mandemens des commiffaires ordinaires, & dont il rendra compte à l'affiette, ci.   5000

SOMME TOTALE ; onze mille deux cent foixante-trois livres, ci. . . . .   11263 liv.

(*a*) Voyez la délibération des Etats du 7 Décembre 1784, & l'arrêt du conseil du 14 Février 1785, N°s. XVIII & XIX de ce Titre.

DIOCESE D'ALBY. (a).

POUR les journées des députés, tant de la ville que du diocese, à l'assemblée générale des Etats, réglées au nombre de quarante pour le temps ordinaire de ladite assemblée, & quinze pour l'aller & le retour, revenant, pour quatre députés, à raison de dix livres chacun, à la somme de treize cent vingt livres, sauf à leur être payé sur le fonds des dépenses imprévues, les journées qui seront au-delà dudit nombre, dans le cas d'une plus longue durée des Etats, conformément à l'arrêt du conseil, du 30 Octobre 1754, ci . . . .　1320 liv.

Au commissaire principal, pour son honoraire & droit d'assistance à l'assiette, la somme de trois cent livres, ci. . . . .　300

Au viguier de la ville d'Alby, commissaire ordinaire, ou, en son absence, au juge royal, tant pour ses gages ordinaires en ladite assiette, que pour leurs vacations & droit d'assistance en icelle, la somme de quatre-vingt douze livres dix sols, ci. . . . .　92　10 sols.

Au premier consul & à l'ex-consul d'Alby, & au premier chaperon en exercice de l'une des trois villes diocésaines, qui sont Gaillac, Cordes & Rabastens, chacun à son tour commissaires ordinaires, suivant l'article quatre de l'arrêt de réglement du 30 Janvier 1725, pour leur droit d'assistance à l'assiette & autres assemblées du diocese, en quelque nombre que soient lesdites assemblées, la somme de soixante-dix livres, laquelle pourra être aussi imposée en faveur de chacun des maire & lieutenant de maire en titre étant en tour d'exercice, & lorsqu'ils assisteront auxdites assemblées, revenant, lesdits honoraires pour lesdits trois consuls, à la somme de deux cent dix livres, ci. . . . . .　210

Aux huit maires, consuls ou députés des villes diocésaines qui ont droit d'assister à l'assiette, pour leurs journées, à raison de soixante-dix livres pour chacun, la somme de cinq cent soixante livres, ci. . . . .　560

Au syndic du diocese, pour ses appointemens, peines & soins, la somme de cinq cent cinquante livres, ci. .　550

Au même, pour frais de bureau, écritures extraordinaires & autres dépenses quelconques relatives à ses fonctions, la somme de cent cinquante livres, ci. . .　150

(a) Voyez l'arrêt du conseil du 8 Janvier 1761, sous le Titre X ci-dessous, Sect III., §. I, nomb. XVI.

Au greffier du diocefe, pour fes appointemens, la fomme de quatre cent cinquante livres, ci. . . . . . 450 liv.

Au même, pour frais de bureau, impreffion des mandes, écritures extraordinaires, papier timbré & autres dépenfes quelconques relatives à fes fonctions, la fomme de cent cinquante livres, ci. 150

Aux trois affeffeurs qui dreffent les huit départemens des impofitions en trois originaux, la fomme de cent quatre-vingt livres, ci. 180

Au prêtre qui a célébré la meffe pendant la tenue de l'affiette, y compris la fourniture des cierges, la fomme de trente livres, ci. 30

A la mufique qui chante pendant la meffe de ladite affemblée, la fomme de vingt livres, ci. 20

Pour bois, bougies & autres menus frais qui fe font pendant la tenue de l'affiette, la fomme de cinquante livres, ci. 50

Aux fix valets de la ville d'Alby, qui fervent à l'affemblée de l'affiette, la fomme de trente-fix livres, ci. . . 36

Aux couvens ci-après, pour aumône, la fomme de quatre cent quarante livres ;

SAVOIR,

Aux cordeliers d'Alby. . . . . 60 liv.
Aux peres prêcheurs. 50
Aux peres carmes. 50
Aux peres capucins. 50
Aux religieufes Ste. Claire. 50
Aux pauvres de l'hôtel-dieu. 50
Aux capucins de Gaillac. 15
Aux cordeliers de Rabaftens. 25
Aux religieufes de la Trinité des Cordes. . 30
Aux auguftins de l'Ifle. 10
Aux religieufes Ste. Croix de l'Ifle. . . . 50

Revenant, lefdites fommes, à la premiere fufdite de quatre cent quarante livres, ci. 440

Aux freres des écoles chrétiennes, pour l'inftruction gratuite des jeunes garçons pauvres, la fomme de fix cent livres, ci. 600

Penfion au collége des jéfuites, la fomme de deux mille quatre cent cinquante livres ; favoir, quinze cent livres, par arrêt du confeil & lettres patentes des 31 Août 1630 & 16 Avril 1631 ; cinq cent cinquante livres, par autre arrêt & lettres patentes du 18 Décembre 1642 ; cent cinquante livres, fuivant les lettres patentes du 31 Décembre 1655 ; & deux cent cinquante livres, par autre arrêt du confeil, du 15 Avril 1721, ci. . . . . 2450 liv.

Plus, en faveur dudit collége, la fomme de cent cinquante livres pour lui remplacer la quotité de la portion
congrue du vicaire perpétuel du prieuré de Ste. Afrique
uni à leur collége, pour fervir de fonds, à compte de
la dotation annuelle de quatre mille livres qui leur fut
accordée. 150

Penfion en faveur du profeffeur de théologie du
couvent des peres prêcheurs de la ville d'Alby, la fomme
de deux cent livres ; favoir, cent livres par arrêt du
confeil du 30 Octobre 1714, & cent livres par autre
arrêt du 30 Octobre 1745, ci. 200

Pour toutes autres dépenfes non déterminées dans les
articles ci-deffus & imprévues, telles que frais de procès,
ports de lettres, envois d'exprès, journées extraordinaires
faites pour le fervice du diocefe, & notamment pour
certaines réparations urgentes aux ponts & chemins, &
autres ouvrages publics étant à la charge du diocefe,
non compris dans les baux de l'entretien ordinaire, &
auxquelles il ne fauroit être pourvu par emprunt en la
forme prefcrite par l'arrêt du 30 Octobre 1754, attendu
la néceffité preffante de faire lefdites réparations, la
fomme de cinq mille livres, laquelle fera payée par le
receveur fur les mandemens des commiffaires ordinaires,
& dont il rendra compte à l'affiette, ci. 5000

SOMME TOTALE ; douze mille neuf cent trente-huit
livres dix fols, ci. . . . . 12938 liv. 10 fols.

DIOCESE DE LAVAUR.

POUR les journées des députés, tant de la ville que
du diocefe, à l'affemblée générale des Etats, réglées
au nombre de quarante pour le temps ordinaire de ladite
affemblée, & quinze pour l'aller & le retour; revenant,
pour trois députés, à raifon de fix livres par jour chacun,
à la fomme de neuf cent quatre-vingt dix livres, fauf à
leur être payé fur le fonds des dépenfes imprévues, les
journées qui feront au-delà du premier nombre, dans
le cas d'une plus longue durée des Etats, conformément
à l'arrêt du confeil, du 30 Octobre 1754, ci. . . 990 liv.

Au commiffaire principal, pour fon honoraire &
droit d'affiftance en l'affiette, la fomme de trois cent
livres, ci. 300

Au juge de Lavaur, tant pour fes gages ordinaires
en ladite affiette, que pour fes vacations & droit d'af-

fiftance en icelle, la fomme de quatre-vingt-douze livres
dix fols, ci. . . . .   92 l. 10 f.

A chacun des confuls de la ville de Lavaur, commiffaires ordinaires, fuivant l'arrêt de réglement, du
30 Janvier 1725, pour leur droit d'affiftance à l'affiette
& autres affemblées du diocefe, en quelque nombre que
foient lefdites affemblées, la fomme de vingt livres,
laquelle pourra auffi être impofée en faveur de chacun
des maire & lieutenant de maire en titre étant en tour
d'exercice, & lorfqu'ils affifteront auxdites affemblées,
revenant, lefdits honoraires, à la fomme de quatre-
vingt livres, ci.   80

Aux quinze confuls ou députés (a) des villes diocéfaines
qui ont droit d'affifter à l'affiette, pour leurs journées,
à raifon de quarante livres pour chacun, la fomme de
fix cent livres, ci.   600

Au fyndic du diocefe, pour fes appointemens, peines
& foins, la fomme de quatre cent cinquante livres, ci. .   450

Au même, pour frais de bureau, écritures extraordinaires & autres dépenfes quelconques relatives à fes
fonctions, la fomme de cent cinquante livres, ci. . .   150

Au greffier du diocefe, pour fes appointemens, la
fomme de trois cent livres, ci.   300

Au même, pour frais de bureau, impreffion des
mandes, écritures extraordinaires, papier timbré & autres
dépenfes quelconques relatives à fes fonctions, la fomme
de cent cinquante livres, ci.   150

Au prêtre qui a célébré la meffe pendant la tenue
de l'affiette & départemens, la fomme de trente
livres, ci.   30

Pour bois, bougies & autres menus frais qui fe font
pendant la tenue de l'affiette, la fomme de dix livres, ci. .   10

Aux valets de ville qui fervent l'affemblée pendant la
tenue de l'affiette, la fomme de vingt-quatre livres, ci. .   24

Au trompette de la ville de Lavaur, qui fert pendant
la tenue de l'affiette, la fomme de trois livres, ci. . .   3

Aux couvens des maifons religieufes, à titre d'aumône,
la fomme de cent livres à partager entr'eux, ci. . .   100

Aux doctrinaires de la ville de Lavaur, pour la penfion
annuelle qui leur eft accordée pour le collége, la fomme
de fix cent livres, ci.   600

Auxdits doctrinaires, pour la moitié de la fomme de

_____

(a) Voyez la délibération des Etats du 7 Décembre 1782 &
l'arrêt du confeil du 15 Février 1783, infrà, Titre X, Nᵒ. I & II
de l'affiette de Lavaur.

trois cent livres accordée au profeffeur de philofophie, la fomme de cent cinquante livres, ci. . . . . . . 150 liv.

Pour l'honoraire du profeffeur de théologie dans le collége defdits peres doctrinaires, la fomme de deux cent livres, ci. 200

Pour toutes autres dépenfes non déterminées dans les articles ci-deffus & imprévues, telles que frais de procès, ports de lettres, envois d'exprès, journées extraordinaires faites pour le fervice du diocefe, & notamment pour certaines réparations urgentes aux ponts & chemins, & autres ouvrages publics étant à la charge du diocefe, non comprifes dans les baux d'entretien ordinaire, & auxquelles il ne fauroit être pourvu par emprunt en la forme preferite par l'arrêt du confeil du 30 Octobre 1754, attendu la néceffité preffante de faire lefdites réparations, la fomme de trois mille livres, laquelle fera payée par le receveur fur les mandemens des commif-faires ordinaires, & dont il rendra compte à l'affiette, ci. 3000

SOMME TOTALE ; fept mille deux cent vingt-neuf livres dix fols, ci. . . . . 7229 l. 10 f.

DIOCESE DE SAINT-PAPOUL.

POUR les journées des députés, tant de la ville de Saint-Papoul & Caftelnaudary, que du fyndic dudit diocefe, à l'affemblée générale des Etats, réglées au nombre de quarante pour le temps ordinaire de ladite affemblée, & quinze pour l'aller & le retour, revenant, pour trois députés, à raifon de fix livres par jour chacun, à la fomme de neuf cent quatre-vingt dix livres, fauf à leur être payé fur le fonds des dépenfes imprévues, les journées qui feront au-delà dudit nombre, dans le cas d'une plus longue durée des Etats, conformément à l'arrêt du confeil du 30 Octobre 1754, ci. . . . 990 liv.

Au commiffaire principal, pour fon honoraire & droit d'affiftance à l'affiette, la fomme de trois cent livres, ci. . 300

Au fénéchal de Lauragais, ou, en fon abfence, à fon lieutenant, tant pour fes gages ordinaires en ladite affiette, que pour leurs vacations & droit d'affiftance en icelle, la fomme de foixante-deux livres dix fols, ci. . 62 10

A chacun des confuls de la ville de Caftelnaudary, & un de la ville de Saint-Papoul, commiffaires ordi-naires, fuivant l'article quatre de l'arrêt de réglement du 30 Janvier 1725, pour leur droit d'affiftance à l'assiette & autres assemblées du diocese, en quelque nombre que soient lesdites assemblées, la somme de vingt livres à chacun des consuls de Castelnaudary, & celle de quarante livres pour celui de Saint-Papoul. Il pourra aussi être imposé vingt livres en faveur de chacun des maires & lieutenans de maire en titre étant en tour d'exercice, & lorsqu'ils assisteront auxdites assemblées, revenant, lesdits honoraires, pour lesdits cinq consuls, à la somme de cent vingt livres, ci. . . . 120 liv.

Aux huit consuls ou députés des villes diocésaines qui ont droit d'assister à l'assiette, pour leurs journées, à raison de quarante livres pour chacun, la somme de trois cent vingt livres, ci. 320

Au syndic du diocese, pour ses appointemens, peines & soins, la somme de trois cent livres, ci. 300

Au même, pour frais de bureau, écritures extraordinaires & autres dépenses quelconques relatives à ses fonctions, la somme de cent livres, ci. 100

Au greffier du diocese, pour ses appointemens, la somme de trois cent livres, ci. 300

Au même, pour frais de bureau, impression des mandes, écritures extraordinaires, papier timbré & autres dépenses quelconques relatives à ses fonctions, la somme de cent cinquante livres, ci. 150

Au prêtre qui a célébré la messe pendant la tenue de l'assiette & départemens, la somme de trente livres, ci. 30

Pour bois, bougies & autres menus frais qui se font pendant la tenue de l'assiette, la somme de cent livres, ci. 100

Aux valets de ville qui servent l'assemblée pendant la tenue de l'assiette, la somme de dix livres, ci. . . 10

Au trompette de la ville où se tient l'assemblée de l'assiette, la somme de vingt livres, ci. 20

Aux couvens de la ville de Castelnaudary, pour aumônes, la somme de cent livres; savoir, à celui des carmes vingt livres, à celui des cordeliers vingt livres, à celui des capucins soixante livres, ci. 100

Aux peres cordeliers de Castelnaudary, pour la pension annuelle qui leur est accordée pour l'entretien de deux professeurs de théologie, la somme de deux cent livres, ci. 200

En faveur des sœurs de la providence, chargées de l'instruction des filles du diocese, la somme de deux cent livres, ci. 200

Pour toutes autres dépenses non déterminées dans les articles ci-dessus & imprévues, telles que frais de procès , ports de lettres , envois d'exprès , journées extraordinaires faites pour le fervice du diocefe, & notamment pour certaines réparations urgentes aux ponts & chemins , & autres ouvrages publics étant à la charge du diocefe, non compris dans les baux de l'entretien ordinaire , & auxquelles il ne fauroit être pourvu par emprunt en la forme prefcrite par l'arrêt du 30 Octobre 1754, attendu la néceffité preffante de faire lefdites réparations , la fomme de trois mille livres, laquelle fera payée par le receveur , fur les mandemens des commiffaires ordinaires , & dont il rendra compte à l'affiette , ci . . . . 3000 l.

SOMME TOTALE ; fix mille trois cent deux livres dix fols , ci. . . . . 6302 l. 10 f.

DIOCESE BAS MONTAUBAN.

POUR les journées du député du diocefe , à l'affemblée générale des Etats , réglées au nombre de quarante pour le temps ordinaire de ladite affemblée , & quinze pour l'aller & le retour , revenant à fix livres par jour, à trois cent trente livres , fauf à lui être payé , fur le fonds des dépenfes imprévues , les journées qui feront au-delà dudit nombre , dans le cas d'une plus longue durée des Etats , conformément à l'arrêt du 30 Octobre 1754, ci. . . . . 330 l.

Au commiffaire principal , pour fon honoraire & droit d'affiftance à l'affiette , la fomme de trois cent livres , ci. 300

Au juge de Villelongue , commiffaire ordinaire de l'affiette , ou , en fon abfence , à fon lieutenant , tant pour fes gages ordinaires en ladite affiette , que pour fes vacations & droit d'affiftance en icelle , la fomme de cinquante-deux livres , ci. 52

A chacun des huit confuls des trois villes maîtreffes du diocefe ; favoir , quatre où ladite affiette fe tiendra , & deux de chacune des autres villes , commiffaires ordinaires , fuivant l'article quatre de l'arrêt de réglement du 30 Janvier 1725 , pour leur droit d'affiftance à l'affiette & autres affemblées du diocefe , en quelque nombre que foient lefdites affemblées , la fomme de quarante livres , laquelle pourra auffi être impofée en faveur de chacun des maire & lieutenant de maire en titre étant en tour d'exercice , & lorfqu'ils affifteront auxdites affemblées , revenant lefdites honoraires , pour lesdits huit consuls, à la somme de trois cent vingt livres, ci. . . . .   320 liv.

Au syndic du diocese, pour ses appointemens, peines & soins, la somme de cinq cent livres, ci.   500

Au même, pour frais de bureau, écritures extraordinaires & autres dépenses quelconques relatives à ses fonctions, la somme de cent livres, ci.   100

Au greffier du diocese, pour ses appointemens, la somme de deux cent livres, ci.   200

Au même, pour frais de bureau, impression des mandes, écritures extraordinaires, papier timbré & autres dépenses quelconques relatives à ses fonctions, la somme de cent livres, ci.   100

Au prêtre qui a célébré la messe pendant la tenue de l'assiette & départemens, la somme de trente livres, ci. .   30

Aux couvens, maisons religieuses & hôpitaux, pour aumônes, la somme de quatre cent quarante livres ; savoir, aux religieuses St. Dominique de Castel-Sarrasy, la somme de. . . . .   30 liv.
Aux dames de Ste. Ursule de Castel-Sarrasy.   30
Aux carmes de ladite ville.   20
Aux capucins de ladite ville.   30
Aux pauvres de l'hôpital général de Montauban.   300

                                    440 liv.

Revenant lesdites sommes à la susdite premiere de quatre cent quarante livres, ci.   440

Pour l'entretien de deux professeurs de théologie & de philosophie, à raison de cent livres chacun, la somme de deux cent livres, ci.   200

Au supérieur du séminaire de Montauban, pour deux places gratuites dans ledit séminaire en faveur des enfans du diocese, la somme de cinq cent livres, ci. . . .   500

Pour toutes autres dépenses non déterminées dans les articles ci-dessus & imprévues, telles que les frais de procès, ports de lettres, envois d'exprès ; journées extraordinaires faites pour le service du diocese, & notamment pour certaines réparations urgentes aux ponts & chemins & autres ouvrages publics étant à la charge du diocese, non comprises dans les baux de l'entretien ordinaire, & auxquelles il ne sauroit être pourvu par emprunt en la forme prescrite par l'arrêt du trente Octobre 1754, attendu la nécessité pressante de faire lesdites réparations, la somme de trois mille livres, laquelle sera payée par le receveur sur les mandemens

des commissaires ordinaires, & dont il rendra compte
à l'assiette, ci . . . . **3000 l.**

SOMME TOTALE, six mille soixante-douze livres,
ci . . . . , ... **6072 l.**

DIOCESE DE RIEUX.

POUR les journées des députés, tant de la ville que
du diocese, à l'assemblée générale des Etats, réglées
au nombre de quarante pour le temps ordinaire de ladite assemblée, & quinze pour l'aller & le retour,
revenant, pour deux députés, à raison de six livres par
jour chacun, à la somme de six cent soixante livres,
sauf à leur être payé, sur le fonds des dépenses imprévues, les journées qui seront au-delà du premier nombre, dans le cas d'une plus longue durée des Etats, conformément à l'arrêt du conseil du 30 Octobre 1754. . . 　**660 liv.**

Au commissaire principal, pour son honoraire & droit
d'assistance à l'assiette, la somme de trois cent livres,
ci . . . . 　**300**

Au juge de la ville de Rieux, ou, en son absence, à
son lieutenant. tant pour ses gages ordinaires en ladite
assiette, que pour leurs vacations & droit d'assistance
en icelle, la somme de soixante deux livres, dix sols,
ci . . . . 　**62　10**

A chacun des consuls de la ville de Rieux, commissaires ordinaires, suivant l'article quatre de l'arrêt de réglement du trente Janvier 1725, pour leur droit d'assistance à l'assiette, & autres assemblées du diocese,
en quelque nombre que soient lesdites assemblées, la
somme de vingt livres, laquelle pourra aussi être imposée en faveur de chacun des maire & lieutenant de maire
en titre, étant en tour d'exercice, & lorsqu'ils assisteront auxdites assemblées, revenant lesdits honoraires,
pour quatre consuls, à la somme de quatre-vingt livres,
ci . . . . 　**80**

Aux douze consuls ou députés des six villes diocésaines
qui ont droit d'assistance à l'assiette, les deux de chaque
ville n'en faisant qu'un pour leurs journées, à raison de
quarante livres pour chaque ville, la somme de deux
cent quarante livres, ci . . . . 　**240**

Au syndic du diocese, pour ses appointemens, peines & soins, la somme de deux cent cinquante livres,
ci . . . . 　**250**

Au même, pour frais de bureau, écritures extraordinaires, & autres dépenses quelconques relatives à ses fonctions, la somme de cinquante livres, ci......   50 liv.

Au greffier du diocèse, pour ses appointemens, la somme de trois cent livres, ci............   300

Au même, pour frais de bureau, impression des mandes, écritures extraordinaires, & autres dépenses quelconques relatives à ses fonctions, la somme de cent livres, ci........................   100

Au prêtre qui a célébré la messe pendant la tenue de l'assiette & départemens, la somme de trente livres, ci............................   30

Pour bois, bougies, & autres menus frais qui se font pendant la tenue de l'assiette, la somme de cinquante livres, ci..........................   50

Aux valets des consuls de Rieux, pour les services qu'ils rendent pendant la tenue de l'assiette, la somme de douze livres, ci................   12

Au porteur des lettres de Rieux à Toulouse, pour ses gages, la somme de trois cent livres, ci......   300

Aux couvens, hôpitaux, maisons de charité & autres aumônes, la somme de soixante-quinze livres ; savoir, aux religieux du couvent des freres-prêcheurs de l'ordre de St. Dominique de Rieux, trente livres, aux cordeliers de ladite ville, trente livres, & aux religieux augustins du lieu de Marque-Fave, quinze livres, ci....   75

Pour toutes autres dépenses non déterminées dans les articles ci-dessus & imprévues, telles que frais de procès, ports de lettres, envois d'exprès, journées extraordinaires faites pour le service du diocèse, & notamment pour certaines réparations urgentes aux ports & chemins, & autres ouvrages publics étant à la charge du diocèse, non comprises dans les baux de l'entretien ordinaire, & auxquelles il ne sauroit être pourvu par emprunt en la forme prescrite par l'arrêt du trente Octobre 1754, attendu la nécessité pressante de faire lesdites réparations, la somme de trois mille livres, laquelle sera payée par le receveur sur les mandemens des commissaires ordinaires, & dont il rendra compte à l'assiette, ci......................   3000

SOMME TOTALE, cinq mille cinq cent neuf livres dix sols, ci..........................   5509 l. 10 s.

DIOCESE DE COMMENGE.

POUR les journées du député de la ville de Valentine à l'assemblée générale des Etats, réglées au nombre de quarante pour le temps ordinaire de ladite assemblée, & quinze pour l'aller & le retour, revenant, à six livres par jour, à la somme de trois cent trente livres, sauf à lui être payé, sur le fonds des dépenses imprévues, les journées qui seront au-delà de ce nombre, dans le cas d'une plus longue durée des Etats, conformément à l'arrêt du conseil du 30 Octobre 1754, ci . . . . 330 liv.

Au commissaire principal, pour son honoraire & droit d'assistance à l'assiette, la somme de trois cent livres, ci 300

Au juge de Valentine, ou, en son absence, à son lieutenant, tant pour ses gages ordinaires en ladite assiette, que pour ses vacations & droit d'assistance en icelle, la somme de quinze livres, ci 15

A chacun des consuls de la ville de Valentine, commissaires ordinaires, suivant l'article quatre de l'arrêt de réglement du 30 Janvier 1725, pour leur droit d'assistance à l'assiette & autres assemblées du diocese, en quelque nombre que soient lesdites assemblées, la somme de cinq livres, laquelle pourra aussi être imposée en faveur de chacun des maire & lieutenant de maire en titre, étant en tour d'exercice, & lorsqu'ils assisteront auxdites assemblées, revenant lesdits honoraires, pour quatre consuls, à la somme de vingt livres, ci 20

Aux maires, consuls, ou députés des villes diocésaines qui ont droit d'assister à l'assiette, pour leurs journées, à raison de dix livres pour chacun, la somme de cent livres, ci. 100

Au syndic du diocese, pour ses appointemens, peines & soins, la somme de cent livres, ci 100

Au même, pour frais de bureau, écritures extraordinaires, & autres dépenses quelconques relatives à ses fonctions, la somme de vingt livres, ci 20

Au greffier du diocese, pour ses appointemens la somme de cent livres, ci 100

Au même, pour frais de bureau, impression des mandes, écritures extraordinaires, papier timbré, & autres dépenses quelconques relatives à ses fonctions, la somme de dix livres, ci 10

Au prêtre qui a célébré la messe pendant la tenue de

l'affiette, pour la proceffion & le carillonneur, la fomme de quinze livres, ci. . . . .   15 liv.

Pour bois, bougies, & autres menus frais qui fe font pendant la tenue de l'affiette, la fomme de dix livres, ci.   10

Au valet confulaire de Valentine, la fomme de fix livres, ci.   6

Pour toutes autres dépenfes non déterminées dans les articles ci-deffus & imprévues, telles que frais de procès, ports de lettres, envois d'exprès, journées extraordinaires faites pour le fervice du diocefe, & notamment pour certaines réparations urgentes aux ponts & chemins, & autres ouvrages publics étant à la charge du diocefe, non comprifes dans les baux de l'entretien ordinaire, & auxquelles il ne fauroit être pourvu par emprunt en la forme prefcrite par l'arrêt du 30 Octobre 1754, attendu la néceffité preffante de faire lefdites réparations, la fomme de fix cent livres, laquelle fera payée par les receveurs, fur les mandemens des commiffaires ordinaires, & dont il rendra compte à l'affiette, ci.   600

SOMME TOTALE, feize cent vingt-fix livres, ci. . .   1626 l.

SOMME TOTALE, cinquante mille neuf cent quarante-une livres.

FAIT & arrêté au confeil royal des finances, tenu à Verfailles le dix-feptieme jour de Décembre mil fept cent cinquante-neuf. *Signé*, LOUIS. *Et plus bas.*
PHELYPEAUX.

XII.

ARRÊT

Du Conseil d'Etat du Roi,

Qui regle les dépenfes ordinaires ou frais d'Affiette à impofer annuellement par les dix diocefes qui compofent la fénéchauffée de Carcaffonne , conformément à l'Etat qui en a été arrêté par Sa Majefté.

Du 17 Décembre 1759.

Extrait des Regiftres du Confeil d'Etat.

Sur ce qui a été repréfenté au Roi, étant en fon confeil , par le fyndic général de la province de Languedoc ; Que Sa Majefté ayant , par l'arrêt de fon confeil du 10 Octobre 1752 , & par l'état y annexé, fait un nouveau réglement des dépenfes ordinaires de chaque affemblée des Etats de ladite province , pour les rendre plus conformes aux divers changemens occafionnés par celui des temps & des circonftances , les mêmes motifs auroient engagé lefdits Etats à entrer dans l'examen des dépenfes particulieres de chaque diocefe de la province , comprifes dans le département appellé frais d'affiette , dont la plupart ayant varié depuis les anciens réglemens faits en 1634, exigent néceffairement une nouvelle fixation relative à la fituation & aux befoins actuels defdits diocefes : Que dans cette vue les Etats , après avoir demandé aux commiffaires defdits diocefes tous les éclairciffemens néceffaires, auroient chargé , dans leur affemblée de 1755 , une commiffion extraordinaire compofée de plufieurs membres des trois ordres , de dreffer les projets des nouveaux états defdites dépenfes : Que cette commiffion

s'eft fait repréfenter les anciens états des dépenfes de chaque diocefe arrêtés au confeil en l'année 1634 ; les permiffions obtenues depuis pour y ajouter différens articles ; les délibérations des Etats qui en ont approuvé d'autres ; les obfervations faites dans chaque diocefe fur la néceffité de diverfes augmentations , & généralement toutes les picces qui pouvoient contribuer à rendre fon travail plus exact : Que lefdits commiffaires ont diftingué , parmi les dépenfes de toute efpece , celles qui pouvoient être confidérées comme ftables & permanentes, telles que les rétributions des députés aux Etats , fixées fuivant les anciens réglemens , fur le pied de fix livres par jour pour le temps de la durée de l'affemblée , déterminée par les arrêts du confeil du 10 Octobre 1752 , & du 30 Octobre 1754 ; les honoraires du commiffaire principal , des officiers de juftice , des députés des villes , & des perfonnes ayant droit d'affifter aux affiettes & autres affemblées des diocefes , fuivant l'arrêt de réglement du 30 Janvier 1725 , qui doit être la regle uniforme de tous les diocefes , à la réferve des pays de Vivarais , Gevaudan & Velay , & du diocefe d'Alby , qui en ont été exceptés ; les appointemens & frais de bureau des fyndics & greffiers de chaque diocefe ; les falaires des valets de ville , trompettes , & autres menus frais relatifs à la tenue de l'affiette ; les fommes accordées pour l'établiffement des colléges & féminaires , ou pour aumônes aux hôpitaux , maifons de charité , bouillons des pauvres , & monafteres d'hommes & de filles ; enfin , le fonds deftiné à fubvenir pendant l'année aux affaires extraordinaires & imprévues de chaque diocefe , comme frais de procès , ports de lettres , envois d'exprès , journées extraordinaires faites pour le fervice du diocefe , &

principalement aux réparations urgentes à faire aux ponts, chemins, & autres ouvrages publics étant à la charge des dioceses, non comprises dans les baux de l'entretien ordinaire, & auxquelles la nécessité pressante ne permet pas de pourvoir par emprunt dans la forme prescrite par ledit arrêt du 30 Octobre 1754 : Que c'est de ces différens articles de dépenses annuelles, qu'ont été composés, après l'examen le plus exact, les nouveaux états des frais d'assiette de chaque diocese, présentés à l'assemblée générale des Etats, qui, par délibération du 2 Mars 1756, a déterminé de les approuver, & de consentir à leur exécution, après toutefois que Sa Majesté les aura autorisés par un arrêt de son conseil, ainsi qu'il en a été usé en 1634 ; mais qu'indépendamment de ces dépenses, il y en a d'autres qui, quoiqu'ordinaires & annuelles, peuvent varier pour les sommes, telles que les épices, tant de la chambre des comptes, que des trésoriers de France pour l'audition des comptes des receveurs des tailles, & vérifications des états au vrai, réglées par des traités faits en différens temps avec lesdites compagnies ; l'honoraire du commissaire-auditeur des comptes des communautés de chaque diocese, qui est réglé chaque année par une ordonnance particuliere des sieurs commissaires de Sa Majesté & des Etats ; le logement des officiers & cavaliers de la maréchaussée, & le loyer de leurs écuries, réglés par des ordonnances du sieur intendant & commissaire départi dans la province ; le montant des baux de l'entretien ordinaire des chemins, & autres ouvrages étant à la charge des dioceses, qui ne peut être déterminé que relativement auxdits baux, sur le rapport qui en doit être fait chaque année aux Etats pour obtenir leur consentement à l'imposition,

& aux sieurs commissaires de Sa Majesté pour la permettre, conformément à l'article V, dudit arrêt du 30 Octobre 1754 ; le montant des intérêts des sommes dues par les dioceses, ou celui du remboursement des capitaux, suivant les jugemens de vérification ; enfin, les taxations & autres attributions accordées aux receveurs des tailles par différens réglemens donnés à ce sujet : Que tous ces articles, qui ne peuvent être déterminés d'une maniere fixe, devant toutefois être également compris ou dans le département des frais d'assiette, ou dans celui des deniers extraordinaires, suivant l'article XIV, du réglement du premier Mars 1659, sont de nature à ne pouvoir être autorisés qu'en général, en les énonçant seulement dans le même arrêt ; à la charge néanmoins de se conformer, quant aux sommes, aux ordonnances ou jugemens qui continueront d'être rendus comme par le passé, pour les constater ; qu'au moyen de cet arrangement, il sera aisé de connoître tout ce que chaque diocese devra & pourra légitimement imposer, & qu'il a tout lieu d'espérer que Sa Majesté voudra bien mettre le sceau de son autorité à un travail qui tend uniquement à se conformer à ses intentions pour le maintien du bon ordre dans l'administration des dioceses de la province. Vu lesdits projets de nouveaux états de dépense pour ce qui concerne les dioceses de Narbonne, Carcassonne, Beziers, Agde, Castres, Lodeve, Mirepoix, Saint-Pons, Alet & Limoux, composant la sénéchaussée de Carcassonne, montant ensemble à la somme de soixante-douze mille neuf cent soixante-dix livres dix sols huit deniers ; ladite délibération des Etats du 2 Mars 1756 ; & l'avis du sieur de Guignard de Saint-Priest, intendant & commissaire départi en Languedoc : Oui le rapport du fieur Bertin, confeiller ordinaire au confeil royal, contrôleur général des finances ; SA MAJESTÉ ÉTANT EN SON CONSEIL, a fixé & fixe à la fomme de foixante-douze mille neuf cent foixante-dix livres dix fols huit deniers, les dépenses ordinaires ou frais d'affiette des dix diocefes compofant la fénéchauffée de Carcaffonne ; & en conféquence, a permis & permet aux affemblées des affiettes de chacun defdits diocefes, d'impofer annuellement, & à commencer en l'année prochaine 1760, les fommes ci-après ; favoir, fur le diocefe de Narbonne, dix mille neuf cent foixante-cinq livres quatorze fols onze deniers ; fur celui de Carcaffonne, huit mille fix cent quatre-vingt trois livres ; fur celui de Beziers, fix mille neuf cent quatre-vingt cinq livres dix fols ; fur celui de Caftres, huit mille cent quatre-vingt quinze livres ; fur celui de Saint-Pons, fix mille cinq cent vingt-une livres ; fur celui d'Agde, cinq mille fept cent foixante-deux livres ; fur celui de Mirepoix, fix mille quatre cent trente-neuf livres ; fur celui de Lodeve, fix mille huit cent feize livres dix fols ; fur celui d'Alet, fix mille fept cent quatre-vingt une livre dix-huit fols ; & fur celui de Limoux, cinq mille huit cent vingt livres dix-fept fols neuf deniers, pour être toutes lefdites fommes, revenant à celle fufdite de foixante-douze mille neuf cent foixante-dix livres dix fols huit deniers, employée & diftribuée fuivant & conformément à l'état que Sa Majefté en a ce jourd'hui arrêté en fon confeil, & qui demeurera annexé à la minute du préfent arrêt, fans que, pour aucune raifon, ni fous aucun prétexte, elles puiffent être augmentées ni changées de deftination fans le confentement des Etats & la permiffion expreffe de Sa Majefté. Permet en outre Sa Majefté aux affem-

blées defdits diocefes, d'impofer annuellement les fommes néceffaires pour fatisfaire au payement des épices de la chambre des comptes & des tréforiers de France, pour raifon des comptes des receveurs des tailles, & vérifications des Etats au vrai ; de l'honoraire des commiffaires-auditeurs des comptes, des communautés ; du logement des officiers & cavaliers des maréchauffées, & loyer de leurs écuries ; du montant des baux de l'entretien ordinaire des chemins, & autres ouvrages qui font à la charge defdits diocefes ; du montant des intérêts des fommes par eux dues, même de celui des capitaux, aux termes portés par les jugemens de vérification defdites dettes, & des taxations & attributions accordées par différens réglemens aux receveurs des tailles ; à la charge par lefdites affemblées de fe conformer, à l'égard de toutes lefdites dépenses, aux divers réglemens, traités, arrêts du confeil, ordonnances des fieurs commiffaires de Sa Majefté & des Etats, & jugemens de vérification qui ont été ci-devant rendus, ou qui le feront à l'avenir chaque année pour en déterminer le montant. Fait Sa Majefté défenfes aux commiffaires principaux, commiffaires ordinaires, fyndics, confuls & députés aux affiettes defdits diocefes, d'impofer aucunes autres fommes, pour quelque caufe & fous quelque prétexte que ce puiffe être, fous les peines portées par les anciens réglemens, notamment par ceux des 23 Janvier 1658, & premier Mars 1659, qui feront exécutés felon leur forme & teneur, en tout ce à quoi il n'a pas été dérogé depuis. Enjoint Sa Majefté au commiffaire principal de l'affiette de chacun defdits diocefes, d'y faire lire, publier & enregiftrer le préfent réglement, & de tenir la main à fon exécution ; & aux Etats d'y conformer leurs jugemens lors de la vérification qui fera par eux faite dans chacune de leurs aſſemblées, en la forme ordinaire des impoſitions deſdits dioceſes ; comme auſſi, de ſe faire rapporter, avec l'extrait de l'impoſition des frais de l'aſſiette, & le procès verbal de la tenue d'icelle, le compte par bref état, de l'emploi du fonds deſtiné aux dépenſes imprévues, afin que l'excédent dudit fonds, s'il s'y en trouve, ſoit mis en moins impoſé. Fait au conſeil d'État du Roi, Sa Majeſté y étant, tenu à Verſailles le dix-ſeptieme jour de Décembre mil ſept cent cinquante-neuf.

Signé, Phelypeaux.

ÉTAT

Des ſommes que le Roi permet être impoſées par chacun an ſur les dix dioceſes dépendans de la ſénéchauſſée de Carcaſſonne, pour les voyages des députés aux aſſemblées des États généraux de la province, dépenſes ordinaires & extraordinaires de chacun deſdits dioceſes, ſuivant la diſtribution qui en ſera faite par le préſent état, dont ſera rendu compte par devant les commiſſaires principaux, ordinaires, & députés des aſſiettes & non ailleurs ; lequel état Sa Majeſté enjoint aux commiſſaires principaux qui préſideront auxdites aſſiettes de faire exécuter, garder & obſerver, ſans permettre qu'autres perſonnes que celles qui ſont dénommées audit état, entrent & aſſiſtent auxdites aſſiettes, ni qu'il ſoit impoſé & levé pour les dépenſes deſdits dioceſes plus grandes ſommes que celles contenues en icelui, ni qu'il ſoit payé auxdits députés & autres dénommés plus grandes ſommes, ſalaires & vacations, ſous prétexte de gratifications ou autrement, à peine d'en répondre en leurs propres & privés noms.

DIOCESE DE NARBONNE.

Aux députés, tant de la ville que du dioceſe, pour leurs journées à l'aſſemblée générale des États, réglées au nombre de quarante pour le temps ordinaire de ladite aſſemblée, & à quinze pour l'aller & le retour, revenant, pour quatre députés, à raiſon de ſix livres par jour chacun, à la ſomme de treize cent vingt livres, ſauf à leur être payé, ſur le fonds des dépenſes imprévues, les journées qui ſeront au-delà dudit nombre, dans le cas d'une plus longue durée des États, conformément à l'arrêt du 30 Octobre 1754. . . . . 1320 liv.

Au commiſſaire principal, pour ſon honoraire & droit d'aſſiſtance à l'aſſiette, la ſomme de trois cent livres, ci. 300

Au viguier de la ville de Narbonne, ou, en ſon abſence, au juge ou ſon lieutenant, tant pour ſes gages ordinaires en ladite aſſiette, que pour leurs vacations & droit d'aſſiſtance en icelle, à départir également entre eux, la ſomme de trois cent livres, ci. 300

A chacun des consuls de la ville de Narbonne, commissaires ordinaires, suivant l'article IV de l'arrêt de réglement du 30 Janvier 1725, pour leur droit d'assistance à l'assiette & autres assemblées du diocese, en quelque nombre que soient lesdites assemblées, la somme de vingt livres, laquelle pourra aussi être imposée en faveur de chacun des maire & lieutenant de maire en titre, étant en tour d'exercice, lorsqu'ils assisteront auxdites assemblées, revenant lesdits honoraires, pour six consuls, à la somme de cent vingt livres, ci. . . . .   120 liv.

Aux vingt-quatre maires, consuls, ou députés des villes diocésaines qui ont droit d'assister à l'assiette, pour leurs journées, à raison de trente livres pour chacun, la somme de sept cent vingt livres, ci.   720

Aux quatre députés en tour pour arrêter les comptes & travailler au département des impositions, pour leur honoraire, à raison de soixante livres chacun, la somme de deux cent quarante livres, ci.   240

Au syndic du diocese (a), pour ses appointemens, peines & soins, la somme de cinq cent livres, ci. . . .   500

A deux commis entretenus par le diocese pour leurs appointemens, à raison de trois cent soixante livres pour chacun, la somme de sept cent vingt livres, ci.   270

Au greffier du diocese, pour ses appointemens, la somme de trois cent cinquante livres, ci.   350

Au même, pour frais de bureau, impression des mandes, écritures extraordinaires, papier timbré, & autres dépenses quelconques relatives à ses fonctions, la somme de cent dix livres, ci.   110

Au prêtre qui a célébré la messe pendant la tenue de l'assiette & du bureau des comptes & départemens, y compris la fourniture des cierges, la somme de trente livres, ci.   30

Aux messagers qui convoquent l'assiette, la somme de trente livres, ci.   30

Pour bois, bougies & autres menus frais qui se font pendant la tenue de l'assiette, la somme de cinquante livres, ci.   50

A l'huissier qui garde la porte de la salle pendant la tenue de l'assemblée de l'assiette, la somme de quinze livres, ci.   15

(a) Les honoraires & les frais de bureau de MM. les syndics des vingt-quatre dioceses ont été augmentés & fixés à une somme certaine par un arrêt du conseil du 16 Avril 1777, rapporté ci-dessus dans la Section première du Titre VI, N°. XXX.

Aux six escudiers de l'hôtel-de-ville de Narbonne qui gardent aussi la porte de la salle pendant la tenue de l'assemblée, la somme de dix-huit livres, ci . . . . .   18 liv.

Au trompette de ladite ville, pour les proclamations qu'il fait annuellement pour les affaires dudit diocese, la somme de cinq livres, ci   5

Aux religieux jacobins, augustins, carmes, minimes, cordeliers & capucins de ladite ville de Narbonne, la somme de dix livres à chaque couvent, pour aumône annuelle, en tout soixante-dix livres, ci   70

Aux religieuses de St. Bernard, carmelites, Ste. Marie, ursulines, sœurs de la croix dudit Narbonne, & à celles de Ste. Claire des lieux de Lésignan & d'Azille, la somme de deux cent dix livres, ce qui revient à trente livres pour chaque maison, ci   210

A la maison du refuge, la somme de cent vingt livres, ci   120

Aux peres doctrinaires du collége dudit Narbonne, pour les soins qu'ils prennent d'instruire la jeunesse, la somme de six cent livres, tant & si longuement qu'il plaira à l'assiette, qui se réserve de retrancher ladite somme lorsque bon lui semblera, ci   600

Aux peres doctrinaires du collége de Narbonne, la somme de cent trente-sept livres quatorze sols onze deniers pour la moitié de celle de deux cent soixante quinze livres neuf sols dix deniers, tant pour remplacer la réduction de la rente établie en leur faveur sur la ville de Narbonne, pour l'entretien de deux professeurs de théologie, que pour subvenir à ce qui manque à l'entretien de ces deux professeurs, ci . . . .   137 l. 14 f. 11. d.

Pour toutes autres dépenses non déterminées dans les articles ci-dessus, & imprévues, telles que les frais de procès, ports de lettres, envois d'exprès, journées extraordinaires pour le service du diocese, & notamment pour certaines réparations urgentes aux ponts & chemins & autres édifices publics étant à la charge du diocese, non comprises dans les baux de l'entretien ordinaire, & auxquelles il ne sauroit être pourvu par emprunt en la forme prescrite par l'arrêt du 30 Octobre 1754, attendu la nécessité pressante de faire lesdites réparations, la somme de cinq mille livres, laquelle sera payée par le receveur, sur les mandemens des commissaires du diocese, dont il rendra compte à l'assiette, ci   5000

SOMME TOTALE, dix mille neuf cent soixante-cinq livres quatorze sols onze deniers, ci . . . .   10965 l. 14 f. 11 d.

DIOCESE DE CARCASSONNE.

POUR les journées des députés, tant de la ville que du diocese, à l'assemblée générale des Etats, réglées au nombre de quarante pour le temps ordinaire de ladite assemblée, & quinze jours pour l'aller & le retour, revenant, pour trois députés, à raison de six livres par jour, à la somme de neuf cent quatre vingt-dix livres, sauf à leur être payé, sur le fonds des dépenses imprévues, les journées qui sont au-delà dudit nombre, dans le cas d'une plus longue durée des Etats, conformément à l'arrêt du 30 Octobre 1754, ci. . . . .   990 liv.

Au commissaire principal, pour son honoraire & droit d'assistance à l'assiette, la somme de trois cent livres, ci.   300

Au sénéchal de la ville de Carcassonne, ou, en son absence, à son lieutenant, tant pour ses gages ordinaires en ladite assiette, que pour leurs vacations & droits d'assistance en icelle, à départir également entre eux, la somme de vingt-cinq livres, ci.   25

A chacun des consuls de la ville de Carcassonne, commissaires ordinaires, suivant l'article IV de l'arrêt de réglement du 30 Janvier 1735, pour le droit d'assistance à l'assiette & autres assemblées du diocese, en quelque nombre que soient lesdites assemblées, la somme de vingt livres, laquelle pourra aussi être imposée en faveur de chacun des maires & lieutenans de maire en titre, étant en tour d'exercice, & lorsqu'ils assisteront auxdites assemblées, revenant lesdits honoraires, pour quatre consuls, à la somme de quatre-vingt livres, ci.   80

Aux seize maires, consuls, ou députés des villes diocésaines, & aux quatre députés des villages, qui ont droit d'assister à l'assiette, pour leurs journées, à raison de quarante livres pour chacun, la somme de huit cent livres, ci.   800

Au syndic du diocese, pour ses appointemens, peines & soins, la somme de cinq cent livres, ci.   500

Au même, pour frais de bureau, écritures extraordinaires, & autres dépenses quelconques relatives à ses fonctions, la somme de cent soixante livres, ci.   160

Au greffier du diocese, pour ses appointemens, la somme de trois cent livres, ci.   300

Au même, pour frais de bureau, impression des mandes, écritures extraordinaires, papier timbré & autres dépenses quelconques relatives à ses fonctions, la somme de cent quinze livres, ci.   115

. Au prêtre qui a célébré la messe pendant la tenue de

l'affiette & départemens , y compris la fourniture des cierges, la fomme de trente livres , ci. . . . . . . 30 liv.

Pour bois, bougies, & autres menus frais qui fe font pendant la tenue de l'affiette, la fomme de quarante livres , ci. 40

Aux cinq valets de ville de Carcaffonne, qui gardent la porte de la falle pendant la tenue de l'affemblée, ou pour les fervices qu'ils rendent, la fomme de trente livres , ci. 30

Au trompette de ladite ville , pour les proclamations qu'il fait annuellement pour les affaires du diocèfe, la fomme de douze livres, ci. 12

Aux cinq couvens mendians de la ville de Carcaffonne, aux capucins & aux peres minimes de la cité , la fomme de dix livres à chaque couvent, en tout foixante-dix livres , ci. 70

Au tapiffier pour l'entretien des meubles fervant à l'affiette, la fomme de quinze livres, ci. 15

Pour le droit de coffe des bleds qu'on tranfporte à Narbonne, la fomme de douze cent feize livres due annuellement au fieur abbé de Fontfrede , fon procureur, ou fon fermier pour la portion du diocèfe de celle de cinq mille livres due au Roi ou fes intéreffés pour l'extinction dudit droit, ci. 1216

Pour autres dépenfes non déterminées dans les articles ci-deffus & imprévues, telles que frais de procès , ports de lettres, envois d'exprès, journées extraordinaires puur le fervice du diocèfe & notamment pour certaines réparations urgentes aux ponts & chemins & autres édifices publics étant à la charge du diocèfe , non comprifes dans les baux de l'entretien ordinaire, & auxquelles il ne fauroit être pourvu par emprunt en la forme prefcrite par l'arrêt du 30 Octobre 1754, attendu la néceffité preffante de faire lefdites réparations, la fomme de quatre mille livres, laquelle fera payée par le receveur, fur les mandemens des commiffaires du diocèfe , & dont il rendra compte à l'affiette, ci. 4000

SOMME TOTALE , huit mille fix cent quatre-vingt-trois livres, ci. . . . . 8683 l.

DIOCESE DE BEZIERS.

POUR les journées des députés, tant de la ville que du diocese, à l'assemblée générale des Etats, réglées au nombre de quarante pour le temps ordinaire de ladite assemblée, & à quinze pour l'aller & le retour, revenant, pour trois députés, à raison de six livres par jour chacun, à la somme de neuf cent quatre-vingt-dix livres, sauf à leur être payé, sur le fonds des dépenses imprévues, les journées qui seront au-delà dudit nombre, dans le cas d'une plus longue durée des Etats, conformément à l'arrêt du conseil du 30 Octobre 1754, ci. .... 990 liv.

Au commissaire principal, pour son honoraire & droit d'assistance à l'assiette, la somme de trois cent livres, ci. 300

Au juge mage de la ville de Beziers, ou, en son absence, au juge ou son lieutenant, tant pour ses gages ordinaires en ladite assiette, que pour leurs vacations & droit d'assistance en icelle, à départir également entre eux, la somme de quatre-vingt-douze livres dix sols, ci. 92 l. 10 ſ.

Au conseiller dudit siége représentant le viguier, tant pour ses gages ordinaires en ladite assiette, que pour ses vacations & droit d'assistance en icelle, la somme de trois livres, ci. 3

A chacun des consuls de la ville de Beziers, commissaires ordinaires, suivant l'article IV de l'arrêt de réglement du 30 Janvier 1725, tant pour leur droit d'assistance à l'assiette & autres assemblées du diocese, en quelque nombre que soient lesdites assemblées, que pour la faction des départemens, la somme de vingt-sept livres, laquelle pourra être aussi imposée en faveur de chacun des maire & lieutenans de maire, étant en tour d'exercice, & lorsqu'ils assisteront auxdites assemblées, revenant lesdits honoraires, pour cinq consuls, à la somme de cent trente-cinq livres, ci. 135

Aux quatre maires, consuls, ou députés des villes diocésaines qui ont droit d'assister à l'assiette, pour leurs journées, à raison de quarante livres pour chacun, la somme de cent soixante livres, ci. 160

Au syndic du diocese, pour ses appointemens, peines & soins, la somme de cinq cent livres, ci. 500

Au même, pour frais de bureau, écritures extraordinaires, & autres dépenses relatives à ses fonctions, la somme de cent livres, ci. 100

Au greffier du diocese, pour ses appointemens, la somme de trois cent cinquante livres, ci. 350

Au même, pour frais de bureau, impreſſion des mandes, écritures extraordinaires, papier timbré, & autres dépenſes quelconques relatives à ſes fonctions, la ſomme de cinquante livres, ci. . . . . 50 liv.

Au ſieur Bouilhet, médecin, la ſomme de cent cinquante livres, pour ſon logement, ſuivant les délibérations du dioceſe & arrêt du conſeil d'autoriſation, ci. . 150

Au prêtre qui a célébré la meſſe pendant la tenue de l'aſſiette & départemens, y compris la fourniture des cierges, la ſomme de trente livres, ci. 30

Aux valets des conſuls de la ville de Beziers, pour les ſervices qu'ils rendent pendant la tenue de l'aſſiette, la ſomme de trente livres, ci. 30

Au capitaine de l'hôtel-de-ville de Beziers qui convoque l'aſſiette, la ſomme de ſix livres, ci. 6

Au trompette de la ville, pour les proclamations qu'il fait annuellement pour les affaires du dioceſe, la ſomme de neuf livres, ci. 9

Aux quatre couvens mendians ; ſavoir, aux carmes, aux auguſtins, aux jacobins & recollets de la ville de Beziers, la ſomme de cinq livres à chaque couvent, pour aumônes annuelles, en tout vingt livres, ci. 20

Aux jacobins réformés dudit Beziers, auſſi pour aumônes, la ſomme de dix livres, ci. 10

Aux capucins de ladite ville, pareille ſomme de dix livres, auſſi pour aumône, ci. 10

Aux minimes du couvent de Beziers, la ſomme de cinq livres, pour aumône, ci. 5

Aux cordeliers & récollets de la ville de Gignac, la ſomme de cinq livres, à chaque couvent, pour aumône annuelle, en tout, ci. 10

Aux religieuſes Ste. Claire dudit Beziers, pour aumône, la ſomme de vingt-cinq livres, ci. 25

Pour toutes autres dépenſes non déterminées dans les articles ci-deſſus & imprévues, telles que frais de procès, ports de lettres, envois d'exprès, journées extraordinaires pour le ſervice dudit dioceſe, notamment pour certaines réparations urgentes aux ponts & chemins & autres édifices publics étant à la charge du dioceſe, non compriſes dans les baux de l'entretien ordinaire, & auxquelles il ne ſauroit être pourvu par emprunt en la forme preſcrite par l'arrêt du 30 Octobre 1754, attendu la néceſſité preſſante de faire leſdites réparations, la ſomme de quatre mille livres, laquelle ſera payée par le receveur, ſur les mandemens des commiffaires ordinaires du diocefe, & dont il rendra compte à l'affiette, ci . . . . 4000 l.

SOMME TOTALE , fix mille neuf cent quatre - vingt-cinq livres dix fols , ci. . . . . 6985 l. 10 f.

DIOCESE DE CASTRES.

POUR les journées des députés , tant de la ville que du diocefe , en l'affemblée générale des Etats , réglées au nombre de quarante pour le tems ordinaire de ladite affemblée , & quinze pour l'aller & le retour , revenant , pour trois députés , à raifon de fix livres par jour chacun , à la fomme de neuf cent quatre-vingt-dix livres , fauf à leur être payé , fur le fonds des dépenfes imprévues , les journées qui feront au-delà dudit nombre , dans le cas d'une plus longue durée des Etats , conformément à l'arrêt du 30 Octobre 1754 , ci . . . .   990 liv.

Au commiffaire principal , pour fon honoraire & droit d'affiftance à l'affiette , la fomme de trois cent livres , ci.   300

Au fénéchal de la ville de Caftres , pour fon droit d'affiftance à l'affiette , la fomme de foixante-deux livres dix fols , ci. . . . .   62 l. 10 f.

Au juge mage de la ville & comté de Caftres , tant pour fes gages ordinaires que pour fes vacations & droit d'affiftance en icelle , la fomme de foixante-deux livres dix fols , ci. . . . .   62 l. 10 f.

Au même , en qualité de commiffaire ordinaire , la fomme de cent livres à lui accordée par arrêt du confeil du 30 Septembre 1616 , ci.   100

A chacun des confuls de la ville de Caftres , commiffaires ordinaires , (a) fuivant l'article IV de l'arrêt de réglement du 30 Janvier 1725 , pour leur droit d'affiftance à l'affiette & autres affemblées du diocefe , en quelque nombre que foient lefdites affemblées , la fomme de vingt livres , laquelle pourra auffi être impofée en faveur de chacun des maire & lieutenans de maire , étant en exercice , & lorfqu'ils affifteront auxdites affemblées , revenant lefdits honoraires , pour quatre confuls , à la fomme de quatre-vingt livres , ci.   80

Aux quatorze maires , confuls ou députés des villes

_____

(a) Voyez la délibération des Etats du 23 Décembre 1760 , & l'arrêt du confeil du 6 Mai 1761 , *infrà*, Nos. XIV & XV.

diocéfaines qui ont droit d'affister à l'affiette, pour leurs
journées, à raifon de quarante livres pour chacun,
la fomme de cinq cent foixante livres, ci. . . . . . .　560 liv.

Au fyndic du diocefe, pour fes appointemens, peines
& foins, la fomme de quatre cent livres, ci. . . . . .　400

Au même, pour frais de bureau, écritures extraordinaires, & autres dépenfes quelconques relatives à fes
fonctions, la fomme de cent livres, ci. . . . .　100

Au greffier du diocefe, pour fes appointemens, la
fomme de trois cent livres, ci. . . . .　300

Au même, pour frais de bureau, impreffion des mandes, écritures extraordinaires, papier timbré, & autres
dépenfes quelconques relatives à fes fonctions, la fomme
de cinquante-cinq livres, ci. . . . .　55

Au prêtre qui a célébré la meffe pendant la tenue de
l'affiette & départemens, y compris la fourniture des
cierges, la fomme de trente livres, ci. . . . .　30

Pour bois, bougies & autres menus frais qui fe font
pendant la tenue de l'affiette, la fomme de trente livres,
ci. . . . .　30

Aux quatre valets confulaires de la ville de Caftres,
& au trompette, pour les fervices qu'ils rendent pendant
la tenue de l'affiette, la fomme de vingt-cinq livres, ci.　25

Aux couvens & hôpitaux de ladite ville, fuivant la diftribution qui en fera faite par le fieur évêque de Caftres, la fomme de cent livres, ci. . . . .　100

Aux peres jéfuites du collége de Caftres, pour l'établiffement par eux fait dudit collége pour l'inftruction
de la jeuneffe, la fomme de dix-fept cent livres permife
d'impofer par délibération de l'affiette de l'année 1666,
autorifée par arrêt du confeil du mois d'Octobre de ladite année, ci. . . . .　1700

(a) Au meffager, la fomme de trois cent livres, pour
le défrai de la meffagerie de Caftres à Carcaffonne, ou
pour fes gages d'une année qui finira le premier Mars
de l'année prochaine, conformément aux ordonnances
du fieur de Bafville des 24 Mai 1691 & 27 Octobre
1696, ci. . . . .　300

Pour toutes autres dépenfes non déterminées dans les
articles ci-deffus & imprévues, telles que frais de procès, ports de lettres, envois d'exprès, journées extraordinaires pour le fervice du diocefe, notamment pour
certaines réparations urgentes aux ponts & chemins &

(a) Voyez la délibération des Etats du 23 Décembre 1760;
& l'arrêt du confeil du 6 Mai 1761, infrà, Nos. XIV & XV.

autres édifices publics étant à la charge du diocese, non comprises dans les baux de l'entretien ordinaire, & auxquelles il ne sauroit être pourvu par emprunt en la forme prescrite par l'arrêt du 30 Octobre 1754, attendu la nécessité pressante de faire lesdites réparations, la somme de trois mille livres, laquelle sera payée par le receveur, sur les mandemens des commissaires du diocese, & dont il rendra compte à l'assiette, ci . . .   3000 liv.

SOMME TOTALE, huit mille cent quatre-vingt-quinze livres, ci . . . .   8195 liv.

DIOCESE DE SAINT-PONS.

POUR les journées des députés, tant de la ville que du diocese, à l'assemblée générale des Etats, réglées au nombre de quarante pour le tems ordinaire de ladite assemblée, & quinze pour l'aller & le retour, revenant, pour trois députés, à raison de six livres par jour pour chacun, à la somme de neuf cent quatre-vingt-dix livres, sauf à leur être payé, sur le fonds des dépenses imprévues, les journées qui seront au-delà dudit nombre, dans le cas d'une plus longue durée des Etats, conformément à l'arrêt du 30 Octobre 1754, ci.   990 liv.

Au commissaire principal, pour son honoraire & droits d'assistance à l'assiette, la somme de trois cent livres, ci.   300

Au viguier de la ville de Saint-Pons, ou, en son absence, à son lieutenant, tant pour ses gages ordinaires en ladite assiette, que pour leurs vacations & droits d'assistance en icelle, à départir également entre eux, la somme de douze livres, ci.   12

A chacun des consuls de la ville de Saint-Pons, commissaires ordinaires, suivant l'arrêt de réglement du 30 Janvier 1725, pour leur droit d'assistance à l'assiette & autres assemblées du diocese, en quelque nombre que soient lesdites assemblées, la somme de vingt livres à chacun, laquelle pourra aussi être imposée en faveur de chacun des maire & lieutenans de maire en titre, étant en tour d'exercice, & lorsqu'ils assisteront auxdites assemblées, revenant lesdits honoraires, pour quatre consuls, à la somme de quatre-vingt livres, ci.   80

Aux cinq députés des villes qui ont droit d'assister à l'assiette, pour leurs journées, à raison de quarante livres pour chacun, la somme de deux cent livres, ci. . .   200

Au syndic du diocese (a), pour ses appointemens, peines & soins, la somme de trois cent livres, ci. . .   300 liv.

Au même, pour frais de bureau, écritures extraordinaires, & autres dépenses relatives à ses fonctions, la somme de cent livres, ci.   100

Au greffier du diocese, pour ses appointemens, la somme de trois cent cinquante livres, ci.   350

Au même, pour frais de bureau, impression des mandes, écritures extraordinaires, papier timbré, & autres dépenses quelconques relatives à ses fonctions, la somme de soixante-quinze livres, ci.   75

A la communauté d'Oupia, par rapport au passage des troupes & à la continuation de la construction des écuries pour l'usage des troupes, la somme de cent cinquante livres, ci.   150

Au sieur abbé de Fontfrede, propriétaire du droit de cosse qui se levoit à Narbonne, pour la portion du diocese de la somme de cinq mille livres, celle de deux cent quarante-quatre livres, ci.   244

Au prêtre qui a célébré la messe pendant la tenue de l'assiette & départemens, y compris la fourniture des cierges, la somme de trente livres, ci.   30

Aux valets des consuls de la ville de Saint-Pons, pour la convocation de l'assiette, ou pour les services qu'ils rendent durant la tenue d'icelle, la somme de trente livres, ci.   30

Aux pauvres de l'hôpital de la ville de Saint-Pons, la somme de dix livres, pour aumône annuelle, ci. . . .   10

Aux récollets de Saint-Pons, & à ceux de Saint-Chinian, la somme de dix livres à chaque couvent, pour aumône annuelle, la somme de vingt livres, ci. . . .   20

Au couvent des sœurs de la Croix de la ville de Saint-Chinian, pour aumône annuelle, la somme de trente livres, ci.   30

Pour l'entretien des quatre régens du collége de Saint-Pons qui ont soin de l'éducation de la jeunesse, la somme de six cent livres, ci.   600

Pour autres dépenses non déterminées dans les articles ci-dessus & imprévues, telles que frais de procès, ports de lettres, envois d'exprès, journées extraordinaires pour le service du diocese, & notamment pour certaines réparations urgentes aux ponts & chemins & autres édi-

(a) Voyez l'arrêt du conseil du 2 Février 1772, suprà, Titre VI, Section I, N°. XXXIII, & l'arrêt du conseil du 16 Avril 1777, dans la même Section, N°. XXX.

fices publics étant à la charge du diocefe, non-compri-
fes dans les baux de l'entretien ordinaire, & auxquelles
il ne fauroit être pourvu par emprunt en la forme prefcrite par l'arrêt du 30 Octobre 1754, & attendu la
néceffité preffante de faire lefdites réparations, la fomme de trois mille livres, laquelle fera payée par le receveur, fur les mandemens des commiffaires ordinaires,
& dont il rendra compte à l'affiette, ci. . . . . 3000 liv.

SOMME TOTALE, fix mille cinq cent vingt-une livres,
ci. . . . . 6521 liv.

DIOCESE D'AGDE.

POUR les journées des députés, tant de la ville que
du diocefe, à l'affemblée générale des états, réglées
au nombre de quarante pour le tems ordinaire de ladite
affemblée, & quinze pour l'aller & le retour, revenant,
pour trois députés, à raifon de fix livres par jour chacun, à la fomme de neuf cent quatre-vingt-dix livres,
fauf à leur être payé, fur le fonds des dépenfes imprévues, les journées qui feront au-delà dudit nombre,
dans le cas d'une plus longue durée des Etats, conformément à l'arrêt du 30 Octobre 1754, ci. . . . . . 990 liv.

Au commiffaire principal, pour fon honoraire & droit
d'affiftance à l'affiette, la fomme de trois cent livres, ci. 300

Au châtelain de la ville de Pezenas, ou, en fon abfence, à fon lieutenant, tant pour fes gages ordinaires,
en ladite affiette, que pour leurs vacations & droits
d'affiftance en icelle, à départir également entre eux, la
fomme de quatre-vingt-dix livres, ci. 90

Aux dix maire confuls, ou députés qui ont droit d'affifter à l'affiette, pour leurs journées, à raifon de quarante
livres pour chacun, la fomme de quatre cent livres, ci. 400

Au (a) greffier du diocefe, pour fes gages, la fomme
de trois cent cinquante livres, ci. 350

Au même, pour frais de bureau, impreffion des mandes, écritures extraordinaires, papier timbré, & autres dépenfes quelconques relatives à fes fonctions, la
fomme de foixante-quinze livres, ci. 75

Aux valets & efcudiers des confuls de Pezenas, pour

(a) Voyez pour les gages du fyndic, la délibération des Etats
du 23 Décembre 1760 & l'arrêt du confeil du 6 Mai 1761, *infrà*,
Nºs. XIV & XV, & la premiere note (a) de cet Etat, page 302.

les peines & foins qu'ils prennent à l'occafion de la te-
nue de l'affiette, la fomme de vingt livres, ci. . . . .   20 liv.

Au trompette, pour les proclamations qu'il fait pendant l'année pour les affaires du diocefe, la fomme de
trois livres, ci.   3

Aux deux couvens de religieux de Saint-François de
la ville d'Agde & de Notre-Dame du Grau, à ceux de
Pezenas, aux auguftins de Montagnac, aux obfervantins
de Florenfac, & récollets de Marfeillan, la fomme de
quatre-vingt-quatre livres, pour aumône, à raifon de
douze livres pour chaque couvent, ci.   84

Pour l'entretien d'un régent de philofophie au collége
royal de Pezenas, la fomme de trois cent livres, ci.   300

Pour l'entretien du collége d'Agde, cent cinquante
livres, ci.   150

Pour toutes autres dépenfes non déterminées dans les
articles ci-deffus & imprévues, telles que frais de procès, ports de lettres, envois d'exprès, journées extraordinaires pour le fervice du diocefe, & notamment pour
certaines réparations urgentes aux ponts & chemins &
autres édifices publics étant à la charge du diocefe &
non comprifes dans les baux de l'entretien ordinaire, &
auxquelles il ne fauroit être pourvu par emprunt en la
forme preferite par l'arrêt du 30 Octobre 1754, attendu
la néceffité preffante de faire lefdites réparations, la fomme de trois mille livres, laquelle fera payée par le receveur, fur les mandemens des commiffaires du diocefe,
dont il rendra compte à l'affiette, ci.   3000

SOMME TOTALE, cinq mille fept cent foixante-deux
livres, ci. . . . .   5762 l.

DIOCESE DE MIREPOIX.

POUR les journées des députés, tant de la ville que
du diocefe, à l'affemblée générale des Etats, réglées au nombre de quarante pour le temps ordinaire de
ladite affemblée, & quinze pour l'aller & le retour, revenant, pour trois députés, à raifon de fix livres par jour
chacun, à la fomme de neuf cent quatre-vingt-dix livres,
fauf à leur être payé, fur le fonds des dépenfes imprévues, les journées qui feront au-delà dudit nombre, dans
le cas d'une plus longue durée des Etats, conformément
à l'arrêt du 30 Octobre 1754, ci. . . . .   990 liv.

Au commiffaire principal, pour fon honoraire & droit
d'affiftance à l'affiette, la fomme de trois cent livres, ci.   300

Tome IV.   R r

Au juge mage de la sénéchaussée de Limoux , ou , en son absence , à son lieutenant, tant pour les gages ordinaires en ladite assiette, que pour leurs vacations & droit d'assistance en icelle , à départir également entre eux, la somme de cent vingt livres, ci. . . . . 120 liv.

A chacun des consuls de Mirepoix, commissaires ordinaires, suivant l'article IV de l'arrêt de réglement du 30 Janvier 1725, pour leur droit d'assistance à l'assiette & autres assemblées du diocese, en quelque nombre que soient lesdites assemblées , la somme de vingt livres, laquelle pourra aussi être imposée en faveur du maire & lieutenant de maire en titre, étant en tour d'exercice, & lorsqu'ils assisteront auxdites assemblées, revenant lesdits honoraires, pour quatre consuls, à la somme de quatre-vingt livres, ci. 80

Aux huit maires, consuls, ou députés des villes qui ont droit d'assister à l'assiette , pour leurs journées, à raison de quarante livres pour chacun, la somme de trois cent vingt livres, ci. 320

Aux députés en tour pour arrêter les comptes & travailler aux départemens des impositions, pour tous honoraires, la somme de douze livres, ci. 12

Au syndic du diocese, pour ses appointemens, peines & soins, la somme de quatre cent livres, ci. . . . 400

Au même, pour frais de bureau, écritures extraordinaires, & autres dépenses quelconques relatives à ses fonctions, la somme de cent livres, ci. 100

Au greffier du diocese, pour ses appointemens, la somme de trois cent livres, ci. 300

Au même, pour frais de bureau, impression des mandes, écritures extraordinaires, papier timbré, & autres dépenses quelconques relatives à ses fonctions, la somme de cinquante livres, ci. 50

Au prêtre qui a célébré la messe pendant la tenue de l'assiette & départemens, y compris la fourniture des cierges, la somme de trente livres, ci. 30

Pour bois, bougies, & autres menus frais qui se font pendant la tenue de l'assiette, la somme de vingt-cinq liv. ci. 25

Aux valets de ville de Mirepoix, pour les services qu'ils rendent pendant la tenue de l'assiette, la somme de dix livres, ci. 10

Aux cordeliers de Mirepoix, pour aumône annuelle, la somme de trente livres, ci. 30

Aux dominicains de Fanjaux, aussi pour aumône annuelle, la somme de quarante livres, ci. 40

Aux pauvres de Mirepoix & de Fanjaux, pour aumône annuelle, la somme de vingt livres, ci. 20

Au directeur du séminaire, pour l'entretien d'un professeur de théologie, la somme de trois cent livres, ci.   300 liv.

Au sieur Campan ou à ses ayant cause, pour le droit de blé qu'on transporte à Narbonne, la somme de trois cent douze livres, & pour la portion du diocèse de celle de cinq mille livres due au Roi & à ses intéressés, ci. .   312

Pour toutes autres dépenses non déterminées dans les articles ci-dessus & imprévues, telles que frais de procès, ports de lettres, envois d'exprès, journées extraordinaires pour le service du diocèse, notamment pour certaines réparations urgentes aux ponts & chemins & autres édifices publics étant à la charge du diocèse, non comprises dans les baux de l'entretien ordinaire, & auxquelles il ne sauroit être pourvu par emprunt en la forme prescrite par l'arrêt du 30 Octobre 1754, attendu la nécessité urgente de faire lesdites réparations, la somme de trois mille livres, laquelle sera payée par le receveur, sur les mandemens des commissaires du diocèse, & dont il rendra compte à l'assiette, ci. . .   3000 l.

SOMME TOTALE, six mille quatre cent trente-neuf livres, ci. . . . .   6439 l.

DIOCESE DE LODEVE.

POUR les journées des députés, tant de la ville que du diocèse, à l'assemblée générale des Etats, réglées au nombre de quarante pour le temps ordinaire de ladite assemblée, & quinze pour l'aller & le retour, revenant, pour trois députés, à raison de six livres par jour chacun, à la somme de neuf cent quatre-vingt-dix livres, sauf à leur être payé, sur le fonds des dépenses imprévues, les journées qui seront au-delà dudit nombre, dans le cas d'une plus longue durée des Etats, conformément à l'arrêt du 30 Octobre 1754, ci. . . . . .   990 liv.

Au commissaire principal, pour son honoraire & droit d'assistance à l'assiette, la somme de trois cent livres, ci.   300

Au viguier de la ville de Lodeve, ou, en son absence, à son lieutenant, tant pour ses gages ordinaires en ladite assiette, que pour leurs vacations & droit d'assistance en icelle, à départir également entr'eux, la somme de soixante-deux livres dix sols, ci.   62 l. 10 s.

A chacun des consuls de la ville de Lodeve, commissaires ordinaires, suivant l'article IV. de l'arrêt de réglement du 30 Janvier 1725, tant pour leur droit d'assistance à l'assiette & autres assemblées du diocèse, en quelque nombre que soient lesdites assemblées, que pour la faction des départemens, la somme de vingt livres, laquelle pourra aussi être imposée en faveur de chacun des maire & lieutenant de maire en titre, en tour d'exercice, & lorsqu'ils assisteront auxdites assembées, revenant lesdits honoraires, pour trois consuls, à la somme de soixante livres, ci. . . . . 60 liv.

Aux cinq maires, consuls ou députés des villes diocésaines qui ont droit d'assister à l'assiette, pour leurs journées, à raison de quarante livres pour chacun, la somme de deux cent livres, ci. 200

Au syndic du diocèse (a), pour ses appointemens, peines & soins, la somme de deux cent cinquante livres, ci. 250

Au même, pour frais de bureau, écritures extraordinaires & autres dépenses relatives à ses fonctions, la somme de cinquante livres, ci. 50

Au greffier du diocèse, pour ses appointemens, la somme de deux cent cinquante livres, ci. 250

Au même, pour frais de bureau, impression des mandes, écritures extraordinaires, papier timbré & autres dépenses quelconques relatives à ses fonctions, la somme de cinquante livres, ci. 50

Au prêtre qui a célébré la messe pendant la tenue de l'assiette & départemens, y compris la fourniture des cierges, la somme de trente livres, ci. 30

Aux valets des consuls de la ville de Lodeve, pour la convocation de l'assiette, la somme de douze livres, ci. 12

Au trompette de la ville, pour les proclamations qu'il fait pendant l'année pour les affaires du diocèse, la somme de trois livres, ci. 3

Aux hôpitaux de Lodeve & de Clermont, la somme de cinq cent livres, en aumône ; savoir, quatre cent livres à celui de Lodeve, & cent livres à celui de Clermont, ci. 500

Au sacristain de la chapelle St. Fulcrand de Lodeve, pour un cierge que le diocèse donne annuellement à ladite chapelle, la somme de six livres. 6

Au couvent des freres minimes, carmes de Lodeve, & jacobins de Clermont, pour aumône annuelle, la somme de dix-huit livres, ci. 18

(a) Voyez la délibération des Etats du 23 Décembre 1760 & l'arrêt du conseil du 6 Mai 1761, *infrà*, Nos. XIV & XV, & la premiere note (a) de cet Etat, page 302.

Aux peres de la doctrine chrétienne de Lodeve, qui ont soin de l'éducation de la jeunesse, la somme de quatre cent livres, ci. . . . .   400 liv.

Aux mêmes, pour l'établissement de deux professeurs de rhétorique & de philosophie, la somme de deux cent cinquante livres, ci.   250

Au messager de Lodeve à Montpellier, pour ses gages, la somme de trois cent soixante-dix livres, ci.   370

Aux consuls de Saint-André, pour leur aider à lever la taille de la garrigue, la somme de quinze livres, ci. .   15

Pour toutes autres dépenses non déterminées dans les articles ci-dessus & imprévues, telles que frais de procès, ports de lettres, envois d'exprès, journées extraordinaires pour le service du diocese, & notamment pour certaines réparations urgentes aux ponts & chemins, & autres édifices publics étant à la charge du diocese, non comprises dans les baux de l'entretien ordinaire, & auxquelles il ne sauroit être pourvu en la forme prescrite par l'arrêt du 30 Octobre 1754, attendu la nécessité pressante de faire lesdites réparations, la somme de trois mille livres, laquelle sera payée par le receveur, sur les mandemens des commissaires du diocese, & dont il rendra compte à l'assiette.   3000

SOMME TOTALE, six mille huit cent seize livres dix sols, ci. . . . .   6816 l. 10 s.

DIOCESE D'ALET.

POur les journées des députés de la ville & du diocese, à l'assemblée générale des Etats, réglées au nombre de quarante pour le temps ordinaire, & quinze pour l'aller & le retour, revenant, pour deux députés, à raison de six livres par jour chacun, à la somme de six cent soixante livres, sauf à leur être payé, sur le fonds des dépenses imprévues, les journées qui seront au-delà dudit nombre, dans le cas d'une plus longue durée des Etats, conformément à l'arrêt du 30 Octobre 1754, ci. . . . .   660 liv.

Au commissaire principal, pour son honoraire & droit d'assistance à l'assiette, la somme de trois cent livres, ci. .   300

Au lieutenant général de la sénéchaussée de Limoux, &, en son absence, au juge le représentant, tant pour ses gages ordinaires en ladite assiette, que pour leurs vacations & droits d'assistance en icelle, à départir entr'eux, la somme de cinquante livres, ci.   50

A chacun des confuls de la ville d'Alet, commiffaires ordinaires, fuivant l'article IV de l'arrêt de réglement du 30 Janvier 1725, pour leur droit d'affiftance à l'affiette & autres affemblées du diocefe, en quelque nombre que foient lefdites affemblées, la fomme de vingt livres, laquelle pourra auffi être impofée en faveur de chacun des maire & lieutenans de maire en titre, étant en tour d'exercice, lorfqu'ils affifteront auxdites affemblées, revenant lefdits honoraires, pour quatre confuls, à la fomme de quatre-vingt livres, ci. . . . 80 liv.

Aux onze maires, confuls ou députés des villes diocéfaines qui ont droit d'affifter à l'affiette, pour leurs journées, à raifon de quarante livres pour chacun, la fomme de quatre cent quarante livres, ci. 440

Aux fept députés en tour pour arrêter les comptes & travailler aux départemens des impofitions, pour leurs honoraires, à raifon de quarante livres chacun, la fomme de deux cent quatre vingt livres, ci. . . . 280

Au fyndic du diocefe, pour fes appointemens, peines & foins, la fomme de trois cent livres, ci. 300

Au même, pour frais de bureau, écritures extraordinaires & autres dépenfes relatives à fes fonctions, la fomme de cent livres, ci. 100

Au greffier du diocefe, pour fes appointemens, la fomme de deux cent cinquante livres, ci. 250

Au même, pour frais de bureau, convocation de l'affiette, impreffion des mandes, écritures extraordinaires, papier timbré & autres dépenfes quelconques relatives à fes fonctions, la fomme de foixante-quinze livres, ci. 75

Au prêtre qui a célébré la meffe pendant la tenue de l'affiette & départemens, y compris la fourniture des cierges, la fomme de dix livres, ci. 10

Pour bois, bougies & autres menus frais qui fe font pendant la tenue de l'affiette, la fomme de trente-fix livres, ci. 36

Pour la portion du diocefe des appointemens du commis à la recette des impofitions, la fomme de cent trente huit livres, ci. 138

Aux fœurs noires, régentes de la ville d'Alet, & envoyées tous les ans dans différens lieux du diocefe pour l'éducation des jeunes filles, la fomme de trois cent livres, ci. 300

Aux dames de la Charité de ladite ville, la fomme de quatre-vingt livres pour aumônes, ci. . . . 80

Aux religieux dominicains de Quillan & à ceux de Caudiés, pour aumône annuelle, à raifon de cinq livres pour chaque couvent. . . . .   10 liv.

Pour la portion du diocese du loyer du palais du préfidial de Limoux, la fomme de quatre-vingt douze livres dix-huit fols, ci. . . . . .   92 l. 18 ˢ

Au porteur de lettres de Quillan, qui eſt chargé de les diſtribuer *gratis* dans toutes les communautés du diocefe, pour fes gages, la fomme de trois cent livres, ci.   300

Au porteur des lettres de Caudiés à Saint Paul, pour fes gages, la fomme de deux cent livres, ci. . .   200

Au porteur des lettres du pays de Sault, pour fes gages, la fomme de quatre-vingt livres, ci. . .   80

Pour toutes autres dépenfes non déterminées dans les articles ci-deſſus & imprévues, telles que frais de procès, ports de lettres, envois d'exprès, journées extraordinaires pour le fervice du diocefe, notamment pour certaines réparations urgentes aux ponts & chemins, & autres édifices publics étant à la charge du diocefe, non comprifes dans les baux de l'entretien ordinaire, & auxquelles il ne fauroit être pourvu par emprunt en la forme preſcrite par l'arrêt du 30 Octobre 1754, attendu la néceſſité preſſante de faire leſdites réparations, la fomme de trois mille livres, laquelle fera payée par le receveur, fur les mandemens des commiſſaires du diocefe, & dont il rendra compte à l'aſſiette, ci. . . . .   3000 l.

SOMME TOTALE, fix mille fept cent quatre-vingt-une livres dix-huit fols, ci. . . . . . .   6781 l. 18 f.

DIOCESE DE LIMOUX.

POUR les journées des députés, tant de la ville que du diocefe, à l'aſſemblée générale des Etats, réglées au nombre de quarante pour le temps ordinaire de ladite aſſemblée, & quinze pour l'aller & le retour, revenant, pour deux députés, à raifon de fix livres par jour chacun, à la fomme de fix cent foixante livres, fauf à leur être payé, fur le fonds des dépenfes imprévues, les journées qui feront au-delà dudit nombre, dans le cas d'une plus longue durée des Etats, conformément à l'arrêt du 30 Octobre 1754, ci. . . . . .   660 l.

Au vicaire général du fieur archevêque de Narbonne, qui va tenir l'aſſiette du diocefe de Limoux, la fomme de cent livres, ci.   100

Au commiſſaire principal, pour fon honoraire & droit

d'affiftance à l'affiette , la fomme de trois cent livres, ci.   300 liv.

Au juge mage lieutenant général de la ville de Limoux, ou , en fon abfence , à fon lieutenant , tant pour fes gages ordinaires en ladite affiette, que pour leurs vacations & droits d'affiftance en icelle, à départir également entr'eux, la fomme de cinquante livres , ci.   50

A chacun des confuls de la ville de Limoux, commiffaires ordinaires , fuivant l'article IV de l'arrêt de réglement du 30 Janvier 1725 , pour le droit d'affiftance à l'affiette & autres affemblées dudit diocefe, en quelque nombre que foient lefdites affemblées, la fomme de vingt livres , laquelle pourra auffi être impofée en faveur de chacun des maires & lieutenans de maire , étant en tour d'exercice , & lorfqu'ils affifteront auxdites affemblées, revenant lefdits honoraires pour quatre confuls, à la fomme de quatre-vingt livres , ci.   80

Aux douze maires, confuls ou députés des communautés qui ont droit d'affifter à l'affiette , pour leurs journées , à raifon de quarante livres pour chacun, la fomme de quatre cent quatre-vingt livres, ci.   480

Aux quatre députés en tour pour arrêter les comptes & travailler aux départemens des impofitions , pour leurs honoraires, à raifon de quarante livres chacun, la fomme de cent foixante livres , ci.   160

Au fyndic du diocefe , pour fes appointemens, peines & foins, la fomme de trois cent livres , ci.   300

Au même, pour frais de bureau, écritures extraordinaires & autres dépenses quelconques relatives à fes fonctions, la fomme de cent livres, ci.   100

Au greffier du diocefe , pour fes appointemens, la fomme de deux cent cinquante livres , ci.   250

Au même , pour frais de bureau , impreffion des mandes , écritures extraordinaires , papier timbré & autres dépenfes quelconques relatives à fes fonctions, la fomme de cinquante livres, ci.   50

Au prêtre qui a célébré la meffe pendant la tenue de l'affiette & départemens , y compris la fourniture des cierges, la fomme de trente livres, ci.   30

Pour bois, bougies & autres menus frais qui fe font pendant la tenue de l'affiette , la fomme de quarante livres, ci.   40

Aux valets confulaires de la ville de Limoux , pour les fervices qu'ils rendent pendant la tenue de l'affiette, la fomme de trente-huit livres , ci.   38

Au trompette de la ville, pour les proclamations qu'il fait annuellement pour les affaires du diocefe , la fomme de dix livres, ci.   10

Aux

Aux dix couvens mendians de religieux & religieuses de ladite ville, y compris les religieuses Ste. Catherine, la somme de cinq livres à chaque couvent, pour aumône annuelle, en tout cinquante livres, ci. . . . . 50 liv.

Aux pauvres malades de l'hôpital Nôtre-Dame de Limoux, pour aumône annuelle, la somme de cent livres, ci. 100

Aux pauvres de la miséricorde de la ville de Limoux, pour aumône annuelle, la somme de soixante-quinze livres, ci. 75

Aux pauvres de l'hôpital général de Limoux, pour aumône annuelle, la somme de trois cent livres, ci. . 300

Pour la portion du diocese du loyer du palais du présidial de Limoux, la somme de cent sept livres dix-neuf sols un denier, ci. . . . . . 107 l. 19 s. 1 d.

Pour la portion du diocese de l'entretien d'un commis que le receveur des tailles tient à Alet, la somme de cent soixante-une livres dix-huit sols huit deniers, ci. . 161 l. 18 s. 8 d.

Au porteur de lettres de Limoux à Carcassonne, pour ses gages, la somme de deux cent livres, ci. . . 200

Pour le droit d'albergue & de cosse au fermier de la ville de Narbonne, la somme de trois cent soixante-dix-huit livres, ci. 378

Pour toutes autres dépenses non déterminées dans les articles ci-dessus & imprévues, telles que frais de procès, ports de lettres, envois d'exprès, journées extraordinaires pour le service du diocese, & notamment pour certaines réparations urgentes aux ponts & chemins, & autres édifices publics étant à la charge du diocese, non comprises dans les baux de l'entretien ordinaire, & auxquelles il ne sauroit être pourvu par emprunt en la forme prescrite par l'arrêt du 30 Octobre 1754, attendu la nécessité pressante de faire lesdites reparations, la somme de dix-huit cent livres (a), laquelle sera payée par le receveur, sur les mandemens des commissaires du diocese, dont il tiendra compte à l'assiette, ci. 1800

SOMME TOTALE, cinq mille huit cent vingt livres dix-sept sols neuf deniers, ci. . . . . 5820 l. 17 s. 9 d.

(a) Voyez la délibération des Etats du 25 Novembre 1783 & l'arrêt du conseil du 8 Février 1784, *infrà*, Nos. XVI & XVII.

SOMME TOTALE, foixante-douze mille neuf cent foixante-dix livres dix fols huit deniers.

FAIT & arrêté au confeil royal des finances, tenu à Verfailles le dix-feptieme jour de Décembre, mil fept cent cinquante neuf. *Signé*, LOUIS. *Et plus bas :* PHELYPEAUX.

XIII.
ARRÊT
DU CONSEIL D'ETAT DU ROI,

Qui regle les dépenses ordinaires ou frais d'affiette à imposer annuellement par les sept diocefes compofant la fénéchauffée de Beaucaire & Nîmes, conformément à l'état qui en a été arrêté par Sa Majefté.

Du 17 Décembre 1759.

EXTRAIT des regifires du Confeil d'Etat.

SUR ce qui a été repréfenté au Roi étant en fon confeil, par le fyndic général de la province de Languedoc ; Que Sa Majefté ayant par l'arrêt de fon confeil du 10 Octobre 1752, & par l'état y annexé, fait un nouveau réglement des dépenfes ordinaires de chaque affemblée des Etats de ladite province, pour les rendre plus conformes aux divers changemens occafionnés par celui des temps & des circonftances, les mêmes motifs auroient engagé lefdits Etats à entrer dans l'examen des dépenfes particulieres de chaque diocefe de la province, comprifes dans le département appellé frais d'affiette, dont la plupart ayant varié depuis les anciens réglemens faits en 1634, exigent néceffairement une nouvelle fixation relative à la fituation & aux befoins actuels defdits diocefes : Que dans cette vue les Etats, après avoir demandé aux commiffaires defdits diocefes

tous les éclairciffemens néceffaires, auroient chargé dans leur affemblée de 1755, une commiffion extraordinaire compofée de plufieurs membres des trois ordres, de dreffer les projets des nouveaux états defdites dépenfes : Que cette commiffion s'eft fait repréfenter les anciens états des dépenfes de chaque diocefe arrêtés au confeil en l'année 1634 ; les permiffions obtenues depuis pour y ajouter différens articles ; les délibérations des Etats qui en ont approuvé d'autres ; les obfervations faites dans chaque diocefe fur la néceffité de diverfes augmentations, & généralement toutes les pieces qui pouvoient contribuer à rendre fon travail plus exact : Que lefdits commiffaires ont diftingué parmi les dépenfes de toute efpece, celles qui pouvoient être confidérées comme ftables & permanentes, telles que les rétributions des députés aux Etats, fixées fuivant les anciens réglemens, fur le pied de fix livres par jour pour le temps de la durée de l'affemblée, déterminée par les arrêts du confeil du 10 Octobre 1752, & du 30 Octobre 1754 ; les honoraires du commiffaire principal, des officiers de juftice, des députés des villes, & des perfonnes ayant droit d'affifter aux affiettes & autres affemblées des diocefes, fuivant l'arrêt de réglement du 30 Janvier 1725, qui doit être la regle uniforme de tous les diocefes, à la réferve des pays de Vivarais, Gevaudan & Velay, & du diocefe d'Alby, qui en ont été exceptés ; les appointemens & frais de bureau des fyndics &

greffiers de chaque diocese ; les falaires des valets de ville, trompettes, & autres menus frais relatifs à la tenue de l'affiette ; les fommes accordées pour l'établiffement des colléges & féminaires, ou pour aumônes aux hôpitaux, maifons de charité, bouillons des pauvres, & monafteres d'hommes & de filles ; enfin, le fonds deftiné à fubvenir pendant l'année aux affaires extraordinaires & imprévues de chaque diocefe, comme frais de procès, ports de lettres, envois d'exprès, journées extraordinaires faites pour le fervice du diocefe, & principalement aux réparations urgentes à faire aux ponts, chemins & autres ouvrages publics étant à la charge des diocefes, non comprifes dans les baux de l'entretien ordinaire, & auxquelles la néceffité preffante ne permet pas de pourvoir par emprunt dans la forme preferite par ledit arrêt du 30 Octobre 1754 : Que c'eft de ces différens articles de dépenfes annuelles, qu'ont été compofés, après l'examen le plus exact, les nouveaux états des frais d'affiette de chaque diocefe, préfentés à l'affemblée générale des Etats, qui, par délibération du 2 Mars 1756, a déterminé de les approuver, & de confentir à leur exécution, après toutefois que Sa Majefté les aura autorifés par un arrêt de fon confeil, ainfi qu'il en a été ufé en 1634 ; mais qu'indépendamment de ces dépenfes, il y en a d'autres qui, quoiqu'ordinaires & annuelles, peuvent varier pour les fommes, telles que les épices, tant de la chambre des comptes, que des tréforiers de France, pour l'audition des comptes des receveurs des tailles, & vérifications des états au vrai, réglées par des traités faits en différens temps avec lefdites compagnies ; l'honoraire du commiffaire auditeur des comptes des communautés de chaque diocefe, qui eft réglé chaque année par une or-

donnance particuliere des fieurs commiffaires de S. M. & des Etats ; le logement des officiers & cavaliers de la maréchauffée, & le loyer de leurs écuries, réglés par des ordonnances du fieur intendant & commiffaire départi dans la province ; le montant des baux de l'entretien ordinaire des chemins, & autres ouvrages étant à la charge des diocefes, qui ne peut être déterminé que relativement auxdits baux, fur le rapport qui en doit être fait chaque année aux Etats pour obtenir leur confentement à l'impofition, & aux fieurs commiffaires de Sa Majefté pour la permettre, conformément à l'article V. dudit arrêt du 30 Octobre 1754 ; le montant des intérêts des fommes dues par les diocefes, ou celui du rembourfement des capitaux, fuivant les jugemens de vérification ; enfin, les taxations & autres attributions accordées aux receveurs des tailles par différens réglemens donnés à ce fujet : Que tous ces articles, qui ne peuvent être déterminés d'une maniere fixe, devant toutefois être également compris ou dans le département des frais d'affiette, ou dans celui des deniers extraordinaires, fuivant l'article XIV. du réglement du premier Mars 1659, font de nature à ne pouvoir être autorifés qu'en général, en les énonçant feulement dans le même arrêt ; à la charge néanmoins de fe conformer, quant aux fommes, aux ordonnances ou jugemens qui continueront d'être rendus comme par le paffé, pour les conftater ; qu'au moyen de cet arrangement, il fera aifé de connoître tout ce que chaque diocefe devra & pourra légitimement impofer, & qu'il a tout lieu d'efpérer que Sa Majefté voudra bien mettre le fceau de fon autorité à un travail qui tend uniquement à fe conformer à fes intentions pour le maintien du bon ordre dans l'adminiftration des diocefes de la province.

Vu lesdits projets de nouveaux états de dépense pour ce qui concerne les diocefes de Montpellier, Nîmes, le Puy, Uzès, Viviers, Mende & Alais, compofant la fénéchauffée de Beaucaire & Nîmes, montant enfemble à la fomme de quatre-vingt treize mille fix cent onze livres quatorze fols ; ladite délibération des Etats du deux Mars mil fept cent cinquante-fix, & l'avis du fieur de Guignard de Saint-Prieft, intendant & commiffaire départi en Languedoc : Oui le rapport du fieur Bertin, confeiller ordinaire au confeil royal, contrôleur général des finances ; SA MAJESTÉ ÉTANT EN SON CONSEIL, a fixé & fixe à la fomme de quatre-vingt treize mille fix cent onze livres quatorze fols, les dépenses ordinaires & frais d'affiette des fept diocefes compofant la fénéchauffée de Beaucaire & Nîmes ; & en conféquence, a permis & permet aux affemblées des affiettes de chacun defdits diocefes, d'impofer annuellement, & à commencer en l'année prochaine 1760, les fommes ci-après ; favoir, fur le diocefe de Montpellier, treize mille neuf cent foixante-feize livres dix fols; fur celui de Nîmes, neuf mille huit cent vingt-une livres dix-neuf fols ; fur celui du Puy, quatorze mille huit cent trente-deux livres ; fur celui d'Uzès, neuf mille deux cent quatre-vingt dix-neuf livres dix fols ; fur celui de Viviers, vingt mille neuf cent foixante-huit livres ; fur celui de Mende, quatorze mille fix cent quatre-vingt dix-neuf livres dix fols ; & fur celui d'Alais, dix mille quatorze livres cinq fols, pour être toutes lefdites fommes, revenant enfemble à celle fufdite de quatre-vingt treize mille fix cent onze livres quatorze fols, employées & diftribuées fuivant & conformément à l'état que Sa Majefté en a ce jourd'hui arrêté en fon confeil, & qui demeurera annexé

à la minute du préfent arrêt, fans que pour aucune raifon, ni fous aucun prétexte, elles puiffent être augmentées ni changées de deftination fans le confentement des Etats & la permiffion expreffe de Sa Majefté. Permet en outre Sa Majefté aux affemblées defdits diocefes, d'impofer annuellement les fommes néceffaires pour fatisfaire au payement des épices de la chambre des comptes & des tréforiers de France, pour raifon des comptes des receveurs des tailles, & vérifications des états au vrai ; de l'honoraire des commiffaires auditeurs des comptes des communautés ; du logement des officiers & cavaliers des maréchauffées, & loyer de leurs écuries ; du montant des baux de l'entretien ordinaire des chemins, & autres ouvrages qui font à la charge defdits diocefes ; du montant des intérêts des fommes par eux dues, même de celui des capitaux, aux termes portés par les jugemens de vérification defdites dettes, & des taxations & attributions accordées par différens réglemens aux receveurs des tailles ; à la charge par lefdites affemblées de fe conformer, à l'égard de toutes lefdites dépenses, aux divers réglemens, traités, arrêts du confeil, ordonnances des fieurs commiffaires de Sa Majefté & des Etats, & jugemens de vérification qui ont été ci-devant rendus, ou qui le feront à l'avenir chaque année pour en déterminer le montant. Fait Sa Majefté défenfes aux commiffaires principaux, commiffaires ordinaires, fyndics, confuls & députés aux affiettes defdits diocefes, d'impofer aucunes autres fommes, pour quelque caufe & fous quelque prétexte que ce puiffe être, fous les peines portées par les anciens réglemens, notamment par ceux des 23 Janvier 1658, & premier Mars 1659, qui feront exécutés felon leur forme & teneur, en tout ce à quoi il n'a pas été dérogé depuis. Enjoint Sa Majesté au commissaire principal de l'assiette de chacun desdits diocèses, d'y faire lire, publier & enregistrer le présent réglement, & de tenir la main à son exécution; & aux Etats d'y conformer leurs jugemens lors de la vérification qui sera par eux faite dans chacune de leurs assemblées, en la forme ordinaire des impositions desdits diocèses; comme aussi, de se faire rapporter, avec l'extrait de l'im-

position des frais de l'assiette, & le procès verbal de la tenue d'icelle, le compte par bref état, de l'emploi du fonds destiné aux dépenses imprévues, afin que l'excédent dudit fonds, s'il s'en trouve, soit mis en moins imposé. FAIT au conseil d'état du Roi, Sa Majesté y étant, tenu à Versailles le dix-septieme jour de Décembre mil sept cent cinquante-neuf.

Signé, PHELYPEAUX.

ÉTAT

DES sommes que le Roi permet être imposées par chacun an sur les sept diocèses dépendans de la sénéchaussée de Beaucaire & Nîmes, pour les voyages des députés aux assemblées des Etats généraux de la province, dépenses ordinaires & extraordinaires de chacun desdits diocèses, suivant la distribution qui en sera faite par le présent état, dont sera rendu compte pardevant les commissaires principaux, ordinaires, & députés des assiettes, & non ailleurs; lequel état S. M. enjoint aux commissaires principaux qui présideront auxdites assiettes de faire exécuter, garder & observer, sans permettre qu'autres personnes que celles qui sont dénommées audit état entrent & assistent auxdites assiettes, ni qu'il soit imposé & levé pour les dépenses desdits diocèses plus grandes sommes que celles contenues en icelui, ni qu'il soit payé auxdits députés & autres dénommés plus grandes sommes, salaires & vacations sous prétexte de gratification ou autrement, à peine d'en répondre en leurs propres & privés noms.

DIOCESE DE MONTPELLIER.

POUR les journées des députés, tant de la ville que du diocèse, à l'assemblée des Etats, au nombre de trois, réglées au nombre de quarante pour le temps ordinaire de ladite assemblée & quinze pour l'aller & le retour, revenant, pour trois députés, à raison de six livres par jour chacun, à la somme de neuf cent quatre-vingt dix livres; sauf à leur être payé, sur le fonds des dépenses imprévues, les journées qui seront au-delà dudit nombre, dans le cas d'une plus longue durée des Etats, conformément à l'arrêt du conseil du 30 Octobre 1754, ci. . . . . 990 liv.

Au commissaire principal, pour son honoraire & droit d'assistance à l'assiette, la somme de trois cent livres, ci. . 300

Au sieur sénéchal de la ville de Montpellier, ou, en son absence, à son lieutenant, tant pour ses gages or-

dinaires en ladite assiette, que pour leurs vacations &
droit d'assistance en icelle, à répartir également entre
eux, la somme de quatre-vingt douze livres dix sols, ci . . . . . . 92 l. 10 s.

A chacun des consuls de la ville de Montpellier, commissaires ordinaires, suivant l'article IV. du réglement du
30 Janvier 1725, pour leur droit d'assistance à l'assiette
& autres assemblées du diocese en quelque nombre que
soient lesdites assemblées, la somme de vingt livres, laquelle pourra aussi y être imposée en faveur de chacun
des maire & lieutenant de maire en titre, étant en tour
d'exercice, & lorsqu'ils assisteront auxdites assemblées,
revenant lesdits honoraires, pour six consuls, à la somme de cent vingt livres, ci 120

Aux maires, consuls ou députés des villes diocésaines
au nombre de sept qui ont droit d'assister à l'assiette, pour
leurs journées, à raison de quarante livres pour chacun,
la somme de deux cent quatre-vingt livres, ci 280

Au syndic du diocese (a) pour ses appointemens,
peines & soins, la somme de sept cent livres, ci 700

Au même, pour frais de bureau, écritures extraordinaires, & autres dépenses quelconques relatives à ses
fonctions, la somme de deux cent livres, ci 200

Au greffier du diocese, pour ses appointemens, y
compris la garde des archives, la somme de cinq cent
livres, ci 500

Au même, pour frais de bureau, impression des mandes, écritures extraordinaires, papier timbré, & autres
dépenses quelconques relatives à ses fonctions, la somme
de deux cent livres, ci 200

Au prêtre qui a célébré la messe pendant la tenue de
l'assiette, y compris la fourniture des cierges, la somme de trente livres, ci 30

Pour bois, bougies, & autres menus frais, pendant
la tenue de l'assiette, la somme de quarante livres, ci . . 40

Au capitaine de la suite des sieurs consuls, la somme
de trente livres, ci 30

Aux six escudiers, pour la convocation de l'assiette,
la somme de trente-six livres, ci 36

Aux quatre compagnons du guet, à six sergens halle-
bardiers de la suite, & au trompette, la somme de
trente-trois livres, ci 33

(a) Les honoraires & les frais de bureau de MM. les syndics
des vingt-quatre dioceses ont été augmentés & fixés à une somme
certaine dans chaque diocese, par un arrêt du conseil du 16
Avril 1777, rapporté ci dessus dans la Section première du
Titre VI, N°. XXX.

Aux couvens des capucins, jacobins, cordeliers, augustins, trinitaires, aux religieuses de la Visitation Ste. Marie, Ste. Ursule, & Ste. Catherine de Montpellier, pour aumônes, à raison de vingt livres chacun, la somme de cent soixante livres, ci. . . . . 160 liv.

Aux quatre professeurs en la faculté de droit de Montpellier, la somme de cinq cent livres, ci. 500

Au procureur des jésuites de Montpellier, pour les réparations du collége, la somme de trois cent livres, ci. 300

Au même, pour aider à leur entretien, la somme de trois cent livres, ci. 300

Au professeur des mathématiques en l'université de Montpellier, la somme de trois cent livres, ci. . . . 300

Aux religieuses Ste. Ursule de Montpellier, la somme de trois cent livres, ci. 300

Aux religieuses de St. Charles, la somme de trois cent livres, ci. 300

A l'hôpital général de Montpellier, suivant l'article XIV. des lettres patentes de son établissement du mois de Mai 1678, la somme de quinze cent livres, ci. . . 1500

A la maison du bon Pasteur, pour l'entretien des femmes & filles débauchées qui y sont renfermées, la somme de neuf cent livres, ci. 900

A l'exécuteur de la haute justice, pour ses gages, la somme de quinze livres, ci. 15

Au même, en représentation de la leude qu'il avoit accoutumé de lever, la somme de deux cent cinquante livres, ci. 250

Aux sieurs magistrats du présidial de Montpellier, la somme de six cent livres, ci. 600

Pour toutes autres dépenses non déterminées dans les articles ci-dessus, & imprévues, telles que frais de procès, ports de lettres, envois d'exprès, journées extraordinaires faites pour le service du diocese, & pour les réparations urgentes aux ponts & chemins & autres ouvrages publics étant à la charge du diocese, non comprises dans les baux de l'entretien ordinaire, & auxquelles il ne sauroit être pourvu par emprunt en la forme prescrite par l'arrêt du 30 Octobre 1754, attendu la nécessité pressante de faire lesdites réparations, la somme de cinq mille livres, laquelle sera payée par les receveurs sur les mandemens des commissaires ordinaires, & dont il rendra compte à l'assiette, ci. 5000

SOMME TOTALE, treize mille neuf cent soixante-seize livres dix sols, ci. . . . . 13976 l. 10 s.

DIOCESE DE NISMES.

Pour les journées des députés, tant de la ville que du diocese, à l'assemblée des Etats, réglées au nombre de quarante pour le temps ordinaire de ladite assemblée, & quinze jours pour l'aller & le retour, revenant, pour trois députés, à raison de six livres par jour, à la somme de neuf cent quatre-vingt dix livres, sauf à leur être payé, sur le fonds des dépenses imprévues, les journées qui seront au-delà dudit nombre, dans le cas d'une plus longue durée des Etats, conformément à l'arrêt du conseil du 30 Octobre 1754, ci. . . . . 990 liv.

Au commissaire principal pour ses honoraires & droit d'assistance à l'assiette, la somme de trois cent livres, ci. 300

Au sieur sénéchal de la ville de Nîmes, &, en son absence à son lieutenant, tant pour ses gages ordinaires en ladite assiette, que pour ses vacations & droit d'assistance en icelle, à départir entre eux également, la somme de quatre-vingt douze livres, ci. 92

A chacun des quatre consuls de la ville de Nîmes, commissaires ordinaires, suivant l'article IV du réglement du 30 Janvier 1725, pour leur droit d'assistance à l'assiette & autres assemblées du diocese, en quelque nombre que soient lesdites assemblées, la somme de vingt livres, laquelle pourra aussi être imposée en faveur de chacun des maire & lieutenant de maire en titre, étant en tour d'exercice, & lorsqu'ils assisteront auxdites assemblées, revenant lesdits honoraires, pour quatre consuls, à la somme de quatre-vingt livres, ci. 80

Aux maires, consuls, ou députés des villes diocésaines, au nombre de seize qui ont droit d'assister à l'assiette, pour leurs journées, à raison de quarante livres pour chacun, la somme de six cent quarante livres, ci. 640

Au syndic du diocese, pour ses appointemens, peines & soins, la somme de sept cent livres, ci. 700

Au même, pour frais de bureau, écritures extraordinaires, & autres dépenses quelconques relatives à ses fonctions, la somme de deux cent livres, ci. 200

Au greffier du diocese, pour ses appointemens, y compris la garde des archives, la somme de cinq cent livres, ci. 500

Au même, pour frais de bureau, impression des mandes, écritures extraordinaires, papier timbré, & autres dépenses quelconques relatives à ses fonctions, la somme de deux cent livres, ci. 200

Aux

Aux valets des confuls de la ville de Nîmes, la fomme de trente livres, & dix livres pour le trompette, en tout, ci. . . . . 40 liv.

Aux religieufes hofpitalieres de Nîmes, conformément à l'arrêt du confeil du 28 Avril 1667, la fomme de fix cent livres, ci. 600

Aux dames religieufes du premier monaftere Ste. Urfule de Nîmes, la fomme de fix cent livres, pour les caufes énoncées dans l'arrêt du confeil & lettres patentes du 26 Mai 1641, ci. 600

Aux peres jéfuites de Nîmes, la fomme de fix cent livres, pour les caufes énoncées en l'arrêt du confeil du 6 Février 1636, ci. 600

Pour le quart à la charge du diocefe de l'entretien des bâtimens de l'églife & du collège des jéfuites de Nîmes, la fomme de cinquante livres, ci. 50

Aux récollets & capucins pour aumônes, à raifon de cinquante livres pour chacun couvent, la fomme de cent livres, ci. 100

Pour la portion concernant le diocefe de Nîmes, de celle de deux cent livres pour la fubfiftance de l'exécuteur de la haute juftice, le furplus étant fupporté par le diocefe d'Alais, fuivant l'arrêt du confeil du 15 Janvier 1695, la fomme de cent vingt-neuf livres dix-neuf fols, ci. . . . . 129 l. 19 f.

Pour toutes les autres dépenfes non déterminées dans les articles ci-deffus & imprévues, telles que frais de procès, ports de lettres, envois d'exprès, journées extraordinaires faites pour le fervice du diocefe, & pour réparations urgentes aux ponts & chemins & autres ouvrages publics étant à la charge du diocefe, non comprifes dans les baux de l'entretien ordinaire, & auxquelles il ne fauroit être pourvu par emprunt en la forme prefcrite par l'arrêt du confeil du 30 Octobre 1754, attendu la néceffité preffante de faire lefdites réparations, la fomme de quatre mille livres, laquelle fera payée par le receveur, fur les mandemens des commiffaires ordinaires, & dont il rendra compte à l'affiette, ci. 4000

SOMME TOTALE, neuf mille huit cent vingt-une livres dix-neuf fols, ci. . . . . 9821 l. 19 f.

DIOCESE DU PUY.

POUR les journées des députés tant de la ville que du diocese à l'assemblée des Etats, au nombre de trois, réglées au nombre de quarante pour le temps ordinaire de ladite assemblée, & quinze jours pour l'aller & le retour, revenant, pour trois députés, à raison de six livres par jour chacun, à la somme de neuf cent quatre-vingt-dix livres, sauf à leur être payé, sur le fonds des dépenses imprévues, les journées qui seront au-delà dudit nombre, dans le cas d'une plus longue durée des Etats, conformément à l'arrêt du conseil du 30 Octobre 1754, ci. 990 liv.

Au commissaire principal, pour son honoraire & droit d'assistance à l'assiette, la somme de trois cent livres, ci. 300

Au sieur sénéchal de la ville du Puy, commissaire ordinaire des Etats particuliers & assiette du diocese, &, en son absence, à son lieutenant, lequel n'y pourra assister qu'en l'absence du sénéchal, la somme de cent livres pour le temps qu'il vaquera aux états particuliers, & pour toute autre vacation qu'il pourra prétendre, ci. 100

Au sieur évêque du Puy, président auxdits Etats particuliers, pour son droit de présidence auxdits Etats, la somme de quatre cent livres, ci. 400

Au grand vicaire dudit sieur évêque, & à l'envoyé du sieur vicomte de Polignac qui assistent toujours auxdits Etats pour être instruits des affaires du diocese qu'ils doivent gérer pendant l'année en l'absence dudit sieur évêque & dudit sieur vicomte de Polignac, commissaires ordinaires, la somme de quatre-vingt livres, à raison de quarante livres chacun, ci. 80

A l'ancien premier consul du Puy qui assiste toujours auxdits Etats particuliers du Velay pour rendre compte des affaires du diocese qu'il a géré pendant l'année en qualité de commissaire ordinaire, pour son droit d'assistance auxdits Etats, la somme de cinquante livres, ci. 50

Aux six consuls de la ville du Puy ne prenant la taxe que pour un, pour assistance auxdits Etats, la somme de trente livres, ci. 30

A vingt-sept députés, tant du clergé que de la noblesse du Velay, qui sont accoutumés d'assister auxdits Etats particuliers, à raison de cinquante livres chacun, la somme de treize cent cinquante livres, ci. 1350

Aux deux diocésains allant par tour auxdits Etats, la somme de quatre-vingt livres, à raison de quarante livres chacun, ci. 80

Aux commissaires du bureau qui est formé après la

tenue des Etats particuliers du Velai, pour procéder à l'audition des comptes du receveur du diocese, la somme de six cent quarante livres, pour leur droit d'assistance au bureau ; savoir, cent livres au sieur évêque du Puy, au sieur vicomte de Polignac, aux deux députés du clergé, aux deux députés de la noblesse, & au premier consul du Puy, à chacun cinquante livres, aux deux commis du sieur évêque & du sieur vicomte de Polignac, aux deux diocésains, au syndic, & au greffier, à chacun quarante livres, en tout, ci. . . . .　640 liv.

Pour dix-sept bourses qui sont distribuées à ceux qui ont assisté au bureau des comptes, de valeur chacune de dix livres, faisant en tout la somme de cent soixante-dix livres, ci. . . . .　170

A ceux qui gardent la porte à la salle où se tient l'assemblée des Etats particuliers du pays de Velai, la somme de neuf livres, ci. . . . .　9

A celui qui a préparé la salle où se tient l'assemblée, la somme de cinq livres, ci. . . . .　5

Aux prêtres qui ont célébré la messe du Saint-Esprit dans l'église cathédrale de Notre-Dame du Puy, y compris la fourniture des cierges, la somme de trente livres, ci. . . . .　30

Au sieur évêque du Puy, au sieur vicomte de Polignac, au premier consul de la ville du Puy, commissaires ordinaires du pays de Velay pour le temps qu'ils sont obligés de vaquer pendant l'année aux assemblées qui se tiennent fréquemment pour les affaires du pays, la somme de quatre cent livres ; savoir, deux cent livres au sieur évêque président de l'assemblée, cent livres au sieur vicomte de Polignac, & cent livres au premier consul du Puy, ci.　400

Au syndic du diocese, pour ses appointemens, la somme de sept cent livres, ci. . . , ...　700

Au même, pour frais de bureau, écritures extraordinaires, & autres dépenses quelconques relatives à ses fonctions, la somme de deux cent livres, ci. . . .　200

Au greffier du diocese, pour ses appointemens, y compris la garde des archives, la somme de cinq cent livres, ci. . . . .　500

Au même, pour frais de bureau, impression des mandes, écritures extraordinaires, papier timbré, & autres dépenses quelconques relatives à ses fonctions, la somme de deux cent livres, ci. . . . .　200

Aux jésuites de la ville du Puy, tant pour leur nourriture & entretien, que pour les réparations de leur collège, la somme de dix-huit cent livres, ci. . . . .　1800

Aux mêmes, pour l'entretien de deux professeurs de

théologie , la fomme de deux cent livres , ci. . . . . 200 liv.

Aux religieufes réformées du couvent Sainte-Claire de la ville du Puy , la fomme de trois cent livres , ci. . . . 300

Aux religieufes du refuge de Notre-Dame du Puy , à la place du couvent de Vals , la fomme de dix livres , ci. 10

Aux religieux du couvent des jacobins , des carmes , & des cordeliers de la ville du Puy , la fomme de trente livres , à raifon de dix livres pour chacun , ci. 30

Aux pauvres de l'hôtel-dieu du Puy , la fomme de quatre cent livres , ci. 400

Aux filles orphelines de l'hôpital de Saint-Jofeph de Montferrand , au lieu & place des pauvres lépreux de Brive , la fomme de cinq livres , ci. 5

Aux filles de l'hôpital des incurables d'Aguilhe , au lieu & place d'une reclufe qui étoit à Saint-Jean , la fomme de trois livres , ci. 3

Aux meffagers qui font approuvés par le diocefe , la fomme de trois cent livres , payables à l'ordre des fieurs commiffaires ordinaires du diocefe , pour les frais & entretien de la meffagerie du Puy à Touloufe , ci. 300

Pour l'augmentation d'un troifieme courrier par femaine du Puy à Lyon , & à la charge de leur fournir des chevaux , la fomme de cinq cent cinquante livres ; favoir , quatre cent livres au profit des entrepreneurs des poftes , & cent cinquante livres au profit du directeur établi au Puy , & tant que ledit fervice fera fait en la forme fufdite , ci. 550

Pour toutes autres dépenfes non déterminées dans les articles ci-deffus & imprévues , telles que frais de procès , ports de lettres , envois d'exprès , journées extraordinaires faites pour le fervice du diocefe , & pour réparations urgentes aux ponts & chemins , & autres ouvrages publics étant à la charge du diocefe , non comprifes dans les baux de l'entretien ordinaire , & auxquelles il ne fauroit être pourvu par emprunt en la forme prefcrite par l'arrêt du 30 Octobre 1754 , attendu la néceffité preffante de faire lefdites réparations , la fomme de cinq mille livres , laquelle fera payée par le receveur , fur les mandemens des commiffaires ordinaires , & dont il fera rendu compte à l'affiette , ci. . . . . 5000 liv.

SOMME TOTALE , quatorze mille huit cent trente-deux livres , ci. . . . . 14832 liv.

DIOCESE D'UZÉS.

POUR les journées des députés, tant de la ville que du diocese, à l'assemblée générale des Etats, réglées au nombre de quarante pour le temps ordinaire de ladite assemblée, & quinze pour l'aller & le retour, revenant, pour quatre députés, à raison de six livres par jour chacun à la somme de treize cent vingt livres, sauf à leur être payé, sur le fonds des dépenses imprévues, les journées qui seront au-delà dudit nombre, dans le cas d'une plus longue durée des Etats, conformément à l'arrêt du conseil du 30 Octobre 1754, ci . . . .   1320 liv.

Au commissaire principal, pour son honoraire & droit d'assistance à l'assiette, la somme de trois cent livres, ci.   300

Au viguier, ou, en son absence, au juge de la ville d'Uzès, commissaire ordinaire à l'assiette, la somme de douze livres dix sols, ci . . . .   12 l. 10 £

Audit viguier ou juge, pour ses vacations pendant l'année, la somme de soixante livres, ci   60

A chacun des consuls de la ville d'Uzès, commissaires ordinaires, suivant l'article IV de l'arrêt de réglement du 30 Janvier 1725, pour leur droit d'assistance à l'assiette & autres assemblées du diocese, en quelque nombre que soient les assemblées, la somme de vingt livres, laquelle pourra aussi être imposée en faveur de chacun des maire & lieutenant de maire en titre, étant en tour d'exercice, & lorsqu'ils assisteront auxdites assemblées, revenant lesdits honoraires, pour quatre consuls, à la somme de quatre-vingt livres, ci   80

Aux maires, consuls & députés des villes diocésaines au nombre de dix, qui ont droit d'assister à l'assiette, pour leurs journées, à raison de cinquante livres pour chacune, la somme de cinq cent livres, ci   500

Au syndic du diocese pour ses appointemens, peines & soins, la somme de sept cent livres, ci.   700

Au même, pour frais de bureau, écritures extraordinaires, & autres dépenses quelconques relatives à ses fonctions, la somme de deux cent livres, ci   200

Au greffier du diocese, pour ses appointemens, y compris la garde des archives, la somme de cinq cent livres, ci.   500

Au même, pour frais de bureau, impression des mandes, écritures extraordinaires, papier timbré, & autres dépenses quelconques relatives à ses fonctions, la somme de deux cent livres, ci.   200

Au prêtre qui a célébré la messe pendant la tenue de

l'assiette, y compris la fourniture des cierges, la somme de trente livres, ci. . . . . 30 liv.

Pour bois, bougies & autres menus frais qui se font pendant la tenue de l'assiette, la somme de quarante livres, ci. 40

Aux valets des consuls, pour leurs salaires & vacations, la somme de vingt-quatre livres, ci. 24

Aux coéquateurs, pour faire les départemens des tailles, la somme de seize livres, ci. 16

Au receveur des pauvres de l'hôpital de Saint-Sauveur de la ville d'Uzès, pour aumône, la somme de quinze livres, ci. 15

Au receveur des pauvres des maladreries de ladite ville pour aumône, la somme de douze livres, ci. 12

Aux peres capucins de la ville d'Uzès, pour aumône, la somme de trente livres, ci. 30

Aux dames de la charité, pour aumône, la somme de trente livres, ci. 30

Aux pauvres de l'hôpital, pour aumône, la somme de trente livres, ci. 30

Aux religieuses ursulines de la ville de Bagnols, la somme de deux cent livres, ci. 200

Pour toutes les autres dépenses non déterminées dans les articles ci-dessus & imprévues, telles que frais de procès, ports de lettres, envois d'exprès, journées extraordinaires faites pour le service du diocese, & pour certaines réparations urgentes aux ponts & chemins & autres ouvrages publics étant en la charge dudit diocese, non comprises dans les baux de l'entretien ordinaire, & auxquelles il ne sauroit être pourvu par emprunt en la forme prescrite par l'arrêt du 30 Octobre 1754, attendu la nécessité pressante de faire lesdites réparations, la somme de cinq mille livres, laquelle sera payée par le receveur, sur les mandemens des commissaires ordinaires, & dont il rendra compte à l'assiette, ci. 5000

SOMME TOTALE, neuf mille deux cent quatre-vingt dix-neuf livres dix sols, ci. . . . . 9299 l. 10 s.

DIOCESE DE VIVIERS.

POUR les journées du syndic du pays député aux Etats à raison de neuf livres par jour, & d'un député diocésain, à raison de six livres aussi par jour, lesdites journées réglées au nombre de quarante pour le temps ordinaire de ladite affemblée, & quinze jours pour l'aller & le retour, revenant pour lefdits députés, à la fomme de huit cent vingt-cinq livres, fauf à leur être payé, fur le fonds des dépenfes imprévues, les journées qui feront au-delà dudit nombre, dans le cas d'une plus longue durée defdits Etats, conformément à l'arrêt du confeil du 30 Octobre 1754, ci. . . . .   825 liv.

Au fieur baron de tour de Vivarais, ou à fon fubrogé, la fomme de douze cent livres, ci.   1200

Au commiffaire principal, pour fon honoraire ou droit d'affiftance à l'affiette, la fomme de trois cent livres, ci.   300

Au baillif du Vivarais, commiffaire ordinaire, (a) auffi pour fon honoraire & droit d'affiftance à l'affiette, pour fes journées, aller ou retour, la fomme de deux cent cinquante deux livres, ci.   252

Au maire de Viviers, commiffaire ordinaire, pour fon affiftance à l'affiette, à raifon de neuf livres par jour, & pour quatorze journées, y compris l'aller & le retour, la fomme de cent vingt-fix livres, ci. . .   126

Au vicaire général du fieur évêque de Viviers, affiftant à l'affiette comme baillif de Viviers, pour fes journées, à raifon de douze livres par jour, & pour quatorze jours, la fomme de cent-foixante-huit livres, ci.   168

A douze baillifs, au fyndic, & au receveur, pour leurs journées à l'affiette, à raifon de douze livres par jour pour chacun, & pour quatorze jours, y compris l'aller & le retour, la fomme de deux mille trois cent cinquante deux livres, ci.   2352

A treize confuls, deux baillifs, & le fecrétaire, pour femblables journées, à raifon de neuf livres par jour, la fomme de deux mille feize livres, ci.   2016

Au fyndic du diocefe, (b) pour fes appointemens, la fomme de neuf cent livres, ci.   900

Au même, pour frais de bureau, écritures extraordinaires, & autres dépenfes quelconques relatives à fes fonctions, la fomme de trois cent livres, ci. . . .   300

Au greffier du diocefe, pour fes appointemens, y compris la garde des archives, la fomme de fept cent livres, ci.   700

(a) Voyez l'arrêt du confeil du 31 Août 1766 ci-deffous, Tit. X, Sect. IV, §. I, art. III, nomb. V.
(b) Voyez la délibération des Etats du 23 Décembre 1760, & l'arrêt du confeil du 6 Mai 1761, infrà, Nos. XIV & XV, & la première note (a) de cet Etat, page 326.

Au même, pour frais de bureau, impreffion des mandes, écritures extraordinaires, papier timbré, & autres dépenfes relatives à fes fonctions, la fomme de
trois cent livres, ci. . . . . 　300 liv.

Au portier de la falle où fe tient l'affemblée de l'affiette, la fomme de dix livres, ci. . . . . . . 　10

Pour la falle où fe tient l'affemblée de l'affiette, qui
n'a point de lieu fixe, & fe tient dans la ville où il plaît
au fieur baron de tour qui y préfide de la convoquer, la
fomme de foixante livres, ci. . . . . 　60

Pour celui qui prend foin par ordre du fieur baron
de tour de faire préparer les logemens des commiffaires
& députés à l'affiette, la fomme de quatre-vingt quatre
livres, ci. . . . . 　84

Au valet du pays, pour fes gages, la fomme de
trente livres, ci. . . . . 　30

Pour les aumônes applicables aux pauvres du lieu où
fe tient l'affiette, la fomme de cent livres, ci. . . 　100

Au prêtre qui a célébré la meffe pendant la tenue de
l'affiette, y compris la fourniture des cierges, la fomme
de trente livres, ci. . . . . 　30

Au receveur des tailles en exercice, pour le bureau
qu'il eft obligé d'avoir à Tournon, la fomme de huit
cent livres, ci. . . . . 　800

Au receveur du taillon à Tournon, auffi pour la même
raifon, la fomme de cent livres, ci. . . . . . . 　100

Pour la fondation d'une grande meffe pour le repos
de l'ame du fieur de Rochepierre, fyndic du pays de
Vivarais, la fomme de quinze livres, ci. . . . . 　15

Pour le loyer d'une année des prifons de Beaure-
gard, la fomme de trois cent livres, ci. . . . . 　300

Pour toutes les autres dépenfes non déterminées dans
les articles ci-deffus & imprévues, telles que frais de
procès, ports de lettres, envois d'exprès, journées extraordinaires faites pour le fervice du diocefe, & pour
réparations urgentes des ponts & chemins, & autres
ouvrages publics étant à la charge du diocefe, non comprifes dans les baux de l'entretien ordinaire, & auxquelles
il ne fauroit être pourvu par emprunt en la forme prefcrite par l'arrêt du 30 Octobre 1754, attendu la néceffité preffante de faire lefdites réparations, la fomme
de dix mille livres, laquelle fera payée par le receveur,
fur les mandemens des commiffaires ordinaires, & dont
il fera rendu compte à l'affiette, ci. . . . . . . 10000 l.

SOMME TOTALE, vingt mille neuf cent foixante-huit
livres, ci. . . . . 20968 liv.

Part. I. Div. II. Liv. I. Tit. IX.

337

DIOCESE DE MENDE.

POUR les journées des députés, tant de la ville que du diocese, à l'assemblée des Etats, au nombre de trois, réglées au nombre de quarante pour le temps ordinaire de ladite assemblée, & quinze jours pour l'aller & le retour, revenant, pour trois députés, à raison de six livres par jour, à la somme de neuf cent quatre-vingt dix livres, sauf à leur être payé, sur le fonds des dépenses imprévues, les journées qui seront au-delà dudit nombre, dans le cas d'une plus longue durée des Etats, conformément à l'arrêt du conseil du 30 Octobre 1754, ci. . . . . 990 liv.

Au commissaire principal, pour son honoraire & droit d'assistance à l'assiette, la somme de trois cent livres, ci. 300

Au baillif du Gévaudan, ou à son lieutenant, pour son assistance à l'assiette, la somme de douze livres dix sols, ci. . . . . 12 l. 10 s.

Audit baillif, ou son lieutenant, pour ses vacations pendant l'année, la somme de soixante livres, ci. . . 60

Au premier & second consuls de la ville de Mende, commissaires ordinaires, pour leur droit d'assistance à l'assiette, la somme de vingt livres à chacun, ci. . . 40

Au maire ou autre député de la ville de Marvéjols, pour son assistance à l'assiette en qualité de député, la somme de vingt livres, ci. 20

Au vicaire général du sieur évêque de Mende, pour ses vacations pendant l'année, la somme de cent livres, ci. 100

Au commis des nobles, aussi pour ses vacations pendant l'année, la somme de cinquante livres, ci. . . 50

Au premier consul de Mende, commissaire ordinaire du diocese, aussi pour ses vacations pendant l'année, la somme de trente livres, ci. 30

Au maire de Marvéjols, commissaire ordinaire, aussi pour ses vacations pendant l'année, en qualité de député, la somme de trente livres, ci. 30

Aux députés de l'église, de la noblesse, & du tiers-état, qui ont droit d'assister à l'assiette des états particuliers du pays de Gévaudan, pour leurs journées, la somme de deux mille livres, ci. 2000

Au syndic du diocese, pour ses appointemens, peines & soins, la somme de sept cent livres, ci. 700

Au même, pour frais de bureau, écritures extraor-

Tome IV.

dinaires & autres dépenfes quelconques relatives à fes fonctions, la fomme de deux cent livres, ci. . . . . 200 liv.

Au greffier du diocefe, pour fes appointemens, y compris la garde des archives, la fomme de fix cent livres, ci. 600

Au même, pour frais de bureau, impreffion des mandes, écritures extraordinaires, papier timbré & autres dépenfes quelconques relatives à fes fonctions, la fomme de deux cent livres, ci. 200

Au prêtre qui a célébré la meffe pendant la tenue de l'affiette, y compris la fourniture des cierges, la fomme de trente livres, ci. 30

Aux valets des confuls, la fomme de douze livres, à raifon de fix livres chacun, ci. 12

A celui qui a fonné la cloche pendant la tenue des Etats particuliers & affiette, la fomme de cinq livres, ci. . . . . 5.

Aux religieux mendians, & religieufes du diocefe, & aux pauvres de l'hôpital de Mende & de Marvéjols, en aumónes, la fomme de cent quarante livres, ci. . 140

Pour le pain des prifonniers prévótables qui n'ont point de parties civiles, la fomme de cinq cent livres, ci. 500

Aux peres de la doctrine chrétienne, pour l'augmentation des claffes du collége de Mende, la fomme de fix cent livres, ci. 600

Pour la meffagerie de Touloufe & Nîmes, la fomme de mille vingt livres, ci. 1020

Aux maitres d'école de la ville de Mende, la fomme de foixante livres, ci. 60

Pour toutes autres dépenfes non déterminées dans les articles ci-deffus & imprévues, telles que frais de procès, ports de lettres, envois d'exprès, journées extraordinaires faites pour le fervice du diocefe, & pour certaines réparations urgentes aux ponts & chemins, & autres ouvrages publics étant à la charge du diocefe, non comprifes dans les baux de l'entretien ordinaire, & auxquelles il ne fauroit être pourvu par emprunt en la forme prefcrite par l'arrêt du 30 Octobre 1754, attendu la néceffité preffante de faire lefdites réparations, la fomme de fept mille livres, laquelle fera payée par le receveur, fur les mandemens des commiffaires ordinaires, & dont il rendra compte à l'affiette, ci. 7000

SOMME TOTALE , quatorze mille fix cent quatre-vingt dix-neuf livres dix fols , ci. . . . . 14699 l. 10 f.

DIOCESE D'ALAIS.

POUR les journées des députés, tant de la ville que du diocese, à l'assemblée générale des Etats, réglées au nombre de quarante pour le temps ordinaire de ladite assemblée, & quinze pour l'aller & le retour; revenant, pour trois députés, à raison de six livres par jour chacun, à la somme de neuf cent quatre-vingt dix livres, sauf à leur être payé sur le fonds des dépenses imprévues, les journées qui seront au-delà dudit nombre, dans le cas d'une plus longue durée des Etats, conformément à l'arrêt du conseil du 30 Octobre 1754, ci . . . 990 liv.

Au commissaire principal, pour ses honoraires & droit d'assistance à l'assiette, la somme de trois cent l. ci. 300

Au sénéchal de la ville de Nîmes, ou, en son absence, à son lieutenant, tant pour ses gages ordinaires en ladite assiette, que pour leurs vacations & droit d'assistance en icelle, à départir également entre eux, la somme de quatre-vingt douze livres dix sols, ci. . . 92 l. 10 s.

Au juge de la ville & comté d'Alais, pour son droit d'assistance à l'assiette, la somme de vingt-cinq livres, ci. 25

A chacun des consuls de la ville d'Alais, commissaires ordinaires, suivant l'article IV de l'arrêt de réglement du 30 Janvier 1725, pour leur droit d'assistance à l'assiette & autres assemblées du diocese, en quelque nombre que soient lesdites assemblées, la somme de vingt livres, laquelle pourra aussi être imposée en faveur de chacun des maire & lieutenant de maire en titre, étant en tour d'exercice, & lorsqu'ils assisteront auxdites assemblées, revenant lesdits honoraires, pour quatre consuls, à la somme de quatre-vingt livres, ci. 80

Aux maire, consuls, ou députés des villes diocésaines, au nombre de douze, qui ont droit d'assister à l'assiette, pour leurs journées, à raison de quarante livres pour chacun, la somme de quatre cent quatre-vingt livres, ci. 480

Au député de la communauté de St. Hilaire, pour son droit d'assistance à l'assiette, lorsqu'il sera de tour, la somme de quarante livres, ci. 40

Au syndic du diocese, pour ses appointemens, peines & soins, la somme de sept cent livres, ci. . . 700

Au même, pour frais de bureau, écritures extraordinaires, & autres dépenses quelconques relatives à ses fonctions, la somme de deux cent livres, ci. . . 200

Au greffier du diocese, pour ses appointemens, la somme de trois cent livres, ci. 300

Au même, pour frais de bureau, impreffion des mandes, écritures extraordinaires, papier timbré & autres dépenfes quelconques relatives à fes fonctions, la fomme de deux cent livres, ci. . . . .   200 liv.

Au prêtre qui a célébré la meffe pendant la tenue de l'affiette & départemens, y compris la fourniture des cierges, la fomme de trente livres, ci.   30

Pour bois, bougies & autres menus frais qui fe font pendant la tenue de l'affiette, la fomme de quarante livres, ci.   40

Aux quatre valets de ville pour leurs falaires & vacations, la fomme de vingt-quatre livres, ci. . . .   24

Aux couvens des religieux du diocefe, pour aumônes, la fomme de cent livres, ci.   100

Pour l'entretien de la maifon du refuge, la fomme de mille livres, ci. . . . .   1000.

Pour la rétribution de fix régens du collége, la fomme de douze cent livres, ci.   1200

Aux religieufes du Verbe-Incarné d'Andufe, & de Sainte Urfule d'Alais, la fomme de deux cent douze livres quinze fols, ci. . . . .   212 l. 15 f.

Pour toutes les autres dépenfes non déterminées dans les articles ci-deffus & imprévues, telles que frais de procès, ports de lettres, envois d'exprès, journées extraordinaires faites pour le fervice du diocefe, & pour certaines réparations urgentes aux ponts & chemins, & autres ouvrages publics étant à la charge du diocefe, non comprifes dans les baux d'entretien ordinaire, & auxquelles il ne fauroit être pourvu par emprunt en la forme prefcrite par l'arrêt du 30 Octobre 1754, attendu la néceffité preffante de faire defdites réparations, la fomme de quatre mille livres, laquelle fera payée par le receveur, fur les mandemens des commiffaires ordinaires, & dont il rendra compte à l'affiette, ci. . . . .   4000 l.

SOMME TOTALE, dix mille quatorze livres cinq fols, ci. . . . .   10014 l. 5 f.

SOMME TOTALE, quatre-vingt treize mille fix cent onze livres quatorze fols.

FAIT & arrêté au confeil royal des finances, tenu à Verfailles le dix-feptieme jour de Décembre mil fept cent cinquante-neuf. *Signé*, LOUIS. *Et plus bas*, PHE-LYPEAUX.

X I V.

EXTRAIT du regiſtre des délibérations des États généraux de Languedoc, aſſemblés par mandement du Roi en la ville de Montpellier au mois de Novembre 1760.

Du Mardi 23 Décembre ſuivant, préſident Mgr. l'archevêque & primat de Narbonne, grand aumônier de France , commandeur de l'ordre du St. Eſprit.

MONSEIGNEUR l'évêque d'U-zès a dit, que MM. les com-miſſaires de la vérification des impoſi-tions des aſſiettes, s'étant aſſemblés chez Mgr. l'archevêque de Narbonne, pour examiner les repréſentations qui ont été faites par quelques dioceſes en petit nombre , ſur certains articles des nouveaux réglemens des frais d'aſ-ſiette , le ſieur de Joubert ſyndic géné-ral , a rendu compte de celles qui ont été faites par le dioceſe du Puy & par le pays de Vivarais , & que MM. les commiſſaires n'ont pas cru devoir s'y arrêter, n'y ayant trouvé aucun motif ſuffiſant pour s'écarter des nouveaux réglemens.

Qu'il a été auſſi rendu compte d'un mémoire préſenté par le pays de Vi-varais par lequel, attendu l'extinction de la penſion viagere de 2000 liv. éta-blie au profit de M. de Vinſobre, an-cien ſyndic du même pays , l'aſſiette a demandé que cette penſion fût réu-nie aux gages du ſyndic dont elle avoit été anciennement ſéparée.

Que MM. les commiſſaires ont re-marqué à cette occaſion que les gages du ſyndic de Vivarais avoient été por-tés par un arrêt du conſeil de 1679 à 2500 liv. , au-delà de la ſomme de 700 liv. compriſe dans les réglemens de 1634 ; ce qui faiſoit en tout 3200 liv.; qu'il leur a paru auſſi que la de-mande du pays de Vivarais ne tendoit à aucune augmentation d'impoſition ; mais ſeulement à changer la deſtina-tion de la ſomme de 2000 liv. com-priſe dans le réglement ſous le nom de la penſion de M. de Vinſobre, en lui faiſant reprendre celle qu'elle avoit eue précédemment : que l'étendue dudit pays , le grand nombre des commu-nautés qu'il renferme & la néceſſité de confier la place de ſyndic dudit pays à quelqu'un qui ſoit en état de conduire toutes les affaires qui ſe préſentent dans le cours de l'année qui ne roulent à proprement parler que ſur lui, & qui s'y ſont multipliées dans la même pro-portion que dans les autres dioceſes, ont déterminé MM. les commiſſaires d'être d'avis de propoſer à l'aſſemblée de délibérer que la ſomme de 2000 liv. compriſe dans le nouveau régle-ment ſous le nom de la penſion via-gere de M. de Vinſobre , continuera d'y être compriſe avec la ſomme de 900 liv. déja énoncée dans le régle-ment , ſous le nom des gages du ſyn-dic dudit pays.

Que dans les repréſentations faites par quelques dioceſes de la ſénéchauſ-ſée de Carcaſſonne, & dont le ſieur de Montferrier , ſyndic général , a fait le rapport , la commiſſion n'a trouvé que quatre articles dont les demandes duſ-ſent être accueillies: Le premier, pour le rétabliſſement de l'honoraire du pre-mier conſul de Lautrec , en qualité de commiſſaire ordinaire de l'aſſiette du dioceſe de Caſtres , qui, quoique com-pris dans le projet du nouveau régle-ment fait en 1756 par les Etats, a été omis par mégarde dans l'état arrêté au conſeil, & a paru devoir y être rétabli ſur le pied de 40 liv. comme les autres maires & conſuls des villes dioceſai-nes, qui ont droit d'aſſiſter à ladite aſſiette.

Le ſecond, pour l'impoſition d'une

fomme de 200 liv. en faveur d'un profeffeur de philofophie , qui étoit payée
depuis l'année 1691 & prife fur le
fonds des dépenfes imprévues, qui ne
fauroit être préfentement employé à
une dépenfe de cette efpece , laquelle
ne pourroit néanmoins être fupprimée
fans caufer un préjudice confidérable
au public par le retranchement d'une
claffe qui ne fait point partie de l'ancien établiffement du collége ; motifs
qui ont paru fuffifans à MM. les commiffaires pour porter les Etats à confentir à ladite impofition.

Que le troifieme, regarde l'honoraire & frais du bureau du fyndic du
diocefe d'Agde , qui n'ont point été
compris dans le nouveau réglement ,
parce qu'il n'y en avoit point dans ce
diocefe , où le greffier en faifoit les
fonctions ; mais que la derniere affemblée de l'affiette ayant jugé à propos
fuivant le droit qu'elle en a , d'élire
pour la place de fyndic le greffier qui
l'exerçoit & de nommer un autre greffier, dont les appointemens & frais de
bureau fe trouvent réglés à 425 liv.,
elle auroit cru pouvoir faire impofer,
fous le bon plaifir des Etats, pour les
honoraires du fyndic 500 liv., & 100
liv. pour les frais de bureau, defquelles
impofitions le diocefe efpéroit obtenir
la continuation fur le confentement des
Etats ; mais que MM. les commiffaires ayant vu que dans la plupart des
diocefes , plus confidérables que celui
d'Agde , par le nombre des communautés , les rétributions de leurs officiers n'étoient pas auffi fortes ; que le
motif qui avoit fait paffer celle du greffier du diocefe d'Agde fur le pied où
elle fe trouvoit dans le nouveau réglement , avoit été fans doute qu'il faifoit
les fonctions de fyndic , & que l'intention des Etats avoit été d'établir,
autant qu'il feroit poffible , l'uniformité de ces fortes de dépenfes en les

proportionnant au travail ; MM. les
commiffaires avoient cru devoir propofer aux Etats, en approuvant fans conféquence l'impofition faite cette année
en faveur du fyndic du diocefe d'Agde,
de déterminer qu'il ne lui fera accordé
à l'avenir que 350 liv. pour fes émolumens ordinaires & 50 liv. pour les
frais de fon bureau, & que les gages
du greffier feront réduits à 250 liv. &
les frais de fon bureau à 50 liv.

Que par une conféquence du même
principe la commiffion a trouvé jufte
la quatrieme demande formée par le
diocefe de Lodeve , de pouvoir augmenter de 100 liv. les appointemens
du fyndic qui n'ont été réglés qu'à 250
liv. dans le nouvel état , & dont on
n'avoit pas demandé alors une augmentation , parce qu'on l'indemnifoit d'ailleurs d'une auffi modique attribution
fur le fonds des dépenfes imprévues ;
ce qui n'étant plus permis par le nouveau réglement , exige que les appointemens de ce fyndic foient portés au
moins à la fomme de 350 liv., fes occupations n'étant pas moindres que
celles du fyndic du diocefe d'Agde.

Qu'enfin le fieur de la Fage a auffi
fait rapport des repréfentations de
certains diocefes de la fénéchauffée de
Touloufe , auxquelles la commiffion
n'a pas cru devoir s'arrêter.

SUR QUOI, il a été délibéré que la
fomme de 2000 liv. comprife dans le
nouveau réglement des frais d'affiette
du pays de Vivarais , fous le nom de
la penfion viagere de M. de Vinfobre
qui eft éteinte par fa mort , continuera
d'y être comprife avec la fomme de
900 liv. déja énoncée dans ledit réglement, fous le nom des gages du fyndic
dudit pays.

Que l'honoraire du premier conful
de Lautrec , en qualité de commiffaire
ordinaire du diocefe de Caftres , qui
avoit été compris dans le projet du

N°. XIV.

nouveau réglement fait par les Etats en 1756, & omis par mégarde dans l'état arrêté au conseil, y sera rétabli sur le pied de 40 liv.

Qu'il sera pareillement ajouté au nouveau réglement des frais d'assiette du même diocese, la somme de 200 liv. en faveur d'un professeur de philosophie dont l'établissement ne faisoit point partie de la fondation du collége.

Qu'il sera pareillement ajouté au nouveau réglement des frais d'assiette du diocese d'Agde, une somme de 350 liv. pour les émolumens ordinaires dudit syndic, qui n'y étoient pas compris, & 50 liv. pour les frais de son bureau; Comme aussi que les gages du greffier seront réduits à 250 liv. & les frais de son bureau à 50 liv.

Qu'enfin les gages du syndic du diocese de Lodeve, compris dans le nouveau réglement sur le pied de 250 liv., seront augmentés de 100 liv. & portés à 350 liv., outre les 50 liv. compris dans le même réglement pour les frais de son bureau.

X V.

A R R Ê T

Du Conseil d'Etat du Roi,

Qui autorise la délibération des Etats généraux de la province de Languedoc du 23 Décembre 1760, au sujet des changemens & augmentations de certains articles des dépenses ordinaires des frais d'assiette compris dans les Etats desdites dépenses, arrêtés par l'arrêt du conseil du 17 Décembre 1759, pour les dioceses de Viviers, Castres, Agde & Lodeve.

Du 6 Mai 1761.

EXTRAIT *des Registres du Conseil d'Etat.* N°. XIV.

SUR la requête présentée au Roi, étant en son conseil, par le syndic général de la province de Languedoc; CONTENANT, Que Sa Majesté ayant, par trois arrêts de son conseil du 17 Décembre 1759, arrêté & autorisé les états des dépenses particulieres de chaque diocese de ladite province, comprises dans les départemens appellés frais d'assiette, & permis en conséquence aux assemblées des assiettes desdits dioceses, d'imposer annuellement les sommes auxquelles lesdites dépenses ont été fixées, sans que pour aucune raison, ni sous aucun prétexte, ces sommes puissent être augmentées ni changées de destination, sans le consentement des Etats, & la permission expresse de Sa Majesté, ces nouveaux réglemens ont été exécutés l'année derniere dans chaque diocese; mais que, quoique les Etats, en en dressant le projet fussent entrés dans un assez grand examen des dépenses particulieres de chaque diocese, & des observations fournies par leurs commissaires pour servir au nouveau réglement, quelques-uns ont cru devoir faire encore des représentations, à la derniere assemblée des Etats, sur divers articles, soit pour demander le changement de destination de quelques-unes desdites dépenses, ou l'augmentation de quelques autres qui avoient été fixées sur un pied trop modique, ou le rétablissement de certaines qui, quoiqu'approuvées, y avoient été omises: Que les Etats n'ont cru devoir s'arrêter qu'aux demandes faites par les dioceses de Viviers, Castres, Agde & Lodeve, qui leur ont paru mériter quelque considération: qu'elles consistent, premierement, de la part du pays de Vivarais, à ce qu'attendu l'ex-

tinction d'une pension viagere que ledit pays payoit au feu sieur Doize de
Vinsobre, ancien syndic, cette somme
fût réunie à l'avenir aux gages du syndic dont elle avoit été séparée. 2°. Pour
le diocese de Castres, à ce que l'honoraire du premier consul de Lautrec,
qui a été omis dans l'état arrêté au
conseil en 1759, quoique compris dans
le projet qui y fut présenté en 1756,
& dans l'ancien état de 1634, à raison de son assistance à l'assiette, soit
rétabli sur le pied de quarante livres;
& que, d'autre part, comme on prenoit ci-devant depuis l'année 1691, sur
le fonds des dépenses imprévues, une
somme de deux cent livres pour les gages d'un professeur de philosophie, ce
qui ne sauroit être pratiqué aujour-
d'hui, attendu la destination du fonds
fait pour lesdites dépenses, & celle-ci
ne pouvant être supprimée sans causer un préjudice considérable au public, à cause de la suppression d'une
classe qui ne fait point partie de l'ancien établissement du college, le diocese soit autorisé à imposer ladite
somme de deux cent livres en faveur
dudit professeur. 3°. De la part du
diocese d'Agde, à ce que l'honoraire
& frais de bureau du syndic, qui n'ont
pu être compris dans le nouveau réglement, parce qu'il n'y en avoit point
alors dans ce diocese, & que les fonctions en étoient exercées par le greffier, dont les appointemens & frais
de bureau avoient été réglés en conséquence à quatre cent vingt-cinq livres,
& auxquels il est toutefois nécessaire de
pourvoir, sauf à diminuer à proportion ceux du greffier, attendu que les
sieurs commissaires & députés à l'assiette dudit diocese l'année derniere,
ont procédé, suivant leurs droits, à
l'élection dudit syndic, fussent réglés
définitivement sur le pied que l'assiette
avoit déterminé provisoirement d'une

somme de cinq cent livres pour ses
gages, & cent livres pour les frais de
son bureau; desquelles sommes l'imposition a été faite, sous le bon plaisir de
Sa Majesté & des Etats, pour l'année
1760. Enfin, pour ce qui regarde le
diocese de Lodeve, à ce que les gages
du syndic n'ayant été réglés qu'à deux
cent cinquante livres dans le nouvel
état, ainsi qu'ils l'étoient anciennement, parce qu'on l'indemnisoit d'ailleurs d'une si modique rétribution, sur
le fonds des dépenses imprévues, &
n'étant plus permis d'en user de même,
lesdits gages trop modiques eu égard à
l'étendue de ce diocese, furent augmentés jusqu'à trois cent cinquante livres : Que les Etats ayant reconnu,
quant à la demande faite par le pays
de Vivarais, que ledit pays avoit été autorisé par arrêt du conseil du 7 Mai
1726, de payer au feu sieur Doize de
Vinsobre, pour partie de son dédommagement de la démission de sa charge
de syndic dudit pays, une pension de
deux mille livres, à prendre ladite
somme sur les gages de ladite charge
de syndic, lesquels avoient été fixés
par arrêt du conseil du 9 Octobre
1679, à la somme de trois mille deux
cent livres & qui se trouvent réduits à
la somme de sept cent livres, qui étoient
les anciens gages de ladite charge, au
moyen de la distraction de la somme
de deux mille livres, & d'une autre
somme de cinq cent livres au profit du
pays, pour le dédommager en partie
de la somme de quarante mille livres
qu'il avoit payée en outre audit feu
sieur de Vinsobre, pour la démission
de ladite charge, le tout en exécution
du même arrêt du 7 Mai 1726, & qu'il
ne s'agissoit d'aucune augmentation
d'imposition, mais seulement de changer la destination des deux mille livres
imposées pour la pension viagere du
sieur de Vinsobre, en lui faisant reprendre

prendre celle que cette somme avoit auparavant, vu l'étendue dudit pays, composé de trois cent-vingt communautés, & la nécessité de confier cette place à une personne en état de conduire toutes les affaires dans le cours de l'année, les Etats ont consenti par leur délibération du 23 Décembre dernier, que cette somme de deux mille livres soit annuellement imposée avec celle de neuf cent livres, à laquelle les appointemens du syndic avoient été fixés dans l'état des frais d'assiette dudit pays, arrêté par arrêt du conseil 17 Décembre 1759 : Que la première des demandes faites par le diocese de Castres, ne tendant qu'à faire réparer une omission, leur a paru ne pouvoir être refusée, non plus que celle de l'imposition de deux cent livres pour les gages du professeur de philosophie, dont la suppression causeroit un préjudice notable au public, & qu'ils ont conséquemment consenti à l'imposition annuelle de ces deux sommes : Qu'à l'égard de l'imposition de la somme de cinq cent livres pour les gages du syndic du diocese d'Agde, & de celle de cent livres pour les frais de son bureau, ils avoient pensé que ces rétributions, quoique justes, pouvoient être réduites à trois cent cinquante livres pour les émolumens ordinaires, & cinquante livres pour les frais de bureau du syndic, & que les gages & frais du greffier, qui avoient été portés à quatre cent vingt-cinq livres, lorsqu'il étoit le seul officier du diocese, devoient être présentement réduits à trois cent livres, à l'imposition desquelles sommes ils ont pareillement consenti par la même délibération, en suppliant Sa Majesté de réformer quant à ce le nouvel état, ainsi que pour l'augmentation des gages du syndic du diocese de Lodeve, dont les motifs leur ont paru très-légi-

times : Que le suppliant ayant lieu d'espérer que Sa Majesté voudra bien en porter le même jugement ; Requéroit, A CES CAUSES, qu'il lui plût autoriser lesdits changemens, & permettre les impositions qui en sont une suite. Vu les nouveaux états des députés ordinaires des dioceses de Viviers, Castres, Agde & Lodeve, arrêtés au conseil le 17 Décembre 1759, ensemble les arrêts du conseil des 9 Octobre 1679, & 7 Mai 1726, & la délibération des Etats du 23 Décembre 1760 : Oui le rapport du sieur Bertin, conseiller ordinaire au conseil royal, contrôleur général des finances ; SA MAJESTÉ ETANT EN SON CONSEIL, a approuvé & autorisé, approuve & autorise la délibération des Etats du 23 Décembre dernier ; & en conséquence, a permis & permet aux commissaires députés à l'assiette du pays de Vivarais de continuer l'imposition de la somme de deux mille livres ci-devant faite au profit du sieur de Vinsobre, ancien syndic du pays, pour ladite somme être ajoutée en un seul article, à celle de neuf cent livres comprise dans le nouveau réglement desdits frais d'assiette, & en imposer l'une & l'autre au profit du syndic dudit pays, sous la dénomination de ses gages ; comme aussi a permis & permet à l'assemblée de l'assiette du diocese de Castres, de comprendre annuellement dans le département desdits frais d'assiette dudit diocese, la somme de quarante livres pour l'honoraire & droit d'assistance à l'assiette dudit diocese, du premier consul du lieu de Lautrec, & d'imposer ladite somme par doublement pour l'année 1760 & la courante, ensemble celle de deux cent livres pour les gages du professeur de philosophie. Permet aussi Sa Majesté au diocese d'Agde, d'imposer annuellement dans l'état desdits frais la somme de trois cent cinquante livres pour les gages & émolumens du syndic dudit diocese, & celle de cinquante livres pour les frais de son bureau: Ordonne Sa Majesté, que les gages, émolumens & frais du greffier dudit diocese, seront & demeureront réduits, au lieu de la somme de quatre cent vingt-cinq livres pour laquelle ils ont été compris dans le nouveau réglement, à celle de trois cent livres, dont deux cent cinquante pour ses gages, & cinquante livres pour les frais de son bureau; approuvant néanmoins & confirmant pour cette fois, & sans conséquence, l'imposition de la somme de six cent livres faite en 1760 en faveur dudit syndic dudit Diocese. A permis & permet pareillement Sa Majesté, aux commissaires & députés à l'assiette du diocese de Lodeve, d'imposer en faveur du syndic dudit diocese la somme de cent livres, outre & par-dessus celle de deux cent cinquante livres comprise dans l'état des frais d'assiette dudit diocese, arrêté au conseil le 17 Décembre 1759, sous la dénomination des gages dudit syndic; dérogeant Sa Majesté en tant que de besoin, & pour lesdits articles seulement, aux dispositions du nouveau réglement fait en 1759, & arrêts de son conseil du 17 Décembre de la même année, lesquels seront pour le surplus exécutés selon leur forme & teneur, sans que pour aucune raison ni sous aucun prétexte, les dépenses y contenues puissent être augmentées à l'avenir, ni changées de destination sans le consentement des Etats, & la permission expresse de Sa Majesté. FAIT au conseil d'Etat du Roi, Sa Majesté y étant, tenu à Versailles le sixieme jour de Mai mil sept cent soixante-un.

Signé, PHELYPEAUX.

XVI.

EXTRAIT du registre des délibérations des Etats généraux de Languedoc, assemblés par mandement du Roi en la ville de Montpellier au mois de Novembre 1783.

Du Mardi 25 dudit mois de Novembre, président Mgr. l'archevêque & primat de Narbonne, commandeur de l'ordre du St. Esprit.

MONSEIGNEUR l'évêque de Commenge a dit: que le syndic du diocese de Limoux représente, que n'étant permis à ce diocese d'imposer annuellement que 1800 liv. pour servir de fonds aux dépenses imprévues, la modicité de cette somme met le diocese dans l'impossibilité de pourvoir promptement aux réparations urgentes qu'exigent souvent les ponts, les chemins & autres édifices publics à la charge du diocese, non compris dans les baux d'entretien ordinaire: que les dégradations, faute d'être de suite réparées, deviennent plus considérables, & constituent le diocese en de plus grandes dépenses; & que l'assemblée de l'assiette a en conséquence délibéré de supplier les Etats de consentir à l'imposition annuelle de 600 liv. en sus du fonds permis.

Que la commission, vu la modicité de la dépense, & considérant d'ailleurs que tous les autres dioceses de la province imposent pour le même objet au moins la somme de 3000 liv. a pensé que les Etats ne pouvoient refuser au diocese de Limoux la permission qu'il sollicite, & a été d'avis de leur proposer de consentir que ce diocese impose annuellement la somme de 600 liv., pour, avec celle de 1800 liv. dont l'imposition est déjà permise, faire un fonds de 2400 liv., & servir aux dépenses imprévues.

Ce qui a été délibéré, conformément à l'avis de la commiſſion.

XVII.

ARRÊT

Du Conseil d'Etat du Roi,

Qui autoriſe le dioceſe de Limoux à impoſer annuellement une ſomme de deux mille quatre cent livres pour ſervir de fonds aux dépenſes imprévues.

Du 8 Février 1784.

Extrait des Regiſtres du Conſeil d'Etat.

SUR la requête préſentée au Roi, étant en ſon conſeil, par le ſyndic général de la province de Languedoc ; Contenant, que n'étant permis au dioceſe de Limoux d'impoſer annuellement qu'une ſomme de dix-huit cent livres pour ſervir de fonds à ſes dépenſes imprévues, cette ſomme eſt évidemment inſuffiſante pour fournir à toutes les menues dépenſes qu'on eſt obligé de prendre ſur ce fonds. Que les ſieurs commiſſaires du dioceſe, convaincus de cette inſuffiſance, avoient délibéré le 27 Mai dernier, de demander la permiſſion d'impoſer une ſomme de ſix cent livres en ſus deſdites dix-huit cent livres. Que l'aſſemblée des Etats ayant, par leur délibération du 25 Novembre dernier, donné leur conſentement à l'impoſition de cette augmentation, elle auroit enſuite été permiſe, ſous le bon plaiſir de S. M., par une ordonnance rendue le 30 dudit mois de Novembre par ſes commiſſaires & ceux deſdits Etats. Requéroit, A CES CAUSES, le ſuppliant, qu'il plût à S. M. approuver & confirmer l'ordonnance deſdits ſieurs commiſſaires, dudit jour 30 Novembre dernier ; & en conſéquence, permettre au dioceſe de Limoux d'impoſer an-

nuellement dans le département des frais d'aſſiette dudit dioceſe, la ſomme de deux mille quatre cent livres pour ſervir de fonds à ſes dépenſes imprévues, en ce y compris celle de dix-huit cent livres que ledit dioceſe eſt autoriſé d'impoſer annuellement pour les dépenſes imprévues. Vu ladite requête, enſemble la délibération priſe par l'aſſemblée de l'aſſiette dudit dioceſe de Limoux le 27 Mai 1783, celle priſe par l'aſſemblée des Etats le 25 Novembre ſuivant, par laquelle ils ont donné leur conſentement à l'impoſition annuelle de ladite ſomme de deux mille quatre cent livres pour fournir aux dépenſes imprévues dudit dioceſe, au lieu de celle de dix-huit cent livres qu'il lui eſt permis d'impoſer pour ledit objet ; & l'ordonnance rendue par les ſieurs commiſſaires du Roi & ceux des Etats le 30 dudit mois de Novembre, par laquelle ils ont permis audit dioceſe de Limoux d'impoſer annuellement dans le département des frais d'aſſiette, ladite ſomme de deux mille quatre cent livres, en ce y compris leſdites dix-huit cent livres pour leſdites dépenſes, à la charge de l'autoriſation de S. M. : Ouï le rapport du ſieur de Calonne, conſeiller ordinaire au conſeil royal, contrôleur général des finances ; LE ROI ÉTANT EN SON CONSEIL, a approuvé & confirmé, approuve & confirme l'ordonnance deſdits ſieurs commiſſaires, du 30 Novembre dernier ; & en conſéquence a permis & permet au dioceſe de Limoux d'impoſer annuellement dans le département des frais d'aſſiette dudit dioceſe, la ſomme de deux mille quatre cent livres pour ſervir de fonds aux dépenſes imprévues, y compris celle de dix-huit cent livres que ledit dioceſe eſt autoriſé d'impoſer pour leſdites dépenſes imprévues ; laquelle ſomme de deux mille quatre cent livres ſera recouvrée chaque année par le receveur des tailles en exercice, & par lui employée au payement defdites dépenses, fur les mandemens qui feront expédiés en conféquence par les fieurs commiffaires ordinaires dudit diocefe, pour les objets de dépenfe qui doivent être acquittés fur ledit fonds. Fait au confeil d'Etat du Roi, S. M. y étant, tenu à Verfailles le huitieme jour de Février mil fept cent quatre-vingt-quatre.

Signé, LE BARON DE BRETEUIL.

XVIII.

EXTRAIT du regiftre des délibérations des Etats généraux de Languedoc, affemblés par mandement du Roi en la ville de Montpellier le 25 Novembre 1784.

Du Mardi 7 Décembre, préfident Mgr. l'archevêque & primat de Narbonne, commandeur de l'ordre du St. Efprit.

MONSEIGNEUR l'évêque du Puy a dit : que le fyndic du diocefe de Touloufe demande le confentement de l'affemblée à l'impofition annuelle de la fomme de 48 liv. en augmentation des frais de fon bureau fixés à 630 livres, dont l'impofition eft permife par l'arrêt du confeil du 16 Avril 1777, faire celle de 678 livres pour fervir aux frais du bureau du fyndic dudit diocefe, à la charge toutefois de l'autorifation du Roi, pour l'impofition de cette augmentation.

Ce qui a été délibéré, conformément à l'avis de MM. les commiffaires.

XIX.
ARRÊT

DU CONSEIL D'ETAT DU ROI,

Qui autorife le diocefe de Touloufe à impofer annuellement la fomme de douze cent livres pour la dépenfe d'un

ccurs d'inftruction fur les accouchemens, & celle de quarante-huit livres au profit du fyndic dudit diocefe pour les frais de fon bureau, à raifon de la réunion au diocefe de Touloufe de feize communautés compofant le comté de Caraman.

Du 14 Février 1785.

EXTRAIT des Regiftres du Confeil d'Etat.

SUR la requête préfentée au Roi, étant en fon confeil, par le fyndic général de la province de Languedoc; CONTENANT, que fur le confentement de l'affemblée des Etats de ladite province, il avoit été permis au diocefe de Touloufe, fous le bon plaifir de Sa Majefté, par une ordonnance rendue par fes commiffaires & ceux defdits Etats, le 14 Décembre 1783, d'impofer provifoirement la fomme de douze cent livres pour fervir en 1784 aux frais d'un cours d'inftruction gratuite fur les accouchemens, établi à Touloufe; & cet établiffement ayant parfaitement répondu aux vues que le diocefe s'en étoit promis, il fut délibéré à l'affemblée de l'affiette, tenue le 15 Avril dernier, de demander la permiffion d'impofer annuellement pareille fomme de douze cent livres applicable aux frais de ce cours, qu'il a été déterminé de rendre permanent, & aux charges & conditions mentionnées dans cette délibération. Que d'un autre côté, la réunion du comté de Caraman audit diocefe, occafionnant à fon fyndic une augmentation de dépenfe & de travail, il avoit été délibéré le même jour dans ladite affemblée, de lui accorder annuellement une fomme de quarante-huit livres en augmentation des frais de fon bureau, à raifon de trois livres par chacune des feize communautés compofant ledit comté, & ce, dans la même proportion réglée par l'arrêt du conseil du 16 Avril 1777. Que les Etats ayant dans leur dernière assemblée pris connoissance de ces deux délibérations & des motifs qui les ont déterminées, ont donné leur consentement à ces deux impositions par leurs délibérations des 7 & 11 Décembre dernier, lesquelles ont ensuite été permises, sous le bon plaisir de Sa Majesté, par les ordonnances rendues par ses commissaires & ceux desdits Etats, les 12 & 19 dudit mois de Décembre, à la charge toutefois de l'autorisation de S. M., & aux mêmes clauses & conditions insérées dans les délibérations des Etats. Requéroit, A CES CAUSES, le suppliant, qu'il plût à S. M. approuver & confirmer les ordonnances desdits sieurs commissaires, des 12 & 19 Décembre dernier; & en conséquence permettre au diocèse de Toulouse d'imposer annuellement la somme de douze cent livres pour les frais d'un cours d'instruction d'accouchemens, & celle de quarante-huit livres en faveur du syndic dudit diocèse pour les frais de son bureau, à raison de la réunion audit diocèse des seize communautés composant le comté de Caraman, & ce, outre & par-dessus celle de six cent trente livres qu'il est autorisé d'imposer pour lesdits frais de bureau par l'arrêt du conseil du 16 Avril 1777. Vu ladite requête, ensemble les délibérations prises par l'assemblée de l'assiette du diocèse de Toulouse le 15 Avril dernier, celles prises par l'assemblée des Etats les 7 & 11 Décembre suivant, par lesquelles ils ont donné leur consentement à l'imposition desdites sommes, & les ordonnances rendues les 12 & 19 dudit mois de Décembre par les sieurs commissaires de S. M. & ceux des Etats, lesquelles, sous son bon plaisir, permettent audit diocèse de faire lesdites impositions, à

la charge d'en obtenir l'autorisation de S. M. : OUI le rapport du sieur de Calonne, conseiller ordinaire au conseil royal, contrôleur général des finances; LE ROI ÉTANT EN SON CONSEIL, a approuvé & confirmé, approuve & confirme les ordonnances des sieurs commissaires de S. M. & des Etats, des 12 & 19 Décembre dernier; en conséquence, autorise le diocèse de Toulouse à imposer annuellement dans le département des frais d'assiette dudit diocèse, la somme de douze cent livres pour fournir à la dépense d'un cours d'instruction sur les accouchemens; laquelle somme sera chaque année employée à ladite destination, sauf les années où elle ne se trouvera pas y avoir été entièrement appliquée, à être fait un moins imposé dans ledit département du restant desdites douze cent livres, d'après le compte qui en sera annuellement rendu à l'assemblée de l'assiette, & dont une expédition sera envoyée chaque année avec le département des impositions au syndic général de la province; comme aussi, permet S. M. audit diocèse d'imposer annuellement la somme de quarante-huit livres en faveur du syndic dudit diocèse pour les frais de son bureau, à raison de la réunion audit diocèse des seize communautés composant le comté de Caraman, & ce, outre & par-dessus la somme de six cent trente livres qu'il est autorisé d'imposer pour lesdits frais de bureau, par l'arrêt du conseil du 16 Avril 1777; & seront lesdites deux sommes recouvrées chaque année par le receveur des tailles en exercice, & employées à leur destination sans aucun divertissement. FAIT au conseil d'Etat du Roi, Sa Majesté y étant, tenu à Versailles le quatorze Février mil sept cent quatre-vingt-cinq.

Signé, LE BARON DE BRÉTEUIL.

X X.

ARRÊT

Du Conseil d'Etat du Roi,

Portant que les fonds deftinés pour les frais & dépenfes ordinaires des dio-cèfes de la province de Languedoc ne peuvent être divertis ni faifis pour quelque caufe & occafion que ce foit.

Du 13 Juillet 1633.

Extrait des Regiftres du Confeil d'Etat.

Sur ce qui a été repréfenté au Roi, en fon confeil, par le fyndic des Trois-états du pays de Languedoc, qu'encore que les frais & dépenfes or-dinaires des diocèfes foient privilégiés & de la même nature que les frais des Etats qui ne peuvent être divertis ni faifis, fans apporter un notable retar-dement à l'impofition des deniers de S. M., néanmoins plufieurs créanciers defdits diocèfes ne laiffent de faire faifir & arrêter lefdits deniers ès mains des receveurs pour le payement de leurs dettes & intérêts d'icelles ; requérant qu'il plût à S. M. déclarer fur ce fon intention. Vu ladite requête, l'arrêt du confeil du deux Mars dernier, par le-quel eft ordonné que les cinquante mille livres deftinés pour les frais des Etats de ladite province ne pourront être fai-fis ; LE ROI EN SON CONSEIL, a ordonné & ordonne que le fonds def-tiné pour les frais & dépenfes ordinai-res des diocèfes de ladite province de Languedoc ne pourra être diverti ni faifi pour quelque caufe & occafion que ce foit ; a donné & donne main-levée de toutes les faifies qui pourroient avoir été faites fur lefdits deniers. Fait dé-fenfes auxdits créanciers & à tous au-tres d'en faire ci-après aucunes, à peine de nullité, trois mille livres d'amende, &

de tous dépens, dommages & intérêts. Fait au confeil d'Etat du Roi, tenu à Paris le treizieme jour de Juillet mil fix cent trente-trois. *Collationné.*

CORNUEL, *figné.*

Louis, par la grace de Dieu, Roi de France et de Navarre, à notre huiffier ou fergent premier fur ce requis. Nous te mandons & com-mandons que l'arrêt dont l'extrait eft ci-attaché fous le contre-fcel de notre chancellerie, ce jourd'hui donné en no-tre confeil d'Etat, fur ce qui nous a été repréfenté en icelui par le fyndic des Trois-états de notre pays de Langue-doc, tu fignifies à tous qu'il appartien-dra, à ce qu'ils n'en prétendent caufe d'ignorance, fais les défenfes y conte-nues, fur les peines y déclarées, aux créanciers des diocèfes dudit pays & tous autres; même commandement du par Nous aux gardiens & dépofitaires des chofes faifies pour raifon des de-niers deftinés aux frais & dépenfes or-dinaires defdits diocèfes, de les leur rendre & reftituer, & à ce faire, en cas de refus, les contraindre par tou-tes voies dues & raifonnables, nonobf-tant oppofitions ou appellations quel-conques, & ce faifant, ils en demeure-ront valablement déchargés, attendu la main-levée portée par notredit arrêt, pour l'exécution duquel tu feras au fur-plus tous autres actes & exploits nécef-faires, fans demander autre permiffion. Et fera ajouté foi, comme aux origi-naux, aux copies dudit arrêt & des pré-fentes collationnées par l'un de nos amés & féaux confeillers & fecrétaires : Car tel est notre plaisir. Donné à Paris le treizieme jour de Juillet l'an de grace mil fix cent trente-trois, & de notre regne le vingt-quatrieme. Par le Roi en fon confeil. CORNUEL, *figné.*

L'arrêt du confeil du 2 Mars 1633, énoncé dans celui-ci, eft dans le fecond volume de cette collection, page 3.

XXI.

ARRÊT

DU CONSEIL D'ETAT DU ROI,

Qui donne main-levée au syndic du diocese de Toulouse d'une saisie faite par un créancier du diocese, entre les mains du receveur des tailles, du fonds destiné pour les frais ordinaires & affaires dudit diocese ; & ordonne l'exécution de l'arrêt du conseil du 13 Juillet 1633.

Du 17 Décembre 1637.

EXTRAIT des Registres du Conseil d'Etat.

SUR les requêtes présentées au Roi en son conseil, par le syndic du diocese de Toulouse & le syndic général de Languedoc, l'une tendante à ce que, pour les causes y contenues, il plût à S. M., interprétant en tant que de besoin est, l'arrêt du conseil du 29 Mai, portant renvoi du différend d'entre le syndic dudit diocese de Toulouse, & le nommé Guillaume Pacot, architecte, pour raison des démolitions des murailles de la ville, château & fortifications de Villemur-les-Montauban, au parlement de Toulouse, déclarer qu'elle n'a entendu lui donner aucune connoissance du fonds particulier des 3000 liv. à eux accordé par l'état arrêté au conseil de S. M. du 22 Avril 1634, pour être employé & distribué sur les mandemens du sieur archevêque de Toulouse ou son grand vicaire, sans que ledit fonds puisse être diverti ailleurs, pour quelque cause & occasion ni prétexte que ce soit, saisi ni arrêté par aucuns créanciers, ni autres ayant des prétentions sur ledit diocese ; défenses aux officiers dudit parlement & à tous autres juges d'a-

voir égard auxdites saisies, & à tous huissiers ou sergens d'en faire aucuns procès verbaux & exploits, à peine de 500 liv. d'amende & d'être pris à partie, & n'ayant de quoi pour en répondre, d'être punis corporellement, & cependant main-levée de la saisie faite dudit fonds à la requête dudit Pacot ès mains des receveurs des tailles, & de toutes autres qui pourroient avoir été faites ès mains desdits receveurs, lesquels ne seront tenus d'y avoir égard ; ains en les payant suivant les mandemens & ordonnances dudit sieur archevêque ou de sondit grand vicaire, ou autres valables, s'il y échoit, en demeureront valablement déchargés : l'autre, à ce que, pour les causes y contenues, il plût à S. M. recevoir ledit syndic général de Languedoc opposant à l'exécution dudit arrêt du 29 Mai dernier ; ce faisant, & sans y avoir égard ni à tout ce qui s'en est ensuivi, ordonner que celui du 13 Juillet 1633, sera exécuté selon sa forme & teneur, tant au profit dudit diocese de Toulouse que de tous les autres de la province, avec défenses audit parlement de Toulouse & à tous autres juges de prendre connoissance des saisies qui pourroient intervenir en conséquence, ni aux parties de s'y retirer, à peine de tous dépens, dommages & intérêts, attendu le privilége desdits deniers, desquels ledit diocese aura main-levée, sauf audit Pacot & tous autres de poursuivre par imposition leurs prétentions, liquidation faite d'icelles, & ce par les voies ordinaires, & néanmoins faire main-levée audit diocese des choses saisies, avec défenses audit Pacot & à tous autres qu'il appartiendra, de plus se pourvoir ailleurs qu'audit conseil, pour ordonner sur lesdites saisies, à peine de nullité, cassation des procédures, dépens, dommages & intérêts. Vu par le Roi en son conseil lesdites requêtes, arrêts de condamnation dudit parlement de Toulouse , en faveur dudit Pacot, contre ledit syndic dudit diocese du 7 Août 1635 : Exploit de saisie faite à la requête dudit Pacot en vertu dudit arrêt de tous & chacuns les deniers qui appartiennent audit diocese destinés pour les frais & affaires d'icelui & autres qui doivent être mis ès mains dudit syndic qui sont au pouvoir dudit receveur du 26 Octobre audit an 1635 : Arrêt dudit conseil d'état du 13 dudit mois de Juillet 1633, portant que le fonds destiné pour les frais des dioceses ne pourra être saisi ni diverti pour quelque cause & occasion que ce soit : Ledit arrêt du 29 Mai dernier, portant ledit renvoi au parlement de Toulouse , donné contradictoirement entre le syndic dudit diocese & ledit Pacot : Appointement du commissaire de ladite cour , portant contrainte contre ledit receveur à la délivrance des choses saisies par ledit Pacot en ses mains, du 20 Août audit an 1637 : Extrait de l'état arrêté audit conseil d'état, par lequel est ordonné la somme de 3000 liv. audit syndic pour être employée aux affaires extraordinaires & inopinées dudit diocese, du 22 Avril 1634 : arrêt du conseil, portant réglement des frais ordinaires des onze dioceses de la généralité de Toulouse ; Ouï le rapport desdites requêtes, tout considéré, LE ROI EN SON CONSEIL, ayant égard auxdites requêtes, a ordonné & ordonne que ledit arrêt de réglement du 13 Juillet 1633 , sera exécuté selon sa forme & teneur, & , conformément à icelui , que le fonds destiné pour les frais ordinaires & affaires particulieres des vingt-deux dioceses, villes & communautés de ladite province, ne pourra être saisi ni diverti à la requête d'aucun créancier ni autre , sous quelque cause & occasion que ce soit ; a fait défenses à tous juges de l'ordonner ni d'en pren-

dre connoissance, à peine d'en répondre en leur privé nom , & de tous dépens, dommages & intérêts, nonobstant & sans avoir égard à l'arrêt dudit 29 Mai 1637 , que Sadite Majesté a révoqué & annullé pour ce regard , avec défenses audit Pacot de s'en aider, ni des saisies par lui faites en conséquence sur ledit diocese de Toulouse, à peine de perte de son dû ; même à tous huissiers ou sergens d'en faire aucune ci-après , à peine de punition & de 500 liv. d'amende ; a fait main-levée, Sa Majesté, au syndic dudit diocese & déchargé lesdits receveurs des tailles desdites saisies , sauf audit Pacot & autres créanciers à se pourvoir pour leurs prétentions par imposition, s'il y échoit, & autres voies accoutumées. FAIT au conseil d'Etat du Roi, tenu à Paris le dix-septieme jour de Décembre 1637. *Collationné.*

BORDIER , *signé.*

LOUIS, PAR LA GRACE DE DIEU, ROI DE FRANCE ET DE NAVARRE : A notre huissier ou sergent premier, sur ce requis. Nous te mandons & commandons que l'arrêt dont l'extrait est ci-attaché sous le contre-scel de notre chancellerie , ce jourd'hui donné en notre conseil d'état, sur les requêtes du syndic du diocese de Toulouse & du syndic général de Languedoc, tu signifies à tous ceux qu'il appartiendra, à ce qu'ils n'en prétendent cause d'ignorance ; fais les défenses y contenues sur les peines y mentionnées , & tous autres actes & exploits nécessaires pour l'exécution d'icelui, sans demander autre permission, nonobstant autre arrêt du 29 Mai dernier que nous avons révoqué & annullé pour ce regard. Et sera ajouté foi , comme aux originaux, aux copies dudit arrêt & des présentes collationnées par l'un de nos amés & féaux conseillers secrétaires : CAR tel est notre plaisir. DONNÉ à Paris le dix-septieme jour

de

de Décembre, l'an de grace mil six cent trente-sept, & de notre regne le vingt-huitieme. Par le Roi en son conseil. *Signé*, BORDIER. Scellé du grand sceau en cire jaune sur simple queue.

XXII.

EXTRAIT du registre des délibérations des Etats généraux de Languedoc, assemblés par mandement du Roi en la ville de Pezenas au mois de Décembre 1663.

Du Lundi 4 Février 1664, président Mgr. l'évêque de Castres nommé à l'archevêché de Toulouse.

Sur ce qui a été représenté par le sieur Besset, un de ceux qui composent cette assemblée, comme diocésain d'Alet, que le receveur dudit diocese d'Alet se jacte de lui refuser le payement de ses journées, tant ordinaires qu'extraordinaires, tant à cause de certains prétendus bannimens que de quelques articles faits entre les con-

suls & quelques particuliers habitans de Quillan, au mois de Décembre 1662; c'est pourquoi ledit Besset supplie l'assemblée, en cas on lui contesteroit ses journées, de vouloir délibérer que le syndic général de la province prendra pour lui le fait & cause, & fera partout où besoin sera les poursuites nécessaires pour la cassation desdits bannimens & conventions, & néanmoins enjoindre audit receveur de faire payement audit Besset de ses journées & vacations d'état, tant ordinaires qu'extraordinaires. Sur quoi a été délibéré que, sans avoir égard auxdites conventions & à tous bannimens qui pourroient avoir été faits, il est enjoint au receveur du diocese d'Alet de payer audit Besset ses journées, tant ordinaires qu'extraordinaires; & néanmoins ordonne au syndic général de faire, si besoin est, pour la cassation desdites conventions & bannimens, toutes poursuites nécessaires, & prendre le fait & cause pour ledit sieur Besset.

TITRE DIXIEME.

Notices des Etats particuliers & Assiettes des vingt-quatre Municipalités diocésaines du Languedoc.

APRÈS avoir rassemblé sous les titres précédens les loix & les réglemens généraux concernant les municipalités diocésaines, & notamment la composition & la forme de leurs assemblées, nous avons désiré de donner des notions exactes & circonstanciées de chacune de ces vingt-quatre municipalités, de l'étendue de leur territoire, de leurs usages particuliers, de la raison de ces usages, &c.; & nous n'avons rien négligé pour nous procurer tous les éclaircissemens dont nous avions besoin pour l'exécution de ce dessein; cependant, & malgré les secours que nous avons reçus de la plupart de MM. les syndics des dioceses, malgré les recherches que nous avons fait nous-mêmes dans tous les monumens que nous avons pu consulter, il ne nous a pas été possible jusqu'ici de remplir en entier le plan que nous avions d'abord conçu; & l'on n'en sera pas surpris, si l'on se rappelle ce que nous avons dit de l'origine de la formation progressive des municipalités diocésaines, dans le discours qui est à la tête de ce volume. C'est assurément avec regret que nous discontinuons un travail qui n'étoit point sans attrait malgré ses difficultés, & qui ne seroit pas sans utilité, du moins relativement à l'histoire politique de la province; mais nous devons cette déférence à l'empressement qu'on nous témoigne de toutes parts pour la continuation de cette Collection, à laquelle nous avons tout sacrifié hors les devoirs d'état, & que nous espérons de conduire à son terme dans moins de deux années.

Ce titre sera divisé en quatre sections, la premiere renfermera les douze municipalités diocésaines, situées dans l'étendue de la province ecclésiastique de Narbonne; la seconde, les six municipalités qui sont dans la province ecclésiastique de Toulouse: la troisieme, les trois municipalités qui sont dans la province ecclésiastique d'Alby; & la derniere, les trois municipalités situées dans des provinces ecclésiastiques, dont les Métropoles sont hors du Languedoc.

Cet ordre a été préféré, comme le plus naturel & le plus analogue à l'ancien état des siéges de la province, & à l'érection successive de ses Métropoles, & encore parce qu'il facilite le rapprochement des municipalités formées par le démembrement d'un ancien diocese. Ainsi la notice de la municipalité de Narbonne sera suivie immédiatement de la notice de la municipalité de Limoux qui dépend pour le spirituel du diocese de Narbonne, & ensuite de celles des municipalités d'Alet & de Saint-Pons, dont les siéges ont été formés par un démembrement de celui de Narbonne. La notice de la municipalité d'Alais sera placée après celle de la municipalité de Nîmes, &c.

Nous observerons que dans tout ce titre nous n'employerons jamais le mot *diocese* que dans le sens de *district temporel*, *municipalité diocésaine*, pour éviter le mauvais effet qu'auroit produit la répétition fréquente de cette derniere expression.

Nous observerons encore que MM. les évêques & barons des dioceses, & en leur absence leurs vicaires & envoyés, & les consuls des villes capitales, assistant de droit aux assiettes, nous avons jugé inutile d'en faire mention, & que nous nous sommes bornés, dans la composition de l'ordre du tiers-état, à faire connoître les villes & communautés qui ont droit d'y envoyer, soit chaque année, soit par tour; ce qui n'aura lieu cependant que pour les vingt dioceses dont les assiettes sont sujettes à la forme établie par le réglement du 30 Janvier 1725; les assemblées des Etats particuliers du Vivarais, du Gevaudan, du Velay & d'Albigeois, ayant été exceptées de ce réglement & maintenues dans leurs anciennes formes qui méritent d'être remarquées.

SECTION PREMIERE.

Diocefes fitués dans la Province Eccléfiaftique de Narbonne.

§. I.

Diocefe de Narbonne.

LE diocefe de Narbonne eft borné, au nord, par celui de Saint-Pons; au levant, par celui de Beziers & par la mer; au midi, par le Rouffillon, & une partie du diocefe d'Alet; au couchant, par une autre partie de ce même diocefe, & par ceux de Limoux & de Carcaffonne.

La baronnie de Merinville eft fituée dans ce diocefe.

Le territoire diocéfain de Narbonne eft divifé en trois diftricts, le *plat pays*, le *Minervois* & la *Corbiere*. Cette divifion eft fort ancienne, & l'origine en eft inconnue. Elle paroît purement *toponymique*, s'il eft permis d'employer cette expreffion; le *plat pays* défignant la plaine des environs de Narbonne; le *Minervois*, la partie du pays de ce nom, fituée dans le diocefe de Narbonne; & la *Corbiere*, les montagnes appellées les Corbieres. Cependant cette divifion n'eft pas tout-à-fait fans influence dans l'adminiftration, puifque, malgré l'inégalité de ces diftricts, foit dans leur étendue, foit dans le nombre de leurs fuffrages dans l'affemblée de l'affiette, ils font abfolument égaux dans la commiffion chargée de l'audition des comptes & du département des impofitions; mais il paroît auffi que cette influence eft bornée à ce feul objet.

Ces trois diftricts fourniffent à l'affiette vingt-quatre députés qui y ont tous voix délibérative. Ces vingt-quatre députés font envoyés par vingt-quatre villes ou communautés qui ont le droit de députer à l'affiette toutes les années, à l'exclufion des autres communautés du diocefe. Ces vingt-quatre communautés font, *Capeftang*, *Ouveillan*, *Fleury*, *Puyfferguier*, *Cuxac*, *Courfan*, *Niffan*, *Bize*, *Gineftas*, *Lefignan* & *Gruiffan*, fituées dans le *plat-pays*.

Lauran, *Caunes*, *Azille*, *Peyriac du Minervois*, *Merinville* & *Pepieux*, fituées dans le *Minervois*.

Sejean, *Fabresan*, *Peyriac de Mer*, *la Palme*, *Tuchan*, *Durban* & *Villerouge*, situées dans la *Corbiere*.

La commission des comptes & du département des impositions est formée d'un député de chacun de ces trois districts, & du troisieme consul de la ville de Narbonne, dont le droit, fondé sur un réglement de l'assiette de l'année 1666, a été confirmé par une deliberation de l'assiette de 1775.

Anciennement, la nomination du syndic du diocese *se faisoit annuellement sur le nombre de vingt-cinq consulats, la ville de Narbonne comprise*, de maniere que la ville de Narbonne, & les vingt-quatre villes diocésaines fournissoient, tour à tour, chaque année, le syndic diocésain, qui, d'après cet ordre, devoit nécessairement être changé tous les ans. Les Etats avoient même maintenu l'exécution de cette *ancienne coutume* par un jugement du 4 Février 1665, rendu entre les consuls de Narbonne & les députés du diocese; mais ce jugement n'avoit pas d'autre motif que le respect des Etats pour un ancien usage, qui d'ailleurs étoit pour lors également observé dans quelques autres dioceses. Du reste, les inconvéniens de cet usage étoient sensibles. Il gênoit la liberté des assiettes dans le choix d'un officier qui doit avoir leur confiance, & dont les fonctions sont si intéressantes pour l'administration diocésaine ; il obligeoit de changer chaque année cet officier, & diminuoit par-là les avantages que l'expérience & la suite des affaires doivent procurer aux dioceses. Les Etats avoient manifesté leurs principes à cet égard dans plusieurs anciennes délibérations (*a*) concernant la liberté des dioceses de procéder annuellement, à la pluralité des suffrages, à la confirmation ou nouvelle nomination de leurs syndics. Enfin un édit du mois de Janvier 1693 (*b*) vint donner l'autorité du droit commun à des principes dont l'application n'avoit pu se faire jusques-là que dans les dioceses où ils n'étoient pas combattus par d'anciens usages contraires ; & cet édit, en abolissant tous ces usages, a établi généralement, & sans distinction les assiettes de tous les dioceses dans le droit de nommer, confirmer & destituer leurs syndics & greffiers. Depuis cette

_____

(*a*) Voyez les délibérations du 18 Avril 1624, 15 & 23 Mars 1628, & 19 Juin 1649 ; sous le Titre VI précédent.

(*b*) Voyez le N°. VII du Titre VI précédent.

époque la loi a reçu partout son exécution , & a réprimé toutes les tentatives qui ont été faites dans quelques dioceses pour s'y souftraire (*a*). S'il y a eu quelques mouvemens à ce sujet dans celui de Narbonne , ils ont été appaisés sans litige ; & le droit de l'affiette pour la nomination du syndic du diocese , n'a pu recevoir aucune atteinte d'un ancien usage si généralement & si expressément aboli. ici

Nous n'avons placé cette observation que parce qu'elle se plaçoit elle-même tout naturellement dans la notice du premier diocese qui nous a présenté l'occasion de remarquer la suppression d'un abus si préjudiciable à la bonne administration , & pour nous dispenser d'y revenir dans les notices des autres dioceses où le même abus s'étoit introduit.

Le diocese de Narbonne a éprouvé plus de difficulté de la part du procureur du Roi de la viguerie, qui réclamoit le droit d'entrer à l'affiette , malgré la disposition de l'article XII du réglement du 30 Janvier 1725. Mais enfin cette prétention a été définitivement condamnée par un jugement des Etats du 10 Février 1756 , confirmé par une décision du Roi , contenue dans une lettre écrite par M. le comte de St. Florentin à M. l'archevêque de Narbonne le 26 Juin de la même année.

Nous avons cru devoir consigner ici ce jugement & cette décision qui reçoivent une force particuliere des circonstances dans lesquelles ils ont été rendus , & qui font expliquées dans le Mémoire dont les Etats ordonnerent que la transcription seroit faite à la suite de leur jugement.

(*a*) L'arrêt du conseil du 25 Janvier 1700 , dans le §. dernier de cette Section ; ceux des 15 Septembre 1710 & 19 Décembre 1722 , & la délibération des Etats du 4 Février 1741 , dans la Section premiere du Titre VI précédent.

I.

ARRÊT DU CONSEIL,

Qui renvoie à M. de Basville pour donner son avis sur les prétentions du procureur du Roi de Narbonne, relativement au lieu de la séance de l'assiette ; & ordonne, par provision, qu'elle continuera à se tenir dans l'archevêché.

Du 9 Janvier 1702.

LE Roi ayant été informé qu'encore que les assemblées pour les affaires qui concernent le diocese de Narbonne, se tiennent ordinairement dans le palais archiépiscopal, néanmoins le procureur du Roi de la ville & viguerie de Narbonne, a fait assigner au parlement de Toulouse le vicaire général du sieur archevêque de Narbonne, pour voir dire que ces assemblées se tiendront dorénavant dans l'hôtel-de-ville, & qu'il ne s'en fera aucune sans l'y appeller, quoiqu'il ne soit pas un des commissaires. Et Sa Majesté voulant prendre connoissance de cette affaire, LE ROI ÉTANT EN SON CONSEIL, a déchargé & décharge ledit vicaire général de l'assignation à lui donnée audit parlement de Toulouse, à la requête dudit procureur du Roi, & de tout ce qui pourroit s'en être ensuivi ; ce faisant, ordonne que les parties remettront au sieur de Basville, conseiller d'état ordinaire, & intendant de justice en Languedoc, les titres & pieces dont elles voudront se servir, afin d'en dresser son procès verbal ensemble de leurs dires & contestations, pour, icelui envoyé avec son avis, être par Sa Majesté ordonné ce qu'il appartiendra, & cependant veut Sa Majesté que lesdites assemblées continuent à se tenir dans ledit archevêché, ainsi qu'il est accoutumé. FAIT au conseil d'état du Roi, Sa Majesté y étant, tenu à Versailles le neuvieme jour de Janvier mil sept cent deux.

Signé, PHELYPEAUX.

II.

EXTRAIT *du regiſtre des délibérations des Etats généraux de Languedoc, assemblés par mandement du Roi en la ville de Montpellier au mois de Novembre 1748.*

Du Vendredi 3 Janvier 1749, président Mgr. l'archevêque de Toulouse.

MONSEIGNEUR l'archevêque d'Alby a dit, que le procureur du Roi de la ville de Narbonne ayant présenté un mémoire à M. le comte de Saint-Florentin, tendant à être maintenu dans le droit qu'il prétend avoir d'être admis à l'assiette du diocese de Narbonne, ce ministre a renvoyé ledit mémoire à M. l'intendant, à l'effet d'être communiqué aux Etats, pour, sur leur avis & celui de MM. les commissaires de Sa Majesté, être par elle ordonné sur cette demande ce qu'il appartiendra ; que M. l'intendant ayant remis ce mémoire au sieur de Montferrier, celui-ci l'avoit communiqué au syndic du diocese de Narbonne qui y a répondu en réfutant tous les moyens relevés par ce procureur du Roi, & faisant sentir que, si sa prétention étoit accueillie, non-seulement elle renverseroit le réglement fait en 1725 pour toutes les assiettes, mais donneroit encore lieu à d'autres demandes, & à une infinité de discussions, d'où résulteroit le même désordre que les Etats ont voulu arrêter & prévenir en faisant le réglement duquel le procureur du Roi réclame aujourd'hui l'exécution.

Que la commission ayant entendu la lecture de ces deux mémoires & du réglement fait en 1725, sur la forme

& la compoſition des aſſiettes de tous les dioceſes de la province, elle avoit trouvé la demande du procureur du Roi de la ville de Narbonne, contraire aux diſpoſitions de ce réglement, mal fondée, & ſujette à pluſieurs inconvéniens qui doivent la faire rejetter.

Sur quoi, il a été délibéré qu'il n'y a lieu de s'arréter à la prétention du procureur du Roi de la ville de Narbonne, pour être admis à l'aſſiette de ce dioceſe ; & il a été donné pouvoir à MM. les commiſſaires de faire ſavoir à MM. les commiſſaires du Roi que les Etats eſtiment qu'elle doit être rejettée.

I I I.

Extrait du regiſtre des délibérations des Etats généraux de Languedoc, aſſemblés par mandement du Roi en la ville de Montpellier au mois de Janvier 1756.

Du Mardi 10 Février ſuivant, préſident Mgr. l'archevêque & primat de Narbonne, commandeur de l'ordre du St. Eſprit.

Monseigneur l'évêque de Carcaſſonne a dit, que le ſieur de Montferrier a rapporté à la commiſſion une conteſtation qui dure depuis très-long-temps, entre le ſieur Augier, procureur du Roi à la viguerie & vicomté de Narbonne & ce dioceſe, au ſujet de l'entrée à l'aſſiette & autres aſſemblées que prétend avoir cet officier, nonobſtant les diſpoſitions de l'arrêt du conſeil du 30 Janvier 1725, portant réglement général pour les aſſemblées des aſſiettes de tous les dioceſes, deſquelles les procureurs du Roi ont été exclus par l'article 12 du réglement, & malgré la délibération priſe par les Etats ſur la même affaire le 3 Janvier 1749, portant, que ladite prétention étant contraire aux diſpoſitions dudit arrêt, mal

fondée & ſujette à pluſieurs inconvéniens, il n'y avoit lieu de s'y arrêter.

Que quoique cette réſolution des Etats eût été ſuffiſante pour déterminer celle qu'ils pourront prendre aujourd'hui, MM. les commiſſaires ont cru devoir entrer dans un nouvel examen des pieces & des motifs ſur leſquels elle avoit été priſe, de même que des nouvelles raiſons ſur leſquelles le ſieur Augier perſiſte dans ſa prétention, & de celles que lui oppoſe le dioceſe de Narbonne dans la délibération priſe à ce ſujet, par la derniere aſſemblée de l'aſſiette, le premier Avril 1755.

Que l'aſſemblée ne ſauroit être mieux inſtruite des faits & des raiſons alléguées de part & d'autre, qu'en entendant la lecture d'un mémoire qui en contient la plus exacte analyſe, & ſur lequel la commiſſion, après mûre réflexion, a cru devoir propoſer aux Etats de perſiſter dans la détermination par eux priſe ſur cette affaire le 3 Janvier 1749.

Sur quoi les Etats ayant entendu la lecture dudit mémoire, ont délibéré, conformément à l'avis de MM. les commiſſaires, & à leur délibération du 3 Janvier 1749, qu'il n'y a lieu de s'arrêter à la prétention du procureur du Roi de la ville de Narbonne, & de donner connoiſſance à MM. les commiſſaires du Roi que les Etats eſtiment qu'elle doit être rejettée, en leur remettant à cet effet la préſente délibération & le mémoire ſur lequel elle a été priſe, qui ſera tranſcrit à la ſuite d'icelle dans le préſent procès verbal.

Mémoire du ſyndic général du Languedoc, ſur la conteſtation entre le ſieur Augier, procureur du Roi en la ville, viguerie & vicomté de Narbonne, & du ſyndic du dioceſe de Narbonne, au ſujet du droit que ledit ſieur Augier prétend avoir d'entrer

trer dans toutes les *assemblées gé-*
nérales & particulieres de l'assiette
dudit diocese, en qualité de procu-
reur du Roi en la ville de Narbonne.

L'ARTICLE XII de l'arrêt du conseil
du 30 Janvier 1725, portant réglement pour les assemblées des dioceses, exclut des assiettes le procureur
du Roi & les promoteurs qui s'y
étoient introduits abusivement, conformément aux précédens arrêts du
conseil des dernier Février 1603,
3 Décembre 1604, dernier Mai 1617
& à l'ordonnance de MM. les commissaires présidens pour le Roi du 23
Avril 1725.

En la même année 1725, le syndic
du diocese de Narbonne fit signifier
cet arrêt au sieur François Augier,
procureur du Roi de la ville, viguerie
& vicomté de Narbonne, qu'il prétendit
s'être introduit abusivement à l'assiette
dudit diocese.

Le sieur Augier fit ses protestations
lors de cette signification, qui furent
renouvellées en 1745 par le sieur Tho-
mas Augier son fils, pourvu de la même
charge, auquel l'entrée de l'assiette fut
refusée cette même année.

Alors le sieur Augier adressa un mémoire à M. le comte de Saint-Florentin pour établir son droit d'entrée à
l'assiette; ce mémoire fut renvoyé à
M. Lenain, lors intendant de cette
province, à l'effet d'être communiqué
aux Etats, pour, sur leur avis & celui
de MM. les commissaires de Sa Majesté, être par elle ordonné ce qu'il
appartiendra.

M. Lenain ayant remis ledit mémoire au syndic général, celui-ci le
communiqua au syndic du diocese de
Narbonne, qui y répondit en réfutant
les moyens relevés par le sieur Augier;
& sur le compte qui fut rendu à la
commission de ce différend, elle trouva

que la demande du sieur Augier étoit
contraire aux dispositions du réglement
de 1725, mal fondée & sujette à plusieurs inconvéniens qui doivent la faire
rejetter.

En sorte que sur le rapport qui fut
fait de cette affaire par Mgr. l'archevêque d'Alby, à l'assemblée générale
des Etats du 3 Janvier 1749, il fut
délibéré qu'il n'y avoit pas lieu de s'arrêter à la prétention du sieur Augier,
& il fut donné pouvoir à MM. les commissaires de faire savoir à MM. les
commissaires du Roi que les Etats estimoient qu'elle devoit être rejettée.

Malgré cette décision le sieur Augier est revenu à la charge, & a
dressé un nouveau mémoire à M. le
comte de Saint-Florentin, accompagné de plusieurs pieces, sur lesquelles
il prétend établir son droit; & pour
qu'on ne puisse pas lui opposer la décision des Etats du 3 Janvier 1749, il
dit qu'elle fut donnée sans avoir été
oui, sur la réponse du syndic du diocese de Narbonne à son premier mémoire; que même cette réponse fut
donnée au nom de ce syndic, sans sa
participation & sans qu'il eût connoissance dudit mémoire, ce qui résulte
de la réponse dudit syndic à un acte
que ledit sieur Augier lui fit signifier
le 12 Mars 1749, pour le sommer de
lui dire & déclarer de quel ordre il
avoit répondu à sondit mémoire.

Ce second mémoire a été encore
renvoyé par M. le comte de Saint-
Florentin à M. l'intendant, qui l'a remis
au syndic général avec la réponse du
syndic du diocese de Narbonne, & une
délibération de l'assemblée générale
dudit diocese du premier Avril 1755.

Il faut remarquer qu'avant l'assemblée
à laquelle cette délibération fut prise,
M. Augier s'y présenta pour y assister,
& y exposa toutes les raisons sur lesquelles il fonde son droit.

Que Me. de Richeroye, procureur fiscal en la temporalité de l'archevêché, se présenta aussi, & forma la même prétention que M. Augier, prétendant que les droits réclamés par ce dernier lui étoient communs, par sa qualité de procureur fiscal qui lui attribue le droit d'entrée dans les assemblées diocésaines ; en sorte qu'il demanda d'adhérer aux réquisitions, demandes & protestations dudit sieur Augier, & s'aider & servir de toutes celles qu'il a ci-devant faites qui doivent veiller pour l'un & pour l'autre.

Sur quoi, l'assemblée, après avoir entendu les exceptions opposées par le syndic du diocese contre les prétentions de ces deux officiers, délibéra de demander aux Etats de vouloir bien décider si lesdits sieurs procureur du Roi & procureur fiscal doivent être admis à l'assiette ou non ; & dans le cas qu'ils trouveroient leur prétention juste, déclarer qu'ils ne pourront jamais être regardés comme commissaires ordinaires du diocese, ni avoir entrée aux assemblées dudit diocese, autres que celles de l'assiette.

C'est donc sur ces pieces qu'il s'agit d'examiner de nouveau les prétentions du sieur Augier, consistant à être admis aux assemblées générales & particulieres de l'assiette du diocese de Narbonne.

Il se fonde principalement sur trois moyens. Le premier, pris de ce que les procureurs des vicomtes de Narbonne avoient ce droit, & qu'ils en ont joui jusqu'en 1507, époque de la réunion de la vicomté de Narbonne à la couronne.

Le second, pris de ce que l'office de procureur du vicomte ayant été uni à celui du procureur du Roi, acquit le droit d'entrée à l'assiette, & qu'il y est en effet entré sans interruption jusqu'en 1725.

Et le troisieme, que ce droit est encore établi par les réglemens faits en 1634 & 1660, pour les dépenses de l'assiette du diocese de Narbonne, dans lesquels le procureur du Roi est compris par l'ordonnance de MM. les commissaires des Etats de l'année 1625, qui n'exclut des assiettes que les procureurs du Roi qui n'y ont eu de tout temps entrée & assistance ; & enfin par le réglement fait par les Etats en 1658, pour la tenue des assiettes, qui porte à l'article II, qu'on n'y recevra que les personnes qui sont dénommées au réglement de 1634.

De-là le sieur Augier conclud que le procureur du Roi de la viguerie de Narbonne, étant en droit & en possession d'entrer à l'assiette, son introduction dans cette assemblée n'est point abusive, & qu'il n'est par conséquent pas exclus par l'article XII de l'arrêt du conseil du 30 Janvier 1725, attendu que cet arrêt n'exclut des assiettes que les procureurs du Roi qui s'y sont introduits abusivement.

En effet, dit-il, la disposition de cet article XII est relative aux arrêts du conseil des dernier Février 1603, 3 Décembre 1604, dernier Mai 1617, & à l'ordonnance des Etats du 23 Avril 1625, qui n'ont eu pour motif que les procureurs du Roi qui s'étoient introduits abusivement aux assiettes ; il fait l'analyse de ces arrêts & de cette ordonnance ; il soutient qu'au lieu de frapper contre sa prétention, ils parlent au contraire en sa faveur, puisqu'il est du nombre de ceux qui sont entrés de toute ancienneté à l'assiette.

Pour établir ce fait il observe qu'avant l'échange de la vicomté de Narbonne avec le duché de Nemours, le procureur du vicomte entroit à l'assiette du diocese, & non le procureur du Roi de la viguerie qui fut établie en 1349 ; que lorsque le Roi eut pris poſſeſſion de la vicomté de Narbonne, il unit l'office de procureur de la vicomté avec celui de ſon procureur à la viguerie royale, & ce avec les mêmes prérogatives, priviléges, droits & émolumens, ainſi qu'il ſe vérifie des lettres patentes données à Tours le 17 Août 1508; de ſorte que dès ce moment le droit d'entrée à l'aſſiette fut tranſmis au procureur du Roi de la viguerie qui en a toujours joui & qui y a été toujours maintenu.

Pour preuve de ce fait il remet 1ᵒ. l'extrait d'une délibération du 18 Juin 1625, dans laquelle on voit que le procureur du Roi eſt du nombre des délibérans.

2ᵒ. Autre extrait de délibération de l'aſſemblée de l'aſſiette de l'année 1634, d'où il réſulte que s'étant élevé des conteſtations entre le ſieur Revel, procureur du Roi & le ſieur Dautamar, avocat du Roi, à l'occaſion de l'aſſiſtance à ladite aſſiette, le ſieur Revel fut maintenu dans le droit d'y entrer.

3ᵒ. Extrait d'un arrêt du conſeil de la même année portant réglement pour l'ordre des aſſiettes, nombre & qualité des perſonnes qui doivent y entrer, en conſéquence duquel le procureur du Roi fut compris & nommé en vertu de ſon droit à l'aſſiette de Narbonne.

4ᵒ. Extrait d'une ordonnance de M. de Bezons, du 19 Septembre 1657, dont l'exécution eſt confiée au procureur du Roi de Narbonne, de laquelle il paroît, dit le ſieur Augier, que ce magiſtrat connoiſſoit le droit que le procureur du Roi avoit dans les affaires du dioceſe & de l'aſſiette.

5ᵒ. Extrait d'un réglement fait le 23 Janvier 1658, par les Etats dans lequel, à l'article II, il eſt porté qu'il n'y aura que ceux qui ſont dénommés dans l'état arrêté au conſeil en 1634, qui auront droit d'aſſiſter aux aſſiettes, ré-

glement qui a été autoriſé par arrêt du conſeil du 3 Avril 1659.

6ᵒ. Extrait d'un arrêt du conſeil portant autoriſation d'un nouveau réglement qui fut fait la même année, pour augmenter l'honoraire de tous ceux qui compoſent l'aſſiette du dioceſe de Narbonne, dans lequel le procureur du Roi y eſt compris.

7ᵒ. Extrait d'un procès verbal du 2 Septembre 1666, duquel il réſulte que les Etats lors derniers, ayant voulu régler quelques abus commis aux aſſiettes, il auroit été pris une délibération par leſdits Etats pour empêcher le ſieur Fabre, lors procureur du Roi, d'opiner à l'aſſiette de Narbonne, de laquelle délibération ledit ſieur Fabre ſe plaignant à l'aſſemblée de l'aſſiette, comme contraire à ſon droit, M. le comte de Mérinville, baron des Etats, dit qu'ils n'avoient entendu exclure le procureur du Roi d'opiner aux aſſemblées de l'aſſiette & du dioceſe de Narbonne, étant bien informés que ledit procureur du Roi avoit de tout temps cet avantage, & qu'il avoit été confondu dans la délibération des Etats, contre leur intention.

Après tant d'actes géminés, dit le ſieur Augier, on ne ſauroit le taxer de s'être introduit abuſivement à l'aſſiette du dioceſe de Narbonne, ni lui oppoſer les arrêts du conſeil & l'ordonnance de MM. les commiſſaires; ſon privilége & ſon droit, comme procureur du Roi, ne peut lui être conteſté & il doit y être maintenu, ſur-tout ſi l'on fait attention que les excluſions des procureurs du Roi aux aſſiettes, n'ayant pas été prononcées purement & ſimplement, ce qui ſembleroit les comprendre tous; mais bien conformément aux diſpoſitions des arrêts du conſeil de 1603, 1604, 1617, & de l'ordonnance de 1625; les diſpoſitions contenues dans ces divers réglemens doivent faire la loi & servir de regle à l'occasion de la maintenue qu'il demande, & que ce droit doit être regardé comme un privilége particulier au procureur du Roi de Narbonne.

A toutes ces raisons, il ajoute que la charge de procureur du Roi qui se trouvoit dans la succession de feu son pere, lui a été baillée par ses freres & sœurs, pour son patrimoine avec les honneurs, prérogatives, émolumens y attachés, dont l'honoraire de l'affiette fait un des principaux objets ; qu'ayant par conséquent cette charge à titre onéreux, il est juste de lui conserver son entrée à ladite affiette ; que c'est pour cette raison d'acquisition (à titre onéreux) que par l'arrêt du conseil du 30 Octobre 1754, MM. les barons des Etats ont obtenu la révocation de l'article VI de l'arrêt du conseil du 10 Octobre 1752, qui rejettoit sur eux, en cas d'absence, le payement de leurs envoyés.

Telles sont les raisons & les pieces sur lesquelles le sieur Augier fonde sa prétention, que le syndic du diocese de Narbonne prétend réfuter par les motifs suivans :

Ce syndic soutient que le sieur Augier auroit de la peine à établir que les procureurs des vicomtes de Narbonne avoient entrée & séance dans les assemblées de l'affiette du même diocese, & que c'est cependant le principal & presque l'unique fondement de sa demande.

Les assemblées diocésaines, dit ce syndic, n'ont été connues dans le Languedoc, que dans le commencement du quinzieme siecle, elles n'étoient alors composées que des consuls des principales villes & des seigneurs ou barons, qui faisoient une répartition arbitraire sur les villes & paroisses de leur district, de la somme à laquelle les Etats avoient

fixé le contingent du diocese : les commissions même que les Etats donnoient alors pour la tenue des assiettes, n'étoient adressées qu'aux consuls des villes capitales des dioceses, les officiers de justice n'avoient pas encore entrée aux assiettes, & s'ils y ont été appellés dans les suites, cette entrée n'a été déférée qu'au premier officier.

D'ailleurs, quand on supposeroit que, dans ces premiers temps, les officiers de justice eussent été appellés dans les assiettes, il est sans contredit que les officiers du Roi auroient eu la préférence sur ceux des seigneurs particuliers, de sorte que la viguerie royale de Narbonne étant établie avant que les assiettes fussent connues, le procureur du Roi en ce siége auroit dû entrer à l'affiette préférablement au procureur du vicomte ; cependant il est certain, & le sieur Augier en convient, que le procureur du Roi en la viguerie n'est point entré à l'affiette tant que le procureur du vicomte a existé.

On ne peut donc présumer que le procureur du vicomte soit entré à l'affiette, du moins comme personne publique & par le droit de son office ; car rien n'empêche d'ailleurs qu'il ne puisse y être entré comme envoyé du vicomte, en même-temps que le promoteur ou procureur fiscal de l'archevêché y entroit.

Il est si vrai que ce n'est qu'en cette qualité que ces procureurs étoient reçus dans l'assemblée, que lorsque le vicaire général de Mgr. l'archevêque de Narbonne fut reçu pour la premiere fois, dans le dernier siecle, à l'affiette, une partie de l'assemblée demanda que le procureur fiscal se retirât, parce que l'archevêque ne pouvoit être représenté par deux personnes dans la même assemblée. On se souvenoit donc encore que le procureur fiscal de l'archevêché, n'avoit entrée à l'affiette, que comme envoyé de M. l'archevêque, & on doit dire nécessairement la même chose du procureur du vicomte, parce que la possession de ces deux offices est la même, & qu'aucun des deux n'a, à cet égard, aucun avantage sur l'autre.

Le vicomté ayant été ensuite réuni à la couronne, le procureur du Roi en la viguerie prétendit sans doute devoir entrer à l'affiette comme représentant le procureur du vicomte ; & quoique ce prétexte fût absolument faux, puisque le procureur du vicomte ou n'étoit jamais entré dans cette assemblée ou n'y étoit du moins entré que comme député, le procureur du Roi fut pourtant reçu, & on n'en est pas surpris, l'histoire apprenant que les officiers royaux s'étoient arrogés une autorité absolue dans Narbonne.

C'est cet abus, c'est cette introduction abusive qui n'a pu être couverte par les arrêts ni par l'ordonnance que le sieur Augier allegue en sa faveur, & que le réglement de 1725 a voulu proscrire.

En effet, cet article exclut totalement de l'affiette de Narbonne, le promoteur & le procureur du Roi, 1º. parce que le promoteur de l'archevêché de Narbonne étant le seul de la province qui entroit à l'affiette, & le procureur du Roi de la viguerie ayant le même avantage, suivant le témoignage d'un des prédécesseurs du sieur Augier, consigné dans le procès verbal de l'affiette de 1634, il est évident que le réglement de 1725 frappe directement & uniquement contre le promoteur & le procureur du Roi de Narbonne, & qu'il ne peut frapper que contre eux.

On ne peut pas dire que ce réglement n'a eu en vue que d'exclure des affiettes les procureurs du Roi de Castres, Alby & Limoux, parce que ces officiers qui avoient prétendu devoir entrer aux affiettes de ces trois diocèses en étoient depuis long-temps exclus par des arrêts du conseil ; en sorte qu'à leur égard le réglement auroit dit, *les procureurs du Roi & les promoteurs qui avoient voulu s'introduire dans les affiettes* : mais dès que ce réglement prononce l'exclusion contre les procureurs du Roi & les promoteurs *qui se sont introduits abusivement*, il ne peut la prononcer que contre le procureur du Roi en la viguerie & le promoteur ou le procureur fiscal de l'archevêché de Narbonne, parce qu'ils étoient alors les seuls de la province introduits dans les affiettes.

2º. Parce que les Etats ont voulu par ce réglement établir l'uniformité dans les assemblées de l'affiette, & qu'elles fussent composées à l'instar de celles des Etats, ainsi que s'en explique le syndic général dans le procès verbal des Etats de l'année 1723.

Il ne peut être formé aucun doute raisonnable sur les vues des Etats à cet égard, puisque l'article III du réglement de 1725 qui prescrit le nombre & les qualités des personnes qui doivent être reçues aux affiettes, ne fait aucune mention des procureurs du Roi ni des procureurs fiscaux, au lieu que si ce réglement avoit voulu, comme celui de 1658, conserver dans les affiettes les personnes dénommées dans l'état des dépenses ordinaires des diocèses, il s'en seroit expliqué de même.

Le sieur Augier ne peut donc opposer à ce réglement la possession, parce que celle de procureur du vicomte, sur laquelle il fonde son droit, est dénuée de preuve, que par cette raison celle de ses prédécesseurs étoit abusive, & qu'enfin cette possession, fût-elle mieux établie, il suffit que les Etats ayent déterminé son exclusion pour qu'il ne puisse plus en réclamer , parce que les Etats sont seuls en droit de régler l'ordre des assiettes , sous l'autorité du Roi.

Enfin le syndic du diocese observe qu'il seroit d'une très-dangereuse conséquence de rien changer au réglement, en vertu de possessions antérieures, puisque ce seroit faire renaître toutes les contestations auxquelles ce réglement a mis fin sur le rang ou la séance de ces procureurs du Roi , sur le droit qu'ils prétendoient d'avoir voix délibérative , & sur celui que le promoteur demanderoit d'entrer à l'assiette. Il ajoute une observation particuliere & très-intéressante, dit-il , pour le diocese de Narbonne ; savoir , que , si l'on accorde au sieur Augier l'entrée à l'assiette, où sa personne est très - inutile , il demandera bien-tôt après d'être admis dans les assemblées particulieres comme commissaire ordinaire, ainsi que son pere l'avoit fait en 1702.

C'est ainsi que le syndic du diocese de Narbonne, après avoir établi la parité des prétentions du procureur du Roi de la viguerie & vicomté de Narbonne , & du procureur fiscal de la temporalité de l'archevêché, conclut qu'elles doivent être également admises ou proscrites, en observant toutefois que , dans le premier cas , ni l'un ni l'autre de ces officiers ne pourroient jamais être regardés comme commissaires ordinaires du diocese , ni avoir entrée à aucune autre assemblée qu'à celle de l'assiette.

Ces conclusions du syndic ont été adoptées par la délibération de l'assiette, & c'est sur quoi la commission & les Etats doivent prendre leur détermination, après avoir fait attention aux réflexions suivantes qui semblent devoir influer essentiellement sur la décision.

Il faut d'abord bien entendre l'es-

prit de l'article XII du réglement de 1725, qui porte que *les procureurs du Roi & les promoteurs qui se sont introduits abusivement dans quelques assiettes en seront exclus*, & le véritable sens de ce qu'on a regardé comme abusif. Le procureur du Roi applique cette disposition au défaut des titres ; & sous ce point de vue , après avoir fait l'énumération de ceux en vertu desquels il prétend que ses prédécesseurs ont eu entrée à l'assiette, il en conclut qu'il n'est aucunement dans le cas de l'abus qui a été le motif de l'exclusion ordonnée par cet article ; mais c'est bien moins le défaut de titres que l'abus qui en pouvoit résulter, que les Etats ont eu en vue. En effet, ils ont essentiellement voulu que les assiettes ne fussent composées que des seules personnes qui y étoient absolument nécessaires , pour diminuer autant qu'il seroit possible les frais , & établir l'uniformité dans tous les dioceses, autres que ceux qui ont été nommément exceptés de la regle générale établie par cet arrêt : or, ces personnes , absolument nécessaires , sont désignées dans les articles III & IV dudit arrêt ; on y trouve l'officier de justice qui doit toujours être le sénéchal & le juge mage , & où il n'y a point de juge mage , le viguier ou juge , sans qu'il soit question directement ni indirectement du procureur du Roi aux mêmes sieges ; & la raison de leur exclusion est bien sensible , puisque les intérêts du Roi sont suffisamment surveillés par les officiers de justice du premier rang , sans que le ministere des autres puisse être nécessaire en aucun cas ; & ce n'est au contraire que parce que l'inutilité de leur présence aux assiettes avoit été reconnue, qu'en suivant ce qui avoit été déjà préjugé à l'égard de quelques dioceses par les arrêts de 1603, 1604, & 1617, les Etats ont demandé &

obtenu par l'article XII de celui du 30 Janvier 1725, qu'il ne fût plus question aux assiettes ni de procureur du Roi ni de promoteur. Si telle a été en général leur intention, il n'est pas moins évident qu'elle portoit encore plus particulierement, comme le remarque le syndic du diocese de Narbonne, sur le procureur du Roi, & le promoteur de ce diocese, 1°. parce qu'ils étoient les seuls qui existassent dans les assiettes, & que conséquemment, si le réglement ne les avoit pas eu pour objet, il n'en auroit eu aucun & auroit été inutilement fait, ce qui ne peut être imaginé.

2°. Parce que, si les Etats avoient voulu faire une exception à cet égard pour le diocese de Narbonne, elle auroit été exprimée dans l'article XIV, comme on l'a fait pour les assiettes du Vivarais, du Gevaudan, du Puy & d'Alby ; de maniere qu'en rapprochant les divers articles de ce dernier réglement, tout concourt à faire connoître de la maniere la moins équivoque, que la prétention du sieur Augier est directement contraire à l'esprit & à la lettre de cette loi vivante, à laquelle il ne sauroit être dérogé sans une nécessité absolue qu'on ne peut absolument reconnoître dans aucune des raisons alléguées par le procureur du Roi.

3°. Si l'on considere que le réglement de 1634, en faisant mention du procureur du Roi de Narbonne, parloit également du promoteur, on doutera encore moins qu'on n'ait eu en vue d'exclure l'un & l'autre en 1725, soit parce qu'ils étoient également inutiles dès-lors que les intérêts du Roi pouvoient être, comme on l'a déjà dit, suffisamment défendus par le premier officier de sa justice, ainsi que les droits de l'archevêché par la présence de l'archevêque lui-même ou de son grand vicaire ; soit parce qu'il étoit

convenable d'établir, autant qu'on pourroit le faire sans inconvénient, le même ordre & la même uniformité dans les assiettes. Quel motif raisonnable y auroit-il d'intervertir cet ordre à l'égard du seul diocese de Narbonne, lorsqu'il s'y oppose par des raisons auxquelles ne sauroient prévaloir les considérations particulieres & l'explication forcée des dispositions du réglement, que le sieur Augier a appellé au secours de sa prétention ? Ses prédécesseurs ont été admis à l'assiette, on en convient, du moins en qualité de procureurs du vicomte ; mais cette admission étoit abusive autant que celle du promoteur ou du procureur fiscal de l'archevêché ; & c'est le véritable abus qui a été corrigé par le réglement de 1725. C'est ainsi que les Etats l'ont déjà jugé en 1749 sur le vu des mêmes pieces & raisons, & il ne paroît pas qu'ils puissent raisonnablement penser différemment aujourd'hui sans entrer en contradiction avec eux-mêmes, sans nuire aux intérêts du diocese de Narbonne par l'augmentation de l'honoraire qui ne pourroit être refusé au procureur du Roi, & à celui de l'archevêché, s'ils étoient aux assemblées de ce diocese, & sans ouvrir une porte dangereuse par l'infraction d'un réglement auquel il importe trop qu'il ne soit donné aucune atteinte.

I V.

EXTRAIT du regiſtre des délibérations des Etats généraux de Languedoc, aſſemblés par mandement du Roi en la ville de Montpellier le 23 du mois d'Octobre 1756.

Du Mardi 23 du mois de Novembre, préſident Mgr. l'archevêque & primat de Narbonne, commandeur de l'ordre du St. Eſprit.

MONSEIGNEUR l'évêque de Carcaſſonne a dit, que le sieur de Montferrier a informé la commiſſion de la décifion du Roi contenue dans une lettre écrite à M. l'archevêque de Narbonne par M. le comte de St. Florentin le 26 Juin dernier, fur la demande qu'avoit formé le fieur Augier, procureur du Roi, d'être admis en ladite qualité à l'affiette & autres affemblées dudit dioceſe.

Que cette prétention a été condamnée par Sa Majefté, conformément aux vues des Etats ; mais qu'il lui a paru jufte par certaines confidérations particulieres, que le dioceſe accordât, par forme de dédommagement, audit fieur Augier une fomme de douze cent livres une fois payée, moyennant quoi ni lui ni fes fucceffeurs, ne pourroient plus rien prétendre à ce fujet fous aucun prétexte.

Que conféquemment à cette décifion MM. les commiffaires ont cru que les Etats ne pouvoient fe difpenfer de confentir à ce que le dioceſe de Narbonne impofe l'année prochaine ladite fomme de douze cent livres pour être payée audit fieur Augier.

Sur quoi les Etats, approuvant l'avis de la commiffion, ont confenti à l'impofition de douze cent livres fur le dioceſe de Narbonne en faveur du fieur Augier.

V.

Extrait du regiſtre des délibérations des Etats généraux de Languedoc, affemblés par mandement du Roi en la ville de Montpellier le 26 Novembre 1767.

Du Mardi 29 Décembre, préfident Mgr. l'archevêque & primat de Narbonne.

LE fieur de Montferrier a dit, que le dioceſe de Narbonne, pour éviter les fréquentes conteftations qui s'élevoient aux affemblées de l'affiette, au fujet de l'entrée des députés des communautés, dont les uns étoient dans l'ufage d'envoyer le conful en exercice, & les autres l'exconful, avoit délibéré, fous le bon plaifir des Etats, & en fe conformant à leurs vues, dans la derniere affemblée de l'affiette, qu'à l'avenir il n'y feroit admis que les confuls actuellement en charge, nonobftant tous ufages contraires, & que pour rendre ce réglement plus authentique, & plus ftable, ce dioceſe fupplie l'affemblée de vouloir bien l'autorifer, & en ordonner l'exécution.

Que cette demande étant conforme aux vrais principes, à l'intention où font les Etats d'établir, autant qu'il eft poffible, une uniformité qui prévienne toute conteftation, & aux décifions qu'ils ont déjà donné fur le même fait, il doit être de leur bon plaifir de l'accueillir favorablement.

Sur quoi, il a été délibéré d'approuver & autorifer la délibération en forme de réglement du dioceſe de Narbonne, en date du 29 Avril 1767, fur l'entrée des premiers confuls en exercice à l'affemblée de l'affiette pour être exécutée à l'avenir fuivant fa forme & teneur.

§. II.

Diocese de Limoux.

CE diocese, qui dépend en entier, pour le spirituel, du siége de Narbonne, forme une municipalité particuliere depuis l'année 1660, où il fut séparé du diocese d'Alet, avec lequel il avoit formé jusques-là une seule & même municipalité diocésaine.

Nous avons expliqué, dans le discours préliminaire de ce volume, la cause de cette ancienne association qui remonte à la formation primitive des municipalités diocésaines ; & si l'on veut connoître le dernier état respectif desdits dioceses avant leur défunion, les causes & les conditions de cette défunion, on peut consulter les trois premieres pieces de ce paragraphe.

Le diocese de Limoux confine du nord, avec les dioceses de Mirepoix, Saint-Paul & Carcassonne ; du levant, avec ce dernier diocese & celui de Narbonne ; du midi, avec le diocese d'Alet ; du couchant, avec celui de Mirepoix.

Il n'y a point de baronnie dans ce diocese.

Douze communautés diocésaines ont droit de députer chaque année à l'assiette, à l'exclusion des autres lieux du diocese. Ces douze communautés sont *Pieusse*, *Alaigne*, *Routier*, *Magrie*, *Villelongue*, *Mazerolles*, *Brugairoles*, *Malviés*, *Cepie*, *Lauraguel*, *Belveze* & *Cambieure*.

Le premier & le second consuls anciens de Limoux assistent aussi à l'assiette, & sont commissaires nés pour l'audition des comptes & le département des impositions, avec le syndic & le greffier du diocese.

I.

Certification des commiſſaires princi-
pal & ordinaire de l'aſſiette du dio-
ceſe d'Alet & Limoux, contenant
l'ordre, nombre & qualité des per-
ſonnes, villes & lieux qui ont droit
d'entrée & aſſiſtance à l'aſſiette du-
dit dioceſe, le lieu où ladite aſſiette
ſe doit tenir, avec l'ordre & la for-
me de nommer le député diocéſain
qui doit aſſiſter aux Etats.

Du 22 Juin 1624.

LEs commiſſaires principal & ordinaire tenant l'aſſiette générale du
dioceſe d'Alet & Limoux, certifions
à MM. les gens des Trois-états du
pays de Languedoc, & tous autres
qu'il appartiendra, que toutes les aſſiettes & aſſemblées, tant générales
que particulieres, du dioceſe d'Alet &
Limoux, ſont convoquées & tenues
dans la maiſon de ville de Limoux;
auxquelles, pendant les aſſiettes générales, préſident le ſieur commiſſaire
principal & MM. le viguier de Limoux
commiſſaire né ordinaire, ſix conſuls
dudit Limoux & un d'Alet, auſſi commiſſaires ordinaires; &, paſſé leſdites
aſſiettes, durant le cours de l'année,
le ſieur commiſſaire principal, fût-il
même habitant de ladite ville, n'y peut
aſſiſter, ains ſont leſdits ſieurs viguier,
conſuls dudit Limoux & un d'Alet ſeuls
commiſſaires.

De tout le corps dudit dioceſe, qui
eſt compoſé de 149 villes ou villages,
il n'y a que les conſuls ou députés de
vingt-cinq villes ou lieux qui ayent droit
d'entrer & aſſiſter auxdites aſſemblées
& aſſiettes; à ſavoir, Limoux, ville
& chef de viguerie royale, en laquelle
toutes les aſſemblées & aſſiettes ont
accoutumé & ſe doivent tenir, & non
ailleurs.

La cité d'Alet, chef du dioceſe, de
laquelle le ſeigneur évêque eſt ſeigneur
temporel & ſpirituel.

La ville de Quillan, Arques, Eſperaza, & Couiza du haut Razès, &
long de la riviere d'Aude.

Les lieux de Beaucaire, Roquefeuil
& Rodome, au pays de Sault.

Les villes de Caudiés & ſaint-Pol,
& les lieux de la Tour & Sournia, au
pays de Fenouilledes.

Et douze villages du bas Razès, officialat de Limoux; ſavoir, Pieuſſan,
Cepie, Malviés, Lauraguel, Bruguai-
rolles, Alaigne, Maſerolles, Cambieure, Routier, Villelongue, Magrian
& Belveze.

Toutes leſquelles vingt-cinq villes
& lieux ſuſdits ſont appellés & ont
droit d'aſſiſter par leurs conſuls &
députés à toutes les aſſemblées &
ouvertures des aſſiettes dudit dioceſe;
& pour procéder aux départemens des
impoſitions, audition des comptes des
comptables, & autres affaires concernant leſdites aſſiettes, ont droit & faculté d'aſſiſter tous les ans deux députés de Limoux, outre leſdits ſieurs
commiſſaires principal & ordinaire.

Un d'Alet & un de Quillan.

Et ſept autres pris des ſuſdits autres lieux par tour; à ſavoir, un deſdits trois lieux d'Arques, Couiza &
Eſperaza.

Un des trois lieux dudit pays de
Sault, Beaucaire, Roquefeuil & Rodome.

Un deſdites quatre lieux dudit pays
de Fenouilledes, Caudiés, St. Pol,
Latour & Sournia.

Et quatre deſdits douze villages du
pays de Razès, officialat de Limoux,
faiſant en tout le nombre de onze
départeurs; deux ſyndics, l'un réſidant dans ladite ville de Limoux, &
l'autre dans une des villes ou lieux
dudit dioceſe d'Alet; deux greffiers,

l'un réfidant pareillement dans ladite ville de Limoux, & l'autre dans la cité d'Alet.

Et pour le regard de la nomination des députés qui doivent affifter aux Etats, les villes d'Alet & Limoux députent chacune un conful tous les ans, qui affiftent auxdits Etats & doivent opiner alternativement au rang des villes capitales, à commencer par celui de la cité d'Alet qui précede auxdits Etats celui de Limoux.

Et pour faire la députation du diocéfain qui doit affifter pour ledit diocefe auxdits Etats, lefdits 12 villages du bas Razès, officialat de Limoux, s'affemblent par leurs confuls ou députés à leur tour dans ladite maifon de ville de Limoux; & illec devant ledit fieur viguier, commiffaire né ordinaire, procedent tous douze enfemblement à ladite nomination & députation & commencent le tour la premiere année.

La deuxieme lefdits trois lieux du pays de Sault doivent faire en la même maniere ladite députation.

La troifieme année lefdits douze villages du pays de Razès, comme dit eft.

La quatrieme année lefdites quatre villes & lieux dudit pays de Fenouilledes.

La cinquieme année lefdits douze villages encore dudit pays de Razès, officialat de Limoux.

La fixieme & derniere année ladite ville de Quillan, & puis recommence le tour par lefdits douze villages dudit pays de Razès, officialat de Limoux, & ce en la maniere fufdite.

Laquelle forme de certification ayant été lue en pleine affemblée, a été approuvée, & délibéré qu'elle fera gardée inviolablement, comme il a été fait de tout temps. FAIT à Limoux dans le bureau dudit diocefe le 22 Juin 1624. POLVEROL, Ev. d'Alet, com-

miffaire principal; DAZAM, viguier commiffaire, *fignés. Et plus bas :* Du mandement defdits fieurs commiffaires. CRESTIA, *figné.*

I I.

EXTRAIT *du regiftre des délibérations des Etats généraux de Languedoc, affemblés par mandement du Roi en la ville de Touloufe au mois d'Octobre* 1659.

Du Mercredi 24 Décembre fuivant, préfident Mgr. l'archevêque & primat de Narbonne.

MONSEIGNEUR l'évêque de Commenge a repréfenté à l'affemblée qu'elle étoit fuffifamment informée des défordres du diocefe d'Alet & Limoux, pour ce que depuis quelques années elle avoit toujours été occupée à régler les conteftations & les différends qui arrivoient aux affiettes de ce diocefe : Qu'il n'étoit pas difficile de voir qu'elles prenoient leur naiffance de ce que ce diocefe eft compofé du haut diocefe d'Alet, du pays de Sault & Fenouilledes, du Razès fur la riviere d'Aude, qui dépendent pour le fpirituel & temporel de l'évêché dudit Alet, & de la ville de Limoux & du bas Razès, qui dépendent pour le fpirituel de l'archevêché de Narbonne, & qui pour le temporel fe trouvent unis au diocefe dudit Alet, ne faifant qu'un corps d'affiette, payant les tailles à un même receveur, & entrant conjointement aux Etats, où les confuls de ladite ville d'Alet & de celle de Limoux ne font qu'une feule voix, le diocéfain étant pris, fuivant les réglemens de l'affiette dudit diocefe, tantôt du haut diocefe d'Alet & pays y joints, & puis dudit Razès & officialité de Limoux; que ladite affiette fe tenoit ordinairement en ladite ville de Limoux; que le greffier & fyndic étoit une fois de ladite ville de Limoux & une autre du haut diocese ; qu'encore que les choses semblent être bien réglées, néanmoins, comme les dissentimens des personnes qui composent cette assiette, & les contestations arrivées entre elles pour les droits & avantages qu'elles prétendoient réciproquement, le diocese d'Alet contre l'officialité de Limoux, & l'officialité de Limoux contre le diocese, qui ont produit de fâcheux désordres, dans lesquels messeigneurs l'archevêque de Narbonne & l'évêque d'Alet ont été nécessités de prendre quelque intérêt, chacun pour la conservation des droits & avantages de son diocese : mais comme ce sont des personnes de grande considération, il n'a pas été difficile de les faire convenir de tous les points dont ils étoient en contestation, mais on n'a pas pu faire de même des autres personnes qui se trouvent dans ce même intérêt ; qu'il étoit à remarquer que ces désordres ont pris leur source depuis longues années, & lorsqu'on a voulu songer aux expédiens pour les faire cesser, on n'en avoit pas trouvé de plus solide que ceux de désunir ledit diocese d'Alet d'avec ladite ville de Limoux & pays de Razès ; que l'assiette dudit diocese y avoit donné les mains par la délibération solemnelle qui y avoit été prise le 23 Avril 1643, & que si les États y vouloient donner leur consentement, cette désunion pourroit être exécutée, sans qu'aux États il parût aucune altération ni changement, pour ce que le nombre des députés n'y seroit pas augmenté, & que les députés dudit diocese y seroient & opineroient comme ils ont fait depuis l'établissement des États ; que tout ce qui changeroit seroit au-dehors des États, & que ledit diocese d'Alet & pays de Razès s'accommoderoient ensemble en telle sorte qu'on n'entendroit plus parler aux États des désordres & contestations de ce diocese ; que la seule grace qu'ils demandoient à l'assemblée, étoit de trouver bon qu'après qu'on auroit fait les départemens de la province, & vu ce que ledit diocese d'Alet en devoit porter pour sa part & portion, on divisât cette portion en deux, & qu'on fît une commission pour ledit diocese d'Alet & une autre pour ladite ville de Limoux & pays de Razès ; qu'on bailleroit un mémoire de ce que l'un & l'autre en devroit prendre, & que la maniere de le départir étoit convenue entre eux ; en sorte que les frais d'une assiette qui se tiendroit de plus en ladite ville de Limoux pour ledit pays de Razès, n'augmenteroit presque de rien les charges, pour ce qu'elle ne seroit composée que des mêmes personnes qui ont toujours eu entrée en ladite assiette d'Alet & Limoux, & que les épargnes & ménageries qui se feroient en l'une & en l'autre de ces deux assiettes, par les soins économiques de ces grands prélats, procureroient un merveilleux soulagement à ces pauvres peuples qui gémissent sous le faix des souffrances auxquelles ils sont exposés par tous ces désordres, dans lesquels & la noblesse & tous les autres ordres ont pris parti ; qu'à la vérité toutes ces considérations demandent que l'assemblée s'intéresse pour réunir les esprits de ce diocese divisés depuis si long-temps ; que M. le baron d'Arques se trouvoit désintéressé, en lui donnant l'entrée à toutes les deux assiettes, pour n'accroître pas le nombre des barons ; que pour ce qui regardoit la recette, elle seroit faite dans la ville d'Alet pour la portion dudit diocese, & dans Limoux pour la portion de ladite officialité, par les receveurs en titre d'office dudit diocese d'Alet, lesquels, quoique faisant la recette sur deux assiettes, ne feroient qu'un feul compte en la chambre des comptes ; qu'ils en feroient deux à la vérité pour ce qui regarde les frais d'E-tats & d'affiette & autres deniers dont on compte au diocefe , mais que tout cela feroit fans frais ; que dans cette division , chaque affiette feroit le fonds de fes charges , foit des épices des comptes, gages du receveur ancien, ou autrement ; qu'on partageroit les dettes du diocefe , & qu'enfin chacun prendroit de toutes chofes , à propor-tion du tarif & compoix. SUR QUOI , oui les fyndics généraux de la pro-vince, LES ETATS, voulant contribuer tout ce qui dépend d'eux pour faire jouir les peuples de ce diocefe du re-pos ; & vu le confentement defdits feigneurs archevêque & évêque, baron d'Arques , & des intéreffés dudit pays, ONT, fous le bon plaifir du Roi, DÉ-LIBÉRÉ ET ARRÊTÉ n'entendre empê-cher que ladite ville de Limoux & bas pays de Razès ne foient défunis dudit diocefe d'Alet , & qu'ils ne tiennent en ladite ville de Limoux une affiette fé-parée , qui ne fera compofée que des mêmes perfonnes & députés des lieux qui avoient accoutumé d'y affifter de tout temps , les gages & taxations def-quels ne pourront excéder ce qui leur eft accordé par l'état du Roi de l'an 1634 , & à la charge que le recou-vrement des impofitions foit fait par les mêmes receveurs qui fe trouvent déjà créés, lefquels feront tenus d'éta-blir le bureau de leur recette dans la-dite ville d'Alet , pour la quotité des impofitions dudit diocefe , de recevoir les départemens qui feront faits en la-dite ville de Limoux , & ne feront qu'un feul compte de ces deux dio-cefes , des deniers du Roi, qu'ils ren-dront en ladite cour des comptes, dont le fonds des épices réglées par le traité fait avec ladite cour des comptes, fera

fait par chacun defdits diocefes d'Alet & Limoux , à proportion du compoix & tarif d'un chacun ; qu'à ladite affiette de Limoux affiftera ledit feigneur ar-chevêque de Narbonne ou fon vicaire général, & ledit fieur baron d'Arques en toutes les deux ; que pareillement en l'affiette dudit diocefe d'Alet, qui fera tenue en ladite ville d'Alet, af-fiftera ledit feigneur évêque d'Alet ou fon vicaire général, les mêmes con-fuls du haut diocefe, pays de Sault & Fenouilledes & bas Razès fur la ri-viere d'Aude, defquels les taxations ne pourront être augmentées. Affiftera aux-dites affiettes le commiffaire ordinaire de Limoux, lequel ne pourra avoir, pour fon affiftance auxdites affiettes que 50 livres pour chaque affiftance , & la taxe des commiffaires princi-paux qui tiendront lefdites affiettes, ne pourra être augmentée pour tous les deux que de 60 livres , en forte qu'au lieu de 240 livres que le com-miffaire principal avoit de taxe pour la tenue de l'affiette dudit diocefe d'Alet & Limoux , préfentement ce-lui qui tiendra ladite affiette d'Alet n'aura que 150 livres , & pareille fomme celui qui tiendra celle dudit Limoux ; que pour éviter toutes les conteftations qui pourroient arriver entre ces deux affiettes , il fera fait en la prochaine affiette dudit diocefe une divifion & partage de toutes les fommes dues par ledit diocefe, & des charges ordinaires d'icelui , dont le diocefe de Limoux prendra fa part ; & que fur ce partage il fera dreffé une tranfaction ou réglement qui fera rapporté aux Etats prochains, pour y être autorifé , s'il y échoit ; lefdits diocefes étant chargés de faire con-firmer & approuver par le Roi la fuf-dite défunion.

III.

Transaction passée, le 5 Mai 1660, en exécution de la délibération précédente, entre le syndic du diocese d'Alet, & le syndic de la ville de Limoux & bas-pays de Razès, en présence de l'assemblée de l'assiette d'Alet & Limoux.

L'AN mil six cent soixante & le cinquieme jour du mois de Mai, dans la ville de Limoux, régnant très-chrétien prince LOUIS, par la grace de Dieu, Roi de France & de Navarre : dans la maison consulaire de ladite ville de Limoux, en présence des illustrissimes & révérendissimes seigneurs messires François Fouquet, archevêque & primat de Narbonne, & Nicolas de Pavillon, évêque d'Alet, assistés de noble Jean-Paul de Lanapla, seigneur de Pesquieres, commissaire principal pour la tenue de l'assiette du diocese d'Alet & Limoux, M. Pierre Esprit, conseiller du Roi, lieutenant principal en la sénéchaussée dudit Limoux, commissaire ordinaire né de ladite assiette, MM. Jean Courtines, docteur, Jean Clercy, Jean Madieres, Pierre Fortassy, Louis Daudé & Jean Barreau consuls dudit Limoux, les sieurs Bernard Papilandy consul dudit Alet, tous commissaires ordinaires dudit diocese, Jean Grison, Jean Leotart bourgeois dudit Limoux & député de ladite ville, le sieur Marc-Antoine Saurel député dudit Alet pour assister au département de ladite assiette, le sieur Jean Captier député de la ville de Quillan, Marc Bierne député de la Tour, Leonard Sarda député de Roquefeuil, Barthelemy du Saux député de Cepian, Jean Sebe député de Malviés, Jean Ycard député de Brugairolles, M. Antoine Mir député de Belveze, Jean Mongé député d'Arques,

tous composant l'assiette dudit diocese d'Alet & Limoux, & étant assemblés pour la tenue d'icelle ; pardevant moi notaire royal de ladite ville & présens les témoins bas nommés ont été en leurs personnes les sieurs Guillaume Levêque, bourgeois de ladite ville d'Alet & syndic du diocese dudit Alet, ledit Jean Clercy second consul de ladite ville de Limoux, syndic dudit diocese, de ladite ville, & bas-pays de Razès, lesquels, de leur gré, en conséquence de la délibération prise aux Etats généraux de ladite province tenus en la ville de Toulouse en date du 24 Décembre dernier, & de l'arrêt du conseil confirmatif de ladite délibération en date du vingt-sixieme jour du mois de Février dernier, & suivant le pouvoir à eux respectivement donné par délibération de l'assiette générale dudit diocese d'Alet & Limoux de présent séant en la présente ville, ont convenu de la désunion & séparation dudit diocese d'Alet, avec la ville de Limoux & bas-pays de Razès dépendans de l'officialité dudit Limoux, sous les conditions portées par ladite délibération des Etats, & encore qui ont été convenues & arrêtées entre mesdits seigneurs archevêque de Narbonne & évêque d'Alet & lesdits sieurs commissaires, consuls & deputés tenant ladite assiette, A SAVOIR, que pour faire ladite désunion & séparation, & charger chaque diocese de sa juste part & portion des dettes qui ont été contractées jusques à ce jourd'hui, il en a été dressé un état général de commune main, qui a été trouvé monter & revenir à la somme de cent quatorze mille cent sept livres, desquelles dettes il en a été fait la division & partage entre lesdits deux dioceses, & il en a échu à celui dudit Alet la somme de cinquante-deux mille cinq cent seize livres, pour laquelle somme il est chargé d'acquitter & payer à la décharge dudit diocefe de Limoux & bas-pays de Razès les dettes fuivantes, A SAVOIR, &c. & audit diocefe de Limoux & bas-pays de Razès, il en eft échu, fuivant la portée de fon compoix, la fomme de foixante-un mille cinq cent quatre-vingt-onze livres, pour laquelle ledit Clercy au nom de ladite ville & pays de Razès eft chargé d'acquitter à la décharge dudit diocefe d'Alet les portions fuivantes, &c. promettant lefdits Levêque & Clercy fyndics fufdits de faire impofer annuellement, chacun dans leur diocefe, les intérêts des dettes qui leur font tombées en partage, jufques au payement du capital, & de fe relever & garantir l'un envers l'autre des frais qui pourroient être foufferts par le défaut dudit payement, & que tous les procès qui reftent au diocefe & qui n'ont pas été terminés feront pourfuivis felon les délibérations prifes en la préfente affiette; & en cas de préfent ou l'avenir il arriveroit des affaires imprévues qui regardaffent lefdits diocefes pour affaires paffées, il y fera pourvu conjointement par les deux diocefes, foit en traitant d'icelles par accommodement ou les pourfuivant en juftice.

Qu'à l'avenir, fuivant ladite délibération des Etats, il fera tenu deux affiettes féparées, l'une en la ville d'Alet qui fera compofée du feigneur évêque dudit lieu, ou de fon vicaire général en fon abfence, des confuls de ladite ville d'Alet qui auront la qualité de commiffaires ordinaires, & des confuls des lieux de Quillan, pays de Sault, & Fenouilledes, & baronnie d'Arques qui avoient accoutumé d'entrer à l'affiette

defdits diocefes d'Alet & Limoux avant la préfente défunion.

Que l'affiette dudit Limoux & pays de Razès fera tenue en ladite ville de Limoux en laquelle affifteront Mgr. l'archevêque de Narbonne & en fon abfence fon vicaire général, les confuls de ladite ville en qualité de commiffaires ordinaires, enfemble les autres confuls des lieux du bas-pays de Razès qui avoient accoutumé ou droit d'y entrer avant la préfente défunion.

Que lefdits confuls n'auront pour leurs vacations & affiftances à ladite affiette que les mêmes taxes dont ils ont joui par le paffé, & pour cet effet il fera dreffé un état particulier pour chaque diocefe des dépenfes qu'il y aura à faire pour la tenue defdites affiettes.

Que M. le baron d'Arques aura entrée, féance & voix délibérative en toutes les deux affiettes. (a)

Que les mêmes lieux qui font dans l'un & dans l'autre defdits deux diocefes, qui avoient accoutumé ou droit d'entrer à l'affiette pour vaquer aux départemens avant ladite défunion, y entreront de même aux affiettes particulieres chacun dans fon diocefe, gardant le même tour & ordre qui fe gardoit lorfque lefdits diocefes étoient unis en un feul, fans que le nombre de ceux qui y entroient puiffe être augmenté.

Le fieur juge mage de Limoux, & en fon abfence fon lieutenant, affiftera en toutes les deux affiettes en qualité de magiftrat & commiffaire ordinaire, auquel fuivant ladite délibération des Etats fera donné cinquante livres pour chacune defdites affiettes pour fon droit d'affiftance en icelles. (b)

(a) Cette baronnie ne fubfifte plus, le titre en ayant été transféré, en 1732, fur les terres d'Avejan & de Ferairols, dans le diocefe d'Uzès, fous la dénomination de baronnie d'Avejan.

(b) Voyez le nouvel état de 1759.

Que le même ordre qui a été gardé de tout temps pour la nomination des députés de ce diocese aux Etats sera gardé & observé ; & lorsque le député diocésain sera du diocese d'Alet, ledit diocese payera ses journées & vacations ezdits Etats, & pareillement le diocese de Limoux payera aussi son député auxdits Etats, lorsque ledit pays de Razès sera en tour de le nommer.

Que chaque diocese payera les députés de sa ville capitale, & tous deux ensemble n'auront qu'une voix dans les Etats, où ils prendront leur séance & assisteront en la même forme qu'ils l'ont fait par le passé. (a)

Qu'il sera établi en chacune desdites villes d'Alet & Limoux un bureau de recette pour y faire le recouvrement des sommes qui auront été imposées & départies en chaque diocese, & en cas il arriveroit quelque opposition de la part des receveurs pour lesdits deux bureaux, on les fera vuider par justice ou par accommodement aux frais & dépens communs desdits deux dioceses & pays de Razès.

Et d'autant que ledit diocese se trouve obligé de payer les gages de l'office de receveur ancien des tailles dudit diocese, qui montent à la somme de six cent livres, ladite somme sera partagée entre lesdits deux dioceses, & chacun fera fonds pour sa quote part de ladite somme sur le pied de son compoix, pour afin que ledit receveur s'en puisse payer par ses mains comme il a été fait par le passé ; & la portion dudit diocese d'Alet de ladite somme monte la somme de

moux celle de

Comme aussi sera fait fonds annuellement par lesdits dioceses de la somme de cent quatre-vingt-quatre livres trois sols quatre deniers, (b) pour les épices du compte des deniers extraordinaires que ledit receveur est obligé de rendre annuellement à ladite cour des comptes, suivant l'arrêt fait par les Etats avec la chambre des comptes en l'année mil six cent douze, de laquelle somme ledit diocese d'Alet en payera & celui de Limoux la somme de

Que la recette des impositions desdits deux dioceses sera faite par les receveurs dudit diocese qui seront tenus de recevoir les départemens qui seront faits en chacune desdites assiettes pour faire le recouvrement des sommes y contenues, & seront tenus de rendre compte en chacune desdites assiettes de toutes les sommes dont ils ne sont pas en obligation de compter en ladite chambre des comptes.

Il y aura un commissaire principal à chacune desdites assiettes qui sera nommé aux Etats par MM. les commissaires présidens pour le Roi en iceux, chacun desquels aura pour son voyage & vacations auxdites assiettes la somme de cent cinquante livres (c) qui sera imposée annuellement à chacune d'icelles.

Qu'en chacune des assiettes desdits dioceses il sera fait un syndic & un greffier dont les gages seront payés à chaque officier par les dioceses qui les auront nommés, en sorte que le greffier de chaque diocese n'aura que cent cin-

---

(a) Voyez les arrêts du conseil des 4 Juillet 1731, & 2 Août 1732, dans le premier volume de cette collection, page 382 & suivantes.

(b) En 1665 cette dépense pour les deux dioceses fut portée à 415 liv. 7 sols, & en 1759 à 630 liv. 2 sols, en exécution des conventions passées entre les Etats & la chambre des comptes.

(c) C'est aujourd'hui 300 livres.

quante

quante livres de gages & droits qui est la moitié de trois cent livres accordées au greffier dudit diocese lorsqu'il n'y en avoit qu'un seul, & au syndic de chaque diocese sera aussi donné quarante livres de gages. (a)

Que chaque diocese portera ses charges, foules & dépenses, soit pour rapport de gens de guerre & autres frais prévus & non prévus, sans qu'il puisse être usé de rejet des dépenses de l'un sur l'autre.

Que conformément à la délibération des Etats, il sera fait deux commissions, une pour chaque diocese, pour leur portion & quotité de ce qu'elles doivent porter des impositions de la province, chargeant chacun desdits dioceses de ce qu'il devra porter desdites impositions ; & seront les Etats suppliés d'ordonner à leurs greffiers de donner deux extraits du procès verbal des Etats, pour en être distribué un à chaque diocese, afin d'avoir connoissance des délibérations qui y auront été prises pour les pouvoir faire exécuter en chaque diocese.

Que le consul de chaque ville capitale retirera auxdits Etats lesdites commissions & procès verbal pour les rapporter chacun en son assiette.

Et d'autant que tous les actes & papiers dudit diocese se trouvent, partie entre les mains de Me. Etienne Forès docteur & avocat, ci-devant greffier dudit diocese, & partie entre les mains des sieurs Digeon & autres qui ont exercé ledit greffe, & qu'il y en a encore beaucoup d'autres dans un coffre qui est dans l'hôtel-de-ville dudit Limoux, il a été arrêté que tous lesdits papiers seront mis ensemble dans un lieu qui sera pour cet effet destiné dans ledit hôtel-de-ville de Limoux sous un inventaire qui sera fait desdits papiers,

dont il sera fait deux copies, chacun des greffiers en gardant une, & auxdites archives sera mis aussi deux serrures & clefs dont chaque greffier gardera une pour avoir recours auxdits actes & papiers lorsqu'il arrivera que l'un ou l'autre desdits deux dioceses en auront besoin, & parce qu'il y a plusieurs actes dont ledit diocese d'Alet peut avoir à faire, il en sera donné des extraits collationnés par les deux greffiers, les originaux demeurant audit Limoux, les frais desquels extraits seront payés par les deux dioceses & le travail & faction dudit inventaire.

Qu'à l'avenir tous les papiers qui seront faits ou remis en chacune assiette, ils seront conservés dans lesdites villes d'Alet & Limoux.

Etant accordé que par les soins de mesdits seigneurs l'archevêque de Narbonne & l'évêque d'Alet, les présens articles de transaction seront autorisés par les Etats, & validés par le Roi, & que les frais qu'il conviendra faire à cet effet seront supportés par ledit diocese.

Si ont lesdits syndics promis & promettent respectivement, chacun comme les concerne, d'observer ponctuellement & de bonne foi tout le contenu ci-dessus sans y contrevenir directement ni indirectement, & à cet effet ils ont obligé chacun les biens de son diocese, & iceux soumis aux rigueurs des cours & scels de ce royaume avec les renonciations de droit à ce nécessaires.

Présens à ce le sieur Pierre Moriac, bourgeois dudit Limoux & Marcellin Salva suivant les finances, habitans de la cité d'Alet, soussignés avec mesdits seigneurs, commissaires, principal & ordinaire, consuls & députés dudit diocese, & lesdits syndics qui ont signé à chaque page, & de moi Pierre For-

---

(a) Voyez l'arrêt du conseil du 16 Avril 1777 ci-dessus, Titre VI, Sect. 1. nomb. XXX, & les états des frais d'assiette des dioceses d'Alet & de Limoux, Titre IX, nomb. XII.

taffy notaire royal & ordinaire du nombre réduit dudit Limoux, qui requis aussi soussigné, ayant délivré le présent en original. En foi de quoi.

F. FOUQUET, archevêque & primat de Narbonne président; NICOLAS, évêque d'Alet; LANAPLA, commissaire principal; ESPRIT, lieutenant principal commissaire ordinaire né; *Courtines* consul commissaire ordinaire; *Madieres* consul; *Fortassy* consul commissaire ordinaire; *Saurel* député d'Alet; *Barrau* consul; *Papilandy* commissaire ordinaire; *Sarda* consul & départeur de la Tour: *Mongé* député d'Arques; *du Saux* consul député de Cepian; *Mir* député; *Mauriac* député; *Sebe* député de Malviés; *Salva* député; *Captier* député de Quillan; *Leotart* départeur; *Grison* départeur; *Fontassy* notaire, *signés.*

Collationné mot à mot sur l'original, par nous greffier du diocèse de Limoux le premier Mars 1783.

DELMAS NEGREVEZE, *signé.*

I V.

EXTRAIT du registre des délibérations des Etats généraux de Languedoc, assemblés par mandement du Roi en la ville de Montpellier au mois de Novembre 1759.

Du Lundi 24 du mois de Décembre, président Mgr. l'archevêque & primat de Narbonne, commandeur de l'ordre du St. Esprit.

MONSEIGNEUR l'évêque de Carcassonne a dit, que le sieur de Montferrier a fait le rapport à la commission d'une contestation entre le maire, les premier & second consuls de Limoux d'une part, & les troisieme & quatrieme consuls de la même ville, d'autre, au sujet de la rétribution de la clôture des comptes de la capitation & des vingtiemes du diocèse de Limoux.

Qu'il résulte des pieces produites que les consuls de Limoux assistent à l'assiette du diocèse; mais qu'il n'y a eu jusqu'à présent que le maire & les premier & second consuls, qui ayent été reconnus pour commissaires ordinaires du diocèse pendant l'année, ainsi qu'on le voit par une ordonnance de feu M. de Bernage intendant, du 30 Septembre 1723, qui regle à 70 livres l'honoraire des comptes de la capitation, & porte que sur cette somme il en appartiendra 20 livres au vicaire général, 20 livres au juge mage, 15 livres au syndic & 15 livres au greffier, sans que les maire & consuls, ajoute cette ordonnance, puissent rien prétendre pour leur droit de présence, & par un certificat des receveurs du diocèse, contenant que les maire & consuls n'ont jamais rien reçu sur le montant de cet honoraire.

Que cependant, il fut arrêté à l'assiette de 1759, du consentement du vicaire général, du juge mage, & du syndic & greffier, que sur les honoraires de la clôture des comptes, tant de la capitation, que des vingtiemes, il en appartiendroit 30 livres au maire, & aux premier & second consuls, à partager entre eux; & ils en ont joui en effet.

Qu'alors le sieur Vilhac troisieme consul en titre, & le sieur Gentil quatrieme consul, ont prétendu qu'ils devoient avoir portion dans cette même somme, encore qu'ils n'eussent pas assisté à la clôture des comptes, & qu'ils en ont formé la demande contre leurs collègues par une assignation devant le sénéchal de Limoux.

Que ceux-ci en ayant informé MM. les commissaires du diocèse, il a été par eux délibéré de demander le renvoi de l'instance devant l'assemblée des Etats, & que cette délibération a été suivie, premierement, d'une assignation donnée à la requête du syndic du diocese auxdits Vilhac & Gentil à comparoir par-devant les Etats, pour y procéder sur leur demande, & secondement, d'une requête présentée au nom dudit syndic devant le sénéchal, pour y requérir le renvoi de l'instance.

Que ce renvoi a été fondé sur les lettres patentes du mois de Mars 1653 qui attribuent aux Etats la connoissance de tout ce qui est résolu par les assiettes des dioceses, & pouvoit l'être encore sur la déclaration du Roi du 7 Décembre 1758 qui en confirme & renouvelle les dispositions dans les plus forts termes; mais qu'il n'en a pas été fait mention devant le sénéchal, qui aussi s'est borné à ordonner, avant faire droit sur la demande en renvoi, que les parties raporteroient un extrait collationné des lettres patentes de l'année 1653.

Que depuis, ces deux derniers consuls ayant reconnu l'irrégularité de leur procédé se sont réduits à s'en rapporter à la décision des Etats, seuls compétens pour connoître de pareilles affaires.

Que la commission étant conséquemment entrée dans l'examen du fonds de la contestation, elle a reconnu qu'à s'en tenir à ce qui a été jugé par M. de Bernage, à l'égard de la clôture des comptes de la capitation, & à l'ancien usage, les consuls de Limoux n'auroient pas été fondés à rien prétendre sur la rétribution dont il s'agit, & que la grace, qui a été faite aux deux premiers, ne pouvoit tirer à conséquence pour les autres, ni leur fournir aucune raison légitime de réclamer une portion d'une rétribution déjà assez partagée, & trop modique pour l'être davantage; qu'ainsi MM. les commissaires avoient été d'avis de proposer aux Etats de rendre un jugement pour débouter les deux derniers consuls de Limoux de leurs prétentions, & leur faire défenses de continuer pour

raison de ce aucunes poursuites, ni se pourvoir ailleurs que par-devant eux, conformément à l'attribution expresse qui leur a été donnée par le Roi pour connoître de tout ce qui a rapport à l'assistance & rétribution des assemblées générales & particulieres des dioceses.

Sur quoi il a été délibéré de rendre un jugement conforme à l'avis de MM. les commissaires dont la teneur s'ensuit.

Vu les mémoires & pieces produites par les troisieme & quatrieme consuls de la ville de Limoux, & par le syndic dudit diocese au sujet de la portion, que lesdits consuls prétendoient avoir dans la rétribution accordée aux sieurs commissaires dudit diocese, à raison de la clôture des comptes de la capitation, & vingtiemes, ensemble les lettres patentes du 13 Mars 1653 portant attribution aux Etats de la connoissance de tous les différends concernant les assemblées des dioceses, circonstances & dépendances, à l'exclusion de toutes autres cours & juges.

Les Etats ont débouté lesdits troisieme, & quatrieme consuls de la ville de Limoux de leur demande au sujet du partage des émolumens assignés aux sieurs commissaires du diocese à raison de leur assistance aux assemblées pour l'audition & clôture des comptes de la capitation & vingtiemes, lesquels demeureront affectés comme par le passé, ainsi qu'il a été réglé par la délibération de l'assiette du diocese de Limoux du 25 Mai 1759, aux seules personnes y dénommées, chacun pour la portion, qui lui a été assignée dans ladite délibération, laquelle sera exécutée selon sa forme & teneur, avec défenses aux parties de faire ou continuer aucunes poursuites pour raison de ce; ni de se pourvoir ailleurs que devant les Etats, à peine de nullité & de cassation, conformément auxdites lettres patentes du 13 Mars 1653.

§. I I I.

Diocefe d'Alet.

LE diocefe d'Alet confine, au nord, avec les diocefes de Limoux & de Narbonne; au levant, avec ce dernier diocefe & une partie du Rouffillon; au midi, avec une autre partie du Rouffillon; au couchant, avec le comté de Foix, & le diocefe de Mirepoix.

Le pays de Donnazan & la vallée de Capeir, qui font les parties les plus méridionales du diftrict eccléfiaftique de l'évéché d'Alet, dépendent pour le temporel, du gouvernement du Rouffillon.

La Baronnie d'Hautpoul eft fituée dans ce diocefe.

Onze communautés diocéfaines députent chaque année à l'affiette, à l'exclufion des autres lieux du diocefe. Ces onze communautés font *Quillan, Belcaire, Roquefeuil, Rodome, Caudiés, Saint-Paul-de-Fenouilledes, Sournia, la Tour de France, Efperaza, Arques & Couiza.*

Les commiffaires pour l'audition des comptes & le département des impofitions, font au nombre de fept; favoir, l'ex-premier conful d'Alet; le député de Quillan; un député de Tour, pour les lieux de Belcaire, Roquefeuil & Rodome; un député de Tour, pour les lieux de Caudiés, Saint-Paul-de-Fenouilledes, Sournia & la Tour de France; un député de Tour, pour les lieux d'Efperaza, Arques & Couiza; le fyndic & le greffier du diocefe.

§. I V.

Diocefe de Saint-Pons.

LE diocefe de Saint-Pons eft borné, au nord, par le diocefe de Caftres; au levant, par le diocefe de Beziers; au midi, par celui de Narbonne; au couchant, par ceux de Carcaffonne & de Lavaur, & une partie de celui de Caftres.

Il n'y a point de baronnie dans ce diocefe.

C'eſt par erreur que, dans l'état arrêté au conſeil en 1759, on réduiſit au nombre de cinq les villes qui ont droit de députer tous les ans. L'erreur vint de ce que le procès verbal d'aſſiette de 1755, ſur lequel cet état fut formé, ne parloit pas des députés de la Liviniere & d'Olonzac qui ne s'étoient pas rendus à l'aſſiette.

Les ſept villes & lieux de ce diocèſe qui ont droit de députer chaque année à l'aſſiette, à l'excluſion des autres lieux du diocèſe, ſont Olargues, Ceſſenon, Cruzy, Olonzac, la Liviniere, Angles & la Salvetat.

La ville de Saint-Chinian a demandé en 1759, que ſon premier conſul fût admis à l'avenir à l'aſſemblée de l'aſſiette, avec les députés des ſept anciennes villes diocéſaines, pour y avoir, comme eux, ſéance & voix délibérative.

Cette demande a été combattue par l'aſſemblée de l'aſſiette ; & les Etats n'ont pas encore prononcé ſur cette conteſtation. Nous nous contenterons donc de préſenter ici les délibérations des Etats & de l'aſſiette qui contiennent, & les raiſons de la ville de Saint-Chinian, & les moyens d'oppoſition de l'aſſiette de Saint-Pons.

Nº. I.

I.

EXTRAIT du regiſtre des délibérations des Etats généraux de Languedoc, aſſemblés à Montpellier par mandement du Roi, le 13 Novembre 1783.

Du Mardi 25 dudit mois de Novembre, préſident Mgr. l'archevêque & primat de Narbonne, commandeur de l'ordre du St. Eſprit.

MONSEIGNEUR l'évêque de Commenge a dit, que les maire & conſuls de la ville de Saint-Chinian, au diocèſe de Saint-Pons, ont préſenté un mémoire aux Etats pour qu'ils veuillent bien ordonner que le premier conſul maire de cette communauté, ſera admis à l'avenir à l'aſſemblée de l'aſſiette dudit diocèſe en qualité de député, pour y avoir ſéance & voix délibérative.

Qu'ils obſervent à ce ſujet, que leur ville forme aujourd'hui le lieu le plus conſidérable du diocèſe après la ville capitale, les manufactures de draps pour les échelles du Levant, ayant occaſionné ſon agrandiſſement ; que ſa contribution conſidérable aux impoſitions, lui mérite d'ailleurs cette diſtinction flatteuſe.

Qu'en effet, la totalité de ſa capitation ſe porte à quatre mille neuf cent vingt-ſix livres deux ſols ; qu'elle paye pour les vingtiemes d'induſtrie, deux mille deux cent trente-quatre livres dix-huit ſols ; pour la taille, dix-neuf mille trois cent ſoixante-neuf livres ; & pour les vingtiemes des maiſons, treize cent dix-huit livres : Que toutes ces impoſitions réunies, forment un total de vingt-huit mille cent dix-huit livres ; qu'il eſt peu de chefs-lieux du diocèſe, ayant entrée aux Etats & à l'aſſiette, qui contribuent aux charges

Nº. I.

royales pour une auſſi forte ſomme ; qu'il n'en eſt aucun ſur-tout dont la capitation ſoit auſſi conſidérable que celle de Saint-Chinian , & que c'eſt pour la répartition de cette impoſition qu'il eſt juſte & néceſſaire de faire intervenir les parties les plus intéreſſées par leur contribution.

Qu'enfin l'admiſſion d'un nouveau député ne peut être conſidérée comme une charge pour le dioceſe, puiſqu'il ne s'agira que d'impoſer quarante livres à raiſon de ſon aſſiſtance à l'aſſiette.

Que la commiſſion a cru , avant d'accueillir cette demande, devoir propoſer aux Etats d'ordonner , ſuivant l'uſage, la communication du mémoire dont il s'agit à l'aſſiette du dioceſe de Saint-Pons , à l'effet de s'aſſurer de l'intérêt que peut avoir cette aſſemblée au rejet ou à l'admiſſion de cette communauté.

Sur quoi il a été délibéré, que le ſyndic général donnera connoiſſance du mémoire de la ville de Saint-Chinian à l'aſſiette du dioceſe de Saint-Pons, afin qu'elle y délibere, pour , ſur ſa délibération rapportée aux Etats prochains, être par eux déterminé ce qu'il appartiendra.

I I.

Extrait du procès verbal de l'aſſemblée de l'aſſiette du dioceſe de Saint-Pons , tenue dans le palais épiſcopal de ladite ville de Saint-Pons , le 15 Mai 1784.

LE ſieur Pradal , ſyndic , a dit qu'il a été chargé par M. le ſyndic général du département, de rendre compte à l'aſſemblée , d'un mémoire préſenté à Noſſeigneurs des Etats par la ville & communauté de Saint-Chinian , tendant à obtenir l'entrée à l'aſſemblée de l'aſſiette de ce dioceſe

pour ſon premier conſul maire, pour y avoir ſéance & voix délibérative.

Que cette communauté expoſe que la ville de Saint-Chinian eſt aujourd'hui la plus conſidérable du dioceſe après la ville capitale ; que les manufactures de draps pour les échelles du Levant ont procuré ſon agrandiſſement , & cet agrandiſſement a fait rejetter ſur ſes habitans qui ſont devenus plus nombreux , une plus forte quotité de capitation, qui , par ſa nature , doit varier ſuivant le nombre & les facultés des contribuables.

Que les conſuls de cette communauté , n'ont eu aucune part à la fixation de cette quotité de capitation que les habitans ſupportent , à la décharge du reſtant du dioceſe, parce que ces conſuls n'ont pas ſéance dans l'aſſemblée de l'aſſiette ; que ſans former de doute ſur l'équité & la juſteſſe des opérations de l'aſſemblée, la ville de Saint-Chinian a néanmoins le plus grand intérêt à connoître cette répartition, & à y coopérer par ſon repréſentant ; qu'elle paye 4926 liv. de capitation , & 2234 liv. de vingtiemes d'induſtrie , ce qui fait lever l'impôt perſonnel dans cette communauté à 7160 liv. ; impôt dont la répartition , ſans être arbitraire , tient infiniment à l'opinion & aux connoiſſances locales ; qu'un repréſentant qui vote , fait infiniment mieux valoir , que ne ſauroit faire un greffier , député ordinairement pour porter les projets des rôles de ces impoſitions perſonnelles.

Que les autres impoſitions réunies à cet impôt , s'élevent en total à 28000 liv. ; qu'il eſt peu de chefs-lieux de ce dioceſe , ayant entrée à l'aſſiette & aux Etats, qui contribuent aux charges royales pour une ſi forte ſomme ; qu'il n'eſt ſurtout aucun des chefs-lieux dont l'impôt perſonnel ſoit auſſi conſidérable que celui de Saint-Chinian, &

que c'est pour la répartition de cet impôt, que l'intervention des parties les plus intéressées est nécessaire ; que de cette nécessité il en naît un droit pour la communauté de Saint-Chinian, pour réclamer à titre de justice l'entrée de son représentant à l'assiette.

Que le comté de Caraman, réuni au diocese de Toulouse par édit du mois de Mai 1779, a obtenu le droit d'entrée pour deux députés de la ville de Caraman à l'assiette de ce diocese, & que l'imposition de l'honoraire fixé à quarante livres pour chacun, a été autorisée par arrêt du conseil du 11 Février 1781 ; que cet exemple tout récent prouve qu'il est possible d'accorder de nouvelles entrées aux assiettes des dioceses, & que ces entrées sont justes en faveur des villes nouvelles ou nouvellement réunies au corps de la province.

Que la ville de Saint-Chinian est nouvelle, & qu'elle réunit dans son enceinte, des habitans qui jouissent d'un état & d'une fortune considérable ; que l'admission de son député ne peut être considérée comme une charge pour le diocese, puisqu'il ne s'agira que d'imposer 40 liv. pour son honoraire à raison de son assistance, & qu'il en résultera un bien pour cette communauté & pour le diocese même ; pour la communauté, parce que les habitans représentés par leur député à l'assiette, supporteront l'impôt avec moins de peine ; & pour le diocese, par le concours des lumieres de ce nouveau député.

L'assemblée s'appercevra surement que la communauté de Saint-Chinian n'a en vue que de coopérer à la répartition de la capitation & de l'industrie ; mais attendu que l'entrée à l'assiette qu'elle réclame, ne peut lui ménager l'admission de son député dans les bureaux de la capitation & des vingtiè-

mes, auxquels la répartition de ces impôts est renvoyée, parce que le bureau n'est composé que de MM. les commissaires ordinaires du diocese, & du seul député diocésain en tour d'entrée aux Etats ; l'assemblée en délibérant sur la demande de la communauté de Saint-Chinian, doit prendre cette circonstance en considération, qui écartera la crainte qui pourroit lui naitre de rendre cette communauté juge dans sa propre cause par cette admission ; & quoique la communauté dudit Saint-Chinian soit bien éloignée de la situation & de la circonstance qui ont déterminé l'admission des deux députés de Caraman, tant à l'assiette du diocese de Toulouse, qu'aux assemblées des Etats, puisque ce comté est composé de seize communautés, que la seule ville de Caraman représente, & que ses anciens comtes avoient même joui du droit d'entrée aux Etats, où la présence de ces députés devenoit aujourd'hui importante à cause de sa réunion au diocese de Toulouse, exemple dont elle s'étaye ; cependant la demande de la communauté de Saint-Chinian n'en seroit pas moins admissible, si l'assemblée trouve ses motifs suffisans pour y adhérer.

Qu'enfin Nosseigneurs des Etats ont délibéré, le 25 Novembre dernier, que le mémoire de la communauté de Saint-Chinian seroit communiqué à l'assemblée, à l'effet de s'assurer de l'intérêt qu'elle peut avoir à son rejet ou à son admission.

Sur quoi lecture faite dudit mémoire & de la délibération de la communauté de Saint-Chinian, en date du 15 Novembre dernier, l'assemblée convaincue que la seule vue de participer à la répartition des impôts de capitation & vingtiemes d'industrie, a donné lieu à la demande formée par ladite communauté, qui avoit ci-devant fait connoître l'impatience avec laquelle elle supporte sa quote-part de ces impôts, & le desir de s'en décharger en partie; sentimens qu'elle n'a pu cacher dans son mémoire, ce qui démontre qu'elle n'a pas senti que si les malheurs du temps ont mis une disproportion énorme entre ces impôts & les facultés des contribuables, cette disproportion ne lui est pas particuliere, qu'elle la partage avec toutes les autres communautés, & que son ambition n'a été que de devenir juge dans sa propre cause; mais cette vérité n'est pas inconnue à Nosseigneurs des Etats, qui, convaincus de la justice de la réclamation du diocese, contre la surcharge qu'il éprouve, ont rejetté cette réclamation, parce qu'ils ne regardoient pas cette surcharge comme particuliere au diocese.

Que la communauté de Saint-Chinian ne peut qu'être blâmée de l'usage où elle est d'envoyer son greffier pour la faction des rôles & répartition de la capitation & des vingtiemes d'industrie, parce qu'en députant son consul, elle auroit rempli tout ce qu'elle desire; ce consul, mieux en état de connoître la situation de sa communauté, communiqueroit à MM. les commissaires ses lumieres, & prendroit lui-même connoissance des opérations du bureau, comme les autres députés des communautés.

Que les motifs exposés par la communauté de Saint-Chinian, pouvant être allégués après elle par les autres communautés, chacune trouveroit qu'il est nécessaire de participer d'une maniere plus particuliere à la répartition, & induiroit de cette nécessité le même droit que la ville de Saint-Chinian. Que de réclamations alors ! Que de prétentions de cette nature ne s'éleveroient pas dans la province !

Que l'admission aux assemblées générales des dioceses, ne doit pas être réglée par la quotité de la contribution aux impôts personnels; impôts passagers, pour la cessation desquels on ne cesse de faire des vœux, & qu'on a lieu d'attendre de la bienfaisance du Roi uniquement occupé du bonheur de ses peuples, mais seulement par la quotité de la contribution aux impôts permanens; que si l'on considere la quotité de la communauté de Saint-Chinian dans ceux-ci, elle se trouvera de beaucoup inférieure avec les chefs-lieux qui jouissent du droit d'entrée, & qu'elle se trouvera même de niveau & en parallele avec d'autres communautés qui ne jouissent pas de ce droit, puisque la communauté de Saint-Chinian n'en supporte que 13800 liv., tout comme la communauté de Siran & plusieurs autres; & attendu que la demande de la communauté de Saint-Chinian est entierement contraire à l'ordre établi dans ce diocese, qu'elle tendroit à augmenter considérablement les frais du bureau de la capitation & d'industrie par l'admission d'un nouveau commissaire; & enfin que le nombre des députés composant l'assemblée de l'assiette & bureau de la capitation & des vingtiemes d'industrie, est très-suffisant, comparaison faite avec les autres dioceses, l'assemblée en invitant la communauté de Saint-Chinian à envoyer & députer à l'avenir, à l'exemple des autres communautés, l'un de ses consuls & toujours le plus en état, pour participer à la faction des rôles & répartition de capitation & vingtiemes, a à la pluralité des suffrages, délibéré de donner au sieur syndic du diocese, tout pouvoir requis & nécessaire pour former devant Nosseigneurs des Etats, sa juste opposition à la demande de la communauté de Saint-Chinian, & en demander la réjection.

III.

EXTRAIT du regiſtre des délibérations des Etats généraux de Languedoc, aſſemblés par mandement du Roi en la ville de Montpellier au mois de Novembre 1784.

Du Samedi 11 du mois de Décembre, préſident Mgr. l'archevêque & primat de Narbonne, commandeur de l'ordre du St. Eſprit.

MONSEIGNEUR l'Evêque du Puy a dit, que la ville de Saint-Chinian fit préſenter un mémoire aux Etats derniers, pour demander que le premier conſul maire de ladite ville fût admis à l'avenir en qualité de député à l'aſſemblée de l'aſſiette pour y avoir ſéance & voix délibérative.

Elle expoſa à ce ſujet que les manufactures, en occaſionnant ſon agrandiſſement, l'avoient rendu le lieu le plus conſidérable du dioceſe après la ville capitale; que ſes impoſitions ſe portoient à plus de 28000 liv., ſur laquelle ſomme elle payoit 4926 liv. de capitation & 2234 liv. de vingtiemes d'induſtrie; que peu de chefs-lieux du dioceſe ayant entrée aux Etats & à l'aſſiette, contribuoient aux charges pour une auſſi forte ſomme; qu'ainſi l'admiſſion d'un nouveau député ne pouvoit être conſidérée comme une charge pour le dioceſe, puiſqu'il ne s'agiroit que d'une impoſition de quarante livres.

Les Etats, par leur délibération du 25 Novembre 1783, ordonnerent que ce mémoire ſeroit communiqué à l'aſſiette du dioceſe de Saint-Pons, à l'effet par elle d'y délibérer.

Cette aſſemblée en ayant pris connoiſſance, a obſervé que la ville de Saint-Chinian avoit été guidée dans ſa démarche par l'unique vue de parti-

Tome IV.

ciper à la répartition de la capitation & des vingtiemes d'induſtrie; que l'admiſſion aux aſſemblées générales des dioceſes, ne doit pas être réglée par la quotité de la contribution à ces impôts paſſagers; & que ſi l'on conſidere celle de la communauté de Saint-Chinian aux impoſitions permanentes, elle eſt de beaucoup inférieure à celle des chefs-lieux qui jouiſſent du droit d'entrée, puiſqu'elle ne ſupporte que 13830 liv. de taille, comme la communauté de Siran & pluſieurs autres qui n'ont pas le droit d'aſſiſter à l'aſſiette, & qui ne manqueroient pas de le réclamer, ſi la demande des conſuls de Saint-Chinian étoit accueillie; qu'enfin l'admiſſion d'un nouveau député ne feroit qu'augmenter conſidérablement les frais du bureau de la capitation & de celui de l'induſtrie.

Par ces motifs, l'aſſemblée de l'aſſiette a chargé ſon ſyndic de former oppoſition à la demande de la communauté de Saint-Chinian; ce qu'il a fait en remettant l'extrait de la délibération de l'aſſiette & un mémoire dans lequel il rappelle les mêmes raiſons énoncées dans ladite délibération, en obſervant de plus, que quatre mazades dépendantes de ladite communauté, ayant demandé d'en être ſéparées en mande, comme il en a été rendu compte aux Etats, elle avoit démontré ſans peine qu'elle ne pouvoit ſouffrir de diviſion par ſon peu d'étendue, & que cependant elle croyoit pouvoir prétendre à l'entrée à l'aſſiette en qualité de communauté principale du dioceſe, & plus conſidérable que la majeure partie de celles qui jouiſſent de ce droit.

Les conſuls de ladite communauté ont remis un nouveau mémoire pour réfuter les motifs rapportés dans la délibération de l'aſſiette, en expoſant, 1°. que leur demande n'a pas eu ſeulement pour objet de faire concourir le député de la communauté à la répartition de la capitation & de l'industrie, mais de le faire participer à tous les avantages attachés à l'assistance à l'assiette, & à toutes les délibérations prises dans cette assemblée, relativement à l'administration municipale du diocese; qu'en relevant la quotité de la communauté aux impositions personnelles, ce n'a pas été pour s'en plaindre, mais bien pour donner une idée de son accroissement, de sa population, de son commerce & de son importance dans la constitution du diocese.

2°. Que si lors de la formation de ces sortes d'administrations, la ville de Saint-Chinian eût été ce qu'elle est aujourd'hui, la résidence des évêques, l'enceinte d'une nombreuse population & le siége d'une grande fabrique, elle y eût été sans doute appelée de préférence à toutes les autres communautés du diocese.

3°. Que son allivrement diocésain seroit aussi plus considérable qu'il ne l'est, si lors des recherches générales des dioceses, ses habitans eussent été aussi nombreux & eussent joui des facultés qu'ils ont aujourd'hui, & que cet allivrement auroit été sans contredit augmenté s'il avoit pu varier.

Les consuls ont joint à leur mémoire un état des sommes supportées par leur communauté, tant pour la taille que pour la capitation & les vingtiemes, & de celles que payent pour lesdites impositions les sept villes diocésaines qui entrent annuellement à l'assiette; il en résulte que les quotités de cinq de ces dernieres villes sont beaucoup au-dessous de celle de la ville de Saint-Chinian.

Après ces considérations, ses consuls esperent que les Etats, sans s'arrêter à la délibération de l'assiette, voudront bien admettre leur communauté à y députer à l'avenir.

Messieurs les commissaires, après avoir entendu la lecture des mémoires de la communauté de Saint-Chinian, du tableau des impositions des villes & communautés du diocese de Saint-Pons ayant entrée à l'assiette, de la délibération de cette assemblée, & du mémoire du syndic du diocese, ne voulant pas renoncer au principe adopté par le syndic, qu'on ne peut juger de la force des communautés que par leur cotisation aux impositions territoriales, ni rejetter les autres motifs que pourroit avoir la ville de Saint-Chinian d'être admise à l'assiette, avoient été d'avis de proposer aux Etats de faire communiquer à cette assemblée le second mémoire de la communauté de Saint-Chinian pour y être délibéré de nouveau, & sur sa délibération rapportée aux Etats prochains être statué par eux ce qu'il appartiendra.

CE QUI A ÉTÉ DÉLIBÉRÉ, conformément à l'avis de MM. les commissaires.

I V.

EXTRAIT du registre des délibérations des Etats généraux de Languedoc, assemblés par mandement du Roi en la ville de Montpellier le 12 Janvier 1786.

Du 24 dudit mois de Janvier, président Mgr. l'archevêque & primat de Narbonne, commandeur de l'ordre du St. Esprit.

MONSEIGNEUR l'évêque du Puy a dit: Que le sieur de Montferrier fils, a rappellé à la commission que la ville de Saint-Chinian présenta en 1783 un mémoire aux Etats, pour demander que le premier consul-maire de ladite ville fût admis à l'avenir en qualité de député à l'assemblée de l'assiette, pour y avoir séance & voix délibérative.

Qu'elle fondoit sa demande sur l'activité de ses manufactures qui en occasionnant son agrandissement, en avoient fait, après la ville principale, le lieu le plus considérable du diocese ; sur la quotité de ses impositions bien plus forte que celle de plusieurs chefs-lieux du diocese, qui avoient cependant le droit de députer à l'assiette ; & enfin, sur la modicité des honoraires d'un nouveau député, puisqu'il ne s'agissoit que d'une imposition de quarante livres.

Que les Etats ayant ordonné la communication de ce mémoire à l'assiette du diocese, cette assemblée délibéra de s'opposer à la demande de la ville de Saint-Chinian ; & c'est ce que fit son syndic aux derniers Etats, en donnant pour motifs de son opposition, que ladite ville n'avoit été guidée dans sa démarche que par l'unique vue de participer à la répartition de la capitation & des vingtiemes d'industrie ; que l'admission aux assemblées générales des dioceses ne devoit pas être réglée par la quotité de la contribution à ces impôts passagers ; que celle de la communauté de Saint-Chinian aux impositions permanentes, étoit de beaucoup inférieure à celle des chefs-lieux qui députoient à l'assiette, puisqu'elle ne supportoit que treize mille huit cent trente livres de taille, comme plusieurs autres communautés qui ne jouissoient pas du droit d'entrée ; qu'enfin, l'admission d'un nouveau député augmenteroit considérablement les frais des bureaux de la capitation & de l'industrie.

Que ledit sieur syndic avoit en outre observé que quatre mazades dépendantes de ladite communauté ayant demandé d'en être séparées en mande,

elle avoit aisément démontré que le peu d'étendue de son terroir n'en permettoit pas la division, & que néanmoins elle croyoit pouvoir prétendre à l'entrée à l'assiette comme communauté principale, & plus considérable que la majeure partie de celles qui jouissoient de ce droit ; ce qui offroit une contradiction manifeste.

Que les consuls de Saint-Chinian, pour réfuter les motifs d'opposition du syndic, remirent un second mémoire, dans lequel ils exposoient que leur demande n'avoit pas seulement pour objet de faire concourir le député de la communauté à la répartition de la capitation & de l'industrie, mais de le faire participer aux avantages attachés à l'assistance à l'assiette, & à l'administration municipale du diocese ; que la communauté en relevant sa quotité aux impositions personnelles, ne l'avoit pas fait pour s'en plaindre, mais uniquement pour donner une idée de son accroissement, de sa population, de son commerce & de son importance dans la constitution du diocese ; qu'elle auroit été sans doute appellée de préférence à l'administration, si lors de sa formation ladite ville eût été ce qu'elle est aujourd'hui, la résidence des évêques, l'enceinte d'une nombreuse population, & le siége d'une grande fabrique ; qu'enfin, si lors des recherches générales des dioceses, ses habitans eussent été aussi nombreux & eussent joui des mêmes facultés qu'ils ont à présent, son allivrement diocésain seroit plus considérable, & qu'il auroit été augmenté s'il avoit pu varier.

Que lesdits consuls remirent avec leur mémoire, un état des sommes supportées par leur communauté, tant pour la taille que pour la capitation & les vingtiemes, & de celles que payent pour lesdites impositions les sept villes diocéſaines qui entrent annuellement à l'aſſiette, & qu'il réſultoit de cet état que les quotités de cinq de ces dernieres villes étoient beaucoup au-deſſous de celle de la ville de Saint-Chinian.

Que les Etats, ſur ces raiſons reſpectives, ſans renoncer au principe adopté par le ſyndic, qu'on ne peut juger de la force des communautés que par leur cotiſation aux impoſitions territoriales, ni rejeter les autres motifs que pourroit avoir la ville de Saint-Chinian d'être admiſe à l'aſſiette, délibérerent le 11 Décembre 1784, que le ſecond mémoire de ladite ville ſeroit communiqué à l'aſſemblée de l'aſſiette pour y être délibéré de nouveau; & ſur ſa délibération rapportée aux préſens Etats, être par eux ſtatué ce qu'il appartiendroit.

Que l'aſſiette ayant pris connoiſſance du ſecond mémoire, a délibéré de perſiſter dans ſon oppoſition; & pour la ſoutenir, le ſyndic ajoute à ſes précédentes obſervations, que la ville de Saint-Chinian fonde principalement ſa demande ſur ſa population & ſon commerce; & qu'en effet, ſi on la conſidere relativement aux encouragemens qui lui ſont prodigués pour le ſoutien de la fabrique des draps, on eſt porté à croire cette ville très-conſidérable, puiſqu'il en eſt peu qui jouiſſent comme elle de deux manufactures royales; mais que ſi l'on veut approfondir les effets de ces encouragemens, on eſt étonné du peu de progrès qu'elle a fait dans le commerce, ſes fabricans n'étant qu'au nombre de cinq ou ſix.

Que les plaintes répétées de cette ville au ſujet de ſa quotité des vingtiemes d'induſtrie, ſont une preuve certaine du dépériſſement de ſes manufactures; que d'ailleurs le commerce y

fût-il au plus haut degré d'activité, il ne paroît pas avoir été pris en conſidération à l'époque de la formation des adminiſtrations diocéſaines, la contribution aux impoſitions réelles ayant ſeule déterminé le choix; & que cet ordre paroît tenir à des principes reſpectables, qui ne permettent pas de confier à des perſonnes peu intéreſſées, le département des impoſitions.

Que les conſuls de Saint-Chinian ont fait remettre un troiſieme mémoire qui n'eſt qu'une répétition des moyens qu'ils ont ci-devant déduits, en y joignant une ordonnance de M. le duc de Montmorency, gouverneur de la province, du 25 Février 1622, qui enjoint au commiſſaire principal à l'aſſiette d'y admettre les députés de la ville de Saint-Chinian à la place de ceux de la communauté d'Angles qui étoit dans la rebellion, & une atteſtation des conſuls de Saint-Pons, ſyndic & députés dudit dioceſe, en date du 23 Juillet 1625, portant que les députés de Saint-Chinian avoient été admis à l'aſſiette pendant pluſieurs années.

Que les conſuls tirent de ces pieces, la conſéquence que la communauté étoit alors regardée comme la plus conſidérable du dioceſe, après celles qui jouiſſoient du droit d'entrée à l'aſſiette, en répétant que ſi elle avoit été alors ce qu'elle eſt aujourd'hui, elle y auroit été appellée de préférence aux communautés diocéſaines qu'elle ſuppléoit.

Qu'ils ont terminé ce mémoire, en ſuppliant les Etats de conſentir à la demande formée par la communauté.

Que la commiſſion a été d'avis de ſuſpendre toute déciſion juſqu'à de nouvelles informations, dont il ſera rendu compte aux Etats dans leur prochaine aſſemblée.

Ce qui a été ainſi délibéré.

§. V.

Diocese d'Agde.

LE diocese d'Agde confine, au nord & au couchant, avec le diocese de Beziers; au levant, avec une partie du diocese de Montpellier & la mer; au midi, avec la mer.

La baronnie de Florensac est située dans ce diocese.

L'assemblée de l'affiette, & celles qui ont lieu pour la formation des rôles de la capitation & des vingtiemes d'industrie, se tiennent dans la ville de Pezenas.

En 1774, il s'éleva des contestations au sujet du lieu de la séance des assemblées particulieres relatives à la direction des affaires du diocese pendant l'année, & qui n'ont rapport à aucune imposition. Les Etats ordonnerent, par un jugement du 7 Janvier 1775, que, par provision, l'usage actuel de la tenue de ces assemblées dans le palais épiscopal de la ville d'Agde, continueroit d'être observé.

Les villes d'*Agde*, *Pezenas*, *Montagnac* & *Florensac*, sont les quatre premieres villes du diocese, & envoient chacune, chaque année, à l'affiette, leur premier consul & un député notable.

Les villes de *Meze*, *Marseillan* & *Vias* députent chacune leur premier consul à l'affiette, de trois en trois ans, & les villes & lieux de *Saint-Tibery*, *Bessan*, *Loupian*, *Valmagne*, *Pomeyrols*, *Nesignan*, *Aumes*, *Castelnau*, *Saint-Pons*, *Bousigues* & *Pinet*, y députent chacune de onze en onze ans.

Par cet ordre, il y a toujours dix députés du tiers-état à l'affiette d'Agde. Les consuls des villes & lieux qui ne sont pas de tour n'affistent qu'à la premiere séance qui est employée à la lecture des commissions & des réglemens des affiettes, & à la nomination du syndic & du greffier du diocese, & des commissaires auditeurs des comptes.

I.

EXTRAIT du regiftre des délibérations des Etats généraux de Languedoc, affemblés par mandement du Roi en la ville de Montpellier le premier Décembre 1774.

Du Samedi 7 Janvier 1775, préfident Mgr. l'archevêque & primat de Narbonne.

MONSEIGNEUR l'archevêque de Touloufe a dit, que le fieur de Montferrier, a rendu compte à la commiffion d'une demande formée par la ville de Pezenas, contre MM. les commiffaires du diocefe d'Agde, au fujet des affemblées particulieres defdits fieurs commiffaires que la ville de Pezenas prétend devoir y être tenues, ainfi que l'eft l'affemblée de l'affiette, & celle pour la formation des rôles de la capitation, & que MM. les commiffaires du diocefe foutiennent au contraire pouvoir être tenues dans la ville d'Agde, ainfi qu'elles l'ont été de tout temps.

Qu'il paroît par les mémoires & pieces refpectives des parties que la ville de Pezenas fonde fa prétention fur d'anciennes lettres patentes & jugemens de MM. les commiffaires du Roi aux Etats, qui ont décidé que toutes les affemblées des affiettes & autres mandées par le Roi, ou ceux qui en auroient le droit, feroient tenues dans ladite ville de Pezenas & non à Agde, par les différens motifs rappellés dans la décifion.

Que MM. les commiffaires du diocefe, en convenant de ce fait & de l'ufage qui en a été la fuite, foutiennent que lefdits jugemens ne font applicables qu'aux affemblées ayant rapport aux impofitions & départemens d'icelles, & nullement aux affemblées particulieres, qui n'ont d'autre objet que la fuite de l'exécution des délibé-

rations prifes à l'affiette, concernant les travaux publics & autres affaires du diocefe, & que c'eft ainfi en effet qu'on l'a toujours entendu, puifque lefdites affemblées ont conftamment été tenues à Agde dans le palais épifcopal, fans aucune réclamation de la part de la ville de Pezenas, dont les députés y ont affifté, ainfi qu'on le prouve par la note de plus de cent cinquante defdites affemblées tenues à Agde depuis l'année 1711 jufques à préfent.

Que la commiffion ayant mûrement examiné cette affaire, ne l'a pas trouvée fuffifamment inftruite & éclaircie, & qu'en conféquence, elle a été d'avis de propofer aux Etats d'ordonner que les mémoires & pieces refpectives des parties feront remis au fyndic du diocefe d'Agde, pour en être par lui fait rapport à l'affemblée prochaine de l'affiette, à l'effet d'y être délibéré d'après un nouvel examen ainfi qu'il appartiendra; & fur le compte qui fera rendu aux Etats de ladite délibération, être par eux définitivement ftatué ce que de raifon, & que cependant l'ufage actuel continuera d'être obfervé.

Ce qui ayant été ainfi délibéré, les Etats ont rendu le jugement dont la teneur s'enfuit.

VU les lettres patentes du 15 Mars 1653, & les arrêts fubféquens qui attribuent aux Etats la connoiffance de tout ce qui a rapport aux affiettes, envoi des mandes & autres matieres; les requêtes refpectives des fieurs commiffaires ordinaires du diocefe d'Agde, & des confuls de Pezenas, avec les pieces y jointes; OUI fur ce le fyndic général.

LES ETATS jugeant en dernier reffort ont ordonné & ordonnent que les requêtes, mémoires & pieces refpectivement produites, feront remifes par le fyndic général au fyndic du diocefe d'Agde, à l'effet d'en rendre compte à l'assemblée prochaine de l'assiette, & y être par elle délibéré ce qu'elle avisera, pour la délibération rapportée aux États, être par eux statué définitivement ainsi qu'il appartiendra ; & cependant, par provision, que l'usage actuel de la tenue des assemblées particulieres des sieurs commissaires du diocese, n'ayant rapport à aucune imposition, dans le palais épiscopal de la ville d'Agde, continuera d'être observé.

§. VI.

Diocese de Beziers.

LE diocese de Beziers est borné, au nord, par le Rouergue; au levant, par les dioceses de Lodeve, Montpellier & Agde; au midi, par la mer & le diocese de Narbonne ; au couchant, par ce dernier diocese, par ceux de Saint-Pons & de Castres, & par le Rouergue.

Les Baronnies de Murviel & de Villeneuve sont situées dans ce diocese.

Outre le juge mage de Beziers, qui assiste à l'assiette comme premier officier de justice, & en qualité de commissaire ordinaire, un conseiller du siége de la sénéchaussée y est aussi admis comme représentant le viguier.

Le diocese de Beziers est divisé en quatre *mandes* qui sont la *mande basse*, la *mande du Cabrairés*, la *mande du Gignagois* & la *mande haute*.

Dans chacune de ces quatre mandes, il y a six communautés qui ont droit de députer par tour à l'assiette, de maniere qu'à chaque assiette il y a un député de chaque mande, & que chaque député, après avoir assisté à l'assiette d'une année comme *nouveau*, assiste encore comme *ancien* à l'assiette de l'année suivante.

Ces vingt-quatre communautés qui ont droit de députer à l'assiette, sont :

Pour la mande basse, *Villeneuve, Cazouls-les-Beziers, Serignan, Thesan, Lespignan & Murviel.*

Pour la mande du Gignagois, *St. Pargoire, le Pouget, Tourbes, Paulian, Vindemian & Aspiran.*

Pour la mande du Cabrairés, *Caux, Alignan-du-Vent, Servian, Fontés, Lesignan-la-Cebe & Roujan.*

Pour la mande haute, *Magalas*, *Gabian*, *Bedarrieux*, *Lunas & Caunas*, *Puiſſalicon* & *Bouſſagues*.

L'aſſiette eſt dans l'uſage d'arrêter de douze en douze ans un état qui fixe le tour de ces vingt-quatre communautés pour douze années. Voici celui qui fut arrêté en 1776, & qui peut ſervir pour une ſuite indéfinie de périodes de douze années.

ANNÉE 1777.

Députés anciens.

Caʒouls-les-Beʒiers, pour la mande baſſe.

Fontès, pour la mande du Cabrairés.

Députés nouveaux.

Le Pouget, pour le Gignagois.

Lunas & Caunas, pour la mande haute.

ANNÉE 1778.

Députés anciens.

Le Pouget, pour le Gignagois.

Lunas & Caunas, pour la mande haute.

Députés nouveaux.

Caux, pour la mande du Cabrairés.

Leſpignan, pour la mande baſſe.

ANNÉE 1779.

Députés anciens.

Caux, pour la mande du Cabrairés.

Leſpignan, pour la mande baſſe.

Députés nouveaux.

Bedarrieux, pour la mande haute.

St. Pargoire, pour la mande du Gignagois.

ANNÉE 1780.

Députés anciens.

Bedarrieux, pour la mande haute.

St. Pargoire, pour la mande du Gignagois.

Députés nouveaux.

Villeneuve, pour la mande baſſe.

Leſignan-la-Cebe, pour la mande du Cabrairés.

ANNÉE 1781.

Députés anciens.

Villeneuve, pour la mande baſſe.

Leſignan-la-Cebe, pour la mande du Cabrairés.

Députés nouveaux.

Tourbes, pour la mande du Gignagois.

Gabian, pour la mande haute.

ANNÉE 1782.

Députés anciens.

Tourbes, pour la mande du Gignagois.

Gabian, pour la mande haute.

Députés nouveaux.

Theſan, pour la mande baſſe.

Alignan-du-Vent, pour la mande du Cabrairés.

ANNÉE 1783.

Députés anciens.

Theſan, pour la mande baſſe.

Alignan-du-Vent, pour la mande du Cabrairés.

Députés nouveaux.

Aſpiran, pour la mande du Gignagois.

Magalas, pour la mande haute.

ANNÉE

ANNÉE 1784.

Députés anciens.

Aspiran, pour la mande du Gignagois.

Mugalas, pour la mande haute.

Députés nouveaux.

Servian, pour la mande du Cabrairés.

Murviel, pour la mande baffe.

ANNÉE 1785.

Députés anciens.

Servian, pour la mande du Cabrairés.

Murviel, pour la mande baffe.

Députés nouveaux.

Bouffagues, pour la mande haute.

Vindemian, pour la mande du Gignagois.

ANNÉE 1786.

Députés anciens.

Bouffagues, pour la mande haute.

Vindemian, pour la mande du Gignagois.

Députés nouveaux.

Sérignan, pour la mande baffe.

Roujan, pour la mande du Cabrairés.

ANNÉE 1787.

Députés anciens.

Sérignan, pour la mande baffe.

Roujan, pour la mande du Cabrairés.

Députés nouveaux.

Puiffalicon, pour la mande haute.

Paulian, pour la mande du Gignagois.

ANNÉE 1788.

Députés anciens.

Puiffalicon, pour la mande haute.

Paulian, pour la mande du Gignagois.

Députés nouveaux.

Cazouls-les-Beziers, pour la mande
baffe.

Fontés, pour la mande du Cabrairés.

Les vingt communautés qui ne font pas de tour, ont, ainfi que toutes les autres communautés du diocefe, le droit d'envoyer chaque année un député à l'affiette ; mais tous ces députés n'affiftent qu'à l'ouverture de l'affiette, & fortent de l'affemblée après la lecture des commiffions.

On a vu que la ville *de Gignac*, quoique capitale de la mande du Gignagois, n'eft pas du nombre des fix communautés de cette mande qui ont droit de députer par tour ; mais c'eft parce qu'elle fait un ordre à part, & qu'elle a le droit particulier d'envoyer chaque année un député à l'affiette, qui y a féance & voix délibérative après les confuls de Beziers, & avant les quatre députés des mandes.

I.

EXTRAIT du registre des délibérations des Etats généraux de Languedoc, assemblés par mandement du Roi en la ville de Montpellier au mois de Décembre 1654.

Du Mercredi 10 Mars 1655, président Mgr. l'archevêque & primat de Narbonne.

LE sieur de Joubert, syndic général, a représenté que par arrêt de la cour des comptes de cette ville contradictoirement rendu entre le syndic du diocese de Beziers, & le syndic des lieux particuliers dudit diocese, le 12 Août 1599, portant entre autres choses que les députés des vingt-quatre principaux villages dudit diocese entreront à leur tour aux assiettes dudit diocese ; savoir, quatre tous les ans, suivant leur compoix & allivrement, lequel arrêt fut confirmé par autre de l'an 1612, & pour l'exécution d'iceux le sieur de Fevres, conseiller en la cour des aides à ce député, se transporta à Beziers & procéda à la vérification des compoix des lieux pour voir ceux qui doivent composer le nombre de vingt-quatre ; ensuite de quoi en ayant fait la liste, le lieu de Thezan y fut mis & non pas celui de Vendres, ayant ledit lieu de Thezan joui depuis de ladite entrée jusques en l'année 1634, qu'un trésorier de France, commissaire principal de l'assiette de Beziers, pour favoriser les siens parens qui étoient pour lors consuls de Vendres, les fit entrer à ladite assiette, à l'exclusion de celui de Thezan, bien que ledit lieu de Vendres ne fût pas du nombre des vingt-quatre qui ont l'entrée à ladite assiette, & au mépris de la chose jugée par deux arrêts rendus, toutes parties ouies ; ensuite de quoi le député de Thezan s'étant présenté en ladite assemblée

l'an 1644 pour y prendre son tour, celui de Vendres s'y étant opposé, l'assiette avoit renvoyé les parties en la cour des aides pour leur être pourvu, & cependant tous deux furent exclus de l'entrée ; depuis lequel renvoi les consuls de Thezan par un arrêt contradictoirement rendu le 4 Mai 1646, ont été maintenus audit droit d'entrée à l'exclusion des consuls de Vendres, auxquels il a été fait défenses de leur donner aucun trouble ni empêchement, à peine de cinq cent livres d'amende & autres arbitraires, enjoignant aux commissaires principal & ordinaires d'avertir & recevoir à leur tour lesdits consuls de Thezan, à peine de nullité & cassation des procédures ; néanmoins, bien que leur droit d'entrée soit puissamment établi par lesdits arrêts & qu'ils ne doivent plus s'attendre d'y être troublés par les consuls de Vendres, pour rendre le respect à l'assemblée, ils lui présentent requête afin de manifester leur droit, & la supplient très-humblement de les en faire jouir. SUR QUOI A ÉTÉ ARRÊTÉ que les supplians se retireront à l'assiette de Beziers pour, parties ouies, leur être fait droit, ainsi qu'il appartiendra, sur les faits ci-dessus exposés.

I I.

EXTRAIT du registre des délibérations des Etats généraux de Languedoc, assemblés par mandement du Roi en la ville de Pezenas au mois de Novembre 1655.

Du Samedi 12 Février suivant, président Mgr. l'archevêque de Toulouse.

SUR la requête présentée par les consuls du lieu de Thesan, portant que sur le différend qu'ils avoient avec les consuls de Vendres pour l'entrée à l'assiette de Beziers, ils avoient eu recours aux Etats de l'année derniere pour les supplier, en vertu de l'arrêt du conseil de l'année 1646, qui renvoyoit ladite cause & les parties pardevant eux, & de la patente de Sa Majesté du mois de Mars 1653, qui leur attribue toute jurisdiction sur pareil cas, de vouloir prononcer définitivement sur leur différend ; les Etats par leur délibération du 10 Mars dernier, ayant renvoyé la cause & parties pardevant MM. les commissaires & députés de ladite assiette, les supplians y firent appeller les consuls de Vendres, lesquels députés de ladite assiette, en vertu dudit renvoi, après avoir vu les actes des parties & oui les consuls de Vendres, conformément à l'arrêt de réglement de la cour des aides de l'an 1599, ont remis & maintenu par délibération du 5 Mai de l'année derniere, les consuls & habitans de Thezan dans le droit d'entrer dans ladite assiette de Beziers, à l'exclusion de ceux de Vendres ; suppliant très-humblement la compagnie de vouloir confirmer & autoriser la délibération prise en leur faveur en ladite assiette de Beziers. SUR QUOI, oui le sieur de Roux, syndic général, qui a dit avoir une requête en main desdits consuls de Vendres, lesquels étoient appellans du jugement & délibérations prises dans l'assiette de Beziers sur ce sujet, offrant de remettre des actes pour justifier leur droit prétendu, A ÉTÉ DÉLIBÉRÉ ET ARRÊTÉ que les parties produiront dans trois jours, passé lequel délai il sera prononcé définitivement sur ledit différend, sur les actes qui seront remis au greffe des Etats.

III.

Extrait du registre des délibérations des Etats généraux de Languedoc, assemblés par mandement du Roi en la ville de Pezenas au mois de Novembre 1655.

Du Samedi 19 Février suivant, présidant Mgr. l'archevêque de Toulouse.

LE sieur de Lamamie, syndic général, a rapporté l'exploit fait le 13 du présent mois par les consuls de Thezan aux consuls de Vendres, en conséquence de la délibération de l'assemblée, à ce qu'ils eussent à venir produire dans trois jours devers le greffe des Etats les titres & autres actes en vertu desquels ils prétendent avoir entrée dans l'assiette du diocese de Beziers, à l'exclusion dudit lieu de Thezan, & parce qu'ils ne sauroient justifier ledit prétendu droit, & qu'ils n'ont remis aucuns titres, supplie l'assemblée de vouloir dire droit définitivement aux parties. SUR QUOI A ÉTÉ DÉLIBÉRÉ ET ORDONNÉ que, conformément à la délibération de l'assiette du 5 Mai de l'année derniere, prise avec connoissance de cause, où les parties furent ouïes, ledit lieu de Thezan est maintenu au droit & faculté d'entrer à son tour aux assiettes & autres assemblées dudit diocese, à l'exclusion dudit lieu de Vendres, auquel est fait inhibitions & défenses de s'y présenter ni donner aucun trouble ni empêchement auxdits consuls de Thezan.

IV.

Jugement des Etats du 7 Janvier 1775, portant que les premier & second consuls de Beziers auront seuls la qualité de commissaires ordinaires dans l'assiette de Beziers, à l'exclusion des autres consuls de Beziers, & ne formeront ensemble qu'une seule voix.

Ce jugement a été rapporté en entier sous le N°. XXXIX de la section seconde du titre III présent titre.

§. VII.

Diocefe de Carcaffonne.

LE diocefe de Carcaffonne eft borné, au nord., par le diocefe de Lavaur ; au levant, par celui de Narbonne ; au midi, par le même diocefe & par celui de Limoux ; au couchant, par le diocefe de Saint-Papoul.

Il n'y a point de baronnie dans ce diocefe.

Le diocefe de Carcaffonne eft divifé en quatre quartiers, qui font, le quartier de *Rive-d'Aude*, & ceux de *Cabardés*, *la Graffe* & *Montréal*.

Les villes & lieux de *Carcaffonne*, *Montréal*, *la Graffe*, *Montoulieu*, *Trebes*, *Saiffac*, *Conques* & *Mas-Cabardés* font *chefs de quartier*, & ont le droit d'envoyer chacune, chaque année, deux députés à l'affiette.

Chaque quartier fournit en outre, chaque année, un député envoyé par la communauté de ce quartier qui eft en tour ; ce qui fait en tout vingt députés du tiers-état, indépendamment des confuls en place de la ville de Carcaffonne.

Nous allons préfenter ici le tour des communautés de chaque quartier ; & il nous fuffira d'obferver que celle que nous nommerons la première dans chaque quartier a envoyé cette année (1786) à l'affiette, & que les autres y députeront fucceffivement fuivant l'ordre dans lequel elles font placées, après quoi le tour recommencera pour chaque quartier ; & il en réfultera que les communautés du quartier *de Rive-d'Aude* envoient à l'affiette de 18 en 18 ans, celles du quartier de *Cabardés*, de 31 en 31 ans ; celles du quartier *de la Graffe*, de 26 en 26 ans ; & celles du quartier *de Montréal*, de 24 en 24 ans.

Quartier de Rive-d'Aude.

Mairac, *Saint-Frichoux*, *Malves*, *Floure*, *Rufliques*, *Berriac*, *Puicheric*, *Capendu*, *Berbaira*, *Dourens*, *Aigues-vives*, *Badens*, *Marfeillette*, *Bouillonac*, *Saint-Couat*, *Blomac*, *Comigne*, *Fontiés-riviere-d'Aude*.

Quartier de Cabardés.

Goutarende, Fontiés-Cabardés, Villemouſtauſſou, Pennautier, Pradelles-de-Cabardés, Miraval, Villardonnel, Saint-Denys, Villalier, Cuxac, Labaſtide-Eſparbairenque, Caſtans, Aragon, Ventenac, Caudebronde, Cabreſpine, Villegly, Villegaillenc, Roquefere, Baignoles, le Villaret, Fraiſſe, Canecaude, la Tourrette, Sallelles, Brouſſes, Villedubert, Villarel, Traſſanel, la Baſtide-Rougepeire, Marmorieres.

Quartier de la Graſſe.

Montlaur, Saint-Hilaire, Palaja, Couſſoulens, Pomas, Leuc, Cavanac, Ladern, Montiral, Verſeille, Moulʒe, Caʒillac, Gardie, Villeſloure, Arquettes, Villebaʒy, Pradelles-en-Val, Villar-en-Val, Serviés, Villetritouls, la Baſtide-en-Val, Rieux-en-Val, Tauriſe, Mas-des-Cours, Courneſe, Caunettes-en-Val.

Quartier de Montréal.

Rouffiac, Villeneuve-les-Montréal, Villeſeque baſſe, Caunettes-les-Mouſſoulens, Sauʒens, Moneſtiés, Cenne, Alʒonne, Arʒens, Voiſins, Sainte-Eulalie, Alairac, Mouſſoulens, Villeſeque-Lande, Preixan, la Valette, Caux, Carlipa, Roullens, Alʒau, Saint-Martin, Corneille, Moncla, Raiſſac.

L'aſſiette de Carcaſſonne eſt dans l'uſage particulier de ne procéder que de trois en trois ans à l'élection de ſes officiers; & toutes les communautés payant taille dans le dioceſe ont droit d'envoyer chacune un député pour voter & opiner dans cette élection; après quoi ces députés ſortent de l'aſſemblée, & il n'y reſte que les députés des communautés qui ont droit d'envoyer à l'aſſiette.

§. VIII.

Diocefe de Lodeve.

LE diocefe de Lodeve confine, du nord, au Rouergue & au diocefe d'Alais; du levant, au diocefe de Montpellier; du midi & du couchant, au diocefe de Beziers.

Il n'y a point de Baronnie dans ce diocefe.

Le premier conful-maire de Lodeve, un député notable de la même ville & le premier conful-maire de Clermont font tous les trois commiffaires ordinaires du diocefe; & le fecond conful, lieutenant-de-maire de Clermont, affifte chaque année à l'affemblée de l'affiette avec les quatre députés des quatre communautés du diocefe qui font de tour.

Toutes les communautés de ce diocefe, qui font au nombre de quarante-huit, abftraction faite de celles de Lodeve & de Clermont qui forment chacune leur ordre à part, ont droit de députer à l'affiette; & comme il y en a quatre qui y députent chaque année, le tour de chacune revient de douze en douze ans. Voici l'ordre de ces députations alternatives, à partir de la préfente année.

1786.

St. Saturnin.
Ceyras.
Soubés.
Pegairoles.

1787.

St. André.
Jonquieres.
Les Plans.
St. Martin de Caftries.

1788.

Salafc.
Moureze.
St. Etienne.
Olmet.

1789.

Nebian.
Celles.
St. Michel.
St. Martin de Combes.

1790.

St. Felix.
Lauzieres.
Soumont.
La Valette.

1791.

St. Guiraud.
Malavielle.
Parlatges.
Ufclas.

<table>

1792.	1795.
Arboras.	St. Guillen.
Le Bosc.	St. Jean de Plaux.
Sorbs.	Le Caylar.
Le Puech.	Lauroux.
1793.	1796.
La Coste.	Montpeiroux.
Liausson.	Brignac.
Fosieres.	Les Rives.
Villacun.	Poujols.
1794.	1797.
St. Privat.	St. Jean de Fos.
La Garrigue.	Canet.
Aubaignes.	St. Maurice.
Brenas.	La Vacquerie.

Avant 1759, outre les quatre communautés de tour, toutes les autres envoyoient chaque année à l'alliette chacune un député qui y assistoit jusqu'après la lecture des Réglemens. Mais la rétribution qu'on leur accordoit pour cette assistance ayant été supprimée par l'état de 1759, les communautés qui n'étoient pas de tour ont cessé d'y envoyer.

Nº. I.

I.

EXTRAIT du registre des délibérations des Etats généraux de Languedoc, assemblés par mandement du Roi en la ville de Pezenas au mois d'Octobre 1602.

Du Jeudi 7 Novembre suivant, président Mgr. l'archevêque & primat de Narbonne.

AYANT les députés de Lodeve représenté que de toute ancienneté & coustume immémorialle observée audit dioceze, autres que les officiers de Mgr. l'evesque de Lodeve, comme seigneur en toute juridition spirituelle & temporelle, n'ont entrée ez assiettes dudit dioceze & neantmoings despuis quelques années le juge de Ginhac s'est ingéré d'entrer esdites assiettes, & de prendre taxations de ses vacations, ce qu'ayant esté remonstré au Roy, Sa Majesté par arrêt du 30 Juillet auroit renvoyé les parties aux prochains Estats pour y pourvoir, A ESTÉ ARRESTÉ que l'ordre ancien & coustume tant audit dioceze de Lodeve que autres dudit païs sera observé sans que ezdites assiettes du dioceze de Lodeve puissent assister autres que ceux qui de toute anciennetté ont accoustumé d'y avoir seance & oppinion, & sera ledit arrest enregistré ez registres dudit païs pour y avoir recours quand besoing sera.

Nº. I.

II.

ARRÊT

Du Conseil d'Etat du Roi,

Qui déboute le viguier de Gignac de sa prétention d'entrer à l'assiette du diocese de Lodeve.

Du 11 Septembre 1668.

Extrait des Registres du Conseil d'Etat.

SUR ce qui a été représenté au Roi étant en son conseil, qu'encore que le nombre de ceux qui doivent assister aux assemblées des assiettes dans la province de Languedoc ait été réglé par l'état arrêté au conseil le 22 Avril 1634, qui sert de loi aux vingt-deux dioceses qui composent ladite province, il se trouve pourtant que de temps en temps certains particuliers, sous divers prétextes, prétendent s'attribuer la qualité de commissaire ordinaire en quelques dioceses, ce qui auroit donné lieu à plusieurs arrêts du conseil, même à celui du 24 Septembre 1666, rendu sur les remontrances des gens des trois Etats de ladite province, par lequel très-expresses inhibitions & défenses sont faites à toute sorte de personnes de prendre, sous quelque prétexte que ce soit, la qualité de commissaire ordinaire, s'ils ne l'ont par ledit état de 1634; au préjudice de quoi néanmoins Me. Jacques Laurés, viguier en la viguerie de Gignac qui n'est point employé dans le susdit état, a voulu disputer ladite qualité au viguier du sieur évêque de Lodeve qui en a joui de tout temps, & qui se trouve employé audit état de l'an 1634; pour raison de quoi il se seroit pourvu pardevant les sieurs commissaires présidens pour Sa Majesté auxdits Etats, lesquels comme bien in-

formés de l'usage & du droit des parties, après avoir oui ledit Laurés en son fait, auroient par leur ordonnance contradictoirement rendue le dernier Janvier 1667, maintenu le viguier dudit sieur évêque de Lodeve en la possession du droit d'entrée comme commissaire ordinaire à l'assiette du diocese de Lodeve, pour en jouir comme il a fait depuis l'année 1602 & auparavant, avec défenses audit Laurés & à tous autres de lui donner aucun trouble & empêchement, & condamné ledit Laurés aux dépens envers les consuls dudit Lodeve, qu'il avoit fait appeller. Laquelle ordonnance Sa Majesté auroit confirmée par arrêt de son conseil du 3 Octobre de ladite année 1667, contenant des itératives défenses faites par icelui audit Laurés de prendre ladite qualité de commissaire ordinaire dudit diocese de Lodeve, ni de troubler le viguier dudit sieur évêque de Lodeve. Taisant lequel arrêt, il se trouve que ledit Laurés a interjeté appel de l'ordonnance desdits sieurs commissaires le 29 Juin de ladite année 1667, & en vertu des lettres par lui obtenues il a fait assigner au conseil par exploit du 27 Novembre suivant les consuls de ladite ville de Lodeve, dénommés en ladite ordonnance, à dessein de faire une instance au conseil contre le viguier dudit sieur évêque, & avoir par ce moyen un prétexte de se pourvoir tant contre l'ordonnance desdits sieurs commissaires que contre l'arrêt du conseil qui l'a autorisée & débouté ledit Laurés de sa prétention. Et comme cet appel ne peut être pris que pour une pure vexation de la part dudit Laurés, & étant nécessaire d'être sur ce pourvu ; Vu l'extrait de l'état de l'année 1634 ; l'arrêt du conseil du 22 Septembre 1666 ; la requête présentée par ledit Laurés pardevant lesdits sieurs commissaires ; leur ordonnance contradictoire du dernier

Janvier

Janvier 1667 ; l'arrêt du conseil confirmatif d'icelle du 3 Octobre de ladite année ; les lettres d'appel obtenues par ledit Laurés le 29 Juin dernier, avec l'exploit d'assignation donnée auxdits consuls le 21 Novembre ensuivant ; & tout considéré : LE ROI ÉTANT EN SON CONSEIL, a ordonné & ordonne que les arrêts d'icelui du 22 Septembre 1666 & 3 Octobre dernier seront exécutés selon leur forme & teneur ; ce faisant, a déchargé & décharge les consuls dudit Lodeve de l'assignation à eux donnée au conseil ledit jour 21 Novembre dernier, & de tout ce qui s'en sera ensuivi : Fait Sa Majesté itératives défenses audit Laurés & tous autres de donner aucun trouble & empêchement au viguier dudit sieur évêque de Lodeve en sa qualité de commissaire ordinaire à l'assiette dudit diocese de Lodeve, à peine de 1500 livres d'amende, dépens, dommages & intérêts. FAIT au conseil d'état du Roi, Sa Majesté y étant, tenu à Saint-Germain-en-Laye, le onzieme jour de Septembre 1668.

DE GUENEGAUD, *signé.*

LOUIS, PAR LA GRACE DE DIEU, ROI DE FRANCE ET DE NAVARRE : Au premier huissier ou sergent sur ce

requis. Nous te mandons & commandons que l'arrêt dont l'extrait est ci-attaché sous le contre-scel de notre chancellerie, ce jourd'hui donné en notre conseil d'état, Nous y étant, sur ce qui nous y a été représenté touchant le nombre de ceux qui doivent assister aux assemblées des assiettes dans notre province de Languedoc, tu signifies à Jacques Laurés y dénommé & à tous autres qu'il appartiendra, à ce qu'ils n'en prétendent cause d'ignorance, leur faisant de par Nous les défenses y contenues sur les peines y portées, & au surplus pour son entiere exécution & de ceux de notredit conseil des 22 Septembre 1666 & 3 Octobre dernier, toutes autres significations, assignations, commandemens, actes & exploits requis & nécessaires, sans demander autre permission. Voulons qu'aux copies de notredit arrêt & des présentes duement collationnées par l'un de nos amés & féaux conseillers & secrétaires, foi soit ajoutée comme aux originaux : CAR tel est notre plaisir. DONNÉ à Saint-Germain-en-Laye, le onzieme jour de Septembre, l'an de grace 1668 & de notre regne le vingt-sixieme. *Signé,* LOUIS. *Et plus bas ;* Par le Roi, DE GUENEGAUD.

§. IX.

Diocese de Montpellier..

LE diocese de Montpellier est borné, au nord, par les dioceses d'Alais & de Nîmes ; au levant, par ce dernier diocese ; au midi, par la mer, & au couchant, par les dioceses d'Agde, de Beziers & de Lodeve.

Les baronnies de Ganges & de Castries sont situées dans ce diocese.

Les villes & lieux de *Mauguio, Frontignan, Lunel,*

Pouffan, *Ganges*, *Aniane* & *les Matelles*, ont chacune le droit d'envoyer, chaque année, un député à l'affiette.

Les premiers confuls de toutes les autres communautés du diocefe affiftent à la premiere féance, dans laquelle il eft procédé à la nomination des officiers, & à la lecture des commiffions & des réglemens ; & ils fortent de l'affemblée, après qu'il a été délibéré fur l'impofition des fommes contenues dans les com-miffions, arrêts du confeil & ordonnances, & qu'il a été donné pouvoir aux commiffaires & députés à l'affiette de procéder au département des impofitions, de clorre & arrêter les comptes du receveur, & de pourvoir aux autres affaires du diocefe.

§. X.

Diocefe de Nîmes.

LE diocefe de Nîmes confine, au nord, avec les diocefes d'Alais & d'Uzès ; au levant, avec ce dernier diocefe & la Provence ; au midi, avec la mer ; au couchant, avec les dio-cefes de Montpellier & d'Alais.

La municipalité diocéfaine de Nîmes renferme les terroirs de Beaucaire, Fourques, Jonquieres & Meynes, qui dépendent pour le fpirituel du diocefe d'Arles.

La Baronnie de Calviffon eft fituée dans ce diocefe.

Il y a dans le diocefe de Nîmes huit villes ou lieux qui ont le droit de députer chaque année à l'affiette ; *Beaucaire, Marfillar-gues, Aymargues, Sommieres, Milhau, Bernis, Bezouce* & *Calviffon.* Les quatre premieres envoient chacune deux députés, les quatre autres en envoient un chacune.

Il y a encore huit communautés qui ne députent que de deux en deux ans, *Marguerites, Vauvert, Corconne, Cardet*, qui députent alternativement avec *Ledignan, Sarnhac, Saint-Laurent* & *Quiffac.*

I.

EXTRAIT *du regiſtre des délibérations des Etats généraux de Languedoc, aſſemblés par mandement du Roi en la ville de Beziers au mois de Novembre* 1656.

Du Vendredi 25 Mai 1657, préſident Mgr. l'évêque de Viviers.

LE ſieur de Joubert, ſyndic général, a dit, qu'au préjudice de l'arrêt du conſeil de l'an 1634 qui porte réglement pour le nombre des commiſſaires ordinaires & députés qui doivent compoſer les aſſiettes des dioceſes de la province, il a été introduit depuis peu de temps dans l'aſſiette du dioceſe de Nîmes, huit conſuls de ladite ville ; ſavoir, quatre portant la livrée, & les quatre de la précédente année, qui prennent chacun taxe pour un député; à quoi les députés d'Alais & d'Anduze ayant formé oppoſition en l'aſſemblée de l'aſſiette derniere & précédente, le commiſſaire principal avoit octroyé acte de leur oppoſition & les avoit renvoyés aux Etats, pour y être pourvu ; ſur laquelle oppoſition l'aſſemblée devoit prononcer. A ÉTÉ ARRÊTÉ qu'il ſera nommé des commiſſaires pour voir & examiner l'arrêt de réglement de l'an 1634, comme auſſi l'uſage de l'aſſiette dudit dioceſe de Nîmes ; auquel effet ont été nommés Mgr. l'évêque de Beziers, M. le baron de Lanta, les ſieurs ſyndics du Vivarais & député de Caſtres.

I I.

EXTRAIT *du regiſtre des délibérations des Etats généraux de Languedoc,* aſſemblés par mandement du Roi en la ville de Beziers au mois de Novembre 1656.

Du Mardi 29 Mai 1657, préſident Mgr. l'évêque de Viviers.

MESSIEURS les commiſſaires nommés pour voir & examiner le réglement de l'an 1634, ſur le nombre des commiſſaires ordinaires & députés qui doivent compoſer les aſſiettes, comme auſſi l'uſage de l'aſſiette du dioceſe de Nîmes, ont rapporté avoir trouvé dans ledit réglement, que dans l'aſſiette du dioceſe de Nîmes, il ne devoit y avoir que quatre conſuls de la ville de Nîmes ; que néanmoins il s'étoit introduit dans ladite aſſiette huit conſuls de ladite ville ; ſavoir, quatre portant la livrée, & les quatre précédens ; à quoi les députés des villes d'Anduze & d'Alais, ayant formé oppoſition en l'aſſiette derniere & précédente, le commiſſaire principal avoit octroyé acte de leur oppoſition, & renvoyé les parties aux Etats, pour leur être pourvu ; ſur laquelle oppoſition étant queſtion de prononcer, meſdits ſieurs les commiſſaires avoient été d'avis de régler les conſuls de ladite ville de Nîmes qui doivent entrer à l'aſſiette, au nombre de quatre : SUR QUOI A ÉTÉ DÉLIBÉRÉ & arrêté que conformément audit réglement de l'an 1634, le nombre des conſuls de la ville de Nîmes qui devront entrer en l'aſſiette dudit dioceſe ſera réglé & réduit au nombre de quatre, ſans qu'il puiſſe être augmenté ſous quelque prétexte que ce ſoit ; ordonnant néanmoins que chaque conſulat jouiſſe de ſon aſſiette.

III.

ARRÊT

Du Conseil d'Etat du Roi,

Rendu sur la requête de M. le marquis de Calvisson, qui ordonne que l'arret du conseil du 30 Janvier 1725, concernant les rangs & séances dans les assiettes, sera exécuté dans l'assiette de Nîmes.

Du 3 Septembre 1729.

Extrait des Registres du Conseil d'Etat.

SUr la requête présentée au Roi étant en son conseil, par le sieur Louis de Louet de Nogaret, marquis de Calvisson, mestre de camp d'infanterie, commandant pour Sa Majesté à Marsillargues, l'un des barons des Etats du Languedoc ; CONTENANT que Sa Majesté voulant faire cesser quelques contestations survenues dans les assiettes de plusieurs dioceses de la même province, procurer la tranquillité, & maintenir le bon ordre, donna un arrêt le 23 Novembre 1723, par lequel Sa Majesté renvoya aux commissaires qui présideroient pour Elle aux Etats prochains, les différends & contestations, pour sur leur avis y être statué ainsi que Sa Majesté le jugeroit à propos : Et sur leur avis, il fut fait par Sa Majesté un réglement le 30 Janvier 1725, qui sembloit ne laisser aucun prétexte de contestations : il en est cependant survenu que le suppliant ne peut dissimuler , & sur lesquelles il prend la liberté de réclamer la justice de Sa Majesté. L'article VI de ce réglement porte que l'on partira du palais épiscopal pour aller à la messe ou au lieu de l'assemblée ; que l'évêque marchera en camail & en rochet entre le

commissaire principal qui sera à sa droite & les barons à sa gauche. Il est dit par l'article VII qu'étant arrivés à l'église, il y aura trois prie-Dieu placés sur la même ligne, celui de l'évêque au milieu, celui du commissaire principal à sa droite, & le troisieme à gauche pour les barons. L'article VIII porte que l'assiette se tiendra à l'hôtel - de-ville ; & que si par la situation des lieux on a coutume de se placer sur les hauts bancs, comme aux Etats, l'évêque occupera la place du milieu, le commissaire celle de sa droite, & les barons à gauche. Mais quoique par ces articles Sa Majesté ait eu l'intention de conserver à l'évêque la place la plus honorable, le sieur évêque de Nîmes a cru que ce n'étoit point assez, & qu'il ne convenoit pas à sa dignité d'être placé sur la même ligne entre le premier commissaire & les barons, & prétend avoir son prie - Dieu seul au - dessus d'eux, comme si la chose n'étoit point decidée. Comme cette prétention est diamétralement contraire au réglement fait par Sa Majesté en connoissance de cause, sur l'avis des commissaires par Elle nommés pour la tenue des Etats ; le suppliant, après avoir épuisé toutes les mesures de bienséance, n'a pu se dispenser de faire signifier au sieur évêque de Nîmes le 22 Mars 1728 , un acte en forme de protestation de l'infraction qu'il apportoit au réglement en ce chef. Il y a plus , car quoique par l'article X du même réglement il ait été décidé que le procès verbal de l'assiette sera lu en pleine assemblée, & signé conformément au réglement du premier Mars 1659 en trois originaux, de même que les départemens des impositions, avant la fin des assiettes, par l'évêque , le commissaire principal , le baron , & les commissaires ordinaires & députés, en la même maniere que leur séance est réglée ; le sieur évêque de Nîmes prétend faire figner le procès verbal de l'affiette dans fon palais épif-copal, & par conféquent obliger le premier commiffaire, les barons & députés de s'y rendre : ce qui eft une contravention formelle au même régle-ment. REQUÉROIT à ces caufes le fup-pliant, qu'il plût à Sa Majefté, fans s'arrêter à la prétention du fieur évêque de Nîmes, ordonner que l'arrêt du con-feil d'état du 30 Janvier 1725, fera exécuté de point en point. VU ladite requête; OUI le rapport, & tout con-fidéré : LE ROI ÉTANT EN SON CONSEIL, ayant égard à ladite re-quête, a ordonné & ordonne que ledit arrêt du confeil du 30 Janvier 1725, fera exécuté felon fa forme & teneur. FAIT au confeil d'état du Roi, Sa Ma-jefté y étant, tenu à Verfailles le troi-fieme Septembre mil fept cent vingt-neuf.

Signé, PHELYPEAUX.

LOUIS, PAR LA GRACE DE DIEU, ROI DE FRANCE ET DE NAVARRE: Au premier notre huiffier ou fergent fur ce requis. Nous te commandons par ces préfentes fignées de notre main, de fignifier à tous ceux qu'il appartiendra, à ce qu'ils n'en ignorent, l'arrêt ci-attaché fous le contre-fcel de notre chancellerie, ce jourd'hui donné en notre confeil d'état, Nous y étant, pour les caufes y mention-nées : De ce faire te donnons pou-voir, commiffion & mandement fpé-cial, & de faire en outre pour l'en-tiere exécution dudit arrêt, tout autre exploît & actes de juftice que befoin fera, fans pour ce demander autre permiffion : CAR tel eft notre plaifir. DONNÉ à Verfailles le troifieme jour de Septembre, l'an de grace mil fept cent vingt-neuf, & de notre regne le quinzieme. *Signé*, LOUIS; *Et plus bas*; Par le Roi, PHELYPEAUX. Et fcellé.

§. X I.

Diocefe d'Alais.

LE diocefe d'Alais, formé en 1694 de plufieurs paroiffes diftraites du fiége de Nîmes, confine, au nord, avec le diocefe de Mende; au levant, avec les diocefes d'Uzès & de Nîmes; au midi, avec ceux de Montpellier & de Lodeve; au couchant, avec le Rouergue.

Le Comté d'Alais, & la baronnie de Tornac, érigée auffi en 1694, font fitués dans ce diocefe.

Quatre Vigueries partagent inégalement fon territoire; la Vi-guerie d'Alais, & celles d'Anduze, du Vigan & de Sauve.

Quarante-une villes & lieux de ce diocefe ont droit de députer à l'affiette, mais les unes chaque année, d'autres de trois en trois ans, & d'autres de dix en dix ans.

Les villes d'Anduze, du Vigan & de Sauve, chefs de viguerie, y envoient, chacune, chaque année, deux députés.

La ville de *Saint-Hypolite* en envoie un chaque année.

Six autres villes entrent alternativement de deux en deux, tous les trois ans, dans l'ordre suivant.

1.

Meyrueis.
St. Jean de Gardonnenque.

2.

Sumene.

Lassalle.

3.

Valleraugue.
St. André de Valborgne.

Sumene & *Lassalle* sont entrées en 1786.

Trente-une communautés députent alternativement tous les dix ans, de maniere qu'il en entre trois ensemble, chaque année, pendant neuf ans, & qu'il en entre quatre la dixieme année. Voici l'ordre de leur tour.

1.

Aulas.
Vezenobre.
Dourbies.

2.

Aumessas.
Pompignan.
Tornac.

3.

St. André de Majencoules.
Durfort.
Cendras.

4.

Mialet.
St. Laurent le Meynier.
St. Roman de Codieres.

5.

Trebes.
St. Marcel de Fontfouillouse.
Arigas.

6.

Alzon.
Ribaute,
Aveze.

7.

Manoblet.
Lanuejols.
St. Chriftol.

8.

St. Felix de Palieres.
Mandagouft.
St. Paul de la Cofte.

9.

Notre-Dame de la Rouviere.
Montdardier.
Colognac.

10.

St. Martial.
Roques.
St. Martin de Corconac.
St. Hilaire de Brethmas.

Notre-Dame de la Rouviere, Montdardier & Colognac ont été de tour en 1786.

Part. I. Div. II. Liv. I. Tit. X. 407

N°. I.

N°. I.

I.

BULLE

Du Pape Innocent XII.

Portant érection de l'évéché d'Alais.

Du 16 des calendes de Juin 1694.

INNOCENTIUS Episcopus servus servorum Dei , ad perpetuam rei memoriam. Animarum zelus nullis terminis comprehensus, universalisque dominici gregis cura, nobis, licet immeritis, ex alto commissa, nec non unigeniti filii Dei & Domini nostri Jesu Christi, ad infima hujus mundi pro humano salvando genere descensus, ipsiusque praeceptum apostolis demandatum, *ite, praedicate evangelium omni creaturae*, mentem nostram continuo sollicitant ut studiis assiduis ad ea intendere debeamus, per quae fides nostra catholica ubique ab omni expurgetur zizania, omnisque vepris expers surgat & propagetur, errantesque oves, diabolicâ fraude haeresumque pravitate correptas, ad ovile verique luminis agnitionem reducantur. Propterea novas sedes, novosque pastores instituere debemus, ut faciliùs oves ipsae sic deperditae se in eas reducere valeant, praesertimetiam cum sublimium Regum vota & gesta id exposcant, & comperiamus in Domino pro animarum salute id expedire. Cum itaque, sicut accepimus, charissimus in Christo filius noster Ludovicus Francorum & Navarrae Rex christianissimus, ad Dei solum cultum ejusque orthodoxae legis observantiam, sanctae Matris Ecclesiae exaltationem, haeresumque extirpationem, ac haereticorum confusionem enixè intentus, divinâ piis ejus conatibus favente gratiâ, tot millia subditorum à viâ salutis per satanae suggestionem, aberrantium,

ad ejusdem sanctae Matris Ecclesiae gremium propriâ applicatione & curâ feliciter reduxerit, cupiens eosdem suos subditos uti adhuc teneros vitis evangelicae qui Christus est palmites in ipsius fide vera per ampliùs confoveri & consolidari, ac commodiùs instrui & gubernari, inter alia ad hoc suum vere regium intentum conducentia media, nullum aliud opportunius fore compererit, quam si recenter conversis Christi fidelibus in vallibus Cebennicis, vulgo, *les Cevennes*, constitutis & numerum quinque myriadum excedentibus, qui ex sola praesentia venerabilis fratris nostri episcopi Nemausensis, in cujus dioecesi & territorio valles praefatae sitae sunt, ob earumdem vallium à civitate Nemausensi, ubi ipse episcopus residet, aspero, montuoso, laborioso & difficili plurium leucarum intercedente itinere distantiam, ibidem visitationis adeo necessariae munus & pastoralia munia & solatia recipere non valent, proprius praesul & pastor animarum attribueretur & assignaretur, qui proprias oves cognosceret & pasceret, ac ab ipsis vice versa in veritate docendâ & praestandâ obedientiâ cognosceretur, ac proindè ut dictarum vallium territorium à dioecesi Nemausensi separare, oppidumque Alesii quod ipsarum vallium caput, muris cinctum, arce & praesidio munitum, praefecturâ decoratum, quinque regularium utriusque sexûs coenobiis, hospitali, & duabus confraternitatibus insignitum, bis mille ferè familiis, quas inter plures nobiles ac tres ex quatuor partibus neophitae constans, aeris etiam salubritate ac soli fertilitate gaudens, ac ad id valdè aptum, commodum & opportunius est, in civitatem, inibique existentem secularem & collegiatam Ecclesiam Sti. Joannis-Baptistae amplae & elegantis structurae, sex capellis ac sacra supellectili ad divina peragenda, non tamen ad pontificalia exercenda decenter ornatam, aliisque requisitis satis instructam, in cathedralem, ibique sedem episcopalem erigere & collocare, ac aliàs desuper opportunè providere, de benignitate apostolicâ, dignaremur. Nos cui nihil magis curæ est quam ut fides catholica illibata ubique floreat & augeatur, non de inventa ove, sed de integri gregis ad ovile Christi reductione congaudentes, ac ipsi Ludovico Regi congratulati, ne desit his Ecclesiæ novis filiis, qui frangat panem puræque doctrinæ pabula præbeat ac singulorum vultus, ut episcopum decet, inspiciat & agnoscat, maturâ super his in congregatione venerabilium fratrum nostrorum sanctæ Romanæ Ecclesiæ cardinalium, rebus consistorialibus præposita, cui negotium dismembrationis & erectionis hujusmodi discutiendum à nobis commissum fuerat, habitâ deliberatione, oppidum præfatum episcopali & civitatis titulo dignum judicantes, piisque dicti Ludovici Regis desideriis libenter annuentes, de eorumdem ac aliorum venerabilium fratrum nostrorum præfatæ sanctæ Romanæ Ecclesiæ cardinalium consilio & assensu, oppidum præfatum ab ordinariâ jurisdictione dicti episcopi Nemausensis, de expresso ejus, ac illius cathedralis capituli & canonicorum consensu, apostolicâ autoritate, tenore præsentium, perpetuo segregamus, dividimus, separamus & dismembramus, illudque ac ejus clerum & populum, quoad legem diœcesanam, ab episcopi Nemausensis superioritate, jurisdictione, potestate, subjectione, visitatione & correctione prorsus eximimus & liberamus, ac oppidum præfatum civitatis, illiusque incolas civium nomine, titulo & honore decoramus, illudque in civitatem Alesiensem denominandum, & in eo sæcularem & collegiatam Ecclesiam sancto Joanni-Baptistæ dicatam duas-

que dignitates, decanatum scilicet & sacristiam, cum aliis decem canonicatibus habentem in cathedralem Ecclesiam, sub invocatione ejusdem sancti Joannis-Baptistæ pro uno episcopo Alesiensi nuncupando, qui illi præsit, ac Ecclesiam ipsam ad formam cathedralis Ecclesiæ redigi faciat, nec non episcopalem jurisdictionem, autoritatem & potestatem exercere, omniaque & singula quæ ordinis, jurisdictionis & cujusvis alterius muneris episcopalis sunt, & ad illa ac synodi diœcesanæ convocationem & celebrationem spectant & pertinent, ac quæ alii tam in illis regnis & provinciis quam alibi ubicumque constituti episcopi in suis ecclesiis, civitatibus & diœcesibus, de jure, consuetudine, aut alias quomodolibet facere, & quibus uti solent ac possunt, pariformiter, atque principaliter, & absque ullâ prorsus differentiâ, in suis Ecclesiâ, civitate & diœcesi Alesiensi respectivè facere, gerere & exercere, ac uti, frui, & gaudere liberè & licitè possit & debeat, ac pro tempore existenti archiepiscopo Narbonensi, jure metropolitico, prout antè separationem & dismembrationem hujusmodi suberat, subjaceat, cum sede & mensâ aliisque insigniis episcopalibus, necnon præeminentiis & honoribus, privilegiis, immunitatibus & gratiis spiritualibus & temporalibus, personalibus, realibus & mixtis, quibus cæteræ cathedrales Ecclesiæ regnorum & provinciarum hujusmodi similiter de jure, consuetudine, privilegio, aut aliàs quomodolibet utuntur, potiuntur & gaudent, ac uti, potiri & gaudere possunt & poterunt, quomodolibet in futurum: de similibus consilio & potestatis plenitudine, dictâ apostolicâ autoritate perpetuo erigimus & instituimus, ac eidem sic erectæ Ecclesiæ Alesiensi ipsum oppidum sic in civitatem erectum, pro civitate, & aliæ octo
civitates

civitates nuncupatæ, ac alia triginta sex inferiora oppida, & reliqua quinquaginta quinque oppidula, cum eorum omnium & singulorum respectivè parochiis & territorio, quinquaginta longitudine, latitudine vero triginta circiter milliaribus Italicis extenso, pro diœcesi; nec non ecclesias pro clero, & seculares personas pro populo, de consilio, potestate & autoritate similibus, etiam perpetuò concedimus, attribuimus & assignamus, civitatemque, clerum & populum hujusmodi episcopo Alesiensi quoad episcopalem, & archiepiscopo Narbonensi pro tempore existentibus, quoad metropoliticam, ordinariam jurisdictionem & superioritatem, de paribus consilio & potestatis plenitudine, etiam perpetuò subjicimus, ac insuper cum dilectus filius Ludovicus *de Calviere*, abbas abbatiæ, olim forsan regularis, sed jam nunc, omni in eâ regularitate cessante, ad sæcularem statutum redactæ, sæcularis & collegiatæ Ecclesiæ sancti Petri Psalmodiensis, vulgo *de Psalmody* nuncupatæ, in oppido Aquarum mortuarum dictæ Nemausensis diœcesis, existentis, regimini & administrationi dictæ abbatiæ ac omni & cuicumque juri sibi in illa vel ad illam quomodolibet competenti & per eum prætenso, in manibus nostris ad præmissorum & infrà scriptorum effectum cesserit, nosque cessionem eamdem ex dictâ causâ duximus admittendam, nos abbatiam ipsam ac titulum collativum & denominationem abbatiæ & collegiatæ, firma cæteroqui remanente illius parochialitate, de præfati Ludovici Regis, ad quem, dum illa pro tempore vacat, jus ad illam nominandi vigore concordatorum dudum inter sedem apostolicam & claræ memoriæ Franciscum primum, olim eorumdem Francorum Regem initorum, pertinere dignoscitur, perpetuò quoque supprimimus &

extinguimus, ac illius sic suppressam & extinctam abbatiam, cujus fructus ad quingentos florenos auri in libris cameræ apostolicæ taxati reperiuntur, verus autem valor ad octodecim millia librarum turonensium ascendit, mensæ episcopali Alesiensi pro ejus dote, similiter perpetuò, applicamus & appropriamus; capitularem vero mensam ac capitulum, nec non præposituram, quæ principalis, & archidiaconatum, cantoriam & subcantoriam quæ reliquæ dignitates inibi erant, ac decem canonicatus & totidem præbendas illius, ad sic erectam Ecclesiam Alesiensem, de similibus consilio, & autoritate, pariter perpetuo ita transferimus & traducimus, ut ex duobus Alesiensi & Psalmodiensi capitulis hujusmodi, unicum ipsius episcopi Alesiensis proprium capitulum, in quo præpositura Psalmodiensis prima, post pontificalem, ac excepto decanatu Alesiensi, quem nos certis nobis notis de causis adducti, ex nunc prout ex tunc & è contra postquam illum per cessum vel decessum aut alias quomodolibet, quandocumque ac ubicumque vacare contigerit, perpetuo quoque similiter supprimimus & extinguimus, ac mensæ capitulari Alesiensi annectimus & incorporamus, expresso ad id moderni decani accedente consensu, reliquæ aliæ dignitates, archidiaconatus secunda, cantoria tertia, sacristia Alesiensis respectivè nuncupandæ quarta & subcantoria quinta, nec non octo Alesienses & decem Psalmodienses respectivè canonicatus & præbendæ, sint, permaneant & persistant, duodecimque presbyteri, duoque acolyti ac unus clericus, ad nutum præpositi & capituli Alesiensis amovibiles, pro divinis ministeriis ipsius Ecclesiæ Alesiensis serviis juxta providam à præposito & capitulo præfatis sibi faciendam injunctionem ac cum congruæ mercedis assignatione, vel quo-

tidianarum diftributionum participa-
rione , ad arbitrium ejufdem præpo-
fiti & capituli , ibidem deputentur ;
facriftaque Alefienfis curam inibi , ut
anteà , regat, exerceat & adminiftret
animarum ; canonici vero utriufque
capituli , capitulares fuas , quoad vixe-
rint , refpectivè præbendas, prout ante
erectionem hujufmodi faciebant , per-
cipiant, advenienteque eorum feu alterius ex ipfis obitu vel ceffione, omnes
& fingulæ præbendæ ad invicem fuc-
ceffivè in communem menfam capitularem Alefienfem femper reintegrentur
& confolidentur, donec omnes illius
præbendæ ad fructuum , reddituum &
proventuum æqualitatem perveniant ,
fatisfactis interim per eofdem capitulares refpectivè cujufque eorum capituli
& menfæ capitularis etiam refpectivè
oneribus & obligationibus folitis , de-
bitis & confuetis ; & tam dignitates
quam canonicatus & præbendas hujufmodi nunc & pro tempore obtinentes
capitulum cum menfâ capitulari , figillo
ac arca , omnibufque aliis infigniis
capitularibus conftituant , & apud dictam ecclefiam Alefienfem refidere ftal-
lumque in choro ac locum & vocem in
capitulo ipfius, nec non in actibus &
functionibus ecclefiafticis intra & extra
ipfam ubilibet, juxta eorum refpectivè
antianitatem receptionis dumtaxat ,
abfque ullâ aliâ cujufvis gradûs feu
qualitatis diftinctione , & in ipfâ eccle-
fiâ fingulis diebus horas canonicas ,
tam diurnas quam nocturnas, nec non
conventuales aliafque , & miffas , fer-
vatâ ecclefiafticâ difciplinâ uniformiter
celebrare & decantare , illifque intereffe, ac aliàs dictæ ecclefiæ in divinis
defervire , cæteraque onera injuncta &
pro tempore injungenda fubire , exercere & adimplere refpectivè debeant
& teneantur; ac tam in choro quam
capitulo, proceffionibus & aliis actibus
& functionibus , habitus de jure geftari

folitos, etiam deferre & geftare liberè
& licitè poffint & valeant. Præterea
nos, pro promptiori præmifforum &
infra fcriptorum execcutione & adim-
plemento ac profpero feliciquc Alefienfi
ftatu & fucceffu procurando & manu-
tenendo , ftatuimus quod fi moder-
nus decanus Alefienfis, nonobftante ejus
ad hoc expreffo confenfu, honoribus
& præeminentiis ad fuam dignitatem
de jure fpectantibus gaudere velit , illis
ac eodem ftallo in choro quoufque ad
datam præfentiam potitus fuit , ac
etiam poftquam ad facerdotium pro-
motus erit , præfidentiâ & præceden-
tiâ, alternativè tamen cum præpofito
Pfalmodienfi , vel annuatim per men-
fes aut aliàs , prout melius ipfis vide-
bitur , juxta illorum defuper ineundam
conventionem , ufquè ad diem quâ per
illius ceffum vel deceffum aut aliam
quamcumque dimiffionem vel amiffio-
nem , dictum decanatum vacare contigerit, potiri & frui debeat, quodque
fi contigerit capitulares Nemaufenfes
congregari, prout de more, pro impo-
fitionibus decimarum, vel pro impofi-
tarum rationibus reddendis , & ibi agi
debeat etiam de intereffe præfati capituli Alefienfis , eidem capitulo Alefienfi
liceat unum vel duos de gremio depu-
tare ad intereffendum congregationi-
bus feu comitiis capitularibus; qui deputati , vel alter illorum , comitiis
præfatis præcedere debeant canonicos
Nemaufenfes ; & ita fi contingat capitulares Alefienfes pro fimilibus impofi-
tionibus & illarum rationum reddi-
tionibus congregari , liceat eidem
capitulo Nemaufenfi fimiliter unum vel
duos de gremio eligere , qui comitiis
Alefienfibus intervenire & pariter canonicos Alefienfes præcedere debeant ;
cum porrò animarum & alia onera
Ecclefiæ Pfalmodienfis, quæ ab indè ad
Ecclefiam Alefienfem transferri non poterunt, feu quæ ibi à capitularibus Pfal-

modiensibus destinata fuerunt adimpleri, per ibidem existentem rectorem curatum, & talem quem idem canonici Psalmodienses necessarium judicárint numerum presbyterorum, assignatis rectori, curato, & presbyteris hujusmodi pro congruá eorum substentatione, omnibus & singulis fructibus decimalibus parochiæ ejusdem Ecclesiæ Psalmodiensis, juxtà desuper, cum interventu & autoritate episcopi Nemausensis præfati, initam transactionem, omnino adimpleantur : in Ecclesiá vero Alesiensi futurus & pro tempore existens episcopus curam animarum præfatam per sacristam & ejus vicarium, ut antea, unà cum eisdem emolumentis quibus ante erectionem hujusmodi fruebatur & potiebatur, exerceri faciat; & pro sui episcopali residentiá, usu & habitatione, ædes per diœcesanos, qui juxta morem provinciæ Occitaniæ habitationem episcopalem construere tenentur, destinandas vel construendas, aut justo pretio coëmendas, habeat & possideat ; nec non jure eligendi & deputandi scholarum præceptores seu magistros, quoad easdem scholas, antea & hactenus ad præcentorem Ecclesiæ Nemausensis spectante & pertinente, omnimodo fruatur, utatur & gaudeat respectivè ; statuimus, ordinamus ac etiam declaramus expressis ad hæc omnia & singula tam archiepiscopi Narbonensis quam episcopi Nemausensis, & etiam præcentoris, nec non Nemausensis ac Alesiensis & Psalmodiensis Ecclesiarum hujusmodi, capitulorum respectivè accedentibus, assensibus & consensibus. Insuper etiam episcopo, dignitatibus, capitulo & canonicis præfatis, ut prædictæ Ecclesiæ Alesiensis, ac illius mensæ capitularis, sacristiæ & fabricæ, eorumque rerum & bonorum tam spiritualium quam temporalium, prospero & felici statu, regimine, gubernio, directione, ac

onerum illis incumbentium suportatione, missarum, horarum canonicarum, divinorum tam diurnorum quam nocturnorum officiorum, processionum, funeralium, anniversariorum & aliorum præfatorum celebratione, nec non de dignitatibus, canonicatibus & præbendis, aliisque beneficiis & ministeriis ecclesiasticis pro tempore providendorum receptione, admissione, residentiá personali, distributionum etiam quotidianarum & aliorum emolumentorum quorumcumque divisione, repartitione & administratione, pœnarum per absentes, & divinis suis loco & tempore non assistentes, seu onera & ministeria eis incumbentia subire negligentes incurrendarum, impositione, singulorum præsentias & absentias notandi, cæremoniis & ritibus in cathedrali Ecclesiá, choro, capitulo, processionibus & aliis actibus præfatis, servatis servandis, & ministris dictæ Ecclesiæ Alesiensis necessariis deputandis & amovendis, servitiis & ministeriis per eos obeundis & agendis, salaribus & stipendiis eorum cuilibet assignandis, ac quibusvis aliis rebus in præmissis, ac circa ea quomodolibet necessariis & opportunis ; quæcumque statuta, ordinationes, capitula & decreta licita tamen & honesta ac sacris canonibus, præsertim vero Concilii Tridentini decretis ac constitutionibus apostolicis non contraria edendi, & edita pro tempore & rerum varietate & qualitate limitandi, corrigendi, declarandi, interpretandi ac in meliorem formam redigendi, seu alia de novo etiam ex integro condendi, & per eos ad quos pro tempore spectabit, sub pœnis in contravenientes statuendis, observari faciendi, plenam, liberam & omnimodam facultatem concedimus & impartimur, nec non episcopo, ut præfertur, ac dignitates in præfata Ecclesiá Alesiensi obtinentibus, ac capitulo &

canonicis ejufdem Ecclefiæ , aliifque capituli & Ecclefiæ hujufmodi perfonis & miniftris pro tempore exiftentibus , ut omnibus & fingulis privilegiis, immunitatibus , exemptionibus , libertatibus, præeminentiis, prærogativis , conceffionibus , facultatibus , indultis , favoribus & gratiis quibus alii prælati, & aliarum Ecclefiarum dignitates obtinentes , capitula & canonici , aliæque civitates & diœcefes , ac eorum cleri, incolæ & habitatores ; eorumque res & bona, fruuntur, potiuntur & gaudent, ac uti , frui , potiri & gaudere poffunt & poterunt quomodolibet in futurum, etiam quoad habitûs delationem, ut præfertur, uti , frui , potiri & gaudere liberè & licitè poffint & valeant, concedimus & indulgemus ; ac eidem Ludovico Regi, ejufque fuccefforibus, attentâ affignatione præfatæ menfæ abbatialis & unione ejufdem capituli , de præfati Ludovici Regis confenfu, dictæ menfæ epifcopali ac capitulo Alefienfi, ut fupra facta, jus nominandi ad præfatam Ecclefiam Alefienfem, dum illa paftoris folatio deftituta fuerit; illi vero , feu illis ad quos præfentatio feu nominatio ad dignitates , canonicatus & præbendas ; nec non beneficia & minifteria hujufmodi de fundatione vel dotatione de jure patronatûs pertinere dignofcitur : quæ quidem nominatio ad Ecclefiam Alefienfem , nobis feu Romano Pontifici fucceffori noftro pro tempore exiftenti per præfatum Ludovicum Regem, ejufque, ut præfertur, fucceffores galliarum Reges ; quò vero ad præfentationem , ad dignitates, canonicatus & præbendas , ac beneficia & minifteria hujufmodi quandocumque & quotiefcumque per ceffum vel deceffum , aut aliàs, quomodolibet vacare contigerit, etiam coram ordinario Alefienfi pro tempore exiftente , per patronos fieri refpectivè debeant , prout antea ad dictam ab-

batiam fancti Petri Pfalmodienfis & ad dignitates , canonicatus & præbendas , nec non beneficia & minifteria utriufque collegiatæ Ecclefiæ unitæ hujufmodi, refpectivè fpectabat , etiam perpetuò refervamus , concedimus & affignamus. Ac eafdem præfentes nullo umquam tempore de fubreptionis vel obreptionis feu nullitatis vitio , aut intentionis noftræ vel quovis alio defectu, etiam ex eo quod caufæ propter quas præmiffa emanârunt, coram nobis vel alibi verificatæ & approbatæ , ac quicumque in præmiffis intereffe habentes feu habere prætendentes, ad id vocati , citati , auditique non fuerint , & præmiffis non confenferint , aut alio quovis defectu notari, impugnari , invalidari , retractari, in jus vel controverfiam vocari, ad terminos juris reduci, remedium impetrari, vel fub cujufvis fimilium vel diffimilium gratiarum revocationibus , fufpenfionibus, limitationibus, aut aliis contrariis difpofitionibus etiam per quafcumque conftitutiones apoftolicas aut cancellariæ apoftolicæ regulas , etiam in craftinum affumptionis fuccefforum noftrorum ad fummi apoftolatûs apicem, vel alias quandocumque editas, vel fub quibufvis tenoribus & formis emanatas & in pofterum edendas & emanandas nullatenus comprehendi ; fed femper ab illis exceptas, & quoties illæ emanabunt , toties in priftinum & validiffimum ftatum etiam fub quacumque pofteriori data per pro tempore exiftentes epifcopum ac dignitates , capitulum & canonicos hujufmodi eligenda , reftitutas , repofitas & plenarie reintegratas, ac de novo conceffas femperque validas effe & fore , fuofque plenarios effectus fortiri & obtinere, nec non epifcopo, dignitatibus, capitulo & canonicis hujufmodi pro tempore exiftentibus perpetuò fuffragari, ficque & non aliàs, per quofcumque judices ordinarios vel delegatos quavis autoritate fungentes , sublata eis & eorum cuilibet aliter judicandi, interpretandi facultate & autoritate , judicari & definiri debere ; & si secus super his à quocumque , quavis autoritate , scienter vel ignoranter contigerit attentari, irritum & inane decernimus , nonobstantibus nostris & cancellariæ apostolicæ regulis , de gratiis, indultis ac indulgentiis ad instar non concedendis ; ac de exprimendo vero annuo valore, ac de unionibus committendis ad partes vocatis quorum interest , ac Lateranensis Concilii novissimè celebrati uniones perpetuas, nisi in casibus à jure permissis fieri prohibentis , ac quibusvis apostolicis , nec non in synodalibus , provincialibus & generalibus conciliis editis vel edendis constitutionibus , quibus omnibus , etiamsi de illis eorumque tenoribus specifica & expressa , ac de verbo ad verbum , non autem per clausulas generales idem importantes , expressio ad hoc servanda foret , illis aliàs in suo robore permansuris hac vice dumtaxat specialiter & expressè harum serie derogamus, cæterisque contrariis quibuscumque. DATUM Romæ apud sanctam Mariam majorem, anno incarnationis dominicæ millesimo sexcentesimo-nonagesimo-quarto, sexto-decimo calendas Junii , pontificatûs nostri anno tertio. Per eminentissimo domino cardinali Ottobono summatore. J. CHAMPINUS, *signé.* J. F. cardinalis ALBANUS. *Et au repli est écrit :* Visa, JOANNES CHAMPINUS. *Et au dos est écrit :* Registrata in secretaria Brevium.

I I.

LETTRES PATENTES,

Portant confirmation de la bulle d'érection de l'évéché d'Alais.

Du mois de Juin 1694.

LOUIS, PAR LA GRACE DE DIEU, ROI DE FRANCE ET DE NAVARRE : A tous présens & à venir, SALUT. Depuis notre avénement à la couronne, Nous n'avons eu rien tant à cœur que de faire exercer la religion catholique dans notre royaume, & ayant plu à Dieu qui nous a toujours comblé de ses bontés de bénir notre dessein par la conversion générale de ceux de nos sujets qui faisoient profession de la religion prétendue réformée, Nous nous serions sentis obligés de nous appliquer à perfectionner ce grand ouvrage qui est un effet si visible de sa divine providence. C'est pourquoi nous étant fait informer de l'état des dioceses où il y avoit le plus de nouveaux convertis à la foi catholique, nous aurions jugé qu'il ne pourroit être rien fait de plus à propos que de diviser l'évéché de Nimes, pour former de la portion qui en seroit distraite un nouveau diocese dont le siège épiscopal seroit établi dans la ville d'Alais, afin de procurer tout le secours que nous pourrions aux nouveaux catholiques des Cevennes qui sont en trèsgrand nombre, & dans des lieux d'un si difficile accès qu'ils ne peuvent être suffisamment instruits & secourus par le seul évêque de Nimes, éloigné de ces montagnes, & d'ailleurs chargé d'une grande quantité de peuple la plupart aussi nouveaux convertis : C'est pourquoi , ayant fait examiner les moyens d'exécuter ce dessein, Nous n'en aurions point trouvé de plus convenable que de distraire dudit évéché de Nimes, la portion de son territoire qui est située dans le pays des Cevennes dont la ville d'Alais est capitale, à commencer depuis les paroisses de Sauve & Vezenobre, inclusivement, & continuer jusques aux limites dudit évéché de Nimes vers notre province du Rouergue, & en conservant le revenu dudit évéché en son entier, d'affecter à la fondation & dotation de celui qui seroit établi à Alais, l'abbaye de St. Pierre de Psalmody, avec le chapitre dudit Psalmody ou Aigues-Mortes, & celui de St. Jean d'Alais, pour du tout former & composer tant le siége épiscopal dudit évêché d'Alais, que son église cathédrale & son diocese, avec attribution & union audit évêché, pour en faire jouir respectivement ledit évêque & sa cathédrale, savoir, l'évêque de tous les droits, revenus, appartenances & dépendances de ladite abbaye de Psalmody, ensemble de tous les droits, prérogatives, circonstances & dépendances de jurisdiction, supériorité, & pouvoir dont auroit joui par le passé dans ladite ville d'Alais & pays des Cevennes, l'évêque de Nimes, excepté seulement ce qui se trouveroit de son temporel ; & ladite cathédrale, des revenus, droits & appartenances, dont ont joui ci-devant lesdits chapitres de Psalmody & d'Alais, sans confusion de leurs menses, jusques à ce que les prébendes soient devenues égales ; ce qu'ayant fait représenter à N. S. P. le Pape, par notre très-cher & bien-amé cousin le cardinal de Janson, évêque & comte de Beauvais, pair de France & commandeur de nos ordres, Sa Sainteté à notre instance & priere auroit octroyé ses bulles en bonne forme en date du dix-septieme de Mai dernier, ci-attachées sous le contre-scel de notre chancellerie, portant entre autres choses la distraction de la ville d'Alais & pays des Cevennes de l'évêché de Nimes, l'érection dudit évêché d'Alais, avec union de l'abbaye de Psalmody à sa mense, & la translation du chapitre de Psalmody & son union avec celui d'Alais. A CES CAUSES, après avoir fait voir lesdites bulles en notre conseil, Nous les avons de notre grace spéciale, pleine puissance & autorité royale ap-

prouvées & confirmées, approuvons & confirmons par ces présentes signées de notre main : Disons & déclarons, voulons & nous plait qu'elles soient exécutées selon leur forme & teneur, & en conséquence, que la ville d'Alais & le pays des Cevennes demeurent distraits à perpétuité de toute supériorité, dépendance, pouvoir, jurisdiction, correction, visite & disposition tant à l'égard du clergé & du peuple, que de tous les bénéfices, & généralement de toute autre chose dudit évêché de Nimes & iceux attribués & annexés audit évêché d'Alais, pour son siége épiscopal, territoire & diocese, avec la même jurisdiction, supériorité, dépendance, pouvoir & disposition, & généralement tous les droits & prérogatives dont a joui jusqu'à présent ledit évêque de Nimes, sans lui en rien réserver que ce qui est de son revenu temporel dans ledit pays des Cevennes ; que le titre de l'abbaye de Psalmody demeure supprimé, & son revenu avec tous ses droits & appartenances uni à perpétuité à la mense épiscopale dudit évêché d'Alais, & que le titre de collégiale demeure pareillement supprimé dans les deux chapitres d'Alais & de Psalmody, & ledit chapitre de Psalmody ou Aigues-Mortes, incessamment transféré dans l'église de St. Jean d'Alais, avec tous ses revenus, droits & appartenances, pour y former & composer avec celui dudit St. Jean d'Alais, la cathédrale dudit évêché & y faire le service divin, suivant la discipline ecclésiastique, les us, loix & coutumes canoniques, nos édits & ordonnances & de nos prédécesseurs Rois, sans confusion néanmoins des deux menses capitulaires, jusques à ce que les prébendes soient devenues égales : VOULONS & ordonnons que notre amé & féal conseiller en nos conseils, le sieur François Chevalier de Saux, premier évéque dudit évêché d'Alais & ses successeurs audit évêché jouissent de toutes les prérogatives, prééminences, honneurs, droits & revenus, & généralement de tout ce qui est attribué & acquis audit évêché d'Alais pour le droit tant commun que spécial, & en outre de toutes les autres attributions, prérogatives, prééminences & avantages dont jouissent les autres évêques & dioceses de notre province de Languedoc, même & par exprès de l'entrée aux Etats de ladite province & assiette dudit diocese, pour y avoir rang, séance, & voix délibérative en la même forme & maniere, & avec tous les droits dont jouissent les évêques & dioceses de notredite province ; comme aussi que ledit chapitre de la cathédrale d'Alais & leurs successeurs jouissent de tous les droits, honneurs & prérogatives qui lui sont attribués. Si DON-NONS EN MANDEMENT à nos amés & féaux les gens tenant notre cour de parlement de Toulouse, que lesdites bulles & ces présentes nos lettres de confirmation d'icelles, de distraction de la ville d'Alais & pays des Cevennes de l'évêché de Nîmes, d'érection dudit évêché d'Alais, suppression du titre de ladite abbaye de Psalmody & son union audit évêché, translation dudit chapitre de Psalmody en notre ville d'Alais & son union avec celui dudit Alais, ils ayent à faire enregistrer, & du contenu auxdites bulles & à ces présentes faire jouir & user pleinement, paisiblement & perpétuellement lesdits évêques & chapitre & leurs successeurs, nonobstant oppositions ou appellations quelconques, & toutes autres choses à ce contraires, pour lesquelles ne sera différé : CAR tel est notre plaisir. Et afin que ce soit chose ferme & stable à toujours, Nous avons fait mettre notre scel à cesdites présentes. DONNÉ à Versailles au mois de Juin l'an de

grace 1694 & de notre regne le cinquante-deuxieme. *Signé*, LOUIS. *Et plus bas*. Par le Roi, PHELY-PEAUX. Scellées de cire verte sur lacs de soie verte & rouge.

Les présentes lettres patentes ont été lues en l'assemblée des Etats généraux de la province de Languedoc & registrées ès registres d'iceux, pour, par M. François Chevalier de Saux, présent évêque d'Alais & ses successeurs audit évêché, jouir de l'effet du contenu en icelles, suivant la délibération de l'assemblée desdits Etats du vingt-septieme Novembre 1694.

Signé, GUILLEMINET.

Arrêt du parlement de Toulouse du 22 Octobre 1694, pour l'enregistrement desdites bulles & lettres patentes.

EXTRAIT *des registres du parlement.*

VU les lettres patentes du Roi données à Versailles au mois de Juin dernier, signées Louis. Et au dernier, Par le Roi, Phelypeaux, & à côté, visa, Boucherat, pour lettres de confirmation d'érection de l'évêché d'Alais, scellées du grand sceau de cire verte, à lacet de soie rouge & verte, par lesquelles Sa Majesté approuve & confirme la bulle, & qu'elle soit exécutée selon sa forme teneur, & qu'en conséquence, la ville d'Alais & le pays des Cevennes, demeurent distraits à perpétuité de toute supériorité, dépendance, pouvoir, jurisdiction, correction, visite & disposition, tant à l'égard du clergé & du peuple que de tous les bénéfices & généralement de toute autre chose de l'évêché de Nîmes, & iceux attribués & annexés audit évêché d'Alais pour son siège épiscopal, territoire & diocese, avec la même jurisdiction, supériorité & dépendance, pouvoir & disposition, & généralement tous les droits & préro-

gatives dont a joui jusqu'à préfent ledit évêque de Nîmes, fans lui en rien
réferver, que ce qui eft de fon revenu
temporel, dans ledit pays des Cevennes ; que le titre de l'abbaye de Pfalmody demeure fupprimé, & fon revenu avec tous fes droits & appartenances, uni à perpétuité à la menfe
épifcopale dudit évêché d'Alais, & que
le titre de collégiale demeure pareillement fupprimé dans les deux chapitres d'Alais & de Pfalmody, & ledit
chapitre de Pfalmody ou Aigues-Mortes, inceffamment transféré dans l'é-
glife de St. Jean d'Alais, avec tous fes
revenus, droits & appartenances, pour
y faire & compofer avec celui dudit
St. Jean d'Alais la cathédrale dudit évêché, & y faire le fervice divin fuivant
la difcipline eccléfiaftique, us, loix &
coutumes canoniques, & tout autrement, comme eft porté par les fufdites patentes : Et Oui fur ce le procureur général du Roi, qui a requis le
regiftrement defdites patentes & bulles. La cour a ordonné & ordonne,
que lefdites lettres patentes du Roi
& bulles feront regiftrées en fes regiftres, pour le contenu en icelles être
gardé & obfervé felon fa forme &
teneur. Prononcé à Touloufe en parlement le vingt-deuxieme Octobre mil
fix cent quatre-vingt-quatorze. *Signé*,
SAVIN. *Collationné*. BESSON, *figné*.

*Une autre expédition des mêmes let-
tres patentes, a été adreffée aux gens
tenant la cour de parlement & la chambre des comptes à Paris, où elles ont
été regiftrées, favoir, au parlement,
le 5 Août 1695 & en la chambre des
comptes le 12 Août de la même année.*

I I I.

LETTRES PATENTES

*Portant érection de la baronnie de
Tornac, dans le diocefe d'Alais,*

*avec droit d'entrée aux Etats de la
province, & dans l'affemblée de
l'affiette dudit diocefe.*

Du mois de Juin 1694.

LOUIS, PAR LA GRACE DE DIEU,
ROI DE FRANCE ET DE NAVARRE :
A tous préfens & à venir, SALUT. Etant
néceffaire, à caufe de l'érection de
l'évêché d'Alais en Languedoc, d'attacher à une terre confidérable qui y foit
fituée le droit d'entrer dans les Etats
généraux de notredite province, afin
que le nombre des évêchés & des barons qui ont droit d'y affifter foit toujours égal, ainfi qu'il a été jufques à
préfent, Nous avons cru devoir en choifir une dans le même diocefe qui pût
auffi avoir droit d'entrée aux affemblées
particulieres qui y feront tenues, &
qui fût poffédée par une famille de la
plus ancienne nobleffe de ladite province, auquel effet Nous avons jetté
les yeux fur notre cher & bien-amé le
fieur Henri de la Fare, marquis de
Tornac, lieutenant pour Nous des villes
& fort d'Agde & fort de Brefcou, à
qui appartient la terre & feigneurie de
Tornac, fituée dans ledit diocefe d'A-
lais, tant à caufe de fes bonnes qualités & par la confiance que nous prenons en fa fidélité & en fon affection
à notre fervice que pour reconnoître
ceux qu'il nous a rendus en Flandre,
en Italie & ailleurs, fur-tout ès fieges
d'Alexandrie & de Valence, dont il
nous refte une entiere fatisfaction. A
CES CAUSES & autres à ce nous mouvant, Nous avons donné, concédé,
octroyé & attribué, & par ces préfentes fignées de notre main, donnons, concédons, octroyons & attribuons à perpétuité à ladite terre de
Tornac, le droit d'entrée auxdits Etats
de notredite province de Languedoc &
à l'affiette du diocefe d'Alais, avec faculté audit fieur de Tornac & à fes
fucceffeurs,

succeffeurs, & ayant caufe en ladite terre d'entrer, feoir & opiner, tant dans les affemblées des Etats généraux de ladite province qu'ès affiettes dudit diocefe d'Alais, & jouir des mêmes priviléges, honneurs, féances, libertés & avantages dont jouiffent ceux qui ont pareil droit. Et pour rendre ladite terre d'une dignité plus convenable au droit d'entrée que nous y attribuons, nous l'avons de notre grace fpéciale, pleine puiffance & autorité royale, créée & érigée, créons & érigeons avec fes appartenances & dépendances en titre, nom & qualité de baronnie de Tornac pour jouir par ceux qui la poffféderont des honneurs, prérogatives & prééminences de baronnie pleinement, paifiblement & perpétuellement, enfemble fefdits hoirs, fucceffeurs & ayant caufe, même en fait de guerre, affemblée des nobles & autrement, tout ainfi qu'en jouiffent les autres barons de notre royaume & province de Languedoc. Voulons que ledit fieur de Tornac & fes fucceffeurs, fe puiffent dire & qualifier barons de ladite terre de Tornac tant en jugement que dehors, & que tous les vaffaux & autres tenant noblement & roturierement de ladite terre, faffent à l'avenir leurs hommages & baillent leurs aveux, dénombremens & déclarations de leurs terres & rendent les devoirs dus audit feigneur baron de Tornac & à fes fucceffeurs en ladite baronnie, femblablement tous leurs actes & reconnoiffances, les appellant & réputant feigneurs barons de Tornac, fans toutefois que par ladite augmentation de titre & qualité ils foient tenus à autres charges & devoirs qu'ils l'ont été jufques à préfent. Voulons auffi & nous plaît que l'exercice de la juftice en toutes matieres civiles & criminelles, foit fait audit lieu de Tornac par les officiers de ladite terre,

Tome IV.

comme de tout temps ils ont accoutumé, dont les appellations reffortiront pardevant les mêmes juges & officiers qui en fouloient connoître : Et pourra ledit fieur de Tornac, fi bon lui femble, faire édifier fourches patibulaires fuivant la coutume de notre province de Languedoc. Mandons à nos trèschers & bien-amés les gens defdits Etats généraux d'icelle & affiette dudit diocefe d'Alais, de reconnoître & admettre ledit fieur de Tornac & fes fucceffeurs en ladite terre, & ayant caufe dans leurs affemblées & en tous actes fans exception, comme fi le tout étoit plus au long exprimé. Et à cet effet que cefdites préfentes nos lettres ils ayent à enregiftrer, & du contenu en icelles, pour ce qui regarde ledit droit d'entrée auxdits Etats, faire jouir & ufer ledit fieur de Tornac, fes fucceffeurs & ayant caufe, pleinement, paifiblement & perpétuellement. Comme auffi mandons à nos amés & féaux les gens tenant notre cour de parlement de Touloufe, cour des comptes, aides & finances de Montpellier, préfidens & tréforiers généraux de France audit Touloufe, baillifs, fénéchaux ou leurs lieutenans, & à tous autres nos jufticiers & officiers qu'il appartiendra, chacun en droit foi, de regiftrer cefdites préfentes, & du contenu en icelles, en ce qui regarde l'érection de ladite baronnie, faire pareillement jouir ledit fieur de Tornac, fes hoirs, fucceffeurs & ayant caufe, pleinement, paifiblement & perpétuellement, ceffant & faifant ceffer tous troubles & empêchemens au contraire ; nonobftant tous édits, arrêts, ordonnances & autres chofes à ce contraires, auxquelles & aux dérogatoires des dérogatoires y contenues, nous avons dérogé & dérogeons par cefdites préfentes : Car tel eft notre plaifir. Et afin que ce foit chofe ferme & ftable

Ggg

à toujours, Nous avons fait mettre notre fcel à cefdites préfentes. DONNÉ à Verfailles au mois de Juin l'an de grace mil fix cent quatre-vingt-quatorze, & de notre regne le cinquante-deuxieme. *Signé*, LOUIS. *Et plus bas.* Par le Roi, PHELYPEAUX. *Vifa*, BOUCHERAT, pour lettres d'éreftion de la terre de Tornac en baronnie pour entrer aux Etats au fieur Tornac-la Fare.

Les préfentes lettres patentes ont été regiftrées ès regiftres des Etats du pays de Languedoc, pour par M. Henri de la Fare, baron de Tornac, jouir de l'effet & contenu en icelles, fuivant la délibération defdits Etats du 27 Novembre 1694. GUILLEMINET, *figné.*

I V.
A R R Ê T

DU CONSEIL D'ETAT DU ROI,

Qui ordonne que par les commiffaires qui préfideront pour Sa Majeflé aux Etats de Languedoc, & par ceux qui feront nommés par les Etats, il fera donné avis à Sa Majeflé fur le nombre des perfonnes dont l'affiette du diocefé d'Alais fera compofée, &c.

Du 4 Oftobre 1694.

EXTRAIT des Regiftres du Confeil d'Etat.

LE ROI ayant par fes lettres patentes du mois de Juin, confirmé les bulles d'éreftion de l'évêché d'Alais qui a été féparé du diocefe de Nîmes, & accordé audit diocefe nouvellement érigé les mêmes droits, libertés & priviléges dont jouiffent les autres diocefes de la province de Languedoc; & étant néceffaire pour former le temporel dudit diocefe de régler le nombre

des perfonnes qu'il envoyera aux Etats généraux de ladite province, & toutes les autres difficultés qui pourront fe rencontrer dans la féparation des communautés qui compoferont à l'avenir ledit diocefe & celui de Nîmes, SA MAJESTÉ ÉTANT EN SON CONSEIL, a ordonné & ordonne que par les commiffaires qui préfideront pour Elle aux Etats prochains de la province de Languedoc, & par les commiffaires qui feront nommés par l'affemblée des Etats, il fera donné avis à Sa Majeflé fur le nombre des perfonnes dont l'affemblée de l'affiette du diocefe d'Alais fera compofée, fur le nombre des députés qu'il envoyera aux Etats; comme auffi fur toutes les difficultés qui fe rencontreront dans la féparation des communautés qui doivent compofer à l'avenir les diocefes de Nîmes & d'Alais, & généralement fur toutes les affaires qui concernent la forme du temporel de ce diocefe, après avoir ouï toutes les parties intéreffées; pour ledit avis envoyé à Sa Majeflé être par Elle ordonné ce qu'il appartiendra. FAIT au confeil d'Etat du Roi, Sa Majeflé y étant, tenu à Fontainebleau le quatrieme jour d'Oftobre mil fix cent quatre-vingt-quatorze. PHELYPEAUX, *figné.*

V.
A V I S

DES COMMISSAIRES DU ROI ET DES ETATS.

Donné en exécution de l'arrêt précédent.

Du 13 Janvier 1695.

LES commiffaires préfidens pour le Roi en l'affemblée des Etats généraux de la province de Languedoc convoqués par mandement de Sa Majeflé en la ville de Narbonne, & les commissaires députés par l'assemblée desdits Etats.

Sa Majesté ayant ordonné par arrêt de son conseil tenu à Versailles le 4 Octobre 1694 qu'il seroit par nous donné avis sur tout ce qui doit être réglé pour former le temporel du diocese d'Alais qui a été séparé du diocese de Nîmes en conséquence des bulles d'érection dudit évêché & des lettres patentes de Sa Majesté, nous nous serions assemblés plusieurs fois & nous aurions trouvé que pour satisfaire audit arrêt, nous avons à donner notre avis sur le nombre des communautés dont les dioceses de Nîmes & d'Alais doivent être composés à l'avenir, en suivant la ligne de séparation qui a été faite par la bulle & lettres patentes de Sa Majesté, sur le tarif de ces deux dioceses, suivant lequel ils contribueront aux impositions qui seront faites sur le général de la province, sur le partage des dettes de l'ancien diocese de Nîmes, & sur la garde des papiers qui sont communs à ces deux dioceses.

Nous avons encore à donner notre avis sur le nombre des personnes dont l'assiette du diocese d'Alais doit être composée, sur le lieu où elle sera convoquée, sur les sommes dont S. M. doit permettre l'imposition pour les frais de l'assiette & pour la poursuite des affaires qui arrivent pendant le cours de l'année, sur la recette des tailles du diocese d'A-lais, sur le nombre des députés que ce diocese doit envoyer aux Etats.

Sur toutes ces questions, ayant oui les députés des dioceses de Nîmes & d'Alais, il a été convenu que, suivant la ligne de séparation de ces deux dioceses qui a été faite par les lettres patentes de Sa Majesté, le diocese de Nî-mes est composé pour le spirituel de toutes les communautés des vigueries de Nîmes, Beaucaire, Sommieres, Ay-

margues, Marsillargues, & de treize communautés de la viguerie d'Anduze; savoir, Canaules, Saint-Nazaire des Gardies, Sauvignargues, Argentieres, Saint-Jean de Serres, Colombier & Aigremont, Ledignan, Saint-Benezet, Lezan, Saint-Saturnin de Coiran, Massanes, Cailagnoles & Marvéjols, & de quatorze communautés de la viguerie de Sauve; savoir, Claret, Saturargues, Corconne, Vaquiere, Brouzet, Lione, Quissac, Puech-Flavard, Lougrian, Florian de Comiac, Saint-Jean de Roques, Saint-Jean de Criculon, Galbiac & Bragassargues.

Que le diocese d'Alais est composé pour le spirituel de toutes les autres communautés des vigueries d'Alais & du Vigan; mais les députés du diocese d'Alais ont prétendu que toutes les communautés des vigueries d'Anduze & de Sauve doivent être du temporel du diocese d'Alais, & qu'elles ne pouvoient être séparées dans deux dioceses, chaque viguerie faisant un corps séparé qui a ses affaires particulieres pour lesquelles elles sont obligées de s'assembler; à quoi a été répliqué par les députés du diocese de Nîmes que les communautés des vigueries ne s'assemblent qu'extraordinairement & par permission pour faire le département des dettes qu'elles ont contractées en corps de viguerie, mais qu'à l'égard des impositions ordinaires qui se font tous les ans, chaque communauté a toujours reçu sa mande particuliere de l'assiette du diocese & porté sa quotité des impositions ordinaires qui se font tous les ans au receveur des tailles, ce qui fait voir que chaque communauté doit contribuer aux impositions du diocese où elle se trouve située, comme il se pratique dans tous les autres dioceses de la province, étant à remarquer que s'il y a des communautés dans la province qui ne suivent pas cette regle, c'est parce que la ville capitale de leur diocese est située hors de la province.

Les députés du diocese de Nimes ont dit que les communautés qui composeront à présent ce diocese ayant été beaucoup plus allivrées que celles des Cevennes qui formeront à présent le diocese d'Alais, il ne seroit pas juste que leur tarif fût réglé sur le pied de l'allivrement présent, & en tout cas que ce tarif ne doive être fait que par provision jusqu'à ce qu'il eût été procédé à une nouvelle recherche générale des deux dioceses, de quoi ils ont par exprès protesté. Les députés du diocese d'Alais ont protesté au contraire pour la confirmation du tarif, soutenant qu'il n'y avoit aucune surcharge pour le diocese de Nimes. Après quoi lesdits députés, en procédant au partage de l'allivrement général du diocese de Nimes qui étoit de 10,342 livres 16 sols obole, ont convenu que, supposé que les treize communautés des vigueries d'Anduze, & les quatorze communautés de la viguerie de Sauve ci-dessus soient déclarées faire partie du temporel du diocese de Nimes, l'allivrement dudit diocese de Nimes reviendra à la somme de 6672 livres 12 sols, obole, pite, & l'allivrement du diocese d'Alais à 3670 livres 14 sols 10 deniers pite, & que de la somme de 100,000 livres imposée sur le général de la province, le diocese de Nimes en doit porter 4656 livres 0 sols 4 deniers & le diocese d'Alais 2561 livres 0 sols 9 deniers.

Et à l'égard des dettes, les députés du diocese de Nimes ont dit que le diocese d'Alais devoit non-seulement contribuer à toutes celles qui ont été contractées jusqu'à présent, mais encore contribuer aux trois pensions de 600 livres accordées au collège des jésuites de la ville de Nimes, aux religieuses du premier couvent de Sainte-Ursule, & aux religieuses hospitalieres

de ladite ville, qui sont imposées annuellement en conséquence des arrêts du conseil & du consentement des Etats de la province, comme aussi à la somme de 200 livres qui a été accordée à l'exécuteur de la haute justice, attendu que ce sont des charges du diocese de Nimes auxquelles le diocese d'Alais contribuoit avant sa séparation, d'autant plus que la pension de 600 livres due aux Ursulines, a été accordée pour tenir lieu de la dotation de deux filles de la R. P. R. du diocese d'Alais qui sont encore dans ledit couvent; que le diocese demandoit d'être déchargé de la somme de 3915 livres qui est imposée annuellement pour l'entretien des chemins des Cevennes & pour les gages de l'inspecteur desdits chemins, chaque diocese étant obligé d'entretenir ses chemins : & à l'égard des papiers, ils ont offert de fournir au diocese d'Alais des copies en bonne & due forme de tous les actes qui lui seront nécessaires, en payant les frais de l'expédition.

Les députés du diocese d'Alais au contraire ont dit qu'ils convenoient de partager les dettes du diocese de Nimes qui ont été contractées jusqu'à présent, mais qu'à l'égard des pensions, cette dépense ne regardoit que le diocese de Nimes; que l'entretien des chemins des Cevennes avoit été adjugé par M. de Basville; que l'imposition en étoit faite en conséquence des arrêts du conseil, & que le diocese de Nimes ne profitoit pas moins de ces chemins que le diocese d'Alais.

Le sieur de Morangez, baillif de la ville & comté d'Alais, a dit, que la qualité de commissaire ordinaire de l'assiette du diocese d'Alais ne pouvoit lui être disputée comme étant le premier officier du comté, & qu'il se fondoit sur l'exemple des dioceses de Lodeve, Saint-Pons & Mende où les officiers des seigneurs jouissent de cet avantage.

Le fieur Daudé juge de Vigan répondant au fieur de Morangez a dit que la qualité de commiffaire ordinaire des dioceſes appartenoit au juge royal privativement aux officiers des feigneurs ; que l'exemple des dioceſes de Lodeve & Saint-Pons ne pouvoit être oppoſé, parce qu'il n'y a aucun officier royal dans ces deux dioceſes ; & à l'égard du dioceſe de Mende, il difoit que les officiers de M. l'évêque étoient fondés fur l'acte de paréage qui a été paffé entre le Roi & les évêques de Mende.

Le fieur d'Argentieres viguier du Vigan, s'oppoſant à la prétention dudit Daudé a dit, que par les arrêts de réglement rendus fur les fonctions de fa charge, il a droit de précéder le juge du Vigan, & de préfider dans toutes les affemblées, à fon exclufion, & par conféquent qu'il doit affifter à l'affiette du dioceſe d'Alais, à l'exclufion du fieur Daudé.

Le fieur de Montclus préfident & juge-mage en la fénéchauffée de Nîmes, a dit qu'étant en poffeffion d'affifter à l'affiette du dioceſe de Nîmes en qualité de commiffaire ordinaire, il eft en droit d'affifter à l'affiette du dioceſe d'Alais qui en a été démembré; que lors de la féparation de l'affiette de Limoux, de celle d'Alet, M. le juge-mage de Limoux avoit été maintenu au droit d'affifter aux deux affiettes & qu'il affiftoit encore à l'affiette de Mirepoix, qui fe tient à Fanjaux, à l'exclufion des officiers royaux de ladite ville, ce qui juftifie que les officiers royaux du Vigan ne font pas fondés en leur prétention.

M. le baron de Calviffon a dit qu'ayant droit d'entrer en l'affiette du dioceſe de Nîmes en qualité de baron de Calviffon, il a droit d'entrer à l'affiette du dioceſe d'Alais qui n'eft qu'un démembrement de celle de Nîmes.

Que ce démembrement n'a pu être

fait à fon préjudice, puifqu'il n'y a pas confenti ; que fa terre fouffriroit un dommage confidérable de ce démembrement, fi fon droit d'entrer à l'affiette étoit réduit à entrer feulement en celle du dioceſe de Nîmes qui n'eft compoſé à préfent que de la moitié des communautés dont il étoit compoſé auparavant l'érection du dioceſe d'Alais ; que l'affiette de Limoux ayant été féparée de celle d'Alet, M. le baron d'Arques a été maintenu au droit d'entrer dans les deux affiettes ; que M. le juge-mage de Nîmes a été pareillement maintenu, par l'avis de MM. les commiffaires du Roi & des Etats, au droit d'affifter aux deux affiettes de Nîmes & d'Alais.

M. l'évêque d'Alais a dit que S. M. ayant bien voulu par fes lettres patentes données en conféquence de la bulle d'érection du dioceſe d'Alais, rendre ce nouveau dioceſe femblable aux autres dioceſes de la province, il étoit obligé pour la conſervation de fes droits & libertés de s'oppoſer à la prétention de M. le baron de Calviffon, quoiqu'il honore fa perſonne ; que, fuivant la maxime de tous les corps politiques obſervée dans l'affemblée des Etats de la province & des dioceſes qui la compoſent, on ne peut admettre aucun étranger dans lefdites affemblées ; que la baronnie de Calviffon étant fituée dans le dioceſe de Nîmes & éloignée de fept à huit lieues de la ville d'Alais, M. de Calviffon eft étranger à l'égard de ce dioceſe, & on ne peut pas dire qu'il y puiffe avoir aucun intérêt ni général ni particulier.

Que c'eſt fur ce fondement qu'il a été ordonné par l'édit de Beziers de l'année 1632 que les évêques & barons entreroient dans les affiettes, chacun en fon dioceſe, & lorſque S. M. a érigé les baronnies de Fabrezan, de Lecques & de Verdale avec le droit d'entrée aux

Etats, elle leur a accordé en même tems le droit d'entrer aux affiettes des dioceses de Narbonne, de Nîmes & de Lavaur, attendu qu'elles sont situées dans ces dioceses ; qu'il a été encore ordonné par arrêt du conseil de l'année 1643 que M. le baron de Calvisson doit entrer à l'affiette du diocese de Nîmes, & MM. les autres barons des Etats chacun en l'affiette de leur diocese, & par conséquent que l'entrée d'une baronnie dans une affiette dépendoit uniquement de sa situation, & que c'est la raison pour laquelle il y a des affiettes où il n'entre aucun baron, comme celles des dioceses de Saint-Pons & de Saint-Papoul ; que par les lettres d'érection de la baronnie de Tornac il est porté par exprès qu'étant nécessaire de choisir une terre qui fût située dans la province, pour avoir droit d'entrée aux Etats, S. M. avoit voulu la choisir dans le diocese d'Alais, afin qu'elle pût avoir entrée aux Etats de la province & du diocese ; que le diocese d'Alais ayant plusieurs affaires à régler avec le diocese de Nîmes, il ne convenoit pas que M. de Calvisson puisse assister aux deux affiettes & moins encore y opiner.

Que M. le baron de Calvisson ne pouvoit pas prétendre que le démembrement du diocese d'Alais ait fait aucun tort à sa terre ni au droit qu'il a d'assister à l'affiette du diocese de Nîmes, puisqu'il a toujours le même droit d'y entrer, & que ce droit ne peut être diminué sous prétexte que ce diocese est à présent composé d'un moindre nombre de communautés sur lesquelles il n'a ni jurisdiction ni aucun émolument à prétendre, cette assistance à l'affiette étant purement honorifique, & qu'en donnant à M. de Calvisson le droit d'entrer à une seconde affiette, au lieu de l'indemniser on lui donne beaucoup plus que ce qu'il avoit auparavant.

Que supposé que la terre de Calvisson reçût quelque dommage, M. de Calvisson en seroit suffisamment dédommagé par l'entrée de la terre de Massillargues aux Etats dans le tour qui ne revenoit que de huit en huit ans, & qui reviendra à présent, depuis la séparation du diocese d'Alais, de cinq en cinq ans, ce qui étoit non-seulement plus honorable qu'une entrée à l'affiette, mais encore un revenu considérable pour celui qui sera député.

Qu'on ne pouvoit pas dire que le diocese d'Alais n'est qu'une partie du diocese de Nîmes, puisqu'au moyen des bulles d'érection & des lettres patentes de Sa Majesté cette partie constitue à présent un diocese distinct & séparé de celui de Nîmes, soit pour le spirituel, soit pour le temporel ; & que si on pouvoit tirer quelque induction de ce raisonnement, on pourroit dire par la même raison que M. l'évêque de Nîmes qui n'a point consenti à la séparation du temporel du diocese, & les maires qui ont droit d'entrer à l'affiette de Nîmes, auroient encore le droit d'entrer à l'affiette d'Alais, ce qui feroit confondre les assemblées de ces deux dioceses à une seule.

Qu'on ne pouvoit enfin opposer ni l'exemple de M. le baron d'Arques qui entre dans l'affiette d'Alet & Limoux, ni celui de M. le juge-mage de Nîmes qui doit assister par l'avis de MM. les commissaires aux affiettes de Nîmes & d'Alais, parce que les affiettes d'Alet & Limoux ne composent encore à présent que le même diocese temporel qui est représenté aux Etats par deux députés qui n'ont qu'une voix, & que d'ailleurs il y a quatre paroisses de la baronnie d'Arques qui sont situées dans le quartier d'Alet & trois dans le quartier de Limoux, ce qui suffiroit pour faire entrer M. le baron d'Arques dans ces deux affiettes, quand même ce seroit deux affiettes ; que l'affiftance de M. le juge-mage de Nîmes aux deux affiettes de Nîmes & d'Alais étoit fondée fur la fonction de fa charge dont la jurifdiction s'étend dans le diocefe d'Alais ; que n'entrant à l'affiette qu'en qualité de commiffaire ordinaire, Sa Majefté peut donner cette qualité à qui bon lui femble, & qu'enfin cette qualité de commiffaire ordinaire l'empêche d'avoir voix délibérative à l'affiette.

M. le marquis de Tornac a dit qu'il s'oppofe encore à la prétention de M. le marquis de Calviffon, fondé fur ce que la terre de Tornac ayant été érigée en baronnie par lettres patentes de Sa Majefté pour jouir de l'entrée à l'affiette du diocefe d'Alais, & de tous les honneurs qui lui font attribués, il ne doit les partager avec perfonne.

Que MM. les commiffaires du Roi & des Etats n'ont à donner leur avis que fur l'entrée à l'affiette des députés du Tiers-état, puifque Sa Majefté a déjà prononcé par fes lettres patentes fur l'entrée de M. l'évêque d'Alais & fur la fienne, fans faire aucune mention de M. le baron de Calviffon ; qu'il s'agit par conféquent de l'interprétation des lettres patentes de Sa Majefté & qu'il demande d'y être renvoyé, afin qu'il ait la bonté d'expliquer fon intention là-deffus.

Il nous a été encore repréfenté par les députés du diocefe d'Alais que pour les intérêts de la religion & le bien du fervice du Roi, il feroit plus avantageux de faire tenir l'affiette du diocefe par tour dans les principales villes du diocefe que de la rendre fixe à un feul endroit ; qu'en ce cas les maire & confuls de la ville où l'affiette fe tiendra, doivent y affifter en qualité de commiffaires ordinaires, ainfi qu'il fe pratique dans les autres diocefes ; & à l'égard du nombre des députés, il a été repréfenté qu'il y avoit plufieurs autres villes

& lieux qui étoient affez confidérables pour envoyer tous les ans un député à l'affiette ou par tour, ainfi qu'il fera jugé à propos ; que les villes d'Alais, Anduze, le Vigan & Sauve avoient accoutumé d'envoyer chacune deux députés à l'affiette de-Nîmes, & qu'il ne feroit pas jufte de leur faire perdre cet avantage.

Touchant la recette des tailles, il a été repréfenté qu'elle ne pouvoit être faite plus commodément que dans la ville d'Alais, mais que le receveur des tailles du diocefe de Nîmes qui doit faire cette recette, n'étant pas obligé de fupporter les frais de cet établiffement, il étoit jufte de l'indemnifer des frais de ce bureau.

Il nous a été encore repréfenté au fujet des députés que le diocefe d'Alais doit envoyer aux Etats, que la ville d'Alais feroit en droit d'envoyer deux députés, à l'exemple des autres villes chefs de diocefe, & que les villes de viguerie feroient en droit d'y envoyer un député par tour ; mais néanmoins que pour épargner des frais à la province & au diocefe, il fuffifoit de faire entrer aux Etats deux députés qui auront chacun leur voix ; favoir, le maire de la ville d'Alais qui feroit fixe tous les ans fans affeffeur à l'exemple de la ville de Rieux ; & qu'à l'égard des diocéfains on ne feroit aucun tort aux chefs des vigueries de faire rouler avec elles quelques autres communautés des plus confidérables du diocefe, puifque le tour de chaque viguerie du diocefe de Nîmes pour entrer aux Etats, ne revenoit autrefois que de huit en huit ans.

Les députés du diocefe de Nîmes nous ont repréfenté que l'affiette de ce diocefe fe trouvant diminuée de huit députés par le retranchement des vigueries d'Alais, Anduze, le Vigan & Sauve, ce qui refte des autres vigueries ne feroit pas fuffifant pour régler toutes les affaires des dioceses, & qu'à l'égard du député diocésain qui vient par tour aux États, on pourroit aussi augmenter le nombre des villes qui jouïssent de cet avantage, sans faire aucun tort aux villes chefs de vigueries dont le nombre est à présent réduit à quatre.

Après avoir examiné toutes les questions ci-dessus & les raisons qui nous ont été proposées de part & d'autre, NOUS DISONS que S. M. doit, si tel est son bon plaisir, ordonner que la ligne de séparation qui a été faite entre les dioceses de Nîmes & d'Alais pour le spirituel, servira aussi à régler le temporel de ces deux dioceses, & ce faisant que les communautés de Canaules, Saint-Nazaire des Gardies, Sauvignargues, Argentieres, Saint-Jean de Serres, Colombier & Aigremont, Ledignan, Saint-Benezet, Lezan, Saint-Saturnin de Coiran, Mallanes, Cassagnolles & Marvejols qui font partie de la viguerie d'Anduze, & les communautés de Claret, Saturargues, Corconne, Vaquieres, Brouzet, Lione, Quissac, Puech-Flavard, Lougrian, Florian de Corniac, Saint-Jean de Roques, Saint-Jean de Crieulon, Galbiac & Bragassargues qui font partie de la viguerie de Sauve, contribueront aux impositions qui seront faites à l'assiette du diocese de Nîmes, en la même maniere & sur le même pied qu'elles y ont contribué jusques à présent, & que néanmoins lesdites communautés seront tenues de contribuer au payement de toutes les dettes qui avoient été contractées en corps de viguerie auparavant la séparation desdits dioceses si aucunes y en a, après toutefois qu'elles auront été bien & duement vérifiées ; que l'allivrement du diocese de Nîmes sera de la somme de 6672 liv. 12 sols obole, pite, & celui du diocese d'Alais sera de la somme de 3670 livres 4 sols

10 deniers pite, lesdites deux sommes faisant ensemble celle de 10,342 livres 16 sols obole, à laquelle revenoit l'allivrement de l'ancien diocese de Nîmes, au moyen de quoi, de la somme de 100,000 livres imposée sur le général de la province, le diocese de Nîmes en supportera celle de 4656 liv. 0 sols 4 d. & le diocese d'Alais celle de 2561 liv. 0 sols 9 deniers ; que les dettes du diocese de Nîmes qui ont été contractées jusqu'à présent, seront partagées entre ces deux dioceses sur la même proportion, suivant la liquidation qui en sera faite par le sieur de Lamoignon de Basville, conseiller d'état, intendant en Languedoc; que le diocese d'Alais contribuera à la pension accordée au collége des jésuites de la ville de Nîmes, sauf à être fait droit au diocese d'Alais au cas qu'il soit établi un collége dans ledit diocese ; qu'il contribuera encore à la pension qui est accordée au couvent des Ursulines de ladite ville, pendant la vie seulement des deux religieuses qui ont donné lieu à l'établissement de ladite pension, & qu'il demeurera déchargé de la pension qui est accordée aux religieuses hospitalieres de la ville de Nîmes, & que la pension de 200 l. accordée à l'exécuteur de la haute justice sera supportée par les deux dioceses de Nîmes & d'Alais chacun suivant son allivrement ; que lesdits dioceses contribueront réciproquement; savoir, celui de Nîmes à l'entretien des chemins des Cevennes & aux gages de l'inspecteur, & celui d'Alais à l'entretien des chemins des Cevennes qui a été passé le 18 Septembre 1690, après lequel chaque diocese supportera l'entretien de ses chemins ; & à l'égard des papiers qui sont au pouvoir du diocese de Nîmes dont celui d'Alais peut avoir besoin, le greffier du diocese de Nîmes sera tenu d'en délivrer des copies collationnées moyennant salaire raisonnable.

Que

Que l'assiette du diocese d'Alais sera convoquée la premiere année dans la ville d'Alais, la seconde à Anduze, la troisieme au Vigan, la quatrieme à Sauve, & la cinquieme à Saint-Hypolite; après quoi le tour de ladite assiette recommencera par la ville d'Alais, & continuera par le même ordre qui vient d'être dit.

Que ladite assiette sera composée du commissaire principal qui présidera à ladite assiette; du juge-mage de la sénéchaussée de Nîmes, en qualité de commissaire ordinaire, en quelque endroit que ladite assiette se tienne; du baillif du comté d'Alais, & en son absence du juge ordinaire du comté, lorsque l'assiette dudit diocese se tiendra à Alais; du juge de la ville d'Anduze, & en cas d'absence, de son lieutenant, lorsqu'elle se tiendra à Anduze; du viguier du Vigan, ou du juge de ladite ville, en cas d'absence, lorsqu'elle se tiendra au Vigan; du viguier de la ville de Sauve, & en cas d'absence du juge de ladite ville, lorsqu'elle se tiendra à Sauve; & du juge de Saint-Hypolite, lorsqu'elle se tiendra à ladite ville; lesquels officiers auront la qualité de commissaires ordinaires à l'assiette, l'année qu'elle se tiendra dans le lieu de leur résidence, & ils ne pourront y assister en cette qualité lorsqu'elle se tiendra ailleurs; que les maire & consuls de la ville où se tiendra l'assiette y assisteront aussi en qualité de commissaires ordinaires; que les villes d'Alais, d'Anduze, du Vigan & de Sauve y envoyeront chacune deux députés; savoir, le maire desdites villes & le premier consul, ne faisant néanmoins les députés de chaque ville qu'une voix; que la ville de Sainte-Hypolite y enverra un député; savoir, le maire de ladite ville; que ladite assiette sera encore composée de deux députés des villes & lieux du diocese qui envoyeront par tour de trois en

trois ans, dont le premier tour sera rempli par les maires de Meyrueys & de Saint-Jean de Gardonnenque, le second par les maires de Sumene & de la Salle, & le troisieme par ceux de Valleraugue & de Saint-André de Valborgne; qu'il sera ensuite envoyé à ladite assiette trois députés des lieux du diocese qui seront ci-après nommés qui n'entreront à l'assiette que de dix en dix ans; savoir, la premiere année Aulas, Vezenobre & Dourbies; la seconde année Aumellas, Pompignan & Tournac; la troisieme année Saint-André de Majencoules, Durfort & Cendras; la quatrieme année Mialet, Saint-Laurent-le-Meynier & Saint-Roman de Codiere; la cinquieme année Trebes, Saint-Marcel de Fontfouillouse & Arigas; la sixieme année, Alzon, Ribautes & Aveze; la septieme année, Manoblet, Lanuejols & Saint-Christol; la huitieme année, Saint-Felix de Palieres, Maudagoust & Saint-Paul de la Coste; la neuvieme année, Notre-Dame de la Rouviere, Montdardier & Colognac; & la dixieme année, Saint-Martial, Roques & Saint-Martin de Corconac; après laquelle année le tour recommencera, ainsi qu'il a été dit: que M. l'évêque d'Alais, & en son absence, son vicaire général, M. le comte d'Alais & M. le baron de Tornac, & en leurs absences, leurs envoyés, auront droit d'assister à ladite assiette, sans néanmoins qu'à raison de ladite assistance lesdits vicaire général & envoyés puissent prétendre aucuns salaires ni émolumens; que M. l'évêque d'Alais, & en son absence son vicaire général, sera assis à ladite assiette au bout de la table seul; à sa droite seront assis les commissaires principal & les commissaires ordinaires, & à sa gauche M. le comte d'Alais, M. le baron de Tornac, ou leurs envoyés, & les députés des villes chefs des vigueries, & après eux, .

les députés des autres villes & lieux feront assis à droite & à gauche chacun suivant leur rang ; que les départemens & verbaux de l'assiette seront signés par M. l'évêque d'Alais, & en son absence par son vicaire général, & ensuite par MM. les commissaires principal & ordinaires, par MM. les comte & baron de ladite assiette ou leurs envoyés, & par les députés suivant leur rang. A l'égard de l'entrée à l'assiette du diocese d'Alais prétendue par M. le baron de Calvisson, MM. les commissaires nommés par les Etats avoient pris entre eux un avis favorable à M. de Calvisson ; mais étant survenu une difficulté sur ce que l'un des commissaires n'avoit pas opiné lors de la délibération, les commissaires du Roi & des Etats, du consentement des parties, ont renvoyé au Roi & à son conseil la décision de cette contestation, pour y être pourvu par Sa Majesté sur les raisons portées par le procès verbal ; d'autant plus qu'il s'agit de l'interprétation des lettres patentes d'érection de la baronnie de Tornac, & de savoir si la volonté de Sa Majesté a été que M. de Tornac entrât seul baron à l'assiette d'Alais, nonobstant les raisons alléguées par M. de Calvisson ; qu'il sera élu tous les ans à ladite assiette un syndic & un greffier du diocese, lesquels pourront être continués dans ladite charge, si l'assiette le trouve à propos ; qu'il sera accordé au commissaire principal pour le tems qu'il vaquera à ladite assiette, & pour son voyage & retour, la somme de 200 livres ; au juge-mage de la sénéchaussée de Nimes, commissaire ordinaire, tant pour ses droits & vacations pendant la tenue de l'assiette, que pour son voyage & retour, la somme de 92 livres 10 sols ; à l'officier de la ville où l'assiette se tiendra & qui a droit d'y assister en qualité de commissaire ordinaire pour son droit d'assistance à ladite assiette la somme

de 25 livres ; aux maire & consuls de la ville où l'assiette se tiendra, pour le droit d'assistance à l'assiette en qualité de commissaires ordinaires 60 livres à partager entre eux ; au syndic du diocese tant pour ses gages ordinaires pendant l'année, que pour son droit d'assistance à l'assiette 80 livres ; à douze députés des villes & lieux du diocese qui assisteront à ladite assiette ; savoir, deux de chaque ville chef de viguerie, un de Saint-Hypolite fixe, & cinq députés des villes & lieux du diocese venant par tour, à raison de 40 livres pour chacun, la somme de 480 livres ; au greffier du diocese, tant pour ses gages que pour la dresse du procès verbal de l'assiette, département & autres écritures pendant le cours de l'année & pour les clercs la somme de 200 livres ; aux valets de ville où l'assiette sera convoquée pour le service qu'ils rendront pendant la tenue de l'assiette 20 livres ; pour les frais de la convocation de ladite assiette, bois, chandelles & autres menues dépenses, pendant la tenue de ladite assiette la somme de 40 livres ; aux religieux du diocese la somme de 100 livres qui leur sera accordée en aumônes, suivant la distribution qui en sera faite par M. l'évêque d'Alais ; pour l'impression des mandes 25 livres ; pour les frais de la poursuite des procès & autres affaires pendant le cours de l'année dont il sera rendu compte à l'assiette 1200 livres ; & au receveur des tailles en exercice la somme de 500 liv. pour les frais du bureau de la recette qu'il sera tenu d'avoir dans ladite ville d'Alais, revenant toutes lesdites sommes à celle de 3022 livres 10 sols, laquelle sera imposée annuellement sur tous les contribuables aux tailles du diocese, avec défenses aux commissaires & députés de ladite assiette d'imposer au-delà de ladite somme, sous les peines portées par les ordonnances ; que la recette des tailles du diocese d'Alais sera faite par le receveur des tailles du diocese de Nîmes qui sera en exercice, & que les offices de receveurs ne pourront être partagés, sous prétexte de la séparation du diocese d'Alais, si ce n'est du consentement de ceux qui en seront pourvus; & en cas que lesdits offices viennent à changer de main, les provisions leur seront expédiées comme pour un seul & même office, sans qu'ils soient tenus à de plus grands frais, tant pour l'expédition des provisions que pour l'enregistrement d'icelles, & finalement que le diocese d'Alais enverra aux Etats de la province deux députés qui auront voix délibérative; savoir, le maire de ladite ville d'Alais qui entrera tous les ans auxdits Etats comme porteur de la procuration de la ville d'Alais chef du diocese, & un député diocésain qui sera envoyé par tour par les villes d'Anduze, du Vigan, Sauve & Saint-Hypolite, qui sera le maire desdites villes, lesquels porteront la procuration desdites villes.

Et à l'égard de l'assiette du diocese de Nîmes, Nous disons que S. M. doit, si tel est son bon plaisir, ordonner qu'au lieu & place des députés des vigueries d'Alais, Anduze, le Vigan & Sauve qui en ont été retranchées, il entrera à ladite assiette quatre députés fixes; savoir, les maires de Milhau, Bezouce, Quissac & Bernis, qui y entreront tous les ans, & trois par tour de deux en deux ans; savoir, les maires de Sarnhac, Ledignan & Saint-Laurent la première année; & ceux de Corconne, Vauvert

& Cardet, la seconde; que lesdits députés jouiront chacun de 40 livres pour leur droit d'assistance à l'assiette, de même que les autres députés qui ont droit d'y entrer; & d'autant qu'il y aura encore un député de moins à ladite assiette qu'il n'y avoit ci-devant, l'article des frais d'assiette qui étoit de 640 l. sera réduit à 600 livres, la rétribution du greffier du diocese qui avoit été augmentée jusqu'à 400 livres sera aussi réduite à 300 livres, attendu le retranchement qui a été fait d'une partie de son travail; que les autres frais d'assiette subsisteront sur le même pied qu'ils ont été réglés par l'état qui en a été arrêté au conseil en 1634, & que l'entrée du député diocésain aux Etats roulera à l'avenir entre les maires des villes & lieux de Beaucaire, Sommieres, Aymargues, Massillargues & Milhau, sans discontinuer néanmoins le tour qui avoit commencé l'année derniere par Beaucaire, lequel continuera l'année prochaine par Sommieres, jusqu'à ce qu'il soit fini.

FAIT à Narbonne pendant la tenue des Etats le treizieme Janvier 1695. *Signés par colonnes*, DU ROURE; DE LAMOIGNON; CHARRON; ROUCH; BISCARRAS, év. de Beziers; F. P. év. de Mende; CAILUS, baron de Rouairoux; D'ASPE, maire de Toulouse; DANTY, maire de Carcassonne; MOUJAN, député de Narbonne; PONTNAU, syndic d'Alet & Limoux. *Et plus bas*: Par Messeigneurs les commissaires, GUILLEMINET.

V I.

A R R Ê T

Du Conseil d'Etat du Roi,

Qui regle le nombre des personnes dont l'assiette du diocese d'Alais sera composée, & des députés que ledit diocese enverra aux Etats de la province, l'allivrement respectif des dioceses de Nîmes & Alais, &c.

Du 25 Janvier 1695.

Extrait des Registres du Conseil d'Etat.

VU au conseil d'état du Roi, S. M. y étant, l'arrêt rendu en icelui le 4 Octobre dernier, qui ordonne que par les commissaires présidens pour Sa Majesté aux Etats de la province de Languedoc, & par les commissaires qui seront nommés par l'assemblée desdits Etats, il sera donné avis à S. M. sur le nombre de personnes dont l'assiette du diocese d'Alais sera composée, sur le nombre des députés qu'il enverra aux Etats, comme aussi sur tous les différends qui se rencontreront dans la séparation des communautés qui doivent composer à l'avenir les dioceses de Nîmes & d'Alais, & généralement sur toutes les affaires qui concernent le temporel de ce diocese, après avoir oui toutes les parties intéressées, pour ledit avis envoyé à Sa Majesté être ordonné ce qu'il appartiendra: Le procès verbal des commissaires présidens pour S. M. en l'assemblée des Etats convoqués en la ville de Narbonne, & des commissaires députés par ladite assemblée, contenant les réquisitions faites par les députés des dioceses de Nîmes & d'Alais & les prétentions des parties intéressées à la séparation de ces deux dioceses, & l'avis desdits sieurs commissaires du 13 du pré-

sent mois de Janvier ; Oui le rapport & tout considéré : LE ROI ÉTANT EN SON CONSEIL, a ordonné & ordonne que la ligne de séparation qui a été faite entre les dioceses de Nîmes & d'Alais pour le spirituel, servira aussi à régler le temporel de ces deux dioceses ; & ce faisant, que les communautés de Canaules, St. Nazaire de Gardies, Sauvignargues, Argentiere, St. Jean de Serre, Colombier & Aigremont, Ledignan, St. Benezet, Lezan, St. Saturnin de Coiran, Massanes, Cassagnoles & Marvéjols, qui font partie de la viguerie d'Anduze & les communautés de Claret, Saturargues, Corconne, Vaquieres, Brouzet, Lione, Quissac, Puech-Flavard, Lougrian, Florian de Corniac, S. Jean de Roques, St. Jean de Creulon, Galbiac & Bragassargues, qui font partie de la viguerie de Sauve, contribueront aux impositions qui seront faites à l'assiette du diocese de Nimes en la même maniere & sur le même pied qu'elles y ont contribué jusques à présent ; & que néanmoins lesdites communautés seront tenues de contribuer au payement de toutes les dettes qui auront été contractées en corps de viguerie, auparavant la séparation desdits dioceses, si aucunes y en a, après toutefois qu'elles auront été bien & duement vérifiées ; que l'allivrement du diocese de Nimes sera de la somme de 6672 liv. 12 sols obole, pite, & celui du diocese d'Alais sera de la somme de 3670 liv. 4 sols 10 deniers pite, lesdites deux sommes faisant ensemble celle de 10,342 liv. 16 sols obole, à laquelle revenoit l'allivrement de l'ancien diocese de Nimes ; au moyen de quoi, de la somme de 100,000 liv. imposée sur le général de la province, le diocese de Nimes en supportera celle de 4646 livres 4 deniers & le diocese d'Alais celle de 2561 livres 9 deniers ; que les dettes du diocese de Nîmes qui ont été contractées jusqu'à présent seront partagées entre ces dioceses sur la même proportion, suivant la liquidation qui en sera faite par le sieur de Lamoignon de Basville, intendant en Languedoc; que le diocese d'Alais contribuera à la pension accordée au collège des jésuites de la ville de Nîmes, sauf à être fait droit au diocese d'Alais, en cas qu'il soit établi un collège dans ledit diocese; qu'il contribuera encore à la pension qui est accordée au couvent des ursulines de ladite ville, pendant la vie seulement des deux religieuses qui ont donné lieu à l'établissement de ladite pension; que le diocese d'Alais demeurera déchargé de la pension qui est accordée aux religieuses hospitalieres de la ville de Nîmes, & que la pension de deux cent livres accordée à l'exécuteur de la haute justice sera supportée par les deux dioceses de Nîmes & d'Alais, chacun suivant son allivrement; que lesdits dioceses contribueront réciproquement; savoir, celui de Nîmes à l'entretien des chemins des Cevennes & aux gages de l'inspecteur, & celui d'Alais à l'entretien des chemins de Nîmes à Arles, à Beaucaire, à Remoulins, au pont de Lunel & à Sommieres, & ce, pendant le temps qui reste à expirer du bail de l'entretien desdits chemins des Cevennes qui a été passé le 18 Septembre 1690, après lequel chaque diocese supportera l'entretien de ses chemins: Et à l'égard des papiers qui sont au pouvoir du diocese de Nîmes, dont celui d'Alais peut avoir besoin, le greffier du diocese de Nîmes sera tenu d'en délivrer des copies collationnées, moyennant salaire raisonnable; que l'assiette du diocese d'Alais sera convoqué la premiere année dans la ville d'Alais, la seconde à Anduze, la troisieme au Vigan, la quatrieme à Sauve, & la cinquieme à Saint-Hypolite; après quoi le tour de ladite assiette

recommencera par la ville d'Alais, & continuera par le même ordre ci-dessus marqué: Que ladite assiette sera composée du commissaire principal qui présidera à ladite assiette; du juge mage de la sénéchaussée de Nîmes en qualité de commissaire ordinaire, en quelque endroit que l'assiette se tienne; du baillif du comté d'Alais, & en son absence du juge ordinaire du comté d'Alais, lorsque l'assiette dudit diocese se tiendra à Alais; du juge de la ville d'Anduze, & en cas d'absence, de son lieutenant, lorsqu'elle se tiendra à Anduze; du viguier du Vigan ou du juge de ladite ville, en cas d'absence, lorsqu'elle se tiendra au Vigan; du viguier de la ville de Sauve, & en cas d'absence, du juge de ladite ville, lorsqu'elle se tiendra à Sauve; & du juge de Saint-Hypolite lorsqu'elle se tiendra à ladite ville; lesquels officiers auront la qualité de commissaires ordinaires à l'assiette, l'année qu'elle se tiendra dans le lieu de leur résidence, & ils ne pourront y assister en cette qualité, lorsqu'elle se tiendra ailleurs; que le maire & les consuls de la ville où se tiendra l'assiette y assisteront aussi en qualité de commissaires ordinaires; que les villes d'Alais, d'Anduze, du Vigan & de Sauve y envoyeront chacune deux députés; savoir, le maire desdites villes & le premier consul, ne faisant néanmoins les députés de chaque ville qu'une voix; que la ville de Saint-Hypolite y envoyera un député; savoir, le maire de ladite ville; que ladite assiette sera encore composée de deux députés des villes & lieux des dioceses qui y envoyeront par tour de trois en trois ans, dont le premier tour sera rempli par les maires de Meyrueis & de St. Jean de Gardonnenque, le second, par les maires de Sumene & la Salle, & le troisieme, par celui de Valeraugues & de St. André de Valborgne; qu'il sera encore envoyé à ladite assiette trois députés des lieux du diocese qui seront ci-après nommés qui n'entreront à l'assiette que de dix en dix ans ; savoir, la premiere année, Aulas, Vezenobre & Dourbies ; la seconde année, Aumessas, Pompignan & Tornac ; la troisieme année, St. André de Majencoules, Durfort & Cendras ; la quatrieme année, Mialet, St. Laurent-le-Meynier & St. Roman de Codieres ; la cinquieme année, Trebes, St. Marcel de Fontfouilloufe & Arigas ; la sixieme année, Alzon, Ribaute & Aveze ; la septieme année, Manoblet, Lanuejols & Saint-Christol ; la huitieme année, St. Felix de Palieres, Mandagoust & St. Paul de la Coste ; la neuvieme année, Notre-Dame de la Rouviere, Montdardier & Codognan ; & la dixieme année, St. Martial, Roques & St. Martin de Corconac ; après laquelle année le tour recommencera ainsi qu'il a été dit : Que le sieur évêque d'Alais & en son absence, son vicaire général, le sieur Comte d'Alais & le sieur baron de Tornac, & en leur absence, leurs envoyés, auront droit d'assister à ladite assiette, sans que néanmoins à raison de ladite assistance ledit vicaire général & les envoyés puissent prétendre aucuns salaires & émolumens : Et attendu que la baronnie de Calvisson est située dans ce qui compose à présent le diocese de Nîmes, Sa Majesté a déclaré que le sieur baron de Calvisson ne pourra entrer dans les assiettes dudit diocese d'Alais ; que ledit sieur évêque d'Alais, & en son absence, son vicaire général, sera assis à ladite assiette au bout de la table seul ; à sa droite seront assis le commissaire principal & les commissaires ordinaires, & à sa gauche ledit sieur comte d'Alais, le sieur baron de Tornac ou leurs envoyés, & les députés des villes chefs des vigueries, & après eux, les députés des autres villes & lieux, seront assis à droite & à gauche chacun suivant leur rang ;

que les départemens & verbaux de l'assiette seront signés par le sieur évêque d'Alais, & en son absence, par son vicaire général, & ensuite par les commissaires principal & ordinaires, par lesdits sieurs comte d'Alais & baron de Tornac ou leurs envoyés, & par les députés, suivant leur rang ; qu'il sera élu tous les ans à ladite assiette un syndic & un greffier du diocese, lesquels pourront être continués dans lesdites charges, si l'assiette le trouve à propos ; qu'il sera accordé au commissaire principal pour le temps qu'il vaquera à ladite assiette, & pour son voyage & retour, la somme de 200 livres ; au juge mage en la sénéchaussée de Nîmes commissaire ordinaire, tant pour ses droits & vacations pendant la tenue de l'assiette, que pour son voyage & retour, la somme de 92 livres 10 sols ; à l'officier de la ville où l'assiette se tiendra & qui a droit d'y assister en qualité de commissaire ordinaire pour son droit d'assistance à ladite assiette, la somme de 25 livres ; aux maire & consuls de la ville où l'assiette se tiendra pour leur droit d'assistance en l'assiette en qualité de commissaires ordinaires 60 livres à partager entre eux ; au syndic du diocese, tant pour ses gages ordinaires que pour son droit d'assistance à l'assiette 80 livres ; à douze députés des villes & lieux du diocese qui assisteront à ladite assiette ; savoir, deux de chaque ville chef de viguerie & un de Saint-Hypolite fixe, & cinq députés des villes & lieux du diocese venant par tour, à raison de 40 livres pour chacun, la somme de 480 livres ; au greffier dudit diocese, tant pour ses gages que pour la dresse du procès verbal de l'assiette, département & autres écritures pendant le cours de l'année & pour ses clercs, la somme de 200 livres ; aux valets de la ville où l'assiette sera convoquée pour le service qu'ils rendront pendant la tenue de l'assiette 20 livres; pour les frais de la convocation de ladite assiette, bois, chandelles & autres menues dépenses pendant la tenue de ladite assiette, la somme de 40 livres; aux religieux du diocese, la somme de 100 livres qui leur sera accordée en aumónes, suivant la distribution qui en sera faite par le sieur évêque d'Alais; pour l'impression des mandes 25 livres; pour les frais de la poursuite des procès & autres affaires pendant le cours de l'année, dont il sera rendu compte à l'assiette, 1200 livres; & au receveur des tailles en exercice la somme de 500 livres pour les frais du bureau de la recette qu'il sera tenu d'avoir dans ladite ville d'Alais, revenant toutes lesdites sommes à celle de 3022 livres 10 sols', laquelle sera imposée annuellement sur tous les contribuables aux tailles du diocese, avec défenses aux commissaires & députés de ladite assiette d'imposer au-delà de ladite somme sous les peines portées par les ordonnances; Que la recette des tailles du diocese d'Alais sera faite par le receveur des tailles du diocese de Nîmes qui sera en exercice; & que les offices de receveurs ne pourront être partagés sous prétexte de la séparation du diocese d'Alais, si ce n'est du consentement de ceux qui en seront pourvus; & en cas que lesdits offices viennent à changer de main, les provisions leur seront expédiées comme pour un seul & même office, sans qu'ils soient tenus à de plus grands frais, tant pour l'expédition des provisions que pour l'enregistrement d'icelles; & finalement que le diocese d'Alais envoyera aux Etats de la province deux députés qui auront voix délibérative; savoir, le maire de la ville d'Alais chef de diocese, & un député diocésain qui sera envoyé par tour par les villes d'Anduze, du Vigan, Sauve & Saint-Hypolite qui sera le maire desdites

villes, lesquels porteront la procuration desdites villes. Et à l'égard du diocese de Nîmes, Sa Majesté a ordonné & ordonne qu'au lieu & place des députés des vigueries d'Alais, Anduze, le Vigan & Sauve qui ont été retranchées, il entrera à ladite assiette quatre députés fixes; savoir, les maires de Milhau, Bezouce, Quissac & Bernis qui y entreront tous les ans, & trois par tour de deux en deux ans; savoir, les maires de Sarnhac, Ledignan & St. Laurent la premiere année, & ceux de Corconne, Vauvert & Carder la seconde; que lesdits députés jouiront chacun de 40 liv. pour leur droit d'assistance à l'assiette, de même que les autres députés qui ont droit d'y entrer : Et d'autant qu'il y a encore un député de moins à l'assiette qu'il n'y avoit ci-devant, l'article des frais d'assiette qui étoit de 640 livres sera réduit à 600 livres, la rétribution du greffier du diocese qui avoit été augmentée jusqu'à 400 livres sera aussi réduite à 300 livres, attendu le retranchement qui a été fait d'une partie de son travail; que les autres frais d'assiette subsisteront sur le même pied qu'ils ont été réglés par l'état qui en a été arrêté au conseil en 1634, & que l'entrée du député diocésain aux Etats roulera à l'avenir entre les maires des villes & lieux de Beaucaire, Sommieres, Aymargues, Massillargues & Millau, sans discontinuer néanmoins le tour qui avoit commencé l'année derniere par Beaucaire, lequel continuera l'année prochaine par Sommieres, jusques à ce qu'il soit fini : Ordonne Sa Majesté que le présent arrêt sera enregistré par-tout où il appartiendra pour y avoir recours en cas de besoin. Fait au conseil d'état du Roi, Sa Majesté y étant, tenu à Versailles le vingt-cinquieme jour du mois de Janvier 1695.

Signé, PHELYPEAUX.

LOUIS, PAR LA GRACE DE DIEU, ROI DE FRANCE ET DE NAVARRE : Au premier notre huissier ou sergent sur ce requis. Nous te commandons par ces présentes signées de notre main de signifier à tous ceux qu'il appartiendra, à ce qu'ils n'en ignorent, l'arrêt ci-attaché sous le contre-scel de notre chancellerie ce jourd'hui donné en notre conseil d'état Nous y étant, touchant la séparation des dioceses de Nîmes & Alais ; faire en outre pour l'entiere exécution dudit arrêt tous autres exploits & actes de justice que de besoin sera. De ce faire te donnons pouvoir, commission & mandement spécial, sans pour ce demander autre permission, voulant qu'aux copies dudit arrêt & de ces présentes duement collationnées par l'un de nos amés & féaux conseillers & secrétaires foi soit ajoutée comme aux originaux : CAR tel est notre plaisir. DONNÉ à Versailles le vingt-cinquieme jour de Janvier, l'an de grace 1695 & de notre regne le cinquante-deuxieme. *Signé*, LOUIS ; *Et plus bas* : Par le Roi, PHELYPEAUX.

VII.

ORDONNANCE

DE M. L'INTENDANT DE LANGUEDOC,

Contenant le partage des dettes de l'ancien diocese de Nîmes, entre ceux de Nîmes & Alais.

Du 18 Février 1695.

NICOLAS de LAMOIGNON, chevalier, comte de Launay Courson, seigneur de Brics, Vaugrigneuse, Chavagne, Lamotte-Chandenier & autres lieux, conseiller d'état, intendant de la province de Languedoc.

Vu l'arrêt du conseil d'état du 25 Janvier dernier, portant que les det-

tes du diocese de Nîmes qui ont été contractées jusqu'au jour dudit arrêt seront partagées entre le diocese de Nîmes & celui d'Alais, sur la proportion des tarifs desdits deux dioceses exprimés par ledit arrêt, & selon la liquidation qui en seroit par nous faite ; & vu aussi les états d'imposition & vérification des dettes & charges ; les actes de prix fait pour réparation & entretien des chemins ; & ouis les députés desdits dioceses, DÉCLARONS les dettes contenues auxdits états d'imposition & vérification & l'état des ustensiles revenir à la somme totale de 733,541 liv. 1 sol ; savoir, aux PP. chartreux de Villeneuve-les-Avignon 16,900 livres ; au sieur Guillaume Causse 7000 livres, au sieur Isaac Boisson 7500 livres, au sieur marquis de Montpezat 53,713 livres 3 sols 4 deniers, au sieur Roustan Daunan 1200 livres, à la maison de la providence dudit Nîmes 19,682 livres 6 sols, à la maison de l'aumône générale d'Avignon 3600 livres, à noble Michel de Ribiere 1800 liv., à Jeanne Desmaretz de Montclard 5052 livres, à Georges de Castelane de Montels 7200 livres, aux ursulines du premier couvent dudit Nîmes 44,502 livres 16 sols 6 deniers, au sieur de Poussaco 12,000 livres, à noble Rostang de Bonail 5400 livres, aux hoirs de Guillaume Mirabeau 6000 livres, au sieur de Merets prêtre, tant de son chef que comme administrateur des enfans de son frere 18,000 livres, à noble Jean de Rozel, seigneur de Fauzette 3000 livres, aux religieuses Sainte-Marie de Nîmes 9280 livres 18 sols 11 deniers, à la Dlle. Forniere 950 livres, au sieur Pierre Causse avocat 4800 livres, à Mre. Philibert Bon, premier président en la cour des comptes, aides & finances de Montpellier 30,600 livres, au sieur Dalbenas 2499 livres, à Jacques François de la Tour 568 livres,

à

à Denis de Recolin de la Calmette 1747 livres 10 fols, à Dlle. Catherine Terieude, femme du fieur de Recolin 950 livres, à la chartreufe de Bompas 4800 livres, à Marguerite de Conti Dargencourt 2699 livres 13 fols, à Ifaac Daunan 934 livres 10 fols, aux confuls dudit Nîmes 2100 livres, à dame Françoife de Bouillaco de la Croix 7121 livres, aux urfulines du Pont-Saint-Efprit 11,000 livres, aux urfulines de la ville d'Alais 4550 livres, aux PP. de la doctrine chrétienne de Beaucaire 2273 livres, aux directeurs de la miféricorde 3811 livres 19 fols 4 deniers, aux PP. de la doctrine de Nîmes 202 livres 10 fols, au chapitre St. Pierre d'Avignon 3600, aux hoirs de Silvie d'Eimard 13,000 livres, aux hoirs de Pierre d'Arnaud 3000 livres, aux hoirs de Pierre Richard, fieur de Vendargues 2900 livres 9 fols, au fieur marquis de Montpezat 3000 livres, au fieur Antoine Roure de Villeneuve-d'Avignon 4672 livres 6 fols, au fecond monaftere Ste. Urfule de Nîmes, 17,500 livres, à Antoine Marc Plomet pour fondation 1200 livres, au fieur Antoine Prunet, fieur de Boiffet 4000 livres, aux religieufes hofpitalieres de Nîmes 17,000 livres, au fieur Pierre Bofcher 2000 livres, à Claude Laurent 6000 livres, à Acurfe Rouffet 9000 livres, à Pierre de Grefeuille de Montpellier 3000 livres, aux hoirs du fieur Jean de Sartre, préfident en la cour des comptes, aides & finances de Montpellier 27,936 livres 17 fols 9 deniers, au fieur Jean de Fontbon, confeiller en ladite cour 7000 livres, à Marguerite Sauche, veuve du fieur Fournier 3000, à dame Catherine de la Grange 28,000 livres, à dame Jeanne de Grefeuille, veuve de Jean d'Albenas 3900 livres, à noble Pierre Vailiaire, chevalier de Portugal 15,100 livres, à dame Anne de Bertrand 13,100 livres, au fieur Teiffon-

niere, procureur 1100 livres, à Anne Vachonne 888 livres 10 fols, à nobles Jean-François de Rozel & Elie Chairon, pour le fieur de Faure 500 livres, au fieur Jean Fauquet 6000 livres, à Catherine Sarremejane 1000 livres, aux PP. prêcheurs d'Avignon 6600 livres, à Jofeph Brun 4000 livres, aux PP. Minimes d'Avignon 1000 livres, à Pierre-François de Rodury de Malijay 1900 livres, à Mre. Pierre Serrier, prêtre de St. Gilles 5000 livres, à Jacques Peyzac, procureur 2137 livres 10 fols, aux religieufes de Teirargues 4000 livres, à Catherine Bofcaride 2400 livres, à dame Jeanne de la Croix 2000 livres, à Matthieu Porte, procureur de Montpellier 1000 livres, à Mre. Jean de Portalès 2000 livres, à Louife Defcudier de Larche 3000 livres, au fieur Tavernol 1000 livres, à Gabrielle Roche 2000 livres, à Jeanne Roche 500 livres, à Anne Deveze, veuve d'Aufely 550 livres, aux religieufes de la Vifitation de Nîmes 600 livres, à Jean Domergue 1800 livres, à Jeanne Forniere 420 livres, à fieur Paul-Antoine de Tremolet, abbé d'Airolles 7000 livres, aux PP. prêcheurs de Nîmes 5000 livres, au fieur Paul de Seytres, feigneur de Caumont 4000 livres, à Gabriel de Cohorne, fieur de Limon 4800 livres, à Marc-Antoine Tache 2000 livres, à Explaudiau de Moyeu, fieur de Saint-Didier 3600 livres, au monaftere Ste. Catherine d'Avignon 4034 livres, à Jacques de Malhan, confeiller au préfidial de Nîmes 3000 livres, audit fieur Tavernol 1100 livres, au fieur Jacques Novy 2000 livres, à Honoré Durand, notaire 1200 livres, à Jean Charier, procureur 2724 livres 7 fols, aux filles orphelines d'Avignon 1200 livres, à Jofeph Chabaud 3000 livres, à Marie Roque, veuve de Peyzac 800 livres, à Dlle. Therefe de Berard de Bernis 16,728 livres 17 fols, au fieur Jean

Fabre, avocat 1200 livres, au directeur Notre-Dame de la Garde 3000 livres, à noble Pierre Leblanc, sieur de la Roque 9000 livres, à sieur Pierre Granet 3000 livres, audit sieur de Cohorne 1800 livres, au chapitre Saint-Simphorien d'Avignon 772 livres 10 sols, au monastere Ste. Claire d'Avignon 1734 livres, aux augustins d'Avignon 1800 livres, à la maison de l'aumône de la petite fusterie d'Avignon 600 livres, à François Garcin 2100 livres, audit Gabriel de Cohorne 3000 liv., à noble Henri de Silvestre 900 liv. à Antoinette Pichotte 1128 livres, au monastere du Verbe-Incarné d'Avignon 3300 livres, aux pénitens noirs d'Avignon 700 livres, à Mre. Jacques de Vivet de Montclus 11,000, à Antoine Bousquet 600 livres, au sieur Serrier, prêtre 2000 livres, audit Gabriel de Cohorne 3000 livres, au monastere dudit Verbe-Incarné 4200 livres, à Mre. Melchior de Grenouillac 1800 livres, au sieur François de Tomduty, sieur de Malaigay 1200 livres, au sieur de Vivet, auditeur de Rote 6400 liv., aux religieuses Ste. Praxede dudit Avignon 300 livres, à Me. Blisson, avocat 1200 livres, à Anne Forniere 608 liv., au sieur Cambon 1800 livres. Et pour les mules, avoine & sacs que ledit diocese a été obligé d'emprunter celle de 25,092 livres 12 sols 2 deniers, sauf auxdits dioceses à faire donner compte au sieur de la Beaume, syndic, des emprunts par lui faits de ladite somme, qui sont ; savoir, 1200 liv. de la dame de Puech-Fevrier le 17 Avril 1694, 4600 livres de François d'Honorary, de François Flamenc, & de la Dlle. de Mirabeau le 2 Juillet audit an, 3800 livres de ladite dame de Puech-Fevrier le dernier Août même année, 1000 livres du sieur abbé Robert le 24 Septembre 1694, 1860 livres dudit sieur abbé Robert le 6 Octobre suivant, 1000 livres de la congrégation de la miséricorde le 20 dudit mois d'Octobre, 2100 livres du chapitre de St. Geniés d'Avignon, 300 livres des pénitens de la miséricorde d'Avignon, 3000 livres dudit Gabriel de Cohorne, 3000 livres du sieur de Fabry, 400 livres de la veuve d'Imberty le 7 Novembre 1694, 400 livres de Trimond Allard le 20 Décembre suivant, 2232 livres 2 sols 2 deniers dudit Gabriel de Cohorne le 20 Janvier dernier, de Claude Carriere 1800 livres le 21 dudit mois ; & sauf auxdits dioceses à recouvrer de la province, comme il leur compete, la somme de 9995 livres 7 sols 10 deniers, comme aussi les intérêts, attendu que ladite somme excede la quotité desdits dioceses. Plus en la somme de 28,000 livres 5 sols due pour parachever le prix fait des chemins, & sauf encore auxdits dioceses à faire donner compte par ledit sieur de la Beaume, syndic, des emprunts faits pour ce sujet, qui sont ; savoir, 2000 livres d'Antoine Serrier, prêtre le 15 Février 1694, 4000 livres de certains particuliers d'Avignon le 2 Juillet audit an, 300 livres dudit sieur abbé Robert le 6 Octobre suivant, 2500 livres du second monastere dudit Nîmes, le 8 Janvier dernier. Et enfin en la somme de 366 livres 10 sols que le syndic du diocese auroit été condamné de payer pour les voitures extraordinaires ou passages des troupes de l'année derniere. Revenant toutes lesdites sommes à la susdite premiere de 733,541 livres 1 sol. Et par ce qu'il est dû auxdits dioceses, la somme de 7098 livres 19 sols par la ville de Nîmes ; savoir, 6173 livres de principal de reste du contenu en la transaction du 7 Février 1692, & 925 livres 19 sols, pour les intérêts de ladite somme courus depuis ladite transaction, ordonné que la somme de 2100 liv. due par ledit diocese de Nîmes aux consuls de ladite ville de ;

meurera compenſée; & par ce moyen, reſtera dû auxdits dioceſes par ladite ville de Nîmes, la ſomme de 4998 livres 19 ſols, laquelle avons adjugée audit dioceſe de Nîmes pour en faire le recouvrement deſdits conſuls, demeurant ledit dioceſe de Nîmes chargé d'acquitter pareille ſomme envers leſdits créanciers; & déduction faite de ladite ſomme de 2100 livres compenſée, & celle de 4998 livres 19 ſols dont le dioceſe de Nîmes demeure chargé, du total deſdites dettes reſte, la ſomme de 726,442 livres 2 ſols, laquelle repartie ſur leſdits deux dioceſes, eu égard à leur allivrement, ſe portant en général à 10,342 livres 16 ſols 2 deniers, & en particulier, celui dudit dioceſe de Nîmes à 6672 livres 12 ſols obole, pite, & celui du dioceſe d'Alais, auſſi en particulier, à 3670 livres 4 ſols 10 deniers, pite, revient pour ledit dioceſe de Nîmes, à la ſomme de 468,658 livres 3 ſols 11 deniers, & pour ledit dioceſe d'Alais 257,783 livres 18 ſols. Et procédant au partage deſdites dettes & à proportion de celles qui ſont au denier vingt & au denier dix-huit, ordonné que le dioceſe d'Alais demeurera chargé de payer les parties ſuivantes; ſavoir, celle de 8300 livres de la partie dudit ſieur Bon, premier préſident en ladite cour des aides, celle de 4550 livres des urſulines d'Alais, celle de 4000 livres du ſieur de Boiſſet, celle de 3000 livres de Pierre Greffeuille de Montpellier, celle de 27,936 livres 17 ſols 9 deniers du ſieur de Sartre, préſident, celle de 7000 livres du ſieur de Fontbon, celle de 1000 livres de Catherine Sarremejane, celle de 1000 livres du ſieur Porte, procureur, celle de 2000 livres du ſieur de Portalés, celle de 4000 liv. des religieuſes de Teyrargues, celle de 16,900 liv. de la chartreuſe de Villeneuve d'Avignon, celle de 7000 livres du ſieur Guillaume Cauſſe, celle de 4800 livres de la chartreuſe de Bompas, celle de 11,000 livres des urſulines du Saint-Eſprit, celle de 3600 livres du chapitre St. Pierre d'Avignon, celle de 13,000 livres des hoirs de Silvie d'Eymard, celle de 3000 livres des hoirs de Pierre d'Arnaud, celle de 4672 livres 6 ſols du ſieur Roure de Villeneuve, celle de 6000 liv. du ſieur Claude Laurent, celle de 9000 livres du ſieur Accurſe Rouſſel, celle de 15,100 livres de Claude de Veliaire, 13,100 livres d'Anne de Bertrand, 6500 livres des PP. prêcheurs d'Avignon, 4000 livres de Joſeph Brun d'Avignon, 1000 livres des PP. Minimes, 5000 livres d'Antoine Serrier de Saint-Gilles & 7000 livres du ſieur Tremolet, abbé d'Ayrolles; revenant toutes leſdites parties à celle de 192,233 livres 18 ſols dont l'intérêt eſt au denier vingt : Et demeurera encore chargé ledit dioceſe d'Alais pour ſa portion des dettes au denier dix-huit de payer 22,300 livres pour l'entiere partie dudit ſieur préſident Bon, 1800 livres du ſieur Domergue, 12,600 livres pour quatre articles du ſieur de Cohorne, 9000 livres du ſieur Pierre Blanc, ſieur de la Roque d'Avignon, 3201 livres 3 ſols du ſieur de St. Didier d'Avignon à tant moins de 3600 livres, 4034 livres aux religieuſes Ste. Catherine d'Avignon, 3000 livres aux directeurs de Notre-Dame de la Garde, 1734 livres au monaſtere Ste. Claire d'Avignon, 1800 livres aux religieuſes auguſtines d'Avignon, 2100 livres à noble François Garlin, 2000 livres au ſieur Serrier, prêtre de St. Gilles, 2060 livres 17 ſols au monaſtere du Verbe-Incarné dudit Avignon, à tant moins de la partie de 3300 livres; revenant leſdites parties dont l'intérêt eſt au denier dix-huit à celle de 65,450 livres; & le tout joint revient à la premiere ſomme de 257,783 livres 18 ſols. Et le ſurplus deſdites dettes ſera ſupporté par le dioceſe de Nîmes; demeurant leſdits dioceſes garans l'un envers l'autre faute de payement en capital & intérêts ; leſquels intérêts leſdits dioceſes ſupporteront à compter depuis le premier Janvier dernier. Et demeurera le dioceſe d'Alais chargé de faire porter leſdits payemens en la ville de Nîmes ou ailleurs, ſi les actes obligatoires le contiennent. Et ſi, en procédant par les commiſſaires à la vérification des dettes non vérifiées, il étoit fait aucune rejection ou retranchement, ce qui ſera rejetté du tout ou en partie ſera diminué deſdites dettes ; & ſera tenu le dioceſe de Nîmes de faire procéder à ladite vérification, & celui d'Alais contribuera aux frais ſur la même proportion en recevant extrait de l'état deſdites dettes qui ſeront vérifiées : Et en outre contribuera ledit dioceſe d'Alais aux intérêts des emprunts faits l'année derniere & qui n'ont pas été impoſés, à compter du jour deſdits emprunts juſques au premier jour de Janvier dernier, comme auſſi aux frais faits par le ſyndic du dioceſe de ladite année derniere, ainſi qu'ils ſeront réglés par le compte qu'il en rendra ſelon ladite proportion. Et à l'égard des charges deſdits deux dioceſes, premierement, pour l'entretien des chemins, déclarons leſdites charges conſiſter en la ſomme de 3585 livres pour l'entretien des chemins des Cevennes & celle de 330 livres pour l'inſpecteur deſdits chemins, en 150 livres pour l'entretien du chemin de Nîmes à Remoulins, & en celle de 150 livres pour l'entretien du chemin de Nîmes à Uchaud ; revenant leſdits entretiens à la ſomme de 4215 livres, laquelle ſomme ſera payée par leſdits deux dioceſes pendant que durera le bail par Nous paſſé pour l'entretien deſdits chemins des Cevennes ; & ladite ſomme repartie revient pour ledit dioceſe de Nîmes 2719 livres 5 ſols 5 deniers, & pour le dioceſe d'Alais 1495 liv. 14 ſols 6 deniers. Et ſera néan-

moins ledit dioceſe d'Alais obligé de contribuer ſelon ladite proportion aux entretiens deſdits chemins du dioceſe de Nîmes qui vont dud. Nîmes à Remoulins, à Beaucaire, à Arles, au pont de Lunel & à Sommieres, ſur les baux qui en ſeront paſſés, le ſyndic dudit dioceſe d'Alais appellé. Et cependant le même temps que le dioceſe de Nîmes contribuera à l'entretien deſdits chemins des Cevennes, ſelon le ſuſdit bail par Nous adjugé. Et paſſé le temps porté par ledit bail, leſdits dioceſes demeureront chargés, chacun à ſon égard de fournir aux entretiens des chemins qui ſont dans ſon étendue, ſans contribution de l'un à l'autre. Secondement, déclarons les autres charges communes deſdits dioceſes conſiſter en la penſion de 600 livres établie par arrêt du conſeil au profit des PP. jéſuites du collége royal de la ville de Nîmes, ſauf, au cas de l'établiſſement d'un collége dans le dioceſe d'Alais, d'être fait droit audit dioceſe d'Alais ; en la penſion d'autre ſomme de 600 livres établie par autre arrêt du conſeil aux urſulines du premier couvent de Nîmes, pendant la vie des religieuſes qui ont donné lieu à l'établiſſement de ladite penſion, après le décès deſquelles ledit dioceſe d'Alais demeurera déchargé de contribuer à ladite penſion deſdites urſulines ; & en la penſion de 200 livres pour l'exécuteur de la haute juſtice ; revenant leſdites penſions à la ſomme de 1400 liv., laquelle repartie ledit dioceſe d'Alais doit y contribuer annuellement pour 496 livres 8 ſols 5 deniers, & le dioceſe de Nîmes pour 903 livres 11 ſols 7 deniers ; demeurant ledit dioceſe d'Alais obligé de faire leſdits payemens en la ville de Nîmes : Et à l'égard de la penſion de 600 livres établie par autre arrêt du conſeil au profit des religieuſes hoſpitalieres dudit Nîmes, déchargeons ledit dioceſe d'Alais de ladite contribution & ordonnons qu'elle fera fupportée entierement par ledit diocefe de Nîmes. Et pour ce qui eft des épices de la chambre des comptes de Montpellier, pour le compte des deniers extraordinaires fe portant à 932 livres 15 fols, felon le réglement fait par les Etats le 15 Février 1665, déclarons la portion dudit diocefe d'Alais être de 330 livres 3 fols & celle du diocefe de Nîmes de 602 livres 12 fols. Et pour la clôture du compte dudit fyndic & du receveur du diocefe de Nîmes, ordonnons que le fieur Etienne Finielz, avocat, député de la viguerie du Vigan dans ledit diocefe d'Alais, affiftera pour ledit diocefe d'Alais à la clôture defdits comptes. FAIT à Nîmes le dix-huitieme Février 1695. *Signé*, DE LAMOIGNON; *Et plus bas* : Par mondit feigneur.

LE SELLIER.

VIII.

ARRÊT

DU CONSEIL D'ETAT DU ROI,

Qui renvoye aux commiffaires préfidens pour le Roi aux Etats, & à ceux qui feront nommés par lefdits Etats, pour donner leur avis fur une requête de M. le prince de Conti, comte d'Alais, & par les habitans & communauté d'Alais, tendante à obtenir quelques changemens dans les difpofitions de l'arret du 25 Janvier 1695, concernant la féance & la compofition de l'affiette du diocefe d'Alais.

Du 28 Novembre 1697.

EXTRAIT des *Regiftres du Confeil d'Etat.*

VU au confeil du Roi, la requête préfentée en icelui par M. le prince de Conti, comte d'Alais en Languedoc, & les habitans & communauté dudit lieu, contenant que Sa Majefté

par fes lettres patentes du mois de Juin 1694, confirma les bulles d'érection de l'évêché d'Alais, qui fut féparé du diocefe de Nîmes, & accorda audit diocefe nouvellement érigé les mêmes droits, libertés & priviléges dont jouiffent les autres diocefes du Languedoc, comme il eft plus amplement exprimé par lefdites lettres. En exécution defdites lettres, il fut rendu arrêt au confeil d'état le 4 Octobre audit an 1694, portant, entr'autres chofes, que par les commiffaires qui préfideront pour Sa Majefté aux Etats, & par les commiffaires qui feront nommés par l'affemblée defdits Etats, il feroit donné avis à Sa Majefté fur le nombre de perfonnes dont l'affemblée de l'affiette d'Alais feroit compofée, & fur celui qu'elle envoyeroit auxdits Etats. Suivant cet arrêt, les commiffaires des Etats nommés par icelui ayant dreffé leur procès verbal contenant leur avis, il fut rendu autre arrêt au confeil le 25 Janvier 1695, qui eft conforme audit avis & porte, entr'autres chofes, que l'affiette d'Alais fera convoquée la premiere année dans la ville d'Alais; la feconde à Andufe, la troifieme au Vigan, la quatrieme à Sauve, la cinquieme à Saint-Hypolite; après quoi le tour de ladite affiette recommencera par ladite ville d'Alais, & continuera par le même ordre ci-deffus marqué; que ladite affiette fera compofée du commiffaire principal qui y préfidera, du juge mage de la fénéchauffée de Nîmes, de deux députés des villes d'Alais, d'Andufe, du Vigan & de Sauve, qui feront les maires & les premiers confuls, & d'un député de Saint-Hypolite qui fera le maire; que ladite affiette fera ainfi compofée de deux députés des villes & lieux dudit diocefe, qui envoyeront par tour de trois en trois ans; qu'il fera encore envoyé à ladite affiette trois députés des lieux du diocefe nommés dans ledit arrêt, qui n'y entreront que de dix en dix ans ; que le sieur évêque d'Alais, &, en son absence, son grand vicaire, le sieur comte d'Alais & le sieur baron de Tornac, &, en leur absence, leurs envoyés, auront droit d'assister à ladite assiette, & que le diocese d'Alais envoyera aux Etats de la province deux députés qui auront voix délibérative ; savoir, le maire d'Alais qui entrera tous les ans auxdits Etats, comme porteur de procuration de la ville d'Alais, chef de diocese, & un député diocésain qui sera envoyé par tour par les villes d'Anduse, du Vigan, Sauve & Saint-Hypolite, qui sera le maire desdites villes, lequel apportera la procuration desdites villes, & autrement comme il est plus amplement contenu dans ledit arrêt. Dans ce réglement la ville d'Alais a reçu deux griefs très-considérables ; le premier consiste en ce qu'on n'a pas fixé l'assiette dans la ville d'Alais, comme elle l'est dans les autres villes épiscopales de la province ; & le second en ce qu'on a exclu le premier consul de ladite ville de l'entrée des Etats, tandis que les autres villes capitales de la province y en envoyent deux ; savoir, le maire & le premier consul son assesseur. Pour faire réparer ces griefs, la ville d'Alais a plusieurs raisons ; la premiere est générale, tirée de la teneur des lettres patentes de Sa Majesté, du mois de Juin 1694, qui accordent, en termes formels à ce diocese nouvellement érigé, les mêmes droits, libertés & priviléges dont jouissent les autres villes des dioceses de la province de Languedoc : cependant l'arrêt de réglement du 25 Janvier 1695, exclut formellement la ville d'Alais des droits, libertés & priviléges dont jouissent les autres villes capitales ; car à l'égard de l'assiette, n'est-ce pas une chose sans exemple de la faire rouler dans cinq villes du

diocese, tandis qu'elle est fixe dans toutes les autres villes capitales de la province ? 2°. N'est-il pas encore sans exemple que les maire & consuls où se tient l'assiette en soient les commissaires ordinaires, & que ce soit eux qui doivent diriger les affaires du diocese à l'exclusion des maire & consuls de la capitale, qui est celle qui a plus d'intérêt que toutes les autres ensemble ? 3°. Il est aussi sans exemple que lorsque le syndic & le greffier du diocese se trouveront de la ville d'Alais, comme ils le sont actuellement, ils soient obligés, lorsqu'il sera nécessaire de délibérer, d'aller courir au Vigan éloigné de dix lieues d'Alais, comme l'on y sera obligé cette année que l'assiette doit s'y tenir, pour faire délibérer les maire & consuls du Vigan, sur des affaires qui bien souvent ne demandent pas un moment de retardement ; ce qui peut avoir lieu quand le syndic & le greffier seront du Vigan, & que l'assiette sera à Alais, & ainsi des autres villes. Et faut-il faire rouler les archives du diocese d'une ville à l'autre, tandis que c'est une chose qui doit rester fixe dans la capitale, pour éviter les inconvéniens qui peuvent arriver par ces fréquens transports & changemens ? D'ailleurs le sieur évêque étant le principal commissaire ordinaire, il est bien raisonnable que les affaires se dirigent dans la ville épiscopale qui est son séjour ordinaire, à l'exclusion des autres villes, où il ne peut se transporter non plus toutes les fois qu'il survient des affaires pour y délibérer. Et à l'égard de l'entrée du premier consul qui est l'assesseur du maire, c'est la seule ville capitale de la province qui est privée de ce droit. Il est vrai qu'à cela on pourroit opposer pour exemple Rieux & Commenge, qui n'envoyent qu'un député chacun aux Etats : mais on répond que ces deux dioceses ne peuvent pas servir d'exemple à celui d'Alais ; car quant à celui de Rieux, quoique la capitale soit dans la province, cependant il n'y a que très-peu de son territoire ; & à l'égard de celui de Commenge, il n'y a qu'un petit lieu ou hameau nommé Valentine ; & on estime ce diocese bien heureux de n'avoir qu'un très-petit intérêt dans la province de Languedoc, & cependant d'avoir autant de députés dans l'assemblée de ses Etats que le diocese d'Alais composé de quatre-vingt-seize villes, bourgs ou paroisses très-considérables ; & s'il falloit régler le nombre des députés des Etats par rapport aux dioceses & aux villes capitales, il s'en trouveroit de beaucoup moins considérables que celui d'Alais & sa capitale, qui par ce moyen n'auroient pas un si grand nombre de députés qu'Alais & son diocese ; mais comme la chose ne s'observe pas de même, qu'au contraire les entrées sont uniformes pour toutes les villes capitales de la province, la ville d'Alais qui doit avoir le même avantage que les autres, suivant les lettres patentes de Sa Majesté, ne demande pas davantage ; & elle a d'autant plus de raison que s'il arrivoit que le maire qui est le seul député qu'elle envoye aux Etats, vint à mourir ou être malade pendant ce temps-là, ladite ville d'Alais se trouveroit privée entierement de son droit, puisque par ce moyen il ne se trouveroit personne pour soutenir ses intérêts, tandis que les autres villes y ont deux députés, le maire & l'assesseur ; l'un pouvant suppléer en cas de mort ou de maladie de l'autre ; & pour justifier ce qui vient d'être représenté, il est envoyé un controle imprimé du nom des personnes qui composent l'assemblée des Etats, & c'est une raison si solide que l'arrêt du conseil porte que la ville d'Alais & les autres villes chefs de viguerie auront deux

députés à l'assiette, & à plus forte raison les doit-elle avoir aux Etats où il se trouve des affaires de plus grande importance. Il a été encore inféré un grief notable audit comté d'Alais, qui est de ce qu'on a exclus de l'entrée de l'assiette dudit diocese toutes les paroisses qui en dépendent, & principalement celle de Saint-Hilaire de Brethmas qui est aux portes d'Alais & une des plus considérables du diocese, tandis qu'on y fait entrer plusieurs paroisses qui appartiennent à des seigneurs particuliers, & qui sont d'une petite considération par rapport à celle de Saint-Hilaire. A CES CAUSES, requéroient les supplians qu'il plût à Sa Majesté faire jouir ladite ville & ledit comté d'Alais des mêmes droits, libertés & priviléges des autres villes capitales, suivant qu'il est ordonné par lesdites lettres patentes ; ce faisant, que ladite assiette du diocese sera fixée pour toujours dans ladite ville d'Alais ; qu'outre le maire de ladite ville, il y aura encore un député, lequel jouira tous les ans de l'entrée aux Etats, suivant & conformément aux autres villes capitales des dioceses de la province, & que les paroisses dépendantes dudit comté & principalement celle de Saint-Hilaire de Brethmas jouiront de l'entrée de l'assiette dudit diocese. Vu aussi la copie desdites lettres patentes du mois de Juin 1694, portant confirmation de l'établissement dudit évêché ; ledit arrêt du conseil du 4 Octobre 1694, qui renvoye aux Etats de Languedoc, pour donner leur avis sur l'établissement de l'assiette dans l'évêché : Autre arrêt du conseil du 5 Janvier 1695, portant réglement pour lesdits évêché & assiette ; Oui le rapport, & tout considéré, LE ROI ÉTANT EN SON CONSEIL, a ordonné & ordonne que par les commissaires qui présideront pour S. M.

aux Etats prochains de la province de Languedoc, & par ceux qui ſeront nommés par l'aſſemblée des Etats, il ſera donné avis à Sa Majeſté ſur les libertés & priviléges dont ladite communauté d'Alais prétend jouir à l'exemple des autres villes épiſcopales de ladite province : Sur la tenue perpétuelle de ladite aſſiette dans ladite ville d'Alais ; ſur l'établiſſement d'un députeé de ladite ville outre le maire, pour avoir entrée aux Etats ; ſur l'entrée des paroiſſes dépendantes dudit comté aux aſſiettes dudit dioceſe ; & généralement ſur les fins & concluſions de ladite requête, circonſtances & dépendances, pour ledit avis envoyé à S. M. après avoir ouï les parties qu'ils eſtimeront être intéreſſées, être par elle ordonné ce qu'il appartiendra. FAIT au conſeil d'état du Roi, Sa Majeſté y étant, tenu à Verſailles le vingt-huitieme jour d'Octobre 1697.

PHELYPEAUX, *ſigné.*

LOUIS, PAR LA GRACE DE DIEU, ROI DE FRANCE ET DE NAVARRE : A nos amés & féaux les conſeillers qui préſideront pour nous aux Etats prochains de notre province de Languedoc, & ceux qui ſeront nommés par l'aſſemblée deſdits Etats : SALUT : Nous vous mandons & ordonnons par ces préſentes ſignées de notre main d'exécuter l'arrêt ci-attaché ſous le contre-ſcel de notre chancellerie, ce jourd'hui donné en notre conſeil d'état Nous y étant, ſur la requête de notre très-cher & très-amé couſin le prince de Conti & des habitans d'Alais, portant qu'il nous ſera par vous donné avis ſur le contenu en ladite requête, concernant les priviléges dont la ville d'Alais prétend avoir droit de jouir. Commandons au premier notre huiſſier ou ſergent ſur ce requis de faire pour l'entiere exécution dudit arrêt &

de ce que vous ordonnerez en conſéquence, tous exploits de ſignification & autres actes de juſtice que beſoin ſera, ſans pour ce demander autre permiſſion : CAR tel eſt notre plaiſir. DONNÉ à Verſailles le vingt-huitieme jour d'Octobre, l'an de grace 1697, & de notre regne le cinquante-cinquieme, *Signé*, LOUIS. *Et plus bas* : Par le Roi. PHELYPEAUX.

I X.

A R R Ê T

DU CONSEIL D'ETAT DU ROI,

Qui fixe la ſéance de l'aſſiette du dioceſe d'Alais, dans la ville d'Alais ; ordonne que ladite ville enverra deux députés aux Etats, & que la communauté de Saint-Hilaire de Brethmas enverra de dix en dix ans un député à l'aſſiette, avec ceux des trois communautés du dernier tour.

Du 10 Février 1698.

EXTRAIT des Regiſtres du Conſeil d'Etat.

VU par le Roi étant en ſon conſeil l'arrêt rendu en icelui le 28 Octobre de l'année derniere 1697, ſur la requête de M. le prince de Conti en qualité de comte d'Alais & des habitans & communauté de ladite ville, par lequel Sa Majeſté auroit ordonné que par les commiſſaires qui préſideroient pour elle aux Etats prochains de la province de Languedoc, & par ceux qui ſeroient nommés par l'aſſemblée deſdits Etats, il lui ſeroit donné avis ſur la tenue perpétuelle de l'aſſiette du dioceſe d'Alais dans ladite ville, ſur l'établiſſement d'un député d'icelle, outre le maire, pour avoir entrée aux Etats, & ſur l'entrée des paroiſſes dépendantes dudit comté aux aſſiettes dudit

dudit diocese, après avoir oui les parties intéressées, pour ledit avis envoyé, être par Sa Majesté ordonné ce qu'il appartiendroit; le procès verbal desdits commissaires, contenant les mémoires, défenses & demandes des juges, maires & consuls des villes d'Anduse, le Vigan, Sauve & Saint-Hypolite, dans lesquelles villes il avoit été ordonné par arrêt dudit conseil du 25 Janvier 1695, que l'assiette du diocese d'Alais se tiendroit successivement, ainsi que dans celle d'Alais; la demande faite par le maire de Saint-Hilaire de Brethmas; & l'avis desdits commissaires, après avoir oui les officiers & les maires desdites villes, la réponse des maires & consuls de celle d'Alais, & après avoir entendu le sieur évêque d'Alais & le marquis de Tornac, en qualité de baron dudit diocese. Vu aussi ledit arrêt du 25 Janvier 1695, & tout consideré. LE ROI ÉTANT EN SON CONSEIL, a ordonné & ordonne que l'assiette dudit diocese d'Alais ne sera convoquée à l'avenir que dans la ville d'Alais, pour y être tenue en la forme ordinaire, & ainsi qu'il se pratique dans les autres dioceses; que la communauté de Saint-Hilaire de Brethmas envoyera de dix en dix ans un député à l'assiette avec ceux des trois communautés du dernier tour, auquel député il sera accordé pour ses journées & vacations 40 liv. comme aux autres députés, laquelle somme sera imposée seulement ladite année, & que ladite communauté d'Alais envoyera tous les ans aux Etats de ladite province, le premier consul avec le maire de ladite ville, auxquels elle donnera sa procuration, Voulant Sa Majesté que ledit premier consul jouisse des mêmes droits & émolumens dont jouissent les autres députés auxdits Etats. FAIT au conseil d'état du Roi, Sa Majesté y étant,

tenu à Versailles le dixieme jour de Février 1698. PHELYPEAUX, *signé.*

LOUIS, PAR LA GRACE DE DIEU, ROI DE FRANCE ET DE NAVARRE: Au premier notre huissier ou sergent sur ce requis: SALUT. Nous te commandons par ces présentes signées de notre main, de signifier à tous qu'il appartiendra, à ce qu'ils n'en ignorent, l'arrêt ci-attaché sous le contre-scel de notre chancellerie, ce jourd'hui donné en notre conseil d'état Nous y étant, concernant l'assiette du diocese d'Alais & l'entrée du premier consul de la ville d'Alais aux Etats de Languedoc, & faire en outre pour l'entiere exécution dudit arrêt tous exploits de signification & autres actes de justice que besoin sera. De ce faire te donnons pouvoir, commission & mandement spécial, sans pour ce demander autre permission: CAR tel est notre plaisir. DONNÉ à Versailles le dixieme jour de Février, l'an de grace 1698, & de notre regne le cinquante-cinquieme. *Signé*, LOUIS. *Et plus bas:* Par le Roi. PHELYPEAUX. Et scellé du grand sceau de cire jaune.

X.

ARRÊT

DU CONSEIL ET LETTRES PATENTES,

Portant division & désunion des offices de Receveurs des tailles & taillon des dioceses de Nîmes & Alais.

Des 17 Novemb. & 11 Décemb. 1716.

EXTRAIT *des Registres du Conseil d'Etat.*

SUR la requête présentée au Roi en son conseil par Jacques Bastide, Jean Auveiller & Daniel Hostalier,

Receveurs anciens, alternatif & triennal des tailles & taillon des dioceſes de Nimes & Alais, Contenant que l'ancien dioceſe de Nimes ayant été diviſé, & de partie d'icelui le dioceſe d'Alais ayant été compoſé, Sa Majeſté ayant ordonné par arrêt de ſon conſeil du 25 Janvier 1695, que la recette des tailles & taillon du dioceſe d'Alais ſeroit faite par les receveurs des tailles & taillon du dioceſe de Nimes qui ſeroient en exercice, & que les offices de receveurs des tailles & taillon ne pourront être partagés ſous prétexte de la ſéparation du dioceſe, ſi ce n'eſt du conſentement des pourvus deſdits offices ; & que dans les mutations, les proviſions en ſeroient expédiées comme pour un ſeul & même office, ſans que les acquéreurs fuſſent tenus de payer plus grands frais pour l'expédition des proviſions, enregiſtrement & réception, & que le dioceſe d'Alais a été fixé au tiers de la totalité des deux dioceſes. Cet arrêt a eu ſon exécution : le ſieur Baſtide qui étoit pourvu de l'office ancien, a fait à ſon tour la recette des deux dioceſes, & les ſieurs Auveiller & Hoſtalier ayant pris de nouvelles proviſions, elles leur ont été accordées pour les offices de receveurs alternatif & triennal des tailles & taillon des deux dioceſes ; en vertu deſquelles ils ont pareillement fait la recette des deux dioceſes. Mais comme ces trois offices appartiennent à ſix propriétaires, ce qui cauſe ſouvent des différends entr'eux pour le partage & diviſion des gages, appointemens & droits, les ſuppliants, pour en ôter tout prétexte, ſe ſont propoſés de s'accorder entr'eux pour jouir de la faculté à eux accordée par l'arrêt du conſeil du 25 Janvier 1695, de partager ces offices de leur conſentement, afin que chacun des propriétaires étant pourvu d'un office

diſtinct & ſéparé, ils n'ayent rien à démêler les uns avec les autres. Et pour cet effet, ils ont fait enſemble un traité le 27 Décembre dernier, qu'ils ſupplient très-humblement S. M. de vouloir homologuer. Il eſt avantageux à Sa Majeſté en ce qu'au lieu de trois particuliers pourvus, dont les biens répondent à la recette des tailles & taillon des dioceſes de Nimes & Alais, elle en aura ſix, & que les mutations plus fréquentes produiront aux parties caſuelles de Sa Majeſté de plus fréquens droits de ſurvivance, ſans que Sa Majeſté en paye plus de gages. A CES CAUSES, Requéroient les ſupplians qu'il plût à Sa Majeſté d'homologuer le traité paſſé entr'eux le 27 Décembre 1715, &, conformément à icelui, leur permettre de diſpoſer des offices d'Alais ſéparément d'avec ceux de Nimes, fixer l'évaluation des offices de Nimes aux deux tiers, & celle des offices d'Alais au tiers de la totalité des deux dioceſes, ſur lequel pied les droits de ſurvivance en ſeront payés aux parties caſuelles de S. M. ; ordonner que ſur la ſomme de 1125 l. d'une part, & 250 l. d'autre, employée ſur les états du Roi pour les gages de chaque office de receveur des tailles & taillon des dioceſes de Nimes & Alais, il en ſera employé annuellement 750 liv. pour les gages du receveur des tailles de Nimes, & 375 liv. pour le receveur des tailles d'Alais, 166 liv. 13 ſols 4 deniers pour le receveur du taillon du dioceſe de Nimes, & 83 liv. 6 ſols 8 deniers pour les gages du receveur du taillon du dioceſe d'Alais ; & en outre que leſdits receveurs des tailles & taillon du dioceſe d'Alais jouiront des droits, fruits, profits, revenus & émolumens dont jouiſſent les autres receveurs des tailles de la province de Languedoc, & que pour l'exécution de l'arrêt qui interviendra, toutes lettres patentes seront expédiées, scellées & enregistrées où besoin sera. VU ladite requête; l'arrêt du conseil du 25 Janvier 1695; le traité fait entre les supplians le 27 Décembre 1715; ensemble l'avis du sieur de Basville, intendant en Languedoc; OUI le rapport, LE ROI EN SON CONSEIL, a homologué & homologue le traité fait entre lesdits Bastide, Auveiller & Hostalier, le 27 Décembre 1715; &, conformément à icelui & à l'arrêt du conseil du 25 Janvier 1695, leur permet Sa Majesté de diviser & désunir les offices de receveur des tailles & taillon, anciens, alternatifs & triennaux des diocèses de Nîmes & Alais, pour être à l'avenir lesdits offices exercés séparément sous le titre de receveur ancien, alternatif & triennal des tailles & taillon du diocèse de Nîmes, & de receveur ancien, alternatif & triennal des tailles & taillon du diocèse d'Alais, dont ils pourront se faire pourvoir par des provisions séparées; Ordonne Sa Majesté que l'évaluation desdits offices pour le diocèse de Nîmes sera fixée aux deux tiers, & celle des offices du diocèse d'Alais au tiers de la totalité du prix des offices de receveur des tailles & taillon du diocèse de Nîmes & Alais; que le droit de survivance sera payé sur ce pied aux revenus casuels de Sa Majesté; & que de la somme de 1125 liv. d'une part, employée dans les États du Roi pour les gages de chaque office de receveur des tailles du diocèse de Nîmes & Alais, il en sera employé annuellement 750 liv. pour les gages du receveur des tailles de Nîmes, & 375 liv. pour ceux du receveur des tailles d'Alais; & que de 250 liv. qui sont employées sur lesdits états du Roi pour les gages de chaque office de receveur du taillon du diocèse

de Nîmes, il en sera employé annuellement 166 liv. 13 sols 4 deniers pour les gages du receveur du taillon de Nîmes, & 83 liv. 6 sols 8 deniers pour ceux du receveur du taillon d'Alais. ORDONNE en outre Sa Majesté que lesdits receveurs des tailles & taillon desdits diocèses jouiront chacun en particulier des mêmes droits, fruits, profits, revenus, émolumens & autres prérogatives dont jouissent les receveurs des tailles & taillon des autres diocèses de la province de Languedoc. Et seront pour l'exécution du présent arrêt toutes lettres nécessaires expédiées. FAIT au conseil d'état du Roi, tenu à Paris le dix-septième jour de Novembre 1716. *Collationné.*

Signé, DELAISTRE.

LOUIS, PAR LA GRACE DE DIEU, ROI DE FRANCE ET DE NAVARRE: A tous ceux qui ces présentes verront: SALUT. Nos amés & féaux conseillers Jacques Bastide, Jean Auveiller & Daniel Hostalier, Receveurs ancien, alternatif & triennal des tailles & taillon des diocèses de Nîmes & Alais, Nous ont fait remontrer que le diocèse d'Alais ayant été nouvellement érigé & composé de partie de celui de Nîmes, Notre très-honoré seigneur & bisaïeul, de glorieuse mémoire, auroit ordonné, par arrêt de son conseil du 25 Janvier 1695, que la recette des tailles & taillon du diocèse d'Alais seroit faite par les receveurs du diocèse de Nîmes qui seroient en exercice, & que lesdits offices de receveur de tailles & taillon ne pourroient être partagés sous prétexte de la séparation des diocèses, si ce n'est du consentement des pourvus des offices, & que lors des mutations les provisions seroient expédiées comme pour un seul & même office, sans que les acquéreurs fussent tenus de payer de plus grands frais pour l'expédition des provisions, enregistrement & reception, ledit diocese d'Alais demeurant fixé au tiers de Nîmes. Depuis lequel temps, la recette des tailles & taillon a été faite, comme auparavant, par les mêmes receveurs dans lesdits dioceses indivisément ; mais les exposans ayant trouvé dans la suite des difficultés à cause du partage des gages & droits appartenans à différens propriétaires, ils auroient résolu entr'eux de partager lesdits offices ; &, pour cet effet, ils ont d'un consentement unanime passé un traité le 27 Décembre 1715, par lequel il est porté que les offices de receveur des tailles & taillon du diocese d'Alais seront & demeureront à l'avenir séparés, suivant la faculté à eux accordée par ledit arrêt du conseil du 25 Janvier 1695, & que chacun d'eux pourra, quand bon lui semblera, faire expédier des provisions particulieres pour les offices de receveur ancien, alternatif & triennal des tailles & taillon du diocese d'Alais, & en disposer en faveur de qui bon leur semblera ; que l'évaluation des offices en demeurera fixée au tiers de l'ancienne évaluation, qui étoit pour les deux dioceses, ainsi que le droit de survivance, marc d'or, frais de réception & enregistrement en notre chambre des comptes & bureau des finances de Montpellier, les mêmes frais & droits demeurant aussi fixés aux deux tiers du diocese de Nîmes : que sur la somme de 1125 liv. de deux quartiers de gages attribués à chacun des offices de receveurs des tailles du diocese de Nîmes, il en appartiendra à chacun des offices de receveur des tailles du diocese de Nîmes 750 liv., & à chacun des receveurs des tailles du diocese d'Alais 375 liv. ; & que de la somme de 250 liv. des deux quartiers de gages de receveur du taillon de l'ancien diocese de Nîmes, il en appartiendra à chacun desdits offices de re-

ceveur du taillon du diocese de Nîmes 166 liv. 13 sols 4 deniers, & à chacun des offices de receveur du taillon du diocese d'Alais 83 liv. 6 sols 8 deniers ; & que les receveurs des deux dioceses de Nîmes & Alais feront, chacun dans son étude, les recettes des deniers de nos tailles, taillon, capitation, deniers ordinaires & extraordinaires, intérêts, pensions, deniers municipaux & autres impositions, chacune en ce qui le regardera, de quelle nature qu'elles soient, & jouiront de tous les droits à eux attribués qui se levent sur toutes les communautés desdits deux dioceses, & que ceux du diocese d'Alais jouiront en particulier de la somme de 500 liv. que ledit diocese a accoutumé d'imposer annuellement au profit du receveur en exercice pour les frais de commis & bureau de la recette dudit diocese d'Alais ; & que les uns & les autres, dans l'un & dans l'autre diocese, demeureront dispensés de donner caution de leur maniement de quelle nature & qualité que soient les deniers, tant en notre chambre des comptes, bureau des finances de Montpellier, qu'ès assemblées des assiettes des deux dioceses & partout ailleurs où besoin sera, dont ils sont dispensés en conséquence des finances par eux payées en exécution de l'édit du mois de Décembre 1706, & déclaration du 27 Mars 1708, jouiront des mêmes honneurs, priviléges & prérogatives dont jouissent les receveurs des tailles & taillon des autres dioceses de la province de Languedoc. Au desir duquel traité, suivant l'édit du mois de Décembre 1706, déclaration du 27 Mars 1708, & les prérogatives accordées aux receveurs des tailles & taillon de la province de Languedoc, ils auroient présenté requête en notre conseil le 17 Novembre dernier, sur laquelle, après avoir été communiquée au sieur de Basville, commissaire départi pour l'exécution de nos ordres en la province de Languedoc, &, suivant son avis, seroit intervenu un arrêt le 17 Novembre dernier, portant homologation dudit traité ; pour l'exécution duquel il est ordonné que toutes lettres seront expédiées ; lesquelles les exposans nous ont très-humblement supplié de leur accorder. A CES CAUSES, après avoir fait voir en notre conseil ledit arrêt rendu en icelui ledit jour 17 Novembre dernier, ci-attaché sous le contre-scel de notre chancellerie, Voulant qu'il soit exécuté selon sa forme & teneur, de l'avis de notre très-cher & très-amé oncle le duc d'Orléans, régent ; de notre très-cher & très-amé cousin le duc de Bourbon, de notre très-cher & amé oncle le duc du Maine ; de notre très-cher & très-amé oncle le comte de Toulouse & autres pairs de France, grands & notables personnages de notre royaume ; & de notre grace spéciale, pleine puissance & autorité royale, Nous avons homologué, &, par ces présentes signées de notre main, homologuons le traité fait entre lesdits Bastide, Auveiller & Hostalier, le 27 Décembre 1715 ; & conformément à icelui & à l'arrêt du conseil du 25 Janvier 1695, leur permettons de diviser & définir les offices de receveurs des tailles & taillon, anciens, alternatifs & triennaux des tailles & taillon des diocéses de Nîmes & Alais, pour être à l'avenir lesdits offices exercés séparément sous le titre de receveurs anciens, alternatifs & triennaux des tailles & taillon du diocèse de Nîmes, & de receveurs anciens, alternatifs & triennaux des tailles & taillon du diocèse d'Alais, dont ils pourront se faire pourvoir par des provisions séparées. ORDONNONS que l'évaluation desdits offices pour le diocèse de Nîmes, sera & demeurera fixée aux deux tiers, &

celle des offices du diocèse d'Alais, au tiers de la totalité du prix des offices de receveur des tailles & taillon des diocéses de Nîmes & Alais ; que le droit de survivance sera payé sur ce pied en nos revenus casuels ; que de la somme de 1125 liv. d'une part, employée dans nos Etats pour les gages de chaque office de receveurs des tailles du diocèse de Nîmes & Alais, il sera employé annuellement 750 liv. pour les gages du receveur des tailles de Nîmes, & 375 liv. pour le receveur des tailles du diocèse d'Alais ; & que de 250 liv. qui sont employées sur nosdits Etats pour les gages de chaque office de receveur du taillon des diocéses de Nîmes & Alais, il sera payé annuellement 166 liv. 13 sols 4 deniers pour les gages du receveur du taillon de Nîmes, & 83 liv. 6 sols 8 deniers pour les gages du receveur du taillon du diocèse d'Alais. ORDONNONS en outre que lesdits receveurs des tailles & taillon des deux diocéses jouiront chacun en particulier des mêmes droits, fruits, profits & émolumens, & autres prérogatives dont jouissent les autres receveurs des tailles & taillon des autres diocéses de la province de Languedoc. SI DONNONS EN MANDEMENT, à nos amés & féaux conseillers les gens tenant notre cour des comptes, aides & finances, présidens, trésoriers de France, généraux de nos finances à Montpellier, que ces présentes ils ayent à faire enregistrer, & du contenu en icelles faire jouir & user lesdits exposans pleinement & paisiblement, cessant & faisant cesser tous troubles & empéchemens contraires : CAR tel est notre plaisir. En témoin de quoi nous avons fait mettre notre scel à ces présentes. DONNÉ à Paris le onzieme jour de Décembre, l'an de grace 1716, & de notre regne le deuxieme. *Signé*, LOUIS. *Et sur le repli*: Par le Roi, le duc d'Orléans,

Régent, présent. PHELYPEAUX, *signé.* Et scellées du grand sceau de cire jaune sur double queue.

LES PRÉSIDENS TRÉSORIERS, grands voyers de France, généraux des finances en la généralité de Montpellier, intendans des gabelles de Languedoc, chevaliers, conseillers du Roi. VU l'arrêt du conseil du 17 Novembre dernier signé Delaistre, par lequel S. M. a homologué & homologue le traité fait entre les sieurs Bastide, Auveiller & Hostalier, le 27 Novembre 1715 ; & conformément à icelui & à l'arrêt du conseil du 25 Janvier 1695, leur permet Sa Majesté de diviser & désunir les offices de receveur des tailles & taillon, ancien, alternatif & triennal des dioceses de Nîmes & Alais, pour être à l'avenir lesdits offices exercés séparément sous le titre de receveur ancien, alternatif & triennal des tailles & taillon du diocese de Nîmes, & de receveur ancien, alternatif & triennal des tailles & taillon du diocese d'Alais, dont ils pourront se faire pourvoir par des provisions séparées ; ordonne aussi Sa Majesté que l'évaluation desdits offices pour le diocese de Nîmes, sera fixé aux deux tiers, & celle des offices d'Alais au tiers de la totalité du prix des offices du receveur des tailles & taillon du diocese de Nîmes & Alais, & que le droit de survivance sera payé sur ce pied aux revenus casuels de Sa Majesté, & que de la somme de 1125 liv. d'une part, employée dans les États du Roi pour les gages de receveurs des tailles des dioceses de Nîmes & Alais, il en sera employé annuellement 750 liv. pour les gages du receveur des tailles de Nîmes, & 375 liv. pour ceux du receveur des tailles d'Alais ; & que de 250 liv. sur les États du Roi pour les gages de chaque office de receveur du taillon du dio-

cese de Nîmes & Alais, il en sera employé annuellement 166 liv. 13 sols 4 deniers pour les gages du receveur du taillon de Nîmes, & 83 liv. 6 sols 8 deniers pour ceux du receveur du taillon d'Alais ; comme aussi Sa Majesté ordonne que lesdits receveurs des tailles & taillon des deux dioceses, jouiront chacun en particulier des mêmes droits, fruits, profits, revenus & émolumens, & autres prérogatives dont jouissent les receveurs des tailles & taillon des autres dioceses de la province de Languedoc : les lettres patentes données à Paris le onzieme du mois de Décembre dernier, signées Louis ; & sur le repli, par le Roi, le duc d'Orléans, régent, présent ; Phelypeaux signé, duement scellées, en conséquence dudit arrêt, & la requête à nous ce jourd'hui présentée par lesdits Bastide, Auveiller & Hostalier, tendante au registre dudit arrêt du conseil & lettres patentes. Nous ayant égard à ladite requête, Ordonnons que ledit arrêt du conseil & lettres patentes seront regirés ès registres de notre charge, pour jouir par lesdits Bastide, Auveiller & Hostalier de l'effet & contenu dudit arrêt & lettres patentes. DONNÉ au bureau des finances de Montpellier le 3 Septembre 1717.

X I.

EXTRAIT du registre des délibérations des États généraux de Languedoc, assemblés par mandement du Roi en la ville de Montpellier le 28 Novembre 1776.

Du Jeudi 12 Décembre, président Mgr. l'archevêque & primat de Narbonne, commandeur de l'ordre du St. Esprit.

MONSEIGNEUR l'évêque de Commenge a dit, que le sieur Rome, syndic général en survivance, a rendu compte à la commission d'une requête présentée aux Etats par le syndic du diocese d'Alais, au sujet d'une difficulté qui s'est élevée à la derniere assemblée de l'assiette de ce diocese, concernant l'admission tant de l'envoyé de S. A. S. Mgr. le prince de Conti, comme comte d'Alais, que de l'envoyé de M. le baron de Tornac, dans le bureau de direction des affaires du diocese pendant l'année.

Que M. le vicaire général du chapitre d'Alais, le siége vacant, s'est cru obligé d'observer à l'assemblée de l'assiette, qu'aux termes de l'article XI, de l'arrêt du conseil du 30 Janvier 1725, portant réglement pour les assemblées des assiettes des dioceses, lorsqu'il y a plusieurs barons dans un diocese, un seul d'entr'eux alternativement doit être commissaire du diocese pendant l'année; que cependant l'envoyé de Mgr. le prince de Conti, comme comte d'Alais, & celui de M. le baron de Tornac, sont admis l'un & l'autre dans le bureau de direction des affaires du diocese pendant l'année, ce qui est contraire aux réglemens & aux intérêts du tiers Etat, qui n'a plus qu'une voix dans ledit bureau; & qu'il a prié en conséquence l'assemblée de l'assiette de vouloir bien procurer une décision sur cette question, en déclarant néanmoins qu'il n'entendoit contester aucunement les droits de S. A. S. Mgr. le prince de Conti, dans le cas que la premiere place qui est due à ce prince dans l'ordre de la noblesse du Languedoc comme comte d'Alais, lui donneroit à ce sujet quelques prérogatives particulieres.

Que l'envoyé de Mgr. le prince de Conti, ne s'étant point trouvé dans cette assemblée, celui de M. le baron de Tornac, qui étoit présent, a protesté contre la difficulté élevée par ledit sieur vicaire général, attendu la possession où sont Mgr. le prince de Conti comme comte d'Alais, & M. le baron de Tornac, ou leurs envoyés, d'être annuellement du nombre des commissaires ordinaires du diocese.

Que l'assemblée de l'assiette, après avoir donné acte audit sieur vicaire général de son observation, & audit sieur envoyé de Tornac de sa protestation, a chargé le syndic du diocese de solliciter le jugement des Etats sur cette difficulté; & qu'elle a cependant arrêté que toutes choses demeureroient en l'état où elles ont été à cet égard depuis l'érection du diocese, & où elles se trouvent encore d'après l'usage constamment observé, suivant lequel Mgr. le prince de Conti, en sa qualité de comte d'Alais, & M. le baron de Tornac, ou leurs envoyés, continueroient de remplir leurs places de commissaires ordinaires du diocese.

Sur quoi, MM. les commissaires, persuadés que les égards qui sont dus si légitimement à Mgr. le prince de Conti, dispensent d'examiner la question en elle-même, n'ont pas balancé de proposer à l'assemblée de confirmer la détermination prise par l'assiette du diocese d'Alais, & d'ordonner en conséquence que ce qui a été observé jusqu'à présent sera suivi.

Ce qui a été ainsi délibéré.

X I I.

Extrait du registre des délibérations des Etats généraux de Languedoc, assemblés par mandement du Roi en la ville de Montpellier le 25 Novembre 1782.

Du Mardi 10 Décembre suivant, présidente Mgr. l'archevêché de Toulouse, commandeur de l'ordre du St. Esprit.

MONSEIGNEUR l'évêque de Commenge a dit: *Que les maire & consuls de la ville de Saint-Jean-*

de-Gardonnenque, diocese d'Alais, ont présenté un mémoire aux Etats, dans lequel ils exposent, qu'ils ne font admis à envoyer un député à l'assiette du diocese d'Alais, que de trois en trois années : Qu'à l'époque où le réglement fut fait, la ville de Saint-Jean ne formoit sans doute qu'une des petites communautés du diocese ; mais que depuis elle est devenue l'une des plus considérables, puisque sa population s'éleve aujourd'hui à près de quatre mille personnes, que ses habitans font un commerce considérable en bas de soie, coton, & autres marchandises qu'ils fabriquent ; à quoi il faut ajouter, que c'est le passage du Languedoc à l'Auvergne par le Gévaudan ; d'où il suit, que cette ville a intérêt d'avoir un représentant annuel à l'assemblée de l'assiette du diocese, pour y soutenir les droits de ses habitans ; & elle a délibéré en conséquence, de supplier les Etats de vouloir bien ordonner qu'à l'avenir elle sera admise à envoyer annuellement un député à l'assiette du diocese d'Alais, comme formant aujourd'hui l'une des communautés de la premiere classe du diocese ; mais MM. les commissaires n'ont pas cru que les Etats pussent rien statuer sur une demande de cette nature, sans l'avoir préalablement communiquée à l'assiette du diocese d'Alais, à l'effet de s'assurer de l'intérêt que peut avoir le diocese à cet égard ; & ils ont été en conséquence d'avis de proposer à l'assemblée d'ordonner cette communication préalable.

SUR QUOI il a été délibéré, que le syndic général donnera connoissance du mémoire de la ville de Saint-Jean-de-Gardonnenque, à l'assiette du diocese d'Alais, afin qu'elle y délibere, pour le tout rapporté aux Etats, être par eux déterminé ce qu'il appartiendra.

XIII.

EXTRAIT du procès verbal de l'assemblée de l'assiette du diocese d'Alais, tenue dans la salle de l'hôtel-deville d'Alais le 27 Mai 1783.

LE sieur de Camonts, syndic, a dit : que MM. les maire & consuls de la ville de Saint-Jean-de-Gardonnenque, en exécution de la délibération prise par leur communauté le 3 Novembre dernier, présenterent aux Etats un mémoire dans lequel ils exposent que cette ville n'est admise à envoyer un député à l'assiette du diocese que de trois en trois années. Qu'à l'époque où ce réglement fut fait, ladite ville ne formoit sans doute qu'une des petites communautés du diocese ; mais que depuis elle est devenue l'une des plus considérables, puisque sa population s'éleve aujourd'hui à près de quatre mille personnes, & que ses habitans font un commerce étendu en bas de soie & coton, & autres marchandises qu'ils fabriquent. Que cette ville est d'ailleurs sur la route du Languedoc en Auvergne par le Gévaudan ; & que de tout cela il suit, que ladite ville a intérêt d'avoir un représentant à l'assemblée, pour y soutenir les droits de ses habitans : Et en conséquence, ils concluent à ce qu'il plaise aux Etats, ordonner qu'à l'avenir ladite ville sera admise à envoyer annuellement un député à l'assiette du diocese, comme formant aujourd'hui l'une des communautés de la premiere classe du diocese.

Que, sur le rapport qui fut fait aux Etats de cette demande, ils arrêterent le 10 Décembre dernier, que M. le syndic général du département donneroit connoissance de ce mémoire à l'assemblée, afin qu'elle y délibérât ; pour,

pour, le tout rapporté aux Etats, être par eux ſtatué ce qu'il appartiendra.

Que M. Rome, ſyndic général, ayant en conſéquence adreſſé ledit mémoire audit ſieur ſyndic, celui-ci crut que les ſéances de l'aſſemblée étoient trop courtes & trop ſurchargées, pour qu'une affaire auſſi intéreſſante, & peut-être auſſi ſuſceptible de diſcuſſion de la part de pluſieurs communautés, pût y être traitée avec la mâturité convenable, ſi la matiere ne ſe trouvoit déjà connue & préparée à l'avance; & par cette conſidération, il jugea qu'il étoit de ſon devoir de mettre le mémoire de ladite ville ſous les yeux de MM. les commiſſaires du dioceſe, qui par le même motif, délibérerent le 23 Avril dernier, qu'il adreſſeroit inceſſamment à MM. les conſuls des villes d'Alais, Anduſe, le Vigan, Sauve & Saint-Hyppolite, ainſi qu'à ceux des villes de la Salle, Saint-André-de-Valborgne, Meirueis, Sumene & Valeraugue, des copies dudit mémoire; à l'effet par eux de l'examiner, de concert avec leur conſeil politique; de diſcuter les avantages & les inconvéniens qui pourroient réſulter de l'admiſſion de la demande formée par ce mémoire, tant relativement à l'intérêt particulier de chacune deſdites villes, que relativement aux intérêts reſpectifs des vigueries dont elles ſont les chefs ou de qui elles dépendent, & à celui du général du dioceſe; & de donner, d'après les réſultats de cet examen, telles inſtructions qu'elles verroient bon être à leurs députés à l'aſſemblée, ſi elles ſont en tour d'y en envoyer, ou d'adreſſer audit ſieur ſyndic les mémoires qu'elles jugeroient devoir lui faire paſſer, pour être communiqués à l'aſſemblée, ſi elles ne devoient pas y députer.

Que ledit ſieur ſyndic ſatisfit tout de ſuite aux diſpoſitions de cette délibéra-

tion: Et pour mettre MM. les conſuls & les conſeils politiques des villes y dénommées, à portée de faire l'examen que MM. les commiſſaires du dioceſe attendoient de leur zele, il joignit à la lettre qu'il lui écrivit, à ce ſujet, le 30 dudit mois d'Avril, le tableau des communautés qui ont droit d'aſſiſter à l'aſſemblée & la note des préſages diocéſains reſpectifs & des contingens de la capitation & des vingtiemes d'induſtrie, tant des onze premieres & plus conſidérables de ces communautés, que des quatre vigueries dont le dioceſe eſt compoſé, ainſi que du préſage total du dioceſe & de la totalité des ſommes qu'il impoſe pour la capitation & pour les vingtiemes d'induſtrie.

Qu'en entrant dans les vues de MM. les commiſſaires, MM. les conſuls de Meirueis, de Valeraugue & de Saint-André-de-Valborgne, ont envoyé audit ſieur ſyndic, avec les extraits des délibérations que leurs conſeils politiques ont priſes les 7 & 18 de ce mois, des mémoires dans leſquels ils ont déduit & diſcuté les inconvéniens & les avantages de l'admiſſion annuelle à l'aſſemblée, que la ville de Saint-Jean-de-Gardonnenque réclame: & il y a lieu de croire que les autres communautés ont auſſi donné à MM. leurs députés ici préſens, les inſtructions convenables ſur cet objet.

Que, de leur côté, MM. les conſuls de Saint-Jean-de-Gardonnenque, informés du renvoi que les Etats ont fait à l'aſſemblée de leur requête, ont non-ſeulement fait paſſer audit ſieur ſyndic un nouveau mémoire contenant, dans un très-grand détail, les moyens ſur leſquels elle eſt appuyée; mais, après avoir ci-devant fait expliquer ces moyens de vive voix à Mgr. l'évêque & à MM. les commiſſaires ordinaires du dioceſe, par la bouche des députés qu'ils leur ont envoyé au commencement du mois d'Avril dernier, ils députent encore aujourd'hui à l'assemblée le sieur de Cardonnet, qu'ils la prient de vouloir bien entendre dans les observations & les représentations qu'il est chargé de lui faire.

Ledit sieur syndic a mis sur le bureau tous les différens mémoires & toutes les diverses délibérations dont il vient de parler ; & il a prié l'assemblée de vouloir bien se les faire lire par le greffier, & faire introduire aussi dans l'assemblée ledit sieur député de la ville de Saint-Jean-de-Gardonnenque, à l'effet d'être entendu.

Sur quoi, ledit sieur de Cardonnet, a été introduit dans la salle par ordre de l'assemblée, qui a entendu ses dires & représentations : & ce fait, & après que lecture a été faite par le greffier desdites délibérations & desdits mémoires.

Ledit sieur syndic a ajouté que la demande de la communauté de Saint-Jean-de-Gardonnenque doit être considérée, soit par rapport à cette communauté elle-même, soit eu égard aux cinq communautés de la classe dans laquelle elle a été originairement rangée, & où elle se trouve encore aujourd'hui, soit relativement aux cinq villes principales au nombre desquelles elle desire être agrégée, soit par rapport à la viguerie à laquelle elle appartient, & aux trois autres vigueries du diocese, soit enfin relativement au corps entier du diocese.

Que, par rapport à la communauté de Saint-Jean-de-Gardonnenque, il convient d'examiner si, comme elle l'assure, son état a été tellement amélioré depuis l'époque du réglement qui fixa le rang qu'elle tient dans l'administration, que, de petit village qu'elle étoit sans doute alors, devenue aujourd'hui l'une des com-

munautés les plus considérables du diocese, on ne puisse sans injustice lui refuser une plus grande part dans la gestion des affaires communes.

Que ce réglement, contre l'effet duquel elle réclame, n'est autre que celui que contient l'arrêt du conseil d'Etat du Roi du 25 Janvier 1695, rendu pour régler tout ce qui, quant au temporel, devoit être la suite de l'érection du diocese d'Alais, & de sa séparation d'avec le diocese de Nimes, & notamment pour déterminer le nombre de personnes dont l'assiette de ce nouveau diocese seroit composée, & celui des députés qu'il envoyeroit aux Etats. Que cet arrêt est le titre primordial par lequel le diocese d'Alais existe & existe tel qu'il est aujourd'hui, à quelques légers changemens près qui furent ordonnés par un second arrêt du conseil du 10 Février 1698 : & comme titre primordial, il mérite d'autant plus de respect, qu'il fut rendu sur l'avis de MM. les commissaires du Roi & des Etats à ce députés, qui entendirent préalablement les représentations que leur firent les principales villes des dioceses de Nimes & d'Alais.

Que ledit sieur syndic ne disconviendra point que, depuis la date de cet arrêt, la ville de Saint-Jean-de-Gardonnenque n'ait reçu des accroissemens ; mais cet avantage ne lui est-il pas commun, jusques à un certain point, avec presque toutes les autres villes & lieux du diocese, qui, à l'époque dont il s'agit, & encore quelques années après, furent désolés par les suites funestes des troubles de religion, & qui à la faveur du retour de la tranquillité publique, & par les efforts de l'industrie & de l'agriculture, sont rétablis successivement & insensiblement dans leur premier état, & sont même parvenus à une situation plus florissante ?

Que si, pour juger de l'étendue de ces accroissemens, on consulte les rôles de la capitation des années 1696, 1736 & 1782 ; on verra que la ville de Saint-Jean-de-Gardonnenque, en 1696, supportoit à-peu-près cinq cent trente-quatriemes du contingent total du diocese ; qu'en 1736, sa quotité revenoit presque à six cent trente-quatriemes, & qu'elle excede aujourd'hui de quelque chose cette même proportion. Que l'on doit donc admettre que l'accroissement que la population de cette ville & la faculté de ses habitans, ont reçu depuis 1696, est, dans son rapport avec lui-même, comme six est à cinq ; & dans son rapport avec l'accroissement de la population & des facultés du reste du diocese, comme 134 est à 133.

Qu'à l'égard de l'industrie, on ne sauroit trouver des termes de comparaison aussi anciens dans les archives du diocese, mais qu'en recourant aux rôles du dixieme d'industrie de l'année 1736, & les comparant avec ceux des vingtiemes d'industrie de l'année 1782, on trouvera que la quote-part de ladite communauté de Saint-Jean-de-Gardonnenque de la premiere desdites impositions, revenoit à sept cent quarante-deuxiemes du contingent du diocese, & qu'elle ne s'est portée, en 1782 qu'à un peu plus de six cent quarante-deuxiemes. Que l'on est donc en droit de supposer que depuis 1736, cette ville a perdu du côté de l'industrie & du commerce. Que cette supposition est d'autant plus juste, qu'il est assuré que plusieurs branches de commerce & d'industrie ont singulierement dépéri à Saint-Jean-de-Gardonnenque ; que cette ville, ainsi que plusieurs autres parties du diocese, a presque perdu ses fabriques de petites draperies & ses tanneries, & qu'il est aisé de le prouver par les rôles de l'industrie de ladite

année 1736, où sont cotisés quarante-sept facturiers, cinquante-neuf cardeurs, soixante-deux tisserands & seize tanneurs, tandis qu'il est établi par la recherche qui fut faite, à la réquisition de la communauté, le 23 Avril 1780, qu'à cette époque il n'existoit plus que quatre facturiers, neuf cardeurs, vingt-huit tisserands, & sept tanneurs. Qu'il est vrai que la fabrique des bas, substituée à celle des petites draperies & des cuirs, a réparé en partie ces pertes : mais cette nouvelle fabrique n'est pas aussi considérable que la communauté veut le faire entendre ; & lors de la recherche dont il vient d'être parlé, il fut trouvé qu'elle occupoit seulement soixante-trois métiers, dont une grande partie ne travaille qu'en coton & en filoselle.

Mais qu'au fond, fallût-il supposer la population, le commerce & l'industrie de la ville de Saint-Jean-de-Gardonnenque, aussi accrus & aussi considérables que ses administrateurs les représentent, ces changemens heureux, quoiqu'ils doivent être de quelque poids dans la discussion de la question sur laquelle l'assemblée doit délibérer aujourd'hui, ne sauroient cependant servir de fondement principal à sa décision. Qu'en effet, les communautés qui entrent dans la composition du corps politique diocésain, doivent prendre part à l'administration de la chose commune, en raison de l'intérêt qu'elles y ont : que cet intérêt est exprimé & fixé par l'allivrement diocésain : que cet allivrement n'a nullement changé depuis le réglement de 1695 que le compoix qui le contient, & qui n'est qu'un extrait de celui de l'ancien diocese de Nîmes, existoit à cette époque, & il n'a pas été renouvellé : qu'ainsi le même préfage de cent douze livres, sept sous, un denier, obole, pite, que la communauté de Saint-Jean-de-Gardonnenque supportée encore aujourd'hui, elle le supportoit lors de l'érection du diocese : que ce fut d'après cet allivrement, que sa place dans l'administration fut fixée par MM. les commissaires du Roi & des Etats, & par Sa Majesté ; & puisque sur ce point essentiel toutes choses sont actuellement au même état où elles se trouvoient alors, on ne voit pas à quel titre les arrangemens qui furent faits pourroient être réformés.

Que MM. les administrateurs de la communauté de Saint-Jean-de-Gardonnenque, reconnoissant toute la force de cette derniere observation, & sentant que c'est le présage diocésain qui est la seule mesure légale de l'influence que chaque communauté doit avoir dans l'administration du diocese, se sont efforcés d'établir que l'influence de leur communauté se réduisoit à un cinquante-septieme ; tandis que, d'après son présage, sa contribution aux charges diocésaines se porte à un trente-quatrieme ; qu'une pareille disproportion devroit sans doute être prise en considération, si elle étoit réelle, mais que lesdits sieurs administrateurs se sont trompés, lorsqu'ils ont supposé que la totalité des voix délibératives à l'assiette se portoit à dix-neuf. Que les suffrages sont seulement au nombre de treize & de dix en dix ans au nombre de quatorze ; savoir, celui de M. l'évêque, ceux de MM. les comtes d'Alais & baron de Tornac, quatre voix pour tout autant de villes chefs de vigueries, représentées par dix députés, le suffrage du député de Saint-Hyppolite, deux voix pour autant de députés de deux des six petites villes qui entrent tous les trois ans, & trois suffrages pour autant de députés de trois d'entre les trente-une moindres communautés qui sont admises de dix en dix années, & qui, dans cet

espace de temps, ont une fois seulement une quatrieme voix.

Que relativement à l'objet dont il s'agit, ce nombre de treize suffrages doit même être réduit à dix, parce que ceux du clergé & de la noblesse n'étant pas fondés sur l'allivrement, ne doivent pas servir de terme de comparaison. Que cela posé, la plainte de la ville de Saint-Jean-de-Gardonnenque, sur la prétendue disproportion qui se trouve entre son allivrement & son influence dans l'administration, tombe d'elle-même ; puisque, s'il est vrai, comme on n'en peut douter, que son présage diocésain est à l'allivrement total du diocese comme un à trente-quatre, il n'est pas moins vrai aussi que jouissant d'un suffrage tous les trois ans, c'est-à-dire, du tiers d'une voix chaque année, son influence dans l'administration est dans le rapport de un à trente ; de sorte que, si dans l'appréciation des choses de cette nature on pouvoit admettre les précisions arithmétiques, ce qui n'est point, on seroit fondé à prétendre que, bien loin qu'elle ait été lésée par le réglement de 1695, c'est au contraire, le général du diocese que cette loi a grevé.

Qu'après avoir ainsi considéré la demande de la ville de Saint-Jean-de-Gardonnenque en elle-même & relativement à ladite communauté, il convient de l'examiner dans ses rapports avec les cinq petites villes auxquelles le réglement de 1695 l'a assimilée.

Que pour faire mieux sentir ces rapports, ledit sieur syndic a dressé un tableau qu'il remet sur le bureau, & dans lequel, à suite de la liste des villes & communautés qui sont admises dans cette assemblée, lesdites villes & communautés distribuées par vigueries, & en autant de classes qu'il est de différentes manieres d'entrer à l'assiette, il a inséré la notice des présages diocéfains & des contingens de la capitation & des dixiemes ou vingtiemes d'induftrie en 1696, & 1736 & 1782, tant des cinq villes maitreffes qui jouiffent de l'entrée annuelle dans l'affemblée, & des fix petites villes qui y font admifes de trois en trois ans, que des quatre vigueries dont le diocefe eft compofé, & du général du diocefe.

Que l'affemblée verra dans ce tableau, que, fi à tous égards Saint-Jean-de-Gardonnenque, l'emporte & l'a toujours emporté fur quatre des cinq premieres villes de fa claffe, il en eft une qui, fi elle lui cede quant à la quotité de la capitation & au nombre & facultés de fes habitans, lui eft tout au moins égale pour le contingent de l'impofition fur l'induftrie, & a un avantage décidé fur le point le plus effentiel, c'eft-à-dire, par rapport au préfage diocéfain : & cette communauté eft celle de Sumene dont l'allivrement monte à 124 livres, 10 fols, 6 deniers, obole, pite, & excede par conféquent d'un neuvieme le préfage de ladite ville de Saint-Jean.

Qu'ainfi donc, s'il étoit à propos de détacher de la feconde claffe l'une des communautés qui la compofent, pour la faire paffer dans la premiere, ce feroit fans contredit à la ville de Sumene que la préférence devroit être donnée : & fi, en écartant, comme on le doit, la rigueur des réfultats arithmétiques, on accordoit la même faveur à ces deux communautés, n'autoriferoit-on pas les prétentions que deux des quatre autres villes du même rang ont déjà annoncées à la même grace dans les mémoires dont l'affemblée a entendu la lecture ?

Que confidérée relativement aux cinq premieres villes du diocefe, la demande de la communauté de Saint-Jean-de-Gardonnenque, qui veut leur être égalée, fe préfente fous un point

de vue favorable en ce qui eft du préfage diocéfain, puifque celui de la ville épifcopale eft le feul qui excede fon allivrement, & que tous les autres font moindres.

Mais que, fi l'on doit infifter fur cette confidération avantageufe à la ville de Saint-Jean-de-Gardonnenque, fi l'on doit même obferver que fon contingent de la capitation eft égal à celui de la ville du Vigan, & plus fort que celui de la ville de Sauve, quoique fa quotité des vingtiemes d'induftrie foit moindre que celle de ces deux villes, on doit en même temps obferver que trois de ces quatre premieres villes ayant l'avantage d'être chefs de vigueries ; leurs députés font dans cette affemblée les repréfentans naturels & néceffaires de toutes les communautés de leurs vigueries qui ne jouiffent pas du droit de s'y faire repréfenter ; de maniere que, pour juger fainement, d'après le compoix, de la part que ces villes doivent prendre à l'adminiftration, il faut ajouter à leur propre allivrement celui de ces communautés du dernier ordre : que cette obfervation ne peut à la vérité être appliquée à la ville de Saint-Hypolite ; mais que cette ville, qui eft certainement la feconde du diocefe, a d'ailleurs, quant à la population, l'induftrie, le commerce, & à tous autres égards, tant d'avantages fur celle de Saint-Jean-de-Gardonnenque, que celle-ci ne fauroit juftement envier la prérogative particuliere dont elle eft en poffeffion : & qu'enfin, & Saint-Hypolite & les trois villes chefs de viguerie, ayant l'honneur d'être admifes tour à tour dans l'affemblée des Etats de la province, ont à ce feul titre, à l'entrée annuelle à l'affiette, un droit inconteftable que n'a point la communauté de Saint-Jean.

Que, vue dans fes rapports avec la

viguerie d'Andufe dont la ville de Saint-Jean-de-Gardonnenque dépend , & avec les trois autres vigueries du diocefe, l'adminiſtration annuelle de cette communauté dans l'affemblée feroit fans contredit avantageufe à ladite viguerie d'Andufe, puiſqu'elle lui procureroit une *plus grande* influence dans l'adminiſtration; mais que cet accroiſſement d'influence ne pouvant avoir lieu en faveur d'une viguerie, fans qu'il en réfulte en même temps une diminution proportionnelle dans l'influence des trois autres , il eſt indiſpenfable d'examiner ſi cette diminution d'un côté , & cet accroiſſement de l'autre, feroient conformes aux regles de la juſtice & de l'égalité.

Que l'affemblée voudra donc bien jetter les yeux fur le tableau dreſſé par ledit fieur fyndic , & en fuppofant le nombre des fuffrages dont les communautés de chaque viguerie jouiffent à l'affiette dans une révolution de dix années, elle verra qu'année commune & fur dix fuffrages qui , comme on l'a déjà dit , forment ordinairement les voix du tiers-Etat dans cette affemblée, il en appartient un & demi à la viguerie d'Alais , deux & les fix dixiemes d'un autre à la viguerie d'Andufe, trois & demi à la viguerie du Vigan , & deux & demi à la viguerie de Sauve; qu'elle y verra encore que l'enfemble de ces dix fuffrages repréfente la maffe totale de l'intérêt commun du diocefe, exprimé dans le compoix par un allivrement de 3673 livres, 7 fols; & qu'ainfi, chaque voix correfpond au dixieme de cet allivrement, c'eſt-à-dire , à un préfage de 367 livres , 6 fols, 8 deniers, pite & quatre dixiemes d'une autre pite.

Que fi, d'après ces données, l'affemblée veut bien comparer la fomme des fuffrages dont chaque viguerie jouit, avec fon allivrement diocéfain, elle

trouvera que l'influence des vigueries d'Andufe & de Sauve dans l'adminiſtration eſt trop forte , & qu'au contraire , celle des vigueries d'Alais & du Vigan eſt trop foible.

Qu'en effet , un fuffrage & demi pour la ville d'Alais , & trois fuffrages & demi pour la viguerie du Vigan, ne fuppofent à la viguerie d'Alais que 551 livres , une obole & un dixieme de pite d'allivrement; & à la viguerie du Vigan , douze cent quatre-vingt-cinq livres , treize fols , cinq deniers & neuf dixiemes de pite de préfage; tandis que , dans la vérité, ces vigueries font allivrées , la premiere à 583 livres , 17 fols , 7 deniers , & la feconde à 1495 livres , 11 fols , 6 deniers, d'où il fuit qu'elles font léfées, à concurrence d'un intérêt égal, quant à la premiere , à un allivrement de 32 livres , 17 fols , 6 deniers , pite & neuf dixiemes; & quant à la feconde, à un préfage de deux cent neuf livres , dix-huit fols , obole, pite & un dixieme de pite.

Que , d'un autre côté , deux fuffrages & fix dixiemes d'un autre fuffrage, de la part de la viguerie d'Andufe, & deux fuffrages & demi de la part de la viguerie de Sauve, exigeroient de ces deux vigueries un allivrement de 955 livres , 1 fol, 4 deniers , obole , pite & fix dixiemes, quant à la premiere; & de 918 livres , 6 fols , 8 deniers, obole , pite & cinq dixiemes, quant à la feconde : & il eſt cependant affuré que le préfage de la viguerie d'Andufe, n'eſt que de 874 livres , 11 fols , 3 deniers , obole & pite , & celle de la viguerie de Sauve de 719 livres , 6 fols , 7 deniers , pite : d'où il réfulte qu'elles font avantagées d'une influence équipollente à celle qui feroit due à un allivrement de 80 livres , 10 fols , 1 denier & fix dixiemes de pite, *pour ce qui concerne la premiere;* & de

199 livres, 1 denier, obole & cinq dixiemes de pite, pour ce qui est de la seconde.

Qu'ainsi donc, s'il est vrai, comme on vient de le démontrer, que, dans l'état actuel des choses, les vigueries d'Alais & du Vigan n'ayent pas dans l'administration toute la part qu'elles devroient y prendre d'après leurs présages respectifs, & que les vigueries d'Anduse & de Sauve y ayent au contraire une prépondérance plus forte que celle que leurs allivremens leur attribuent, il s'ensuit qu'accorder l'entrée annuelle à l'assiette à la ville de Saint-Jean-de-Gardonnenque, qui n'y est admise qu'une fois tous les trois ans, & augmenter par conséquent par-là l'influence de la viguerie d'Anduse à qui elle appartient, & qui déjà est trop avantagée, ce seroit donner un nouvel accroissement à l'inégalité déjà existante, & empirer la condition des vigueries d'Alais & du Vigan, déjà grevées par cette inégalité.

Que l'assemblée doit, ce semble, d'autant plus peser sur cette considération, qu'elle sait que les vigueries ont quelquefois des intérêts qui se contrarient & concourent souvent ensemble dans la sollicitation des secours du diocese, à raison des ouvrages que les communautés de leur dépendance veulent entreprendre ; & qu'il est par conséquent convenable, relativement à leurs affaires propres & particulieres, que l'assemblée ayant seule le droit de discuter & de régler ces intérêts & ces secours, chaque viguerie n'ait dans ses délibérations que l'influence à laquelle son allivrement lui donne droit.

Qu'après tout ce qui vient d'être dit, il ne sera pas difficile à l'assemblée, qui n'ignore pas combien tout ce qui peut nuire à une partie de membres du corps politique, est préjudiciable au corps entier, de fixer son juge-

ment sur les avantages ou les inconvéniens que pourroit avoir, par rapport au général du diocese, l'admission annuelle d'un député de la ville de Saint-Jean-de-Gardonnenque à l'assiette.

Que ledit sieur syndic se bornera donc à la prier de prendre en considération les dangers de toute innovation à faire dans la constitution de l'administration du diocese ; que cette constitution n'a sans doute garde de prétendre à l'immutabilité, mais qu'il n'en est pas moins vrai que l'on ne doit y toucher que pour de grandes & justes causes ; & que lors même que le changement des circonstances exige qu'elle soit réformée, la secousse que cette réforme entraîne nécessairement, a toujours des inconvéniens très-graves.

Que l'assemblée voudra bien aussi examiner jusques à quel point il peut être nuisible ou avantageux d'augmenter le nombre des membres de l'administration ; que la lumiere naît sans doute de la diversité & du choc des opinions : mais ce choc & cette diversité ne peuvent-ils pas aussi produire des divisions & engendrer l'anarchie ?

Que telles sont les différentes observations que le ministere dudit sieur syndic lui a fait un devoir de rappeler à l'assemblée : qu'il les soumet aveuglément à ses lumieres ; & sans chercher à prévenir sa décision, il se restreint à la requérir de délibérer sur le renvoi qui lui a été fait par les Etats.

SUR QUOI ledit sieur de Cardonnet s'étant retiré, l'assemblée délibérant sur ledit renvoi, A ARRÊTÉ que, par les différentes considérations ramenées dans le rapport dudit sieur syndic, auxquelles elle se réfere, elle ne sauroit donner son consentement à ce que ladite ville de St. Jean-de-Gardonnenque, soit admise à envoyer annuellement un député à l'assiette du diocese.

§. X I I.

Diocefe d'Uzès.

LE diocefe d'Uzès eft borné, au nord, par le diocefe de Viviers; au levant, par la principauté d'Orange, le Comtat Venaiffin, & la Provence; au midi, par le diocefe de Nîmes; au couchant, par ce dernier diocefe & par ceux d'Alais & de Mende.

Son diftrict municipal renferme plufieurs territoires qui dépendent pour le fpirituel de l'archevêché d'Avignon.

Les baronnies d'Avejan & de Barjac, font fituées dans ce diocefe.

Les villes & lieux du *Saint-Efprit, Bagnols, Saint-Ambroix,* des *Vans, Barjac, Roquemaure, Aramont, Montfrin & Valabregues,* envoient chacune, tous les ans, un députe à l'affiette. Les lieux de *Genouillac* & de *Villefort,* y députent alternativement; mais les députés de ces deux dernieres communautés n'y ont pas voix délibérative.

N°. I.

I.

EXTRAIT du regiftre des délibérations des Etats généraux de Languedoc, affemblés par mandement du Roi en la ville de Pezenas au mois de Janvier 1618.

Du Mercredi 14 Février fuivant, préfident Mgr. l'évêque de Carcaffonne.

LE fieur d'Ollive, fyndic général, a repréfenté que bien que par l'état fait par le Roi en fon confeil le dernier jour de Septembre 1608, fur les dépenfes ordinaires, pour la tenue de l'affiette du diocefe d'Uzès il n'y foit compris que le viguier, & en fon abfence le juge, & que par le réglement général fait par Sa Majefté pour la tenue des affiettes de cette province, il foit porté qu'il n'y aura qu'un officier royal auxdites affiet-

tes, & que par autre arrêt du confeil du 30 Juillet 1611, ledit juge ne puiffe avoir entrée à ladite affiette qu'en l'abfence dudit viguier; s'étant encore retiré audit confeil ledit juge, & étant ledit fyndic intervenu en l'inftance, iceux ouis, par autre arrêt du 13 Février année derniere, auroit été ordonné que ledit réglement fait pour la tenue des affiettes des vingt-deux diocefes du pays fera exécuté felon fa forme & teneur; & ce faifant que les commiffions de l'affiette dudit Uzès ne feront adreffées qu'au viguier ou en fon abfence au juge ordinaire dudit Uzès, lequel n'aura entrée auxdites affiettes qu'en l'abfence dudit viguier, fuivant ledit arrêt du 30 Juillet 1611, & ledit juge condamné aux dépens de l'inftance; néanmoins ledit juge, fous prétexte de certaines lettres patentes par lui obtenues & du procès qu'il a de nouveau introduit au confeil,

N°. I.

conseil, prétend entrer en ladite af-
siette, REQUÉRANT les Etats y délibérer. Vu les copies des susdits arrêts &
les délibérations ci-devant prises, A ÉTÉ
ARRÊTÉ, conformément à la délibération
prise le dernier jour de Mai année derniere, que par le syndic général il sera
présenté requéte à MM. les commissaires, à ce qu'il soit par eux ordonné
que l'arrêt dudit jour 23 Février année
derniere sera gardé en ladite assiette dudit Uzès ; ce faisant, que les commissions pour la tenue d'icelle & des autres
années à venir seront adressées audit
viguier & en son absence audit juge,
avec défenses audit juge d'entrer en ladite assiette, qu'en l'absence du viguier.

II.

ARRÊT

Du Conseil d'Etat du Roi,

*Qui condamne la prétention du juge
d'Uzès d'assister à l'assiette d'Uzès
conjointement avec le viguier.*

Du 31 Juillet 1618.

EXTRAIT des Registres du Conseil
d'Etat.

ENTRE Me. Israel de Gallepin, conseiller & juge pour le Roi au siége
royal de la ville & viguerie d'Uzès &
pays d'Usége, demandeur en requétes
des 10 Novembre 1616 & 17 Novembre 1617, d'une part ; & le syndic du
diocese d'Uzès & Jean Gondin, viguier
en ladite viguerie, défendeurs, d'autre :
& le syndic général de la province de
Languedoc reçu partie intervenante,
suivant la requéte du 7 Novembre 1617,
& Jacques Geffon, procureur de S. M.
au siége royal dudit Uzès aussi reçu partie intervenante, suivant la requéte par
lui présentée audit conseil le 20 jour de
Janvier 1618. Vu par le Roi en son

conseil ladite requéte dudit 10 Novembre tendante à ce que, conformément
aux arrêts du conseil obtenus par le demandeur, défenses soient faites auxdits
défendeurs & tous autres de troubler
ledit demandeur en la libre entrée &
séance aux assiettes dudit diocese d'U-
zès, & tenir lesdites assemblées sans
son assistance, à peine de nullité & de
privation de leurs charges : Arrêt sur
ladite requéte, dudit jour, par lequel
auroit été ordonné que ledit de Gondin,
viguier d'Uzès, seroit assigné audit conseil, & cependant que ledit Gallepin
continueroit d'assister aux assiettes dudit diocese d'Uzès, ainsi qu'il a fait
ci-devant, suivant l'arrêt du conseil du
17 Mars 1612, avec défenses aux commissaires & députés de l'assiette dudit
diocese de tenir l'assemblée de ladite
assiette sans l'assistance dudit demandeur : Commission sur icelui dudit jour :
Exploit d'assignation donné auxdits défendeurs le 27 Mars 1617, à comparoir audit conseil en vertu dudit arrêt
dudit jour 17 Mars 1612 donné sur la
requéte dudit demandeur, par lequel,
sans s'arrêter audit réglement & arrêt
de 1608, & sans tirer à conséquence,
Sa Majesté auroit ordonné que ledit
demandeur assisteroit aux assiettes, ainsi
qu'il souloit faire auparavant iceux, &
que les commissions ci-après seront expédiées par le greffier, selon la forme
ancienne, sous le nom du viguier &
juge dudit Uzès, à peine de nullité &
de tous dépens, dommages & intérêts:
Copie de la commission obtenue sur
ledit arrêt, par laquelle est mandé aux
présidens des Etats du pays de Languedoc faire jouir le demandeur du contenu audit arrêt : Ordonnance desdits
commissaires de l'assiette dudit Uzès du
2 Novembre audit an, contenant les
remontrances & consentement dudit
viguier que, suivant le réglement &
arrêt ledit Gallepin, pendant qu'il exer-

cera l'office de juge, puiſſe entrer en ladite aſſiette conjointement avec lui : Extrait d'un état des dépenſes ordinaires dudit dioceſe d'Uzès dreſſé en l'aſſiette générale dudit dioceſe du 4 Mai audit an : Copie d'arrêt du conſeil du 29 Novembre audit an, donné en conſéquence dudit état, par lequel S. M. auroit permis impoſer chacun an ſur ledit dioceſe d'Uzès, la ſomme de 3500 livres au lieu de 2121 livres 10 ſols portés par le réglement de 1608, & ce pour ſatisfaire à toutes les dépenſes dudit dioceſe, auxquelles dépenſes, & en l'état qui en ſera dreſſé ſeront compriſes les taxations ordonnées par arrêt dudit conſeil audit Gallepin : Autre état dreſſé en ladite aſſemblée & aſſiette cigénérale, conformément audit arrêt ci-deſſus : Arrêt & réglement fait au conſeil de Sa Majeſté le dernier Septembre 1608, pour la tenue des aſſiettes des vingt-deux dioceſes dudit Languedoc, par leſquels la dépenſe dudit dioceſe d'Uzès eſt réglée à la ſomme de 2121 livres 10ſols : Commiſſion ſur iceux dudit jour adreſſante aux commiſſaires députés par icelui pour préſider à l'aſſemblée des Etats généraux dudit pays aux fins dudit réglement & arrêt : Arrêt du parlement de Touloſe du 13 Janvier 1609, donné entre ledit Gondin d'une part & ledit Gallepin d'autre, par lequel eſt ordonné que par proviſion ledit Gallepin exercera ſon office de viguier en ladite ville, en qualité d'homme de robe longue : Ordonnances deſdits commiſſaires généraux du 5 Janvier 1609 & 16 Novembre 1610 obtenues par ledit Gallepin, tendantes à fin d'avoir entrée en l'aſſiette des tailles d'Uzès, & que les commiſſions qui ſeront envoyées pour la levée deſdits deniers ſeront adreſſées au viguier & au juge dudit Uzès, par leſquelles leſdits commiſſaires auroient ordonné que ſur l'oppoſition formée

par le ſyndic dudit dioceſe audit entérinement, les parties ſe retireroient devers Sa Majeſté pour en être ordonné : Arrêt intervenu ſur leſdites lettres du 30 Juillet 1611, par lequel S. M. ſans s'arrêter auxdites lettres, a ordonné que le réglement fait par le conſeil le dernier Septembre 1608 tiendra & ſera exécuté, ſelon ſa forme & teneur, & ce faiſant, que les commiſſions de l'aſſiette d'Uzès ne ſeront adreſſées qu'au viguier, ou, en ſon abſence, au juge ordinaire d'Uzès, lequel n'aura entrée auxdites aſſiettes qu'en l'abſence dudit viguier : Commiſſion ſur icelui dudit jour adreſſante aux députés de l'aſſemblée deſdits Etats dudit pays pour l'exécution d'icelui : Ordonnance deſdits députés généraux du 14 Janvier 1612, par laquelle eſt mandé aux commiſſaires qui procéderont aux aſſiettes dudit dioceſe d'Uzès d'obſerver le contenu audit arrêt : Commiſſions expédiées par leſdits députés des Etats généraux, pour la tenue de ladite aſſiette d'Uzès adreſſantes au viguier & juge de ladite ville : Procès verbaux faits en exécution d'icelles des 6 Novembre, 14 Décembre 1612, 6 & 28 Décembre 1613, 11 Janvier & 17 Février 1615 & 16 Février 1616 : Sommation faite par ledit Gallepin au commiſſaire principal de ladite aſſiette d'Uzès du 16 Mars 1616, à ce qu'il n'eût à tenir ladite aſſiette ſans l'aſſiſtance du juge d'Uzès : Autres actes & procès verbaux faits par Me. Denys de Fabrigue, conſeiller au ſiège préſidial de Nîmes ſur le trouble donné par les défendeurs aux demandeurs, pendant la tenue de ladite aſſiette : Autres commiſſions deſdites aſſiettes tenues en ladite ville d'Uzès ès années 1493, 1500, 1505, 1510, 1521, 1526, 1528, 1542, 1558, 1589, 1602, 1604 & 1606 par leſquelles, apert icelles avoir été adreſſées au viguier & juge d'Uzès conjointement : Certificat du greffier & secrétaire dudit diocese d'Uzès du 15 Novembre 1609, par lequel il certifie comme le viguier & juge d'Uzès de toute ancienneté ont assisté conjointement à toutes les assiettes & assemblées générales dudit diocese & présidé en icelles comme commissaires ordinaires: Délibérations tenues ès villes de Valabregues, St. Ambroix, Bagnols, Vans, Montfrin, d'Aramont, Roquemaure & le St. Esprit, des 2, 12, 28, 30 Janvier, 13 Mars, 10 & 11 Avril 1611, 10, 12, & 24 Avril 1616 : Autre délibération de ladite ville d'Uzès du 15 Mars 1616 par laquelle est dit, oui ledit Gallepin qu'il n'assistera point à ladite assiette qu'en l'absence dudit viguier : Requête présentée par ledit Gallepin au sénéchal de Nîmes, à ce que défenses fussent faites aux députés dudit diocese de tenir ladite assiette sans lui : Ordonnance desdits commissaires présidens des Etats généraux convoqués par Sa Majesté en la ville de Beziers au mois de Novembre 1616, par laquelle est mandé aux commissaires députés pour faire l'assiette dudit diocese d'Uzès de procéder à icelui, ainsi qu'il est contenu par ladite ordonnance, sauf que pour ce qui concerne le juge & procureur de Sa Majesté en ladite ville d'Uzès, jusques à ce que Sa Majesté en ait ordonné, il en sera usé comme il en a été par ci-devant bien & duement : Arrêt du conseil du 23 Février 1617, donné entre le syndic dudit diocese d'une part & ledit Gallepin & le syndic général dudit pays de Languedoc intervenant, d'autre : par lequel auroit été ordonné que le réglement général fait par le conseil le dernier Septembre 1608, pour les vingt-deux dioceses dudit pays de Languedoc tiendra & sera exécuté selon sa forme & teneur ; & ce faisant que les commissions de l'assiette d'Uzès ne seront adressées qu'au

viguier, ou en son absence, au juge ordinaire d'Uzès, lequel n'aura entrée auxdites assiettes qu'en l'absence dudit viguier, conformément au réglement & arrêt contradictoirement donné au conseil le 30 Juillet 1611 : Copie d'autre arrêt dudit conseil donné sur la requête des députés des Etats du pays de Languedoc, par lequel, entre autres choses, Sa Majesté auroit ordonné que les arrêts, états & réglemens du 30 Septembre 1608, faits pour l'ordre, nombre & qualité des personnes qui doivent entrer & rester auxdites assemblées & assiettes des vingt-deux dioceses dudit pays de Languedoc, seront suivis, gardés & entretenus inviolablement, enjoignant Sa Majesté aux commissaires & présidens aux Etats dudit pays de tenir la main à l'observation d'iceux, & en charger leurs instructions & ordonnances, sans permettre d'y être contrevenu en aucune maniere, avec défenses auxdits commissaires & députés desdites assiettes d'introduire ou recevoir en icelles autres personnes, de quelque qualité qu'elles soient, que celles qui sont comprises & dénommées auxdits Etats, réglemens & arrêts, sous quelque couleur & prétexte que ce soit, à peine de 4000 livres d'amende, en date du dernier Mars 1617 : Extrait des registres des Etats dudit pays de Languedoc, contenant l'adresse des commissions ordinaires pour la tenue desdites assiettes desdits dioceses : Requête présentée par ledit Gallepin aux Etats généraux dudit pays, tenus le 7 Juin 1617, à ce que pour les causes y contenues ils ayent à recevoir ledit Gallepin opposant à l'exécution & registrement dudit arrêt dudit 23 Février dernier & icelui renvoyer avec lesdites parties pardevers S. M. sur laquelle est ordonné que lesdites parties se retireront devers Sa Majesté en son conseil dans six semaines, pour être ordonné sur ladite opposition : Autre requête présentée audit conseil par ledit Gallepin, à ce que, sans avoir égard audit arrêt du 23 Février, ordonner que, conformément auxdits arrêts des mois de Mars & Novembre 1612, & de Novembre 1616, & même à l'état & réglement réformé audit conseil, au nom & poursuite dudit diocese, ledit Gallepin comme juge ordinaire d'Uzès aura entrée & séance, comme il a toujours eu, conjointement avec ledit viguier son compagnon d'office, aux assiettes & assemblées dudit diocese d'Uzès, pour en icelles continuer de servir Sa Majesté & le public, & s'opposer aux brigues, monopoles & mauvais desseins des particuliers, ainsi qu'il a fait par le passé, avec défenses audit Gondin, viguier, syndic dudit diocese & tous autres de le troubler ni empêcher en la fonction de sa charge, & de convoquer & tenir les assiettes & assemblées, sans appeler ledit Gallepin, à peine de nullité & d'en répondre en leurs propres & privés noms, sur laquelle auroit été ordonné que les parties seroient sommairement ouïes sur les fins de ladite requête pardevant le commissaire à ce député, du 17 Novembre 1617, signifiée le 18 dudit mois : Autre requête présentée par ledit syndic, à ce que pour les causes y contenues, il plût à Sa Majesté le recevoir partie intervenante en ladite instance, pour y déduire ses intérêts, sur laquelle est dit le suppliant reçu partie au procès, & ordonné qu'il baillera ses moyens d'intervention dans trois jours, sans retardement du jugement dudit procès, du 7 Novembre 1617, signifiée le 21 dudit mois : Les moyens d'intervention dudit syndic général : Autre re-

quête présentée par Jacques Gesson, procureur de Sa Majesté au siége royal dudit Uzès, tendante à ce qu'il plût à Sadite Majesté le recevoir partie intervenante audit procès, & ce faisant ordonner que lesdits viguier & juge, consuls dudit Uzès, ne pourront faire ni convoquer aucunes assemblées générales ni particulieres en corps du diocese, sans l'expresse permission de Sa Majesté ou du gouverneur de la province, à peine de privation de leurs charges, & de 10,000 liv. d'amende; & sur le surplus des conclusions de ladite requête renvoyer les parties tant en la cour des aides de Montpellier que chambre de l'édit de Castres, pour l'exécution des arrêts donnés en icelles ; sur laquelle ledit suppliant est reçu partie, baillera ses moyens d'intervention dans trois jours pour tout délai sans retardement, du 20 Février 1618, signifié ledit jour : Lesdits moyens d'intervention : Copie d'arrêts de ladite cour des aides de Montpellier du 16 Mars 1586, 13 Juillet 1611 & 27 Juin 1617 : Appointemens en droits du   Octobre & Novembre audit an 1617 : Extrait de ladite délibération prise aux Etats généraux du pays de Languedoc sur le sujet de la présente instance du 14 Février 1618, & tout ce qui a été mis & produit pardevers le sieur de Bermond, commissaire à ce député : Oui son rapport ; LE ROI EN SON CONSEIL, sans avoir égard à l'intervention dudit Gesson, a débouté & déboute ledit Gallepin de l'effet & entierement desdites requêtes, sans dépens. FAIT au conseil d'état du Roi, tenu à Saint-Germain-en-Laye, le dernier jour de Juillet 1618. *Collationné,* Signé, MALIER.

I I I.

EXTRAIT du regiſtre des délibérations des Etats généraux de Languedoc, aſſemblés par mandement du Roi en la ville de Nîmes au mois de Novembre 1636.

Du Samedi 13 Décembre ſuivant, préſident Mgr. l'archevêque & primat de Narbonne.

SUR ce qui a été repréſenté par Mgr. l'évêque d'Uzès, que le juge royal de la ville d'Uzès ſe veut introduire dans les aſſiettes de ſon dioceſe, conjointement avec le viguier royal, jaçoit qu'ils n'y puiſſent aſſiſter que l'un d'eux ; ſavoir, le viguier, & en ſon abſence le juge, ſuivant les réglemens du conſeil faits pour l'ordre des aſſiettes, nombre & qualité des perſonnes qui y doivent entrer & aſſiſter, les 30 Septembre 1608, & 28 Avril 1634, ayant ledit juge pour raiſon de ce mis en procès le ſyndic dudit dioceſe ; & ſur ſemblable plainte faite par Mgr. l'évêque de Montpellier contre le juge mage de ladite ville qui veut s'introduire auſſi dans l'aſſiette du dioceſe de Montpellier, conjointement avec le gouverneur de la juſtice, ſous couleur qu'il prend de ne prétendre pour raiſon de ce aucune taxe ni ſalaire, ce qui va contre les ordres dudit pays & liberté dudit dioceſe ; & encore par pluſieurs autres députés des autres dioceſes dudit pays, Oui le ſieur de Lamamie, ſyndic général, A ÉTÉ DÉLIBERÉ que ledit ſyndic prendra le fait & cauſe pour le ſyndic particulier du dioceſe d'Uzès, & empêchera par toutes voies de juſtice toutes leſdites nouvelles introductions.

I V.

EXTRAIT du regiſtre des délibérations des Etats généraux de Languedoc,

aſſemblés par mandement du Roi en la ville de Montpellier au mois de Juin 1649.

Du Jeudi 10 dudit mois de Juin, préſident Mgr. l'archevêque & primat de Narbonne.

LE ſieur de Lamamie, ſyndic général, a dit, qu'il auroit été donné requête au conſeil du Roi, au nom ſuppoſé des villes & lieux du dioceſe d'Uzès, ſignée par le nommé Jeſſon, prenant à faux la qualité de député dudit dioceſe ; contenant que de toute ancienneté M. le duc d'Uzès, en qualité de vicomte, auroit eu entrée & ſéance & voix délibérative aux Etats de la province ; & négligeant à préſent d'y venir aſſiſter, ainſi qu'aux aſſiettes dudit dioceſe, requéroit ledit Jeſſon, qu'il plût à Sa Majeſté lui enjoindre de venir annuellement aux Etats & aſſiettes, ou d'y envoyer une perſonne de la qualité requiſe pour y relever les intérêts dudit dioceſe, à peine de déchoir de ſon droit & d'être ſubſtitué à ſa place un autre noble du dioceſe d'Uzès. Sur laquelle requête ayant été ordonné qu'elle ſeroit communiquée audit ſieur duc d'Uzès, & l'avocat de M. l'évêque d'Uzès en ayant eu avis, il auroit formé oppoſition au nom dudit ſeigneur comme chef des aſſiettes de ſon dioceſe ; ſoutenant, par ſa requête, qu'il étoit préalable d'ordonner que le ſyndic général du Languedoc, enſemble celui dudit dioceſe fuſſent aſſignés pour défendre à la prétention dudit ſieur duc d'Uzès. Sur laquelle requête & celle qui a été reſpectivement préſentée par ledit ſieur duc d'Uzès, & à ſuite du conſentement par lui prêté d'entrer en perſonne en ladite qualité de vicomte, ou d'envoyer annuellement auxdits Etats & aſſiettes, a été donné arrêt au conſeil du Roi le 18 Mai 1649, portant qu'aux fins d'icelle les parties ſeront ſommairement ouies ; & que cependant, par proviſion & ſans préjudice du droit des parties, ledit ſieur duc d'Uzès aura entrée & voix aux Etats de Languedoc & aſſiettes du dioceſe d'Uzès, en la forme & maniere qu'il a eu ci-devant en la derniere ſéance. Et d'autant que cet arrêt a été obtenu ſans défenſes & par la ſurpriſe de la requête donnée au nom ſuppoſé dudit dioceſe, pour rendre ledit ſieur duc juge en ſa propre cauſe, & qu'il n'a droit d'entrée aux Etats que comme baron de Florenſac, dont la terre eſt ſituée dans le dioceſe d'Agde, & par conſéquent aux aſſiettes dudit Agde tant ſeulement, n'y ayant qu'un comte & un vicomte dans l'ordre des nobles de cette aſſemblée, qui ſont MM. les comtes d'Alais & vicomte de Polignac ; les autres vingt, du nombre deſquels eſt ledit ſieur duc d'Uzès, comme ſeigneur de Florenſac & non d'Uzès, n'ayant aucune ſéance aux Etats qu'en qualité de baron ; A dit ledit ſieur de Lamamie qu'il eſt très - important d'empêcher l'établiſſement d'une nouveauté ſi contraire aux ordres & réglemens de la province, qui formeroit une étrange confuſion dans toutes les aſſemblées. SUR QUOI A ÉTÉ DÉLIBÉRÉ que le ſyndic général demandera au conſeil du Roi la caſſation deſdits arrêts, & interviendra en ladite inſtance pour faire démettre M. le duc d'Uzès de la prétention qu'il a d'entrer aux Etats comme vicomte & aux aſſiettes du dioceſe d'Uzès ; & fera, pour raiſon de ce, toutes pourſuites néceſſaires aux frais & dépens du pays. Si ont les Etats fait très-expreſſes défenſes auxdits ſeigneur évêque, commiſſaires principal & ordinaires, ſyndics & députés du dioceſe d'Uzès de ſouffrir que ledit ſieur duc, ni autre ſien envoyé ou procureur, entre aux aſſiettes & aſſemblées dudit dioceſe d'Uzès. Et en cas, pour

raiſon de ce, ils ſeroient vexés & moleſtés, le ſyndic général prendra leur fait & cauſe, par-tout où beſoin ſera, aux frais & dépens du pays.

V.

ARRÊT

DU CONSEIL D'ETAT DU ROI,

Qui ordonne que les ſyndic & greffier du dioceſe d'Uzès, ſeront nommés tous les ans par les députés de l'aſſiette à la pluralité des ſuffrages, & qui démet M. le duc d'Uzès de ſa requête pour raiſon de ſon entrée à ladite aſſiette.

Du 25 Janvier 1700.

EXTRAIT des regiſtres du Conſeil d'Etat.

VU par le Roi étant en ſon conſeil l'imprimé des inſtructions données tous les ans par les commiſſaires préſidens pour Sa Majeſté à l'aſſemblée des Etats de la province de Languedoc, aux commiſſaires principaux par eux députés pour faire les aſſiettes & départemens des deniers ordonnés être impoſés dans chaque dioceſe de ladite province ; par le II article deſquelles inſtructions il eſt ordonné auxdits commiſſaires principaux de faire procéder ſuivant l'uſage dans l'aſſemblée deſdites aſſiettes à la confirmation ou nouvelle nomination des ſyndics & greffiers deſdits dioceſes à la pluralité des voix des députés ; Réglement fait le 12 Septembre 1684 ſur les différends ſurvenus entre le ſieur evêque d'Uzès & le ſieur comte du Roure, l'un des lieutenans généraux de Sa Majeſté en ladite province de Languedoc, à l'occaſion de l'aſſiette d'Uzès tenue en ladite année 1684, par lequel réglement il auroit été convenu que dans ladite aſſiette d'Uzès il

N°. V.

seroit fait choix par la liberté des suffrages d'une personne agréable audit sieur comte du Roure pour être syndic du diocese d'Uzès & exercer ladite charge pendant une année, après laquelle année expirée il sera fait choix par la liberté des suffrages d'une autre personne agréable audit sieur évêque d'Uzès pour être syndic du diocese & exercer ladite charge pendant deux ans & ainsi consécutivement; Procès verbal de l'assiette d'Uzès du 31 Mars 1690, par lequel il se voit que le vicaire général dudit seigneur évêque d'Uzès ayant en son absence nommé, conformément audit réglement, le sieur Larnac pour syndic, ladite assiette auroit continué, à la pluralité des voix, le sieur Valette, maire de ladite ville, pour exercer ladite charge de syndic; Opposition formée par ledit vicaire général à la nomination dudit Valette, comme contraire au réglement du 12 Septembre 1684; Ordonnance du sieur de Lamoignon de Basville conseiller d'état & intendant de justice en Languedoc du 31 dudit mois de Mars, portant que, conformément audit réglement, le sieur Larnac présenté par ledit vicaire général sera reçu pour syndic par provision & sans préjudice du droit des parties, jusqu'à ce qu'autrement il en ait été ordonné; Requête présentée au Roi par ledit Valette, & par Jean Boucarut & Pierre Bruguet, anciens consuls d'Uzès & commissaires ordinaires de ladite assiette, & par les maires des villes du Saint-Esprit, de Roquemaure, de Montfrin, de Valabregues & de Barjac, tendante à ce qu'il plût à S. M. sans avoir égard audit réglement du 12 Septembre 1684 & à l'ordonnance du sieur de Basville, maintenir les députés de l'assiette dudit diocese d'Uzès, au droit & possession où ils sont, comme tous les autres dioceses de la province, de nommer le syndic & le greffier; Requête

N°. V.

présentée au Roi par le sieur duc d'Uzès tendante à ce qu'il plût à Sa Majesté lui donner acte de ce qu'il adhere aux conclusions dudit Valette, Boucarut & consorts, & que conformément à l'arrêt du conseil du 8 Mai 1649 qui a permis à ses prédécesseurs d'entrer à ladite assiette d'Uzès, il soit maintenu dans ses droits; Requête de la plus grande partie des députés qui composent l'assiette d'Uzès, à ce qu'il plût à Sa Majesté ordonner que le réglement dudit jour 12 Septembre 1684 & l'ordonnance du sieur de Basville du 13 Mars dernier seront exécutés, & que la requête d'intervention dudit sieur duc d'Uzès sera communiquée aux syndics généraux de la province de Languedoc, pour être examinée aux premiers Etats qui se tiendront, & ensuite fait droit aux parties par Sa Majesté, ainsi que de raison; Requête du sieur évêque d'Uzès à ce qu'il plût à Sa Majesté ordonner qu'avant faire droit sur les demandes des parties, les requêtes & pieces du sieur duc d'Uzès & desdits Valette, Boucarut & consorts seront communiquées au syndic général de ladite province, pour être rapportées aux Etats, & être ensuite ordonné par Sa Majesté ce qu'elle jugera le plus convenable. Tout considéré, LE ROI ÉTANT EN SON CONSEIL, sans avoir égard audit réglement du 12 Septembre 1684, a ordonné & ordonne que conformément à l'usage des assiettes des autres dioceses de ladite province de Languedoc, les députés de celle d'Uzès nommeront ou continueront tous les ans, à la pluralité des suffrages, le syndic & le greffier dudit diocese : & à l'égard de la requête dudit sieur duc d'Uzès aux fins d'entrer dans ladite assiette, S. M. l'en a débouté & déboute. FAIT au conseil d'état du Roi, Sa Majesté y étant, tenu à Versailles le vingt-cinquieme jour de Janvier 1700. *Signé*, PHELYPEAUX.

VI.

EXTRAIT du registre des délibérations des Etats généraux de Languedoc, assemblés par mandement du Roi en la ville de Montpellier au mois de Décembre 1723.

Du Vendredi 18 Février 1724, président Mgr. l'archevêque & primat de Narbonne.

LES ETATS DÉLIBÉRANT sur la question renvoyée à MM. les commissaires présidens pour le Roi aux Etats & à ceux qui seront nommés par l'assemblée, pour savoir si les officiers de M. le duc d'Uzès doivent entrer à l'assiette du diocese, au lieu & place des officiers royaux qui se trouvent supprimés & remboursés au moyen de l'échange fait par S. M. avec ledit seigneur duc d'Uzès.

Vu l'arrêt du conseil du 23 Novembre 1723 portant ledit renvoi ; les mémoires remis par M. le duc d'Uzès, contenant qu'ayant acquis, à titre d'échange, la portion des domaines, justices, & fief appartenant au Roi dans la ville, viguerie haute & basse d'Uzès, Saint-Jean de Marvéjols & pays d'Usège, dont il jouissoit auparavant comme simple engagiste, il a donné en contre-change à Sa Majesté la terre, fief & seigneurie & baronnie de Levy, située près le parc de Versailles.

Que cet échange fut réglé & ordonné par arrêt du conseil du 21 Mars 1721, & par des lettres patentes du même jour revêtues de toutes les formalités, & enregistrées au parlement de Paris & de Toulouse ; suivant lesquels il doit jouir de tous lesdits domaines, justices & fiefs comme de son vrai patrimoine incommutable, faire administrer la justice par ses officiers, & exercer tous les droits exprimés, & non exprimés, ainsi que S. M. l'auroit pu faire elle-même.

Qu'il a remboursé les officiers de Sa Majesté, & qu'ainsi les siens sont en droit d'exercer & de remplir toutes les fonctions desdits officiers royaux, & par conséquent d'avoir entrée à l'assiette du diocese.

Que cet échange, également authentique & respectable, a été néanmoins attaqué par M. l'évêque d'Uzès, par le syndic du diocese, & par une délibération de l'assemblée des commissaires, qui représenterent à Sa Majesté, que l'entrée aux assiettes du diocese & autres fonctions importantes qui étoient confiées aux officiers du Roi ne pouvoient pas l'être aux officiers ducaux ; que ces oppositions furent décidées au conseil par arrêt contradictoire du 26 Décembre 1721 qui ordonne l'exécution de l'échange, arrêts du conseil & lettres patentes.

Que la volonté de Sa Majesté a été encore expliquée bien positivement par l'arrêt du 12 Février 1723, en ordonnant que les officiers de M. le duc d'Uzès auroient entrée à l'assiette du diocese, de la même maniere que les officiers royaux.

Qu'il avoit lieu d'espérer de jouir, sans contradiction, du contenu audit échange, lorsque les députés des Etats ont formé opposition à ce dernier arrêt du conseil, pour ce qui regarde l'entrée à l'assiette, sur le fondement des priviléges de la province autorisés par plusieurs édits & lettres patentes qui maintiennent les Etats en la connoissance des personnes qui doivent entrer dans leurs assemblées & aux assiettes des dioceses ; sur laquelle opposition il a été rendu un arrêt le 23 Novembre dernier qui renvoie cette contestation à MM. les commissaires du Roi & des Etats pour y être pourvu sur leurs avis.

Qu'il se renferme donc à faire voir que l'entrée aux assiettes & délibérations du diocese d'Uzès ne sauroit être refusée

refusée à ses officiers ; qu'ils doivent y être appellés, & ont droit d'y prendre place & d'y assister de la même maniere qu'avoient accoutumé de le faire les officiers royaux, avant l'échange : que ce droit est établi sur les termes dudit échange, des arrêts du conseil qui l'ont autorisé, & sur les principes du droit commun ; & que l'usage de cette province n'y est point contraire : qu'on ne peut pas lui opposer aussi que l'entrée aux assiettes soit un droit royal qui n'a pu lui être cédé, puisque le viguier de M. l'évêque de Lodeve est commissaire ordinaire à l'assiette du diocese, de même que le juge de la temporalité de l'évêché de Saint-Pons dans celle du diocese de Saint-Pons ; d'où il s'ensuit que les Etats n'ont jamais déterminé par leurs réglemens que l'officier de justice qui entre à l'assiette doive être essentiellement officier royal, & qu'il résulte au contraire de ces exemples, qu'en défaut d'officier royal, le juge d'un seigneur particulier peut sans inconvénient jouir de ce droit d'entrée.

Que ces exemples sont confirmés par celui du diocese de Mende, où le viguier du seigneur évêque entre à l'assemblée dudit pays, à l'exclusion des officiers du Roi, lorsqu'elle se tient dans la ville de Mende ; & que par le réglement fait pour le diocese d'Alais le 25 Janvier 1695 les officiers des seigneurs d'Anduze, du Vigan, de Sauve & de Saint-Hypolite, étoient admis à l'assiette qui devoit se tenir alternativement dans lesdits lieux, & dans la ville d'Alais ; que ces deux derniers réglemens ayant été faits sur l'avis des Etats, ledit seigneur d'Uzès a lieu d'espérer que les commissaires le trouveront bien fondé dans l'entrée de ses officiers à l'assiette & à toutes les assemblées du diocese.

Vu aussi le mémoire imprimé remis

Tome IV.

par le syndic du diocese d'Uzès contenant qu'il n'entre pas dans l'examen de l'échange, la volonté suprême du Roi lui imposant la nécessité du silence à cet égard, mais que l'intérêt du diocese se réduit à établir que cet échange ne donne pas droit à M. le duc d'Uzès de faire entrer ses officiers à l'assiette ; que M. le duc d'Uzès convenant que les droits de souveraineté ne pouvant être cédés par le Roi, celui d'ordonner & faire les impositions en est un des plus inaliénables, puisque c'est ce droit qui constitue proprement la souveraineté, & que c'est aux officiers royaux d'assister aux assiettes pour autoriser, par leur présence, ces assemblées & les délibérations qui s'y prennent.

Que MM. les commissaires présidens pour le Roi aux Etats sont chargés des mêmes fonctions dans l'assemblée ; & c'est le commissaire principal par eux nommé pour la tenue de l'assiette, qui l'autorise, avec les commissaires ordinaires qui tiennent tous leur caractere du Roi, les commissions pour les impositions étant adressées tant aux uns qu'aux autres ; mais au lieu que le commissaire principal est passager, les commissaires ordinaires sont stables pour assister dans le besoin aux assemblées particulieres qu'il convient de tenir pendant l'année, pour les affaires du diocese, & que lesdits commissaires ne peuvent être que des officiers royaux.

Qu'il est obligé de faire observer, que la justice & fief de la ville d'Uzès appartenoient anciennement à trois différens seigneurs ; savoir, Mgr. l'évêque, les auteurs de M. le duc d'Uzès, & le sieur de Montfaucon. Les trois seigneurs jouissoient par indivis de ladite justice, & aucun d'eux n'avoit droit d'envoyer ses officiers à l'assemblée de l'assiette.

Que le Roi Charles VIII fit l'acquifition en 1493 de la portion de feigneu-rie du fieur de Montfaucon, ce qui fut fuivi de l'entrée d'un viguier royal à l'affiette. Que par l'échange , les offi-ciers royaux font fupprimés , & cette portion de feigneurie eft réunie à celle du duché ; & qu'ainfi M. le duc d'Uzès ne fauroit prétendre que par la réunion de ces deux parties, il en revienne un droit qu'elles n'avoient ni l'une ni l'au-tre, quand elles étoient féparées & jouies par des feigneurs particuliers.

Que cette vérité eft confirmée par l'arrêt de regiftre de l'échange du par-lement de Paris , qui porte que M. le duc d'Uzès ne peut prétendre aucuns autres droits que ceux dont le Roi jouiffoit comme feigneur particulier ; qu'ainfi le droit royal d'envoyer des officiers à l'affiette ne peut être com-pris dans l'échange , & refte en entier à Sa Majefté, qui peut fuppléer les of-ficiers royaux d'Uzès fupprimés par l'échange , foit par le juge-mage du fé-néchal de Nîmes, ou par le juge royal du Saint-Efprit.

Que d'ailleurs fi la prétention de M. le duc d'Uzès a lieu, M. l'évêque de-mandera la même chofe pour fes offi-ciers , ayant une portion indivife de juftice dans la ville d'Uzès.

Il ajoute à toutes ces raifons l'auto-rité des exemples, y ayant plufieurs diocefes de la province qui font dans le même cas que celui où fe trouve le diocefe d'Uzès depuis l'échange ; que M. l'évêque d'Agde eft feigneur de la ville d'Agde , capitale du diocefe ; ce-pendant fes officiers n'affiftent pas à l'affiette qui fe tient à Pezenas où le châtelain juge royal entre : que l'af-fiette de Saint-Papoul fe tient à Caf-telnaudary où le juge-mage affifte : qu'à l'affiette de Viviers , le juge royal d'Annonai ou celui de Villeneuve-de-Berg y ont feuls l'entrée, de même qu'à l'affiette d'Alet où le juge-mage de

Limoux affifte, à l'exclufion des officiers de l'évêque qui en eft feigneur : que l'affiette de Mirepoix fe tient à Fan-geaux où les officiers du feigneur mar-quis de Mirepoix n'ont pas droit d'en-trer.

Que ces exemples doivent détermi-ner contre la prétention de M. le duc d'Uzès, & que ce qui fe pratique dans les diocefes de Lodeve & de Saint-Pons font des cas finguliers, parce qu'il n'y a aucun officier royal dans l'étendue de ces deux diocefes.

Que l'entrée du juge du comté d'A-lais ne doit pas être tirée à conféquen-ce, parce qu'elle a fans doute été ac-cordée par la confidération que c'eft l'officier d'un comté qui donne la pre-miere place de la nobleffe aux Etats.

Et qu'enfin par toutes ces raifons, M. le duc d'Uzès eft mal fondé dans fes prétentions, & qu'ainfi le fyndic ne s'arrête pas à contefter la demande de l'entrée de deux de fes officiers à l'af-fiette, ne pouvant y en avoir qu'un par tous les réglemens.

Vu encore le fecond mémoire de M. le duc d'Uzès en réponfe à celui du dio-cefe d'Uzès ; la réplique du fyndic, & autres mémoires des parties , qui ne contiennent que les mêmes faits & rai-fons ci-deffus énoncées.

La requête de M. l'évêque d'Uzès contenant qu'ayant un intérêt confidé-rable dans la queftion qui nous eft ren-voyée, il repréfente que fi nous ne trou-vons aucune incompatibilité de l'entrée des officiers de M. le duc d'Uzès, il demande pareillement que les fiens y foient admis, puifqu'il a une portion indivife de juftice dans la ville d'Uzès, où fes officiers l'exercent avec le même caractere d'autorité que ceux de M. le duc d'Uzès, & par prévention entre eux ; que fa portion de feigneurie eft même la plus ancienne & a toujours fait partie de la dotation de l'évêché ;

qu'il a donc les mêmes raisons de M. le duc d'Uzès, & qu'ainsi il demande l'entrée pour ses officiers & la préséance.

Vu aussi les réglemens de 1634 & 1658, sur la tenue des assiettes, & les pieces énoncées dans les susdites requêtes, & mémoires; OUI le rapport de Mgr. l'archevêque d'Alby.

IL A ÉTÉ DÉLIBÉRÉ qu'il n'y a aucune incompatibilité à l'entrée des officiers des seigneurs dans les assiettes des dioceses, en qualité de commissaires ordinaires; & que dans le cas présent un des officiers de M. le duc d'Uzès doit être reçu dans l'assemblee de l'assiette du diocese d'Uzès & dans toutes les assemblées particulieres; & qu'un des officiers de M. l'évêque d'Uzès doit y entrer pareillement, les Etats trouvant qu'étant seigneur par indivis de la ville d'Uzès, il doit avoir le même droit que M. le duc d'Uzès.

V I I.

A R R Ê T

DU CONSEIL D'ETAT DU ROI,

Concernant l'entrée des officiers de M. le duc d'Uzès, à l'assiette du diocese d'Uzès.

DU 11 Mars 1724.

EXTRAIT des Registres du Conseil d'Etat.

SUR la requête présentée au Roi étant en son conseil, par le sieur duc d'Uzès premier pair de France, CONTENANT que par contrat passé entre les commissaires de Sa Majesté, & ledit sieur duc d'Uzès le 28 Avril 1721, Sa Majesté, en échange de la terre & seigneurie & baronnie de Levy, mouvante de la tour du Louvre, située entre Monfort & Chevreuse près le parc

de Versailles, a cédé audit sieur duc le domaine d'Uzès, consistant en haute, moyenne & basse justice, telle qu'elle appartient à Sa Majesté dans la ville d'Uzès, Saint-Jean de Marvéjols & autres paroisses & lieux dépendans de la claverie d'Uzès, pour être cette justice exercée à l'avenir par les officiers dudit sieur duc d'Uzès, lequel contrat a été ratifié & confirmé par lettres patentes du mois de Mai 1721, enregistrées dans les cours à qui la connoissance appartenoit; & comme l'effet de cette cession étoit de transporter aux officiers dudit sieur duc d'Uzès l'exercice de la justice telle que les officiers du Roi auxquels ils sont subrogés l'avoient auparavant, & qu'avant l'échange ils avoient droit d'assister aux assiettes du diocese, Sa Majesté par l'arrêt de son conseil d'état y a expressément maintenu les officiers dudit sieur duc d'Uzès, ainsi que dans tous les autres droits dont jouissent les officiers royaux. Mais le sieur évêque d'Uzès, qui a tout mis en usage pour traverser cet échange, & qui est membre des Etats de la province de Languedoc, a obtenu d'eux qu'ils insérassent dans le cahier de l'année derniere un article par lequel ils demandoient que sur l'opposition que les commissaires de l'assiette avoient formée à l'arrêt du conseil qui maintient les officiers dudit sieur duc d'Uzès dans ce droit, il plairoit à Sa Majesté leur permettre de donner leur avis; sur quoi il est intervenu arrêt du conseil du 23 Novembre 1723 qui renvoie aux commissaires qui présideroient pour S. M. aux Etats alors prochains de la province de Languedoc, & aux commissaires qui seroient nommés par l'assemblée des mêmes Etats, les différends & contestations d'entre les parties, pour, sur leur avis, y être par Sa Majesté statué ainsi qu'il avisera. On ne peut jetter les yeux sur cet arrêt, sans y reconnoîtrt bien précifément que cet avis fe doit borner au feul point de favoir s'il eft vrai, ainfi que les commiffaires de l'affiette le prétendent, qu'il y ait incompatibilité dans la perfonne d'un officier de feigneur pour l'entrée aux Etats. Cependant par l'avis que les Etats ont donné, ils excedent vifiblement les bornes qui leur étoient prefcrites : ils reconnoiffent véritablement, ce qui devoit être l'unique objet de leur avis, qu'il n'y a point d'incompatibilité dans les officiers d'un feigneur ; mais après avoir ainfi confonmé ce qui étoit de leur pouvoir, ils paffent jufqu'à prétendre qu'il y a lieu de permettre aux officiers dudit feigneur évêque d'Uzès, d'affifter pareillement aux mêmes affiettes : Si l'on pouvoit douter que l'intrigue ait eu plus de part à cet avis que la raifon, il ne faudroit, pour fe le perfuader, que faire trois obfervations.

La premiere, c'eft qu'ils donnent avis fur ce qui ne leur eft pas demandé.

La feconde, c'eft que par cet avis ils démentent & contredifent leur propre cahier. Ils difent dans l'article VI, que le Roi feul a droit d'avoir fes officiers préfens dans les affemblées particulieres des affiettes ; dans cet avis ils veulent qu'un feigneur particulier, qui n'a jamais joui de ce droit & qui ne l'a point acquis du Roi à titre onéreux, comme a fait ledit fieur duc d'Uzès, en jouiffe concurremment avec lui. Ainfi pendant que dans leur cahier ils paroiffent douter que Sa Majefté peut tranfporter ce droit de fes officiers à ceux dudit fieur duc d'Uzès qui y font fubrogés, ils entreprennent de le tranfporter de leur autorité à un tiers à qui ce droit n'eft point cédé, & qui n'en a jamais joui.

La troifieme, & derniere réflexion, c'eft que, malgré tous les mouvemens que s'eft donné ledit fieur évêque d'Uzès pour obtenir cet avis, il n'a prévalu

dans l'affemblée que de trois voix. De foixante-trois dont l'affemblée étoit compofée, trente-trois ont été pour, & trente contre : Mais ce qu'on ne peut trop remarquer, c'eft que lefdits fieurs commiffaires du Roi, qui font le commandant & l'intendant de la province, avec deux tréforiers de France, n'ont point concouru à la délibération où cet avis a été arrêté ; s'ils y avoient concouru, l'avis contraire auroit prévalu, car ils font au nombre de quatre, & par l'avis qu'ils ont donné féparément qui doit prévaloir, ils fe font joints aux trente qui ont décidé en faveur dudit fieur duc d'Uzès, à l'exclufion du fieur évêque. Ainfi trente-quatre voix fe fuffent trouvées en faveur du fieur duc d'Uzès contre trente-trois qui font de l'avis contraire, en cet état le fieur duc d'Uzès efpere que Sa Majefté ne trouvera pas la moindre difficulté à confirmer, à cet égard, l'échange & l'arrêt du confeil du 12 Février 1723 ; qu'il fe flatte même que dans la vue de prévenir le défordre qui pourroit arriver à la prochaine affiette qui doit fe tenir dans le courant du mois d'Avril de la préfente année, Sa Majefté trouvera à propos de ne pas différer à régler cette affaire. Vu ladite requête & les pieces y énoncées ; l'arrêt du confeil du 23 Novembre 1723, qui a renvoyé aux commiffaires de Sa Majefté pour la tenue des Etats de Languedoc, & à ceux qui feront nommés par lefdits Etats, les différends entre ledit fieur duc d'Uzès, & le fieur évêque d'Uzès, touchant l'entrée des officiers dans l'affiette ; extrait du regiftre des délibérations prifes par les gens des Trois-états du pays de Languedoc, affemblés par mandement du Roi dans la ville de Montpellier le 18 Février 1724, enfemble la délibération des fieurs maréchal duc de Roquelaure, de Bernage, Faure & Nollet, commiffaires préfidens pour le Roi à l'assemblée des Etats généraux de la province de Languedoc, convoquée par mandement de S. M. en la ville de Montpellier du 19 dudit mois de Février 1724 ; ouï le rapport du sieur Dodun, conseiller ordinaire au conseil royal, contrôleur général des finances, LE ROI ÉTANT EN SON CONSEIL, a ordonné & ordonne que par provision, & sans préjudice du droit des parties au principal, ledit sieur duc d'Uzès assistera cette année aux assiettes qui seront tenues dans le diocèse d'Uzès ; enjoint Sa Majesté au sieur intendant & commissaire départi en Languedoc, de tenir la main à l'exécution du présent arrêt. FAIT au conseil d'Etat du Roi, Sa Majesté y étant, tenu à Versailles le onzieme Mars mil sept cent vingt-quatre.

Signé, PHELYPEAUX.

V I I I.

A R R Ê T

DU CONSEIL D'ETAT DU ROI,

Portant réglement sur l'entrée des officiers de M. le duc & de M. l'évêque d'Uzès à l'assiette du Diocèse.

Du 26 Décembre 1724.

EXTRAIT des Registres du Conseil d'Etat.

VU au conseil d'état du Roi, l'arrêt rendu en icelui le 12 Février 1723, sur la requête présentée par le sieur duc d'Uzès, premier pair de France, par laquelle & pour les causes & moyens y contenus, il a conclu à ce qu'il plaise à Sa Majesté ordonner que le contrat d'échange passé entre Sa Majesté & le sieur duc d'Uzès le 28 Avril 1721, les lettres patentes & arrêt d'enregistrement intervenus en conséquence, seroient exécutés selon leur forme & teneur; ce faisant, qu'à

l'avenir le banc qu'occupoient les officiers royaux dans l'église cathédrale d'Uzès, avant l'échange, soit dorénavant rempli par les officiers de la justice ducale d'Uzès, & le banc couvert d'un tapis de la livrée du sieur duc d'Uzès, & chargé de ses armes ; comme aussi que les mêmes officiers assisteroient aussi aux assiettes, tout ainsi & en la même maniere que faisoient les officiers de Sa Majesté, auxquels ils ont succédé ; ce qui seroit exécuté nonobstant tous empêchemens faits ou à faire, & si aucuns intervenoient, que S. M. s'en réserveroit la connoissance ; par lequel il est ordonné que ledit contrat d'échange & lettres patentes sur icelui seroient exécutés selon leur forme & teneur ; ce faisant, que le banc qu'occupoient ci-devant en l'église cathédrale d'Uzès les officiers royaux, sera à l'avenir occupé par les officiers de la justice du sieur duc d'Uzès, couvert d'un tapis de sa livrée, & chargé de ses armes; & que lesdits officiers assisteront aux assiettes, ainsi que le faisoient avant ledit échange les officiers de S. M., & que ledit arrêt sera exécuté nonobstant toutes oppositions & empêchemens ; dont si aucuns intervenoient, Sa Majesté s'est réservée la connoissance, & l'interdit à tous autres juges ; au bas duquel arrêt est la signification faite d'icelui, avec la commission du grand sceau, le 22 Mai 1723, au sieur évêque d'Uzès en son palais épiscopal ; la requête présentée à Sa Majesté par le sieur évêque d'Uzès, son chapitre, la noblesse & le syndic du diocèse, par laquelle ils ont conclu à ce qu'il plût à Sa Majesté les recevoir opposans à l'arrêt du conseil du 12 Février 1723, surpris par le sieur duc d'Uzès sur requête non communiquée; & faisant droit sur leur opposition, révoquer ledit arrêt, & en conséquence faire défenses au sieur duc d'Uzès & à ses officiers de plus à l'avenir se placer dans le banc qui étoit ci-devant occupé par les officiers de Sa Majesté, dans la cathédrale d'Uzès ; comme aussi faire défenses aux officiers dudit sieur duc d'Uzès de s'immiscer dans l'assemblée des assiettes du diocese, dans lesquelles ils n'ont jamais eu d'entrée, ladite requête signée de Largentiere, avocat au conseil, & desdits sieur évêque, chapitre, noblesse & syndic du diocese d'Uzès ; autre requête présentée par ledit sieur duc d'Uzès, pair de France, par laquelle il a conclu pour les causes & moyens y contenus ; qu'il plût à Sa Majesté lui donner acte de ce que pour réponse à la requête du sieur évêque d'Uzès, il employoit le contenu en sa requête, & en conséquence débouter le sieur évêque d'Uzès de son opposition ; ce faisant, ordonner que ledit arrêt du 12 Février 1723, sera exécuté selon sa forme & teneur, ladite requête signée dudit sieur duc d'Uzès ; autre requête présentée par ledit sieur évêque d'Uzès & les députés qui composent l'assiette du diocese, par laquelle ils ont conclu à ce qu'il plût à Sa Majesté les recevoir opposans à l'arrêt du 14 Juin 1723 ; renvoyer aux Etats de Languedoc ce qui concerne l'assiette du diocese du 4 & 20 Mai 1723 ; surseoir la décision de l'entrée prétendue par ledit sieur duc d'Uzès aux assemblées des assiettes du diocese, jusqu'à ce que Sa Majesté ait décidé sur la requête & instance pendante concernant l'opposition à l'arrêt du 12 Février 1723 ; & d'autant que le sieur abbé Vernet, grand vicaire & official se trouve maltraité par les plaintes mal fondées des sieurs de Mayrargue & de Cuny, & par des assignations & voyages pour comparoître pardevant le sieur de Bernage, intendant ; ordonner qu'il lui sera fait par lesdits officiers une réparation conforme à son carac-

tere, ladite requête signée Largentiere, avocat ; autre requête dudit sieur duc d'Uzès, par laquelle il a demandé acte de ce que pour réponse aux requêtes dudit sieur évêque d'Uzès & de son syndic, & des pieces y jointes, il employe le contenu en sa requête & les pieces y attachées, débouter ledit sieur évêque & son syndic de l'opposition qu'ils ont formé à l'arrêt du 12 Février 1723 ; ce faisant, ordonner que conformément audit arrêt les officiers de la justice du suppliant assisteront aux assiettes du diocese d'Uzès, comme faisoient auparavant l'échange les officiers de Sa Majesté, & faire défenses aux officiers dudit sieur évêque d'entrer aux assiettes, ladite requête signée dudit sieur duc d'Uzès ; autre requête du sieur évêque & son chapitre, par laquelle ils ont demandé à être reçus opposans audit arrêt du 12 Février 1723, en ce que par icelui il a été ordonné que les officiers du sieur duc d'Uzès occuperoient dans l'église cathédrale d'Uzès le banc qui étoit ci-devant occupé par les officiers de S.M.: faisant droit sur leurs oppositions, débouter le sieur duc d'Uzès de la demande par lui formée à cet égard, & faire défenses à ses officiers d'occuper à l'avenir le banc dont il s'agit, sans préjudice au sieur évêque d'Uzès de ses prétentions, par rapport au surplus dudit arrêt du 12 Février 1723, ladite requête signée par ledit sieur évêque & Largentiere son avocat ; autre requête du sieur duc d'Uzès, par laquelle il a conclu & demandé acte de ce que pour réponse à la derniere requête du sieur évêque d'Uzès & de ses adhérens aux fins de l'opposition par eux formée à l'arrêt du conseil du 14 Juin 1723, & autres conclusions qui y sont plus au long expliquées & énoncées, ledit sieur duc d'Uzès employe le contenu en sa requête ; comme aussi de ce qu'en expliquant en tant que de besoin ses premieres conclusions, il déclare qu'il entend les renfermer toutes dans l'exécution de l'arrêt du 12 Février 1723, & dans ce qui regarde le banc en la cathédrale pour les officiers de la sénéchauffée ducale & leur entrée aux assiettes, & lui donner pareillement acte de la déclaration qu'il fait de n'avoir point entendu attaquer les délibérations des Etats de Languedoc, ni faire donner atteinte aux impositions faites dans les assiettes ; & en conséquence débouter le sieur évêque d'Uzès & ses adhérens de leurs conclusions, ladite requête signée du sieur duc d'Uzès ; requête dudit sieur évêque d'Uzès, par laquelle il a conclu que si Sa Majesté veut bien laisser aux officiers royaux des villes du Saint-Esprit ou de Roquemaure le droit qu'ils ont & l'usage du Languedoc d'assister aux assiettes, permettre que les réglemens de 1668, confirmés par arrêt de 1689, seroient exécutés, par lesquels les officiers royaux sont en droit, à l'exclusion de tous autres, d'entrer aux assiettes & d'y autoriser les impositions ; qu'il plaise à Sa Majesté ordonner que celle d'Uzès se tiendra à l'avenir, comme elle a été de tout temps, ayant les officiers royaux dans le diocese, ledit sieur évêque pour le bien de la paix & le bon ordre, se désiste de la demande d'avoir son juge à l'assiette : que si Sa Majesté ne juge pas à propos d'avoir égard à ces considérations, & qu'elle accorde au sieur duc d'Uzès que son juge entre à l'assiette, le sieur évêque supplie Sa Majesté, que conformément à l'avis de l'assemblée des Etats, son juge ait entrée à l'assiette, ladite requête signée du sieur évêque d'Uzès & de Largentiere son avocat ; autre requête dudit sieur évêque d'Uzès & de son chapitre, par laquelle ils ont demandé acte de ce que

pour réplique aux précédentes requêtes dudit sieur duc d'Uzès, & à celle communiquée au sieur évêque le 22 Septembre 1724, ils employent le contenu en leur requête avec tout ce qu'ils ont ci-devant produit, & leur accorder les fins & conclusions par eux ci-devant prises, ladite requête signée dudit sieur évêque ; autre requête du syndic du diocese d'Uzès, par laquelle il a conclu à ce qu'il plût à Sa Majesté, Vu l'arrêt interlocutoire du 11 Mars dernier, ordonner que, sans avoir égard à l'avis des sieurs commissaires des Etats ; les arrêts du conseil d'état du 8 Avril 1689, sur les réglemens de Languedoc, celui du 20 Janvier 1700, & celui du parlement de Paris du 2 Septembre 1721, sur l'enregistrement dudit échange, seront exécutés ; ce faisant, que les officiers royaux de la ville du Saint-Esprit assisteront aux assiettes du diocese, ainsi que faisoient les officiers royaux avant ledit échange, ladite requête signée Labalme ; autre requête dudit sieur duc d'Uzès, par laquelle il a conclu à ce qu'il plût à Sa Majesté, Vu l'avis donné par les Etats, & qui leur auroit été demandé par Sa Majesté, lever & ôter la surséance portée par l'arrêt du conseil du 23 Novembre 1723 ; & en conséquence faisant droit sur les conclusions prises par le suppliant dans les précédentes requêtes, les lui adjuger définitivement, ladite requête signée dudit sieur duc d'Uzès ; Autre requête dudit sieur duc d'Uzès, par laquelle il demande acte de ce que, pour réponse à la requête du sieur évêque d'Uzès & aux actes & pieces y jointes, il employe le contenu en sa requête, ensemble ce qu'il a ci-devant dit & produit : & sans avoir égard aux demandes du sieur évêque & du chapitre d'Uzès, adjuger au suppliant les fins & conclusions par lui ci-devant prises, laquelle requête est signée dudit sieur duc d'Uzès ; autre requête dudit sieur duc d'Uzès, par laquelle il a demandé acte de ce que pour réponse aux requêtes dudit sieur évêque d'Uzès, il employe le contenu en sa requête, ensemble les actes & pieces qui y sont jointes ; en conséquence débouter le sieur évêque d'Uzès de son opposition ; ce faisant, ordonner que l'arrêt du conseil du 12 Février 1723, seroit exécuté selon sa forme & teneur, sauf au chapitre d'Uzès, s'il veut former quelque demande pour raison de la propriété de la justice dont il s'agit, (à se pourvoir) où & pardevant qui il appartiendra ; Autre requête dudit sieur duc d'Uzès, par laquelle il a demandé acte de ce que, pour plus ample réponse aux requêtes & moyens dudit sieur évêque d'Uzès, il employe le contenu en sa requête avec les quatre pieces qui y sont jointes, ensemble ce qu'il a ci-devant dit & produit ; & sans avoir égard aux demandes du chapitre d'Uzès, adjuger au suppliant les fins & conclusions par lui ci-devant prises ; autre requête dudit sieur duc d'Uzès, par laquelle il demande acte de ce que, pour plus ample réponse aux requêtes & moyens dudit sieur évêque d'Uzès, il employe le contenu en sa requête avec les neuf pieces y jointes, ensemble ce qu'il a ci-devant dit & produit ; & sans avoir égard aux demandes dudit sieur évêque & du chapitre d'Uzès, adjuger au suppliant les fins & conclusions par lui ci-devant prises ; autre requête dudit sieur duc d'Uzès, par laquelle il demande acte de ce que, pour réponse à la requête dudit sieur évêque d'Uzès du 23 Septembre 1724, il employe le contenu en sa requête, ensemble ce qu'il a dit & produit, & lui adjuger ses précédentes fins & conclusions, ladite requête signée dudit sieur duc d'Uzès. Vu aussi les titres & pieces des parties ; savoir, par le sieur duc d'Uzès le procès verbal du 22 Mars 1723, dressé par le juge mage, lieutenant général civil du sénéchal d'Uzès, de la levée du tapis à la livrée du Roi, qui étoit sur le banc dans l'église cathédrale d'Uzès, au lieu duquel il en a été placé un autre aux armes & livrée du sieur duc d'Uzès ; autre procès verbal dudit jour, de la prise de possession faite par les officiers du sénéchal d'Uzès, dudit banc qu'occupoient ci-devant dans l'église cathédrale les officiers royaux, avant l'échange du 28 Avril 1721 : Imprimé de l'arrêt du conseil du 11 Mars 1724, qui ordonne que par provision le juge du sieur duc d'Uzès assistera cette année aux assiettes qui seront tenues dans le diocese d'Uzès : Copie collationnée de la déclaration, aveu & dénombrement rendu au Roi le 4 Mars 1703, par Mre. Jacques de Crussol, touchant la vicomté d'Uzès ; autre aveu, déclaration & dénombrement rendu au Roi le 2 Août 1540, par Charles de Crussol, touchant la vicomté d'Uzès, appartenances & dépendances : Une ordonnance en forme de statuts faite le 5 Mai 1206 par les co-greffiers d'Uzès, pour l'administration de la justice : La transaction passée le 11 Mars 1333, entre le vicomte d'Uzès, l'évêque & Beranger d'Uzès, au sujet des poids & mesures ; autre transaction du 22 Avril 1370, passée par lesdits co-greffiers d'Uzès, pour l'administration de la justice : Le dénombrement rendu le 2 Avril 1540, par un évêque d'Uzès au Roi François I, de ce qu'il tient dans ladite ville par indivis avec S. M. & le vicomte d'Uzès : Un extrait du 27 Septembre 1687, des oppositions faites par les officiers du Roi, ceux du sieur duc & de l'évêque d'Uzès, à la publication de l'aveu & dénombrement du chapitre de l'église cathédrale d'Uzès, sur la prétention d'avoir droit

droit de justice dans la ville d'Uzès : copie de l'inventaire fait le 8 Octobre 1686, par les officiers du sénéchal d'Uzès, des effets délaissés par Michel Codonel, de la ville d'Uzès ; autre copie d'inventaire fait le 5 Novembre 1629, des effets de Jacques Cabiac de la ville d'Uzès ; autre copie d'inventaire fait le 12 Novembre 1699, des effets délaissés par René Henot, dans la maison de Gabriel Froment, dans la ville d'Uzès ; autre copie d'inventaire fait le 2 Novembre 1629, des effets de Daniel Montagne, délaissés dans la maison de Jean Charavel, à Uzès ; autre extrait de l'inventaire fait le 24 Avril 1630, des effets de Jean de Toulouse d'Uzès ; autre extrait de l'inventaire fait le 16 Octobre 1645, des effets délaissés par Abraham Clement ; autre extrait de l'inventaire fait le 21 août 1687, des effets de Guillaume Malecombe ; autre extrait de l'inventaire fait le 16 Février 1688, des effets de Matthieu Pujolas de la ville d'Uzès ; autre extrait d'inventaire du 19 Mars audit an, des effets de Jérôme Boussdet ; autre du 3 Juillet 1692, des effets de Daniel François, d'Uzès ; autre du 18 Août 1699, des effets du sieur Bossang Angely ; autre du 2 Mars 1702, des effets d'Etienne Chazel ; autre du 18 Novembre 1704, des effets d'Anseaume Valette : Imprimé de l'arrêt du conseil du 26 Décembre 1721, qui déboute le sieur évêque d'Uzès, le syndic du diocese & le chapitre de leurs oppositions, à l'échange fait entre Sa Majesté & le sieur duc d'Uzès le 8 Avril précédent ; arrêt de la chambre des comptes de Paris du 21 Avril 1722, qui déboute ledit sieur évêque, le syndic & le chapitre d'Uzès de leurs oppositions à l'enregistrement dudit échange ; autre arrêt de ladite chambre du 15 Mai suivant, qui déboute le sieur évêque de son opposition audit échange ; autre arrêt du conseil

du 23 Novembre 1723, qui renvoye aux États de Languedoc la contesta-tion entre le sieur duc d'Uzès & le syndic du diocese pour donner leur avis sur l'entrée à l'assiette des officiers du sénéchal d'Uzès ; le procès verbal de l'assiette de Commenge, tenue à Valentine le 26 Avril 1722 ; l'arrêt du conseil du 25 Juin 1695, portant réglement pour l'assiette du diocese d'Alais ; autre arrêt du conseil du 16 Septembre 1655, qui donne l'entrée aux assiettes du Gevaudan aux officiers du comte de Mende : Extrait du livre intitulé : *Chronologia præsulum Lodovensium autore Joanne Plantavitio de la Pause, episcopo Lodovensi, an.* M. D. C. XXXIV, page 393 : l'arrêt du parlement de Paris du 11 Juillet 1718, qui déboute le sieur évêque d'Uzès de toutes ses demandes contre le sieur duc d'Uzès, pour raison des mouvances qu'il prétendoit sur le duché d'Uzès ; autre arrêt du parlement du 2 Juin 1723, qui ordonne que les évêques d'Uzès ne prendront plus à l'avenir la qualité de comtes d'Uzès : les titres & pieces produites par ledit sieur évêque d'Uzès, syndic & le chapitre d'Uzès, sont ledit arrêt du conseil du 12 Février 1723 ; le procès verbal dressé le 22 Mars suivant par les dignités & chanoines de l'église cathédrale d'Uzès, de la prise de possession par les officiers du sieur duc d'Uzès, du banc dans ladite église couvert des armes & livrée dudit sieur duc ; l'hommage rendu en 1459 par le baron de Montfaucon à Gabriel de Lastre, évêque, de la justice & château qu'il avoit dans Uzès ; la transaction passée le le 21 Avril 1344, entre les co-seigneurs d'Uzès & le prévôt pour les limites de la jurisdiction ; extrait sommaire du dénombrement fait en 1539 par Gabriel Froment, prévôt du chapitre d'Uzès ; autre déclaration & dénombrement des eccléfiaftiques du diocefe d'Uzès, fénéchauffée de Nîmes, de l'année 1540 ; autre dénombrement rendu au Roi le 24 Octobre 1689 par le prévôt & fyndic du chapitre d'Uzès : information fecrete faite le 2 Mars 1615 par le fubftitut du greffe de la prévôté d'Uzès, à la requête de Simonne Pageze & Marie Conille, contre Safrenete Rochiere ; autre information du 16 Mars 1644, à la requête de Barthelemi Roux, contre Bernard de Dejean Boury ; plufieurs autres informations faites par le juge de la prévôté d'Uzès, des 2 Août 1645, 2 Mai 1648, 2 Mai 1645, 14 Mai 1646, 7 Juin 1657, 2 Avril 1667, 25 Novembre & 26 Décembre 1668, 12 & 13 Juillet 1696, 2 Juin 1708, 15 Octobre 1711, 8 Novembre 1710 : Déclaration du chapitre d'Uzès du 5 Avril 1723 : La procuration dudit chapitre du 7 Avril 1723, pour s'oppofer à l'arrêt du confeil du 12 Février 1723 : procès verbal & acte de proteftation fait par le juge mage ducal d'Uzès du 22 Mai 1723, fur le refus qui fut fait par les commiffaires de l'affiette d'obéir audit arrêt du 12 Février 1723 : Arrêt du confeil du 14 Juin 1723, qui renvoye les parties devant le fieur de Bernage, intendant : Arrêt du 24 Novembre 1723, qui renvoye aux commiffaires des Etats de Languedoc les conteftations entre les parties : Extrait des regiftres des délibérations des Etats de Languedoc du 18 Février 1724, par laquelle il a été délibéré qu'il n'y a aucune incompatibilité à l'entrée des officiers des feigneurs dans les affiettes des diocefes ; & que dans le cas préfent un des officiers du fieur duc d'Uzès doit être reçu dans les affemblées de l'affiette & dans toutes les affemblées particulieres, & qu'un des officiers du fieur évêque d'Uzès doit y être reçu pareillement ; autre extrait de l'avis

des commiffaires préfidens pour S. M. auxdits Etats du 19 Février 1724, par lequel ils eftiment qu'il y a lieu d'ordonner que le premier officier de la juftice du fieur duc d'Uzès, aura droit d'affifter aux affemblées de l'affiette du diocefe & autres particulieres de la même maniere que les officiers royaux y affiftoient avant l'échange, fans que les officiers du fieur évêque d'Uzès puiffent y affifter ; l'arrêt du confeil du 11 Mars 1724, qui ordonne par provifion que les officiers du fieur duc d'Uzès affifteront à l'affiette : Extrait des réglemens des Etats de Languedoc du 23 Janvier 1658 : Arrêt du confeil du 25 Janvier 1700, qui déboute le fieur duc d'Uzès de fa requête, à ce que les officiers euffent entrée aux affiettes : Extrait d'arrêt du parlement de Paris du 2 Septembre 1721, portant enregiftrement de l'échange en queftion : Arrêt du confeil du 14 Juin 1723, qui commet le fieur de Bernage, intendant, pour connoître des conteftations au fujet de l'affiette ; autre arrêt du 23 Novembre 1723, qui renvoye aux Etats de Languedoc les conteftations au fujet de l'affiette : Arrêt du confeil du 11 Mai 1724, qui accorde la provifion au fieur duc d'Uzès à l'entrée aux affiettes : Echange fait en 1226, entre le Roi & l'évêque d'Uzès ; plufieurs procès verbaux de l'inftallation des confuls d'Uzès, des années 1698, 1704, 1708, 1709, 1713, 1717, 1718 & 1721 : les pieces produites par le fyndic du diocefe d'Uzès, confiftant en la délibération de l'affiette d'Uzès du 30 Mars 1724, qui donne pouvoir au fyndic de s'oppofer à l'entrée des officiers des feigneurs particuliers à l'affiette ; autre délibération du 25 Avril fuivant, qui charge ledit fyndic de fe pourvoir au confeil contre l'arrêt du 11 Mars de ladite année : Les arrêts de réglemens des

N°. VII. Etats de Languedoc des années 1608 & 1634, qui excluent des affiettes les officiers des feigneurs particuliers : Une délibération des Etats du 10 Juin 1649, qui autorife le fyndic de la province en la pourfuite contre le fieur duc d'Uzès, qui prétendoit l'entrée de ladite affiette, comme étant à la place du vicomte d'Uzès : l'arrêt du confeil du 25 Janvier 1700, qui déboute le fieur duc d'Uzès de fa demande à l'entrée de l'affiette : L'arrêt d'enregiftrement au parlement de Paris du contrat d'échange, daté du 2 Septembre 1721, & autres pieces & mémoires refpectifs des parties : OUI le rapport du fieur Bodun, confeiller ordinaire au confeil royal, contrôleur général des finances, LE ROI EN SON CONSEIL, faifant droit fur le tout, A ORDONNÉ ET ORDONNE que le juge de la juftice du fieur duc d'Uzès & celui de la juftice du fieur évêque d'Uzès, auront entrée aux affiettes du diocefe ; favoir, le juge du fieur duc d'Uzès trois années confécutives, à commencer à l'affiette prochaine, & le juge du fieur évêque d'Uzès la quatrieme année, ce qui fera exécuté à l'avenir de quatre années en quatre années dans le même ordre ; & pour faire droit fur les demandes & conteftations concernant le droit de banc dans l'églife cathédrale d'Uzès, a Sa Majefté renvoyé les parties en la grand'chambre du parlement de Paris, pour y procéder comme avant l'arrêt du confeil du 12 Février 1723 ; & cependant ordonne Sa Majefté que les officiers du fieur duc d'Uzès continueront de jouir dudit banc, jufqu'au jugement defdites demandes & conteftations : déboute les parties du furplus de leurs requêres. FAIT au confeil d'état du Roi, tenu à Verfailles le vingt-fixieme jour de Décembre 1724. *Collationné.*

Signé, DELAISTRE.

LOUIS, PAR LA GRACE DE DIEU, ROI DE FRANCE ET DE NAVARRE : Au premier notre huiffier ou fergent fur ce requis. Nous te mandons & commandons que l'arrêt dont l'extrait eft ci-attaché fous le contre-fcel de notre chancellerie, ce jourd'hui donné en notre confeil d'état, pour les caufes y contenues, tu fignifies à tous qu'il appartiendra, à ce que perfonne n'en ignore, & fais en outre pour fon entiere exécution, à la requête de notre très-cher & bien-amé coufin le fieur duc d'Uzès, premier pair de France, tous commandemens, fommations & autres actes & exploits requis & néceffaires, fans autre permiffion : CAR tel eft notre plaifir. DONNÉ à Verfailles le vingt-fixieme jour de Décembre 1724, & de notre regne le dixieme. Par le Roi en fon confeil.

Signé, DELAISTRE. Et fcellé.

Il y a dans le vu de cet arrêt bien des fautes qu'on n'a pu corriger, parce qu'elles font dans l'imprimé qui fe trouve dans le recueil de la province de l'année 1726, & qu'on n'a pas pu confulter d'autre exemplaire.

SECTION SECONDE.

Dioceses situés dans la Province Ecclésiastique de Toulouse.

TOus ces dioceses ont été formés des démembremens que Jean XXII fit en 1317 de l'ancien diocese de Toulouse, lorsqu'il le sépara de la province Ecclésiastique de Narbonne, & érigea le siége de Toulouse en archevêché.

§. I.

Diocese de Toulouse.

LE diocese de Toulouse est borné, au nord, par ceux de Montauban & d'Alby ; au levant, par les dioceses de Lavaur & de Saint-Papoul ; au midi, par ceux de Mirepoix & de Rieux, dans lesquels il a quelques enclaves dépendantes pour le spirituel de ces deux dioceses ; au couchant, par la Gascogne.

La ville de Toulouse n'est point comprise dans le diocese de Toulouse, (a) elle forme avec sa banlieue, composée de quinze paroisses, un district à part, qui reçoit directement la mande de ses impositions, verse ses fonds dans la caisse de la province, paye son préciput de la dépense des ponts ; comme diocese, &c., mais qui a d'ailleurs un régime particulier qui ne permet pas de la classer parmi les administrations diocésaines.

Les baronnies de Lanta, de Castelnau-Destretefons, & de Saint-Felix, sont situées dans le diocese de Toulouse.

Le sénéchal de Toulouse, ni aucun autre officier de justice, n'ont le droit d'entrer à l'assiette de ce diocese.

Depuis la réunion du comté de Caraman à la province & au diocese de Toulouse, l'assiette est composée, pour l'ordre du tiers-état, de vingt-quatre députés des douze villes maîtresses qui ont chacune le droit d'y envoyer, chaque année, deux députés.

(a) Nous expliquerons ailleurs les causes de cette séparation.

Ces douze villes sont, *Saint-Felix*, *Hauterive*, *Saint-Sulpice*, *Montesquieu*, *Montgiscard*, *Buzet*, *Auriac*, *Villefranche*, *Saint-Julia*, *Miramont*, *Verfeil* & *Caraman*.

Comme la réunion du comté de Caraman au diocese de Toulouse est un événement remarquable pour ce diocese, nous formerons un appendice des pieces relatives à cette réunion, depuis l'année 1662 où elle fut projettée, jusqu'à ce jour.

N°. I.

I.

EXTRAIT du registre des délibérations des Etats généraux de Languedoc, assemblés par mandement du Roi en la ville de Villeneuve-les-Avignon au mois de Décembre 1574.

Du 30 dudit mois de Décembre, président Mgr. l'archevêque de Narbonne.

SUR la réquisition faicte par maistre François de la Porte, envoyé de la ville de Tholose, à ce que l'assiette du diocese dudit Tholose se tinst à l'avenir dans ladite ville, & que deux des cappitols d'icelle assistassent ordinairement auxdites assiettes & assemblées dudit diocese pour l'intérest évident qu'ils ont de se trouver ez impositions qui se font, parce que la plus grande partie des biens des habitans dudit Tholose sont dans le district dudit diocese, & aussi qu'eulx y assistans seroit obvié aux malversations & surchargemens que deux ou trois scindics font ou pourroient faire à l'advenir, ayant imposé plusieurs grandes sommes de deniers sans avoir été employées, pour raison de quoy y a instance pendante en la cour de parlement; seroit intervenu le scindic dudit diocese qui a remonstré que les cottes & portions de ladite ville & diocese sont du tout distinctes & séparées n'ayant rien de commung ensemble & qu'ils ont de tousjours faict séparément leurs impositions en présence de Mgr. l'archevesque de Tholose ou de son vicaire & de

dix consuls des dix villes maistresses dudit diocese avec les commissaires de l'assiette, laquelle de toute ancienneté a esté tenue alternativement en l'une desdites villes maistresses par son rang & tour, où il n'est vraisemblable que malversations y puissent estre commises, y assistans tel nombre de personnages notables ainsi qu'ils ont faict apparoir auxdits cappitols, ayant remis leurs comptes entre les mains des principaulx habitans de ladite ville par l'ordonnance de Mgr. de Joyeuse, gouverneur & lieutenant général audit païs, partant requéroit que ledit diocese fust conservé en ses anciens privilleges & coustumes, & que le scindic du païs prinst la cause pour lui en ladite instance. LES ESTATS, après avoir sur ce ouy le scindic dudit païs & tout ce que ledit envoyé de ladite ville & scindic dudit diocese ont voleu dire, qui sont sourtis hors l'assemblée, ONT CONCLUD ET ARRESTÉ que les assiettes dudit diocese de Tholose ne ce tiendront ailleurs que dans lesdites dix villes maistresses d'icelluy diocese où n'assisteront autres que ceulx qui ont accoustumé de s'y trouver par ci-devant, suivant leur ancienne observance & coustume qu'ils entendent estre gardée & observée comme pareillement en toutes assiettes des autres dioceses dudit païs auxquelles assisteront seullement ceulx qui ont accoustumé s'y trouver, sans pouvoir estre translatées en autres villes & lieux qu'à ceulx où elles ont esté de tousjours tenues, & où y auroit controverces & empesche-

N°. I.

ment, le fcindic du païs en prendra la caufe & fera les pourfuites néceffaires au nom & defpens dudit païs.

I I.

EXTRAIT *du regiftre des délibérations des Etats généraux de Languedoc, affemblés par mandement du Roi en la ville de Carcaffonne au mois de Novembre* 1599.

Du Mercredi 15 Décembre fuivant, préfident Mgr. l'Evêque de Viviers.

AYANT les fieurs depputtés de Tholoze, faiét appeler le fcindic du dioceze de Tholoze pardevant MM. les commiffaires préfidens pour le Roy aux Eftats pour la prétention qu'ils ont d'être en poffeffion d'avoir droit d'entrée ez affiettes dudit diocefe, VEU l'acte de réquifition faiét par lediét fcindic audit fieur Graffet, fcindic général pour prendre fon faiét & caufe, fuyvant la délibération prinfe ez Eftats tenus en Avignon au mois de Décembre 1574, & veu ladite délibération, OUY fur ce lefdits fieurs depputtés de ladite ville qui ont diét les Eftats n'y pouvoir prendre aucune délibération, parce qu'il y a qualité pendant pardevant lefdits fieurs commiffaires, OUI auffi le fcindic dudit dioceze, LES ETATS ONT ARRESTÉ que ladite délibération fortira fon plain & entier effaiét, & ce faifant qu'à l'affiette dudit diocefe n'afiifteront autres que ceux qui ont accoutumé y affiiter ci-devant fuivant les anciennes obfervations & couftumes; & en cas de contravention le fcindic du pays en prendra la caufe au nom & defpans du pays, & feront lefdits fieurs commiffaires priés n'en prendre aucune cognoiffance.

I I I.

EXTRAIT *du regiftre des délibérations des Etats généraux de Languedoc, affemblés par mandement du Roi en la ville de Beziers au mois de Novembre* 1656.

Du Vendredi 2 Mars 1657, préfident Mgr. l'évêque de Viviers.

SUR ce qui a été repréfenté par M. le baron de Lanta, qu'encore que de tout temps ceux de Noffeigneurs les prélats & de MM. les barons qui ont droit d'entrer aux Etats, qui ont voulu entrer dans les affiettes de leurs diocefes, y ayent été reçus; que fi bien quelquefois on a voulu leur difputer cet avantage, fur les plaintes qu'ils en ont porté à l'affemblée, elle a ordonné qu'ils y entreroient, comme il paroit par plufieurs anciennes délibérations; qu'outre ce droit & cet ufage qui ne peut être contefté, Sa Majefté par fon édit de l'an 1632 auroit ordonné que tous Meffeigneurs les évêques & MM. les barons qui ont droit d'entrer aux Etats, l'auroient de même aux affiettes; que dans la révocation dudit édit fait en l'année 1649, le Roi leur ait confervé ce même avantage, & que cette affemblée délibérant fur icelle en foit demeurée d'accord, en telle forte que feu Mgr. de Touloufe dreffa ladite délibération & y donna fon fuffrage, fans même former aucune oppofition; néanmoins MM. les barons du diocefe de Touloufe avoient tellement négligé cette entrée, qu'aucun d'eux ne s'y feroit préfenté jufques en l'année 1655, que M. le baron d'Eftretefons y étant allé en perfonne, & le fieur de Montcalvet envoyé de M. de Sourdis, baron de Saint-Felix, par délibération de ladite affiette, on leur auroit refufé l'entrée. De quoi M. le baron de Lanta en auroit voulu porter fa plainte aux Etats derniers : mais comme Mgr. de Touloufe y préfidoit, il lui en voulut plutôt parler ; ce qu'ayant fait, ledit feigneur archevêque l'auroit prié de lui donner trois femaines de temps, pour recouvrer des titres & actes afin de faire voir que cette entrée n'appartient point à MM. les barons, ce qu'il lui auroit accordé : Que ledit temps paffé, il lui fût demandé un même délai par ledit feigneur archevêque ; lequel expiré, il lui auroit remontré que les Etats allant finir, il le prioit de trouver bon qu'il fît vuider cette affaire ; que ledit feigneur archevêque lui auroit pour lors demandé en grace de ne la point faire juger durant fa préfidence, & de ne vouloir pas qu'il fût condamné en fa préfence ; ce qu'il lui auroit accordé : Que néanmoins il prioit l'affemblée de vouloit terminer cette affaire, & parce que ledit feigneur archevêque eft abfent, comme il l'a defiré, & qu'il s'eft paffé quinze mois de tems, qui en eft un affez long pour pouvoir recouvrer des titres, s'il y en avoit. SUR QUOI, ouis les fieurs de Faget, vicaire général de Touloufe, & de Coufin, fyndic dudit diocefe, qui ont dit n'avoir aucune connoiffance du difcours allégué entre ledit feigneur archevêque & M. le baron de Lanta ; mais qu'ils étoient bien affurés de l'opinion que ledit feigneur archevêque avoir d'être bien fondé pour empêcher l'entrée defdits fieurs barons en l'affiette de fon diocefe, tant par la poffeffion immémoriale que par de bons titres & actes lefquels fe trouvent en divers lieux connus par ledit feigneur archevêque, lequel étant la principale partie dans cette affaire & s'agiffant de fon intérêt propre, elle ne doit pas être délibérée en fon abfence; d'autant plus qu'aux affaires qui regardent Meffeigneurs les prélats, l'affem-

blée a accoutumé de les avertir : C'eft pourquoi ils fupplient la compagnie de renvoyer la décifion de cette affaire à la prochaine affemblée, en laquelle, ledit feigneur archevêque étant préfent, pourra déduire fon droit ; d'autant plus qu'ils ne font pas perfonnes légitimes pour défendre aux raifons alléguées par ledit fieur baron de Lanta : A ÉTÉ DÉLIBÉRÉ ET ARRÊTÉ que dans le temps de trois femaines pour toute préfixion de délai, toutes les parties diront & produiront au greffe des Etats tout ce que bon leur femblera ; paffé lequel fera fait droit aux parties, ainfi qu'il appartiendra.

I V.

EXTRAIT *du regiftre des délibérations des Etats généraux de Languedoc, affemblés par mandement du Roi en la ville de Beziers au mois de Novembre 1656.*

Du Lundi 23 Avril 1657, préfident Mgr. l'évêque de Viviers.

SUR ce qui a été repréfenté par M. le baron de Lanta, qu'ayant informé par deux diverfes fois l'affemblée du différend qu'il a en commun avec MM. les barons d'Eftretefons & de Sourdis, pour leur entrée dans l'affiette du diocefe de Touloufe ; les Etats, par deux diverfes délibérations avoient donné deux délais tant à Mgr. l'archevêque de Touloufe qu'au fyndic du diocefe pour dire tout ce qu'ils avoient à dire contre leur prétention & pour remettre leurs actes au greffe des Etats ; à quoi n'ayant pas fatisfait, il fupplie l'affemblée de vouloir prononcer définitivement. Enfuite de quoi le fieur abbé de Faget, vicaire général de Touloufe, a dit, que dans la derniere des délibérations alléguée par ledit fieur baron de Lanta, il avoit été omis de mettre qu'il avoit porté pour lors une lettre dudit ſeigneur archevêque de Touloufe, dreſſante aux Etats, par laquelle il demandoit très-inſtamment qu'il leur plût, attendu ſon abſence légitime, vouloir renvoyer cette affaire à l'année prochaine, dans laquelle il diroit en perſonne toutes les raiſons qu'il a pour empêcher la prétention de MM. les barons, laquelle lettre fut lue dans l'aſſemblée ; & qu'il avoit pour lors repréſenté que la compagnie devoit faire réflexion ſur la demande dudit ſeigneur archevêque, vu même ſon abſence légitime & néceſſaire, & l'obligation qu'il avoit d'être à l'aſſemblée du clergé, dans laquelle il étoit un des députés : Que maintenant il ſupplie l'aſſemblée de conſidérer qu'il n'y a perſonne qui ait charge de répondre pour ledit ſeigneur archevêque, puiſque par ladite lettre il ſe réſerve de dire ſes raiſons lui-même & produire ſes actes lorſqu'il ſera préſent en l'aſſemblée prochaine, à laquelle il ſupplie très-humblement l'aſſemblée de le renvoyer ; & qu'il ſemble premierement qu'une perſonne qui tient la premiere place après Mgr. le préſident né, qui a la prérogative du premier ſuffrage, & qui occupa la chaiſe de préſident aux Etats de l'année derniere, pendant leſquels il tâcha de ſervir la compagnie de la maniere qu'elle ſait, & qui eſt de la dignité & du mérite connu en toute la France, ne doit être traité de telle façon, que cette compagnie lui refuſe une choſe que toute autre compagnie du royaume lui accorderoit ſans doute ; ſecondement qu'étant notoire à la compagnie que ledit ſeigneur archevêque eſt député en l'aſſemblée générale du clergé, elle ne peut connoitre de ſes intérêts contre ſa volonté, tandis qu'il aura cette occupation néceſſaire, & que les jugemens

qu'elle pourroit rendre ſeroient nuls ; troiſiemement que la coutume eſt dans cette aſſemblée qu'elle ne juge point les différends des titulés qui y ont voix délibérative, tandis qu'ils ſont abſens, & particulierement lorſqu'ils la prient par lettre de n'y vouloir point toucher juſques à ce qu'ils ſoient préſens en l'aſſemblée ſuivante, ce qui ſe vérifie par pluſieurs exemples, & nouvellement par celui de Mgr. l'évêque d'Alet, lequel fut renvoyé l'année derniere (quelque preſſé qu'il fût) en l'aſſemblée de celleci, & en ces préſens Etats a été renvoyé de nouveau à ceux de l'année ſuivante, touchant une affaire en laquelle Mgr. de Narbonne a intérêt ; de ſorte qu'il ſemble qu'elle ne peut refuſer audit ſeigneur archevêque de Touloufe, un pareil délai, ſans lui faire tort. Quant à la raiſon que M. le baron a allégué, qu'il convint l'année derniere en particulier avec ledit ſeigneur archevêque de faire décider cette affaire aux préſens Etats, ledit ſieur de Faget répond que ledit ſeigneur archevêque prétendoit qu'il y ſeroit préſent, ce qui ne tient pas à lui, puiſque ſon abſence eſt néceſſaire, comme il dit par ſa lettre. D'ailleurs l'aſſemblée n'a pas oui propoſer cette affaire que cette année ſeulement ; de ſorte que par toutes ces raiſons il ſupplioit très - humblement l'aſſemblée de renvoyer aux Etats prochains la connoiſſance du fonds de cette affaire, ſuivant la ſupplication que ledit ſeigneur archevêque lui en fait par ſa lettre. SUR QUOI A ÉTÉ ARRÊTÉ que le jugement définitif dudit affaire ſera renvoyé ſur la fin des Etats, pendant lequel temps ledit ſieur archevêque de Touloufe & ſyndic du dioceſe ſeront ſommés derechef de remettre tout ce qu'ils ont à dire & produire des actes pour empêcher les prétentions de MM. les barons.

V.

V.

EXTRAIT du registre des délibérations des Etats généraux de Languedoc, assemblés par mandement du Roi en la ville de Montpellier au mois de Novembre 1706.

Du Samedi 18 Décembre suivant, président Mgr. l'archevêque & primat de Narbonne.

Monsieur le baron de Castelnau d'Estretefons, faisant tant pour lui que pour M. le baron de Lanta, a dit que s'étant présenté l'année derniere pour entrer à l'assiette de Toulouse, l'entrée lui en avoit été refusée, ce qui l'auroit obligé de faire signifier un acte au syndic du diocese, pour lui déclarer qu'il se pourvoiroit aux Etats, comme juges naturels de tous les différends qui arrivent pour raison de l'entrée aux assiettes ; Que sur un pareil refus fait à M. le baron de Calvisson par l'assiette du diocese de Nimes, ledit sieur de Calvisson & MM. les autres barons qui ont droit d'entrée aux Etats, avoient été maintenus à entrer aux assiettes & assemblées, chacun de son diocese, par arrêt du conseil du 3 Juin 1643, & qu'il espéroit que l'assemblée prononceroit aussi en leur faveur, suivant l'attribution qui lui en a été accordée par les lettres patentes de 1653. A quoi il a été répondu par Mgr. l'archevêque de Toulouse, que l'assemblée des dioceses de la province ont chacune leur usage local, & que dans le diocese de Toulouse, il y a trois barons qui ont droit d'entrée aux Etats, qui sont MM. les barons de Castelnau d'Estretefons, St. Felix & Lanta, qui ne sont jamais entrés aux assiettes dudit diocese ; Qu'il y a une instance au conseil privé pour raison de ladite entrée à l'assiette du temps de feu M. de Marca archevêque de Toulouse, sur laquelle les parties

Tome IV.

ont procédé, & il est intervenu plusieurs arrêts contraires à la prétention desdits sieurs barons ; Que le syndic du diocese de Toulouse a été chargé par l'assiette derniere de s'opposer à leur demande & d'y défendre au conseil. Sur quoi, lecture faite dudit arrêt du 3 Juin 1643, & oui le sieur de Joubert, syndic général, les Etats ont déclaré n'entendre empêcher que les parties se retirent au conseil pour faire juger l'instance qui y est pendante.

V I.

A R R Ê T

Du Conseil d'Etat du Roi,

Qui maintient les barons du diocese de Toulouse entrant aux Etats de la province de Languedoc, & leurs envoyés en leur absence, au droit d'assister à toutes les assemblées du diocese.

Du 29 Mai 1713.

EXTRAIT des Registres du Conseil d'Etat privé du Roi.

Sur la requête présentée au Roi en son conseil par François de Vabres, baron de Castelnau-d'Estretefons & Jacques de Barthelemi de Grammont, baron de Lanta, tous deux barons du diocese de Toulouse, contenant qu'ayant demandé à Sa Majesté par leur requête inférée en l'arrêt du conseil du 23 Mai 1707 l'exécution des édits des mois d'Octobre 1632, & Octobre 1649, ensemble de l'arrêt du conseil d'état, intervenu sur la requête du syndic général de la province de Languedoc le 3 Juin 1643 ; ce faisant, que les suppplians en qualité de barons du diocese de Toulouse fussent maintenus & gardés dans leur droit & possession d'avoir entrée, séance & voix délibérative à l'assiette & aux autres assemblées de ce diocese, & qu'il fût fait défenses à toutes personnes de les y troubler, S. M. a renvoyé la requête des supplians au sieur de Basville, conseiller d'état ordinaire, intendant de la province de Languedoc, pour entendre les parties, dresser procès verbal de leurs dires & contestations & donner son avis, pour le tout rapporté & vu au conseil, être ordonné ce qu'il appartiendra. Et quoique cet arrêt ne préjudiciât à aucunes des parties, qu'en effet il leur laisse la liberté d'expliquer leurs raisons & moyens, & que si S. M. a pris le parti de renvoyer la requête des supplians au sieur de Basville avant d'y faire droit, ç'a été pour éclaircir davantage sa religion, pour savoir ce qui se pratique dans les autres dioceses & de quelle maniere les édits des mois d'Octobre 1632 & Octobre 1649 & l'arrêt du conseil d'état du 3 Juin 1643 ont été exécutés dans la province ; cependant le syndic du diocese de Toulouse ayant formé opposition à l'exécution de cet arrêt de renvoi, cette opposition a donné lieu à une instance qui a été jugée par arrêt contradictoire du conseil du 12 Mai 1711. Par cet arrêt, Sa Majesté sans avoir égard à l'opposition du syndic, ordonne que l'arrêt du conseil du 23 Mai 1707 sera exécuté selon sa forme & teneur & condamne le syndic aux dépens. En exécution de ces arrêts, les parties ont procédé devant le sieur de Basville qui en connoissance de cause, a le 23 Février 1713, donné un avis favorable aux supplians, qu'ils ont intérêt de faire homologuer. Requérant A CES CAUSES qu'il plût à Sa Majesté, conformément à l'avis dudit sieur de Basville, ordonner que les édits des mois d'Octobre 1632 & Octobre 1649, ensemble les arrêts du conseil des 3 Juin 1643 & 13 Mai 1664 seront exécutés selon leur forme & teneur, & en conséquence que les barons du diocese de Toulouse ayant entrée aux Etats de la province de Languedoc, seront maintenus & gardés dans le droit d'avoir entrée, séance & voix délibérative à l'assiette & aux autres assemblées particulieres du diocese de Toulouse, & qu'il sera fait défenses à toutes personnes de les y troubler, comme aussi que leurs envoyés y seront reçus en leur absence, suivant l'usage observé dans tous les autres dioceses, & condamner ledit syndic aux frais & coûts de l'arrêt qui interviendra sur la présente requête. Vu ladite requête signée de Boulanger avocat des supplians ; les édits des mois d'Octobre 1632 & Octobre 1649 ; les arrêts du conseil des 3 Juin 1643 & 13 Mai 1664, 23 Mai 1707 & 2 Mai 1712 ; ensemble l'avis du sieur de Lamoignon de Basville, conseiller d'état ordinaire & intendant en Languedoc du 27 Février 1713, & autres pieces attachées à ladite requête : Ouï le rapport du sieur Lefevre d'Aubonne, conseiller du Roi en ses conseils, maître des requêtes ordinaire de son hôtel, commissaire à ce député, après avoir communiqué au bureau du sieur de Marillac conseiller d'état, tout considéré ; LE ROI EN SON CONSEIL, en homologant l'avis du sieur de Basville du 27 Février dernier, a ordonné & ordonne que les édits des mois d'Octobre 1632 & Octobre 1649, ensemble les arrêts du conseil des 3 Juin 1643 & 13 Mai 1664 seront exécutés ; & en conséquence que les barons du diocese de Toulouse ayant entrée aux Etats, seront maintenus & gardés dans le droit d'avoir entrée, séance & voix délibérative à l'assiette & aux autres assemblées particulieres du diocese de Toulouse. FAIT Sa Majesté défenses à toutes personnes de les y troubler. Ordonne en outre que leurs envoyés y feront reçus en leur abfence, fuivant l'ufage obfervé dans tous les autres dioceſes. Condamne Sa Majeſté le ſyndic du dioceſe de Touloufe aux frais & coûts du préſent arrêt, liquidés à la ſomme de 104 livres 17 ſols, y compris le droit de contrôle. FAIT au conſeil d'état privé du Roi, tenu à Verſailles le vingt-neuf Mai mil ſept cent treize. Collationné. *Signé* DEMONS.

VII.

ARRÊT

DU CONSEIL D'ETAT DU ROI,

Qui déboute le fénéchal de Touloufe de ſa demande, au ſujet de l'entrée à l'aſſiette.

Du 9 Avril 1744.

EXTRAIT des regiſtres du Conſeil d'Etat.

VU par le Roi, étant en ſon conſeil, la requête préſentée en icelui par le ſieur Henri-Auguſte Chalvet Rochemontaix, fénéchal gouverneur de Touloufe & pays d'Albigeois; tendante, à ce que, pour les cauſes y contenues, il plût à Sa Majeſté ordonner que les réglemens ci-devant faits pour les aſſemblées de l'aſſiette des dioceſes, notamment les arrêts du conſeil d'état des 3 Janvier 1725, & 29 Avril 1634, feroient exécutés felon leur forme & teneur; en conféquence, que, comme fénéchal de Touloufe, il entrera à l'aſſiette du dioceſe de Touloufe en qualité de commiſſaire ordinaire, à commencer à l'aſſiette prochaine, & jouira des honneurs, droits & prérogatives des autres fénéchaux de la généralité de Touloufe & de Montpellier, à l'effet de quoi ſon aſſiſtance demeurera fixée à pareille ſomme que celle du fénéchal de Montpellier, ſuivant ledit

arrêt de réglement du 29 Avril 1634: Extrait du réglement fait au conſeil en 1634: Extrait de l'arrêt du conſeil du 30 Janvier 1725: Mémoire du ſyndic du dioceſe de Touloufe, ſervant de réponſe à la requête dudit ſieur de Chalvet: Arrêt du conſeil du 4 Décembre 1743, par lequel Sa Majeſté a renvoyé la conteſtation devant les commiſſaires qui doivent préſider de ſa part aux Etats de Languedoc, lors prochains, & devant ceux qui feroient à cet effet nommés par leſdits Etats, pour être par eux donné avis à Sa Majeſté: L'avis deſdits ſieurs commiſſaires du Roi: La délibération des Etats du 9 Janvier dernier: Oui le rapport: LE ROI ÉTANT EN SON CONSEIL, a débouté & déboute ledit ſieur Chalvet de Rochemontaix de ſa requête, fins & conclufions priſes par icelle. FAIT au conſeil d'état du Roi, Sa Majeſté y étant, tenu à Verſailles le neuf Avril mil ſept cent quarante-quatre.

Signé, PHELYPEAUX.

VIII.

EXTRAIT du regiſtre des délibérations des Etats généraux de Languedoc, aſſemblés par mandement du Roi en la ville de Montpellier au mois de Janvier 1776.

Du Jeudi 7. Février fuivant, préſident Mgr. l'archevêque & primat de Narbonne, commandeur de l'ordre du St. Eſprit.

MONSEIGNEUR l'évêque de Mirepoix a dit que le ſyndic du dioceſe de Touloufe expoſe qu'étant indiſpenſable d'acquérir une maiſon pour mettre en ſureté les archives du dioceſe, on n'avoit pu en trouver une en aſſez bon état pour qu'il ne fallût pas ajouter au prix fixe de l'achat les frais indéterminés, des réparations; qu'ayant été remarqué à ce sujet que toute maison dans l'enceinte de la ville auroit l'inconvénient d'être hors du territoire temporel du diocese, ce qui ne pouvoit être évité qu'en destinant un local dans l'archevêché qui fût propre à contenir les archives, à veiller à leur garde, & à remplir les fonctions du greffe, Mgr. l'archevêque de Toulouse avoit bien voulu offrir un terrain qui fait partie du jardin de l'archevêché, auquel on adosseroit ses propres archives, & la chambre souveraine du clergé ; que ce prélat cherchant toujours à ménager les intérêts du diocese avoit engagé cette chambre à faire seule les frais du mur qui doit être mitoyen avec les archives du diocese, & obtenu lui-même des lettres patentes en confirmation de ce don.

Que l'assemblée de l'assiette acceptant avec reconnoissance le don du terrain dont il s'agit auroit délibéré d'y construire une maison qui fût accommodée à l'usage auquel on la destine, & en conséquence elle auroit autorisé MM. les commissaires ordinaires à faire lever le plan, dresser le devis & adjuger cette construction, lesquels ont en conséquence, après les formalités ordinaires, adjugé le 19 Octobre 1775 la construction du bâtiment nécessaire pour les archives, au prix en bloc de quinze mille livres payables au choix du diocese, par emprunt après la réception

de l'ouvrage, ou par imposition de sept mille cinq cent livres chacune des années 1776 & 1777, sous la réserve que ce bail n'aura son effet qu'autant qu'il sera approuvé par les Etats.

Qu'étant plus avantageux au diocese de préférer pour le payement de cet ouvrage l'imposition à l'emprunt, son syndic, en vertu de la délibération du 13 Janvier dernier, supplie l'assemblée d'approuver ce bail passé pour la construction du bâtiment destiné aux archives du diocese, & de consentir que le payement du prix de cet ouvrage soit fait par imposition en deux années.

Que MM. les commissaires, après avoir pris connoissance des lettres patentes du premier Juillet 1775 portant confirmation du don fait au diocese de Toulouse du terrain nécessaire pour l'emplacement de ses archives, & des pieces de la procédure d'adjudication du bâtiment qui doit y être construit, auroient pensé qu'il étoit plus régulier que le prix de cet ouvrage fût payé par emprunt, & qu'en conséquence ils auroient été d'avis de proposer aux Etats de consentir à cet emprunt de quinze mille livres au denier vingt-cinq exempt de toute retenue, à la charge par le syndic du diocese, d'obtenir la permission de Sa Majesté, & d'en faire vérifier l'emploi en la forme ordinaire.

Ce qui a été délibéré conformément à l'avis de MM. les commissaires.

APPENDICE

Contenant les pieces relatives à la réunion du comté de Caraman à la Province de Languedoc, & à la municipalité diocéfaine de Toulouse.

N°. I.

I.

EXTRAIT du regiſtre des délibérations des Etats généraux de Languedoc, aſſemblés par mandement du Roi en la ville de Beziers au mois de Janvier 1662.

Du Mardi 28 du mois de Février, préſident Mgr. l'évêque de Viviers.

Messeigneurs les évêques d'Alby & de Montauban, MM. les barons de Caſtres & de Lanta & les ſieurs capitouls de Toulouſe, conſuls de Nimes, Caſtres & Lavaur, commiſſaires nommés pour examiner les lettres patentes, portant réunion du pays & comté de Carmaing au taillable du Languedoc, & pour concerter les moyens les plus propres pour promouvoir l'exécution de cette réunion, ont rapporté avoir commencé leur commiſſion par la lecture des procurations faites au ſieur Audibert, député du pays de Carmaing aux préſens Etats, leſquels étoient en bonne & due forme & contenoient un pouvoir légitime pour traiter avec cette aſſemblée & pour recevoir au nom dudit pays la portion des impoſitions qu'elle jugeroit à propos, & qu'après avoir travaillé diverſes ſéances dans leſquelles ils avoient vu avec beaucoup de ſoin les actes qui leur avoient été remis ſur ce ſujet, particulierement l'arpentement général qui fut fait en l'an 1602, par M. de Chefdebien, général des

aides à Montpellier, du territoire & ville de Carmaing & des ſeize villages qui en dépendent; & oui ſur ce le ſieur de Montcalus envoyé de M. de Sourdis, comte de Carmaing, & le ſieur d'Audibert député, ils avoient demeuré d'accord que ladite réunion dudit pays & comté de Carmaing étoit utile & avantageuſe à la province en deux chefs; le premier, en ce que ce nouveau pays étant réuni & prenant ſa quotité de toutes les impoſitions, tant ordinaires qu'extraordinaires qui ſe font dans le Languedoc, diminuoient celles qui doivent être portées par les vingt-deux dioceſes; & le deuxieme, parce que la ville de Carmaing & les ſeize villages qui en dépendent ſe ſoumettant au payement du droit de l'équivalent dans une étendue de pays conſidérable, augmentoit l'ancien patrimoine de la province, & l'afferme dudit droit qui étoit employé tous les ans en diminution des tailles; & que venant aux expédiens pour l'exécution de ladite réunion, ils avoient trouvé qu'elle ne pouvoit être préſentement faite que par proviſion, & qu'il étoit néceſſaire pour un préalable, pour travailler avec connoiſſance, & mettre dans l'ordre les impoſitions qui doivent être faites dans ledit pays, de procéder à une nouvelle recherche & arpentement; & de tous ceux qui leur avoient été propoſés, celui qui leur avoit paru le plus facile dans l'exécution & pour l'ordre de la province, & pour la commodité des habitans de Carmaing, étoit d'impoſer ſur

N°. I.

eux une certaine somme, laquelle feroit réglée par eftimation à proportion du tenement & bonté des lieux circonvoifins & adjacens aux villages dudit comté, & de la contenance du territoire & allivrement de la ville & pays de Carmaing; & que pour y procéder avec connoiffance & fans confufion, ils s'étoient fait repréfenter l'arpentement général dudit comté fait en l'an 1602, & les cadaftres des lieux circonvoifins du diocefe de Toulofe de proche en proche pour y régler le pied de cette impofition & former leur avis, lequel étoit que ledit pays & comté de Carmaing avec les villages qui en dépendent, demeurent d'hors & déjà réunis au taillable de la province de Languedoc, fuivant & conformément auxdites lettres patentes du 15 Septembre 1660, regiftrées tant aux préfens Etats qu'au parlement de Toulofe & cour des aides de Montpellier; & qu'à cet effet il fera impofé la préfente année 1662, tant dans la ville de Carmaing que dans les villages qui compofent ledit pays, chacun en droit foi, fuivant leur tenement, compoix & allivrement, la fomme de douze mille livres, laquelle fera levée par les collecteurs de ladite ville & lieux en dépendans, & par eux payée au receveur particulier des tailles en exercice, la préfente année dans le diocefe de Toulofe, aux termes ordinaires des impofitions, & enfuite remife entre les mains du fieur le Secq, tréforier de la bourfe, & que pendant la préfente année il fera procédé à une nouvelle recherche & arpentement dudit pays par les commiffaires qui feront à ce députés pour pouvoir à l'avenir faire le département des impofitions avec égalité & fans embarras fur les contribuables aux tailles dudit comté, & qu'à la diligence du fieur de Boyer, fyndic général, les proclamations de la ferme

du droit d'équivalent de ladite ville & comté de Carmaing feront faites partout où befoin fera, pour le contrat en être paffé au plus offrant & dernier enchériffeur; SUR QUOI, oui le rapport defdits fieurs commiffaires, & de leur avis, A ÉTÉ DÉLIBÉRÉ que, conformément auxdites lettres patentes, ledit pays & comté de Carmaing demeure d'hors & déjà remis & réuni au taillable de cette province de Languedoc, pour par ledit pays & lieux en dépendans, jouir des mêmes priviléges, franchifes, libertés, facultés & exemptions dont les autres villes & commmunautés de la province jouiffent, & qu'à cet effet il fera impofé dans ledit pays, comté & villages en dépendans, chacun comme les concerne, la préfente année 1662, aux termes portés par les commiffions, la fomme de douze mille livres, laquelle fera levée par les collecteurs defdits lieux, & par eux payée au receveur du diocefe de Toulofe en exercice qui la remettra entre les mains du tréforier de la bourfe en la forme ordinaire; & parce que la quotité de la fomme de douze mille livres qui doit être impofée dans ledit pays & comté, n'a été faite que par provifion fur l'eftimation prife de l'allivrement des lieux adjacens, & qu'il importe qu'elle foit réglée à l'avenir, LES ÉTATS ont arrêté que, dans la préfente année, il fera procédé à la nouvelle vérification & arpentement dudit pays aux frais & dépens des contribuables; laquelle fera faite, le fieur de Boyer, fyndic général appellé, pour, fur fon rapport aux prochains Etats, ladite impofition de douze mille livres être augmentée ou diminuée ainfi qu'il fera jugé à propos; ORDONNANT aux fyndics généraux de faire inceffamment proclamer & afficher partout où befoin fera, la ferme dudit droit d'équivalent dudit pays & communauté de Carmaing, pour, les encheres reçues, le contrat en être passé à celui qui fera la condition meilleure, & de faire toutes les poursuites nécessaires, tant au conseil que partout ailleurs, pour faire vuider les oppositions qui pourroient être faites à l'exécution de la présente délibération, laquelle ayant été prononcée au sieur d'Audibert député dudit pays, il a promis en la qualité qu'il procede, de l'exécuter suivant sa forme & teneur, & de la faire approuver & ratifier par ses commettans, & de remettre dans le mois la ratification entre les mains du sieur de Boyer, syndic général, à peine de tous dépens, dommages & intérêts.

I I.

EXTRAIT du regiſtre des délibérations des Etats généraux de Languedoc, aſſemblés par mandement du Roi en la ville de Pézenas au mois de Novembre 1662.

Du Samedi 20. du mois de Janvier 1663, préſident Mgr. l'évêque de Caſtres, nommé à l'archevêché de Touloufe.

LE sieur de Boyer, syndic général, a dit, que par délibération des Etats du vingt-huitieme du mois de Février dernier, il avoit été ordonné que le pays & comté de Carmaing, qui a été réuni au taillable de la province par lettres patentes de Sa Majeſté, regiſtrées dans cette aſſemblée, avoit été chargé d'impoſer l'année derniere, ſur les villages contribuables du pays la ſomme de douze mille livres par proviſion & juſques à ce que les habitans dudit lieu de Carmaing euſſent fait procéder à une nouvelle recherche & arpentement de tout leur terroir, pour être rapporté aux Etats, & ladite ſomme de douze mille livres augmentée ou diminuée ainſi qu'il ſeroit

jugé à propos, comme auſſi que ledit pays doit le droit de l'équivalent lequel ſeroit affermé en préſence du ſieur de Boyer syndic général, laquelle délibération avoit été approuvée & ratifiée par ledit pays & comté de Carmaing, qui avoit envoyé le ſieur Audibert leur député porter ladite ratification & informer l'aſſemblée qu'en exécution de la ſuſdite délibération ledit pays avoit impoſé ladite ſomme de douze mille livres & payé aux receveurs du diocèſe de Touloufe; que les encheres de l'équivalent dudit pays auroient été faites en préſence du ſieur de Boyer syndic général, & le bail paſſé au plus offrant pour la ſomme de dix-huit cent ſoixante-dix livres, à compter depuis le dix-huitieme Juillet dernier juſques au premier Mars 1665; & d'autant que ledit pays & comté de Carmaing n'auroit pu faire procéder à l'arpentement de leur terroir, ſuivant les termes de la ſuſdite délibération à cauſe de l'abſence dudit ſieur de Boyer syndic général, qui a été occupé à d'autres affaires pendant l'année par les ordres de Mgr. le prince de Conti, ledit ſieur Audibert ſupplie la compagnie de vouloir accorder audit pays un renouvellement du délai pour faire procéder audit arpentement, & que cependant ils continueront d'impoſer cette année pareille ſomme de douze mille livres; lecture faite de l'acte de ratification fait par ledit pays & comté de Carmaing le dernier du mois d'Avril 1662, expédié par Jean Baſſemaiſon, notaire royal de la ville de Touloufe, A ÉTÉ DÉLIBÉRÉ, que ledit acte de ratification ſera regiſtré ès regiſtres deſdits Etats avec les procurations ci-devant faites au ſieur de Caſſaignan, de Laſſont, de la Coſte & de la Garrigue, ordonnant en outre que le pays & comté de Carmaing fera procéder dans ſix mois en préfence du fieur de Boyer fyndic général, à l'arpentement de leur terroir, & que cependant par provifion ils impoferont l'année préfente 1663, la fomme de douze mille livres, laquelle fera remife entre les mains du receveur du diocefe de Toulouse en exercice & par lui payée au fieur de Reich, tréforier de la bourfe, qui en comptera aux Etats, pour ledit arpentement rapporté aux prochains Etats, ladite fomme de douze mille livres être augmentée ou diminuée ainfi qu'il fera jugé à propos.

III.

EXTRAIT du regiftre des délibérations des Etats généraux de Languedoc, affemblés par mandement du Roi en la ville de Montpellier le 27 Novembre 1777.

Du Mercredi 24 Décembre, préfident Mgr. l'archevêque & primat de Narbonne, commandeur de l'ordre du St. Efprit.

Voyez cette piece dans le premier volume, page 221.

IV.

EDIT DU ROI,

Portant réunion du comté de Caraman à la province de Languedoc.

Du mois de Mai 1779.

Voyez cette piece dans le premier volume, page 223.

V.

EXTRAIT du regiftre des délibérations des Etats généraux de Languedoc, affemblés par mandement du Roi en la ville de Montpellier le 25 Novembre 1779.

Du Mardi 28 du mois de Décembre fuivant, préfident Mgr. l'archevêque & primat de Narbonne, commandeur de l'ordre du St. Efprit.

MONSEIGNEUR l'archevêque de Toulouse a dit : Que le fieur de la Fage, fyndic général, a rapporté à la commiffion, que le fyndic du diocefe de Toulouse a préfenté un mémoire relatif à la réunion du comté de Caraman à la province de Languedoc : que ce mémoire, après avoir développé les circonftances & les motifs qui ont déterminé Sa Majefté à accorder cette réunion au vœu des habitans & au defir des Etats, rend compte de l'édit qui l'a établie & fixée pour toujours.

Cette loi eft du mois de Mai 1779 ; elle a été enregiftrée le premier Juin fuivant à la cour des aides de Montpellier, & le 23 du même mois au parlement de Toulouse ; elle doit avoir fon exécution depuis le premier Janvier 1780, & porte en fubftance :

» 1ᵒ. Que le comté de Caraman eft » remis & rétabli fous l'adminiftration » de la province de Languedoc, & » dans le taillable de Toulouse, pour » être régi & adminiftré à tous égards » comme le font les autres pays & » communautés de la même Province.

» 2ᵒ. Que la généralité d'Auch eft » déchargée en taille, capitation, » vingtiemes & impofitions acceffoires, d'une fomme égale au montant » total de ces impofitions fupportées » précédemment par ledit comté, à » la charge toutefois par le comté, » de remettre exactement la même » fomme à la caiffe du receveur du » diocefe de Toulouse, de maniere » que ce diocefe verfe à l'avenir dans » le tréfor-royal, un fupplément d'impofition égale à ladite fomme.

» 3ᵒ.

» 3°. Enfin, que le diocese de Tou-
» louse fera tenu de pourvoir aux in-
» demnités qui pourront être dues aux
» différentes parties intéressées au dé-
» membrement qu'éprouvera la géné-
» ralité d'Auch.

» MM. les intendans d'Auch & de
» Montpellier font commis pour, en
» cas de contestation entre les parties
» intéressées, rédiger le procès verbal
» de leurs dires & raisons respectives,
» afin que le tout étant rapporté au
» conseil du Roi, il y soit statué
» par Sa Majesté, ainsi qu'il appar-
» tiendra. »

Après cet exposé du contenu de l'é-
dit de réunion, le syndic présente à
l'assemblée différens objets sur lesquels
il est intéressant qu'elle prenne une détermination, afin de prévenir les inconvéniens, & de dissiper les incertitu-
des qui pourroient naitre d'un aussi
grand changement.

Avant l'édit de réunion, ajoute le
mémoire, il existoit plusieurs rapports
entre le comté de Caraman & la province de Languedoc ; ils étoient l'un
& l'autre soumis au même gouvernement militaire, tous deux dans le res-
fort du parlement de Toulouse. Caraman dépendoit de l'ancienne sénéchaussée de cette ville, étoit même sous
la jurisdiction du bureau des finances
qui y est établi.

Mais ces rapports ne suffisoient pas ;
il falloit une loi plus étendue pour en
établir d'autres qui n'existoient pas encore. La loi du mois de Mai dernier
les a fixés tous, de quelque nature
qu'ils soient, & a rompu définitivement les liens qui attachoient le comté
à la généralité de Guyenne. Caraman
fera à l'avenir assujetti aux mêmes loix,
aux mêmes usages, aux mêmes tribunaux, aux mêmes chefs que la province de Languedoc. Il ne ressortira
plus de l'intendance d'Auch, ni de la

Tome IV.

cour des aides de Montauban, & ne
fera plus une dépendance de l'élection de Lomagne, mais il reconnoîtra uniquement l'intendant de Languedoc, la cour des aides de Montpellier, le taillable de Toulouse ; l'administration des Etats s'étendra sur ce
pays, & toutes les communautés qui
le composent, conformeront la leur
aux regles qui dirigent le Languedoc.
Tels font les principes établis par l'édit
de réunion : il s'agit de déterminer les
meilleurs moyens de rendre le changement qui doit en résulter, praticable,
facile & juste, tant pour ce qui regarde l'imposition, que pour tous les
autres rapports qui peuvent être ou
l'objet ou la suite des dispositions de
la loi.

Le comté de Caraman est composé
de dix-sept communautés, quoiqu'on
n'en compte que seize pour les impositions, attendu qu'un rôle commun
fert pour les deux communautés de
Lasborde & de Prunet.

Les cadastres de ces communautés
font en regle ; la plupart furent dressés
dans le commencement du dernier
siecle, celui de Loubens seul, est de
l'année 1731.

Toutes les impositions que ce pays a
supportées en l'année 1779, font exprimées ou dans différentes mandes,
ou dans des rôles dont il importe de
développer les articles, avant de proposer l'assiette de ces mêmes impositions suivant les formes du Languedoc.

La premiere imposition est la taille,
& les crues y jointes.

La seconde, la capitation & les
quatre sols pour livre.

La troisieme, le don gratuit des
villes, qui n'intéresse que la ville de
Caraman.

La quatrieme, les vingtiemes.

La cinquieme, les corvées.

6ᵒ. Enfin, ſuit le tableau des impoſitions, où l'on voit les différens articles des dépenſes totales & particulieres de chaque communauté du comté.

La premiere mande eſt diviſée en pluſieurs articles, dont le premier porte l'impoſition *de la taille & crues y jointes*, avec un droit de levure de ſix deniers par livre, que les collecteurs retiendront par leurs mains; il n'y eſt fait aucune mention des frais de recouvrement pour les receveurs de Guyenne; conſéquemment ces frais ſont cenſés compris dans le principal de l'impoſition.

Cet impôt en 1779, monte pour le comté, à vingt-quatre mille cent quarante-deux livres onze deniers, ſans y comprendre les frais de collecte.

La ſomme doit être payée en quatre termes égaux; le premier au premier Décembre de l'année qui précede celle de l'impoſition; le ſecond à la fin de Février, le troiſieme à la fin d'Avril, & le dernier au premier Octobre de l'année de l'impôt.

Le deuxieme article de la même mande, porte l'impoſition de ce qu'on appelle *le ſecond brevet*; les objets pour leſquels elle eſt établie, ſont exprimés dans la mande; ce ſont les ponts & chauſſées, turcies & levées, les ports maritimes, la mendicité, la conſtruction des canaux de Picardie & de Bourgogne, la navigation de la Charente, & les autres ouvrages deſtinés aux progrès de la navigation, les haras, les taxations des officiers des élections, & autres qu'on comprenoit ci-devant au brevet de la taille; la dépenſe du quartier d'hiver, les convois militaires, & le tranſport des équipages des troupes, la défenſe & ſureté des côtes, l'entretenement & l'habillement des milices, les retenues des invalides, les taxations du tréſorier gé-

néral, les frais de recouvrement, &c.

Cette impoſition eſt au marc la livre de la taille, & levée par le receveur de l'élection en exercice.

L'impoſition d'un ſol pour livre pour frais de recouvrement, eſt ajoutée au principal; de ce ſol, quatre deniers ſont pour les collecteurs qui les retiendront par leurs mains, quatre deniers pour le receveur de l'élection, & quatre deniers pour le receveur général de la généralité.

La ſomme à laquelle s'eſt porté cet impôt en 1779 pour le comté, a été de douze mille ſix cent ſoixante-dixſept livres, en y comprenant les frais de collecte & de recouvrement.

Le troiſieme article de la premiere mande, regarde le rembourſement des avances faites par la ville d'Auch pour le logement & l'uſtencile des Etats majors des troupes employées pour la deſtruction de l'épizootie, article à impoſer pendant quatre années, dont celle de mille ſept cent quatre-vingt eſt la derniere.

L'impoſition d'un ſol pour livre pour frais de recouvrement, eſt ajoutée au principal, comme en l'article précédent, & doit être diſtribuée de la même maniere.

Cet article porte ſur tous les biens, tant nobles que ruraux; la ſomme pour l'année 1779, y compris tous les frais, ne monte pour le comté, qu'à cent quatre-vingt-quinze livres quinze ſols.

Enfin, le quatrieme article de la premiere mande, porte une impoſition de quarante ſols par communauté au profit du receveur de l'élection pour droit de quittance de la taille; la ſomme totale monte pour le comté, à trente-deux livres.

La deuxieme mande eſt celle de la capitation, elle comprend deux articles, 1ᵒ. Le principal de l'impoſition

& les quatre fols pour livre, fans faire mention d'aucun droit de recouvrement ni d'aucun droit de levure pour les collecteurs ; la fomme monte pour le comté en l'année 1779, y compris tous ces frais, huit mille neuf cent foixante-dix-huit livres quatorze fols deux deniers.

2º. La part & portion qui compete ces communautés de la fomme de vingt-quatre mille deux cent quarante-deux livres, eft deftinée aux frais du logement militaire, & autres dépenses relatives au cafernement des troupes en quartier dans la généralité d'Auch en 1779 ; la mande y ajoute l'impofition d'un fol pour livre de frais de recouvrement, pour être ce fol diftribué par quatre deniers entre les deux receveurs & les collecteurs, comme il a été obfervé à l'article du fecond brevet de la taille.

La fomme totale, y compris cette addition, ne monte en 1779 pour le comté qu'à deux cent quatre-vingt-fix livres cinq fols, de maniere que l'entiere impofition de la nouvelle mande de capitation fe porte à neuf mille deux cent foixante-quatre livres dix-neuf fols deux deniers.

La troifieme mande n'intéreffe que la ville de Caraman ; fon objet eft d'impofer fur les habitans de ce lieu, au marc la livre de leur capitation, la fomme de neuf cent trente-cinq livres à raifon de leur part de don gratuit & extraordinaire des villes, impofé en vertu de l'édit de 1758, conformément à l'arrêt du confeil de 1764.

L'impofition d'un fol pour livre pour frais de collecte & de recouvrement eft ajoutée au principal, de maniere que, pour l'année 1779, la fomme totale, y compris les frais, eft de neuf cent cinquante livres douze fols.

Les échéances des payemens pour les objets de la feconde & troifieme mande tombent, pour le premier terme, au mois de Mars, & pour le fecond au mois de Septembre de l'année de l'impofition.

Il n'eft aucun impôt qui ait excité plus de murmure & de réclamations, que celui de la capitation & du don gratuit ; on n'a ceffé de fe plaindre de ce que le taux en eft exceffif, & qu'il porte directement, & d'une maniere très-onéreufe, fur la partie pauvre des contribuables.

Le don gratuit fur-tout, greve les habitans de la ville de Caraman ; outre l'accroiffement confidérable que cette impofition occafionne dans leur capitation, ils gémiffent encore de n'avoir pas même la confolation de favoir s'ils y contribuent dans une jufte proportion ; leur quotité a déjà varié plufieurs fois ; d'abord à quatre cent livres ; elle a été fubitement portée à neuf cent trente-cinq livres, outre les frais de collecte & de recouvrement ; remife enfuite à fon premier taux, fur les juftes repréfentations de la communauté de Caraman à M. l'intendant d'Auch, elle a été bientôt après rétablie à celui que porte la mande ; telles font leurs plaintes à ce fujet.

Outre l'impofition principale, les quatre fols pour livre & les frais de recouvrement de la capitation, nous voyons qu'il doit être payé la fomme de trois livres de plus par les contribuables pour la confection des rôles.

Enfin, pour les non-valeurs, la mande ne préfente d'autre moyen d'y remédier, que celui d'en rendre les cotifateurs refponfables.

Le quatrieme genre d'impofition fupportée par les habitans de Caraman, c'eft le vingtieme ; les deniers en font levés d'après un rôle détaillé, autorifé par M. l'intendant de la généralité d'Auch, & adreffé tous les ans par ce magistrat à chacune des communautés.

Tous les renseignemens que le syndic a pu avoir à ce sujet, se réduisent aux notions suivantes ; 1°. Que le montant de cet impôt pour le comté en 1779, a été de seize mille trente-huit livres douze sols trois deniers. 2°. Que suivant des opérations, dont la note a été remise, & qui est signée par le sieur Francain, directeur des vingtiemes, la base de l'imposition sur les biens ruraux du comté, a dû être une estimation de neuf livres pour le produit net d'un arpent de terre labourable au premier degré, de dix-sept livres pour celui de la vigne au même degré, de quinze livres produit net de l'arpent de bonne terre en pré, & de six livres pour un bon arpent en bois; les arpens des degrés inférieurs sont estimés aussi dans la proportion qui leur convient.

Mais les habitans se plaignent que dans l'imposition, l'on s'est écarté de ces principes, & que depuis quelques années, elle a été forcée & déterminée arbitrairement.

Quoi qu'il en soit, il paroît que ces estimations n'ont été faites que pour les seuls biens ruraux, & distraction faite des frais de culture & de la taille; on ne voit pas que l'on ait fait aucune distinction des biens nobles, & de-là naît une obscurité sur l'estimation qu'il faudroit leur donner.

Le syndic ignore aussi à quelles échéances se font les payemens de cette imposition ; il est également incertain si les frais de levures & de recouvrement sont ajoutés au principal de l'imposition, ou s'ils y sont censés compris.

La cinquieme imposition supportée par les habitans du comté, est celle des corvées ; elle monte en 1779,

suivant les mandes, à la somme totale de quatorze mille huit cent cinquante livres, y compris les frais de levures & de recouvrement; la somme, suivant la mande, doit être supportée, 1°. Par les métayers ruraux, à raison du quart de leur capitation. 2°. Par les négocians, artisans, manœuvres, journaliers, & autres qui n'ont aucuns biens-fonds, au marc la livre de la capitation roturiere. 3°. Le surplus de la somme à répartir sur les biens ruraux au marc la livre de leur taille. 4°. Enfin, une part proportionnelle sur les métairies nobles & ecclésiastiques, comme il est spécifié & détaillé dans la mande.

Jusqu'à présent les habitans du comté n'ont construit d'autre route que la partie intermédiaire du grand chemin de Toulouse à Revel, qui traverse leur territoire sur une longueur d'environ trois mille six cent toises.

Cette partie, après avoir été construite une premiere fois à grands frais par les corvéables, fut donnée à l'entretien ; mais les entrepreneurs s'acquitterent si mal de leurs obligations, & le chemin se dégrada tellement entre leurs mains, qu'on fut obligé d'y ordonner une réparation totale, & pour ainsi dire, une réconstruction nouvelle; toute la portion qui est entre le territoire de Lanta & de la ville de Caraman, a été achevée l'année derniere pour le prix de dix mille trois cent quarante livres, mal à la vérité & d'une maniere peu solide; celle qui reste, & à laquelle on travaille, est l'objet de la somme de quatorze mille huit cent cinquante livres, dont la levée a été ordonnée en 1779 : il existe un bail avec des entrepreneurs pour la confection de cet ouvrage, dont le syndic n'a pas pu avoir communication.

Enfin, dans le tableau des impositions supportées par les habitans du Comté pour l'année 1779, l'on voit, sur le rôle de la taille de chaque communauté, un article appellé *des charges locales*.

La somme totale de cet article pour les seize communautés, monte à trois mille neuf cent cinquante-six livres six sols cinq deniers.

Et par la récapitulation générale du produit de toutes les impositions en taille, capitation, don gratuit, vingtième, impositions accessoires, corvées & charges locales en 1779, y compris les frais de levures & de recouvrement, on trouve une somme totale de quatre-vingt-deux mille cent dix-huit livres un sol huit deniers.

Il s'agit de prendre sur tous ces objets une détermination qui puisse concilier les dispositions de l'édit de réunion avec les intérêts du comté de Caraman, & ceux du diocèse de Toulouse.

Il doit en résulter, 1°. Que la somme fournie au trésor royal par les habitans du comté en 1779, n'éprouvera aucune diminution pour l'année 1780. 2°. Que les contribuables ne payeront pas cette année une charge plus forte que celle qu'ils ont supportée l'année derniere. 3°. Que les impositions seront levées en vertu des mandes envoyées par les administrateurs du Languedoc, & suivant les principes & les formes de cette province. 4°. Que le diocèse de Toulouse ne supportera qu'un supplément d'imposition égale à la somme qu'il percevra sur le comté. 5°. Enfin, que les Etats, par un effet de la protection dont ils sont animés pour tous les peuples qui sont soumis à leur administration, aviseront aux moyens les plus efficaces de rendre l'Edit de réunion vraiment utile à ceux aux vœux desquels il a été accordé.

Avant de rien statuer sur ce qui concerne les impositions, il semble que le premier soin de l'assemblée, doit être d'ordonner l'enregistrement de l'édit de réunion au greffe des Etats, parmi les loix & réglemens qui forment le droit-public de la province; ensuite que cet édit, ainsi que toutes les loix de police & d'administration municipale qui dirigent les communautés du Languedoc, soient envoyées & notifiées à celles du comté, afin qu'elles s'y conforment entierement, soit pour la composition & la tenue de leurs assemblées publiques, soit pour les affaires & intérêts qui pourront être l'objet de leurs délibérations.

Après ce préliminaire essentiel, l'assemblée voudra bien s'occuper du contenu de l'édit, & des mesures qu'il conviendroit de prendre pour en remplir les dispositions.

Le premier semble devoir être d'ordonner qu'il soit expédié incessamment, & adressé au diocèse de Toulouse, des mandes séparées pour le comté de Caraman, afin d'asseoir sur les contribuables en 1780, avec quelque différence de forme, les mêmes genres d'impositions qu'ils ont payé en Guyenne en 1779.

La premiere de ces mandes porteroit, ainsi que celle de la Guyenne, l'imposition de la taille & des crues y jointes, avec les frais des levures & de recouvrement.

Le produit de la somme pour le principal & taxations ne monteroient pour toutes les communautés du comté, qu'à celle de vingt-quatre mille cent quarante-deux livres onze deniers, sur laquelle le receveur du diocèse ayant prélevé son droit de recouvrement à raison de six deniers pour livre, conformément à son traité avec la province, en verseroit le surplus dans la caisse du trésorier de la bourse; &

quant au droit de collecte, le taux en seroit déterminé par adjudication, suivant les réglemens de la province ; de maniere néanmoins que ce taux ne pourroit pas aller au-delà de six deniers par livre, afin qu'à cet égard la condition des redevables fût égale en Languedoc, à ce qu'elle a été en Guyenne.

Une observation essentielle à faire sur les frais de levure & de recouvrement en Languedoc, & qui doit s'appliquer aujourd'hui au comté de Caraman, c'est que les taxations des receveurs doivent être conformes au traité fait entr'eux & la province, & que les frais de collecte ne peuvent être déterminés que par la voie de l'adjudication.

Le second changement qu'éprouveroit la perception de la taille des contribuables du comté par l'édit de réunion, c'est que les échéances des payemens, ne tomberoient à l'avenir qu'au 15 Avril pour le quart de la contribution, au 15 Juillet pour en compléter les deux tiers, & au 15 Octobre pour en achever l'entier payement.

Cette différence nécessaire à l'ordre, ne nuiroit pas au trésor-royal, s'il est vrai que dans le fait la perception réelle des deniers, ne se fait en Guyenne que dans les dix-huit mois de leur imposition, & qu'il est régulierement accordé une gratification aux receveurs qui satisfont aux payemens avant le terme expiré.

Il est indispensable que la mande qui portera l'imposition de la taille sur le comté de Caraman, porte aussi celle de douze mille six cent soixante-dix-sept livres pour représenter le second brevet de Guyenne.

Si les objets de ce brevet n'avoient trait qu'aux dépenses locales & particulieres de cette généralité, il ne subsisteroit plus sans doute pour les habitans de Caraman, après leur réunion à une autre province ; & l'édit, rompant tous les rapports de ce pays avec la généralité d'Auch, le soustrairoit aux charges qui étoient à la suite de son ancienne dépendance, pour le soumettre à celles de la province à laquelle il doit désormais appartenir ; mais c'est un fait constant qu'une partie des deniers provenant de l'imposition de ce *second brevet*, étoit versée par la généralité d'Auch dans le trésor-royal : d'un autre côté, l'édit semble poser pour principe, que la somme fournie au trésor de Sa Majesté par les contribuables de Caraman, n'éprouvera aucune diminution à raison de leur réunion ; la même somme doit donc être levée par le diocese de Toulouse, quant à présent, pour qu'il puisse remplir cette disposition de l'édit. La mande qui seroit expédiée par le Languedoc, porteroit conséquemment cette imposition qui seroit levée au marc la livre de la taille par le receveur du diocese de Toulouse, & versée par lui dans la caisse de la province après les distractions convenables pour les frais de levures & de recouvrement ; lesquels ensemble ne pourroient pas monter au-delà d'un sol pour livre : s'il y avoit d'autres retenues à faire, il seroit important qu'elles fussent spécifiées & déterminées.

Pour cet effet, les Etats renverroient à qui de droit pour avoir des renseignemens détaillés sur la distinction & l'emploi des sommes qui sont imposées en vertu de ce second brevet, lequel paroit ne pouvoir être assimilé qu'à l'imposition connue en Languedoc sous le nom *des dettes & affaires*.

Les habitans du comté doivent sans doute supporter l'une ou l'autre de ces deux impositions ; mais il seroit injuste de les soumettre à toutes deux en même temps.

Celle du second brevet ne doit plus les regarder, & les Etats ne peuvent se dispenser de faire à cet égard les plus justes représentations à Sa Majesté. Il est en effet digne de sa bonté & de sa justice royale, de soulager cette partie de ses sujets d'un impôt auquel ils ne peuvent plus avoir aucun intérêt.

Il est une maxime naturelle & invariable en matiere d'impositions, c'est que l'homme qui les paye, puisse à son tour en profiter; mais les habitans du comté de Caraman, depuis leur réunion au Languedoc, ne doivent plus espérer aucune utilité directe ni réciproque de leur part de l'imposition du second brevet de Guyenne. En effet, le département des ponts & chaussées n'enverra pas faire des routes, construire des ponts, creuser des canaux dans le comté; les rapports du Languedoc avec le reste du royaume y résisteroient.

Ce pays ne sera plus régi par les officiers de l'élection; pourquoi donc contribueroit-il à leurs taxations? Il n'a plus aucun intérêt au mouvement des troupes, à l'entretenement des milices d'une généralité à laquelle il est devenu aussi étranger par la cessation de ses rapports, qu'il l'étoit par la situation de son territoire.

Tous les soins qu'exige la conservation & la fortune de ses habitans, regardent aujourd'hui le Languedoc; c'est donc au Languedoc qu'il est naturel, juste & indispensable de porter leurs contributions.

Les Etats ne refuseront pas sans doute de charger leurs députés à la cour, de traiter cette affaire avec M. le directeur général des finances, & d'obtenir de Sa Majesté pour les contribuables du comté de Caraman, la suppression de l'impôt du second brevet de Guyenne, pour y substituer leur contribution au département des *dettes & affaires en Languedoc*; contribution qu'ils payeront avec joie, puisqu'ils auront l'espoir certain, comme le droit d'en retirer avantage.

Mais il est juste & essentiel pour les habitans du comté, d'observer ici, que dans le cas où Sa Majesté accorderoit la demande des députés de la province à la cour, & substitueroit en faveur de Caraman, l'imposition des dettes & affaires, à celle du second brevet, il ne seroit pas juste d'exiger desdits habitans leur contribution aux intérêts & remboursement des dettes du Languedoc, antérieures à leur réunion: celles à contracter par le diocese & la province depuis 1780, peuvent seules regarder les contribuables. Les obligations sont particulieres à ceux-là seuls qui ont concouru aux engagemens.

Le troisieme article de la premiere mande, étant une dette contractée par la Guyenne, lorsque le comté de Caraman en faisoit partie, il est de la justice des Etats d'ordonner en l'année 1780, la levée sur les biens tant nobles que ruraux, de la même somme que le comté a payée en 1779; & en même tems de décider que le receveur du diocese de Toulouse, qui en fera la perception, versera le principal dans la caisse du receveur de Guyenne, avec les quatre deniers destinés à ce receveur, retiendra par ses mains les quatre deniers qui étoient accordés ci-devant au receveur des tailles de l'élection de Lomagne, & fera compte aux collecteurs des quatre deniers qui leur sont fixés.

L'édit de réunion n'a pas pu libérer le comté d'une dette contractée dans un temps antérieur à cette loi.

Le receveur du diocese de Toulouse est en droit de profiter du quatrieme article de la premiere mande, puiſque c'eſt à lui de fournir quittance aux contribuables, comme étoit en poſſeſſion de le faire le receveur de l'élection.

Le Languedoc ne peut s'empêcher d'impoſer en 1780, la même ſomme de neuf mille deux cent ſoixante-quatre livres dix-neuf ſols deux deniers, que le comté a payé en 1779.

Mais le diocèſe de Toulouſe ne peut en aſſeoir l'impoſition, que conformément aux principes adoptés dans la province; c'eſt-à-dire, que les commiſſaires ordinaires du diocèſe, en préſence de deux députés de chaque communauté, auxquels il doit être payé un honoraire qui ſera ajouté au rôle.

Il doit en même temps être remédié aux non-valeurs, d'une manière plus douce & plus efficace, qu'en en puniſſant les cotiſateurs, cette ſévérité eſt abſolument contraire à nos maximes d'adminiſtration; & en Languedoc, l'on a toujours ſuffiſamment pourvu aux non-valeurs, en ajoutant au rôle de l'impoſition un gras d'un & demi pour cent, deſtiné pour cet unique objet.

La perception de cet impôt ne peut ſe faire que par le receveur des tailles du diocèſe, qui retiendra ces taxations & fera compte aux collecteurs des frais de levures.

Les échéances des payemens ne doivent tomber qu'au premier Juillet, & au 31 Décembre de l'année de l'impoſition; l'ordre établi dans la perception de nos impôts, exige que Caraman s'y conforme.

Nos formes exigent également que les rôles de cette impoſition, ayant été arrêtés par les commiſſaires ordinaires du diocèſe, ſoient par eux envoyés pour être ſignés par l'intendant de Languedoc.

Quoiqu'on ne puiſſe pas ſe diſpenſer de comprendre quant à préſent dans la mande de la capitation, pour le comté de Caraman, l'impoſition de la ſomme de deux cent quatre-vingt-ſix livres cinq ſols pour ſa quotité de la dépenſe du logement militaire; néanmoins depuis la réunion, les habitans de ce pays ne doivent plus être ſoumis à cette contribution; le logement & caſernement des troupes dans la généralité d'Auch, ne peut plus les intéreſſer ni les regarder; ainſi il conviendroit de délibérer que le receveur du diocèſe de Toulouſe garderoit entre ſes mains ladite ſomme de deux cent quatre-vingt-ſix livres cinq ſols, diſtraction faite de ſes taxations & frais de levures, juſqu'à ce qu'il fût décidé à quels uſages elle doit être employée.

Depuis long-temps les habitans du comté gémiſſent du taux exceſſif de leur capitation; on voit en effet des pauvres métayers, des valets à gages, taxés à vingt & vingt-quatre livres, ſans qu'on puiſſe reprocher aux commiſſaires taxateurs, aucune injuſtice dans la répartition; tous ſoupirent après un adouciſſement à cette taxe, dont l'excès les accable, & a déjà cauſé pluſieurs émigrations au grand préjudice de ce pays.

Lorſque les commiſſaires ordinaires auront fait la répartition de cet impôt, ils auront occaſion de reconnoître ſi en effet la ſomme à répartir eſt auſſi exceſſive que le prétendent les contribuables, & d'éclaircir les Etats ſur le mérite de leurs plaintes.

Mais quelque accablante que puiſſe être cette charge, il ne ſeroit pas poſſible de la diminuer autrement qu'en y ſubſtituant quelque impôt moins onéreux aux contribuables, ſur-tout à ceux qui ſont pauvres; il ſemble qu'à cet égard, les Etats n'auroient d'autre réſolution à prendre, que de remettre l'affaire à de plus amples éclairciſſemens,

...cissemens, d'écouter & d'accueillir dans la suite, s'il y a lieu, les représentations & les vues que les communautés elles-mêmes pourront proposer pour leur soulagement, de renvoyer leur décision à des circonstances plus favorables, & de continuer à faire lever sur les habitans du comté en 1780, la même capitation avec les quatre sols pour livre, & la même somme pour le logement militaire que les contribuables ont payé en 1779.

Cet objet de la troisieme mande, n'intéresse que la ville de Caraman; les neuf cent cinquante livres douze sols auxquels monte l'imposition, y compris les frais de collecte & de recouvrement, ne seroient levés, quant à présent, qu'au marc la livre de la capitation, comme le porte la mande de Guyenne; le receveur du diocese de Toulouse en feroit la perception, & n'en exigeroit le payement qu'aux échéances de la capitation en Languedoc; il est impossible pour les Etats d'accueillir actuellement les plaintes de cette ville, sur l'accroissement que cet impôt occasionne dans la capitation de ses habitans, ni de pouvoir les soulager, si l'on n'introduit un autre impôt, peut-être moins onéreux, dont le produit seroit employé en diminution de celui dont ils se plaignent : on ne voit que l'équivalent qui puisse répondre à ces vues; mais, les habitans eux-mêmes, sont principalement compétens pour former leurs demandes; ils doivent sans doute compter en tout temps sur l'appui & sur la protection de la province à laquelle ils ont aujourd'hui le bonheur d'appartenir.

C'est par un effet de cette protection, que les Etats chercheront sans doute des éclaircissemens sur les différentes variations qu'a éprouvé depuis son origine la quotité de cet impôt sup-

porté par les contribuables de la ville de Caraman, & qu'ils feront tous leurs efforts pour le ramener à la juste proportion qui lui convient.

Cet impôt doit porter sur les biens nobles & ruraux dans la proportion de leurs allivremens; il ne peut être levé en Languedoc que dans la forme adoptée par cette province.

Il est conséquemment nécessaire de faire dresser un état distinct & séparé des biens nobles du comté de Caraman, afin d'y asseoir la portion du vingtieme qui les compete, le reste de l'imposition devant être répartie sur les biens ruraux en addition à leur taille.

C'est aux commissaires du diocese de Toulouse qu'il convient de renvoyer le soin de faire le discernement pour en rendre compte aux Etats prochains.

Cependant il devroit, dès-à-présent, être enjoint aux communautés du comté, de remettre entre les mains desdits commissaires leurs rôles de vingtieme de l'année 1779, afin que ces rôles fussent copiés, & leur exécution ordonnée au plutôt pour l'année 1780, d'autorité de MM. les commissaires du Roi & des Etats nommés pour régler tout ce qui concerne les vingtiemes.

La somme de seize mille trente-huit livres douze sols trois deniers imposée, seroit levée par le receveur du diocese de Toulouse, & versée par lui dans la caisse de la province, après en avoir prélevé les frais de collecte & ses taxations, s'il n'apparoissoit par les rôles que l'imposition de ces frais devroit être ajoutée à la somme spécifiée dans le tableau que l'on a fourni; auquel cas, on ne pourroit plus s'empêcher d'imposer le même supplément sur les redevables, les deniers ne seroient payés à la caisse du receveur, qu'aux échéances du Languedoc.

Il seroit nécessaire que dès le premier

Janvier, les commissaires du diocèse de Toulouse se missent en possession de l'administration des ouvrages publics dans le comté de Caraman ; qu'ils se fassent présenter les baux passés par la Guyenne avec les entrepreneurs de la partie intermédiaire du chemin de Toulouse à Revel ; qu'ils s'informent des payemens faits ou à faire auxdits entrepreneurs, ainsi que des deniers qui restent en caisse ou à imposer pour achever les travaux commencés, & payer les adjudicataires : Que si les sommes déjà imposées par la Guyenne pour remplir cet objet, n'étoient pas encore payées, il seroit ordonné au receveur de faire ses diligences pour leur recouvrement ; & si elles n'y suffisoient pas, il seroit renvoyé à l'assemblée de l'assiette du diocèse de Toulouse, pour délibérer sur le parti qu'il conviendroit de prendre à cet égard : Que la réconstruction de ce chemin étant achevée, il seroit pourvu à son entretien, conformément aux principes & aux formes du Languedoc, & que le prix du bail d'entretien seroit imposé sur le Diocèse, moyennant la contribution proportionnelle du comté pour l'entretien des grandes routes.

Cette contribution conduit naturellement à une recherche sur l'allivrement qu'il conviendroit de donner aux seize communautés du comté de Caraman, dans le cadastre diocésain de Toulouse.

On ne pourroit pas se flatter de le déterminer avec précision, sans une refonte générale de ce cadastre & de celui du comté ; opération étendue, difficile, & qu'il n'est pas possible d'entreprendre dans les circonstances actuelles. Mais ne suffiroit-il pas de prendre, quant-à-présent, pour élément de cette proportion, la masse des impositions fixes que paye actuellement le comté, comparée avec la masse de cel-

les que supporte d'une manière fixe le reste du diocèse ? Rien n'est plus nécessaire que d'établir & de fixer ce rapport, qui seul pourroit déterminer dans la suite la quotité d'imposition que doivent supporter les habitans de ces seize communautés dans le taillable du diocèse dont ils font partie depuis leur réunion.

Il paroît par le tableau des impositions, que plusieurs articles des charges locales dont sont chargés les rôles des communautés de Caraman, ne peuvent pas être admis en Languedoc ; lorsque l'état de ces dépenses sera communiqué à MM. les commissaires de la commission de 1734, leur sévère & salutaire exactitude élaguera les objets qui doivent être supprimés, & bornera les communautés du comté aux seules dépenses qui sont compatibles avec les principes du Languedoc.

Le diocèse de Toulouse ne peut point s'occuper des indemnités auxquelles l'édit lui a ordonné de pourvoir, jusqu'à ce que les parties intéressées aient formé leurs demandes à ce sujet ; il faut croire que la plus exacte justice présidera à cette discussion, qui a été accordé par le souverain comme un bienfait digne de toute la reconnoissance de ses sujets.

Le même syndic a ajouté : Qu'il ne doit pas laisser ignorer à l'assemblée, que dès le mois d'Octobre dernier M. l'intendant d'Auch a envoyé dans chacune des communautés qui composent le comté, une première mande pour les impositions qui regardent la taille ; mais que ces communautés n'y ont pas déféré, dans la confiance que les Etats voudroient bien y pourvoir.

Nota. Qu'il n'y a rien à statuer à cet égard, parce que les mandes ont sans doute déjà été retirées.

Qu'un dernier objet, non moins

digne d'attention, est la demande formée par la ville de Caraman, à l'effet d'obtenir l'entrée annuelle aux assemblées de l'assiette, & à son tour celle aux Etats ; prérogative dont jouissent les onze villes principales du diocese de Toulouse ; que cette distinction paroît être due à l'ancienneté de son origine, à l'étendue & à la fertilité de son territoire, à sa population, au rang distingué que tinrent ses anciens comtes parmi les seigneurs de Languedoc, où, suivant l'histoire, on les vit assister aux Etats, notamment en 1424, 1430, 1436, &c. &c.

Que cette ville est le siége d'un juge d'appeaux, ressortissant nuement au parlement de Toulouse, juge des causes de la noblesse, & des appellations des tribunaux inférieurs de son district, jouissant des priviléges de sénéchaussée.

Que par toutes ces considérations, & autres qu'il seroit superflu de détailler ici, elle ose se flatter d'être traitée dans cette province avec les égards & les prérogatives qu'elle a tant de raison de desirer & d'espérer.

SUR QUOI la commission ayant mûrement considéré tous les objets ci-dessus détaillés, & croyant convenable & nécessaire de donner la plus prompte & la plus entiere attention à l'édit qui réunit le comté de Caraman à la province de Languedoc, a été d'avis de proposer aux Etats de délibérer, 1º. Que cet édit sera incessamment enregistré au greffe des Etats, parmi les loix & les réglemens qui forment le droit public de la province.

2º. Qu'en conséquence de ladite réunion, & à la diligence du syndic général de la province, toutes les loix & réglemens de police & d'administration qui dirigent les communautés de Languedoc, seront envoyées & noti-

fiées à celles du comté de Caraman, pour qu'elles s'y conforment à l'avenir en tous points, & sous tous les rapports, soit pour la composition & la tenue de leurs assemblées politiques, soit pour les intérêts & les affaires qui pourront être l'objet de leurs délibérations.

3º. Qu'en exécution de la même loi de réunion, il sera incessamment expédié & adressé au diocese de Toulouse des mandes séparées pour le comté de Caraman, à l'effet de lever sur les seize communautés qui composent ce pays, la même somme d'impositions en 1780, qu'elles ont payé en 1779, en vertu des mandes de la Guyenne.

4º. Que cette somme, imposée sur lesdites communautés en 1780, ne pourra monter y raison de la taille & crues y jointes, & du droit de recouvrement, mais sans y comprendre les frais de collecte, qu'à vingt-quatre mille cent quarante-deux livres onze deniers.

Celle à raison de l'imposition du second brevet, y compris les frais de collecte & de recouvrement, qu'à douze mille six cent soixante-dix-sept livres.

Celles pour les avances faites par la ville d'Auch, en y comprenant les mêmes frais, qu'à cent quatre-vingt-quinze livres quinze sols.

Celle pour le droit de quittance du receveur, à trente-deux livres.

Celle à raison de la capitation, les quatre sols pour livre, le logement militaire, & les mêmes frais de collecte & de recouvrement, à neuf mille deux cent soixante-quatre livres dix-neuf sols deux deniers.

Celle sur la ville de Caraman, à raison du don gratuit, y compris les mêmes frais, à neuf cent cinquante livres douze sols.

Celle à raison du vingtieme, à seize mille trente-huit livres douze sols.

Enfin, à raison des corvées, la somme qui manque pour compléter celle de quatorze mille huit cent cinquante livres, dont la levée auroit été ordonnée en 1779, & n'auroit pas encore été payée.

5°. Que le receveur des tailles du diocese de Toulouse fera la perception de toutes ces sommes, & retiendra par ses mains son droit de recouvrement, au taux de six deniers par livre, conformément à son traité avec la province ; & que quant aux frais de collecte, ils seront déterminés par adjudication, de maniere néanmoins qu'ils ne pourront pas être portées au-delà de six deniers par livre, que les échéances des payemens ne pourront être différentes de celles qui sont usitées en Languedoc, & que, de toutes lesdites impositions, en taille, capitation, don gratuit, vingtieme, & impositions accessoires, il sera versé en 1780, par le diocese de Toulouse dans la caisse de la province, à raison des contributions desdites seize communautés, la même somme que celle qui a été portée au trésor royal par la Guyenne en 1779 pour les mêmes objets.

6°. Qu'à l'égard de l'imposition *appellée du second Brevet*, il sera pris des informations promptes & détaillées sur la destination, & l'emploi des différentes sommes qui en proviennent, afin que, d'après les éclaircissemens que l'on pourra avoir à ce sujet, il soit fait des très-humbles & très-respectueuses représentations à Sa Majesté, pour qu'il lui plaise supprimer pour les contribuables dudit comté, un impôt dont l'objet ne doit plus les regarder, puisqu'il ne peut plus leur être utile, & y substituer leur contribution proportionnelle au département *appellé des dettes &*

affaires du Languedoc, sans néanmoins qu'ils puissent être compris dans le département pour les intérêts & remboursemens des dettes du Languedoc, antérieures à la réunion du comté, & sans que, dans aucun cas, il puisse être exigé de supporter ces deux impositions en même-temps ; de maniere que, si par une dure nécessité, ils continuent de payer l'une, ils sont par cette seule raison exempts de l'autre.

7°. Que la somme de cent quatre-vingt-quinze livres quinze sols, à laquelle monte la part & portion desdites seize communautés du comté pour le remboursement des avances de la ville d'Auch, lors de l'épizootie, sera exactement remise par le receveur du diocese de Toulouse, entre les mains de celui de Guyenne, dans laquelle somme est comprise le sol pour livre des frais de collecte & de recouvrement, dont quatre deniers seront pour les collecteurs, quatre deniers pour le receveur général de Guyenne, & quatre pour les taxations du receveur de Toulouse.

8°. Qu'il sera imposé aussi en 1780, au profit dudit receveur du diocese de Toulouse, sur chacune des seize communautés ci-dessus, la somme de quarante sols pour droit de quittance, conformément à la mande de Guyenne de 1779.

9°. Qu'à l'avenir la capitation sera imposée sur les communautés contribuables du comté, suivant les formes usitées en Languedoc ; que conséquemment, il sera ajouté au rôle de cette imposition le montant d'un honoraire pour les deux députés de chaque communauté, en présence desquels les commissaires de l'assiette feront la répartition de cet impôt ; qu'il sera de même ajouté à chaque rôle un gras d'un & demi pour cent, pour faire face aux non-valeurs ; que les rôles arrêtés par les commissaires ordinaires du diocese, seront envoyés pour être signés par M. l'intendant de la province, avant d'être mis à exécution, & que les échéances des payemens seront les mêmes que celles usitées en Languedoc pour le payement de la capitation.

10º. Que, quant à la somme de deux cent quatre-vingt six livres cinq sols imposée sur le comté de Caraman au marc la livre de la capitation pour sa part & portion des frais du logement militaire dans la généralité d'Auch en 1779, elle restera entre les mains du receveur du diocese de Toulouse, jusqu'à ce qu'après les éclaircissemens pris à ce sujet, il puisse être convenu de l'usage qui en sera fait.

11º. Que les Etats ne peuvent, quant-à-présent, rien déterminer relativement aux plaintes des contribuables dudit comté sur le taux excessif de leur capitation, & sur l'effet du don gratuit de la ville de Caraman, sauf à écouter dans la suite, & à accueillir, s'il y a lieu, les propositions que les habitans eux-mêmes, & l'assemblée de l'assiette du diocese de Toulouse pourront faire pour opérer leur soulagement, sans néanmoins que ce soulagement puisse jamais être à charge aux autres communautés du diocese.

12º. Que les communautés du comté de Caraman, seront tenues de communiquer leurs rôles de vingtieme de l'année 1779, aux commissaires du diocese de Toulouse, afin, qu'à la diligence du syndic dudit diocese, il en soit fait des copies exactes pour être exécutées en 1780, après avoir été autorisées par MM. les commissaires du Roi & des Etats, nommés pour régler tout ce qui concerne les vingtiemes ; que cependant, par les soins desdits commissaires ordinaires du diocese de Toulouse, il sera destiné un état distinct des biens nobles de toutes &

chacunes desdites communautés, pour y asseoir ladite imposition dans la même proportion qu'elles l'ont supportée, & le surplus en être réparti sur les biens ruraux, au marc la livre de la la taille.

13º. Que dès le premier Janvier 1780, les commissaires du diocese de Toulouse se mettront en possession de l'administration des travaux entrepris pour les chemins dudit comté ; que les deniers qui auroient été levés pour la construction, ou réparation de ces chemins, seront incessamment versés dans la caisse du receveur dudit diocese pour être employés à leur destination, sur les mandemens signés par lesdits commissaires ordinaires, lesquels se feront représenter les baux passés par la généralité d'Auch, avec les entrepreneurs de ces ouvrages ; que dans le cas où les deniers imposés pour les achever, n'auroient pas encore été payés par les contribuables, ledit receveur fera les diligences nécessaires pour leur recouvrement ; & dans celui où les fonds déjà imposés ne suffiront pas pour remplir l'objet, il y sera pourvu, ainsi qu'il appartiendra, par la prochaine assemblée du diocese.

Que lesdits ouvrages étant perfectionnés & reçus, ils seront donnés à l'entretien, conformément aux principes du Languedoc, & le prix du bail dudit entretien sera imposé sur tout le diocese, moyennant la contribution proportionnelle du comté à l'imposition annuelle faite sur tout le taillable pour l'entretien des grandes routes qui sont à sa charge.

14º. Que la prochaine assemblée de l'assiette s'occupera de l'allivrement qu'il convient de donner aux seize communautés du comté de Caraman dans le cadastre diocésain de Toulouse, en prenant pour élément de cette proportion, le montant du brevet primitif de la taille desdites communautés comparé avec celui du brevet primitif de la taille de toutes les autres communautés du diocese prises ensemble.

Que les opérations de l'assiette à cet égard seront rapportées aux Etats prochains, afin de pouvoir déterminer, du moins provisoirement, la quotité que doit supporter ledit comté dans l'imposition générale du taillable de Toulouse.

15°. Qu'il est renvoyé à la commission de 1734 pour l'examen des charges locales portées dans le tableau des impositions desdites communautés, & pour la suppression de celles qui ne peuvent pas se concilier avec les réglemens de la province de Languedoc.

16°. Qu'il est également renvoyé pour aviser aux indemnités dont le diocese de Toulouse pourroit être tenu à raison de ladite réunion, jusqu'à ce qu'il soit formé à cet égard des demandes par les parties intéressées, devant les magistrats nommés par l'édit pour les juger.

17°. Qu'il n'y a lieu de rien statuer sur l'envoi des mandes dans les communautés du comté par M. l'intendant d'Auch, attendu qu'elles doivent déjà être retirées.

18°. Qu'il est juste & convenable d'accueillir la demande de la ville de Caraman, à l'effet d'obtenir l'entrée aux assemblées de l'assiette du diocese de Toulouse, & à celle des Etats de la province ; que cette ville jouira conséquemment de ladite prérogative, immédiatement après la ville de Verfeil, & avant celle de Saint-Felix, après la la réception qui sera faite en l'année 1780, de ses députés à l'assemblée de l'assiette avec les formalités prescrites par les réglemens du Languedoc.

CE QUI A ÉTÉ DÉLIBÉRÉ sur tous les chefs par les Etats, conformément à l'avis de MM. les commissaires.

VI.

ARRÊT

DU CONSEIL D'ETAT DU ROI,

Qui regle les sommes qui doivent être payées au trésor royal par les Etats de la province de Languedoc, à raison de la réunion du comté de Caraman à ladite province, & ordonne que par MM. les intendans de Languedoc & de la généralité d'Auch, il sera procédé à la liquidation des indemnités qui pourront être dues, tant au recèveur particulier de Lomagne, qu'aux recèveurs généraux des finances de ladite généralité, & autres officiers.

Du 23 Janvier 1780.

EXTRAIT des Registres du Conseil d'Etat.

LE Roi étant informé que le comté de Caraman, démembré par son édit du mois de Mai dernier, de la généralité d'Auch, pour être réuni à la province de Languedoc, à compter de l'année 1780, à la charge par ladite province de Languedoc, de payer le montant des impositions royales & accessoires que supportoit cette comté dans la généralité d'Auch, & en outre d'indemniser les divers officiers auxquels ce démembrement préjudicieroit, se trouvoit néanmoins compris dans l'état arrêté au conseil, des impositions à supporter par la généralité d'Auch pour 1780, & qu'en conséquence les mandemens pour lesdites impositions ont été adreſſés aux conſuls des communautés dudit comté, ſelon l'uſage, par le commiſſaire départi dans ladite généralité, tandis que de leur côté, les Etats de Languedoc, en conformité dudit edit, les avoient compris dans la répartition des impoſitions de leur province; & Sa Majeſté voulant prévenir les inconvéniens qui pourroient réſulter pour ledit comté, & pour la comptabilité deſdites provinces, de cette double impoſition. Vu l'état des charges royales & acceſſoires dudit comté de Caraman, montant pour l'année 1780, à la ſomme de ſoixante-trois mille quatre cent ſoixante-dix-ſept livres ſix ſols; ſavoir, pour la taille & crues y jointes, à vingt-quatre mille cent trente-deux livres; pour les impoſitions acceſſoires compriſes dans le ſecond brevet, à douze mille cinq cent ſoixante-douze livres; pour les vingtiemes, à ſeize mille ſept cent vingt-une livres deux ſols; pour la capitation roturiere, à neuf mille deux cent ſoixante-ſept livres douze ſols; pour la capitation de la nobleſſe, à cent quatre-vingt-dix livres ſix ſols; pour le rembourſement au profit de la ville d'Auch, ordonné par arrêt du conſeil du 22 Avril 1777, à cent quatre-vingt-quatorze livres cinq ſols; & pour la dépenſe des logemens militaires, dont l'impoſition a été ordonnée par autre arrêt du conſeil du 4 Septembre 1779, à la ſomme de quatre cent livres un ſol. Vu pareillement l'avis du ſieur Douet de la Boullaye, intendant & commiſſaire départi en Béarn, Navarre & généralité d'Auch; Oui le rapport du Sieur Moreau de Beaumont, conſeiller d'état ordinaire & au conſeil royal des finances; LE ROI ETANT EN SON CONSEIL, a ordonné & ordonne que ſon édit du mois de Mai dernier ſera exécuté ſelon ſa forme & teneur; en conſéquence, que les Etats de Lan-

guedoc ſeront tenus de payer annuellement au tréſor royal, à compter de 1780, en ſus de l'abonnement de ladite province, la ſomme de ſoixante-deux mille huit cent quatre-vingt-trois livres, à laquelle ſe porte le montant des tailles, deuxieme brevet, vingtiemes & capitation dudit comté de Caraman; comme auſſi, de payer pour la préſente année 1780 ſeulement, entre les mains du ſieur Baſtard, receveur particulier des impoſitions de l'élection de Lomagne, & à la déduction des taxations des collecteurs, la ſomme de cinq cent quatre-vingt-quatorze livres ſix ſols pour le montant de la contribution dudit comté, dans les impoſitions ordonnées pour le rembourſement des avances faites par la ville d'Auch, & pour la dépenſe des logemens militaires pendant ladite année 1780; & au moyen du payement qui ſera fait au tréſor royal par les Etats de Languedoc, de la ſomme de ſoixante-deux mille huit cent quatre-vingt-trois livres pour le montant des impoſitions royales, Sa Majeſté a déchargé & décharge, tant le ſieur Taillepied de Bondi, receveur général des finances, que le ſieur Baſtard, receveur particulier de l'élection de Lomagne, du recouvrement des ſommes qui avoient été compriſes dans les mandemens & répartitions faites par le ſieur intendant pour les tailles, les impoſitions acceſſoires compriſes, tant dans les premier & ſecond brevet, que pour la capitation noble & roturiere dudit comté de Caraman, & ordonne que les rôles pour l'impoſition des vingtiemes concernant ledit comté, ceſſeront, à compter de 1780, d'être arrêtés par ledit ſieur intendant, & d'être rendus exécutoires. Veut Sa Majeſté, relativement à l'indemnité qui pourra être due tant au receveur particulier de Lomagne, qu'aux receveurs généraux des finances de la généralité d'Auch, pour raison de diminution de recette, qu'aux officiers du bureau de l'élection de Lomagne, pour raison des droits de non-vérification des rôles, & tous autres officiers que ce démembrement pourroit concerner, de quelque manière que ce soit, que lesdits receveurs particuliers, receveurs généraux & autres, remettent leurs mémoires & pieces au sieur Douet de la Boullaye, intendant de la généralité d'Auch, à l'effet d'être ladite indemnité par lui liquidée, conjointement avec le sieur de Saint-Priest, commissaire départi dans la province de Languedoc, conformément audit édit, & le procès-verbal de liquidation qui en sera par eux dressé, être ensuite envoyé au conseil pour y être statué ainsi qu'il appartiendra : Enjoint Sa Majesté audit sieur Douet de la Boullaye, intendant de la généralité d'Auch, de tenir la main à l'exécution du présent arrêt. FAIT au conseil d'état du Roi, Sa Majesté y étant, tenu à Versailles le vingt-trois Janvier mil sept cent quatre-vingt.

Signé, AMELOT.

VII.
ARRÊT
DU CONSEIL D'ETAT DU ROI,

Qui fixe les sommes qui doivent être retenues par les receveurs & collecteurs, pour leurs taxations sur les impositions du comté de Caraman.

Du 16 Août 1780.

EXTRAIT *des registres du Conseil d'Etat.*

LE Roi s'étant fait représenter dans son conseil, l'arrêt rendu en icelui le 23 Janvier dernier, par lequel Sa Majesté auroit ordonné que les Etats de Languedoc seroient tenus de payer annuellement au trésor royal la somme de soixante-deux mille huit cent quatre-vingt-trois livres, pour la contribution des habitans du comté de Caraman aux impositions des tailles, second brevet, vingtiemes & capitation ; comme aussi de payer pour la présente année seulement, entre les mains du sieur Bastard, receveur particulier des impositions de l'élection de Lomagne, la somme de cinq cent quatre-vingt-quatorze livres six sols, pour le montant de la contribution dudit comté dans les impositions ordonnées pour le remboursement des avances faites par la ville d'Auch, & pour la dépense des logemens militaires pendant la présente année 1780 ; & Sa Majesté étant informée que dans lesdites sommes de soixante-deux mille huit cent quatre-vingt-trois livres, & de cinq cent quatre-vingt-quatorze livres six sols sont comprises les taxations des collecteurs & receveurs, en sorte que si lesdites deux sommes étoient entièrement versées au trésor royal, ou ès mains dudit sieur Bastard, ainsi que le porte ledit arrêt, les préposés au recouvrement de la même somme dans la province de Languedoc, se trouveroient privés de leurs taxations ; à quoi voulant pouvoir ; Oui le rapport du sieur Moreau de Beaumont, conseiller d'état ordinaire, & au conseil royal des finances ; SA MAJESTÉ ÉTANT EN SON CONSEIL, dérogeant, en tant que de besoin, audit arrêt du conseil du 23 Janvier dernier, A ORDONNÉ ET ORDONNE, que sur la somme de soixante-deux mille huit cent quatre-vingt-trois livres qui doit être versée au trésor royal pour les impositions du comté de Caraman, les receveurs & collecteurs pourront retenir par leurs mains ; savoir, huit cent quatre

quatre livres huit fols pour leurs taxations, à raifon de huit deniers pour livre des fommes comprifes dans le premier brevet ; celle de quatre cent foixante-douze livres dix-fept fols neuf deniers pour leurs taxations, à raifon de douze deniers par livre de la capitation ; celle de huit cent trente livres dix-neuf fols trois deniers, qui leur revient pareillement pour leurs taxations fur l'impofition des vingtiemes ; revenant toutes lefdites fommes à celle de deux mille deux cent huit livres cinq fols deux deniers ; au moyen de quoi ordonne Sa Majefté, qu'en faifant par les Etats de Languedoc verfer annuellement au tréfor royal la fomme de foixante mille fept cent foixante-quatorze livres quatorze fols dix deniers, pour les impofitions du comté de Caraman, ils en feront bien & valablement quittes & déchargés : Ordonne pareillement Sa Majefté, que fur la fomme de cinq cent quatre-vingt-quatorze livres fix fols que les Etats doivent payer au fieur Baftard, receveur des impofitions de l'élection de Lomagne, il fera retenu celle de neuf livres dix-huit fols un denier pour les taxations des receveurs, à raifon de quatre deniers pour livre ; au moyen de quoi, la fomme de cinq cent quatre-vingt-quatorze livres fix fols payable audit fieur Baftard, fera réduire à celle de cinq cent quatre-vingt-quatre livres fept fols un denier ; & qu'en payant par lefdits Etats ladite fomme de cinq cent quatre-vingt-quatre livres fept fols un denier audit fieur Baftard, ils en feront bien & valablement quittes & déchargés ; & fera ledit arrêt du 23 Janvier 1780, exécuté pour tout le furplus en ce qui n'eft pas contraire au préfent arrêt. FAIT au confeil d'état du Roi, Sa Majefté y étant, tenu à Verfailles le feize Août mil fept cent quatre-vingt. Signé, AMELOT.

Tome IV.

V I I I.

EXTRAIT du regiftre des délibérations des Etats généraux de Languedoc, affemblés par mandement du Roi en la ville de Montpellier le 30 Novembre 1780.

Du Jeudi 4 Janvier 1781 ; préfident Mgr. l'archevêque & primat de Narbonne, commandeur de l'ordre du St. Efprit.

MONSEIGNEUR l'archevêque de Touloufe a dit : Que la commiffion a entendu la lecture d'un mémoire préfenté aux Etats par le fyndic du diocefe de Touloufe, dans lequel il rend compte des opérations faites dans le cours de l'année, conformément à la délibération par eux prife le 28 Décembre 1779, en exécution de l'édit de réunion du comté de Caraman au Languedoc : Qu'il expofe en conféquence dans ce mémoire, que d'après l'envoi fait le 31 Janvier dernier aux feize communautés de ce comté, de ladite délibération, & des inftructions fur les loix de police & d'adminiftration municipale du Languedoc, ces communautés s'emprefferent de procéder à la formation d'un confeil politique qu'elles n'avoient pas, & d'un projet de dépenfes locales que le nouveau confeil jugea être néceffaires fous le nouveau régime.

Que ces objets ayant été conftatés par les extraits des délibérations de chacune defdites communautés, MM. les commiffaires ordinaires du diocefe fe firent repréfenter un état des dépenfes locales permifes fous le régime de la Guienne, & qu'il fût relevé de leur ordre un état pour chaque communauté, lequel comprenoit, 1º. ces dépenfes. 2º. Celles demandées par les communautés. 3º. Celles qui avoient paru à MM. les commiffaires ordinaires de voir leur être accordées ; que cet état fut renvoyé à la commission de 1734, qui dans le mois de Septembre arrêta le nouveau réglement ; mais qu'il étoit cependant intervenu un arrêt du conseil en date du 23 Janvier dernier, qui fixoit les impositions du comté pour 1780, à des sommes différentes de celles exprimées dans la délibération des Etats, & copiées dans les mandes dont l'envoi avoit été fait au diocese ; que pour s'assurer d'où provenoit cette erreur, MM. les commissaires ordinaires s'étant fait exhiber les mandes envoyées par la Guienne en 1779, reconnurent que la plus considérable des erreurs étoit renfermée dans la délibération des Etats, par l'inexactitude des renseignemens fournis par le député du comté, sur la nature & le montant des impositions de 1779.

Que l'arrêt du conseil n'étoit pas entierement conforme aux mandes de cette année, & que le plus, porté sur certains articles, comparé avec le moins résultant des autres, ne donnoit que soixante livres quatre sols neuf deniers d'augmentation : qu'une si légere différence n'auroit pas arrêté MM. les commissaires ordinaires du diocese, s'ils n'avoient remarqué que sur plusieurs sommes dont l'imposition étoit ordonnée en 1779, il étoit permis de prélever pour les taxations deux mille cent quatorze livres huit sols, dont l'arrêt du conseil ne faisoit aucune mention ; ce qui les engagea de faire dresser trois tableaux, dont le premier comprenoit l'imposition à supporter par le comté en 1780, délibérée par les Etats ; le second, les sommes fixées par l'arrêt du conseil ; le troisieme, le relevé des mandes envoyées par la Guienne ; & le tout, accompagné de pieces justificatives, & communiqué à la commission de 1734, fut envoyé à MM. les députés à la cour, afin de poursuivre au-

près du ministre des finances, les modifications dont l'arrêt du conseil étoit susceptible.

Qu'il fut répondu par ce ministre, quant aux soixante livres quatre sols deux deniers d'augmentation, que l'objet étoit trop modique pour s'en occuper, d'autant qu'il ne pouvoit être rien changé aux impositions ordonnées pour 1780 sur l'élection de Lomagne, desquelles on avoit distrait celles à supporter par le comté de Caraman ; mais qu'il reconnoissoit la justice de la demande à l'égard du prélevement des taxations ; & qu'à ce sujet, le syndic observe que cette légere augmentation n'auroit pas lieu dans les impositions subséquentes ; qu'ainsi, d'après cette décision du ministre, & sans attendre l'arrêt du conseil intervenu le 16 Août, l'assiette du diocese procéda au département des impositions du comté, dont les mandes ne lui furent toutefois envoyées qu'avec le nouveau réglement des dépenses locales ; que cependant ces communautés avoient fait procéder les trois premiers dimanches de Février aux publications pour l'adjudication de la taille, nommé le premier dimanche de Mars des collecteurs forcés, & adjugé le 15 Avril suivant la levée de cet impôt à des collecteurs volontaires, dont les levures n'excedent pas six deniers pour livre, quelques-unes étant même au-dessous ; celles qui ont rapport à la capitation & aux vingtiemes, indépendantes de la moinsdite, demeurant fixées à quatre deniers comme sous le régime de la Guienne.

Qu'au surplus, MM. les commissaires ordinaires se sont conformés aux usages du Languedoc, pour la répartition de la capitation du comté, sur le projet arrêté par le conseil politique de chacune des seize communautés, & présenté par leurs députés ; & qu'à la répartition de la somme fixée par l'arrêt du conseil, a été ajouté l'honoraire desdits députés, & le gras d'un & demi pour cent pour faire face aux non-valeurs.

Que le syndic observe encore, que sous le régime de la Guienne, il existoit un rôle séparé pour la capitation des nobles, revenant en 1779 à cent quatre-vingt-dix livres six sols : Que l'arrêt du conseil du 23 Janvier dernier, la fixant pour cette année au même taux, il parut injuste de répartir la même somme sur des contribuables dont le nombre n'étoit plus le même par rapport aux décharges accordées par M. l'intendant d'Auch à quelques-uns de ceux qui y étoient compris; de sorte que le meilleur expédient fut celui de répartir les cent quatre-vingt-dix livres six sols sur les communautés habitées par les nobles, en comprenant ceux-ci dans les rôles de la capitation roturiere, & y énonçant leur qualité.

Que par la répartition de la capitation, MM. les commissaires se sont convaincus de l'excès des taxes, surtout dans la ville de Caraman, par l'addition d'une somme de neuf cent cinquante livres douze sols du prix de la derniere année de l'abonnement des dons gratuits des villes, dont on espere la cessation, dès qu'il n'en a pas été fait mention dans l'arrêt du conseil.

Qu'il a été en outre adressé à la commission des vingtiemes, des copies collationnées des rôles des vingtiemes nobles & roturiers de toutes les communautés du comté, à l'effet de les rendre exécutoires pour 1780.

Qu'un rôle particulier à la ville de Caraman, ajoute le syndic du diocese, en découvrant l'assujettissement de cette communauté au vingtieme industriel, fit connoître en même temps les inconvéniens de la maniere dont cette imposition avoit été répartie, & qu'il en fut en conséquence formé un nouveau

pour 1780, avec un projet de répartition à laquelle MM. les commissaires procéderent, suivant l'usage reçu pour les autres communautés du diocese qui supportent cette imposition.

Que les Etats doivent encore être instruits que la ville de Caraman étant comprise dans le rôle des vingtiemes nobles & ruraux pour une somme de cent soixante-dix-huit livres quatre sols, à cause de ses biens patrimoniaux, & ne pouvant acquitter cette taxe, qu'en la prélevant sur le prix des baux de ses biens, lequel, suivant les réglemens, doit être mis en moins imposé, il a fallu une ordonnance de la commission des vingtiemes pour comprendre ladite somme dans la taille.

Qu'en outre, l'arrêt du conseil du 23 Janvier dernier, ayant ordonné pour les vingtiemes des offices & droits, la levée d'une somme de deux cent soixante-dix-sept livres quinze sols, qui excédoit de vingt-sept livres un sol deux deniers celle de 1779, & les gages & pensions attribués aux parties prenantes, n'étant pas susceptibles de la retenue de cette imposition, il a fallu la rejetter sur la taille de chaque communauté, en ajoutant cet excédent réparti au sol la livre, sur ce que chacune d'elles avoit payé en 1779.

Qu'il a été d'ailleurs présenté un mémoire au ministre des finances, d'après les plaintes de toutes les communautés du comté, sur la maniere arbitraire dont les vingtiemes nobles & ruraux ont été fixés ; qu'en attendant l'événement de ce mémoire, MM. les commissaires se sont vainement occupés du discernement des vingtiemes appliqués aux biens nobles, d'avec ceux appartenans aux biens taillables, dans la vue de confondre dans la taille les vingtiemes ruraux ; mais que pour opérer surement cette distraction, il étoit nécessaire d'obtenir du directeur des vingtiemes en Guienne, le détail de ses opérations pour la fixation des taxes de cette imposition ; demande qui a été faite sans succès, & qui ne s'effectuera que par un ordre du ministre.

Qu'il reste encore une autre opération à faire, celle de l'allivrement des seize communautés du comté dans le cadastre diocésain ; mais qu'il est préalablement nécessaire d'obtenir du ministre la fixation des sommes à distraire de l'imposition ordonnée sur le comté par le second brevet, dont sa réunion au Languedoc a dû l'affranchir : Que les objets énoncés dans ce second brevet, & formant un total de douze mille cinq cent soixante-douze livres, sont les ponts & chaussées, les corvées & turcies, les ports maritimes, la mendicité, la construction des canaux de Picardie & de Bourgogne, les Haras, les taxations des officiers des élections, la dépense du quartier d'hiver des troupes, & les convois militaires, la dépense extraordinaire pour la défense & sûreté des côtes, l'habillement, & autres dépenses des milices, avec les six deniers destinés aux invalides, & aux taxations du trésorier général ; enfin, les frais de recouvrement, tous objets auxquels le comté n'a plus d'intérêt aujourd'hui, & dont il réclame la décharge avec toute sorte de justice.

Qu'on observe en derniere analyse, que le comté est sans chemins & sans ponts ; qu'à la vérité il a été entrepris un chemin formant une partie de la route de Toulouse à Revel, sur les instances du diocese de Toulouse ; mais que l'exécution de ce chemin par corvée s'est trouvée si imparfaite, qu'après bien des frais inutiles pour son entretien, il a fallu le reconstruire à prix d'argent : Que cette reconstruction a été divisée en deux parties, dont l'une revenant à dix mille trois cent quarante livres étoit payée, & reçue avant la

réunion du comté ; & l'autre, adjugée en bloc à quatorze mille huit cent cinquante livres, n'étant pas finie lorsque le diocese s'en est mis en possession, l'assemblée de l'assiette s'est vue forcée, pour accomplir les prix portés par les toisés des ouvrages que les inspecteurs de la Guienne avoient délivré à l'entrepreneur, de rejetter sur le comté la somme de six mille cinq cent quatre-vingt-trois livres ; qu'ainsi, il reste à imposer celle de deux mille quatre-vingt-six livres, pour atteindre le prix du bail ; que cependant cette dépense paroitroit légere si la perfection de ce chemin étoit telle qu'il n'eût besoin que d'un simple entretien ; mais qu'il est au contraire indispensable de le recommencer dans toute son étendue, sur trois mille neuf cent onze toises, suivant la vérification faite le mois d'Avril dernier, par l'inspecteur du diocese, qui en évalue la dépense à soixante mille livres.

Qu'ainsi, d'après ces divers résultats, le syndic du diocese ne peut que s'en rapporter à ce qu'il plaira aux Etats de déterminer, soit pour obtenir la connoissance des quotités du montant du second brevet qui appartiennent à chaque objet, soit pour solliciter la suppression de celles auxquelles le comté n'a plus d'intérêt ; suppression qui néanmoins n'entraînera pas une moindre imposition, mais une application différente qui mettra la province à portée de rendre au comté en proportion de ce qu'elle en retirera.

Sur quoi la commission a été d'avis de proposer aux Etats de délibérer,

1°. D'approuver tout ce qui a été fait dans le cours de l'année pour le comté de Caraman, par MM. les commissaires ordinaires du diocese de Toulouse ; & en conséquence de charger MM. les députés à la cour, de demander un ordre du ministre des finances, à l'effet d'obtenir de M. l'intendant d'Auch la communication du détail des opérations faites par le directeur des vingtiemes en Guienne, relativement à la fixation des taxes de cette impolition.

2°. De charger pareillement les mêmes députés à la cour, de folliciter auprès de M. le directeur général, la fixation des fommes à diftraire de l'impofition ordonnée fur le comté de Caraman par le fecond brevet.

Que la fomme de deux mille quatre-vingt-fix livres reftante du prix du bail de l'entretien de la derniere partie du chemin de Touloufe à Revel, fera impofée fur les feize communautés dudit comté en 1781, pour être employée fous les ordres de MM. les commiffaires du diocefe à l'entretien dudit chemin, afin d'en éviter l'entier dépériffement.

Ce qui a été délibéré, conformément à l'avis de MM. les commiffaires.

I X.
ARRÊT
DU CONSEIL D'ÉTAT DU ROI,

Qui autorife le diocefe de Touloufe à impofer annuellement une fomme de quatre-vingt livres pour l'honoraire des deux députés de la ville de Caraman, à raifon de leur affiftance à l'affemblée de l'affiette.

Du 11 Février 1781.

EXTRAIT des Regiftres du Confeil d'État.

SUR la requête préfentée au Roi, étant en fon confeil, par le fyndic du diocefe de Touloufe; CONTENANT, que n'étant fait fonds dans l'état des frais d'affiette dudit diocefe, arrêté au confeil de Sa Majefté, que de l'ho-

noraire de quarante livres pour chacun des vingt-deux députés des villes maitreffes du diocefe, qui ont droit d'affifter à l'affemblée de l'affiette, l'admiffion à ladite affemblée des deux députés de la ville de Caraman, dont le comté vient d'être réuni au corps du diocefe, exige une augmentation à ce fonds de la fomme de quatre-vingt livres, à raifon de quarante livres pour chaque député; mais que l'impofition de cette fomme ne pouvant être faire que de l'autorité de Sa Majefté, l'affemblée de l'affiette, en délibérant cette augmentation le 20 Juin dernier, avoit chargé le fyndic du diocefe de pourfuivre cette autorifation : Que les États ayant, dans leur derniere affemblée, pris connoiffance de cette délibération, ils y auroient donné leur confentement par leur délibération du 19 Décembre fuivant, à la charge par le fuppliant d'obtenir de Sa Majefté l'autorifation de faire ladite impofition : Que les fieurs commiffaires ont en conféquence, le 31 dudit mois de Décembre, permis, fous le bon plaifir de Sa Majefté, l'impofition annuelle de ladite fomme de quatre-vingt liv., aux mêmes conditions inférées dans la délibération des États; en forte que le fuppliant efpere que Sa Majefté voudra bien autorifer le diocefe de Touloufe à impofer ledit honoraire. Requéroit, A CES CAUSES, qu'il plût à Sa Majefté d'y pourvoir. Vu ladite requête; la délibération des fieurs commiffaires ordinaires & députés à l'affiette du diocefe de Touloufe, du 20 Juin 1780; celle de l'affemblée des gens des trois-états de la province de Languedoc, du 19 Décembre fuivant, & l'ordonnance des fieurs commiffaires du Roi & des États du 31 du même mois : Oui le rapport du fieur Moreau de Beaumont, confeiller d'état ordinaire, & au confeil royal des finances; LE ROI ÉTANT EN SON

CONSEIL, a permis & permet au diocese de Toulouse, d'imposer annuellement à l'avenir dans le département des frais d'assiette, ladite somme de quatre-vingt livres pour l'honoraire des deux députés de la ville de Caraman, à raison de leur assistance à l'assemblée de l'assiette, sur le pied de quarante livres pour chacun ; laquelle somme de quatre-vingt livres sera recouvrée chaque année par le receveur des tailles en exercice, & employée au payement dudit honoraire. FAIT au conseil d'état du Roi, Sa Majesté y étant, tenu à Versailles le onze Février mil sept cent quatre-vingt-un.

Signé, AMELOT.

X.

EXTRAIT *du registre des délibérations des Etats généraux de Languedoc, assemblés par mandement du Roi en la ville de Montpellier au mois de Novembre 1781.*

Du 4 Janvier 1782, président Mgr. l'archevêque & primat de Narbonne, commandeur de l'ordre du St. Esprit.

MONSEIGNEUR l'évêque de Lodeve a dit : Que le sieur de la Fage, syndic général, a fait part à la commission, d'un mémoire présenté par le syndic du diocese de Toulouse.

Qu'il résulte de ce mémoire, que sur le compte rendu aux Etats derniers des opérations relatives à la réunion du comté de Caraman, cette assemblée chargea MM. les députés à la cour, de solliciter un ordre du ministre des finances, qui procurât au diocese la communication du travail du directeur des vingtiemes de la Guyenne, pour la fixation des taxes de cette imposition ; mais que leurs représentations à cet égard n'ont produit aucun

effet, cette communication ayant été refusée sur le fondement *que ce travail étoit incomplet lors de la réunion ; qu'il n'a jamais servi à l'assiette de cette imposition, & qu'il seroit même contraire aux intérêts des contribuables d'y avoir recours.*

De sorte que MM. les commissaires ordinaires, autorisés par l'assemblée de l'assiette, ont jugé que le seul moyen de parvenir au discernement des biens nobles d'avec les biens ruraux, seroit d'exiger des propriétaires des fonds nobles, rentes, moulins, bacs, péages, & autres usines, ainsi que des propriétaires des maisons qui composent la ville de Caraman seulement, des déclarations conformes à celles exigées en 1757 dans le diocese ; & en conséquence, ont chargé le syndic de poursuivre l'autorisation des Etats à cet arrangement.

Qu'il expose, en second lieu, dans son mémoire, que MM. les députés ont également sollicité en vain la fixation des sommes à distraire de l'imposition ordonnée sur le comté de Caraman, sous la dénomination de second brevet ; mais que, quand bien même cette demande eût été accueillie, le diocese présume que le montant des distractions devroit tourner au profit de la province, en compensation des obligations qu'elle a bien voulu contracter envers le comté, en ne l'amalgamant que sur le taux de ses impositions actuelles, sans le faire concourir aux frais des grandes routes, ponts, & autres objets dont elle est chargée ; qu'aussi il attend de la bonté des Etats, les renseignemens à cet égard qui peuvent lui être nécessaires, afin qu'étant fixé sur la proportion des impositions des seize communautés du comté avec celles du diocese, il puisse déterminer leur allivrement dans le cadastre diocésain.

Part. I. Div. II. Liv. I. Tit. X. Sect. II. 511

Nᵒ. X.

Qu'en troisieme lieu, ce syndic représente, que par l'édit de réunion du comté de Caraman au Languedoc, le diocese de Toulouse étant chargé de pourvoir aux indemnités qui seroient dues aux parties grevées, le receveur des tailles de l'élection de Lomagne, s'est pourvu le premier en dédommagement, & que son indemnité, suivant la conclusion du traité fait avec lui, a été fixée à quinze mille neuf cent quarante-neuf livres, tant en capital, que pour tous les accessoires; que ce même traité communiqué de suite aux receveurs du diocese, ils se font empressés d'y acquiescer, & ont été subrogés à son utilité, à la charge par eux d'en exécuter le contenu, & d'en poursuivre l'autorisation de Sa Majesté.

4°. Que ce syndic expose encore: Que MM. les officiers de la même élection de Lomagne, se prétendant privés par cette réunion, du montant de la vérification, remise & retirement des rôles des impositions des communautés du comté, des droits d'enregistrement, des baux-à-ferme, des biens patrimoniaux, nominations consulaires, produit des procès, paraphe des livres de muance, & enregistrement des dénonces concernant les défrichemens, ont réclamé une indemnité de quatre mille livres de principal, les intérêts non-compris; mais que ces droits ayant été mûrement discutés, cette discussion a opéré une diminution dans la prétention effective desdits officiers, qui, pour les objets non-pleinement justifiés, s'en sont remis à la décision de MM. les commissaires ordinaires; & que cette diminution pourra se porter de quatre à cinq cent livres sur le capital, & procurer proportionnellement celle des intérêts.

Que les circonstances n'ont pas permis de terminer cette affaire avant la tenue des Etats; mais que paroissant important d'en accélérer la conclusion, soit pour opérer plus promptement celle de toutes les opérations relatives à la réunion, soit pour diminuer la charge qu'occasionneroit le payement des intérêts, si celui du capital étoit retardé, le syndic supplie les Etats de consentir que la somme capitale qui pourra être convenue entre MM. les commissaires ordinaires & les officiers de l'élection de Lomagne, soit imposée en 1782, avec les intérêts courus & à courir jusqu'au premier Janvier 1783, sur les seize communautés du comté, proportionnellement à la quote que chacune d'elles supporteroit de ces droits.

Que le même syndic expose en dernier lieu: Qu'ayant été instruit de l'intention de Sa Majesté, de faire participer le comté de Caraman en 1782 à l'imposition des dons gratuits des villes, pour une somme de mille vingt-neuf livres seize sols quatre deniers, tant pour le principal que pour les dix sols pour livre de ce principal, il croit devoir observer que, sous le régime de la Guyenne, cette imposition montant en total à neuf cent cinquante livres douze sols, étoit supportée par les seuls habitans de la ville & consulat de Caraman, & additionnée au rôle de leur capitation, ce qui formoit pour eux une surcharge très-considérable.

Mais qu'un des principes de l'administration pour toutes les villes de la province, étant de rejeter une semblable imposition sur l'universalité des contribuables, & le comté, depuis sa réunion au Languedoc, devant suivre ses usages & son régime, il supplie les Etats de vouloir ordonner, en déterminant l'assiette de cette imposition, que la somme de mille vingt-neuf livres seize sols quatre deniers sera rejetée sur le taillable général dudit comté, & supportée par les seize communautés qui le composent, en proportion de leurs charges ordinaires.

Qu'en conséquence, sur l'exposé de ces divers objets, la commission a cru devoir proposer aux Etats, 1°. D'autoriser MM. les commissaires ordinaires du diocèse de Toulouse à exiger des propriétaires des fonds nobles, rentes, moulins, bacs, péages, & autres usines, ainsi que des propriétaires des maisons qui composent la ville de Caraman, des déclarations conformes à celles exigées en 1757 dans le diocèse.

2°. Délibérer, qu'attendu que le comté de Caraman demeure chargé de l'imposition du second brevet, il sera exempt de toute contribution aux frais des grandes routes, ponts, & autres objets dont la province a entrepris ou pourroit entreprendre l'exécution.

3°. D'approuver le traité conclu par MM. les commissaires ordinaires du diocèse, avec le receveur des tailles de l'élection de Lomagne.

4°. De consentir à l'imposition en 1782, sur les seize communautés du comté, du capital qui pourra être convenu entre MM. les commissaires ordinaires & les officiers de l'élection de Lomagne, ainsi que des intérêts dudit capital courus & à courir jusqu'au premier Janvier 1783.

5°. Enfin, que l'imposition de mille vingt-neuf livres seize sols quatre deniers, tant pour le principal des dons gratuits des villes, que pour les dix sols pour livre de ce principal, sera rejetée sur le taillable général dudit comté, & supportée par les seize communautés qui le composent, en proportion de leurs charges ordinaires.

Ce qui a été délibéré, conformément à l'avis de MM. les commissaires,

XI.

ARRÊT

DU CONSEIL D'ETAT DU ROI,

Qui homologue le traité passé le 7 Janvier 1782, entre les commissaires du diocèse de Toulouse, & le sieur Darquier, receveur des impositions de l'élection de Lomagne, pour régler l'indemnité due audit receveur, à raison du démembrement du comté de Caraman, & de sa réunion à la province de Languedoc.

Du 3 Juillet 1782.

EXTRAIT des Registres du Conseil d'Etat.

SUR la requête présentée au Roi étant en son conseil, par le syndic général de la province de Languedoc; CONTENANT, Que par édit du mois de Mai 1779, le comté de Caraman & communautés en dépendantes, ont été remis & rétablis sous l'administration de la province de Languedoc, & dans le taillable du diocèse de Toulouse, à la charge par ce diocèse de pourvoir à toutes les indemnités qui pourroient être dues aux différentes parties intéressées au démembrement, qu'éprouveroit la généralité d'Auch, & que les sieurs intendans de Languedoc & de la généralité d'Auch, avoient été commis à l'effet d'entendre les parties en cas de contestation sur lesdites indemnités, & dresser procès verbal de leurs dires & réquisitions, pour ledit procès verbal, & l'avis desdits sieurs commissaires rapportés à Sa Majesté, être par Elle statué en son conseil ainsi qu'il appartiendroit : Que le sieur Darquier, titulaire & propriétaire des deux offices de receveur des tailles de l'élection

de

de Lomagne, s'étant préfenté pour faire connoître le montant des indemnités qu'il croyoit être en droit de réclamer, il fut pris le 28 Mai 1781, dans l'affemblée de l'affiette du diocefe de Touloufe, une délibération par laquelle le fieur archevêque de Touloufe fut fupplié & chargé de vouloir bien traiter de gré-à-gré des indemnités avec le fieur Darquier, fur les mémoires par lui fournis à cet effet : Qu'un projet de traité que le fieur archevêque de Touloufe étoit parvenu à faire adopter par ce receveur, ayant été communiqué à l'affemblée des fieurs commiffaires du diocefe de Touloufe du 15 Novembre 1781, il fut délibéré dans cette affemblée, qu'il feroit fait part de ce projet aux receveurs du diocefe de Touloufe, pour, fur leur acquiefcement ou leur refus, être pris telle réfolution qu'il appartiendroit : Que ces receveurs ayant acquiefcé à l'arrangement en queftion, il fut délibéré dans une troifieme affemblée defdits fieurs commiffaires, tenue le 17 du même mois de Novembre, que le fieur abbé d'Ofmond, vicaire-général, concluroit au nom du fieur archevêque de Touloufe, le traité projeté avec le fieur Darquier, pour ce traité tourner au profit defdits receveurs, que l'affemblée fubrogea à fon utilité : Qu'avant de donner la forme légale à ce traité, on jugea néceffaire d'en inftruire les Etats de la province pour avoir leur confentement ; qu'ils l'ont approuvé par délibération du 4 Janvier dernier ; & qu'en conféquence, le contrat a été paffé le 7 du même mois de Janvier : Qu'il a été arrêté par les claufes de ce contrat, qu'il feroit payé au fieur Darquier, 1°. Pour la diminution qu'éprouvent fes deux offices de receveur, à caufe du démembrement dont il s'agit, une fomme de douze mille livres. 2°. La fomme de fix cent livres d'une

part, pour l'indemnité réfultant de la ceffation qui a eu lieu en 1780, des émolumens du comté de Caraman, appartenans à fon office pair pour l'exercice de ladite année 1780, & trois cent livres d'autre part, pour pareille indemnité des émolumens appartenans à l'office impair pour l'exercice de 1781. 3°. La fomme de cent foixante-neuf livres pour la portion relative aux émolumens dudit comté de Caraman, du dixieme d'amortiffement payée par ledit fieur Darquier, à raifon des deux exercices des années 1780 & 1781. 4°. La fomme de trois cent foixante livres pour la portion du rachat du centieme denier, ordonné par les lettres patentes du 27 Février 1780. 5°. Le fieur Darquier n'ayant point payé le rachat de fon office en exercice pair, il a été dit qu'on lui rembourferoit la fomme de cent vingt livres, à caufe de la portion du centieme denier payé pour les années 1780 & 1781 ; & qu'en outre, on lui payeroit celle de foixante livres pendant chacune des fix années qui reftent à courir jufqu'au nouveau rachat. 6°. Enfin, il a été convenu qu'il feroit payé au fieur Darquier une fomme de deux mille quatre cent livres, à titre d'indemnité ; que toutes ces fommes réunies, montant enfemble à celle de quinze mille neuf cent quarante-neuf livres, ont été payées à l'inftant même du contrat par les receveurs des tailles & taillon du diocefe de Touloufe ; en forte que pour mettre la derniere main à ce traité, & lui donner toute l'authenticité dont il eft fufceptible, il ne manque plus que l'autorifation de Sa Majefté : Que dans ces circonftances, le fuppliant, à raifon de l'intérêt qu'il prend à l'exécution d'un arrangement qui tient fi directement à l'adminiftration de la province de Languedoc, croit devoir en folliciter lui-même l'homologation,

& que c'est l'objet de la présente requête. Pour justifier du contenu en icelle, il y joindra, 1°. Un exemplaire imprimé, tant de l'édit du mois de Mai 1779, que d'un arrêt du conseil du 23 Janvier 1780 qui en a été la suite. 2°. Une copie collationnée de la délibération prise dans l'assemblée de l'assiette du diocese de Toulouse le 28 Mai 1781. 3°. Une pareille copie de la délibération prise dans l'assemblée des sieurs commissaires dudit diocese du 15 Novembre 1781. 4°. Une semblable copie d'une autre délibération desdits sieurs commissaires du 17 du même mois de Novembre. 5°. Une copie de la délibération prise dans l'assemblée des Etats de la province le 4 Janvier 1782. 6°. Enfin, l'expédition du contrat passé avec le sieur Darquier le 7 du même mois de Janvier. Requeroit, A CES CAUSES, le suppliant, qu'il plût à Sa Majesté autoriser & homologuer le traité passé le 7 Janvier 1782, entre le diocese de Toulouse, aux droits duquel les receveurs des tailles & taillon dudit diocese ont été subrogés, & le sieur Darquier, receveur des impositions de l'élection de Lomagne, au sujet des indemnités dues à ce dernier, comme propriétaire des deux offices de receveur des tailles de ladite élection, à cause du démembrement du comté de Caraman & dépendances, qu'a éprouvé la généralité d'Auch par l'édit du mois de Mai 1779. Ordonner en conséquence, que ledit traité sera exécuté selon sa forme & teneur, & que toutes lettres patentes seront expédiées, si besoin est, sur l'arrêt à intervenir. Vu ladite requête, signée Bocquet de Chanterenne, avocat du suppliant, ensemble l'avis du sieur de Saint-Priest, intendant & commissaire départi en la province de Languedoc : Oui le rapport du sieur Joly de Fleury, con-

seiller d'Etat ordinaire & au conseil royal des finances ; LE ROI ÉTANT EN SON CONSEIL, a homologué & homologue le traité passé le sept Janvier dernier, entre les commissaires du diocese de Toulouse & le sieur Darquier, receveur des impositions de l'élection de Lomagne, pour régler l'indemnité due audit receveur, à raison du démembrement du comté de Caraman, & de sa réunion à ladite province de Languedoc, ordonne que ledit traité sera exécuté en tout son contenu : Et seront, si besoin est, toutes lettres nécessaires expédiées sur le présent arrêt. FAIT au conseil d'Etat du Roi, Sa Majesté y étant, tenu à Versailles le trois Juillet mil sept cent quatre-vingt-deux. *Signé*, AMELOT.

X I I.

EXTRAIT du registre des délibérations des Etats généraux de Languedoc, assemblés par mandement du Roi en la ville de Montpellier le 25 Novembre 1782.

Du Samedi 28 Décembre suivant, président Mgr. l'archevêque de Toulouse, commandeur de l'ordre du St. Esprit.

MONSEIGNEUR l'évêque de Lodeve a dit : Que le sieur de Puymaurin, syndic général, a fait part à la commission de la délibération prise par l'assemblée de l'assiette du diocese de Toulouse le 28 Mai dernier, par laquelle il paroît que celle prise par l'assiette dudit diocese tenue le 28 Mai 1781, ayant été communiquée aux officiers de l'élection de Lomagne, sur la demande qu'ils avoient formée en indemnité des droits dont la réunion du comté de Caraman à la province les avoit privés, laquelle indemnité ils faisoient monter à quatre mille livres ; lesdits officiers, loin d'acquiescer aux

propofitions contenues en la fufdite délibération, perfévererent de plus fort
dans leur premiere demande de quatre
mille livres, ce qui fut de nouveau
combattu par un mémoire très-con-
cluant; que les chofes étoient encore
dans cette pofition lors de la tenue de
l'affemblée des derniers Etats où il en
fut rendu compte, & cette affemblée
prit une délibération le 4 Janvier dernier, qui confentit à l'impofition fur
les feize communautés dudit comté,
du capital qui feroit convenu à raifon
de ladite indemnité, entre MM. les
commiffaires ordinaires du diocefe, &
lefdits officiers de l'élection de Lomagne, ainfi que des intérêts dudit capital jufques au premier Janvier
1783.

Que la difcuffion de cette affaire
ayant été reprife après la féparation
des Etats par MM. les commiffaires
ordinaires dudit diocefe, il réfulte d'une
conférence qu'ils ont eue avec l'officier
de l'élection, que cette compagnie leur
a député, que leur demande devoit être
réduite en capital à deux mille cinq
cent quatre-vingt-douze livres, au lieu
de deux mille huit cent vingt livres, à
quoi l'affemblée de l'affiette l'avoit d'a-
bord fixée; qu'en conféquence, il a
été paffé le 10 Avril dernier, un traité
entre MM. les commiffaires ordinaires
& ledit député, qui a été ratifié par
délibération de fa compagnie le 15 dudit mois d'Avril, lequel traité rapporté
par le fyndic dudit diocefe à l'affemblée de l'affiette tenue au mois de Mai
dernier, pour qu'elle en prît connoiffance & en ordonnât l'exécution, &
l'impofition fur les feize communautés
dudit comté, tant dudit capital de
deux mille cinq cent quatre-vingt-
douze livres, que de la fomme de
trois cent quatre-vingt-huit livres feize
fols pour les intérêts courus & à courir, dans la proportion des droits qui

étoient à la charge de chacune de ces
communautés, dont il avoit été fait un
relevé, auquel on a ajouté trente-huit
livres huit fols pour les frais de la quittance publique à exiger de la part de
ces officiers, & foixante-quinze livres
neuf fols fix deniers pour les taxations
du receveur, lequel état le fyndic du
diocefe a pareillement préfenté à l'affemblée de l'affiette pour être par
elle examiné & approuvé, s'il y avoit
lieu.

Sur quoi l'affemblée de ladite affiette, tenue le 28 Mai dernier, après
avoir examiné ledit traité convenu entre MM. les commiffaires ordinaires du
diocefe de Touloufe, & les officiers de
l'élection de Lomagne, l'a approuvé &
délibéré d'en impofer le montant à la
prochaine impofition fur lefdites feize
communautés dudit comté de Caraman, ainfi que les frais de la quittance publique que le traité met à la
charge des communautés, & de plus,
les taxations du receveur dans la proportion déterminée par l'état qui lui a
été préfenté, & qu'elle a approuvé;
& qu'il ne reftoit, quant à préfent,
qu'à faire approuver par l'affemblée
des Etats, ledit traité paffé le 10 Avril
dernier, & la fupplier de charger le
fyndic général qui fera député à la cour
l'année prochaine, de faire autorifer
ledit traité par un arrêt du confeil, ainfi
qu'il en fut ufé pour le traité paffé le
7 Janvier dernier entre les commiffaires ordinaires du diocefe de Touloufe, & le receveur de ladite élection
de Lomagne.

Que fur cet expofé, MM. les commiffaires ont été d'avis de propofer aux
Etats d'approuver le traité paffé le 10
Avril dernier entre les commiffaires
ordinaires du diocefe de Touloufe,
& les officiers de l'élection de Lomagne, & de charger le fyndic général qui fera député à la cour, d'ob-

tenir un arrêt du confeil pour autorifer ledit traité.

Ce qui a été délibéré, conformément à l'avis de MM. les commiffaires.

XIII.

ARRÊT

Du Conseil d'État du Roi,

*Qui homologue le traité paffé entre
le diocefe de Toulouſe & les officiers de l'élection de Lomagne, au
fujet de l'indemnité convenue à raifon de la féparation du comté de
Caraman du reffort de ladite élection, ledit comté ayant été réuni
à la province de Languedoc dans le
taillable dudit diocefe.*

Du 22 Février 1783.

*Extrait des Regiſtres du Conſeil
d'Etat.*

Sur la requête préfentée au Roi étant
en fon confeil, par le fyndic général des Etats de Languedoc; Contenant, qu'en exécution de l'édit du
mois de Mai 1779, portant réunion du
comté de Caraman & communautés
en dépendantes, à la province de Languedoc, pour être compris dans le
taillable du diocefe de Toulouſe, à la
charge par ledit diocefe de pourvoir à
toutes les indemnités qui pourroient
être dues aux différentes parties intéreffées à ce démembrement de la généralité d'Auch, il a été paffé le 10 Avril
1782, entre les fieurs commiffaires &
fyndic du diocefe de Toulouſe d'une
part, & les officiers de l'élection de
Lomagne d'autre part, un traité dans
lequel, après avoir reconnu que les
droits & émolumens annuels dont fe
trouvoient privés lefdits officiers de
l'élection de Lomagne, à raifon de ce

que le comté de Caraman fe trouvoit
féparé du reffort de leur jurifdiction,
fe montoient à la fomme de cent vingt-
neuf livres douze fols, dont le capital,
fur le pied du denier vingt, faifoit un
objet de deux mille cinq cent quatre-
vingt-douze livres, il a été arrêté, que
pour leur tenir lieu de l'indemnité qu'ils
avoient à prétendre, le diocefe leur
rembourferoit ledit capital, enfemble
la fomme de trois cent quatre-vingt-
huit livres feize fols pour les intérêts
à raifon de cinq pour cent, depuis le
premier Janvier 1780, jufques au premier Janvier 1783; Que l'affemblée de
l'affiette du diocefe de Toulouſe, tenue
le 28 Mai dernier, à laquelle ce traité
a été préfenté, l'a approuvé, & a délibéré de pourvoir au payement de ladite fomme totale de deux mille neuf
cent quatre-vingt livres feize fols, en
impofant cette fomme fur les feize
communautés qui compofent ledit
comté de Caraman; Que l'affemblée
générale des Etats de la province, à
qui il a été rendu compte de ces opérations, les a pareillement approuvées
par une délibération du 24 Décembre
dernier; Que dans ces circonftances, il
ne refte plus qu'à fupplier Sa Majefté
de vouloir bien autorifer le traité dont
il s'agit, & que c'eft auffi pour obtenir
cette autorifation, que le fuppliant a
l'honneur de donner la préfente requête.
Pour juftifier du contenu en icelle, le
fuppliant y joindra, 1°. Une copie collationnée dudit traité du 10 Avril 1782,
paffé entre lefdits fieurs commiffaires
ordinaires du diocefe de Toulouſe &
les officiers de l'élection de Lomagne.
2°. Une pareille copie de la délibération des Etats de Languedoc du 24 Décembre de la même année. Requéroit,
A CES CAUSES, le fuppliant, qu'il plût
à Sa Majefté autorifer & homologuer
le traité paffé le 10 Avril 1782 entre le
diocefe de Toulouſe & les officiers de

N°. XIII. l'élection de Lomagne, au sujet des indemnités dues à ces derniers, pour raison de la réunion du comté de caraman & communautés en dépendantes à la province de Languedoc, & du démembrement de ce comté du ressort de ladite élection de Lomagne, opérés par l'édit du mois de Mai 1779; ordonner en conséquence que ledit traité sera exécuté selon sa forme & teneur, & que toutes lettres patentes, si besoin est, seront expédiées sur l'arrêt à intervenir. VU ladite requête, signée Bocquet de Chanterenne, avocat du suppliant : OUI le rapport du sieur Joly de Fleury, conseiller d'état ordinaire, & au conseil royal des finances; LE ROI ÉTANT EN SON CONSEIL, a homologué & homologue le traité passé le 10 Avril 1782 entre le diocese de Toulouse & les officiers de l'élection de Lomagne : Ordonne que ledit traité sera exécuté en tout son contenu; en conséquence, qu'il sera payé par ledit diocese auxdits officiers de l'élection de Lomagne, la somme principale de deux mille cinq cent quatre-vingt-douze livres pour leur tenir lieu de l'indemnité qu'ils avoient à prétendre à raison de la séparation du comté de Caraman, de leur ressort; ensemble la somme de trois cent quatre-vingt-huit livres seize sols pour les intérêts depuis le premier Janvier 1780 jusqu'au premier Janvier 1783 : Et feront, si besoin est, toutes lettres nécessaires expédiées sur le présent arrêt. FAIT au conseil d'état du Roi, Sa Majesté y étant, tenu à Versailles le vingt-deux Février 1783.

Signé, AMELOT.

XIV.

EXTRAIT du registre des délibérations des Etats généraux de Languedoc, assemblés à Montpellier par mandement du Roi, le 13 Novembre 1783.

N°. XIV. Du Jeudi 4 Décembre, président Mgr. Mgr. l'archevêque & primat de Narbonne, commandeur de l'ordre du St. Esprit.

MONSEIGNEUR l'archevêque de Toulouse a dit : Que le sieur de Puymaurin, syndic général, a rendu compte à la commission du huitieme objet du mémoire du syndic du diocese de Toulouse, qui a rapport à la délibération des Etats du 28 Décembre 1779, prise à l'occasion de la réunion du comté de Caraman.

Ledit syndic expose qu'il fut déterminé dans cette délibération, que la ville de Caraman, chef-lieu dudit comté, jouiroit du droit de députer à son tour à l'assemblée des Etats, & de députer aussi chaque année à celles de l'assiette du diocese de Toulouse, immédiatement après celle de Verfeil, & avant celle de Saint-Felix.

SUR QUOI il observe qu'il est intervenu une erreur dans cette détermination, en ce qu'on y a supposé que le rang donné aux onze villes maîtresses du diocese, pour l'entrée à l'assiette, désignoit dans le même ordre leur tour pour député à l'assemblée des Etats; mais, comme ces deux objets different entre eux, que la députation aux Etats est acquise à la ville de Saint-Julia en vertu de l'ordre constamment observé, avant que celle de Caraman ne puisse en jouir, qu'en donnant un rang à ladite ville de Caraman pour cette députation, les Etats n'ont entendu lui donner que le dernier, ainsi que pour l'entrée à l'assiette, & qu'en conséquence les villes lésées par la disposition nouvelle, ont porté leurs réclamations à l'assemblée de l'assiette qui, par délibération du 2 Juin dernier, fol. 50 de son procès verbal, a chargé ledit syndic de les mettre sous les yeux des Etats.

Qu'en exécution de cette délibération, il supplie les Etats corrigeant, quant à ce , l'erreur intervenue dans la ſuſdite délibération du 28 Décembre 1779 , de vouloir bien ordonner que les conſuls de la ville de Caraman continueront de prendre leur rang & ſéance à l'aſſiette immédiatement après la ville de Verſeil ; mais qu'à l'égard du tour pour députer à l'aſſemblée des Etats , la ville de Caraman n'en jouira qu'immédiatement après la ville de Saint-Julia , & avant celle de Saint-Felix.

Que ſur l'expoſé ci-deſſus, la commiſſion a été d'avis de propoſer aux Etats , corrigeant la ſuſdite erreur intervenue dans la délibération du 28 Décembre 1779 , d'ordonner que les conſuls de la ville de Caraman continueront de prendre leur rang & ſéance à l'aſſiette immédiatement après la ville de Verſeil ; mais qu'à l'égard du tour pour députer aux Etats , la ville de Caraman n'en jouira qu'immédiatement après la ville de Saint-Julia & avant celle de Saint-Felix.

Ce qui a été délibéré , conformément à l'avis de la commiſſion.

Mgr. l'archevêque de Touloſe a dit : Que le ſieur de Puymaurin , ſyndic général , a auſſi fait part à la commiſſion d'un autre mémoire du ſyndic du dioceſe de Touloſe , dans lequel il expoſe , que par la délibération des Etats du 4 Janvier 1782, les commiſſaires ordinaires dudit dioceſe furent autoriſés à exiger des propriétaires des biens & droits nobles, bacs, péages, moulins & autres uſines, ainſi que de ceux poſſédant des maiſons dans la ville de Caraman , des déclarations égales à celles exigées en 1757 dans le dioceſe , & de déterminer la portion ou quote des vingtiemes impoſés ſur le comté, que ces divers propriétaires devroient ſupporter , pour le ſurplus être enſuite rejeté ſur les biens ruraux en la maniere uſitée dans la province.

Que la majeure partie de ces propriétaires ont ſatisfait à la délibération des Etats par la remiſe de leurs déclarations, d'autres l'ont négligée ou s'y ſont refuſés ; mais que le ſyndic du dioceſe a tâché d'y ſuppléer par les renſeignemens qu'il s'eſt procuré ; en ſorte que d'après les éclairciſſemens pris par MM. les commiſſaires ordinaires , on a fait connoître dans un état à colonnes, la quantité & qualité deſdits biens & droits nobles , leurs produits en nature, évalués , d'après les tarifs faits en 1757, leur revenu en argent fixé en raiſon de la valeur des grains ſur les prix courans , & quelles ſont les taxes que chacun d'eux doit ſupporter.

Que le ſyndic dudit dioceſe , en remettant cet état ſous les yeux de la commiſſion , pour qu'elle puiſſe prendre connoiſſance des opérations qui y ſont contenues & des motifs déterminés , ſupplie les Etats d'y donner leur approbation , afin que la commiſſion des vingtiemes puiſſe faire expédier des rôles pour la levée & perception deſdites taxes en la forme de ceux adreſſés au dioceſe, & ordonner que le montant deſdites taxes , ſe portant à la ſomme de ſix mille ſept cent trente - quatre livres huit ſols ſix deniers, diſtrait de celle de vingt mille cinq cent vingt-trois livres huit ſols dix deniers, à laquelle s'élevent les trois vingtiemes & les quatre ſols pour livre du premier , le ſurplus revenant à treize mille ſept cent quatre-vingt - neuf livres quatre deniers , ſera rejeté ſur les biens ruraux & additionnée à la taille pour leur être départi dans la même proportion que l'eſt cette impoſition.

Que ſur cet expoſé, la commiſſion a été d'avis de propoſer aux Etats d'approuver les opérations contenues dans le ſuſdit état, & d'autoriſer la commiſſion des vingtiemes , à faire expédier des rôles pour la levée & perception deſdites taxes en la forme de ceux adressés au diocese, & d'ordonner que le montant des susdites taxes, se portant à la somme de six mille sept cent trente-quatre livres huit sols six deniers distrait de celle de vingt mille cinq cent vingt-trois livres huit sols dix deniers à laquelle s'élevent les trois vingtiemes & les quatre sols pour livre du premier, le surplus revenant à la somme de treize mille sept cent quatre - vingt-neuf livres quatre deniers sera rejeté sur les biens ruraux & additionné à la taille pour leur être départi dans la même proportion que l'est cette imposition.

Ce qui a été délibéré, conformément à l'avis de MM. les commissaires.

XV.

EXTRAIT du registre des délibérations des Etats généraux de Languedoc, assemblés par mandement du Roi en la ville de Montpellier au mois de Novembre 1783.

Du Jeudi 18 du mois de Décembre, président Mgr. l'archevêque & primat de Narbonne, commandeur de l'ordre du St. Esprit.

MONSEIGNEUR l'archevêque de Toulouse a dit : Que le sieur de Puymaurin a rendu compte à la commission d'un mémoire présenté par le syndic du diocese de Toulouse, dans lequel il expose que les Etats renvoyerent par leur délibération du 28 Décembre 1779, à l'assemblée de l'assiette dudit diocese, à determiner l'allivrement qu'il convenoit de donner aux seize communautés du comté de Caraman dans le cadastre diocésain ; de maniere que, d'après les opérations à ce relatives, ils pussent déterminer du moins provisoirement la quotité que ce comté supporteroit dans l'imposition générale du taillable dudit diocese.

Que l'assemblée à l'assiette tenue le 2 Juin dernier, s'étant occupée de ce travail, a cru reconnoître que l'allivrement proposé qui, dans le premier apperçu en gros, avoit paru aisé, présente dans ses détails des difficultés qui semblent ne pas permettre de rien déterminer quant à présent à cet égard, & paroissent devoir au contraire engager les Etats à arrêter que ce comté continuera jusqu'à ce qu'il puisse être pris d'autres arrangemens, à supporter séparément les impositions auxquelles il est tenu par les conditions de sa réunion au Languedoc.

Que ces difficultés consistent en ce, que pour opérer l'allivrement dont il est question, de façon que le comté ne fît désormais qu'un seul & même tout avec le taillable du diocese, il faudroit nécessairement obtenir la suppression du second brevet de ses impositions, parce que les sommes qui le composent, n'étant relatives qu'à des dépenses propres & particulieres à la généralité d'Auch dont ce comté ne fait plus partie, il n'est pas juste qu'il continue de les supporter ; il faudroit aussi qu'après l'avoir déchargé de ce second brevet on donnât au comté proportionnellement au montant du premier brevet de ses impositions, comparé à celui de la taille du diocese, une portion de contribution dans chacun des divers départemens des impositions de la province, qui sont exprimés dans les mandes qu'elle fait expédier chaque année, & que le montant de sa quote-part dans ces divers départemens, équipollât le second brevet dont il seroit déchargé ; il faudroit de plus que le premier brevet fût réuni, ainsi que les Etats l'ont délibéré en 1780, au seul département de la taille.

Que d'après ces difficultés, qu'il n'est plus au pouvoir de l'administration d'élever en ce moment, MM. les commissaires ont été d'avis de proposer à l'asſemblée de délibérer que le diocèſe de Toulouſe continuera de former un département particulier, tant des ſommes que le comté eſt tenu de faire verſer au tréſor royal, que de celles qu'il pourra y avoir lieu de lui impoſer d'ailleurs, leſquelles ſeront reparties aux ſeize communautés qui le compoſent, proportionnellement à leur contribution, au montant du premier brevet; à l'effet de quoi il ſera dreſſé, d'après cette contribution, un tarif pour ſervir à ladite répartition.

Ce qui a été délibéré, conformément à l'avis de MM. les commiſſaires.

X V I.

Extrait du regiſtre des délibérations des Etats généraux de Languedoc, aſſemblés par mandement du Roi en la ville de Montpellier, le 12 Janvier 1786.

Du Jeudi 26 Janvier; préſident Mgr. l'archevêque & primat de Narbonne, commandeur de l'ordre du St. Eſprit.

MONSEIGNEUR l'évêque du Puy a dit : Que le ſyndic du diocèſe de Toulouſe ſollicite l'autoriſation des opérations faites & arrêtées le 7 du préſent mois de Janvier, par les commiſſaires ordinaires, pour la fixation de certaines des taxes des vingtiemes nobles du comté de Caraman, proviſoirement arrêtées en 1783, faute par les propriétaires d'avoir à cette époque fourni leurs déclarations des revenus de leurs biens & droits nobles, & dont la taxe définitive vient d'être opérée d'après la remiſe de ces mêmes déclarations.

Qu'à l'appui de cette demande, le ſieur de Puymaurin a remis ſur le bureau le tableau ou état à colonnes, contenant le détail des opérations ci-deſſus énoncées ; qu'il en réſulte qu'en

comparant les ſuſdites taxes proviſoires avec les définitives qui leur ſont ſubſtituées, il y a cinquante-une livres quatorze ſols onze deniers à diſtraire des ſix mille ſept cent trente-quatre livres huit ſols ſix deniers, aſſignées aux biens & droits nobles dudit comté, & à additionner aux treize mille ſept cent quatre-vingt-neuf livres quatre deniers rejetées ſur les biens ruraux par l'arrêté fait en 1783, & autoriſé par délibération des Etats du 4 décembre de ladite année ; qu'il ſuit par conſéquent de ces nouvelles opérations, que la portion des vingtiemes à ſupporter en 1786, par les biens nobles du comté, doit être réduite à ſix mille ſix cent quatre-vingt-deux livres treize ſols ſept den. ; que celle à rejeter ſur les biens ruraux doit être portée à treize mille huit cent quarante livres quinze ſols trois deniers, & que ces deux ſommes réunies parferont celle de vingt mille cinq cent vingt-trois livres huit ſols dix deniers à ſupporter par le comté pour les trois vingtiemes & les quatre ſols pour livre du premier.

Qu'il réſulte encore des opérations & tableau ci-deſſus mentionnés, qu'en comparant les mêmes taxes proviſoires & définitives, il y a lieu de reſtituer une ſomme de cent quarante-cinq livres un ſol dix deniers, formant en 1783 & 1784 les excédens des taxes proviſoires ſur celles qui viennent d'être définitivement arrêtées; & que cette ſomme doit être diviſée comme ſuit ; ſavoir, ſoixante-ſix livres quatre ſols à M. de Sanchely ; ſeize livres à Pierre Olier, forgeron de Cambiac ; vingt-trois livres un ſol ſix deniers à Matthieu Paute, forgeron de Mourvilles-Baſſes ; vingt-quatre livres à Pierre Eſcandre, forgeron de Vendine ; & ſeize livres aux deux forgerons de Loubens, qui ont payé en 1784 & 1785 la taxe proviſoire de 32 livres.

Que

Que la commission ayant procédé à l'examen de ces différentes opérations, & ayant reconnu qu'elles ont été dirigées par les principes les plus purs de l'administration, a été d'avis de proposer aux Etats de les autoriser, & d'ordonner en conséquence, 1°. Que la quotité des vingtiemes à supporter la présente année 1786 par les propriétaires des biens & droits nobles dudit comté, demeurera fixée à la somme de six mille six cent quatre-vingt-deux livres treize sols sept

deniers. 2°. Que le surplus des vingtiemes assignés au comté, se portant à treize mille huit cent quarante livres quinze sols trois deniers, sera rejeté sur les biens ruraux. 3°. Enfin, qu'il sera additionné la présente année à cette derniere somme celle de cent quarante-cinq livres un sol dix deniers pour servir aux restitutions ci-dessus mentionnées.

Ce qui a été délibéré, conformément à l'avis de la commission.

§. I I.

Diocese de Lavaur.

LE diocese de Lavaur confine, au nord, avec les dioceses d'Alby & de Castres; au levant, avec ce dernier diocese; au midi, avec ceux de Carcassonne & de Saint-Papoul; au couchant, avec le diocese de Toulouse.

Il n'y a point de baronnie dans ce diocese.

Le syndic du chapitre de Lavaur entre à l'assiette; les procès verbaux le nomment après les quatre consuls de Lavaur & lui donnent, conjointement avec ceux-ci, la qualité de commissaire ordinaire. Il occupe dans la séance un rang distingué de celui des consuls.

Il y a dans le diocese de Lavaur trois différens ordres des villes & lieux qui ont droit de députer à l'assiette.

Puylaurens, Revel, Dulac, Soreze & Saint-Paul, y envoient, chacune, deux députés, chaque année.

Cuq, Mazamet, la Bastide, Saint-Amans, & depuis 1783, *Dourgne,* y envoient chacune un député, chaque année.

Enfin sur vingt-quatre consulats qui composoient l'ancienne banlieue de Lavaur, il y en a chaque année deux qui envoient chacun leur député; & ces deux députés portent dans l'assemblée de l'assiette le nom de syndics des vingt-quatre consulats.

Voici leurs noms avec l'ordre du tour de leur députation à l'assiette, à partir de la présente année 1786.

Saint-Aignan.
Marçens.
St. Germier.
Belcastel.
Garrigues.
Seran.
Viviers-les-Lavaur.
Prenian.
Veilles.
Roquevidal.
Jul.
Pratviel.

Saint-Jean-de-Rives.
Valcournouse.
Maurens.
Villeneuve.
Massac.
Escaupont.
Lugan.
Avezac.
Senil.
Cambon.
Saint-Lieux.
La Cougotte.

I.

EXTRAIT du registre des délibérations des Etats généraux de Languedoc, assemblés par mandement du Roi en la ville de Montpellier le 21 Novembre 1782.

Du Samedi 7 Décembre suivant, président Mgr. l'archevêque de Toulouse, commandeur de l'ordre du St. Esprit.

MONSEIGNEUR l'évêque de Commenge a dit : Que le sieur de Puymaurin, syndic général, a fait part à la commission, d'un mémoire remis par le syndic du diocèse de Lavaur, par lequel il supplie les Etats de vouloir bien autoriser la délibération prise par l'assiette de ce diocèse le 12 Juin dernier, qui accorde, sous leur bon plaisir, à la communauté de Dourgne, l'envoi & l'entrée d'un député à ladite assiette ; comme aussi de donner leur consentement à l'imposition annuelle de quarante francs en faveur dudit député. Un accroissement considérable de population, d'aisance & d'industrie ayant élevé la communauté de Dourgne au rang des plus importantes de ce diocèse, l'assiette a cru ne pouvoir lui refuser une distinction qu'elle avoit droit de prétendre.

Que MM. les commissaires, après avoir entendu la lecture du mémoire dudit syndic, ainsi que de la délibération prise par l'assemblée de l'assiette dudit diocèse de Lavaur, en date du 12 Juin dernier, & pieces y annexées, ont été d'avis de proposer aux Etats,

1°. D'autoriser la susdite délibération du 12 Juin dernier, qui accorde à la communauté de Dourgne, l'envoi & l'entrée d'un député à l'assemblée de l'assiette dudit diocèse.

2°. De consentir à l'imposition annuelle de la somme de quarante livres, en faveur du député de la communauté de Dourgne.

Ce qui a été délibéré, conformément à l'avis de MM. les commissaires.

II.

ARRÊT

DU CONSEIL D'ETAT DU ROI,

Qui autorise le diocèse de Lavaur à imposer annuellement une somme de quarante livres pour l'honoraire & droit d'assistance du député de la communauté de Dourgne à l'assemblée de l'assiette dudit diocèse.

Du 15 Février 1783.

EXTRAIT des Registres du Conseil d'Etat.

VU par le Roi, étant en son conseil, l'ordonnance rendue sur la requête du syndic du diocèse de Lavaur, par les sieurs commissaires présidens pour Sa Majesté aux Etats de la province de Languedoc , & par les sieurs commissaires desdits Etats, le vingt-deux Décembre mil sept cent quatre-vingt-deux, par laquelle ils ont, sous le bon plaisir du Roi, permis aux sieurs commissaires ordinaires & députés à l'assiette dudit diocese de Lavaur, d'imposer annuellement la somme de quarante livres pour l'honoraire & droit d'assistance du député de la communauté de Dourgne à l'assemblée dudit diocese, & à la charge d'en obtenir l'autorisation de Sa Majesté. Vu aussi la délibération prise le douze Juin mil sept cent quatre-vingt-deux par ladite assemblée de l'assiette, aux fins d'obtenir par les motifs y exposés, le consentement de l'assemblée desdits Etats à l'imposition de ladite somme de quarante livres pour ledit honoraire, & la permission de Sa Majesté, ensemble la délibération prise par ladite assemblée des Etats le sept du mois de Décembre de ladite année, par laquelle

ils ont donné leur consentement à ladite imposition , à la charge aussi de l'autorisation de Sa Majesté : Ouï le rapport du sieur Joly de Fleury, conseiller d'état ordinaire , & au conseil royal des finances : LE ROI ÉTANT EN SON CONSEIL , a approuvé & confirmé, approuve & confirme l'ordonnance desdits sieurs commissaires dudit jour vingt-deux Décembre mil sept cent quatre-vingt-trois ; en conséquence , autorise le diocese de Lavaur à imposer annuellement dans le département des frais d'assiette , la somme de quarante livres pour l'honoraire & droit d'assistance du député de la communauté de Dourgne à l'assemblée de ladite assiette , dont le recouvrement sera fait chaque année par le receveur des tailles en exercice , & par lui employée à sa destination sans aucun divertissement. FAIT au conseil d'état du Roi, Sa Majesté y étant, tenu à Versailles le quinze Février mil sept cent quatre-vingt-trois.

Signé, AMELOT.

§. I I I.

Diocese de Mirepoix.

LE diocese de Mirepoix est borné au nord , par les dioceses de Toulouse & de Saint-Papoul ; au levant , par ceux de Limoux & d'Alet ; au midi , par ce dernier diocese , & le pays de Foix, qui le limite aussi du côté du couchant.

Cette municipalité diocésaine renferme trente-neuf ou quarante communautés qui dépendent pour le spirituel de l'évêché de Pamiers.

La baronnie de Mirepoix est située dans ce diocese , dans lequel on compte aussi cinq baronnies *diocésaines* ; savoir, la baronnie *de Leran*, & celles *de Saint-Michel-de-Lanés*, *de la Penne*, *de Calmont* & *de Sales*.

Ces cinq barons entroient autrefois à l'assiette , en personne ou par leurs envoyés. Depuis quelque temps ils n'y viennent & n'y envoient plus. Cependant le fyndic du diocefe leur écrit toutes les années pour les informer du jour de l'ouverture de l'affiette, & le procès verbal fait mention chaque année de leur absence.

Anciennement l'affiette fe tenoit alternativement dans les quatre villes principales du diocefe, *Mirepoix, Fanjaux, la Roque d'Olme, & Cintegabelle.* Cet ordre, déjà interverti, en 1616, par un arrêt du confeil motivé par des circonftances particulieres, a été définitivement abrogé par un autre arrêt du confeil du 24 Mars 1735, qui permet à MM. les commiffaires du diocefe de tenir l'affiette, à leur choix, dans une de ces quatre villes principales.

Depuis cette époque, l'affiette a toujours été tenue dans la ville *de Mirepoix*; & elle paroît y être fixée par l'arrêt du confeil du 17 Avril 1773, qui a ordonné que les archives du diocefe feront établies dans la ville *de Mirepoix.*

Les villes *de Fanjaux, de la Roque & de Cintegabelle,* envoient chacune, tous les ans, deux députés à l'affiette.

Douze communautés ont encore le droit d'y envoyer chacune un député. Mais dix de ces députés fe retirent après la lecture des commiffions, & il ne refte que les députés des deux communautés qui font en tour *pour la retenue.*

Nous allons donner ici les noms de ces douze communautés, avec l'ordre de leur tour, à compter de la préfente année 1786.

Laurac-le-Graud.	*Salles.*
Les Allemans.	*La Garde-de-Lauragais.*
Dun.	*Gibel.*
⎰ *Renneville.*	*Leran.*
⎱ *Gibel* (a).	*La Penne.*
La Garde-de-Mirepoix.	*Camon.*
Saint-Michel-de-Lanès.	

(a) Ces deux communautés entrent alternativement avec celle *des Allemans*; celle de *Renneville*, les années impaires & celle *de Gibel*, les années paires : & lorfque celle qui fe trouve en tour de *retenue* étoit déjà entrée l'année précédente, l'autre entre deux années de fuite pour reprendre fon tour d'alternative.

I.

ARRÊT

DU CONSEIL D'ETAT DU ROI,

Qui permet aux commissaires du diocèse de Mirepoix, de tenir, à leur choix, l'assiette du diocèse de Mirepoix, dans une des quatre des principales villes dudit diocèse : savoir ; Mirepoix, Fanjaux, Cintegabelle & Laroque.

Du 24 Mars 1735.

EXTRAIT des Registres du Conseil d'Etat.

SUR la requête présentée au Roi, étant en son conseil, par le syndic du diocèse de Mirepoix en Languedoc ; CONTENANT, que l'assiette de ce diocèse pour la répartition des impositions, la reddition des comptes des receveurs, & autres affaires concernant l'administration, a souvent été tenue dans la ville de Fanjaux, depuis, & en conséquence d'un arrêt du conseil rendu en 1612, qui avoit eu pour motif les discussions qu'il y avoit alors, entre les sieurs évêques, premiers commissaires, & les seigneurs de la ville de Mirepoix : mais, que les inconvéniens que ce réglement a occasionné sont si considérables, qu'il est absolument nécessaire pour le bien & l'utilité du diocèse, d'en changer les dispositions, en laissant la liberté auxdits sieurs commissaires de tenir, selon l'exigence des cas, les assiettes dans une des quatre principales villes, qui sont Mirepoix, Fanjaux, Cintegabelle & Laroque : Que ces inconvéniens consistent, en ce que la ville de Fanjaux se trouve située à l'extrémité du diocèse, & que les chemins sont impraticables ; qu'il n'y a même dans cette ville aucun endroit

pour y loger les commissaires & députés ; en sorte que la plupart ne peuvent se rendre à l'assiette, & que ceux qui s'y trouvent sont obligés d'y aller & en revenir le même jour ; qu'on a même vu, que par ces raisons, les sieurs évêques ne s'y sont point trouvés pendant plus de vingt années consécutives ; qu'ainsi, au moyen de l'absence d'une partie des commissaires & députés, ou du peu de temps qu'ils ont pour la répartition des impositions & l'examen des différentes affaires qui doivent s'y traiter, il n'est pas possible de veiller à l'exécution des réglemens, ni de faire rendre les comptes des receveurs ; ce qui a été cause que le dernier qui vient de mourir insolvable, se trouve débiteur envers le diocèse de plus de 60,000 livres sur la capitation, dont il n'avoit rendu qu'un seul compte depuis quarante ans : que tout le diocèse souhaite & demande, que l'assiette soit tenue dans l'une des quatre principales villes ; mais que la seule ville de Fanjaux s'y oppose, sur le fondement de l'arrêt du conseil de 1612, & sur ce qu'il y a dans ce lieu une justice royale : mais le suppliant observe, en premier lieu, qu'anciennement l'assiette se tenoit à Mirepoix, & que l'arrêt de 1612 ne fut rendu qu'à l'occasion des contestations qu'il y avoit alors entre le seigneur évêque & le seigneur de cette ville, lesquelles contestations ne subsistent plus depuis long-temps ; qu'on voit même par les procès-verbaux des assiettes déposés aux archives de la province, qu'elles se sont souvent tenues, depuis l'arrêt de 1612, à Mirepoix, quand les sieurs évêques l'ont désiré ; ce qui est arrivé, entr'autres fois, les années 1673, 1677 & 1681. Et en second lieu, qu'il n'est point nécessaire, suivant les réglemens & usages de la province, qu'il y ait une justice royale dans une ville, pour que l'assiette puisse y être tenue; celles des dioceses d'Agde, d'Alet & d'Uzès, entr'autres, se tiennent dans les villes de Pezenas, Alet & Uzès, où il n'y a que des justices seigneuriales : Qu'enfin, la derniere assemblée des Etats, sur les représentations des sieurs commissaires du diocese de Mirepoix, & persuadés de la nécessité & utilité de leur laisser la liberté de tenir les assiettes dans l'une des quatre principales villes, y ont donné leur approbation, par leur délibération du 26 Janvier dernier, & consenti que lesdits sieurs commissaires eussent recours à Sa Majesté pour leur être sur ce pourvu. Requéroit, à ces causes, le suppliant, qu'il plût à Sa Majesté, sans s'arrêter à l'arrêt de 1612, permettre aux sieurs commissaires du diocese de Mirepoix, de tenir l'assiette dudit diocese dans l'une des quatre principales villes, à leur choix : savoir, Mirepoix, Fanjaux, Cintegabelle & Laroque ; & attendu que l'assiette de la présente année doit être incessamment tenue, ordonner que l'arrêt qui interviendra sera exécuté par provision, nonobstant oppositions ou autres empêchemens quelconques, & sans y préjudicier. Vu la requête ; ensemble la délibération des Etats de la province de Languedoc, du 26 Janvier dernier : Oui le rapport; LE ROI ÉTANT EN SON CONSEIL, ayant égard à ladite requête, & sans s'arrêter à l'arrêt de 1612, a permis & permet auxdits sieurs commissaires du diocese de Mirepoix, de tenir l'assiette dudit diocese dans une des quatre principales villes, à leur choix : savoir, Mirepoix, Fanjaux, Cintegabelle & Laroque : Ordonne Sa Majesté, que le présent arrêt sera exécuté par provision, nonobstant oppositions ou autres empêchemens quelconques, pour lesquelles ne sera différé. Fait au conseil d'état du Roi, Sa Majesté y étant, tenu à Versailles le vingt-

quatrieme jour de Mars mil sept cent trente-cinq. *Signé*, PHELYPEAUX.

I I.

EXTRAIT du regiſtre des délibérations des Etats généraux de Languedoc, aſſemblés par mandement du Roi en la ville de Montpellier le 5 Novembre 1772.

Du Jeudi 3 Décembre , préſident Mgr. l'archevêque & primat de Narbonne.

MONSEIGNEUR l'Archevêque de Toulouse a dit : que le sieur de Montferrier a rapporté à la commission une contestation qui s'est formée entre le diocese de Mirepoix & la communauté de Fanjaux, sur le fait de savoir en quelle de ces deux villes doivent être les archives du diocese.

Qu'il paroit par les pieces qu'a examiné la commission, que quoique, suivant l'usage le plus ancien & ce qui s'observe dans tous les dioceses de la province, l'assemblée annuelle de l'assiette doive être tenue dans la ville épiscopale, néanmoins les démêlés qu'il y eut dans le siecle passé entre MM. les évêques & les seigneurs de Mirepoix, ayant porté le Roi à ordonner, par arrêt de l'année 1612, que les assemblées du diocese seroient convoquées en la ville de Fanjaux ; par un autre, de l'année 1671, que les papiers du diocese y seroient en dépôt ; & par un troisieme, de l'année 1686, que les officiers du diocese seroient nommés de trois en trois ans, sur la présentation qui seroit faite tour-à-tour par les consuls des quatre villes principales, de deux personnes pour le syndic & de deux autres pour le greffier : Sa Majesté a bien voulu, depuis & lorsqu'elle a été instruite que le motif qui avoit donné lieu à cette interversion de l'ordre général avoit entierement cessé, permettre à

MM. les commissaires de ce diocese, par arrêt du 24 Mars 1735, de tenir l'assiette à leur choix, à Mirepoix, Fanjaux, Cintegabelle ou la Roque; que ce choix ayant toujours été depuis cet arrêt pour Mirepoix, comme étant la ville la plus commode, l'assiette qui y fut tenue au mois de Mai 1764 crut nécessaire de confirmer le syndic & le greffier qui étoient en place & qui résidoient à Mirepoix; ce qui ayant donné lieu à des oppositions de la part des députés de Fanjaux & de Cintegabelle, les Etats y statuerent par un jugement du 7 Janvier suivant, portant que sous le bon plaisir du Roi, par les motifs & les préjugés qui y sont rappellés, la délibération de l'assiette, en ce qu'elle confirme le syndic & le greffier du diocese & celles qu'elle pourroit prendre à l'avenir sur le choix desdits officiers, seront exécutées selon leur forme & teneur, conformément aux réglemens & usages des autres dioceses de la province, & ce par provision, sans préjudice des diligences que le syndic général fut chargé de faire pour obtenir la révocation de l'arrêt de 1686, comme contraire auxdits réglemens & usages.

Qu'une suite naturelle de l'arrêt de 1735 étoit de transférer les archives de Fanjaux à Mirepoix, d'autant plus qu'elles s'y trouvoient dans le plus mauvais état, & que le syndic & le greffier étant dans la nécessité de s'y rendre plusieurs fois dans le cours de l'année, pour y prendre des papiers & des éclaircissemens nécessaires, il en résultoit des frais de voyage à la charge du diocese. Que ces considérations porterent l'assemblée de l'assiette, tenue à Mirepoix au mois de Mai 1743, à délibérer qu'elles y seroient en effet transférées, & qu'il en seroit fait un inventaire; ce qui ayant été retardé jusques au mois d'Août dernier, que le syndic & le greffier se rendirent à Fanjaux pour y prendre les papiers, les consuls de cette ville s'y opposerent & firent en même temps délibérer le conseil ordinaire de la communauté, le 23 du même mois, de réclamer l'exécution des arrêts de 1612, 1671 & 1686.

Que c'est contre cette entreprise que le diocese de Mirepoix réclame l'autorité & la décision des Etats; & que la commission l'ayant mûrement examinée, la prétention de la ville de Fanjaux lui a paru absolument insoutenable, depuis que l'ordre conforme aux réglemens & à l'usage des autres dioceses se trouve rétabli pour celui de Mirepoix, où des circonstances qui ne subsistent plus l'avoient fait interrompre, outre l'utilité réelle & la nécessité qu'il y a que les archives soient à Mirepoix où résident MM. les commissaires ordinaires & où se traitent toutes les affaires relatives aux impositions & à l'administration du diocese; Que la commission a été en conséquence d'avis, en suivant l'esprit de l'arrêt de 1735 & du jugement des Etats du 7 Janvier 1765, de proposer aux Etats d'ordonner l'exécution de la délibération de l'assiette du 7 Mai 1743, sans avoir égard à celle de la communauté de Fanjaux, en rendant à cet effet un jugement en la forme ordinaire, & chargeant de plus fort le syndic général de se pourvoir contre les arrêts sur lesquels fonde ses prétentions la ville de Fanjaux.

Ce qui ayant été délibéré de même, sous le bon plaisir du Roi, le syndic général a été chargé de se pourvoir en tant que de besoin au conseil de Sa Majesté, pour y demander plus expressément la révocation des arrêts qui ont servi de prétexte à la délibération de ladite communauté de Fanjaux, & il a été en conséquence rendu le jugement dont la teneur s'ensuit:

VU les lettres patentes du 15 Mars 1653, portant attribution aux Etats de la connoiffance de tous fes différends concernant la nomination des officiers du diocefe & de tout ce qui a rapport à leur adminiftration, l'arrêt du confeil du 24 Mars 1735; la délibération de l'affiette du diocefe de Mirepoix du 7 Mai 1743; le jugement des Etats du 7 Janvier 1765; & la délibération de la communauté de Fanjaux du 23 Août dernier : Oui fur ce le fyndic général, & tout confidéré,

LES ETATS, fans avoir égard à la délibération de ladite communauté de Fanjaux, qui demeurera nulle & comme non-avenue, ont ORDONNÉ & ORDONNENT, fous le bon plaifir du Roi, & en attendant qu'il ait plu à Sa Majefté de ftatuer définitivement fur la révocation des arrêts de fon confeil des années 1612, 1671 & 1686, en conformité de celui du 24 Mars 1735, que la délibération de l'affiette du diocefe de Mirepoix, du 7 Mai 1743, fera exécutée felon fa forme & teneur, avec défenfes aux confuls de Fanjaux d'y apporter aucun empêchement, fur les peines de droit, & d'être les dépofitaires contraints par corps à la remife des clefs defdites archives.

I I I.

A R R Ê T

DU CONSEIL D'ETAT DU ROI,

Portant que les archives du diocefe de Mirepoix feront tranfportées de la ville de Fanjaux dans celle de Mirepoix.

Du 17 Juillet 1773.

EXTRAIT *des Regiftres du Confeil d'Etat.*

SUR la requête préfentée au Roi, étant en fon confeil, par le fyndic général de la province de Languedoc;

Contenant, qu'il s'eft élevé entre le diocefe de Mirepoix & la communauté de Fanjaux, une conteftation qui fut portée aux Etats dans la derniere féance, fur le fait de favoir en laquelle de ces deux villes doivent être les archives : Que d'après les pieces produites, quoique fuivant l'ufage le plus ancien & conftamment obfervé dans tous les diocefes de la province, l'affemblée annuelle de l'affiette doive être tenue dans la ville épifcopale, il paroît néanmoins que les démêlés qu'il y eut dans le fiecle paffé entre les évêques & les barons de Mirepoix, déterminerent le feu Roi Louis XIII, à ordonner par un arrêt de fon confeil de 1612, que les affemblées du diocefe feroient convoquées en la ville de Fanjaux; que par un autre arrêt du confeil du 30 Mars 1671, il fut ordonné que les papiers du diocefe y feroient en dépôt; & par un troifieme du 18 Février 1686, que les officiers feroient nommés de trois en trois ans fur la préfentation qui feroit faite tour à tour par les confuls des quatre villes principales, de deux perfonnes pour le fyndic, & de deux autres pour le greffier : Sa Majefté a bien voulu depuis, & lorfqu'elle a été inftruite que le motif qui avoit donné lieu à cette interverfion de l'ordre général avoit entierement ceffé, permettre aux commiffaires du diocefe de Mirepoix, par arrêt du 24 Mars 1735, de tenir l'affiette à leur choix, à Mirepoix, Fanjaux, Cintegabelle ou la Roque d'Olme; que ce choix ayant toujours été pour Mirepoix depuis cet arrêt, comme étant la ville la plus commode, l'affiette qui fut tenue au mois de Mai 1764, jugea néceffaire de confirmer le fyndic & le greffier qui étoient en place, & qui réfidoient à Mirepoix, ce qui auroit donné lieu à des oppofitions de la part des députés de Fanjaux & de Cintegabelle, fur lefquelles les Etats ftatuerent, statuerent, par un jugement du 7 Janvier suivant, portant que sous le bon plaisir de Sa Majesté, la délibération de l'assiette, en ce qu'elle confirme le syndic & le greffier du diocese, & celles qu'elle pourroit prendre à l'avenir sur le choix des officiers, seroient exécutées selon leur forme & teneur, conformément aux réglemens & usages de la province; & ce, par provision, sans préjudice des diligences que le syndic général fut chargé de faire pour obtenir la révocation de l'arrêt de 1686, comme contraire à ces mêmes réglemens & usages : Qu'une suite naturelle de l'arrêt de 1735, étoit de transférer les archives du diocese de Fanjaux à Mirepoix ; d'autant plus qu'elles s'y trouvoient dans le plus mauvais état; & que le Syndic & le greffier étant dans la nécessité de s'y rendre plusieurs fois dans l'année, pour y prendre des papiers ou des éclaircissemens nécessaires, il en résultoit des frais de voyage à la charge du diocese, & même des détériorations pour ces archives, par la perte qui pouvoit se faire de quelques-uns de ces papiers, considérations qui porterent l'assemblée de l'assiette tenue à Mirepoix au mois de Mai 1743, à délibérer qu'elles y seroient en effet transférées, & qu'il en seroit fait un inventaire, ce qui auroit été retardé jusques au mois d'Août dernier : Que le Syndic & le greffier du diocese s'étant rendus à Fanjaux pour la translation dont il s'agit, les consuls de cette ville s'y opposerent, & firent en même temps délibérer le conseil ordinaire de la communauté, le 23 du même mois, pour réclamer l'exécution des arrêts du conseil déjà cités de 1612, 1671 & 1686 : Que c'est contre cette entreprise dénoncée aux Etats derniers par le diocese de Mirepoix, que cette assemblée ayant regardé la prétention de la ville de Fanjaux comme insoutenable depuis

Tome IV.

que l'ordre conforme aux réglemens & usages des autres dioceses, se trouve rétabli pour celui de Mirepoix, ou des circonstances qui ne subsistent plus, l'avoient fait interrompre ; outre l'utilité réelle & la nécessité qu'il y a que les archives soient dans cette ville épiscopale, où résident les commissaires ordinaires, & où se traitent toutes les affaires relatives aux impositions & à l'administration du diocese, auroit délibéré le 3 décembre dernier, par forme de jugement, dans l'esprit de l'arrêt du conseil de 1735, l'exécution de la délibération de l'assiette du diocese de Mirepoix du 7 Mai 1743, sans avoir égard à celle de la communauté de Fanjaux du 23 du mois d'Août dernier, & chargé de plus fort le syndic général de se pourvoir devers Sa Majesté contre les arrêts sur lesquels la communauté de Fanjaux fonde ses prétentions. Requéroit, A CES CAUSES, le suppliant, qu'il plût à Sa Majesté sur ce faire connoître ses intentions. Vu ladite requête ; la délibération des Etats en forme de jugement du 3 Décembre 1772; celles de l'assiette du diocese de Mirepoix du 7 Mai 1743, & de la communauté de Fanjaux du 23 Août dernier; l'arrêt du conseil du 24 Mars 1753, ensemble les arrêts de 1612, 1671 & 1686; Oui le rapport, tout considéré : LE ROI ÉTANT EN SON CONSEIL, sans avoir égard à la délibération de la communauté de Fanjaux du 23 Août dernier, qui demeurera nulle & comme non avenue, a ordonné & ordonne, en attendant qu'il soit statué définitivement sur la révocation des arrêts de son conseil des années 1612, 1671 & 1686, en conformité de celui du 24 Mars 1735, que la délibération de l'assiette du diocese de Mirepoix du 7 Mai 1743, ensemble le jugement rendu par les Etats le 3 Décembre dernier, sous le bon plaisir de Sa Majesté, feront exécutées felon leur forme & teneur ; ce faifant, que les archives du dioceſe feront tranfportées de la ville de Fanjaux dans celle de Mirepoix, pour y être placées dans un lieu fûr & convenable. Enjoint Sa Majefté à tous détenteurs des clefs defdites archives, de s'en défaifir, à peine d'y être contraints par les voies de droit, & de les remettre à celui ou ceux que le dioceſe délibérera de commettre pour la tranſlation des papiers, defquels il fera fait inventaire avant de les déplacer. FAIT au confeil d'état du Roi, Sa Majefté y étant, tenu à Verfailles le dix-fept Avril mil fept cent foixante-treize.

Signé, PHELYPEAUX.

LOUIS, PAR LA GRACE DE DIEU, ROI DE FRANCE ET DE NAVARRE : Au premier notre huiffier ou fergent fur ce requis. NOUS te commandons par ces préfentes fignées de notre main, de fignifier à tous ceux qu'il appartiendra, à ce qu'ils n'en ignorent, l'arrêt ci-attaché fous le contre-fcel de notre chancellerie, ce jourd'hui donné en notre confeil d'état, Nous y étant, pour les caufes y mentionnées. De ce faire te donnons pouvoir, commiſſion & mandement fpécial, & de faire en outre pour l'exécution dudit arrêt, tous exploits, fignifications & autres actes de juſtice que befoin fera, fans pour ce demander d'autre permiffion : CAR tel eſt notre plaifir. DONNÉ à Verfailles le dix-feptieme jour d'Avril, l'an de grace 1773, & de notre regne le cinquante-huitieme. *Signé*, LOUIS. *Et plus bas* : Par le Roi. PHELYPEAUX.

IV.

EXTRAIT du regiſtre des délibérations des Etats généraux de Languedoc, aſſemblés par mandement du Roi en la ville de Montpellier le 12 Janvier 1786.

Du 28 dudit mois de Janvier, préſident Mgr. l'archevêque & primat de Narbonne, commandeur de l'ordre du St. Efprit.

N°. IV.

MONSEIGNEUR l'évêque du Puy a dit, que les premier & fecond confuls de Fanjaux ayant porté leurs plaintes & renouvellé à la derniere aſſemblée de l'aſſiette du dioceſe de Mirepoix, leurs proteſtations fur ce qu'ils n'avoient été nommés depuis l'année 1783, pour procéder aux départemens de la capitation & des vingtiemes, qu'en qualité d'adjoints à MM. les commiſſaires ordinaires du dioceſe, tandis qu'ils fe croyent en droit d'être qualifiés de commiſſaires ordinaires nés, l'aſſiette délibéra fur leurs prétentions de s'en rapporter à la décifion des Etats.

Que pour les mettre à même de la prononcer, les confuls de Fanjaux ont remis un mémoire dans lequel ils alleguent que le premier conful de cette ville entre tous les ans aux Etats avec le premier conful de Mirepoix, & qu'ils font convoqués l'un & l'autre par une feule & même lettre de cachet ; qu'ils font en cela abfolument diſtingués des dioceſains qui n'entrent qu'alternativement ; que les mandes royales & les jugemens de MM. les commiſſaires du Roi & des Etats leur font adreſſés concurremment avec les confuls de Mirepoix, & que ce n'eſt que depuis 1783 que par une innovation contraire aux anciens ufages, les premier & fecond confuls de Fanjaux n'ont été appellés au bureau de la capitation que fous la dénomination d'adjoints, ce qui les oblige, en conféquence de la délibération de leur communauté, de fupplier l'aſſemblée de voûloir bien maintenir ces deux officiers municipaux dans le droit immémorial de jouir de la qualité de commiſſaires nés du dioceſe, & d'être membres ordinaires des bureaux de la capitation & des vingtiemes.

Que MM. les commiſſaires s'étant fait repréſenter l'arrêt du conſeil du 30 Janvier 1725, avoient vu que l'article IV, en ne mettant au rang des commiſſaires ordinaires d'autres conſuls que ceux de la ville capitale, déclare en même temps que, comme dans quelques dioceſes, il y a auſſi des diocéſains qui ſont commiſſaires ordinaires, il ne ſera rien changé à cet uſage, & que l'article XI de la même loi n'admet de droit, dans les bureaux des dioceſes, que les conſuls de la ville capitale, les députés des autres villes ne devant y avoir ſéance qu'autant qu'ils ſeront jugés néceſſaires.

Que ces diſpoſitions ont paru très-favorables à la prétention des conſuls de Fanjaux, en ce que, 1°. cette ville députant annuellement aux Etats ſon premier conſul pour remplir, conjointement avec celui de Mirepoix, les places des villes principales du dioceſe, on ne ſauroit raiſonnablement refuſer à la ville de Fanjaux cette derniere qualité, ni conſéquemment à ſes députés à l'aſſiette & aux bureaux du dioceſe, celle de commiſſaires ordinaires.

2°. Que ſi les diocéſains peuvent dans quelques dioceſes être mis au rang des commiſſaires ordinaires, les députés de Fanjaux, l'une des deux villes

principales du dioceſe de Mirepoix, doivent être maintenus dans le droit de jouir de cette dénomination.

3°. Que l'exemple du dioceſe de Saint-Papoul, qui eſt dans le même cas que celui de Mirepoix, vient encore au ſoutien de la demande des conſuls de Fanjaux, puiſque le premier conſul de la ville de Saint-Papoul, & celui de la ville de Caſtelnaudary qu'on peut aſſimiler à celle de Fanjaux, entrent annuellement à l'aſſemblée des Etats en vertu de la même lettre de cachet, prennent l'un & l'autre, dans celle de l'aſſiette, la qualité de commiſſaires ordinaires, & ſont non-ſeulement admis ſous ce titre aux bureaux de la formation des rôles de la capitation & des vingtiemes d'induſtrie, mais encore ſont nommés commiſſaires pour donner leur avis ſur les requêtes en décharge ou modération de ces impôts.

Que d'après ces réflexions la commiſſion a été d'avis de propoſer aux Etats d'ordonner que les deux premiers conſuls de Fanjaux entreront aux bureaux de la capitation & des vingtiemes du dioceſe de Mirepoix, ſous la dénomination qui leur étoit donnée dans les procès verbaux d'aſſiette antérieurs à celui de 1783.

Ce qui a été délibéré, conformément à l'avis de MM. les commiſſaires.

§. IV.

Diocefe de Saint-Papoul.

LE diocefe de Saint-Papoul eft borné, au nord, par ceux de Touloufe & de Caftres ; au levant, par celui de Carcaffonne ; au midi & au couchant, par celui de Mirepoix.

La baronnie de Bram eft fituée dans le diocefe.

L'affiette de Saint-Papoul s'affemble dans l'hôtel-de-ville de Caftelnaudary.

Le fecond conful de Saint-Papoul y affifte avec les quatre confuls de Caftelnaudary, & y prend, comme eux, la qualité de commiffaire du diocefe.

L'affiette eft d'ailleurs compofée de huit députés, dont quatre font envoyés tous les ans par les villes *de Saint-Papoul, Caftelnaudary & Avignonet.*

Saint-Papoul en envoie un, *Caftelnaudary* deux, l'un de robe longue & l'autre de robe courte, & *Avignonet* le quatrieme.

Deux autres font envoyés par deux communautés fur huit qui roulent alternativement de deux en deux, dans l'ordre fuivant, à partir de la préfente année 1786.

Le Mas-Saintes-Puelles.	*Bram.*
Le Villafavary.	*Saint-Martin.*
Labecede.	*Montmaur.*
Pechfieura.	*Montferrand.*

Les deux derniers font fournis par deux communautés fur vingt-fept qui roulent inégalement entr'elles, de deux en deux dans l'ordre fuivant, toujours en partant de la préfente année 1786.

Puiginier.	*Befplas.*
Las Bordes.	*Villemagne.*
Iffel.	*Villefpy.*
La Baftide.	*Folcarde.*
Villepinte.	*Ayroux.*
Mirevau.	*Lasbordes.*

Besplas.	*Souille.*
Mirevau.	*Treville.*
Villepinte.	*Varagne.*
La Baftide.	*Ricaud.*
Saint-Paulet.	*Molleville.*
Laforce.	*Iffel.*
Soupets.	*Feudeille.*
La Pommarede.	*Laurabuc.*
Souillanels.	*Villeneuve.*
Peyrens.	*Villefpy.*
Feudeille.	*Verdun.*
Puginier.	*Lefcaffel.*

I.

EXTRAIT du regiftre des délibérations des Etats généraux de Languedoc, affemblés par mandement du Roi en la ville de Montpellier le 26 Novembre 1767.

Du Lundi 28 Décembre, préfident Mgr. l'archevêque & primat de Narbonne.

MONSEIGNEUR l'évêque de Saint-Papoul a dit, que le fieur de la Fage, fyndic général, a rendu compte à la commiffion, d'une conteftation qui s'eft élevée à Caftelnaudary entre les officiers municipaux & le confeil renforcé, au fujet de la nomination des deux députés qui affiftent avec les confuls à l'affemblée de l'affiette, lefquels députés doivent être l'un & l'autre d'épée.

Qu'il réfulte des différentes raifons des parties, que les confuls de Caftel-naudary font dans un ufage très ancien de nommer les deux députés dont il s'agit, & que cet ufage paroît fondé fur la poffeffion qui leur a été toujours acquife, de donner la procuration aux députés qui doivent entrer aux Etats.

Que le confeil renforcé, fans contredire cet ufage, cherche néanmoins à l'attaquer fous prétexte de l'article

XXIII de l'édit du mois de Mai 1766, contenant réglement pour l'adminiftration des villes & communautés de la province, par lequel il leur eft défendu de faire aucunes députations qui n'ayent été délibérées dans ce confeil & par fcrutin; & que les confuls ont fi bien reconnu cette loi dans l'efpece préfente, qu'ils ont abandonné le droit qu'ils avoient ci-devant de fournir la procuration de la ville pour entrer aux Etats, quoiqu'ils ayent formé oppofition contre la délibération de la communauté du 4 Septembre dernier, qui nomme les deux députés à l'affiette.

Que la commiffion confidérant dans cette affaire l'ufage où eft le corps municipal de Caftelnaudary, fur des objets qui ont trait à l'adminiftration du diocefe de Saint-Papoul, auquel ufage l'édit n'entend rien innover, a cru devoir propofer aux Etats de délibérer que les confuls de Caftelnaudary continueront non-feulement de nommer les deux députés qui doivent entrer chaque année avec eux à l'affiette, mais encore de donner la procuration à ceux qui devront entrer aux Etats, l'article XXIII de l'édit du mois de Mai 1766 n'étant du tout point applicable au cas préfent; comme auffi de délibérer d'enjoindre auxdits consuls de choisir annuellement lesdits députés à l'assiette dans la premiere échelle.

Ce qui ayant été délibéré, conformément à l'avis de Messieurs les commissaires, les Etats ont rendu le jugement dont suit la teneur.

Vu les lettres patentes du 15 Mars 1653, & arrêts subséquens qui ont attribué aux Etats la connoissance de tout ce qui a rapport aux assiettes, envoi des mandes & autres matieres ; la délibération de l'assiette du diocese de Saint-Papoul du 29 Avril 1767 ;

& un mémoire de la ville de Castelnaudary ; Oui le rapport & tout consideré,

LES ÉTATS, jugeant en dernier ressort, ont ORDONNÉ ET ORDONNENT que les consuls de Castelnaudary continueront non-seulement de nommer les deux députés qui doivent entrer chaque année avec eux à l'assiette, mais encore de donner la procuration à ceux qui doivent entrer aux Etats, à la charge par lesdits consuls de choisir annuellement lesdits députés à l'assiette dans la premiere échelle.

§. V.
Diocese de Rieux.

LE diocese de Rieux confine, au nord, avec la Gascogne & le diocese de Toulouse ; au levant, avec le diocese de Mirepoix & le pays de Foix ; au midi, avec le Couserans dans lequel il a quatre enclaves qui sont, les mandemens de *Montjoy, Rimont, Alzein & Seix* ; au couchant, avec la Gascogne.

Il n'y a point de baronnie dans ce diocese.

Les villes de *Montesquieu, Carbonne, Fousseret, Cazeres, Saint-Sulpice & Gaillac* envoient chacune, tous les ans, deux députés à l'assiette.

Outre le syndic du diocese que l'assiette nomme ou confirme chaque année, comme dans tous les autres dioceses, elle nomme encore & continue pendant trois années un *syndic triennal* qu'elle prend par tour dans une des six villes maîtresses, & qui est ordinairement le premier consul de la ville de tour. Comme ce syndic triennal ne paroissoit avoir aucune part à l'administration du diocese, & qu'on ne lui connoissoit pas d'autre fonction que celle de signer le procès verbal de l'assiette, on a desiré de connoître son origine & les motifs de sa conservation ; & voici ce qu'on en a appris.

Suivant un ancien usage du diocese de Rieux, il y avoit dans ce diocese deux syndics, l'un résident dans la ville de Rieux, qu'on changeoit ordinairement tous les ans, & qui, pour cette raison, étoit appellé syndic annuel ; l'autre résident dans une des six villes maîtresses, que chacune d'elles nommoit à son tour ; qui étoit changé de trois en trois ans , & qu'on appelloit fyndic triennal.

On ignore également & la caufe de l'établiffement de ce fyndic triennal , & les fonctions qu'il pouvoit exercer dans ces premiers temps.

Ce fyndic fut retranché dans le réglement de dépenfes auto- rifées par arrêt du confeil du 30 Septembre 1608 ; & il lui fut fait défenfes de s'immifcer à l'avenir en ladite charge.

Il fut rétabli par un autre arrêt du confeil du 27 Octobre 1611 , rendu fur la demande des fix villes maîtreffes , à la charge que les deux fyndics ne prendroient que les gages & droits attribués au fyndic compris dans l'état des dépenfes de 1608.

Le réglement fait au confeil le 22 Avril 1634 , pour l'état des frais d'affiette n'énonça qu'un feul fyndic. L'affemblée de l'affiette en nomma néanmoins deux la même année , conformément aux anciens ufages ; & depuis , elle a continué d'en nommer deux jufqu'à préfent , quoiqu'il n'y en ait qu'un feul d'exprimé dans le dernier état de 1759.

Depuis 1634 jufqu'en 1777 , où les appointemens des fyn- dics des diocefes ont été portés à 1000 livres , les deux fyndics avoient partagé les gages attribués à un feul par l'état des dépen- fes. Depuis 1777 , le fyndic triennal prend 60 livres fur les 1000 livres d'appointemens attribués au fyndic du diocefe , qui eft feul chargé du travail de l'adminiftration.

No. I.

I.

EXTRAIT du regiftre des délibérations des Etats généraux de Languedoc , affemblés par mandement du Roi en la ville de Carcaffonne au mois de Novembre 1599.

Du Jeudi 9 Décembre fuivant , préfident Mgr. l'Evêque de Viviers.

LE depputté de Rieux a fait en- tendre aux Eftats que fur l'advis qu'il leur plut donner à Monfeigneur le duc de Ventadour , pour la tenue de leur affiette dans ladite ville de Rieux avec défances aux villes maîtreffes d'icelle de pourfuivre davantaige d'avoir les affiettes ambulatoires , mondit fei-

gneur de Ventadour en auroit donné ordonnance conforme audit advis , & depuis ils auroient obtenu provifion de S. M. confirmatifve d'icelle ; néant- moins le fcindic defdites villes maîtref- fes auroit appellé de ladite ordonnance & n'auroient daigné fe trouver à l'af- fiette derniere , tellement qu'ils font contraints tenir feuls les affiettes , fup- pliant les Eftats y pourvoir. SUR QUOI vu lefdits advis, ordonnances & délibé- rations précédantes , A ESTÉ ARRESTÉ qu'elles feront gardées felon leur forme & teneur , & ce faifant que les affiet- tes & affemblées du diocefe fe tien- dront en ladite ville de Rieux comme cappitalle , enjoignant aux confuls def-

No. I.

dites villes maiſtreſſes ſe y treuver avec deſſances de continuer ledit procès ; & à faulte dy ſatisſere leſdits depputés de Rieux avec le commiſſaire principal & les ordinaires paſſeront outre à l'impoſition des deniers & pourvoiront aux affaires du dioceſe.

I I.

Extrait du regiſtre des délibérations des Etats généraux de Languedoc, aſſemblés par mandement du Roi en la ville de Pezenas au mois d'Octobre 1610.

Du Samedi 13 Novembre ſuivant, préſident l'archevêque & primat de Narbonne.

SUr la requeſte préſentée par le ſieur de Cazanove, conſul de la ville de Cazeres au dioceſe de Rieux, & depputé des villes de Monteſquieu, Carbonne, le Foſſeret, Sainct-Suplice & Galhac, maiſtreſſes & cappitales dudit dioceſe de Rieux, que bien par leurs anciens ſtatuts & réglemens dont il n'eſt mémoire du contraire, il feuſt obſervé qu'audit dioceſe il y auroit deux ſcindics, l'ung réſidant en la ville de Rieux, & l'autre ambulatoire qui ſeroit prins par tour & ordre de l'une deſdites villes maiſtreſſes pour exercer ſa charge trois ans continuels & nommé en plaine aſſiette de l'aſſemblée générale de la perſonne de celuy qui ſe trouvoit premier conſul de la ville à qui le rang eſcherroit, ainſi qu'il eſt obſervé en une partie des autres dioceſes du pays de Languedoc, & de tant que par le réglement de la deſpence ordinaire de l'aſſiette dudit dioceſe faict au conſeil de Sa Majeſté en Septembre 1508 ils auroient retranché l'ung deſdits ſcindics, bien que leurs gaiges n'excedent cent ſols, & ordonné que le ſcindic qui exercerroit cy-après ladite charge ſeroit prins de la ville de Rieux

& ſeroit réſidant en icelle, qui eſt une pure contrevention aux ſtatuts & réglemens dudit dioceſe, heu eſgard meſmes que celuy qui pourſuivoit en cour ledit réglement eſtoit pour lors ſcindic dudit Rieux, Requérant les Eſtats, puiſqu'il y va de l'entretien des réglemens dudit dioceſe, qu'il leur plaiſe ordonner que le ſcindic pour leſdites villes maiſtreſſes ſera remis & reſtabli, & où il ne le pourroit eſtre, & qu'il faudroit qu'il n'y euſt qu'un ſeul ſcindic audit dioceſe, qu'il ſera prins tous les ans indifféremment de l'une deſdites villes par tour & ordre d'icelles, conformément à ce qui eſt obſervé à la pluſpart deſdits dioceſes de ladite province, avec inhibitions & défenſes aux conſuls & habitans de ladite ville de Rieux de les y troubler & empeſcher. Et Oui ſur ce le conſul & depputé de la ville de Rieux qui a dit n'entendre empeſcher que les dioceſains ne ſe retirent pour le reſtabliſſement de leur ſecond ſcindic vers S. M. ou autre part où bon leur ſemblera, proveu que conformément aux privilleges de ladite ville, & ſuivant les articles accordés avec les dioceſains, il y ait un ſcindic pris d'icelle qui y ſoit toujours réſident comme la ville principale & chef du dioceſe, & que à l'aſſiette générale il ſoit procédé à la création dudit ſcindic, en conſéquence des arrêts donnés tant par la cour de parlement de Tholoſe, que cour des aydes de Montpellier, attendu que celuy qui exerce maintenant a quatre ans qu'il eſt proveu de ladite charge. A ESTÉ ARRESTÉ que le cahier qui ſera préſenté à Sa Majeſté ſera chargé de la plaincte dudit Cazanove, & que par MM. les depputés qui iront en cour, Sa Majeſté ſera très-humblement ſuppliée de conſerver leſdits dioceſes dudit pays en leurs anciennes formes & couſtumes, & de ne permettre qu'il ſoit rien innové à l'obſervation d'icelles.

§. VI.

§. V I.

Diocèse de Montauban.

LE diocèse de Montauban, *ou bas Montauban*, est borné ; au nord, par le Tarn ; au levant, par la généralité de Montauban & le diocèse d'Alby ; au midi, par le diocèse de Toulouse ; au couchant, par la Gascogne.

Il n'y a point de baronnie dans ce diocèse.

L'assiette se tient actuellement dans le palais de M. l'évêque de Montauban. Auparavant elle se tenoit alternativement dans une des trois villes maîtresses du diocèse, qui sont *Castel-Sarrazins, Villemur & Montech* ; & pour lors, la ville dans laquelle se tenoit l'assiette y envoyoit quatre députés, & chacune des deux autres en fournissoit deux.

Aujourd'hui le tour subsiste, quoique la séance soit fixée dans le palais épiscopal. La ville dans laquelle l'assiette se seroit tenue, d'après l'ordre ancien, envoie quatre députés, & chacune des deux autres en envoie deux. *Castel-Sarrazins* a été de tour en 1786, en 1787 ce sera *Villemur*, & *Montech* en 1788.

Le même tour a lieu à l'égard de l'officier de justice qui entre à l'assiette en qualité de commissaire ordinaire.

La municipalité diocésaine de Montauban étoit partagée autrefois en deux judicatures, celle de *Villelongue* & celle de *Villemur*. La premiere a été divisée en deux châtellenies qui ont leurs sièges, l'une à *Castel-Sarrazins*, & l'autre à *Montech*. Les juges de *Castel-Sarrazins* & de *Montech* prennent tous les deux la qualité de juge de *Villelongue* ; mais en y ajoutant l'expression du siège de leur châtellenie ; & ils se disent, juge de Villelongue au siége de Castel-Sarrazins, juge de Villelongue au siége de Montech. Ces deux juges & celui de Villemur entrent alternativement à l'assiette, en suivant le tour de la ville qui est le siége de leur jurisdiction. Cette entrée a été contestée au juge de Villemur par les deux autres après l'échange qui fit passer à M. le duc de Belle-Isle la propriété de la seigneurie de Villemur ; mais cette contestation n'a eu aucun succès.

I.

EXTRAIT du registre des délibérations des Etats généraux de Languedoc, assemblés par mandement du Roi en la ville de Toulouse au mois de Mars 1628.

Du Mercredi 22 dudit mois de Mars, président Mgr. l'évêque de Castres.

SUR la requête présentée par le syndic & consuls des lieux de Saint-Porquier, Fignan, l'Escatalens, Bessens & autres consuls & syndics du diocese Bas-Montauban à ce qu'il plût aux Etats ordonner que les consuls & députés desdits consulats eussent entrée, séance & voix délibérative, tant en l'assemblée de l'assiette dudit diocese, qu'en l'audition & clôture des comptes rendus en ladite assiette & autres assemblées particulieres dudit diocese, là où maintenant il n'y a que trois villes dans ledit diocese; savoir, Castel-Sarrasi, Montech & Villemur, qui, comme seules villes maîtresses, composent le corps des assiettes & autres assemblées du diocese Bas-Montauban, sans appeller aucunes des autres villes comprises dans ladite requête, A ÉTÉ ARRÊTÉ qu'il n'y avoit lieu de s'entremettre des prétentions desdits consulats & de rien changer en l'ordre établi de longuemain aux assiettes dudit diocese.

II.

EXTRAIT du registre des délibérations des Etats généraux de Languedoc, assemblés par mandement du Roi en la ville de Montpellier au mois de Décembre 1723.

Du Vendredi 18 Février 1724, président Mgr. l'archevêque & primat de Narbonne.

MONSEIGNEUR l'archevêque d'Alby a dit, que le juge de Villelongue au siége de Castel-Sarrasi, prétendoit,

en cette qualité, devoir être seul, comme commissaire ordinaire, à l'assiette du diocese Bas-Montauban, à l'exclusion du juge royal de Montech, & de celui de Villemur, même dans les années que l'assiette s'assemble dans ces deux villes; que MM. les commissaires ayant examiné les mémoires remis par ledit sieur juge de Villelongue au siége de Castel-Sarrasi, & ceux du juge de Montech, n'avoient pas trouvé qu'il y eût aucun fondement dans cette prétention, & avoient été d'avis que le juge de Montech doit assister, suivant l'usage, à l'assiette, dans l'année qu'elle se tient dans ladite ville; le juge de Villemur, lorsque l'assiette se tient à Villemur; & que le juge de Villelongue au siége de Castel-Sarrasi ne doit entrer à l'assiette que l'année qu'elle s'assemble dans ladite ville.

Ce qui a été délibéré, conformément à l'avis de MM. les commissaires.

III.

EXTRAIT du registre des délibérations des Etats généraux de Languedoc, assemblés par mandement du Roi en la ville de Montpellier au mois de Novembre 1748.

Du Samedi 28 Décembre suivant, président Mgr. l'archevêque de Toulouse.

MONSEIGNEUR l'évêque de Castres a dit, que le sieur de la Fage, syndic général, a fait part à la commission que les juges de Castel-Sarrasi, Villemur & Montech ont alternativement le droit d'entrée à l'assemblée de l'assiette du diocese de Bas-Montauban en qualité de commissaires ordinaires; que le juge de Castel-Sarrasi étoit de tour pour entrer à la derniere assiette; mais qu'étant mort depuis deux ans, & personne ne s'étant fait pourvoir de ladite judicature, le sieur Mazade, juge royal de Villelongue au siége de Montech,

Part. I. Div. II. Liv. I. Tit. X. Sect. II. 539

Nᵒ. III.

Nᵒ. IV.

prétendoit avoir lui feul le droit d'entrer à ladite affiette comme commiffaire ordinaire, attendu que le juge de Villemur n'eft que banneret, & que d'ailleurs il ne s'étoit pas préfenté. Les commiffaires de ladite affemblée crurent au contraire que ledit Mazade, juge de Montech, n'avoit aucun droit d'entrer à ladite affemblée; que leur tour étoit réglé; que le juge de Caftel-Sarrafi étant mort, le diocefe devoit profiter de la rétribution qui eft accordée audit commiffaire; mais que le cas dont il s'agit ne s'eft jamais préfenté; qu'il y a au contraire divers préjugés dans les regiftres dudit diocefe, que plufieurs affemblées de l'affiette avoient été tenues fans commiffaire ordinaire, & que lefdits commiffaires avoient été d'avis de laiffer la décifion de cette conteftation à l'affemblée des Etats.

Lecture faite de la délibération de l'affiette dudit diocefe & du mémoire du fieur Mazade, la commiffion a été d'avis de propofer à l'affemblée que les émolumens en queftion doivent céder au profit dudit diocefe, attendu que la judicature de Caftel-Sarraff eft vacante, & que les autres judicatures de Villemur & de Montech ont leur tour réglé.

Sur quoi, Vu la délibération de l'affemblée de l'affiette Bas-Montauban du 5 Juin dernier, le mémoire du fieur Mazade, juge royal de Villelongue au fiége de Montech, enfemble les lettres patentes de 1653 qui attribuent aux Etats toute jurifdiction & connoiffance de pareils différends, avec défenfes à toutes cours & juges d'en connoître, Ouï le rapport, & tout confidéré,

Les Etats ont débouté & déboutent le fieur Mazade, juge de Montech, de fa demande; ont ordonné & ordonnent que les émolumens attribués aux commiffaires ordinaires céderont au profit dudit diocefe, & qu'il en fera fait un moins impofé à l'affiette prochaine.

§. IV.

Extrait du regiftre des délibérations des Etats généraux de Languedoc, affemblés par mandement du Roi en la ville de Montpellier au mois de Novembre 1766.

Du Jeudi 11 Décembre fuivant, préfident Mgr. l'archevêque & primat de Narbonne.

MONSEIGNEUR l'évêque du Puy a dit, que le fieur de la Fage a rendu compte d'une conteftation qui s'eft élevée à l'affiette du diocefe Bas-Montauban entre le fieur Lamalatie, juge royal de Caftel-Sarrazy & le fieur Viguier juge de Villemur, dont elle a renvoyé la décifion aux Etats.

Que la prétention du fieur Lamalatie eft d'entrer à l'affiette, à l'exclufion du juge de Villemur, attendu que celui-ci n'eft qu'un juge banneret, & que l'arrêt du confeil du 30 Janvier 1725, portant réglement pour les affemblées des affiettes des diocefes, comprend nommément l'officier de juftice parmi les commiffaires ordinaires.

Que le fieur Viguier au contraire établit fon droit fur la poffeffion où eft le juge de Villemur de jouir, à fon tour, de cette entrée, ainfi que les châtelains de Caftel-Sarrazy, & de Montech, qui depuis un temps immémorial entrent alternativement à l'affiette; & cela avec d'autant plus de fondement que la dénomination d'officiers de juftice ne regarde pas moins le juge de Villemur que celui de Caftel-Sarrazy, l'un & l'autre étant gradués; que perfonne n'ignore que la vicomté de Villemur ayant été donnée en échange par le Roi à M. le duc de Belle-Ifle pour en jouir avec les mêmes honneurs & prérogatives dont jouiffoit S. M., il feroit auffi abfurde que contraire à l'ufage de vouloir porter atteinte aux droits du juge de Villemur, qui fans être aujourd'hui juge royal, n'eft pas moins officier de juftice.

Que la commiffion ayant pris connoiffance des raifons des parties, contenues en détail dans la délibération du diocèfe Bas-Montauban, auroit cru devoir propofer à l'affemblée de maintenir & confirmer le fieur Viguier, en fa qualité de juge de Villemur, dans la poffeffion où il eft d'entrer alternativement à l'affiette avec les juges de Caftel-Sarrazy & de Montech.

Ce qui ayant été ainfi délibéré, les Etats ont rendu le jugement dont la teneur s'enfuit.

Vu les lettres patentes du 15 Mars 1653 & arrêts fubféquens, qui ont attribué aux Etats la connoiffance de tout ce qui a rapport aux affiettes, envoi des mandes & autres matieres, de la délibération de l'affiette du diocèfe Bas-Montauban du 12 Mai 1766,

Oui le rapport, & tout confidéré,

LES ETATS, jugeant en dernier reffort, ont ordonné & ordonnent que le juge de Villemur, conformément à l'ufage, continuera d'entrer à l'affiette du diocèfe Bas-Montauban l'année où il fera de tour pour cette entrée, fans que la qualité de juge banneret puiffe être un motif pour l'en exclure : Ordonnent que les juges des trois villes diocéfaines entreront alternativement à l'affiette ; enjoignant au fyndic du diocèfe de tenir la main à l'exécution du préfent jugement.

SECTION TROISIEME.

Diocèses situés dans la Province Ecclésiastique d'Alby.

LE fiége d'Alby, érigé en archevêché en 1676, n'a, dans le Languedoc, que deux diocèfes dépendans de la province : celui de Caftres, formé en 1317 d'un démembrement de l'évêché d'Alby ; & celui de Mende, diftrait en 1676 de la province eccléfiaftique de Bourges.

§. I.

Diocèse d'Alby.

LE diocèfe d'Alby eft borné, au nord & au levant, par le Rouergue ; au midi, par les diocèfes de Caftres, de Lavaur & de Touloufe ; au couchant, par le diocèfe de Montauban & le Rouergue.

Le diocèfe d'Alby, ou pays d'Albigeois, a des Etats particuliers qui s'affemblent chaque année.

L'archevêque d'Alby, préfident né de toutes les affemblées de fon diocefe, & en fon abfence fon vicaire général, préfident à cette affemblée. L'ordre du clergé y eft repréfenté par un député de l'églife métropolitaine d'Alby; par les abbés de Gaillac & de Candeil, &, en leur abfence, par leurs vicaires généraux; & par le prévôt ou député du chapitre collégial de Saint-Salvy.

L'ordre de la nobleffe eft compofé du baron *de Pierrebourg*, baron des Etats de Languedoc; de deux vicomtes & quatre barons diocéfains, qui font le vicomte *d'Ambialet*, le vicomte *de Paulin*, le baron *de Lefcure*, le baron *de Salvagnac*, le baron *de Ceflayrols*, & le baron *de la Guepie*.

Le tiers-état a des repréfentans de toutes les villes & lieux du diocefe; favoir, les confuls d'Alby, dont le premier eft commiffaire ordinaire de l'affemblée, & le fecond entre, en qualité de député d'Alby, une des huit villes diocéfaines; un fecond député d'Alby, qui repréfente l'exconful d'Alby, compris dans l'état des dépenfes de 1759, & qui prend féance dans les affemblées générales, mais fans voix délibérative; un député de chacune des villes fuivantes, *Gaillac, Cordes, Rabaflens, Realmont, Lombers, l'Ifle, Valence, Cahuzac, Pierrebourg, Moneflier & Montmiral*; un député de chacune des autres communautés du diocefe.

Il y a quatre commiffaires dans cette affemblée; le commiffaire principal, nommé, comme ceux des autres alliettes, par les commiffaires préfidens pour le Roi aux Etats; & trois commiffaires ordinaires qui font le viguier royal d'Alby, le premier conful d'Alby, & le premier conful de celle des trois villes diocéfaines qui eft entrée aux Etats de la province : ces trois villes font *Gaillac, Cordes & Rabaflens*.

Après que l'affemblée a été formée, on y fait la lecture des commiffions, des inftructions, &c.; & on y délibere les impofitions; après quoi l'on procede à la nomination des officiers du diocefe, du commiffaire auditeur des comptes, & des députés au bureau des comptes.

Les officiers du diocefe, font, comme dans tous les autres diocefes de la province, un fyndic & un greffier. Il y a eu pendant long-temps deux fyndics dans ce diocefe. Voici ce qui avoit donné lieu à cette singularité, & comment le diocese d'Alby est rentré à cet égard dans l'ordre commun.

La partie du diocese d'Alby qui est à la droite du Tarn, est appellée *la Jugerie*, & dépend de la sénéchauffée de Toulouse. Les villes de *Gaillac*, *Cordes* & *Rabastens*, qui sont les seules villes diocésaines qui entrent alternativement aux Etats de la province, sont situées dans cette partie.

Celle qui est à la gauche du Tarn, & dans laquelle est la ville d'Alby, s'appelle *la Viguerie*, & dépend de la sénéchauffée de Carcassonne.

Lorsque les Etats s'assembloient par sénéchauffées, *la Jugerie* avoit son syndic qui entroit aux Etats de la sénéchauffée de Toulouse, & prenoit la qualité de *syndic diocésain*. C'étoit alternativement le premier consul d'une des trois villes diocésaines.

Le syndic de la partie du diocese située dans la sénéchauffée de Carcassonne entroit, de son côté, aux Etats de cette sénéchauffée; il y votoit avec le premier consul de la ville d'Alby, & y représentoit les villes diocésaines de cette partie; c'est pour cette raison qu'aucune des villes situées dans la Viguerie, n'a le droit d'entrer aux Etats.

Lorsque les Etats s'assemblerent en corps de province, le syndic diocésain de la Jugerie fut regardé comme inutile, & le syndicat du diocese d'Alby fut dévolu sans partage au syndic de la Viguerie qui résidoit dans la ville d'Alby.

Ce nouvel état subsista jusqu'en 1542, où les Etats particuliers du pays d'Albigeois passerent entr'eux un traité le 10 Novembre, pour l'établissement de deux syndics, l'un dans *la Jugerie*, & l'autre dans *la Viguerie*.

Par ce traité, qui fut qualifié de transaction, peut-être parce qu'il mettoit fin à de longs débats auxquels la suppression du syndic de *la Jugerie* avoit donné lieu, ces deux syndics, quoique dans deux départemens différens, furent établis vrais officiers de tout le diocese, & chargés concurremment des affaires du pays, sans autre distinction remarquable que le droit exclusif accordé au syndic de *la Viguerie* de porter la parole aux assemblées du pays, & la qualité qui lui fut donnée de *premier & principal* syndic.

En 1608, les gages du syndic de *la Jugerie* ne furent point compris dans l'état arrêté par le conseil pour le réglement des frais d'assiette des dioceses de la province. Le diocese d'Alby réclama de cette omission : il obtint même des Etats que leur cahier de 1609 seroit chargé de cette réclamation ; mais ce fut sans succès ; & le Roi ordonna par sa réponse que l'état des dépenses du diocese d'Alby seroit observé à l'égard de ce second syndic, nonobstant toutes transactions & lettres à ce contraires, avec défenses à tous juges d'en prendre connoissance.

L'état de 1634 fut conforme en ce point à celui de 1608. Cependant le diocese crut en 1635 pouvoir procéder à la nomination d'un second syndic ; mais sur la plainte qui en fut portée sur le champ au conseil, il y fut rendu un arrêt qui en renvoya la connoissance à MM. de Miron & le Camus, intendans de la province, qui, après avoir entendu les parties, ordonnerent que, conformément aux arrêts du conseil du 30 Septembre 1608 & 22 Avril 1634, la charge de syndic diocésain demeureroit supprimée, nonobstant & sans s'arrêter à la transaction passée en 1542, & à la nomination faite en 1635.

Cette ordonnance eut son exécution jusqu'en 1650 : mais, à cette époque, quelques lieux particuliers du diocese, ayant obligé l'assiette à nommer un second syndic, & cette nomination ayant été autorisée par un arrêt du conseil rendu sans connoissance de cause, & qui excita des réclamations, les Etats chargerent le syndic general d'intervenir dans cette instance, & de demander que la cause leur fût renvoyée, conformément aux lettres patentes de 1653 ; & que cependant il plût au Roi d'ordonner par provision que le syndic diocésain ne seroit point reçu dans l'assiette prochaine du diocese d'Alby, attendu qu'il n'étoit point compris dans les états des dépenses de 1608 & 1634.

On ne connoît pas les suites de cette affaire ; il paroît cependant que la nomination du second syndic fut autorisée par un arrêt du conseil du 29 Février 1668. Mais ce second syndic a été définitivement supprimé par le nouvel état de 1759 ; & les villes de *Cordes*, *Gaillac* & *Rabastens*, après avoir fait un mouvement pour le faire rétablir, paroissent s'être totalement désistées de leur prétention depuis la délibération des Etats du 5 Janvier 1760 qui, d'après l'examen des motifs qui avoient déterminé la suppression du second syndic, chargea le syndic géneral de demander au Roi, s'il en étoit besoin, la révocation de l'arrêt du conseil du 29 Février 1668.

Après la nomination des députés au bureau des comptes, les Etats particuliers d'Albigeois leur renvoient l'assiette & le département des sommes qui doivent être imposées sur les communautés du diocese & toutes les affaires qui concernent l'administration du pays pour y délibérer & déterminer ce qu'ils jugeront convenable, ainsi que toutes les demandes & réquisitions qui y seront relatives; après quoi l'assemblée des Etats particuliers se sépare, & l'assemblée de l'assiette lui succede.

M. l'archevêque d'Alby, ou son vicaire général, en son absence, président à cette assemblée qui est composée, pour l'ordre du Clergé, du député de l'église métropolitaine d'Alby, & alternativement du député du prévôt ou chapitre collégial de Saint-Salvy, de celui de l'abbé de Gaillac, & de celui de l'abbé de Candeil, qui roulent entre eux de quatre en quatre ans, de maniere que le député du chapitre métropolitain d'Alby entre seul une année, & que, les trois années suivantes, les trois autres députés entrent alternativement avec lui suivant l'ordre dans lequel nous les avons nommés. Le député du chapitre Saint-Salvy est entré cette présente année 1786.

L'ordre de la noblesse est représenté à l'assiette par le baron *de Pierrebourg* qui entre d'abord seul une année, &, les années suivantes, avec un des vicomtes ou barons diocésains qui entrent alternativement, suivant une roue de tour formée en 1652; savoir, le vicomte *d'Ambialet*, le vicomte *de Paulin*, le baron *de Lescure*, le baron *de Salvagnac*, le baron *de Cestayrols*, & le baron *de la Guepie*. Le vicomte *de Paulin* est entré la présente année 1786.

L'ordre du tiers-état est composé de six députés des villes d'*Alby*, *Gaillac*, *Cordes*, *Rabastens*, *Realmont* & *Lombers*; de deux députés de six autres villes qui entrent alternativement de deux en deux; *Monestier*, *Cahuzac*, *l'Isle*, *Valence*, *Pierrebourg* & *Montmiral*. (Nous les présentons dans l'ordre de leur entrée à l'assiette en 1783, 1784 & 1785); enfin d'un second député d'*Alby*, qui après avoir pris séance, dans l'assemblée générale des Etats particuliers, après les consuls d'*Alby*, prend le dernier rang à l'assiette après tous les députés du tiers-état, & n'a point de voix délibérative, non plus que dans l'assemblée générale.

I.

Part. I. Div. II. Liv. I. Tit. X. Sect. III. 545

No. I.

I.

ARRÊT DU CONSEIL,

Portant réglement pour la présidence dans les assemblées ordinaires & extraordinaires du diocese d'Alby.

Du 17 Septembre 1611.

EXTRAIT des Registres du Conseil privé du Roi.

ENTRE Messire Alphonse Dalbene, évêque & seigneur temporel d'Alby, conseiller du Roi en son conseil d'Etat & privé, demandeur & requérant l'entérinement des lettres patentes du 30 Janvier d'une part, & Georges de Pontaud du Lieu, commissaire extraordinaire pour Sa Majesté en l'assiette générale des deniers du diocese d'Alby, Pierre de Fontvieille, sieur de Salliers, conseiller de Sadite Majesté, & son viguier d'Alby & d'Albigeois, Giraud Allary, lieutenant présidial de ladite judicature, Jean Dausflaguel, lieutenant particulier en ladite ville & viguerie, François Dumas, juge en ladite ville & viguerie, & David de Combettes, docteur, avocat & syndic dudit diocese, défendeurs d'autre. Vu par le Roi en son conseil lesdites lettres du 30 Janvier, tendantes à ce que lesdits défendeurs soient tenus souffrir & laisser jouir pleinement & paisiblement ledit demandeur du contenu en l'arrêt donné contradictoirement entre le sieur évêque de Tarbes, en la sénéchaussée de Bigorre le 30 jour de Juin 1611: Ce faisant, qu'en toutes les assemblées générales & particulieres, qui se feront dorénavant pour les affaires dudit diocese, ledit sieur évêque y ait le premier rang & y préside tout ainsi & à la même forme & maniere qu'il est observé aux Etats généraux & particu-

liers de ladite province de Languedoc, & faire défenses auxdits commissaires extraordinaires de s'entremettre des affaires dudit diocese, après qu'ils auront procédé au fait de leur commission & de donner audit sieur aucun trouble ou empêchement en ladite présidence; ledit arrêt du 30 Mai obtenu par le sieur évêque de Tarbes, par lequel est ordonné qu'en toutes assemblées d'Etats qui se tiendront audit pays & comté de Bigorre, soit par lettres patentes de Sa Majesté ou autrement, le seigneur évêque y présidera, signera le premier & fera toutes autres fonctions de président, & en son absence, son vicaire général ou autre ecclésiastique qui tiendra le premier rang esdites assemblées, & qu'à ces fins ledit sénéchal, comme commissaire député par Sa Majesté, après avoir fait la proposition, se retirera hors l'assemblée, pour laisser délibérer, conclure & signer aux gens des Etats dudit pays ce qui aura été par eux résolu, & fait défenses audit sénéchal & tous autres de troubler ledit sieur évêque ou ecclésiastique en la jouissance de ladite préséance, à peine de nullité des délibérations auxquelles y aura été contrevenu; procès verbal des gens des trois-Etats dudit diocese d'Alby du dixieme Avril dernier, contenant entre autres choses la présentation desdites lettres du 30 Janvier & la délibération prise sur icelle; Extrait de la transaction passée le 10 Novembre 1542, entre les habitans dudit diocese d'Alby, contenant la direction des affaires dudit diocese; douze assemblées des Etats d'icelles; lettres de confirmation & autorisation de ladite transaction du 22 Janvier 1575 & du mois de Décembre 1607; extrait de l'état général des dépenses ordinaires des vingt-deux dioceses du pays de Languedoc, arrêté audit conseil le dernier jour de Septembre 1608 ; certification du greffier pour le Roi aux Etats de la province, qu'il a toujours expédié les commiſſions des commiſſaires-préſidens pour Sa Majeſté, en l'aſſemblée des gens des trois-Etats de la province, adreſſant au commiſſaire principal & extraordinaire, au viguier ou juge & lieutenant d'Alby, conſul de ladite ville, un conſul de Gailhac ou Rabaſtens, commiſſaires ordinaires ; ſix extraits des délibérations des Etats du pays de Gévaudan & dioceſe de Mende, des années 1588, 1592, 1596, 1601, 1606 & 1610, par leſquels apert que ledit ſieur évêque de Mende préſide auxdits Etats ; autre extrait des délibérations des Etats de Rouergue du vingt-cinquieme jour de Janvier 1607, y préſident le ſieur évêque de Rodez ; les exploits d'aſſignation donnée auxdits défendeurs audit conſeil, en vertu deſdites lettres du 30 jour de Janvier ; appointement de réglement pris ſur leſdites lettres du quatorzieme jour d'Août dernier ; inventaires, avertiſſemens, productions deſdites parties, & ce que par elles a été mis & produit pardevers le commiſſaire à ce député : OUI ſon rapport, & tout conſidéré ; LE ROI EN SON CONSEIL, du conſentement deſdites parties, conformément auxdites lettres du 30 jour de Janvier, & en conſéquence de l'arrêt du 30 Mai 1612, ſans préjudice de ladite tranſaction du dixieme jour de Novembre 1542, en autoriſation d'icelle, a ordonné & ordonne qu'en toutes les aſſemblées générales & particulieres qui ſe tiendront audit dioceſe d'Alby, ſoit par lettres patentes de Sa Majeſté ou autrement, ledit ſieur évêque y préſidera, ſignera & fera les fonctions de préſident, & en ſon abſence, ſon vicaire-général, tout ainſi & en la même forme qu'il eſt obſervé aux Etats généraux de ladite province de Languedoc, dioceſe de Mende & autres ; & après ledit ſieur évêque ou ſonſdit grand vicaire, ledit viguier d'Alby & autres qui ont accoutumé d'avoir entrée & ſéance auxdites aſſemblées ; & à ces fins que les commiſſaires extraordinaires dudit dioceſe d'Alby, après qu'ils auront fait leurs propoſitions & procédé au fait de leur commiſſion, ſe retireront hors l'aſſemblée, laiſſant délibérer, conclure & ſigner aux gens deſdits Etats dudit dioceſe, ce qui aura été par eux réſolu, & fait défenſes auxdits commiſſaires extraordinaires, après ladite propoſition, s'entremettre des autres affaires dudit dioceſe, & de troubler & empêcher ledit ſieur évêque ou ſondit grand vicaire audit droit de préſidence & prééminence, à peine de nullité des délibérations auxquelles y aura été contrevenu, & de tous dépens, dommages & intérêts ; & ſur mêmes peines, fait ſemblables défenſes aux commiſſaires ordinaires dudit dioceſe & tous autres ; & en outre, Sa Majeſté a ordonné & ordonne que leſdites aſſemblées générales & particulieres dudit dioceſe, ne pourront être faites ni convoquées que par ledit ſieur évêque, avec les officiers qui ont accoutumé de tout temps intervenir, ſuivant les priviléges dudit dioceſe & ſans dépens. FAIT au conſeil privé du Roi, tenu à Paris le dix-ſeptieme jour du mois de Septembre mil ſix cent douze.

MOREAU, *ſigné.*

LOUIS, PAR LA GRACE DE DIEU, ROI DE FRANCE ET DE NAVARRE : A notre huiſſier ou ſergent premier ſur ce requis, SALUT. Nous te mandons & commettons par ces préſentes, que l'arrêt de notre conſeil ci-attaché ſous notre contre-ſcel, ce jour d'hui donné entre notre amé & féal conſeiller en nos conſeils d'Etat & privé, Meſſire

Alphonſe Dalbene, évêque & ſeigneur temporel d'Alby, demandeur d'une part, & Georges de Pontaud du Lieu, notre commiſſaire extraordinaire en l'aſſiette générale des deniers du dioceſe d'Alby, Pierre de Fontvieille, ſieur de Salliers, notre conſeiller & viguier d'Alby & Albigeois, François Dumas, juge en ladite ville & viguerie, David Deſcombettes, docteur, avocat & ſyndic du dioceſe & autres défendeurs, tu ſignifies à la requète dudit ſieur évêque aux défendeurs & tous autres qu'il appartiendra, à ce qu'ils n'en prétendent cauſe d'ignorance, & ayent à y obéir & ſatisfaire, leur faiſant de par Nous expreſſes inhibitions & défenſes de troubler ni empêcher ledit ſieur évêque, en ce qui lui eſt attribué par notredit arrêt, ni contrevenir à icelui en aucune façon & maniere, à peine de nullité, dépens, dommages & intérêts, & au ſurplus, fais pour l'entiere exécution dudit arrêt tous autres actes & exploits requis & néceſſaires, ſans pour ce demander aucun congé ni paréatis : CAR tel eſt notre plaiſir. DONNÉ à Paris le dix-ſeptieme jour de Septembre l'an de grace mil ſix cent douze, & de notre regne le treizieme. Par le Roi en ſon conſeil. Signé, MOREAU.

I I.

EXTRAIT du regiſtre des délibérations des Etats généraux de Languedoc, aſſemblés par mandement du Roi en la ville de Carcaſſonne au mois de Novembre 1638.

Du Jeudi 23 Décembre ſuivant, préſident Mgr. l'archevêque & primat de Narbonne.

SUR le rapport fait par Mgr. l'évêque de Carcaſſonne, & autres ſieurs commiſſaires députés pour voir le différend qui eſt entre le ſyndic général

du pays de Languedoc, demandeur en repréſentation d'arrêt du conſeil d'Etat, du vingt-cinquieme Septembre dernier, de la cauſe renvoyée par icelui en l'aſſemblée deſdits Etats, d'une part ; & le ſyndic du chapitre de l'égliſe cathédrale d'Alby aſſigné en comparant, & Mre. Claude de Montnourry, conſeiller du Roi en ſa cour de parlement de Touloſe, abbé de Gailhac aſſigné auſſi & défaillant d'autre ; & entre le ſyndic dudit chapitre, demandeur en la même cauſe renvoyée, & pourſuivant l'utilité de certains défauts par lui entretenus d'une part, & ledit de Montnourry, abbé aſſigné défaillant d'autre. VU l'arrêt dudit conſeil d'Etat, dudit jour 25 Septembre dernier, portant renvoi de la cauſe dudit ſyndic & abbé à l'aſſemblée des Etats de Languedoc, pour être par leſdits Etats les différends deſdites parties décidés & terminés, avec inhibitions & défenſes à la cour de parlement de Touloſe, chambre de l'édit de Caſtres & cour des comptes, aides & finances de Montpellier d'en prendre cour, juriſdiction, ni connoiſſance ; Exploit d'intimation dudit arrêt avec les inhibitions y contenues, faites au ſieur de Malenfant, greffier civil dudit parlement de Touloſe, du ſeptieme Novembre dernier à la réquiſition dudit ſyndic général de Languedoc ; Exploit d'aſſignation fait audit ſyndic dudit chapitre le 19 dudit mois de Novembre dernier ; autre exploit d'aſſignation fait audit ſieur de Montnourry abbé, ledit jour 19 Novembre à la réquiſition auſſi dudit ſyndic général de Languedoc ; Délibération des Etats du troiſieme du préſent mois de Décembre, par laquelle la connoiſſance de la cauſe renvoyée par ledit arrêt du conſeil d'Etat auroit été retenue, & ordonné que les parties ſeroient valablement aſſignées ; Exploits d'assignation des sixieme & huitieme du présent mois de Décembre, faits audit sieur de Montnourry abbé, à la réquisition dudit syndic du chapitre d'Alby; Autre délibération des Etats du quinzieme du présent mois de Décembre qui octroye le défaut requis, & que pour l'utilité d'icelui, ledit sieur de Montnourry abbé, seroit réassigné; Exploit d'autre assignation du 17 du présent mois de Décembre fait audit de Montnourry abbé; Autre délibération des Etats de ce jourd'hui matin, par laquelle les défauts auroient été reçus, & ordonné que le syndic dudit chapitre remettroit ses pieces & actes devers le seigneur évêque de Carcassonne & autres commissaires pris de l'assemblée desdits Etats, & à ce députés; Copie de requête présentée en ladite cour de parlement de Toulouse par ledit sieur de Montnourry abbé, du dix-huitieme Mars 1637, pour être maintenu à précéder le syndic dudit chapitre en la tenue des assiettes du diocese d'Alby; Etat des frais dudit diocese avec l'arrêt du conseil du vingt-deuxieme Avril 1634, dans lequel le syndic dudit chapitre est compris & nommé; Rôle des députés des trois-Etats qui ont entrée aux assemblées des assiettes du diocese d'Alby, collationné par Servientis, greffier dudit diocese, duquel résulte que le syndic dudit chapitre précede l'abbé de Gailhac, l'abbé de Candeil & prévôt de St. Salvy, aux assemblées de l'assiette dudit diocese d'Alby; Rôle des séances aux synodes d'Alby, collationné par de Ripis, notaire & secrétaire du clergé du diocese dudit Alby, par lequel résulte aussi que le syndic dudit chapitre précede ledit abbé de Gailhac aux assemblées des synodes; Extrait des trois actes de protestation, de serment de fidélité, de soumission, révérence & obéissance, que

les abbés de Gailhac ont accoutumé rendre à l'église cathédrale dudit Alby, & qui ont été rendus ès années 1212, 1219 & 1263; Dietes tenues devant l'official du seigneur évêque d'Alby; Certificat du greffier des Etats du pays de Gévaudan, de laquelle résulte que le syndic du chapitre de l'église cathédrale de Mende, précede l'abbé d'Aubrac aux assemblées desdits Etats de Gévaudan; Inventaire du syndic dudit chapitre, contenant demande en utilité de défaut, dans lequel les susdites pieces sont consignées; Acte de protestation fait par ledit sieur de Montnourry abbé, au syndic général de Languedoc, du 21 Novembre dernier, remis par ledit syndic général de Languedoc; Et sur ce Oui le rapport dudit seigneur évêque de Carcassonne, l'un desdits commissaires, & tout considéré, LES ETATS ont délibéré & arrêté que les défauts ont été bien & duement entretenus contre ledit de Montnourry abbé de Gailhac; Et pour l'utilité d'iceux, faisant droit sur le principal, ont maintenu & gardé, maintiennent & gardent le syndic dudit chapitre de l'église cathédrale d'Alby, en la faculté de précéder ledit abbé de Gailhac ès assemblées des assiettes dudit diocese d'Alby, avec inhibitions & défenses audit abbé de donner aucun trouble, ni empêchement audit syndic en ladite préséance, à peine de 4000 liv. & autre arbitraire; Et ayant égard aux réquisitions dudit syndic général de Languedoc, ont fait aussi inhibitions & défenses audit abbé de donner plus à l'avenir aucun trouble, ni empêchement audit syndic dudit chapitre, aux réglemens, observances, appartenances & dépendances desdites assiettes sur les mêmes peines, Mandant au premier huissier ou sergent requis faire tous exploits nécessaires.

I I I.

EXTRAIT des regiſtres des délibérations des Etats généraux de Languedoc, aſſemblés par mandement du Roi en la ville de Peʒenas au mois de Septembre 1641.

Du Mercredi 25 dudit mois de Septembre, préſident Mgr. l'archevêque & primat de Narbonne.

SUr la requête préſentée par le ſyndic du chapitre de l'égliſe cathédrale Ste. Cécile d'Alby, contenant qu'il a droit & poſſeſſion immémoriale d'entrer & aſſiſter tous les ans aux aſſemblées des comptes des aſſiettes du dioceſe d'Alby, ainſi qu'apert par l'état arrêté au conſeil en l'année 1634, lequel regle tant les dépenſes ordinaires dudit dioceſe que ceux qui doivent aſſiſter aux aſſemblées des comptes de ladite aſſiette; & bien que par les inſtructions des commiſſaires principaux des aſſiettes, il leur ſoit par exprès défendu de ne ſouffrir qu'autres entrent en icelles, que ceux qui ſont nommés audit Etat du Roi, ce néanmoins le ſyndic du dioceſe d'Alby avoit empêché le ſyndic dudit chapitre d'entrer en l'aſſemblée des comptes de l'aſſiette dudit dioceſe en l'année derniere, & y avoit admis le député du ſieur abbé de Candeil dudit dioceſe, qui n'eſt point compris dans ledit état arrêté au conſeil; requérant l'aſſemblée d'y pourvoir, & ce faiſant, le maintenir en ladite poſſeſſion d'entrer tous les ans aux aſſemblées des comptes des aſſiettes dudit dioceſe. Ouis les ſieurs Dalary, député de la ville d'Alby, & Salvan ſyndic du dioceſe, enſemble le ſieur de Lamamye, ſyndic général, & lecture faite dudit état arrêté au conſeil & de l'acte de proteſtation du ſyndic du chapitre au ſyndic dudit dioceſe, du 21

Janvier dernier, A ÉTÉ ARRÊTÉ que le réglement fait par le Roi en l'année 1634 ſera obſervé de point en point, ſelon ſa forme & teneur, & ce faiſant, que le ſyndic du chapitre de ladite égliſe cathédrale Sainte Cécile d'Alby, aura entrée & aſſiſtance toutes les années aux aſſemblées des comptes des aſſiettes dudit dioceſe, conformément audit état & aux délibérations des Etats, priſes les années précédentes, avec inhibitions & défenſes au ſyndic dudit dioceſe, de ſouffrir que autres entrent dans les aſſemblées des comptes deſdites aſſiettes que ceux qui ſont nommés aux Etats du Roi, ſous quelque prétexte que ce ſoit.

I V.

EXTRAIT du regiſtre des délibérations des États généraux de Languedoc, aſſemblés par mandement du Roi en la ville de Beʒiers au mois de Janvier 1662.

Du Samedi 18 Février ſuivant, préſident Mgr. l'évêque de Viviers.

MEſſieurs les commiſſaires nommés pour vérifier les impoſitions qui ont été faites dans les aſſiettes des dioceſes de la ſénéchauſſée de Carcaſſonne pour l'année 1661, ont rapporté qu'il leur avoit paru que les délibérations priſes dans l'aſſemblée les années précédentes, ſur le ſujet des impoſitions qui avoient été faites dans l'aſſiette du dioceſe d'Alby, que les Etats n'avoient pas approuvé l'impoſition qui avoit été faite dans le département des frais d'aſſiette, au profit d'un ſyndic dioceſain de la ſomme de cent livres pour les gages & droit d'avance, & qu'il avoit été défendu aux commiſſaires principal, ordinaires & députés de ladite aſſiette, de le comprendre à l'avenir dans ledit département, d'autant que ledit ſyndic ne ſe trouvoit pas employé dans l'état du Roi de l'année 1634, qui regle généralement tous les frais des aſſiettes, & le nombre & la qualité des perſonnes qui y doivent aſſiſter; qu'ils avoient vérifié que les délibérations avoient été exécutées à l'égard de l'impoſition deſdits gages, mais qu'il leur paroiſſoit par le verbal de l'aſſiette, que la qualité d'un ſecond ſyndic ſubſiſtoit encore contre toute ſorte d'ordre & ce qui ſe pratique dans les autres dioceſes de la province; qu'ayant fait venir le ſieur Boyer, ſyndic de ce dioceſe, qui entre aux préſens Etats pour s'inſtruire de cette affaire, il leur auroit été repréſenté que par tranſaction paſſée en l'année 1542 par l'aſſiette, il fut établi deux ſyndics pour les affaires du dioceſe, attendu qu'il ſe trouvoit ſitué dans les deux ſénéchauſſées de Carcaſſonne & Toulouſe; que ladite tranſaction avoit été autoriſée par lettres patentes; mais qu'en l'année 1608, Sa Majeſté s'étant fait rapporter les états de toutes les dépenſes des dioceſes de la province pour régler les frais d'aſſiette, le ſecond ſyndic n'avoit point été compris dans l'état du dioceſe d'Alby; & ce fut fait avec grande connoiſſance de cauſe, car le dioceſe demandant par l'article premier de leur cahier préſenté au Roi en l'année 1609, l'exécution de ladite tranſaction & lettres patentes, le Roi par ſa réponſe ordonna que l'état arrêté au conſeil des dépenſes ordinaires dudit dioceſe ſeroit obſervé à l'égard de ce ſecond ſyndic, nonobſtant toutes tranſactions & lettres à ce contraires, avec défenſes à tous juges d'en prendre aucune connoiſſance, ce qui fut exécuté juſques en l'année 1634, en laquelle le Roi deſirant de nouveau régler les frais d'aſſiette de tous les dioceſes de la province, & s'étant fait rap-

porter au conſeil les états particuliers faits en l'année 1608, Sa Majeſté par ce ſecond état n'avoit pas compris le ſecond ſyndic, mais ſeulement un ſyndic principal comme dans tous les autres dioceſes de la province; & bien que ce dioceſe ne pût établir ſous aucun prétexte ledit ſyndic au préjudice dudit état du Roi, qui ſert de regle à tous les dioceſes de la province ſans qu'il leur ſoit permis de l'augmenter, néanmoins en l'année 1635, l'aſſiette dudit dioceſe avoit fait nomination de ce ſecond ſyndic de laquelle ayant été porté plainte au conſeil, par arrêt du ſeptieme Mars de la même année, la cauſe fut renvoyée devant Meſſieurs de Miron & le Camus, pour lors intendans en Languedoc, & par eux ordonné, parties ouies, que conformément aux arrêts du conſeil des dernier Septembre 1608 & vingt-deuxieme Avril 1634, ladite charge de ſyndic dioceſain, demeureroit ſupprimée nonobſtant & ſans s'arrêter à la tranſaction paſſée en l'année 1542, & à la nomination faite en l'année 1635, ce qui avoit eu lieu juſques en l'année 1650, que les lieux particuliers de ce dioceſe obligerent l'aſſiette de nommer un ſyndic des trois villes dioceſaines, par leur délibération qui fut autoriſée par arrêt du conſeil ſans connoiſſance de cauſe, l'intérêt de ce dioceſe n'ayant point été connu, moins encore ce qui avoit été ordonné depuis ladite année 1608 juſques en l'année 1650; & d'autant qu'à préſent il paroit qu'il y a inſtance au conſeil ſur ce ſujet, & que les Etats, depuis leurs réglemens qui ont été autoriſés par le Roi, n'ont pas permis l'impoſition des cent livres des gages dudit ſyndic, & qu'il importe qu'ils prennent connoiſſance dudit établiſſement comme étant ce du fait de l'aſſemblée, conformément aux lettres patentes de l'an 1653, qui donnent aux Etats toute cour & jurisdiction pour le fait des assiettes, en ce qui regarde principalement le nombre des personnes qui y doivent assister, A ÉTÉ ARRÊTÉ, que le syndic général interviendra au conseil en ladite instance pour demander que la cause soit renvoyée aux Etats, conformément aux lettres patentes de l'année 1653, & cependant qu'il plaise au Roi d'ordonner par provision que ledit syndic diocésain ne sera point reçu en l'assemblée de l'assiette prochaine de ce diocese, n'étant point compris dans les états des années 1608 & 1634, par lesquels Sa Majesté a réglé les frais d'assiette & le nombre des personnes qui y doivent assister pour tous les dioceses de la province.

V.

ARRÊT

DU CONSEIL D'ETAT DU ROI,

Qui exclut le viguier de la ville d'Alby, de toutes les assemblées du diocese, à la réserve de celles de l'assiette.

Du 14 Juin 1718.

EXTRAIT des Registres du Conseil d'Etat.

VEU au conseil d'état du Roy, l'arrest rendu en iceluy le 27 Octobre 1716, sur la requeste du sieur archevêque d'Alby ; CONTENANT, qu'il est président né des Etats particuliers du pays d'Albigeois : Qu'en cette qualité il a seul, & à l'exclusion de tous autres droit de présider à toutes les assemblées qui regardent le temporel de son diocese : Qu'au préjudice de ce droit incontestable, le viguier de la ville d'Alby, qui n'a qu'une partie de la basse justice dans ladite ville, qui est d'ailleurs hom-

magée du sieur archevêque d'Alby, prétend par le privilége de sa charge, avoir droit d'assister à toutes les assemblées qui regardent les affaires du diocese, & d'y jouir des mêmes prérogatives que ledit sieur archevêque, quoique cependant il n'ait que le simple droit d'assistance, comme il a été réglé par les dispositions de plusieurs réglemens de la province, qui ont été autorisez par des arrests du conseil: Que quoique les prédécesseurs de ce viguier, après avoir tenté une pareille entreprise, ayent toujours reconnu qu'ils y étoient mal fondez, & s'en soient desistez, ledit viguier a renouvellé cette chimérique prétention à l'assemblée desdits Etats particuliers du diocese de ladite année 1716. Que sur les remontrances qui luy furent faites dans l'assemblée, sur le peu de fondement de sa prétention, il fut délibéré de son consentement, que l'on s'en rapporteroit à la décision du sieur de Basville, conseiller d'état ordinaire, intendant de la province de Languedoc: Et comme ce parti étoit le plus convenable, & le moyen le plus prompt pour terminer cette contestation. A CES CAUSES, il auroit requis qu'il plût à S. M. ordonner, que ledit sieur archevêque d'Alby, & viguier de ladite ville, seroient entendus par ledit sieur de Basville, lequel dresseroit procez verbal des contestations des parties, pour iceluy veu, être par Sa Majesté ordonné ce qu'il appartiendroit : par lequel arrest il auroit été ordonné du consentement des parties, qu'elles se retireroient par devers ledit sieur de Basville ; lequel après les avoir entendues, dresseroit procez verbal de leurs dires & contestations, & donneroit son avis, pour le tout rapporté au conseil, être par Sa Majesté ordonné ce qu'il appartiendra. Vu aussi le procez verbal dudit sieur de Basville, contenant les comparutions, dires & requisitions des parties, au bas duquel est son avis, par lequel il estime qu'il y a lieu de déclarer le viguier d'Alby non recevable en sa demande ; avec deffenses d'assister à aucunes assemblées dudit diocese, qu'à celle de l'assiette, & de faire aucunes poursuites à l'avenir pour raison de ce, à peine de tous dépens, dommages & intérests : Ouy le rapport. LE ROY EN SON CONSEIL, conformément à l'avis du sieur de Basville, a déclaré & déclare le viguier de la ville d'Alby non recevable en sa demande : Et en consequence, fait Sa Majesté deffenses audit viguier d'assister à aucunes assemblées dudit diocese qu'à celle de l'assiette, & de faire à l'avenir aucunes poursuites pour raison de ce, à peine de tous dépens, dommages & intérests. FAIT au conseil d'état du Roy, tenu à Paris le quatorzieme jour de Juin mil sept cent dix-huit. *Collationné.*

Signé, DUJARDIN.

LOUIS, PAR LA GRACE DE DIEU, ROI DE FRANCE ET DE NAVARRE : Au premier notre huissier ou sergent sur ce requis. Nous te mandons & commandons, que l'arrest dont l'extrait est ci-attaché, sous le contre-scel de notre chancellerie, ce jourd'huy donné en notre conseil d'état pour les causes y contenues, tu signifies au viguier de la ville d'Alby, & à tous autres qu'il appartiendra, à ce qu'aucun n'en ignore, & fasses en outre pour l'entiere exécution d'iceluy, à la requeste du sieur archevêque d'Alby, tous commandemens, sommations, exploits, & autres actes nécessaires, sans autre permission ; CAR tel est notre plaisir. DONNÉ à Paris le quatorzieme Juin, l'an de grace mil sept cent dix-huit, & de notre regne le troisieme. Par le Roy en son conseil, le duc d'Orléans régent présent. *Signé*, DUJARDIN. Et scellé. *Collationné.*

VI.

ARRÊT

DU CONSEIL D'ETAT DU ROI,

Qui renvoie aux commissaires présidens pour le Roi aux Etats, & aux commissaires qui seront nommés par lesdits Etats, la requête de M. le marquis de St. Sulpice, baron de Castelnau de Bonnefons, au sujet de sa place à l'assiette d'Alby.

Du 2 Septembre 1727.

EXTRAIT des Registres du Conseil d'Etat.

SUR la requête présentée au Roi en son conseil, par le marquis de St. Sulpice, baron de Castelnau de Bonnefons au diocese d'Alby ; CONTENANT, qu'à cause de cette baronnie, il a entrée aux Etats généraux de la province de Languedoc, où il jouit des mêmes rangs & honneurs que les autres barons de la province : Qu'y ayant eu de la diversité & des abus dans les rangs & séances des assemblées particulieres ou assiettes des dioceses, il fut résolu dans l'assemblée générale des Etats, tenue à Montpellier en Décembre mil sept cent vingt-trois, Janvier & Février mil sept cent vingt-quatre, d'y pourvoir par un réglement ; à l'effet de quoi les commissaires à ce députés, après avoir examiné les mémoires remis par les sindics des dioceses, dresserent un projet de réglement uniforme, dont ils exceptterent seulement les assemblées ou assiettes du pays de Vivarais, du Gévaudan & du Velay, dont les usages seroient conservés : Que le projet de réglement fut approuvé par une délibération des Etats du dix-huit Février mil sept cent vingt-quatre ; mais que dans l'assemblée des Etats, tenue à Narbonne

Part. I. Div. II. Liv. I. Tit. X. Sect. III. 553

Nº. VI.

Narbonne au mois de Décembre mil sept cent vingt-quatre, où le projet de réglement fut de nouveau approuvé, on inséra dans l'article XIII, que le réglement n'auroit pas lieu pour les assemblées ou assiettes particulieres du Vivarais, Gévaudan, du Puy & Alby, parce que ces assemblées, étant plus nombreuses, & composées différemment, les Etats n'estimerent pas qu'il dût y être rien changé quant à présent : Que le suppliant, n'ayant point assisté aux Etats ladite année ni la suivante, par des empêchemens particuliers, ne fut point averti de l'exception du diocese d'Alby, ajoutée au réglement ; que cependant ce réglement fut autorisé par arrêt du conseil d'état du trente Janvier mil sept cent vingt-cinq, qui excepte, article XIV, les assemblées d'Alby : Que comme cette exception n'a pas de fondement raisonnable, le suppliant a présenté un mémoire à l'assemblée des Etats, tenue à Nimes au mois de Février dernier, pour faire régler, qu'il auroit dans l'assiette du diocese d'Alby, les mêmes rang & séance qui ont été accordés aux barons des Etats dans les assiettes des autres dioceses de la province, par le réglement du trente Décembre mil sept cent vingt-quatre, autorisé par l'arrêt du conseil du trente Janvier mil sept cent vingt-cinq, n'étant pas juste qu'il fût seul privé d'un honneur dont tous les autres barons des Etats jouissent. Sur quoi, les Etats, par leur délibération du vingt Février mil sept cent vingt-sept, ont déclaré que l'assemblée ne pouvoit rien changer au réglement du trente Décembre mil sept cent vingt-quatre, concernant les assiettes du diocese, attendu qu'il a été autorisé par arrêt du conseil, mais qu'ils n'entendent empêcher que le suppliant se pourvoye au conseil, pour leur faire renvoyer l'examen de ses prétentions : Que c'est en conséquence de cette dé-

Tome IV.

libération, que le suppliant réclame la justice & l'autorité de Sa Majesté, pour une préséance attachée à son rang & à sa naissance : Que pour établir son droit, il suffit de dire, que les assiettes des dioceses ne peuvent être regardées que comme des assemblées subordonnées aux Etats généraux, & que ceux qui entrent aux assiettes, ne sont que des commissaires subdélégués des Etats généraux, pour exécuter ce qu'ils ont délibéré : qu'ainsi, les barons des Etats doivent y jouir des mêmes honneurs & séances dont ils jouissent dans les assemblées générales : Qu'il est certain que dans les commissions particulieres, nommées pour la régie des affaires, & pour en faire le rapport à l'assemblée générale, lorsque le suppliant est nommé commissaire, il prend sa place immédiatement après l'évêque qui préside à la commission, avant tous les députés du tiers-état & ceux des premieres villes ; que l'on ne peut donc lui refuser le même avantage dans l'assiette du diocese : Que le prétexte que l'on a pris pour suspendre le réglement, qui devoit être uniforme à l'égard de l'assiette d'Alby, ne peut détruire le caractere des barons des Etats, qui sont commissaires ordinaires dans les dioceses, de même que les évêques : Que quoique l'assemblée d'Alby soit composée de députés de plusieurs chapitres, de quelques abbés, & de six barons du pays, il est incontestable que le baron des Etats est supérieur à ces députés, abbés & gentilshommes : Que l'on ne peut opposer à un droit si légitime, l'usage & la possession, outre que le suppliant s'est toujours élevé contre ce prétendu usage : Que les Etats de la province ont jugé que de pareils usages, qui s'étoient aussi glissés en d'autres dioceses, sont abusifs, & que c'est le motif du réglement délibéré dans l'assemblée du mois de Février mil sept cent vingt-quatre,

A a a a

où l'on n'a point excepté alors le dioceſe d'Alby ; qu'en effet, l'abus ne peut jamais l'emporter ni preſcrire contre la raiſon & la loi naturelle, qui place le baron immédiatement après l'évêque, en qualité de commiſſaire ordinaire des aſſiettes, & au-deſſus des députés du tiers-état, & de tous autres : Que ſi par le dernier réglement on n'a rien changé pour les aſſemblées du Vivarais, du Gévaudan & du Velay, c'eſt parce que les barons y ont des ſéances diſtinguées ; que d'ailleurs, ces pays ne ſe ſont joints au Languedoc, qu'à condition de conſerver leurs anciens uſages ; raiſons qui ne militent point à l'égard du dioceſe d'Alby. Requéroit, A CES CAUSES, le ſuppliant, qu'il plût à Sa Majeſté le recevoir oppoſant, en tant que de beſoin, à l'exécution de l'arrêt du conſeil d'état du trente Janvier mil ſept cent vingt-cinq, en ce que par l'article XIV il a été dit, que le réglement, autoriſé par cet arrêt, n'auroit pas lieu pour les aſſemblées ou aſſiettes particulieres du dioceſe d'Alby ; en conſéquence, ordonner que le réglement des Etats de Languedoc, confirmé par ledit arrêt, aura lieu, & ſera exécuté ſelon ſa forme & teneur, pour les aſſemblées ou aſſiettes particulieres du dioceſe d'Alby, ou, en cas de difficulté, qu'il plaiſe à Sa Majeſté renvoyer la requête du ſuppliant, aux Etats de la province de Languedoc, pour, en la prochaine aſſemblée, donner leur avis ſur ladite requête, & être enſuite ſtatué par Sa Majeſté ce qu'Elle jugera à propos. Vu la requête, & pieces y énoncées : Ouï le rapport du ſieur le Peletier, conſeiller d'état ordinaire & au conſeil royal, contrôleur général des finances ; SA MAJESTÉ EN SON CONSEIL, a renvoyé & renvoie ladite requête, aux commiſſaires qui préſideront pour Elle aux Etats prochains de la province de Languedoc,

& aux commiſſaires qui ſeront nommés par l'aſſemblée deſdits Etats, pour, ſur ladite requête, donner leur avis, & y être enſuite par Sa Majeſté ſtatué ainſi qu'Elle le jugera à propos. FAIT au conſeil d'état du Roi, tenu à Verſailles le deuxieme jour de Septembre mil ſept cent vingt-ſept. *Collationné. Signé*, GUYOT.

Nota. *Le titre de baronnie des Etats, attaché à cette époque à la terre de Caſtelnau de Bonnefons a été transféré en 1772, ſur la terre de Coduſen & dépendances dans le dioceſe d'Alby, ſous la dénomination de baronnie de Pierrebourg.*

V I I.

EXTRAIT du regiſtre des délibérations des Etats généraux de Languedoc, aſſemblés par mandement du Roi en la ville de Nîmes au mois de Décembre 1727.

Du Mardi 24 Janvier 1728, préſident Mgr. l'archevêque & primat de Narbonne.

MONSEIGNEUR l'évêque de Mende, commiſſaire nommé avec Mgr. l'évêque de Mirepoix, M. le baron de Calviſſon, M. le baron de Bram, & les ſieurs députés du Puy, de Caſtres, d'Alet, Limoux & de Saint-Papoul, pour examiner la requête préſentée au conſeil par M. le marquis de Saint-Sulpice, baron de Caſtenau de Bonnefons au dioceſe d'Alby, que Sa Majeſté par arrêt du conſeil du 2 Septembre 1727, a renvoyée à MM. ſes commiſſaires & à ceux des Etats pour donner leur avis, a dit que M. le marquis de Saint-Sulpice, prétendant être fondé à ſe plaindre de l'exception qui avoit été faite de l'aſſiette du dioceſe d'Alby, des rangs, ſéances & autres avantages acquis à MM. les autres barons des Etats dans les aſſiettes des autres dioceſes de la province, avoit présenté là - deſſus un mémoire ſur lequel les Etats avoient déclaré par leur délibération du 30 Janvier 1727, ne pouvoir ſtatuer à cauſe de l'arrêt du conſeil du 30 Janvier 1725, qui avoit autoriſé ce réglement, & n'entendoient empêcher que M. le marquis de Saint-Sulpice, ne ſe pourvût au conſeil pour leur faire renvoyer l'examen de ſon mémoire.

Qu'en conſéquence, M. le marquis de Saint-Sulpice avoit donné ſa requête au conſeil, que Sa Majeſté a, par arrêt du 2 Septembre 1727, renvoyée à MM. ſes commiſſaires & à ceux des Etats pour donner leur avis.

Que par cette requête M. le marquis de Saint - Sulpice demande qu'il plaiſe à Sa Majeſté de le recevoir oppoſant en tant que de beſoin, envers l'arrêt du conſeil du 30 Janvier 1725, en ce que par l'article XIV du réglement qu'il autoriſe, il a été dit que ce réglement n'auroit pas lieu pour l'aſſiette & les aſſemblées particulieres du dioceſe d'Alby, & en conſéquence ordonner que ce réglement ſera exécuté dans les aſſemblées de ce dioceſe comme dans celles des autres dioceſes.

Que MM. les commiſſaires ont examiné cette requête avec les deux mémoires que M. le marquis de Saint-Sulpice a fournis, & les actes qu'il a remis pour la juſtifier, enſemble les deux mémoires que l'aſſemblée des Etats particuliers de l'aſſiette d'Alby a fournis pour défendre à ceux de M. le marquis de St. Sulpice, & les actes qu'elle a produit pour juſtifier ſa défenſe; qu'ils ſe ſont fait informer de tous les uſages pratiqués dans les aſſemblées du dioceſe d'Alby, concernant l'ordre, la ſéance, le nombre, & la qualité des perſonnes qui ont droit d'y aſſiſter, les ſuffrages, la ſignature des délibérations qui y ſont priſes & leur exécution, qu'ils ont trouvé preſque tous différens de ceux obſervés dans les aſſemblées des aſſiettes des autres dioceſes.

Qu'après y avoir donné toute l'attention que l'importance de cette affaire exige, & examiné les inconvéniens & les obſtacles qui ſe préſentoient ſur le changement propoſé par M. le marquis de Saint-Sulpice, & en même-temps recherché tous les expédiens poſſibles pour procurer à M. le marquis de Saint - Sulpice les droits & avantages dus à ſa qualité de baron des Etats, MM. les commiſſaires avoient été d'avis,

1°. Qu'il ne devoit être fait aucun changement à la ſéance de l'aſſemblée de l'aſſiette ni de celles du bureau des comptes & capitation du dioceſe d'Alby, attendu qu'il eſt impoſſible de les régler comme dans les autres dioceſes, par rapport aux députés du clergé qui ont droit d'aſſiſter à ces aſſemblées, ce qu'ils n'ont pas dans celles des autres dioceſes, & que le changement propoſé par M. le marquis de St. Sulpice dans ſon mémoire renferme de plus grands inconvéniens.

2°. Que la délibération priſe dans l'aſſemblée de l'aſſiette du dioceſe d'Alby, concernant les impoſitions, ſeroit ſignée ſeulement par le commiſſaire principal, le viguier d'Alby, le maire & le premier conſul de la ville, (de tour) commiſſaires ordinaires, ſuivant l'uſage obſervé dans ce dioceſe.

3°. Que l'ordre de la ſignature des autres délibérations priſes à l'aſſiette ou aux bureaux des comptes & de la capitation pourroit être changé, ſi tel eſt le bon plaiſir de Sa Majeſté, & ces délibérations ſignées à l'avenir par Mgr. l'archevêque d'Alby, & par les députés du clergé, enſuite par M. le marquis de Saint - Sulpice & autres barons qui ont droit d'aſſiſter à ces aſſemblées, & en leur abſence par leurs envoyés, enſuite par le viguier & maire d'Alby, &

le premier conful de la ville de tour, commiffaires ordinaires, & enfin par les autres députés qui y avoient affifté.

4°. Que l'envoyé de M. le marquis de Saint-Sulpice continuera de jouir des avantages à lui acquis par la délibération des Etats du 4 Janvier 1680 & celles de l'affiette du diocefe d'Alby des 19 & 20 Février de la même année ; mais qu'il fera obligé de céder aux titulaires des autres baronnies du diocefe qui donnent l'entrée aux affemblées, lorfqu'ils affiftent en perfonne.

5°. Que M. le marquis de Saint-Sulpice, en qualité de commiffaire ordinaire, fera appellé aux affemblées du bureau de direction des affaires du diocefe qui fe tiendront pendant l'année, & qu'il y fera placé immédiatement après Mgr. l'archevêque, ou, en fon abfence, après fon grand vicaire, n'étant pas d'ufage d'admettre dans ces affemblées particulieres les députés du clergé, auquel effet il en fera averti dans fon hôtel à Alby.

Sur quoi il a été délibéré, conformément à l'avis de MM. les commiffaires,

1°. Qu'il ne peut être fait aucun changement à la féance de l'affemblée de l'affiette ni de celles du bureau des comptes & capitation du diocefe d'Alby.

2°. Que la délibération prife dans l'affemblée du diocefe d'Alby, concernant les impofitions, fera feulement fignée, fuivant l'ufage obfervé dans le diocefe, par le commiffaire principal, le viguier d'Alby, le maire d'Alby & le premier conful de la ville de tour, commiffaires ordinaires.

3°. Que l'ordre de la fignature des autres délibérations prifes à l'affiette ou aux bureaux des comptes & de la capitation, fera changé, fi tel eft le bon plaifir de Sa Majefté, & ces délibérations fignées à l'avenir par Mgr.

l'archevêque d'Alby, enfuite par les députés du clergé, & après par M. le marquis de Saint-Sulpice & les autres barons qui ont droit d'affifter à ces affemblées, ou en leur abfence par leurs envoyés, enfuite par le viguier & le maire d'Alby & le premier conful de la ville de tour, commiffaires ordinaires, & enfin par les autres députés qui y auront affifté.

4°. Que l'envoyé de M. le marquis de Saint-Sulpice continuera de jouir des avantages à lui acquis par la délibération des Etats du 4 Janvier 1680, & celles de l'affiette des 19 & 20 Février de la même année ; mais qu'il fera obligé de céder aux autres titulaires des baronnies qui ont droit d'affifter aux mêmes affemblées, lorfqu'ils s'y trouveront en perfonne.

5°. Que M. le marquis de Saint-Sulpice, commiffaire ordinaire, fera appellé aux affemblées du bureau de direction des affaires du diocefe qui fe tiendront pendant l'année & qu'il y fera placé immédiatement après Mgr. l'archevêque, ou en fon abfence, après fon grand vicaire, n'étant pas d'ufage d'admettre des députés du clergé dans ces affemblées particulieres ; auquel effet il fera averti dans fon hôtel à Alby.

VIII.
AVIS

Des commiffaires du Roi & des Etats donné en exécution de l'arrêt du confeil du 2 Septembre 1727.

Du 26 Janvier 1728.

LEs commiffaires préfidens pour le Roi en l'affemblée des Etats généraux de la province de Languedoc, convoqués par mandement de S. M. en la ville de Nîmes, & les commiffaires députés par l'affemblée des Etats.

Vu l'arrêt du confeil du deuxieme

Septembre dernier, par lequel S. M. nous a renvoyé pour donner notre avis sur la requête présentée par M. le marquis de Saint-Sulpice, baron de Castelnau-de-Bonnefons au diocese d'Alby, tendante à ce qu'il plaise à Sa Majesté, le recevoir en tant que de besoin opposant à l'exécution de l'arrêt du conseil du 30 Janvier 1725, en ce que par l'article XIV, il a été dit que le réglement fait par les Etats & autorisé par cet arrêt n'auroit pas lieu pour les assemblées ou assiettes particulieres du diocese d'Alby, & en conséquence ordonner que ce réglement aura lieu & sera exécuté selon sa forme & teneur pour les assemblées ou assiettes particulieres du diocese d'Alby; les délibérations des Etats au sujet de ce réglement des 18 Février & 30 Décembre 1724; l'arrêt du conseil du 30 Janvier 1725 qui a confirmé ce réglement; autre délibération des Etats du 20 Février 1727; les mémoires à nous remis par M. le marquis de Saint-Sulpice avec l'ordonnance des Etats du 4 Janvier 1680 obtenue par le sieur marquis de Saint-Sulpice son pere, portant qu'il jouiroit de l'entrée, séance, & voix délibérative, tant dans l'assemblée particuliere des Etats d'Alby, qu'en celle de l'assiette ou bureau des comptes dudit diocese, comme il l'avoit dans l'assemblée des Etats généraux de la province en qualité de baron, & qu'avec lui assisteroit un autre des barons du diocese à ladite assiette ou bureau des comptes; & les délibérations de l'assiette du diocese d'Alby des 3 Juillet 1634, 19 & 20 Février 1680, ensemble les mémoires à nous remis de la part de l'assemblée & Etats particuliers & assiettes du diocese d'Alby, avec l'extrait de la transaction passée le 10 Novembre 1542 entre les habitans de la Viguerie & Jugerie du diocese d'Alby, au sujet de la création des

syndics & du gouvernement des affaires du diocese, & des lettres patentes du Roi Henri III, contenant homologation de cette transaction; extrait des procès verbaux de l'assemblée des Etats particuliers du diocese d'Alby des années 1613, 1620, 1640, 1660, 1661, 1670, 1680, 1690, 1700, 1710, 1720 & 1727; arrêt du conseil du 17 Septembre 1612, qui accorda la présidence dans les assemblées du diocese d'Alby à M. l'évêque, sans préjudice de l'exécution de la transaction de 1542 pour le surplus; & les autres actes énoncés dans la production fournie au nom des commissaires ordinaires des Etats particuliers d'Alby & autres personnes qui ont droit d'y assister, desquels actes & mémoires il résulte que les assemblées de ces Etats particuliers & assiettes sont toutes différentes de celles des assiettes des autres dioceses de la province par rapport au rang, séance, le nombre & la qualité des personnes qui ont droit d'y assister, y ayant deux abbés & deux députés des chapitres, sept barons, y compris M. de Saint-Sulpice, & cent quarante-cinq députés du Tiers-état, ainsi que pour le droit & l'ordre d'y donner les suffrages.

Nous sommes d'avis 1°. que le réglement autorisé par l'arrêt du conseil du 30 Janvier 1725 ne peut être exécuté pour la séance dans les assemblées de l'assiette & bureau des comptes & capitation du diocese d'Alby par rapport à leur différence avec celles des autres dioceses; qu'on ne peut faire aucun changement à l'ordre de cette séance sans donner lieu à de plus grands inconvéniens. 2°. Que la délibération prise par l'assemblée de l'assiette concernant les impositions doit, suivant l'usage observé dans ce diocese, être seulement signée par le commissaire principal, le viguier d'Alby, le maire d'Alby & le premier conful de la ville de tour, commiffaires ordinaires, & qu'ainfi l'oppofition de M. de Saint-Sulpice à l'arrêt du confeil du trente Janvier 1725, n'eft pas fondée pour ces deux chefs.

Et quant à l'ordre de la fignature des autres délibérations prifes à l'affiette, ou aux bureaux des comptes de la capitation, nous eftimons qu'il pourroit être changé, fi tel étoit le bon plaifir de S. M., & les délibérations fignées à l'avenir par M. l'archevêque d'Alby, enfuite par les députés du clergé, enfuite par M. le marquis de Saint-Sulpice & les autres barons qui ont droit d'affifter à ces affemblées, ou en leur abfence par leurs envoyés, enfuite par le viguier d'Alby, le maire d'Alby, & le premier conful de la ville de tour, commiffaires ordinaires, & enfin par les autres députés qui y auront affifté.

Comme auffi que l'envoyé de M. le marquis de Saint-Sulpice continuera de jouir des avantages à lui acquis par la délibération des Etats du 4 Janvier 1680 & celles de l'affiette d'Alby des 19 & 20 Février de la même année ; mais qu'il fera obligé de céder aux titulaires des autres baronnies qui ont droit d'affifter aux mêmes affemblées, lorfqu'ils s'y trouveront en perfonne.

Enfin que M. le marquis de Saint-Sulpice, en qualité de commiffaire ordinaire, fera appellé aux affemblées du bureau de direction des affaires du diocefe qui fe tiendront pendant l'année, qu'il y fera placé immédiatement après M. l'archevêque ou en fon abfence après fon grand vicaire, n'étant pas d'ufage d'admettre des députés du clergé dans ces affemblées particulieres ; auquel effet ledit fieur marquis de Saint-Sulpice en fera averti dans fon hôtel à Alby.

FAIT double, à Nimes pendant la tenue des Etats le 26 Janvier 1728.

Signés par colonnes, LA FARE LAUGERES; DE BERNAGE ; CALVET; VICHET ; G. FLOR. év. de Mende; le marquis DE CALVISSON ; SAINT-GERMAIN, député du Puy ; MILHAU, député de Caftres : *Et plus bas,* du mandement de noffeigneurs des Etats. *Signé,* MARIOTTE, à l'original. *Collationné.* MARIOTTE, *figné.*

I X.

ARRÊT

DU CONSEIL D'ETAT DU ROI,

Qui regle la féance de l'affiette d'Alby, & l'ordre de la fignature des délibérations dans les bureaux des comptes & de la capitation.

Du 13 Avril 1728.

EXTRAIT *des regiftres du Confeil d'Etat.*

VU par le Roi étant en fon confeil l'arrêt rendu en icelui le 2 Septembre 1727 fur la requête du fieur marquis de Saint-Sulpice, baron de Caftelnau-de-Bonnefons au diocefe d'Alby, tendante à ce qu'il plût à Sa Majefté le recevoir oppofant, en tant que de befoin, à l'exécution de l'arrêt du confeil d'état du 30 Janvier 1725, en ce que par l'article XIV il y étoit dit que le réglement autorifé par cet arrêt n'auroit pas lieu pour les affemblées ou affiettes particulieres du diocefe d'Alby, par lequel arrêt du 2 Septembre 1727, Sa Majefté a renvoyé ladite requête aux commiffaires qui préfideroient pour Elle aux Etats lors prochains de la province de Languedoc & aux commiffaires qui feroient nommés par l'affemblée defdits Etats, pour, fur ladite requête, donner leur avis & y être enfuite par Sa Majefté ftatué ainfi qu'Elle le jugeroit à propos ; l'avis defdits com-

miſſaires préſidens pour le Roi en l'aſſemblée des Etats de la province de
Languedoc convoqués par mandement
de Sa Majeſté en la ville de Nîmes &
des commiſſaires députés par l'aſſemblée deſdits Etats, ledit avis en date
du 26 de Janvier dernier ; Ouï le rapport du ſieur le Peletier, conſeiller d'état
ordinaire & au conſeil royal, contrôleur général des finances, SA MA-
JESTÉ ÉTANT EN SON CONSEIL,
a ordonné & ordonne, conformément
audit avis, que l'ordre de la ſéance dans
les aſſemblées de l'aſſiette & bureaux
des comptes & capitation du dioceſe
d'Alby, & l'ordre pour la ſignature de
la délibération priſe par l'aſſemblée
de l'aſſiette concernant les impoſitions,
continueront d'être obſervés ſuivant
l'uſage ancien & ainſi qu'il s'eſt juſqu'à
préſent pratiqué ; & à l'égard de l'ordre de la ſignature des autres délibérations priſes à l'aſſiette, ou aux bureaux des comptes & de la capitation,
leſdites délibérations ſeront ſignées à
l'avenir par le ſieur archevêque d'Alby
& par les députés du clergé, enſuite
par le ſieur marquis de Saint-Sulpice &
par les autres barons du dioceſe qui
ont droit d'aſſiſter à ces aſſemblées, .
ou, en leur abſence, par leurs envoyés, enſuite par le viguier d'Alby, le
maire d'Alby, & le premier conſul de
la ville de tour, commiſſaires ordinaires, & enfin par les autres députés qui
y auront aſſiſté : comme auſſi que l'envoyé du ſieur marquis de Saint-Sulpice
continuera de jouir des avantages à lui
acquis par la délibération des Etats de
Languedoc du 4 Janvier 1680, &
celles de l'aſſiette du dioceſe d'Alby des
19 & 20 Février de la même année,
ſans toutefois qu'il puiſſe en jouir au
préjudice des titulaires des autres baronnies qui ont droit d'aſſiſter aux mêmes aſſemblées, lorſqu'ils s'y trouveront en perſonne : & ſera ledit ſieur de
Saint-Sulpice en qualité de commiſſaire
ordinaire, appellé aux aſſemblées du
bureau de direction des affaires du
dioceſe qui ſe tiendront pendant l'année, & y ſera placé immédiatement
après le ſieur archevêque d'Alby, ou,
en ſon abſence, après ſon grand vicaire ; auquel effet il en ſera averti dans
ſon hôtel à Alby. FAIT au conſeil d'état
du Roi, Sa Majeſté y étant, tenu à
Verſailles le treizieme jour d'Avril mil
ſept cent vingt-huit.

Signé, PHELYPEAUX.

X.

ARRÊT

DU CONSEIL D'ETAT DU ROI;

Qui renvoie à MM. les commiſſaires
préſidens pour le Roi aux Etats, &
aux commiſſaires qui ſeront nommés
par l'aſſemblée deſdits Etats, la re-
quête de M. le Marquis de Saint-
Sulpice, tendante à ce que ſon en-
voyé ſoit reçu en ſon abſence aux
aſſemblées de direction des affaires
du dioceſe d'Alby.

Du 9 Octobre 1731.

EXTRAIT des regiſtres du Conſeil
d'Etat.

SUR la requête préſentée au Roi
étant en ſon conſeil, par le marquis de Saint-Sulpice, baron de Caſ-
telnau-de-Bonnefons au dioceſe d'Alby ; contenant que par arrêt du conſeil d'Etat du 13 Avril 1728, S. M. a
réglé, conformément à l'avis des ſieurs
commiſſaires préſidens en l'aſſemblée
des Etats de Languedoc, ce qui devoit
être pratiqué dans l'ordre de la ſéance
des aſſemblées de l'aſſiette, & bureaux
des comptes & capitation du dioceſe
d'Alby, & l'ordre des ſignatures ; & a
ordonné entr'autres choſes que le ſup-

pliant, en qualité de commiſſaire ordinaire, feroit appellé aux aſſemblées du bureau de direction des affaires du dioceſe pendant l'année, & y feroit placé immédiatement après le ſieur archevêque d'Alby, ou en ſon abſence après ſon grand vicaire, auquel effet il en feroit averti en ſon hôtel à Alby : mais qu'ayant été omis dans l'avis des ſieurs commiſſaires, & dans l'arrêt du conſeil, de marquer qu'en l'abſence du ſuppliant, ſon envoyé aſſiſteroit aux aſſemblées du bureau de direction des affaires du dioceſe d'Alby, on refuſe l'entrée à l'envoyé du ſuppliant dans le bureau de la direction ; ce qui lui donne lieu de recourir à l'autorité de Sa Majeſté, & de lui repréſenter très-humblement que ce refus eſt contraire au réglement fait par l'arrêt du conſeil d'état du 30 Janvier 1725, qui porte, article XI, que le bureau de la capitation pour la confection des rôles, & celui de la direction du dioceſe pendant l'année, feront nommés par l'aſſiette, & compoſés de l'évêque ou de ſon grand vicaire, d'un des barons des Etats ou de ſon envoyé alternativement dans les aſſiettes où il y en aura pluſieurs, de l'officier de juſtice, & des maire & conſuls de la ville capitale, & des autres députés des villes qui feront jugés néceſſaires, leſquels commiſſaires, le ſyndic ou le greffier du dioceſe feront tenus d'avertir quelques jours avant la tenue des aſſemblées, & qu'il n'y a pas de raiſon de différence dans ce point pour le bureau de la direction des affaires du dioceſe d'Alby, où l'arrêt du conſeil du 13 Avril 1728 doit être entendu en conformité de l'article XI de celui du 30 Janvier 1725. Requéroit, A CES CAUSES, le ſuppliant qu'il plût à Sa Majeſté ordonner que l'article XI du réglement porté par l'arrêt du conſeil d'état du 30 Janvier 1725, fera exécuté dans les aſſemblées du bureau de direction des affaires du dioceſe d'Alby ; ce faiſant, qu'en l'abſence du ſuppliant, ſon envoyé aura entrée audit bureau de direction, ainſi qu'il ſe pratique dans les autres dioceſes. Vu ladite requête : Oui le rapport du ſieur Orry, conſeiller d'état, & conſeiller ordinaire au conſeil royal, contrôleur général des finances ; SA MAJESTÉ ÉTANT EN SON CONSEIL, a renvoyé & renvoie ladite requête aux commiſſaires qui préſideront pour Elle aux Etats prochains de la province de Languedoc, & aux commiſſaires qui feront nommés par l'aſſemblée deſdits Etats, pour ſur ladite requête donner leur avis, & y être enſuite par Sa Majeſté ſtatué ainſi qu'Elle le jugera à propos. FAIT au conſeil d'état du Roi, Sa Majeſté y étant, tenu à Marly le neuvieme Octobre mil ſept cent trente-un.

Signé, PHELYPEAUX.

X I.

A V I S

Des commiſſaires du Roi & des Etats, ſur le renvoi à eux fait par l'arrêt précédent.

Du 26 Février 1732.

LEs commiſſaires préſidens pour le Roi en l'aſſemblée des Etats généraux de la province de Languedoc, convoqués par mandement de S. M. en la ville de Montpellier, & les commiſſaires députés par l'aſſemblée deſdits Etats.

Vu l'arrêt du conſeil du 9 Octobre 1731, par lequel Sa Majeſté nous a renvoyé, pour donner notre avis ſur la requête de M. le marquis de Saint-Sulpice, baron de Caſtelnau de Bonnefons au dioceſe d'Alby, tendante à ce qu'il plaiſe à Sa Majeſté ordonner que ſon

son envoyé sera reçu aux assemblées du bureau de direction des affaires du diocese qui se tiendront pendant l'année, lorsqu'il ne pourra y assister lui-même, cette demande étant une suite du droit qui lui a été accordé par arrêt du conseil du 13 Avril 1728, dans lequel il n'a pas été fait mention par oubli de l'entrée que doit avoir son envoyé audit bureau, lequel arrêt a été communiqué à M. l'archevêque d'Alby & au syndic de son diocese : Le mémoire à nous remis au nom du syndic du chapitre de l'église métropolitaine d'Alby; contenant que M. le marquis de Saint-Sulpice n'entroit point ci-devant aux assemblées du bureau de direction, & qu'il n'a commencé d'y être admis que depuis l'arrêt du conseil du 13 Avril 1728; qu'aussi-tôt qu'il a eu connoissance de cet arrêt, il a fait ses protestations à l'assiette en 1729, & demandé que puisque par ledit arrêt M. le marquis de Saint-Sulpice devoit être appellé à l'avenir en qualité de commissaire ordinaire aux assemblées du bureau de direction, le syndic de l'église métropolitaine d'Alby, qui est le premier opinant dans l'assemblée des Etats particuliers & assiettes du diocese & aux bureaux des comptes & de la capitation, fût pareillement honoré de la qualité de commissaire ordinaire, & appellé aux assemblées du bureau de direction qui doit être composé de la même maniere que l'assemblée générale & les autres bureaux du diocese, & d'être maintenu dans le droit d'y précéder M. le marquis de Saint-Sulpice, comme il en jouit dans les autres assemblées; que la nouvelle prétention de M. le marquis de Saint-Sulpice au sujet de l'entrée de son envoyé audit bureau, oblige ledit syndic de se pourvoir devant nous pour demander l'entrée à ce même bureau & la préséance sur M. de Saint-Sulpice, &

que si nous ne jugeons pas à propos de recevoir sa demande, il ne pourra se dispenser d'avoir recours à S. M. pour soutenir les droits du clergé qui se trouve manifestement lésé par la disposition de l'arrêt du conseil du 13 Avril 1728; Autre mémoire à nous présenté par M. l'archevêque d'Alby, dans lequel il déclare qu'il ne s'oppose point à l'entrée de M. le marquis de Saint-Sulpice, & à celle de son envoyé au bureau de direction, pourvu toutes fois que le syndic du chapitre d'Alby y soit aussi appellé, ledit bureau devant être composé des députés des trois ordres, M. l'archevêque d'Alby ayant prétendu qu'il ne doit pas être regardé comme député du clergé dans ledit bureau, étant à la tête des trois ordres par sa qualité de président né de toutes les assemblées générales & particulieres du diocese qui lui est acquise par des titres & une possession immémoriale ; Extrait du procès verbal de l'assiette d'Alby du 2 Avril 1729, joint au mémoire de mondit sieur l'archevêque d'Alby, par lequel il paroit qu'ayant été donné connoissance à l'assiette, de l'arrêt du conseil du 13 Avril 1728, il y fut formé opposition non-seulement par les députés du clergé, mais encore par l'envoyé de M. le marquis de Montels, baron de Salvanhac, lequel demanda tant pour ledit sieur baron de Salvanhac que pour les cinq autres barons ou vicomtes de ce diocese, que lorsque M. le baron de Castelnau ne seroit pas à Alby le jour des assemblées du bureau de direction, MM. les titulaires des autres baronnies qui se trouveront à Alby, & qui ont droit aussi bien que M. le marquis de Saint-Sulpice d'entrer annuellement aux Etats particuliers de ce diocese, & par tour aux bureaux des comptes & de la capitation, soient appellés suivant l'ordre desdites baronnies aux assemblées du bureau de direction; & le tout par nous examiné, Nous difons que cette affaire ne nous paroît pas fuffifamment inftruite, & que nous ne fommes pas en état de donner notre avis à Sa Majefté fur les demandes des parties.

1°. Parce que la demande de M. l'archevêque d'Alby & celle du fyndic de fon églife, ne nous ont pas été renvoyées par le confeil, & qu'il eft néceffaire que nous foyons autorifés par Sa Majefté à les examiner.

2°. Il feroit inutile de donner notre avis féparément fur le renvoi qui nous a été fait de la demande de M. le marquis de Saint-Sulpice par l'arrêt du confeil du 9 Octobre dernier, parce qu'elle fe trouve néceffairement liée avec celle de M. l'archevêque & du fyndic de l'églife cathédrale d'Alby, qui feront toujours oppofans aux arrêts déjà obtenus par M. le marquis de Saint-Sulpice, & à ceux qu'il pourroit obtenir dans la fuite jufqu'à ce que leurs prétentions ayent été réglées contradictoirement.

3°. Il nous a paru par l'extrait du procès verbal de l'affiette d'Alby du 2 Avril 1729, qu'outre l'oppofition formée à l'arrêt du confeil du 13 Avril 1728, par les députés du clergé de ce diocefe, il y en a encore une autre de la part des fix barons ou vicomtes qui entrent à l'affiette de ce diocefe avec M. le marquis de Saint-Sulpice, & qu'ainfi il eft néceffaire de leur communiquer fa requête, auffi bien qu'aux autres députés qui entrent au bureau de direction, & qui peuvent être intéreffés à fa demande.

Ainfi Nous eftimons que, dans ces circonftances, il y a lieu de renvoyer l'examen defdites demandes jufqu'aux Etats prochains, pendant lequel temps M. l'archevêque d'Alby & le fyndic de fon églife, fe pourvoiront devers S. M. pour nous faire renvoyer leurs demandes; qu'il doit être auffi du bon plaifir de S. M. de nous donner pouvoir d'examiner les autres demandes qui pourront être faites, tant par les fix barons qui entrent pour la nobleffe à l'affiette du diocefe d'Alby avec M. de Saint-Sulpice, que par les autres députés qui affiftent ou peuvent prétendre d'affifter audit bureau de direction; comme auffi de nous autorifer à prendre connoiffance de toutes les conteftations qui pourront être formées à ce fujet, afin que fur les mémoires refpectifs qui nous feront remis par les parties, nous puiffions donner notre avis à Sa Majefté fur le réglement qui doit être fait, de maniere qu'il ne foit plus fufceptible d'oppofition. FAIT double à Montpellier le 26 Février 1732.

Ainfi fignés par colonnes.

LA FARE LAU-GERRE.	† E. P. évêque de Comenge.
DE BERNAGE.	DE MONTIEU MERINVILLE, baron de Rieux.
SOLAS.	EUSTACHE, premier conful de Montpellier.
CASTEL.	DE BAUNE, député de Barjac.
	MONTFERRIER, fyndic général.
	JOUBERT, fyndic général.

Par Noffeigneurs.
TOUZARD, MARIOTTE.

Cette affaire n'a pas eu de fuite.

XII.

ARRÊT

DU CONSEIL D'ETAT DU ROI,

Qui casse & annulle, tant les délibérations prises par les communautés de Gailhac, Cordes & Rabastens, tendantes à se pourvoir au conseil contre un réglement fait par les Etats généraux de la province de Languedoc, sur l'assistance des députés desdites communautés aux assemblées du diocèse, que l'acte signifié en conséquence aux syndics généraux de ladite province; leur fait défenses de prendre à l'avenir de semblables délibérations; & ordonne que le présent arrêt sera transcrit à la marge d'icelles.

Du 9 Novembre 1759.

EXTRAIT des Registres du Conseil d'Etat.

SUR la requête présentée au Roi étant en son conseil, par le syndic général de Languedoc, contenant que la connoissance en dernier ressort de tout ce qui a rapport aux assemblées générales & particulieres des dioceses, & de tout ce qui s'y passe ayant été attribuée, à l'exclusion de tous autres tribunaux, aux Etats généraux de ladite province, par des lettres patentes du 13 Mars 1653; ils sont conséquemment en droit de faire à ce sujet tels réglemens qu'ils jugent à propos pour corriger les abus dont ils ont connoissance; qu'ayant été informés de celui qui s'étoit glissé sous de très-mauvais prétextes dans les assemblées particulieres du diocese d'Alby, par rapport à un trop grand nombre de députés de très-petites communautés qui s'y étoient intro-

duits, ils rendirent le 24 Février 1756, un réglement aussi régulier que nécessaire, pour faire rentrer les choses dans l'ordre où elles doivent être; mais que les communautés de Gailhac, Cordes & Rabastens, au lieu d'applaudir à une décision aussi sage, se sont avisées de former une espece de cabale en prenant des délibérations uniformes pour faire donner aux Etats un acte portant qu'elles alloient se pourvoir au conseil contre leur jugement; que cet acte ayant été signifié au suppliant le premier Juin 1759, il se trouve obligé de recourir à Sa Majesté pour faire réprimer cette entreprise, contraire au respect que ces communautés doivent à l'assemblée des Etats & à ses décisions, d'autant plus indécente qu'elles ont l'honneur d'y envoyer chacune à leur tour un député; & très-irreguliere, puisque, dans le cas même où ces communautés auroient des raisons légitimes pour être maintenues dans l'usage abusif qu'elles veulent soutenir, elles ne doivent se pourvoir que devant l'assemblée des Etats, seule compétente suivant le pouvoir spécial que Sa Majesté a bien voulu lui en donner, pour connoitre de tout ce qui regarde les assemblées des dioceses, & généralement tout ce qui a rapport à l'administration de leurs affaires, à l'effet de former devant eux leur prétendue opposition, & y déduire les moyens sur lesquels elle peut être fondée, ainsi qu'on l'observe à l'égard de tout jugement ou arrêt, contre lequel la voie de l'opposition est ouverte devant le même tribunal, lorsqu'il n'est pas contradictoire; que c'est même la seule voie qui puisse régulierement être mise en usage, & que les administrateurs des communautés de Gailhac, Cordes & Rabastens sont d'autant plus repréhensibles de s'en être écartés, qu'il paroît que leurs délibérations ont été dictées par un manque de fubordination qui avoit déjà été réprimé dans un cas à-peu-près femblable à l'égard de la même communauté de Cordes, par un arrêt du confeil du 23 Août 1662, mais qu'elles ont fans doute bien fenti que cette voie ne leur réuffiroit pas, les Etats ayant mûrement pefé & difcuté les titres & les raifons qu'elles auroient pu faire valoir avant de rendre leur jugement; Requéroit, A CES CAUSES, ledit fyndic général, qu'il plût à S. M. fur ce pourvoir. Vu ladite requête; Les lettres patentes du 13 Mars 1653; L'arrêt du confeil du 23 Août 1662; Le jugement rendu par l'affemblée des Etats le 24 Février 1759, fur le fait dont il s'agit; L'extrait des délibérations prifes par les communautés de Rabaftens, Cordes & Gailhac les 7, 12 & 13 Mai de ladite année, au bas duquel extrait eft l'acte fignifié le premier Juin fuivant auxdits Etats, en la perfonne des fyndics généraux; Oui le rapport, & tout confidéré; LE ROI ÉTANT EN SON CONSEIL, a caffé & annullé, tant lefdites délibérations prifes par lefdites communautés de Gailhac, Cordes & Rabaftens, que l'acte fignifié en conféquence aux fyndics généraux de la province de Languedoc le premier Juin 1759, avec défenfes auxdites communautés de prendre femblables délibérations à l'avenir: Ordonne Sa Majefté que le préfent arrêt fera tranfcrit à la marge des délibérations defdites communautés, en préfence du fyndic du diocefe d'Alby, auquel les greffiers feront tenus à cet effet de porter les regiftres où elles ont été couchées, lors de la notification qui leur en fera faite à la diligence dudit fyndic. Enjoint Sa Majefté au fieur commiffaire départi dans ladite province, de tenir la main à fon exécution. FAIT au confeil d'Etat du Roi, Sa Majefté y étant, tenu à Verfailles le neuvieme Novembre mil fept cent cinquante-neuf. *Signé*, PHELYPEAUX.

JEAN-EMMANUEL DE GUIGNARD, chevalier, vicomte de Saint-Prieft, confeiller du Roi en fes confeils, maître des requêtes honoraire de fon hôtel, intendant de juftice, police & finances en la province de Languedoc.

Vu le préfent arrêt, Nous ordonnons qu'il fera exécuté felon fa forme & teneur: Enjoignons en conféquence aux communautés de Gailhac, Cordes & Rabaftens, d'en remplir exactement les difpofitions fur la notification qui leur en fera donnée à la diligence du fyndic du diocefe d'Alby. FAIT à Montpellier le 22 Décembre 1759. *Signé*, DE SAINT-PRIEST; *Et plus bas*: Par Monfeigneur. SOEFVE.

XIII.

EXTRAIT du regiftre des délibérations des Etats généraux de Languedoc, affemblés par mandement du Roi en la ville de Montpellier au mois de Novembre 1759.

Du Samedi 22 Décembre fuivant, préfident Mgr. l'archevêque & primat de Narbonne, commandeur de l'ordre du St. Efprit.

LE fieur de Montferrier a dit que les Etats ayant été informés dans leur précédente affemblée, d'un abus qui s'étoit gliffé dans le diocefe d'Alby par le trop grand nombre des députés des communautés qui avoient prétendu être en droit d'affifter aux affemblées particulieres de ce diocefe, ils rendirent un jugement le 24 Février 1759, pour ordonner l'exécution de l'article XI du réglement fait en 1725, fur cette matiere; que quoique cette décifion auffi jufte que néceffaire dût être refpectée par les communautés dudit diocefe, les adminiftrateurs de celles de Gailhac,

N°. XIII.

Cordes & Rabaftens fe font avifés de leur faire prendre des délibérations peu réfléchies pour fe pourvoir au confeil contre ce réglement; & qu'ils firent fignifier en conféquence, le premier Juin de cette année, un acte aux Etats en la perfonne de leurs fyndics généraux, pour leur dénoncer des démarches auffi irrégulieres; ce qui l'obligea de fe pourvoir lui-même audit confeil pour faire réprimer un manque de fubordination & une entreprife auffi repréhenfible, & qu'il a obtenu un arrêt rendu le 9 du mois de Novembre dernier, qui caffe & annulle lefdites délibérations & l'acte fignifié en conféquence; fait défenfes auxdites communautés d'en prendre à l'avenir de femblables, & ordonne que ledit arrêt fera tranfcrit à la marge defdites délibérations en préfence du fyndic du diocefe d'Alby, auquel les greffiers defdites communautés feront tenus de porter à cet effet les regiftres.

Qu'il a cru devoir donner connoiffance aux Etats d'une décifion qui fait connoître d'une maniere auffi authentique l'approbation & la protection que Sa Majefté accorde aux réfolutions des Etats & à leurs droits, fur ce qui a rapport à l'adminiftration des diocefes & communautés de la province.

Sur quoi lecture faite dudit arrêt, il a été délibéré qu'il en fera fait regiftre.

X I V.

Extrait du regiftre des délibérations des Etats généraux de Languedoc, affemblés par mandement du Roi en la ville de Montpellier au mois de Novembre 1759.

Du Samedi 5 Janvier 1760, préfident Mgr. l'archevêque de Touloufe.

Monseigneur l'évêque de Rieux a dit, que le fieur de la Fage, fyndic général, a rendu compte à la

N°. XIV.

commiffion d'une lettre de M. le contrôleur général à Mgr. l'archevêque de Narbonne, accompagnée de pieces en date du 21 Décembre dernier, par laquelle ce miniftre paroît fouhaiter une délibération particuliere des Etats au fujet d'une oppofition formée de la part des communautés de Gailhac, Cordes & Rabaftens, au nouveau réglement des dépenfes ordinaires des affiettes, en ce qu'il fupprime une fomme de 100 liv. pour les gages du fyndic diocéfain de la judicature d'Albigeois, au préjudice d'une tranfaction du 10 Novembre 1542, homologuée par des lettres patentes, & confirmée par un arrêt contradictoirement rendu au confeil privé du Roi entre lefdites communautés & le fyndic général de la province.

Qu'il a été à cet effet mis fous les yeux de la commiffion un mémoire dans lequel font rappellés en détail les différens motifs qui ont donné lieu aux Etats de déterminer la fuppreffion des gages dont il s'agit.

Qu'une des principales raifons de cette fuppreffion fut, lors du réglement du 2 Mars 1756, d'établir l'uniformité dans tous les diocefes, où un feul fyndic eft chargé de l'adminiftration des affaires, fans entendre priver les communautés de Gailhac, Cordes & Rabaftens, d'un émolument qui avoit été acquis à leur fyndic dans des circonftances particulieres, & que les Etats ont néanmoins voulu lui conferver fous une dénomination plus analogue à l'ufage généralement obfervé à l'égard des autres diocefes de la province.

Que fous ce point de vue, & au moyen de l'augmentation d'honoraire des commiffaires ordinaires & députés aux affiettes, où ledit fyndic doit affifter tous les ans comme auparavant, en l'une ou l'autre de ces qualités, il retirera à très-peu de chofe près, les mêmes sommes dont il étoit payé à raison d'une charge sans fonctions, & sans aucune espece de finance.

Qu'il est aisé de juger sur ce simple exposé, du fait, & du droit de ces communautés; combien leur opposition est mal fondée; puisqu'elle est sans objet, & qu'elle n'a eu pour motif qu'un titre illusoire, auquel S. M. sera suppliée de déroger en approuvant la présente délibération.

Que tel a été l'avis formé par la commission, dont le résultat est porté à l'assemblée.

Sur quoi les Etats, après avoir entendu la lecture d'un mémoire au sujet des contestations dont il s'agit, Ont délibéré unanimement que S. M. sera suppliée, en dérogeant en tant que de besoin, à l'arrêt de son conseil privé du 29 Février 1668, d'approuver la présente délibération.

Cette affaire n'a pas eu d'autre suite, les communautés de Gailhac, Cordes & Rabastens n'en ayant donné aucune à leur réclamation.

X V.

A R R Ê T

Du Conseil d'Etat du Roi,

Concernant les rétributions des députés de l'église, de la noblesse & du tiers état, à l'assiette du diocese d'Alby.

Du 8 Janvier 1762.

Extrait des Registres du Conseil d'Etat.

Vu par le Roi étant en son conseil, la délibération prise par les gens des Trois-états de la province de Languedoc le 7 Novembre dernier, par laquelle, sur les représentations que le diocese d'Alby leur a faites du préjudice que pouvoit lui porter le chan-

gement des frais d'assiette fait par le nouveau réglement arrêté au conseil le 17 décembre 1759, & dans lequel la rétribution de quarante-deux livres de tous temps accordée aux députés de l'église & de la noblesse qui assistent aux assemblées de ses assiettes a été omise, & la rétribution des autres députés portée à soixante-dix livres au lieu de quarante livres, ce qui priveroit le diocese de la diminution d'une imposition qui peut varier, la montre de grace de trente livres que le président desdites assiettes est dans l'usage d'accorder aux députés & commissaires ordinaires, à titre de récompense des services rendus audit diocese, pouvant être supprimée; lesdits Etats ont déterminé de consentir à ce que les deux articles dudit état dont il s'agit soient rétablis sur le pied où ils étoient avant ledit réglement de 1759, si tel est le bon plaisir de Sa Majesté. Vu aussi le mémoire du syndic général de ladite province, tendant à l'autorisation de ladite délibération : L'état des frais d'assiette de 1634, & celui du mois de Décembre 1759; ensemble l'avis du sieur de Saint-Priest, intendant & commissaire départi en ladite province; Oui le rapport du sieur Bertin, conseiller ordinaire au conseil royal, contrôleur général des finances; SA MAJESTÉ ÉTANT EN SON CONSEIL, a approuvé & approuve ladite délibération des Etats; ordonne en conséquence que l'honoraire des deux députés de l'église & de la noblesse qui assistent à l'assemblée de l'assiette du diocese d'Alby, demeurera fixé à quarante-deux livres pour chacun, & que celui des autres députés à ladite assiette demeurera réduit à quarante livres pour chacun, conformément au réglement de 1634, & nonobstant celui de 1759 : Autorise Sa Majesté le sieur archevêque d'Alby à accorder, quand il le trouvera convenable, à chacun desdits députés & des trois commissaires ordinaires du diocese, une montre du prix de trente livres à titre de grace & de récompense des peines & soins par eux pris pour le service dudit diocese, laquelle somme de trente livres pour chacun desdits députés & commissaires sera imposée dans le département des frais d'assiette.

Veut au surplus Sa Majesté, que le réglement arrêté en son conseil le 17 Décembre 1759, soit exécuté suivant sa forme & teneur, en ce qui n'est point dérogé par le présent. FAIT au conseil d'état du Roi, Sa Majesté y étant, tenu à Versailles le huitieme jour de Janvier mil sept cent soixante-deux. *Signé*, PHELYPEAUX.

§. I I.

Diocese de Castres.

LE diocese de Castres est borné, au nord, par le diocese d'Alby & la province de Rouergue ; au levant, par les dioceses de Beziers & de Saint-Pons ; au midi & au couchant, par le diocese de Lavaur.

Les baronnies d'Ambres & de Caylus, sont situées dans ce diocese.

Le sénéchal de Castres assiste à l'assiette conjointement avec le juge mage de la ville & comté.

Le premier consul *de Lautrec* y assiste aussi en qualité de commissaire ordinaire avec les consuls *de Castres.*

Le tiers-état y est représenté par quinze députés qui sont, un député *de Castres*, le second consul *de Lautrec*, & un député de chacune des treize villes & lieux suivans ; *la Caune, Castelnau de Brassac, Saint-Amans, Briatexte, Graulhet, Viane, Montredon, Saint-Gervais-Ville, Fiac, Roquecourbe, Boissezon-d'Aumontel, Esperausses & la Cabarede.*

On trouve ici quinze députés, quoique l'état des dépenses arrêté en 1759 n'en énonce que quatorze ; mais cette différence vient de ce que le député *de Castres*, qui tient le premier rang parmi les députés du tiers-état, n'a aucun honoraire pour son assistance à l'assiette.

I.

EXTRAIT *du regiftre des délibérations des Etats généraux de Languedoc, affemblés par mandement du Roi en la ville de Montpellier au mois de Novembre* 1713.

Du Lundi 8 Janvier fuivant, préfident Mgr. l'archevêque & primat de Narbonne.

LES gens des trois-états de la province de Languedoc, affemblés par mandement du Roi en la ville de Montpellier;

Vu l'arrêt du confeil & lettres-patentes du 13 Mars 1653, par lefquels Sa Majefté, en confirmant les anciens droits & privilèges de la province, lui attribue, en tant que de befoin, toute jurifdiction & connoiffance des conteftations & différends furvenus dans les affiettes de chaque diocefe, à raifon du droit d'entrée, féance, droit de création, inftitution & deftitution des officiers, icelle interdifant à toutes cours & juges; la requête des confuls & communauté de la terre foraine de Saint-Gervais, diocefe de Caftres, contenant qu'en l'année 1692, le Roi créa des charges de maire dans toutes les communautés de la province, auxquelles charges Sa Majefté attribua l'entrée aux Etats & aux affiettes des diocefes pour les communautés qui ont droit d'y affifter : que le fieur Roergas ayant acquis la mairie de la communauté de la ville de Saint-Gervais & terre foraine, fa finance fut liquidée à la fomme de cinq mille huit cent foixante-huit livres, dont il reçut le rembourfement en l'année 1699, & que cette fomme fut payée par moitié par les habitans de terre foraine & par ceux de la ville de Saint-Gervais, en la manière qu'ils ont accoutumé de départir chacun la moitié des impofi-

tions contenues en la mande du diocefe qui fe fait pour Saint-Gervais ville & terre; & quoiqu'au moyen dudit payement, les habitans de la terre foraine euffent droit de jouir alternativement avec ceux de Saint-Gervais ville, de l'entrée aux affiettes du diocefe, & de députer aux Etats à leur tour, néanmoins la ville de Saint-Gervais jouit de ce droit à leur exclufion : Requérant lefdits habitans qu'il foit ordonné qu'ils jouiront de la moitié de l'effet du rembourfement de ladite mairie de Saint-Gervais ville & terre; ce faifant, qu'ils auront l'entrée à l'affiette prochaine du diocefe, & autant d'années que la communauté de la ville en a joui depuis le rembourfement de la mairie, & qu'il en fera ufé de même pour l'entrée aux Etats; après quoi les habitans de Saint-Gervais ville & ceux de terre foraine jouiront alternativement dudit droit; demandant encore lefdits habitans de terre foraine la reftitution de la moitié de la fomme de fix cens livres qui a été donnée à la communauté de St.-Gervais ville pour l'entrée aux Etats de 1709, fi mieux la ville de Saint-Gervais n'aime leur rendre la moitié de la fomme de cinq mille huit cent foixante-huit livres pour le rembourfement de la mairie; L'ordonnance de foit-communiqué aux confuls de la ville de Saint-Gervais mife au pied de ladite requête le 27 Novembre 1713, fignée François, évêque de Montauban, préfident du bureau de la jurifdiction contentieufe; Les défenfes fournies par les confuls de la ville de Saint-Gervais, duement fignifiées au procureur des habitans de terre foraine, contenant que la terre foraine & la ville de Saint-Gervais ne forment qu'une feule & même communauté, n'ayant qu'une feule mande du diocefe pour le payement des impofitions; Que fi les habitans de la ville & ceux de terre

terre foraine ont convenu depuis un temps immémorial de payer chacun la moitié des sommes contenues en la mande du diocese, c'est un arrangement qu'ils ont fait entr'eux sans autorité de justice, pour faciliter le payement à la levée des impositions, mais que cela ne peut opérer une séparation parfaite des communautés, & qu'en effet, lors de la création des maires le sieur Roergas a eu également ses fonctions dans la terre foraine de Saint-Gervais, comme dans la ville, & qu'avant la création dudit maire, comme depuis son remboursement, le premier consul de Saint-Gervais ville a toujours eu l'entrée à l'assiette & aux Etats, à l'exclusion des consuls que les habitans de terre foraine font entr'eux; Que cet usage doit servir de regle; Que la restitution de la moitié de la somme de six cens livres est demandée sans aucun fondement, puisque c'est une suite du droit d'entrée aux Etats : Vu aussi la soumission faite le 8 de ce mois de Janvier 1714 par le sieur Roergas Servies, député de Saint-Gervais ville, par laquelle il consent que les Etats prononcent sur la demande des habitans de terre foraine en restitution de la moitié de la somme payée pour le remboursement de la mairie, défendant à toutes fins; Autres requêtes & productions des parties, & Ouï le syndic général,

LES ETATS, jugeant en dernier ressort, faisant droit sur le tout, ont maintenu & maintiennent les consuls de Saint-Gervais ville au droit d'entrer annuellement à l'assiette du diocese, & d'assister aux Etats dans l'année du tour de ladite communauté, à l'exclusion de ceux de terre foraine, avec défenses à ces derniers de leur donner, à ce sujet, aucun trouble ni empêchement; & ayant aucunement égard à la requête desdits habitans de terre foraine en restitution de la moitié de la somme de six cens livres, ONT ORDONNÉ & ORDONNENT que les consuls de Saint-Gervais ville leur procureront, dans le mois, le payement de la somme de trois cens livres dont est question, pour servir de moins-imposé à la prochaine imposition au profit particulier des habitans de terre foraine; & sur le surplus de ladite requête, autres fins & conclusions, ont mis les parties hors de cour & de procès. Signés, FRANÇOIS D'AUSSONVILLE DE VAUBECOURT, évêque de Montauban, président du bureau de la jurisdiction contentieuse; MOREL, lieutenant de maire de Narbonne, rapporteur.

§. I I I.

Diocese de Mende.

LE diocese de Mende, ou pays de Gévaudan, est borné, au nord, par la province d'Auvergne & le diocese du Puy ; au levant, par ce même diocese ; au midi, par le diocese d'Alais & le Rouergue ; au couchant par le Rouergue & l'Auvergne.

Le pays de Gévaudan a des Etats particuliers qui s'assemblent chaque année, alternativement dans la ville de Mende & dans celle de Marvéjols.

L'évêque de Mende préside à cette assemblée. Il y est assisté de son grand vicaire qui n'y a pour lors ni rang ni voix délibérative. En l'absence de l'évêque, le grand vicaire préside.

Les membres qui composent cette assemblée sont :

Pour l'Eglise.

Un chanoine député du chapitre de Mende.
Le dom d'Aubrac.
Le prieur régulier de Ste. Ennemie.
Le prieur régulier de Langogne.
L'abbé des Chambons.
Le commandeur de Palhers.
Le commandeur de Gap-Francés.

Pour la Noblesse.

Huit barons qui entrent annuellement aux Etats du pays, & par tour, de huit en huit ans, aux Etats généraux de la province ; savoir, les barons *du Tournel, du Roure, de Florac, de Briges,* (auparavant, *Mercœur*), *de St. Alban,* (auparavant *Canilhac*), *d'Apchier, de Peyre, de Thoras,* (auparavant *Cenaret*).

Douze *gentilshommes,* possesseurs de terres ayant le titre de *gentilshommeries,* qui donnent le droit d'entrer aux Etats du pays; savoir, *Alleuc, Montauroux, Dumont, Montrodat, Mirandol, Severac, Barre, Gabriac, Portes, Servieres, Arpajou* & la *Garde-Guerin.* Le possesseur de cette derniere terre prend, dans les Etats du pays, la qualité de *consul noble de la Garde-Guerin.*

Tous ces barons & gentilshommes ont le droit de se faire repréfenter par des envoyés ; mais ces envoyés ne font pas obligés de faire des preuves de nobleffe : il fuffit qu'ils foient d'un état honorable, tel que celui d'avocat ou de médecin ; & lorfqu'il n'y a point de barons dans l'affemblée, les *gentilshommes* qui affiftent en perfonne font à la tête du corps de la Nobleffe.

Pour le Tiers-état.

Les trois confuls de Mende, foit que les Etats fe tiennent à Mende ou à Marvéjols, les trois confuls de Marvéjols, lorfque les Etats fe tiennent dans cette ville ; & feulement le premier conful, lorfqu'ils fe tiennent à Mende. Un député de chacune des feize villes & communautés fuivantes, *Chirac la Canourgue*, *St. Cheli d'Apchier*, *Saugues*, *Malzieu*, *Florac*, *Ispanhac*, *Ste. Ennemie*, *Châteauneuf*, *Serverette*, *St. Etienne-de-Val-Francefque*, *Langogne*, *la Viguerie-des-Portes*, *ou St. Germain-de-Calberte*, *Barre*, *St. Alban*, & *le Mandement de Nogaret*, compofé des communautés de *Saint-Germain-du-Teil*, *Trelans* & *Saint-Pierre-de-Nogaret*, lefquelles roulent pour l'entrée.

Les officiers du pays font, comme dans les autres diocefes, le fyndic & le greffier, qui font inflitués ou confirmés chaque année par l'affemblée générale.

La juftice du bailliage de Gévaudan, étant adminiftrée alternativement à Marvéjols & à Mende, là, par un baillif & des officiers pourvus par le Roi ; ici, par un Baillif & des officiers pourvus par l'évêque, ces deux baillifs font alternativement commiffaires ordinaires dans les affemblées du pays ; favoir, le baillif du Roi ou fon lieutenant, lorfqu'il eft en tour, & que les Etats fe tiennent à Marvéjols, & le baillif de l'évêque ou fon lieutenant, lorfqu'il eft en tour, & que les Etats fe tiennent dans la ville de Mende.

Le commiffaire ordinaire de juftice, ainfi que le commiffaire principal, fortent de l'affemblée après la lecture de l'arrêt du confeil & des commiffions & inftructions ; qui eft la premiere chofe dont on s'occupe, après avoir pris place dans la falle des Etats, à l'iffue de la Meffe.

L'affemblée des Etats ne dure gueres qu'un jour ; & le lendemain les commiffaires de l'affiette s'affemblent pour délibérer fur les affaires qui leur ont été renvoyées.

L'affiette eft compofée de M. l'évêque de Mende qui y préfide & qui eft affifté, comme dans l'affemblée des Etats, de fon grand vicaire, lequel préfide en l'abfence de M. l'évêque; du commiffaire principal; du baillif d'épée en tour ou de fon lieutenant; du *commis des nobles* ou député de la nobleffe, dont la place eft à vie, & à la nomination de l'affemblée du pays qui ne peut la conférer qu'à un de fes membres; du premier conful de Marvéjols; du député en tour du colloque des Cevennes compofé des communautés de Florac, Barre, Saint-Etienne-de-Valfrancefque & la Viguerie-des-Portes, qui roulent entre elles pour la députation à l'affiette; & enfin du fyndic & du greffier du pays.

Le bureau de la direction des affaires pendant l'année eft préfidé par M. l'évêque, ou par fon grand vicaire, en fon abfence, & compofé des commiffaires de l'affiette, à l'exception du commiffaire principal & du député du colloque des Cevennes.

I.

EXTRAIT du regiſtre des délibérations des Etats généraux de Languedoc, affemblés par mandement du Roi en la ville de Caſtelnaudary au mois d'Avril 1579.

Du Vendredi 18 Mai fuivant, préfident Mgr. l'évêque de St. Papoul.

LE conful ou envoyé de la ville de Marvéjols, diocéfain de Mende, a requis que l'ordre ancien pour la tenue des affiettes feuſt gardé & obfervé, & que les confuls & fcindic de Mende affiſtans aux Eftats, déclairaffent s'ils entendoient empefcher que l'affiette de Mende ne feuſt tenue la préfente année en ladite ville de Marvéjols comme eſtant fon tour, lefquels confuls & fcindic ont déclaré n'empefcher que ladite affiette ne feuſt tenue audit Marvéjols, pourveu que les volleurs & infracteurs de l'édit de paix fortent & vuident hors ladite ville, affin que plus facilement on y puiffe traicter de leurs

affaires. Sur quoi les Eftats ont arreſté que l'ancien ordre de la tenue des affiettes y feroit gardé fuivant la déclaration faicte par lefdits confuls & fcindic de Mende.

I I.

ARRÊT

DU CONSEIL D'ETAT DU ROI,

Qui renvoie aux commiffaires du Roi & des Etats pour donner leur avis fur une prétention du baillif royal de la cour commune du Gévaudan, d'exclure de l'affiette de Mende le baillif de l'évêque.

Du 15 Octobre 1654.

EXTRAIT des Regiſtres du Confeil d'Etat.

SUR ce qui a été reprefenté au Roi, étant en fon confeil, par les députés des gens des trois-Etats de la Province de Languedoc, que par le IXe. article de leur cahier Sa Ma-

Part. I. Div. II. Liv. I. Tit. X. Sect. III. 573

N°. I.

N°. I.

jesté ayant été bien & duement informée des entreprises des compagnies souveraines sur les droits & priviléges de ladite province, voulant les faire cesser, auroit par ses lettres-patentes de l'année derniere 1653, conformément à plusieurs arrêts de son conseil, maintenu & conservé les Etats de ladite province, suivant l'usage & coutume d'icelle, en la jurisdiction & connoissance des différends qui surviendroient és assemblées & convocations des assiettes des dioceses, entrée en icelles & généralement de tout ce que concerneroit lesdites assiettes, nonobstant tous arrêts à ce contraires; laquelle connoissance elle interdit au parlement de Toulouse & aux autres compagnies de la province : au préjudice duquel réglement le sieur Launay, sous prétexte de certain arrêt du parlement de Toulouse obtenu sur défaut, voulant exclure le baillif du sieur évêque de Mende du droit qu'il a d'assister & avoir séance à l'assiette dudit diocese de Mende, l'année du tour dudit sieur évêque, le syndic général de la province, qui en auroit eu connoissance, se seroit pourvu au conseil & demandé que, conformément auxdites lettres patentes, le susdit différend fût renvoyé à l'assemblée des Etats pour y être réglé : mais au lieu d'y être fait droit, le conseil en auroit retenu la connoissance par arrêt d'icelui du 14 Avril dernier, & ensuite donné arrêt par Forclusion contre ledit syndic le 7 Juillet ensuivant. Et d'autant que lesdits arrêts ont été rendus au préjudice de la surséance accordée audit syndic pour trois mois, par arrêt dudit conseil du 5 Mars dernier, signifié le 30 dudit mois, même contre l'intention de Sa Majesté, portée par lesdites lettres patentes; Requéroient lesdits députés qu'il plût à Sadite Majesté, sans s'arrêter aux arrêts desdits jours 14 Avril & 7 Juillet derniers, renvoyer, suivant & conformément auxdites lettres-patentes, la connoissance du susdit différend qui regarde tant seulement le droit d'entrée & assistance à ladite assiette & celles des autres réservées par lesdites lettres patentes, en l'assemblée des Etats de ladite province. Vu ladite réponse faite sur ledit article IXe. dudit cahier, LE ROI ETANT EN SON CONSEIL, conformément à ladite réponse faite sur ledit article IX dudit cahier, sans s'arrêter aux arrêts d'icelui desdits jours 14 Avril & 7 Juillet, a renvoyé & renvoie ledit article aux Etats de ladite province & aux commissaires présidens pour Sa Majesté en iceux pour, parties appellées, donner avis à Sa Majesté sur le contenu en icelui, & ensuite être ordonné ce que de raison. FAIT au conseil d'état du Roi, Sa Majesté y étant, tenu à Paris le quinzieme jour d'Octobre mil six cent cinquante-quatre. PHELYPEAUX, signé.

LOUIS, PAR LA GRACE DE DIEU, ROI DE FRANCE ET DE NAVARRE : A nos amés & féaux les commissaires présidens pour nous aux Etats de notre province de Languedoc, & à nos trèschers & bien amés les gens desdits Etats, SALUT. Par la réponse de nous faite au IXe. article du cahier à nous présenté par vous gens desdits Etats, au mois de   dernier, & par arrêt de notre conseil d'état dont l'extrait est ci-attaché sous le contre-scel de notre chancellerie, sans nous arrêter aux arrêts de notredit conseil des 14 Avril & 7 Juillet derniers, Nous vous avons renvoyé & renvoyons ledit article pour, parties appellées, nous donner votre avis sur icelui, & ensuite être ordonné ce que de raison. A CETTE CAUSE, Nous vous mandons & ordonnons, par ces présentes signées de notre main, d'exécuter ladite réponfe & arrêt felon leur forme & teneur. De ce faire vous donnons pouvoir & autorité, commiffion & mandement fpécial ; & au premier notre huiffier ou fergent fur ce requis, faire toutes fignifications & autres exploits néceffaires, fans demander autre permiffion. Et fera ajouté foi aux copies dudit arrêt & de cefdites préfentes, duement collationnées, comme au préfent original : CAR tel eft notre plaifir. DONNÉ à Paris le quinzieme jour d'Octobre, l'an de grace mil fix cent cinquante-quatre, & de notre regne le douzieme. *Signé*, LOUIS. *Et plus bas :* Par le Roi, PHELYPEAUX.

***

I I I.

EXTRAIT du regiftre des délibérations des Etats généraux de Languedoc, affemblés par mandement du Roi en la ville de Montpellier au mois de Décembre 1654.

Du Mardi 26 Janvier 1655, préfident Mgr. l'archevêque & primat de Narbonne.

LEs gens des trois-Etats de la province de Languedoc, ayant vu l'arrêt du confeil du 15 Octobre dernier, donné à la pourfuite de leurs députés en cour, par lequel Sa Majefté renvoye aux préfens Etats le différend d'entre M. l'évêque de Mende, comte de Gévaudan, & le fieur Launay de Picheron, baron d'Entraygues, baillif pour le Roi audit pays de Gévaudan, au fujet de l'entrée & féance aux Etats particuliers & affiettes du diocefe dudit Mende, en laquelle ledit de Launay, prétend avoir droit en feul d'affifter, à l'exclufion du baillif audit pays dudit fieur évêque ; Commiffion du grand fceau fur ledit arrêt du 15 Octobre dernier, adreffante aux Etats, pour, parties appellées, avoir leur avis fur ledit différend ; Les exploits des affigna-

tions données en vertu dudit arrêt, tant audit fieur évêque & comte qu'audit fieur d'Entraygues, & au fieur Chevalier, fyndic dudit pays de Gévaudan des 10 & 11 Décembre dernier ; La tranfaction de paréage & affociation paffée entre le Roi Philippe-le-Bel & Durand, évêque dudit Mende, en l'année 1306, avec les lettres patentes du Roi confirmatives dudit paréage du premier Décembre 1649 ; Les provifions de l'office de juge en la cour commune royale du comté & bailliage de Gévaudan, par le fieur évêque, en faveur de Jean Montbel du 11 Décembre 1504 ; La preftation de ferment faite entre les mains du fieur Jean Roquette, vicaire général de François évêque de Mende, par Jean de Breffolles, lieutenant en la juftice dudit bailliage, procureur-fondé de noble Artus de Laforeft, baillif dudit pays pour ledit fieur évêque & comte, en préfence dudit fieur de Montbel, juge, du 13 Février 1505 ; Extrait des provifions de l'office de baillif dudit pays, de la part dudit fieur évêque, au profit de noble Jean de Chapellu, fieur de Montrodat de Lavigne & autres places, du 2 Mai 1511, vacant par le décès dudit fieur de Laforeft, accordées par François, évêque dudit Mende ; Autres provifions en original du même office accordées par ledit fieur évêque, en faveur du fieur de Rochemure le 10 Octobre 1519 ; L'affiette tenue devant ledit fieur de Rochemure la même année en ladite qualité de baillif ; Autre original des provifions dudit office accordées par Nicolas d'Augu, en faveur de noble Philippe de Robert, fieur de Boifverdun du 27 Mars 1566 ; Autres lettres de confirmation dudit office concédées audit de Boifverdun, par ledit d'Augu le 7 Mars 1569, à caufe de certain trouble qui lui avoit été donné ; Verbal sommaire des Etats, tenus devant icelui de Boisverdun le 5 de Juin 1578, avec les extraits de deux assiettes & dépatemens faits devant lui ès mois de Juin & de Juillet, & un verbal de la vérification des dettes dudit pays fait par icelui la même année ; Autre extrait des provisions de l'état & office de juge en ladite cour du bailliage, donné par Renaud de Beaune, évêque dudit Mende, à Me. Jean Dumas qui étoit pourvu de la même judicature de la part du Roi, en date du 29 Août 1576, avec l'acte d'immission de possession, ensuite faite en sa faveur par les sieurs vicaires généraux dudit évêque le 29 Mars 1577; Les extraits sommaires des assiettes, tenues en la ville de Mende, devant ledit sieur Dumas juge, en l'absence du baillif pour ledit sieur évêque & pour le Roi, ès années 1582, 1583, 1585, 1587, 1592, 1593 & 1503, avec extrait des provisions de l'office de baillif audit pays, expédiées à noble François de Pelamorgue, sieur de Mallaniehe, de la part de Adam de Martelon, évêque dudit Mende le 25 Octobre 1598, avec les verbaux des Etats & assiettes, tenues devant ledit sieur de Pelamorgue, ès années 1599, 1601, 1603, 1606, 1609, 1611, 1613, 1615 & 1617, signés par extrait Buisson greffier ; Autre extrait des provisions accordées par Charles de Rousseau, évêque dudit Mende, à noble Guillaume de Mazel, sieur de Pinoul le premier Octobre 1617 ; Verbaux des Etats & assiettes, tenues devant lui ès années 1619, 1621, 1623, 1625, 1627 & 1633 ; Autre extrait des provisions dudit office de baillif, envoyées par M. Silvestre de Marcilhac, évêque dudit Mende, à noble Vincent, sénéchal de Bornaye le 10 Février 1634, avec les extraits des verbaux & assiettes, tenues devant lui ès années 1637,

1639, 1641, 1643, 1649, 1650, 1651 & 1653 ; Extrait sommaire des commissions envoyées de la part de MM. les commissaires-présidens pour le Roi, en l'assemblée desdits Etats de Languedoc, dressantes aux baillifs de Gévaudan étant en tour, des années 1649, 1650, 1651, 1652 & 1653 ; Les avertissemens reçus de la part dudit sieur évêque & syndic dudit diocese ; Et Oui le rapport fait par Mgr. l'évêque de Montauban, député de cette assemblée avec M. le marquis de Castries, les sieurs capitouls de Toulouse & consuls de Saint-Pons, pour ouir les parties & vérifier les susdits actes ; & Oui aussi le sieur de Joubert, syndic général, qui a dit que l'assemblée étoit juge compétente de tels différends, & qu'elle avoit intérêt que les dioceses fussent conservés en leurs anciennes formes & usages ; LESDITS ETATS, le tout mûrement considéré, après une longue discussion & concertation, informés des coutumes & usages de tout temps inviolablement observés audit diocese de Mende, sur le sujet de ladite entrée & séance alternative desdits baillifs aux Etats & assiettes particulieres d'icelui diocese, les voix recueillies, SONT D'AVIS, que, conformément au paréage fait avec le Roi Philippe-le-Bel & le sieur Durand évêque, l'année 1306, & auxdites lettres patentes confirmatives dudit paréage du premier Décembre 1649, & suivant l'usage dudit diocese, Sa Majesté peut & doit, si tel est son bon plaisir, ordonner que les Etats particuliers & assiettes dudit pays de Gévaudan, se tiendront alternativement dans les villes de Mende & Marvéjols, & maintenir aussi alternativement & par tour les baillifs & juges, ou leurs lieutenans en la cour commune royale dudit comté & bailliage de Gévaudan, à l'entrée & séance desdits

Etats particuliers & assiette dudit dio-cese ; savoir, le baillif, juge royal ou son lieutenant, lors & en l'année que les Etats se tiendront à Marvéjols, & le baillif dudit sieur évêque, ou en son absence ledit juge ou lieutenant en la-dite cour, lors & en l'année que les-dits Etats & assiette se tiendront audit Mende ; & que les commissions seront adressées au baillif dudit Gévaudan étant en tour, sans que lesdits baillifs puissent être commissaires ordinaires les années qu'ils ne sont pas en tour ; N'en-tendant néanmoins l'assemblée desdits Etats par le présent avis, faire préju-dice, ni déroger aux anciens droits & usages de l'assemblée confirmés par let-tres patentes du 21 Mars 1653, de juger définitivement de telles contesta-tions & en autres cas énoncés dans icelles, ni aux coutumes & usages des autres dioceses, où les officiers des seigneurs évêques ont droit en seuls d'entrée & séance aux assiettes d'iceux. Si ont lesdits Etats arrêté que le syndic général de ladite province & députés en cour, poursuivront au conseil arrêt confirmatif dudit avis.

I V.
A R R Ê T
Du Conseil d'Etat du Roi,

Qui ordonne que le baillif du Roi, & celui de l'évêque en la cour com-mune royale de Gévaudan, entre-ront alternativement & par tour aux Etats particuliers & assiettes du pays de Gévaudan.

Du 15 Septembre 1655.

Extrait des Registres du Conseil d'état.

SUR ce qui a été représenté, au Roi étant en son conseil, par les dépu-tés des gens des trois Etats de la pro-

vince de Languedoc, que sur les re-montrances faites à Sa Majesté par l'ar-ticle IX du cahier présenté l'année derniere 1654 par lesdits suppliants, de ce qu'au préjudice de la jurisdic-tion attribuée auxdits Etats, pour con-noître des différends qui surviendroient au sujet des convocations des assem-blées des assiettes des dioceses, en-trée, & séance en icelles & générale-ment de tout ce qui regarde lesdites assiettes, le sieur Jacques de Launay d'Entraygues, baillif pour Sa Majesté au pays du Gévaudan, à la faveur d'un certain arrêt du parlement de Tou-louse, par lui obtenu sur défaut & de quelque autre défaut du conseil, vou-loit exclure le baillif du sieur évêque de Mende du droit qu'il a d'assister, avoir entrée & séance aux Etats parti-culiers & assiettes du diocese de Mende, l'année du tour dudit sieur évêque, il fut rendu arrêt le 15 du mois d'Octo-bre de ladite année 1654, par lequel Sadite Majesté sans s'arrêter auxdits ar-rêts, desirant être informée du droit des parties, auroit renvoyé aux Etats de la-dite province & aux commissaires pré-sidens pour Elle en iceux, pour lui don-ner avis sur le contenu audit article, pour ensuite être ordonné ce que de raison. En exécution duquel arrêt les-dits sieurs commissaires & lesdits Etats, après que ledit sieur évêque & sieur d'Entraygues ont été appellés avoient, avec connoissance de cause, donné leur avis le 11 & le 26 Janvier derniers, contenant que conformément à ce qui est porté par le paréage fait entre le Roi Philippe-le-Bel & l'évêque de Mende, en l'année 1306, lettres pa-tentes du premier Décembre 1649, confirmatives d'icelui, & à l'ancien usage, Sa Majesté peut ordonner que les Etats particuliers du pays de Gévau-dan se tiendront alternativement dans les villes de Mende & Marvéjols,

&

& en conféquence, maintenir alternativement & par tour les baillif, juges ou leurs lieutenans en la cour royale commune du comté & bailliage de Gévaudan, à l'entrée & féance aux Etats particuliers & affiettes dudit diocefe ; favoir, ledit baillif, juge royal ou fon lieutenant, lors & en l'année que les Etats fe tiendront audit Marvéjols, comme auffi ledit baillif, juge ou lieutenant en la cour dudit bailliage, pour le fieur évêque & comte, lorfque lefdits Etats & affiettes fe tiendront en la ville de Mende, & que les commiffions feront adreffées au baillif de Gévaudan, étant en tour, fans que lefdits baillifs puiffent être commiffaires ordinaires les années qu'ils ne feront pas en tour ; & d'autant que lefdits avis font conformes à ce qui appartient à chacune defdites parties, & à l'ancien ufage, lefdits fupplians requéroient qu'il plût à Sa Majefté, les vouloir autorifer pour être le contenu en iceux inviolablement obfervé, gardé & entretenu, nonobftant & fans avoir égard à tous arrêts contraires, même à celui obtenu fur requête par ledit fieur d'Entraygues le 2 Mars dernier, en ce que par icelui, il eft ordonné que par provifion les arrêts dudit parlement & du confeil feront exécutés. Vu la requête defdits fupplians, l'arrêt du confeil de renvoi auxdits Etats & aux fieurs commiffaires-préfidens en iceux, pour donner leur avis fur le différend & conteftation d'entre lefdits fieurs d'Entraygues & fieur évêque de Mende du 15 Octobre dernier 1654, les avis defdits fieurs commiffaires, & des Etats des 11 & 26 Janvier dernier, le paréage fait entre le Roi Philippe-le-Bel & l'évêque de Mende en l'année 1306 ; lettres patentes confirmatives dudit paréage ; copie de l'arrêt dudit confeil du deuxieme Mars dernier donné fur la requête du-

dit fieur d'Entraygues, enfemble les autres pieces énoncées dans ledit avis attaché à ladite requête ; LE ROI ÉTANT EN SON CONSEIL., a ordonné & ordonne que les Etats particuliers du pays de Gévaudan feront convoqués, & fe tiendront alternativement dans les villes de Mende & Marvéjols, fuivant la coutume & ancien ufage ; & conformément auxdits avis defdits jours 11 & 26 Janvier dernier, Sa Majefté a confervé alternativement & par tour les baillifs, juges, ou leurs lieutenans en la cour royale commune du comté & bailliage de Gévaudan, à l'entrée & féance aux Etats particuliers & affiettes dudit diocefe ; favoir, ledit baillif, juge royal ou fon lieutenant, lors & en l'année que les Etats fe tiendront audit Marvéjols ; comme auffi ledit baillif, juge ou fon lieutenant en la cour dudit bailliage pour ledit fieur évêque & comte, lorfque lefdits Etats & affiettes fe tiendront en la ville de Mende ; à ces fins que les commiffions feront adreffées au baillif dudit Gévaudan étant en tour, fans que lefdits baillifs puiffent être commiffaires ordinaires, les années qu'ils ne feront pas en tour ; faifant Sadite Majefté très-expreffes inhibitions & défenfes auxdits baillifs, juge & lieutenant royal & à tous autres de donner aucun trouble, ni empêchement auxdits baillifs, juge & lieutenant pour le fieur évêque, en la poffeffion & jouiffance à leur tour defdits droits d'entrée & féance auxdits Etats, particuliers & affiettes dudit diocefe, ni en la jurifdiction & connoiffance des cas mentionnés & exprimés audit paréage de l'an 1306, lequel paréage Sadite Majefté en tant que de befoin ratifie & confirme ; Veut & entend que le préfent arrêt foit exécuté felon fa forme & teneur, nonobftant l'arrêt dudit jour deux Mars dernier & tous autres à ce contraires, oppofitions & appellations quelconques, dont, si aucunes interviennent, Sadite Majesté s'en est réservée & en son conseil la connoissance, icelle interdite à tous autres juges. FAIT au conseil d'Etat du Roi, Sa Majesté y étant, tenu à Paris le quinzieme jour du mois de Septembre mil six cent cinquantecinq. *Signé*, PHELYPEAUX.

LOUIS, PAR LA GRACE DE DIEU, ROI DE FRANCE ET DE NAVARRE: A tous ceux qui ces présentes verront, SALUT. Ayant estimé à propos de régler & terminer les différends, qui sont depuis quelque temps entre le baillif du sieur évêque de Mende, & le sieur de Launay d'Entraygues, baillif du pays de Gévaudan, pour raison de l'entrée & séance aux Etats particuliers & assiettes du diocese de Mende & pays de Gévaudan, après avoir vu les avis qui nous ont été donnés sur ce sujet, suivant l'arrêt de notre conseil du 15 Octobre 1654, par nos très-chers & bien-amés les gens des trois-Etats de notre province de Languedoc & les présidens pour nous en iceux, des 11 & 26 Janvier dernier, NOUS, conformément à l'arrêt de notredit conseil dont l'extrait est ci-attaché sous le contre-scel de notre chancellerie, AVONS dit, ordonné & déclaré, disons, ordonnons & déclarons par ces présentes signées de notre main, VOULONS & nous plaît que les Etats particuliers dudit pays de Gévaudan, soient convoqués & se tiennent alternativement dans nos villes de Mende & Marvéjols, suivant la coutume & ancien usage; &, conformément aux avis ci-dessus datés, avons conservé alternativement & par tour, les baillifs, juges ou leurs lieutenans en la cour royale commune du comté & bailliage dudit pays de Gévaudan, à l'entrée & séance aux Etats particuliers & assiettes du diocese de Mende; savoir, ledit baillif, juge royal ou son lieutenant, lors & en l'année que les Etats se tiendront audit Marvéjols; comme aussi ledit baillif, juge ou lieutenant en ladite cour dudit bailliage pour ledit sieur évêque & comte, lorsque lesdits Etats & assiettes se tiendront en ladite ville de Mende; & à ces fins, que les commissions seront adressées au baillif dudit pays de Gévaudan étant en tour, sans que lesdits baillifs puissent être commissaires ordinaires les années qu'ils ne seront pas en tour; Faisant très-expresses inhibitions & défenses auxdits baillif, juge & lieutenant royal, & à tous autres de donner aucun trouble, ni empêchement audit baillif, juge & lieutenant pour ledit sieur évêque, en la possession & jouissance à leur tour desdits droits d'entrée & séance auxdits Etats particuliers & assiettes dudit diocese, & en la jurisdiction & connoissance des cas mentionnés & exprimés par le paréage fait entre le Roi Philippe-le-Bel & le sieur évêque de Mende en l'année 1306, lequel paréage Nous avons, en tant que de besoin est, ratifié & confirmé, ratifions & confirmons par ces présentes. SI DONNONS EN MANDEMENT à nos amés & féaux les gens tenant notre cour de parlement de Toulouse, & à nos très-chers & bien-amés les gens desdits Etats de notredite province de Languedoc, particuliers dudit pays de Gévaudan, & à tous autres officiers & justiciers qu'il appartiendra, que cesdites présentes & ledit arrêt ils ayent à enregistrer, garder & observer, & faire exécuter selon leur forme & teneur, nonobstant l'arrêt de notre conseil du deux Mars dernier & tous autres à ce contraires, oppositions ou appellations quelconques, dont, si aucunes interviennent, nous nous en sommes réservés en notre conseil la connoissance

Part. I. Div. II. Liv. I. Tit. X. Sect. III. 579

N°. IV.

N°. V.

& icelle interdite à tous autres juges : Car tel est notre plaisir ; en témoin de quoi nous avons fait mettre notre sceau à cesdites présentes. Donné à Paris le quinzieme jour de Septembre l'an de grace mil six cent cinquante-cinq, & de notre regne le treizieme. *Signé*, LOUIS. *Et plus bas*. Par le Roi, Phelypeaux. *Et sur le repli :* Lues, publiées & regiftrées ès registres des Etats généraux de la province de Languedoc, suivant la délibération du 11 Décembre 1655 ; Oui le syndic général, pour, par le baillif de Mgr. l'évêque de Mende, jouir du contenu en icelles, suivant leur forme & teneur.

GUILLEMINET, *signé.*

V.

LETTRES PATENTES

Qui transferent à la terre du Roure le droit ci-devant attaché à la terre de Châteauneuf-de-Randon, de donner entrée aux Etats généraux de Languedoc & particuliers du Gévaudan.

Du mois de Septembre 1695.

LOUIS, par la grace de Dieu, Roi de France et de Navarre: A tous préfens & avenir, salut. Notre cher & bien-amé le fieur Louis-Pierre-Scipion de Grimoard de Montlaur & Beauvoir, comte du Roure, l'un de nos lieutenans généraux en notre province de Languedoc, & gouverneur de nos ville & citadelle du Pont Saint-Esprit, nous a fait repréfenter que le fieur vicomte de Polignac fe feroit volontairement démis en nos mains par acte du 4 Janvier dernier de l'entrée de baron qu'il a de huit ans en huit ans dans les Etats généraux de ladite province & tous les ans dans les états particuliers du pays de Gévaudan,

à caufe de la terre de Châteauneuf-de-Randon, fituée dans le diocefe de Mende, à laquelle font attachés lefdits droits d'entrée, pour être transférés fous notre bon plaifir à la terre & comté du Roure, appartenant audit fieur comte du Roure, lequel nous fupplioit très-humblement de vouloir lui accorder fur ce nos lettres néceffaires, ladite terre du Roure étant ancienne baronnie fituée dans le même diocefe & pays de Gévaudan, ainfi que de tout apert par les certificats du fecrétaire & greffier des Etats de ladite province & baillif dudit pays ci-attachés avec ledit acte fous le contre-fcel de notre chancellerie ; A ces causes & autres à ce nous mouvans, defirant gratifier ledit fieur comte du Roure & lui donner des marques de la fatisfaction que nous avons de fes fervices, Nous avons éteint & fupprimé, & par ces préfentes fignées de notre main éteignons & fupprimons à ladite terre & baronnie de Randon ledit droit d'entrée aux Etats généraux de notredite province de Languedoc & particuliers dudit pays de Gévaudan, & iceux droits donnés & octroyés, donnons & octroyons par cefdites préfentes audit fieur comte du Roure & à fes fucceffeurs en ladite terre du Roure, & à icelle affecté, concédé & transféré, affectons, concédons & transférons à perpétuité lefdits droits, avec faculté d'entrer, feoir, opiner tant dans l'affemblée defdits Etats généraux de notredite province que particuliers du pays de Gévaudan, & jouir de tous les autres priviléges, prérogatives & avantages dont jouiffoit le propriétaire de ladite terre de Randon. Mandons à nos très-chers & bien-amés les gens defdits Etats généraux de notredite province & particuliers dudit pays de Gévaudan, de reconnoitre & admettre ledit fieur comte de Roure & fes fucceſſeurs en ladite terre du Roure dans leurs aſſemblées. & en tous actes ſans exception, comme ſi le tout étoit plus au long exprimé par ceſdites préſentes ; & à cet effet qu'ils aient à les enre-giſtrer & du contenu en icelles faire jouir & uſer ledit ſieur comte du Roure, ſes ſucceſſeurs & ayant cauſe pleine-ment, paiſiblement & perpétuellement. CAR tel eſt notre plaiſir , & afin que ce ſoit choſe ferme & ſtable à toujours, nous avons fait mettre notre ſcel à ceſ-dites préſentes. DONNÉ à Verſailles au mois de Septembre l'an de grace mil ſix cent quatre-vingt quinze & de no-tre regne le cinquante-troiſieme. *Signé,* LOUIS. *Et plus bas* : Par le Roi. *Signé,* PHELYPEAUX. *Viſa. Signé,* BOUCHE-RAT, pour lettres patentes & permiſſion d'entrée aux Etats & aſſiette de Gé-vaudan pour le ſieur comte du Roure.

V I.

EXTRAIT du regiſtre des délibérations des Etats généraux de Languedoc, aſſemblés par mandement du Roi en la ville de Montpellier au mois d'Oc-tobre 1752.

Du Samedi 25 Novembre ſuivant , préſident Mgr. l'archevêque & primat de Narbonne.

MONSEIGNEUR l'archevêque d'Alby a dit, que la commiſſion a exa-miné la queſtion qui s'eſt élevée au ſu-jet du lieu de la tenue des Etats par-ticuliers & aſſiettes du pays de Gévau-dan, qui ſe tient alternativement à Mende & à Marvéjols ; & que ce qui donne lieu à cette queſtion, eſt que la derniere ſéance deſdits Etats ou aſſiette s'étant tenue à Mende en 1749, la ſuivante devoit être tenue à Marvéjols, ce qui eſt néanmoins ſuſceptible de dif-ficulté par rapport au temps qui s'eſt écoulé depuis que les Etats ont été ſé-parés. Que l'alternative dont il s'agit

entre Mende & Marvéjols pour la tenue de l'aſſiette, eſt fondée ſur l'acte de paréage paſſé en 1306 entre le Roi Philippe-le-Bel, & Guillaume-Durand, évêque de Mende, par lequel ils s'aſſo-cierent à la puiſſance temporelle & aux droits régaliens dont ils jouiſſoient l'un & l'autre dans le Gévaudan & qu'ils ſe communiquerent réciproquement dans toute leur étendue ; que pour exécuter cette aſſociation, ils créerent un bail-liage compoſé d'officiers nommés les uns par le Roi, & les autres par l'évê-que ; qu'ils aſſignerent aux premiers leur ſéance à Marvéjols qui appartenoit au Roi, & où les officiers de l'évêque ne pouvoient faire aucune fonction , & que ceux de l'évêque eurent la leur à Mende qui appartenoit à l'évêque, & où les officiers nommés par le Roi étoient pareillement inhibés ; de ma-niere que, lorſque les uns ſeroient en exercice, les autres ne pourroient faire aucune eſpece de fonction ; que la création de ce bailliage, la diſtinction des deux ſéances fixées chacune dans une ville différente, & le tour établi entre elles , donnerent lieu à l'alterna-tive établie entre Mende & Marvéjols, pour la tenue des Etats particuliers & aſſiettes ; que les commiſſions expédiées pour leur convocation furent adreſſées par MM. les commiſſaires préſidens pour le Roi aux Etats, aux officiers en tour du bailliage, leſquels officiers les ont toujours fait exécuter dans le lieu de leur ſéance, c'eſt-à-dire, à Mende ou à Marvéjols, ſuivant le tour qui a toujours été ſuivi pour l'exercice de tou-tes leurs fonctions ; que leſdits officiers, après être entrés aux Etats particuliers & aſſiette, ſont encore, pendant l'an-née, commiſſaires du diocèſe, & que, ſuivant la loi établie par le paréage, les officiers du bailliage qui tiennent leur ſéance à Marvéjols, ne pourroient, comme il a été déjà dit, remplir aucune de ces fonctions à Mende, comme les officiers qui ont leur féance à Mende ne pourroient le faire à Marvéjols.

Que, fuivant des difpofitions auffi précifes, il paroit que les Etats particuliers ou affiettes doivent fe tenir pour l'année 1753 dans la ville de Mende, attendu que ce font les officiers, ayant leur féance dans cette ville, qui font en tour depuis le premier Septembre dernier, & que, fi les Etats particuliers ou affiettes fe tenoient à Marvéjols, fous prétexte qu'ils ne s'y font pas tenus dépuis 1749, il s'enfuivroit que les officiers de la féance de Mende, qui font en tour, rempliroient une partie de leurs fonctions à Marvéjols, ce qui eft contraire à l'acte de paréage qui doit être exactement obfervé, & que cette interverfion de l'ordre établi par l'acte de paréage feroit renouvellée tous les ans, attendu que l'année fuivante, ce feroient les officiers royaux, tenant leur féance à Marvéjols, qui viendroient auffi remplir à Mende une partie de leurs fonctions.

Que ces réflexions ont paru fi folides à MM. les commiffaires, qu'ils ont

été d'avis de propofer à l'affemblée de délibérer, que les Etats particuliers & affiettes du Gévaudan pour l'année 1753 feront affemblés à Mende, attendu que les officiers du bailliage qui ont leur féance dans cette ville font en tour pour la juftice, & que l'alternative fera ainfi continuée comme ci-devant, conformément à l'acte de paréage : que MM. les commiffaires ont été d'autant plus volontiers de cet avis, qu'ils ont été informés que le député de la ville de Marvéjols aux Etats, a eu connoiffance du mémoire qui a été préfenté à la commiffion, & qu'il n'y a eu de fa part aucune oppofition ni réponfe.

SUR QUOI il a été délibéré que les Etats particuliers & affiettes du Gévaudan fe tiendront à Mende pour l'année prochaine 1753, attendu que les officiers du bailliage ayant leur féance dans ladite ville, font en tour d'exercice pour la juftice en ladite année, & que l'alternative établie entre les villes de Mende & de Marvéjols continuera d'être exécutée à l'avenir, conformément à l'ufage & à l'acte de paréage.

SECTION QUATRIEME.

Dioceſes qui dépendent , pour le ſpirituel , des Métropoles ſituées hors du Languedoc.

§. I.

Dioceſe de Viviers , ou pays de Vivarais.

LE dioceſe de Viviers ou pays de Vivarais , contient l'entier dioceſe ſpirituel de Viviers , & des parties conſidérables de ceux de Valence & de Vienne.

Il eſt borné , au nord , par le Forez & le Lyonnois ; au levant , par le Dauphiné ; au midi , par le dioceſe d'Uzès , dans lequel il a une enclave contenant les taillables de *Brahic , Banne , Malboſc & Courry* ; au couchant , par les dioceſes de Mende & du Puy.

On trouve vers le centre du haut Vivarais une enclave de 5500 toiſes de longueur , ſur environ 1600 toiſes de largeur réduite , dont *Pailharez* eſt le chef-lieu , & qui appartient à la province de Forez. On trouve encore dans le haut Vivarais , & vers la rive droite du Rhône , un lieu appellé *Champagne* , qui dépend , pour le temporel , de la province de Dauphiné. Ce ſont là deux monumens bien frappans de l'influence des relations féodales ſur la formation de nos municipalités dioceſaines.

La conſtitution des Etats du Vivarais eſt fondée ſur des principes & des faits qui ſont particuliers à ce pays , & diffère en beaucoup de points de celle de l'aſſemblée générale de la Province , & des aſſemblées des autres dioceſes ou pays.

Les Etats n'y ſont compoſés que de deux ordres ; celui de la nobleſſe & celui du tiers-état. L'évêque de Viviers n'y entre point en cette qualité ; & l'on peut conjecturer que c'eſt parce que quatre baronnies qui donnent le droit d'entrer aux Etats , & les villes *d'Annonay* & de *Tournon* , qui ſont deux des principales villes dioceſaines , ſont ſituées dans le haut Vivarais qui dépend , pour le ſpirituel , ſinon en entier , du moins en très-grande partie , des ſiéges de Valence & de Vienne.

L'ordre de la nobleſſe eſt compoſé de douze barons qui entrent alternativement & par tour aux Etats généraux de Languedoc, & annuellement aux Etats particuliers du pays, & de deux barons diocéfains qui n'entrent point aux Etats de la province, mais feulement aux affemblées du pays.

Les douze barons de la province font, ceux de *Cruffol*, *Montlaur*, *la Voulte*, *Tournon*, *Largentiere*, *Boulogne*, *Joyeufe*, *Chalançon* & *la Tourrette*, *St. Remeze*, *Annonay*, *Vogué* & *Aubenas*. Ces douze baronnies font préfentées ici dans l'ordre de leur entrée aux Etats, en partant de la préfente année 1786 où celle de *Cruffol* a été de tour.

Les deux baronnies diocéfaines font celles *de Pradelles* & de *la Gorce*.

Chacun de ces barons eft repréfenté dans l'affemblée des Etats de Vivarais par un baillif pourvu d'un office auquel eft attaché ce droit de repréfentation ; droit fi étendu, qu'il femble donner aux baillifs celui de la voix délibérative, même en préfence des barons de qui ils tiennent leurs provifions, & paroît réduire ceux-ci à une affiftance purement honoraire entre le préfident & le premier des vocaux.

Il n'eft point de notre fujet d'examiner ici ni l'origine ni les fondemens d'un droit ou, peut-être, d'un fait fi extraordinaires. On fent feulement les conféquences qui peuvent en réfulter pour la dignité des Etats du Vivarais, fi l'on confidere que plufieurs offices de baillifs étant héréditaires ; tous étant également fufceptibles de repréfentation, & pouvant être acquis & exercés par des roturiers, il feroit poffible, 1°. que le droit d'adminiftration des affaires économiques du pays de Vivarais fût féparé pour toujours des titres de baronnie. 2°. Qu'il ne fe trouvât pas un feul gentilhomme parmi les repréfentans du corps de la noblefle du Vivarais. Nous difons que cela feroit poffible ; car, dans le fait, & actuellement, parmi les pourvus de charges de baillifs on compte plufieurs gentilhommes également diftingués par leur naiffance & par leurs fervices.

Le baron qui eft entré la même année aux Etats généraux de la province, ou fon baillif, préfident à l'affemblée des Etats du pays & à l'affiette ; & ce dernier y préfide en qualité de *fubrogé* de ce baron.

M. l'évêque de Viviers à le droit, en qualité de feigneur de Viviers, d'envoyer fon baillif à cette affemblée ; & celui-ci qui eft ordinairement un des vicaires généraux de l'évéché, y a rang

& féance, comme baillif de Viviers, avant tous les autres bail-lifs des barons.

Le droit de repréfentation acquis aux baillifs en vertu de leurs offices a paru fi inhérent à ces offices, qu'ils fe croient fondés à fe faire repréfenter eux-mêmes en cas d'abfence, foit par un fondé de procuration, foit en vertu de la nomination du préfident de l'affemblée ; mais on peut douter que, dans le premier cas, la procuration du baillif parût fuffifante. Il eft certain que les baillifs pourvus à titre gratuit ne manquent pas de demander une procuration à leurs barons pour ceux qu'ils defirent de faire entrer à leur place ; & les pourvus à titre onéreux ont pris fouvent la même précaution.

On conçoit que l'exercice des charges de baillifs n'exigeant aucunes preuves de nobleffe, leurs repréfentans en font difpenfés à plus forte raifon.

Il eft encore à remarquer qu'indépendamment de la préfidence exercée par le baillif de tour, en qualité de *fubrogé*, il eft encore repréfenté, comme baillif, dans l'ordre de la nobleffe.

Le tiers-état eft compofé de treize confuls ou députés des villes de *Viviers*, *Annonay*, *Montlaur*, *Tournon*, *Joyeufe*, *Rochemaure*, *Largentiere*, *Bourg-Saint-Andéol*, *Boulogne*, *Pradelles*, *le Cheylard*, *Chalançon*, *& Ste. Agreve*.

Le lieu de la féance des Etats n'a rien de fixe. Le baron ou fon fubrogé convoquent l'affemblée dans tel lieu du pays que bon leur femble, & s'ils le veulent dans leur propre maifon, ou dans quelque autre maifon particuliere, à leur choix.

Le fénéchal du Vivarais ou fon lieutenant, affiftent à l'affemblée en qualité de commiffaires ordinaires avec le premier conful de Viviers qui a auffi la même qualité : fi les Etats font convoqués par un baron de haut Vivarais, l'entrée appartient au lieutenant général du fiége d'Annonay ; comme elle eft dévolue au lieutenant général du fiége de Villeneuve de Berg, fi l'affemblée eft préfidée par un baron du bas Vivarais.

Le commiffaire principal affifte à toutes les féances des Etats & figne le procès verbal après le préfident.

Le baron de tour ou fon fubrogé, ont, conjointement avec le fyndic, la direction des affaires du pays pendant l'année ; & l'année du tour commence, à compter du jour de l'ouverture des Etats de la province où le baron eft en tour d'affifter, jufqu'au jour de l'ouverture des Etats fuivans.   Art.

ARTICLE PREMIER.

Pieces concernant l'ordre de la Nobleſſe.

I.

EXTRAIT du regiſtre des délibérations des Etats généraux de Languedoc, aſſemblés par mandement du Roi en la ville de Pezenas au mois d'Octobre 1650.

Du Samedi 19 Novembre ſuivant, préſident Mgr. l'archevêque & primat de Narbonne.

SUR ce qui a été repréſenté par M. le comte de la Motte-Vacheres, baron de tour de Vivarais, que bien que de tout temps il n'y ait eu qu'un certain nombre de barons qui aient droit d'entrer dans les Etats particuliers & aſſiettes dudit pays de Vivarais, chacun deſquels y préſide à ſon tour & les autres étant préſens ou abſens ont les baillifs de leurs baronnies qui y aſſiſtent & ont voix délibérative; ce nonobſtant quelques gentilshommes dudit pays prétendant d'entrer dans ladite aſſiette ſe ſeroient ſyndiqués & auroient préſenté requête à M. le comte du Roure, lieutenant général pour le Roi en cette province, pour, ſur divers prétextes, obtenir ordonnance qui leur donnât entrée en icelle, lequel ſeigneur comte du Roure les auroit renvoyés pour communiquer leurs propoſitions à MM. les barons de tour qui, pour n'être fondées que ſur des prétextes ſpécieux pour les obliger à conſentir à cette nouveauté, les auroient rejettées. Occaſion de quoi leſdits ſyndics menacent de ſe pourvoir au conſeil; & d'autant que cette nouvelle introduction eſt contre les formes & anciens uſages dudit pays de Vivarais, & d'une pernicieuſe

Tome IV.

conſéquence pour toute la province, qui pourroit par contagion donner quelque envie à la nobleſſe des autres dioceſes d'en faire de même, & qu'il eſt important de conſerver les dioceſes, villes & communautés dans leurs anciens uſages, ledit ſieur baron de tour a ſupplié l'aſſemblée de vouloir donner aſſiſtance à MM. les barons de tour ſur ce ſujet. SUR QUOI a été délibéré que pour contenir ledit pays de Vivarais dans l'ancien ordre, la province donnera toute aſſiſtance à MM. les barons de tour pour la conſervation de leurs droits, formes & anciens uſages pour la tenue des Etats particuliers ou aſſiettes dudit pays; & en cas on y voulût introduire aucune nouveauté & qu'il y eût, pour raiſon de ce, procès au conſeil ou ailleurs, le ſyndic général y interviendra & fera toutes pourſuites néceſſaires aux frais & dépens de la province, pour empêcher qu'il n'y ſoit rien innové.

II.

EXTRAIT du regiſtre des délibérations des Etats généraux de Languedoc, aſſemblés par mandement du Roi en la ville de Pezenas au mois d'Octobre 1657.

Du Jeudi 24 Janvier 1658, préſident Mgr. l'évêque de Nimes.

LES ſieurs du Vernon & de Rochepierre envoyés du baron de tour & ſyndic du pays de Vivarais, ont repréſenté que MM. les barons de tour dudit pays de Vivarais ont des droits &

privilèges dans ledit pays auxquels ils ne croyent point que l'affemblée ait voulu déroger ni faire préjudice par les réglemens qui viennent d'être lus, qu'elle a faits pour les vingt-deux diocefes de cette province. SUR QUOI les Etats ont déclaré n'avoir entendu par leurs réglemens déroger ni préjudicier aux droits & privilèges de mefdits fieurs les barons de tour du pays de Vivarais.

III.

JUGEMENT DES ETATS,

Qui maintient les bailles de Pradelles & de Lagorce, dans le droit de précéder les maires dans les affemblées des affiettes du Vivarais, & d'y opiner avant eux.

Du 18 Octobre 1701.

SUR la demande en réglement faite aux Etats par le fyndic du pays de Vivarais, à l'occafion de la conteftation furvenue à l'affiette du diocefe & pays de Vivarais, le 18 Mars 1701, entre les bailles de Pradelles & de Lagorce envoyés de M. le comte de Beaune & de M. le baron de Lagorce d'une part, & les maires qui ont droit d'entrer à l'affiette dudit pays, d'autre ; lefdits bailles prétendant fe placer & précéder les maires ; & les maires prétendant au contraire qu'ils devoient précéder lefdits bailles, les parties demeurant d'accord que jufques à préfent elles s'étoient placées indifféremment, & que les places étoient au premier occupant ; ce qu'ayant caufé du trouble dans l'affemblée de ladite affiette, il y auroit été délibéré que chacun prendroit fa place par ordre de voix pour éviter la confufion, en conféquence de laquelle délibération les bailles ayant voulu précéder les maires, lefdits maires s'y feroient oppofés. Et de la part

defdits bailes, il auroit été dit qu'ils ont opiné de tout temps immémorial avant les confuls & avant les maires depuis leur création, que d'ailleurs étant envoyés à l'affiette par des feigneurs du pays & les maires n'étant que des députés des communautés, la préféance doit être acquife aux bailes : lefdits maires fe fondant fur ce qu'ils font officiers royaux, & que cette qualité leur doit donner une préféance fur lefdits bailes. Vu le procès verbal de l'affiette dudit pays contenant les dires & conteftations des parties, & oui fur ce le fyndic général, les Etats ONT ORDONNÉ ET ORDONNENT que les bailes précéderont aux affemblées des affiettes du pays de Vivarais les maires dudit pays & y opineront avant eux, leur faifant défenfes de donner aucun trouble & empêchement auxdits bailes pour raifon de ce, à peine d'être privés de l'entrée des affiettes. FAIT à Carcaffonne pendant la tenue des Etats le dix-huit Octobre mil fept cent un. H. DE BRISAY, évêque de Commenge; DUCUP rapporteur; MARIOTTE greffier, *fignés.*

IV.

EXTRAIT du regiftre des délibérations prifes par les gens des trois Etats du pays de Languedoc, affemblés par mandement du Roi en la ville de Montpellier au mois de Décembre 1741.

Du Mardi 23 Janvier 1742, préfident Mgr. l'archevêque & primat de Narbonne.

MONSEIGNEUR l'archévêque de Touloufe a dit, qu'il a été fait lecture à la commiffion, d'un mémoire préfenté au nom de MM. les barons de Vivarais, qui ne font point en tour de préfider aux Etats particuliers dudit pays, au fujet d'une conteftation qui s'est élevée à l'assemblée desdits Etats tenus à Privas l'année derniere, par rapport au rang qu'ils prétendent avoir sur le commissaire principal, le grand baillif du haut & bas Vivarais, & le premier consul de Viviers, commissaires ordinaires assistant pour le Roi aux Etats, principalement dans les marches, lorsque l'assemblée va en corps à l'église ; qu'il a aussi fait lecture de deux mémoires desdits commissaires, en réponse à celui de MM. les barons, & qu'après avoir examiné les raisons exposées de part & d'autre, la commission a été d'avis que lesdits commissaires devoient marcher immédiatement après le baron qui est de tour pour présider auxdits Etats particuliers, ou son subrogé, & avant MM. les barons qui ne sont pas de tour, dans le cas où les circonstances des lieux ne permettent pas de garder le même rang qui est observé dans la séance de l'assemblée.

Que les motifs de cet avis ont été que MM. les barons qui ne sont pas en tour pour présider, ne sont pas, à proprement parler, partie desdits Etats, auxquels ils ne sont pas invités par lettres de convocation, & qu'ils n'y ont qu'une séance honoraire, étant d'ailleurs représentés par leurs subrogés qui ont seuls droit d'y opiner à leur exclusion, & qui retirent les émolumens attachés à l'entrée desdits Etats ; que d'ailleurs, dans les procès verbaux, il est d'usage de nommer les commissaires du Roi immédiatement après le baron de tour qui préside ou son subrogé ; qu'il en est de même aussi pour la signature desdits procès verbaux, d'où il résulte qu'on ne peut pas leur disputer le même avantage dans les marches.

SUR QUOI ; VU le mémoire présenté par MM. les barons du Vivarais, contre le commissaire principal & les autres commissaires ordi-

naires qui assistent pour le Roi aux Etats particuliers dudit pays, deux réponses fournies par lesdits commissaires au mémoire de MM. les barons, l'arrêt du conseil du 30 Janvier 1725, servant de réglement pour les assiettes de la province, ensemble les lettres patentes de 1653, qui attribuent aux Etats généraux de la province toute juridiction & connoissance des différends qui peuvent naître, tant dans leurs assemblées qu'aux assiettes de chaque diocese, à raison du droit d'entrée, séance & préséance, &c..... avec défenses au parlement de Toulouse, à la cour des aides de Montpellier, aux trésoriers de France & à tous autres juges d'en prendre connoissance ; OUI le rapport, & tout considéré,

LES ÉTATS ont ordonné & ordonnent qu'il en sera usé comme ci-devant à l'égard du rang & séance du commissaire principal & des commissaires ordinaires qui assistent pour le Roi aux Etats particuliers du pays de Vivarais, & de la séance honoraire accordée aux barons dudit pays, qui ne sont point en tour pour présider, & que lesdits commissaires précéderont lesdits barons dans les marches, dans le cas où ils ne pourront garder le même ordre qui est observé pour la séance dans l'assemblée.

V.

EXTRAIT du regiſtre des délibérations des Etats généraux de Languedoc, aſſemblés par mandement du Roi en la ville de Montpellier au mois de Janvier 1764.

Du Mardi 28 Février suivant, président Mgr. l'archevêque & primat de Narbonne.

MONSEIGNEUR l'archevêque de Toulouse a dit, que le sieur de Joubert, syndic général, a exposé à

MM. les commiffaires qu'à l'occafion de la conteftation qui s'éleva aux Etats derniers au fujet de l'entrée du fyndic du Vivarais , il fut queftion de favoir fi celui de MM. les barons de tour , qui doit entrer aux Etats , entre en exercice des droits & prérogatives attachées à cette qualité dans l'adminiftration particuliere du pays de Vivarais , à compter du jour de la réception des lettres de convocation , ou du jour de l'ouverture de l'affemblée , & que cette queftion ayant paru aux Etats devoir être décidée par MM. les barons de tour , il fut délibéré le 30 Octobre 1762 , de les inviter à convenir entre eux de la maniere d'exercer les droits attachés à la qualité de baron de tour , lequel arrangement feroit enfuite rapporté aux Etats , pour y être autorifé.

Que fur la connoiffance qui a été donnée à MM. les barons de tour du Vivarais de la délibération des Etats , ils ont donné chacun leur procuration fpéciale à leurs baillifs qui les repréfentent à l'affiette du Vivarais , portant pouvoir de régler la maniere d'exercer les droits attachés à la qualité de baron de tour , pour ledit réglement fait être rapporté aux Etats , & y être autorifé.

Qu'en conféquence il a été convenu & arrêté unanimement , fuivant ce qui réfulte de la délibération de l'affiette du Vivarais du 2 Juin 1763 ; que l'époque de l'adminiftration de MM. les barons dudit pays , par eux-mêmes ou par leurs fubrogés procureurs duement fondés , doit être fixée au jour de l'ouverture des Etats généraux de la province pour l'année où chacun d'eux en aura l'entrée , & durer jufqu'au jour de l'ouverture des Etats fuivans: Que pendant leur année MM. les barons de tour , comme premiers commiffaires du pays , ont le droit de convoquer l'affemblée & Etats particuliers , au

lieu & jour que bon leur femblera , conformément aux réglemens , de nommer à toutes les places vacantes à ladite affemblée , d'y préfider par eux ou par leurs fubrogés , de nommer de la même maniere tels commiffaires que bon leur femblera , parmi les fujets compofant ladite affemblée pour les différens bureaux de capitation ; comme auffi qu'ils ont droit de gérer & adminiftrer conjointement avec le fyndic auffi commiffaire du pays , toutes les affaires le concernant , comme repréfentant , l'un & l'autre , le corps du pays pendant le cours de l'année , & jufqu'à la convocation & tenue de l'affiette pendant laquelle leur pouvoir à cet effet réfide dans l'affemblée. Que lefdits commiffaires du pays , pendant le cours de l'année , ont le droit de donner la procuration pour entrer aux Etats généraux dans le cas que celle donnée annuellement par l'affemblée de l'affiette deviendroit inutile , par la mort ou autres empêchemens légitimes de ceux à qui elle auroit été donnée , ou qu'elle n'y auroit pas pourvu ; & dans le cas où ils feroient entr'eux d'avis différens , l'avis de M. le baron de tour ou de fon fubrogé , doit prévaloir fur celui du fyndic , qui n'eft que fecond commiffaire ; qu'enfin ils ont convenu & arrêté que MM. les barons de tour doivent jouir de tous les droits attachés à leur qualité de baron de tour , conformément aux réglemens & aux ufages , quoique ci-devant non exprimés , à quoi l'affemblée de l'affiette a confenti fans préjudice de fes droits.

Que MM. les commiffaires , après avoir pris connoiffance de ce réglement , ont unanimement été d'avis de propofer à l'affemblée de l'autorifer à l'effet d'être exécuté en tout ce qu'il contient , & d'ordonner qu'il fera inféré dans le regiftre du greffe des Etats.

SUR QUOI il a été délibéré que les Etats autorifent le réglement qui eft énoncé ci-deffus , & qui eft rapporté dans la délibération de l'affiette du pays de Vivarais du 2 Juin 1763 , fur la maniere d'exercer les droits attachés à la qualité de baron qui eft de tour pour l'entrée aux Etats généraux de la pro-

vince , lequel réglement fera exécuté felon fa forme & teneur; auquel effet il fera enregiftré au greffe des Etats ; & qu'il fera envoyé à la diligence des fyndics généraux à l'affiette du pays de Vivarais, une expédition de la préfente délibération.

ARTICLE SECOND.

Pieces concernant l'ordre du Tiers-état.

I.

LETTRES PATENTES,

Portant éreƈtion du bourg de Banne en titre de ville , avec droit d'entrer aux Etats de Languedoc & aux affemblées du pays de Vivarais.

Du 24 Mars 1653.

LOUIS, PAR LA GRACE DE DIEU, ROI DE FRANCE ET DE NAVARRE : A tous préfens & à venir : SALUT. Notre cher & bien-amé le fieur comte du Roure & un de nos lieutenans généraux en notre province de Languedoc, nous a fait dire & remontrer que le bourg de Banne à lui appartenant fe trouvant fitué en un des meilleurs & plus beaux endroits de l'étendue de notre pays de Vivarais, clos de murailles & compofé de bon nombre d'habitans catholiques, conftruit de belles maifons , & orné d'un des plus forts châteaux & plus confidérables dudit pays, nos prédéceffeurs Rois auroient établi à certains jours de l'année des foires & marchés audit bourg de Banne, dans lequel les prédéceffeurs dudit fieur comte du Roure ayant toujours fait leur principal domicile & réfidence ordinaire, il fe feroit par ce moyen accru de temps en temps , &

particulierement depuis peu de telle forte, qu'il eft auffi grand & plus qu'aucunes villes dudit pays ; & qu'il feroit avantageux à notre fervice & au bien de nos fujets dudit pays, d'orner ledit lieu de Banne du titre de ville, pour jouir des droits , immunités, priviléges & prérogatives dont jouiffent les autres villes dudit pays ; Nous fuppliant ledit fieur comte du Roure lui oƈtroyer nos lettres à ce néceffaires. A CES CAUSES, & autres à ce nous mouvant , defirant le traiter autant favorablement qu'il nous eft poffible , en confidération de fes bons & agréables fervices , & lui témoigner la fatisfaƈtion qui nous en demeure , Nous avons par ces préfentes , fignées de notre main , créé , érigé & établi ; créons, érigeons & établiffons à toujours & à perpétuité, ledit bourg de Banne en titre de ville, pour dorénavant en porter le nom, & à l'inftar des autres villes dudit pays de Vivarais ; Voulons que les confuls d'icelle puiffent porter le chaperon rouge & autres livrées confulaires, & qu'ils jouiffent de tous les autres droits, honneurs & priviléges dont jouiffent les confuls de nos autres villes dudit pays, même d'avoir entrée & être reçus, tant aux Etats généraux de notredite province de Languedoc , quand le tour de ladite ville de Banne ſera venu, qu'aux aſſemblées dudit pays de Viva-rais, pour y avoir ſéance & voix déli-bérative, tout ainſi que les autres dé-putés deſdites villes. Si DONNONS EN MANDEMENT, à nos très-chers & bien-amés les gens des Trois-états de notredite province de Languedoc, à nos amés & féaux les gens tenant notre cour de parlement de Touloule, & officiers des aſſiettes & aſſemblées du-dit pays de Vivarais, & à tous autres nos officiers & juſticiers qu'il appar-tiendra, que ceſdites préſentes ils aient à enregiſtrer, & du contenu en icelles faire jouir & uſer les conſuls & habi-tans de ladite ville de Banne, pleine-ment, paiſiblement & perpétuellement; ceſſant & faiſant ceſſer tous troubles & empêchemens à ce contraires : CAR tel eſt notre plaiſir. Et afin que ce ſoit choſe ferme, & ſtable à toujours, nous avons fait mettre notre ſcel à ceſdites préſentes, ſauf ès autres choſes notre droit & l'autrui en toutes. DONNÉ à Paris le vingt-quatrieme jour de Mars, l'an de grace 1653, & de notre regne le dixieme. *Signé*, LOUIS : *Et plus bas* : Par le Roi. PHELYPEAUX. *Et à côté* : *Viſa*. MOLÉ. *Et au dos eſt écrit* : Lues, publiées & regiſtrées ès regiſtres des Etats généraux de la province de Languedoc, ſuivant la délibération du 15 Décembre 1655 ; Oui le ſyndic général, pour par M. le comte du Roure & conſuls de Banne, jouir du contenu en icelles, ſuivant leur forme & teneur. GUILLEMINET, ſecrétaire-greffier, *ſigné*.

I I.

EXTRAIT du regiſtre des délibérations des Etats généraux de Languedoc, aſſemblés par mandement du Roi en la ville de Peẑenas au mois de No-vembre 1655.

Du Mercredi 15 Décembre ſuivant, pré-ſident Mgr. l'archevêque de Toulouſe.

SUR la requête préſentée aux Etats par le conſul de la ville de Banne, au dioceſe & pays de Vivarais ; con-tenant que par lettres patentes du Roi du 24 Mars 1653, adreſſantes à l'aſ-ſemblée & au parlement de Touloule, il a plu à Sa Majeſté, à la priere de Mgr. le comte de Roure, ſon lieute-nant général en ladite province ; & en conſidération de ſes ſervices, ériger & créer en titre de ville ladite commu-nauté de Banne, comme en étant ſei-gneur & y faiſant ſon principal ſéjour, avec faculté aux ſuplians de porter le chaperon rouge & de jouir de tous les autres honneurs & priviléges dont jouiſ-ſent les conſuls des autres villes dudit pays de Vivarais, même d'avoir entrée & être reçus, tant en l'aſſemblée gé-nérale des Etats qu'aux aſſemblées des aſſiettes dudit pays, pour y avoir ſéance & voix délibérative, tout ainſi que les autres députés deſdites villes ; requé-rant qu'il plût aux Etats d'ordonner le regiſtre deſdites patentes. SUR QUOI, Oui le ſieur de Lagarde, envoyé de M. le baron de tour du Vivarais, & députés du pays aux Etats, avec le ſieur de Joubert, ſyndic général, qui a dit, (qu'il y a lieu de regiſtrer leſ-dites lettres) attendu qu'elles n'aug-mentent pas le nombre des lieux qui ont eu droit d'entrer à leur tour dans cette aſſemblée, & aux aſſiettes & Etats particuliers du dioceſe de Viviers ; & lecture faite de ladite requête & deſdites patentes, A ÉTÉ DÉLIBÉRÉ qu'elles ſeront regiſtrées ès regiſtres des Etats pour jouir par les ſuplians de l'effet d'icelles ſelon leur forme & te-neur, attendu qu'en vertu deſdites patentes & de la préſente délibération, l'ancien nombre des villes qui ont droit d'entrer en l'aſſiette du pays de Vivarais

& Etats généraux de cette province à leur tour, n'est point multiplié.

III.

LETTRES PATENTES,

Qui érigent le bourg de Boulogne en titre de ville, & lui transfèrent le droit d'entrée aux Etats de Languedoc, & aux assemblées du pays de Vivarais, dont jouissoit auparavant la ville de Privas.

Du mois de Mars 1657.

LOUIS, par la grace de Dieu, Roi de France et de Navarre: A tous présens & à venir : Salut. Le sieur marquis de Châteauneuf-Seneterre nous a fait remontrer que pendant les mouvemens de notre province de Languedoc, causés par les religionnaires, les habitans de la ville de Privas en Vivarais s'étant jetés dans la désobéissance & pris les armes, le feu Roi notre très-honoré seigneur & pere, assiegea ladite ville qui fut prise, pillée, brûlée & démolie ; ensuite la paix & pardon ayant été accordés aux habitans de ladite province, le crime de ceux de ladite ville de Privas se trouva si grand, qu'ils furent exclus de ce pardon, comme indignes d'une telle grace, leurs priviléges révoqués, défenses de faire rebâtir ladite ville, les biens desdits habitans confisqués, & la confiscation donnée au sieur de Lestrange, vicomte dudit Privas, pour récompense de ses services, & le dédommager de la perte & démolition de son château, de ladite ville, & pillage de ses biens par lesdits habitans ; depuis lequel temps ledit sieur marquis de Chateauneuf, ayant épousé la fille ainée dudit feu sieur de Lestrange, seigneur de Privas, il a appris que les consuls de ladite ville de Privas, avant

ladite démolition, entre autres priviléges, avoient celui d'entrer aux Etats généraux de la province de Languedoc à leur tour, & tous les ans aux assemblées & assiettes particulieres dudit pays de Vivarais, comme étant ledit Privas une des sept villes capitales qui ont ce privilége de tout temps, lequel privilége, s'il demeuroit éteint & supprimé, tourneroit à perte très-notable audit sieur marquis de Chateauneuf, seigneur dudit Privas : C'est pourquoi il nous a très-humblement supplié de transférer ledit droit d'entrée auxdits Etats généraux & assiettes particulieres à une de de ses terres, même au lieu & terre de Boulogne proche dudit Privas, qui est un bourg considérable par le nombre & facultés de ses habitans, par un beau & fort château dont il est orné, enclos & fermé de bonnes portes & murailles où il y a haute, moyenne, & basse justice ; étant, outre ce, ledit lieu de Boulogne une des douze baronnies appellées de tour, par lesquels sieurs barons le pays a toujours été gouverné, ayant pouvoir d'entrer auxdits Etats généraux, & d'assembler & convoquer les Etats & assiettes particuliers dudit Vivarais, où ils présédent tour à tour, en sorte que ledit lieu mérite d'être orné du titre de ville & jouir du droit d'entrer auxdits Etats & assiettes, s'il nous plaisoit lui accorder nos lettres sur ce nécessaires. A ces causes, & pour plusieurs considérations à ce nous mouvant, l'intention du feu Roi notre Pere n'ayant pas été que ledit sieur de Lestrange & ses enfans souffrent aucune perte en la demolition de ladite ville, & desirant favorablement traiter ledit sieur marquis de Chateauneuf, Nous avons créé, érigé & établi, & par ces présentes signées de notre main créons, érigeons, & établissons à toujours & à perpétuité, ledit bourg de Boulogne en titre de ville, pour dorénavant en porter le nom, & à l'inftar des fix autres villes dudit pays de Vivarais, qui ont entrée auxdits Etats : VOULONS que les confuls du lieu & ville de Boulogne puiffent porter le chaperon rouge & autres livrées confulaires, & qu'ils jouiffent de tous les droits, honneurs, & priviléges dont jouiffoient les confuls & habitans dudit Privas, avant la démolition de ladite ville, & que ci-après lefdits confuls de Boulogne puiffent avoir entrée & voix délibérative à leur tour aux Etats généraux de notre province de Languedoc, & tous les ans aux affemblées & affiettes de Vivarais, ainfi que lefdits confuls de Privas avoient & en ont joui avant ladite démolition, à laquelle ville, confuls & habitans du lieu & terre de Boulogne, NOUS AVONS par ces préfentes transféré & transférons lefdits droits d'entrée & priviléges pour en jouir au lieu & place defdits confuls & habitans de Privas. SI DONNONS EN MANDEMENT, à nos très-chers & amés les gens des Trois-états généraux de notre province de Languedoc, officiers des affiettes & affemblées dudit pays de Vivarais, & tous autres nos officiers qu'il appartiendra, que ces préfentes ils ayent à enregiftrer, & du contenu en icelles faire jouir & ufer ledit fieur marquis de Chateauneuf & confuls de Boulogne, pleinement, paifiblement & perpétuellement, ceffant & faifant ceffer tous troubles & empêchemens au contraire : CAR tel eft notre plaifir. Et afin que ce foit chofe ferme & ftable à toujours, nous avons fait mettre notre fceau à ces préfentes, fauf en autres chofes notre droit, & l'autrui en toutes. DONNÉ à Paris au mois de Mars, l'an de grace 1657, & de notre regne le quatorzieme. *Signé*, LOUIS ; *Et plus bas* : Par le Roi, PHELYPEAUX, fcellé du grand fceau de cire verte. *Et au dos* eft écrit. Les préfentes lettres patentes ont été regiftrées ez regiftres des Etats du pays de Languedoc pour le contenu en icelles être gardé & obfervé, felon leur forme & teneur, fuivant la délibération defdits Etats de ce jourd'hui. A Pezenas le 18 du mois de Février 1661. GUILLEMINET, fecrétaire, greffier defdits Etats. *Signé.*

I V.

EXTRAIT du regiftre des délibérations des Etats généraux de Languedoc, affemblés par mandement du Roi en la ville de Pezenas au mois d'Octobre 1657.

Du Vendredi 19 dudit mois d'Octobre ; préfident Mgr. l'archevêque & primat de Narbonne.

LE fieur de Roux, fyndic général, a dit, qu'il avoit été préfenté à cette affemblée en l'année 1655, des lettres patentes par lefquelles S. M. érigeoit le bourg de Banne en ville, pour pouvoir entrer à fon tour dans les Etats généraux de la province, & tous les ans dans l'affiette du pays de Vivarais ; que dans le temps qu'elles furent lues dans cette affemblée, le fyndic général pour l'intérêt public, & les députés dudit pays, enfemble l'envoyé de M. le baron de tour pour l'intérêt particulier, avoient confenti au regiftre de ces patentes, d'autant que cette érection n'augmentoit point le nombre des lieux qui ont droit d'affifter pour ledit pays, tant dans les Etats, que dans les affiettes ; que ce qui avoit donné lieu à l'obtention defdites patentes, provenoit de ce que ledit pays de Vivarais ayant été de tout temps compofé de huit villes capitales, & le lieu de Privas qui étoit du nombre, s'en étant rendu indigne par fa défection, ledit pays n'avoit eu que
fept

sept villes capitales depuis l'année 1629 jusqu'en l'année 1652, que Sa Majesté érigea ledit lieu de Banne en ville, pour jouir des mêmes honneurs que les autres, & desdites entrées par exprès; qu'en conséquence de ladite délibération, qui fut prise le 15 Décembre 1655, qui ordonne le registre de ces patentes, le consul de Banne avoit été reçu en l'assiette suivante tenue au bourg en l'année 1656, où il fut délibéré que ladite ville seroit reçue tous les ans dans leurs assemblées, conformément auxdites patentes, & qu'elle seroit comprise dans la procuration du pays, lorsqu'elle seroit en tour d'entrer dans cette assemblée; qu'il apprenoit pourtant qu'au préjudice de tant de délibérations & susdit registre, le consul de Boulogne avoit disputé l'entrée à la dernière assiette au consul de Banne, & qu'il avoit remis de nouvelles patentes données au mois de Mars 1657, par lesquelles il transfère le droit qui appartenoit à Privas en l'année 1629 à la ville de Boulogne, ce qu'il ne croit pas qui ait été de l'intention de Sa Majesté; d'autant que pour transférer un droit d'un lieu à autre, il faut que le même droit subsiste, ce qui ne se rencontre pas dans l'affaire présente, d'autant qu'il est éteint depuis l'année 1629; que néanmoins le consul de Boulogne avoit été reçu par augmentation de voix dans la dernière assiette, & que, sur l'opposition respective faite par le consul de Banne, les parties se pourvoiroient au conseil pour savoir quel des deux devoit avoir entrée, & sans que la délibération prise en faveur des consuls de Boulogne pût porter aucun préjudice aux parties, à quoi il trouve que la province se doit intéresser fortement, pour empêcher ladite augmentation de voix, qui est contraire tant aux ordres de cette assemblée que de l'assiette dudit pays de Vivarais, & que l'assemblée doit accorder son intervention à la ville de Banne contre les consuls de Boulogne, d'autant que les derniers ont commencé à s'établir dans le droit que le Roi leur accordoit par ses patentes par l'exécution, n'ayant pas daigné présenter à l'assemblée lesdites patentes qui leur avoient été adressées pour en avoir le registre, ce qui est un manifeste mépris de son autorité.

Sur quoi a été délibéré que le syndic général interviendra au conseil pour obtenir de Sa Majesté qu'il lui plaise maintenir la ville de Banne dans l'honneur qu'elle a d'entrer en cette assemblée à son tour, & tous les ans dans l'assiette du pays de Vivarais, qu'elle a acquis par les patentes qui lui ont été accordées en l'année 1652 & qui ont été registrées dans cette assemblée, comme étant au lieu & place que Privas occupoit devant l'année 1629. Et pour empêcher que le nombre des lieux qui doivent assister dans les assiettes du pays de Vivarais ne puisse être augmenté, le syndic général poursuivra au plutôt & devant la tenue de la prochaine assiette, que le consul de Boulogne soit démis de sa prétention, comme postérieure à l'établissement du lieu de Banne.

V.

ARRÊT DU CONSEIL D'ÉTAT,

Qui confirme les villes de Boulogne & de Banne dans les droits & priviléges à elles accordés par les lettres patentes des 24 Mars 1653 & mois de Mars 1657, à la réserve du droit d'entrer aux Etats généraux de Languedoc & particuliers de Vivarais qui appartiendra aux confuls de Boulogne à l'exclufion de ceux de Banne.

Du 19 Décembre 1659.

ENTRE Me. Pierre Peytieu, doéteur ez droits, conful de la ville de Boulogne , en Vivarais, oppofant & demandeur en exécution de l'aéte de délibération de l'affemblée des Etats dudit pays de Vivarais du 7 Juillet 1657 , fuivant la commiffion par lui obtenue en chancellerie le troifieme Août audit an d'une part ; & Jacques Pagés, conful de Banne , défendeur d'autre part : Et le fieur marquis de Chateauneuf Seneterre , & les fieurs barons de tour dudit pays de Vivarais , Me. François de Paula de Fayen , fyndic dudit pays, & le fyndic général de la province de Languedoc , reçus parties intervenantes en ladite inftance par ordonnance du confeil étant au bas de leurs requêtes des 19 Février & premier Mars 1658 , & 12 Mai 1659, fans que les qualités puiffent nuire ni préjudicier aux parties. Vu au confeil du Roi copie de ladite commiffion du grand fceau obtenue par ledit Peytieu , ledit jour 3 Août 1657 , portant que ledit Pagés y feroit affigné audit confeil & autres qu'il appartiendroit, pour procéder fur l'oppofition par eux refpeétivement fournie , & fur laquelle ils ont été renvoyés au confeil par aéte de délibération des Etats dudit pays de Vivarais du 7 Juillet 1657 ; enfuite eft l'exploit d'affignation donnée audit confeil audit Pagés en vertu defdites lettres , le 6 Septembre enfuivant ; appointement de réglement rendu en l'inftance entre ledit Peytieu & Pagés, à communiquer, écrire & produire le 27 Novembre de ladite année , par lequel le demandeur a conclu aux fins de fon oppofition, à ce qu'il foit maintenu au droit d'entrer aux Etats généraux de Languedoc , à lui appartenant, à l'exclufion dudit conful de Banne , auquel défenfes feront faites de plus entrer auxdits Etats à l'avenir, ni troubler le demandeur audit droit ; Requête préfentée au confeil par ledit fieur marquis de Chateauneuf le 19 Février 1658 , contenant fon intervention en ladite inftance , & fa prife de fait & caufe pour ledit Peytieu , fignifiée le 20 dudit mois ; Autre requête préfentée au confeil , par lefdits fieurs barons de tour de Vivarais & fyndic dudit pays le 12 Mai 1659, auffi à fin d'intervention en ladite inftance , & faifant droit fur leurs interventions, maintenir & garder ledit conful de Boulogne , en la poffeffion & jouiffance d'entrer aux Etats généraux & affiettes particulieres dudit pays au lieu de celui de Privas , ainfi qu'il lui a été accordé par lettres patentes , ordonner que les lettres obtenues par ledit fieur comte du Roure, feront rapportées, lui faire défenfes de s'en aider & au conful de Banne , de troubler celui de Privas transféré en celle de Boulogne , en la poffeffion immémoriale d'entrer auxdits Etats généraux & affiettes particulieres dudit pays de Vivarais , à peine de 10000 liv. d'amende & de tous dépens , dommages & intérêts, au bas de laquelle requête eft l'ordonnance du confeil & la fignification qui en a été faite le 16 dudit mois de Mai ; Copie d'autre requête préfentée au conseil, par le syndic général de la province de Languedoc le 1er. Mars 1658, qui contient aussi son intervention, en ladite instance, à ce qu'il soit ordonné, qu'il n'y aura que le consul de Boulogne ou celui de Banne qui entrera par tour aux Etats généraux, & tous les ans aux assiettes particulieres de Vivarais au lieu & place de Privas, & que défenses seront faites à celui des deux qui en sera exclus de plus à l'avenir entrer ni se présenter auxdits Etats & assiettes, à peine de tous dépens, dommages, intérêts, employant ladite requête pour moyens d'intervention, signifiée le 2 dudit mois de Mars : Autre requête d'intervention en ladite instance dudit syndic général de la province de Languedoc, du 14 Juin 1659, à ce qu'il soit ordonné que les lettres patentes obtenues par ledit sieur comte du Roure, en faveur de ladite ville de Banne seront exécutées, en conséquence, que les consuls de ladite ville seront maintenus aux droits d'entrée, séance & voix délibérative, annuellement à l'assiette dudit pays de Vivarais, & par tour de huit en huit ans aux Etats généraux de ladite province de Languedoc, à l'exclusion des consuls dudit Boulogne, auxquels il sera fait défenses d'entreprendre aucune poursuite à cet effet, à peine de désobéissance & de 6000 livres d'amende, nonobstant & sans avoir égard auxdites lettres du mois de Mars 1657, qui seront rapportées, & déclarées de nul effet, employant ladite requéte pour moyens d'intervention, signifiée le 14 dudit mois de Juin ; Copie des lettres patentes de Sa Majesté du mois de Mars 1657, portant érection du bourg de Boulogne en ville, & transport du droit dont jouissoit la ville de Privas en celle dudit Boulogne, à l'instar des six autres dudit pays qui ont entrée aux Etats ; Autre copie des lettres patentes

de Sa Majesté, du 24 Mars 1653, portant érection du bourg de Banne en titre de ville, pour en porter le nom, & avoir entrée aux Etats généraux & assiettes du pays à son tour ; ensuite est l'enregistrement aux registres desdits Etats de Languedoc ; Deux actes d'opposition formée par ledit sieur de Chateauneuf, & autres barons de tour dudit pays de Vivarais, à l'exécution desdites lettres du 24 Mars, en ce qui concerne le droit d'entrée aux Etats, des 8 Février & 24 Mai 1656 ; Acte d'assemblée desdits Etats de Vivarais, du 7 Juillet 1657, portant que lesdits consuls de Boulogne auront séance & délibérative auxdits Etats, &, pour régler les parties sur leurs oppositions respectives, qu'elles se pourvoiront au conseil ; Certificat du greffier des Etats dudit pays de Vivarais, du 11 Janvier 1658, que la ville de Privas a toujours eu droit d'entrée, séance & voix délibérative aux assemblées dudit pays, & aux Etats généraux ; Acte de délibération des Etats de Languedoc, du 19 Octobre 1654, portant que le syndic de ladite province interviendroit au conseil, en l'instance d'entre les parties, pour requérir que les consuls de Banne soient maintenus en l'entrée de l'assemblée desdits Etats à leur tour, & tous les ans dans les assiettes dudit pays, comme étant au lieu & place de Privas. Et pour empêcher que le nombre des lieux qui assistent dans les assiettes du païs de Vivarais ne soit augmenté ; Autre délibération desdits Etats de Languedoc, du 20 Décembre 1657, par laquelle lesdits Etats expliquent la précédente & ordonnent que ledit syndic interviendra en ladite instance, pour empêcher seulement que le nombre des villes qui ont droit d'entrée aux assiettes & aux Etats généraux ne soit multiplié ; Imprimé d'arrêt du conseil rendu entre le sieur évêque de Viviers, les barons de tour de Vivarais, le fyndic général de la province de Languedoc & les agens généraux du clergé de France le 3 Août 1651, par lequel lefdits fieurs barons font maintenus au droit de précéder & préfider ez affiettes de Viviers, ainfi qu'ils étoient avant l'édit de Beziers, avec défenfes audit fieur évêque de Viviers de les y troubler ; Copie de délibération des Etats de Vivarais, du 8 Juillet 1658, portant que les baillifs d'Annonay, confuls de Boulogne & le fyndic dudit pays fe tranfporteroient vers ledit fieur évêque de Viviers, pour le prier de fe trouver en l'affemblée defdits Etats pour y tenir fon rang ; enfuite eft la fignification qui en a été faite audit fieur évêque de Viviers de fa réponfe qu'il ne pouvoit approuver la députation dudit conful de Boulogne ; Ecritures & production dudit fieur de Chateauneuf, prenant le fait & caufe dudit Peytieu, & dudit Pagés ; Moyens d'intervention defdits barons de tour du Vivarais ; Acte fignifié à la requête dudit Peytieu le 12 Mars 1658, par lequel, pour fatisfaire de fa part au réglement de l'inftance, il employe la production dudit fieur de Chateauneuf, requête préfentée au confeil par ledit fieur de Chateauneuf le 2 Juillet 1659, fervant de contredits ; Requête d'intervention dudit fyndic de Languedoc, fignifiée le 3 dudit mois ; Autre requête préfentée au confeil par lefdits fieurs barons de tour & fyndic du Vivarais, ledit jour 20 Juillet 1659, auffi fervant de contredits à la requête d'intervention du fyndic de Languedoc, fignifiée ledit jour 3 Juillet ; Ordonnances dudit confeil des 24 Mai & 10 Décembre derniers, fignifiées aux avocats des parties à la requête dudit fieur de Seneterre, portant qu'ils feront communiqués de ladite inftance avec les fieurs Dormeffon Machavet, Deftampes, d'Aligre, de Laujoy & Moreugiés, confeillers ordinaires audit con-

feil ; Autre ordonnance dudit confeil, du 15 Décembre dernier, fignifiée le 18 dudit mois, portant que le fieur Poulle eft commis & continué feul rapporteur, & tout ce que par lefdites parties a été mis & produit pardevant le fieur Poulle, commiffaire à ce député ; Oui fon rapport, après en avoir communiqué auxdits fieurs commiffaires, en conféquence defdites ordonnances, & tout confidéré ; LE ROI EN SON CONSEIL, faifant droit fur le tout, a maintenu & gardé, maintient & garde les confuls de Boulogne & de Banne, chacun en droit foi, aux droits & priviléges à eux accordés par lefdites lettres patentes des 24 Mars 1653 & mois de Mars 1657, fans toutefois que les confuls de Banne puiffent en vertu d'icelles prétendre l'entrée aux affiettes particulieres de Vivarais, ni aux Etats généraux de Languedoc, duquel droit lefdit confuls de Boulogne jouiront, au lieu & place des confuls de Privas, conformément auxdites lettres du mois de Mars 1657 ; Faifant Sa Majefté défenfes auxdits confuls de Banne, & tous autres de les y troubler, & fans dépens. FAIT au confeil privé du Roi, tenu à Paris le 19 Décembre 1659. LA GUILLAUMIE, *figné*. Et fcellé du grand fceau de cire jaune. *Et au dos eft écrit* : Le préfent arrêt du confeil a été regiftré ez regiftres des Etats du pays de Languedoc, pour le contenu en icelui être gardé & obfervé, felon fa forme & teneur, fuivant la délibération defdits Etats de ce jourd'hui. A Pezenas le 18 du mois de Février 1661. GUILLEMINET, fecrétaire & greffier des Etats, *figné*.

L OUIS, PAR LA GRACE DE DIEU, ROI DE FRANCE ET DE NAVARRE : A nos amés & féaux les commiffaires préfidens pour nous en l'affemblée des gens des Trois-états de notre province de Languedoc, commissaires principal, députés & consuls tenant les Etats & assiettes particulieres de notre pays de Vivarais, SALUT. Par l'arrêt de ce jour-d'hui donné en notre conseil privé, entre le sieur Charles de Seneterre, chevalier, marquis de Chateauneuf, prenant le fait & cause de Pierre Peytieu, consul de la ville de Boulogne demandeur, d'une part, & Jacques Pagés, consul de Banne défendeur, les sieurs barons de tour dudit pays de Vivarais, François de Paula, syndic dudit pays, & le syndic général de la province de Languedoc intervenans, ci-attaché sous le contre-scel de notre chancellerie, nous avons maintenu & gardé les consuls de Boulogne aux droits d'entrée aux Etats généraux de notre province de Languedoc & assiettes particulieres dudit pays de Vivarais au lieu & place du lieu de Privas, conformément à nos lettres patentes du mois de Mars 1657, à l'exclusion de celui de Banne auquel nous avons fait défenses & à tous autres de l'y troubler. A CES CAUSES, nous vous mandons & à chacun de vous, ainsi qu'il appartiendra, ordonnons par ces présentes, de faire registrer lesdits lettres patentes dudit mois de Mars 1657, pour jouir par lesdits consuls de Boulogne de l'effet & contenu en icelles. Commandons au premier notre huissier ou sergent sur ce requis faire pour l'exécution des présentes tous exploits nécessaires, sans pour ce demander autre permission, ni paréatis. CAR tel est notre plaisir. DONNÉ à Paris le dix-neuvieme jour de Décembre, l'an de grace 1659 & de notre regne le dix-septieme ; Par

le Roi en son conseil. LA GUILLAUMIE, *signé*. Et scellé du grand sceau de cire jaune.

VI.

EXTRAIT du registre des délibérations des Etats généraux de Languedoc, assemblés par mandement du Roi en la ville de Pezenas au mois de Janvier 1661.

Du Vendredi 18 Février suivant, présidént Mgr. l'archevêque & primat de Narbonne.

MONSEIGNEUR l'évêque d'Alby, M. le baron de la Gardiolle, les sieurs capitouls de Toulouse & syndic du pays de Vivarais, commissaires nommés pour examiner les lettres patentes données à Paris, au mois de Mars 1657, par lesquelles le bourg de Boulogne en Vivarais est érigé en ville, avec faculté d'entrer à son tour aux Etats du pays de Languedoc, & tous les ans à l'assiette du pays de Vivarais, au lieu & place de la ville de Privas déchue dudit droit par sa défection, ensemble l'arrêt du conseil donné en contradictoire défense le 19 Décembre 1659, ont rapporté avoir vu lesdites lettres patentes & arrêt, comme aussi la délibération des Etats du 20 Décembre 1657, qui renvoye au Roi les consuls du lieu de Banne & ceux du lieu de Boulogne pour leur être pourvu; après quoi ils auroient demeuré d'accord du registre desdites lettres & arrêt. LES ETATS ONT DÉLIBÉRÉ ET ARRÊTÉ qu'elles seront registrées ès registres des Etats, pour le contenu en iceux être gardé & observé selon leur forme & teneur.

ARTICLE TROISIEME.

Pieces concernant les commiſſaires du Roi aux Etats particuliers du Vivarais , & le ſyndic du pays.

N°. I.

I.

EXTRAIT du regiſtre des délibérations des Etats généraux de Languedoc , aſſemblés par mandement du Roi en la ville de Montpellier au mois de Novembre 1706.

Du Lundi 13 Décembre ſuivant, préſident Mgr. l'archevêque & primat de Narbonne.

LE ſieur de Montferrier , ſyndic général, a dit , que M. le marquis de Vogué , baillif du Vivarais, avoit formé une inſtance au conſeil contre le ſyndic dudit pays, prétendant d'avoir droit , par ſa charge de baillif, d'aſſiſter à toutes les aſſemblées générales & particulieres qui ſe font pour les affaires dudit pays, indépendamment de ſa qualité de commiſſaire ordinaire du Roi à l'aſſiette , d'avoir une clef des archives, d'être commiſſaire né pour la répartition de la capitation , & généralement pour toutes les affaires du pays qui ſe traitent dans le cours de l'année ; que cette demande tendant à renverſer les anciens uſages & à ſurcharger le Vivarais de nouvelles impoſitions par les journées & vacations que ledit ſieur de Vogué prétendoit ſe faire payer ; & le procès étant en état d'être jugé au mois de Juillet dernier , il avoit cru devoir intervenir dans ladite inſtance , au nom de la province, pour demander qu'il ne fût rien innové à l'uſage dudit pays de Vivarais. SUR QUOI l'aſſemblée a approuvé ladite intervention & ordonné que le ſyndic général

continuera à y défendre pour la conſervation des anciens uſages dudit pays de Vivarais.

N°. I.

II.

ARRÊT

DU CONSEIL D'ETAT DU ROI,

Qui ordonne que M. le marquis de Vogué aſſiſtera aux aſſemblées générales & aſſiettes du pays de Vivarais , en qualité de baillif dudit pays , & comme commiſſaire ordinaire , & qui l'exclut de toutes les autres aſſemblées dudit pays.

Du 9 Mai 1707.

EXTRAIT des Regiſtres du Conſeil d'Etat privé du Roi.

ENTRE Mre. Cerice-François de Paule de Vogué , chevalier , comte dudit Vogué , baron de Champetiere & le Buys , ſeigneur de la Chapelle & autres lieux, baillif du haut & bas-pays de Vivarais & Valentinois, ayant repris l'inſtance au lieu & place de Mre. Melchior de Vogué , ſon pere, chevalier marquis dudit lieu, baillif dudit pays de Vivarais & Valentinois, qui étoit demandeur en requête inſérée en l'arrêt du conſeil du 31 Décembre 1703, d'une part ; & Charles - François de Fayn, ſeigneur de Rochepierre , ſyndic perpétuel dudit pays de Vivarais , défendeur , d'autre. Et entre les ſieurs barons du haut & bas-Vivarais , & le ſieur ſyndic général de la province de

Languedoc, reçus parties intervenantes en l'inftance, fuivant les ordonnances au bas de leurs requêtes des 12 & 19 Juillet 1706, d'une part ; & ledit fieur de Vogué, défendeur auxdites interventions, d'autre. Et encore entre lefdits fieurs barons du haut & bas-pays du Vivarais, & ledit fieur fyndic dudit pays de Vivarais, demandeurs en deux requêtes inférées aux deux arrêts du confeil du même jour 15 Novembre 1706, d'une autre part ; & ledit fieur de Vogué, défendeur auxdites requêtes, d'autre, fans que les qualités puiffent nuire ni préjudicier aux parties. Vu au conseil du Roi ladite requête dudit fieur marquis de Vogué inférée audit arrêt du confeil du 31 Décembre 1703 & tendante, pour les caufes y contenues, à ce qu'il plût à Sa Majefté ordonner que les arrêts contradictoires du confeil des années 1646 & 1664, rendus de l'avis des gens des Trois-états du pays de Languedoc, feront exécutés felon leur forme & teneur, & conformément à iceux & à l'ufage conftant dudit pays de Vivarais, que ledit fieur de Vogué en fa qualité de baillif dudit pays, fera appellé & aura féance tant dans toutes les affemblées & affiettes générales & particulieres dudit pays, qu'en celles qui feront faites en vertu des commiffions particulieres, foit pour capitation ou pour quelque autre fujet que ce foit, pour y veiller, fuivant le dû de fa charge aux intérêts de Sa Majefté & réitérer les défenfes aux commiffaires, fyndics & députés dudit pays du haut & bas-Vivarais, d'en tenir aucunes & de procéder à aucun département de deniers, fous quelque prétexte que ce foit, fans l'y appeller, à peine de nullité de ce qui pourra être fait, & de répondre des dommages & intérêts qui en pourront réfulter ; ledit arrêt intervenu fur ladite requête l'a renvoyée au fieur de Bafville commif-

faire départi en Languedoc pour donner fon avis, & icelui vu & rapporté, être ordonné par Sa Majefté ce qu'il appartiendra : commiffion du grand fceau du même jour 31 Décembre portant pouvoir & mandement audit fieur de Bafville de donner fon avis fur ladite requête, & commandement au premier huiffier ou fergent de faire pour l'exécution dudit arrêt, à la requête dudit fieur de Vogué, tous actes de juftice requis & néceffaires : requête dudit fieur marquis de Vogué audit fieur de Bafville, intendant de Languedoc, à ce qu'il lui plût en exécution dudit arrêt du confeil donner fon avis au Roi fur les fins & conclufions de la requête inférée audit arrêt du confeil : ordonnance au bas de ladite requête du 2 Mai 1705, portant que ladite requête & pieces feront communiquées au fyndic du pays de Vivarais, pour y répondre dans huitaine, & fa réponfe vue, être ordonné ce qu'il appartiendra : exploit de fignification faite le 10 Août 1705 à la requête dudit fieur de Vogué audit fieur de Fayn, feigneur de Rochepierre, fyndic dudit pays de Vivarais, & donné copie dudit arrêt du confeil du 31 Décembre 1703, de la commiffion fur icelui, & de la requête préfentée à M. de Bafville & de fon ordonnance au bas, aux fins que ledit fieur fyndic de Vivarais eût à fatisfaire à ladite ordonnance dans le temps porté par icelle ; imprimé de requête préfentée audit fieur intendant de Languedoc par ledit fieur fyndic de Vivarais, contenant fes moyens & raifons, & tendante à ce qu'il plût audit fieur de Bafville, intendant, lui donner acte de l'oppofition qu'il forme, en tant que de befoin, & pour ce qui le concerne, aux arrêts de 1646 & 1664, & de ce qu'il emploie pour moyens d'oppofition envers lefdits arrêts, & défenfes contre les demandes dudit fieur de Vogué, le contenu en ladite requête, &, en donnant avis au Roi, dire & déclarer que lefdites demandes font injuftes & tendantes à la foule & furcharge dudit pays, par les journées que ledit fieur de Vogué voudroit s'attribuer, & qu'il doit être du bon plaifir du Roi de l'en débouter avec tous dépens, dommages & intérêts, & maintenir ledit pays dans fes coutumes & ufages, avec défenfes de lui donner aucun trouble, fous telles peines qu'il plaira à Sa Majefté, ladite requête fignée Saunier avocat, & Siviragol procureur : requête dudit fieur de Vogué audit fieur intendant de Languedoc, contenant réponfe à fes moyens, & tendante à ce qu'il plaife audit fieur intendant, donnant fon avis au Roi, dire & déclarer qu'il doit être du bon plaifir de Sa Majefté, fans avoir égard à l'oppofition formée par le fyndic du Vivarais aux arrêts du confeil des 10 Novembre 1646 & 6 Mai 1664, d'ordonner que lefdits arrêts feront exécutés fuivant leur forme & teneur ; ce faifant, que ledit fieur de Vogué en qualité de baillif du haut & bas-Vivarais & de commiffaire ordinaire du Roi, fera maintenu au droit d'affifter dans toutes les affemblées générales & particulieres dudit pays, & par exprès à la capitation & autres affemblées qui fe tiennent pendant le cours de l'année enfuite des affemblées générales, avec défenfes aux autres commiffaires députés & au fyndic dudit pays d'en tenir aucune, fans y appeller ledit fieur de Vogué, à peine de nullité de tout ce qui aura été fait auxdites affemblées, dépens, dommages & intérêts, & fous telles autres peines qu'il plaira à S. M. d'ordonner, ladite requête fignée Rabieux, avocat & Daché procureur : fignification du 7 Avril 1706 à Siviragol procureur : avis dudit fieur de Lamoignon de Bafville, confeiller d'état ordinaire, intendant de la province de

Languedoc, du 25 Avril 1706, apporté au greffe du confeil du 31 Mai fuivant, donné en conféquence dudit arrêt du confeil du 31 Décembre 1703, fur les requêtes & pieces defdits fieur de Vogué & fyndic du Vivarais, portant par les raifons qui y font contenues que fon avis eft que S. M. doit ordonner, fi tel eft fon bon plaifir, que le fieur de Vogué affiftera à l'avenir en qualité de commiffaire ordinaire aux affiettes & affemblées générales & particulieres du pays de Vivarais & au département de la capitation qui fera fait dans le diocefe, fans que, pour ce qui regarde les archives du diocefe, il foit rien innové aux ufages qui ont été obfervés jufqu'à préfent, à condition que la rétribution dudit baillif du Vivarais ne pourra pas excéder celle qui eft accordée à chacun des députés à caufe de leurs vacations pour la capitation : acte du 2 Juin 1706 par lequel Me. Mefangé, avocat ès confeils du Roi, a déclaré à Me. Guillard, avocat & confeil dudit fieur de Vogué, qu'il occupera pour le fyndic du pays de Vivarais fur la requête énoncée audit arrêt du confeil du 31 Décembre 1703, fur laquelle ledit fieur de Bafville, intendant de Languedoc, a donné fon avis : requête préfentée au confeil par ledit fieur fyndic du pays de Vivarais, employée pour réponfe à la requête du fieur marquis de Vogué, préfentée audit fieur de Bafville le 7 Avril 1706, & pour plus amples moyens contre la requête & demande dudit fieur de Vogué énoncée dans ledit arrêt du confeil du 31 Décembre 1703, avec ce qu'il a écrit & produit pardevant ledit fieur de Bafville, intendant, & tendante à ce que, fans avoir égard aux demandes & prétentions dudit fieur de Vogué, dont il fera débouté, attendu qu'elles font contraires aux ufages du pays de Vivarais & tendantes

dantes à la foule & furcharge dudit pays, par les journées qu'il faudroit payer audit fieur de Vogué ; maintenir ledit pays dans fes anciens ufages & coutumes, avec défenfes audit fieur de Vogué & tous autres de l'y troubler, à peine de tous dépens, dommages & intérêts, & le condamner en outre aux dépens, ladite requête fignée Mefangé, avocat au confeil : enfuite eft un acte de donné copie de ladite requête à l'avocat dudit fieur de Vogué, avec déclaration qu'elle fera remife à celui de MM. les maitres des requêtes qui fera commis : fignification de ladite requête & acte du 2 Juin 1706, requête préfentée au confeil par le fieur fyndic du Vivarais aux fins de faire commettre un rapporteur ; au bas eft l'ordonnance du confeil qui commet le fieur Langeois d'Imbercourt, confeiller du Roi en fes confeils, maître des requêtes ordinaires de fon hôtel, pour rapporteur de ladite inftance, du 7 Juin 1706 : fignification du 9 du même mois : acte du 17 Juin 1706 par lequel l'avocat dudit fieur de Vogué a déclaré à celui dudit fieur fyndic du Vivarais qu'il avoit fait remettre au greffe les facs & pieces de l'inftance d'entre les parties, avec l'avis dudit fieur de Bafville, & fait porter le tout chez ledit fieur Langeois d'Imbercourt, rapporteur, avec déclaration pour toute réponfe à la requête dudit fieur fyndic, fignifiée le 2 Juin, qu'il employoit la requête inférée en l'arrêt du confeil du 31 Décembre 1703, avec ce qu'il a écrit & produit devant ledit fieur de Bafville, intendant : requête préfentée au confeil par les fieurs barons du haut & bas-Vivarais, tendante à être reçus parties intervenantes en l'inftance pendante au confeil entre le fieur marquis de Vogué, baillif du Vivarais, & le fyndic du pays dudit Vivarais, ladite requête

employée pour moyens d'intervention, écritures & productions, & tendante à ce que, faifant droit fur l'inftance, débouter ledit fieur marquis de Vogué de fes demandes & prétentions avec dépens, fauf auxdits fieurs barons à prendre telles conclufions qu'ils aviferont bon être, quand ils auront pris communication de l'inftance, & condamner les conteftans aux dépens, ladite requête fignée Couet de Mont-Bayeux, avocat au confeil : ordonnance au bas portant les fuppliants reçus parties intervenantes en l'inftance : acte de l'emploi du 12 Juillet 1706 : fignification du 14 dudit mois aux avocats defdits fieurs de Vogué & fyndic du Vivarais : acte du même jour 14 Juillet par lequel l'avocat defdits fieurs barons a déclaré qu'il avoit remis ladite requête ès mains dudit fieur Langeois d'Imbercourt, rapporteur : requête préfentée au confeil par ledit fieur fyndic général de la province de Languedoc, tendante à être reçu partie intervenante en l'inftance pendante au confeil, entre le fieur marquis de Vogué, le fyndic du pays de Vivarais, & les fieurs barons dudit pays, employée pour moyens d'intervention, écritures & productions, & à ce que, faifant droit fur ladite inftance, débouter le fieur marquis de Vogué de fes demandes & prétentions avec dépens ; maintenir ledit pays dans fes anciennes formes & ufages, fans qu'il y foit rien innové, fauf audit fieur fyndic général à prendre telles autres conclufions qu'il avifera, quand il aura pris communication de l'inftance, ladite requête fignée Barbot, avocat au confeil : ordonnance au bas portant que ledit fieur fyndic général fera reçu partie intervenante en l'inftance : acte de l'emploi en jugeant du 19 Juillet 1706 : fignification du 24 du même mois aux avocats defdits fieurs de Vogué, fyndic du Vivarais, & defdits fieurs barons dudit pays : requête defdits fieurs barons du Vivarais employée pour plus amples moyens d'intervention & pour contredits contre la production du fieur marquis de Vogué, avec ce qui a été dit par le fieur fyndic du Vivarais, tant par-devers le fieur de Bafville, intendant en Languedoc qu'au confeil, & tendante à ce que faifant droit, débouter ledit fieur marquis de Vogué de fes demandes & prétentions & le condamner aux dépens : ordonnance au bas portant acte de l'emploi au furplus en jugeant, du 12 Août 1706 : fignification du 14 du même mois : acte fignifié à la requête dudit fieur marquis de Vogué aux avocats defdits fieurs fyndics du Vivarais, barons dudit pays, & fyndic général de Languedoc du 23 Août 1706, portant que pour réponfe aux requêtes defdits fieurs barons & fyndics, il emploie ce qu'il a écrit & produit devant M. de Bafville avec fon avis, & que pour ne point éloigner le différend d'entre les parties, il n'entend fournir aucunes autres réponfes à ce qui pourroit être écrit, produit & communiqué par toutes les parties : requête dudit fieur fyndic général de la province de Languedoc, employée pour plus amples moyens d'intervention avec les pieces produites par le fyndic du Vivarais ; ce faifant, débouter ledit fieur de Vogué de fes demandes & prétentions, & le condamner aux dépens : ordonnance au bas portant acte de l'emploi au furplus en jugeant, du 27 Août 1706 : fignification du 30 du même mois : autre requête du fyndic du pays de Vivarais employée pour contredits contre l'avis du fieur de Bafville, & pour plus amples moyens, écritures & productions contre les demandes du fieur de Vogué, & tendante à produire par production nouvelle les pieces qui y font énoncées,

& lui adjuger les conclufions par lui prifes : ordonnance au bas portant acte de l'emploi, les pieces reçues & communiquées dans le jour, attendu l'état de l'inftance, pour y fournir de réponfe dans trois jours du 23 Septembre 1706 : fignification du 24 du même mois : les pieces produites par ladite requête font, un certificat du fieur Mariotte, fecrétaire & greffier des Etats généraux de Languedoc, au fujet de l'ufage du diocefe de Touloufe pour l'expédition des rôles de la capitation, du 12 Juin 1706 ; autre certificat dudit fieur Mariotte du 30 Juin 1706, au fujet de la levée de la capitation de la ville de Touloufe, dont le rôle fe fait par huit habitans nommés par le fieur intendant ; autre certificat du fieur Gaules, greffier du diocefe de Lodeve, comme aucuns officiers du Roi n'affiftent au département de la capitation qui fe fait par le fieur évêque de Lodeve & par les maire & lieutenant de maire, du 14 Juin 1706 ; autre certificat du fieur Pradal, greffier du diocefe de Saint-Pons, du 16 Juillet 1706, comme il n'y a aucun officier du Roi de judicature pour la capitation & autres affaires du diocefe ; autre certificat des fieurs David & Guilloteau, maire & fyndic du diocefe d'Alby, comme aucun officier du Roi n'affifte au département de la capitation, du 17 Juillet 1706 : arrêt du confeil du 15 Novembre 1706, intervenu fur la requête des fieurs barons du haut & bas-Vivarais, tendante à ce qu'il plût à Sa Majefté les recevoir, en tant que de befoin, oppofans à l'arrêt du confeil du 10 Novembre 1646 ; faifant droit fur leur oppofition & déboutant ledit fieur de Vogué de fes demandes & prétentions, leur adjuger les conclufions qu'ils ont prifes en l'inftance avec dépens, par lequel arrêt il eft ordonné que fur les fins de ladite requête les parties se communiqueront, écriront & produiront dans trois jours & joint à l'instance, sauf à disjoindre : signification du 18 Novembre 1706 : autre arrêt du conseil du même jour 15 Novembre 1706, intervenu sur la requête du syndic du pays de Vivarais, tendante à ce qu'il plaise à Sa Majesté le recevoir opposant, en tant que de besoin, audit arrêt du conseil du 10 Novembre 1646 ; faisant droit sur son opposition lui adjuger les fins & conclusions par lui prises avec dépens ; lequel arrêt ordonne que sur les fins de la requête les parties se communiqueront, écriront & produiront dans trois jours & joint à l'instance, sauf à disjoindre : signification du 18 Novembre 1706 : acte signifié le 21 Février 1707 de la part des sieurs barons du Vivarais aux avocats de l'instance, que pour satisfaire au réglement porté par ledit arrêt du 15 Novembre 1706, ils employent les pieces qui ont été produites en l'instance, tant par lesdits sieurs barons, que par le syndic du Vivarais : autre acte du 23 dudit mois de Février 1707, signifié de la part du syndic du pays de Vivarais aux avocats des parties de l'instance, portant que pour satisfaire de sa part aux arrêts de réglement du 15 Novembre 1706, il n'a point d'autres pieces à leur communiquer que celles qu'il a produites en l'instance : requête présentée au conseil par les sieurs barons du Vivarais, employée pour satisfaire au réglement porté par l'arrêt du 15 Novembre 1706, avec ce qui a été écrit & produit en l'instance, tant de leur part, que du syndic du Vivarais ; ce faisant, leur adjuger les fins & conclusions par eux prises en l'instance : ordonnance au bas, d'acte d'emploi & en jugeant, du 11 Mars 1707 : signification du 12 du même mois : autre requête du syndic du pays de Vivarais, employée pour

satisfaire de sa part au réglement porté par l'arrêt du 15 Novembre 1706, avec ce qu'il a dit, écrit & produit en l'instance ; ce faisant lui adjuger les fins & conclusions par lui prises avec dépens : ordonnance au bas portant acte de l'emploi & en jugeant du 11 Mars 1707 : signification du même jour : acte du 15 Février 1707, par lequel ledit sieur Cerice-François de Paule de Vogué, chevalier, comte dudit Vogué, baron de Champetiere, seigneur de la Chapelle & autres lieux, grand baillif du haut & bas-Vivarais & Valentinois, fils du feu sieur Melchior de Vogué, chevalier, marquis dudit lieu, grand baillif dudit pays de Vivarais & Valentinois, a déclaré aux avocats desdits sieurs syndic de Vivarais, syndic général de la province de Languedoc, & des sieurs barons du haut & bas-Vivarais, qu'il reprend au lieu & place dudit feu sieur marquis de Vogué, son pere, l'instance pendante au conseil au rapport dudit sieur Langeois d'Imbercourt d'entre les parties, en laquelle ledit sieur comte de Vogué offre de procéder suivant les derniers erremens : ordonnance dudit sieur rapporteur du 18 Février 1707, en vertu de laquelle l'avocat dudit sieur de Vogué a fait assigner les avocats des parties de l'instance par-devers ledit sieur rapporteur, pour voir donner acte audit sieur comte de Vogué de la reprise par lui faite, par acte du 15 dudit mois, & qu'il réitere, au lieu & place dudit feu sieur marquis de Vogué, son pere, de l'instance pendante au conseil entre ledit feu sieur marquis de Vogué, son pere, d'une part, le syndic du Vivarais, le sieur syndic des Etats de Languedoc, & lesdits sieurs barons du Vivarais : signification de ladite ordonnance du même jour 18 Février 1707 : Procès verbal fait par ledit sieur Langeois d'Imbercourt, rapporteur, sur les comparutions des avocats de l'inftance, au bas duquel eft fon ordonnance qui donne acte audit fieur comte de Vo-gué de la reprife par lui faire au lieu dudit feu fieur marquis de Vogué, fon pere, de l'inftance pendante au confeil entre les parties, & en conféquence déclare ladite inftance tenue pour re-prife par ledit fieur comte de Vogué, au lieu & place dudit fieur fon pere, en laquelle il fera tenu de procéder fui-vant les derniers erremens; ledit procès verbal du 19 Février 1707, fignifié le 3 Mars fuivant: acte fignifié le 12 Mars 1707 de la part dudit fieur de Vogué, fils, ayant repris au lieu dudit feu fieur fon pere, à tous les avocats des parties de l'inftance, portant que pour toutes écritures & productions fur ladite reprife & fur les réglemens incidens intervenus en l'inftance d'entre les parties, il emploie ce qui a été dit, écrit & produit par ledit feu fieur mar-quis de Vogué, fon pere, par-devers le fieur de Bafville, intendant, enfem-ble fon avis & ledit acte d'emploi: acte du fieur fyndic général de la pro-vince de Languedoc du 15 Mars 1707 d'emploi de ce qu'il a dit, écrit & pro-duit en l'inftance, pour fatisfaire à tous les réglemens intervenus en ladite inf-tance: pieces produites par les parties, tant devant ledit fieur de Bafville, in-tendant de Languedoc qu'au confeil, fuivant les inventaires de production defdits fieurs de Vogué, & fyndic du Vivarais devant ledit fieur intendant: requête préfentée audit fieur de Baf-ville, intendant par ledit fieur fyndic du Vivarais, aux fins de faire ordonner que ledit fieur de Vogué lui commu-niquera les pieces fur lefquelles il éta-blit fa demande: ordonnance au bas du 14 Août 1705, portant que ledit fieur de Vogué communiquera dans un mois les pieces fur lefquelles il prétend établir fa demande: fignification du 27

dudit mois d'Août: cahier des copies des pieces communiquées de la part dudit fieur de Vogué; enfuite eft un écrit contenant fes raifons: fignifica-tion du tout au fieur fyndic du Vivarais le 9 Septembre 1705: original dudit écrit dudit jour 9 Septembre 1705, contenant les raifons & moyens dudit fieur de Vogué: provifions en forme de lettres patentes du 25 Février 1675 de l'office de baillif du haut & bas-Vi-varais, en faveur du feu fieur marquis de Vogué, fur la réfignation du fieur comte de Vogué, fon pere, enregif-trées au parlement de Touloufe & à la cour des aydes de Montpellier: ar-rêt dudit parlement de Touloufe du 7 Août 1675, qui reçoit ledit fieur Vo-gué audit office de baillif du Vivarais: copie de fix délibérations ou actes d'af-femblées des années 1576, 1594, 1620, 1629 & 1638, tenues à Viviers par commiffion du Roi, par lefquelles il paroît que les baillifs ou leurs lieu-tenans y ont été appellés: imprimé d'arrêt du confeil d'état du 10 Novem-bre 1646, portant réglement entre les officiers de la fénéchauffée, fiége pré-fidial & autres officiers de Valence, & les baillifs & juges royaux du pays de Vivarais: cahier de copies des pieces produites au confeil le 5 Novembre 1663, contenant plufieurs certificats & actes d'affemblées tenues à Viviers en différentes années, où les lieutenans du baillif & les baillifs ont affifté; avis donné par les gens des Etats de Lan-guedoc à Sa Majefté en conféquence d'arrêts du confeil, portant qu'il y avoit lieu d'ordonner que le fieur de Vogué, comme baillif du Vivarais, jouiroit comme fes prédéceffeurs de la faculté d'entrer & affifter aux affemblées des Etats particuliers & affiettes du haut & bas-Vivarais, en qualité de commif-faire ordinaire, ledit avis du 30 Jan-vier 1663: copie d'arrêt du confeil du

6 Mai 1664 qui ordonne que le fieur de Vogué, en qualité de baillif du Vivarais, jouira de la faculté d'entrer & affifter aux Etats particuliers & affiettes du haut & bas-Vivarais, comme commiffaire ordinaire : ordonnance rendue par le fieur comte du Roure, lieutenant général de Languedoc, le 2 Juin 1674, pour la levée des troupes, ladite ordonnance adreffée aux commiffaires ordinaires dudit pays de Vivarais : état de la capitation de l'année 1697 impofée fur les particuliers de la communauté de Vogué ; au bas eft l'ordonnance des commiffaires députés par le Roi & par les Etats de la province pour l'exécution dudit rôle de capitation : deux lettres miffives écrites par le fieur comte de Morangier, baillif du Gévaudan, au fieur marquis de Vogué les 21 Mars 1702 & 17 Mai 1703, par où il lui marque qu'il affifte dans toutes les affemblées, & notamment à la répartition de la capitation fans conteftation : deux autres lettres miffives écrites audit fieur de Vogué les 24 Avril & 26 Juillet 1702 par le fieur Fayon, fubrogé baron, par où il lui marque qu'il eft furpris qu'on lui difpute d'affifter en fa qualité aux affemblées générales & particulieres : acte fignifié le 24 Août 1702 de la part dudit fieur marquis de Vogué en fa qualité de baillif, au fieur de Jobiac, fubrogé de M. le duc de Ventadour, baron de tour, pour préfider ladite année, & au fieur fyndic du Vivarais, contenant les raifons qu'il a d'entrer dans toutes les affemblées & en celle de la capitation, avec proteftation de ce qui feroit fait à fon préjudice & fans l'appeller ; enfuite eft la réponfe du fieur de Jobiac : lettre écrite par M. de Bafville le 23 Mars 1703 au fieur marquis de Vogué, par où il lui marque que fon affaire ne peut être décidée que par arrêt du confeil : acte

d'affemblée des Etats particuliers du pays de Vivarais tenue à Tournon le premier Avril 1703, dans laquelle le mémoire du fieur de Vogué fut examiné, par laquelle il fut réfolu que ledit fieur de Vogué n'entreroit point à la capitation ; enfuite font les proteftations dudit fieur de Vogué : copie d'arrêt du confeil d'état rendu fur la requête du fieur Pinot, juge de la ville du Puy, qui ordonne, conformément à l'avis dudit fieur de Bafville, qu'il entrera & affiftera à l'impofition de la capitation du diocefe du Puy : copie d'une lettre écrite à M. Defmarets par le fieur de Bafville, au fujet de l'affiftance dudit fieur de Vogué à l'affiette de la capitation. Imprimé d'inftructions des Etats de la province de Languedoc pour la capitation de l'année 1705 : autre imprimé d'une lettre circulaire écrite par le fieur Boyer, fyndic général de la province, le 12 Septembre 1701, aux maire & confuls de Vogué, afin de faire les rôles de la capitation & de les apporter aux commiffaires ordinaires du diocefe : Vingt-huit copies collationnées de délibérations du pays de Vivarais, où il eft porté que les baillifs ou leurs lieutenans ont eu entrée & affifté aux affemblées générales & particulieres depuis 1505 jufqu'en 1533 : copie collationnée du réglement général fait en exécution de l'arrêt du confeil d'état du 22 Avril 1634, qui regle les frais des voyages & vacations des députés aux Etats généraux de Languedoc, par lequel le baillif du Vivarais eft compris comme commiffaire ordinaire pour l'affiftance aux affaires du diocefe ; ledit état arrêté au confeil le 29 dudit mois d'Avril 1634 : regiftre relié en parchemin contenant par extrait 46 procès verbaux, depuis 1508 jufqu'en 1657 des affemblées particulieres du pays de Vivarais, par lefquels il eft porté que les commiſſaires du Roi ſortent de l'aſſemblée après la lecture des commiſſions : autre regiſtre relié en parchemin, contenant 45 procès verbaux des délibérations de l'aſſemblée du Vivarais depuis le 10 Juillet 1536 juſqu'au 16 Mars 1700, contenant les commiſſions données aux députés dans leſquelles les commiſſaires du Roi n'ont pas été compris : autre regiſtre relié en parchemin, contenant 148 procès verbaux du pays de Vivarais des aſſemblées particulieres, depuis le 29 Octobre 1521, juſqu'au 18 Mars 1639, où les commiſſaires du Roi ni les juges n'ont pas été préſens : copies collationnées de pluſieurs procès verbaux des aſſemblées particulieres du pays de Vivarais pour l'ouverture des archives, depuis 1657 juſqu'en 1702, dans leſquelles les baillifs & juges ni autres commiſſaires n'ont point affiſté : délibération des Etats de Languedoc du 10 Décembre 1694, qui regle la forme des départemens qui doivent être faits par ſix commiſſaires pour la capitation de chaque dioceſe pendant le cours de l'année, leſdits commiſſaires du nombre de ceux qui ont accoutumé de régir les affaires des dioceſes : autre délibération du 17 Janvier 1695 qui confirme la précédente, dans laquelle eſt compris une lettre du Roi à M. le cardinal de Bonzy : cahier contenant pluſieurs procès verbaux d'aſſemblées pour la répartition des ſommes empruntées & de la capitation , contenant des délibérations pour la capitation du pays de Vivarais depuis 1695 juſqu'en 1702, par les commiſſaires du pays au nombre de ſix , dans leſquels procès verbaux & délibérations le ſieur baillif du pays n'eſt point dénommé : copie imprimée d'arrêt du conſeil d'état du 3 Août 1651, qui maintient les barons de tour en la poſſeſſion de préſider ès aſſiettes du Vivarais : délibération de l'aſſem-

blée des Etats de Vivarais, par laquelle il eſt arrêté que le ſieur marquis de Vogué ſeroit prié de donner ſon mémoire ſur ſes prétentions au ſujet de l'entrée dans toutes les aſſemblées générales & particulieres, en date du premier Avril 1703 : autre délibération du 11 Avril 1704 des Etats particuliers du Vivarais pour le même ſujet : autre délibération deſdits Etats particuliers du Vivarais du 29 Mars 1706, par laquelle le ſyndic dudit pays a été approuvé de ce qu'il avoit fait pour la défenſe des intérêts du pays contre la prétention dudit ſieur de Vogué , & charge ledit ſyndic de continuer ſes ſoins pour cela : imprimé d'un mémoire inſtructif de l'inſtance pour le ſyndic du pays du Vivarais contre le ſieur marquis de Vogué , ſignifié le 4 Mai 1707 : autre mémoire imprimé pour les ſieurs barons du haut & bas-Vivarais contre ledit ſieur de Vogué : ſignification du 5 Mai 1707 ; & généralement tout ce qui a été dit, écrit & produit par-devant le ſieur de Langeois, conſeiller du Roi en ſes conſeils, maitre des requêtes ordinaire de ſon hôtel, commiſſaire à ce député : Oui ſon rapport, après en avoir communiqué au bureau du ſieur Marilhac, conſeiller d'état ordinaire, auſſi commiſſaire à ce député par ordonnance du conſeil du 7 Septembre 1706, au bas de la requête dudit ſyndic de Vivarais , & tout conſidéré , LE ROI EN SON CONSEIL, faiſant droit ſur le tout, ordonne que l'arrêt du conſeil du 6 Mai 1664 ſera exécuté ſelon ſa forme & teneur, & conformément à icelui que ledit ſieur de Vogué, en qualité de baillif dudit pays de Vivarais , & comme commiſſaire ordinaire , jouira de la faculté d'entrer & aſſiſter aux Etats particuliers & aſſiettes dudit pays du haut & bas-Vivarais ; & ſur les demandes dudit ſieur de Vogué d'entrer eſdites qualités dans les commiſſions particulieres, tant des archives, de la capitation, qu'autres, ensemble sur le surplus des demandes respectives des parties, Sa Majesté les a mises hors de cour, dépens compensés. FAIT au conseil d'état privé du Roi, tenu à Versailles le neuvieme jour de Mai mil sept cent sept. *Collationné.*

Signé, DEMONS.

LOUIS, PAR LA GRACE DE DIEU, ROI DE FRANCE ET DE NAVARRE: Au premier notre huissier ou sergent sur ce requis. Nous te mandons & commandons, que l'arrêt ci-attaché, sous le contre-scel de notre chancellerie, ce jourd'hui rendu en notre conseil d'état privé, entre les parties y nommées, tu leur signifies icelui, à ce qu'elles ne l'ignorent & aient à y obéir & satisfaire, & faire pour son entiere exécution, à la requête du syndic général de la province de Languedoc, tous actes de justice requis & nécessaires. De ce faire te donnons pouvoir, sans pour ce demander autre permission ni paréatis : CAR tel est notre plaisir. DONNÉ à Versailles le neuvieme jour de Mai, l'an de grace mil sept cent sept, & de notre regne le soixante-quatrieme. Par le Roi en son conseil. *Signé*, DEMONS & scellé.

Gras, grand baillif du Vivarais, par laquelle il demande, attendu les raisons & considérations particulieres à sa charge, que son honoraire, pour l'assistance aux assiettes ou Etats particuliers du pays, soit augmenté dans la même proportion que celui des baillifs & autres membres de l'assiette l'a été par l'arrêt de 1759; & que MM. les commissaires, après avoir pris connoissance des raisons exposées dans ce mémoire, ont cru n'avoir, quant à présent, d'autre délibération à proposer à l'assemblée que d'ordonner qu'il seroit communiqué à l'assiette du pays de Vivarais, pour être par elle donné son avis sur la demande y contenue, en faisant connoître les raisons sur lesquelles il est appuyé.

SUR QUOI IL. A ÉTÉ DÉLIBÉRÉ, que le mémoire de M. le marquis de Gras, grand baillif du Vivarais, sera communiqué aux Etats particuliers du pays pour y être délibéré, &, sur la délibération qui sera rapportée aux Etats prochains, contenant les motifs de l'avis desdits Etats particuliers, être pris telle autre détermination qu'il appartiendra sur ladite demande.

III.

EXTRAIT du regiftre des délibérations des Etats généraux de Languedoc, assemblés par mandement du Roi en la ville de Montpellier au mois de Novembre 1764.

Du Samedi 5 Janvier 1765, président Mgr. l'archevêque de Toulouse.

MONSEIGNEUR l'évêque de Saint-Papoul a dit, qu'il a été rendu compte par le sieur de Joubert, de plusieurs requêtes & mémoires dont le premier est celui de M. le marquis de

---

IV.

EXTRAIT du regiftre des délibérations des Etats généraux de Languedoc, assemblés par mandement du Roi en la ville de Montpellier au mois de Décembre 1765.

Du Jeudi 9 Janvier 1766, président Mgr. l'archevêque & primat de Narbonne.

MONSEIGNEUR l'évêque de Lodeve a dit, qu'il a été rendu compte à la commission d'une demande du pays de Vivarais qui tend à augmenter les émolumens du grand baillif d'épée du haut & bas Vivarais, à raison de son affiftance aux Etats particuliers ou affiette dudit pays.

Que fur le compte qui fut rendu aux Etats derniers du mémoire qui fut préfenté par M. le marquis de Serres de Gras, grand baillif, pour obtenir cette augmentation, les Etats crurent devoir furfeoir à prononcer fur cette demande jufqu'à ce qu'elle eût été communiquée aux Etats particuliers du Vivarais, à l'effet de donner leur avis, lequel contiendroit les motifs fur lefquels il feroit appuyé.

Que fur la communication qui fut donnée de ce mémoire à l'affiette du Vivarais, il a été reconnu que l'augmentation demandée étoit jufte, foit par rapport au préjugé de celle des journées des autres députés à l'affiette, foit auffi parce que le grand baillif fe trouve dans une pofition différente de celle de tous les autres juges royaux qui affiftent aux affiettes, tant par rapport au déplacement auquel il eft expofé, l'affiette du pays de Vivarais fe tenant chaque année dans des lieux différens, que par rapport à la durée de l'affiette, ce qui a déterminé les Etats ou affiette dudit pays à être d'avis d'accorder l'augmentation propofée, au moyen de laquelle les émolumens du grand baillif, fixés à la fomme de 252 liv. pour fon affiftance à l'affiette, feront portés à la fomme de 336 liv, ce qui revient à un quart en fus; à quoi on peut ajouter que l'affiette du Vivarais s'eft conformée à un avis qu'elle avoit précédemment donné, & dont elle n'avoit pas alors expliqué les motifs.

Que les confidérations qui avoient pu fufpendre la délibération des Etats, fur le mémoire contenant la demande de M. le marquis de Gras, avoient paru céder aux raifons expliquées dans la délibération de l'affiette du Vivarais, & aux circonftances uniques qui ne permettent pas que cet exemple tire à conféquence, ce qui a déterminé MM. les commiffaires à être d'avis de propofer à l'affemblée, de confentir à l'augmentation des émolumens du grand baillif du Vivarais, à raifon de fon affiftance à l'affiette ou Etats dudit pays, en les portant à la fomme de 336 liv., auquel effet il doit être obtenu un arrêt du confeil pour autorifer ladite augmentation.

Sur quoi il a été délibéré, de confentir, conformément à l'avis de l'affiette du pays de Vivarais dans la délibération du 23 Mai dernier, à ce que les émolumens du grand baillif d'épée du haut & bas Vivarais, à raifon de fon affiftance à l'affiette, foient augmentés & portés à la fomme de 336 liv., auquel effet il fera pourfuivi un arrêt du confeil pour en permettre l'impofition.

V.

ARRÊT

Du Conseil d'Etat du Roi,

Qui autorife l'augmentation d'un quart en fus des émolumens du grand baillif d'épée du Vivarais, à raifon de fon affiftance à l'affiette dudit pays.

Du 31 Août 1766.

Extrait des Regiftres du Confeil d'Etat.

Sur la requête préfentée au Roi, étant en fon confeil, par le fyndic du pays de Vivarais; Contenant, Que le fieur marquis de Serre de Gras, grand baillif d'épée du haut & du bas-Vivarais, ayant préfenté aux Etats affemblés à Montpellier pour l'année 1765, un mémoire, tendant à obtenir une augmentation d'émolumens, à raifon de fon affiftance à l'affiette ou Etats particuliers dud.t pays, il fut délibéré par eux de renvoyer ce mémoire

moire auxdits Etats particuliers, à l'effet de donner leur avis sur l'augmentation demandée ; Que ledit mémoire leur ayant été communiqué par le syndic général, ils furent d'avis d'accorder au sieur de Serre une augmentation du quart de ses émolumens ordinaires, de la même maniere qu'elle avoit été accordée par le nouveau réglement des frais d'assiette aux autres députés qui y assistent en Vivarais ; Que les Etats ayant pris connoissance de cet avis, il fut délibéré par eux, le 9 Janvier dernier, de consentir à l'augmentation proposée ; Que les sieurs commissaires de Sa Majesté & des Etats ont en conséquence permis, sous le bon plaisir de Sa Majesté, d'imposer le montant de ladite augmentation, & que l'assiette dudit pays a délibéré en conséquence le 28 Mai 1766, d'imposer par augmentation aux honoraires dudit sieur de Serre, la somme de quatre-vingt-quatre livres, laquelle, avec celle de deux cent cinquante-deux livres, dont l'imposition étoit déjà permise, revient en total à celle de trois cent trente-six livres, à la charge par le suppliant de faire les démarches convenables pour obtenir un arrêt du conseil, qui permette définitivement ladite imposition : Requéroit, A CES CAUSES, qu'il plût à Sa Majesté d'y pourvoir. VU la présente requête, la délibération des Etats du 9 Janvier 1766 ; l'ordonnance des sieurs commissaires du Roi & des Etats, du 18 du même mois & an ; & la délibération de l'assiette ou Etats particuliers du pays de Vivarais, du 28 Mai suivant. Oui le rapport du sieur de l'Averdy, conseiller ordinaire & au conseil royal, contrôleur général des finances ; LE ROI ETANT EN SON CONSEIL, a ordonné & ordonne, que les émolumens du sieur marquis de Serre de Gras, en qualité de grand bailli d'épée du Viva-

rais, à raison de son assistance à l'assiette dudit pays, seront augmentés du quart en sus, comme l'ont été ceux des autres députés à l'assiette : Permet en conséquence Sa majesté d'imposer à l'avenir, dans le département des frais d'assiette ou Etats particuliers dudit pays de Vivarais, au profit du sieur de Serre, la somme de trois cent trente-six livres, au lieu de celle de deux cent cinquante-deux livres, Sa Majesté autorisant & validant en tant que de besoin, l'imposition qui en a été faite la présente année. FAIT au conseil d'Etat du Roi, Sa Majesté y étant, tenu à Compiegne le trente-un Août mil sept cent soixante-six.

Signé, PHELYPEAUX.

L'office de grand baillif d'épée du Vivarais, ayant été supprimé par un édit du mois de Mars 1780, qui crée à sa place un sénéchal d'épée du Vivarais, auquel il attribue les mêmes droits d'assistance aux Etats particuliers du pays, dont le grand baillif jouissoit, il a paru convenable de placer ici cet édit & celui du mois de Février 1785, qui crée un second siége de sénéchaussée pour le haut Vivarais.

V I.

E D I T D U R O I,

Par lequel Sa Majesté éteint & supprime le baillif du Vivarais, les siéges royaux d'Annonay & de Villeneuve-de-Berg, distrait le pays du Vivarais du ressort de la sénéchaussée de Nîmes, & crée une sénéchaussée royale audit pays du Vivarais, avec séance en la ville de Villeneuve-de-Berg.

Du mois de Mai 1780.

LOUIS, PAR LA GRACE DE DIEU, Roi DE FRANCE ET DE NAVARRE : A tous présens & à venir, SALUT. Les repréſentations que nous avons reçues de la part des Etats particuliers du Vivarais, touchant l'adminiſtration de la juſtice dans ce pays, nous ont engagés à nous faire rendre compte des différens réglemens que les Rois nos prédécesseurs ont fait publier à ce ſujet: Nous avons reconnu que l'éloignement de la ſénéchauſſée de Nîmes, où les appellations des ſentences rendues par les juges du Vivarais ont été portées de toute ancienneté, augmentoit conſidérablement les longueurs & les frais des procès civils & criminels, & que l'obligation qui avoit été impoſée aux officiers de ce ſiége par l'édit du Roi notre très-honoré ſeigneur & aïeul, du mois d'Avril 1767, d'envoyer chaque année dans ledit pays, des commiſſaires, dérangeroit leur ſervice ordinaire, & ne remédieroit que très-imparfaitement à tant d'inconvéniens : c'eſt par ces motifs que nous nous ſommes déterminés à ſupprimer les ſiéges royaux d'Annonay & de Villeneuve-de-Berg, & à les remplacer par une ſénéchauſſée royale, dont les appellations ſeront portées nuement en notre parlement de Toulouſe, en réſervant aux officiers du préſidial de Nîmes, la connoiſſance des appellations dans les cas préſidiaux. A CES CAUSES, & autres à ce Nous mouvant, de l'avis de notre conſeil, & de notre certaine ſcience, pleine puiſſance & autorité royale, nous avons, par notre préſent édit perpétuel & irrévocable, dit, ſtatué & ordonné, diſons, ſtatuons & ordonnons, voulons & nous plaît ce qui ſuit.

ARTICLE PREMIER.

Nous avons éteint & ſupprimé, éteignons & ſupprimons l'office de notre baillif du Vivarais, les ſiéges royaux d'Annonay & de Villeneuve-de-Berg, & tous les officiers ci-devant établis pour l'adminiſtration de la juſtice dans leſdites juriſdictions. N'entendons comprendre dans ladite ſuppreſſion les offices des notaires, huiſſiers ou ſergens royaux établis en notredit pays.

I I.

Ladite ſuppreſſion n'aura lieu qu'à compter du premier Janvier prochain ; & juſqu'à ce, enjoignons à tous les officiers deſdits ſiéges de continuer l'exercice de leurs fonctions.

I I I.

Avons diſtrait & déſuni notre pays de Vivarais du reſſort de notre ſénéchauſſée de Nîmes ; & pour aſſurer aux habitans dudit pays une juſtice plus prompte, nous avons créé & établi, créons & établiſſons pour ledit pays une ſénéchauſſée royale, laquelle tiendra ſes ſéances ordinaires en notredite ville de Villeneuve-de-Berg, avec les mêmes pouvoirs, prérogatives, autorités & juriſdiction que nos autres ſénéchauſſées de notre province de Languedoc.

I V.

Ladite ſénéchauſſée connoîtra en premiere inſtance ou par appel, de toutes les demandes & conteſtations civiles & criminelles dont les officiers de la ſénéchauſſée de Nîmes, & ceux des juriſdictions royales d'Annonay & de Villeneuve-de-Berg, étoient en droit & poſſeſſion de connoître dans ledit pays.

V.

Les appellations des ſentences qui ſeront rendues en ladite ſénéchauſſée, ſeront portées en notre parlement de Touloufe, ainſi que celles des autres ſénéchauſſées de ſon reſſort. Voulons néanmoins que les appellations des ſentences qui ſeront rendues en matiere préſidiale, aux termes de nos édits & déclarations, soient portées en notre présidial de Nimes, pour y être instruites & jugées en la forme prescrite par notre édit du mois d'Août 1777.

V I.

Avons pareillement accordé & concédé à ladite sénéchauffée le droit de juger la compétence du prévôt de nos cousins les maréchaux de France, ainsi qu'en jouissoient les sièges royaux d'Annonay & de Villeneuve-de-Berg.

V I I.

Ladite sénéchauffée sera composée :

D'un sénéchal d'épée ;

D'un juge-mage, lieutenant-général civil ;

D'un lieutenant criminel ;

D'un lieutenant principal civil & criminel ;

De six conseillers ;

D'un avocat & d'un procureur pour Nous ;

D'un greffier en chef civil & criminel des présentations & affirmations ;

De douze procureurs ;

D'un premier huissier audiencier, & de quatre huissiers audienciers.

Tous lesquels offices nous avons créés & érigés en titre d'office, nous réservant de fixer la finance & les gages de chacun desdits offices, par un rôle qui sera incessamment arrêté en notre conseil.

V I I I.

Celui qui sera par Nous pourvu de l'office de notre sénéchal d'épée du Vivarais, jouira de tous les droits dont jouissoit le baillif d'épée, & notamment du droit d'assister en notre nom aux assemblées de nos Etats particuliers dudit pays.

I X.

Ceux que nous jugerons à propos de pourvoir desdits offices, & leurs suc-

cesseurs, jouiront de tous les honneurs, priviléges, prérogatives, & exemptions dont jouissent les autres officiers de pareille nature & qualité de nos autres sénéchauffées de Languedoc.

X.

Les officiers des jurisdictions supprimées par notre présent édit, seront tenus d'adresser au conseil, dans deux mois pour tout délai, à compter de l'enregistrement, les quittances de finances, contrats d'acquisitions, & autres titres de propriété de leursdits offices, pour être procédé sans retardement à leur liquidation, & y être pourvu ainsi qu'il appartiendra.

X I.

Les officiers desdites jurisdictions supprimées qui desireront nous continuer leurs services dans le siége de la sénéchauffée créée par notre présent édit, seront tenus de se pourvoir dans le délai de deux mois, pardevant Nous, à l'effet de leur être expédié de nouvelles provisions des offices créés dans ladite sénéchauffée ; & les liquidations de leurs offices supprimés seront reçues pour comptant en payement de la finance des offices dont ils seront nouvellement pourvus ; voulant en outre, pour leur donner une marque de la satisfaction que nous avons de leurs services, que ceux qui se présenteront pour remplir en ladite sénéchauffée des offices de même nature que ceux qu'ils remplissoient dans les jurisdictions supprimées, en soient pourvus sans payer aucun nouveau droit de marc d'or & de sceau, qu'ils soient reçus gratuitement & sans frais, à la charge toutefois, dans tous les cas, de prêter un nouveau serment ; & si le nombre actuellement existant des officiers des bailliages supprimés, qui se présenteront pour remplir des offices en ladite ſénéchauſſée, excede celui des offices créés en icelle par l'article VII de notre préſent édit, ils y feront pendant leur vie, & juſqu'aux cas de vacance, à titre de conſeillers ſurnuméraires, les mêmes fonctions que les ſix conſeillers créés par ledit article VII, & ne jouiront néanmoins, pendant ledit temps, que des mêmes gages qui leur étoient ci-devant attribués comme officiers deſdits bailliages, ſauf à eux ou à leurs héritiers, cas avenant, à retirer du tréſor royal le montant de la liquidation de leur finance.

X I I.

Le titulaire de l'abbaye de Maſan, & ſes ſucceſſeurs jouiront dans notredite ſénéchauſſée, du droit de nommer & préſenter à l'un des offices de conſeiller dudit ſiége, pour lui tenir lieu du droit qui lui a été octroyé par l'article XII de l'édit du mois d'Avril 1767.

X I I I.

Les regiſtres, minutes & papiers des greffes deſdits ſiéges royaux d'Annonay & de Villeneuve-de-Berg, ſeront remis au greffe de notre ſénéchauſſée du Vivarais, inventaire préalablement fait d'iceux, à la requête & préſence de notre procureur audit ſiége, en préſence auſſi des greffiers deſdits ſiéges royaux d'Annonay & de Villeneuve-de-Berg, à chacun deſquels il ſera remis un double dudit inventaire, ſigné du greffier de ladite ſénéchauſſée du Vivarais, pour leur ſervir de décharge.

X I V.

Et en attendant que nous ayons pu examiner s'il ſera dû indemnité aux officiers de notre ſénéchauſſée préſidiale de Nîmes, pour raiſon de la diminution de partie du reſſort de notredite ſénéchauſſée, voulons que par proviſion, notredite ſénéchauſſée continue de jouir annuellement de la ſomme de trois mille livres qui lui a été accordée par l'édit du mois d'Avril 1767; & dans le cas où il ſera jugé définitivement qu'il y a lieu à indemnité, le montant total de cette indemnité ſera ſupporté par les Etats du Vivarais, à l'exception néanmoins de la ſomme de trois mille livres qui, audit cas, continuera d'être à notre charge. Si donnons en mandement à nos amés & féaux conſeillers les gens tenant notre cour de parlement à Toulouſe, que notre préſent édit ils aient à faire lire, publier & regiſtrer, le contenu en icelui garder, obſerver & exécuter ſelon ſa forme & teneur; Car tel eſt notre plaiſir: Et afin que ce ſoit choſe ferme & ſtable à toujours, nous y avons fait mettre notre ſcel. Donné à Verſailles au mois de Mai l'an de grace mil ſept cent quatre-vingt, & de notre regne le ſeptieme. *Signé*, LOUIS. *Et plus bas:* Par le Roi, AMELOT. *Viſa*, HUE DE MIROMENIL.

EXTRAIT des Regiſtres du Parlement.

VU par la cour, toutes les chambres aſſemblées, l'édit du Roi donné à Verſailles au mois de Mai de la préſente année 1780, ſigné, LOUIS: Et plus bas; Par le Roi, AMELOT; Viſa, HUE DE MIROMENIL, ſcellé du grand ſceau en cire verte, ſur lacs de ſoie verte & rouge, par lequel Sa Majeſté éteint & ſupprime le baillif du Vivarais, les ſiéges royaux d'Annonay & de Villeneuve-de-Berg, diſtrait le pays du Vivarais du reſſort de la ſénéchauſſée de Nîmes, & crée une ſénéchauſſée royale audit pays du Vivarais, avec ſéance en la ville de Villeneuve-de-Berg, où il crée les officiers y dénommés, ainſi qu'il eſt plus amplement porté par ledit édit: Vu auſſi l'ordonnance de ſoit-montré au procureur général du Roi, délibérée aux chambres assemblées le 27 Mai dernier, signée, DE REYMOND-LASSESQUIERE, ensemble les conclusions dudit procureur général du Roi aux fins du registre dudit édit.

LA COUR a ordonné & ordonne, que le susdit édit sera enregistré dans ses registres, & que le contenu en icelui soit gardé, observé & exécuté suivant sa forme & teneur, & que copies dudit édit & du présent arrêt, duement collationnées, seront envoyées dans la sénéchaussée de Nîmes, & dans les justices royales de Villeneuve-de-Berg & d'Annonay, pour y être lues, publiées & enregistrées à la diligence des substituts du procureur général du Roi, qui en certifieront la cour dans le mois. Prononcé à Toulouse, en parlement, le trois Juin mil sept cent quatre-vingt. Collationné, LEBÉ. M. DE REYMOND-LASSESQUIERE, rapporteur. Contrôlé, VERLHAC.

VII.

EDIT DU ROI,

PORTANT création d'une sénéchaussée dans la ville d'Annonay, pour le haut-Vivarais.

Du mois de Février 1781.

LOUIS, PAR LA GRACE DE DIEU, ROI DE FRANCE ET DE NAVARRE: A tous présens & à venir, SALUT. Par notre édit du mois de Mai dernier, nous avons distrait & désuni notre pays de Vivarais du ressort de notre sénéchaussée de Nîmes, & ordonné la suppression de nos bailliages de Villeneuve-de-Berg dans le bas-Vivarais, & d'Annonay dans le haut-Vivarais. Nous avons, par le même édit, créé & établi une sénéchaussée royale, avec les mêmes pouvoirs, prérogatives, auto-

rité & jurisdictions que les autres sénéchaussées de notre province de Languedoc, dont nous avons indiqué les séances ordinaires dans ladite ville de Villeneuve-de-Berg; Nous nous sommes déterminés à ce nouvel établissement, par la nécessité de pourvoir d'une manière plus efficace au maintien de l'ordre public dans notre pays de Vivarais, en procurant aux habitans de ce pays des juges revêtus du pouvoir suffisant, pour donner à l'administration de la justice toute l'activité nécessaire. LES ÉTATS particuliers dudit pays nous ayant de nouveau représenté que le haut & le bas-Vivarais sont séparés par une chaîne de montagnes escarpées & par la rivière d'Erieu: que pour communiquer de l'une à l'autre de ces deux parties, il n'y a qu'une route droite sur le bord du Rhône, & que l'accès à Villeneuve-de-Berg seroit trop difficile & trop dispendieux pour la plupart des habitans du haut-Vivarais: que la position & la nature des deux parties dudit pays avoient nécessité depuis long-temps, indépendamment des deux bailliages que nous avons supprimés, l'établissement de deux juges de l'équivalent, de deux subdélégués du commissaire départi dans la province de Languedoc, de deux receveurs des tailles, de deux ingénieurs en chef, un pour chacune desdites deux parties, dans chacune desquelles aussi nous avons établi un commandant. Que la séance desdits Etats particuliers se tient également dans le haut & bas-Vivarais. Qu'il est important pour la sûreté publique, que la justice en matiere criminelle soit rendue avec exactitude, & soutenue par une vigilance continuelle de la part des officiers préposés à cet effet, cette portion dudit pays étant située dans des montagnes escarpées où il est trop facile aux malfaiteurs de fe procurer des retraites afin d'échapper à la févérité des loix ; enforte que le pays offre même un afile à tous ceux des cantons circonvoifins qui veulent fe fouftraire aux peines qu'ils ont pu encourir par les crimes les plus graves. Enfin, que les officiers des deux bailliages fufdits & les fujets qui fe préfentent pour la nouvelle fénéchauffée, font en nombre plus que fuffifant pour en former deux ; que les auditoires & les prifons defdits deux bailliages pourroient d'ailleurs fervir & convenir pour lefdites deux fénéchauffées, & que la féparation actuelle de celle que nous avons créée en deux féances, procureroit plus promptement à chacune des deux parties du Vivarais les avantages que nous avons eu en vue de leur affurer. Nous avons auffi confidéré qu'un dépôt public, foit relativement aux regiftres des paroiffes & des communautés religieufes, foit pour les infinuations, les hypotheques & autres objets, ne feroit pas moins néceffaire dans le haut-Vivarais, que des juges à portée d'y fuivre promptement l'inftruction criminelle, même lorfqu'il s'agiroit d'y procéder avec les juges des officialités foraines de l'archevêché de Vienne, établies pour ledit haut-Vivarais en ladite ville d'Annonay & autres. S'il nous importe d'affurer à tous égards, & de maintenir le bon ordre dans l'une & l'autre defdites deux parties du Vivarais, les habitans de chacune d'elles ont, comme nos fidelles fujets, un droit égal à notre bonté & à notre protection royale : nous remplirons ce double objet par l'établiffement d'une feconde fénéchauffée à Annonay. A CES CAUSES, & autres à ce Nous mouvant, après avoir pris l'avis de notre confeil, & de notre certaine fcience, pleine puiffance & autorité royale, Nous avons par ces préfentes fignées

de notre main, ftatué & ordonné, ftatuons & ordonnons ce qui fuit.

ARTICLE PREMIER.

Nous avons créé & établi, créons & établiffons pour le haut-Vivarais, une fénéchauffée royale, laquelle tiendra fes féances ordinaires en la ville d'Annonay, avec les mêmes pouvoirs, prérogatives, autorité & jurifdiction que nos autres fénéchauffées de notre province de Languedoc, notamment la fénéchauffée de Villeneuve-de-Berg, qui demeurera & fera reftreinte au bas-Vivarais, dérogeant à cet effet à l'article III de notre édit du mois de Mai dernier.

I I.

Ladite fénéchauffée connoîtra en premiere inftance ou par appel, de toutes les demandes & conteftations civiles & criminelles, dont les officiers de la fénéchauffée de Nîmes, & ceux du fiége royal d'Annonay étoient en droit & poffeffion de connoître audit pays de Vivarais.

I I I.

Les appellations des fentences qui feront rendues en ladite fénéchauffée, feront portées en notre parlement de Touloufe, ainfi que celles des autres fénéchauffées de fon reffort. Voulons néanmoins que les appellations des fentences qui feront rendues en matiere préfidiale, aux termes de nos édits & déclarations, foient portées en notre préfidial de Nîmes, pour y être inftruites & jugées en la forme prefcrite par notre édit du mois d'Août mil fept cent foixante-dix-fept, & par notre déclaration du vingt-neuf Août mil fept cent foixante-dix-huit, interprétative d'icelui.

I V.

Nous avons pareillement accordé &

concédé à ladite fénéchauffée le droit de juger la compétence du prévôt de nos coufins les maréchaux de France, ainfi qu'en jouiffoient les fiéges royaux d'Annonay & de Villeneuve-de-Berg.

V.

Ladite fénéchauffée fera compofée d'un juge-mage, lieutenant-général civil du fénéchal du Vivarais, d'un lieutenant criminel, d'un lieutenant principal civil & criminel, de fix confeillers, d'un avocat & d'un procureur pour Nous, d'un greffier en chef civil & criminel des préfentations & affirmations, de douze procureurs, d'un premier huiffier audiencier, de quatre huiffiers audienciers, tous lefquels offices nous avons créés & érigés en titre d'office, nous réfervant de fixer la finance & les gages de chacun defdits offices, par un rôle qui fera inceffamment arrêté en notre confeil.

V I.

Ceux que nous jugerons à propos de pourvoir defdits offices & leurs fucceffeurs, jouiront de tous les honneurs, privilèges, prérogatives & exemptions dont jouiffent les autres officiers de pareille nature & qualité de nos autres fénéchauffées du Languedoc.

V I I.

Les officiers des deux jurifdictions fupprimées par notre précédent édit, qui defireront nous continuer leurs fervices dans notre fénéchauffée du haut-Vivarais, jouiront de tous les mêmes droits & exemptions relatives à leurs provifions & réceptions, exprimées dans l'article XI de notre édit du mois de Mai dernier, & aux mêmes charges; Voulons que les liquidations de tous lefdits offices fupprimés foient reçues pour comptant en payement de la finance de tous les offices créés

par notre préfent édit, comme de ceux créés par l'édit du mois de Mai dernier.

V I I I.

Voulons que notre très-cher & bien-amé coufin le maréchal prince de Soubife, & fes fucceffeurs, en fa qualité de feigneur d'Annonay, jouiffent dans notredite fénéchauffée du droit de nommer & préfenter à l'un des offices de confeiller dudit fiége.

I X.

Pour éviter toutes les conteftations qui pourroient s'élever entre les officiers de notredite fénéchauffée & ceux du feigneur, nous avons maintenu & maintenons les officiers du prince de Soubife en la jurifdiction & connoiffance de toutes les caufes perfonnelles, réelles, poffeffoires & mixtes, & des caufes concernant la police entre les habitans de la ville & marquifat d'Annonay, tant en matiere civile que criminelle, entre les nobles & les roturiers, en la jurifdiction & connoiffance des procès criminels qui feront pourfuivis à la requête des ecclefiaftiques, pour tous les cas appartenans aux juges bannerets, fuivant les ordonnances. Voulons que les officiers du marquifat d'Annonay, connoiffent des procès civils des ecclefiaftiques, dont la connoiffance appartient aux juges laïcs, même de ceux concernant le temporel des bénéfices, excepté ceux concernant les dîmes ou autres revenus ecclefiaftiques, ou le temporel des bénéfices de fondation royale ayant des lettres de garde gardienne, qui feront portés devant les juges qui en doivent connoître, fuivant les ordonnances. Voulons auffi que les officiers d'Annonay connoiffent des caufes perfonnelles des officiers royaux dudit Annonay, pendant qu'ils feront leur réfidence dans ledit lieu , & des actions réelles à raifon des biens qu'ils poffedent dans l'étendue dudit marquifat ; qu'ils jouiffent du droit d'appofer le fcellé , & de procéder à l'inventaire des effets délaiffés par les eccléfiaftiques, les nobles & les roturiers, lorfqu'il écherra d'y procéder d'autorité de juftice, à l'exception de l'appofition des fcellés & inventaires des effets des eccléfiaftiques pourvus de bénéfices de fondation royale , auxquels il fera procédé par nos juges; que ceux de la religion prétendue réformée, auxquels la fépulture eccléfiaftique fera refufée , ne foient inhumés qu'en vertu d'une ordonnance du juge du marquifat d'Annonay, auquel appartient l'exercice de la police , & fur les conclufions du procureur jurifdictionnel. Enfin , que le juge dudit marquifat ait la réception des afpirans aux arts & métiers, autres toutefois que la réception de ceux qui auront obtenu nos provifions adreffées à nofdits officiers, fauf au prince de Soubife à fe pourvoir pardevers Nous pour raifon defdites adreffes.

X.

Voulons que dans les féances & cérémonies publiques , les officiers du feigneur marchent à gauche des officiers de notre fénéchauffée.

X I.

Confirmons de nouveau notre édit du mois de Mai dernier, & voulons qu'il foit exécuté en tout ce qui ne fera pas contraire à notre préfent édit. SI DONNONS EN MANDEMENT à nos amés & féaux confeillers les gens tenant notre cour de parlement à Touloufe, que notre préfent édit ils aient à regiftrer , & le contenu en icelui garder , obferver & faire exécuter felon fa forme & teneur; CAR tel eft notre plaifir : & afin que ce foit chofe

ferme & ftable à toujours , nous y avons fait mettre notre fcel. DONNÉ à Verfailles au mois de Février, l'an de grace mil fept cent quatre-vingt-un , & de notre regne le feptieme. Signé , LOUIS. *Et plus bas :* Par le Roi, AMELOT. *Vifa*, HUE DE MIROMENIL.

EXTRAIT des Regiftres du Parlement.

VU par la cour , toutes les chambres affemblées , l'édit du Roi donné à Verfailles au mois de Février mil fept cent quatre-vingt-un. Signé , LOUIS. Et plus bas ; Par le Roi, AMELOT. Vifa , HUE DE MIROMENIL , fcellé du grand fceau de cire verte , fur lacs de foie verte & rouge, portant création d'une fénéchauffée dans la ville d'Annonay , pour le haut-Vivarais ; l'ordonnance de foit-montré au procureur général du Roi, mife au repli dudit édit , délibérée aux chambres affemblées le 14 Mars courant , fignée DE PIBRAC , enfemble les conclufions du procureur général du Roi , aux fins du regiftre.

LA COUR , toutes les chambres affemblées , a ordonné & ordonne , que ledit édit fera enregiftré dans fes regiftres , pour le contenu en icelui être exécuté felon fa forme & teneur , fans néanmoins que de l'enregiftrement du fufdit édit , dans lequel mention eft faite d'un dépôt public pour les hypotheques , il puiffe être induit que la cour ait entendu fe départir des réclamations qu'elle ne ceffera de faire en tout temps & en toute occafion auprès dudit feigneur Roi , au fujet de l'édit du mois de Juin mil fept cent foixanteonze , & lettres patentes du fept Juillet de la même année , concernant les hypotheques. Et fera derechef très-humblement fupplié ledit feigneur Roi de les révoquer , comme également contraires au droit écrit qui régit les peuples

N°. VII.

ples du reffort de la cour, & au repos des familles, dont la fortune & les reffources fe trouvent prefque anéanties par leur exécution. Ordonne ladite cour, que les officiers créés par le fufdit édit, après avoir été examinés, reçus, & avoir prêté en icelle le ferment, conformément aux ordonnances, feront installés au fiége d'Annonay, par le commiffaire qui fera à cet effet député par la cour. Ordonne en outre que copies duement collationnées du fufdit édit & préfent arrêt, feront envoyées dans tous les bailliages, fénéchauffées, & autres juftices royales du reffort de la cour, pour y être lues, publiées & enregiftrées à la diligence des fubftituts du procureur général du Roi, qui en certifieront la cour dans le mois. PRONONCÉ à Touloufe, en parlement, le vingt-quatre Mars mil fept cent quatre-vingt-un. Collationné, LEBÉ. M. DE PIBRAC, rapporteur. Contrôlé, VERLHAC.

VIII.

EXTRAIT du regiftre des délibérations des Etats généraux de Languedoc, affemblés par mandement du Roi en la ville de Narbonne au mois de Janvier 1726.

Du Mardi 19 Février fuivant, préfident Mgr. l'archevêque & primat de Narbonne.

LE fieur de Joubert, fyndic général, a dit, que les Etats particuliers du pays de Vivarais affemblés l'année dernière, ont pris une délibération le 15 Mai de ladite année, par laquelle le fieur Doize de Vinfobre, fyndic perpétuel du pays, ayant offert de donner fa démiffion de ladite charge, pourvu que le pays voulût bien lui accorder un dédommagement confidérable, il fut délibéré d'accepter la propofition du fieur de Vinfobre & de lui accorder la fomme

Tome IV.

N°. VIII.

me de quarante mille livres qui doit lui être payée comptant par le receveur du pays, & une penfion annuelle & viagere de deux mille livres, à compter du jour de fa démiffion.

Que le pays a profité de cette occafion pour rentrer dans la liberté de fe choifir tous les ans un fyndic, à l'exemple des autres diocefes de la province; qu'à cet effet il a été délibéré que la charge de fyndic du pays de Vivarais qui étoit ci-devant perpétuelle, fera à l'avenir annuelle & élective, & qu'il fera procédé tous les ans dans l'affemblée de l'affiette, à l'élection du fyndic à la pluralité des fuffrages; que l'affiette a jugé à propos en mêmetemps de réduire les gages de ladite charge de fyndic, qui étoient fixés par un arrêt du confeil à la fomme de trois mille deux cent livres, à celle de fept cent livres qui étoient les anciens gages de ladite charge; au moyen duquel retranchement de deux mille cent livres par an, le pays pourra fe dédommager de ce qu'il lui en coûte pour le rembourfement du fieur de Vinfobre; que le pays du Vivarais fupplie les Etats de vouloir bien donner leur confentement à cette délibération & l'approuver en tous fes chefs, afin de la faire autorifer enfuite par un arrêt du confeil.

Que cette délibération regarde l'adminiftration particuliere des affaires du pays de Vivarais qui a voulu fe conformer à l'ufage des autres diocefes de la province pour l'élection de fon fyndic, & qu'il ne paroît pas que les Etats ayent aucune raifon pour s'y oppofer.

SUR QUOI, lecture faite de la délibération du 15 Mai 1725, LES ETATS ONT DÉCLARÉ n'entendre empêcher qu'elle foit exécutée, fuivant fa forme & teneur, & confentent, fi c'eft le bon plaifir de Sa Majefté, qu'elle foit autorifée par un arrêt du confeil.

IX.

ARRÊT

Du Conseil d'Etat du Roi,

Qui autoriſe la délibération de l'aſſemblée des Etats particuliers du pays de Vivarais , ſur le rembourſement de leur ſyndic perpétuel.

Du 7 Mai 1726.

Extrait des regiſtres du Conſeil d'Etat.

SUR la requête préſentée au Roi étant en ſon conſeil, par le ſyndic du pays du Vivarais, contenant que par délibération priſe par l'aſſemblée des Etats particuliers dudit pays de Vivarais le 15 Mai 1725, il a été délibéré entre autres choſes d'accepter l'offre que le ſieur Doize de Vinſobre , ſyndic perpétuel dudit pays, lui faiſoit de donner ſa démiſſion de ſadite charge , & de lui accorder pour dédommagement la ſomme de 40,000 livres qui lui ſeroit payée comptant , & une penſion annuelle & viagere de 2000 livres, à compter du jour de ſa démiſſion ; qu'au moyen de ce ledit pays aura la liberté de ſe choiſir tous les ans un ſyndic à l'exemple des autres dioceſes de la province , & qu'à cet effet la charge de ſyndic du pays de Vivarais qui étoit ci-devant perpétuelle, ſera à l'avenir annuelle & élective , & qu'il ſera procédé tous les ans en pleine aſſemblée , après la démiſſion dudit ſieur Doize de Vinſobre , à l'election d'un ſyndic, à la pluralité des ſuffrages ; que l'aſſemblée a jugé à propos en même - temps de réduire les gages de ladite charge de ſyndic qui étoient fixés par un arrêt du conſeil , à la ſomme de 3200

livres , à celle de 700 livres qui étoient les anciens gages de ladite charge ; au moyen duquel retranchement de 2500 livres par an , ledit pays pourroit ſe dédommager de ce qu'il lui en coûte pour le rembourſement dudit ſieur Doize de Vinſobre, qui pourra prendre le titre & la qualité de ſyndic honoraire du pays de Vivarais, avec faculté d'entrer en cette qualité dans les aſſemblées générales dudit pays, lorſqu'il ſe trouvera ſur les lieux ; & le ſuppliant a été chargé de pourſuivre l'autoriſation de ladite délibération. Requéroit à ces cauſes le ſuppliant qu'il plût à S. M. ſur ce lui pourvoir. Vu ladite requête, enſemble ladite délibération des Etats particuliers du pays de Vivarais du 15 Mai 1725 ; La délibération des Etats de la province de Languedoc du 19 Février dernier , par laquelle ils ont approuvé celle priſe par ledit pays de Vivarais ledit jour 15 Mai 1725, & ont conſenti , ſous le bon plaiſir de Sa Majeſté , à ce qu'elle fût autoriſée: Vu auſſi l'avis du ſieur de Bernage de Saint-Maurice , conſeiller du Roi en ſes conſeils , maître des requêtes ordinaire de ſon hôtel, intendant de Languedoc : Oui le rapport du ſieur Dodun, conſeiller ordinaire au conſeil royal , contrôleur général des finances : SA MAJESTÉ ÉTANT EN SON CONSEIL, a autoriſé & homologué la délibération priſe par l'aſſemblée des Etats particuliers du pays de Vivarais le 15 Mai 1725 ; Ordonne Sa Majeſté qu'elle ſera exécutée ſelon ſa forme & teneur, & ſera le préſent arrêt enregiſtré ès regiſtres des Etats particuliers dudit pays , & par-tout où beſoin ſera. Fait au conſeil d'état du Roi, Sa Majeſté y étant, tenu à Verſailles le ſeptieme jour de Mai 1726.

Signé , PHELYPEAUX.

§. I I.

Diocese du Puy, ou pays de Velay.

LE diocese du Puy, ou pays de Velay, est borné au nord, par l'Auvergne & le Forez ; au levant & au midi, par le Vivarais & une partie du diocese de Mende ; au couchant, par une autre partie de ce même diocese & par l'Auvergne.

Le pays de Velay a des Etats particuliers qui s'assemblent chaque année.

Ils sont composés, pour l'ordre de l'église, de M. l'évêque du Puy, du doyen, du prévôt, & d'un chanoine député de l'église cathédrale (ce dernier y est qualifié de *Monsieur du Chapitre*) ; de l'abbé *du Monastier*, & des prieurs de *Goudet*, de *Grazac*, de *Chamalieres*, *du Bouschet St. Nicolas*, & de *Devesset*.

Pour l'ordre de la noblesse, de M. le vicomte *de Polignac*, qui a la seconde place fixe aux Etats généraux de Languedoc parmi les barons de la province ; & des barons diocésains *de Loude, Bouzols, Maubourg, Dunieres, Lardeirol, St. Bonnet* ou *Baudiné, Queyrieres, Vilard du Chambon, la Brosse, St. Didier-Nerestang, Montbonnet, Roche en Reynier, Sacissac, Joncheres, St. Haon, St. Vidal & Vacheres.*

Pour le tiers-état, du premier consul maire de la ville du Puy, les cinq autres consuls n'ayant dans l'assemblée qu'une séance honoraire ; & de deux députés envoyés par deux des huit villes qui roulent alternativement de deux en deux dans l'ordre suivant, à compter de la présente année 1786.

Craponne.	⎱	*St. Didier-Nerestang.*	⎱
Monistrol.	⎰	*Roche-en-Reynier.*	⎰
Issingeaux.	⎱	*Le Monastier.*	⎱
Solignac.	⎰	*Montfaucon.*	⎰

M. l'évêque de Mende, & en son absence, M. le vicomte de Polignac, président à cette assemblée ; & le grand vicaire du premier, ainsi que le procureur fondé de M. de Polignac, qu'on appelle *commis de M. le vicomte*, y assistent, quoique leurs commettans soient présens ; mais, dans ce cas, sans voix délibérative.

En l'abfence de M. l'évêque & de M. le vicomte de Polignac, l'affemblée eft préfidée par le doyen de l'églife du Puy, ou, s'il eft abfent, par le prévôt, & fi celui-ci eft auffi abfent, par le *Monfieur du Chapitre* ; & enfin, à leur défaut, par le premier *perfonnat* de l'églife qui fe trouve préfent. On entend par *perfonnats*, dans l'ordre de l'églife, les titulaires des bénéfices qui donnent le droit d'entrer aux Etats du Velay, & dans l'ordre de la nobleffe, les poffeffeurs des baronnies.

Les perfonnats de l'églife & de la nobleffe ont droit de fe faire repréfenter dans l'affemblée par des envoyés ; & lorfqu'ils n'ont pas ufé de ce droit, le préfident a celui de nommer aux places vacantes.

Le bureau de direction des affaires du diocefe pendant l'année, n'eft compofé que des trois commiffaires du pays, qui font M. l'évêque ou fon grand vicaire, M. le vicomte de Polignac, ou fon envoyé, & le premier conful du Puy. Le grand vicaire & l'envoyé affiftent à ce bureau, comme dans l'affemblée des Etats, quoique M. l'évêque & M. le vicomte de Polignac foient préfens ; mais pour lors, ils n'y ont point de voix délibérative.

I.

EXTRAIT du regiftre des délibérations des Etats généraux de Languedoc, affemblés par mandement du Roi, en la ville de Narbonne au mois d'Octobre 1605.

Du Mardi 25e. jour du mois d'Octobre, préfident Mgr. l'évêque d'Agde.

MONSIEUR l'évefque de Nifmes a repréfenté qu'il y a différend entre le doyen de l'Eglife cathédrale de la ville du Puy, & le depputté du chapitre d'icelle pour la préféance dans les Eftats particuliers du pays de Vélay, tous deux s'en eftant remis au jugement des Eftats : SUR QUOI, ouy tant le conful du Puy que l'envoyé de M. le vifcomte de Polignac, fur les prétentions & raifons des partyes & veüe la délibération prinfe fur le mefme différend en la ville de Beaucaire au mois d'Octobre

1600, A ESTÉ ARRESTÉ que ledit doyen précédera le depputté dudit chappitre aux Eftats particuliers.

II.
ARRÉT
DU CONSEIL D'ETAT DU ROI,

Qui maintient le doyen du chapitre du Puy dans la préféance aux affemblées des Etats particuliers du Velay, fur le fyndic ou député dudit chapitre ; & fur la conteftation de préféance entre ledit fyndic & le prévôt du même chapitre, renvoye aux Etats généraux de Languedoc, pour en donner leur avis à Sa Majefté.

Du 12 Avril 1641.

EXTRAIT des Regiftres du Confeil privé du Roi.

ENTRE le fyndic de l'églife cathédrale Notre-Dame du Puy, demandeur en requête, du 5 Juin 1640, d'une part ; & Mes. Nicolas Desfrançois , doyen , & Christophe Bertrand , prévôt de ladite église , défendeurs , d'autre , sans que les qualités puissent préjudicier aux parties. Vu par le Roi en son conseil ladite requête dudit demandeur dudit jour 5 Juin dernier , à ce que le député du chapitre de ladite église Notre-Dame du Puy soit maintenu & gardé au droit , & en la possession de tenir le premier rang & séance aux Etats particuliers du pays de Velay & diocese du Puy , immédiatement après le sieur évêque président , avec défenses aux défendeurs & tous autres de lui donner aucun trouble ni empêchement , à peine de tous dépens , dommages & intérêts : Arrêt du conseil intervenu sur ladite requête ledit jour 5 Juin 1640 , portant que sur les fins d'icelui lesdits défendeurs & autres qu'il appartiendroit seroient assignés audit conseil , pour , parties ouies , leur être fait droit ainsi que de raison : Commission pour l'exécution dudit arrêt dudit jour ; Exploit d'assignation donnée auxdits défendeurs audit conseil , en conséquence de la requête dudit demandeur , du 28 dudit mois de Juin : Procès verbaux de la convocation , assemblée & tenue desdits Etats du pays de Velay & diocese du Puy , faits depuis l'année 1599 jusques en l'année 1639 : Rôles des personnes commises & députées par le chapitre de ladite église qui auroient assisté auxdits Etats , & précédé lesdits doyen & prévôt : Copie d'arrêt du conseil du dernier Mars 1505 , portant que lesdits Etats seroient tenus suivant l'ancien établissement , & que ceux qui y auroient entrée & voix délibérative s'y trouveroient en personne , & en cas d'empêchement y pourroient commettre : Rôles & départemens des deniers dudit diocese ez années 1626 , 1638 & 1639 : Transaction passée entre le sieur évêque du Puy & le chapi-

tre de ladite église le 21 Février 1343 , par laquelle ledit sieur évêque auroit cédé audit chapitre la jurisdiction , sur les doyen , prévôt , chanoines & officiers de ladite église : Cahier contenant les nominations faites par ledit chapitre depuis l'année 1609 , jusques en l'année 1637 , des auditeurs , syndics députés , & autres officiers dudit chapitre : Ordonnance desdits Etats , portant que les barons qui assisteront en personne à l'assemblée desdits Etats , tiendront lieu & opineront devant les commis du vicomte de Polignac : Extrait des Etats généraux du pays de Languedoc , de l'ordonnance & rang qui s'observe aux gens desdits Etats : Extrait du commencement des statuts de ladite église Notre - Dame du Puy , par lequel apert que le doyen de ladite église y est employé le premier : Copie des lettres patentes , portant confirmation des priviléges des doyen , chanoines & chapitre de ladite église Notre-dame du Puy du mois de Février 1485 , Juillet 1575 , Août 1596 , & Juin 1619 : Extrait d'un procès verbal de Me. Vidal d'Olezon , syndic dudit diocese , du 20 Juillet 1599 , par lequel apert qu'en l'assiette dudit diocese , le sieur évêque du Puy présidoit , & en son absence ledit doyen de ladite église : Compte rendu en l'année 1528 , des deniers levés sur ledit pays : Extrait des procès verbaux des Etats dudit pays tenus les années 1520 , 1521 , 1522 , 1525 & 1544 , par lesquels apert que ledit doyen a précédé le député dudit chapitre : Ordonnance desdits Etats , par laquelle , sur la contestation mue entre le vicaire général dudit sieur évêque du Puy & ledit doyen de ladite église , pour raison de la présidence , auroit été ordonné que ledit doyen précéderoit ledit vicaire général , & présideroit auxdits Etats , du 9 Mars 1624 : Procès verbal des Etats dudit pays &

diocese de Velay du 9 Novembre 1589, par lequel apert que ledit doyen auroit déclaré qu'il étoit prét de faire le serment de fidélité à Sa Majesté : Articles de l'un & de l'autre parti dudit pays de Velay, par le troisieme desquels est porté que ledit doyen seroit réintégré en la possession de son doyenné, du 20 Janvier 1594 : Procès verbal des Etats généraux de la province de Languedoc , du 15 Octobre 1600 , & autres jours suivans , par lequel auroit été délibéré que ledit doyen du Puy y étant en personne précéderoit les commis ou envoyés dudit chapitre : Procès verbal de l'assemblée des Etats, du 14 Février 1640 , contenant les diverses contestations desdites parties sur ladite préséance, sur lesquelles sans préjudice de leurs droits , auroit été ordonné qu'ils tireroient au sort à qui prendroit le premier rang & séance contestés : Sommation faite à la requéte dudit défendeur audit demandeur, de déclarer s'il entendoit poursuivre ladite instance audit conseil , au préjudice des offres que ledit défendeur avoit faites diverses fois de remettre son droit & décision dudit différend , entre les mains de telles personnes qui seroient amiablement accordées , du dernier Juin 1640 : Sommation faite à la requéte desdits sieurs audit sieur évêque & greffier de leur délivrer les ordonnances y mentionnées , des 29 Juillet 14, 18 & 30 Août 1640 : Copie d'arrêt du conseil , du 16 Juin 1633 , portant que les vicaires généraux , en l'absence des sieurs archevêques ou évêques assisteroient ez assiettes de leur diocese , & y auroient rang & séance immédiatement après le commissaire principal : Rôles & départemens des sommes y contenues par lesquels apert que le vicaire général dudit sieur évêque du Puy auroit présidé auxdits Etats , & que ledit chapitre est employé auxdits départemens premier

que ledit doyen : Appointement , par lequel lesdites parties ont été réglées en ladite instance, du 5 Septembre 1640 : Ecritures & productions d'icelles parties : Requéte dudit demandeur employée pour contredits contre la production desdits défendeurs & les pieces y mentionnées reçues & communiquées, du 31 Mai 1641 , & tout ce que par lesdites parties a été mis & produit pardevers le sieur Barrillon, commissaire à ce député , & tout considéré ; LE ROI EN SON CONSEIL, faisant droit sur ladite instance , a débouté & déboute ledit syndic du chapitre du Puy de sa requéte , & ce faisant, a maintenu & maintient ledit Desfrançois , doyen de ladite église du Puy, au rang & séance après le sieur évêque du Puy , & avant le député dudit chapitre, en toutes les assemblées particulieres des Etats , & autres dudit diocese du Puy ; Fait inhibitions & défenses audit syndic & député dudit chapitre de le troubler & empêcher, à peine de tous dépens, dommages & intérêts : Et avant faire droit sur la préséance prétendue par ledit Bertrand , prévôt de ladite église, a renvoyé & renvoye lesdites parties à l'assemblée générale des Etats de Languedoc, pour , sur la préséance par eux respectivement prétendue être donné avis à Sa Majesté ; & ce fait & rapporté être ordonné ce que de raison , dépens réservés pour ce regard ; condamne ledit syndic aux dépens de l'instance envers ledit doyen modérés à 300 livres. FAIT au conseil privé du Roi, tenu à Paris le douzieme Avril 1641. *Signé*, FAYET.

LOUIS, PAR LA GRACE DE DIEU, ROI DE FRANCE ET DE NAVARRE: Au premier notre huissier ou sergent sur ce requis , SALUT. Nous te mandons & enjoignons que l'arrêt de notre conseil, dont l'extrait est ci-attaché sous le contre-scel de notre chancellerie, ce jour-d'hui donné entre le syndic de l'églife cathédrale Notre-Dame du Puy, demandeur d'une part, & Mes. Nicolas Desfrançois, doyen, & Christophe Bertrand, prévôt en ladite églife, défendeurs, d'autre, tu fignifies audit demandeur, & à tous autres qu'il appartiendra, à ce qu'ils n'en prétendent caufe d'ignorance, & ayent à y obéir; leur faire de par nous les défenfes y contenues, fur les peines portées par icelui, & en outre contraints par toutes voies dues & raifonnables, nonobftant oppofitions ou appellations quelconques, ledit fyndic payer comptant audit Desfrançois, la fomme de 300 livres, pour les dépens liquidés & modérés par ledit arrêt, & fais pour fon entiere exécution à la requête dudit Desfrançois, tous autres actes & exploits requis & néceffaires, fans pour ce demander autre permiffion, ni paréatis: CAR tel eft notre plaifir. DONNÉ à Paris le douzieme Avril, l'an de grace 1641, & de notre regne le trenteunieme; Par le Roi en fon confeil.

Signé, FAYET.

I I I.

EXTRAIT du regiftre des délibérations des Etats généraux de Languedoc, affemblés par mandement du Roi en la ville de Pezenas au mois de Septembre 1641.

Du 12 dudit mois de Septembre, préfident Mgr. l'archevêque & Primat de Narbonne.

LE fieur de Lamotte, fyndic général, a dit que, fur le procès & différend qu'il y avoit pendant au confeil entre le prévôt de l'églife cathédrale Notre-Dame du Puy, & le fyndic du chapitre de ladite églife, pour la préféance aux affiettes dudit diocèfe, le

Roi, par arrêt de fon confeil du douzieme Avril dernier, a renvoyé les parties en la préfente affemblée des Etats généraux de cette province pour, fur la préféance par eux refpectivement prétendue, être par lefdits Etats donné avis à Sa Majefté. Lecture faite dudit arrêt, A ÉTÉ ARRÊTÉ qu'il fera regiftré ez regiftres des Etats, & icelui remis au pouvoir de Mgr. l'évêque de Caftres pour, avec M. le baron de Magalas, capitoul de Touloufe & conful d'Alby, députés à cet effet, être vu enfemble les actes refpectivement produits par les parties, pour fur leur rapport y être délibéré.

I V.

EXTRAIT du regiftre des délibérations des Etats généraux de Languedoc, affemblés par mandement du Roi en la ville de Pezenas au mois de Septembre 1641.

Du Jeudi 19 dudit mois de Septembre, préfident Mgr. l'archevêque & primat de Narbonne.

OUi le rapport de Mgr. l'évêque de Caftres, commiffaire député avec M. le baron de Magalas, les fieurs Courtoys, capitoul de Touloufe & Dalary, conful d'Alby, pour vérifier les actes produits tant par Me. Chriftophe Bertrand, prévôt de l'églife Notre-Dame du Puy, que par le fyndic du chapitre de ladite églife, en exécution de l'arrêt du confeil du Roi, du 12 Avril dernier, portant renvoi en l'affemblée des préfens Etats, fur le fait de la préféance refpectivement prétendue par lefdites parties, & en être donné avis à Sa Majefté, & oui dans l'affemblée Me. Vital Bernard, chanoine & fyndic dudit chapitre, LES ETATS ONT DÉLIBÉRÉ que le Roi, fi tel eft fon bon plaifir, adjugera la préféance audit prévôt de ladite églife cathédrale du Puy, fur le fyndic & député dudit chapitre, & ordonnera qu'en toutes les affemblées générales & particulieres dudit diocefe, ledit prévôt précédera le fyndic & député.

V.

ARRÊT

Du Conseil d'Etat du Roi,

Qui autorife les délibérations des Etats particuliers du Velay, au fujet des preuves de noblefe des barons & envoyés.

Du 23 Février 1744.

Extrait des Regiftres du Confeil d'Etat.

Sur la requête préfentée au Roi étant en fon confeil, par le fyndic du pays du Velay; Contenant, que l'affemblée des Etats particuliers dudit pays, a pris une délibération le 28 Mars 1743, qui contient un réglement au fujet de la forme des preuves de noblefe des barons qui ont droit d'entrée auxdits Etats, & de leurs envoyés; portant qu'à l'avenir tous les nouveaux poffefeurs des terres titrées de baronnie, ayant droit d'entrée auxdits Etats particuliers du pays du Velay, feront tenus, pour y être reçus, de faire remonter les preuves de leur noblefe au-deffus de cent ans, ou de la prouver tout au moins de quatre générations qui rempliffent les cent ans, par teftamens, contrats de mariages, & autres actes équipollens, & de rapporter

le titre qui leur affure la propriété incommutable de leur baronnie, à l'exception des enfans fuccédans à leurs peres, qui ne feront obligés de rapporter que leur extrait baptiftere, & le titre de propriété; & qu'à l'égard de ceux qui feront porteurs des procurations des fieurs barons, pour les repréfenter auxdits Etats, ou qui, au défaut de procuration, feront nommés à cet effet par le préfident de l'affemblée, ils ne pourront y être reçus la première fois, qu'en juftifiant de leur noblefe en bonne forme : Que cette délibération ayant été rapportée à l'affemblée des Etats généraux de la province de Languedoc, lefdits Etats ont, par leur délibération du 18 Janvier dernier, approuvé ledit réglement; en exécution defquelles délibérations le fuppliant a recours à Sa Majefté, pour lui être fur ce pourvu. Requéroit, a ces causes, qu'il plût à Sa Majefté autorifer & homologuer lefdites délibérations; ce faifant, ordonner que le réglement y contenu fera exécuté felon fa forme & teneur. Vu ladite requête, enfemble lefdites délibérations. Oui le rapport ; LE ROI ÉTANT EN SON CONSEIL, ayant égard à ladite requête, a approuvé & autorifé, approuve & autorife lefdites délibérations prifes dans l'affemblée particuliere des Etats du Velay le 28 Mars 1743, & par les Etats de Languedoc le 18 Janvier dernier : Ordonne Sa Majefté qu'elles feront exécutées felon leur forme & teneur. Fait au confeil d'état du Roi, Sa Majefté y étant, tenu à Verfailles le vingt-troifieme Février 1744.

Signé, Phelypeaux.

VI.

ARRÊT

Du Conseil d'Etat du Roi,

Portant, que MM. les trois commiſſaires ordinaires du dioceſe du Puy & pays de Velay, procéderont à la répartition de la capitation & des vingtiemes de l'induſtrie dudit dioceſe, excluſivement au juge mage du Puy.

Du 26 Août 1783.

Extrait des Regiſtres du Conſeil d'Etat.

VU par le Roi en ſon conſeil, la requête préſentée en icelui par le ſieur Antoine-Joſeph Bonnet, ſeigneur de Treiches, lieutenant-général-juge-mage en la ſénéchauſſée du Puy en Velay, tendante à ce que pour les cauſes y contenues, il plaiſe à Sa Majeſté ordonner que les arrêts de ſon conſeil, des premier Avril & 10 Septembre 1678, & 21 Juillet 1705, ſeront exécutés ſelon leur forme & teneur; ce faiſant, maintenir ledit ſieur Bonnet, en qualité de juge mage du Puy, dans le droit & la poſſeſſion d'aſſiſter avec les commiſſaires du dioceſe du Puy, à l'aſſiette & répartition de toutes les impoſitions royales, & notamment de celles des vingtiemes & induſtrie, & percevoir pour leſdites opérations, les droits & émolumens que perçoivent les autres commiſſaires; condamner les conteſtans aux dépens; ladite requête ſignée Perrin, avocat dudit ſieur Bonnet: Arrêt du conſeil, du premier Mai 1781, qui a ordonné que ladite requête ſeroit communiquée aux commiſſaires du dioceſe du Puy, pour y répondre dans le délai du réglement; L'exploit de ſignification dudit arrêt,

Tome IV.

du 28 Juillet 1781; La requête du ſieur évêque du Puy, du vicomte de Polignac, & du premier conſul maire du Puy, commiſſaires ordinaires du dioceſe du Puy, tendante à ce que, pour les cauſes y contenues, il plaiſe à Sa Majeſté déclarer le ſieur Bonnet non recevable dans ſa demande, ou en tout cas l'en débouter, les recevoir oppoſans à l'arrêt du conſeil, du 21 Juillet 1705, obtenu par le ſieur Pinot, juge mage du Puy, ſur requête non-communiquée, lequel ſera & demeurera révoqué; en conſéquence, les maintenir dans le droit excluſif de répartir ſeuls la capitation; comme auſſi, ordonner que l'ordonnance du ſieur intendant de Languedoc, du 26 Novembre 1735, demeurera définitive; ce faiſant, maintenir leſdits ſieurs commiſſaires dans le droit excluſif de procéder ſeuls à la répartition des vingtiemes d'induſtrie, avec défenſes au juge mage du Puy de les y troubler; condamner le ſieur Bonnet aux dépens; Ladite requête ſignée Cochu, avocat deſdits ſieurs commiſſaires du dioceſe, & ſignifiée le 7 Septembre 1781: Autre requête dudit ſieur Bonnet, employée pour réponſe à celle ci-deſſus, & tendante à ce qu'en lui adjugeant ſes précédentes concluſions, les ſieurs commiſſaires ſoient condamnés en trois mille livres de dommages & intérêts, & aux dépens; Ladite requête, ſignée Perrin, avocat, & ſignifiée le 7 Janvier 1782: Autre requête deſdits ſieurs commiſſaires du dioceſe, tendante à ce qu'en ajoutant à leurs précédentes concluſions, il plaiſe à Sa Majeſté les garder & maintenir, eux & leurs ſucceſſeurs, dans leur qualité collective de ſeuls commiſſaires ordinaires du dioceſe du Puy & pays de Velay, avec défenſes au Juge mage du Puy, & autres officiers de juſtice, d'aſſiſter à autres aſſemblées du dioceſe, qu'à celle de

Kkkk

l'affiette ou Etats particuliers , fuivant l'ufage ; les maintenir & garder par fuite , dans le droit de répartir feuls la capitation & les vingtiemes d'induftrie du diocefe du Puy, exclufivement au juge mage , & à tous autres officiers de juftice ; Ladite requête fignée Cochu, & fignifiée le 25 Juin 1782 : Autre requête dudit fieur Bonnet , contenant production nouvelle de différentes pieces , & tendante à l'adjudication de fes précédentes conclufions , avec dommages, intérêts & dépens ; Ladite requête fignée Perrin , & fignifiée le 23 Août 1782 : Autre requête defdits fieurs commiffaires , employée pour réponfe à celle ci-deffus , & fignifiée le 15 Octobre 1782 , & 2 Janvier 1783. Vu pareillement les pieces jointes aux différentes requêtes , tant des fieurs commiffaires du diocefe du Puy, que du fieur Bonnet , enfemble les obfervations des fyndics généraux de la province de Languedoc , & l'avis du fieur Guignard de Saint-Prieft , intendant & commiffaire départi en ladite province. Oui le rapport du fieur Moreau de Beaumont , confeiller d'état ordinaire, & au confeil royal des finances ; LE ROI EN SON CONSEIL , faifant droit fur les demandes refpectives , fans s'arrêter à l'arrêt du confeil , du 21 Juillet 1705 , ni aux fins & conclufions du juge mage du Puy , dont il eft

débouté , a ordonné & ordonne , que l'affiette de la capitation & des vingtiemes du diocefe du Puy , fera faite par les fieurs commiffaires ordinaires dudit diocefe ; fait défenfes audit juge mage du Puy, d'y apporter aucun trouble , & le condamne aux dépens. FAIT au confeil d'état du Roi , tenu à Verfailles le vingt-fix Août mil fept cent quatre-vingt-trois. *Collationné.*

Signé , BERGERET.

LOUIS, PAR LA GRACE DE DIEU , ROI DE FRANCE ET DE NAVARRE : Au premier notre huiffier ou fergent fur ce requis. Nous te mandons & commandons de fignifier à tous qu'il appartiendra , l'arrêt dont l'extrait eft ci attaché fous le contre-fcel de notre chancellerie , ce jourd'hui rendu en notre confeil d'état , pour les caufes y contenues ; & de faire en outre , pour fon entiere exécution , à la requête des commiffaires du diocefe du Puy , y dénommés , tous commandemens , fommations , & autres actes & exploits néceffaires , fans autre permiffion : CAR tel eft notre plaifir. DONNÉ à Verfailles le vingt-fixieme jour d'Août , l'an de grace mil fept cent quatre-vingt-trois , & de notre regne le dixieme ; Par le Roi en fon confeil.

Signé , BERGERET.

§. I I I.

Diocese de Comminges.

LE diſtrict temporel de Comminges en Languedoc, n'eſt
compoſé que de onze communautés qui dépendent, pour
le ſpirituel, du dioceſe de Comminges, & dont l'aſſociation
économique eſt un probleme aſſez difficile à réſoudre.

Neuf de ces communautés ſont près de la rive droite de la
Garonne, & les deux autres ſur la rive gauche du Salat ; & le
territoire que renferment ces deux rivieres dans le dioceſe ſpirituel de Comminges contient au moins ſoixante autres paroiſſes
ou égliſes ſuccurſales, & préſente environ 25 lieues quarrées de
ſurface.

Il eſt certain que l'entier comté de Comminges qui a eu originairement la même étendue que le dioceſe ſpirituel de ce
nom, a fait partie du gouvernement & de la municipalité de
Languedoc juſques bien avant dans le quinzieme ſiecle. (*a*) Comment ne lui en eſt-il reſté que onze communautés ſur les bords
oppoſés de la Garonne & du Salat?

On ne peut en trouver la raiſon dans les lettres de Louis XI du
29 Avril 1469, qui attribuerent à la Guienne toute la partie du
comté de Comminges qui eſt ſituée à gauche de la Garonne,
en déclarant que ce fleuve ſerviroit déſormais de limite à la
Guienne & au Languedoc : car ce ſeroit un titre pour qu'il
reſtât au Languedoc toute la partie de ce comté ſituée à la
droite de la Garonne, depuis l'entrée de ce fleuve dans le
Royaume, juſqu'à ſa ſortie du dioceſe ſpirituel de Comminges :
& cependant l'on voit que dans un territoire qui a vingt-cinq
lieues quarrées d'étendue & un grand nombre de paroiſſes, le
Languedoc n'a conſervé que onze communautés.

Quelle que puiſſe en être la cauſe, dont la recherche ne ſeroit gueres ici qu'un objet de curioſité, ces onze communautés
forment ſeules aujourd'hui la municipalité diocéſaine de Com-

---

(*a*) Il réſulte d'un département fait en 1466 que le pays de Comminges ſupportoit pour
lors à-peu-près un *cent vingtieme* des impoſitions de la province, tandis qu'aujourd'hui il en
ſupporte un peu moins d'un *cinq cent quarante-unieme*.

minges ; & elles font expreſſément dénommées dans des lettres patentes du premier Septembre 1550, qui ordonnent que tout le reſte du pays & comté de Comminges contribuera aux impoſitions dans la généralité de Guienne. Ce ſont les villes & lieux de *Valentine*, *Ville Capitale*, *Pointis*, *Huos*, *Cier*, *Martres*, *Saint Pé*, *St. Béat*, *Argut*, *Melles*, *Montſaunés & Mazeres.*

Le lieu de la ſéance de l'aſſiette eſt fixé à Valentine. M. l'évêque de Comminges, ou ſon grand vicaire en ſon abſence, y préſident. Le juge & les conſuls de Valentine y aſſiſtent en qualité de commiſſaires, & chacune des dix autres communautés y envoie chaque année un député.

I.

LETTRES PATENTES,

Portant fixation des villes & lieux du pays de Comminges qui dépendent du Languedoc.

Du 1 Septembre 1550.

HENRI, PAR LA GRACE DE DIEU, ROI DE FRANCE : A tous ceux qui ces préſentes lettres verront. SALUT. Comme nos très - chers & bien-aimés les manans & habitans de notre pays & comté de Cumenge, nous euſſent préſenté certaine requeſte, contenant que ledit pays & comté de Cumenge a eſté de tout temps & ancienneté comprins & cottiſé ès tailles, creues, emprunts & autres ſubſides & impoſitions quelconques en la charge & généralité de Guienne·, & tous & chacuns les deniers tant ordinaires qu'extraordinaires dudit pays & comté de Cumenge eſté portés & reçeus en la recepte générale dudit Guienne : Toutes fois, ſous couleur que ledit comté eſt, quant à la juſtice ordinaire, du reſſort de la ſeneſchaucée de Toloſe, quand eſt queſtion de lever quelques deniers extraordinaires en ladite ſeneſchaucée de Toloſe, les commiſſaires ordinaires

pour en faire le département y cottiſent & impoſent les manans & habitans dudit comté de Cumenge, jaçoit, comme dit eſt, qu'ils ſoient, quant à noſdits deniers & finances tant ordinaires qu'extraordinaires, de ladite généralité de Guienne, & par ce moyen, travaillés & moleſtés en divers lieux & reſſorts pour même choſe : Nous requérant ſur ce leur pourvoir & y vouloir donner réglement tant pour nous que pour eux. Laquelle requeſte euſſions renvoyée à noſtre amé & féal conſeiller & général de nos finances en Languedoc, Charles de Pleiſſeis, ſeigneur de Sauvogneres, pour, ſur le contenu en icelle, nous bailler advis.

Sçavoir faiſons que, veu par nous en noſtre conſeil ledit advis, avec la certification de noſtre amé & féal conſeiller & général de noſdites finances en Guienne, maiſtre Pierre Secondat, contenant que leſdits manans & habitans dudit comté de Cumenge ont toujours eſté obéïſſans de contribuer à toutes nos tailles, aides, impoſitions & ſubventions extraordinaires miſes ſus en ladite généralité de Guienne, ſans aucune plainte ne retardation de noſdits deniers ; Leſquels advis & certification avons ci fait attacher ſous le contre - ſcel de notre chancellerie. AVONS, ſuivant iceux advis & certification, & par bon & mûr advis & délibération des gens de noſtredit conſeil, dit, déclaré & ordonné, diſons, déclairons & ordonnons, voulons & nous plaît que doreſenavant ledit pays & comté de Cumenge demeurera, ainſi qu'il a accouſtumé, contribuable à tous noſdits deniers extraordinaires qui ſeront mis ſus en ladite généralité de Guienne, ſoit pour ſolde de gens de guerre, qu'autres ſubſides & emprunts que pourrions faire lever pour quelconque cauſe que ce ſoit ; excepté toutes fois les lieux, villes & villages de Valentine, Pointis, Huos, Cier, Martres, Saint-Pé, Saint-Béat, Argut, Melles, Montſaulnés & Mazeretes, leſquels ledit de Pleiſſeis, général de noſdites finances au pays de Languedoc, nous a par ſondit advis cy-attaché, certifié eſtre du reſſort d'icelle généralité de Languedoc, & ſans préjudice quant à ladite juriſdiction & reſſort de ladite juſtice ordinaire, leſquels demeureront en ladite ſeneſchaucée de Toloſe, ainſi que de couſtume. Et où il adviendroit que par inadvertance ou autrement ils fuſſent ci-après cottiſés & impoſés en aucuns de noſdits deniers extraordinaires, avec les autres contribuables de noſtredite ſeneſchaucée de Toloſe eſtans du reſſort de ladite généralité de Languedoc, ſoit par noſtre ſeneſchal de Toloſe & ſous couleur qu'ils ſont de la ſeneſchaucée, & que nos commiſſions contiennent d'en faire par lui les aſſiettes ſur tous manans & habitans de ſadite ſeneſchaucée & anciens reſſorts d'icelle, ou par autres nos commiſſaires; nous dès-à-préſent comme pour lors avons déclairé & déclairons telles aſſiettes, cottiſations & impoſitions nulles, & qu'à icelles leſdits manans & habitans

dudit comté de Cumenge ne ſeront aucunement compris, entendus ne contraints, ſinon ceux qui ſont deſdites paroiſſes cy-deſſus exceptées. Si DONNONS EN MANDEMENT auxdits généraux de noſdites finances, & aux généraux par nous ordonnés ſur le fait de la juſtice de nos aides, & pareillement audit ſeneſchal de Toloſe, & à tous nos autres juſticiers, officiers, commiſſaires commis & à commettre qu'il appartiendra, que nos préſents déclaration, vouloir & ordonnance ils entretiennent, gardent & obſervent, & facent entretenir, garder & obſerver, réaument & de fait ; nonobſtant oppoſitions ou appellations quelconques, & quelconques commiſſions & lettres impétrées & à impétrer contraires, auxquelles & à la dérogatoire de la dérogatoire d'icelles, nous avons dérogé & dérogeons par ceſdites préſentes & ſans préjudice d'icelles en autres choſes ; & icelles préſentes, auxquelles, en témoin de ce, nous avons fait mettre noſtre ſcel, facent les publier & enregiſtrer en leurs cours & auditoires reſpectivement.

DONNÉ à Saict-Germain-en-Laye le premier jour de Septembre, l'an de grace 1550, & de noſtre regne le quatrieſme. Par le Roi en ſon conſeil. BOURDIN.

Leues, publiées & enregiſtrées en la cour des aides à Montpellier, requerant le ſyndic du pays & comté de Cumenge, ouy ſur ce le procureur général du Roy & ſyndic du pays de Languedoc en la ſeneſchaucée de Toloſe, avec la qualité contenue ès regiſtres d'icelle, le quinzieſme jour de Janvier l'an 1551. Pour le greffier, BARTHOLOMEI.

I I.

EXTRAIT *du regiſtre des délibérations des Etats généraux de Languedoc, aſſemblés par mandement du Roi en la ville de Montpellier au mois de Décembre* 1743.

Du Mardi 28 Janvier 1744, préſident Mgr. l'archevêque de Touloufe.

LE ſieur de la Fage, ſyndic géné-ral, a dit, qu'il a été rendu un ar-rêt au conſeil le 4 Décembre 1743, ſur les requêtes préſentées par M. le duc d'Antin & par M. de Chalvet, ſénéchal de Touloufe; Que le premier demande que ſon juge de Valentine aſſiſte aux aſſemblées de l'aſſiette du dioceſe de Commenge, ainſi que le juge royal de Riviere y aſſiſtoit avant le contrat d'échange fait avec le Roi le 28 Avril 1721. M. de Chalvet en qualité de ſénéchal de Touloufe, pré-tend auſſi entrer à l'aſſemblée de l'aſ-ſiette de Touloufe, malgré les oppo-ſitions de MM. les commiſſaires ordi-naires du dioceſe; Que ledit arrêt ren-voye à MM. les commiſſaires du Roi, & à ceux qui ſeront nommés par les Etats les requêtes & mémoires ſur les prétentions des parties, au ſujet deſdites entrées aux aſſiettes de Tou-loufe & de Commenge, & qu'il eſt à propos de nommer des commiſſai-res pour examiner les raiſons deſdites parties, leſquels formeront leur avis qui ſera rapporté à l'aſſemblée pour y être délibéré, & enſuite communi-qué à MM. les commiſſaires du Roi; auquel effet Mgr. l'archevêque de Tou-loufe, préſident, a nommé Mgr. l'évê-que de Carcaſſonne, Mgr. l'évêque de Viviers, M. le baron de Ganges, M. le baron de Calviſſon, les députés des villes de Touloufe, Carcaſſonne, Nar-bonne & Beziers.

EXTRAIT *du regiſtre des délibérations des Etats généraux de Languedoc, aſſemblés par mandement du Roi en la ville de Montpellier au mois de Décembre* 1743.

Du Mercredi 29 Janvier 1744, préſident Mgr. l'archevêque de Touloufe.

MONSEIGNEUR l'évêque de Viviers, commiſſaire nommé avec Mgr. l'évêque de Carcaſſonne, M. le baron de Calviſſon, M. le baron de Murviel, les ſieurs députés des villes de Tou-loufe, Carcaſſonne, Narbonne & Be-ziers; a rapporté que MM. les com-miſſaires ſe ſont aſſemblés pour exami-ner les mémoires remis par M. le duc d'Antin, par le ſyndic du dioceſe de Comminge & par le juge royal de Ri-viere, pour ſavoir ſi le juge de M. le duc d'Antin doit entrer à l'aſſiette du-dit dioceſe à la place du juge royal de Riviere.

Que MM. les commiſſaires ont re-marqué que les concluſions priſes par M. le duc d'Antin, dans la requête qu'il a préſentée au conſeil, tendent à de-mander qu'en qualité de ſeigneur en toute juſtice de la ville de Valentine, en vertu du contrat d'échange paſſé avec le feu Roi, le 28 Avril 1721, il plaiſe à Sa Majeſté ordonner l'exécu-tion dudit contrat, & qu'en déclarant communs avec lui les arrêts rendus en faveur de M. le duc d'Uzès, les 11 Mars & 26 Décembre 1724, le ju-ge & officiers dans ladite ville de Va-lentine dépendante de ſon marquiſat de Monteſpan, ſoient maintenus dans le droit & poſſeſſion d'entrer à l'aſſiette du dioceſe de Commenge, qui ſe tient dans ladite ville de Valentine, avec dé-fenſes aux juge & officiers du pays de Riviere, & à tous autres de leur don-ner aucun trouble à ce ſujet.

Que pour foutenir ces conclufions, M. le duc d'Antin expofe que depuis le contrat d'échange par lequel S. M. fit ceffion à fes auteurs du domaine & juftice de Valentine & depuis le rembourfement qu'ils firent en conféquence de ce même acte, aux officiers qui l'exerçoient alors au nom de Sa Majefté de la finance qu'ils en avoient payée, fes auteurs ont joui, ou dû jouir, ainfi que leurs officiers, de tous les droits dont Sa Majefté & fes officiers jouiffoient avant ledit échange, ce qui comprend celui qui appartient au juge de ladite ville, d'entrer & d'affifter aux affemblées & affiettes qui fe tiennent tous les ans par le diocefe de Comminge dont Valentine eft la ville principale.

Que le juge royal de Riviere qui contefte cette prérogative à celui de Valentine n'y a aucune forte de droit, & que s'il eft entré dans lefdites affemblées jufqu'en l'année 1739, ce n'eft point en la qualité de juge royal fur laquelle il fe fonde, mais en celle de juge du marquifat de Montefpan, dont la ville de Valentine eft une dépendance.

Que les arrêts rendus en faveur de M. le duc d'Uzès ont condamné une prétention toute femblable dans la même province & pour un même fait.

Qu'enfin ayant pour lui la poffeffion des officiers de Valentine, avant l'échange, il ne l'a pas moins depuis qu'il a été fait, & que cette poffeffion doit inconteftablement faire condamner la prétention contraire du juge de Riviere.

Que le fieur Laffus, juge du pays de Riviere, expofe au contraire que la queftion dont il s'agit confifte à favoir fi le juge de Valentine, qui n'eft qu'un juge de feigneur, peut être préféré pour l'entrée à l'affiette du diocefe au juge royal de tous les autres lieux qui compofent ce même diocefe.

Que, fuivant la prétention du fieur Laffus les réglemens généraux de la province n'appellent à ces affemblées que les juges royaux; du moins dans le cas de concurrence la préférence eft due de droit au juge royal, fur le juge banneret.

Que quoique l'affiette fe tienne dans la ville de Valentine, les officiers de M. le duc d'Antin, ne doivent y prendre aucune part, par la raifon qu'il ne s'agit point dans cette affemblée d'y traiter ni des intérêts du feigneur de Valentine, ni de ceux de cette communauté en particulier, mais du département des deniers de Sa Majefté fur tout le diocefe de Commenge, qui eft foumis encore aujourd'hui, pour la plus grande partie, à la jurifdiction du juge royal de Riviere & le feul qui ait caractere pour veiller aux intérêts de Sa Majefté & de fes jufticiables.

Qu'il a été en poffeffion de ce droit fans aucun trouble jufqu'en l'année 1738, que le juge de Valentine le lui a contefté: Que cette poffeffion qui eft décifive, fe trouve conftatée par les procès verbaux des affiettes: Que les arrêts du confeil donnés en faveur des officiers de M. le duc d'Uzès, ne peuvent lui être oppofées, parce que ceux-ci n'avoient pas à combattre des officiers royaux, puifque M. le duc d'Uzès les avoit rembourfés & dépoffédés en conféquence de l'aliénation qui lui avoit été faite par Sa Majefté du pays d'Uzege, en forte qu'ils étoient devenus perfonnes privées & n'avoient ni caractere de magiftrat, ni jurifdiction dans toute la ville d'Uzès ni dans aucune partie du diocefe, au lieu que le juge royal de Riviere a confervé fa charge en entier dans tout le diocefe de Commenge, à l'exception de la feule ville de Valentine, où il a même les cas royaux que le Roi n'a pas commis au juge banneret.

Qu'enfin l'intérêt du Roi, celui du pays, & la dignité de l'assemblée de l'assiette concourent également en sa faveur, & ne permettent pas qu'un juge de seigneur lui soit préféré.

Que de la part de M. le duc d'Antin on réplique que, quoique la ville de Valentine ait fait partie de la judicature de Riviere, elle a toujours eu un siége particulier où la justice étoit administrée par le lieutenant qui y résidoit, & que c'est en qualité de juge de Valentine & non autrement que le juge de Riviere ou son lieutenant au siége de Valentine ont assisté & pu assister à l'assiette du diocese, attendu que ce droit appartient par tous les réglemens au juge du lieu où elle est convoquée.

Que depuis l'échange, il est entré dans tous les droits du Roi & que ses officiers ont pris la place de ceux de Sa Majesté, surtout depuis le remboursement de leur finance.

Que ce remboursement ayant été fait au commencement du mois d'Avril de l'année 1722, le sieur Lassus, pere de celui d'aujourd'hui qui n'a jamais été juge de Riviere, mais seulement de la ville de Valentine, en conséquence des lettres que M. le duc d'Antin lui en avoit accordées, assista à cette assemblée, & continua de s'y trouver en la même qualité jusqu'à sa mort, c'est-à-dire, vers la fin de l'année 1724, ce qui est prouvé par les procès verbaux de ladite assemblée : Que depuis ce temps-là le sieur Lassus, son fils aîné, a réuni sur sa tête la jurisdiction de Riviere & celle de Valentine : Qu'il n'a jamais assisté à l'assiette qu'en cette derniere qualité qui lui a été donnée dans tous les procès verbaux, à l'exception d'un seul où elle fut omise par affectation de sa part ; & qu'ainsi le sieur Lassus ayant été destitué de la judicature de Valentine, il n'a eu aucun droit d'assister à ladite assemblée, & n'a pu le contester à celui que M. le duc d'Antin a nommé à sa place ; & que la possession sur laquelle il se fonde est au contraire en faveur de M. le duc d'Antin.

Qu'il n'y a point de réglement qui exclue les officiers des seigneurs de l'entrée aux assiettes, & qu'on trouve au contraire aux articles IV & XI de celui du 30 Janvier 1725, que les commissaires ordinaires des dioceses sont l'évêque, le baron, l'officier de justice & les consuls de la ville capitale : Que la préférence n'est due au juge royal, que dans les lieux où il y a un juge royal & des juges bannerets : Que les arrêts rendus en faveur de M. le duc d'Uzès ne laissent aucun doute ; qu'enfin le juge de Riviere n'est pas moins une personne privée dans la ville de Valentine que les officiers royaux d'Uzès depuis la suppression de leurs charges.

Que MM. les commissaires, après avoir examiné les raisons contenues dans les mémoires respectifs des parties, ont observé qu'il n'y a aucun réglement qui exclue les officiers des seigneurs de l'entrée dans les assemblées de l'assiette en qualité de commissaires ordinaires, qu'ils sont en droit & en possession d'assister aux départemens des impositions des communautés, & de connoître des différends qui naissent à l'occasion de la levée de la taille ; & que ce n'est que dans le cas où il y a dans un même lieu un juge royal & des juges bannerets, que ces attributs sont dévolus au juge royal à l'exclusion des autres, suivant l'article VI de la déclaration du Roi du 20 Janvier 1736, d'où on peut conclure que la préférence par rapport à l'assiette ne doit avoir lieu que dans le même cas.

Que l'arrêt rendu le 26 Décembre 1724,

1724, sur l'entrée des officiers de M. le duc d'Uzès, & de M. l'évêque d'Uzès à l'assiette de ce diocese, ne peut être plus formel ; & que, pour en rappeller l'espece, il est à propos de remarquer qu'après l'échange fait entre Sa Majesté & M. le duc d'Uzès, ce dernier ayant obtenu un premier arrêt du conseil le 12 Février 1723, portant que ses officiers auroient entrée à l'assiette du diocese de la même maniere que l'avoient eue les officiers de Sa Majesté avant ledit échange, il en fut ensuite rendu un second le 23 Novembre de la même année, qui renvoya l'examen de cette prétention à l'assemblée des Etats pour y délibérer.

Que M. le duc d'Uzès soutenoit, comme M. le duc d'Antin, que ses officiers étoient entrés dans tous les droits qui appartenoient auparavant aux officiers du Roi, auxquels ils avoient succédé ; que le juge de Lodeve & le juge de Saint-Pons étoient admis aux assemblées de l'assiette de ces deux dioceses, quoiqu'ils ne fussent point juges royaux.

Que le syndic du diocese d'Uzès disoit au contraire que les droits de souveraineté ne pouvoient être cédés par le Roi ; que celui d'ordonner les impositions en étoit un des plus inaliénables ; que c'étoit seulement sous l'autorité du Roi représenté par ses officiers que les impositions pouvoient être légitimement départies ; & que conséquemment, il n'appartenoit qu'à des officiers royaux d'assister aux assiettes pour autoriser ces assemblées & les délibérations qui s'y prennent.

Qu'enfin M. l'évêque d'Uzès représentoit que s'il n'y avoit pas d'incompatibilité à l'entrée des officiers de M. le duc d'Uzès, il y auroit lieu d'y admettre également les siens, puisqu'il avoit une portion indivise de la justice dans ladite ville.

Tome IV.

SUR QUOI LES ETATS, après avoir vu les réglemens faits en 1634 & 1658, sur la tenue des assiettes, délibérerent qu'il n'y avoit aucune incompatibilité à l'entrée des officiers des seigneurs en qualité de commissaires ordinaires ; que dans le cas dont il étoit question, un des officiers de M. le duc d'Uzès devoit être reçu dans l'assemblée de l'assiette, de même que celui de M. l'évêque, & qu'en conséquence il fut ordonné par l'arrêt du 26 Décembre 1724, que le juge de M. le duc d'Uzès & celui de M. l'évêque d'Uzès auroient entrée aux assiettes du diocese ; savoir, le juge de M. le duc d'Uzès, trois années consécutives, & le juge de M. l'évêque, la quatrieme année.

Qu'après un préjugé aussi formel, il n'est plus permis de dire que les officiers des seigneurs ne puissent être admis aux assemblées des assiettes en qualité de commissaires ordinaires ; que le réglement fait par l'arrêt du conseil du 30 Janvier 1725 est également contraire à ce que le sieur Lassus a soutenu à ce sujet, puisqu'il admet auxdites assemblées le juge de la ville principale où elles se tiennent, sans distinguer s'il est juge royal ou juge de seigneur.

Qu'après tout ce qui vient d'être rapporté, il seroit inutile d'examiner si depuis le remboursement fait par M. le duc d'Antin, aux officiers du Roi, de la finance qu'ils avoient payée à raison la justice de Valentine, le sieur Lassus a joui de l'entrée à l'assiette en qualité de juge royal de Riviere, ou en celle de juge de Valentine, puisque cette possession, quand elle seroit favorable au juge de Riviere, ne sauroit prévaloir au droit effectif de M. le duc d'Antin ; mais que cette possession paroit au contraire être en faveur de M. le duc d'Antin, puisque, comme on l'a remarqué ci-dessus, le pere du sieur Lassus, qui n'étoit point juge de Riviere, mais seulement de Valentine , eut l'entrée à l'affiette en cette derniere qualité , depuis le temps du remboursement fait aux officiers royaux jusqu'à fon décès arrivé vers la fin de l'année 1724 , & que depuis cette époque , le fieur Laffus , fon fils , qui réunit fur fa tête l'une & l'autre judicature , y eft entré auffi jufqu'en l'année 1738 , fous la dénomination de juge de Riviere & de Valentine , ce qui prouve affez clairement que fon entrée étoit due à la qualité de juge de Valentine , puifqu'autrement , il eût été inutile d'en faire mention , après en avoir pris une plus relevée , telle que celle de juge royal du pays de Riviere ; de forte que par toutes ces raifons MM. les commiffaires ont été d'avis que le juge de Valentine devoit entrer à l'affiette du diocefe de Commenge.

SUR QUOI vu l'arrêt du confeil, du 4 Décembre 1743 , qui renvoie à MM. les commiffaires préfidens pour le Roi aux Etats , & à ceux qui feront nommés par l'affemblée defdits Etats, pour donner leur avis fur ladite contestation; Vu auffi les réglemens de 1634 & 1658 , fur la tenue des affiettes , enfemble les requêtes & mémoires des parties , & les pieces énoncées dans lefdites requêtes & mémoires, Oui le rapport de Mgr. l'évêque de Viviers.

LES ETATS délibérant fur ladite demande , ont été d'avis , fous le bon plaifir de Sa Majefté , que le juge de M. le duc d'Antin doit entrer à l'affiette du diocefe de Commenge en qualité de commiffaire ordinaire.

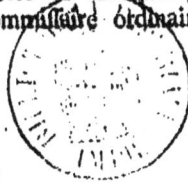

Fin du Tome quatrieme.

TABLE DES MATIERES
DE CE QUATRIEME VOLUME.

TITRE II.

TITRE III.

SECTION I.

SECTION II.

De l'ordre du tiers-état.   Page 28.

aux diocéfes que lorfque les affiettes ne jugent pas à propos de décider les conteftations qui s'élevent pour l'entrée auxdites affiettes , elles doivent ordonner que les parties fe retireront devers les Etats pour y être ftatué fur lefdites conteftations , & non pas les renvoyer à fe pourvoir devant qui de droit. XXVI.

Autre ,

TITRE IV.

Des commiſſaires ordinaires des dioceſes ; notamment des officiers de juſtice qui entrent aux aſſiettes & dans les bureaux dioceſains, en cette qualité, & des officiers qui n'y ſont point admis.
page 89.

Extrait de l'arrêt du conſeil, du 30 Janvier 1725. Articles IV, IX & XI.

§. I.

Des Officiers de juſtice qui ont entrée aux aſſiettes. ibid.

Tome IV. M m m m

§. I I.

TITRE V.

Des commiſſaires principaux des aſſiettes. page 112.

TITRE VI.

SECTION I.

Délibération

SECTION II.

TITRE VII.

Réglemens généraux pour les assiettes & autres assemblées des diocèses. Page 227.

toutes pourfuites néceffaires pour la caffation defdits bannimens , & prendra fait & caufe pour ledit député. XXII.

TITRE X.

Notices des Etats particuliers & affiettes des vingt-quatre municipalités diocéfaines du Languedoc. Page 354.

SECTION I.

Diocefes fitués dans la province eccléfiaftique de Narbonne. Page 356.

§. I.

Diocefe de Narbonne. ibid.

---

§. II.

Diocefe de Limoux. Page 369.

Tome IV.   O o o o

§. XII.

SECTION II.

Diocefes fituès dans la province eccléfiaftique de Touloufe.

§. I.

Diocefe de Touloufe. Page 476.

APPENDICE

§. I I.

SECTION IV.

Dioceſes qui dépendent, pour le ſpirituel, de Métropoles ſituées hors du Languedoc.

§. I.

ARTICLE II.

ARTICLE III.

Tome IV. Pppp

§. II.

Diocèse du Puy, ou pays de Velay.

§. III.

Fin de la Table du quatrieme Tome.

FAUTES A CORRIGER.

PAGE 18. col. 2. lig. 38. sadite , lisez ladite

Pag. 78. col. 1. lig. 28. après ces mots , le sieur Fabre , ajoutez député

Pag. 114. col. 1. lig. 32. feront , lisez seront

Pag. 126. col. 1. lig. 4. de part , lisez de par

Pag. 136. col. 2. lig. 29. auxdits trésoriers donner , lisez auxdits trésoriers de donner

Pag. 140. col. 1. lig. derniere , les collecteur , lisez les collecteurs

Pag. 148. col. 1. lig. 11. du 17 Novembre 1753 , lisez du 17 Novembre 1703

Pag. 149. col. 1. lig. derniere , chevalier comte , lisez chevalier, comte

Pag. 152. col. 2. lig. 38. les provision , lisez les provisions

Pag. 153. col. 2. lig. 3. essayeurs visiteurs , lisez essayeurs & visiteurs

Idem , col. id. lig. 29. pour l'extinction, lisez pour l'exécution

Pag. 168. col. 1. lig. 4. col. 2. lig. 19. Turpin de Bellejambe, lisez Turpin, Bellejambe

Pag. 271. col. 2. lig. derniere , juge mage ou son lieutenant ordinaires , lisez juge mage ou son lieutenant ordinaire

Pag. 287. lig. 31. de la Trinité des Cordes, lisez de la Trinité de Cordes

Pag. 305. lig. 6. garden, lisez gardent

Pag. 348. col. 2. lig. 6. de, lisez des

Pag. 361. col. 2. lig. 18. & a dressé , lisez & a adressé

Pag. 421. col. 1. lig. 1. juge de Vigan, lisez juge du Vigan

Pag. 475. col. 1. lig. 17. du sieur Bodun, lisez du sieur Dodun

Pag. 540. col. 2. lig. 3. de la délibération, lisez & copie de la délibération

Pag. 571. lig. 13 & 14. St. Cheli d'Apchier , lisez St. Cheli , d'Apchier

Pag. 576. col. 2. lig. 37. Janvier derniers, lisez Janvier dernier

Pag. 587. col. 1. lig. 10. qu'il a aussi fait, lisez qu'il a aussi été fait

Pag. 602. col. 1. lig. 19. syndics du Vivarais, lisez syndic du Vivarais

FIN.

www.ingramcontent.com/pod-product-compliance
Lightning Source LLC
Chambersburg PA
CBHW031541210326
41599CB00015B/1972